谨以此书献给

为内蒙古高速公路发展事业作出贡献的决策者、建设者、管理者

"十三五"国家重点图书出版规划项目
中国高速公路建设实录

Record of Expressway Construction in
Inner Mongolia

内蒙古高速公路建设实录

内蒙古自治区交通运输厅

内 容 提 要

本书是《中国高速公路建设实录》系列丛书之内蒙古卷,内容包括综述、高速公路发展及成就、高速公路建设管理、高速公路运营、高速公路建设科技成果、高速公路文化建设、高速公路对经济社会发展贡献、高速公路建设项目,以及高速公路大事记等。

本书全面系统总结了内蒙古高速公路建设发展成就,详细记述了高速公路建设过程中的管理经验、科技创新、文化建设以及项目建设实情,具有很高的史料价值。本书可供交通运输建设行业相关人员阅读、学习与查询参考。

图书在版编目(CIP)数据

内蒙古高速公路建设实录／内蒙古自治区交通运输厅组织编写. —北京：人民交通出版社股份有限公司, 2018.11

ISBN 978-7-114-14846-0

Ⅰ.①内… Ⅱ.①内… Ⅲ.①高速公路—道路建设—内蒙古 Ⅳ.①U412.36

中国版本图书馆 CIP 数据核字(2018)第 137572 号

"十三五"国家重点图书出版规划项目
 中国高速公路建设实录

书　　　名：	内蒙古高速公路建设实录
著　作　者：	内蒙古自治区交通运输厅
责任编辑：	刘永超　周　宇　潘艳霞　张建伟　元少波
责任校对：	张　贺
责任印制：	张　凯
出版发行：	人民交通出版社股份有限公司
地　　　址：	(100011)北京市朝阳区安定门外外馆斜街 3 号
网　　　址：	http：//www.ccpress.com.cn
销售电话：	(010)59757973
总 经 销：	人民交通出版社股份有限公司发行部
经　　　销：	各地新华书店
印　　　刷：	北京雅昌艺术印刷有限公司
开　　　本：	787×1092　1/16
印　　　张：	47.5
字　　　数：	948 千
版　　　次：	2018 年 11 月　第 1 版
印　　　次：	2018 年 11 月　第 1 次印刷
书　　　号：	ISBN 978-7-114-14846-0
定　　　价：	320.00 元

(有印刷、装订质量问题的图书,由本公司负责调换)

《内蒙古高速公路建设实录》
编审委员会

顾　　问：宋　亮　廉　素　苗银柱
主　　任：白　智
副 主 任：臧　俊　戴　贵　黄永刚
委　　员：张旺晓　郭德胜　蒙吉生　吕振华　白俊文　王志强
　　　　　卢　扬　李　喜　刘继祥　陈　滨　刘凤林　张化平
　　　　　孔国富　卢东升　苏　辉　李铁小　王春雷　王殿臣
　　　　　辉　军　张建华　张志耕　张仲东　王旭亮　宏　程
　　　　　张冰宇　王宏图　钟佳阳　游晓阳　张文元　王水云
　　　　　杨世军　赵　根　阿其图

编纂工作委员会

主　　任：郝振华
副 主 任：张建伟　李海荣　王　骁
委　　员：刘智勇　宣登殿　梁世斌　王全录　辛国树　元少波
　　　　　付建红　张志鹏　乌若愚　杜　康　张墨宜　黄力力

参加本书编写的有关单位

主　编　单　位：内蒙古高等级公路建设开发有限责任公司
参编单位与部门：（按编写章节先后顺序）
　　　　　　　　内蒙古自治区交通运输厅办公室
　　　　　　　　内蒙古交通设计研究院有限责任公司
　　　　　　　　内蒙古自治区交通运输管理局
　　　　　　　　内蒙古自治区交通运输厅建设管理处
　　　　　　　　内蒙古自治区交通运输厅规划处
　　　　　　　　内蒙古自治区交通运输厅政策法规处
　　　　　　　　内蒙古自治区交通运输厅财务处
　　　　　　　　内蒙古自治区交通建设工程质量监督局
　　　　　　　　内蒙古自治区公路局
　　　　　　　　内蒙古自治区公路路政执法监察总队
　　　　　　　　内蒙古自治区交通运输厅科技处
　　　　　　　　内蒙古自治区交通运输厅人事处
　　　　　　　　内蒙古自治区东部区高等级公路管理处
资　料　提　供：内蒙古自治区各高速公路建设及管理单位
　　　　　　　　中国交通报驻内蒙古记者站
　　　　　　　　内蒙古综合交通科学研究院
支　持　单　位：中国路桥工程有限责任公司
　　　　　　　　中交第三公路工程局有限公司

本书编写人员

第一章
刘智勇　邢向达　元少波　乌若愚　董志晖　尚永峰

第二章
杨　婧　刘春雷　刘智勇　邢向达　元少波

第三章
刘继祥　辛国树　刘智勇　邢向达　元少波
杨　波　张墨宜

第四章
元少波　贾东红　赵丽莉　杜　康　张志鹏　安良辰

第五章
梁世斌　乔　华　尹　峰

第六章
路春和　梁　敏　冀云洁　张若愚

第七章
董志晖　尚永峰

第八章
段琼云　元少波　付建红　尹　峰　邢素芳
安良辰　黄力力　张　晶　孙英健

附录
刘智勇　邢向达　王　芳　元少波

全书编辑、审校： 郝振华　张建伟　元少波　黄力力

盛世修志,志载盛世。2017年恰逢内蒙古自治区成立70周年,在交通运输部的主持下,由内蒙古自治区交通运输厅编纂的《内蒙古高速公路建设实录》历时两载,今付梓出版。该实录不仅记载了有形的公路桥隧,还全面展示了内蒙古自治区高速公路建设实践、发展理念、技术进步、管理制度和文化特色,是以习近平新时代中国特色社会主义思想为指导,贯彻建设"交通强国"战略思路的重要文献。

风雨多经人不老,关山初度路尤长。1947年自治区成立之初,内蒙古公路交通基础设施极其落后,主要以骆驼队、勒勒车等为主要运输手段,全区能勉强通车的公路仅有10余条、不足2000km,且大多数是驿道和草原自然路,还有一些质量低劣、没有路面、缺桥少涵、几经战事沧桑、年久失修失养的砂石路。在自治区党委、政府和交通运输部的正确领导下,经过70年辛勤努力,内蒙古交通历经沧桑巨变,已经形成贯通内外、连接枢纽、四通八达的区域公路网。

大道通万里,往事越千年。交通是经济社会发展的先行官。截至2017年底,全区公路通车里程19.9万km,其中高速公路通车总里程已达6340km,12个盟市、60个旗县(市、区)通行高速公路。由14条出区高速公路和16条出区一级公路组成的共30条出区通道公路全部建成,满洲里、二连浩特、策克等主要口岸都实现了一级公路连通,形成了"南联北开、承东启西"的开放格局和"人便于行、货畅其流"的通行目标。以高速公路为主骨架的公路交通网络的快速发展,促进了人流、物流、资金流和信息流的快速流动,深刻影响并显著改进了人民群众的生产方式,为推进自治区经济社会持续健康发展,满足人民群众日益多样化的出行需求作出了重要贡献。

浩瀚青史,英才辈出,北疆大地,频添华章。1993年,内蒙古自治区第一条高速公路——呼和浩特至包头高速公路(一幅)破土动工,标志着内蒙古高速公路建设的历史性开端。历经24年,内蒙古高速公路建设实现了从艰难开拓、快速推进到跨越式发展的转变。党的十八大以来,内蒙古交通人不忘初心、砥砺前行,掀起内蒙古交通发展史上的新高潮。2017年,京新高速公路内蒙古临河至白疙瘩段全长931km建成通车,这是当今世界上最长的沙漠高速公路,是国家西部大开发的重要交通要道,也是"一带一路"倡议中新亚欧大陆桥的重要组成部分和标志性工程。早在一百年前,孙中山先生就在《建国方略》中提出要建设"东起北平(北京)、经阿拉善,西至迪化(乌鲁木齐)的第二条进疆大通道"的规划与梦想,如今百年梦想终成现实。

春华秋实两相依,耕耘收获总关联。内蒙古的高速公路历经沧桑巨变,记载着内蒙古交通人的艰辛和开拓,见证了内蒙古交通人"发展交通、服务社会"的使命担当,体现了"大道为公、共享文明"的核心价值,传承了"艰苦奋斗、勇于创新、不畏艰险、团结奉献"的交通精神。奋战在北疆大地上的交通人,就是在这地广人稀的草原深处,在这寂无人烟的大漠戈壁,在这千沟万壑的荒山野岭,在这纵横交错的谷沟河川,以大无畏的精神和执着前行的信念,逢山开路,遇水架桥,把公路一里一里地铺到人民群众的家门口。

二十四载奋斗路,新起点再出发。高速公路建设的伟大实践和辉煌成就已经载入史册,更加美好的前景需要我们继续共同创造。公路交通事关脱贫攻坚任务的如期完成,事关全面建成小康社会,是实现伟大中国梦不可或缺的基础和保障。习近平总书记在党的十九大上提出建设交通强国的战略部署,对进一步提升交通运输服务保障能力、完善公路交通基础设施提出了新的更高的要求。按照这一战略和要求,到2020年,内蒙古高速公路将突破8000km,与2014年相比,实现翻番的目标。全区交通人任重而道远。

修志存史,咨政育人。经过编纂人员的辛勤笔耕,《内蒙古高速公路建设实录》始告完成。我相信,《内蒙古高速公路建设实录》的出版发行,必将进一步扩大内蒙古交通对外的宣传和影响,让更多的人关注、了解和支持内蒙古交通运输事业;必将进一步增强全区交通战线的内生动力,焕发全系统广大干部职工干事创业的激情;必将进一步弘扬行业正能量,凝聚社会共识,推动新一轮交通运输发展建设新高潮,为"建设亮丽内蒙古,共圆伟大中国梦"作出积极贡献。

内蒙古自治区副主席:

2017年12月

目录
Contents

第一章　综述	1
第一节　内蒙古自治区概况	1
第二节　经济社会发展	4
第三节　综合运输与物流发展	9
第四节　公路建设	24
第二章　高速公路发展及成就	33
第一节　发展规划	33
第二节　建设成就	48
第三章　高速公路建设管理	104
第一节　管理法规	104
第二节　管理体制	119
第三节　市场管理	123
第四节　投资融资	126
第五节　质量监督	131
第六节　项目管理	137
第七节　督查服务	152
第四章　高速公路运营	156
第一节　运营管理	156
第二节　养护管理	180
第三节　路政执法	189
第五章　高速公路建设科技成果	202
第一节　科技创新	202
第二节　重大科研课题	205
第三节　主要技术成果	229

第六章　高速公路文化建设 ... 234
第一节　精神文明 ... 234
第二节　文化特色 ... 266
第三节　生态文明 ... 277

第七章　高速公路对经济社会发展贡献 ... 286
第一节　经济社会发展促进高速公路建设 ... 286
第二节　高速公路建设带动经济社会发展 ... 289

第八章　高速公路建设项目 ... 297
第一节　G6 北京至西藏高速公路内蒙古段 ... 297
第二节　G0601 呼和浩特绕城高速公路 ... 382
第三节　G7 北京至新疆高速公路内蒙古段 ... 392
第四节　G10 绥芬河至满洲里高速公路内蒙古段 ... 413
第五节　G1013 海满高速公路海拉尔至张家口联络线内蒙古段 ... 437
第六节　G12 珲春至乌兰浩特高速公路石头井子(内蒙古吉林界)至乌兰浩特段 ... 458
第七节　G16 丹东至锡林浩特高速公路内蒙古段 ... 463
第八节　G18 荣成至乌海高速公路内蒙古段 ... 491
第九节　G1817 荣乌高速公路乌海至银川(内蒙古宁夏界)联络线 ... 531
第十节　G25 长春至深圳高速公路金宝屯至查日苏段 ... 546
第十一节　G2511 长春至深圳高速公路新民至鲁北联络线好力堡至通辽段 ... 552
第十二节　G45 大庆至广州高速公路内蒙古段 ... 561
第十三节　G55 二连浩特至广州高速公路内蒙古段 ... 600
第十四节　G5511 二广高速公路集宁至阿荣旗联络线乌兰浩特至扎兰屯段 ... 618
第十五节　G59 呼和浩特至北海高速公路呼和浩特至杀虎口(内蒙古山西界)段 ... 631
第十六节　G65 包头至茂名高速公路内蒙古段 ... 639
第十七节　S24 兴和至巴拉贡高速公路 ... 657
第十八节　S31 呼和浩特至大饭铺高速公路 ... 679
第十九节　S43 呼和浩特市机场高速公路及连接线 ... 696
第二十节　S44 包头过境高速公路机场连接线 ... 701
第二十一节　S46 鄂尔多斯机场高速公路(东胜至阿康中心物流园区高速公路) ... 705
第二十二节　S47 宗别立(张家房)至查哈尔滩高速公路 ... 711
第二十三节　S54 乌兰察布市集宁东绕城高速公路 ... 715

附录　内蒙古高速公路大事记 ... 726

第一章
综 述

第一节 内蒙古自治区概况

一、地理位置

内蒙古自治区位于我国北部边陲,东北部与黑龙江、吉林、辽宁接壤,西与甘肃、宁夏毗邻,南与河北、山西、陕西相连,北与蒙古国和俄罗斯交界,国境线长达4221km。全区土地面积约118万km²,占全国地域总面积的12.3%,仅次于新疆和西藏两个自治区。

二、地质地貌

内蒙古自治区地形以高原为主,高原从东北向西南延伸3000km,地势由南向北、由西向东倾斜。大部分地区海拔为1000~1500m,主要山脉有大兴安岭、阴山、贺兰山、龙首山等,主要沙漠有浑善达克沙地、巴丹吉林沙漠、库布其沙漠、乌兰布和沙漠、毛乌素沙地和科尔沁沙地等,自治区境内分布着呼伦贝尔、锡林郭勒、科尔沁、乌兰察布、鄂尔多斯和乌拉特6大著名草原。

三、河流湖泊

内蒙古自治区境内有大小河流1000余条,其中流域面积在1000km²以上的有107条,其中主要的外流河有黄河、永定河、滦河、额尔古纳河、嫩江及西辽河六大水系。另外,自治区有大小湖泊总数千余个,其中主要的湖泊有呼伦湖、贝尔湖、达里湖、乌梁素海及岱海等。

四、气候

内蒙古自治区属典型的中温带季风气候,所处纬度较高,高原面积大,距离海洋较远,边沿有山脉阻隔,气候以温带大陆性季风气候为主。有降水量少而不匀,风大,寒暑变化剧烈的特点,年降雨量为100~500mm,从东向西递减。大兴安岭北段地区属于寒温带大陆性季风气候,巴彦浩特—海勃湾—巴彦高勒以西地区属于温带大陆性气候。总的特点是春季气温骤升,多大风天气;夏季短促而炎热,降水集中;秋季气温剧降,霜冻往往早来;冬季漫长严寒,多寒潮天气。

五、民族与人口

内蒙古自治区目前居住着多个民族。其中,人口在 100 万人以上的有汉族、蒙古族;人口在 10 万人以上的有回族和满族;人口在 1 万~10 万人的有朝鲜族、达斡尔族、鄂温克族;其他民族人口在 1 万人以下。

2016 年,全区常住人口 2520.1 万人,比上年增加 9.1 万人。其中,城镇人口 1542.1 万人,乡村人口 978.1 万人,城镇化率 61.2%。

六、行政区划

内蒙古自治区是我国第一个实行民族区域自治的省级行政区,全区现设 9 个省辖市、3 个盟;全区共有 11 个县级市、17 个县、23 个市辖区、52 个旗。内蒙古自治区行政区划见表 1-1。

内蒙古自治区行政区划情况　　　　　表 1-1

地区	旗县(市、区)个数	旗县(市、区)及名称
呼和浩特市	9	新城区、回民区、玉泉区、赛罕区、土默特左旗、托克托县、和林格尔县、清水河县、武川县
包头市	9	东河区、昆都仑区、青山区、石拐区、白云鄂博矿区、九原区、土默特右旗、固阳县、达尔罕茂明安联合旗
呼伦贝尔市	14	海拉尔区、扎赉诺尔区、满洲里市、扎兰屯市、牙克石市、额尔古纳市、根河市、阿荣旗、莫力达瓦达斡尔族自治旗、鄂伦春自治旗、鄂温克族自治旗、新巴尔虎右旗、新巴尔虎左旗、陈巴尔虎旗
兴安盟	6	乌兰浩特市、阿尔山市、科尔沁右翼前旗、科尔沁右翼中旗、扎赉特旗、突泉县
通辽市	8	科尔沁区、霍林郭勒市、科尔沁左翼中旗、科尔沁左翼后旗、开鲁县、库伦旗、奈曼旗、扎鲁特旗
赤峰市	12	红山区、元宝山区、松山区、阿鲁科尔沁旗、巴林左旗、巴林右旗、林西县、克什克腾旗、翁牛特旗、喀喇沁旗、宁城县、敖汉旗
锡林郭勒盟	12	二连浩特市、锡林浩特市、阿巴嘎旗、苏尼特左旗、苏尼特右旗、东乌珠穆沁旗、西乌珠穆沁旗、太仆寺旗、镶黄旗、正镶白旗、正蓝旗、多伦县

续上表

地区	旗县(市、区)个数	旗县(市、区)及名称
乌兰察布市	11	集宁区、丰镇市、卓资县、化德县、商都县、兴和县、凉城县、察哈尔右翼前旗、察哈尔右翼中旗、察哈尔右翼后旗、四子王旗
鄂尔多斯市	9	东胜区、康巴什区、达拉特旗、准格尔旗、鄂托克前旗、鄂托克旗、杭锦旗、乌审旗、伊金霍洛旗
巴彦淖尔市	7	临河区、五原县、磴口县、乌拉特前旗、乌拉特中旗、乌拉特后旗、杭锦后旗
乌海市	3	海勃湾区、海南区、乌达区
阿拉善盟	3	阿拉善左旗、阿拉善右旗、额济纳旗
全区合计	103	旗 52 个、县 17 个、县级市 11 个、市辖区 23 个

七、自然资源

内蒙古自治区资源丰富,素有"东林西铁,南粮北牧,遍地有煤"的美誉,这里有茂密的森林、丰美的草场、肥沃的农田、广阔的水面、众多的野生动植物和极其丰富的矿藏资源。

农业资源:内蒙古自治区现有耕地 549 万公顷,人均占有耕地 0.24 公顷,是全国人均耕地的 3 倍,人均耕地面积居全国首位。河套、土默川、西辽河和辽嫩平原是中国北方省区重要的"粮仓"。

森林资源:内蒙古自治区森林资源总面积约 1406.6 万公顷,占全国森林总面积的 11%,居全国第二位,是国家重要的森林基地之一。森林覆盖率为 13.8%。森林总蓄积量 11.2 亿 m^3,居全国第四位。

矿产资源:内蒙古自治区是我国矿床类型比较齐全的省区之一,现已发现各类矿床 4100 多处,种类达 128 种。在已探明储量的矿种中,储量居全国首位的有 7 种,前 10 位的有 56 种,特别是稀土资源产量居世界之首。

畜牧业资源:内蒙古自治区天然草场辽阔而宽广,总面积位居全国五大草原之首,是我国重要的畜牧业生产基地。草原总面积达 8666 万公顷,其中可利用草场面积达 6800 万公顷,占全国草场总面积的 1/4。现有呼伦贝尔、锡林郭勒、科尔沁、乌兰察布、鄂尔多斯和乌拉特 6 个著名大草原。

八、旅游资源

内蒙古自治区旅游资源丰富,共有一定规模的旅游景区(点)900 多处,其中全区自然景观和人文景观旅游景点 120 多处,古建筑、古遗址 100 多处,国家重点文物保护单位 10

处,自治区重点文物保护单位55处。内蒙古旅游主要有草原、森林、沙漠、湖泊、温泉、冰雪、古迹、民俗、边境线9大类景观。

第二节 经济社会发展

一、区内生产总值

新中国成立前,内蒙古自治区生产力水平较低,经济文化落后。经过60多年特别是改革开放以来的经济建设,全区经济社会发展取得了巨大的成就,国民经济整体实力大大增强,人民生活水平显著提高。2016年全区实现地区生产总值18632.6亿元,按可比价格计算,比上年增长7.2%。其中,第一产业为1628.7亿元,增长3.0%;第二产业为9078.9亿元,增长6.9%;第三产业为7925.1亿元,增长8.3%。区内人均生产总值达到74069元,比上年增长6.9%,按年均汇率计算折合为11151美元。全区三次产业比例为8.8∶48.7∶42.5,自治区区内生产总值发展状况见表1-2。

内蒙古自治区区内生产总值发展现状　　　　表1-2

年份 （年）	总人口 （万人）	区内生 产总值 （万元）	财政收入 （万元）	第一产业 （万元）	第二产业 （万元）	第三产业 （万元）
1978	1823.4	580400	69046	189600	263700	121700
1980	1876.5	684000	41284	180300	322600	181100
1985	2007	1638300	131789	535400	569500	533400
1990	2162.6	3193100	329763	1125700	1024300	1043100
1995	2284.4	8570600	437028	2601800	3087800	2881000
2000	2372.4	15391200	1106808	3508000	5825700	6057400
2005	2403.1	39050300	3350925	5895600	17732100	15422600
2010	2472.2	116720000	17381353	10952800	63676900	42090200
2015	2511.0	180328000	19644000	16187000	92006000	72135000
2016	2520.1	186326000	20165000	16287000	90789000	79251000

经过多年有计划、大规模的经济建设,自治区已相继建成了一大批大中型项目,能源、原材料、交通运输、邮电通信等行业的一大批骨干项目相继投入生产,为内蒙古自治区经济发展积蓄了相当大的能量和后劲,有力地推动了国民经济的发展。如今的内蒙古不仅是国家重要的森林、畜牧业生产基地,而且也是能源、原材料和粮油糖基地。"十二五"期间,在发展现代农牧业方面,粮食产量由431.6亿斤增加到565.4亿斤,牲畜存栏量由

1.08亿头（只）增加到1.36亿头（只），牛奶、羊肉产量居全国首位，农畜产品加工转化率由51%提高到58%。工矿业转型方面，由"一煤独大"向产业多元转变，煤炭对工业增长贡献率由33.5%下降到11.3%，装备制造、高新技术、有色金属和农畜产品加工业贡献率由31.7%上升到49%。电力装机由6458万kW增加到1亿kW，风电装机由968万kW增加到2316万kW，均居全国首位。现代煤化工、稀土新材料、云计算等产业规模居全国前列。服务业比重明显提高，现代物流、文化旅游、金融保险、电子商务等蓬勃发展。非公有制经济快速健康发展，占地区生产总值的比重由43%提高到64%。大力实施创新驱动发展战略，优势产业装备技术达到国内先进水平，对东北、华北、西北经济区域产生越来越大的影响力，在全国总体发展格局中的地位日趋重要。

二、产业经济分布

资源的储量与分布决定了自治区产业的结构与布局，由于资源在空间上分布的不均衡性，其产业分布也存在着明显的地区差异。

自治区农牧业资源丰富，农牧业是自治区经济发展的重要基础产业。自治区农业主要分布于境内的黄河、西辽河流域及嫩江右岸、阴山山地丘陵区，东部经济区的通辽、赤峰、呼伦贝尔及中部经济区的巴彦淖尔、乌兰察布五市的农业产值约占全区农业产值的65%，其中通辽、赤峰、巴彦淖尔及乌兰察布是主要农作物种植区。自治区畜牧业主要分布在东部区的通辽、赤峰及中部的锡林郭勒、乌兰察布，四盟市的牧业产值约占全区牧业产值的60%。林业主要分布在东部大兴安岭、中部大青山、乌拉山林区及西部的贺兰山林区，其中东部的呼伦贝尔、赤峰、通辽三市林业产值约占全区林业产值的60%。

由于地域、资源分布及产业布局的差异，内蒙古自治区形成了东、中、西三个不同的经济地带。东部区包括呼伦贝尔市、兴安盟、通辽市、赤峰市四盟市29个旗、县、区，位于自治区东北部，毗邻黑龙江、吉林、辽宁东北三省，并以东三省为依托，与之发生较为密切的经济社会联系，为东北三省发展工业解决能源紧缺矛盾，使资源优势转化为经济优势。中部区包括呼和浩特市、包头市、鄂尔多斯市及乌兰察布市、锡林郭勒盟、巴彦淖尔市六盟市57个旗、县、区，位于自治区中部，临近北京、毗邻河北、山西等华北地区，其中的呼和浩特、包头市、鄂尔多斯市为自治区经济金三角地区，自治区中部充分利用和发挥呼、包、鄂三大城市经济中心的作用，引进技术、资金，利用合资、补偿贸易等形式，发展高层次的加工业，并以华北经济区为依托，形成了同华北经济区贸易与合作的好势头。西部区包括乌海市、阿拉善盟两盟市6个旗、县、区，位于自治区西部，毗邻西北地区技术、资金力量较为雄厚的兰州和银川两大城市，为实现同西北经济区的贸易与合作奠定了基础。

三、城乡统筹发展情况

(一)城镇体系情况

区域中心城市包括呼和浩特、包头和鄂尔多斯3个城市。进一步做大做强区域中心城市,使区域中心成为带动全区经济发展方式转型和城镇化健康发展的核心和龙头。呼和浩特市是草原丝绸之路的起点城市和枢纽城市,我国向北开放的国际交流和服务中心,国家一级物流节点城市,环渤海地区和呼包银榆经济区区域性中心城市,内蒙古自治区首府,政治、经济、文化科教中心和创新发展的示范城市,国家历史文化名城。增强对外开放与对外交往职能,重点加强与京津冀地区在产业和文化领域的合作,共同推进环渤海地区合作发展,加强与包头、鄂尔多斯的经济联系,辐射带动呼包鄂城市群统筹一体发展。包头市是我国重要的工业基地,也是呼包鄂榆城市群区域性中心城市、环渤海地区重要节点城市,还是内蒙古自治区重要的经济中心、国家园林城市。加强与京津冀地区产业合作,积极开展生产性服务业合作,在符合环境保护要求的前提下积极承接产业转移,推进环渤海地区合作发展,加强与呼和浩特、鄂尔多斯的经济联系,推进呼包鄂城市群协调发展;探索中心城区与土默特右旗、达拉特旗、乌拉特前旗一体化发展机制。鄂尔多斯市是国家重要的能源化工和新型产业基地,呼包鄂榆城市群区域性中心城市,内蒙古自治区重要的经济中心,富有民族文化特色的生态宜居城市、国家园林城市。加强与京津冀的能源、电力、产业合作,与晋陕甘宁地区共同建设国家级能源基地、能源化工基地。加强与呼和浩特、包头的经济联系,推进呼包鄂城市群协调发展。

地区中心城市包括呼伦贝尔、乌兰浩特、通辽、赤峰、锡林浩特、乌兰察布、巴彦淖尔、乌海、巴彦浩特9个城市(镇)。呼伦贝尔市是东北地区开放型地区中心城市,内蒙古自治区东部重要的产业基地和服务中心,具有森林、草原文化和民族特色的国际旅游名城与生态宜居城市。加快推进中俄蒙合作先导区建设,打造"海赤乔"次区域国际合作金三角,加强与东北经济区全面合作;加强与黑龙江省在能源、资源型产业、交通、生态等方面的协调对接,承接产业转移;加强与辽宁省、吉林省在能源输送方面的协作。乌兰浩特市是东北地区清洁能源生产基地、重要交通枢纽及物流集散地,内蒙古自治区历史名城,兴安盟的政治、经济、文化中心,山水园林和生态宜居城市。与吉林省加强能源、产业、旅游、交通、生态方面的合作,主动承接产业转移,推进旅游合作,共同加强林区生态保护,推进森林火灾联防工作。通辽市是草原丝绸之路重要节点城市,东北地区的地区中心城市之一,内蒙古自治区综合交通枢纽,服务京津冀地区的清洁能源输出基地,新能源、新材料和绿色农畜产品基地,科尔沁文化旅游名城,国家园林城市。加强与辽宁省、吉林省在能源、产业、生态方面的协调,加快运煤通道的建设,主动承接产业转移,推进旅游合作,共同推进生态综合治理、地震联防、防洪等重点工作。逐步增强与赤峰的经济联系,推进西辽河平原城镇密集地区统筹发展。赤峰市是环渤海地区的重要节点城市和休闲旅游服务中心,京津冀清洁能源输出基地,蒙东冀北辽西地区的地区中心城市之一,以有色金属、能源化工、商贸物流和文化旅游为特色,生态宜居的文化名城。促进环渤海地区合作发展,积极推进赤峰市融入京津冀一体化发展,积极承接产业转移,推进京津风沙源生态治理;加强与辽宁省在能源、产业方面的协作,推进煤炭运输通道建设,推动河北辽宁内蒙古九市一盟合作,逐步增强与通辽的经济联系,推进西辽河平原城镇密集地区统筹发展。锡林浩特市是内蒙古自治区中东部的地区中心城市,京津冀旅游目的地,锡林郭勒盟政治、经济与公共服务中心,以发展能源、现代化工和绿色食品精深加工为主的新型工业城市,草原生态与草原文化旅游城市。促进环渤海地区合作发展,积极融入京津冀一体化发展,加快能源运输通道建设,积极承接产业转移,共同推进京津风沙源治理工作,加强文化交流;积极推动河北辽宁内蒙古九市一盟区域进一步深化合作。乌兰察布市是国家重要的新型能源产业基地之一,内蒙古自治区地区中心城市,京津冀产业转移承接基地,呼包鄂城市群对接京津冀的交通、物流枢纽。积极推进乌兰察布市融入京津冀一体化发展,推进内蒙古山西河北(乌大张)长城金三角合作区的建设,重点承接京津冀产业转移,推进天津至二连浩特国家运输大通道建设,共同推进京津风沙源治理工作。巴彦淖尔市是呼包银榆经济区重要的地区中心城市之一,内蒙古自治区新兴工业城市,连接西北与华北地区的重要的交通枢纽,以河套文化为特色的生态宜居城市。以巴彦淖尔市中心城区为中心,联动陕坝镇、天吉泰镇等城镇以及巴彦淖尔经济开发区等产业园区和其他产业基地发展。乌海市是国家能源与重工业基地、沙漠旅游服务基地,环渤海地区重要节点城市,内蒙古自治区西部以滨水宜居、生态园林、多元文化为特色的地区中心城市。加强与京津冀地区产业合作,在符合环境保护要求的前提下积极承接产业转移,强化与宁夏沿黄城市区建设的对接,协调推进交通对接和产业协同发展,大力发展黄河大漠观光和滨湖休闲度假旅游,加强大气联防联控和防洪、防凌等重点工作。巴彦浩特镇是阿拉善盟的政治、经济、文化中心和对外联系门户,是我国北方边疆具有深厚文化积淀和丰富民族特色的文化名城。加强与陕甘宁地区在旅游文化领域的合作,共同制定旅游联合发展战略;与宁夏联合,协调管理贺兰山自然保护区,为加大对阿拉善盟经济发展的辐射带动作用,积极推动巴彦浩特升级设市。

(二)城镇化、城乡协调发展情况

内蒙古自治区加快新型城镇化步伐,到2016年末内蒙古自治区的城镇化率达到61.2%。内蒙古自治区统筹区域协调发展,全面落实主体功能区规划,构筑经济优势互补、功能定位清晰、资源高效利用、人与自然和谐相处的区域发展新格局。大力推进呼包鄂一体化,率先在交通、通信、金融等领域实现同城化。积极推进乌海及周边地区一体化发展,加大区域内资源要素整合和产业结构调整力度。扎实推进沿黄河沿交通干线经济带建设,充分发挥辐射带动作用。认真落实国务院支持东北振兴的政策措施,促进东部盟市加快发展。推进资源型地区和林区转型发展,加大对牧业旗县、边境旗市、三少民族自治旗、民族乡和少数民族人口相对集中地区的扶持力度。

内蒙古自治区作为我国重要的优质粮食生产和加工基地、绿色畜产品生产和加工基地,城乡差距问题同全国各地一样严峻。近年来,为缩小城乡差距,实现全面和谐发展,内蒙古自治区结合区情、因地制宜地采取了一系列有力措施。包括落实中央"以工补农,以城带乡"的战略,加速破除城乡二元结构,推进城乡一体化进程,通过提高城镇化水平,增强对农村人口的吸纳能力,为农民外出就业提供服务,多渠道促进农民就业和增收;积极深化农业体制改革,发展乡镇企业,壮大县域经济,调整农业产业结构,增强农业的综合生产能力和效益;加大农村基础设施建设力度,促进城乡基本公共服务均等化等。

近年来,内蒙古自治区的务实措施见到显著效果,城乡区域统筹迈出重大步伐。自治区累计投资886亿元实施农村牧区"十个全覆盖"工程,全区84.4%的行政嘎查村实现全覆盖,农村牧区基本公共服务水平大幅提升,有力促进了城乡一体化、地区经济发展和农牧民增收,密切了党群干群关系,赢得了各族群众的赞誉。积极推进新型城镇化,"一核多中心、一带多轴线"的城镇体系初步形成,城市面貌、功能和宜居性持续改善。呼包鄂地区辐射带动作用增强,东部盟市发展步伐加快,老少边穷地区内生发展动力提升,县域经济发展水平明显提高。通过推进城乡居民养老保险制度建设,将农牧民纳入保障体系。同时,农牧民收入增长迅速,内蒙古城乡收入比正在回落,城乡收入差距不断缩小,有力地促进了经济的统筹发展和社会的和谐进步。

四、其他经济社会发展状况

(一)人民生活

2016年内蒙古自治区全体居民人均可支配收入24127元,比上年增长8.1%。全体居民人均生活消费支出18072元,增长5.2%。城镇常住居民人均可支配收入32975元,比上年增长7.8%。从主要收入构成看,工资性收入为20355元,增长7.2%;经营净收入5466元,增长13.9%;财产净收入1733元,下降7.3%;转移净收入5421元,增长9.9%。城镇常住居民人均生活消费支出22744元,增长4.0%。农村牧区常住居民人均可支配收入11609元,比上年增长7.7%。从主要收入构成看,工资性收入2449元,增长8.9%;经营净收入6216元,增长0.5%;财产净收入453元,增长6.4%;转移净收入2492元,增长30.1%。农村牧区常住居民人均生活消费支出11463元,增长7.8%。城镇居民家庭恩格尔系数为28.3%,农村牧区居民家庭恩格尔系数为29.3%。

（二）教育和科技

2016年末全区共有普通高等学校53所；全年招收学生13.3万人，增长4.5%；在校学生43.7万人，增长3.8%，其中，少数民族在校学生11.4万人，少数民族在校学生中有蒙古族学生9.9万人；毕业学生11.2万人，增长3.3%。年末全区有研究生培养单位10个，招收研究生6427人，增长3.7%；在校研究生1.9万人，增长3.1%，其中，少数民族在校研究生5107人，少数民族在校研究生中有蒙古族研究生4508人。年末有普通高中289所，全年招收学生14.7万人，下降0.9%；在校学生44.9万人，下降3.0%，其中，少数民族学生13.4万人，少数民族在校学生中有蒙古族学生12.2万人；毕业学生16.1万人。年末有小学1730所，招收学生22.8万人，增长1.7%；在校学生133.8万人，增长1.9%；毕业学生19.9万人，下降1.3%。全区幼儿园在园幼儿人数60.8万人，增长2.4%。全区初中阶段毛入学率98.7%，小学适龄儿童入学率100%。

2016年共取得重大科技成果558项，其中，基础理论成果95项，应用技术成果460项，软科学成果3项。获得国家级奖励的科技成果1项。全年专利申请10672项，授权专利5846项。年内共签订各类技术合同数2711个。合同成交金额144.2亿元，其中区内成交技术金额10.6亿元，向区外输出技术成交金额1.5亿元，吸纳区外技术技术成果金额132.1亿元。

全区共有56个有产品质量检验证书的机构，其中国家检测中心5个。

（三）固定资产投资

2016年全社会固定资产投资总额15469.5亿元，比上年增长11.9%。其中，500万元以上项目完成固定资产投资15283.4亿元，增长12.0%。从投资主体看，国有经济单位投资6807.1亿元，增长26.0%；集体单位投资162.2亿元，增长30.8%；个体投资248.9亿元，增长11.9%；其他经济类型单位投资8251.3亿元，增长4.2%。从三次产业投资看，第一产业投资776.3亿元，增长11.6%；第二产业投资6495.8亿元，下降1.2%，其中，工业投资6425.6亿元，下降0.4%；第三产业投资8197.4亿元，增长25.1%。按项目隶属关系分，地方项目完成投资14301.2亿元，增长9.3%；中央项目完成投资1168.3.4亿元，增长57.8%。

第三节 综合运输与物流发展

交通运输是现代社会经济运行的重要保障条件。在人类不断迈向现代文明社会、科学技术飞速发展、社会专业化分工日益细化、各类生产要素全球化配置的发展背景下，以解决物质产品和人员在空间和时间上的需求差异为基本任务的交通运输活动，无论是在供给规模、供给结构还是在技术手段上，都达到了前所未有的水平。现代社会已经摆脱了依靠单一交通方式的时代，由各种运输方式组合成为一个复杂的交通系统，构成现代经济社会不可或缺的物质基础和服务保障体系。综合交通运输体系是经济社会发展的基础，是经济发展水平的反映，同时社会经济发展也是综合交通运输体系建设的基础保证。

1947年5月1日，内蒙古自治区的成立翻开了内蒙古交通运输发展历史的新篇章。中华人民共和国成立后，特别是改革开放以来，在交通运输"适度超前"的发展基调引导下，经过几代交通人艰苦奋斗，锐意改革，因时而进，牢牢把握历史机遇，实现了从"瓶颈制约—总体缓解—基本适应"的快速发展，形成了由公路、铁路、民航、水运、城市交通组成的综合交通运输体系。各类交通基础设施建设成效显著，运输能力显著增强，服务水平明显提高，总体上进入了网络完善、结构优化和一体化发展的新阶段，"人便于行、货畅其流"的目标逐渐变为现实，基本上满足了经济社会发展对交通运输的需求。综合交通运输的快速发展为新时期交通运输进一步推动经济社会发展奠定了坚实的基础。

一、综合运输发展

（一）公路运输

1. 基础设施建设成效显著

公路网形成规模，技术等级逐步提高。截至2016年底，全区公路通车总里程突破19.6万km，其中高速公路5153km、一级公路6682km、二级公路16913km，公路网密度达到16.1km/100km^2。全区12个盟市全部通高速公路，旗县通高速或一级公路数量达到94个，其中通高速公路51个。贯穿自治区东西部的大通道已按高速或一级公路标准建成，14条出区高速公路和16条出区一级公路全部建成，满洲里、二连浩特、策克等主要口岸以一级公路连通，基本形成了城乡之间四通八达的公路网络及南联北开、承东启西的开放格局。

运输站场建设步伐加快。全区进一步加强公路运输站场建设管理，以国家公路运输枢纽为重点，以旗县级以上运输站场项目为基础，不断完善公路运输站场服务体系，逐步实行项目储备制度，进一步提高项目建设前期工作的深度与质量，使客运站建设工作形成了"建成一批，续建一批，新开工一批，储备一批"的良性循环局面。"十二五"期间，全区公路运输站场建设累计完成投资28亿元，是"十一五"时期的4倍。到2016年底，全区等级客运站场达681个，其中一级站23个、二级站73个、三级站28个、四级站557个，货运站场和物流园区达到82个。12个盟市政府所在地及二连浩特、满洲里市均建有一级客运站，94.2%的旗县拥有二级及以上客运站，74.4%的乡镇拥有乡镇客运站，为全区公路运输服务提供了有效的基础支撑。

第一章 综述

2. 运能、运力、运量明显提高,运输线路不断扩大

全区客货运输服务取得新进步,运输装备水平不断提升,高级化、专业化趋势明显,运输组织化程度不断提高,客货运输量稳步提高,在综合运输体系中占有主体地位。

(1)公路客运

全区客运运力结构逐步优化,运输装备现代化水平不断提高,经营主体持续向规模化、集约化方向发展,运输市场主体的集中度进一步提高,客运线网不断调整,及时适应旅客出行需求,城乡客运一体化发展取得明显进步,适应了经济社会发展和人民群众对交通运输安全性、快捷性和多样化、个性化需求。

客运经营业户规模化程度逐步提升。通过积极引导道路运输企业重组、兼并等形式提高规模化、集约化程度,提升了全区道路客运市场总体服务水平。到2016年底,全区共有从事道路旅客运输的业户1278户,其中道路旅客运输企业160户,个体运输户1118户,道路旅客运输经营业户规模化程度进一步提升。从经营范围来看,全区共有班车客运经营业户1221户,旅游包车客运经营业户69户。从运力规模看,在旅客运输经营企业中,拥有车辆数在100辆以上的企业共27户,其中主要从事班车客运的企业22户,主要从事旅游包车客运的企业8户,拥有车辆数在10~49辆的企业,占企业业户总数的43.1%。全区道路客运经营业户平均每户所拥有的车辆数为9.2辆,较"十二五"初增长21.3%。

旅客运输装备水平明显提高。到2016年底,全区拥有营运客车11719辆、39.7万客位,其中班线客运客车9435辆,旅游包车2242辆,其他客运客车42辆。营运客车平均客位数达33.9客位/辆,较"十二五"初增长9.8%。运输装备水平明显提高,高级化、专业化趋势明显。全区营运客车向大型化、高级化方向发展,大中型客车、中高级客车所占比重达到89.3%和77.9%。2011—2016年内蒙古自治区营运客车数、客位数及平均客位数变化情况见图1-1。

图1-1　2011—2016年内蒙古自治区营运客车数、客位数及平均客位数变化情况

客运线网覆盖范围不断扩大。到2016年底,全区共开通客运班线5413条,平均日发1.2万次。其中省际班线768条、盟市际班线808条、跨县班线1506条、县内班线2331条。跨县和县内班线中包含2993条农村客运班线。省际客运班线通达范围扩展至24个省市区,除了与内蒙古相邻的8个省市区外,还包括湖南、江苏、四川等地,客运线路最远延伸至福建省,详情见图1-2。高速客运线路由"十二五"初的231条增加至628条,其中400km以内的线路339条,平均日发班次267个;400~800km的线路167条,平均日发班次171个;800km以上的线路122条,平均日发班次546个。全区农村客运网络化发展进程加快,农村牧区客运车辆的通达密度和服务质量不断提升,全区旗县通班车率达100%,嘎查村通班车率从"十二五"初的85.2%提高到"十三五"初的98.9%,提高了13.7个百分点。全区有97个旗县区开通城市公交,103个旗县区拥有出租客运。城乡客运一体化发展取得明显进步,赤峰市、包头市、兴安盟、鄂尔多斯市等农村客运公交化改造进程加快,为全区统筹推进新型城镇化和新农村建设提供先行示范。

公路客运量在综合运输体系中继续占据主体地位。随着综合交通结构的调整变化,航空、铁路运输快速发展以及私家车保有量迅速上升,"十二五"中后期公路客运量呈现下滑波动。2016年,全区完成营业性公路客运量1.0亿人次、旅客周转量152.7亿人公里,在综合运输体系中的占比分别为58.7%和40.7%,旅客运输平均运距147.6km。"十二五"期间,全区累计完成营业性公路客运量8.6亿人次、旅客周转量1000.4亿人公里,在综合运输体系中的占比分别为76.4%和51.3%。2011—2016年内蒙古自治区营业性公路运输客运量及旅客周转量完成情况见图1-2。

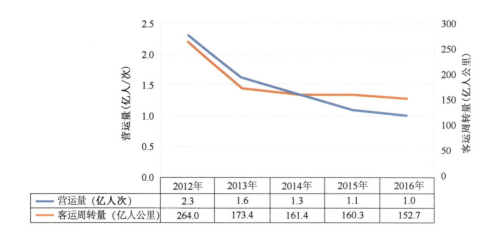

图1-2　2011—2016年内蒙古自治区营业性公路客运量及旅客周转量完成情况

(2)公路货运

全区传统货运业积极转型升级,东、西部物流区域和口岸物流产业带的"两区一带"物流空间布局初步形成,传统货运业向现代交通物流业转型升级,成为"十二五"运输经济发展的一个亮点。甩挂运输试点项目顺利推进,货运实载率明显提高,物流现代化水平逐步发展,运输企业传统作业方式逐步改变,为提高运输效率、降低物流成本带来积极影响。

货运经营业户集约化程度逐步提高。到2016年底,全区从事道路货物运输的业户为19.8万户,其中道路货物运输企业6691户,个体运输户19.1万户,个体运输户占全部运输业户的96.6%。从"十二五"期间货运市场主体构成情况来看,全区从事道路货运的业户中,个体运输户的比例基本保持在96%左右。全区从事道路货物运输的业户户均拥有车辆数1.6辆,货运集约化程度明显提高,在危险品、专用运输、大型物件运输领域,企业化、专业化、规模化趋势更为明显,户均拥有车辆数超过全区平均水平的盟市有包头市、鄂尔多斯市、呼伦贝尔市、锡林郭勒盟、乌兰察布市、乌海市和阿拉善盟。按经营范围分,全区共有普通货物运输经营业户19.7万户、货物专用运输经营业户479户、大型物件运输经营业户33户、危险货物运输经营业户255户。

货物运输装备专业化程度不断提升。到2016年底,全区共有营业性载货汽车30.8万辆(含牵引车4.2万辆),231.4万吨位。从标记吨位来看,营运货车以大型车和小型车为主,大型车数量为11.5万辆(其中重型车9.2万辆),占全部营运货车的43.3%;中型车1.3万辆,占全部营运货车的5.0%;小型车为13.7万辆,占全部营运货车的51.7%。从载货汽车类型来看,有一体货车21.8万辆,123.1万个吨位,车辆平均吨位数5.6;牵引车4.2万辆;挂车4.7万辆,108.3万个吨位,车辆平均吨位数22.8。牵引车与挂车比例约为1:1.1。从燃料类型来看,有汽油载货汽车2.6万辆,其中牵引车819辆;有柴油货车23.1万辆,其中牵引车3.9万辆;有清洁能源燃料车辆(天然气车、双燃料车)2980辆,其中牵引车1905辆。

货物运输流向以出区运输为主。2016年,全区共完成公路货运量13.1亿t,其中出区货运量5.0亿t,占总量的38.3%;入区货运量4.0亿t,占总量的31.6%;内销倒装货运量4.1亿t,占总量的30.1%。出区货物运输的流向省份中,河北、天津、辽宁、宁夏、北京的运输量较为集中,运往这5个省份的货物运输量占比分别为19.1%、18.7%、16.3%、15.0%和12.4%。与内蒙古自治区相邻的省份有黑龙江、吉林、辽宁、河北、山西、陕西、宁夏、甘肃,运往这8个省份的货运量占全区出区货运总量的65.2%。入区货物运输的来源省份中,来自天津市的货物运输量居首,其次为河北、宁夏、北京和辽宁,来自这5个省份的货物运输量占比分别为25.1%、19.3%、13.2%、10.4%和10.1%,来自与全区相邻的8个省份的货运量占全区入区货运总量的63.2%。

公路货运量在综合运输体系中的支撑作用显著。全区道路运输生产服务同产业结构调整变化发展,自身技术经济特点和比较优势得到发挥密切相关,在综合运输体系中的基础性地位显著。2016年,全区完成营业性公路货运量13.1亿t、货物周转量2423.6亿吨公里,分别较上年增长9.3%和8.2%,在综合运输体系中的占比分别为65.2%和54.4%。"十二五"期间,全区累计完成营业性公路货运量57.2亿t、货物周转量12253.6亿吨公里,在综合运输体系中的占比分别为67.7%和51.7%,公路运输在综合运输体系中占据绝对的主体地位。公路运输完成产值在第三产业占比约为14%,在地区生产总值的占比约为5%,为自治区"稳增长"战略实施做出了积极贡献。2011—2016年内蒙古自治区营业性公路运输货运量及货物周转量完成情况见图1-3。

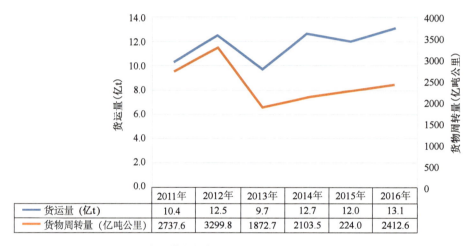

图1-3　2011—2016年内蒙古自治区营业性公路货运量及货物周转量完成情况

3. 国际运输凸显优势

国际道路运输是我国与蒙古国和俄罗斯物资交流和人员往来的重要的运输方式之一,在促进两国贸易往来、推进地区经济发展和文化交流过程中发挥着重要的作用。自20世纪80年代末以来,内蒙古自治区国际道路运输市场从无到有、从小到大,目前已经进入了基础设施不断完善,客货运量稳定增长,管理服务持续提升,部门协同更加顺畅的持续稳定发展时期。

国际道路运输网络不断拓展优化。截至2016年底,全区共有14个公路口岸,对俄5个,对蒙9个,其中11个口岸正式运营,2个对俄口岸未正式开通,1个对蒙口岸未正式运营。满洲里口岸是全国最大的陆路口岸。全区国际道路运输企业共18户,国际道路运输车辆691辆。自治区与蒙古国、俄罗斯达成开通协议国际道路客货运输线路共有28条,线路总长度超过1万km,基本形成了以口岸地区重点城市为中心、边境口岸为节点、覆盖蒙俄边境地区重点城市、重点矿区并向其腹地不断延伸的道路运输网络。

客货运输量不断攀升。"十五"末随着国家"走出去"发展战略的实施,内蒙古自治区国际道路运输开始呈现出快速发展趋势,"十二五"期全区国际道路运输累计完成客运量1103.7万人次、客运周转量11.6亿人公里、货运量1.1亿t、货运周转量34.2亿吨公里,分别较"十一五"期间增长12.9%、13.1%、210.1%和198.7%。2016年共完成国际道路旅客运输量262.4万人、旅客周转量4711.6万人公里、货物运输量3105.9万t、货物周转量12.1亿吨公里,同比分别增长19.0%、20.5%、44.3%和45.8%。其中货运量从2007年开始已连续十年稳居全国首位。

国际道路运输企业规模实力不断壮大,运输结构日趋合理。自治区国际道路运输企业由最早的两家发展到目前的20余家,国际道路运输车辆数由不足20辆发展到今天的近700辆。货运车辆从平均吨位不足5t发展到现今近20t,车型由单一普通货车发展到今天的集装箱、保温冷藏、罐式危险货物运输车等专用车型一应俱全。高级客车占比不断增加,舒适性、安全性、便捷性有了很大的提高。

4. 强化运输组织,提升服务水平

"十二五"期间,内蒙古自治区组织开发了内蒙古自治区交通物流公共信息平台,为车主和货主搭建了能够实时沟通的物流信息平台,实现货物和车辆信息的实时发布,有效提高货运车辆的利用率。完成了内蒙古公路客运多元化联网售票系统平台的开发建设工作,搭建了内蒙古联网售票数据中心,旅客可以通过网站、手机APP应用在线查询或购买汽车客票,可利用银行卡、支付宝和微信等多种支付方式。截至2016年底,实现了全区12个一级汽车客运站和部分二级客运站的网上售票、电话售票,极大方便了公众出行。

积极推进全区高速公路ETC(不停车电子收费系统)联网建设及推广工作,顺利完成清分结算系统、客户服务系统、发行系统、车道系统的开发建设,并陆续推出联名卡和空中充值、APP客户端系统的应用,完善官方网站和微信公众平台的各项功能,进一步让广大车主方便快捷地办理和使用蒙通卡。自2015年9月28日中西部高速公路ETC并入全国高速公路联网收费系统至今,ETC便利快捷的通行优势逐渐显现。全区12个盟市共开通257个办理网点,实现ETC客户服务网点盟市级全覆盖,ETC用户突破32万。

(二) 铁路运输

随着经济的发展、社会的进步、人们时间观念的普遍增强,对于效率的需求旺盛,近年来,我国铁路建设呈现高速化发展态势,开始进入高速铁路快速发展期。内蒙古自治区铁路网络建设也在逐步完善,铁路运行效率也在不断提高,朝着高速化、电气化的方向发展。

1. 铁路运输发展现状

到2016年底,全区铁路营业里程达1.37万km,比2010年增加43%。"十二五"期间,全区铁路客运量、旅客周转量分别为2.3亿人次、949.2亿人公里,在综合运输体系中的占比分别达20.6%和48.7%;货运量、货运周转量分别达到27.3亿t、11445.0亿吨公里,在综合运输体系中的占比分别达32.3%和48.3%。2016年,全区完成铁路客运量、旅客周转量分别为5394万人、222.5亿人公里,分别比上年增长5.4%和5.5%,完成铁路货运量、货物周转量分别为7.0亿t、2029.5亿吨公里,分别比上年增长4.8%和0.3%。全区对俄、蒙14个陆路口岸已有5个口岸通铁路,初步形成连接三北、通疆达海的客货运通道网络,全区铁路煤炭外运能力达到9.3亿t。内蒙古煤炭的主要输出基地呼准线地处东胜、神府、准格尔三大煤田腹地,承接京包、大准、准东铁路,既是西煤东运的主要通道,也办理自装业务,其中何家塔站具备筒仓装车和万吨直进直出条件。

2. 重点项目投资强度持续加大,建设成果显著

2016年,自治区发挥投资的关键作用,加快重大项目建设。白城至乌兰浩特快速铁路全线通车。张呼客运专线取得突破性进展,30座隧道全部贯通、内蒙古段全线铺轨、集呼段站前站后工程基本完成。通辽、赤峰至京沈客运专线连接线开工建设。呼和浩特铁路局管内动车延伸至鄂尔多斯,增开包头至厦门、呼和浩特至锡林浩特等12对客车,提高了集二线、包白线客车速度,开行"鹿城号"包头环城快速列车。开行35t敞顶箱煤炭跨局循环班列。开行包头至阿斯塔纳、乌兰察布至阿拉木图等中亚中欧班列。集二线扩能、集通线电气化工程前期工作有序开展。呼准鄂铁路呼准段、大马何铁路马何段、集通扩能兴查段等9个项目按期建成。在此基础上,相继建设呼和浩特沙良物流园区、包头西九原物流园区和乌海北物流园区,呼和浩特沙良物流园区为呼和浩特铁路局一级现代物流一级基地,担负着园区和X541/2次快运列车组织服务。目前,内蒙古铁路建设正以扩充快速客运通道、出区达海通道、向北开放通道、东西联通通道能力为目标,进一步推进中西部铁路客货网建设。

3. 旅客运输服务能力快速提升

为更好地使内蒙古人民群众享受到方便、温馨、便捷的出行服务,呼和浩特铁路局实施一系列提速、改造措施。一是围绕快速出行,对呼和浩特铁路局管内主要干线实施140km/h和160km/h提速改造,呼和浩特至包头、集宁间运行时间由过去2.5h变为1h通达,呼和浩特至北京运行时间缩短1.5h,开通呼、包、集动车组,动车平均客座率达80%以上。二是瞄准便捷出行,针对以往中西部主要城市间缺少直达列车的实际情况,连续增开呼和浩特至乌海西、呼和浩特到东胜西、呼和浩特至临河13对城际旅客列车;针对乘客旅游消费升级的新需求,瞄准旅游热点城市,开行区内至上海、昆明、深圳、南宁等13对直通旅客列车。呼和浩特铁路局旅客列车增至74对,日均旅客发送能力增至8.7万人,成为客车径路覆盖面较广的铁路局之一。三是立足温馨出行,针对客运站候车面积小、卫生环境差等情况,对呼和浩特、包头、集宁南三大客运站进行改造,大力拓展互联网订票、电话

订票、自动售票等便捷业务,互联网售票比例提高到51.8%,基本消除了旅客彻夜排队买票的现象。大量购置25T、25G型等集便型高等级空调车,空调车配置比例提高至83.1%。

4.传统货运向现代物流转型

内蒙古自治区铁路网络建设日趋完善,西部铁路网以京包、包兰、集二等干线组成,共有铁路14条,以运送煤炭为主,同时运送钢铁、矿建材料、矿石、石油等。东部铁路网以博林线、朝乌线、通霍线等组成,以运送木材为主,同时运送煤炭、石油、矿建材料等。东、西部铁路网由京包线、京通线、集通线联系。面对经济发展新常态,紧紧跟进自治区经济结构调整和产业结构升级步伐,大力推进铁路传统运输企业向现代物流企业转型,发挥铁路在综合交通体系中的骨干作用。面对大宗物资运输市场下滑的新局面,呼和浩特铁路局围绕降成本,对焦炭、钢材产品实重计费,将高于国铁收费标准的合资铁路运价降至国铁水平,压减铁路装卸、仓储、停时、专用线维修等两端费用,2016年共让利社会物流成本近4亿元。在全路率先实施大宗货物物流总包,采取铁路直达运输方式组织内蒙古煤炭南下,减少煤炭下海倒装成本,减少煤炭企业运输成本近26%。面对社会快速消费品持续增长的新态势,积极向现代物流企业转型,规划建设43个物流基地,在工业园区、厂矿企业等物流集中的地点增设33个无轨站。

(三)民航运输

内蒙古发展航空业是符合区情实际的战略决策。从地理特征看,内蒙古自治区地域辽阔、区域狭长,人口密度较低,地形地貌独特,非常适宜发展长距离、小流量、快速便捷的航空运输。从生态状况看,自治区生态系统比较脆弱,发展航空运输有利于减少土地占用、保护生态环境。从空域资源看,自治区拥有良好的空域条件和飞行条件,除军事敏感区外,大多数空域适合民用航空特别是通用航空飞行。从消费需求看,随着经济社会发展和城乡居民收入水平的不断提高,人民群众对高效、便捷出行方式的需求越来越强烈,各行各业对航空运输的需求越来越旺盛,推动民航业跨越发展正当其时。同时,航空网建设具有投资少、见效快、拉动力强的特点,这对尽快补齐自治区基础设施短板、大幅提升发展保障能力,能够起到事半功倍的作用。

在国家的大力支持下,自治区经济社会发展水平快速提升,对航空运输的需求日益高涨。与此相适应,中央和地方政府加大对全区民航设施的投入力度,民航机场建设步伐加快,航线网络规模不断扩大,全区的航空运输总量快速增长,内蒙古民航业在发展通勤航空、通用航空,建设支线机场等方面取得了突出成绩。

1.机场基础设施建设成效显著

在"十二五"初原有呼和浩特、包头、满洲里、海拉尔、乌兰浩特、通辽等共12个机场的基础上,先后建成乌兰察布、扎兰屯、阿尔山、巴彦淖尔、阿拉善等多个机场,初步形成以阿拉善左旗为中心的西部通勤通用机场群,以海拉尔为中心的东北部通勤通用机场群,以锡林浩特、赤峰为中心的东南部通勤通用机场群,以鄂尔多斯为中心的西南部通勤通用机场群,其中阿拉善左旗机场成为全国首家通勤航空试点,呼伦贝尔拓展通用航空服务领域试点已扩展至自治区全境。2016年,完成了阿拉善左旗通勤机场飞行区改扩建工程,扎兰屯民用机场于12月28日正式通航,海拉尔、包头2个运输机场改扩建项目,莫力达瓦旗、满归、阿鲁科尔沁旗、陈巴尔虎旗通用机场项目正在建设中,预计2017年可完工。到2016年底,内蒙古地区共拥有24个机场,机场密度达1.2个/10万 km^2,机场数量占全国的7.6%,占华北地区的58%,使内蒙古自治区成为我国民航典型的多机场运行地区以及机场数量较多的省份之一。

2. 航空运输网络逐步扩大

自治区各级政府与内蒙古机场集团积极争取航空公司投入运力,开辟航线,改善内蒙古航空运输网络的通达性。到2016年底,全区机场通航城市达75个,运营航线超过271条,有35家航空公司在内蒙古航空市场运营,其中呼和浩特市机场运营航线139条,通航城市64个,共有29家航空公司参与机场运营。形成了以中国国际航空、天津航空、中国南方航空为主,多家航空公司共同参与的竞争局面。

3. 航空运输服务能力显著提高

2016年全区民航机场旅客吞吐量完成1884.5万人次,货邮吞吐量完成8.2万t。其中,呼和浩特市机场完成旅客吞吐量984.5万人次,较上年增长9.9%,在全国224余个机场中排名32位;货邮吞吐量3.7万t,较上年增长8.0%,全国排位39;运输起降8.2万架次,较上年增长4.1%,全国排名第36位。自治区民航客运量在综合运输体系中的占比由2010年的1.5%增至2016年的5.0%,民航大众化趋势越来越明显。

(四)水路运输

内蒙古自治区属于非水网地区,通航期年平均5个月。全区水域面积约为1647万公顷,河流总长度6546km。重点河流水域主要是额尔古纳河949km、黄河内蒙古段846km,重点湖泊、水库50多个。分布着乌梁素海、哈素海、岱海、居延海、达赉湖、达里湖等大小湖泊1000多个。到2016年底,全区内河航道2516.5km,航道通航里程2402.8km,渡口40道、浮桥12座、码头46个,登记注册船舶总数789艘,其中客船465艘、货船29艘、顶推船拖轮17艘、驳船166艘、非运输船112艘。全区适任船员1214人,持海事执法证人员264人,海事调查官25人,注册验船师42人,配备海巡艇38艘。"十二五"期间,全区建设水运和海事基础设施11项,累计投入4.5亿元,是"十一五"投资额的9倍。

随着自治区经济结构的持续调整、第三产业快速发展,水上旅游业随之快速跟进,水上旅游带动了水路旅客运输的平稳增长,2016年完成客运量302.7万人、客运周转量1208.9万人公里,客运量中含渡运91.4万人,游运211.3万人。内蒙古自治区的水上旅客运输主要以两岸摆渡的渡运和短距离的水上旅游船只的游运为主,黄河水系和呼伦贝尔水系上有渡运和游运,其他水系只有游运,客运总量在综合运输体系中所占比例偏小。受地理条件和自然环境的影响,内蒙古自治区没有长途水上货物运输,货运主要服务于沿黄河两岸百姓的生活和生产活动,运输种类主要是日常生产、生活物资,水路货物运输的方式均为驳船运输。

(五)城市客运

1.城市公交

全区紧紧围绕"基本确立城市公交在城市交通中的主体地位"目标,紧密响应国家公共交通优先发展战略,加快还清发展滞后的历史欠账,逐年增加公共交通投资,深入推进行业体制机制改革,积极探索"行业公益性、运作市场化"的发展新路。建成了一批具有一定规模的公共交通基础设施,极大地改善了人民群众出行难的问题,城市公共交通整体服务能力与保障水平得到全面提升,发展成绩显著。

运力规模稳步增长。公共交通客运运力稳步增加,客运规模持续扩大。到2016年底,全区拥有公共汽电车运营车辆10602辆、10868标台,较2011年分别增长29.2%和39.9%;2016年全区完成公共交通客运量12.9亿人次,较2011年增长22.6%。

车辆技术装备明显改善。公交车辆更新速度加快,高等级车辆逐步投放,车辆排放标准不断提高,整体技术装备水平得到明显改善。到2016年底,全区84.8%的公交车辆达到国Ⅲ及以上标准,比上年提高1.9个百分点;安装空调的公共汽电车车辆占全部车辆的比例由2015年的15.4%上升至18.7%;新能源车辆数量增长迅速,包头、通辽、赤峰、鄂尔多斯、巴彦淖尔和阿拉善等盟市当年共计购置和投入使用新能源公交车886辆,到2016年底全区纯电动和插电式混合动力公交车车辆数达1319辆。

运输服务区域逐步扩大。公交线网不断优化调整,与对外运输方式的衔接更加紧密,各城市外围地区和郊区的交通出行条件有较大改观。到2016年底,全区拥有公共汽电车运营线路1198条,运营线路总长度2.9万km,较2011年分别增长48.6%和53.8%。自治区将加快发展城乡客运一体化列为重点任务,大力实施农村客运通达攻坚工程和镇村公交发展工程。到2016年底,全区乡镇通客车率达100%,行政村(嘎查)通客车率达98.9%,城乡客运一体化发展取得一定成效。

设施供应能力显著增强。公交停保场用地紧张的局面得到一定缓解,各盟市更加注重公交场站的规划与建设,建成了一批具有一定规模的公交首末站和停保场。到2016年底,全区公交停保场面积达到 163.8 万 m^2,较 2011 年增长 48.8%,车均场站面积 154.5m^2/标台,高于全国平均水平。快速通勤系统进入全面建设的新阶段,各盟市在城市主干道上积极开辟公交专用车道,呼和浩特、包头、乌海、通辽、乌兰察布和鄂尔多斯六个盟市政府所在地共计设置公交专用道189km,较2011年增长约3倍。

信息科技水平明显提升。IC卡结算技术、卫星定位服务技术、智能化调度等先进技术和科技创新成果在城市公共交通领域得到应用。呼和浩特、包头、呼伦贝尔、通辽等多个盟市积极构建公交智能调度监控系统、公交出行查询系统和线路运行显示系统。到2016年底,全区安装车载卫星定位终端的公共汽电车运营车辆达0.7万辆,占全部运营车辆的65.2%,是2011年的3倍;全区城市公共汽电车IC卡累计售卡量达284.8万张,约为2011年的3倍。呼和浩特、通辽、鄂尔多斯市建设了公交电子站牌,呼和浩特市开发推广了"掌上青城"手机应用,实现了全市100余条公交线路、3000多个站点的信息查询。

行业管理体系日趋完善。公交优先政策有所推进。《内蒙古自治区人民政府关于城市优先发展公共交通的意见》(内政发〔2013〕108号)成为推进全区公交优先发展的重要政策指导文件,各地方政府也积极出台优先发展公共交通的法律法规和规范性文件,如包头市出台了《包头市城市公交企业服务质量监督管理办法》。公共交通优先发展由部门行为上升为政府行为,公交优先发展理念逐步得到广泛认同,管理体制逐步理顺。自治区抓住大部制改革机遇,积极推进城市公共交通管理体制的改革,在自治区政府正式将城市公共交通的管理职能划转交通运输厅后,各盟市和旗县顺利完成移交工作,各地方的"三定方案"(定职能、定机构、定编制)也相继实施,理顺了部门职能与责任。行业管理进一步深化,逐步推行诚信考核管理制度,定期向社会公布企业诚信评定结果,利用诚信评价规范企业经营行为,通辽、赤峰、满洲里等地制定了企业服务质量信誉管理考评办法。公交体制改革不断深化。各地加快推进经营主体结构调整,城市公交运营管理制度化、规范化程度显著提高,"规模经营、适度竞争"的公交市场格局正在形成。

2. 出租客运

运力规模稳步增长。内蒙古自治区出租汽车行业自20世纪80年代起步,经多年发展已具备一定规模,成为城市公共出行的重要补充。到2016年底,全区拥有出租汽车67431辆、年载客车次总数达8.7亿车次、年运送客运量15.5亿人次,分别较2011年增长了9.4%、35.3%和17.8%。

车辆技术装备水平逐渐改善。出租汽车车型品牌档次不断提高,整体技术装备水平得到明显改善。车辆节能环保水平得到大幅提升。到2016年底,全区清洁能源车辆达31379辆,约为2011年的2倍。

信息科技水平明显提升。IC卡结算技术、卫星定位服务技术、智能化调度等先进技术和科技创新成果在出租汽车领域得到应用。到2016年底,全区安装车载卫星定位终端的出租汽车运营车辆达4.8万辆,占全部运营车辆的70.6%,较2011年增加了近30个百分点。

行业体制机制改革不断创新。我国出租汽车行业原归属交通、城建等不同部门管理。2008年国务院大部制改革将指导城市客运的管理职责划转到交通运输部门后,自治区各盟市的出租汽车全部由交通运输部门管理。自治区、盟市、旗县均设置了出租车管理机构和职能部门,履行出租汽车行业管理职责。近年来,交通运输管理部门不断促进了行业体制、机制改革和模式创新,出租汽车行业保持了可持续发展态势,在完善城市功能、方便群众出行、扩大社会就业等方面发挥着重要作用。呼和浩特市、乌海市等几次成功投放了出租汽车,有效缓解了"打的难"的状况。自治区交通运输厅联合自治区发改委建立了出租汽车运价调整机制和出租汽车运价与成品油价格联动机制,各盟市也建立了相应机制,部分地区合理调整了出租汽车运价,一定程度上提高了出租汽车驾驶员收入。同时各地多措并举加大了对非法营运的打击力度,与公安、质监等部门组织联合执法,有效保障了乘客、驾驶员、经营者合法权益。

3. 城市轨道交通

内蒙古呼和浩特市城市轨道交通建设项目从"十二五"规划提上日程,2012年编制线网规划,2016年4月获得国务院批准,成为全国第39个获批建设轨道交通的城市,呼和浩特城市轨道交通建设正一步步从蓝图变成现实。呼和浩特城市轨道交通近期建设包括城市轨道交通1号线一期工程、2号线一期工程2个项目,1号线一期工程自金海工业园区至白塔站,线路长23.2km,设站19座,投资155.84亿元,规划建设期为2016—2019年;2号线一期工程自新店东至茂盛营站,线路长28.2km,设站24座,投资182.97亿元,规划建设期为2016—2020年。预计2020年,呼和浩特市中心城区公共交通占机动化出行的比例达到60%,城市轨道交通占公共交通出行的比例达到15%。项目包括1号线和2号线一期工程,线路总长度为42.1km,总投资305.52亿元,全线将于2017年开工建设,2022年建成运营。城市轨道交通的建设发展,将明显改善居民出行条件,缓解城市东西向及南北向主客流走廊的交通压力,为构建城市现代交通运输系统奠定了基础,同时拓展城市空间,加快城市郊区发展。

二、交通运输物流业发展规模不断扩大

"十二五"期间,特别是自治区人民政府印发《关于贯彻落实国家物流业调整和振兴规划的实施意见》以来,全区交通物流基础设施和政策环境明显改善,交通物流发展规模不断扩大,技术装备水平不断提升,重点领域物流发展迅速,物流政策环境不断向好,为自治区经济社会发展发挥了重要作用。

(一)交通运输物流发展环境逐渐向好

随着国家、自治区人民政府和交通运输厅相继出台《物流业调整和振兴规划》《内蒙古自治区"十二五"物流业发展规划》《关于减收甩挂运输车辆通行费的通知(试行)》等一批规划及政策,现代物流业在全区产业体系中的战略地位得到了进一步确立,并初步建立起物流协调发展的运行机制。自治区物流业统计分析、调查和信息发布制度逐步完善,加强了对物流业运行的监测与分析;物流标准化、物流人才培养和技术创新等行业基础性工作逐步加强;物流协会等社团组织的作用也得到了充分发挥,促进行业自律。

(二)交通运输物流基础设施不断完善

"十二五"以来,自治区不断强化交通物流基础设施建设,逐步完善铁路、公路、航空等多式联运网络,先后建成至锦州港、哈密等通达港口、连接新疆的铁路和甘其毛都等口岸的铁路,建成30条高速、一级公路出区通道和满洲里等口岸一级公路,建成12个民用和通用机场,初步构建了南连北开、承东启西、通疆达海、连接口岸的物流通道格局。

(三)交通运输物流发展规模稳步扩大

全区物流货物运输量持续扩大,2016年全社会各种运输方式完成货运量18.6亿t,货物周转量4263.9亿吨公里,分别是2000年的4.2倍和4.1倍,形成了以道路运输为主体,铁路运输为核心的格局。重点货物运输分布主要在经济发达、生产加工企业聚集度高的呼包鄂等西部地区,占比为全区总量的半数左右;运输种类以煤炭及制品、矿物性建筑材料等大宗货物为主,运输量占比分别为40.8%和17.6%。出区、入区、内销货物流向相对均衡,其中与内蒙古自治区相邻的8个省份是自治区货物的主要流出地,占比达65.2%。

(四)交通运输物流"两区一带"空间布局形成

随着不同区域资源的优化配置和产业分工,交通物流发展呈现出以城镇为中心,沿重要河流、口岸及资源富集地区分布,并逐步向中心城市集聚的特点,形成了西部物流区域、东部物流区域和口岸物流经济带等"两区一带"的现代物流发展格局。西部地区以呼包鄂为核心,是连接西北、华北经济区,连通欧亚大陆的重要物流基地;东部地区依托呼伦贝尔、霍(林河)白(音华)胜(利)、赤峰等资源富集地区,是连接东北、华北经济区,连通俄罗斯、蒙古国的重要物流基地;沿边口岸经济迅速发展,满洲里口岸过货量占全国对俄口岸过货量的65%,二连浩特口岸过货量占全国对蒙口岸过货量的47%,形成了连接俄蒙及欧洲陆路口岸的物流产业带。

（五）交通运输物流园区建设有序推进

随着国家、自治区以及企业对物流基础设施投入的不断加大,铁路、公路、航空场站和货物运输枢纽等设施明显改善,依托现代物流理念建设的各类物流园区、物流中心、配送中心得到较快发展。重点建设了呼和浩特、包头、呼伦贝尔、通辽、赤峰、鄂尔多斯、巴彦淖尔、满洲里和二连浩特国家公路运输枢纽,呼和浩特、通辽、集宁、东胜等地区综合铁路枢纽以及一批铁路集运站、战略装车点和公路货运站场,实现了多种运输方式、不同运输节点的有效对接。全区已建成投资亿元以上的交通物流园区54个,年营业额270亿元,现代物流园区的结构和功能不断升级,园区业务总量、辐射范围和影响力不断扩大。以巴运物流园区为代表的重点交通现代物流园区,结构和功能在不断升级,业务总量、辐射范围和影响力不断扩大,在全区乃至全国物流市场形成一定的知名度和辐射力。

（六）交通运输物流市场主体发展加快

随着传统的运输和仓储企业向现代物流企业转型升级,逐步形成了不同经营模式的物流企业共同发展的格局。培育了巴运集团、通辽金港运输公司、锡林郭勒盟安快运输公司、中昊运输公司、通辽运输公司、内蒙古物资储运等一批本土物流企业,初步形成了多种经济成分和服务模式共存的第三方物流市场主体。到2016年,全区从事道路货物运输的业户19.8万户,户均拥有车辆数1.6辆,货运集约化程度明显提高,在危险品、专用运输、大型物件运输领域,企业化、专业化、规模化趋势更为明显。

（七）交通运输组织方式不断优化

积极争取交通运输部投资补助资金,推进自治区综合客运枢纽和物流园区建设,促进城市功能优化、集约利用土地。继续推进甩挂运输、多式联运等先进运输组织方式,引导传统货运企业扩展营业范围,向提供全程化服务的现代综合物流企业转型,着力解决"最后一公里"问题,提高运输服务能力。积极争取国家甩挂运输试点项目补贴,自治区已有3家企业被列入试点项目,总补贴金额2500余万元。推动无车承运试点工作,组织自治区5家试点企业做好企业信息系统接口改造、对接交通运输部试点运行监测平台工作,初步实现货运物流行业集约、规范、高效、绿色发展。试点运行满洲里公路电子口岸系统,推进口岸国际道路运输车辆"单一窗口"申报模式和"联合查验、一次放行"的"一站式通关模式",切实提高通关效率,降低通关成本。

（八）交通运输物流信息化发展水平逐步提高

物流现代化水平逐步提高,信息管理技术、GPS全球定位系统、电子数据交换、RFID

无线射频管理以及立体高层货架、标准化托盘、集装箱等物流新技术、新装备在全区得到推广应用,全区大多数物流园区、物流配送中心和物流企业已经建立了物流管理信息系统。以政府为主导搭建了"内蒙古交通物流公共信息系统"平台,已建成自治区物流数据中心、交通运输指挥中心两个中心和物流信息服务、人员资质认证、企业信用管理、交易信息服务、车辆定位跟踪、车辆维修救援、口岸物流服务7大应用系统。

第四节 公 路 建 设

纵观内蒙古地区的道路交通史,有记载的公路建设可追溯到战国时期,从著名的古战道——秦直道到民国19年(公元1930年)第一条真正意义上的公路,再到今天19.6万km的现代化公路网络,上下几千年,所发生翻天覆地的变化和进步,见证了内蒙古发展变迁的历史和内蒙古各族人民为了生存发展而生生不息的奋斗精神。21世纪的今天,回顾历史,展望未来,将更加激励每一个公路人为实现"内蒙古梦"不断进取。

一、古代道路建设

内蒙古地区的道路交通可追溯到战国时期,古代有著名的秦直道、稒阳道、白道、隋御道、回鹘道,金时期的上京路、中京路,元代的蒙古站赤(驿传),明、清时期的商道、驿道、驼道。

战国时期,内蒙古地区生活着匈奴、东胡、林胡等游牧民族,他们的生活习惯是"逐水草而迁徙""以穹庐为舍"。在部落的领地内转场迁移,以及部落和部落之间的交往联系中,逐渐形成了具有一定通行能力的草原自然路。此外,游牧民族的大迁徙也会形成较大规模的草原自然路。历史上鲜卑民族大规模的迁徙路线有两条:一条是从额尔古纳河右岸,经呼伦湖、克鲁伦河、土拉河、塔米河、扎布罕河至蒙古高原的科布多地区;另一条是从西辽河流域,经滦河上游、永定河上游、黄旗海、岱海,到黄河流域的河套平原、土默特平原及鄂尔多斯高原地区。

北方各民族在发展壮大以及与内地汉族长期的政治、经济、文化交往过程中,在蒙古高原的大戈壁和阴山山脉开辟了许多道路。沟通漠南和漠北的道路较著名的有东部的科图至察罕库腾,中部的吉斯洪呼尔至赛尔马苏,西部的沁诺图山(二狼山)郭多里、居延海至哈喇和林;沟通阴山山脉南北的道路较著名的有北魏的白道、昆都仑沟的汉稒阳道、石兰计沟谷的秦汉高阙塞道和哈隆格乃沟谷的鸡鹿塞道等。这些道路多是利用自然条件经简单人工整修后形成的,均适合人、畜及畜力车通行。

中原王朝在与北方及西北的其他民族通商交往中,开辟了诸多通商道路。唐代的回

第一章
综　述

鹘道是唐朝都城长安通往漠北(今蒙古国境内)的重要道路,有"草原丝绸之路"的美称。明代,明穆宗隆庆四年(公元1570年),土默特领主阿拉坦汗(俺答汗)在大青山下建立库库和屯,朝廷赐名"归化"(今呼和浩特市旧城),并开辟了以归化城为中心通往漠北、关内、河西走廊的商道。清代,内蒙古地区的经济相对繁荣发展,通商的道路也逐渐形成。逐渐开辟了以归化城、多伦诺尔(今锡林郭勒盟多伦县)和张家口等城镇为中心的,联系漠北、黑龙江、新疆、陕西及内地的(驼运)商道。这些道路在历史上对促进各民族之间的文化交流、经济繁荣均起到了重要作用。

北方游牧民族曾在今内蒙古地区建立过政权,为政治和经济的需要,以其都城为中心开辟了具有一定规模的道路口。北魏登国元年(公元386年)在盛乐(今呼和浩特市南和林格尔县土城子)建立政权,后又迁都平城(今山西省大同市东)。开辟了平城至盛乐、云中(今呼和浩特市托克托县)至五原道以及平城经云中至统万城(今鄂尔多斯乌审旗南白城子)道。10世纪初,辽建都上京(今赤峰市巴林左旗林东镇南),后又于辽圣宗统和二十五年(公元1007年)建新都中京于大定府(今赤峰市宁城县大明城)。随之开辟了以辽上京和中京为中心通往南京(即幽州,今北京市西南)、东京(辽阳府)、西京(今山西省大同市)的道路,以及辽上京通往西夏都城兴庆府(今宁夏回族自治区银川市)的"直路"。

历史上有许多道路的开辟是为了战争的需要,这些军事道路同样对经济、文化的交流和发展起了重要作用。如秦时的秦直道(图1-4)、汉代的定襄(今呼和浩特市南和林格尔县境)至匈奴单于廷道、朔方高阙塞至漠北匈奴龙城道、北魏时期的阴山北六镇边防道及平城(今山西省大同市)至大漠南沿道,以及唐朝为加强边防在河套地区设立三受降城后,形成了三受降城之间及由三受降城南通长安、北达哈喇和林、西通安西都护府、东抵幽州的道路,还有清代所开辟的卡伦站道和军台路等,都是军事色彩较重的道路。

图1-4　秦直道古遗址

驿路,尤其是通过长城关塞向关外设置的驿路,是内蒙古地区古代道路交通的重要组成部分。驿路是中央政权加强对各地区的控制和传递文书、人员往来、运送物资的道路。

内蒙古地区的驿路最早兴建于唐代，鼎盛于元、清两代，衰落于清末。驿站的使用与管理，各朝代均有严格完善的制度。唐代贞观年间，在参天可汗道设驿站68处，这是今内蒙古地区有历史记载的最早的驿路。13世纪初，为实行军事扩张策略，成吉思汗以漠北为中心在原有道路的基础上建立了站赤。之后经不断完善，到窝阔台时期（公元1229—1241年），已形成一套较为完善的驿传制度。这个时期的驿路是以都城和林为中心设置的。元统一中国后，在内蒙古地区的道路是以两都（上都开平，大都北京）为中心，以驿路为主干的格局。主要道路有两都之间的道路、上都至和林驿路、上都经丰州至和林驿路、上都经松州至和林驿路、东胜州经亦集乃路（今阿拉善盟额济纳旗）至和林驿路、宁夏府至亦集乃路驿路、大宁至大都驿路等。清康熙二十二年（公元1683年）开始设驿站，到康熙三十一年（公元1692年）前后，共设立了五路驿站。这五条驿路分别是喜峰口驿路、杀虎口驿路、古北口驿路、独石口驿路和张家口驿路。五路驿站总长达3024km，设有驿站60处。驿站及驿传制度的建立和完善，不但在军事上有着重要的作用，而且对沟通漠南、漠北与中原地区的联系，促进各民族之间的文化、物资交流也起到了积极作用。

二、民国时期公路建设

公元1912年（民国元年），中华民国建立。内蒙古地区从东到西分别隶属黑龙江省、奉天省、吉林省、热河特别行政区、察哈尔特别行政区、绥远特别行政区和甘肃省。民国初期，内蒙古地区的道路基本还是清末的道路格局。随着汽车运输的增加，各地也陆续开始对道路进行整修，相继出现了一些由马车道经整修而成的初级公路（当时称汽车路）。

民国时期的公路修筑以经济发展和商业运输为主要目的。民国17年（公元1928年），中华民国交通运输部召开全国交通会议，拟出"四经三纬"计划。民国18年（1929年）4月，热河省建设厅编制《修筑道路计划书》，将道路划分为省道、县道、村道三级。民国17年（公元1928年），绥远建省后成立了建设厅，并下设路工局，主管公路建设事宜。民国18年（公元1929年）3月，绥远省制定了《绥远全省汽车路修筑计划》。民国18年和19年（公元1929年和1930年）初，辽宁（奉天）、黑龙江两省先后制定了《公路计划纲要》，计划按一定工程技术标准修建适合汽车行驶的公路。民国19年（公元1930年），内蒙古地区第一条公路（包头—马拉河路）竣工。此后，内蒙古地区中部的绥远省、察哈尔地区，东部的昭乌达盟、哲里木盟、呼伦贝尔盟和西布特哈地区都有计划地修筑了多条公路。所修筑的公路标准很低，均为土路或砂石路，桥梁也多是临时性的木桥。

民国20年（公元1931年），九一八事变后，内蒙古地区除河套以西地区之外相继被日本侵略军占领。在沦陷区，公路修筑主要是以军事需要为目的。由日本侵略军军部直接控制，并强征中国民工进行修筑。由于战争的破坏，到抗日战争胜利时，内蒙古地区的公路大部分被阻断，公路交通基本瘫痪。

第一章

综述

抗日战争胜利后,绥远省对原有公路进行了较大规模的修复,但在此后的解放战争中,公路再遭破坏,到1949年9月,绥远省和平解放时,原有总长3135km的公路中,仅有1552km尚可通行。

1947年5月1日,内蒙古自治政府成立,在民政部下设交通司,协同内蒙古人民自卫军(后改称内蒙古军区)后勤部兵站部,管理交通运输及公路修复工作。到中华人民共和国成立前夕,内蒙古地区约有公路5532km,能维持汽车通行的公路仅有2394km,且全部为砂石路面或土路。

三、新中国成立后公路建设

1949年10月1日,中华人民共和国宣告成立。1949年12月2日,经中央人民政府批准,内蒙古自治政府改名为内蒙古自治区人民政府。

中华人民共和国成立到1952年底,是国民经济三年恢复时期,内蒙古自治区和绥远省人民政府本着"首先恢复,尽早通车"的原则,保证工农业生产,支援抗美援朝的公路建设方针,重点对干线公路的路基、桥梁和涵洞进行了整修,同时新建了两批桥梁和涵洞,使各干线公路能维持通车。到1952年底。公路通车里程已从1949年的2394km,恢复到4821km,公路状况有了较大的改观。1954年3月,绥远省和内蒙古自治区合并,撤销绥远省建制。1955年7月,撤销热河省建制,并将赤峰、宁城、乌丹3县和敖汉、翁牛特、喀喇沁3旗划归内蒙古自治区。1956年4月,将甘肃省的巴彦浩特蒙古族自治州、额济纳蒙古自治旗划归内蒙古自治区。至此,内蒙古自治区基本形成现有行政区划。

在"一五"计划期间,内蒙古自治区根据国民经济建设的需要,本着公路交通要大力支援包头工业建设,并为农、牧、林业生产和城乡物资交流服务的方针,制定了本区公路发展的五年规划,公路建设步入了有规划的快速发展时期。到"一五"计划末期,初步形成了以铁路为依托,以呼和浩特、包头、集宁、赤峰、通辽、海拉尔等城市为中心的公路网络,公路通车里程达到13020km,比"一五"计划初增加了170.07%。

1958—1960年"大跃进"期间,内蒙古自治区的公路建设,贯彻全党全民办交通的方针和依靠地方、依靠群众、提高与普及结合以普及为主发展地方道路的"地、群、普"方针,组织动员群众进行了大规模的修筑道路运动,取得了许多成绩。1961—1965年,在"调整、巩固、充实、提高"的方针指导下,内蒙古自治区的公路建设工作也相应进行了调整。在压缩基本建设规模的同时,注重提高公路等级,进行技术改造,同时积极开发公路建设新技术。1966年竣工的通辽—开鲁公路,是内蒙古自治区首次大面积利用石灰土作路面基层,首次大规模铺筑渣油表面处治路面,也是内蒙古自治区第一条完全按交通部颁布标准修建的公路。到1965年底,内蒙古自治区公路通车里程为25688km,在全国排第6位。"文化大革命"期间,公路建设的正常规划、投资和施工秩序被打乱,面对越来越重的运输压力,自治区交通运输部门从养路费中拿出约20%的资金用于公路的维护和部分公路的新建,由中央有计划投资的公路建设项目仅限于国防和边防公路的修建。在"备战、备荒、为人民"的方针指导下,公路建设仍有发展。1972年5月,内蒙古自治区交通会议提出了公路建设的"四化一通"方针,即路线标准化、路面黑色化、桥梁永久化、绿化和社(人民公社)社通公路。在此方针的指导下,新建、改建了一大批等级较高的渣油路,同时修建了一批重要桥梁,呼和浩特至包头、呼和浩特至集宁的渣油路和下城湾七〇黄河大桥均是在此期间建设完成的。到"文化大革命"结束时,内蒙古自治区公路通车里程已达到33414km。

中国共产党第十一届三中全会之后,随着党的工作重心的转移,公路建设步入了快速发展时期。在国家优先发展交通事业的政策支持下,内蒙古自治区交通运输厅根据国家总体路网规划和内蒙古自治区的经济发展及国防建设的需要,对全区公路按行政级别、技术等级进行了重新规划和调整,制定了《内蒙古自治区公路路网规划》。同时动员一切力量,利用国家的优惠政策,全面开展公路建设。到1990年底,内蒙古自治区的公路通车里程已达到43274km,形成以首府呼和浩特以及包头等大中城市为中心的,以6000多公里国道和7000多公里省道为骨架的,干支结合的公路运输格局。

"八五"期间,交通基础设施建设明显加快。在公路建设上遵循"普及与提高相结合、以提高为主"的指导思想,积极筹措建设资金,完善公路建设管理体制,强化质量意识,公路建设取得了可喜的成绩。"八五"期间,全区交通基础设施建设共完成投资26.8亿元。其中,重点公路建设完成投资18.16亿元。全区新增公路1479km,二级以上公路增加466km,高级、次高级路面增加1396km。到1995年底,全区公路总里程达到44753km,公路密度达到3.78km/100km^2。其中等级公路达到36154km,占总里程的80.77%,在全国排第19位。二级以上公路达到1218km,占总里程的2.72%,在全国排第27位。有路面里程达到36053km,占总里程的80.56%,在全国排第26位。高级、次高级路面达到7930km,占总里程的17.72%,在全国排第25位。建有各类桥梁4113座(115592延米),在全国排第20位。在这5年期间,内蒙古自治区开工建设了呼和浩特至包头首条高速公路,建成呼和浩特至集宁至老爷庙、海勃湾至拉僧庙汽车专用二级公路,在高等级公路建设上有了质的突破。5年中完成的其他重点公路建设项目有拉僧庙至石嘴山、海拉尔至满洲里、赛汗塔拉至二连浩特、乌兰花至赛汗塔拉、乌达至巴彦浩特、乌兰浩特至白音胡硕、库伦至彰武、大六号至白音察干等干线公路,科尔沁大桥等重要桥梁。"八五"期间,全区扶贫公路完成4077km,使44个乡(苏木)、353个行政村通了公路。到1995年底,全区1566个乡(苏木),有1378个通了公路,占总数的88%,在全国排第29位。有1496个乡(苏木)通了汽车,通车率达到95.5%。"八五"期间的边防公路建设贯彻先通后畅的原则,在公路数量和使用品质上均有提高。边防公路里程由1990年的3920km增加到1995

年的4171km,有路面里程由1990年的2568km增加到1995年的2828km,永久性桥梁由1990年的50座(1069延米)增加到1995年的73座(1961延米)。

"九五"期间,自治区按照国家"九五"计划和2010年远景目标规划的总体要求,从自治区实际和交通现状出发,结合全国国道主干线规划,提出到2010年自治区公路发展的总体规划——"三横九纵十二出口"公路网布局发展规划。"三横九纵十二出口"公路布局网络是以三条横贯自治区东西、九条纵贯南北的公路主干线、十二个主要出口路为骨架展开布局的,总规模14700km。该规划是自治区公路史上具有里程碑意义的公路网规划,对加快推进自治区公路交通现代化建设具有重要意义。

"九五"期间,内蒙古的公路发展,结合了自治区的实际和公路交通特征,实施了公路建设由部门行为向政府行为、行业行为向社会行为的"两个转变",建设重点放在了提高路网的整体功能和服务水平上。有计划地建设了一批骨干工程,提高了国省干线公路的技术等级,解决了干线公路和交通量较大的经济热线全天候通畅问题。利用国家的扶贫政策投入和地方政府的积极性,充分调动社会和人民群众的力量,大力开展县乡公路建设,实现了乡乡通公路,提高了路网的通达深度。"九五"期间,公路建设完成投资153亿元,是"八五"期间的5.8倍。到2000年底,全区公路里程达到67346km。公路密度达到$5.69km/100km^2$。二级以上公路里程由"八五"末期的1218km增加到4005km,是"八五"末期的3.3倍,占总里程的比例由2.72%增长到6%。等级公路增加到63622km,占总里程的比例增长到94.5%。公路桥梁由"八五"末期的4133座(115592延米)增加到5506座(153181延米)。公路通达深度迅速提升。5年间,新建、改建县乡公路3.3万km,到2000年底有95%的旗县通了油路,100%的乡(苏木)通了公路,83%的行政村通了公路,分别比"八五"末提高24、12、20个百分点。盟市出口公路、过境公路和口岸公路得到显著改善,边防公路、扶贫公路、地方公路建设与改造得到全面加强。交通基础设施条件的改善,提高了自治区公路的总体通行能力,对自治区经济和社会发展的适应能力和支撑力明显增强,为"十五"及以后的交通发展奠定了坚定的基础。

"九五"期间,自治区重点公路建设项目有:国道主干线呼和浩特至包头高速公路(一幅)、包头绕城二级公路、临河绕城二级公路,国道主干线甘南界至博克图二级公路,呼和浩特机场一级公路,国道111线通辽至乌兰浩特二、三级公路,国道109线大饭铺至东胜二级公路、东胜至察汉淖二、三级公路,国道303线经棚至锡林浩特三级公路,国道304线通辽至好力保一、二级公路,巴彦浩特至吉兰泰二、三级公路,国道111线乌兰浩特至新林北二级公路,乌兰浩特至阿尔山三级公路。

"九五"跨"十五"开工建设了国道主干线老爷庙至呼和浩特至包头高速公路、国道210线包头至东胜一级公路,国道主干线白音察干至丰镇二级公路、赛汗塔拉至白音察干二级公路、国道主干线博克图至牙克石二级公路、锡林浩特至霍林郭勒二级公路、国道111线老府至奈曼二级公路、呼和浩特至武川二级公路,拉布达林至根河三级公路。

"十五"是自治区公路交通发展又好又快的时期之一。5年累计完成公路建设投资783.7亿元,占自治区固定资产投资总额的九分之一,是"九五"期间的5.1倍,是在内蒙古自治区成立到2000年52年间公路建设投资总额的4.1倍。"十五"期间,全区新增公路11700km,公路通车里程达到了79000km。其中,高速公路达到1001km,一级公路达到2139km;二级以上公路达到11500km,是"九五"期间末期的2.7倍。公路密度由"九五"末期的5.69km/100km^2,增加到6.68km/100km^2。

"十五"期间,对"三横九纵十二出口"公路骨架发展规划的等级进行了调整提高,建设项目集中在国、省道上,加快了以高速公路、一级公路和"三改二"为重点的干线公路建设。完成的重点工程有G6京藏高速公路老爷庙至乌海段(除临河过境段)、省际大通道的苏家河畔至包头至呼和浩特至赤峰至阿荣旗高速公路和一级公路、甘南至海拉尔至满洲里一级公路、乌达至巴彦浩特一级公路和棋盘井至石嘴山一级公路。到2005年底,横贯自治区东西的大通道基本建成。该公路是国内最长的省际大通道,东起呼伦贝尔市阿荣旗、西至鄂尔多斯市苏家河畔,全长约2512km,投资约340亿元,被内蒙古人简称为"大通道",省际大通道横贯东西,穿沙漠、过草原、跨河湖、钻山岭,贯穿9个盟市,40多个旗县,辐射地域面积83万km^2,受益人口2000余万人。该公路的开通,大大地拉近了内蒙古各地区之间的距离,减短了行车时间,促进了周边地区经济、旅游业、畜牧业等发展。同时,"十五"期间全区12个盟市所在地基本实现高速、一级公路的贯通,与周边省区的重要出口公路均达到高速或一级公路。特别是北京至呼和浩特高速公路的贯通,使呼和浩特到北京的行车时间由10h缩短到了5h,经济效益明显。一个东西全线贯通、南北纵向连通、出口公路畅通的公路网基本形成。"十五"跨"十一五"开工建设的重点工程有海拉尔至满洲里二级公路、二连浩特至赛汗塔拉一级公路、白音察干至集宁至丰镇(蒙晋界)高速公路、赤峰至大板高速公路、舍伯吐至通辽一级公路、呼和浩特至大饭铺高速(一级)公路、呼和浩特绕城高速公路、东胜至大饭铺高速公路。

在此期间,自治区交通系统加大对农村、牧区道路建设的投资补贴,使地方道路建设全面加快。5年中累计完成投资117亿元,新建、改建县乡公路49600km。新增338个乡(镇、苏木)通油路,2977个行政村(嘎查)通公路。全区乡(镇、苏木)通油路率达到73.2%,行政村(嘎查)通公路率达到92.6%,在提高公路通达深度的同时,地方道路的使用品质也得到了很大提高,主要表现在乡通油路率大幅度提高上。

"十一五"期间,五年完成公路建设投资1470亿元,是"十五"的1.88倍,是自治区成立到"十五"末的1.51倍,是规划目标的1.23倍。5年新增公路里程3.3万km,到2010年底,全区公路总里程达到15.7万km。5年全区高速公路由1001km发展到2365km,一级公路由2139km发展到3387km,高等级公路由1.15万km发展到1.8万km。一个以高速、一级公路为骨架、农村牧区公路为补充的公路网格局初步形成,盟市行署政府所在地与周边省区大城市正在以高速、一级公路连通,旗县政府所在地基本以高等级公路连通。公路建设,有力地拉动了自治区经济平稳较快发展。

农村牧区公路进一步通达通畅。5年新改建农村牧区公路8.3万km,总里程达到13.2万km。5年全区新增通沥青水泥路的苏木乡镇341个(撤乡并镇后新增数为127个)、通公路的嘎查村5385个,基本实现了具备条件的苏木乡镇通沥青水泥路、嘎查村通公路。农村牧区公路在新农村新牧区建设中较好地发挥了先行作用。

"十二五"期间,全区完成公路建投资3140亿元,是"十一五"时期的2.14倍,是自治区成立到"十五"末的1.30倍,完成"十二五"规划目标的1.57倍,公路建设投资规模再创新高。

公路网总规模不断扩大。全区公路建设和升级改造全面有序推进。到2015年底,全区公路通车总里程达到17.5万km,较"十一五"末新增1.7万km,公路网密度达到14.8km/100km^2。

公路网技术等级持续提高。到2015年底,全区高速公路达到5016km、一级公路达到6010km、二级公路达到1.48万km,分别较"十一五"末增加2651km、2623km和2328km。普通国省干线公路网中高等级公路比重达到45%,全区干线公路网技术等级和通行能力稳步提升。

出区通道建设实现新突破。全区12个盟市全部通高速公路,旗县通高速或一级公路数量达到94个,其中通高速公路51个。贯穿自治区东西部的大通道已按高速或一级标准建成,14条出区高速公路和16条出区一级公路全部建成,满洲里、二连浩特、策克等主要口岸以一级公路连通,形成南联北开、承东启西的开放格局。

全区扎实推进农村牧区公路畅通工程建设,农村牧区交通条件显著改善。到2015年底,全区农村牧区公路通车总里程达到了14.5万km,实现731个苏木乡镇全部通沥青水泥路,嘎查村通沥青水泥路达到了8827个,通畅率达到76%,较"十一五"末提高了46个百分点。

2016年,全年公路建设完成投资916亿元,完成年度目标任务的107.8%,同比增长20%。开工建设公路里程3.2万km,其中高速公路1758km、一级公路2331km、二级公路1698km。新增通沥青水泥路嘎查村2234个,嘎查村通畅率达到96%,比2015年提高19个百分点。经棚至锡林浩特、霍林郭勒至阿力得尔等高速公路、一级公路全面建成;临河至白疙瘩高速公路内蒙古段931km主体工程提前半年完成,该建设项目横贯巴丹吉林、腾格里、乌兰布和三大沙漠,是当今世界上穿越沙漠最长的一段高速公路,多次经过无人区,施工环境异常恶劣,是继青藏铁路后又一具有典型艰苦地域特点的代表性工程。

到2016年底,全区公路通车总里程突破19万km,较2015年底新增1.5万km,其中高速公路5153km、一级公路6682km、二级公路16913km,公路网密度达到16.1km/100km^2。

第二章
高速公路发展及成就

第一节 发 展 规 划

规划是交通发展的龙头和方向,科学合理的规划是实现交通跨越式发展的具体指导和必要保证。高速公路发展规划作为指导内蒙古交通发展的纲领和导向,实现了从无到有,再到丰富完善。自治区公路发展规划按规划期限分为布局规划(长期规划)和建设规划(短期规划),建设规划以五年为一个阶段。

"八五"期间是全区高速公路网规划的起步阶段,初期规划建设的呼包公路(一幅)是自治区第一条高速公路;"十五"期间,按照自治区提出构建"三大通道"的决策部署,对"三横九纵十二出口"公路主骨架发展规划等级标准进行了调整提高;"十一五"期间,自治区根据《国家高速公路网规划》(2005年)编制了《内蒙古自治区高速公路网规划》,形成了"八横九纵八支八环"(简称"8988"网)自治区高速公路网布局形态;2013年,自治区批复《内蒙古自治区省道网规划(2013—2030年)》,2015年对其中地方高速项目进行了调整,总体布局升级为10条东西横线、12条北南纵线、27条联络线(简称为"101227"网),规划总里程11900km,进一步完善了自治区高速公路网布局。

一、布局规划

(一)《内蒙古自治区高速公路网规划》(2007年)

1. 规划背景

自20世纪90年代中期以来,我国高速公路建设一直保持着强劲的发展势头,"九五"和"十五"期间,全国年均新增高速公路通车里程3800km,取得了举世瞩目的成就。为更好地指导各省区市高速公路持续、健康发展,合理利用交通资源,交通部自2001年开始组织编制《国家高速公路网规划》,并于2004年底经国务院审议通过。国家高速公路网由7条首都放射线、9条南北纵线和18条东西横线组成,简称为"7918"网,总规模约8.5万km,其中主线6.8万km,地区环线、联络线等其他路线约1.7万km。国家高速公路规划已经明确的路线在内蒙古境内有10条主线、2条联络线、1条城市绕城环线和1条机场连接线,总里程6000km。

《国家高速公路网规划》是从国家发展战略层面,统筹考虑全国高速公路网布局,主要考虑连接首都、直辖市、各省(区)省会(首府)、区域经济中心、大中城市以及主要港站枢纽、对外口岸和军事战略要地;路网主要承担区域间、省间以及大中城市间的中长途客货运输,并为应对战争、自然灾害等突发性事件提供快速交通保障,是全国公路网中层次最高的公路主通道和全国综合运输大通道的重要组成部分。《国家高速公路网规划》中明确说明:"国家高速公路网是按法定程序由国务院批准的国家级高速公路网络。它并不是未来我国所有高速公路的总和。各省(市、自治区)围绕这个规划,还要规划修建连接国家高速公路网或主要用于地方发展需要的高速公路"。交通部于2005年2月下发《关于印发省(自治区、直辖市)高速公路规划指导意见的通知》(交规划发〔2005〕41号),要求各省(区、市)在原有工作基础上,制定和完善各地区的高速公路规划。

从规划层面来看,随着《国家高速公路网规划》的出台,内蒙古自治区"三横九纵十二出口"路网规划中关于自治区高速公路发展规模、布局、实施安排等内容已经不能适应新形势的需要,必须站在更新的高度,以更长远眼光统筹考虑自治区高速公路的发展。从建设层面来看,虽然自治区高速公路建设起步较早(1993年开始建设呼和浩特—包头半幅高速公路),但是在"十五"以前的发展速度较慢。自"十五"中后期开始,建设速度明显加快。从目前的发展态势来看,这种快速发展将持续较长时间。在建设国家高速公路网的同时,还要建设对自治区经济社会发展有重要影响的区高速公路。因此,在《国家高速公路网规划》的基础上,从自治区经济社会发展需求和公路交通发展实际出发,研究自治区高速公路网布局和建设问题,对补充完善国家高速公路网布局、形成完整的自治区高速公路网络,指导自治区今后较长时期内的高速公路建设具有重要意义。

自治区交通运输厅于2005年3月委托交通部规划研究院、内蒙古自治区交通设计研究院有限责任公司联合开展《内蒙古自治区高速公路网规划》的研究工作。编制单位充分吸纳了自治区相关厅局、各盟市交通局等多方面意见和建议,并经过实地调研和充分征求周边省区的意见,于2005年8月完成了内蒙古自治区高速公路网规划编制工作。2006年6月19日,自治区交通运输厅和发改委联合组织召开了内蒙古自治区高速公路网评审会。2007年,内蒙古自治区人民政府审议通过《内蒙古自治区高速公路网规划》,并以(内政字〔2007〕213号)文件批复。

2. 规划指导思想和基本原则

(1)指导思想

自治区高速公路网规划的指导思想为:贯彻落实全面、协调、可持续和以人为本的科学发展观,以满足内蒙古自治区全面建设小康社会需求、适应现代化建设为总目标,以服务国家西部大开发战略、自治区社会经济发展战略和完善综合运输体系为根本出发点,以国家高速公路网布局为基础,按照"完善网络、有效覆盖,细化落实、有利建设,突出重点、分步实施"的方针,构建布局合理、功能完善的自治区高速公路网络,加快推进自治区公路交通现代化建设步伐。

(2)基本原则

自治区高速公路网规划遵循的基本原则为:处理好行业与全局、局部与整体、近期与远期、需要与可能的关系。

全局性原则。从国家和区域整体利益出发,不仅要立足于公路交通行业发展,更要符合社会经济发展、综合运输发展、环境保护和土地资源有效利用等要求,为统筹城乡发展、统筹区域发展、统筹经济社会发展、统筹人与自然和谐发展、统筹国内发展和对外开放服务,处理好公路交通行业与经济社会全局的关系。

开放性原则。符合对外开放的要求,不仅要注重完善区域内的高速公路网络,同时要注重省间、区域间的有机衔接,形成开放型的高速公路网络,处理好局部与整体的关系。

前瞻性原则。以深入研究自治区经济社会和交通运输的中长期发展趋势为基础,着眼于适应全面小康社会和现代化建设的需要,充分考虑未来公路交通长远发展需求,切实提高规划的前瞻性,处理好近期目标与长远目标的关系,保证规划的延续性。

可行性原则。注重分析规划实施的外部条件和环境,立足于国家和自治区经济社会、公路交通发展的实际,处理好需要与可能的关系。充分考虑建成、在建高速公路实际情况以及项目前期工作开展情况,统筹规划的实施安排。

3. 规划目标

《内蒙古自治区高速公路网规划》(2007年)提出目标:高速公路网连接所有盟(市)行政中心,实现各盟(市)行政中心能够便捷利用高速公路到达首府;连接相邻省(区)和周边国家,实现对外通道高速化;连接主要公路、铁路枢纽和机场等重要交通枢纽,实现主要集疏运通道高速化;连接自治区主要的旅游中心城市,实现旅游通道高速化;在重要城市周围构建高速环线,实现重要城市过境高速化。

4. 布局方案

(1)布局原则

自治区高速公路网布局的总体原则是:一是与国家和自治区经济发展格局和生产力布局相适应,满足经济发展所产生的运输需求;二是与自治区城镇体系发展格局和人口布局相吻合,满足城市发展人民便捷出行的要求;三是与综合运输通道布局和综合运输枢纽相协调,满足现代综合运输体系建设的需要;四是与自治区高速公路建设相衔接,统筹考虑线路布局。具体的布局原则是:一是服从国家高速公路网布局方案,以国家高速公路规划为基础，着重补充对发展自治区地方经济具有重要作用的路线，完善国家高速公路网在自治区的布局；二是依据经济和人口分布情况，以城市为节点并连接重要口岸，"适当加密、重点连通"，保持适当高速公路网密度；三是充分考虑自治区沿边的交通区位特点以及自治区东西狭长的地形特点，加强东部、中部和西部地区的联系，形成横贯东西的大通道；四是强化与相邻省（区）通道布设，发挥区域高速公路网的整体效益；五是城市高速环线规划要与城市规划相协调，符合城市发展方向，保证城市发展空间；六是结合自治区地广人稀的特点，统筹考虑公路网整体功能，与自治区一般干线公路相互衔接；七是坚持可持续发展，充分考虑自然条件和建设环境，合理避让环境敏感区，加强与景观协调；合理利用线位资源，布设新线与老路改造相结合；八是在注重国土合理开发利用的同时，兼顾公平，让落后地区有机会分享高速公路带来的现代生活方式，促进和谐社会的建设；九是满足国防建设需要。

规划在路线布局时，以国家高速公路规划内蒙古境内的路线和建成、在建高速公路为基本路网；根据规划目标列出需要连接的城市节点和出口通道，然后分析基本路网对规划目标的实现情况；将基本路网未能实现的规划目标分解成若干单因素，依据布局原则补充路线，满足各个单因素要求，形成布局初步方案；结合地形条件、环境条件，综合考虑路网形态、路网效率等因素对路线进行优化，在此基础上征询专家意见，综合确定路线方案。

综上所述，内蒙古自治区高速公路网布局规划的主要思路和方法归纳为：以规划目标为指向、以布局原则为依据、以国家高速公路网路线布局为基础、以单因素分析为补充。

（2）布局方案

《内蒙古自治区高速公路网规划》（2007年）中最终确定的布局方案由14条国家高速公路（10条主线、2条联络线、1条城市环线、1条机场高速公路）和22条区高速公路两大部分路线组成，总里程9200km，其中国家高速公路6000km，自治区地方高速公路3200km。将这些路线进行梳理后，内蒙古自治区高速公路网的路网形态可以用"八横九纵八支八环线"来概括，简称"8988"高速公路网，见表2-1。

内蒙古自治区"8988"高速公路网规划方案表　　　　表2-1

序号	路线起讫点	主要控制点	规划里程（km）
一、横线			
1	阿荣旗（内蒙古界）—满洲里（国家高速公路绥满线）	阿荣旗、博克图、牙克石、海拉尔、满洲里	565
2	阿力得尔—锡林浩特（区高速公路阿锡线）	阿力得尔、霍林郭勒、锡林浩特	485
3	呼和浩特—阿荣旗（区高速公路呼白线+国家高速集阿线）	呼和浩特、白音察干、桑根达来、大板、鲁北、乌兰浩特、那吉屯	1448
4	双辽（内蒙古吉林界）—赤峰（内蒙古河北界）（国家高速公路大广线）	通辽、赤峰	551

续上表

序号	路线起讫点	主要控制点	规划里程(km)
一、横线			
5	张家口(内蒙古河北界)—乌海(内蒙古宁夏界)(国家高速公路京藏线)	集宁、呼和浩特、包头、临河、乌海	820
6	兴和(内蒙古河北界)—巴拉贡(区高速公路兴巴线)	兴和、凉城、大路、巴拉贡	708
7	清水河(内蒙古山西界)—乌海(国家高速公路荣乌线)	东胜、乌海	496
8	临河—三道明水(内蒙古甘肃界)(国家高速公路京新线)	临河、达来库布	910
二、纵线			
1	海拉尔—乌兰浩特(内蒙古吉林界)(区高速公路海乌线+国家高速公路珲乌线)	海拉尔、阿尔山、乌兰浩特、石头井子	578
2	新民(内蒙古辽宁界)—霍林郭勒(国家高速公路新鲁线+区高速公路鲁霍线)	通辽、鲁北、霍林郭勒	442
3	赤峰(内蒙古辽宁界)—锡林浩特(国家高速公路丹锡线)	赤峰、锡林浩特	357
4	锡林浩特—张家口(内蒙古河北界)(区高速公路锡张线)	锡林浩特、桑根达来、宝昌	308
5	二连浩特—大同(内蒙古山西界)(国家高速公路二广线)	二连浩特、赛汗塔拉、集宁、丰镇	422
6	呼和浩特—朔州(内蒙古山西界)(区高速公路呼朔线)	呼和浩特、和林格尔	100
7	呼和浩特—准格尔旗(区高速公路呼准线)	呼和浩特、双河	112
8	包头—榆林(内蒙古陕西界)(国家高速公路包茂线)	包头、东胜	176
9	乌海—银川(内蒙古宁夏界)(区高速公路乌银线)	乌海、巴彦浩特	188
三、支线			
1	查日苏(内蒙古吉林界)—金宝屯(内蒙古辽宁界)(国家高速公路长深线)	查日苏、金宝屯	43
2	赛汗塔拉—张北(内蒙古河北界)	赛汗塔拉、新宝拉格、长顺、毛不拉	155
3	海南—石嘴山(内蒙古宁夏界)	海南区	17
4	呼和浩特机场高速公路		11
5	包头机场高速公路		13
6	海拉尔机场高速公路		8
7	鄂尔多斯机场高速公路		20
8	满洲里机场高速公路		6
四、环线			
1	呼和浩特环线	保合少、白庙子、罗家营	57
2	包头环线	东兴、树林召、哈德门	101
3	海拉尔环线		27
4	乌兰浩特环线		16
5	通辽环线		25
6	赤峰环线		12

续上表

序号	路线起讫点	主要控制点	规划里程(km)
四、环线			
7	集宁环线		19
8	东胜环线		28
	合计		9224

注:表中数据不含重复里程。

(3)布局效果

内蒙古自治区高速公路网("8988"高速公路网)规划总体上贯彻了"适当加密、重点连通"的布局思路,建成后可以在全区范围内形成"首府连接盟(市)行政中心、覆盖重要旗(县、市)、便捷连接周边"的高速公路网络。自治区高速公路网的功能、作用和效果表现在:

一是将形成一个总规模9200km,横贯自治区东、中、西部地区,连通所有盟(市),覆盖重要旗(县、市),连接周边省(区)及重要口岸的高速公路网络,高速公路密度将达到0.78km/100km。

二是高速公路网将连接所有盟(市)行政中心以及所有10万人口以上的城市。

三是除呼伦贝尔市以外,其余盟(市)行政中心均可以实现1日内达到自治区首府,大大缩短自治区主要城市间的时空距离,提高全社会的机动性。

四是高速公路网将连接所有重要的公路、铁路和航空枢纽,进一步强化各种运输方式之间的紧密合作和有机衔接,促进各种运输方式的优势互补和协调发展,从而为建立畅通、安全、便捷的综合运输体系作出重要贡献。

五是高速公路网与所有周边省(区)均有高速公路出口,黑龙江、陕西、甘肃1个,山西2个,辽宁、吉林、宁夏3个,河北5个;并将形成6条通往北京、天津方向的高速公路通道,同时也是出海通道,将对加快融入京津冀即环渤海都市圈、加强与东北老工业基地合作、推动自治区与周边其他省(区)的经济联系起重要作用。

六是高速公路网将连接自治区所有的旅游中心城市,并形成省际旅游高速公路通道。如黑龙江到自治区东北部森林、草原和冰雪旅游区的旅游通道,长春到阿尔山旅游通道,沈阳到锡林浩特旅游通道,京津冀地区到锡林浩特、呼和浩特、包头、东胜等旅游通道,将有力地推进自治区旅游业的发展。

七是重要的中等城市以及所有大城市均有高速公路环线,将有利于疏导过境交通,促进城市发展。

八是将连接与周边国家的重要公路口岸,进一步加强对外联系通道,有利于促进边贸发展。

(二)《内蒙古自治区省道网规划(2013—2030年)》

1. 规划背景

《国家公路网规划(2013—2030年)》经国务院批准于2013年5月印发实施,为更好地与国家公路网规划相衔接,加快构建覆盖广泛、功能完善、衔接顺畅、运行可靠的自治区省道网,2013年自治区交通运输厅编制了《内蒙古自治区省道网规划》,规划期限为2013—2030年。《内蒙古自治区省道网规划》是自治区公路交通基础设施的中长期布局规划,是指导自治区公路长远发展的一个纲领性文件。

2015年9月,经自治区人民政府同意,对《内蒙古自治区省道网规划(2013—2030年)》中地方高速公路项目进行了调整,调整后自治区高速公路网进一步完善,更好地指导自治区高速公路建设。

2. 指导思想

深入贯彻落实科学发展观,围绕全面建成小康社会和自治区新时期经济社会发展战略,以推进交通运输科学发展为主题,全面完善综合运输体系,加强省道与铁路、民航、城市道路等运输网络以及其他层次公路网的衔接与协调。统筹考虑高速公路体系与一般干线公路体系发展,按照"功能明确、结构优化、布局合理、规模适应"的方针,优化干线布局、扩大服务范围、增强服务能力、提高网络效率,加快形成便捷、高效、安全、绿色的干线公路网络,适应自治区经济社会长远发展的需要。

3. 规划目标

2013年5月国务院批准的《国家公路网规划(2013—2030年)》中,内蒙古自治区境内国家公路总里程27000km,其中国家高速公路9000km。根据《内蒙古自治区省道网规划(2013—2030年)》,自治区省道网由普通省道和地方高速公路组成,规划总里程20217km,其中地方高速公路2605km。

根据以上两个规划,内蒙古自治区境内国家高速公路与地方高速公路共同组成了自治区高速公路网,由25条国家高速公路和18条地方高速公路组成,总里程11562km。

2015年9月对《内蒙古自治区省道网规划(2013—2030年)》中地方高速公路调增7条(共663km),调减1条(100km)。调整后内蒙古自治区共规划地方高速公路24条,规划里程3158km。调整后自治区高速公路网由25条国家高速公路、24条地方高速公路组成,合计为49条,规划总里程11900km。

4. 规划布局方案

2015年对《内蒙古自治区省道网规划(2013—2030年)》中地方高速公路的调整方案为:

一是为保证自治区高速公路网的完整性,将包头西—达拉特旗及乌兰浩特环线(西南路段)调整为地方高速公路。

二是为促进呼包鄂经济一体化发展,缩短呼和浩特至鄂尔多斯市之间的交通运输里程,调整增加呼和浩特—东胜为地方高速公路。同时,调减原规划的包头—东胜第二高速公路。

三是为改善自治区与周边省区的交通运输出口通道条件,实现与周边省区高速公路的联通,调整增加赤峰—围场(内蒙古河北界)、鄂托克旗—盐池(内蒙古宁夏界)和乌海—宁东(内蒙古宁夏界)为地方高速公路。

四是为完善路网布局,加强自治区高速及一级公路之间的联通,调整增加张家房—察哈尔滩为地方高速公路。以上调整见表2-2。

8条调整地方高速公路路线方案表　　表2-2

序号	路线名称	主要控制点	规划里程(km)	备注563
1	包头西—达拉特旗		46	调增
2	乌兰浩特环线		41	调增
3	呼和浩特—东胜	呼和浩特、东胜	165	调增
4	赤峰—围场	赤峰、新地、小卡拉	62	调增
5	鄂托克旗—盐池	察汗淖、鄂托克旗、鄂托克前旗	164	调增
6	乌海—宁东	乌海、巴彦陶亥、上海庙	140	调增
7	张家房—察哈尔滩		45	调增
8	包头—东胜第二高速公路	生成永、碌碡塌	-100	调减
	合计		563	

总体布局路网形态为10条东西横线、12条北南纵线、27条联络线,合计为49条(简称"101227"高速公路网),见表2-3,规划总里程11900km。

内蒙古自治区"101227"高速公路网规划路线方案表　　表2-3

序号	路线编号	路线名称	路线起讫点	境内里程(km)	规划里程(不含重复)(km)
一、横线(10条)				7038	6505
1	G6	北京—拉萨	兴和(内蒙古河北界)—乌海(内蒙古宁夏界)	821	821
2	G7	北京—乌鲁木齐	韩家营(内蒙古山西界)—额济纳旗(内蒙古甘肃界)	1563	1143
3	G10	绥芬河—满洲里	阿荣旗(内蒙古黑龙江界)—满洲里	562	562
4	G5511	集宁—阿荣旗	察右后旗—阿荣旗	1313	1200
5	S20	锡林浩特—二连浩特	锡林浩特—二连浩特	343	343

第二章 高速公路发展及成就

续上表

序号	路线编号	路线名称	路线起讫点	境内里程（km）	规划里程（不含重复）（km）
		一、横线（10条）		7038	6505
6	G45	大庆—广州	双辽（内蒙古吉林界）—赤峰（内蒙古河北界）	548	548
7	S22	察右后旗—呼和浩特	察右后旗—永太公	94	94
8	S24	兴和—巴拉贡	兴和（内蒙古河北界）—巴拉贡	682	682
9	G18	荣成—乌海	清水河（内蒙古山西界）—乌海	499	499
10	S26	准格尔—银川	大路—上海庙（内蒙古宁夏界）	613	613
		二、纵线（12条）		3461	3461
1	G59	呼和浩特—北海	呼和浩特—杀虎口（内蒙古山西界）	91	91
2	S31	呼和浩特—河曲	呼和浩特—龙口（内蒙古山西界）	156	156
3	G65	包头—茂名	包头（东）—苏家河畔（内蒙古陕西界）	182	182
4	G1013	海拉尔—张家口	海拉尔—太仆寺旗（内蒙古河北界）	1302	1302
5	G12	珲春—乌兰浩特	白城（内蒙古吉林界）—乌兰浩特	45	45
6	G2511	新民—鲁北	科左后旗（内蒙古辽宁界）—鲁北	248	248
7	G25	长春—深圳	金宝屯（内蒙古吉林界）—查日苏（内蒙古辽宁界）	45	45
8	G16	丹东—锡林浩特	元宝山（内蒙古辽宁界）—锡林浩特	446	446
9	G55	二连浩特—广州	二连浩特—丰镇（内蒙古山西界）	424	424
10	G5516	苏尼特右旗—张家口	苏尼特右旗—化德（内蒙古河北界）	159	159
11	S35	鄂托克旗—盐池	察汗淖—盐池（内蒙古宁夏界）	164	164
12	G1817	乌海—银川	乌海—银川（内蒙古宁夏界）	199	199
		三、联络线（27条）		1934	1934
1	G0601	呼和浩特环线		58	58
2	S27	呼和浩特—东胜	呼和浩特—东胜	165	165
3	S40	呼和浩特东出口		4	4
4	S43	呼和浩特机场路		37	37
5	S41	包头黄河大桥—达拉特旗		29	29
6	S42	包头西—达拉特旗	哈德门—关碾房	46	46
7	S44	包头机场路		6	6
8	G1213	北安—漠河	嫩江（内蒙古黑龙江界）—伊南工区（内蒙古黑龙江界）	168	168
9	S50	海拉尔环线	海拉尔环线（西南部分）	27	27
10	S51	乌兰浩特环线	乌兰浩特环线（西南部分）	41	41
11	G1216	乌兰浩特—阿力得尔	乌兰浩特—阿力得尔	78	78

续上表

序号	路线编号	路 线 名 称	路线起讫点	境内里程(km)	规划里程(不含重复)(km)
三、联络线(27条)				1934	1934
12	G1015	铁力—科右中旗	新发(内蒙古吉林界)—科右中旗	58	58
13	S21	科右中旗—舍伯吐	科右中旗—舍伯吐	110	110
14	G2515	鲁北—霍林郭勒	鲁北—霍林郭勒	162	162
15	G4513	奈曼旗—营口	奈曼旗—阜新(内蒙古辽宁界)	57	57
16	S52	通辽环线	通辽环线(西北部分)	28	28
17	G4515	赤峰—绥中	赤峰—凌源(内蒙古辽宁界)	114	114
18	S23	赤峰—克什克腾	赤峰—克什克腾	130	130
19	S28	赤峰—围场	赤峰—围场(内蒙古河北界)	62	62
20	G1611	克什克腾—承德	克什克腾—承德(内蒙古河北界)	99	99
21	S54	集宁环线	集宁环线(东北部分)	28	28
22	S46	鄂尔多斯机场路		32	32
23	S57	东胜环线	东胜环线(西南部分)	70	70
24	G1816	乌海—玛沁	棋盘井—石嘴山(内蒙古宁夏界)	35	35
25	S37	乌海—宁东	乌海—宁东(内蒙古宁夏界)	140	140
26	S33	敖伦布拉格—碱柜	敖伦布拉格—碱柜	105	105
27	S47	张家房—察哈尔滩	张家房—察哈尔滩	45	45
合计				12433	11900

"101227"高速公路路网层次更加合理,功能更加完善。从规划层面理顺了高速公路与普通干线公路的关系,既构筑了连接重要出口、大中城市,提供高效服务的高速公路网,又形成了连接旗县和重要城镇,提供基础运输服务的普通干线公路网,为统筹高速公路和一般干线公路系统,增强公路基础设施的公共服务属性,促进公路交通可持续发展奠定了网络基础。

二、建设规划

我国目前的社会经济发展执行5年计划,中长期规划一般为10年,至多不超过15年,而公路建设项目使用年限一般为15~20年,甚至更长时间。因此,自治区公路交通发展短期规划以5年为一个阶段,2001—2020年分为"十五""十一五""十二五""十三五"四个时期进行规划。

(一)"十五"时期

1. 规划情况

由于"十五"时期,自治区高速公路建设处于刚刚起步阶段,因此1999年制定的公路交通"十五"发展计划中只对"十五"期间高速公路计划建成的里程进行了描述(原目标为高速公路达到300km)。由于前3年已超额完成目标,2000年和2003年对计划进行了两次调整,预计到2005年底高速公路达到961km。

根据内蒙古自治区公路交通建设"十五"计划,"十五"期间自治区将加快建设"三横九纵十二出口"公路主骨架构成的交通网络框架,重点建设已列入国家"五纵七横"国道主干线在内蒙古自治区境内的老爷庙—呼和浩特—包头—乌海高速公路。

2. 完成情况

"十五"期末,高速公路公路从无到有达到1001km,建设已初具规模,但也未能在自治区范围内独立成网。完成情况见表2-4。

2005年高速公路完成情况表(单位:km)　　　　　表2-4

线路名称	线路编号	起讫地点	合计	4车道	6车道	备注
丹拉国道主干线	G025	集宁—碌碡坪	95.846	95.846		
丹拉国道主干线	G025	碌碡坪—哈德门	232.825	232.825		
丹拉国道主干线	G025	磴口—新地	69.269	69.269		
包头—北海	G210	画匠营子—东胜	80.500	80.500		
呼和浩特机场路	S101、X003	市区—机场	6.600		6.600	S101线4.9km、X003线1.7km
包头机场路	X101	市区—机场	5.635	5.635		
丹拉国道主干线	G025	老爷庙—集宁	89.338	89.338		
丹拉国道主干线	G025	哈德门—磴口	215.463	215.463		
丹拉国道主干线	G025	新地—麻黄沟	64.456	64.456		
省际通道	G210	东胜—苏家河畔	95.780	95.780		
省道314线	S314	乌达—石炭井	45.038	45.038		
合计	—	—	1000.750	994.150	6.600	—

(二)"十一五"时期

1. 规划情况

《内蒙古自治区公路水路交通"十一五"发展规划》对高速公路提出的目标为:新增高速公路1500km,全区高速公路总里程达到2500km。到2010年,自治区公路网主骨架全面形成,呼包鄂"金三角"地区形成高速公路网,自治区与毗邻地区形成高速公路通道,达到重要路段(自治区首府到各盟市、主要出区通道、重要口岸公路及其他规划路段)以高速、一级公路连通。

2. 完成情况

"十一五"时期,全区累计完成公路建设投资1470亿元。从2005年到2010年,高速公路由1001km发展到2365km。

到"十一五"末,规划与邻省区的14个出区高速公路仅建成4个,大部分出区高速公路通道还没有建成。完成情况见表2-5。

2010年高速公路完成情况表(单位:km)   表2-5

线路名称	线路编号	起讫地点	合计	4车道	6车道	通车时间
包头机场路	X101	国道210机场路互通—包头机场	5.642	5.642		2004-11-1
赤通高速连接线	X243	通赤高速—三道井子	11.449	11.449		2007-12-1
包东高速连接线	X637	北互通—化工厂	1.775	1.775		2004-11-1
呼和浩特—河曲	S103	白庙子—大饭铺	112.791	112.791		2006-11-20
锡张高速公路	S27	宝昌—三号地	49.261	49.261		2010-11-29
乌达—巴彦浩特	S314	乌达—石炭井	45.000	45.000		2005-11-1
乌银高速公路	S33	巴彦浩特—蒙宁交界	68.890	68.890		2010-12-31
呼和浩特绕城高速公路	G0601	保和少—金山	57.894	57.894		2009-12-10
珲乌高速公路	G12	石头井子—乌兰浩特	33.500	33.500		2010-12-31
赤大高速公路	G16	玉龙大街—省际通道	149.806	149.806		2007-12-1
荣乌高速公路	G18	大饭铺—察汗淖	296.609	296.609		2009-10-26
包头—茂名	G210	黄河大桥—关碾房	29.000	29.000		2005-11-1
赤通高速公路	G45	后五道木村—赤峰西	352.350	352.350		2007-10-1
二广高速公路	G55	白音察干—丰镇	136.018	136.018		2006-12-22
京藏高速公路	G6	老爷庙—麻黄沟	821.279	821.279		2005-12-1
包茂高速公路	G65	包头—苏家河畔	182.313	182.313		2010-12-31
呼和浩特机场高速公路	S101	机场高速	11.425	4.606	6.819	2006-8-1
合计	—	—	2365.002	2358.183	6.819	—

(三)"十二五"时期

1. 规划情况

《内蒙古自治区公路水路交通运输"十二五"发展规划》对高速公路提出的目标为:十二五期间,新增高等级公路里程7805km,其中:高速公路3635km。到2015年,高速公路达到6000km,自治区与相邻省区重要的出口通道全部通高速公路,首府呼和浩特至各盟市通高速或一级公路,重要的资源运输通道通高速或一级公路。

2. 完成情况

到2015年底,全区高速公路达到5016km,较"十一五"末增加2651km。全区12个盟市全部通高速公路,旗县通高速或一级公路数量达到94个,其中通高速公路51个。贯穿自治区东西部的大通道已按高速或一级标准建成,14条出区高速公路全部建成。完成情况见表2-6。

2015年高速公路完成情况表(单位:km)　　　表2-6

路线名称	线路编号	起止地点	总里程	车道数		
				4车道	6车道	8车道
呼和浩特绕城高速公路	G0601	保和少—金山	57.894	57.894		
绥芬河—满洲里	G10	甘南界—海拉尔北	370.574	370.574		
珲春—乌兰浩特	G12	石头井子—乌兰浩特	33.5	33.5		
丹锡高速公路	G16	玉龙大街—省际通道	195.814	195.814		
荣城—乌海	G18	十七沟—察汉淖	380.952	380.952		
长深高速公路金查段	G25	金宝屯—查日苏	44.551	44.551		
新民—鲁北	G2511	甘旗卡镇—通辽	90.624	90.624		
大广高速公路	G45	内蒙古吉林界—茅荆坝	547.632	547.632		
二广高速公路	G55	吉乎郎图苏木—内蒙古山西界	301.374	301.374		
呼和浩特—北海	G59	呼和浩特—杀虎口	90.759	90.759		
京藏高速公路	G6	老爷庙—麻黄沟	821.279	604.227		217.052
包茂高速公路	G65	包头—苏家河畔	182.313	182.313		
包头—茂名	G210	黄河大桥—关碾房	29	29		
京新高速公路	G7	河北界—大同窑	16.079		16.079	
京新高速公路	G7	旗地—保合少	193.535		193.535	
准兴高速公路	S24	巴拉贡—兴和	670.221	670.221		
锡张高速公路	G1013	锡林浩特—三号地	297.458	297.458		
呼和浩特—河曲	S31	白庙子—大饭铺	112.791	112.791		
银巴高速公路	G1817	乌达—内蒙古宁夏交界	113.89	113.89		
呼和浩特机场高速公路	S43	如意河—后罗家营村	11.425	5.225	6.2	
包头机场高速公路	S44	210国道—包头飞机场	5.575	5.575		
鄂尔多斯机场高速公路	S46	东胜区—鄂尔多斯机场	32.5		32.5	
赤峰环城高速公路	S53	通赤—三道井子	11.45	11.45		
集宁东绕城	S54	玫瑰营镇—白海子乡	28.443		28.443	

续上表

路线名称	线路编号	起止地点	总里程	车道数		
				4车道	6车道	8车道
包东高速公路连接线	X637	210国道—添漫梁	1.775	1.775		
张家房—察哈尔滩高速公路	S47	张家房—察哈尔滩	45.37	45.37		
集宁—阿荣旗	G5511	大坝沟收费站—扎兰屯	262.975	262.975		
荣成—乌海	G18	察汗淖—棋盘井	66.253	66.253		
合计			5016.006	4522.197	276.757	217.052

(四)"十三五"时期

1. 规划情况

《内蒙古自治区公路水路交通运输"十三五"发展规划》对高速公路提出的目标为:"十三五"期间,全区共续建和新建设高速公路5034km,完成投资1705亿元。其中国家高速公路项目23项,建设里程3795km,完成投资1156亿元;自治区地方高速公路项目14项,建设里程1239km,完成投资549亿元;原国家高速公路网全部建成。到2020年,自治区内通外畅、便捷高效的高速公路网络基本形成。

根据《内蒙古自治区公路水路交通运输"十三五"发展规划》,"十三五"期间,内蒙古自治区高速公路建设将在"十二五"高速公路出口通道建设的基础上,以"网络化"为主题,加快高速公路网络化建设。原国家高速公路网基本建成,全面提高高速公路网的整体承载能力和路网服务水平。具体规划高速公路建设项目见表2-7。

"十三五"高速公路建设项目表　　　　　　表2-7

序号	项目名称	路线编号	建设性质	建设规模(km)	总投资(万元)
	国高项目			3795	14165481
1	丹锡高速公路经棚至锡林浩特	G16	新建	137	635421
2	荣乌高速公路棋盘井至乌海	G18	新建	52.1	303415
3	京新高速公路临河至白疙瘩	G7	新建	929.92	3705540
4	长深高速公路新民—鲁北联络线通辽至鲁北	G2511	改建	160	599505
5	丹锡高速公路大板至经棚	G16	改建	113	284600
6	大广高速公路奈曼旗至营口联络线大沁他拉至白家湾子(内蒙古辽宁界)	G4513	新建	57	300000
7	二广高速公路集宁至阿荣旗联络线扎兰屯—阿荣旗	G5511	改建	55	161000
8	绥满高速公路海拉尔至满洲里	G10	改建	191	477500
9	包茂高速公路包头至东胜	G65	改扩建	75	390000

第二章 高速公路发展及成就

续上表

序号	项 目 名 称	路线编号	建设性质	建设规模(km)	总投资(万元)
	国高项目			3795	14165481
10	丹锡高速公路克什克腾至承德联络线经棚—承德(内蒙古河北界)	G1611	新建	99	559000
11	二广高速公路联络线苏尼特右旗至化德(内蒙古河北界)	G5516	新建	159	720000
12	二广高速公路集宁至阿荣旗联络线白音察干至安业(乌锡界)	G5511	改建	178	445000
13	二广高速公路集宁至阿荣旗联络线安业(乌锡界)至公主埂(锡赤界)	G5511	改建	178	447500
14	二广高速公路集宁至阿荣旗联络线公主埂(锡赤界)至经棚	G5511	改建	62	155000
15	二广高速公路集宁至阿荣旗联络线大板至查白音他拉(赤通界)	G5511	改建	210	540000
16	二广高速公路集宁至阿荣旗联络线查白音他拉(赤通界)至草高吐(通兴界)	G5511	改建	102	255000
17	二广高速公路集宁至阿荣旗联络线草高吐(通兴界)至乌兰浩特	G5511	改建	157	400000
18	二广高速公路二连浩特至赛汗塔拉	G55	改建	121	302500
19	荣乌高速公路乌海至银川联络线巴音呼都格至巴彦浩特	G1817	改建	85	406800
20	荣乌高速公路乌海至玛沁联络线乌海巴音陶亥至石嘴山惠农(内蒙古宁夏界)	G1816	新建	35	130000
21	大广高速公路赤峰至绥中联络线赤峰至凌源(内蒙古辽宁界)	G4515	改建	113.5	283700
22	长深高速公路新民至鲁北联络线鲁北至霍林河	G2515	改建	162	480000
23	海满高速公路海拉尔—张家口联络线霍林郭勒至锡林浩特	G1013	新建	364	2184000
	地高项目			1238.9	5845694
1	呼和浩特(永泰公)至白音察干	S22	新建	93.8	451132
2	察汗淖至敖勒召其至盐池	S35	改建	156.1	31000
3	包头绕城高速公路哈德门至关碾房段	S42	新建	46	337000
4	呼和浩特机场高速公路	S43	新建	37	148000
5	S26 纳日松至龙口	S26	新建	76.6	658657
6	S31 大饭铺至龙口	S31	新建	44.1	363005
7	S26 敖勒召其至东道梁	S26	新建	87	351900
8	S33 敖伦布拉格至碱柜	S33	新建	105	400000
9	乌兰浩特环线(西南部分)	S51	新建	41	215000

续上表

序号	项 目 名 称	路线编号	建设性质	建设规模（km）	总投资（万元）
	地高项目			1238.9	5845694
10	S26 前房子至龙口	S26	新建	55.3	514000
11	赤峰至克什克腾	S23	新建	130	780000
12	赤峰至围场	S28	新建	62	186000
13	乌海至宁东	S37	新建	140	420000
14	呼和浩特至东胜	S27	新建	165	990000
	合计			5034	20011175

2.完成情况

根据《内蒙古自治区公路水路交通运输"十三五"发展规划》，2016年，G16丹锡高速公路经棚至锡林浩特段全面建成通车。至此，内蒙古自治区高速公路通车总里程达到5153km。

第二节 建 设 成 就

一、总体概况

1993年，内蒙古自治区第一条高速公路——呼和浩特至包头高速公路（一幅）破土动工，标志着内蒙古自治区高速公路建设的历史性开端。1997年，呼包高速公路（一幅）通车，全程150.398km，终结了全区没有高速公路的历史。2002年6月21日，内蒙古自治区首条利用世界银行贷款建设的高等级公路——G65包茂高速公路包头至东胜段建成通车。2005年11月25日，内蒙古自治区建设规模最大、里程最长的高速公路——G6京藏高速公路哈德门至磴口段全线完工。随着哈磴高速公路的通车，内蒙古自治区高速公路里程已经突破1000km。2006年11月20日，S31呼和浩特至准格尔旗城壕村高速公路全线开通，这是内蒙古第一条采取BOT方式建设的高速公路。2007年，赤峰至通辽、赤峰至大板高速公路建成通车，实现了内蒙古东部地区高速公路零的突破。2008年，临河过境高速公路建成通车，标志着G6京藏高速公路内蒙古境内实现高速化，东西公路大通道基本贯通。2013年10月，G6京藏高速公路呼和浩特至包头段改扩建工程通车运营，标志内蒙古自治区拥有第一条双向8车道高速公路。2013年12月，随着赤峰至茅荆坝（内蒙古河北界）段高速公路的建成，东部区最长、通往首都的一条高速公路——G45大庆至广州高速公路内蒙古段全线贯通。2016年11月，首条双向6车道重载高速公路——G7京新高速公路韩家营（内蒙古山西界）至呼和浩特段建成试运营。在14条高速出区通道的建设过程中,内蒙古交通人创造了自治区交通建设史上多个第一:内蒙古有了首条双向8车道高速公路,新建首条双向6车道高速公路,G7京新高速公路十八台跨京包铁路分离立交成功实现了转体施工,G7京新高速公路平地泉立交互通是我国北方最大的枢纽互通,G45大庆至广州高速公路赤峰至承德段茅荆坝隧道被称为"关外第一隧",G18荣乌高速准格尔黄河大桥被誉为"内蒙古第一斜拉桥"。

经过"十五""十一五"和"十二五"期间高速公路快速、跨越式发展,截至2015年底,内蒙古自治区高速公路通车总里程已达到5016km,全区12个盟市全部通高速公路,共有51个旗县通高速公路。由14条出区高速公路和16条出区一级公路组成的总投资1328亿元的30条出区通道公路全部建成,满洲里、二连浩特、策克等主要口岸以一级公路连通,形成南联北开、承东启西的开放格局。大交通带来大发展,内蒙古对外交通条件的明显改善,不仅解决了内蒙古与相邻省区出口不畅的问题,使内蒙古自治区与华北、东北、西北地区及毗邻国家的口岸公路网有机融为一体,而且畅通了内蒙古去往内地大市场和通疆达海的经济干线,有效促进了内蒙古资源优势和区位优势向经济优势的转化,同时对于地区县域经济发展、产业结构调整、经济发展方式转变具有十分重要的意义,促使内蒙古的区位优势进一步显现,投资环境进一步优化,为全区特别是沿线各地区提供了良好的发展机遇。2016年,全区开工建设高速公路1758km,G7京新高速公路临河至白疙瘩段931km主体工程提前半年完成,G16丹锡高速公路经棚至锡林浩特段全面建成。至此,内蒙古自治区高速公路通车总里程达到5153km,建设里程为5556.332km。1993—2016年,全区共计59个建设项目,总投资达1780.72亿元,按照《内蒙古自治区省道网规划(2013—2030年)》路线编号命名,其中国高网项目共计48个,地高网项目共计11个。建设项目概况见表2-8。

全区建设项目概况表 表2-8

序号	路线编号	国高/地高	项目名称	里程(km)	概算(亿元)	建设时间(开工—通车)
1	G6	国高	京藏高速公路呼和浩特至包头(一幅)	150.398	11.2	1993-6—1997-7
2	G65	国高	包茂高速公路包头至东胜段	92.807	14.87	1999-5—2002-6
3	G6	国高	京藏高速公路集宁至呼和浩特段	121.858	27.50	1999-11—2004-10
4	G6	国高	京藏高速公路呼和浩特至包头(另一幅)	151.128	15.26	2000-7—2001-12
5	S43	地高	呼和浩特市机场高速公路	6.650	1.31	2001-10—2002-10
6	G6	国高	京藏高速公路磴口至巴拉贡段	17.200	7.42	2002-3—2004-6
7	G6	国高	京藏高速公路东兴至哈德门段包头过境高速公路	54.922	11.60	2002-4—2004-11

续上表

序号	路线编号	国高/地高	项目名称	里程(km)	概算(亿元)	建设时间(开工—通车)
8	S44	地高	东兴至哈德门段包头过境高速公路机场连接线	5.536	2.05	2003-4—2004-10
9	G6	国高	京藏高速公路巴拉贡至新地段	52.069	8.34	2003-4—2005-6
10	G6	国高	京藏高速公路老爷庙(内蒙古河北界)至集宁段	89.340	18.64	2003-4—2005-9
11	G6	国高	京藏高速公路新地至麻黄沟段	64.456	14.81	2003-6—2005-9
12	S43	地高	呼和浩特机场高速公路连接线	4.925	4.43	2003-6—2006-10
13	G65	国高	包茂高速公路东胜至苏家河畔(内蒙古陕西界)段	95.480	18.03	2003-8—2005-10
14	G6	国高	京藏高速公路哈德门至磴口段	215.463	55.28	2003-8—2005-11
15	G16	国高	丹锡高速公路赤峰至大板(下场)段	149.806	28.17	2004-8—2007-12
16	S31	地高	呼和浩特至蒲滩拐段高速公路	64.620	15.70	2004-9—2006-11
17	S31	地高	蒲滩拐段至城壕段高速公路	3.600	3.47	2004-8—2006-11
18	S31	地高	城壕至大饭铺段高速公路	46.500	15.92	2004—2006
19	G55	国高	二广高速公路白音察干至集宁段	64.631	16.30	2004-9—2006-12
20	G55	国高	二广高速公路集宁至丰镇段	72.260	18.21	2004-9—2006-12
21	G45	国高	大广高速公路通辽至阿布海段	70.639	26.28	2005-3—2007-10
22	G45	国高	大广高速阿布海至塔甸子段	66.546	19.35	2005-03—2007-09
23	G45	国高	大广高速公路塔甸子至下洼段	65.258	15.80	2005-3—2007-8
24	G45	国高	大广高速公路下洼至撒力巴段	69.723	18.63	2005-03—2007-09
25	G45	国高	大广高速公路撒力巴至赤峰段公路	80.350	20.91	2005-03—2007-10
26	G18	国高	荣乌高速公路大饭铺至东胜段高速公路	113.8	46.19	2005-8—2009-10
27	G1817	国高	荣乌高速公路乌海至银川联络线乌达至石炭井段	45.025	1.92	2005-11—2006-10
28	G0601	国高	呼和浩特绕城高速公路	57.894	23.21	2005-11—2009-12
29	G18	国高	荣乌高速公路察汗淖至棋盘井段	81.500	19.86	2006-5—2008-5
30	G18	国高	荣乌高速公路东胜至察汗淖段	182.000	58.50	2006-10—2009-10
31	G6	国高	京藏高速公路临河过境公路	53.155	21.15	2006-11—2008-11
32	S24	地高	准格尔至兴和运煤高速公路	274.650	145.01	2007-4—2013-11
33	G65	国高	包茂高速公路包头至树林召高速公路	36.986	19.35	2007-5—2011-7
34	G10	国高	绥满高速公路(黑龙江内蒙古界)阿荣旗至博克图段	160.115	57.80	2008-8—2012-9
35	G10	国高	绥满高速公路博克图至牙克石段	134.195	53.17	2008-8—2012-11

续上表

序号	路线编号	国高/地高	项目名称	里程(km)	概算(亿元)	建设时间(开工—通车)
36	G12	国高	珲乌高速公路石头井子至乌兰浩特段	32.893	11.63	2008-9—2011-3
37	G1013	国高	绥满高速公路海拉尔至张家口联络线宝昌到三号地段	49.261	15.76	2008-9—2010-11
38	G1817	国高	荣乌高速公路乌海至银川联络线巴彦浩特至头关段	68.850	19.66	2008-10—2011-1
39	G16	国高	丹锡高速公路平庄(内蒙古辽宁界)至赤峰段	46.033	19.98	2009-4—2013-9
40	G25	国高	长深高速公路金宝屯至查日苏段	44.551	16.27	2009-5—2011-11
41	G45	国高	大广高速公路双辽(吉林内蒙古界)至通辽段	93.502	32.33	2009-5—2011-11
42	G55	国高	二广高速公路赛汗塔拉至白音察干段	165.360	46.48	2009-6—2012-7
43	G1013	国高	绥满高速公路海拉尔至张家口联络线桑根达来至宝昌段	101.758	17.10	2010-7—2012-9
44	G1013	国高	绥满高速公路海拉尔至张家口联络线锡林浩特至桑根达来段	146.439	39.00	2010-9—2014-9
45	G6	国高	京藏高速公路呼和浩特至包头段改扩建工程	217.100	114.91	2010-10—2013-10
46	G18	国高	荣乌高速公路十七沟至大饭铺段	84.170	48.38	2010-10—2013-12
47	G59	国高	呼北高速公路呼和浩特至杀虎口(内蒙古山西界)段	90.802	59.71	2010-10—2013-12
48	G2511	国高	长深高速公路新民—鲁北联络线好力堡(内蒙古辽宁界)至通辽段	90.600	30.56	2011-3—2013-11
49	G45	国高	大广高速公路赤峰至茅荆坝(内蒙古河北界)段	102.297	53.10	2011-3—2013-12
50	G7	国高	京新高速公路韩家营至集宁段	70.666	57.71	2011-4—2015-1
51	G7	国高	京新高速公路集宁至呼和浩特段	141.111	112.48	2011-4—2016
52	G10	国高	绥满高速公路牙克石至海拉尔段	76.285	25.50	2011-5—2013-11
53	S54	地高	集宁东绕城高速公路	28.443	26.40	2011-7—2016-8
54	S46	地高	鄂尔多斯机场高速公路	32.458	25.29	2011-7 开工
55	G5511	国高	二广高速公路集宁至阿荣旗联络线乌兰浩特至新林北段	181.062	45.99	2012-10—2016-12
56	G5511	国高	二广高速公路集宁至阿荣旗联络线新林北至扎兰屯段	81.870	19.45	2012-10—2016

续上表

序号	路线编号	国高/地高	项目名称	里程(km)	概算(亿元)	建设时间(开工—通车)
57	S47	地高	张家房至察哈尔滩段	44.884	12.19	2012—2016
58	G16	国高	丹锡高速公路经棚至锡林浩特段	135.55	63.5	2014-7开工
59	S24	地高	大路至巴拉贡段高速公路	414.902	11.7	2015-8—2016
			合计	5556.332	1780.72	

二、成就丰碑

(一)"八五"期间高速公路建设实现零的突破

1988年,随着沪嘉高速公路的建成通车,我国高速公路实现了零的突破,从此开始大规模地建设高速公路,为满足自治区经济社会发展需求,特别是自治区着力打造呼和浩特市、鄂尔多斯市、包头市经济"金三角"的需要,在充分调研论证和征求社会各界意见的基础上,1992年10月自治区政府决定建设呼和浩特至包头高速公路(一幅)。在当时,虽然所建项目路线全长仅为150.398km、投资概算11.2亿元,且为一幅,但这是内蒙古自治区历史上的第一条高速公路,是零突破的里程碑。1993年6月30日,呼和浩特至包头高速公路(一幅)开工典礼在呼和浩特市金川举行,自治区政府主席乌力吉、副主席沈淑济等领导参加了开工典礼仪式,正式拉开内蒙古高速公路建设的序幕。

呼和浩特至包头高速公路作为内蒙古中西部地区公路运输网东西走向的大动脉,西通陕、甘、宁、新、藏,东至冀、京、津,并连接着内蒙古最大的工业城市包头市和自治区首府呼和浩特市,而这两个市不仅是内蒙古的经济支柱,也是政治文化中心,人口密度大,大中型工业企业集中,工业产值高,大专院校多。所以呼包公路的建设对内蒙古中西部地区的政治、经济、文化、国防建设和发展都有十分重要的作用。

(二)"九五"期间高速公路建设稳步推进

1997年7月8日,呼和浩特至包头高速公路(一幅)通车试运行典礼仪式在呼和浩特市一间房互通举行,标志自治区第一条高速公路正式建成通车。

"九五"期间,自治区共有3条高速公路项目开工建设,里程共计324km,投资概算57.63亿元。在总结"八五"期间公路建设中整体工程质量不高和自治区财政配套能力低、筹资渠道窄、招商引资难等问题的基础上,在各级领导部门的大力支持下,交通行业克服重重困难,在公路建设上坚持抓发展的同时,重点抓质量,推行"政府监督、社会监理、企业自检"三级质量保证体系;同时在筹资方面,由交通一家投资的体制,逐步向"国家投资、地方筹资、社会融资、利用外资"的投资体制过渡。

1. 助力打造"呼包鄂"金三角

"呼包鄂"金三角位于内蒙古自治区中西部的核心区,黄河两岸,是内蒙古最重要的经济圈和城市带,三市呈品字形分布,有着非常密切的经贸和社会联系。呼包鄂三市经过近些年的高速发展,已成为内蒙古最具活力的城市经济圈,被誉为内蒙古的"金三角"地区。"呼包鄂经济圈"正成为内蒙古经济快速增长的火车头和助推器,对带动当地经济发展起了巨大作用。"呼包鄂"地区拥有储量1250多亿吨的煤炭、7000多亿立方米的天然气、逾亿吨的稀土保有储量和58.6亿m^3的黄河配给水量,拥有全自治区60%以上的科研开发机构和75%的科技人员,以及距离北京500km、距离天津出海口600km。资源优势自古就有,而呼包鄂地区在新时期区域竞争中脱颖而出的成功经验,在于依托和利用已有的资源优势培育出新的竞争优势。正是这些脱胎于资源优势的"新优势",具备了"人无我有"的独特性,成就了"呼包鄂"快速发展的梦想。

"呼包鄂"地区发达的公路网与经济社会发展互为支撑。因其政治经济中心的优势,这一地区是自治区最早建设高速公路的区域,同时地区经济的迅速崛起催生了大规模建设公路的需求,这一地区也是自治区路网最为发达、交通流量最大的区域。

G65包茂高速公路包头至东胜段是G65线(包头至茂名)在内蒙古境内的一段,是自治区"三横九纵十二出口"公路主骨架规划中一条纵线的组成部分,是全区公路交通量较大的黄金路段之一,该项目是自治区第一次利用世界银行贷款的高等级公路工程建设项目,也是首次在内蒙古采用FIDIC条款组织施工管理的工程项目。该项目路线全长92.807km,项目批复概算14.87亿元,其中利用世行贷款4.79亿元,于1999年5月18日开工,2002年6月21日正式剪彩通车。

G6京藏高速公路呼和浩特至包头(另一幅)段沿已建呼包高速公路一幅的南侧新建,项目全长151.128km,于2000年7月18日正式开工,项目批复概算15.26亿元,设计速度100km/h。经过14家国家一级施工企业的紧张施工,5家甲级监理单位的严格监督,于2001年12月20日提前9个月顺利完成主体工程,工程质量抽检达到优良等级。在呼包高速公路另一幅未建成时,呼和浩特市到包头市可以行驶在高速公路,而从包头市往呼和浩特市并没有高速公路,所以该项目建设对缓解当时车辆拥堵、通行能力差等问题起到了重要作用,该公路同时是联通北京至西北地区的重要通道,也是内蒙古自治区中西部最重要的对外通道和经济主干线。

2. 区门第一路

G6京藏高速公路集宁至呼和浩特段是我国当时"五横七纵"国道主干线和内蒙古自治区"三横九纵十二出口"公路主骨架的重要组成部分,是内蒙古中西部及我国西部5省通往首都北京及东北、华北、东南沿海地区的重要通道,是内蒙古第一条通往首都的高速公路,被内蒙古人称作区门第一路,见图 2-1。该项目的建设对贯彻落实国家西部大开发战略,改善自治区投资环境,拉动西部地区经济发展,改善内蒙古中西部地区交通基础设施落后面貌,彻底解决国道 110 拥堵的问题起到重要作用。

图 2-1　繁忙的进京运输通道

集呼高速公路起点位于内蒙古乌兰察布市集宁区南出口三号地村前与国道 208 线交叉处,终点位于呼和浩特市新城区罗家营镇,与呼包高速公路衔接。全长 121.858km,设计行车速度 100km/h,路基宽度 26m。该项目 1999 年 11 月开工,2004 年 10 月通车试运行。项目批复概算 27.5 亿元。

(三)"十五"期间高速度、高标准、高质量发展

"十五"期间,内蒙古自治区以前所未有的投资力度和建设速度,实现了交通基础设施总量的快速增长,路网规模继续扩大,运输能力显著提高。全区公路总里程达到 7.9 万 km,新增 1.17 万 km,已初步形成西起巴彦浩特东至海拉尔的区内东西大通道。全区 12 个盟市政府所在地基本实现以高速、一级公路连通,通往北京、西安、银川、沈阳、承德等大中城市的重要出口公路以高速、一级公路打通。在此期间,全区共有 10 个高速公路建设项目通车运营,通车里程达到了 1001km。

在"十五"前,自治区公路建设主要解决了一个"通"字,"十五"及之后相当长一段时间以建立高等级的公路网,突出搞好"快、优、高、廉"四字牌。五年来,共有 23 个高速公路项目开工建设,里程共计 1570km,项目批复概算 410.66 亿元。在实施"三横九纵十二出口"公路主骨架布局规划的同时,积极打通与周边地区的出口通道,抓住西部大开发的机遇,以降低工程造价,提高公路工程质量为目标,全区高速公路建设取得翻天覆地的变化,公路保障能力显著提升。

1. "六大工程"齐开工

G6 京藏高速公路磴口至巴拉贡段是当时国家公路"五纵七横"之一丹东至拉萨国道主干线在内蒙古境内的一段,位于内蒙古自治区巴彦淖尔市磴口县和鄂尔多斯市杭锦旗

境内,是西部大开发大通道的重要组成部分,并行中的 G6 京藏高速公路和 110 国道见图 2-2。该项目是丹东至拉萨国道主干线的咽喉工程。该工程跨越内蒙古境内最大的河流——黄河。它的建设不仅有利于实现中国东北、华北和西北地区的连接,形成优势互补、共同发展的局面,而且也是西北地区借港出海的优选路径之一,对改善国道主干线的快速通行能力,加快内蒙古中西部地区的资源开发和农副产品、鲜活物资的运输,促进地区经济发展都有重要意义。

图 2-2 并行的 G6 京藏高速公路和 110 国道

本项目主线全长 17.2km,磴口连接线长 9km,主线为高速公路,连接线为二级公路。于 2002 年 3 月 29 日开工建设,2004 年 6 月 9 日通车。项目批复概算 7.42 亿元。

G6 京藏高速公路东兴至哈德门(包头过境)段是国家规划"五纵七横"主动脉的一部分,属国家重点建设项目,是自治区第一条由盟、市交通部门负责管理建设的高速公路。该项目对改善包头市城市交通状况,提高公路网的通行能力和服务水平,促进生态建设和环境保护具有重要意义。

本项目起点位于包头市东郊东兴,终点止于包头西郊哈德门沟西,路线全长 54.922km,建设支线长 10.92km,项目批复概算为 11.60 亿元,于 2002 年 4 月开工,2004 年 11 月通车运营。

G6 京藏高速公路老爷庙至集宁段具有重大的政治、经济、国防意义。这段高速公路是西部各省市区与自治区进京达海最重要的出口通道,对于贯通丹拉高速公路大动脉,完善全国高速公路网络,带动沿线地区经济持续快速健康发展,加快全区全面建设小康社会步伐,实现自治区与首都北京的紧密联系、贯通东西、通江达海都具有重要的地位和作用。

该项目东起内蒙古与河北省交界处的老爷庙,西止乌兰察布市集宁区,全长 89.34km,为双向 4 车道高速公路,项目批复概算 18.64 亿元,其中利用世界银行贷款 6.64 亿元。工程从 2003 年 4 月开工建设。该工程建设过程中实现了"工期提前、质量创优、投资节省、安全达标"的建设目标。工程建设实行国际上通行的FIDIC合同制管理模式,通过国际公开招标的形式,择优选择参建单位。意大利工程咨询公司和北京中咨路杰等国内6家甲级监理单位联合对本项目进行全程监理。该项目自开工建设以来,项目建设管理单位认真执行管理程序,大力开展科技创新,提升管理水平,严格控制工程投资,实现了"工期提前、质量创优、投资节省、安全达标"的建设目标。2005年9月19日,老爷庙至集宁段高速公路通车试运行。这不仅标志着内蒙古自治区有了第一个高速公路的出口路,也实现了自治区首府通往北京的公路高速化。

G6京藏高速公路巴拉贡至麻黄沟段是北京至拉萨国道主干线内蒙古境内的一段,是国家高速公路网的重要组成部分,是沟通北京至西北地区的重要通道,也是内蒙古中西部最重要的对外通道和经济主干线。该段高速公路由鄂尔多斯高原巴拉贡地区延伸至蒙宁边界,成为连接华北和西北地区的重要通道和经济干线之一。该段公路的建设致力于改变当时自治区西部地区交通设施落后的局面,畅通省际出口通道,带动沿线地区经济社会的发展。

该段公路总里程为123.525km,项目批复概算23.15亿元,项目建设分为巴拉贡至新地和新地至麻黄沟两段。**巴拉贡至新地段**全长52.069km。项目批复概算8.34亿元。2003年4月开工,2005年6月交工。**新地至麻黄沟段**路线长64.456km,项目批复概算14.81亿元,2003年7月开工,2005年9月交工。

G6京藏高速公路哈德门至磴口段是当时国家公路"五纵七横"之一——丹东至拉萨国道主干线在内蒙古境内重要的一段,也是内蒙古公路"三横九纵十二出口"主骨架中的主要一横。这段公路,东连包头、呼和浩特、北京,西接宁夏、甘肃、新疆、西藏,南往鄂尔多斯等地,东西南北与全区、全国公路网相连通,是内蒙古中西部主要的对外通道和中西部地区重要的经济干线。这段公路建成后,大大缩短了自治区中西部地区与外界联系的距离,沿线车辆、人员、物资可当日往返北京和呼和浩特。

本项目起于包头市西郊哈德门,止于巴彦淖尔市磴口北,与磴口至巴拉贡高速公路相连,全长215.463km,是当时自治区建设规模最大、里程最长的高速公路。该项目全线共修建构造物903座(道)。于2003年8月25日开工建设,2005年11月建成通车。本项目批复概算为55.28亿元。

2. 投资多元化——最早BOT、BT项目开工建设

S44丹拉国道主干线东兴至哈德门段包头过境高速公路机场连接线是包头市区通往机场的重要干道,是包头市重要的基础设施,对加快包头市的改革开放,繁荣和搞活经济,改善包头市的投资环境,提高公路网的通行能力和服务水平,促进生态建设和环境保护具有重要意义。

该项目路线全长5.536km,基本为东西走向。设计行车速度为100km/h,项目批复概

算2.05亿元,其中交通部补贴1.2亿元,其余由包头市政府自筹。开工日期为2003年4月,竣工日期为2004年10月,是自治区最早按照BT模式建设的高速公路,由包头市黄河路桥工程有限责任公司负责实施,建设资金除补贴外,其余由企业垫资,垫资部分由包头市财政逐年偿还。

S31呼和浩特至大饭铺高速公路是内蒙古自治区"三横九纵十二出口"的重要组成部分,同时也是内蒙古自治区的一条重要省级干线,既是呼和浩特市的门户通道,又是首府呼和浩特市的一项形象工程,见图2-3。该项目的实施对于加强呼和浩特市、包头市、鄂尔多斯市"金三角"地区的联系,促进内蒙古自治区与西部周边相邻省区的交流都具有十分重要的作用。由于"金三角"地区其得天独厚的资源条件和地理条件,该段公路的建设,对增强"金三角"地区整体优势,加速国家战略西移、促进和带动我国中西部地区的经济发展,有着非常重要的意义。

图2-3 S31呼和浩特至大饭铺高速公路开工仪式

S31呼和浩特至大饭铺高速公路路线总长114.72km,2004年开工,2006年通车运营。该项目由内蒙古民营企业鄂尔多斯市东方路桥公司和鄂尔多斯市泰宝投资有限责任公司采用BOT模式建设,总投资35.09亿元。呼和浩特至大饭铺高速公路分为呼和浩特至托克托县蒲滩拐段、蒲滩拐至城壕段和城壕至大饭铺段3个项目进行建设。其中,呼和浩特至托克托县蒲滩拐段高速公路里程为64.62km,蒲滩拐至城壕段总长3.6km,以上2个项目由鄂尔多斯市东方路桥公司负责投资建设,项目批复概算19.17亿元;城壕至大饭铺段由鄂尔多斯市泰宝投资有限责任公司负责投资建设,建设里程为46.5km,项目批复概算15.92亿元。

G18荣乌高速公路大饭铺至东胜段是国家重点公路布局方案"十三纵十五横"中经过内蒙古自治区的"三纵四横"的重要组成部分,是内蒙古自治区公路的主骨架,是实施西部大开发战略通往内蒙古自治区的重要干线,也是呼和浩特至鄂尔多斯矿区腹地的重要运输通道。G18荣乌高速公路大饭铺至东胜段公路的建设为内蒙古自治区煤炭外运提供便捷的快速通道,大大提高各类资源货物运输能力,形成"呼包鄂"金三角快速环路,使鄂尔多斯通往呼和浩特市以及山西省、北京市的时间大大缩短,通行能力得以提高,对带动沿线地区的经济发展和资源开发,完善自治区路网规划,加快沿线农牧民脱贫致富的步伐,加快内蒙古自治区交通建设等方面都具有重要的现实意义。

该项目由内蒙古民营企业鄂尔多斯市泰宝投资有限责任公司采用 BOT 模式建设,项目批复概算为 46.19 亿元,采用 4 车道高速公路技术标准。起点位于鄂尔多斯市准格尔旗薛家湾镇大饭铺村,终点在 G18 荣乌高速公路与 G65 高速公路东胜南互通相接,路线全长 113.8km。于 2005 年 8 月开工,2009 年 10 月通车运营。

3. 南通晋陕,北连国门

G55 二广高速公路白音察干至集宁至丰镇段是二连浩特至河口国道主干线(现为 G55 二连浩特至广州高速公路)内蒙古自治区境内的重要组成部分,是国家规划"五纵七横""7918"高速公路网中的一条纵线,也是内蒙古自治区"三横九纵十二出口"规划中的一条纵线,是中国北部开放城市二连浩特通往京、津出口港的重要一段。白集丰高速公路的建成,极大地改善了内蒙古自治区通往山西等地交通状况,实现内蒙古自治区经济与华北、华中和珠江三角洲的对接。同时,该路段的建成,向北连接二连口岸,也促进了蒙古、俄罗斯和中国的政治、经济及文化交流。G55 二广高速公路白集丰段见图 2-4。

图 2-4 G55 二广高速公路白集丰段

白音察干至集宁段主线全长 64.631km,项目批复概算 16.30 亿元,其中交通部安排专项基金 4.55 亿元,其余由内蒙古自治区自筹解决(含国内银行贷款)。该项目于 2004 年 9 月开工,2006 年 12 月建成通车。集宁至丰镇段主线全长 72.26km,项目批复概算 18.21 亿元,其中交通部安排专项基金 5.22 亿元,其余由内蒙古自治区自筹解决(含国内银行贷款)。该项目于 2004 年 9 月开工,2006 年 12 月建成通车。

4. 东部地区高速公路零突破

G45 大广高速公路通辽至赤峰段是内蒙古东部区首条新建 4 车道高速公路,属于国家高速公路网大庆至广州公路的一部分,是自治区"三横九纵十二出口"规划的重要组成部分,是连接内蒙古东部区两大城市通辽、赤峰的重要通道之一,是连接东北地区和华北地区的一条重要干线,也是通辽市和赤峰市最重要的对外通道和经济主干线。该公路的建成对完善国家和内蒙古交通运输网络、促进沿线地区旅游和经济发展具有重要意义,也是东北地区进京的第二条通道,同时该公路的建设是振兴东北老工业基地落实三农政策的需要,对于改善内蒙古地区的交通状况,加快本地区社会经济和旅游业的发展,加强内蒙古自治区与其他地区的政治、经济、文化交流,促进内蒙古地区的经济发展具有极其重要的作用,实现了自治区东部区高速公路零的突破。G45 大广高速公路通辽至赤峰段见图 2-5。

图 2-5 G45 大广高速公路通辽至赤峰段

大庆至广州高速公路内蒙古段在"十五"期间共分为五个项目进行建设,共计 352.516km,其中**通辽至阿布海段**主线长 70.639km,项目位于内蒙古自治区通辽市境内,主线采用新建双向 4 车道高速公路建设标准,起点位于通辽东的邢家窝堡,终点位于阿布海牧铺;2005 年 3 月开工建设,2007 年 10 月通过交工验收,具备通车试运行条件;本项目批复概算为 26.28 亿元。**阿布海至塔甸子段**主线长 66.546km,起点位于阿布海至通辽段高速公路终点,终点接下洼至塔甸子段高速公路起点;2005 年 3 月开工建设,2007 年 9 月通过交工验收,具备通车试运行条件;项目批复概算为 19.35 亿元。**塔甸子至下洼段**主线长 65.258km,项目位于内蒙古自治区通辽市奈曼旗境内,起点位于赤峰与通辽市交界下洼村附近,终点位于塔甸子东;2005 年 3 月开工建设,2007 年 8 月通过交工验收,具备通车试运行条件;项目批复概算为 15.8 亿元。**下洼至撒力巴段**全长 69.723km,起点位于敖汉旗下洼镇,终点止于赤峰市敖汉旗萨力巴北;2005 年 3 月起开工建设,2007 年 9 月通过交工验收,具备通车试运行条件;项目批复概算为 18.63 亿元。**撒力巴至赤峰段**全长 80.35km,起点位于敖汉旗萨力巴北,终点止于赤峰市松山区;2005 年 3 月起开工建设,2007 年 10 月通过交工验收,具备通车试运行条件;项目批复概算为 20.91 亿元。

5. 区内第一环

G0601 呼和浩特市绕城高速公路(图 2-6)是呼和浩特市城市规划路网中主要的骨架

道路之一,也是国家高速公路网在内蒙古境内规划的唯一一条城市环线,是自治区党委、政府实行公路建设管理权限下放以来,第一个由呼和浩特市政府组建项目法人建设管理的高速公路项目。该项目的建成使自治区道路网间的转换更加便捷,对呼和浩特区域道路网起到很大的优化作用,高速公路与国省干道相连接,完善了呼和浩特交通体系,疏导和分流了过境车辆,极大地缓解了呼和浩特周围的交通压力。进一步完善了首府交通辐射功能,显著改善首府的交通出行条件,对于提升首府形象,促进首府及周边地区经济社会发展具有重要意义。

图 2-6　G0601 呼和浩特市绕城高速公路

该项目始建于 2005 年 11 月,2009 年 12 月通车运营,主线全长 57.894km,项目批复概算为 23.21 亿元,设计行车速度为 100km/h,公路起点在呼包高速公路罗家营互通东约 5km 的脑包村东侧,终点在呼包高速公路白石头沟大桥东 347m 处。该高速公路途经呼和浩特市的新城区、赛罕区、玉泉区和土默特左旗,沿途设有 5 个出口。绕城高速公路位于呼和浩特市城区外围的城乡接合部,沟通城市各区,联结城市放射线道路,是城区交通的保护壳,起着交通分流、集散、及分配城市对外交通、吸引并疏解城市中心区交通的重要作用,同时,绕城高速公路工程也是扩大城市发展空间最主要的基础设施。

6."十五"期间其他高速公路建设情况

S43 呼和浩特市机场高速公路及连接线是呼和浩特市的重点工程,是呼和浩特市形象的标志之一,同时也是自治区首府城市路网规划的重要组成部分,在呼和浩特市城市交通中占有重要的地位。该段公路的建设对方便百姓出行、快速抵达首府机场、连接 G6 京藏高速公路有着极其重要的意义。该路段主线长路线全长 6.65km,项目批复概算 1.31 亿元,于 2001 年 10 月开工建设,2002 年 10 月建成通车;连接线长 4.925km,项目批复概算 4.43 亿元,于 2003 年 6 月开工,2006 年 10 月通车运营。

G65 包茂高速公路东胜至苏家河畔段是国家规划建设的省际通道在内蒙古自治区境内的一段,也是自治区"三横九纵十二出口"公路布局规划的重要组成部分,连接内蒙古自治区和陕西省榆林地区,是内蒙古重要的对外通道和经济主干线。该项目的建设,必将提高国家重点干线的快速通行能力和服务水平,促进沿线中心城市和公路两侧迅速形成经济带,大大改善投资环境。对加快内蒙古中西部地区的资源开发和农副产品、鲜活物资的运输,促进沿线地区的经济发展等具有重要意义。

该项目起于东胜北,接已建包东高速公路东胜北互通立交,止于内蒙古陕西交界处的苏家河畔,与陕西省在建的苏家河畔至榆林高速公路相接,路线全长95.78km,项目批复概算18.03亿元。该项目于2003年8月开工建设,2005年10月通车运营。

G16 丹锡高速公路赤峰至大板段是国家高速公路丹东至锡林浩特中的一段,是内蒙古自治区公路网的主骨架,也是自治区"三横九纵十二出口"及国家发展委员会制定的"十七纵十五横"的重要组成部分,同时也是内蒙古连接东部地区进京达海的主要通道。该公路的建成通车对加快本地区社会经济和旅游业的发展,都具有十分重要的意义,经济效益和社会效益十分显著。

该项目起点位于赤峰市新城区,终点为巴林右旗大板镇,途经乌丹镇、松山区、红山区、喀喇沁旗,与已建成的赤峰市省际通道相连,路线全长149.806km。2004年8月起开工建设,2007年12月通过交工验收并具备通车试运行条件。本项目批复概算为28.17亿元,建设资金来自项目资本金33.81%和国内银行贷款66.19%。

S53 赤峰环城高速公路连通了G45赤峰至通辽段和G16赤峰至朝阳段,使赤峰城区拥有了高速环线,方便了城区百姓的出行,有效促进了赤峰当地的交通运输和经济发展。项目路线全长11.43km,设计行车速度为100km/h,起点在红山区红庙子镇新安屯,终点在红山区文钟镇三眼井。该项目于2005年3月开工,2007年10月建成通车。

G1817 荣乌高速公路乌海至银川(内蒙古宁夏界)**联络线乌达至石炭井段**(原编号S33乌银高速公路)作为自治区交通规划"三横九纵十二出口"的重要组成部分,也是阿拉善盟与自治区首府和东部各盟市政治、经济、文化联系的最便捷通道。项目的建设,对于有效缓解内蒙古西部地区交通压力,进一步完善自治区公路布局,提高公路供给能力,促进自治区资源开发及经济和社会发展,对促进当地的经济发展具有重大意义。

该项目起点位于新地至麻黄沟高速公路乌斯太出口处,终点为巴音呼都格收费站,与乌巴一级公路相接,全长45.025km。项目于2005年11月破土动工,2006年10月29日实现主体工程贯通,2006年12月1日正式通过交工验收并具备通车试运行条件。本项目设计总概算1.92亿元,由内蒙古自治区交通运输厅负责项目建设和资金筹措,资金筹措方式为国家投资、自治区自筹。乌达至石炭井段公路在原一级公路基础上升级为高速公路,是阿拉善盟公路建设史上修建的第一条高速公路,也是2006年全区唯一在建并要求当年完工的高速公路建设项目。

(四)"十一五"期间乘势而上、再铸辉煌

"十一五"期间,自治区的公路建设进一步解放思想、开拓思路、破解难题,不断创新投融资机制,"国家投资、地方筹资、资源置换、社会融资、银行贷款、利用外资"的资金运作机制更加完善,公路建设管理水平得到进一步提升。通过加强勘察设计管理,推行工程精细化管理、开展质量年活动、健全和落实四级质量保证体系、充分发挥政府质量监督的作用,加大质量监督和惩处力度等措施,工程建设质量明显提高。5年竣工验收的高速公路、一级公路项目全部达到部颁优良标准。

按照自治区"8988"高速公路网规划,全区高速公路由1001km发展到2365km,其中G6京藏高速公路(图2-7)、G12珲乌高速公路、G65包茂高速公路内蒙古境内段落全部建成。一个以高速和一级公路为骨架、农村牧区公路为补充的公路网格局初步形成,盟市行署政府所在地与周边省区大城市正在以高速、一级公路连通,旗县政府所在地基本以高等级公路连通。公路建设,有力地拉动了自治区经济平稳较快发展。在这5年中,全区共有19个高速公路项目开工建设,里程共计2062km,投资概算816亿元。

图2-7　G6京藏高速公路呼包段改扩建工程、G59呼北高速公路呼杀段开工誓师大会

原交通运输部李盛霖部长评价:"'十一五'期间,内蒙古的交通取得了突破性的进展,成绩是非常可喜的"。时任自治区党委书记胡春华评价:"'十一五'内蒙古的经济能够以这么高速度增长,交通起到了很好的保障作用"。时任自治区主席巴特尔评价:"内蒙古的公路交通发展实现了质的飞跃,在支持内蒙古经济发展和服务全国大局当中,确实发挥了重要的作用"。可以说,"十一五"的5年,是内蒙古交通运输科学发展的5年,又好又快发展的5年,又创辉煌的5年。

1. 加快打通出区通道

内蒙古地处北部边疆,对外与蒙古国、俄罗斯接壤,对内横跨东北、华北、西北,与8个省份相邻,依托其地处黄河中上游和环渤海经济圈的区位优势,成为沟通三北地区经济的重要枢纽。同时,内蒙古又是国家重要能源、化工、冶金、农畜产品基地,内蒙古经济可以说是"运出去"经济。因此,加快打通内蒙古与周边省(市、区)大中城市之间的高速公路,对于推动内蒙古"资源转换"和"加工增值"等,具有重大意义。"十一五"期间,自治区把建设高速公路出区通道作为一项建设重点,以"8988"高速公路网规划为发展依据,规划了14条高速出区通道,总里程2467km,总投资966亿元。五年来,共开工建设了7个出区通道项目,力争为"十二五"期间全区全部以高速公路或一级公路建成出区通道打下良好基础。

G18荣乌高速公路内蒙古段(图2-8)不仅是国家高速公路网荣成至乌海公路重要组成段落,也是内蒙古自治区"三横九纵十二出口"公路规划中的一条横线,是连接内蒙古中西部沿线地区的交通枢纽,是呼和浩特、鄂尔多斯和乌海的重要经济通道,是自治区东西走向的重要通道,也是连接全区资源富集区、产业集中区、人口稠密区的交通大动脉,同时是自治区重要的出区通道和横向快速干线。在"十一五"期间,G18荣乌高速公路共有三个项目开工建设,分别为察汗淖至棋盘井段、东胜至察汗淖段和十七沟至大饭铺段,三个项目建成后,与已建成的大饭铺至东胜高速公路共同构成荣成至乌海高速公路的内蒙古段,标志着荣乌高速公路在内蒙古境内实现全线高速化。G18荣乌高速公路内蒙古段的建设,对于进一步完善自治区路网结构,提高路网技术等级并加强中西部地区的交流合作,实现区域联动,促进共同发展,具有十分重要的意义。

图2-8　G18荣乌高速公路航拍图

察汗淖至棋盘井段起自察汗淖镇西北4km,国道109线里程K998以北450m的位置,路线向西直行,终点位于棋盘井东南9km,国道109线里程K1084+800与已建成国道109线棋盘井至石嘴山一级公路的终点相接。全长81.5km,工程于2006年5月开工建设,建设工期为3年,于2008年5月1日通车运行,项目批复概算19.86亿元。

东胜至察汗淖段位于东胜区南12km的康巴什,接大饭铺至东胜高速公路,终点位于鄂托克旗察汗淖苏木,顺接察汗淖至棋盘井高速公路。路线全长182km,2006年10月开工建设,2009年10月交工验收,具备通车试运行条件。本项目设计概算为58.50亿元,采用BOT方式建设,建设资金均为鄂尔多斯市万正公路服务有限责任公司自筹。

十七沟至大饭铺段起点接荣乌高速公路山西境内山阴至平鲁段终点,终点位于准格尔旗薛家湾镇大饭铺村(桩号K86+020),与大东段主线连接,路线总体为东西走向。路线全长 84.17km,工程于 2010 年 10 月开工建设,2013 年 12 月正式开通运营,设计概算为 48.38 亿元。

G12 珲乌高速公路石头井子至乌兰浩特段的建设实现了与阿荣旗至北海省际通道、国道 111 线和省道 203 线相连并形成区域路网,可直接辐射哈大齐工业走廊、大连经济区、辽中经济区、长吉经济区,贯通珲春至阿尔山国家二级轴线、丹东至霍林河国家二级轴线,是自治区 14 个重要出口通道之一,是兴安盟与吉林省融入联系的重要通道,是实现西部大开发和振兴东北老工业基地两大省区的战略平台。

该项目由国家发改委、交通运输部批准 2008 年 9 月开工建设,2011 年 3 月交工验收,项目批复概算 11.63 亿元。该路线起点位于兴安盟与吉林省白城市交界处石头井子,终点止于乌兰浩特市何家屯东南接省际通道,路线主线全长 32.893km。

G1817 荣乌高速公路乌海至银川(内蒙古宁夏界)**联络线巴彦浩特至头关段**(原编号 S33 乌银高速公路)作为内蒙古自治区"三横九纵十二出口"和宁夏回族自治区"六横三纵"路网规划的重要组成部分,是阿拉善盟"两横两纵十二出口"公路交通主骨架网络的主干道,也是当时建设时间最紧、建设任务最重、社会关注程度最高的高等级公路,见图 2-9。项目的建设,对于优化内蒙古西部路网格局、改善省际通道运输环境意义重大,同时打通了宁夏与内蒙古的交通运输高速通道,成为宁夏与内蒙古重要的交通纽带,同时成为连接甘肃、内蒙古及内地其他各省份的大通道,通过内蒙古第三大陆地口岸策克口岸,宁夏的货物可方便快捷到达蒙古国。

图 2-9 G1817 荣乌高速公路乌海至银川(内蒙古宁夏界)联络线

该项目起点位于阿拉善左旗巴彦浩特镇北,与乌巴一级公路相接,止于蒙宁界头关,路段全长 68.85km。该项目于 2008 年 10 月 18 日开工建设,2011 年 1 月 6 日通过交工验收并具备通车试运行条件,2015 年 1 月 6 日通过竣工验收。项目批复概算 19.66 亿元。

G16 丹锡高速公路平庄(内蒙古辽宁界)**至赤峰段**为国家高速公路网丹东至锡林浩特中的一段,是内蒙古中东部与沿海地区的重要通道。该路段建成通车,使内蒙古自治区及赤峰市国省干线网络更加完善,提高了公路交通服务水平及运输能力,缩短了营运时间,降低了运输成本。该路段建成通车后会促进本地区丰富的煤炭、电力、森林农牧业、有色金属的开发,同时对加快东北老工业基地与本地区之间的资源流动、带动内蒙古经济发展以及沿线旅游业的发展创造良好的交通条件和外部环境。

该路段主线起点为红山区与喀喇沁旗交界处仓窖村,终点为元宝山区平庄镇与辽宁省交界的老哈河畔,线路全长46.033km;连接线起点位于平庄互通骆驼营子附近原S205线上,终点位于元宝山区平庄镇,线路全长10.642km。工程于2009年5月开工建设,2013年9月通车试运行。工程概算19.98亿元。

G25长深高速公路金宝屯至查日苏段是国家高速公路网规划中南北纵线的第3条在内蒙古境内的段落,本段公路是吉林与辽宁连接的纽带,是东北地区进京的又一通道,同时也是内蒙古自治区重要的出口公路之一,对提高自治区东部地区公路网的整体技术水平,优化交通运输结构,促进沿线地区经济发展和社会进步,振兴东北老工业基地,加快东部现代化建设,发展区域经济有着极其重要的意义。

该项目起于通辽市科左后旗金宝屯镇,终点位于辽宁和内蒙古界查日苏。本项目初步概算16.27亿元,自2009年5月15日起开工建设,2011年11月11日交工验收,全长44.551km。

G45大广高速公路双辽至通辽段是大庆至广州高速公路的重要组成部分,它的建成通车对促进通辽地区资源开发、旅游业的发展和国家及内蒙古自治区公路网的完善以及促进通辽市与吉林省的经济和文化交流具有重要的意义。大庆至广州高速公路双辽至通辽段公路是国家高速公路网大庆至广州公路在内蒙古自治区境内的一段,是自治区"三横九纵十二出口"规划的重要组成部分,同时也是通辽市公路交通建设"三横四纵五出口一绕城"中五出口之一,是连接东北地区和华北地区的一条重要干线,也是通辽市最重要的对外通道和经济主干线。该公路的建成对完善国家和内蒙古交通运输网络、促进通辽地区资源开发、旅游业的发展和国家及内蒙古自治区公路网的完善以及促进通辽市与吉林省的经济和文化交流具有重要的意义。

该项目位于内蒙古自治区通辽市科尔沁区境内,起点位于内蒙古自治区与吉林省两省(区)接线点新开河,终点位于通辽东邢家窝堡,主线长93.502km。本项目2009年5月开工建设,于2011年11月9日通过交工验收通车试运营。项目批复概算32.33亿元。

G59呼北高速公路呼和浩特至杀虎口(内蒙古山西界)**段**是G59呼和浩特至北海高速公路在内蒙古自治区境内部分,是内蒙古自治区通往山西省的高速出口公路之一,是内蒙古自治区"8988"高速公路网规划的第六条纵线,是自治区的出口公路,也是连接华北和西北地区的重要干线。它的建设是实施国家西部大开发战略的需要,是实施内蒙古自治区调整公路网规划,促进路网合理布局的需要。在呼杀线经过的地区中,和林格尔是中国乳都核心区,园区内以蒙牛乳业为代表的食品企业已达到22家,配套企业10家,形成了以乳制品、肉制品、饮品加工、包装产业等为主导的绿色食品加工基地。2012年5月10日,总投资500多亿元的中国移动、中国电信、宽带资本云计算、京能热电、内蒙古电力集团电力保障5个云计算及配套项目在和林格尔县盛乐现代服务业集聚区同时开工;由连接线连通的托克托县,被确定为自治区第一批循环经济示范城市(县),目前已形成循环经济产业链雏形,托克托县工业园区重点进行了"煤—发电—高铝粉煤灰综合利用—氧化铝—铝型材加工"和"玉米生产基地—玉米加工企业—玉米深加工产品"两大循环经济产业链建设。特别是大唐再生资源开发有限公司利用大唐托电有限公司产生的高铝粉煤灰为原料,生产氧化铝项目,已被列入国家循环经济示范项目。而作为经济落后的贫困地区清水河县,则更需要一条经济动脉。

呼杀高速公路见图2-10。

图2-10　呼杀高速公路

本项目起点位于呼和浩特市赛罕区金河镇八拜村东侧600m处,与呼和浩特科尔沁快速路连接,终点位于内蒙古自治区与山西省交界处明外长城(山西省杀虎口村),主线长90.802km。本项目于2010年10月开工,2013年12月通过交工验收。项目批复概算59.71亿元。

2. G6高速公路实现全线高速化

G6京藏高速公路临河过境段的建设对于京藏高速公路在内蒙古自治区境内全部实现高速化具有重要意义,对于完善巴彦淖尔市交通体系疏导和分流过境车辆,缓解临河区的交通压力,加快巴彦淖尔市向现代化园林城市迈进的建设步伐,保持经济持续、稳定、快速地发展,起到了重要的作用,也对完善国道和内蒙古自治区高速公路网适应西部开发战略、改善区域交通条件、促进沿线地区经济社会协调发展起到重要作用。

该项目起始五原县天吉泰镇,接已建成的丹拉国道包头至天吉泰段,经临河农场,止于黄羊木头,工程全线长53.155km。项目批复概算21.15亿元。于2006年11月15日开工建设,2008年11月15日具备通车试运行条件。

3. 建设西煤东运新通道,助力中西部经济发展

S24 准格尔至兴和运煤高速公路是内蒙古自治区"十一五"规划重点建设工程和西部大开发重点项目,见图2-11。本项目已列入《内蒙古自治区高速公路网规划》"8988"中的重要一横。本项目西起内蒙古鄂尔多斯市准格尔旗大路乡,终点止于兴和县团结村。准兴高速公路是新开辟的内蒙古西部地区煤炭外运的另一条通道,它的建成对蒙西地区优质煤炭的大规模开发外运、发挥西部地区的地区资源优势、加快西部地区经济的快速发展、为东部地区提供可靠的能源保证和加快实施国家能源发展战略等方面具有重要的意义。

图2-11 S24 准格尔至兴和运煤高速公路大路东互通

本项目全长274.65km,项目批复概算145.01亿元,以BOT方式实施,由内蒙古准兴重载高速公路有限责任公司投资建设,运营期限30年。建设资金来自项目资本金25%和国内银行贷款75%。项目设计年货物运输能力为15000万t。本项目于2007年4月开工建设,2013年11月21日通过交工验收并具备通车试运行条件。

4. 跨越黄河两岸,拉近城市距离

G65 包茂高速公路包头至树林召段(图2-12)项目作为阿荣旗至北海省际通道在内蒙古自治区境内的重要组成部分,能够有效、便捷连接呼包高速公路和包东高速公路,是进一步完善内蒙古自治区高速公路网、贯通省际通道在内蒙古境内高等级道路的需要。项目的实施是实现省际通道呼和浩特至包头至东胜段高速化的需要,有利于缓解过境车辆对包头市区交通的压力;同时,该项目的建设对缓解当时鄂尔多斯市煤炭运输紧张局面,提高煤炭运输能力具有重要意义。本项目的实施对于加强呼包鄂"金三角"地区的经济联系,促进和带动自治区中西部地区经济发展都具有重要的意义。本项目建成后,完善了内蒙古自治区西部的公路网,成为呼包高速公路和包东高速公路之间的重要连接线,成为包头市的重要过境公路和鄂尔多斯市的重要对外通道,为鄂尔多斯市前往呼和浩特市方向的车辆提供了便捷的快速通道,也缩短了鄂尔多斯市通往北京、天津等东部发达地区的距离。该项目的建设对完善全国、内蒙古自治区及包头市和鄂尔多斯市三级公路网、提

升高速公路总量和内涵均具有重要意义,而且可以改善包头市和鄂尔多斯市的交通条件和投资环境,对繁荣包头市和鄂尔多斯经济,促进包头市和鄂尔多斯市及周边地区的经济发展具有极为重要的意义。

图2-12　G65包茂高速公路包树段黄河大桥

该项目起于内蒙古包头市沙尔沁,接已建成的G6京藏高速公路呼和浩特至包头段,于官地村跨越黄河,经德胜泰,于关碾房接已建成的包头至东胜高速公路,路线全长36.986km。项目批复概算19.35亿元。于2007年5月开工,2011年7月通车运营。

5. 打造内蒙古最美高速公路

高速公路最直接的功能是提供交通运输服务,带动区域经济发展。但在其建设的同时,不可避免对沿线生态环境进行破坏,自治区在近年高速公路建设时已将"绿色高速"理念融入项目建设,以G10绥满高速公路内蒙古段、G1013海张高速公路(原编号S27锡张高速公路)内蒙古段为试点,积极打造全区最美高速公路,一方面在项目设计时合理选择线位,最大限度地把高速公路与周边环境、景观融为一体,打造具有丰富的地域文化特色,成为将旅游、环保、生态等结合的多功能高速公路;另一方面在建设过程中把生态环保放在首位,坚持"适用的就是最好的""自然的就是最美的"及"施工中最低程度的破坏,施工后最大程度的恢复"等理念贯穿到建设的全过程,力争"创建最美的高速公路",见图2-13。

图2-13　最美高速公路

G10 绥满高速公路阿荣旗至牙克石段位于呼伦贝尔市境内,它穿越碧绿的草原、浩瀚的林海,犹如一条蜿蜒的绶带点缀在绿色草原的地毯上,人在车里,车在路上,路在景中。在公路建设过程中,设计和施工力求做到公路景观与自然环境相融合的文化氛围。它是贯穿呼伦贝尔市东西狭长地带的大通道。其建设对呼伦贝尔市干线公路网的形成,解决呼伦贝尔市东西交通联系,促进草原旅游,并对沿线的经济发展、改善投资环境以及为沿线各市(旗、区)提供方便、高效的出行方式起到至关重要的作用。

2008年8月阿荣旗至博克图段、博克图至牙克石段高速公路同时开工建设,2012年9月阿荣旗至博克图段、2012年11月博克图至牙克石段先后建成通车。阿荣旗至博克图段路线全长为160.115km,总概算为57.80亿元。博克图至牙克石段路线全长134.195km,总概算为53.17亿元。

G1013 绥满高速公路海拉尔至张家口联络线内蒙古段(原编号 S27 锡张高速公路)是内蒙古通往京津冀地区的又一条重要出口通道。锡张高速公路全长约398km,其中锡盟境内全长297.5km。锡张高速公路沿线的正蓝旗是离北京最近的典型草原地区,沿路风景秀美,为了能使高速公路与沿线风景完美结合,建设过程以生态、环保、景观高速公路为基本理念,着力打造自治区最美高速公路。锡张高速公路全线贯通后,与京石高速公路相连,实现了正蓝旗最美草原与首都北京的高速连通,加强正蓝旗乃至内蒙古与京津冀环渤海地区在能源、原材料供应、人力资源等领域的广泛合作,承接京津冀与环渤海经济区的经济辐射,增进区域之间的合作与交流,促进正蓝旗经济快速发展,对改善投资环境,拉动沿线地区人流、物流便捷流通,加快资源开发和产业带发展,带动草原旅游产业开发,具有重要意义。

G1013 绥满高速公路海拉尔至张家口联络线内蒙古段先后分为3个项目建设,2008年9月宝三段(宝昌至三号地)、2010年7月桑宝段(桑根达来至宝昌段)、2010年9月锡桑段(锡林浩特至桑根达来)先后开工建设,2010年11月宝三段段工程建成,2012年9月桑宝段建成,2014年9月锡桑段(锡林浩特至桑根达来)建成通车。宝昌至三号地(内蒙古河北界)段路线起点位于太仆寺旗的宝昌镇,终点位于内蒙古与河北省交界处的三号地,主线长49.261km,总概算为15.76亿元。桑根达来至宝昌段起于桑根达来镇南,接锡林浩特至桑根达来段终点,终点位于太仆寺旗宝昌镇北,与宝昌至三号地高速公路相接,路线全长101.758km,总概算为17.10亿元。锡林浩特至桑根达来段起点位于锡林浩特市南,终点位于桑根达来互通,路线全长146.439km,总概算为39.00亿元。

6. 提升口岸公路通行能力

G55 二广高速公路赛汗塔拉至白音察干段是国家高速公路网 G55 二广高速公路的组成部分,该项目的建成通车标志着 G55 二广高速公路内蒙古段全部达到一级以上公路等级标准。该项目的实施对加快国家高速公路网建设,为内蒙古自治区发展对外贸易提供强有力的交通运输保障,对改善对外贸易环境、扩大对外交流、促进内蒙古的对外开放、改善地区投资环境和吸引外资均具有积极的作用。同时本项目的建设极大地改善沿线交通状况、增强投资吸引力、加强本地物资外运、对繁荣锡林郭勒盟、乌兰察布市以及周边地区的经济建设起到巨大的推动作用。

赛汗塔拉至白音察干高速公路经国家发改委批准,于 2009 年 6 月开工建设,2012 年 7 月建成通车,项目批复概算 46.48 亿元,路线全长 165.36km,采用双向 4 车道高速公路标准,设计行车速度 100km/h。工程起于锡林郭勒盟赛汗塔拉镇,止于乌兰察布市白音察干镇,项目起点和终点分别与已建成的二赛(二连浩特至赛汗塔拉段)一级公路和白集丰(白音察干至集宁至丰镇)高速公路连接,见图 2-14。

图 2-14 直通二连口岸

7. 第一条双向 8 车道高速公路

G6 京藏高速公路呼和浩特至包头段改扩建工程是 G6 京藏高速公路和 G7 京新高速公路的共线部分,是首都北京通往西北的公路主动脉,是内蒙古自治区也是国家高速公路网的重要组成部分。呼包高速公路连接着自治区首府呼和浩特和包头两大中心城市,是自治区最主要的经济干线,也是准格尔、东胜、包头、呼市等地区的煤炭、石油、稀土等矿产资源外运的主要通道。随着近年来该路段车辆的与日俱增,已经远远超出了原设计的最大通行能力,致使通行压力倍增,为了保通防堵、方便百姓出行,自治区政府决定由内蒙古高等级公路建设开发有限责任公司承担对呼包高速公路进行 4 车道改 8 车道改扩建项目,它的改扩建对改善国高网的快速通行能力,缓解交通压力,加快自治区公路交通建设,促进沿线地区的经济发展、民族团结和社会进步,及带动周边城市的资源转换、开发都具有十分重要的意义。

该项目项目批复概算114.91亿元,路线全长217.1km,起点位于呼和浩特东保合少互通处,终点止于包头西乌兰计。全线按双向8车道高速公路技术标准进行改扩建后,路基宽度已由原26m增宽至42m。该工程项目采取"边通车、边施工"的方式进行建设,其施工组织和建设难度之大在自治区交通史上尚属首例。项目于2010年10月开工建设,2013年10月通车运营,标志着内蒙古拥有了第一条双向8车道高速公路(图2-15)。同时,该项目2017年荣获内蒙古自治区"草原杯"工程质量奖、优质样板工程及公路建设行业优秀工程奖。

图2-15 自治区第一条8车道高速公路

(五)"十二五"期间拓出口通道、扩高速网络

"十二五"以来,面对国内外形势深刻复杂的变化,特别是经济下滑压力加大的挑战,内蒙古自治区交通运输行业在自治区党委、政府和交通运输部的正确领导下,以科学发展观为指导,全面贯彻党的十八大和十八届三中、四中、五中全会精神,全面落实国务院《关于进一步促进内蒙古经济社会又好又快发展的若干意见》,围绕自治区"8337"发展思路、全面建设小康社会和实现"富民强区"战略目标,牢牢把握稳中求进总基调,以进一步加快高速公路发展为主线,以"综合交通、指挥交通、绿色交通、平安交通"发展为导向,突出出区高速公路通道建设,加快交通信息化、安全保障和应急体系建设,强化节能减排和科

技攻关,推进体制机制改革,坚持统筹做好稳增长、促改革、调结构、惠民生各项工作,交通运输发展又迈上了新台阶,见图2-16。

图2-16 交通运输部与自治区人民政府签署落实国务院若干意见

根据高速公路出口通道规划和高速公路网规划新蓝图,经过5年建设,到2015年底,全区高速公路达到5016km,较"十一五"末增加2651km。普通国省干线公路网中高等级公路比重达到45%,全区干线公路网技术等级和通行能力稳步提升。全区12个盟市全部通高速公路,旗县通高速或一级公路数量达到94个,其中通高速公路51个。14条出区高速公路和16条出区一级公路全部建成,满洲里、二连浩特、策克等主要口岸以一级公路连通。

在此期间,全区先后共有12个高速公路项目开工建设,里程总计1400km,项目批复概算483.87亿元,其中G7京新高速公路韩家营至呼和浩特段公路更是自治区目前为止第一条新建重载6车道高速公路。

1. 进一步开拓出区通道

G2511长深高速公路新民至鲁北联络线好力堡至通辽段是国家高速公路网长春至深圳公路新民至鲁北联络线的组成部分,是《振兴东北老工业基地公路水运交通发展规划纲要》中东北区域骨架公路网的第5纵和内蒙古自治区规划的"8988"高速公路网的第2纵的组成部分,是通辽市规划的"三横四纵五出口"的五出口之一。该项目的建设对加强通辽市经济圈与周边地区的经贸往来,促进通辽市旅游资源的开发及经济和社会发展,具有重要的意义。

本项目路线起于科尔沁左后旗甘旗卡镇好力堡(辽宁内蒙古界),接新鲁高速公路辽宁省境内彰武至阿尔乡(辽宁内蒙古界)段,止于大广高速公路G45通辽东互通,路线全长90.6km,本项目于2011年3月15日开工建设,2013年11月8日通过交工验收,具备通车试运行条件。本项目总概算为30.56亿元。

G45 大广高速公路赤峰至茅荆坝(内蒙古河北界)段(图2-17)公路建设项目是国家高速公路网规划中大庆至广州高速公路的一段,是内蒙古自治区高速公路网"8988"的第四横线及内蒙古自治区"三横九纵十二出口"的重要组成部分。本项目是G45大广高速公路内蒙古境内最后建设的段落,它的建成标志着G45内蒙古境内实现全线高速化,该项目与赤大、赤通、赤朝高速公路及京承、承唐高速公路及同期建设的茅荆坝(内蒙古河北界)至承德高速公路一起共同构成蒙东地区入关、进京、达海的便捷公路通道,是东北地区与华北地区联系的又一快速通道,对促进区域社会经济发展具有十分重要意义。

图2-17　G45大广高速公路赤峰至茅荆坝(内蒙古河北界)段——通往河北的出区通道之一

路线起点位于赤峰市红山区文钟镇,与丹锡高速公路相接,止于内蒙古河北界的茅荆坝,全长102.297km,2011年3月起开工建设,2013年12月通过交工验收并具备通车试运行条件。本项目总概算为53.10亿元。

G7京新高速公路韩家营至呼和浩特段是国家高速公路网的重要组成部分,是继G6京藏高速公路后又一条内蒙古自治区进京通道,也是内蒙古目前唯一一条新建6车道高速公路。它的建设,对于有效缓解G6京藏高速公路内蒙古境内的交通拥堵具有重要的作用,进一步完善自治区公路布局,提高公路供给能力,加强"呼包鄂"经济圈与周边地区的经贸往来,促进自治区资源开发及经济和社会发展,具有重要的意义。

韩家营至集宁段起点位于山西内蒙古界韩家营村南,终点位于乌兰察布市察哈尔右翼前旗巴音塔拉乡刘家村东,主线长70.666km,于2011年4月27日开工建设,2015年1月15日通过交工验收并具备通车试运行条件。总概算为57.71亿元。

集宁至呼和浩特段项目路线起点顺接京新高速公路韩家营至集宁段高速公路终点,终点位于呼和浩特至包头高速公路保合少枢纽互通,路线全长141.111km,项目批复概算112.48亿元,于2011年4月开工建设,2016年通过交工验收并具备通车试运营条件。

2.完善路网结构,提升通行效率

G10缓满高速公路牙克石至海拉尔段(图2-18)的建设对于进一步完善干线公路网功能,打通自治区东部地区的交通运输通道,密切内蒙古自治区东部盟市之间的联系,促进内蒙古东部地区与东北地区的经济往来,加快自治区东部地区的经济发展,具有十分重要的意义。本项目的建设对加快自治区东部地区经济发展,改善呼伦贝尔市的交通状况,为国家振兴东北老工业基地提供能源保障,加强内蒙古自治区与其他地区的政治、经济、文化交流,促进内蒙古东部地区经济持续稳定发展具有重要作用。

图2-18 G10缓满高速公路牙克石至海拉尔段通车试运营仪式

本项目全线位于呼伦贝尔市境内,起于牙克石市西海满村与鄂温克族自治旗交界处,与绥满公路博克图至牙克石段高速公路相接,终点至海拉尔北敖包山西侧,接海拉尔至满洲里段一级公路的起点,路线全长76.285km,于2011年5月1日开工建设,2013年11月2日通过交工验收并具备通车试运行条件。总概算为25.50亿元。

G5511二广高速公路集宁至阿荣旗联络线乌兰浩特至扎兰屯段是《国家高速公路网规划》中二连浩特至广州公路集宁至阿荣旗联络线的一段。本项目的建成,对于完善国家、区域和内蒙古高速公路网,振兴东北老工业基地,加强民族团结,改善区域交通条件,促进沿线资源开发,带动民族旅游产业发展和经济社会的协调发展等均有重要的意义。

G5511二广高速公路集宁至阿荣旗联络线乌兰浩特至扎兰屯段分为两个项目进行建设,其中乌兰浩特至新林北段高速公路起点布设于省际通道科尔沁右翼前旗收费站处,路线终点位于新林镇北兴安盟与呼伦贝尔市交界处。路线全长181.062km,项目批复概算45.99亿元,于2012年10月开工建设,2016年12月23日交工。新林北至扎兰屯段路线起点位于呼伦贝尔市与兴安盟交界处的金界壕,与乌兰浩特至新林北高速公路相接,终点位于扎兰屯市南出口的齐齐哈尔至满洲里铁路西侧约600m处,路线全长81.870km,为一级公路改高速公路改扩建工程。项目批复概算19.45亿元。本项目于2012年10月开工建设,2016年通过交工验收。

S47 宗别立(张家房)至察哈尔滩高速公路是规划中的张家房至山丹公路非常重要的一段,也是乌巴一级公路与巴吉一级公路联系的重要纽带。该项目是西部路网重要的组成部分,是内蒙古为适应西部大开发而规划的重要干线。项目建成后进一步改善和优化了阿拉善盟公路路网、发挥高等级公路的规模效益、提高区域内部及对外运输效率和能力,进一步强化西部地区经济区域之间的快速联系,对实施西部大开发战略,促进本地区资源开发和能源转换的战略实施,改善内蒙古西部运输环境,促进阿拉善盟经济社会的发展等具有重要意义。

张家房至察哈尔滩高速公路起点位于张家房(乌巴一级公路 K66+900 处),与乌巴一级公路互通立体相交,途经红旗水库,终点位于察哈尔滩(巴吉一级公路 K63+300 处),与巴吉一级公路互通立体相交。本项目主线建设里程 44.884km,辅道建设里程 39.555km,项目批复概算 12.19 亿元。本项目于 2012 年开工。

G16 丹锡高速公路经棚至锡林浩特段(图2-19)是自治区干线公路网规划中的第 3 纵,是赤峰市、锡林浩特市总体规划的重要组成部分,是连接赤峰市和锡林浩特市的重要通道。本项目的实施,推动了周边沿线地区旅游业发展,使投资环境大为改善;作为东部区煤炭、矿产资源的运输提供快捷、高效的通道,从而促进沿线地区资源的开发和能源化工产业带的发展;加强与京津冀环渤海地区在能源、原材料供应、人力资源以及产业梯度等领域的广阔合作发展,增进区域间的密切交流,促进沿线地区经济持续快速发展。

图 2-19　G16 丹锡高速公路经锡段开工奠基仪式

该项目是丹锡高速公路的尾段,全长 135.55km,项目批复概算 63.50 亿元,跨越赤峰市和锡林浩特市,由两市各自组建项目管理办公室进行建设,于 2014 年 7 月开工建设,2016 年 11 月交工。

S24 大路至巴拉贡段高速公路改建工程的建设是贯彻落实内蒙古自治区"8337"发展

思路、大力推进"五大基地"建设、加大实施自治区资源富集区的开发和能源转换战略的需要,对完善自治区高速公路网、促进地区旅游业发展及沿线生态和现代农牧业建设、改善沿线群众生产生活和安全出行、提高公路运输服务能力等都具有十分重要的意义。建成后有效促进了鄂尔多斯市沿黄地区的经济社会发展,进一步加强鄂尔多斯市与呼和浩特、包头、巴彦淖尔以及乌海等城市的互融。项目起点位于准格尔旗大路新区与准兴重载公路互通相接,终点在巴拉贡镇与国道109线相接,全长414.902km。本项目路线走向、路基宽度、设计速度、服务区与已建沿黄一级公路大路至巴拉贡段一致,全线改建高速公路需新增互通立交3处、分离立交3处,天桥45座,设匝道收费站10处,终点主线收费站1处,另设连接线129.9km。本项目2015年8月开工建设,项目批复概算为11.7亿元,建设资金由自治区交通运输厅筹措解决。

3. 提升城市品质,方便百姓出行

S54 集宁东绕城高速公路是自治区高速公路网规划中的一条环线,它将东西走向的G6京藏高速公路、G7京新高速公路和南北走向的G55二广高速公路及省际通道等干线公路网相互连接,见图2-20。在集宁区外围形成全长约89.528km的高速公路环线,北京至二连浩特、省际通道方向的车辆不必由G6京藏高速公路、G7京新高速公路绕行集宁西互通到G55二广高速公路,可缩短31km的路程。本项目的建设对加快实施自治区高速公路网规划,自治区干线公路网以及完善集宁区周边公路网都具有非常重要的意义。

图2-20 缓解城市拥堵的绕城高速公路

本项目主线长28.443km,于2011年7月开工建设,2016年8月25日通过交工验收并具备通车试运行条件。本项目总概算26.40亿元,建设资金来源为35.8%的资本金,其余为国内银行贷款。

S46 鄂尔多斯市东胜至阿康中心物流园区高速公路项目是鄂尔多斯市政府"十二五"规划重点项目之一,是鄂尔多斯市城市总体规划中的一条重要的南北通道,是连接东胜与鄂尔多斯机场、阿康物流园区、康巴什新区的主要通道之一,本项目建成后解决了东康快速通道的交通运输压力,能有效促进鄂尔多斯机场的客运、货运量,并能促进阿康物流园区、高新产业园区、文化产业园区的物流运输,同时也是适应鄂尔多斯市社会经济快速发展、鄂尔多斯市旅游业发展的需要。

本项目主线全长 32.458km,起点位于东胜区滨河路与物流四街交叉处,终点与阿康中心物流园区纬一路及机场枢纽工程相接,主线按高速公路标准建设,为双向 6 车道预留 8 车道;康巴什连接线起点接鄂尔多斯大街,跨越阿布亥沟,下穿包西铁路,上跨包茂高速公路、东乌铁路,接乔家壕互通,和主线相连接,长 6.18km,按一级公路标准建设。本项目于 2011 年 7 月 1 日开工建设,2017 年具备通车试运行条件。本项目采用 BOT 方式建设,总概算为 25.29 亿元。

(六)"十三五"新规划展宏图、开局之年求突破

"十三五"是自治区全面建成小康社会决胜时期,面对国内外复杂严峻的经济形势,自治区党委确定了"十三五"时期自治区经济社会发展总体要求、主要目标和重点任务。交通运输厅主动适应、准确把握、积极引领经济发展新常态,根据自治区交通运输发展的实际,制定了"十三五"高速公路发展的规划蓝图。

"十三五"期间,自治区计划新增高速公路 5000km,届时高速公路通车里程将突破 10000km,原国家高速公路网全部建成。在未来 5 年内,自治区根据"101227"高速公路网规划,从四个方面对高速公路网建设进行了升级完善:一是新增 6 盟市所在地与自治区首府连通高速公路,实现自治区首府与各盟市、相邻盟市之间以高速公路连接;二是新增 21 个旗县(市、区)连通高速公路,实现 70% 的旗县(市、区)通高速公路;高速公路将向贫困县和边境旗县(市)延伸,力争实现 40 个 61% 的贫困旗县和边境旗县(市)通高速公路;三是新增 10 条与相邻省区高速公路出区通道,高速公路出区通道将达到 24 个;四是新增 2 条对俄、对蒙口岸高速公路通道,实现向北开放重点口岸以高速公路连通。到 2020 年,自治区内通外畅、便捷高效的高速公路网络基本形成。

2016 年是"十三五"的开局之年,自治区力争做好"十三五"规划的新突破,全年高速公路建设完成投资 277.4 亿元,开工建设高速公路 1758km,新开工及续建项目 9 个,其中 G7 京新高速公路临河至白疙瘩段 931km 主体工程提前半年完成(图 2-21),G16 丹锡高速公路经棚至锡林浩特段全面建成,是自治区"十三五"期间首条通车的高速公路项目。至此,自治区高速公路通车总里程达到 5153km。

图 2-21　G7 京新高速公路临白段主线贯通

三、控制性工程

控制性工程是高速公路建设中对工期、质量、费用及难度影响最大的关键性工程，一般为大型桥梁和长大隧道。因此桥隧建设是公路建设成就的一个缩影。内蒙古高速公路桥隧比达 5.47%，虽然该比例较我国西南等地区低很多，但由于内蒙古地域狭长，地形以高原为主，各地区工程地质条件和气候多变，仍然给公路建设特别是控制性工程的建设带来诸多困难，如 G45 大广高速公路赤峰至承德段的茅荆坝隧道不仅被誉为"关外第一隧"，全长达到了 6776m，隧道的地质条件复杂、建设难度之大也被桥隧专家称作"华北隧道地质病害百科全书"；G18 荣乌高速公路十七沟至大饭铺段的准格尔黄河大桥总长 1277m，为双塔双索面预应力混凝土梁斜拉桥，主跨 440m，主塔高 288.6m，当之无愧成为内蒙古第一高塔，被誉为"内蒙古第一斜拉桥"，施工过程中经常面临 6 级以上大风的困扰等。面对这些困难，广大建设者和科技人员高度重视施工管理，从设计、进度、质量、安全各环节严格把控，合理安排施工进度，严格保证质量、保障安全，针对不同的地质和环境条件，联合攻关，总结中不断前进，引进和开发新材料、新工艺和新技术，攻克了一个又一个技术难关，保证了控制性工程高质量、高速度完成。一座座大桥拔地而起，一条条隧道穿山而入，见证了内蒙古公路建设水平的飞跃，描绘出一幅幅壮丽的交通画卷，为广大建设者送来了前所未有的自豪和荣耀，为高速公路美丽的弧线上点缀了一颗颗亮丽的"钻石"。

（一）桥梁工程摘录

桥梁是供铁路、公路、渠道、管线、行人等跨越河流、山谷或其他障碍物时所使用的具有承载能力的架空建筑物。它不仅是交通线的重要组成部分，也是公路工程的关键工程，在国防上是交通运输的咽喉，同时桥梁建筑常作为一种空间艺术结构存在于社会中。内蒙古所修建的公路特大、大、中、桥梁中梁式桥的数量占到了绝大多数，随着科技的进步，施工工艺的提高，刚构桥和斜拉桥在自治区公路建设时也得到了不同程度的应用。截至

2016年,全区高速公路特大、大、中、小桥共计4830座,294753.39延米,其中特大桥19座,大桥532座,中桥1084座,小桥3195座。

1. 磴口黄河大桥

位于内蒙古巴彦淖尔市磴口县的磴口黄河公路大桥(图2-22)是G6京藏高速公路磴口至巴拉贡项目最大的控制性工程,是该项目的咽喉工程。该桥的建成通车,不仅结束了黄河两岸群众靠摆渡往来的历史,而且对打通鄂尔多斯以及黄河以南,推动巴彦淖尔市南通北开战略的实施,构建沿黄经济带,加快巴彦淖尔市经济社会发展具有重要的现实意义。磴口黄河特大桥由中铁集团大桥局承建,施工有效期14个月,2004年6月建成。大桥位于磴口县境内,在黄河三盛公水利枢纽上游14.75km处,形成一桥架南北,黄河变通途的态势。大桥南边"黄河儿女"的大型雕塑,栩栩如生,活灵活现,给本来就十分壮观的特大桥增添了光彩。

图2-22 G6京藏高速公路磴口黄河大桥

大桥全长为1579m,起点桩号为K940+536m,中心桩号K941+325,终点桩号为K942+115m,由左右两幅桥组成,整个工程由主桥和引桥两部分组成,桥面净宽22.5m,桥梁全宽25.5m。下部为钻孔灌注桩基础,主桥部分为实体墩,引桥部分为柱式墩、肋式桥台,上部结构由4×35m+(55m+3×100m+55m)+5×50m+22×35m变截面预应力连续箱梁主桥和预应力组合连续箱梁引桥组成,最大跨径100m。大桥施工时,在主河槽区域桥梁中线下游设施工栈桥,栈桥宽10m,基础采用钢管桩基础,栈桥上设WD-20桅杆吊机辅助施工,下部结构施工时在水中每墩设墩位平台一座,并配备WD-20墩旁吊机一台。在巴拉贡岸河滩地段设浮桥一座,以保证施工需要。钻孔采用泵吸反循环钻机施工,主桥承台采用钢套箱围堰,墩身采用无拉筋式整体钢模板施工,引桥承台、系梁采用井点降水,开挖基坑。55m+3×100m+55m主桥上部采用挂篮悬浇施工,5×50m主桥上部采用移动模板施工,55m+3×100m+55m主桥上部施工线形、应力由专门成立的监控组监控。引桥采用集中预制、龙门吊架设方法施工。

磴巴高速公路建设中反映最为突出的问题就是黄河大桥主桥建设进度和总体工期计划的矛盾。黄河特大桥主跨55m+3×100m+55m上部结构为悬浇混凝土箱梁,设计每个梁块一次施工长度为2.75～4m,每个梁块施工周期国内一般水平为10天。针对工期紧施工难度大的问题,项目办与施工单位多次修订,调整施工组织计划,克服了下部施工占用时间长,同时配合了水利防汛部门提出的冬季拆除栈桥预防凌汛的要求,采取了加大设备投入、全面作业,每天24小时连续施工等措施,全力保证大桥在计划工期内完成的目标,顺利实现了整体项目按计划完成。

2. 总干渠特大桥

总干渠特大桥位于京藏高速公路内蒙古磴口至巴拉贡段巴彦淖尔市磴口县,是磴口黄河大桥引线上的一座特大桥(图2-23)。该桥为一桥多用,横跨东风渠、旧110国道和包兰铁路。全桥总长1024m,桥梁起点桩号为K1048+623.5,终点桩号为K1049+647.5,由左右两幅桥组成。全桥于2004年6月建成。

图2-23　G6京藏高速公路总干渠特大桥

大桥设计速度100km/h,桥面宽25.5m,净宽22.5m。设计荷载为汽车—超20级,挂车—120。上部采用35m、25m等截面简装连续箱梁,桥孔布置为24×35m+7×25m。下部桥墩采用钢筋混凝土柱式墩,柱径1.5m,钻孔灌注桩桩径1.6m,长38～45m。桩顶设系梁一道。桥台结构为钢筋混凝土肋板式桥台,以直径1.2m、桩长30m的钻孔灌注桩为基础。

该桥桥址位于黄河古老冲积平原区,地形平坦。地表积水多为黄河水经排干渠流入,地下水埋藏很浅,一般在2m左右即可见水。总干渠为巴盟人工灌溉渠,设计流量为565m³/s,一般冲刷为0.95m,局部冲刷为2.02m。桥址区地质构造简单,地表均彼第四系覆盖。地表至最大深度8m处为亚砂土层。项目区属温热带内陆性季风气候,四季分明,干燥少雨。每年11月下旬至次年3月下旬为冻结期,最大冻土深度108cm。

3. 老哈河特大桥

老哈河特大桥是G45大广高速公路赤峰至撒力坝段工程的关键控制性重点工程,位于赤峰市境内。该桥中心桩号为K64+660,上部结构采用36×30m先简支后连续预应力混凝土箱梁,下部结构采用双柱式墩、肋式台、钻孔灌注桩基础。桥梁全长1087m,跨径组合为36×30m,最大孔径30m,桥梁全宽26m,桥面净宽23m。其设计荷载等级为公路Ⅰ

级,跨越老哈河,路线与河流正交,桥位处河道顺直,河槽宽浅,河床为细沙。该桥由中交通力建设股份有限公司进行设计,路桥二公局第三工程有限公司负责施工。2006年开工建设,2007年10月18日建成。

4. 海生不浪黄河特大桥

海生不浪黄河特大桥(图2-24)是S31呼和浩特至大饭铺高速公路的一座大型桥梁。该桥位于引黄入呼工程提水厂下游1.2km处,由左右两幅桥组成,桥梁起点桩号为K77+566.30,终点桩号为K79+248.50,左岸为内蒙古托克托县蒲滩拐村,右岸为准格尔旗大门沟村,桥梁全长1662.8m,桥面宽24.5m,总投资3.5亿元,于2004年8月开工建设,2006年10月通车运营。大桥设计荷载等级汽车—超20级、挂车—120,抗震设防烈度Ⅶ度,通航标准5级,设计洪水频率1/300,设计流量为9260m³/s。桥由南、北岸引桥工程和主桥工程三部分组成,以全桥跨方式南北向跨越黄河,由北向南孔跨布设依次为(10×30m+7×50m)+(80m+145m+80m)+(10×50m+10×30m),桥梁最大跨径145m,桥梁下缘最低高程为1009.62m。主桥上部结构采用预应力混凝土变截面连续刚构,引桥上部结构为等截面单箱单室连续箱梁;下部结构主桥采用空心薄壁墩、桩基础,引桥为双柱式墩或空心薄壁墩、桩基础。主桥为三跨(80m+145m+80m)预应力混凝土变截面连续箱梁,长305m;引桥呼市侧为一联4×30m+二联5×50m预应力混凝土等截面连续箱梁,城壕侧为二联5×50m+一联8×30m预应力混凝土等截面连续箱梁组成。

图2-24 S31呼大高速公路海生不浪黄河大桥

大桥由鄂尔多斯东方路桥集团股份有限公司投资建设,内蒙古交通设计院设计,施工分为两个合同段,第一合同段主要工程内容为海生不浪黄河大桥主桥和跨径50m引桥工程,由路桥集团第一公路工程局承建;第二合同段包括海生不浪黄河大桥基础下部、跨径30m引桥上部、引线路基桥涵、交通工程、机电工程、房建程等,由鄂尔多斯市东方路桥集团三公司承建。2004年8月开工建设,2006年11月建成。

5. 塔哈拉川特大桥

塔哈拉川特大桥(图2-25)是S31城壕至大饭铺高速公路的控制性工程,为全长1049m、26跨、平均墩高47m的特大公路桥,跨径组合为26×40m,最大孔径40m,桥梁全宽27m,桥面净宽24.5m。其设计荷载等级为公路—Ⅰ级。由中铁十七局集团四公司负责施工。2004年8月开建的大桥,位于准格尔旗境内,横跨塔哈拉川河槽及准格尔至东胜铁路。大桥上方有10kV高压线2道、110kV高压线1道,施工难度大,技术要求高;有铁路线施工,周边安全形势严峻。经过一系列紧张、严格的施工组织,该桥于2006年10月1日建成。

图2-25　S31呼大高速公路塔哈拉川特大桥

为确保大桥质量,施工单位建立了由项目部、施工队、班组三级检测体系,并实行现场质检人员一票否决制,严格按照"自检""互检""工序交接检"三检制度实施检测。项目对每个技术人员都建立了岗位技术责任追究档案,实施安全、质量、技术责任追究制,利用电脑、音像器材对施工过程进行全程监控管理,所有的工作轨迹都逐日逐项记录在案,并出台实施了《技术工作突出贡献奖励细则》,为实现部优质量目标编织了一道严密的管理网络。2009年,该桥荣获"火车头"优质工程奖。

6. 包树黄河特大桥

包树黄河特大桥(图2-26)是G65包茂高速公路包头至树林召段项目中重要的控制

图2-26　内蒙古自治区最长的高速公路大桥——包树黄河特大桥

性工程。大桥位于黄河磴口浮桥下游4600m处,大桥全长5657m,是自治区目前长度最长的桥梁,具有大跨、长联、宽幅、矮墩等特点。工程于2007年8月开工建设,2011年7月通过交工验收开始通车试运营。路桥集团国际建设股份公司负责北引桥和主桥施工,中铁大桥局股份有限公司负责南引桥施工。

大桥由北往南分别跨越民生渠、萨包公路、北大堤、黄河主河槽、滩涂、南大堤等控制性地形地物。主桥采用85m+6×150m+85m变截面预应力混凝土连续箱梁跨越黄河主河槽;40m组合小箱梁跨越民生渠、萨包公路、滩涂;40m+70m+40m变截面预应力混凝土连续箱梁跨越南、北大堤;下部分别采用薄壁空心墩、薄壁墩和薄壁T形墩+承台+群桩基础。

全桥共设置122跨,具体布置为7×40m+2×30m+2×40m+2×30m+3×40m+40m+70m+40m+85m+6×150m+85m+89×40m+40m+70m+40m+3×40m;设计行车速度为100km/h,桥梁标准宽度28m,4车道高速公路,设计最高通航水位1001.85m;通航净空为单孔双向航道通航净高8m,净宽90m;单孔单向航道通航净高8m,净宽45m;桥面最大纵坡不大于2%;桥面标准横坡1.5%;车辆荷载等级为公路—Ⅰ级;风荷载:桥位区100年一遇的10min平均最大风速23.3m/s;根据地震安全评估报告和《中国地震动参数区划图》(GB 18306—2001),桥位区抗震设防烈度为Ⅷ度,设计基本地震动加速度值为0.20g。

主桥上部采用(85+6×150+85)m变截面预应力连续箱梁,总长1070m。单幅桥宽13.75m,翼缘板悬臂长3.3m,箱梁底宽7.15m;根部梁高8.5m,跨中梁高3.8m,梁高曲线采用1.5次幂抛物线;跨中底板厚度0.3m,根部底板厚度1.2m,采用1.5次幂抛物线;箱梁顶板厚度0.35m;箱梁采用直腹板,腹板厚度0.5m、0.6m;0号块长10m,悬臂浇筑段梁段划分为(8×3+5×4+5×5)m,边、中跨合龙段长2m,边跨现浇段长8.75m,最大块件质量182t;箱梁采用三向全预应力结构,纵向预应力采用大吨位群锚体系,横向预应力采用扁锚群锚体系,竖向预应力采用精轧螺纹粗钢筋锚固体系。

主桥下部采用钢筋混凝土薄壁空心墩。桥墩截面外形为10.65m×7m不等边长的六边形截面,迎水侧三角部分兼有破冰凌的作用,桥墩薄壁厚度0.7m。左右幅桥采用一个承台基础,平面采用32.5m×12m不等边长的六边形截面,两侧三角部分兼有破冰凌的作用,承台厚度为4m,采用22根ϕ1.8m钻孔桩基础,桩长90m,桩基础均按摩擦桩设计;在左右幅桥墩迎水侧设置破冰凌。

(40+70+40)m变截面预应力连续箱梁跨南北大堤引桥采用(40+70+40)m连续箱梁桥,半幅桥宽13.75m,翼缘板悬臂长3.3m,箱梁底宽7.15m,根部梁高3.8m,跨中梁高2.2m,梁高曲线采用1.5次幂抛物线;跨中底板厚度0.3m,根部底板厚度0.6m,采用1.5次幂抛物线;箱梁顶板厚度0.35m;箱梁采用直腹板,腹板厚度0.6m;0号块长2m,梁段划分为$(4\times3+3\times4+2\times4.5)$m,0号块与1号块同时浇筑。中跨合龙段长2m,边跨现浇段长3.9m;箱梁采用双向全预应力结构,纵向预应力采用大吨位群锚体系,横向预应力采用扁锚群锚体系。

40m简支连续组合小箱梁引桥跨越民生渠、萨包公路以及连接萨包公路和北岸大堤的地方道路。上部采用40m预应力(个别跨径为30m)组合小箱梁,半幅桥面设置4片梁,梁间距3.35m,梁高2.2m,先简支后连续,在墩顶设置负弯矩束。

全桥桩基采用钻孔桩施工,主桥每墩由22根群桩组成,桩长90m、桩径1.8m为自治区境内黄河大桥最长的桩基,所处水文地质极其复杂施工难度极大。施工过程中,水中墩先搭设钻孔平台,然后进行桩基施工。主桥20~26号墩承台共七个承台,为六边形,其结构尺寸为$35.6m\times14m\times4m$,混凝土方量1880m^3,为大体积混凝土施工,施工中采用了多项技术措施(如冷却水管、双掺技术等)降低了大体积混凝土内部水化热,大大提高了其使用耐久性。水中墩采用钢板桩围堰施工,陆地墩采用井点降水施工。其中钢板桩围堰突破了黄河上粉细砂层地质难以使用钢板桩围堰的局限。黄河大桥主桥上部为$(85+6\times150+85)$m变截面预应力混凝土连续箱梁,采用连续梁悬臂浇筑,具有"大跨、长联、强震区"的工程特点;主桥共16个合龙段创造了国内同类型桥梁纪录。

大桥23号桥墩在黄河河道中间,桩基及大型承台在水中施工,在施工技术控制和施工机械设备方面比陆上施工增加许多难度,承台大体积混凝土还要解决水化热的影响,施工中都得到很好的解决。大桥主跨150m变截面三维预应力箱梁,要采用菱形挂篮空中分块悬浇,在桥墩两侧保持施工箱梁荷载的对称平衡,还要防止大风(阵风)对大桥墩梁的不利影响,同时梁体施工的尺寸控制要非常严细,以保证在合龙段的顺利连接。这些要比同样结构在陆地上施工增加很多难度。

7. 阿伦河特大桥

阿伦河大桥(图2-27)是G10绥满高速公路阿荣旗(黑龙江内蒙古界)至博克图段最大的控制性工程,位于内蒙古自治区呼伦贝尔市阿荣旗境内。作为全线唯一一座特大桥,阿伦河大桥是本项目的施工难点。该桥左幅桥梁全长1117m,右幅桥梁全长1147.402m;左幅上部结构为37×30m预应力混凝土连续箱梁,右幅上部结构为38×30m预应力混凝土连续箱梁,下部采用柱式墩,组合式桥台、肋式桥台,扩大基础、钻孔灌注桩基础。为了方便施工,设计上左幅桥墩台编号为0号台、2号墩、3号墩、4号墩、……、37号墩、38号台。桥墩编号省略了1号墩。桥梁为装配式部分预应力混凝土连续箱梁,采用多箱单独预制,简支安装,现浇连续接头的先简支后连续的结构体系。为了便于模板制作和外形美观,主梁沿纵向外轮廓尺寸保持不变。该桥由中交通力公路勘察设计工程有限公司进行设计,中铁大桥局股份有限公司负责施工,2011年建成。

图 2-27　天、桥、水互映

特大桥施工难点是箱梁的预制和安装,本桥的 30m 箱梁在施工场地内进行了集中预制,共设置制梁台座 20 个,存梁台座 8 处,可存梁 112 片,预制场内布置 2 台 55t 龙门吊机,龙门吊机走道地基、制梁及存梁台座地基均须进行加固处理。制梁按强震体系设计模板及台座,模板采用整体式钢模板,具有较强的刚度,外模采用现场安装,内模采用场外预拼,场内整体安装。预应力束孔道采用波纹管制孔,钢筋底、腹板在绑扎台座上绑扎成型,采用龙门吊机整体吊装入模,顶板钢筋在台座上绑扎。混凝土按斜向分层浇筑,浇筑完毕待混凝土初凝后按要求及时覆盖及养护。混凝土强度达到设计要求后,进行预应力张拉,张拉工艺按设计规定进行,张拉顺序按设计对称进行,孔道压浆后待架。

阿伦河特大桥箱梁由博克图向阿荣旗方向架设。在博克图方向桥头路基梁场侧修建一条箱梁运梁通道,所有箱梁均由此运输至博克图桥头架设。在博克图桥头路基上拼装架桥机并走行定位,箱梁由预制场龙门吊提升至运梁台车上,由运梁车通过上路马道运至博克图桥头,然后开始由架桥机逐孔架设。

由于本项目所属地区为高寒地区,冬季来得比较早,一年当中可施工期极短,为保证施工进度及质量,在混凝土冬季施工上采取了相应的保障措施。拌制混凝土时适当延长搅拌时间,材料原有温度不能满足需要时,先对拌和用水加热,若仍不能满足需要时对集料加热;尽可能缩短混凝土的运输时间,运输容器要有保温措施;混凝土养护采用蒸汽养护。

钻孔桩冬季施工,主要是保证混凝土在灌注时不冻结,有较好的和易性,能顺利灌注,当桩头露出水面或地面,或在冰冻范围之内时,需对桩头混凝土进行覆盖保温养护。

墩身冬季施工,为保证墩身的质量和冬季施工保温养护的方便,墩身采用钢模板浇筑完成,采用搭高暖棚、火炉保温的方法进行养护。

8.新甸子特大桥

新甸子特大桥为 G45 长深高速公路金宝屯至查日苏段上的一座最长的桥,桥梁全长 2481.4m。设计单位为内蒙古交通设计研究院有限公司,承建单位为朝阳建设集团有限公司,2009 年 6 月开工,2011 年 5 月完工。桥址位于科尔沁沙地阿吉日根套布甸子,地形比较平坦、开阔。河流为宽浅漫滩型河流,地表为稻田,但地下水埋藏较浅,地下水位一般在地表以下1.4m,不适宜浅基础施工,采用桩基础。路线在K257+780处新甸嘎查附近跨越巴—辽排水总干渠,桥位服从路线总体走向,桥位处于直线上,桥轴线与河流流向的夹角为90°。

桥梁跨径组合为99×25m,桥面净宽23m,桥梁全宽26m,上部结构为99×25m部分预应力混凝土连续箱梁,下部结构为桩柱式墩,桥台采用肋式台、钻孔灌注桩基础。施工方法采用工厂化集中预制,先简支后连续的施工方法,地震动峰值加速度为0.05g(对照地震烈度Ⅵ度)。

9. 哈什拉川特大桥

哈什拉川特大桥(图2-28)位于鄂尔多斯市达拉特旗,是S24沿黄高速公路大路至巴拉贡段上的一座特大桥,桥梁全长1207.2m。哈什拉川特大桥地处鄂尔多斯高原东北部、黄河南岸,介于黄河与库布其沙漠之间。地貌类型主要为黄河南岸冲积平原区和库布其沙漠区。海拔在1000～1500m之间。冬季漫长而寒冷,夏季炎热而短促,春秋气温变化剧烈。全年降水少而集中,多集中在7、8、9三个月,降雨年际变化大,最低年份为143.5mm,最高年份为636.5mm,年平均417.5mm,蒸发量年平均为2115mm。每年1月最冷,平均最低气温为-13.2℃,极端最低气温为-34.5℃;极端最高气温为40.2℃,无霜期107～161天,初霜日平均为9月下旬,终日为5月中旬。最大冻深1.76m。

图2-28 施工中的哈什拉川特大桥

地表水系主要表现为过境黄河支沟,主要有哈什拉川,属黄河一级支流,季节性河流,汛期洪水、枯水期断流水。另外还有一些长期有水的淖、海子等,地下水不太丰富,主要为第四系松散层空隙潜水和基岩裂隙水,地下水位在丘陵顶部埋藏较深,而在河谷附近则埋藏较浅。该桥由鄂尔多斯市荣凯路桥工程有限公司承建。

哈什拉川特大桥为双幅桥(单幅宽12.8m),其跨径布置为40×30m先简支后连续预应力混凝土箱梁桥。下部结构均采用柱式墩,桩基础,桩接盖梁桥台。桥墩下设156根ϕ1.8m钻孔桩,平均桩长45m;桥墩台下设12根ϕ1.5m的钻孔桩,平均桩长32m。该桥设计汽车荷载为公路—Ⅰ级;地震动峰值加速度为0.3g。

全桥箱梁400片,每年实际施工时间为4月20日~10月20日(7个月时间),因此箱梁预制是影响工期的关键工序。为了保障工程进度,施工单位采取了加大设备投入、全面作业、24小时连续施工等措施,顺利实现了整体项目按计划完成。

10.罕台川特大桥

罕台川特大桥(图2-29)位于鄂尔多斯市达拉特旗,是沿黄一级公路改高速公路树林召至独贵塔拉段上的一座特大桥,桥梁全长2248m。该桥跨越罕台川,同时上跨包神和包西两条电气化铁路,其中与包神铁路交角74.53°,与包西铁路交角50°。受地形及铁路等条件限制,桥墩高度普遍超过25m。建设过程中克服了分段悬浇施工周期长、对铁路的运营干扰大,大直径长桩成孔困难、工期长且桩质量不易得到保证,实体墩自重大、不利于抗震、承载力要求高等问题。该桥由鄂尔多斯设计院进行设计,湖南五强工程有限公司负责承建,于2005年顺利完工。

图2-29 罕台川特大桥

罕台川特大桥为双幅桥(单幅宽12.8m),其跨径布置为4×32m+(45+70+45)m+23×40m+(45+70+45)m+22×40m。采用(45+70+45)m预应力混凝土变截面连续箱梁桥上跨铁路;其余采用40m预制预应力混凝土T梁、先简支后连续结构。下部结构均采用实体墩,承台接钻孔灌注桩基础;主桥桥墩下设9根ϕ1.8m钻孔桩,平均桩长65.5m;引桥桥墩下设4根ϕ2m钻孔桩,平均桩长73.6m。

该桥设计汽车荷载为公路—Ⅰ级;地震动峰值加速度为0.3g,铁路净空为14m(宽)×9.429m(高)。

主桥上部为预应力混凝土刚构,在墩旁托架上浇筑0号、1号块后,采用悬臂挂篮对称悬浇施工,浇筑其余梁段,至全桥合龙。主桥各部均采用泵送混凝土。边跨合龙段采用在边跨搭支架现浇,中跨合龙段采用吊架施工;主桥下部基础为钻孔灌注桩施工。引桥上部为预制主梁,张拉正弯矩区预应力钢束,并压注水泥浆。设置临时支座并安装好永久性支座(联端无须设置临时支座),逐孔安装主梁,置于临时支座上成为简支状态。浇筑连续接头,张拉顶板负弯矩预应力钢束,并压注水泥浆。引桥下部基础为钻孔灌注桩施工,根据地质钻探资料选择适宜的钻具,钻孔后注意清孔。浇筑承台混凝土时,注意混凝土水化热的处理,墩身施工采用爬模施工。

11. 宝贝河特大桥

宝贝河特大桥位于G59呼北高速公路呼和浩特至杀虎口(内蒙古山西界)段,是该工程重要桥梁之一,位于呼和浩特市境内。该桥中心线位于桩号K45+163,全长1249m,投资1.08亿元,桥面净宽26m,桥梁全宽28m。该桥跨径组合为31×40m,单孔最大跨径为40m,上部工程为装配式预应力混凝土连续T梁,下部结构为柱式墩、肋式桥台、钻孔灌注桩基础。设计荷载等级为公路—Ⅰ级,跨越宝贝河。该桥由内蒙古交通设计研究院有限责任公司进行设计,通辽市交通工程局负责施工。2010年10月20日开工建设,2013年12月4日建成。

12. 浑河特大桥

浑河特大桥(图2-30)位于内蒙古呼和浩特市和林格尔县境内,是呼和浩特至杀虎口高速公路最大的控制性工程,桥长2360m,桥面净宽21m,桥梁全宽26m,结构形式为59×40m预应力连续T梁,单孔最大跨径40m,跨铁路箱梁采用PC连续梁体系。0号块长3m,1号块长3m,悬臂浇筑段梁长有4m、3.5m,一跨内单边悬臂浇筑9块段,边、中跨合龙段长为2m,边跨现浇段长有8.92m,箱梁采用三向全预应力结构。该桥由中国公路工程咨询集团有限公司进行设计,路桥集团国际建设股份有限公司负责施工,2010年开工建设,2013年12月20日建成。

图2-30 G59呼北高速公路呼杀段浑河特大桥

浑河特大桥1号主墩墩身比较低(在10m以下),0号、1号块采用满堂支架进行施工。浑河特大桥2号主墩0号、1号块施工支架采取钢管桩+型钢支架进行施工。箱梁悬臂段挂篮采用挂篮法施工,针对悬浇施工过程中挂篮容易高空落物,可能会对铁路上列车行驶安全造成影响。相关参建单位专门制订了一套施工方案,从挂篮的设计、加工、拼装都进行严格的质量控制,对各个不利工况都进行了详细的建模计算,计算严格按照规范进行取值,并保留足够的安全系数。制订科学合理的挂篮行走方案并经专家验证,施工过程严格按照方案进行,对行走过程进行监控。箱梁边跨现浇段,由于墩身位于陆地,墩高21.5m,现浇采用钢管支架施工。整箱梁的合龙段采用"吊架法"进行施工。合龙顺序按先边跨,后中跨的顺序进行。

整个施工过程由专门的监控单位进行全程监控,主要监控的方面有墩身应力及沉降观测,箱梁应力及线形监测等关键控制点。主要考虑的因素有气温变化条件、结构材料、施工荷载、收缩徐变、控制计算参数、梁体实际浇筑用量等。

13. 西梁村特大桥

西梁村特大桥(图2-31)是G7京新高速公路呼集段项目中重要的控制性工程。大桥位于乌兰察布市卓资县境内,右线起终点桩号分别为K167+811.5及K169+138.5,全长1327m;左线起终点桩号分别为ZK167+811.5及K169+018.5,全长1206.5m,桥梁标准宽度16.5m(单幅)。

图2-31 西梁村特大桥

桥区位揭露地层为第四系全新统冲积成因粉土、砾砂、圆砾、角砾及卵石、马兰组黄土,上更新统冲积成因粉土、砾石、圆砾、细砂、卵石等,下伏基岩为第三系上新统砂砾岩。

全右线共设置11联,具体布置为右线[2×(4×30)+6×(3×40)+3×(4×30)]m预应力混凝土(后张)组合箱梁+预应力混凝土(后张)组合T梁,先简支后连续;左线[2×(4×30)+6×(3×40)+2×(4×30)]m预应力混凝土(后张)组合箱梁+预应力混凝土(后张)组合T梁,先简支后连续。

桥梁上部采用预应力混凝土(后张)组合箱梁,分为边跨边梁、边跨中梁、中跨边梁和中跨中梁。单幅桥横断面由两片边梁、三片中梁组成,边梁宽285cm,中梁宽240cm。横桥向设置湿接缝4道,每道湿接缝宽90cm,箱梁梁高1.6m。

桥梁上部采用预应力混凝土(后张)组合T梁,分为边跨边梁、边跨中梁、中跨边梁和中跨中梁。单幅桥横断面由两片边梁、五片中梁组成,边梁宽237.5cm,中梁宽170cm。横桥向设置湿接缝6道,每道湿接缝宽65cm,T梁梁高2.5m。

预制组合箱梁顶板厚度为18cm,跨中底板厚度18cm,支点附近底板厚度25cm,跨中腹板厚度18cm,支点附近腹板厚度25cm。悬臂端部厚度18cm,根部厚度25cm。中跨边梁、中梁在支点附近均设有堵头板,厚度8cm,边跨边梁、中梁在支点附近均设有横隔板,厚度25cm。

预制组合T梁跨中梁肋厚度20cm,马蹄底宽60cm,悬臂端部厚度16cm,根部厚度25cm。支点附近梁肋厚度60cm,悬臂端部厚度16cm,根部厚度22cm。每片梁设置5道中横隔板、2道端横隔板。

预制组合梁顶板上均预留有负弯矩钢束张拉的槽口和齿板。

桥梁下部结构采用柱式墩,桥墩直径分别为1.4m、1.6m、1.8m,下接直径为1.5m、1.8m、2.0m的钻孔灌注桩,墩顶设置盖梁,梁高分别为1.5m、1.7m;桥台采用柱式台,台帽高1.4m,下接直径为1.5m钻孔灌注桩,桥台搭板长度均为8m。

桥台处设置GQF-FE80型伸缩缝,过渡墩处设置D160型伸缩缝;支座采用高阻尼隔震橡胶支座;内外侧护栏均设置防撞护栏;桥面铺装采用10cm厚聚丙烯腈加强纤维沥青混凝土+SBS改性乳化沥青防水层+8cm厚C50抗裂增强纤维钢筋混凝土现浇层。

14. 十八台转体桥

十八台跨京包铁路转体桥(京包铁路分离式立交桥)(图2-32)是京新高速公路集宁至呼和浩特段控制工程之一,是重要的大跨径桥梁。该桥作为内蒙古首座采用转体施工工艺的公路桥梁,是区域桥梁技术和工艺革新的典范。

图2-32 自治区公路桥梁"第一转"——十八台转体桥

该桥上跨京包铁路十八台编组站,为尽可能地减小桥梁施工对京包铁路运营的干扰,同时保证线路交叉的安全性和经济适用性,经研究论证决定将挂篮施工变更为主桥转体施工。

十八台转体桥全桥长579m(桥梁起点K123+138.5,终点K123+717.5),宽33.5m,主桥为两跨变截面连续刚构(2×75m),梁高3.3~8.1m,按1.8次抛物线变化,单个T形刚构长138m;引桥为35m现浇连续箱梁,梁高1.8m。左幅桥梁跨径组成:2×75m+3×(4×35m)=570m。右幅桥梁跨径组成:2×35m+2×75m+2×(4×35m)=500m。转体桥单幅转体1.2万t,转体承重位居国内前列。

十八台京包铁路分离式立交桥主墩为群桩,采用冲孔施工;承台采用机械开挖、浇筑;主墩为实心矩形墩,采用立模现浇;主桥上部结构为2×75m单T变截面连续箱梁,在铁路两旁搭架现浇,浇筑完成后转体合龙。交界墩墩身为圆柱墩,直径1.6m,基础为双排6根直径1.8m的钻孔灌注桩。引桥上部构造为35m现浇预应力混凝土箱梁。引桥下部构造根据墩高变化采用一道或不设横系梁,采用桩径1.8m的单排灌注桩;桥台均采用桩锚式结构。主墩承台高7.0m,平面尺寸为直径15.3m的圆形,承台磨心位置采用C55混凝土,四周采用C40混凝土,每个承台混凝土数量为1286m³。承台采用明挖施工,四周做好排水沟。承台底浇筑混凝土垫层,垫层上面进行钢筋施工;承台分6次浇筑(下转盘分5次、上转盘1次)。集宁一侧的承台处于铁路护坡上,开挖高度为8m,需要把以前的护坡断开,在其侧面砌筑新的护坡。开挖过程中原护坡的保护及加固、施工中铁路行车的安全是承台施工的重难点,还需要设置铁皮支架墙对铁路隔离防护。卓资山一侧的承台开挖高度为3m,这侧的施工难点主要是多条光缆(联通、国防、铁路电力)从承台位置经过,需要迁移方能进行承台开挖。下转盘构造分五次浇筑完成。上转盘安装:将上转盘对准中心销轴轻落至下转盘上。安装到位后用密封带将缝隙密封。环道安装、撑脚施工。上转盘构造分两次浇筑完成。主墩墩身采用矩形实心墩,全桥共6个主墩(两岸转盘上各3个主墩),截面尺寸5m×2m,左幅1号墩墩高为5.124m,右幅3号墩墩高为3.408m。

为了确保施工安全和京包铁路的正常运营,在主墩上、下承台和主桥墩身、上部箱梁0号块中设置劲性骨架。转体桥主墩施工采用汽车吊,拟在铁路两侧各布置一台25t吊车;模板采用翻模施工;混凝土由拌和站供给,罐车运输到现场,输送泵浇筑。主桥上部呈T形对称,分左右幅,各采用单箱双室结构,箱梁根部高度8.1m,端头高度3.3m,宽度16.5m,总长75m,其中转体长度69m,其余为交界墩附近的现浇及合龙段。待箱梁达到一定的强度后,开始转体施工。转体前先取消上下转盘间的固定装置,然后采用连续千斤顶牵引转动,用油泵控制千斤顶张拉速度为15cm/min(该速度较容易控制,转体时根据情况加快或减慢牵引速度),大约可在1h转动到位。2台连续型千斤顶采用2台液压泵站及1台主控台,通过高压油管和电缆连接形成整个系统。牵引索上转盘设置两束牵引索,牵引索锚固端设置在上转盘预埋件上,用千斤顶对钢绞线实施张拉,使上转盘转动。为防止超转现象,在梁端部接近设计位置2m时,停止牵引操作,按惯性就位,不足的采用点动控制,并在转体就位处设置限位装置,安排技术人员在两个转盘附近负责读转盘上标识的刻度,随时与指挥人员联系。转体到位后,测量高程及轴线偏位,采用千斤顶进行轴线及高程调整,达到要求后固定上下转盘,浇筑连接混凝土,待混凝土达到一定的强度后,浇筑与交界墩之间的连接段,整个转体过程完成。2013年8月15日,在历时64min的转体施工后,顺利实现转体就位。转体时左右幅T构同时顺时针转动62.5°,其上部初时与铁路平行,随着大约1°/min的转动,最终与引桥相接。转体就位后,施工单位搭设支架浇筑边跨现浇段,最后用吊架浇筑合龙段,完成整个主桥箱梁的施工。

15. 平地泉互通

该工程位于京新高速公路集呼段,在K96+911.17处跨越京包铁路后,向西在K97+751.38处与G55二广高速公路十字交叉,设置平地泉枢纽互通,完成高接高(新建京新高速公路与已建二广高速公路)互联互通。平地泉互通立交(图2-33)是京新高速公路建设项目中一大控制性工程,占地约900亩❶,跨京包铁路、二广高速公路。平地泉枢纽互通因其投资和建设规模之巨,已成为内蒙古地区目前已建和在建最大的互通立交。

图2-33 自治区最大公路互通——平地泉互通

平地泉互通位于乌兰察布市平地泉镇,为混合型枢纽互通,具有桥梁比率高、立体交叉复杂的特点。主线桥全长1.78km,主线桥由东向西先后跨越京包铁路和二广高速公路,内设8条匝道完成京新高速公路与二广高速公路互联互通,建成通车后可有效实现京新高速公路与二广高速公路公路间的车流转换。平地泉互通主线桥左幅第16跨与右幅第17跨为50m预制T梁上跨京包铁路。京包铁路与二广高速公路分离立交桩号为K97+

---

❶ 1亩≈666.7m^2。

212.773。平地泉互通匝道采用定向、半定向及内环匝道,单项双车道路基宽度12.0m,匝道设计速度60km/h;单向单车道路基宽度10.5m,匝道设计速度40km/h;匝道全长5634.4m;互通立交范围K96+100～K98+700,立交区主线长2600m,双向6车道路基宽度33.5m,设计速度100km/h;被交路为二广高速公路,双向4车道路基宽26.0m,设计速度为100km/h。互通区设计匝道桥10座,桥梁规模22132m²/10座,结构为现浇连续箱梁、预制箱梁及预制空心板。主线及被交路每车道宽3.75m,匝道每车道宽3.5m。根据远景年转向交通量预测结果,该互通主要交通流向为集宁至北京方向,最大交量为5986pcu/d。

该施工段主要施工内容包括如下:AK0+380.516匝道桥(现浇箱梁);AK0+916.790匝道桥(现浇箱梁);BK1+026.734匝道桥(现浇箱梁);GK0+286.339匝道桥(现浇箱梁);HK0+146.297匝道桥(现浇箱梁);FK0+265.307匝道桥(现浇箱梁)。

全桥下部构造均设计为桩基础配系梁(或承台);双肢、三肢或四肢圆柱墩;主线桥预制梁桥跨与所有匝道桥均设计墩盖梁,主线桥现浇箱梁桥跨连续墩未设墩盖梁,交界墩设计墩盖梁;桥台均为桩基础配承台;肋板式台身配台帽。

主线桥左幅第1跨至第13跨、第28跨至第34跨、第45跨至第49跨,主线桥右幅第1跨至第15跨、第27跨至第35跨、第46跨至第49跨,设计为35m先简支后连续预应力预制箱梁。

主线桥左幅第14跨至第16跨,主线桥右幅第16跨至第18跨,设计为50m先简支后连续预应力预制T梁。其中左幅第16跨与右幅第17跨上跨京包铁路。

平地泉互通区主线左幅:第五联、第六联、第七联、第十联、第十一联、第十二联;右幅:第五联、第六联、第九联、第十联、第十一联;AK0+380.516匝道桥;AK0+916.790匝道桥;BK1+026.734匝道桥;FK0+265.307匝道桥;HK0+146.297匝道桥与GK0+286.339匝道桥上部构造均设计为现浇连续箱梁。其中,主线左幅第39跨与右幅第40跨、AK0+916.790匝道桥第5跨与第6跨、BK1+026.734匝道桥第5跨与第6跨等桥跨上跨二广高速公路,主线桥跨径为54m,匝道桥跨径为28m。

平地泉互通在建设过程中的难点:一是跨铁路施工铁路方面批准的施工窗口期短,施工综合性较强,施工难度较大;二是由于互通区主线京包铁路、二广高速公路分离式立交桥两端桥头路基开工较晚且施工区域冬季气温低,有效施工时间短、预制梁数量多、施工工期压力大;三是地质情况复杂,桩基成孔难度大,后改为人工挖孔,投入比较大。

16.集宁路遗址互通

集宁路遗址互通(图2-34)位于乌兰察布市集宁区东,元代集宁路遗址乌兰察布市察右前旗巴音塔拉乡土城子村。此互通的设置是通过集宁东绕城公路实现G6京藏高速公路与G7京新高速公路的交通转换,互通形式采用全苜蓿叶形。

图 2-34　集宁路遗址互通

该桥位于集宁东绕城高速公路 K4+256.34 处。桥跨组成为 3×35m 预制小箱梁+41.12m+50.4m 现浇箱梁+2×50.4m 现浇箱梁+3×50.4m 现浇箱梁+2×50.4m 现浇箱梁+2×50.4m 现浇箱梁+2×50.4m 现浇箱梁+3×50.4m 现浇箱梁+3×50.4m 现浇箱梁+3×50.4m 现浇箱梁,共 10 联。下部结构采用柱式墩、肋式台;基础为桩基础。墩台及上部构造均采用正交。互通主线桥按双向 4 车道高速公路标准建设。

项目于 2014 年 6 月开工,2015 年 8 月实现主线通车。此互通为集宁东绕城高速公路的补充工程,属于集宁东绕城高速公路项目,于 2016 年 8 月交工验收,进入通车试运营阶段。

该工程仅 9 个月的有效施工期,面对 192290m³ 混凝土和 25137t 绑扎钢筋的巨大工程量,首先进行科学的施工组织设计,制订详细的施工计划入手,把工程量细化到每一根桩基、每一个墩柱、每一跨梁上。集宁路遗址互通桩基总计 637 根,平均每根桩基长 75m。施工过程中,在保证工程质量的前提下,施工单位严格控制每根桩的成孔及浇筑时间,科学调动机械和人工,极大地提高工作效率。互通桥上部结构箱梁现浇混凝土超过 54000m³,支架的搭拆、周转成为保证工程进度的重要因素之一。施工单位根据工程情况,对新型的盘扣式支架进行调研,经比对论证,确定使用盘扣式支架组合在稳定性和安全性上满足承受力的要求,而且安装、周转速度快,工程进度能够得到保证。互通桥上部结构箱梁现浇混凝土引进了盘扣式支架并替代了以往的碗扣式支架,取得了良好的效果。

主线桥在第 2 跨、第 3 跨跨越 G6 京藏高速公路,第 24 跨跨越 110 国道一级公路。施工期间,G6 京藏高速公路、国道 110 一级公路被跨越段均未封闭交通,维持原交通车辆正常通行。为了保证 G6 京藏高速公路通行安全,施工期间采取了交通管制方案,保证了被交道路的安全行驶。

17. 准格尔黄河特大桥

荣乌高速准格尔黄河特大桥(图 2-35),是山东荣成至内蒙古乌海高速公路的控制性工程,被誉为"内蒙古第一高塔""内蒙古第一斜拉桥"。大桥总长 1277m,主桥像一个巨人,一步直接从黄河西岸跨到东岸,这一步跨出 440m,为自治区境内黄河上公路桥梁中最大的单孔跨径;大桥为双塔双索面预应力混凝土梁斜拉桥,共有桩基 208 根,其中从黄河西岸陡峭山脚拔地而起的8号主塔为工程重点,高228.6m,相当于黄河岸边矗立着一座70多层的高楼。主桥宽27.4m,设计速度80km/h。本桥于2010年10月开工,2015年12月交工,2016年4月16日正式通车运营。由中交第二航务工程局有限公司负责施工。

图2-35 自治区"第一斜拉桥"——准格尔黄河大桥

桥梁主桥为(160+440+160)m双塔双索面预应力混凝土斜拉桥,东侧引桥跨径布置为(4×30)m预制组合箱梁,西侧引桥跨径布置为(13×30)m预制组合箱梁。主桥采用半漂浮体系结构,主梁在塔墩上设置竖向支承,并且在两个边跨各设置一个辅助墩,以调节主梁和索塔的内力及变形,提高主跨刚度,缓和端支点负反力。

索塔采用空间索面A形塔,7号墩塔高为128.3m,位于黄河东岸山顶;8号墩塔高为228.6m,位于黄河西岸山脚岸边。7号、8号索塔采用群桩基础,7号索塔布置为24根$\phi200cm$的灌注桩,均为嵌岩桩,桩长25m;8号索塔布置为30根$\phi200cm$的灌注桩,均为嵌岩桩,桩长40~75m。7号索塔承台厚6m,承台尺寸为45.2m×16m,为哑铃形;8号索塔承台厚6m,承台尺寸为35.2m×16m,为矩形。

主梁采用整幅双边箱式断面,标准梁段长8.0m,标准索距8.0m,标准横隔板间距为8.0m,密索区横隔板间距为3.5m。梁高2.6m,梁的高跨比为1/169,标准断面边箱宽8.65m。主梁在密索区梁段将中间箱室封闭,填充C15混凝土,以平衡恒载以及活载引起的过渡墩上的负反力,并使过渡墩保持一定的压力。桥面板厚度为35cm,箱室底板宽度为45cm,横隔板厚度为35cm,并设置预应力钢束,以满足横向受力要求。

(二)隧道工程

内蒙古自治区高速公路建设中隧道工程相对较少,截至2016年,已通车高速公路隧道共计22座,45305.5延米,其中特长隧道4座,长隧道11座,中隧道6座,小隧道1座。

1.福生庄隧道

G6京藏高速公路福生庄隧道(图2-36)位于内蒙古自治区卓资县西约10km处,距

110国道约400m。隧道左线全长1568m,右线全长1515m,隧道进口处位于卧佛山风景区。隧道管理站设置在卧佛山隧道出口与福生庄隧道进口之间,于2002年5月开工建设。隧道位于低中山区,山势陡峻,植被较发育。冲沟深切,呈"V"形,冲沟方向大致垂直线路,隧道最大埋深约200m。隧道内车道宽度7.5m(2×3.75m)隧道设计为双侧单向行车。

图2-36 福生庄隧道

福生庄公路隧道进口处在卧佛山风景区之内,为使洞门美观,并结合洞口地形条件,隧道进口采用柱式洞门形式。隧道洞门建成后,结合景区的建筑特点,在既有洞门结构基础上与景区配合,对洞门进行美化。隧道出口地质条件较差,采用翼墙式洞门,施工时将翼墙、挡墙基础置于基岩上。建筑限界及隧道衬砌内轮廓隧道建筑限界净高5m,净宽10.25m,其中行车道宽度7.5m,路缘带、余宽各0.5m,检修道宽0.75m。隧道衬砌内轮廓高7.50m,宽10.92m,已考虑了内装修要求。

福生庄公路隧道围岩破碎,节理、裂隙发育,为了保证施工质量、运营的安全及减少使用期间的维修,施工选择了对围岩扰动小、支护、衬砌及时封闭成环、受力合理的方法,控制围岩的变形和松弛。隧道采用钢筋格栅锚杆喷射混凝土初期支护与浇筑混凝土二次衬砌的复合式衬砌。结合洞身衬砌的受力情况和隧道运营通风及设备安装要求,衬砌内轮廓采用单心圆曲墙式。

隧道防排水遵守"以排为主,防、排、截、堵相结合"的综合治理原则,达到排水通畅,防水可靠,经济合理,不留后患的目的。结构自身二次衬砌采用防水混凝土材料,以增强混凝土结构自身的防水能力,保证混凝土抗渗标准不低于S6;隧道拱墙和明洞拱顶采用防水卷材防水,隧道暗挖段防水板铺至路面以下50cm,衬砌施工缝防水采用水膨胀橡胶条止水,变形缝采用橡胶止水带防水。施工缝每8m一道,变形缝在地质变化处设置。隧道洞身排水,隧道内路面两侧设排水沟,主要用于排除路面消防清扫用水。由于隧道处在严寒地区,最大冻结深度达2.42m,隧道内仰拱以下设中心深排水沟,衬砌背后设环向盲沟,环向盲沟间距12.5m一道,衬砌墙脚处两侧各设一道纵向盲沟,环向盲沟与纵向盲沟相连通,纵向盲沟再通过25m一道的隧道底部横向盲沟与中心深埋排水沟相连,最后将水排出洞外。

根据《公路隧道设计规范》对洞内一氧化碳和烟尘允许浓度的规定,按正常运营和发生事故时所需的风机台数,经过计算,福生庄隧道远期共需28台射流风机。该工程消防水池设于一号和二号隧道之间,水源井位于大黑河漫滩,配潜水泵1台;消防管道地下部分采用铸铁管,隧道内设于管沟部分采用镀铜管,所有外露管道均采用聚苯乙烯泡沫塑料管壳保温;消火栓每个洞室放3个灭火器。设在检修道侧的消火栓洞室内,间隔为50m。手提式灭火器设于隧道左侧边端洞室内,每个洞室放3个灭火器。

2. 兴安岭隧道

该隧道(图2-37)是绥芬河至满洲里高速公路(G10)阿荣旗—博克图—牙克石段高速公路的关键控制性重点工程,位于呼伦贝尔市牙克石境内。采用上、下行分离式的独立双洞设计,单项纵坡均为2%。兴安岭隧道左洞长3960m,右洞长3915m,设计净宽11.25m,最大埋深约200m,属于特长公路隧道。隧道设计技术标准:高速公路标准,设计速度80km/h,设计荷载为公路—Ⅰ级,路面设计标准轴载为BZZ-100。博牙高速公路于2008年10月开工建设,2012年10月交工。隧道建筑限界见表2-9。

图2-37 兴安岭隧道

兴安岭隧道建筑限界 表2-9

项目	净宽(m)	净高(m)	行车道(m)	侧向宽度(m)	检修道(m)
主洞	11.25	7.306	3.75×2	左0.5+右1.0	左0.75+右1.0
车行横通道	4.5	5.0	—	—	—
人行横通道	2.0	2.5	—	—	—

兴安岭隧道采用全射流纵向通风方式,共设置风机44台,风机为直径1120cm的可逆射流风机、流量≥33m³/s、出口流速≥33m/m³、单电机功率为30kW;监控系统采用"呼伦贝尔市收费监控通信分中心—牙克石监控分中心—隧道管理站—监控外场"四级监控形式。

兴安岭隧道共设置4处车行横洞、5处人行横洞,进出口均设置洞外联络通道。

兴安岭穿越大兴安岭中南部中低山腹地,这里重峦叠嶂、群峰环拱、白雪皑皑,气候异常恶劣,交通不便,更是通信盲区。一年之中9月开始下雪,来年5月积雪开始消融,天气异常寒冷,5月开始各种蚊虫小咬又出来肆虐,6~8月则是阴雨连绵,雷声不断,施工条件非常艰苦,它是我国最高纬度的隧道,围岩等级为Ⅴ、Ⅳ、Ⅲ级不等,以板岩、变质砂岩为主,隧道围岩破碎,节理裂隙多,透水量大,且复杂多变地质围岩错综复杂,冬季寒冷漫长,最低气温-45℃,是一座高寒地区典型的富水公路隧道。

3. 扎敦河隧道

该隧道是G10绥芬河至满洲里高速公路阿荣旗—博克图—牙克石段高速公路的关键控制性重点工程,位于呼伦贝尔市牙克石境内。采用上、下行分离式的独立双洞设计,单项纵坡均为2%。扎敦河隧道左洞长2515m,右洞长2519m,设计净宽11.25m,最大埋深约100m,属于长公路隧道。博牙高速公路于2008年10月开工建设,2012年10月交工。隧道设计技术标准:高速公路标准,设计速度80km/h,设计荷载为公路—Ⅰ级,路面设计标准轴载为BZZ-100。隧道建筑限界见表2-10。

扎敦河隧道建筑限界　　　　表2-10

项目	净宽(m)	净高(m)	行车道(m)	侧向宽度(m)	检修道(m)
主洞	11.25	7.306	3.75×2	左0.5+右1.0	左0.75+右1.0
车行横通道	4.5	5.0	—	—	—
人行横通道	2.0	2.5	—	—	—

扎敦河隧道采用全射流纵向通风方式,风机为直径1120cm的可逆射流风机,流量$\geq 33m^3/s$、出口流速$\geq 33m/m^3$、单电机功率为30kW;监控系统采用"呼伦贝尔市收费监控通信分中心—牙克石监控分中心—隧道管理站—监控外场"四级监控形式。

扎敦河隧道共设置2处车行横洞、3处人行横洞,进出口均设置洞外联络通道。

扎敦河隧道穿越大兴安岭中南部中低山腹地,这里山峦叠嶂、群峰环拱、白雪皑皑,气候异常恶劣,交通不便,更是通信盲区。一年之中9月开始下雪,来年5月积雪开始消融,天气异常寒冷,5月开始各种蚊虫小咬又出来肆虐,6~8月则是阴雨连绵,雷声不断,施工条件非常艰苦,它是我国最高纬度的隧道,围岩等级为Ⅴ、Ⅳ、Ⅲ级不等,以板岩、变质砂岩为主,隧道围岩破碎,节理裂隙多,透水量大,且复杂多变地质围岩错综复杂,冬季寒冷漫长,最低气温-45℃,是一座高寒地区典型的富水公路隧道。

4. 窑沟隧道

该隧道是G18荣乌高速公路十七沟(山西内蒙古界)至大饭铺段控制性工程,位于呼和浩特市清水河县窑沟乡境内,隧道右线长2495m,设计纵坡2.304%、-1.367%;进出口高程分别为1319.938m、1287.571m;左线长2387m,设计纵坡-1.441%。本隧道最大埋深209m,为分离式长隧道,隧道除明洞段采用明挖法施工外,其余均采用新奥法施工,支护采用以锚网喷支护为主,辅以钢拱架。开挖方式应根据围岩、支护类型、断面形式和地形、地貌等具体情况,选择分部开挖法、上下台阶法开挖等多种形式。

窑沟隧道主要工程特点及难点为:黄土、浅埋偏压、软岩、存在土石交界面且可能有岩溶发育,隧道施工难度大,施工工艺复杂,且隧址区气候寒冷,冬季施工风险较大。此隧道由内蒙古交通设计研究院有限责任公司设计,安徽开源路桥有限责任公司和承德路桥建设总公司施工,枣庄市远达公路工程监理咨询有限公司监理。

5. 桦树塂隧道

该隧道是G18荣乌高速公路十七沟(山西内蒙古界)至大饭铺段控制性工程,位于呼和浩特市清水河县境内。隧道右线长1379m,设计纵坡-1.838%;左线长1431m,设计纵坡3.0%、-1.601%、4.0%。本隧道最大埋深114m,为分离式长隧道。隧道除明洞段采用明挖法施工外,其余均采用新奥法施工,支护采用以锚网喷支护为主,辅以钢拱架。开挖方式应根据围岩、支护类型、断面形式和地形、地貌等具体情况,选择分部开挖法、上下台阶法开挖等多种形式。

桦树塂隧道主要工程特点及难点为黄土、浅埋偏压、软岩、存在土石交界面,且可能有岩溶发育,隧道施工难度大,施工工艺复杂,且隧址区气候寒冷,冬季施工风险较大。此隧道由内蒙古交通设计研究院有限责任公司设计,新疆兴达公路工程部施工,内蒙古公路工程咨询监理有限责任公司监理。

6. 茅荆坝隧道

该隧道是G45大广高速公路赤峰至茅荆坝段控制性工程,地处内蒙古河北界,因承德市北部的茅荆坝乡而得名,隧道单程长度为6776m,有"关外第一隧"之称(图2-38),是内蒙古最长、修筑最困难、条件最恶劣的高速公路隧道。此段隧道用最短的距离打通了内蒙古自治区与河北省的交界,极大地拉近了两省间的距离。

图2-38 关外第一隧——茅荆坝隧道

茅荆坝隧道内蒙古境内左洞长3808m,右洞长3859m,斜井长802.5m,设计净宽14.5m,最大埋深约160m,采用分离式双向4车道设计,跨径15.03m,净空面积102.88m²,属大断面特长石质隧道,全隧Ⅴ级围岩,洞门形式为削竹式,采用新奥法施工,位于燕山山脉中山区,海拔1700m。隧道设计技术标准:高速公路标准,设计速度为60km/h,路面横坡为单向坡,隧道内主要纵坡左右洞均为 -0.5%,设计荷载为公路—Ⅰ级,路面设计标准轴载为BZZ-100。隧道建筑限界见表2-11。

茅荆坝隧道建筑限界 表2-11

项目	净宽(m)	净高(m)	行车道(m)	侧向宽度(m)	检修道(m)
主洞	14.50	5.0	3.75×3	左0.5+右1.0	左0.75+右1.0
车行横通道	4.5	5.0	—	—	—
人行横通道	2.0	2.5	—	—	—

茅荆坝隧道采用全射流纵向通风方式,设置风机36台,风机为直径1120的可逆射流风机、流量≥31m³/s、出口流速≥31m/m³、电机功率为30kW。茅荆坝隧道共设置3处车行横洞、6处人行横洞,进出口均设置洞外联络通道。

隧道区地势起伏,自然条件恶劣,由于地处茅荆坝自然保护区,地理位置特殊,施工难度大,工期长,风险高。根据隧道特点,为保证施工安全及质量,施工过程从测量控制、隧道爆破、施工方案选择、监控量测、隧道排水几个方面严格控制工艺。

2011年12月12日茅荆坝隧道斜井贯通,2013年4月22日茅荆坝隧道正式贯通。横向贯通误差6mm,纵向误差9mm,高程误差8mm,茅荆坝隧道平面控制测量精度完全满足要求。茅荆坝隧道暗洞部分采用新奥法施工;隧道内蒙古段施工地质条件复杂,围岩整体性较差,节理发育,同时穿过河谷、矿洞采空区及富水石墨段,施工环境艰难,根据不同的围岩级别,采取不同的施工开挖方式和支护类型。洞口的开挖主要是控制爆破结合机械开挖,采用管棚、注浆小导管、喷锚支护,泵送混凝土二衬等方法施工。Ⅱ、Ⅲ级围岩,采取全断面光面爆破开挖,采用超前小导管、喷锚支护及泵送混凝土二衬等方法施工;Ⅳ级围岩及石墨矿石工段采用上下倒坑开挖施工,严格控制光面爆破,以减少对围岩的扰动,采用超前小导管、喷锚支护、工字钢支护、仰拱施作及泵送二衬混凝土等施工方法。按照新奥法施工要求,隧道施工过程中要进行实时监控量测,并以此为依据,控制围岩变形,进行动态设计及施工。本项目由长安大学试验检测中心作为第三方检测单位,进行超前地质预报、监控量测及质量检测工作,并保证了隧道整体质量达到优良工程。

7. 苏木山隧道

苏木山隧道(图2-39)是内蒙古第一条双向6车道、单洞3车道隧道,位于G7京新高速公路韩家营(山西内蒙古界)至集宁段,在乌兰察布市兴和县境内。苏木山隧道为重点、难点工程及工期控制性工程,上下行分离式隧道,属特长隧道。隧道左线长3208m;右线长3213m,是目前内蒙古跨度最大的公路隧道。该隧道区属构造剥蚀丘陵地貌,地形起伏较大,隧道围岩为Ⅳ、Ⅴ级,对应的隧道结构设计类型为Ⅳ、V_q、Ⅴ型衬砌,采用新奥法施工。

图2-39 自治区跨径最大的特长隧道——苏木山隧道

苏木山隧道断面大利于通风,在50m以内自然通风,隧道出口采用压入式通风方式。隧道进口段施工时,因隧道纵坡影响,根据施工进度及现场实际情况,采用混合式通风系统确保隧道洞内通风及排烟,在每个洞口使用1台110kW通风机进行压入式通风,通风机安在洞外15m处;风管用ϕ1000mm阻燃抗静电软管,挂在边墙上;出风口距开挖面15~20m。

该隧道施工过程中,经常遇到在雨水中浸泡下围岩易软化、围岩自稳能力变差、渗漏水严重以及产生小型坍塌、侧壁零星掉块等问题。针对围岩较差部位,时常聘请隧道专家进行现场指导,召集设计、监理、监控量测、施工等单位开现场会,确定施工方案,进行设计优化。具体采取措施主要是进行岩体全断面注浆固化围岩,采用加长双层小导管注浆超前支护,减小钢拱架间距,严格遵循"短进尺、弱爆破、强支护、勤观测"的原则。同时在施工过程开展了6项监控量测项目,一是全程超前地质预报;二是采用精密水准仪进行拱顶下沉观测;三是采用周边收敛计,进行围岩周边收敛量测;四是采用锚杆抗拔计进行锚杆抗拔试验;五是采用精密水准仪进行洞口浅埋段地表沉降观测;六是由有经验的地质工程师及时进行掌子面地面观测。在参建单位的共同努力下,于2015年完成了苏木山隧道施工任务。

8. 金盆湾隧道

金盆湾隧道(图2-40)是G7京新高速公路集宁至呼和浩特段的控制性工程,位于乌兰察布市察哈尔右翼中旗金盆乡境内。隧道左洞长3310m(进口浅埋段长323m,出口浅埋段长260m),右洞长3375m(进口浅埋段长352m,出口浅埋段长295m),设计净宽14.5m,最大埋深约160m,采用分离式双向6车道设计,跨径15.03m,净空面积102.88m²,属大断面特长隧道,全隧道Ⅴ级围岩,是目前内蒙古地区跨径最大、地质情况最复杂的特长公路隧道。

图2-40 自治区地质条件最复杂的特长隧道——金盆湾隧道

该隧道设计技术标准为高速公路标准,设计速度80km/h,隧道路面横坡为单向坡,隧道内主要纵坡左右洞均为-0.5%,设计荷载为公路—Ⅰ级,路面设计标准轴载为BZZ-100。隧道建筑限界:主洞净宽为14.50m,净高为5m,行车道为3.75×3m,侧向宽度左侧为0.5m、右侧为1m,检修道左侧为0.75m、右侧为1.0m;车行横通道宽为4.5m,净高为5m;人行横通道宽为2.5m,净高为2.5m。

隧道采用全射流纵向通风方式,共设置风机36台,风机为直径1120的可逆射流风机、流量≥31m³/s、出口流速≥31m/m³、电机功率为30kW。监控系统采用"高路公司指挥调度监控中心—监控分中心—隧道管理站—监控外场"四级监控形式。金盆湾隧道共设置3处车行横洞、6处人行横洞,进出口均设置洞外联络通道。

金盆湾隧道隧址区地质情况复杂、病害较多,客观上增加了施工难度。隧道位于内蒙古乌兰察布市辉腾锡勒隆起台地边缘,台地为东西走向,隧道穿越隆起褶皱带。隧址区属剥蚀丘陵地貌,地质层间建构区分较为明显,节理裂隙较发育,结构松散,层间结构胶结、稳定性差,遇水极易软化。围岩主要以坡积成因的粉土、砂砾、砂质泥岩为主,褶皱夹层间夹粉土、卵石、碎石等。围岩成岩程度低,岩质软,岩体破碎,开挖后洞渣多为潮湿的散装物,胶结块状物较少,掌子面开挖过程中围岩自然坍塌和洞顶掉块现象较为普遍。隧道全部为Ⅴ级围岩,施工安全风险等级为极高风险。尤其隧址区域历史上曾经为较大的采金矿区,山体存在多处不明采金坑和采金道,虽然已经回填,但受降雨、地表水下渗、冻融等影响,造成围岩变化较大,开挖后局部渗水、滴水现象较为普遍。施工过程中沉降量大,初支变形大、大小塌方、仰拱底鼓、二衬开裂等诸多病害。为保障隧道安全施工和质量,建设单位多次组织参建单位和邀请国内知名隧道专家,解决隧道中出现的沉降量大、初支变形大、塌方等问题。

该隧道结构设计类型为Ⅳ、V_q、V型衬砌,采用新奥法施工。施工过程中,隧道初期支护施工完成后,多次出现开裂、掉块、拱架变形、仰拱底鼓、塌方冒顶等病害;掘进至深埋段后,频繁出现过大沉降、拱架变形,带来换拱危险,施工安全风险加剧,工期受到影响。原设计中单纯的中隔壁法(CD法)、三台阶法已不能满足施工要求。在对中隔壁法、中隔墙三台阶法、三台阶法及半断面中隔墙法等多种开挖方法进行比选优化,并多次通过专家论证后,将中隔墙法(CD法)进行优化,依据隧道围岩特点,采用了半断面中隔墙法及双层初期支护与三台阶法结合,引入机械开挖,保证了施工安全,加快了施工进度。双层初期支护与三台阶法结合,从根本上抑制了初期支护沉降,有效控制了大断面隧道变形,避免了单拱变形后换拱的高危作业风险。

第三章
高速公路建设管理

第一节 管理法规

公路运输是国民经济重要的基础产业,在经济社会发展中发挥着基础性、先导性、服务性作用,公路的建设、管理、运营、质量、安全等方方面面都需要法律法规和规章制度的支撑和规范。一直以来,自治区党委、人大、政府及相关部门始终高度重视公路交通发展,不断完善公路立法、强化政策支持,为自治区公路事业的全面快速发展提供了有力保障。内蒙古交通运输行业坚持立法与执法并重、执法与执法监督并举,全面依法治交、依法治路的局面逐步形成。

改革开放伊始,我国的法治建设处于急需完善的阶段,20世纪80年代初,内蒙古自治区有关公路建设、管理、养护等方面的主要法律法规尚不健全。随着时代的发展、社会的进步,越来越多的"新问题""新情况"需要法律法规的调整完善,特别是随着高速公路等新生事物的出现,许多法律法规不能涵盖和规范的问题也逐渐呈现。鉴于此,自治区人大、政府不断根据国家新出台的法律法规及时调整完善地方性法规规章。

内蒙古自治区高速公路建设管理地方法规规章制度的制定完善,以遵循宪法为原则,在《中华人民共和国公路法》《公路安全保护条例》《中华人民共和国道路运输条例》等国家法律法规的基础上,结合自治区实际建立的法规规章制度体系,为自治区高速公路的发展提供法律保障和政策支持。首先,不断完善公路交通地方性法规规章体系建设,先后颁布实施了《内蒙古自治区公路条例》《内蒙古自治区道路运输条例》《内蒙古自治区高速公路条例》《内蒙古自治区治理货物运输车辆超限超载办法》等地方性法规规章。同时,根据自治区经济发展现状,结合自治区高速公路建设和发展实际,出台了包括公路建设管理、公路工程建设项目招标投标管理、高速公路施工标准化管理、高速公路建设项目质量管理、安全生产、资金管理、廉政建设等一系列制度办法。这些法规规章制度的出台,对于全面加强和规范自治区公路建设和管理,促进自治区高速公路的健康发展,适应自治区经济社会发展和人民生活的需要,发挥着重要支撑和保障作用。

一、自治区级相关法规规章

自治区原有的规范公路建设管理等工作的地方性法规是1994年3月颁布的《内蒙古自治区公路管理条例》。该条例在内蒙古自治区高速公路发展的初期，发挥了重要的法律保障和规范作用。随着改革开放不断深入，公路事业不断发展，公路法制建设逐步加强，《内蒙古自治区公路条例》《内蒙古自治区道路运输管理条例》《内蒙古自治区高速公路条例》等法规规章相继出台，初步搭建起了交通运输法规体系框架，为交通运输改革发展提供了法治保障。

为了加快自治区公路建设，促进自治区经济社会发展，2008年11月4日，内蒙古自治区第十一届人民代表大会常务委员会第5次会议通过《内蒙古自治区公路条例》（以下简称《公路条例》）；2010年12月，内蒙古自治区第十一届人民代表大会常务委员会第19次会议修正。

为了规范道路运输经营和管理行为，保障道路运输安全，保护当事人的合法权益，2007年11月30日，内蒙古自治区第十届人民代表大会常务委员会第13次会议通过《内蒙古自治区道路运输条例》（以下简称《道路运输条例》）；2010年12月2日，内蒙古自治区第十一届人民代表大会常务委员会第19次会议修正。

为了治理货物运输车辆超限超载行为，保护人民群众生命财产安全，保障公路安全畅通，2013年7月17日，自治区人民政府第6次常务会议审议通过《内蒙古自治区治理货物运输车辆超限超载办法》（以下简称《治理超限超载办法》）。

进入"十二五"以来，在习近平总书记全面推进"依法治国"的战略指导下，为了促进自治区高速公路事业的全面发展，保障自治区高速公路安全和畅通，2015年3月27日，内蒙古自治区十二届人大常委会第十五次会议表决通过了《内蒙古自治区高速公路条例》（以下简称《高速公路条例》），并于同年6月1日起施行。

《内蒙古自治区高速公路条例》作为自治区第一部专门规范高速公路建设、服务、运营和管理的地方性法规，确立了高速公路规范发展的基本方针和重要原则。该条例从2013年着手立法，到2015年6月1日起施行，历时两年。根据《自治区人大常委会党组关于〈内蒙古自治区第十二届人大常委会立法规划（2013—2017年）〉的请示》，该条例列入2013—2017年立法规划。2013年，自治区人大常委会财政经济工作委员会工作要点将《内蒙古自治区高速公路管理条例》列为立法调研项目。2013年，自治区人大常委会立法计划将《内蒙古自治区高速公路管理条例》列为立法调研项目。2013年4月成立《内蒙古自治区高速公路管理条例（草案）》立法工作领导小组，负责组织领导高速公路条例立法相关工作。2013年8月，项目组赴呼和浩特市、锡林郭勒盟开展了立法工作调研；2013年11月赴甘肃省开展了调研；2014年9月赴黑龙江省开展了调研；2014年10月赴通辽市、内蒙古自治区东部区高等级公路管理处开展了调研。2014年11月21日，自治区十二届人大常委会第十三次会议审议了《内蒙古自治区高速公路管理条例(草案)》。2015年3月27日，该条例由内蒙古自治区第十二届人民代表大会常务委员会第十五次会议正式审议通过。

《内蒙古自治区高速公路条例》共八章，五十八条，明确了高速公路建设、规划、养护、路政、服务、应急管理等相关部门的职能职责，维护了高速公路各方当事人的合法权益，对提高自治区高速公路管理水平具有十分重要的指导作用。同时该条例进一步明确了内蒙古自治区高速公路建设资金来源、高速公路绿化带的管理职能，对高速公路管理养护、高速公路救援及偷逃车辆通行费行为的处理等方面做了明确规定。《内蒙古自治区高速公路管理条例》的颁布实施，解决了《内蒙古自治区公路条例》未纳入高速公路管理的内容，在处理高速公路相关问题及法律纠纷时缺乏相应的法律依据的问题，促进了行业的健康发展。

内蒙古自治区《公路条例》《道路运输条例》《高速公路条例》《治理超限超载办法》等地方性法规规章，是统领和规范交通运输工作的纲领性法规规章，是解决公路规划、建设、养护、管理中遇到突出问题的重要法律依据。自颁布实施以来，在规范和加强公路建设管理、保障公路安全畅通、规范道路运输经营和管理行为、维护道路运输市场秩序、保障道路运输安全和有关各方当事人的合法权益、促进公路和道路运输事业发展等方面，发挥了重要作用。

自治区级相关法规规章见表3-1。

自治区级相关法规规章 表3-1

序号	名　称	文　号	颁发日期	颁发单位
1	内蒙古自治区公路管理条例	内蒙古自治区第八届人民代表大会常务委员会公告第7号	1994-3-4	内蒙古自治区人民代表大会常务委员会
2	内蒙古自治区环境保护条例	内蒙古自治区第八届人民代表大会常务委员会公告第62号	1997-9-24	内蒙古自治区人民代表大会常务委员会
3	内蒙古自治区建设工程质量管理条例	内蒙古自治区第九届人民代表大会常务委员会公告第19号	1999-3-25	内蒙古自治区人民代表大会常务委员会
4	内蒙古自治区文物保护条例	内蒙古自治区第十届人民代表大会常务委员会公告第35号	2005-12-1	内蒙古自治区人民代表大会常务委员会
5	内蒙古自治区安全生产条例	内蒙古自治区第十届人民代表大会常务委员会公告第29号	2005-7-1	内蒙古自治区人民代表大会常务委员会
6	内蒙古自治区道路运输条例	内蒙古自治区第十一届人民代表大会常务委员会公告第23号	2007-11-30颁布 2010-12-3修正	内蒙古自治区人民代表大会常务委员会
7	内蒙古自治区建设用地置换办法	内蒙古自治区人民政府令第154号	2007-12-28	内蒙古自治区人民代表大会常务委员会
8	内蒙古自治区公路条例	内蒙古自治区第十一届人民代表大会常务委员会公告第23号	2008-11-4颁布 2010-12-3修正	内蒙古自治区人民代表大会常务委员会

续上表

序号	名　称	文　号	颁发日期	颁发单位
9	内蒙古自治区治理货物运输车辆超限超载办法	内蒙古自治区人民政府令第198号	2013-8-21	内蒙古自治区人民政府
10	内蒙古自治区实施《中华人民共和国招标投标法》办法	内蒙古自治区第十二届人民代表大会常务委员会公告第5号	2014-5-9	内蒙古自治区人民代表大会常务委员会
11	内蒙古自治区高速公路条例	内蒙古自治区第十二届人民代表大会常务委员会公告第9号	2015-3-27	内蒙古自治区人民代表大会常务委员会

二、建设市场管理相关规章制度

根据内蒙古自治区高速公路发展实际，自治区不断加强和完善公路建设规章制度，对公路建设市场管理、建设信用资质管理、招投标管理、设计审批管理等方面进行了全面规范，在加强公路建设管理、明确管理职责、保证工程质量、提高投资效益、维护公路建设市场秩序、营造市场诚信环境、确保工程质量与安全、控制工程投资与合理工期、建设优质廉洁工程等方面发挥了重要作用。

(一)综合管理

为了更好地适应新时期内蒙古自治区经济社会发展的需求，紧紧抓住国家实施加快基础设施建设一系列政策机遇，充分发挥公路建设对于"扩大内需、拉动经济"的重要作用，努力实现自治区公路交通事业新一轮的大发展，推动自治区经济社会又好又快发展提供更加良好的交通保障，自治区人民政府先后于2002年和2006年两次出台了《内蒙古自治区人民政府关于加快公路交通发展的意见》，于2008年出台了《内蒙古自治区人民政府关于进一步加快公路建设的意见》，从深化公路建设管理体制改革、资金筹集、工程建设管理、政策扶持等几个方面进行了部署。一是完善公路建设管理体制，推进公路建设管理权限下放改革，充分发挥地方各级政府的主体作用；二是广泛开辟资金筹集渠道，在积极争取国家公路建设资金的同时，充分利用金融部门信贷资金、外资及吸纳社会公路建设资金等；三是全面推行项目法人制、招投标制和项目监理制，同时加快公司化改革；四是加强项目前期工作、公路工程质量管理、规费征缴和使用、加强科技创新等方面的管理；五是明确了公路建设涉及征拆安置、建设用地审批等工作责任主体，加大政策扶持力度，简化相关审批程序，并明确了公路建设工作及协调机制。

为了完善公路规划体系、规范项目前期审批程序、加快推进公路建设项目前期工作、做好项目储备、争取扩大投资规模、为公路建设创造条件，内蒙古自治区先后制定了《内蒙古自治区交通建设前期工作管理办法》和《内蒙古自治区公路水路交通建设项目前期工作审批程序》。

  为加强公路建设管理、明确管理职责、保证工程质量、提高投资效益、规范公路建设相关行业行为、维护公路建设市场秩序，根据国家、自治区及行业的相关法律法规，结合内蒙古自治区公路建设管理实际情况，自治区对公路建设的质量监管、项目审批、施工标准化、试验检测、市场督查、交竣工验收等制定了一系列措施、办法。1999—2016年，先后制定出台了《内蒙古自治区人民政府办公厅关于加强建筑市场管理保证工程建设质量的通知》《内蒙古自治区交通建设环境保护管理暂行办法》《内蒙古自治区高速和一级公路施工标准化管理指南（试行）》《内蒙古自治区交通运输厅转发自治区发改委关于核定内蒙古自治区公路工程试验检测项目收费标准的函的通知》《内蒙古自治区高速一级公路工程工地试验室监督管理制度》《内蒙古自治区公路建设市场督查工作细则》《内蒙古自治区交通运输厅关于清理整顿全区重点公路建设项目竣工验收工作的通知》《内蒙古自治区高等级公路建设施工标准化指南》《内蒙古自治区发展和改革委员会交通运输厅关于公路工程检验检测收费标准有关问题的通知》《内蒙古自治区交通建设环境保护管理暂行办法》和《内蒙古自治区交通运输厅关于实施绿色公路建设指导意见的通知》等制度措施，并分别于2003年、2004年、2005年和2009年制定并完善《内蒙古自治区公路建设管理办法》。这些制度措施的出台，使公路建设有章可循、有据可依，规范建设程序的同时，加快了建设步伐，夯实发展基础。

  为了充分发挥科技创新在内蒙古自治区交通体系建设中的作用，加强自治区交通行业科技项目管理，合理配置全区交通科技资源，实现管理科学化、规范化、制度化，根据国家和自治区的有关规定，自治区交通厅在2005年、2007年先后出台《内蒙古自治区交通科技项目管理办法》和《关于补充修改〈内蒙古自治区交通科技项目管理办法〉的通知》等制度措施，有效地管理和推进了交通科技项目，促进了交通行业科技进步、高新技术应用、产业化发展及行业科技创新活动。

  为了加强公路的运营收费及养护管理，促进公路事业的发展，保障高速公路高效、安全和畅通运营，促进经济和社会发展，适应社会主义现代化建设和人民生活的需要，根据国家的有关规定，结合自治区实际，先后制定了《内蒙古自治区收费公路管理暂行规定》《关于外商投资道路运输业管理规定的补充规定的通知》《内蒙古自治区高速公路服务区运营管理办法（实行）》《内蒙古自治区收费公路监督管理办法（试行）》《内蒙古自治区公路养护工程预算定额》和《内蒙古自治区公路养护工程预算编制办法》。

（二）信用资质管理

  为加强公路建设市场信用信息管理，规范公路建设从业单位和从业人员的市场行为，营造诚实守信的市场环境，根据国家、自治区及行业的相关法律法规，结合内蒙古自治区公路工程建设市场的实际,先后制定了《内蒙古自治区交通运输厅工程建设领域项目信息公开和诚信体系建设工作方案》《内蒙古自治区公路建设市场信用信息管理实施细则》《内蒙古自治区公路工程施工企业信用评价规则实施细则》《内蒙古自治区公路水运工程监理工程师登记管理制度》《内蒙古自治区建筑业企业资质管理实施办法》《内蒙古自治区公路勘察设计企业信用评价实施细则》和《内蒙古自治区公路建设监理信用信息管理制度》等制度措施,有效地规范了勘察设计企业、监理企业、施工企业和咨询企业的从业行为,增强了公路工程从业单位的诚信履约意识,促进了行业的自律,进一步规范了公路工程相关从业单位的信用评价。

(三)招投标管理

为加强建设工程施工招标投标管理,确保工程质量,提高投资效益,促进公平竞争,节约公共资金,维护招标投标活动正常秩序,保护施工招标投标者的合法权益,根据国家有关法律法规,结合自治区实际,先后制定了《内蒙古自治区公路工程建设项目招标投标管理实施办法》《内蒙古自治区公路建设项目评标专家库管理办法》《关于进一步加强内蒙古自治区公路工程招投标工作的意见》《内蒙古自治区公路施工招标投标项目工程预算审核管理工作办法》《内蒙古自治区公路工程施工招标投标管理实施办法》和《内蒙古自治区公路施工招投标项目工程预算审核办法》。

为适应公路建设管理体制深化改革的需求,完善公路工程建设市场管理体系,贯彻执行《公路工程建设项目招标投标管理办法》,进一步规范内蒙古自治区公路工程建设项目招标投标活动,结合自治区实际情况,制定了《内蒙古自治区公路工程建设项目招标投标管理实施办法》,共有七章内容,涵盖了招标、投标、开标、评标和中标、监督管理、法律责任等方面。其中,第二条规定,办法仅适用于内蒙古自治区境内新建、改建及扩建公路工程建设项目招标投标活动。第三条规定,在内蒙古自治区境内从事公路工程建设项目勘察设计、施工、施工监理等的招标投标活动,应当符合办法的相关规定。

(四)设计审批管理

为加强全区公路工程建设管理,规范公路工程设计变更行为,保证公路工程质量,保护人民生命及财产安全,合理控制工程造价,先后制定了《内蒙古自治区公路工程设计文件审查审批管理规定(试行)》《内蒙古自治区公路工程设计文件审查审批管理规定》《关于进一步提高我区公路建设勘察设计质量的几点意见》和《内蒙古自治区人民政府办公厅关于印发自治区建设工程勘察设计市场管理办法的通知》。

建设市场管理相关规章制度见表3-2。

建设市场管理相关规章制度

表 3-2

序号	类型	名　　称	文　号	颁发日期	颁发单位
1	综合管理	内蒙古自治区交通建设前期工作管理办法	内交发〔1997〕639号	1997-12-16	内蒙古自治区交通厅
2		内蒙古自治区人民政府办公厅关于加强建筑市场管理保证工程建设质量的通知	内政办发〔1999〕11号	1999-3-10	内蒙古自治区人民政府办公厅
3		内蒙古自治区收费公路管理暂行规定	内政发〔2000〕45号	2000-4-30	内蒙古自治区人民政府
4		内蒙古自治区公路建设管理办法(试行)	内交发〔2003〕458号	2003	内蒙古自治区交通厅
5		关于外商投资道路运输业管理规定的补充规定的通知	内交发〔2004〕38号	2004	内蒙古自治区交通厅
6		内蒙古自治区公路养护工程预算定额	内交发〔2004〕830号	2004-11-23	内蒙古自治区交通厅
7		内蒙古自治区公路养护工程预算编制办法	内交发〔2004〕831号	2004-11-23	内蒙古自治区交通厅
8		内蒙古自治区交通科技项目管理办法	内交发〔2005〕733号	2005-12-5	内蒙古自治区交通厅
9		内蒙古自治区公路建设管理办法	内交发〔2005〕452号	2005-8-24	内蒙古自治区交通厅
10		内蒙古自治区农村牧区公路管理办法	内政发〔2006〕50号	2006-7-12	内蒙古自治区人民政府
11		内蒙古自治区公路水路交通建设项目前期工作审批程序	内交发〔2006〕537号	2006-9-4	内蒙古自治区交通厅
12		内蒙古自治区人民政府关于加快公路交通发展的意见	内政发〔2006〕83号	2006-10-19	内蒙古自治区人民政府
13		关于补充修改《内蒙古自治区交通科技项目管理办法》的通知	内交发〔2007〕564号	2007	内蒙古自治区交通厅
14		内蒙古自治区交通建设环境保护管理暂行办法	内交发〔2007〕501号	2007-8-9	内蒙古自治区交通厅、内蒙古自治区环境保护局
15		内蒙古自治区人民政府关于进一步加快公路建设的意见	内政发〔2008〕122号	2008-12-10	内蒙古自治区人民政府
16		内蒙古自治区公路建设管理办法	内交发〔2009〕571号	2009-11-5	内蒙古自治区交通厅
17		内蒙古自治区高速公路命名和编号规则	内交发〔2010〕132号	2010-3-29	内蒙古自治区交通厅

第三章
高速公路建设管理

续上表

序号	类型	名　　称	文　　号	颁发日期	颁发单位
18	综合管理	内蒙古自治区高速和一级公路施工标准化管理指南（试行）	内交发〔2011〕280	2011-6-2	内蒙古自治区交通运输厅
19		内蒙古自治区交通运输厅转发自治区发改委关于核定内蒙古自治区公路工程试验检测项目收费标准的函的通知	内交发〔2011〕218号	2011	内蒙古自治区交通运输厅
20		内蒙古自治区农村牧区公路管理细则	内交发〔2011〕283号	2011-8	内蒙古自治区交通运输厅
21		内蒙古自治区高速一级公路工程工地试验室监督管理制度	内交发〔2013〕334号	2013-6-7	内蒙古自治区交通运输厅
22		内蒙古自治区公路交通基础设施建设项目审查审批办法（试行）	内发改基础字〔2014〕1358号	2014	内蒙古自治区发改委
23		内蒙古自治区收费公路监督管理办法（试行）	内交发〔2014〕82号	2014-2-20	内蒙古自治区交通运输厅
24		内蒙古自治区公路建设市场督查工作细则	内交发〔2016〕352号	2016-6-6	内蒙古自治区交通运输厅
25		内蒙古自治区高速公路服务区运营管理办法（实行）	内交发〔2016〕504号	2016-7-28	内蒙古自治区交通运输厅
26		内蒙古自治区交通运输厅关于清理整顿全区重点公路建设项目竣工验收工作的通知	内交发〔2016〕449号	2016-9-27	内蒙古自治区交通运输厅
27		内蒙古自治区高等级公路建设施工标准化指南	内交发〔2016〕685号	2016-9-28	内蒙古自治区交通运输厅
28		内蒙古自治区交通运输厅关于实施绿色公路建设指导意见的通知	内交发〔2016〕663号	2016-10-8	内蒙古自治区交通运输厅
29		内蒙古自治区发展和改革委员会　交通运输厅关于公路工程检验检测收费标准有关问题的通知	内发改费字〔2016〕1215号	2016-11-8	内蒙古自治区发展和改革委员会、内蒙古自治区交通运输厅
30	信用资质	内蒙古自治区公路建设从业单位信用评价管理办法	内交发〔2009〕565号	2009	内蒙古自治区交通厅
31		内蒙古自治区交通运输厅工程建设领域项目信息公开和诚信体系建设工作方案	内交发〔2011〕119号	2011	内蒙古自治区交通厅
32		内蒙古自治区公路建设市场信用信息管理实施细则	内交发〔2013〕507号	2013-8-29	内蒙古自治区交通运输厅
33		内蒙古自治区公路工程施工企业信用评价规则实施细则	内交发〔2013〕508号	2013-8-29	内蒙古自治区交通运输厅

续上表

序号	类型	名 称	文 号	颁发日期	颁发单位
34	信用资质	内蒙古自治区公路水运工程监理工程师登记管理制度	内交发〔2014〕648号	2014-11-13	内蒙古自治区交通运输厅
35		内蒙古自治区建筑业企业资质管理实施办法	内建发〔2015〕168号	2015-5-4	内蒙古住建厅建筑业管理处
36		内蒙古自治区公路勘察设计企业信用评价实施细则	内交发〔2015〕671号	2015-12-1	内蒙古自治区交通运输厅
37		内蒙古自治区公路建设监理信用信息管理制度			内蒙古自治区交通运输厅
38	招投标	内蒙古自治区公路施工招投标项目工程预算审核办法	内交发〔2000〕341号	2000-7-18	内蒙古自治区交通厅
39		内蒙古自治区公路工程施工招标投标管理实施办法	内交发〔2004〕851号	2005-3	内蒙古自治区交通厅
40		内蒙古自治区公路施工招标投标项目工程预算审核管理工作办法	内交发〔2005〕453号	2005-8-23	内蒙古自治区交通厅
41		关于进一步加强我区公路工程招投标工作的意见	内交发〔2006〕456号	2006	内蒙古自治区交通厅
42		内蒙古自治区人民政府关于加强招标投标工作的意见	内政发〔2011〕65号	2011-5-17	内蒙古自治区人民政府
43		内蒙古自治区人民政府办公厅关于加强工程建设项目招标事项审批核准工作的通知	内政办发〔2012〕132号	2012-11-18	内蒙古自治区人民政府办公厅
44		内蒙古自治区公路建设项目评标专家库管理办法	内交发〔2012〕351号	2012-6-21	内蒙古自治区交通运输厅
45		内蒙古自治区人民政府办公厅关于建立统一规范的公共资源交易市场的意见	内政办发〔2013〕98号	2013-10-25	内蒙古自治区人民政府办公厅
46		内蒙古自治区整合建立统一的公共资源交易平台工作方案	内政办发〔2015〕121号	2015-11-7	内蒙古自治区人民政府办公厅
47		内蒙古自治区公共资源交易平台整合建立实施方案	内政办发〔2016〕10号	2016-2-6	内蒙古自治区人民政府办公厅
48		内蒙古自治区公路工程建设项目招标投标管理实施办法	内交发〔2016〕408号	2016-6-27	内蒙古自治区交通运输厅
49	设计审查	内蒙古自治区公路工程设计文件审查审批管理规定(试行)	内公发〔2003〕137号	2003-7-25	内蒙古自治区公路局
50		内蒙古自治区公路工程设计文件审查审批管理规定	内交发〔2004〕551号	2004-8-10	内蒙古自治区交通厅

续上表

序号	类型	名　　称	文　　号	颁发日期	颁发单位
51	设计审查	关于进一步提高我区公路建设勘察设计质量的几点意见	内交发〔2004〕362号	2004	内蒙古自治区交通厅
52		内蒙古自治区人民政府办公厅关于印发自治区建设工程勘察设计市场管理办法的通知	内政办发〔2007〕76号	2007	内蒙古自治区人民政府办公厅

三、项目管理相关规章制度

公路建设项目管理制度的建立,适应了公路建设快速发展和科学发展的需要,在高速公路建设发展过程中发挥着重要作用。根据内蒙古自治区公路建设及发展实际,在公路建设过程中,针对公路建设项目的综合管理、质量管理、安全生产管理、廉政管理、资金管理等各个方面,逐步探索、建立、完善了相关制度规定,使项目管理更加科学规范,提高了全区公路建设项目的管理水平和技术水平,维护了公路建设秩序,保障了建设项目生产安全、质量安全、资金安全和人员安全,提升了行业文明形象。

(一)建设项目综合管理

为加强高速公路建设管理,规范全区高速公路建设行为,规范建设项目管理行为,提高建设管理水平,内蒙古自治区制定了《内蒙古自治区公路工程建设项目管理规定》和《内蒙古自治区重大项目建设社会稳定风险评估暂行办法》。

(二)质量管理

为加强自治区高速公路、一级公路工程建设质量监督,充分发挥政府监督的职能作用,确保高速公路、一级公路工程建设质量,根据《中华人民共和国公路法》《建设工程质量管理条例》《公路建设监督管理办法》《公路工程质量监督规定》《公路工程竣(交)工验收办法》《公路工程竣(交)工验收办法实施细则》和《公路工程基本建设项目概算预算编制办法》等相关法律、法规和规章,结合自治区高速一级公路建设的实际情况,先后制定了《内蒙古自治区高速一级公路建设质量监督办法》《内蒙古自治区高速/一级公路工程质量监督管理办法(试行)》《内蒙古自治区高速/一级公路建设工程监理管理暂行办法(试行)》和《内蒙古自治区公路工程质量控制标准》。

为了统筹发挥全区公路建设质量监督的作用,扩大公路质量监督的覆盖面,进一步加强公路建设质量监督,根据《公路工程质量监督规定》《内蒙古自治区高速一级公路建设质量监督办法》,先后制定了《内蒙古自治区公路工程质量跨盟市监督抽查办法》《加强建筑市场管理保证工程建设质量》《内蒙古自治区重点公路工程主要工程质量指标抽查、检查符合率规定(试行)》《关于加强县际公路质量监督工作的指导性意见》《内蒙古自治区农村牧区公路建设质量监督指导意见(试行)》《内蒙古自治区公路工程质量监督工作检查考核评价实施意见(试行)》《内蒙古自治区交通运输厅关于加强招商引资(BOT等)公路建设项目质量监督工作的指导意见》《内蒙古自治区交通建设工程质量监督工作程序及标准》和《内蒙古自治区公路工程质量跨盟市监督抽查办法》。

为了加强自治区高速一级公路工程建设质量监督,充分发挥政府监督的职能作用,确保高速公路、一级公路工程建设质量,根据《中华人民共和国公路法》《建设工程质量管理条例》《公路建设监督管理办法》《公路工程质量监督规定》《公路工程竣(交)工验收办法》《公路工程竣(交)工验收办法实施细则》和《公路工程基本建设项目概算预算编制办法》等相关法律、法规和规章,结合自治区高速公路、一级公路建设的实际情况,制定了《内蒙古自治区高速一级公路建设质量监督办法》。该办法共六章,主要包括质量监督职责、质量监督程序及内容、质量鉴定检测、社会监督与处罚等内容,明确规定公路建设质量监督实行统一指导、分级管理原则,建设项目应主动接受社会监督。

(三)资金管理

为加强对重大建设项目的投资监管,加强对重大建设项目的监督管理,规范重大建设项目稽查工作,维护国家和社会公共利益,先后制定了《内蒙古自治区一级公路建设资金统贷分还暂行办法》《政府投资公路建设项目财务管理办法》和《内蒙古自治区交通运输厅关于进一步加强公路建设项目计量支付管理工作的通知》。

为了加强政府投资建设项目审计监督,规范投资行为,提高投资效益,制定了《全面实行重点公路建设项目全过程跟踪审计的指导意见》。

(四)安全生产管理

自治区政府高度重视公路交通安全,制定了《内蒙古自治区公路交通突发事件应急预案》。该制度的实施切实加强了全区公路交通突发事件的应急管理工作,建立和完善了应急管理体制机制,最大限度地预防突发公共事件并减少其造成的损害,保障公众的生命财产安全,及时恢复公路交通正常运行,保障公路畅通,并指导各盟市建立应急预案体系和组织体系,增强应急保障能力,满足有效应对突发事件的需要,保障经济社会正常运行。

在公路建设施工安全生产管理方面,先后制定了《内蒙古自治区交通运输厅贯彻落实交通运输部关于进一步加强安全生产工作意见的通知》《内蒙古自治区落实生产经营单位安全生产主体责任暂行规定》《内蒙古自治区交通运输厅关于做好公路水运工程施工企业主要负责人和安全生产管理人员考核管理工作的通知》,规范了公路建设行为,提高了生产经营单位和生产主体的安全意识,确保了公路建设项目安全。

为了加强全区公路水路运输安全事故应急救援管理工作,确保车辆通行安全和道路畅通,保证公路水路设施发生重大事故时应急救援工作能快速、高效、有序进行,最大限度地减轻事故损失,根据内蒙古自治区实际,制定了《内蒙古自治区公路水路运输安全事故应急预案》。

为切实加强全区公路水运建设工程安全生产监督管理,规范公路水运建设工程安全生产事故应急处置和救援管理工作,提高快速反应能力,及时、有效地应对重大安全生产事故,最大限度地减少人员伤亡和财产损失,保障公路水运建设工程顺利实施,根据交通运输部门职责分工和交通建设管理的实际情况,制定了《内蒙古自治区公路水运建设工程安全生产事故应急预案》。

为确保突发公共事件发生后道路运输安全畅通,组织调配公路运输力量,保证应急救援行动顺利开展,保障紧急物资和人员及时安全运达,最大限度地减少突发公共事件造成的人员伤亡、环境污染、财产损失和社会危害,制定了《内蒙古自治区交通运输厅道路紧急物资运输保障应急预案》。

为有效应对自治区境内公路,特别是高速公路可能出现因各类突发性事件导致的交通阻断和车辆长时间拥堵,确保自治区境内公路特别是高速公路的畅通,提高应急保通处置能力,及时组织实施抢险救援工作,最大限度地减少路产损失,保障人民群众生命财产安全,为车辆提供和创造安全、快捷、畅通的行车环境,根据内蒙古自治区实际,制定了《内蒙古自治区交通运输厅处置公路堵车应急预案》。

为做好全区交通运输系统处置公路水路自然灾害应急工作,最大限度地减少事故造成的人民生命财产损失,切实提高预防和处置自然灾害的能力,保障人民群众安全便捷出行。根据国家和自治区有关规定,结合内蒙古自治区交通运输系统实际,制定了《内蒙古自治区交通运输厅处置公路水路自然灾害应急预案》。

为有效预防、及时控制和消除公共卫生事件的危害,规范内蒙古自治区交通运输系统公共卫生事件应急处置行为,提高应对公共卫生事件能力,防止重大传染病通过车辆、船舶及其乘运人员、货物传播流行,保障人民群众身体健康与生命财产安全,确保道路、水路运输畅通,保证公共卫生事件发生后应急物资和人员及时运输,维护社会稳定和经济发展,根据内蒙古自治区实际,制定了《内蒙古自治区交通运输厅处置公路水路运输公共卫生事件应急预案》。

(五)廉政建设

为深入贯彻落实党的十八大,十八届三中、四中全会,自治区党委九届十二次全委会(扩大)精神,确保党风廉政建设党组主体责任的有效落实,推进全区交通运输系统党风廉政建设和反腐败斗争,强化行业管理和党内监督,加快推进法治交通建设进程,切实加强新形势、新常态下全区交通运输工作的行业管理和监督,打造内蒙古交通运输管理科学化、法治化、规范化、制度化的良好新形象,结合全区交通运输纪律检查工作实际,制定了《内蒙古自治区交通运输厅交通运输行业监察办法(试行)》《落实党风廉政建设主体责任实施意见》和《贯彻落实〈建立健全惩治和预防腐败体系 2013—2017 年工作规划〉实施办法》。

为进一步加强工程建设领域的党风廉政建设,规范全区建设工程的规划、立项、建设、采购等主体行为,将项目建设成为廉洁、优质、高效工程,结合内蒙古自治区实际情况,先后制定了《加强对全区公路运输执法严防公路"三乱"监督检查实施方案》《内蒙古自治区公路建设项目"十二公开"规定》《关于推行重点公路建设项目"十二公开"规定的实施意见》和《重点公路建设项目廉政监督实施细则》。

项目管理相关规章制度见表 3-3。

项目管理相关规章制度 表 3-3

序号	类型	名称	文号	颁发日期	颁发单位
1	建设项目综合管理	内蒙古自治区公路工程建设项目管理规定	内交发〔1998〕334号	1998	内蒙古自治区交通厅
2		内蒙古自治区重大项目建设社会稳定风险评估暂行办法	内发改投字〔2012〕2993号	2012	内蒙古自治区发展和改革委员会
3	质量管理	加强建筑市场管理保证工程建设质量	内政办发〔1999〕11号	1999-3-10	内蒙古自治区人民政府办公厅
4		内蒙古自治区重点公路工程主要工程质量指标抽查、检查符合率规定(试行)	内交发〔2002〕280号	2002-5-8	内蒙古自治区交通厅
5		内蒙古自治区高速/一级公路工程质量监督管理办法(试行)	内交发〔2003〕266号	2003-5-13	内蒙古自治区交通厅
6		内蒙古自治区农村牧区公路建设质量监督指导意见(试行)	内交发〔2004〕209号	2004-10-12	内蒙古自治区交通厅
7		内蒙古自治区交通厅关于加强招商引资(BOT等)公路建设项目质量监督工作的指导意见	内交发〔2005〕168号	2005-4-28	内蒙古自治区交通厅
8		内蒙古自治区公路工程质量跨盟市监督抽检办法(试行)	内交发〔2012〕220号	2012-4-19	内蒙古自治区交通运输厅
9		内蒙古自治区交通建设工程质量监督工作程序及标准	内交发〔2012〕595号	2012-10-8	内蒙古自治区交通运输厅
10		关于加强县际公路质量监督工作的指导性意见	内交质监〔2003〕16号	2003-4-28	内蒙古自治区交通公路工程质量监督站

第三章
高速公路建设管理

续上表

序号	类型	名　　称	文　号	颁发日期	颁发单位
11	质量管理	内蒙古自治区高速/一级公路建设工程监理管理暂行办法(试行)	内交质监〔2004〕116号	2004-12-10	内蒙古自治区交通公路工程质量监督站
12		内蒙古自治区公路工程质量监督工作检查考核评价实施意见(试行)	内交质监〔2005〕28号	2005-4-5	内蒙古自治区交通公路工程质量监督站
13		内蒙古自治区高速一级公路建设质量监督办法	〔2013〕134号	2013-3-18	内蒙古自治区交通运输厅
14		内蒙古自治区交通建设工程质量监督工作程序及标准	内交发〔2015〕22号	2015-1-13	内蒙古自治区交通运输厅
15		内蒙古自治区公路工程质量跨盟市监督抽查办法	内交发〔2015〕23号	2015-1-13	内蒙古自治区交通运输厅
16	资金管理	关于调整《内蒙古自治区建设工程费用计算规则》部分费用计算方法的通知	内建工〔2006〕166号	2006-6-6	内蒙古自治区建设厅、财政厅
17		内蒙古自治区人民政府办公厅关于公布实施征地统一年产值标准和征地区片综合地价的通知	内政办发〔2009〕129号	2009-12-28	内蒙古自治区人民政府办公厅
18		关于核定内蒙古自治区公路工程试验检测项目收费标准的函	内发改费函〔2011〕970号	2011-4-27	内蒙古自治区发展和改革委员会
19		关于重新核定内蒙古自治区公路工程试验检测项目收费标准的函	内发改费函〔2013〕76号	2013-2-16	内蒙古自治区发展和改革委员会
20		政府投资公路建设项目财务管理办法	内交发〔2013〕405号	2013-7-26	内蒙古自治区交通运输厅
21		内蒙古自治区交通运输厅关于进一步加强公路建设项目计量支付管理工作的通知	内交发〔2013〕477号	2013-8-14	内蒙古自治区交通运输厅
22		内蒙古自治区建设工程工程量清单计价规范实施细则	内建工〔2013〕641号	2013-11-26	内蒙古自治区住房和城乡建设厅
23		全面实行重点公路建设项目全过程跟踪审计的指导意见	内交发〔2014〕81号	2014-2-20	内蒙古自治区交通运输厅
24		内蒙古自治区建筑工程预算定额	DYD-15—2009	2016-6-8	内蒙古自治区住房和城乡建设厅
25		内蒙古自治区发展改革委交通运输厅财政厅关于进一步扩大公路收费优惠政策的通知	内发改费字〔2016〕947号	2016-6-16	内蒙古自治区发展和改革委员会
26		内蒙古自治区人民政府办公厅关于公布实施征地统一年产值标准和征地区片综合地价的通知	内政办发〔2011〕143号	2011-12-31	内蒙古自治区人民政府办公厅
27		内蒙古自治区人民政府关于进一步加强文物工作的实施意见	内政发〔2016〕105号	2016-9-9	内蒙古自治区人民政府

续上表

序号	类型	名　　称	文　号	颁发日期	颁发单位
28	安全生产管理	内蒙古自治区公路交通突发事件应急预案	内政办发〔2015〕4号	2015-1-13	内蒙古自治区人民政府办公厅
29		内蒙古自治区落实生产经营单位安全生产主体责任暂行规定	内政办发电〔2015〕79号	2015-9-30	内蒙古自治区人民政府办公厅
30		内蒙古自治区人民政府关于贯彻落实国务院优化建设工程防雷许可决定的通知	内政发〔2016〕114号	2016-10-21	内蒙古自治区人民政府
31		内蒙古自治区交通运输厅关于加强全区公路建设工程安全生产工作的紧急通知	内政办发〔2016〕109号	2016-9-30	内蒙古自治区人民政府办公厅
32		内蒙古自治区公路水路运输安全事故应急预案	内交发〔2014〕250号	2016-5-13	内蒙古自治区交通运输厅
33		内蒙古自治区公路水运建设工程安全生产事故应急预案	内交发〔2014〕250号	2016-5-13	内蒙古自治区交通运输厅
34		内蒙古自治区交通运输厅道路紧急物资运输保障应急预案	内交发〔2014〕250号	2016-5-13	内蒙古自治区交通运输厅
35		内蒙古自治区交通运输厅处置公路堵车应急预案	内交发〔2014〕250号	2016-5-13	内蒙古自治区交通运输厅
36		内蒙古自治区交通运输厅处置公路水路自然灾害应急预案	内交发〔2014〕250号	2016-5-13	内蒙古自治区交通运输厅
37		内蒙古自治区交通运输厅处置公路水路运输公共卫生事件应急预案	内交发〔2014〕250号	2016-5-13	内蒙古自治区交通运输厅
38		内蒙古自治区交通运输厅关于做好公路水运工程施工企业主要负责人和安全生产管理人员考核管理工作的通知	内交发〔2016〕327号	2016-5-25	内蒙古自治区交通运输厅
39	廉政建设	贯彻落实《建立健全惩治和预防腐败体系2013—2017年工作规划》实施办法	内交党组发〔2014〕16号	2014-12	内蒙古自治区交通运输厅党组
40		加强对全区公路运输执法严防公路"三乱"监督检查实施方案	内交发〔2013〕204号	2013-4-10	内蒙古自治区交通运输厅
41		内蒙古自治区公路建设项目"十二公开"规定	内交发〔2013〕446号	2013-7-25	内蒙古自治区交通运输厅
42		关于推行重点公路建设项目"十二公开"规定的实施意见	内交发〔2013〕447号	2013-7-25	内蒙古自治区交通运输厅
43		重点公路建设项目廉政监督实施细则	内交发〔2013〕448号	2013-7-25	内蒙古自治区交通运输厅

续上表

序号	类型	名称	文号	颁发日期	颁发单位
44	廉政建设	落实党风廉政建设主体责任实施意见	内交党组发〔2014〕17号	2014-12-8	内蒙古自治区交通运输厅党组
45		内蒙古自治区交通运输厅交通运输行业监察办法(试行)	内交发〔2015〕298号	2015-6-15	内蒙古自治区交通运输厅
46		自治区政府投资项目审计监督办法	内政办发〔2010〕23号	2010	内蒙古自治区人民政府办公厅
47		内蒙古自治区一级公路建设资金统贷分还暂行办法	内政发〔2010〕119号	2010-12-16	内蒙古自治区人民政府
48	征地拆迁管理	全国环境监察标准化建设标准	环发〔2006〕185号	2006	
49		内蒙古自治区水利厅关于开展水土保持监督管理能力建设的通知	内水保〔2009〕138号	2009	内蒙古自治区水利厅
50		环境监察标准化建设达标验收暂行办法	环办〔2009〕144号	2009	
51		内蒙古自治区交通运输厅关于重大交通建设项目实行月报制度的通知	内交发〔2013〕283号	2013-5-31	内蒙古自治区交通运输厅
52	其他	内蒙古自治区水利厅关于水土保持项目建设管理工作的通知		2015	内蒙古自治区水利厅
53		内蒙古自治区水利厅关于加强生产建设项目水土保持工程建设监理工作的通知		2015	内蒙古自治区水利厅
54		内蒙古自治区水利厅关于加强生产建设项目水土保持工程建设监测工作的通知		2016	内蒙古自治区水利厅

第二节 管理体制

一、"指挥部"模式

1993年6月,内蒙古自治区第一条高速公路呼和浩特至包头高速公路(一幅)开工建设,拉开了内蒙古自治区高速公路建设的序幕。由于内蒙古自治区高速公路建设起步相对较晚,对项目的建设管理参考其他省区的成功经验,采用了当时较为通行的"指挥部"形式。

呼包高速公路的建设实行统一领导、分级管理。1993年3月，自治区人民政府同意成立了"全区重点公路建设指挥部"，作为呼包高速公路的建设单位负责对呼包高速公路的建设进行管理，同时也负责自治区其他重点公路的建设管理。时任自治区交通厅厅长郑长淮任该项目总指挥，指挥部下设工程计划部、工程技术部、物资供应部、综合部、财务部等职能部门。1993年6月，自治区编委正式对全区重点公路建设指挥部临时编制进行了核定。

呼和浩特市、包头市相应成立了市指挥部，包含工程计划、技术、物资、财务及地方工作等职能机构，在总指挥部的领导下，负责在开工前完成所辖区的征地拆迁等社会问题方面的工作并落实相应费用；配合总指挥部做好工程建设组织管理工作，对所辖工程的质量、进度、费用等进行具体管理。

为进一步理顺管理职责，1995年9月，重点公路建设指挥部调整为呼包高速公路建设指挥部，只负责呼包高速公路建设管理，其他重点公路建设项目移交自治区公路局。1997年7月，呼包高速公路（一幅）建成通车。呼包高速公路（一幅）是自治区高速公路建设的起步，也是自治区高速公路建设管理的第一次尝试。在当时正处于计划经济向市场经济转型的时期，"全区重点公路建设指挥部""呼包高速公路建设指挥部"由行政一把手亲自抓项目，充分体现了对项目的重视，有效整合了资源，举自治区全交通行业之力，为项目的顺利实施提供了坚实的保障，呼包高速公路建设为自治区高速公路建设踏出了坚实的第一步，也为高速公路的建设管理培养了大批技术管理人才，提供了管理经验。

二、建设项目法人管理模式

呼包高速公路由"全区重点公路建设指挥部"管理，而"全区重点公路建设指挥部"既有全区重点公路建设单位的职能，又承担着全区重点公路建设管理的行政职能。与市场经济下"政企分开、政事分开"的大原则不相适应。1996年1月，国家计委出台了《关于实行建设项目法人责任制的暂行规定》（计建设〔1996〕673号），1998年6月，自治区世界银行贷款公路项目国道210线包头至东胜段正式签订了世界银行贷款合同，按照世界银行贷款项目采用"菲迪克"条款管理要求，自治区政府批准交通运输厅成立了临时事业单位"内蒙古世界银行贷款公路项目执行办公室"，作为包头至东胜高速公路的项目法人，全区高速公路建设管理进入了项目法人管理阶段。

"十五"期间，自治区高速公路建设进入了跨越式发展时期，全区高速公路突破了1000km。2002年3月，自治区人民政府出台了《内蒙古自治区人民政府关于加快公路交通发展的意见》（内政发〔2002〕14号）文件，明确了公路建设要全面推行项目法人制、招投标制和项目监理制。期间，内蒙古自治区境内高速公路项目法定代表人均由内蒙古自治区人民政府任命，交通系统组建临时事业单位作为项目法人，其中项目法人代表均由具有公路工程专业高级职称、工作经验丰富、工作能力强的副处级以上干部担任,其余管理、工程技术人员均由交通厅直属单位和各盟市交通系统中抽调。继包头至东胜高速公路后,交通厅先后成立了丹拉国道主干线呼包高速公路(另一幅)、磴口至巴拉贡、呼和浩特至集宁、集宁至老爷庙、哈德门至磴口、巴拉贡至新地至麻黄沟、国道210线东胜至苏家河畔、二河国道主干线白音察干至集宁至丰镇等高速公路建设管理办公室,并委托包头市成立了丹拉国道主干线包头过境高速公路建设管理办公室。

三、多元化建设、经营模式

"十一五"期间,全区高速公路进入了发展的快车道,建设项目逐年增加、建设里程和投资逐年加大,"十五"期间的高速公路建设管理也反映出一定问题,全部依靠自治区交通运输厅组织建设管理难以满足新时期的建设要求,建设资金、技术力量及征地拆迁等压力逐渐加大。面对这一形势,为充分发挥地方的建设积极性,同时广开渠道多元化筹集公路建设资金,自治区对高速公路建设管理模式进行了调整。2006年和2008年,自治区政府相继出台了《内蒙古自治区人民政府关于加快交通发展的意见》(内政发〔2006〕83号)和《内蒙古自治区人民政府关于进一步加快公路建设的意见》(内政发〔2008〕122号)文件,进一步明确了各级地方政府为公路建设的主体,按照"分级管理、分级建设"的原则,根据财权和事权的划分,合理确定各级政府在公路建设中的投资管理责任和义务,形成了公路建设管理新模式。从此,自治区交通运输厅不再直接成立项目法人进行项目管理,由直接管理转变为监督管理,自治区高速公路建设管理呈现了政府投资项目、企业管理的政府投资项目和经营性公路等多种形式。

(一)政府投资项目

全区公路建设项目管理权限按照行政等级、技术标准分级下放,政府投资的高速公路建设项目由各盟行政公署、市人民政府组建项目法人,履行业主职责,负责项目建设的组织管理,由交通运输厅负责实施监督。自治区政府先后将G45大广高速公路赤峰至通辽段、G16丹锡高速公路赤峰至大阪段、G0601呼和浩特绕城高速公路等项目的建设管理权下放地方,调动了地方积极性。

全区政府投资的高速公路项目由各盟行政公署、市人民政府批准任命和组建项目法人,为临时事业单位。项目法人代表均按照交通运输部的相关资格要求从本地区交通系统内产生,项目法人的技术管理人员采取从交通系统内抽调、临时聘用等多种形式组成。

(二)企业管理的政府投资项目

按照《内蒙古自治区人民政府关于加快公路交通发展的意见》(内政发〔2002〕14号)

中"加快公司制改革,培育公路建设法人主体"的总体要求,2004年,自治区交通厅成立了内蒙古高等级公路建设开发有限责任公司(图3-1),将京藏高速公路、包茂高速公路、二广高速公路内蒙古境内路段陆续划转至公司。2005年,内蒙古高等级公路建设开发有限责任公司正式开始以企业筹资形式开展公路建设,实现了项目融资、建设管理、养护运营一体化,成为真正意义上的项目法人。

图3-1　内蒙古高等级公路建设开发有限责任公司成立揭牌仪式

内蒙古高等级公路建设开发有限责任公司在高速公路建设过程中,成立了项目管理公司具体负责管理,项目管理公司属于内蒙古高等级公路建设开发有限责任公司的分公司,由项目管理公司对所辖项目选派项目现场负责人,并抽调工程技术人员组成项目管理团队,具体负责项目现场管理。自2006年G6京藏高速公路临河过境公路建设开始,公司陆续管理建成G65包茂高速公路包头至树林召段、G55二广高速公路赛汗塔拉至白音察干段、G12珲乌高速公路乌兰浩特至石头井子段、G6京藏高速公路呼和浩特至包头改扩建工程段、G7京新高速公路韩家营至呼和浩特段、G59呼北高速公路呼和浩特至杀虎口段、G210黄河大桥至关碾房和S54集宁东绕城高速公路。

(三)经营性公路

"九五"时期,为多渠道筹集公路建设资金,自治区采用开放建设市场、尝试"BOT"方式建设公路,在公路建设领域引进社会资本。1997年2月,自治区第一个由社会资本采取"BOT"方式建设的东胜至杨家坡公路开工建设。2004年,高速公路的建设正式引入社会资本,采取"BOT"模式的S31呼和浩特至蒲滩拐、蒲滩拐至城壕、城壕至大饭铺高速公路开工建设。

内蒙古自治区的经营性公路建设项目,以盟市、旗县政府为主体,与经营企业签订特许经营权协议,经营企业方获得特许经营权后,负责建设项目的筹资、建设管理、特许经营权内的运营养护,政府方负责对公路项目的监督管理。2008年以前,经营性公路项目都采取招商引资、直接谈判签订合同。2008年《经营性公路建设项目投资人招标投标管理规定》实施后,经营性公路项目均由政府公开招标确定项目投资人,采用"BOT"方式陆续建成了 S31 呼和浩特至大饭铺高速公路、G18 荣乌高速公路大饭铺至东胜至察汗淖至棋盘井段、S46 鄂尔多斯机场高速公路、S24 准格尔至兴和高速公路、S47 张家房至查哈尔滩高速公路。

第三节 市场管理

一、招投标管理

为加强对招投标工作的监督管理,自治区交通厅从 1996 年起成立了以分管工程建设的厅领导为负责人,相关厅领导、业务处室负责人为委员的厅公路建设市场管理委员会。委员会主要负责招投标活动监督管理、受理投诉、举报、审定重点公路招标项目的招标方案、招标预算及限价、评审结果、自治区公路工程评标专家资格、公路建设市场准入资格、自治区公路工程从业单位信用管理等工作。市场管理委员会的建立,促进了招投标监督管理工作的有效开展,从单一部门的管理上升为集体决策,有效地避免了管理权力的单一集中。图 3-2 为招投标开标会议现场。

图 3-2 招投标开标会议现场

为加强招投标日常工作的正常开展,自治区交通厅于 2000 年专门成立了内蒙古自治区公路建设项目招标投标管理办公室,主要负责厅公路建设市场管理委员会的具体事务;制定起草自治区公路建设招投标相关法规;审查资格预审文件、招标文件;对相关招投标文件结果进行备案审核;对投诉、举报问题进行调查;评标专家库管理以及全区公路建设项目招投标活动的业务指导等工作。2008 年,自治区公路建设管理权限下放,高速公路建设项目由各盟市行署、政府及内蒙古高等级公路建设开发有限责任公司作为建设主体,项目法人作为招标人组织开展项目招标投标工作,交通运输厅作为行业监管部门,履行行业监管职责。2011年,交通运输厅成立了建设管理处,负责重点公路建设项目招标投标监管工作。2014年起,实行厅长办公会议制,由分管厅领导召开厅长办公会,集体研究公路建设市场监管重要事项,厅法规、规划、财务、审计、建设、质监等相关业务处室负责人参加会议。

根据招投标法律法规及规章,自治区交通运输厅陆续制定出台了一系列配套管理办法,主要有《内蒙古自治区公路工程施工招标投标管理实施办法》(内交发〔2004〕851号)、《关于进一步加强我区公路工程招投标工作的意见》(内交发〔2006〕456号)、《关于进一步规范我区重点公路工程建设项目招标投标管理工作的通知》(内交发〔2009〕358号)、《内蒙古自治区公路工程建设项目招标投标管理实施办法》(内交发〔2016〕408号)等。这一系列配套办法有效规范了内蒙古自治区公路建设招投标工作。

严格进行评标专家管理工作。2009年,自治区交通运输厅制订了《内蒙古自治区公路建设项目评标专家和评标专家库管理办法》(内交发〔2009〕583号),建立了公路建设项目评标专家库。2012年,根据交通运输部《公路建设项目评标专家库管理办法》(交公路发〔2011〕797号),交通运输厅制订了《内蒙古自治区公路建设项目评标专家库管理办法》,明确了专家分类标准、专家应具备的条件、专家申报审查程序、专家的权利和义务、专家抽取程序等要求。新专家库自2013年1月1日起正式启用。同时,交通运输厅组织开发建设了自治区公路建设项目评标专家管理系统,系统启用后,评标专家均在该系统平台上进行电子随机抽取。交通运输厅通过该系统对主管部门、项目业主、评标专家进行监督和评价。

二、市场督查

为贯彻落实交通运输部关于公路建设市场督查工作的要求,进一步加强自治区公路建设市场监管,提高公路建设管理水平,自治区交通运输厅制定印发了《内蒙古自治区公路建设市场督查工作细则》(内交发〔2016〕352号),督查内容包括市场准入管理、建设程序执行、招标投标管理、信用体系建设、合同履约管理等方面。在督查组织方面,专门建立了自治区公路建设市场督查专家库。督查工作实行督查工作组负责制,采取厅组织督查和盟市互查两种方式。厅组织督查方式由厅根据督查内容和项目特点,在督查专家库中选调相关方面专家组成工作组,组长由自治区交通运输厅选派或委托盟市交通运输局作为组长单位派出。

2015年以来,按照交通运输部关于公路建设市场秩序专项整治行动等有关工作的部署,自治区交通运输厅下发了《内蒙古自治区交通运输厅关于印发内蒙古自治区公路建设市场秩序专项整治行动方案的通知》(内交发〔2015〕197号)、《内蒙古自治区交通运输厅转发交通运输部办公厅关于印发公路水运建设工程围标串标问题治理工作方案的通知》（内交发〔2015〕537号）、《内蒙古自治区交通运输厅转发交通运输部公路水运建设工程设计变更违规行为治理工作方案的通知》（内交发〔2015〕531号）、《内蒙古自治区交通运输厅关于开展2016年公路建设市场督查工作的通知》（内交发〔2016〕456号）和《内蒙古自治区交通运输厅转发交通运输部关于切实做好清理规范公路水运工程建设领域保证金有关工作的通知》（内交发〔2016〕648号），全面深入地组织开展了公路建设市场督查、公路市场秩序专项整治、围标串标专项治理等市场综合治理工作，对全区重点公路建设项目建设程序、招标投标、转包分包、设计变更、资金拨付、信用管理、质量安全等方面进行全方位的督查，共排查了74个重点公路建设项目，涉及勘察设计、土建及附属工程施工和施工监理、材料采购等849家从业企业；其中，高速公路项目16个，涉及391家从业单位。

三、信用管理

为加强公路建设市场管理，推进信用体系建设，提高公路建设从业单位诚信意识，2009年，根据《中华人民共和国公路法》《中华人民共和国招标投标法》和《公路建设市场管理办法》（交通部〔2004〕14号令）等法律、规章，以及交通部《关于印发建立公路建设市场信用体系指导意见的通知》（交公路发〔2006〕683号）精神，自治区交通运输厅制定了《内蒙古自治区公路建设从业单位信用评价管理办法》。2010年，自治区公路局组织开展了2009年度内蒙古自治区公路工程施工企业信用评价工作。

2011年，根据《公路建设市场信用信息管理办法》（交公路发〔2009〕731号）、《公路施工企业信用评价规则》（交公路发〔2009〕733号）以及交通运输部《关于加快公路建设市场信用体系建设的通知》（交公路发〔2010〕380号）精神，结合内蒙古自治区公路建设市场的实际情况，自治区交通运输厅制定了《内蒙古自治区公路建设市场信用信息管理实施细则（试行）》和《内蒙古自治区公路工程施工企业信用评价规则实施细则（试行）》。这两个办法的出台，全面推进了自治区公路建设市场信用信息制度的建立，形成有效的法规依据。根据办法的要求，各公路建设项目法人在工程管理过程中，将建立中标人信用动态管理台账，加强信用动态管理工作。交通运输主管部门建立从业单位信用评价制度，对从业单位进行投标行为、履约行为和其他行为的评价。推行信用评价与招投标挂钩，对信用等级高的从业单位给予一定的政策优惠，对有违规违纪行为的进行相应处罚，并降低其信用等级，在招投标和履约环节对其进行重点监管。通过信用评价，进一步规范公路工程建设从业单位和从业人员行为，逐步提高公路建设从业单位诚信意识，加强行业自律和社会监督，营造诚实守信的市场环境。根据这两个办法，从2010年度起，按年度组织开展施工企业信用评价工作。2013年，根据信用评价工作实际对两个办法进行了修订。

2015年，根据《交通运输部关于印发公路设计企业信用评价规则的通知》（交公路发

〔2013〕636号),交通运输厅制定了《内蒙古自治区公路勘察设计企业信用评价实施细则》,进一步完善了公路从业企业信用评价体系,把勘察设计企业纳入信用评价工作中。自2014年度开始,按年度组织开展勘察设计企业信用评价工作。

交通运输厅始终致力于加强信用信息平台建设,促进信用信息系统升级完善和对接融合。2016年,按照《交通运输部办公厅关于开展省部两级公路建设市场信用信息管理系统互联互通工作的通知》要求,制定了《内蒙古自治区公路建设市场信用信息管理系统与部平台互联互通工作实施方案》,开发了自治区公路建设市场信用信息服务系统,并成为先期实现与部级平台互联互通的省级平台。

第四节 投资融资

高速公路是公路技术等级最高的公路,是耗资十分巨大的基础设施工程。投资融资,资本运作,突破资金瓶颈,解决建设资金来源始终是高速公路建设的重点和难点。在内蒙古高速公路20多年的建设史中,经历了从计划经济环境下的国家投资,到市场经济环境下的多元化融资模式。在不同的历史时期,内蒙古高速公路建设顺应时势,探索适合的投融资理念和模式,不断创新进取,并取得了骄人成绩。图3-3所示为公路建设贷款签字仪式。

图3-3 自治区交通运输厅公路建设贷款签字仪式

一、投资融资概况

从1993年G6呼和浩特至包头高速公路(一幅)开建至2016年底,内蒙古共建成通车5153km高速公路,建设项目59个,总建设资金约1780.72亿元。内蒙古高速公路建设资金来源主要由国家投资、银行贷款、地方自筹三部分组成。

国家投资:主要由中央预算内投资和中央车购税投资组成,在自治区高速公路建设中投资约321.17亿元,约占总投资的18%(去除BOT建设项目,约占22%)。此部分投资作为建设项目资金的一部分,在项目前期启动过程中起到至关重要的作用,极大带动了高速公路建设的进程,充分体现了中央政府对中西部地区和少数民族地区的关怀与支持。

银行贷款:高速公路建设属资金密集型投资,使用银行贷款的融资方式是高速公路建设的主要资金。截至2016年底,自治区高速公路建设中使用银行贷款约1073.93亿元,约占总投资的60%,利用国际金融组织贷款所建的高速公路主要涉及2条,一条是G65包头至东胜高速公路,建设里程92.807km,工程总投资13.57亿元,利用世界银行贷款4.79亿元人民币,这是内蒙古第一条利用外资所建的高速公路,具有里程碑的意义,也为此后内蒙古自治区交通运输厅利用世界银行、亚洲开发银行贷款积累了成功的经验。另一条是G6京藏高速公路集宁至老爷庙(蒙冀界)高速公路,建设里程89.91km,工程总投资18.64亿元,利用世界银行贷款6.64亿元。

地方自筹:此部分投资反映出地方政府和社会对高速公路建设的积极性,截至2016年底,自治区累计自筹投资约385.62亿元,占建设总投资的22%。在自治区高速公路开建的初期,建设资金的来源主要依靠国家投资、规费收入和银行贷款解决。1996年,自治区交通运输厅提出公路建设由部门行为向政府行为、行业行为向社会行为转变的工作思路,"两个转变"是公路建设投融资体制改革的重要政策导向,突出政府职能作用和全社会参与公路建设的作用,建立了多渠道、多层次、多形式筹集建设资金的模式,实现了投资多元化,建设主体市场化的新体制。"两个转变"的政策举措,把各地各级政府对高速公路建设的需求,引导到出台优惠政策和积极落实建设配套资金上来,实现了"从我要修路到我要出资出力修路"的转变。从"十五"期间开始,自治区公路建设地方自筹投资力度明显加大。

二、市场融资

在内蒙古自治区高速公路建设过程中,市场融资主要涉及三部分:第一部分利用银行贷款;第二部分是成立内蒙古高等级公路建设开发有限责任公司进行融资;第三部分争取民间资本,开展BOT、BT、PPP项目建设。

(一)银行贷款

内蒙古自治区高速公路路网特点决定了其市场融资的难度。自治区高速公路路网具有以下特点:属于国家公路网的神经末梢;过境车流量较少,尤其边境线上交通量更少;建设里程较长,建设成本较低。因此,自治区交通运输厅主动与银行沟通,每年都精心研判、汇集当年融资需求,召集各家金融机构召开项目融资座谈会,宣讲自治区公路融资政策,明确交通量虽少,但建设成本较低,项目贷款也较少,相应偿还能力也能保证,而且又有养路费(交通专项资金)补充担保,让银行放心为公路贷款。

由于每家银行对公路建设每年都出台贷款操作手册，投资扶持重点也不同，银行贷款又是在全国进行"切蛋糕"式分配，自治区交通运输厅牢牢把握各家银行的政策投向，审时度势地向银行进行推荐，从而保证了公路贷款的审批和及时投放。在融资过程中，具体做法有如下几个特点：

一是紧扣国道主干线建设融资。这个时期主要以建设丹拉国道主干线、二河国道主干线、绥满国道主干线为主。丹拉国道主干线在内蒙古境内共分呼和浩特至集宁至老爷庙（内蒙古河北界）高速公路、呼和浩特至包头（另一幅）高速公路、东兴至哈德门（包头过境）高速公路、哈德门至磴口高速公路、磴口至巴拉贡高速公路、巴拉贡至新地高速公路、新地至麻黄沟（内蒙古宁夏界）高速公路、呼和浩特绕城高速公路、临河过境高速公路等路段融资；二河国道主干线在内蒙古境内共划分二赛一级公路、赛汗塔拉至白音察干高速公路、白音察干至集宁高速公路、集宁至丰镇（内蒙古山西界）高速公路四段；绥满国道主干线主要以海拉尔至满洲里、牙克石至海拉尔一级公路为主。呼和浩特至包头高速公路（另一幅）是自治区第一次利用国内银行贷款修建的高速公路，项目融资达到11.3亿元。二广高速公路赛集丰段是自治区交通运输厅第一个使用银团贷款的项目，项目融资达到27.17亿元，同时以此为契机，修建了呼和浩特机场高速公路、包头机场高速公路等一批非收费高速公路。

此阶段不仅为高速公路融资，还利用国道主干线所建高速公路项目的特点，贯彻了"热线带冷线""集中打捆评审"为普通公路筹资，如赛集丰高速公路就为4条二级公路融资，新麻高速公路就为乌巴一级公路融资，呼集老高速公路为5条二级、三级公路融资。

二是利用西部大开发政策机遇为8条省际通道融资。这个时期主要以建设G16丹锡高速公路赤峰至大板段、G45大广高速公路赤峰至通辽段、G65包茂高速公路东胜至苏家河畔段融资。

三是利用"国家高速公路网"规划实施，并结合自治区30条出口路建设之际融资。这个时期主要以建设G10绥满高速公路阿荣旗（内蒙古黑龙江界）至博克图段、博克图至牙克石段、牙克石至海拉尔段，G12珲乌高速公路石头井子至乌兰浩特段，G45大广高速公路赤峰至茅荆坝（内蒙古河北界）段，G2511长深高速公路新民至鲁北联络线通辽至好力堡段，G18荣乌高速公路十七沟至大饭铺段，G25长深高速公路金宝屯至查日苏段，G6京藏高速公路呼和浩特至包头改扩建工程，G59呼北高速公路呼和浩特至杀虎口（内蒙古山西界）段，G7京新高速公路韩家营（内蒙古河北界）至集宁段、集宁至呼和浩特段；地方高速公路以建设S27锡张高速公路（后升级为G1013海满高速公路海拉尔至张家口联络线）锡林浩特至桑根达来段、桑根达来至宝昌高速公路、宝昌至三号地高速公路，S33银川至巴彦浩特高速公路（后升级为G1817荣乌高速公路乌海至银川联络线）为主。其特点是打通了自治区与周边8省区高等级公路连接的出区通道，并新建了一批地方高速公路。

四是创新融资模式。在"统贷统还"基础上,尝试了"统贷分还"贷款模式,有效地筹集了公路建设资金。

五是用好用足发展高速公路的各种优惠政策,取得银行贷款。如用锡林郭勒盟五间房煤矿探矿权收入作为公路建设资本金,为 G18 荣乌高速公路十七沟至大饭铺段等三条高速公路贷款 37 亿元;利用向财政预借周转金方式取得银行贷款 11.1 亿元。

六是用好国家开发银行软贷款和国开发展基金补充资本金。高速公路共使用国家开发银行软贷款 8 亿元,国开发展基金 11.83 亿元,有力地促进西部地区高速公路的发展。

七是引入保险资金用于高速公路建设。在当时融资形势严峻的情况下,引入保险资金 20 亿元用于高速公路建设,也不失为一种好的融资方式。

(二)成立内蒙古高等级公路建设开发有限责任公司作为融资平台进行融资

2003 年之前,内蒙古自治区公路建设筹融资工作一直由自治区交通厅采取"统贷统还"方式融资,在融资过程中有两个问题一直困扰着银行:一是交通厅是政府组成部门,属行政机关,是否具有融资资格;二是交通厅报表体系不编制资产负债表、损益表,银行授权审批经常需做解释说明,借款人评级授信低。针对此种情况,交通厅采取"两条腿"走路方式。一是经自治区人民政府批准,于 2004 年成立了内蒙古高等级公路建设开发有限责任公司(以下简称"内蒙古高路公司"),负责 G6 京藏高速公路、G7 京新高速公路、G65 包茂高速公路、G55 二广高速公路、G12 珲乌高速公路的建设和运营,并作为交通系统融资平台进行融资。二是协调银行对交通厅融资采取改变评价体系,或与内蒙古高路公司采取集团授信模式融资。如农业银行总行专门重新制定了对省级交通厅融资评价体系。在融资过程中坚决杜绝内蒙古高路公司为交通厅授信提供担保,但交通厅可随时为内蒙古高路公司提供补充担保。在此背景下,内蒙古高路公司不仅自己作为独立法人能向银行贷款,还可在全社会运用多种融资工具进行直接融资。内蒙古高路公司自 2004 年成立后,截至 2016 年底,公司与各家金融机构签署各项贷款合同 780.69 亿元,实际利用贷款资金 664 亿元,真正成为内蒙古公路建设和融资的重要力量。

(三)开展 BOT、BT、PPP 融资

1998 年自治区第一条采用 BOT 模式建设的公路——东胜至杨家坡二级公路运煤专用线建成通车,这条路被称为"内蒙古自治区公路交通利用民间资本建设发展的起跑线"。2002 年内蒙古自治区政府出台了《关于加快公路交通建设发展意见》(内政发〔2002〕14 号)文件,明确规定了自治区公路建设可以通过"有偿转让,垫资修路,让利引资,公路建设热线带冷线"等政策措施投融资,开辟了自治区公路建设投融资的新渠道,在利好政策的推动下,自治区高速公路建设也引进了 BOT、BT 模式。截至 2015 年底,共完成 10 个 BOT、BT 高速公路建设项目,总里程 848.998km,总投资额 344.18 亿元。各项目完成情况见表 3-4。

BOT、BT 项目统计表 表 3-4

序号	项 目 名 称	里程(km)	投资额(亿元)	备 注
1	G18 大饭铺至东胜段	113.800	46.19	BOT
2	G18 东胜至察汗淖尔段	182.000	58.50	BOT
3	G18 察汉淖尔至棋盘井段	81.500	19.86	BOT
4	S24 准兴高速公路段	274.000	145.01	BOT
5	S31 呼和浩特(白庙子)至蒲滩拐段	64.620	15.7	BOT
6	S31 蒲滩拐至城壕段	3.600	3.47	BOT
7	S31 城壕至大饭铺段	46.500	15.92	BOT
8	S44 丹拉国道主干线东兴至哈德门段包头过境高速公路机场连接线	5.636	2.05	BT
9	S46 鄂尔多斯机场高速公路	32.458	25.29	BOT
10	S47 张家房至察哈尔滩段	44.884	12.19	BOT
	合计	848.998	344.18	

2015 年,自治区首条 PPP 模式高速公路 G1611 赤峰至乌兰布统段建设项目开始招标社会投资人,该项目被列为交通运输部首批 PPP 试点项目,2016 年又列为财政部第二批 PPP 试点项目。

总的来看,内蒙古高速公路建设投融资的路一直是在"平顺中受挫,挫折中奋进",风雨兼程行进了 20 年,开局于"九五"末期,行进至"十二五"末期。此间经历 2008 年全球金融危机、2010 年融资平台清理、2014 年政府平台贷款受限,其中,尤以 2010 年融资平台清理前后为最难岁月,5 年期以上贷款利率经历大起大落由 5.94% 变成 7.05%,而提高贷款利率,目的是从借款人角度降低贷款需求,减少借款人使用信贷的规模。国家宏观调控的贷款准备金率也在不断变化,仅 2008 年一年变动 11 次,2010—2011 年变动 13 次,由 2008 年最低 15% 变到 2011 年最高 21%。提高准备金率,目的是从银行角度关紧信贷闸门,减少商业银行发放信贷规模和减少商业银行货币资金的流动性。

在整个贷款期间也经历了审计署兰州办、太原办和长沙办,对政府融资平台公路建设债务的审计核定。特别是 2014 年国务院《关于加强地方政府融资平台债务管理的通知》(国发〔2014〕43 号)出台后,各级领导未雨绸缪,抢抓机遇,与多家承贷银行沟通协调,及时签订贷款合同,为京新高速公路临河至白疙瘩(蒙甘界)段、新鲁高速公路通辽至鲁北段、丹锡高速公路经棚至锡林浩特段、荣乌高速公路棋盘井至乌海段等在建项目取得 356.85 亿元贷款,储备了一批项目贷款,从而确保项目未发生资金断链,保证了这些项目在"十三五"能如期投入使用。

第五节 质量监督

内蒙古自治区在高速公路的建设初期就十分重视质量监督与管理,经过20多年的发展,质量监督机构逐步健全,法律法规不断完善,监督工作职责日益明晰,质量监督效果明显。

一、质量监督机构

1988年,为适应公路建设快速发展的需求,经自治区编委批准成立了内蒙古自治区公路工程质量监督站。1995年事业单位"五定"时,经自治区编委核定为副处级自收自支事业单位,2003年升格为正处级,内设三个科室,人员编制15人。

1996年,根据交通部和自治区政府有关工程质量监督的要求,以及自治区编委对公路工程质量监督站"五定"方案的批复意见,交通厅以《内蒙古自治区公路工程质量监督站有关问题的通知》(内交发〔1996〕554号),就公路工程质量监督站的有关职能、隶属关系、经费等做出规定。2012年11月,经内蒙古自治区机构委员会编制办公室文件(内机编办发〔2012〕123号)批复后,内蒙古自治区公路工程质量监督站更名为内蒙古自治区交通建设工程质量监督局(挂内蒙古自治区交通环境监测站牌子),为自治区交通厅所属的正处级事业单位。

为全面实施工程质量的三级监管,各盟(市)陆续成立了公路工程质量监督站。到2000年3月,全区12个盟(市)均成立了质监站,个别旗(县)交通局还聘用了兼职质量监督员。到2016年,全区有37个旗县区成立了质监站,其余旗县区成立了质量监督组。质量监督的覆盖面从自治区重点工程一直延伸到一般地方工程,做到了"应监不漏"。

图3-4为质量监督机构进行桥梁检测。

图3-4 质量监督机构进行桥梁检测

二、质量监督工作开展情况

从1993年第一条高速公路——G6京藏高速公路呼和浩特至包头(第一幅)段开建以来,到2016年底,内蒙古自治区共建成通车高速公路5153km,建设项目59个,建设里程5556km。自治区交通建设工程质量监督局及所在盟市交通建设工程质量监督局(站)对全部59个高速公路建设项目、共计5556km开展了全覆盖的质量监督工作。

(一)规范化、制度化、标准化建设

从"十二五"开始,全区对高速公路质量监督体系加强了规范化、制度化、标准化建设。2011年积极推行公路施工标准化管理,按照《内蒙古自治区高速一级公路建设质量监督管理办法》和《内蒙古自治区交通运输厅关于推行高速和一级公路施工标准化管理的实施意见》(内交发〔2011〕280号)的标准和要求,对新开工的高速公路进行施工标准化建设的监督检查,并积极推广施工标准化建设的典型案例。2012年,制定了《内蒙古自治区高速一级公路建设质量监督管理办法》《内蒙古自治区高速一级公路工程工地试验室监督管理制度(试行)》《内蒙古自治区高速一级公路工程检测机构备案登记实施细则》和《内蒙古自治区公路工程试验检测收费标准》。同时充分利用网络平台,及时对监理、试验检测单位和人员进行履约信息采集和统计分析工作,及时掌握质量动态;深入开展质量通病治理活动,加大了在建项目的检查力度,强化施工工艺控制,大力推行规范化、标准化、机械化施工,切实提高管理水平,严查施工、监理单位试验检测资料造假行为。2013年,根据交通运输部、自治区实施公路施工标准化和"平安工地"建设、施工领域"打非治违"等专项行动的要求,自治区质监机构将施工标准化和"平安工地"建设作为工程质量监督抽查的一项重要内容常态化实施。特别在部分高速公路项目推广使用了智能张拉与压浆、钢筋智能加工与制作的施工工艺,取得了一定的效果。通过推行施工标准化和"平安工地"建设的监督抽查,高速公路驻地建设、现场管理进一步规范,施工管理和工程质量明显提升。

(二)监理工作

1.监理资质管理工作

截至2016年底,全区已经取得公路工程监理资质的企业共有54家,其中公路工程甲级监理企业18家(1家甲级具有桥梁、隧道、机电专项资质,1家甲级具有桥梁、隧道专项资质),乙级监理企业共有11家,丙级监理企业共有25家。

2.监理工程师登记工作

截至2016年底,全区有从业登记监理工程师1027人,其中,监理工程师435人,专业监理工程师592人。

3. 监理过渡考试

2011—2014年,组织、实施了监理工程师过渡考试工作,4年累计报考监理工程师4991人,审核通过3715人,报考科目10230个。取得监理工程师证的共3054人。

4. 监理培训

2011—2016年,共举办7期公路工程监理业务培训班,共培训1278人,对考试合格者颁发了公路工程监理业务培训结业证书。截至目前,共计培训监理人员5772人。在此期间,委托内蒙古交通运输培训中心共举办了7期公路工程监理工程师施工安全生产、环境保护监理培训班,共培训监理工程师1957名。

5. 监理信用评价工作

2011—2016年,6年累计对445家监理企业进行了监理信用评价工作。其中评为AA级的有50家;评为A级的监理企业有345家;评为B级的监理企业有47家;评为C级的监理企业有3家。6年累计共评价监理工程师7546名,有565名监理工程师被扣分,其中最低扣分为2分,最高扣分为24分。6年累计对62个交工项目进行了工程项目建设期间综合信用评价。

(三)试验检测

公路水运工程试验检测作为交通建设质量管理保障措施,其重要意义逐步显现,是推进技术进步的先导。它是加强质量管理的先行,是严格质量把关的重要关口,也是质量优劣评定的重要依据,在工程质量管理中发挥着举足轻重的作用。

1. 规范发展试验检测行业

截至2016年底,自治区通过评审的公路工程试验检测机构共计66家,无水运工程试验检测机构;其中公路工程综合甲级资质的2家,综合乙级资质的38家,综合丙级资质的26家。自治区交通质监局下设检测机构1家,盟市公路工程质量监督站下设检测机构11家,施工单位下设检测机构31家,监理企业下设检测机构12家,设计科研单位下设检测机构5家,大学下设检测机构1家,内蒙古高路公司下设检测机构1家,县级交通运输局下设检测机构5家;36家试验检测取得了计量认证资质。

全区具有公路水运工程试验检测从业资格的人员共计5586人,其中,试验检测师1638人,试验检测员3948人。

2. 强化试验检测行业管理

为加强全区公路工程试验检测行业管理,规范试验检测行为,提升试验检测数据的真实性和可靠性,自治区交通建设工程质量监督局逐步加强和规范试验检测行业管理工作,多方面总结吸取以往经验教训,通过加强全区公路工程从业检测机构及人员动态管理,开展专项检查,通过备案严打转借资质,治理虚假数据,制定出台符合内蒙古实际情况的政策措施等方法,经过一系列强化管理,已逐步形成了诚信意识强、竞争公平有序的试验检测市场秩序,基本培育了客观公正、诚信守法、优胜劣汰的市场发展机制。试验检测行业管理方面,主要是实现了"三个进一步",即试验检测管理制度进一步完善,试验检测机构和人员的专业技术水平进一步提高,检验检测行业发展环境进一步优化。

3. 积极发挥质量鉴定检测中心的中坚作用

2012年11月,经内蒙古自治区机构编制委员会文件(内机编办发〔2012〕123号)批准,质量鉴定检测中心成为隶属于自治区交通建设工程质量监督局的非独立法人授权机构,主要从事交通建设工程施工过程质量控制监督检测、项目竣(交)工验收前质量鉴定检测、工程质量仲裁检测以及原材料委托送样检测,同时承担交通建设工程领域的重点科研项目。

2013年4月27日,经自治区区交通运输厅批准,获得公路水运工程检验检测机构公路工程综合乙级试验检测资质;2014年10月11日顺利取得计量认证(CMA)资质认定证书,并于2016年10月再次进行了扩项,现共获批19个领域563项检测参数;2015年2月通过了交通运输部组织的公路工程综合甲级、桥梁隧道专项能力验证。至此,质量鉴定检测中心成为自治区仅有的两家具有公路工程综合甲级试验检测能力的检测机构之一,同时是内蒙古唯一一家具有桥梁隧道专项检测能力的检测机构,成为内蒙古自治区公路试验检测行业的标杆单位。

质量鉴定检测中心拥有检测场所5730m²,遵循现代化试验室的整体规划,按照综合甲级、桥隧专项规划了检验检测功能室的划分。配有公路工程各种原材料性能检测室56间,检测仪器、设备1000余台(套),仪器设备总价值5000余万元;配有室内检测温度、湿度、防震、通风等相关的控制设施,其设施和环境条件满足相关法规、规范、标准的规定。

2015年完成乌兰浩特至新林北高速公路(兴安盟段)等4条高速公路、一级公路共计455.3km的交工验收前质量检测,完成京新高速公路临河至白疙瘩段、京新高速公路韩家营(晋蒙界)至呼和浩特段等9条高速公路、一级公路建设项目的交通安全设施、单梁静载、孔道压浆、路面厚度等检测工作,共采集质量指标8668点(组)。2016年完成了集宁东绕城高速公路等5条公路的交工前外业检测任务,检测公路总里程共计1288.061km。完成了雅布赖至山丹一级公路等13个项目桥梁外业检测,检测梁板62片,完成210余座大中桥梁交(竣)工验收前检测,完成5座大中桥梁静、动载试验。

质量鉴定检测中心始终秉持着依据标准、客观公正、准确及时、持续改进的质量方针开展检验检测活动。2015年底,内蒙古自治区质量技术监督局根据全区试验检测机构的监督检查情况,在全区948家通过计量认证的试验检测机构中评选出13家"内蒙古自治区2015年度良好行为试验室",质量鉴定检测中心成为其中一员,这是内蒙古自治区公路试验检测机构首次获此殊荣。

(四)交通环境监测

2012年,根据自治区编办文件(内机编办发〔2012〕123号)的批复,内蒙古自治区交通环境监测站正式成立,与内蒙古自治区交通建设工程质量监督局实行"一个机构、两块牌子"的管理模式。

1.建设监测中心实验室

遵循现代化实验室建设理念,参照全国环境监测站建设标准,现已基本建成功能齐全、布局合理、总面积为1108m^2的实验室。目前,监测中心配有专业实验室19间,分别为热工室、酸碱室、天平室、土壤前处理室、化学实验室1、化学实验室2、化学实验室3、小型仪器室、原子荧光室、原子吸收室、油类检测室、样品前处理室、信息中心、化学试剂室、标准物质室、仪器室、纯水间、样品室和留样室(图3-5)。

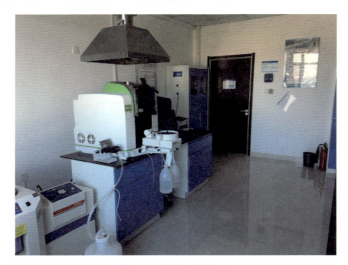

图3-5 监测中心实验室

监测中心成立以来,先后购置仪器设备,中心现有实验仪器设备200余台(套),其中有原子吸收光谱仪、微波消解萃取系统等国外先进的检验检测仪器设备。目前,检验检测环境条件、仪器设备均达到了相关法规、规范、标准规定的要求,满足了开展交通环境监测工作的需要。

2.取得资质认定

监测中心于2016年10月取得检验检测机构资质认定证书,现已具备水和废水、环境空气和废气、土壤和水系沉积物、噪声、振动5个类别共98个参数的检验检测能力,并于2016年12月通过了交通运输部组织的全国交通运输行业公路水路环境监测网络成员单位技术考核。

3. 构建自治区交通环境监测网

环境监测站自 2012 年列入交通运输部"公路水路交通运输环境保护"十二五"发展规划"试点工程以来，由交通运输部和自治区交通运输厅共同开发建设了内蒙古自治区交通运输环境监测网，累计投入近 3000 万元。

截至 2016 年底，自治区交通环境监测网已建成 1 个中心站、12 个盟市分站、3 个环境空气和交通噪声在线监测点，基本实现了自治区交通环境监测网络全覆盖，为自治区发展绿色交通提供了重要服务平台。内蒙古自治区交通环境监测网络是以内蒙古交通环境监测站监测中心为核心，全区 12 个盟市交通环境监测分站和在线监测站点为骨架的环境监测网络体系。

监测中心自成立以来，一直坚持检验检测与科研并举的发展方针，希望通过交通环境保护和监测技术研究，不断加强交通环境监督检验检测能力。

2016 年，中心承担了自治区财政厅下达的自治区科技创新引导项目"内蒙古 G7 京新高速公路临白段野生动物通道监测及效果评价研究"。2017 年，中心申报内蒙古自治区应对气候变化及低碳发展专项资金项目"内蒙古自治区低碳交通运输中长期发展规划研究"。

(五)依靠科技进步，培育高新人才，强化质量监督

为进一步提升科技创新引领质量监督能力和培养高、尖、新科技人才，自治区交通建设工程质量监督局依托质量鉴定检测中心积极开展综合科研基地建设。从 2014 年开始至今，先后成立了长沙理工大学研究生培养基地、同济大学人才培养与产学研合作基地、中南大学交通建设工程地质灾害研究中心、多年冻土地区公路建设与养护交通行业重点实验室、公路建设与养护技术院士专家工作站、道路结构与材料重点实验室、公路建设与养护技术内蒙古自治区工程实验室等。于 2013 年和 2014 年引进 3 名博士作为科技创新、学术研究的带头人，并引进 3 名外国专家作为特聘专家。2015 年，自治区交通建设工程质量监督局获批"内蒙古公路建设与养护科技创新人才团队"，2 名博士入选自治区"新世纪 321 人才工程"和"青年创新人才"第一层次人选，获得"交通科技英才""草原英才"等荣誉称号。

从"九五"开始，在自治区交通运输厅和各盟(市)交通局的大力支持下，全区公路工程质量监督各级机构购置了桥梁动静载测试设备、路面雷达测试仪、落锤式弯沉仪、平整度颠簸累计仪等国内外先进的检测设备和仪器，为公路工程质量监督提高工作的权威性、科学性、公正性提供了必要条件。对公路建设中所存在的路面平整度差、高填方路基沉降、桥头跳车等共性的质量问题，组织专家小组进行科技攻关，依靠科技的力量解决技术难题。

第六节　项　目　管　理

内蒙古自治区高速公路建设经历了二十多年的发展,在高速公路建设项目管理方面,以工程进度、质量管控、资金支付为核心,严格执行法人制、合同制、招投标制和监理制,在不断探索、实践的基础上,总结出一套切实可行的建设项目管理经验,工程质量得到保障,施工进度、资金、安全、廉政全面落实,全区高速公路建设管理水平不断提升。

一、项目前期工作

按照公路基本建设程序,首先要扎实做好项目前期工作。该项工作复杂繁多,包括工程可行性研究报告的编制、论证、审批;环境保护、水土保持、压覆矿藏、地质灾害评估、土地预审、建设项目选址、节能评估、文物调查、社会稳定风险评估等工作的审批或依法核准;资金落实及组建项目法人等工作。由于工程项目立项工作任务繁多,内蒙古根据中远期的高速公路建设规划,力求前期工作早动手、早进行。一般根据近期与年度建设计划工作,申报一批,预备一批,使前期工作留有足够的时间,确保建设项目有序推进,从而避免了仓促上马、后续勘察设计时间短、勘察不细不深入、技术方案比选论证不充分等因素造成的缺憾和失误,以及工程变更多、费用控制难、进度不保证等问题。

（一）工程可行性研究报告

1. 规范程序,择优选择咨询单位

工程可行性研究报告编制单位按照规定方式选用具备相应资质的单位,要求其具有完成相似工作内容的丰富经验,在项目的理解上更透彻、路线方案的拟定更符合区情,不易发生重大方案确定的失误等,且基础资料的收集及报告的编制更加准确、高效,在人力物力等的投入以及后续服务上具有一定的优势。各前期支撑手续咨询单位的确定首先要求具有相应资质、承揽过相似工作的业绩,且选择业务水平高、沟通能力强、信誉度高的单位。为进一步规范中介机构的选择,全区公路建设采用公开招标和询价竞争性谈判等方式确定,合同价采用中标价或者市场价基础上谈判确定,全过程接受纪检监督部门的监督,做到公开、公平、公正。

2. 合理安排,尽快办理审批手续

工程可行性研究报告审批需要办理的前期支撑手续较多,涉及环境保护、水土保持、压覆矿藏、地质灾害评估、土地预审、建设项目选址、节能评估、文物调查、社会稳定风险评估等多个审批部门,各支撑手续审批之间又相互影响,而且办理程序和时限各不相同。为了能按预定时限办理完成各支撑手续,及时取得批复,需要在开展相关手续前制定合理的推进计划,办理过程中及时与审核、审批部门沟通,根据各专项评估报告编制和审查情况,及时调整完善设计方案,通过过程中的不断调整修正,实现各前期批复支撑手续与审批的设计方案一致,尽可能缩短前期支撑件的办理周期,提高各咨询报告的质量。

3.及时归档,落实过程遗留问题

对于办理完成的支撑手续要及时将批复备案文件归档,并对批复文件中提出的问题在设计和实施阶段进行落实。尤其是水保、环保和土地预审等手续,确保项目能按计划推进、专项验收顺利进行。

(二)组建项目法人

公路建设项目开展可行性论证时,就及时组建项目法人,提前介入前期各项工作。高速公路建设项目由各盟市人民政府、内蒙古高等级公路建设开发有限责任公司、各BOT建设单位(以下统称"建设单位")组建项目建设管理办公室(以下简称"建管办")。项目法人实行资格核备制度,项目法人应具有交通部《公路建设项目法人资格标准(试行)》(交公路发〔2001〕583号)规定的资格要求,按管理权限对项目法人资格进行核备。高速公路建设项目法人由自治区交通主管部门负责审核。

项目法人是指在公路建设项目的前期工作、项目实施、工程验收以及后评价阶段,对建设管理负总责的法人单位。项目法人应设综合协调、计划合同、工程、财务、质量安全监督等部门进行现场管理。

项目法定代表人应由熟悉国家有关工程建设的法律法规、具有建设管理经验的公路工程专业人员担任。高速公路项目的法定代表人应具有公路工程专业高级职称的交通系统企事业及行政单位在职工作人员,并担任过一项以上一级以上公路或特大桥工程项目或两项以上二级以上公路工程项目的负责人或重要工程管理职务。

自治区交通主管部门专门建立了《内蒙古自治区重点公路建设项目法定代表人管理库》,对人员实行动态管理,定期培训和考核,并根据考核结果进行调整或增加。高速公路建设项目法定代表人从管理库中选取。

二、招投标工作

2008年后,自治区高速公路建设工程招投标工作由项目法人作为招标人组织实施。在招投标工作中,一是招标人严格贯彻执行国家、自治区招投标相关法律、法规、规章制度,依法依规开展工程建设项目招标工作,维护公开、公平、公正市场竞争秩序,凡符合国家《工程建设项目招标范围和规模标准规定》的自治区境内的公路建设项目,包括勘察设计、土建施工、交通工程施工及施工监理、材料采购、机械设备采购、试验仪器采购、试验检测、工程保险等建设内容,均依法进行招投标;二是严格按照国家有关规定,工程建设项目招标投标活动按照属地管理原则进入统一的公共资源交易平台进行;三是为了保证投标人及时、便捷地获取招标信息,要求招标人必须在国家指定的媒体上发布资格预审公告和招标公告,同时在自治区指定的媒体上发布,对于招标事项核准、招标公告、中标候选人、招标结果等信息,进行及时公告,以利于社会监督;四是从专业角度综合考虑项目管理、工程投资、工作衔接等各方面因素,科学合理划分标段,确定招标方案,使招标结果最优化;五是认真分析公路工程建设项目,紧密结合项目特点设置资格审查条件,择优选择中标人,提高经济效益,确保工程质量;六是认真完成招投标文档资料整理和归档,相关文件资料形成闭合圈,确保招标过程合法合规。

三、勘察设计

勘察设计招标工作按八部委局发布的《工程建设项目勘察设计招标投标办法》(2003年2号)和交通部发布的《公路工程勘察设计招标投标管理办法》(2001年第6号)组织实施。勘察设计评标以单位业绩、勘察设计人员能力、技术方案以及投标造价测算为主要依据。勘察设计费报价要合理设置最高限价。自治区筹资的高速公路建设项目勘察设计由自治区交通主管部门负责牵头,会同盟市交通主管部门组织实施;内蒙古高等级公路建设开发有限责任公司筹资的公路建设项目勘察设计工作,由该公司负责组织实施。交通主管部门根据批准的工程可行性研究报告或核准意见书及工程技术复杂程度、建设规模、技术标准和建设总体要求确定设计阶段,并对勘察设计工作进行监督管理。

项目法人要对勘察设计全过程进行跟踪管理,尤其是对勘察设计单位进场人员、机械设备及地质勘察、基础资料调查进行检查,并参加主要技术方案的论证,确保勘察深度和质量。勘察设计要严格执行公路勘测规范、规程,路基、桥涵、交叉工程及材料料场、取土场地质勘测探坑、钻孔的位置、频率及相关试验要满足规范和使用要求。勘察设计单位在与其他部门签订相关协议时,项目法人要进行协调,签订的协议要具备可操作性和法律效力。项目法人应对外业勘测成果初验后,按管理权限报请交通主管单位进行外业勘测验收。没有进行地质选线和多方案路线比较的及地勘、试验资料不全的不组织验收。

设计文件编制要符合以下要求:一是满足国家强制性标准、行业规范的要求;二是贯彻"六个坚持,六个树立"的设计新理念,工程结构方案拟定合理,结构设计符合安全和稳定性要求;三是执行工程可行性研究报告、初步设计的精神;四是设计文件齐全,基础资料收集完整,达到相应设计阶段规定的技术深度要求;五是概算、施工图预算的编制准确、完整;六是贯彻落实国土资源、环境、水利等方面要求,与铁路、文物、电力、电信等部门签订具有可操作协议。

高速公路建设项目初步设计上报交通运输部或由自治区交通主管部门审批,施工图设计由自治区交通主管部门审批。审批单位应委托具有相应设计或工程咨询资质的单位对设计文件进行审查。勘察设计单位根据设计文件审批意见对报批的设计文件和概预算进行修改,出具补充设计文件。项目法人应在初步设计批复后2个月内将施工图设计上报审批单位。交通主管部门应当自收到完整齐备的施工图设计文件之日起20日审查完毕。初步设计概算不得超过工程可行性研究报告估算。施工图设计文件审批必须对设计预算进行审批,两阶段施工预算不得超过批准的概算。

公路勘察设计单位必须向工程现场派驻由项目设计人员组成的服务小组,对项目实施进行全过程服务,解决和完善施工过程中出现的设计问题。勘察设计质量保证金为合同价的10%,项目通过竣工验收后根据对勘察设计单位的评价结论进行支付。服务质量保证金在项目施工过程中按工程进度及服务质量支付。

四、征地拆迁

征地拆迁始终是高速公路建设工程中不可或缺的一项浩大而艰巨的任务,直接影响建设项目的进度、投资及沿线地区的稳定。

(一)制定优惠政策

为了加强征地拆迁工作管理,依法规范征地拆迁行为,有效维护被征地拆迁当事人的合法权益,推动征地拆迁工作的全面落实,改善建设环境,内蒙古自治区依据国家、自治区相关法律法规分别于2002年和2006年两次出台了《内蒙古自治区人民政府关于加快公路交通发展的意见》。该文件对公路建设征地拆迁提出10条政策:①公路建设占用土地,由所在地盟行政公署、市人民政府和旗县人民政府负责征收。用地单位根据项目核准(或备案)文件规定的建设进度,申请用地,并依法办理用地审批手续。②公路建设征用土地不计征土地管理费、拆迁管理费、土地租用费。公路建设中的水土保持恢复治理工作,由建设单位负责,按水土行政主管部门批准的水土保持方案治理并缴纳水土保持设施补偿费,经水土保持专项验收后,不收取水土流失防治费。对可复垦的土地,建设单位实行先复垦后缴费;复垦不合要求的,按有关规定收取复垦费。③公路建设占用集体所有土地的,必须认真履行征地报批前告知、确认程序,申请听证的要按规定组织听证。要以保证被征地农牧民生活水平不因征地而降低、长远生计有保障为原则,依法确定土地补偿费、安置补助费、青苗补偿费及地面附着物补偿标准,各项费用必须足额和及时支付。占用耕地,必须实现耕地占补平衡,耕地开垦费按国家和自治区有关规定足额缴纳。公路建设应尽量避免占用基本农田,确需占用基本农田且经有批准权的国土资源管理部门预审同意的,征地补偿标准按最高标准执行;对以缴纳耕地开垦费方式补充耕地的,缴纳标准按当地最高标准执行。④公路建设需征占林地和临时占用林地及草牧场,要依法定程序向有关部门提出申请,经审核批准后,其占用林地和草场补偿费、林木补偿费、安置补助费、森林植被恢复费和林地管理费,自治区权限范围内能减免的予以减免,无法减免的部分,按有关法规的下限收取,其中,公路建设中收取的森林植被恢复费,由林业部门统一安排植树造林、恢复森林植被,可优先用于公路两侧绿化和植被恢复。⑤公路建设和养护需用土、砂、石等矿产资源,有关部门优先办理采矿许可证,免征矿权使用费。对公路建设工程,免征育林基金和林木更新保证金。取料完工后,有条件的地区由建设单位负责恢复植被;取料坑和弃土,按照环保要求予以整治。⑥公路建设用地收征耕地占用税。对在内蒙古自治区投资新办的公路企业,企业所得税实行两年免征,三年减半征收。⑦对经营性公路应缴纳的其他无法减免的税收,由所在盟市征收后,纳入财政预算,列为当地交通专项建设基金,作为公路建设的地方配套资金。⑧经自治区人民政府批准,经营型国省干线公路项目,土地可折价入股作为投资,公路建成收费后按投资比例分取收益。⑨公路改扩建需要拆迁用地沿线和控制区域内的各种地上地下管线及附着物(建筑、电力、电信、管道等设施)时,由公路建设单位及早沟通协调,提前通知各有关产权部门或个人,并聘请有相关资质和经验的评估单位进行评估,依据评估金额与被征拆方进行协商、签订征拆协议,依据协议进行征拆。对各种违章建筑和建设项目确定实施后抢建的设施及其他附属物,一律无偿拆迁。⑩公路建设过程中,凡涉及文物考古勘探和保护,由文物部门主动通知公路建设单位,并按照从低优惠的原则签订有关协议,由自治区文物行政管理部门组织实施。

(二)保证专款专用

为了保证征地拆迁费用及时足额到位,减少中间环节,有效防止挪用、拖延、扣押现象,征地拆迁机构设置专户,实行专户储蓄,专款专用。涉及土地、林业、水利、电力、通信、文物、环保等较为复杂涉及面广的单位,一般委托有相应资质的审计机构,进行审核确定拆迁费用。这样既体现公平、公正,又增加了社会的透明度,保证补偿费用及时兑现,从而加快征地拆迁实施进度。

五、施工管理

(一)施工进度管理

在项目管理过程中,合理控制工期既可以提高项目的经济效益,又可以提高项目的社会经济效益,而且对于施工单位来说,可以有效地降低工程建设管理费用和其他各方面经济支出等。所以在保证安全和质量的前提下,合理地控制施工进度是高速公路建设中的重点、难点。内蒙古自高速公路开建以来,通过摸索实践,总结出一套科学有效的配套措施来合理控制工期。

1. 科学计划、合理安排、协调配合、加强管理

项目建管办在开工之初,就要制订科学的施工组织计划,按照年度总体施工进度计划安排及任务目标倒排工期、周密计划、合理配置、均衡施工。除下达月度计划外,每半月下发一次施工进度计划,并制订相应奖罚办法。通过奖罚,施工进度明显加快,真正起到了鼓励先进、督促后进、共同提高的作用。

各级管理人员按照职责分工,加强管理,心往一处想,劲往一处使,形成推动工程建设项目的强大合力。各标段施工单位对照责任目标,倒排施工工期,量化分解任务,限定完成期限,加大机械、设备和劳力投入,扩大作业面,分班轮流作业,确保各公路建设项目顺利完成。

2. 加强施工现场管理,及时解决施工过程问题

根据项目建设的实际情况,按照"统一管理,分段负责,注重实效,监管到位,服务周到"的原则,项目建管办各职能部门负责各施工单位和监理单位,把管理重点放到施工第一线,及时掌握施工动态,及时解决施工中存在的问题和困难。在施工现场由监理单位设专人每日检查、监督施工计划的执行情况和施工质量,及时发现问题及时按要求整改,必要时下达停工令,对于不合格的工程坚决要求返工。遇特殊情况及时对原施工计划予以调整和修正,坚持每天报送工程进度,及时了解各分项工程的进展情况和存在问题,积极采取相应的对策措施予以解决。

3. 落实"标准化"施工管理,全面提升工程建设进度

以"管理制度标准化、工地建设标准化、施工工艺标准化、过程控制标准化和建设成果标准化"为管理目标,要求施工及监理单位按照招标文件中的要求,深入推行施工标准化管理,力求实现工程建设标准化、精细化、规范化管理,努力做到"习惯服从标准,标准成为习惯,结果达到标准",全面提高工程建设进度和管理水平。

4. 严格执行合同管理,促进施工进度

建设项目的合同管理是以进度、质量、费用为主要内容的管理,这部分内容在招标文件中也有体现。施工进度管理在签订施工合同时要有明确的规定,如时间进度、奖罚,还要规定最低工程款支付额,如达不到最低额要求,就不予支付工程款。工程进度应该以合同为依据,首先业主要及时下达指导性年度工程进度计划,然后再由施工单位编制详细的施工组织进度计划,按计划应分月编制上报监理单位与业主。经审核通过的进度计划,就作为月度考核的依据,如果施工单位进度不能按月计划完成,还要分析原因,责令其采取措施加大投入及时调整,直至达到要求。所以严格合同管理,可有效地促进施工单位积极完成进度计划。

(二)工程质量管控

内蒙古自开展高速公路建设工作以来,一直坚持提升工程质量为核心,不断加强公路工程管理手段,以科技创新为动力,强化全面工程质量管理及长效工程质量管理意识,努力实现高速公路建设高标准、高质量、高速度、高效益。

1. 建立质量保证体系

各建设项目建立健全四级质量管理体系(即政府监督、项目建管办管理、社会监理、施工单位自检)和四级质量保证体系(即项目建管办、总监办、驻地办、施工单位)。施工过程中,在交通运输厅质监局的监督下,充分发挥建管办的质监部、总监办、驻地办作用,对工程质量实行有效的监督管理,并要求施工单位建立强有力的质量保证体系,组织严密周全的自检机构。工程参建单位必须按有关规定,向项目所在地区质监局(站)申请办理监督手续,主动接受政府监督,积极提供有关资料;工程质量管理实行建设单位检查指导,项目建管办全面负责,监理单位控制,设计、施工单位保证和政府监督相结合的质量管理体制;监理及施工单位必须自觉接受各级质量监督机构、建设单位、项目建管办的监督管理。

2. 建立质量终身责任制

高速公路建设坚持"百年大计,质量第一"方针,实行质量终身责任制。建设工程建立《质量责任信息档案》,各参建单位、人员按照国家法律法规承担责任。企业破产解体的,原企业法人和负责人仍要承担终身责任,各参建单位的负责人对本单位的工程质量工作负领导责任,各参建单位的工程项目责任人对本单位工程项目现场的工程质量工作负直接领导责任,各参建单位的工程技术负责人对工程质量工作负工程技术方面责任,现场工程技术人员为直接责任人。

3. 完善质量管理制度

各建设项目均要建立健全质量管理制度,主要包括《工程质量管理办法》和《工程质量管理岗位责任制》。质量管理办法包含了质量管理目标、质量管理原则、质量管理体系、质量管理措施、质量控制的主要方法及质量事故的处理程序和方案等内容。质量管理岗位责任制主要明确了各级质量岗位责任人的工作职责和工作目标。通过工程质量管理办法和质量岗位责任制,使各参建单位、各岗位责任人有章可循、有制可依。

4. 实行"五级工程质量管理检查",强化过程质量控制

在施工企业自检、工程监理检查的基础上,项目建管办定期和不定期地进行日常巡查和现场检查、建设单位开展过程专项检查和综合联检、质量监督机构开展项目的监督指导,形成"五级检查"制度,做到有检查、有通报、有整改、有验收,形成完善的工程质量管

理工作闭合环。主要质量检测评定指标的方法、标准、频率,以批准的设计文件、承包合同、施工规范、监理规范、内蒙古自治区《公路工程质量检验评定标准》及由建设单位制定的工程质量内控指标为依据。对于公路工程主要工程质量指标,施工企业按施工规范要求的自检频率自检合格率达100%,方可报请工程监理抽检;工程监理按监理规范要求的抽检频率抽检合格率达100%后,方可进行下道工序。监理单位加强对施工单位自检频率和施工放样的监督,监理单位抽样、试验频率应不低于规范要求;对已完工程实体质量的抽样频率,关键项目应不低于施工单位自检频率的30%,其余项目不低于20%;对施工单位的施工放样重点部位100%复核,其他部位抽样频率应不低于施工单位放样点位的30%。

全面推行施工标准化,落实《高速公路施工标准化技术指南》要求,加强全员、全方位、全过程的精细化质量管理。强化施工工艺,消除质量通病,提高工程耐久性和一次抽检合格率,明确工程质量目标和保证措施,确保工程质量体系有效运行;推行"首件工程认可制",在某些重点分项工程全面开工之前,由施工单位申报监理单位批准后进行首件工程(或者试验段)的施工,施工结束并经评定达到要求后方可进行该分项工程的全面施工。首件工程施工实行项目经理责任终身制,分项工程评分未达到98分以上不能视为首件工程,首件工程认可的所有资料均作为分项工程开工报告的附件整理和归档;同时严格执行自治区交通运输厅《公路工程质量内控标准》,推行四方(即业主、总监办、驻地办、施工单位)联检验收制,对施工工序及工艺进行严格控制。不断加大施工过程检查工作力度,把工程质量控制在每个过程、细节,特别是对于关键部位、重点环节,发现问题及时处理,将质量隐患消灭在萌芽状态,对联检、抽检、自检中出现的不合格工程,坚决进行返工处理,不留任何质量隐患;建立项目奖惩制度,对相关单位和责任人进行必要的奖罚,充分发挥奖优罚劣的作用。

5. 严格执行合同管理,建立工程款支付约束机制

建设项目在施工合同和招标文件中都要设有明确对工程质量约束的相关条款,不合格的工程不予计量支付。通过工程款支付约束机制使施工单位真正认识到他们是工程质量的责任主体,贯彻"合格的工程是干出来的不是检查出来的"理念,只有施工单位主动按照合同中的质量要求去做,工程质量才能有效保证,工程款也自然能得到支付。

6. 积极开展信用评价工作

在项目建设过程中,由项目建管办规范管理各从业单位,从测试人员持证上岗、试验室建设、仪器设备配置、规范检测程序以及总监办、驻地办、施工单位试验检测相互印证等多个方面进行全方位监管。对于各级工程质量检查过程中发现有舞弊、弄虚作假的行为,对个人要清除出场,并对其进行相应的信用评价,对其所在单位要提出通报,并做出相应

的信用评价,对参建单位信用评价情况定期上报自治区交通运输厅。

(三)建设资金管理

推行工程项目资金管理的科学化、精细化,是高速公路建设提高工作质效、优化运行机制的一项重要措施。自治区高速公路建设二十多年来通过对工程项目资金监管的摸索,总结了一些资金管理方面的有益经验。通过建章立制、加强财务管理、严格拨付程序、加强专项资金监督检查、推行项目预算投资评审等手段来加强项目资金监管,较好地解决了项目超概算、资金被挤占挪用及拖欠工程款等问题,对推动内蒙古自治区高速公路建设快速发展起到积极作用。

1. 建章立制,依规管理

制定一系列资金管理办法,以合同为依据,严格计量支付,同开户银行和施工、监理单位三方签订资金监管协议,加强资金使用监管,防止资金外流。如:按照贷款协议,公路建设项目必须在项目承贷银行或项目承贷银行委托行开户并办理工程结算事宜。不得在非项目承贷银行及非项目承贷银行委托行开设银行账户。建设单位收取的投标保证金、履约保证金、招标工本费、其他单位投资等也要存入项目开户银行,不得另立账户或进行活期储蓄。建管办与项目开户银行、施工单位三方要签订资金监管协议,授权开户银行对建设资金的划入、划出进行监控。开户银行要定期将建设资金流向通报建管办财务部,财务部门要认真进行分析,对不合理的流向及时提出整改意见。加强对银行账户信息的保密工作,非因业务需要不准外泄,银行账户印鉴实行分管并用制,不得将所有印鉴全部由一人统一保管使用,严禁在任何空白合同上加盖银行账户印鉴。项目建管办财务部要定期对账户管理和现金管理情况进行财务检查,严禁利用账户替其他单位和个人套取现金,严禁将单位的资金按个人储蓄方式存入银行,严禁保留账外公款,严禁编造用途套取现金,严禁用大额现金结算或支付工程款,严禁未经领导批准擅自出借资金,严禁用白条抵库。

在工程款结算和拨付方面,工程价款结算应严格执行《公路工程标准施工招标文件》(交公路发〔2009〕221号)的规定以及承包合同、招投标文件的书面约定,不得擅自更改合同双方的约定,不得拒绝履行合同双方应尽的义务。工程价款结算应严格按工程量清单所列的工程内容进行结算,数量以监理工程师签字认可为准,工程单价和总额价应以承包合同约定的为依据。工程价款支付应以监理工程师签字认可的开工预付款支付证书、材料设备预付款支付证书、中期计量支付证书为依据。其中,开工预付款、材料设备预付款要按规定时限、规定要求在以后各期计量中分次分批扣回。严禁无计划、无合同、无进度、无计量工程师签字拨付和预借工程款。变更设计工程款和合同内正常计量款应分别计量,单独填写,以便考核设计变更的程度。公路建设资金的拨付遵循按年度投资计划、按年度预算安排、按工程承包合同、按工程建设进度、按规定程序拨款的原则。

2. 加强审计，严格监管

推行外部审计和过程跟踪审计工作，至少每半年对在建的工程项目进行一次专项财务审计，主要内容包括银行账户管理、工程项目资金管理与支付、合同管理等，对检查中发现的问题，及时进行整改（图3-6）。定期进行审计，起到了降低成本、节省支出、规范管理的作用。除审计外，建设法人单位更要加强日常对建设项目资金使用的监督检查，同时派驻纪检监察特派员，强化资金监督。监督检查的基本原则：一是专款专用原则。公路建设资金必须按批复的预算项目实行专款专用，任何单位和个人不得截留、挤占和挪用。二是全过程监督控制原则。要对公路建设资金的筹措、使用进行全过程的监督管理，建立健全内控制度，确保建设资金安全、合理和高效使用。重点监督内容有：一是是否严格执行国家的财经法规、制度和建设资金管理规定；二是建设资金是否严格按批复的预算项目实行专款专用，有无截留、挤占、挪用问题；三是各项资金来源是否落实，资金是否单独设账核算；四是各项基建程序是否合规，有无将建设资金用于计划外工程；五是工程项目是否有擅自改变建设规模和标准问题；六是建设资金使用是否合规，有无高估冒算，虚报冒领虚列工程成本情况，工程预备费使用是否符合有关规定；七是资金支付程序是否合规，是否按合同约定拨付工程款；八是工程投标保证金、质量保证金管理是否符合规定；九是工程年度投资计划、支出预算安排是否及时下达；十是建管办财务机构是否健全，是否配备专职财务人员。各项原始记录、统计台账、凭证账册、会计核算、财务报告等是否健全规范。

图3-6　高速公路建设中的审计会议现场

3. 重视农民工工资保障工作

各建设项目在资金管理方面高度重视农民工工资保障工作，防止因拖欠农村外出务工人员工资引发罢工、聚众上访等不稳定现象发生。主要措施有：一是项目建管办在制定规章制度时要制定农民工工资管理办法，并与施工单位签订雇工权益保障合同；二是在每期工程计量支付款中扣除5%作为农民工工资保证金，预防发生拖欠农民工工资；三是对农民工工资发放情况进行联合检查，对拖欠农民工工资问题及时纠正，以确保农民工的合法权益。

(四)施工安全管理

内蒙古高速公路建设管理坚持"以人为本、安全发展、安全第一、预防为主、综合治理"的方针,长久以来将安全工作作为重心,对施工生产建立以"预控、预报、预警、预案"为核心的安全管理长效机制,对安全生产重大危险源采取风险评估,建档管理,加强安全动态监管,同时全方位开展隐患排查治理、实施施工标准化建设和"平安工地建设",确保施工安全生产平稳有序进行,从而有效防范事故的发生。

1. 加强组织领导,建立健全管理制度

遵循"安全第一,预防为主,综合治理"的方针,全面落实安全生产管理分级责任制,统一部署建立安全生产管理体系,在参建单位进驻施工现场后,及时成立安全生产管理工作领导小组。按照上级有关安全生产的方针、政策和规定,各项目建管办成立自上而下的安全保障体系,制定相应的安全生产管理办法及规章制度,建立项目建管办、总监办、驻地办三级管理模式,负责贯彻落实上级有关安全生产方针政策,布置指导协调各参建方的安全生产工作。根据《中华人民共和国安全生产法》,项目建管办、施工监理单位及时修订完善各类应急预案,对特殊工程制订专项施工方案和应急预案,确定安全风险源及安全控制的重点部位、环节和过程,实施主要领导带班作业制度,针对房建、交安、机电、土建施工交叉作业、现场作业人员以及机具较多情况,要求施工单位加强现场安全管理和车辆运行的管理;同时在施工过程中积极与项目所在地区安监部门、消防部门、医院等相关部门保持联系,建立联动机制,成立应急救援队伍,培训应急救援人员,落实救援物资、设备等,并经常进行应急救援演练,遇到各类突发事件,及时启动应急预案进行救援。

2. 强化安全教育,增强安全意识

各项目开工前,聘请安监局有关专家对全线参建单位进行了安全培训,安全意识得到了提高,安全行为得到了规范。各参建单位加强上岗人员安全生产教育培训和安全生产交底工作,学习相关法律法规和上级部门关于安全生产的文件精神,贯彻执行安全生产相关规定。同时加强一线作业人员、"三类人员"及特种作业人员的培训以及交底工作和自我防范能力。

3. 加强施工过程监管,确保施工安全运行平稳

一是除日常检查外,每个月进行一次安全生产全面检查,不定期组织爆炸物品管理、桥梁施工高空作业、隧道施工、防洪防汛等专项检查。二是建管办按季度、按年度进行安全考核并进行赏罚,及时交流经验,以先进促后进,根据季节组织开展防汛、防火等全面排查,要求施工单位对排查中发现的安全生产隐患立即组织整改,并明确整改期限和整改责任人,对整改情况进行回查,彻底消除安全隐患。三是按照食品卫生安全工作的要求,对

全线各施工队伍食堂进行了排查。要求施工单位加强食堂食品采买的管理,改善卫生条件,食堂工作人员必须持卫生健康证上岗。及时召开安全生产会议并通报检查结果,做到对安全隐患早发现早处理,防患于未然;并建立长效预警机制,加强安全生产监控。四是针对气候特点和施工实际,对安全生产工作进行了专项安排部署,如汛期提前开展自查工作,普及防汛、度汛的基本安全知识,切实做好防范和应对工作;冬季在开工的桥涵处、旧路的边缘、靠近行车路面都设立波形防撞护栏,同时落实值班制度,确保通信畅通,切实将各项安全生产工作预防措施落实到位。五是根据项目实际情况,制订相应的内业、外业检查表,要求监理、施工单位按照规范要求及检查表内容对安全生产资料进行整理归纳,并由项目建管办不定期组织检查,并在每年年底组织全面细致的检查,确保资料真实完整。

4. 全面开展"平安工地"建设活动

由项目建管办成立"平安工地"建设领导小组,建立安全生产保障体系,加强宣传,推进安全生产标准化建设、"平安工地"创建和安全生产月活动(图3-7),坚决杜绝重特大安全生产事故和责任事故,减少和避免一般事故,努力做好每个施工环节的安全工作,确保安全生产。

图3-7 高速公路建设过程中的安全生产月活动

(五)环境保护

内蒙古地区属于半湿润半干旱地区,生态环境脆弱,破坏后恢复较困难。所以在高速公路项目的建设过程中,一直贯彻"不破坏就是最大的保护"原则。为了解决高速公路建设时产生的环保问题,从事前把关、施工过程控制、环保课题研发应用等几个方面入手,以"预防为主"作为工作的主导思想,遵照"三同时"原则(环境保护设施必须与主体工程同时设计、同时施工、同时投产)完成各阶段的环境保护任务,减少建设性破坏,照顾生态的平衡与和谐,创造优美的环境。

1. 加强前期保障

根据项目所在地区特点,做好环境影响评价工作,委托有资质的环评单位,对项目所在地区进行充分翔实的现场勘查,调研、收集相关资料,在此基础上编制项目环境影响报告,呈报环境保护主管部门审查。在可行性研究及初步设计阶段,单独进行环境保护设计,对项目建设时可能造成的生态环境、水环境、声环境、空气环境进行合理设计优化,坚持"少占用、大保护、快恢复"的生态恢复设计理念;线位选择线形设计和环保措施设计时,做到与沿线环境相协调,合理避让文物古迹和名贵树种,少占耕地、林地,多利用荒地,选择合理的平、纵、横设计,减少高填深挖,减少弃土(石),尽量不借方;离村镇居民较近的路段,应设置声屏障,而且设计不能盲目减少工程造价,尽量保持原有环境状况;合理选择路基边坡形式和防护类型,强化线外工程的植被恢复,使当地的生态功能尽可能小地受影响,保持生态平衡。在建设招标阶段,按照相关法律法规,引入有相应资质、经验丰富、水平高的环保监理单位,对项目的环境保护工作进行监管,并在施工单位招标书中纳入国家及行业,甚至沿线地方要求的环保条款,并在今后的建设中对产生的环境问题采取有效的补偿措施。

2. 施工过程控制

在建设过程中,严格执行环境保护和水土保持方案,以"保护环境、融入环境"为项目建设的基本原则,选择利用率较高的取、弃土场,尽量使用荒地,不占用耕地、林地;施工过程禁止随意弃土,在河道内弃土要做好排水设施,防止水土流失,预制厂、拌和站应远离乡镇,且尽可能的设置在村镇下风侧;施工车辆不得在施工便道外天然草原随意行驶;工程结束后对取、弃土场进行平整整修,回填路基修建时的清表土或可耕植土,及时进行恢复植被恢复,同时对公路共用范围内进行绿化;预制场、拌和站清除建筑垃圾,对有毒有害物质进行处理,不得随意堆放;施工过程中专门有第三方环境监测进行环境工程监测。工程监理要求配备环评工程师。同时,项目建管办、监理单位、施工单位主动接受和积极配合当地土地及上级环境保护和水土保持行政主管部门的监督检查,形成齐抓共管的局面,严格落实国家及自治区生态环境和水土保持的相关法律法规。

3. 注重环保课题研究及新技术的应用

内蒙古自治区早在2003年起,就在G6京藏高速公路老爷庙至集宁段路基挖方边坡进行试验生态防护研究,当年做了近20万 m^2 的生态防护工程,效果显著,并以此为基础先后在中东部地区进行了十多年的研究试验,取得了重要的突破,并编制了设计与施工的地方标准,由自治区技术监督局批准发布。防沙治沙研究已形成了一套内蒙古公路建设生态与工程创面修复的技术体系,目前工程创面生态修复已经成为主要的手段,经历了十多年的考验。2016年由交通运输部组织的考察组专程对使用了十多年的创面修复工程进行了一次现场实地考察,给予了高度的评价与肯定。图 3-8 所示为 G6 呼包高速公路边坡景观绿化工程。

图 3-8　G6 呼包高速公路边坡景观绿化工程

为了提高生态恢复的效果,在进行生态恢复工程的设计和建设过程中,自治区引进了许多国内外新技术、新材料、新方法。首先从苗木入手,采用营养杯育苗的方法提高造林的成活率,在干旱区采用保水剂、干水、生根粉、ABT 等保水材料促进植被的恢复。为了充分利用沙漠地区丰富的风能和太阳能,在腾格里沙漠月亮湖公路路域生态恢复工程安装了风光互补提水设备来灌溉各种植物。在风沙区开发了具有自主知识产权的固沙技术,用来固定流沙,然后构建人工植被。同时,积极引进国内外植被恢复的最新技术,针对地区特点,将其组装配套,发挥各种技术的协同作用,结合干旱区、半干旱区、亚湿润干旱区的自然特征,总结出不同的植被恢复模式。

六、廉政建设

从 1993 年自治区实施高速公路建设以来,截至 2016 年,累计开展公路项目 59 个。全区工程建设项目多,投资规模大,成为社会各界广泛关注的热点和焦点。为规范公路建设市场秩序,遏制公路工程建设中的腐败问题,公路项目建设各级单位认真贯彻落实中央、自治区和交通运输厅关于反腐倡廉的一系列决策和工作部署,紧紧围绕中心任务,坚持依法办事、健全监督机制,采取切实有力措施狠抓反腐倡廉建设,积极构建惩治和预防腐败体系。在公路建设中,有效地推进了党风廉政建设和反腐工作的深入开展,做到了"工程优良,干部优秀",为公路建设水平贡献了一分力量,起到了"保驾护航"的作用。

(一)全面贯彻落实党风廉政建设责任制

各建设项目均成立了以项目法人为组长的党风廉政建设领导小组,建立健全党风廉政建设领导组织机构,按照建立健全教育制度监督并重的惩治和预防腐败体系实施纲要的要求,建立健全廉政建设制度、工作人员行为准则和职业道德规范等系列廉政制度和办法,加强内控机制和制度约束;健全岗位责任制度,把党风廉政建设责任及要求融入各项规章制度之中,规范党员干部和工作人员的日常工作行为,使党风廉政责任制在项目管理的各项工作中得到切实有效的贯彻落实。同时结合项目实际把党风廉政建设工作纳入到整体工作体系,与建设任务同部署、同安排、同考核、同奖惩;每年与各建设单位、各监理单位签订廉政工作目标责任状,确保廉政建设贯穿整个工程项目管理全过程。同时对重要岗位、要害部位、关键环节进行重点监督,对发现的新问题、新苗头及时分析研究,提出预防对策,有效消除和减少了诱发职务犯罪的机会和条件。

(二)全面落实"阳光工程"及"十二公开制度"

为了推进高速公路建设项目的透明规范、阳光操作,自治区制定了"阳光工程"实施方案,建设项目从立项、到交竣工验收实行全过程"十二项公开",并对公开主体、公开方式、公开范围和公开监督检查部门做出规定。所有建设项目还设立了"阳光工程"工作台账,公布"阳光工程"举报电话,确保建设工程在阳光下运行。

(三)全面推行工程《施工合同》《廉政合同》双合同制

项目建管办与监理、施工单位在签订《施工合同》时,同时签订《廉政合同》,以合同形式明确双方的权利义务和廉政建设条款,明确各参建单位对党风廉政建设的责任。严格遵守党和国家有关法律规定及交通运输部的有关规定,坚持公开、公正、诚信、透明的原则,自觉按合同办事。努力构建不敢腐败、不能腐败的监督制约机制。

(四)扎实开展交通基础设施建设项目廉政风险防控工作

按照交通运输部的统一部署和要求,工程建设项目开展了交通基础设施建设项目廉政风险防控工作,对工程建设过程各个流程、各个环节的廉政风险实行排查,并对每个廉政风险点提出相应的防控措施,同时明确各廉政风险防控的责任主体,体现关口前移、超前防范的监管理念,有效减少和预防廉政风险。在招标、变更管理、资金使用、原材料进场、工程质量监管、安全生产监管等重要岗位环节,进行专项管理制度的落实;同时实行群众举报制度,设立公开意见箱,随时接受群众的举报监督。

(五)推行派驻纪检特派员制度

为加强高速公路建设项目的廉政建设工作,从"十五"期开始,自治区实施了纪检特派员派驻制,把建设项目工作决策、重大合同、工程变更审批、工程招投标、物资设备采购、工程计量款审批、工程竣工验收等重要工作,都主动地纳入纪检监察监管范围,纪检监察人员的参与监督,有利于准确把握监管重点,进行事前事中监督。向社会公布举报电话,指派专人负责处理信访,完善举报制度,自觉接受社会监督。

(六)推行外部审计和过程跟踪审计工作

所建项目均由自治区审计厅委派相关审计部门对项目实施审计监督,开展基本建设管理专项审计、财务资产管理专项审计、大宗物品采购审计等。通过审计监督,达到降低了工程成本、节省了资金支出、规范管理的目的,同时对发现问题、堵塞漏洞、廉政建设起到积极的促进作用。

(七)与检察院建立共同预防职务犯罪工作机制,大力推进职务犯罪预防工作

实行建设项目与属地检察院建立共同预防职务犯罪的工作机制(图3-9),充分发挥检察机关和公路建设管理部门的优势,整合反腐倡廉和预防职务犯罪的力量,抓源头反腐败,通过预防教育、警示教育、法制教育等一系列"检企共建"预防职务犯罪活动,进一步推动反腐倡廉工作深入开展,有效预防职务犯罪,促进了工程项目的规范管理和领导干部的廉洁自律,增强防腐拒变的能力。

图3-9 与检察机构召开预防职务犯罪联席会议现场

第七节 督 查 服 务

自治区交通运输厅作为公路建设的行业主管部门,既承担着贯彻执行国家有关交通运输的法律、法规、规章和政策、标准等的重大责任,还负责建设项目审批、资金管理、组织实施、市场监管、质量保障、安全监督等具体工作。在高速公路建设中,自治区交通运输厅各行政部门、管理机构通过分工合作,对全区高速公路建设实施行政管理、经济管理、技术管理与服务,不但在加快建设步伐、筹措建设资金上发挥了不可或缺的作用,而且还通过不定期召开高速公路建设项目调度推进会(图3-10)、派出巡视组、督查服务组定期进行

检查和不定期抽查等方式,为建设优质工程、环保工程、廉政工程等提供了有力的支持和保障。

图3-10 高速公路建设调度会议现场

"十二五"时期,全区先后共有12个高速公路项目新开工建设,里程总计1400km,投资概算达到了483.87亿元,建设任务相当艰巨。为了加快高速公路建设项目顺利推进,2014年5月26日,自治区交通运输厅召开厅务会议,会议决定,在全区深入开展重点工作重点工程项目督查服务活动,即由厅级领导牵头组建项目督查服务协调工作组,包片包项推进重点工作重点工程,形成一个抓项目、抓投资、抓进度、抓质量、抓落实,各展所长、协调推进、重点突破、确保任务完成好的工作格局。会后,厅下发了《内蒙古自治区交通运输厅关于厅领导和厅直机关处级干部一对一开展交通运输重点工作重点工程督查服务活动的通知》(内交发〔2014〕292号)。据此,自治区展开了高速公路建设史上最大规模的督查服务活动。与以往随机督查、专项督查不同,此次督查服务活动具有以下几个特点。

(一)督查服务内容广

1. 前期准备情况

(1)前期审批情况。计划开工项目的工可、环评、初设、资金、施工图、招投标、土地、施工许可(开工报告)等前期工作各环节、各专项报批情况。

(2)建设单位组建情况。计划开工项目的项目法人组建情况。

2. 建设管理情况

(1)工程进展情况。项目建设投资完成情况,项目总体进度及分项工程进度情况;计划完工项目交工前各项准备工作落实情况。

(2)工程质量和安全情况。项目质量和安全生产管理情况,工程实体质量情况和工程现场生产安全情况。

(3)工程管理和廉政情况。项目标准化施工、信用评价动态管理、设计变更管理、合同履约、农村外出务工人员工资管理、廉政建设及工程建设领域突出问题专项治理等情况。

3. 要素保障情况

(1)资金情况。续建项目的资金到位及工程款支付情况,计划开工项目的资金来源落实情况。

(2)政策落实、用地及横向协调情况。项目沿线房屋拆迁等政策落实情况,建设用地落实情况,涉及铁路、电力、电信等横向部门的协调进展情况。

(二)组织领导能力强

根据《内蒙古自治区交通运输厅关于领导推进落实交通运输重点工作重点工程督查责任分工的通知》(内交发〔2014〕259号)精神,督查组由厅级领导牵头,厅长、副厅长亲自挂帅担任组长,抽调厅直属机关处级干部参加,成立11个督查服务组,对应分工负责督查服务自治区高速公路建设项目。

(三)督查服务时间长、覆盖面广

坚持项目不结束、督查服务不停止的原则,随时了解情况,随时掌握动态,不停解决问题,确保项目顺利推进。督查服务活动自2014年6月1日开始,持续到所督查服务项目结束。督查服务覆盖了自治区所有高速公路建设项目。

(四)督查服务方式严谨细致

(1)建立旬报制度。各督查服务组每旬要向厅督查服务办报送督查服务报告。厅督查服务办对各组督查服务情况进行汇总分析后,次旬5日前向厅领导进行书面汇报,经厅领导同意后发布工作动态信息。

(2)建立月查制度。各督查服务组要根据实际工作需要,对所督查服务的项目每月至少进行一次实地督查服务,并形成督查服务报告报厅督查服务办。

(3)建立半年及年度总结制度。各督查服务组针对督查服务内容每年7月5日前形成半年总结,次年1月5日前形成全年总结报督查服务办,由督查服务办汇总形成半年及全年总结报厅领导。

(五)督查服务成效显著

督查服务活动开展以来,各督查组认真负责,深入工程建设一线坚持问题导向和效果导向,突出重点和难点,抓住主要矛盾,现场协调和解决问题,实现了以督查促发展、以服务促落实的目的。许多高速公路建管办负责人评价："交通运输厅的督查服务搞得好,以前建设管理中遇到问题和难题,我们跑断腿、磨破嘴难以解决,现在督查组来了,问题很快得到协调解决。而且通过督查层层压实责任,级级传导压力,对我们的工作促进很大。"几年来,内蒙古自治区开展督查服务活动对高速公路的建设起到积极的促进作用。到2015年底,全区高速公路通车里程达到5016km,较"十一五"末增加2651km,全区12个盟市全部通高速公路,旗县通高速公路或一级公路数量达到94个,其中通高速公路51个,14条出区高速公路和16条出区一级公路全部建成。

内蒙古自治区在公路建设方面开展的"一对一督查服务"活动延续至今,从未间断,通过不断总结和完善,已形成行政主管部门对行业监督服务的一项制度。

|第四章|
高速公路运营

高速公路运营是一项综合的管理体系,通常涉及收费管理、信息与监控管理、养护管理、路政管理、服务管理等职能。而每一项管理职能都是以发挥公路的社会公益属性作用和服务社会公众安全便捷出行为目的,从而打造并提升高速公路品牌。

第一节 运营管理

1997 年 7 月 8 日,内蒙古自治区第一条高速公路——呼和浩特至包头(一幅)高速公路正式通车。经过 20 年的发展,截至 2016 年,自治区已通车高速公路达 5153km,在已通车高速公路中,运营收费的高速公路里程为 5132.771km,共设立收费站 224 个、收费车道 1718 条(其中出口 1076 条、入口 642 条)、ETC 车道 179 条、服务区 99 对(含停车区 23 对)、养护管理所 94 个。图 4-1 所示为 G6 京藏高速公路呼和浩特收费广场。高速公路运营信息详情见表 4-1。

图 4-1 G6 京藏高速公路呼和浩特收费广场全景

内蒙古高速公路运营管理一览表 表 4-1

序号	管理单位	管理路段	管辖里程(km)	管辖收费站(个)	管辖养护所(个)	管辖服务区(对)
1	内蒙古高等级公路建设开发有限责任公司	G6 京藏高速公路内蒙古段	821.279	39	18	14
2		G55 二广高速公路内蒙古段	301.374	13	5	6

续上表

序号	管理单位	管理路段	管辖里程（km）	管辖收费站（个）	管辖养护所（个）	管辖服务区（对）
3	内蒙古高等级公路建设开发有限责任公司	G65 包茂高速公路内蒙古段	182.313	9	5	2
4		G0601 呼和浩特绕城高速公路	57.894	6	1	1
5		G59 呼朔高速公路内蒙古段	90.759	6	2	3
6		G7 京新高速公路韩集呼段	209.614	7	7	5
7		G12 浑乌高速公路	33.500	1	1	0
8		S54 集宁东绕城高速公路	28.443	2	1	0
9		G210 黄河大桥至关碾房	29.000	1	1	0
10	内蒙古收费公路监督管理局	G10 绥满高速公路阿荣旗至海拉尔	370.574	13	5	6
11		G16 丹锡高速公路内蒙古段	331.364	14	7	8
12		G25 长深高速公路内蒙古段	44.551	3	1	1
13		G45 大广高速公路内蒙古段	547.632	20	8	13
14		G2511 新鲁高速公路	90.624	5	2	2
15		G5511 集阿高速公路乌兰浩特至扎兰屯	262.975	11	4	5
16		G18 荣乌高速公路十七沟至大饭铺	84.170	6	2	2
17		G1013 锡张高速公路宝昌至三号地	297.458	12	3	6
18		G1817 银巴高速公路	113.890	4	2	1
19		S53 赤峰绕城高速公路	11.450	2	0	0
20	内蒙古准兴重载高速公路有限责任公司	S24 准兴重载高速公路	266.221	9	3	7
21	内蒙古鑫达公路发展有限公司	S31 呼大高速公路呼和浩特至城壕	67.290	2	1	1
22	鄂尔多斯市泰宝投资有限责任公司	S31 呼大高速公路城壕至大饭铺	45.501	4	1	0
23		G18 荣乌高速公路大饭铺至东胜	114.171	5	1	2
24	鄂尔多斯万正公路服务有限责任公司	G18 荣乌高速公路东胜至察汗淖	182.611	5	4	4
25	鄂尔多斯市新驰路桥开发有限公司	G18 荣乌高速公路察汗淖至棋盘井	66.253	2	2	2

续上表

序号	管理单位	管理路段	管辖里程（km）	管辖收费站（个）	管辖养护所（个）	管辖服务区（对）
26	阿拉善盟天创公路建设有限公司	S47宗别立（张家房）至查哈尔滩高速公路	45.370	2	1	1
27	鄂尔多斯市城投机场高速建设有限责任公司	S46鄂尔多斯机场高速公路	32.500	3	1	0
28	鄂尔多斯沿黄高等级公路建设开发有限公司	S24沿黄高速公路	404.000	18	5	7
	合计		5132.771	224	94	99

一、内蒙古高速公路运营管理体制

目前，内蒙古自治区高速公路运营管理根据不同的建设投资背景和模式，现存为三种运营体制。

（一）内蒙古高等级公路建设开发有限责任公司

1. 成立背景及时间

内蒙古自治区高速公路运营管理体制最初从1997年7月自治区第一条高速公路——呼包高速公路（一幅）通车运营开始，由呼包高等级公路征稽分局（负责收费管理）、呼包高等级公路管理分局（负责养护管理和路政管理）共同承担呼包高速公路的运营管理；1998年7月，呼包高等级公路管理分局与呼包高等级公路征稽分局合并为呼包高等级公路管理分局；2001年9月，呼包高等级公路管理分局更名为呼和浩特高等级公路管理处，同时成立包头、集宁高等级公路管理处，3个单位均为内蒙古自治区交通厅直属事业单位，负责G6京藏高速公路包头至呼和浩特、呼和浩特至集宁、集宁至老爷庙，G65包茂高速公路包头至东胜、东胜至苏家河畔等高速公路的运营管理工作。

2004年7月，内蒙古自治区交通厅组建内蒙古高等级公路建设开发有限责任公司，公司为特许经营的大型国有独资企业，同时将呼和浩特、集宁、包头高等级公路管理处整体划转内蒙古高路公司，转制为企业。公司自成立以来，经内蒙古日报社、自治区品牌协会联合调查测评，对高速公路经营管理服务质量社会满意率年均达到90%，其中建成各级文明单位99个，四次获得"内蒙古百姓口碑金奖单位"称号。2015年、2016年两度入围"中国服务业企业500强"，开创了自治区交通企业入围中国服务业企业"第一方阵"的先河。

2.运营管辖路段及里程

内蒙古高路公司所辖通车运营高速公路1754km。开通运营的高速公路分别有：G0601 呼和浩特绕城高速公路、G6 京藏高速公路内蒙古河北界至内蒙古宁夏界段、G7 京新高速公路韩家营至集宁至呼和浩特段、G12 珲乌高速公路乌兰浩特至石头井子段、G55 二广高速公路二连浩特至丰镇段、G65 包茂高速公路包头至苏家河畔段、G59 呼北高速公路呼和浩特至杀口段、S54 集宁东绕城高速公路。

(二)内蒙古自治区收费公路监督管理局

1.成立背景及时间

2008年，根据国家相关规定，实行税费改革，撤销了原内蒙古自治区交通征费稽查局，成立了内蒙古自治区公路路政执法监察总队。同时，在路政总队加挂内蒙古自治区收费公路监督管理局牌子，并受交通行政主管部门委托，负责全区部分统贷统还收费公路的运营管理和全区收费公路行业监督管理工作。监管的主要职责为：组织实施有关公路通行费征收的法规、政策，参与制定收费公路及车辆通行费管理工作措施和办法；负责通行费票证管理及业务数据的统计，承办审核勘验收费站点的设置，监督撤销站点的实施等事宜；负责对交通运输厅直属的通行费征收机构的统一管理，加强对地方政府收费还贷公路、经营性收费公路的收费、还贷、经营等行为进行监督检查；承担全区高速公路联网收费运营管理服务和通行费的拆分、结算工作；规划、设计、布局联网电子不停车收费系统(ETC)；协调全区高速公路收费系统、监控系统软硬件的统一使用和维护工作；承担全区高速公路联网收费密钥管理和安全认证工作；承担高速公路的路况、通行信息的采集和发送工作；承担联网收费数据的查询业务和联网收费相关人员的业务培训工作。

2.运营管辖路段

内蒙古自治区收费公路监督管理局管辖内蒙古境内统贷统还收费运营高速公路2155km，分别是：G10 绥芬河至满洲里高速公路内蒙古段、G16 丹东至锡林浩特高速公路内蒙古段、G18 荣成至乌海高速公路十七沟至大饭铺段、G25 长春至深圳高速公路金宝屯至查日苏段、G2511 长春至深圳高速公路新民至鲁北联络线好力堡至通辽段、G45 大庆至广州高速公路内蒙古段、G5511 二连浩特至广州高速公路集宁至阿荣旗联络线乌兰浩特至扎兰屯段、G1013 海满高速公路海拉尔至张家口联络线内蒙古段、G1817 荣乌高速公路乌海至银川(内蒙古宁夏界)联络线内蒙古段、S53 赤峰绕城高速公路。

(三)其他运营管理模式

1.BOT模式运营收费高速公路

自治区以BOT模式建设的高速公路及其运营管理单位有：

内蒙古鑫达公路发展有限公司、鄂尔多斯市泰宝投资有限责任公司共同管辖 S31 呼大高速公路呼和浩特至大饭铺段。

鄂尔多斯市泰宝投资有限责任公司、鄂尔多斯万正公路服务有限责任公司和鄂尔多斯市新驰路桥开发有限公司共同管辖 G18 荣乌高速公路大饭铺至棋盘井段。

内蒙古准兴重载高速公路有限责任公司管辖 S24 准兴重载高速公路准格尔至兴和段。

鄂尔多斯市城投机场高速建设有限责任公司管辖 S46 鄂尔多斯机场高速公路。

阿拉善盟天创公路建设有限公司管辖 S47 张家房至查哈尔滩段高速公路。

2. 鄂尔多斯市沿黄高等级公路建设开发有限公司

S24 大路至巴拉贡高速公路由鄂尔多斯市沿黄高等级公路建设开发有限公司负责运营收费管理。

二、高速公路收费管理

内蒙古高速公路收费管理从 1997 年 7 月内蒙古第一条高速公路开通运营起,当时采用的是落后的人工收费方式,而今收费方式已经引入了货车集中收费系统、现代化的不停车电子收费系统、MTC 和 ETC 相互转换收费系统等。

(一)收费方式发展进程

1. 人工收费方式

1997—2002 年,内蒙古高速公路一直采取最原始的人工收费方式,即辨别车型、计算费额、收取通行费全部由人工完成,使用的收费票据为定额式手撕票。高速公路入口处计收通行费,出口处查验通行费票据,并撕下票根。

这种收费方式的优点是手续简单、基建投资少;缺点是人为因素很大,存在收费漏洞。另外,收费人员的工作强度大,同时也不利于交通量及收费情况的统计分析。

2. 半自动收费方式

2002 年 12 月起,呼包高速公路正式启动半自动收费系统,至今高速公路客车收费方式仍以半自动收费方式为主。这种收费方式采用人工和计算机相互配合,共同完成收费工作。半自动收费系统的机电系统安装了收费系统、监控系统、通信系统并引入了 IC 卡、自动栏杆、检测线圈等先进技术,实行入口发卡,出口刷卡交费的收费管理模式。即人工核对自动识别的车型、发卡(票)和收费,车道计算机收费系统对通行卡进行处理、自动计算费额、数据汇总,最终输出每个班次的工作报告及各种报表。闭路电视系统对收费员的操作及数据实时监视,从而达到对收费业务全过程的监督管理。

半自动收费系统简单灵活,易于实现,在国内外多数高速公路上得到广泛应用。其优点是减少费款流失,加大了管理力度,提高了管理水平;缺点是很多收费问题还是要依靠人为干预来处理,如车型识别仍离不开人工监督,车型识别出现误判时,仍需要人工解决。另外,还存在停车领卡(票)、停车交费的问题,如遇车流高峰期,会产生车辆拥堵,没有真正实现畅通无阻。

3. 计重收费方式

2007年12月1日零时起,京藏高速公路内蒙古段、包茂高速公路包头至东胜段、包茂高速公路东胜至苏家河畔段、二广高速公路内蒙古段,以及高速公路辅道110国道内蒙古段、210国道内蒙古段、208国道内蒙古段,全面实施计重收费。

对载货类汽车实行计重收费是一种全新的收费管理模式。这种收费方式比按车型收费的方式更具公平性和合理性,其充分体现了道路交通资源使用的合理化、公平化,遵循了空车少收、重车多收、超限合理加收的计重收费模式,是以利用经济调节手段来保护公路桥梁、遏制日益严重的超限超载运输、维护货运市场公平竞争的有效措施。

4. 全自动收费方式

全自动收费系统是指车辆在进入高速公路以及驶出路网时,由无线电及计算机系统自动完成收费全过程,能有效地减少停车交费次数,减少交通拥堵,充分发挥道路通行能力。2015年9月30日0时,内蒙古中西部地区高速公路实现全国ETC电子不停车联网收费。截至2016年底,中西部地区高速公路主线站ETC覆盖率为100%,匝道收费站ETC覆盖率达70%以上。

5. 收费模式变化进程

1997—2007年,内蒙古高速公路通行费收取采用车型收费模式,即货车按照车辆出厂后国家有关行政主管部门核定的额定载质量(千克)进行分类;客车按照车辆出厂后国家有关行政主管部门核定的座位数进行分类。2007年12月起实施计重收费,即客车收费模式不变,货车按实载总质量收费。2015年6月12日8时,自治区中西部地区高速公路实现MTC联网收费,这种收费模式是高速公路发展史上重要的里程碑。

(二)规范收费和文明服务管理

通行费收取管理是公路经营管理的主体,在运营管理体系中占有重要的地位,具有很强的服务性和社会性。收费管理工作主要职责是按照"一法三条例"的相关法规制度,严格依法行政、严格收费制度管理,以做好以"三个服务"为宗旨、以安全畅通为首任、以科学管理为手段,并通过制定统一的收费管理规章制度和规范标准,建立起长效的收费管理服务保障体系,从而获得最佳的收费管理秩序和管理效益,巩固高速公路品牌形象。

1. 规范收费行政许可

收费公路的收费权及设立收费站的报批程序,按照国家及自治区相关法律、法规执行,并严格按照程序办理相关手续。

(1)根据公路立项文件逐级上报收费权请示,由自治区人民政府批复,并在批复文件中明确公路的属性。

(2)根据收费权批复文件、可行性研究报告批复和两阶段施工图设计批复,逐级上报收费站设站请示,由自治区人民政府批复,并在批复文件中明确收费站位置。

(3)根据设站批复文件向自治区发展和改革委上报公路收费标准,经自治区发展和改革委审核批准后备案,并向社会公示。

2. 规范收费标准

根据内蒙古自治区发展和改革委员会、内蒙古自治区财政厅、内蒙古自治区交通运输厅联合下发《内蒙古自治区发展改革委 财政厅 交通运输厅关于调整统一收费公路车型分类和整合车辆通行费收费标准的通知(试行)》(内发改费字〔2014〕1684号),从2015年1月1日起,各收费公路按照文件规定的收费标准统一执行。同时,内交发〔2009〕645号、内发改费字〔2006〕311号、内发改费字〔2006〕26号文件同时废止。

(1)车型分类收费标准

现行高速公路车型分类收费标准见表4-2。

内蒙古自治区高速公路车型分类及车辆通行费收费标准　　表4-2

类别	车型及规格		高速公路车辆通行费收费标准[元/(车·km)]	
	客车	货车	客车	货车
第1类	≤7座	≤2t	0.4	0.4
第2类	8~19座	2~5t(含5t)	0.4	0.6
第3类	20~39座	5~10t(含10t)	0.5	0.85
第4类	≥40座	10~15t(含15t),20英尺集装箱车	0.7	1.1
第5类		15~25t(含25t),40英尺集装箱车		1.3
第6类		>25t,每增加1t加收		0.1

注:1. 当计重设备发生重大故障时,货车按车型标准收费。
　　2. 1英尺=0.3048m。

(2)计重收费标准

①对于已经批准实施计重收费的全封闭高速公路,基础费率为 0.07 元/(t·km)。

②准格尔至兴和运煤高速公路计重收费标准执行载货汽车 0.09 元/(t·km)的基础费率。

③包茂高速公路包东段计重收费标准为:耳字壕高速公路收费站的基本费率为 4 元/(t·车次)。

3. 规范减免通行费

国家及自治区相关法律规定,不得擅自减免车辆通行费、提高收费标准、扩大收费范围等行为。除执行《中华人民共和国公路管理条例》之相关免交车辆通行费的车辆外,还包含绿色通道免费、重大节假日小客车免费、甩挂运输车辆减收 30% 通行费、重要物资运输车辆减收 10% 通行费、定线客运班车降档优惠通行费。2016 年,全区全年累计减免公路车辆通行费约 12.9 亿元。

4. 规范收费安全制度

把收费安全放在各项工作的首位,安全工作事关单位的形象和单位的经济效益,事关每一位员工个人和家庭幸福。为加强员工的安全意识,牢固树立"安全重于泰山"的思想,第一要重视安全教育,进行交通安全典型事例教育,不断增强安全工作的忧患意识、责任意识和防范意识,将安全收费的思想贯彻到每一位员工、每一个岗位、每一个收费环节,大力推进安全工作从事后查处转为事先预防,从传统的安全管理模式转变为现代化的安全管理模式,从"要我安全"转变为"我要安全、我会安全",确保安全收费形势平稳发展。第二要进一步强化落实安全责任制。安全工作实行一把手负责制,主要领导牵头抓、分管领导具体抓、全体员工共同抓,严格实行一级抓一级、一级对一级负责、一级保一级层层签订目标责任状,使每个单位、每个收费所、每个员工都成为安全工作的主体,确保安全制度和各项措施落实到实处。第三要熟悉收费所安全管理制度,做好"八预"(预想、预查、预测、预案、预警、预谋、预防、预练)、"十一防"(防火、防爆、防盗、防抢、防汛、防雷击、防食物中毒、防车辆事故、防机械事故、防病毒、防冬季路滑)工作。第四要进一步健全安全督查考核机制,形成季度检查、月检查、周检查、日检查的安全工作机制,开展创建"安全合格班组"和"青年安全收费示范岗"活动。

5. 规范文明服务管理

(1)规范公示服务内容

按照国家及自治区相关的规定,在公路收费站广场醒目位置设立包括收费站名称、审批机关、收费单位、收费标准、收费起止年限和监督电话等内容齐全、样式统一的公示牌,自觉接受社会各界的监督检查,满足社会公众对收费公路相关政策的了解需求,从而充分展示高速公路的窗口服务形象。公示服务内容详见图 4-2。

图 4-2　规范公示服务内容

（2）规范收费车道服务

为优化行车环境，提高收费站通行能力，有效缓解收费车道拥堵问题，就要进一步加强收费站车道管理。一是加强收费广场疏导，维持通行秩序，优先客车快速通行。二是强化应急机制，完善应急预案，保证应急车道24小时开通。三是推行所长带班制，值班所长24小时在岗，现场快速处置突发事件，确保不因自身管理不足造成收费站车道、广场堵车。当发生收费车道堵车或车辆滞留收费广场时，利用广播系统及沿线电子情报板将堵车原因、路段、滞留车辆数、收费所突发事件处理所需时间等内容及时告知驾乘人员，收费人员同时做好解释工作，消除车主的误解和社会负面影响。四是细化"绿色通道"车辆验货流程，严格执行"绿色通道"政策，保障"绿色通道"车辆快速通行。五是全面落实重大节假日期间七座及以下小型客车免费车辆分车道快速通行。

应采取的措施包括：按照实际情况对车流量较大且开通车道已不能满足现有车流量的顺畅通行情况的，要对收费站进行扩建；同时为实现车道开启配置合理，结合工作实际制定相关管理办法；其次为提高车辆通行效率，可以采取及时增开车道、出入口车道转换、使用便携式收费机复式收费、疏导员及时疏导车辆并配合交警进行交通管理等。目前高速公路平均通行能力入口达到12辆/车道/分钟，出口达到5辆/车道/分钟。最后要针对各类突发堵车事件，制定《处置收费站堵车应急预案》，并且要针对随机性和突发性的堵车事件定期加强日常演练，做到"平时服务、急时应急"的工作要求。

（3）规范收费服务制度

制度是规范职工行为、加强内部管理的基本保障。建立健全规章制度是落实"靠制度管人、按制度办事、依制度管理"的前提条件，也是督促员工形成各司其职、各尽其责工作局面的有效举措。为使高速公路收费和文明服务管理达到精准、高效、协同、持续运行的目的，以制定《通行费征收管理暂行规定》《稽查工作暂行管理规定》《收费站收费车道管理暂行办法》《通行费收取运营管理奖惩暂行规定》《收费工作手册》《稽查管理办法》《IC卡管理办法》和《通行费发票管理办法》等多项管理办法为依据，以完善工作目标责任考核办法为重点，坚持"基础管理上下一致，各项工作百花齐放"的总体思路。对待基础管理工作,统一规范要求,上下一个标准,具体工作结合实际从"精"和"细"入手,按照"一所一特色"的理念,在文明服务、保通保畅上打开新局面。在责任目标考核方面,收费所、收费员工开展实施星级收费所、星级员工考核评定,星级考评按照"公开、公平、公正"的原则,科学界定和细化了每个相关收费业务岗位的工作职责,做到了评优选先,绩效结合,人人有任务,人人有目标,人人有责任,形成层层抓落实,人人抓落实的机制。

(4)规范收费服务行为

2016年政府工作报告中提出"供给侧结构性改革",指的是从提高供给质量出发,提高供给结构对需求变化的适应性和灵活性,更好地满足广大人民群众的需要,促进经济社会持续健康发展。因此在收费文明服务方面,全区高速公路运营单位以创新发展思路、强化工作措施、拓展服务内涵、转变服务观念、强化服务措施为突破口,全面推进"微笑服务"和"礼仪服务"相结合,将服务是一个全过程的目标贯穿到整个收费工作中。通过"抓管理"规范岗位流程、"抓业务"延伸文明服务、"抓落实"丰富服务内涵、"抓督导"细化日常工作等措施,让全体员工在服务理念、服务标准和考核考评上内化于心、外化于行。

6.服务品牌建设

(1)2014年伊始,作为全区最大的公路经营性企业,内蒙古高等级公路建设开发有限责任公司开始实施"服务品牌化"工程,全力打造内蒙古最美服务行业。2015年、2016年两度入围了"中国服务业企业500强"。

(2)"路畅人和 聚善集美 义利共赢"企业理念。当全国的高速公路服务品牌如雨后春笋般应运而生时,内蒙古高等级公路建设开发有限责任公司借着品牌建设的东风,踏上了属于自己的品牌创建之路。

(3)"微笑服务"创新建设。为进一步提升收费服务质量和行业形象,内蒙古高等级公路建设开发有限责任公司在全区所有管辖收费站全面深入开展"练内功树形象,强素质促改革,推进经营服务水平大提升"主题实践活动,全面推行"微笑服务"(图4-3)。随着"微笑服务"的深入开展,驾乘人员的"点赞"多了,抱怨少了,"微笑"有了回报。

图4-3 微笑服务迎送车主

（4）服务精细化管理。2012年内蒙古高等级公路建设开发有限责任公司就开始全面升级收费窗口服务标准,制定出《运营服务精细化管理方案》和规范化运营管理演示片。从所容所貌、服务手势、服务语言、仪容仪表、内务卫生等方面提出了规范的要求,同时对收费员进行专业培训,让收费员展示出自信、文明、优雅、干练的窗口服务新形象,为驾乘人员提供更加温馨、优质、高效的收费服务。结合简化后的服务动作,让收费员能够将更多的注意力放在提升微笑服务的"自然度、亲切度、甜美度"上,服务效率和服务质量实现了双提升。图4-4为给雪天受困乘客送温暖。

图4-4 给雪天受困车主送温暖

除提升基本的收费服务质量外,还大力整治收费环境,在收费广场、票亭、院落等地增设绿植,打造景观绿化工程,收费所的所容所貌焕然一新,对一类收费所和主要站点进行美化亮化工程,还在有条件的收费所种植了果树、开辟了菜地。除此之外,为保障驾乘人员的通行便捷、安全,在收费广场、票亭等地设置便民服务台,配备有开水、急救药品、简易修车工具等,满足驾乘人员的基本要求。还针对2016年国家提出对超限超载车辆的治理政策、收费政策、ETC办理、交通安全常识等问题开展业务宣传及温馨提示,制作发放宣传单和服务手册,为驾乘人员答疑解惑。

（三）收费管理措施

1. 加强内部管理,保证通行费足额收取

为了保证通行费能够足额收取,企业从加强内部管理入手,以全力做好"三个服务"为基础,以实施"漏费率考核"为措施,以收费所车流量数据为重点,坚持"内控外打"的原则,定期开展运营管理工作例会,通过科学数据分析、比对数据,研究、挖掘通行费征收的新增长点。

（1）通行费漏费率考核

漏费率考核是加强收费管理,规范收费工作程序,督促收费人员按章收取车辆通行费、监控、收费队长、所长等相关人员正确发号指令,严格查处倒卡、闯关等各种漏费车辆的管理制度。漏费率是指单位时间内漏费车辆的台次量与总车流量的台次量之比。其中漏费车辆指通过收费站的车辆,收费所按照相关规定应该收费而未收费或未足额收费的车辆。

漏费率考核方式采取定期检查、抽查、调取影像资料、明查和暗访等,并将数据汇总成月报表和年报表。对月考核漏费率超标、考核工作不认真的要予以通报并限期整改;年平均漏费率超责任目标的视为未完成运营管理任务指标,予以通报批评,并按相关规定给予处罚。

计算公式:漏费率 = 漏费车辆数 ÷ 总车流量。

漏费车辆的范围包括:一是闯关车辆,闯关后补交通行费的车辆除外;二是私放车辆,指不符合免费放行条件而由于管理不严或业务不熟悉等原因予以免费放行的车辆,包括假冒"军警"车辆、假冒"绿色通道"车辆等;三是修改车型、轴型,不请示不报告或故意降低(增加)车型(轴型)收费的;四是对特情车辆和需要核实相关证件的免费车辆无监控记录或监控记录不全的;五是对两台或两台以上车辆,无上级指令而按"车队"予以放行的;六是经认定的其他漏费车辆。

(2)精细化管理考评

精细化管理是为了进一步提高收费管理水平,提升文明服务质量,推动收费工作科学发展,实现管理高效、服务优质、客户满意、形象良好的运营要求和服务目标。精细化管理对收费业务、文明服务、收费操作等实施规范化、标准化、统一化的管理,并以星级收费所、星级收费员实施考评制度,从而提高工作效率,打造"能者上庸者下"的用人机制,为收费员工营造公平、公正的竞争环境,提升总体服务水平。

①星级收费所考评标准:

一是单位成立由主要负责人为组长,相关业务科室负责人为成员的星级考评领导小组。单位主要领导要认真布置、精心安排,亲自抓、主动抓,切实把工作落到实处,保证星级考评工作做到公开、公平、公正的原则,真正给予正确考评。

二是星级收费所实行五星级挂牌管理,即:五星级 91~100 分(含 91 分);四星级 86~91 分(含 86 分);三星级 81~86 分(含 81 分);二星级 70~81 分(含 70 分);一星级 70 分以下。星级越高表示该收费所职工队伍素质和管理水平越高,服务质量和工作效率越好,员工精神面貌和所容所貌建设越好,任务目标完成越出色。

计算公式:收费所年终星级考评分数 = 所务综合管理责任目标考核分数 ×40% + 日常管理考核分数 ×60% + 其他考核得分。

②星级员工考评标准:

一是收费所成立由所长为组长,副所长为副组长,各班长及行政人员为成员的星级考评领导小组;监督小组为单位纪检、收费、监控部门负责人。星级考评按照"公开、公平、公正"的原则,以评优选先、绩效结合,建立长效激励约束机制,调动员工的积极性为目的,通过对收费员工思想建设、规范操作、岗位形象、岗位技能、岗位业绩、岗位安全等多个环节的考核,为单位发展和选拔人才提供真实、可靠的依据。

二是星级员工实行五星级挂牌管理,即:五星级 91~100 分(含 91 分);四星级 86~91 分(含 86 分);三星级 81~85 分(含 81 分);二星级 76~81 分(含 76 分);一星级 70~75 分(含 70 分)。

考评员工分为:收费员、收费班长、监控员、监控队长、疏导员、行政人员。星级越高表示员工个人业务能力及综合素质水平越高,个人目标完成越出色。

三是考评采用 83 分起打分制度,有加分和减分。员工日常考核由组长、副组长依照《收费所员工星级考评标准》进行打分,月底由所考核小组将上月所内考核情况与单位稽查考评结果进行汇总。

每月底对全体人员得分情况进行张榜公布,如有职工提出异议,所考核小组要进行复核,并及时予以解释、纠正、确认。70 分以下亮黄牌;60 分以下为不合格,连续 2 月得 60 分以下,要停岗培训;在月考核内,同一种违规行为连续发生 3 次以上的加倍处罚;行政人员和财务人员按照各自的岗位职责考评;根据所确定的星级分数调整发放员工奖励金额。

2. 狠抓稽查管理,查堵逃费漏洞

内蒙古高速公路在逃费治理工作上成效显著,这是全体干部职工通力合作共同作用的结果。稽查管理积极采取常规稽查、定向稽查、大型互查相结合的有效手段。对内一查政策减免车辆声像资料是否真实、详细、齐全,是否定期开展专项稽查工作;二查入口操作流程是否规范;三查阶段性减免车辆放行是否严格执行相关政策要求;四查对超载超限、特殊车辆是否存在违规放行现象;五查监控员、收费班长是否有特殊情况不报告现象;六查分公司稽查人员是否深入一线进行问题稽查。对外进一步严格"绿色通道"查验,加大对可疑车辆的监控、核查力度,建立"黑名单"车辆管理系统,特别是加强对恶意破坏路产逃费车辆等源头治理力度,严格落实国家法定节假日免收通行费政策,并通过加强宣传和综合治理,极大地遏制了不法车主利用各种手段偷逃通行费的行为。目前,高速公路漏费率控制在 0.04% 以内。

内蒙古高速公路在治理"贪、逃、漏"等方面先后开展了多次治理的专项活动。例如:

2005 年 9 月~2009 年 12 月,为严厉打击整治通行费"贪、逃、漏"等行为,先后 4 次有针对性地开展了通行费专项稽查战役和服务质量提高战役,在打击贪污票款和控制费源流失上取得了累累硕果,同时还净化了收费环境,严明了收费纪律,规范了收费行为。

2010—2011 年在通行费专项稽查四大战役的强劲势头下,适时组织开展了"建立长效运营管理机制,深入持久的开展通行费专项稽查和服务质量整治提高活动",将工作重点放在对"假冒绿色通道""跳泵""倒卡"等恶意违法逃费车辆的专项治理上。同时严格执行交通运输部、国家发展和改革委下发的《关于进一步完善和落实鲜活农产品运输绿色通道政策的通知》和交通运输部、国家发展与改革委员会、财政部共同发布的《关于进一步完善鲜活农产品运输绿色通道政策的紧急通知》，根据工作实际制定《开展打击倒卡、假冒"绿色通道"等逃费行为专项活动的方案》，建立以总公司、分公司、收费所三级联动稽查工作模式，明确各个稽查层次的工作重点，设立举报奖励制度，调动起一线员工及社会各界举报偷逃通行费行为的积极性，从而进一步严格"绿色通道"车辆的管理。

2012年，内蒙古高等级公路建设开发有限责任公司针对社会车辆利用京藏高速公路呼包段改扩建工程的施工道口偷逃通行费的违法行为，及时开展严防逃费道口的封堵工作。成立了领导小组、下设执行办公室，形成施工单位—项目办—路段分公司—总公司的四级管理体制，通过措施有力、建立长效管理机制，施工单位擅自增开施工道口和破坏封堵道口行为以及利用施工道口逃费车辆得到了有效控制。

2014年，不法分子受利益驱动，采取切割护栏等偷逃通行费，手段极其恶劣。针对这一问题，内蒙古高等级公路建设开发有限责任成立了专项活动小组，下发《治理逃费车辆专项活动实施方案》，为了进一步加大对逃费车辆的治理力度，防止切割护栏等恶意逃费行为反弹，再次下发《关于深入开展逃费车辆专项治理活动的通知》，巩固和扩大专项治理工作成果，实现治理逃费车辆的长效工作机制。

2015年6月，自治区联网收费"黑名单"系统启用，在有效拦截逃费车辆的同时，要求其补交逃漏的通行费后才允许其再次驶入高速公路。原利用闯卡、倒卡、影响计重数据、假冒绿色通道车辆等偷逃通行费的行为得到有效治理，尤其是对以损害路产路权达到逃费目的车辆进行有效治理，确保国有资产不受侵害。截至2016年10月底，内蒙古自治区高速公路联网收费结算管理服务中心累计录入"黑名单"车辆265台，成功追缴通行费50411元。

三、指挥调度监控管理

指挥调度监控系统是集通信传输、自动控制、视频技术和光电技术为一体的收费、监控、通信三大机电联网系统，实现了收费数据、监控数据、视频图像与语音的实时传输。内蒙古高速公路监控管理系统分为路段经营单位监控系统和全区联网路段监控系统。

（一）路段经营单位监控系统管理

在本辖区高速公路路段机电系统全面联网的基础上，高速公路监控中心从上至下构建指挥调度工作体系，例如内蒙古高等级公路建设开发有限责任公司成立了三级指挥调度工作体系，即公司、分公司、收费所三级监控体系，形成从路况信息收集、收费实时监控、发布收费公路突发事件指挥调度处置,服务公众出行等一整套较为规范的服务管理模式。目前主要实现了对各收费站运营情况的实时掌控;对重点路段高速公路的24小时全程监控;对路况信息的实时采集发布;对公路经营单位行政车辆的GPS定位监控;对应急救援人员、车辆和物资的统一指挥调度。通过智能化、电子化、信息化、网络化的高新技术应用,明显提升了高速公路的通行能力和突发事件的应急处置能力。

1. 信息发布

高速公路路况信息由最初的单一发布方式逐渐扩展到现在的多媒体发布方式通过交通运输厅网站、手机短信、电台连接、各大新闻媒体、"12122"服务热线等多渠道、多形式向社会发布路况信息,满足了社会各界对公路出行的需求。信息发布内容包含:路况畅通情况、道路施工情况、收费站车辆出入口情况、车辆行驶或拥堵情况、交通管制情况、突发事件详细信息及实时处置方案等,为公众出行提供更为清晰、便捷的服务。为进一步提高服务及管理能力,指挥调度监窑中心先后对"12122"服务热线受理、突发事件处置流程、信息发布等业务的管理制度进行了细化和完善,提升了监控中心的综合管理水平。

2. 日常指挥调度

每日通过路段监控视频对路况、收费进行实时监控,指导并定时对所辖道路进行路况巡查,特别是对事故多发路段、养护施工路段进行重点查看,同是利用GPS车辆定位系统对所有应急救援车辆进行巡查定位,发现影响道路畅通的突发事件,及时指挥调度相关部门及车辆进行应急处置,同时通过多渠道发布路况信息及绕行提示,全力保障道路畅通。图4-5为指挥调度监控中心工作现场。

图4-5 指挥调度监控中心工作现场

3. 突发事件指挥调度处理

指挥调度监控中心通过分中心上报、路况信息、全程监控巡查、车主来电、其他信息来源等渠道获得突发事件的基本信息,监控员将突发事件所在路段切换至监控屏查看具体情况,根据紧急事件处置责任区划分,利用GPS车辆定位系统指挥调度就近应急车辆,要求 30 分钟内赶赴现场核实情况并进行处置。应急车辆到达后将现场具体情况上报分中心,分中心以报表形式报送公司指挥中心并由公司监控中心发布电子情报进行提示,同时启动相应应急预案进行指挥调度,并发布路况信息,要求分中心每隔 1 小时将事件处理进展上报公司监控中心。事件处理完毕,交通恢复正常后,更新电子情报板信息,同时发布道路交通恢复信息。

(二)全区高速公路联网监控系统管理

全区联网监控大厅承担着全区高速公路联网路段的监控业务和信息报送的任务。监控系统由"路监综合信息、网络视频实时监控、交通 GIS 导航和稽核联网下发"子系统组成,联网高速公路沿线共有摄像机 1000 余台,通过屏幕可随时监控高速公路通行情况及所属各收费站收费服务、票证使用等工作情况。对发现的问题,及时通过路监综合信息子系统进行通知整改;对最新路况信息、道路预警及天气预报等,及时通过区监控中心的信息发布软件在联网公路沿线情报板随时公告,为过往的驾驶员提供便利。利用 GIS 地图的路径导航功能,可以为出行者规划从出发点到终点的最短、最佳路径。如果途中有施工、拥堵等事件发生,GIS 地图即可对事件报警,并提示绕行方案。同时,通过 GIS 地图还可以搜索到联网收费高速公路沿线的收费站、服务区等基础服务设施的具体位置。当遇到突发事件时,可利用系统进行信息传递,上下联动,使事件处置更加高效。例如,某驾乘人员在路上遇到交通事故,将信息电话告知呼叫中心,呼叫中心录入信息后传至监控部,监控部在调取视频的同时,将信息传至事故发生地所辖运营管理单位进行施救,整个信息流转的过程利用监控业务平台和呼叫平台跟踪,直至事件结束。通信客服部"12122"可对社会公众提供内蒙古中西部高速公路的路况、路径查询,优惠政策解读,投诉建议受理,道路救援,协调解答车主提出的其他相关业务问题等服务。

(三)指挥调度及规范化服务

1. 规范服务机制

认真履行 24 小时倒班工作制度,逐步建立健全 29 项规章制度,制订了高速公路防堵保通类 6 项应急预案,制作了 17 类数据分析工作报表,划分了 39 个紧急事件处置责任区、46 个除雪保通责任区。

2. 规范道路保畅职能

监控指挥调度中心监控员通过全程监控图像,实时监控路段内交通运行情况,定时轮询,及时发现突发事件,快速实施指挥调度处置;并在各指路挥调度应急机构配备了"红色"专线电话,确保了各类特殊突发事件的快速反应和快速处置;加强应急车辆监管机制,规范路巡管理工作及突发事件的处置程序;加强除雪保畅工作的实施,当出现降雪后,中心立即启动应急预案,按照除雪程序指挥调度路段应急人员实施清雪抢通,保障道路的安全正常通行;实施周边四省市信息共享联动,建立周边四省市路况信息共享联动机制,为公众出行服务提供便利条件。

3. 规范"12122"热线服务

内蒙古自治区高速公路联网收费结算管理服务中心所属的内蒙古畅捷高速公路联网收费结算有限公司统一服务用语,话务人员在接听电话时,统一使用"您好,×××号为您服务",并列选了常用的规范用语和服务禁语。在接听电话时用语要规范,发音要标准,语气亲切和蔼,不得使用粗话、脏话及不文明、不规范的口语及方言;建立语音电子档案,责任到人,确保服务质量。图4-6为"12122"客服工作人员。

图4-6 "12122"客服工作人员

"12122"客服积极应对恶劣天气温全面做好服务工作。农历2016年正月初五(2月12日)凌晨,自治区自西向东普降大雪并急剧降温,公安交管部门对中西部联网高速公路实施了交通管制。适逢春节假期返程高峰,考虑到高速公路受强降雪影响无法通行的情况,自治区高速公路联网中心立即启动应急措施,以优质、高效的工作全力强化服务保障。领导现场指挥协调,部门负责人24小时在岗在班,抽调和补充工作人员启用全部客服座席,保证"12122"客服热线和微信客服平台24小时在线畅通和服务。同时,加强与高速公路经营管理单位沟通联系,与路段路政人员实时联动,即时掌握路况信息,密切关注气象信息,为群众咨询提供快速服务,为车主呼救联系快速救援。从正月初五零时至初七零时,自治区联网中心客服电话和微信服务平台共受理服务18076人次,人均日受理客服695次,处理率达到100%。

随着每年内蒙古夏季旅游旺季的到来,自驾游相关路线的咨询电话逐渐增多。为了更好地满足车主对出行信息的需求,通信客服部全体工作人员认真对自治区旅游景点的出行路线进行梳理,例如针对内蒙古旅游局打造的"北疆天路"中环京津冀草原风情旅游区覆盖的乌兰察布地区景区,以及敕勒川现代草原文明核心区覆盖的呼和浩特、包头、鄂尔多斯、巴彦淖尔地区的景区主要旅游线路、热门旅游风景区相关路径路况及服务区情况及时掌握,努力让自驾游的车主不仅可以欣赏到美丽的草原风光,更可以感受到"12122"客服提供的优质服务。

4.规范服务投诉受理程序

实行首接负责制。接到投诉电话后,首接人员要详细记录车主信息和投诉内容,根据投诉内容迅速判断处置方法合理处置,不得拖延推诿,给车主带来不便;建立服务回访制度,并将通话录音存档。

四、服务区文明服务管理

随着自治区高速公路事业的迅猛发展和人民物质水平的不断提高,大众出行方式越来越偏向于自驾车行驶高速公路,客户对服务区的需求也更加多样,因此服务区在高速公路运营管理中起着服务枢纽的重要作用。内蒙古高速公路服务区内设有停车场、公共卫生间、加油站、餐厅、超市、游客休闲广场等基础设施,个别服务区还设置了特色餐饮、超市、旅游便民服务中心、住宿、儿童乐园、室内休息室、哺乳室、免费WiFi等完善的人性化服务设施。服务区在服务驾乘人员需求的同时,更是展示当地文化特色、风景名胜、特色产品的宣传阵地。服务区的运营与管理,既关系到所属单位的经济利益,又与驾乘人员的生活需求息息相关,内蒙古高速公路服务区的特色即是品牌,品牌带动着效益。图4-7为具有蒙元文化特色的G6京藏高速公路哈素海服务区。

图4-7 具有蒙元文化特色的G6京藏高速公路哈素海服务区外景

截至2016年底,自治区高速公路共设有服务区99对,停车区23对。内蒙古高速公路服务区在自治区交通运输厅的统一安排部署下,结合交通运输部推进"综合交通、智慧交通、绿色交通、平安交通"四个交通发展的指导思想和内蒙古自治区"8337"发展思路,全面开展了服务区的文明服务创建工作,通过不断完善服务功能、优化服务环境、提升经营服务等工作,服务区整体经营、管理、服务水平得到显著提升。

（一）加强服务区管理，管理水平不断提升

服务区要发展，就应该向管理要服务质量、向管理要经济效益，在不断深化的过程中探索经营模式，寻求最优的运营和管理流程，形成系统、全面的管理体系，充分发挥服务区的公益性功能和经济功能。内蒙古高等级公路建设开发有限责任公司自2004年成立以来，一直非常重视高速公路服务区的建设与管理，2005年专门成立了服务区分公司开展工作，其工作成效是全区服务区管理的一个"缩影"。

规范化管理阶段。2005年内蒙古高等级公路建设开发有限责任公司服务区分公司成立后，陆续接收哈素海、卓资山、包头等8对服务区，内蒙古高速公路服务区开始实施一体化专业管理。

标准化管理阶段。2007—2011年，服务区分公司在原有服务区设施先天严重不足、硬件水平较差、经营单位水平参差不齐，社会对服务区的高需求与功能不足之间强烈反差的多种不利情况下，攻坚克难，开拓创新，以标准化管理为手段，通过整章建制，制定企业中长期发展规划，制定出台服务区十大标准化管理手册，开展星级服务区创建，建设具有分公司特色的企业文件等系统化措施，使分公司走上了现代化、科学化、标准化管理的道路。

精细化管理阶段。2012年至今，分公司在连续多年开展标准化建设的基础上，全面开展了精细化管理的"权责、制度、流程、人力、财务、信息、文化、考核"八大体系建设工作，使内蒙古高速公路服务区的整体硬件水平和服务形象得到全面升级。

（二）改造硬件设施，完善服务功能

硬件升级。针对自治区高速公路服务区普遍存在的问题，如场区较小、停车位数量不足、路面破损严重、加油站面积小且加油机数量少，公厕面积小且厕位不足、硬件设施服务功能无法满足旅客需求等，根据实际情况对其进行了改扩建。经过改扩建，增加了占地面积、建筑面积和广场面积，同时还重新设置了小型客车、大型客车、货车、危化品车辆、牲畜车辆停车位。

功能改造。为充分满足广大驾乘人员的旅途休闲需求，本着高效、合理、集约的原则，对各服务区18大类硬件设施进行维修改造和功能完善。一是对服务区场区补充完善了各类交通标志、标线、标识、标牌及温馨提示，实现各类车辆分区、分类、有序停放。二是对所属服务区卫生间进行了改造升级，增设小便池隔板、残疾人洗手台扶手、残疾人专用通道和第三方卫生间等。三是增加了温水洗手、免费WiFi、饮用水净化设备、电子查询系统、广播呼叫系统、监督公示栏、行车示意图、宣传栏、母婴室、儿童娱乐设施、便民箱、遮阳伞、休闲座椅、健身器材等多项便民、利民、惠民的设施设备。四是对各服务区的监督公示栏进行重新设计,公示内容包括服务区简介、周边旅游信息、公益性及经营性服务内容,并公示服务区、管理单位和上级主管部门监督电话,同时,在监督公示栏内倡导过往车辆文明出行、安全出行。五是加强低碳环保和节能减排,建设节能、环保的绿色服务区,服务区广场照明采用风电互补技术和 LED 灯具;部分服务区采用天然气锅炉进行供暖;新建、改扩建服务区采用了新型环保外墙保温材料、中水处理系统、太阳能热水器等环保节能举措。

(三)引入品牌合作,提升经营品质

服务区积极发挥"连点成线、独享资源、一体管理、综合平台、通达迅速"五大优势和"宣传、合作、销售、推介、展示"五大平台作用,积极拓宽"项目合作、卖场招商、广告招商、会展专区、品牌合作"五个多元化合作渠道,召开服务区品牌推介会,主动拜访餐饮、超市行业的十多家知名企业,学习取经,服务区先后引入了"李先生餐饮""小圆满""塘湾小镇""浙江菊韵人家""永盛成超市""中驿便利""世纪华联""亿尚客"等国内和业内知名品牌,经营业态不断丰富,且大众商品实行同城同价。同时,服务区还以市场需求为导向,积极探索仓储物流、文化旅游、充电桩、光伏等项目。

(四)文明服务成效显著

自治区高速公路服务区文明服务创建工作取得了显著成效(图 4-8)。内蒙古高等级公路建设开发有限责任公司所属的 G65 包茂高速公路成陵服务区和 G6 京藏高速公路卓资山服务区被评为"全国百佳示范服务区",是内蒙古自治区仅有的两对评为全国百佳示范的服务区,丰镇、哈素海、包头等 9 对服务区也取得优秀服务区成绩,临河、长胜湾、白音淖等 11 对服务区取得达标服务区成绩;东部区高速公路头分地服务区被评为"全国优秀服务区"。

专业严格的员工培训

琳琅满目的超市货品

图 4-8

优雅温馨的用餐环境

人性化的儿童娱乐场

舒适温馨的客房

干净整洁的卫生间

图 4-8 成绩显著的服务区文明建设

服务区管理始终坚持以满足社会需求为目标,以提升服务内涵、丰富经营种类、提高服务水平为抓手,扎实开展各项工作,服务区经营服务管理水平大幅提升,得到自治区领导和社会各界的一致好评。2015 年 10 月 10 日,原自治区党委王君书记视察京藏高速公路服务区后指出:"内蒙古高速公路的经营管理服务工作是经得起检验的"。

五、ETC 电子不停车收费建设

ETC(Electronic Toll Collection),即电子不停车收费,其技术和工作原理是汽车在挡风玻璃安装车载设备和插入预存费用的用户卡,在车辆通过收费站时,无须停车,只需放慢速度即可通过车载设备实现车辆识别、信息写入,通行费将从预先绑定的 IC 卡或银行账户上自动扣除。20 世纪 90 年代中期,我国开始引进 ETC 系统。ETC 经历了十年发展后,开始在全国迅速升温。自 2007 年起,GB 20851 系列 ETC 国家标准的推出及京津冀、长三角示范工程启动后,福建、湖北、甘肃、陕西、山西、湖南、重庆、四川、辽宁、云南、贵州、新疆等省(区、市)相继启动省域联网 ETC 建设。

2014 年 3 月 7 日,交通运输部下发《关于开展全国高速公路电子不停车收费联网工作的通知》,全面启动全国高速公路 ETC(电子不停车收费系统)联网工作。要求到 2015 年 9 月底基本实现全国 ETC 联网,主线收费站 ETC 覆盖率达到 100%,全国 ETC 用户数量达到

2000万户。2014年12月26日,北京、天津、河北、山西、辽宁、上海、江苏、浙江、安徽、福建、江西、山东、湖南、陕西等14个省(市)成功实现了高速公路ETC联网运行。2015年,内蒙古、黑龙江、广西、新疆、四川、重庆、广东、云南、吉林、湖北、甘肃、贵州、宁夏、河南、青海等15个省(区、市)筹备联网,按照"成熟一个接入一个"的思路于9月底完成分期分批并网。

(一)内蒙古ETC联网收费系统建设概况

1. 机构设置

2013年1月6日,经内蒙古自治区机构编制委员会办公室批复(内机编发〔2013〕2号),成立内蒙古自治区高速公路联网收费结算管理服务中心(以下简称"内蒙古联网中心")。主要承担全区高速公路联网收费运营管理服务和通行费的拆分、结算工作;规划、设计、布局联网电子不停车收费系统(ETC);协调全区高速公路收费系统、监控系统软硬件的统一使用和维护工作;全区高速公路联网收费密钥管理和安全认证工作;高速公路的路况、通行信息的采集和发送工作;联网收费数据的查询业务和联网收费相关人员的业务培训工作。

2. 建设规划

2014年,内蒙古自治区交通运输厅启动高速公路联网收费建设工程,确定由内蒙古自治区公路路政执法监察总队(内蒙古高速公路联网中心)负责实施。根据内蒙古自治区东西狭长、南北跨度大,受自然条件限制和经济发展制约的特点,并考虑内蒙古高速公路路网结构现状,按照"统一规划、一次设计、分步实施、逐步联网"的原则,先期建设中西部高速公路联网收费和ETC联网工程。2016—2020年,对需改扩建增设ETC车道的收费站进行建设,启动东部高速公路联网收费、ETC联网系统建设并加入全区联网、ETC全国联网,最终实现ETC全区覆盖率100%。

3. 建设概况

根据《内蒙古自治区发展和改革委员会关于内蒙古高速公路电子不停车收费建设一期工程可行性研究报告的批复》(内发改基础字〔2015〕212号),内蒙古自治区高速公路电子不停车收费采取分期建设方式:一期建设联网管理中心ETC系统、客服系统以及中西部高速公路段ETC系统;二期建设东部客服网点和东部各高速公路路段ETC系统。为确保按期实现全国联网的目标,自治区党委和政府高度重视,自治区人民政府将此项工作确定为自治区政府领导批办督办的重点工作。自治区交通运输厅多次召开专题会议进行研究部署,全力推进落实,自治区高速公路联网收费管理服务中心等相关单位加班加点抓工程、抢进度,在不到一年时间,按照交通运输部的技术和时间节点要求,完成了基础设施建设、软件开发、硬件采购、系统集成、功能测试等各个环节的建设并按时接入全国ETC网络。内蒙古及外省安装有OBU的车辆可畅行全国29个联网省份,同时ETC车主可不停车"秒过"收费站。9月22日零时,内蒙古中西部高速公路ETC实现与国家中心系统互联互通;9月23~24日,完成了系统部署、消息验证和信息报送等切换运行的前期接入工作。截至2016年底,自治区中西部共70个高速公路收费站、148条ETC车道系统,实现中西部高速公路主线站ETC覆盖率100%,匝道收费站ETC覆盖率达70%以上,自营ETC客服发行网点发展到13个,"蒙通卡"用户500多个。"12122"免费服务电话可向社会公众提供交通出行信息,协调转达救援信息及"蒙通卡"客户服务等。9月25日零时,内蒙古中西部高速公路电子不停车收费系统ETC正式接入全国网络系统,顺利实现全国ETC联网试运行,真正实现了内蒙古高速公路ETC零的突破,内蒙古ETC用户可在全国高速公路上通行无阻。12月15日,内蒙古高速公路电子不停车收费一期工程顺利通过完工验收,正式进行入交工试运行阶段。图4-9为某ETC车道建成投入使用。

图4-9　某ETC车道建成投入使用

经交通运输部检测,内蒙古是29个入网省(自治区、直辖市)中唯一一个没有出问题的,联网工作一路畅通。联网收费建设方面,建设了自治区联网总中心,建成高速公路联网收费、通信、监控3大机电系统,各路段建成了联网分中心,在通辽建成数据灾备中心;共对中西部高速公路168个收费站和896条收费车道实施了联网改造,撤销了7个主线收费站。ETC联网方面,共建成70个高速公路收费站、148条车道的ETC系统,中西部高速公路MTC车道全部实现了非现金支付功能,主线站ETC覆盖率达到100%,匝道收费站ETC覆盖率达70%。当年实现联网收费25.9亿元;"蒙通卡"发行突破4万套,充值金额近4000多万元。中西部高速公路联网收费清分结算准确率100%,"12122"客服平台为群众提供了近30万人次的咨询、呼救服务,经济效益、社会效益显著,得到了交通运输部联网中心的高度肯定。

4. 运行成效

2015年9月25日零时,内蒙古中西部高速公路电子不停车收费系统ETC正式接入全国网络,顺利实现全国联网试运行,实现了内蒙古高速公路ETC零的突破,自治区ETC

用户可在全国高速公路通行无阻。截至2016年底,中西部片区共6家运营管理单位管辖的约2500km路段、110个收费站和179条ETC车道纳入MTC和ETC联网收费。包括:内蒙古高等级公路建设开发有限责任公司经营的蒙冀界至蒙宁界(G6京藏高速公路)、二连浩特至丰镇(G55二广高速公路)、东胜西至苏家河畔(G65包茂高速公路)、呼和浩特至杀虎口(S29呼杀高速公路),鑫达公司经营的呼和浩特至城壕(S31呼大高速公路),泰宝、万正和新驰公司共同经营的城壕至棋盘井(G18荣乌高速公路),准兴公司经营的准格尔至兴和(S24准兴重载高速公路)。联网中心已对上述运营单位实现实时监控。

内蒙古自治区高速公路联网收费结算管理服务中心成立了内蒙古畅捷高速公路联网收费结算有限公司,内蒙古高等级公路建设开发有限责任公司成立了内蒙古高速金驰科技有限公司。截至2016年6月,内蒙古累计建成联网收费站103个,标识站1个,ETC专用车道123条,人工刷卡MTC(含便携机)车道806条,混合车道2条。发展ETC用户12余万,合作代理网点129个,覆盖了全区所有的盟市。共发行ETC蒙通卡128247套,ETC车道流量共计1444760车次。内蒙古路网中心与103个收费站(所)、8家运营管理单位建立了快速联络机制,建立了标准化的退费流程与运行机制,共通行车辆4765万辆次,清分结算通行费45亿元,准确率达到100%;处理争议交易2467条,涉及金额11.5万元,为全国高速公路联网收费系统高效运行发挥了重要保障作用。"12122"服务热线接听电话总量合计329316人次,其中路况信息咨询294798人次,ETC咨询8973人次,满意率99.93%;监控审阅交通事件及呼叫转事件共计8000余条,黑名单补费信息121条,补费总金额34891元,稽核信息共计42000条,其中"大车小标"及特殊事件稽核共95件;ETC蒙通卡发行128247套,其中金驰科技发行30366套,邮政储蓄发行97881套。

5. ETC的宣传推广

为贯彻落实国家关于2015年基本实现全国高速公路电子不停车收费联网的要求,9月8日,自治区高速公路联网中心在办公楼前开展了ETC宣传推广活动,通过悬挂横幅、设置宣传展板、发放宣传材料和现场咨询等方式,向过往人员宣传推广ETC,并邀请了新华网、内蒙古新闻网、内蒙古电视台、内蒙古广播电台、《内蒙古日报》《北方新报》《内蒙古交通报》《内蒙古法制报》《内蒙古晨报》《呼和浩特日报》《呼和浩特晚报》等媒体记者全方位扩大宣传效应。活动现场,工作人员身披绶带,对过往驾乘人员发放《内蒙古自治区交通运输厅电子不停车收费ETC服务指南》宣传册,就ETC方便快捷的出行优点、使用方法和如何便捷办理等问题进行现场解答。活动现场吸引了不少群众前来咨询,主要就办理方式和办理地点、时间以及内蒙古自治区ETC开通时间进行了重点咨询,宣传人员耐心细致的解答,得到了现场群众的一致认可和好评,一部分车主表示走高速公路办ETC通行卡真是方便快捷省时,将在开通后第一时间去网点办理。据统计,活动中共发放宣传单5000余份,接受现场咨询300余人,为ETC广泛推广宣传起到了积极作用。同时,联网中心为扩大宣传范围,积极创新宣传信息发布渠道,建设了相关网站,开通了内蒙古高速公路联网结算管理服务中心微信公众服务平台,"12122"呼叫中心将为用户提供内蒙古高速公路联网运营各类信息的咨询和蒙通卡业务预受理,并在联网路段收费站发放宣传手册,旨在通过多项有效措施,以更丰富的宣传形式,加大宣传力度,有效促进 ETC 业务的宣传推广。

（二）内蒙古 ETC 发展展望

ETC 未来发展将面临原有客服体系要向全国性过渡、国家标准面临升级、运营规则要适应新形势等挑战。在建设方面,发展趋势是规范建设、加强质量监测和路径精准识别、拆分公平合理;在运营方面,发展趋势是重视运营管理及用户服务,加强统一客服及提升用户体验,OBU 在线一发和审核及加强支付卡安全应用,加强密钥安全防范及确保联网收费安全和全面加强运营参数管控;在拓展方面,ETC 技术及资源将引至高速公路以外的领域,为民众使用 ETC 卡在日常生活中的消费提供一种高效的处理方式。

内蒙古自治区全面贯彻落实交通运输部的决策部署,从树立内蒙古交通良好形象出发,认真学习兄弟省(自治区、直辖市)的先进经验,再接再厉,以更高的标准,提升 ETC 的科技水平,提高 ETC 用户满意度,强化 ETC 系统运营管理,以用户为重点,全力做好基础工作,确保在问题发生时能够及时有效地处理,并将问题进行总结分析,为东部高速公路 ETC 联网系统的建设和运营提供实践经验。同时,加强与跨路段、跨省区的相关单位的业务沟通和交流,注意采集和保存交易争议、客户投诉问题等信息,为后期争议处理提供依据和支持。严格按照国家信息安全等级保护要求,不断加强清分结算、数据传输等系统的安全体系建设,确保 ETC 系统网络的信息安全。对于影响 ETC 运营的老旧收费设备,及时投入资金予以更新,强化系统运行的安全保护,建立车道设备定期巡检、保养制度,确保 ETC 系统安全稳定运行。充分发挥政府的推动作用,多渠道争取支持,调动各方积极性,进一步降低用户安装使用成本,主动融入发展潮流,积极探索建立蒙通卡与购物、加油、城市停车和银行储蓄功能的拓展,不断提升内蒙古 ETC 服务功能和服务效率,创建智能交通,进一步发展完善收费车道电子支付功能,为社会大众提供安全快捷的高速公路出行环境,努力将民生工程做实做细。

第二节　养护管理

公路养护管理是使道路保持完好,保证正常运输的不可缺少的工作,它与公路的修建共兴衰,内蒙古的公路养护始于民国 13 年(公元 1924 年),1997 年自治区第一条高速公路呼包高速公路开通,标志着高速公路养护的正式起步。伴随着高速公路事业的持续发展,在"畅通主导、安全至上、服务为本、创新引领"等发展理念和方针指导下,全区养护管理工作不断增强,在提高公路路况质量和通行能力的同时,也为社会公众提供了"畅、安、舒、美"的公路通行条件和通行环境。

一、养护管理体制

1997年7月8日,呼包高速公路(一幅)通车试运行,内蒙古自治区公路局呼包高等级公路管理分局成立,负责全区唯一一条高速公路的养护工作。2001年9月,随着自治区高速公路路网的延伸拓展,内蒙古自治区公路局所属呼包高等级公路管理分局和呼包高等级公路征稽分局正式合并,成立呼和浩特高等级公路管理处,同时成立包头高等级公路管理处和集宁高等级公路管理处,3个管理处均为内蒙古自治区交通运输厅直属事业单位,负责G6高速公路包头至呼和浩特、呼和浩特至集宁、集宁至老爷庙,G65高速公路包头至东胜、东胜至苏家河畔等高速公路的养护工作。

2004年,按照自治区人民政府内政字〔2004〕245号文件精神,在原有养护管理基础上,自治区组建成立内蒙古高等级公路建设开发有限责任公司,为自治区人民政府批准组建的特许经营的大型国有独资企业。内蒙古高等级公路建设开发有限责任公司为一级法人,实施总经理负责制,养护管理为三级构架,一级部门为总公司养护工程部,二级部门为成立的8个分公司(包括呼和浩特分公司、包头分公司、乌兰察布分公司、鄂尔多斯分公司、巴彦淖尔分公司、乌海分公司、兴安盟分公司、通辽分公司)养护科,三级部门为养护所(队)。养护人员由总公司人力部门统一调配。养护大型机械由总公司养护部门统一调配。高速公路由公司直接进行养护,部分国省干线由公司出资委托盟市公路管理局负责养护。截至2016年底,公司共设养护所、隧道所、机械化养护队65个,高速公路养护里程为2123km,其中高速公路主线长1760km,匝道、连接线长363km。

2005年,内蒙古自治区编办批准内蒙古自治区公路局增设高等级公路管理科,负责全区高速公路综合管理工作,做好交通运输厅对内蒙古高等级公路建设开发有限责任公司,以及后期成立的东部区高等级公路管理处和BOT经营性高速公路企业的管理和协调工作;对东部区高等级公路管理处年度责任目标提出评价意见;及时落实国家、自治区党委和政府、交通运输部、自治区交通运输厅会议、文件的工作部署,根据要求提出具体的书面贯彻意见和落实措施。

2007年,东部区第一条高速公路——G45大庆至广州高速公路赤峰至通辽段建成通车,根据工作需要,在自治区编委未批复管理机构前,经自治区交通运输厅研究决定,先行成立内蒙古自治区东部高等级公路管理筹备办公室,负责东部区高等级公路的管理工作,该机构隶属于自治区交通运输厅。2007年10月,经内蒙古自治区编制委员会批复,内蒙古自治区东部区高等级公路管理处(简称"东高处")正式成立,负责东部区5个盟市(包括呼伦贝尔市、兴安盟、通辽市、赤峰市、锡林郭勒盟)由交通运输厅统贷统还的高等级公路项目养护管理、服务区管理等工作。东部区高速公路的养护工作由东高处委托沿线盟市公路管理单位管理,按年度编制各委托合同段养护经费预算,经交通运输厅批准后,按月根据养护指标完成情况,经验收达标后,按合同支付当月养护经费。截至2016年底,东高处共计管理基层养护段34个,高速公路养护里程达到2439.683km,其中高速公路主线长1861.036km,连接线长578.647km。

随着自治区高速公路的快速发展和投资任务的加大,BOT模式高速公路相继出现,截至2016年底,共有6条以BOT模式建设的高速公路,累计里程达到了847km,经营单位分别为:内蒙古鑫达公路发展有限公司管辖S31呼大高速公路呼和浩特至城壕段;鄂尔多斯市泰宝投资有限责任公司管辖S31呼大高速公路城壕至大饭铺段及G18荣乌高速公路大饭铺至东胜段;鄂尔多斯万正公路服务有限责任公司管辖G18东胜至察汗淖段;鄂尔多斯市新驰路桥开发有限公司管辖G18荣乌高速公路察汗淖至棋盘井段;内蒙古准兴重载高速公路有限责任公司管辖S24准兴重载高速公路准格尔至兴和段;鄂尔多斯市城投机场高速建设有限责任公司管辖S46鄂尔多斯机场高速公路;阿拉善盟天创公路建设有限公司管辖S47查哈尔滩至张家房段。以上公路的养护均由路段管理集团、公司进行管理、实施,并下设养护所。日常养护由养护所管理,中修及以上养护维修均由集团、公司统一安排实施。

另外,全区还有4段高速公路,分别为S24大路至巴拉贡、G1817银巴高速公路、S43呼和浩特市机场高速公路连接线、S44包头过境高速公路机场连接线,共计528.4km,由所属地区公路管理局负责养护管理。

二、养护管理模式

交通运输部提出的公路养护和管理工作"全面规划、协调发展;加强养护,积极改善;科学管理,提高质量;已发治路,保障畅通"的"三十二字方针"始终是自治区养护工作的基本方针,全区养护管理工作经历了由传统的粗放式管理逐步走向标准化管理,继而转化为精细集约式科学管理,建立了一整套适合内蒙古自治区高速公路养护管理的模式,树立"以人为本,以车为本,服务社会"的养护理念,公路病害的维修逐步规范,工作范围由单一转向多元,由单纯维修公路设施转向整体改善公路行车环境,努力为社会提供"畅、洁、绿、美、安"的良好交通运输保障。

(一)"三类"检查

为了及时发现公路及其附属设施的损坏情况,排除影响交通的隐患,制止侵占路产、路权的行为,养护人员对所辖路段进行经常巡查、定期检查和特殊检查。

经常性巡查要求养护人员填写好巡查日志,对路基、路面、桥涵、隧道等主要设施和交通安全设施要做好详细巡查记录,包括时间、里程桩号、病害数量统计,对需要维修的要及时做出维修计划及详细的维修方案后方可组织实施。这样可以尽早地发现公路病害,避免路面大面积损坏,导致养护费用增加,加重养护负担。

定期检查就是每月不少于一次地徒步对高速公路上路基、路面、桥涵、隧道构造物及绿化、沿线设施进行详细检查记录,并按照高速公路养护质量评定标准逐公里进行质量等级评定,计算出路面养护质量指数 PQI、路基养护状况指数 SCI、桥涵构造物养护状况指数 BCI、沿线设施养护状况指数 TCI,汇总到高速公路养护质量指数 MQI,为管理部门进行养护工程计划提供可靠依据。

特殊检查指发生大的沙阻、雪阻、洪水、地震等自然灾害和有可能对高速公路及其附属设施造成较大损坏和发生异常情况时所要进行的检查。

(二)日常维护

日常及小修工程具有经常性、周期性、非季节性等特点,具体由各路段养护所(站、道班)负责组织实施,日常巡查及小修工程管理主要体现以下几个方面:一是对路面整洁程度、是否存在抛洒物、垃圾、风积沙、路面事故倾倒物的巡查与保洁;二是对路基边坡、路肩板、急流槽、截水沟、排水沟是否损坏或排水系统是否畅通的巡查与维护;三是桥涵、隧道日常巡查与检查伸缩缝内是否存在淤积杂物、支座是否变形、隧道衬砌是否漏水等;四是检查标志、标牌是否缺失、松动或清洗标识、标牌。

(三)大中修及抢通(抢修)工程

自治区高速公路开展大中修及抢通(抢修)工程工作大致经历了三个阶段:初始阶段(2007 年之前)、保障运营阶段(2008—2010 年)及科学规划阶段(2011—2015 年)。

1. 初始阶段

2007 年之前,自治区开通运营的高速公路较少,大中修工程主要集中在对路面车辙、沉陷病害维修,收费站改造及增加完善交通设施等方面。

2. 保障运营阶段

从 2008 年起,随着自治区经济的快速发展,全区所辖高速公路车流量激增,重载车辆对高速公路路面、桥梁、隧道提出了更高的要求。大中修工程逐步转向提高公路运营能力和安全保障能力。同时,全区开始逐步大规模使用新技术、新工艺,在保障工程质量的前提下,着力提高施工效率,全力保障高速公路畅通。

3. 科学规划阶段

从 2011 年起,全区进一步加强高速公路养护工作,更加注重大中修工程的计划性,避免集中进行较大规模的大中修工程,严格审批大中修工程计划,要求合理编制施工组织,高效使用养护资金。对重点工程重点部位检测监控,加强养护的科技含量,从技术层面提高养护工程的可靠性及安全性。

全区大中修及抢通(抢修)工程东部区一般由东部区高等级公路管理处组织招标实施;而内蒙古高等级公路建设开发有限责任公司大中修工程需要公司相关部门共同组建建设项目管理办公室,由养护工程部主要负责工程项目的可研、立项,对工程技术方案的指导,对工程实施过程的监督管理工作;项目所在分公司作为工程实施主体,由相应科室组建项目执行办公室,负责与施工单位、设计单位、监理单位签订合同,全面负责工程项目管理工作,包括工程合同、质量、进度、安全、计量等各方面工作。

(四)桥梁养护

内蒙古高速公路养护工作严格执行落实交通运输部的桥梁责任划分、信息公开、资金保障、养护工程师、例行检查、分类处置、技术档案管理、年度报告、定期培训、挂牌督办十项制度。

对桥梁进行经常性检查,周期每月不少于一次,如遇汛期会根据实际情况增加检查频率;桥梁定期检查主要内容为裂缝宽、深度仪、混凝土碳化深度仪、钢筋锈蚀仪等。高速公路管理单位(内蒙古高等级公路建设开发有限责任公司、东高处、BOT 业主)对桥梁的定期检查工作周期为一年两次,分别于每年的 4 月与 9 月进行检查。为保证桥梁突发事件的应急处置能力,由公路管理单位制定了相关应急突发事件信息报送工作制度,基层养护单位结合自身实际情况分别对特大、大、中、小桥梁制定了应急预案。为检验应急预案的时效性、操作性,定期组织基层养护单位进行应急演练。

根据交通运输部《公路桥涵养护规范》(JTG H11—2004)、《公路桥梁技术状况评定标准》(JTG/T H21—2011)的规范要求,全区高速公路路段的桥梁逐一建立了"桥梁基本状况卡片",并将有关信息输入数据库,建立永久性档案。

三、养护管理成效

(一)养护里程不断增加

随着全区通车运营的高速公路不断增加以及对高速公路养护工作要求的不断提升,截至 2016 年底,自治区已通车高速公路养护里程达到了 5153km,养护机构不断健全,养护队伍不断壮大,养护能力持续提高,为全区高速公路安全、快捷、高效运营提供了有力的保障。

（二）机械化养护水平持续提升

随着科学技术的不断进步，自治区高速公路养护工作逐步由人工为主转变为机械为主的模式。自治区高速公路清扫已完全实行机械化，不仅减轻了工人的劳动强度，同时有效地提升了路容路貌；日常养护作业基本机械化，对于公路经常出现的如裂缝、坑槽等附属设施的损坏更换，现基本都配备有平板夯、电焊机、维修动力站等小型机具；除雪抢通完全机械化，主要配备有除雪车、装载机、平地机、抛雪机等专业除雪设备。养护机械化工作最为关键的是对养护机械合理地配置配套。内蒙古自治区养护机械配置情况如下：

（1）日常养护机械、专业养护设备与大中修施工机械分开配置。日常养护设备按50km标准配置，专项、专业养护设备按区域配置，大中修设备整体配备。

（2）日常养护工作小而多，该类机械多利用效率较高的多功能中小型机械。如路面清扫车、水车、打拔桩车、开槽灌缝机、除雪撒布车及小型养护机具等。这些设备是随着养护里程的增加按标准分配给基层养护所（站、队）。

（3）养护里程长及交通量大的，适当增加养护机械数量，有利于提高养护效率、缩短养护周期，减少因往返时间长而造成浪费。

随着大量的公路养护机械设备不断的配置，对使用、维修和管理这些新设备的人员提出了更高的要求，机械使用人员培训工作显得尤为重要。为解决机械人员的学习培训，一是定期组织开展机械手培训学习，并进行理论与技术考核、持证上岗上机、对机械手进行年审等相关考核工作；二是机务培训与安全教育相结合，并将其作为安全生产的根本保障之一常抓不懈；三是与持证上岗相结合，促进培训工作；四是大力开展岗位练兵比武活动，激励员工不断提高技术业务素质。

（三）除雪保畅能力显著加强

内蒙古属高寒地区，多年来雪阻路现象时有发生，为了保障自治区人民出行安全及需要，各级公路管理单位把这一困扰自治区公路畅通的问题深入地进行了研究，果断提出"以雪为令，见雪上路，下雪即清，雪停路畅"的全新思路，特别是建立了一整套可行的除雪保畅应急预案，通过划分区域责任、明确责任人、规范除雪作业流程和工艺、建立信息报送制度等措施，有力地破解了因雪堵路封路的现象。

根据自治区的公路除雪情况，除雪保障工作总结摸索出一套比较成熟、有效的经验。每年进入10月，各级公路基层管养单位所有除雪人员和机械设备就进入了临战的状态，所有机械全部检修，所有基层所、站、道班备足融雪防滑材料，所有人员进行24小时值班，所有沿线陡坡、弯道、阴坡、桥面全部备足除雪材料，坚持做到有备而战，从容应对。

内蒙古自治区除雪保障工作经过二十多年的发展,已由最初的人工除雪发展到半人工机械形式再到现在的全部机械化,各级基层养护单位均配备有专门的除雪材料库,并配备有除雪车、装载机、平地机等机械除雪设备。从设备、物资上充分保障了除雪保障工作的及时和顺利开展。图4-10为高速公路除雪作业。

图4-10　高速公路除雪作业

(四)灾害防治体系逐步完善

由于自治区高速公路东西跨越路线长,地理环境和自然气候差异较大,因此公路受自然因素的影响较为严重。其主要灾害种类有地震、强风(含沙尘暴)、沙阻、暴雨、洪水、降雪、泥石流、滑坡、塌方(包括隧道)、隧道渗漏、裂缝等。为提高公路防灾、抗灾能力,加强对自然灾害的预防,力争使自然灾害造成的损失降至最低。

在灾害防治对策方面,建立了4个体系。一是监视体系:根据异常气象等条件预测可能出现灾害时所采取的体制,并有专人负责监视,提出事件预测;二是报告体系:当气象情况等更加恶化,发生灾害的危险性增大,预测体系一经预测出可能突发事件,会及时报告其原因和应对措施;三是紧急体系:突发事件一旦发生,主管单位、监管单位、养护所的全体养护人员全力以赴对此进行处理,确保安全;四是联络体系:使用先进、迅速、准确、可靠的联络手段与领导和单位联系,及时有效地处治灾害情况,确保路线安全畅通。

在应对灾害发生的防预措施方面,一是对于水毁,提前备足抢修材料,如沙袋、草袋、石块等材料;二是对于冰雪等事件,充分准备好除雪破冰设备,保证设备完整良好,能够随时调遣,同时提前备好一定数量的融雪材料;三是对于滑坡、塌方事件,加强排水、加强防治,一旦发生,立即组织人员及施工机械及时清理,保证畅通;四是雨季来临前,对桥涵等排水设施进行检查、疏通,保证水流畅通。

(五)新技术、新材料、新工艺推广应用

(1)始终坚持贯彻预防性养护理念,自治区从初建高速公路开始,预防性养护工作一直贯穿于养护工作之中,每年对修补路面坑槽、拥包等小型病害,维修更换防撞护栏,修补路面裂缝等进行及时处理,将路面病害在初期进行彻底解决始终是养护工作的根本理念。

(2)路面维修技术不断加强,路面热再生、冷再生等技术逐步广泛应用。2008年、2011年,分别引入路面热再生、冷再生维修技术。截至2016年底,使用热再生技术维修路面88万余平方米,使用冷再生维修技术维修路面31万余平方米。

(3)桥梁养护一直是养护工作中的重中之重,2010年起,内蒙古高等级公路建设开发有限责任公司逐步对特大型、大型桥梁实行健康监测工作,截至2016年底已对G65包茂高速公路3座黄河特大桥(大桥)实行24小时健康监测和评估,通过对桥梁运行技术实时监测,观测桥梁重点部位挠度、位移、应力、裂缝、墩柱沉降、倾斜、结构动应变、自振特性监测实时得到桥梁的健康状态,将桥梁病害处理在萌芽状态。内蒙古高等级公路建设开发有限责任公司、分公司、养护所三级部门均配有专职桥梁工程师或技术员,负责对全线桥、涵、隧道进行每月不少于1次的日常检查和每年不少于两次的定期检查,充分保障了桥、涵、隧道的安全运营。并于2011年投入使用桥梁管理与决策辅助系统,进一步加强了桥梁养护工作的信息化管理和构件损坏的预测功能。各类桥涵数据信息明确,查询便捷,桥涵维修记录齐全完整,能够随时掌握所有桥涵的使用功能。

(4)养护单位不断加强技术创新工作,几年来陆续开展了数项养护技术革新工作,其中温拌沥青混合料的应用、沥青路面现场冷再生技术、高速公路监控系统风光互补供电技术、高速公路沥青路面主要病害标准化养护技术研究、高速公路小修保养工程估算指标研究等项目均已申报列入自治区交通运输厅交通科技项目。

(5)公路养护信息化不断提升,公司成立之初小规模使用的交通流量自动观测仪逐步推广采用,截至2016年底全线已有多处站点使用,自动观测仪能够精确地反映出测试路段车型、车流量等数据,能够为养护维修决策提供可靠的依据。同时,公司每年将所辖公路电子地图进行及时升级、更新。在自治区公路局的统筹下,与盟市进行对接,保障了数据的完整性和有效性。

自治区不断加大高速公路养护资金的投入和新技术、新材料在高速公路养护中的应用,高速公路养护质量逐年提高,不仅保障了车辆及广大驾乘人员在良好的道路运输环境出行,为内蒙古自治区道路运输、旅游业发展做出了巨大贡献。

(六)绿化工作成效明显

随着内蒙古自治区高速公路的快速发展,高速公路沿线绿化工作被提到重要的议事日程上来。

1.加强绿化管理工作

(1)自治区交通运输厅成立绿化领导小组,并积极组织加强绿化管理工作,各公路管理单位抽调专人成立专门机构进行管理工作,并制定了相应的绿化工程管理办法,对监管单位、监理单位、设计单位、施工单位的职责进行了明确细化，达到责任明确、细化措施、监督到位、追究有力，从制度上保障了绿化工程的顺利开展。

（2）绿化领导小组组织各单位负责人定期对所辖路段主线、立交区、服务区进行全面细致的检查，要求相关公路管理单位通过对合同管理、苗木质量、施工程序进行检查，详细明确地指出各路段基层管养单位、监理单位、施工单位存在的问题，责令限期整改落实。

（3）针对部分路段存在土质不良、水文条件差等因素，委派公路管理单位会同专家对特殊路段的特殊问题进行实地解决。结合实际情况，对绿化设计进行微调或对施工单位施工工艺进行现场指导。

（4）针对重点路段开展工作，对呼和浩特市、包头市等重点城市的政府进行充分沟通协调，保障了城市区域的绿化整体效果。

2. 强化绿化整体规划

整体规划设计思路上，一是结合自治区地方政府在公路用地范围以外绿化种植情况，达到重点突出、协调美观的目的；二是由隔离栅至护栏板，树种高度由大到小；三是兼顾公路路基高度，在高路基处种植较高大的乔木，低路基处种植较矮的灌木，挖方护坡段适当考虑了部分攀缘性植物，以保证绿化效果；四是结合当地水源、环境、气候等自然环境，尽量选择易于栽植、适宜生长的苗木品种，保证成活率；五是对大型互通立交、出区通道进行重点设计，结合当地政府、行业要求进行高规格、多层次的重点打造；六是对服务区以园林式景观设计为主，苗木、花卉的品种、规格较高，各服务区之间力争达到各具特色。

3. 因地制宜实施绿化

由于自治区地域广，自然条件不一，为做到适地适树，本着科学、务实的精神，针对不同的地质类型、气候环境，结合当地人文风貌、经济因素，分别制定适宜的方案。同时对特殊地质段落进行小范围的实验性种植，打破部分传统的思维观念，取得了一定的效果。例如乌海地区，整体气候干旱、少雨，公路用地范围内风积沙情况严重，土层多为砂砾、砾石，保水性差，植物生长困难。针对此情况，在实施绿化栽植前，先期进行了水利灌溉系统的建设，在公路主线、立交区多设水井，充分保障苗木供水需求；巴彦淖尔地区，部分公路用地范围内存在土壤盐碱化程度较高的情况，在绿化实施过程中选取较为美观的抗盐碱性植物，同时实验性地尝试盐碱区土壤改良工作；乌兰察布地区，冬季气温低且部分地区土壤贫瘠，降雨量不足。在绿化过程中，选取抗旱、抗寒性较好的树种，同时通过公路绿化，达到改善地区生态环境的目的；东部盟市区，降水量较大，但公路用地土层较薄，适宜草本类植物生长，大型乔木生长较为困难，在绿化过程中选取小型乔木和花灌木进行种植，进一步突出草原风貌，打造多姿多彩、色彩斑斓的绿色公路行车环境。

4. 绿化效果

在中央和自治区政府的大力支持下，全区高速公路绿化长足发展。2013年5月至

2015年春季,将所辖公路范围用地分三步进行全面绿化。共完成11条高速公路约2560余公里、27个互通立交区、31对服务区的公路绿化工作,累计完成投资3.86亿元,极大地改善公路行车环境,为将自治区构建成北方重要的生态屏障做出了应有的贡献。

截至2015年底,高速公路里程5016km,可绿化里程4811km,已绿化里程2137km,绿化率44.4%;国道总里程6621km,可绿化里程6465km,已绿化里程4271km,绿化率达到66.1%。通过新植、补植和管护公路沿线的乔木、灌木及花草等,提高高速公路沿线整体绿化水平,提高高速公路生态景观建设水平,实现"绿起来"和"美起来"的有机统一。

第三节 路政执法

一、高速公路路政管理体制发展历程

(一)第一条高速公路路政管理机构(1997—2001年)

1997年7月8日,G6呼包高速公路(一幅)通车试运行。2000年7月18日,呼包高速公路二期工程正式开工建设,2001年12月15日,呼包高速公路(二幅)通车试运行,这标志着内蒙古自治区第一条高速公路全线完成。

1997年,内蒙古自治区公路局呼包高等级公路管理分局成立,隶属于内蒙古自治区公路局。自治区公路局设路政科,负责全区路政业务管理和行业指导。到2000年末,呼包高速公路管理局和全区12盟市全部成立路政大队。全区有专职路政人员1285人,兼职路政人员1187人,义务路政人员988人,路政专用汽车81辆,摩托车9辆,照相机139架,摄像机20架,路政管理自上而下,从部门到社会形成了管理网络。呼包高等级公路管理分局路政大队的主要职责是:维护呼包高速公路正常运营程序、加强对公路沿线两侧违章建筑的控制、对超限运输车辆加强管理等(图4-11)。

图4-11 路政执法24小时巡逻

(二)高速公路管理处路政管理机构(2001—2004年)

2001年9月,内蒙古自治区机构编制委员会印发《关于成立呼和浩特、包头、集宁高等级公路管理处的批复》(内机编发〔2001〕44号)。内蒙古自治区公路局所属呼包高等级公路管理分局和呼包高等级公路征稽分局正式合并,成立呼和浩特高等级公路管理处,同时成立包头高等级公路管理处和集宁高等级公路管理处,分别负责各自辖区:呼包高速公路、呼包旧路、国道110线呼市至集宁;国道210线包头至东胜、国道110线包头过境高速公路;国道208线丰镇至白音察干至赛汗塔拉至二连浩特、国道110线集宁至老爷庙等公路的路政管理、养护管理和车辆通行费的收取等工作。呼和浩特、包头、集宁高等级公路管理处核定事业编制分别为375名、300名和375名,其中处级领导职数均为5名(二正三副)。经费从收取的车辆通行费中列支,属自收自支单位,实行企业化管理。

2004年7月,内蒙古高等级公路建设开发有限责任公司成立(相当于副厅级的大型国有企业),内蒙古自治区呼和浩特高等级公路管理处、包头高等级公路管理处、集宁高等级公路管理处3个厅属处级事业单位整体划转,隶属于内蒙古高等级公路建设开发有限责任公司,更名为内蒙古高等级公路建设开发有限责任公司呼和浩特分公司、包头分公司、乌兰察布分公司。

(三)自治区公路局(路政执法监察总队)(2004—2009年)

2004年9月6日,内蒙古自治区编制委员会《关于内蒙古自治区公路路政执法监察总队机构设置的批复》(内机编发〔2004〕66号),同意内蒙古自治区公路局挂内蒙古自治区公路路政执法监察总队牌子,执法监察所需人员在自治区公路局内部调剂,增加处级领导职数2名(一正一副)。

2004年9月10日,内蒙古自治区交通厅印发《关于设立内蒙古自治区高等级公路建设开发有限责任公司路政支队的通知》(内交发〔2004〕639号),根据自治区编制委员会《关于内蒙古自治区公路路政执法监察总队机构设置的批复》和工作需要,决定设立内蒙古自治区高等级建设开发有限责任公司路政支队。该支队为内蒙古自治区公路路政执法监察总队派驻公司实施对公司所辖公路路政管理工作的机构。支队内设及下设机构以及定员标准由公司确定,报内蒙古自治区公路路政执法监察总队备案,公司路政支队业务归口公路路政执法监察总队,其他日常管理由公司负责。支队成立之初下设5个路政管理大队和萨拉齐、罗家营2个治超大队。一大队驻乌兰察布分公司,负责乌兰察布分公司所辖高速公路、辅道的路政管理工作;二大队驻呼和浩特分公司,负责呼和浩特分公司所辖高速公路的路政管理工作;三大队驻包头分公司,负责包头分公司所辖高速公路的路政管理工作;四大队驻巴彦淖尔分公司,负责巴彦淖尔分公司所辖高速公路的路政管理工作;五大队驻乌海分公司,负责乌海分公司所辖高速公路的路政管理工作。随着高路公司管辖路段的增加和治理超限超载工作的需要,经自治区人民政府批准,陆续增设耳字壕、卓资山、呼和乌素、碱柜、集宁、兴和、后旗、霍林河、哲北、白音花10个治超大队和路政管理六大队(负责鄂尔多斯分公司所辖高速公路的路政管理工作)、路政管理七大队(负责通辽分公司所辖高速公路的路政管理工作)、路政管理八大队(负责兴安分公司所辖高速公路的路政管理工作),并撤销了罗家营治超大队。

各路政管理大队主要职责是:贯彻执行《中华人民共和国公路法》《路政管理规定》等法律法规,负责对所辖高等级公路及辅道的路政管理,保护路产、维护路权,查处侵占或损坏公路、公路用地和公路附属设施等行为;依法向损坏公路和公路附属设施的责任人索赔经济损失;依法治理超载超限运输破坏公路的行为;承担自治区公路路政执法监察总队交办的其他相关任务。

(四)内蒙古自治区公路路政执法监察总队(2009—2016年)

2008年国家税费改革,根据国务院《关于实施成品油价格和税费改革的通知》(国发〔2008〕37号)及国务院办公厅转发交通运输部等五个部门的《关于成品油价格和税费改革人员安置工作的指导意见》(国发〔2009〕9号)精神,经内蒙古自治区编委2009年第二次会议研究决定,下发《关于成立内蒙古自治区公路路政执法监察机构的批复》(内机编发〔2009〕164号),同意撤销了原内蒙古自治区交通征费稽查局,摘除挂在自治区公路局的内蒙古自治区公路路政执法监察总队牌子,成立了实体性质的内蒙古自治区公路路政执法监察总队,为内蒙古自治区交通运输厅所属的相当于正处级全额拨款事业单位,原内蒙古自治区交通征费稽查局人员整建制转到了路政总队。同时,在路政总队加挂内蒙古自治区收费公路监督管理局牌子。

总队机构设置情况。总队机关内设党政办公室、人事科、财务审计科、路政稽查科、收费公路监督管理科、安全科、票证科、纪检监察室、治理超载超限办公室、政策法规科、结算拆分管理科、通信技术科、监控管理科、运营管理科和密钥IC管理科15个职能科室。下设13个支队、92个路政大队、17个治超站、125个直管通行费所,管辖公路里程6714km(其中高速公路4245km)。总队、支队加挂内蒙古自治区收费公路监督管理局、分局牌子,总队为正处级,支队为副处级,大队为正科级,管理体制为条块管理。2015年3月,内蒙古自治区公路路政执法监察总队经内蒙古自治区公务员局批复,总队机关转为参照《中华人民共和国公务员法》管理单位。各盟市支队目前仍是全额拨款事业单位。

二、高速公路路政管理职能

(一)内蒙古自治区公路路政执法监察总队管辖路段

管辖内蒙古境内统贷统还高速公路4245km。分别是G6京藏高速公路内蒙古段,G7京新高速公路内蒙古段,G55二广高速公路内蒙古段,G0601呼和浩特绕城高速公路,G65包茂高速公路内蒙古段,G12珲乌高速公路内蒙古段,G10绥满高速公路内蒙古段,G2511新鲁高速公路内蒙古段,G25长深高速公路内蒙古段,G5511集阿高速公路,S53赤峰环城高速公路,S54集宁东绕城高速公路,G45大广高速公路内蒙古段,G16丹锡高速公路内蒙古段,G1013锡张高速公路内蒙古段,G59呼北高速公路内蒙古段,G18荣乌高速公路内蒙古段,S24准兴高速公路,G1817乌巴高速公路,G1817巴银高速公路内蒙古段。

(二)管理职能

贯彻落实《中华人民共和国公路法》《公路安全保护条例》《内蒙古自治区公路管理条例》《收费公路管理条例》《内蒙古自治区高速公路条例》《路政管理规定》等有关法律法规,负责全区公路路政执法的组织、指导、监督工作,是全区公路路政执法行业管理的主管单位;承担国家、自治区投资和自治区统贷统还建设的高等级公路的路政管理和超限超载治理工作,依法维护路产、路权;负责研究制定路政执法监察工作的业务规范和管理制度,规范所属执法人员的行为、执法程序、执法文书及票证;负责公路路政执法队伍的培训、考核、督查和行风建设等工作;承办有关公路路政执法和通行费征管工作方面的信访、提案、行政复议等工作;受交通行政主管部门委托,负责全区收费公路的行业监督管理工作,组织实施有关公路通行费征收的法规、政策,参与制定收费公路及车辆通行费管理工作措施和办法;负责通行费票证管理及业务数据的统计,承办审核勘验收费站点的设置,监督撤销站点的实施等事宜;负责对交通运输厅直属的通行费征收机构的统一管理,加强对地方政府收费还贷公路、经营性收费公路的收费、还贷、经营等行为进行监督检查;承担全区高速公路联网收费运营管理服务和通行费的拆分、结算工作;规划、设计、布局联网电子不停车收费系统(ETC);协调全区高速公路收费系统、监控系统软硬件的统一使用和维护工作;承担全区高速公路联网收费密钥管理和安全认证工作;承担高速公路的路况、通行信息的采集和发送工作;承担联网收费数据的查询业务和联网收费相关人员的业务培训工作。承担全区交通运输厅行业执法执纪监察工作。

三、高速公路路政管理法律法规依据

(一)国家法律、法规

《中华人民共和国公路法》《中华人民共和国行政强制法》《中华人民共和国行政处罚

法》《中华人民共和国行政复议法》《中华人民共和国物权法》《收费公路管理条例》《公路安全保护条例》《行政执法机关移送涉嫌犯罪案件的规定》《超限运输车辆行驶公路管理规定》《路政管理规定》《公路监督检查专用车辆管理办法》《交通运输行政执法证件管理规定》《交通行政执法监督规定》《交通行政许可监督检查及责任追究规定》《交通行政复议规定》《交通运输行政执法评议考核规定》《交通运输路政文明执法管理工作规范》《交通行政执法文书制作规范》等。

（二）自治区法律、法规

《内蒙古自治区公路条例》(2009年1月1日起施行)、《内蒙古自治区高速公路条例》(2015年6月1日起施行)、《内蒙古自治区行政执法监督条例》(2009年12月1日起施行)、《内蒙古自治区行政执法证件管理办法》(2015年9月30日起施行)、《内蒙古自治区公路路政执法监督办法》(2013年7月起施行)、《内蒙古自治区收费公路监督管理办法（试行）》(2014年4月1日起施行)、《内蒙古自治区行政处罚听证程序规定》(1998年10月29日起施行)、《内蒙古自治区损坏、占用公路路产赔（补）偿规定》《内蒙古自治区损坏占用公路和赔（补）偿标准》(1999年1月1日起执行)、《内蒙古自治区收费公路行政处罚自由裁量基准》(2015年7月1日起施行)、《内蒙古自治区公路路政行政处罚自由裁量基准》(2015年7月1日起施行)等。

四、高速公路路政管理主要成效

在内蒙古自治区党委、政府的正确领导下，在交通运输部的大力支持和指导下，内蒙古高速公路不断发展，高速公路网络运行不断完善，交通运输厅不断推进和落实执法责任制，深化交通运输行政执法监督，提高交通运输行政执法队伍依法行政能力和执法水平，切实保护高速公路有关各方当事人的合法权益，各级高速公路执法机构进一步重视和加强交通运输行政执法规范化建设，强化组织领导，精心安排部署，狠抓贯彻落实，全系统依法行政水平有了新的提高，各项法律、法规、规章和政策要求落实到位，各基层执法单位行政执法管理制度日益健全完善，执法人员素质建设、装备建设、形象建设取得新成果，充分发挥高速公路的社会经济效益。

（一）坚持法制建设，依法行政能力不断增强

各盟市交通运输局、厅直执法机构立足建设法治政府部门，增强交通运输法治理念，强化对高速公路路政执法工作的组织领导，加强日常监督检查，认真落实年度执法评议考核各项要求，健全法制工作机构，充实法制工作人员，建立工作责任制。路政总队组建了总队直属支队，对原属内蒙古高等级公路建设开发有限责任公司所辖路段的路政管理工

作实行统一管理,彻底解决了历史遗留的自治区部分高速公路路政管理执法主体问题;通辽市、鄂尔多斯市交通运输局主要领导亲自动员、部署、督导本市交通运输行政执法人员全员轮训,兴安盟、乌海市进一步明确法制工作职能科室,充实法制工作力量。路政总队通过社会公开考录的方式,全面充实机关和基层单位法律专业法制工作人员;公路局依法行政意识显著增强,工作措施更加规范,行政许可全面实行案卷化管理,全区各级执法机构认真贯彻落实法律、法规、规章及其他相关规范性文件要求,在执法过程中,更重事实,更讲证据,严格执行法定程序,严格按照《内蒙古自治区交通运输行政处罚自由裁量权基准及适用规则》保障管理相对人合法权益,积极开展便民服务和文明创建活动,综合考虑行政管理强度与社会可接受程度,适度开展行业行政执法工作,全区交通运输行政执法工作规范化水平不断提高。

2013年以来,以《内蒙古自治区交通运输厅关于加快推进"十二五"时期立法工作意见》为指导,内蒙古加快推进高速公路行业立法工作。2015年,根据自治区交通运输厅法制工作安排,将《内蒙古自治区高速公路条例》(以下简称《条例》)报自治区人大常委会列入2016年立法计划项目。并委托交通运输部科学研究院对《条例》立法开展准备工作,自治区交通运输厅组织成立了立法调研小组,开展了立法调研工作。在深入调研的基础上,向全社会公布关于制定《条例》的立项论证报告的立法说明,公开征求意见。经过立项前期各项讨论准备等工作,2015年3月27日,《条例》经内蒙古自治区第十二届人民代表大会常务委员会第十五次会议通过,于2015年6月1日起施行。

为推动贯彻落实《公路安全保护条例》,自治区人民政府《关于进一步加强公路保护工作的通知》印发执行,自治区政府规章《内蒙古自治区治理货物运输车辆超限超载办法》颁布实施。自治区人民政府强化路政执法车辆的监督,《自治区交通运输厅、自治区人民政府法制办公室关于印发内蒙古自治区公路路政执法监督检查专用车辆管理办法(试行)的通知》印发全区执行,全面加强了公路监督检查车辆和路政执法监察车辆管理。《内蒙古自治区交通运输行政处罚自由裁量权基准及适用规则》印发执行,有效约束和规范基层执法人员的处罚裁量权行使。

在深化行政审批制度改革工作中,内蒙古交通运输厅贯彻中央和自治区决策部署,对原有的34项行政许可、行政审批、非行政许可审批事项,经过梳理并经自治区政府常务会议研究确定保留13项,下放2项。其余19项职权是由国家相关部门规章设定,按照自治区政府梳理行政许可事项标准,此19项职权不属于行政许可范畴,相关事宜有待国家相关部门规章的调整。同时,在确定保留13项行政许可事项的基础上,内蒙古交通运输厅进一步完善了行政许可流程图和服务指南,并通过门户网站等媒介予以公示。对于下放的许可事项相关单位也加强了后续的监督和指导。按照《内蒙古自治区人民政府关于切实做好行政权力梳理工作的通知》(内政发〔2014〕80号)要求,厅本级交通运输行政权力涉及公路路政等几个方面,主要通过行政许可、行政处罚、行政强制措施、行政强制执行、行政确认、行政征收、行政监督检查和其他行政权力8种措施实施。共有行政权力303项,其中行政许可13项,行政处罚238项,行政强制措施9项,行政强制执行3项,行政确认8项,行政征收3项,行政监督检查13项和其他行政权力16项。这些行政权力共涉及《中华人民共和国公路法》《中华人民共和国招标投标法》《中华人民共和国行政处罚法》《中华人民共和国行政许可法》等13部法律和《公路安全保护条例》《收费公路管理条例》等12部行政法规,以及《内蒙古自治区公路条例》《内蒙古自治区高速公路条例》2部地方性法规,还有26件政府、部委规章和11件规范性文件。

与此同时,以《内蒙古自治区交通运输厅全面建设交通运输法治政府部门的实施意见》和《内蒙古自治区交通运输行政执法队伍建设方案》为指导,各级高速公路执法单位法制工作机构牵头,组织人员坚持不懈严格开展评议考核,从基层基础的建章立制,到执法一线的执法行为,较以往逐步取得明显改观。全区各级高速公路执法机构法制意识明显增强,责任意识逐年巩固,一线执法人员办案能力进一步增强,业务水平有效提高,执法案卷制作规范化水平较以往有了明显改观,在执法主体适格、处罚和强制对象确定、违法事实认定、处罚和强制依据适用、立案审批、证据收集与确认、法制审核和决定审批、告知义务履行、罚缴分离执行等方面,程序违法等比较严重的问题进一步明显减少,法治建设稳步推进。

(二)加强路政执法人员规范化培训、执法水平显著提高

按照交通运输部集中统一轮训全体执法人员的总体要求,自治区交通运输厅高度重视全员轮训工作。2013—2014年,分管厅领导多次过问并要求尽快启动,务求实效,深入全面系统地开展好执法人员轮训工作。总结内蒙古自治区轮训工作,主要做法包括:一是按照"六个一"要求,充分做好前期准备。"六个一"即一本书(编写了一本《内蒙古自治区交通运输行政执法实务培训教材》)、一批培训机构(通过资格审核,认定了12个承担培训任务的培训机构)、一个试题库(集中有关专家和一线骨干,建立了一个执法培训试题库)、一支师资队伍(通过推荐、试讲、考核程序,优选出一支执法培训师资队伍,组建了自治区、盟市两级执法培训专家和师资库)、一套管理系统(结合实际研发了一套执法培训报名和考试考务管理系统,保障轮训工作有序推进并顺利完成)。二是精心组织,加强监督检查和经费保障。轮训期间,各盟市交通运输局、各公路路政、道路运政执法机构和自治区公路路政执法监察总队及其各支队强化组织领导,精心协调组织,全区累计投入培训经费1150.2万元,同时加强受训人员管理,严格考试考核,兑现奖惩措施,广大一线执法人员接受了集中、系统的业务培训,轮训达到了预期目的,效果良好。三是做到全员轮训,领导带头带队,没有例外。截至2014年12月底,全区统一组织74期、共8450人的交

通运输行政执法人员的轮训和考试考核,首次轮训通过率95.5%。对于补考仍不能合格的,将按照《交通运输行政执法证件管理规定》暂扣其执法证件,并按有关规定收回其执法证件,对其进行离岗培训和考试。四是集中培训与分散自学相结合。根据统一要求,结合实际,轮训期间将轮训内容分为两部分,一部分为自主自学,所在单位考核;另一部分为集中强化辅导学习,厅统一组织考试。五是严格纪律,强化培训成绩与执法资格挂钩。集中轮训期间,统一实行准军事化全封闭管理,早晚安排军训和集体自习,对于考试不通过的,给一次补考机会,对于补考仍不能合格的,将吊销其执法资格,收回执法证件,要求其重新参加执法资格准入培训和考试。

大规模开展的轮训工作,为各盟市各单位积累了执法人员培训和管理工作经验,锻炼培养了一大批培训师资力量和培训组织管理人员,为今后开展执法业务年度培训工作创造了宝贵的有利条件。通辽市、锡林郭勒盟、鄂尔多斯市、路政总队在执法人员规范化轮训中主要领导高度重视,分管领导亲力亲为,组织实施有序,轮训实效明显。巴彦淖尔市交通运输局强化执法培训机构建设,投入近100万元对巴彦淖尔市交通运输培训中心基础设施进行升级改造,按照标准考场要求完善了音视频设施设备。路政总队在厅执法师资库基础上,优选系统内业务骨干,进一步确定了21人规模的总队直属路政执法师资库,为建立公路路政执法人员培训教育长效机制储备了人力资源。

(三)"三基三化"建设初见成效

按照《内蒙古自治区交通运输厅关于组织开展基层执法站所"三基三化"建设试点工作的通知》要求,各地各单位逐步开展了基层执法队伍职业化、基层执法站所标准化、基础管理制度规范化建设。

在基层执法队伍职业化方面,自治区交通运输厅以交通运输行政执法资格培训为主要抓手,严把执法人员准入关。凡是没有交通运输行政执法机构正式编制的人员,一律不允许参加执法资格准入培训。通过执法机构编制本逐一核实人员编制信息有困难的,自治区交通运输厅协调自治区机构编制管理委员会办公室,通过自治区机构编制信息库准确核实人员编制信息。对于新进执法人员的学历资格审查,采取通过教育部学信网和自治区教育厅学历认证报告作为依据,对于执法人员学历条件不符合国民教育系列大专以上学历条件的,自治区交通运输厅通过举办"大专学历在读人员执法资格培训班"的方式,吸引、鼓励一线执法人员积极参加大专学历学习,以满足执法资格学历条件要求。同时,为全面准确掌握全区执法人员队伍状况,2013—2014年,自治区交通运输厅组织专人对"内蒙古自治区交通运输行政执法人员信息库"进行了全面的摸底清查和信息审核,对现有执法队伍中全部执法人员按照编制条件、学历条件、年龄结构等基本元素进行了系统梳理,为下一步深入推进执法队伍职业化建设奠定了人员信息基础。截至2014年底,内蒙古自治区提前全部完成部署的为期3年的执法人员全员轮训工作。为保证执法人员全员轮训工作的有序和保质保量开展，自治区全员轮训以交通运输厅统一组织专家和业务骨干编写的《内蒙古自治区交通运输行政执法实务培训教材》为核心，以厅试讲考核建立的"内蒙古自治区执法师资库"为保障，以"内蒙古自治区交通运输行政执法培训试题库"为依托，实行严格的教考分离，厅职业资格中心受厅委托统一承担题库建设、组卷，厅政策法规处统一组织监考、阅卷、成绩公示公布工作。全员轮训工作达到预期目的，有力推动执法人员职业化培训教育工作。

在基层执法站所标准化建设方面，在交通运输部确定的两个基层试点单位基础上，自治区交通运输厅结合全区实际，在全区范围内又优选22个基层执法站所，作为自治区级"三基三化"试点单位。在标准化建设上，一是进一步深化、巩固"四统一"建设成果，在执法站所外观统一的基础上，印发《内蒙古公路路政行政执法场所及车辆外观标识实施规范》，从执法场所内的指示牌、公示栏、办公室门牌、执法车辆外观等方面，细化了"四统一"规范要求。二是加快推进执法重心下移，强化基层执法主体责任。自治区公路路政执法监察总队加快推进基层路政大队执法主体资格确认工作，截至2013年底，共78个基层路政大队经本级政府法制工作部门确认了执法主体资格。三是按照"五小工程"意见指导，在试点基层站所探索建设小食堂、小浴室、小洗衣房、小阅览室（网吧）和小健身房建设，优化基层执法人员生活工作环境。四是在部分试点站所推进准军事化管理模式，坚持早晚作息各吹一次哨，严格执行24小时执勤检查和换岗制度，试点单位的准军事化管理走在全区前列。五是明确了公路路政超限运输检测站建设标准，对检测站内的检测区、卸载区、生活区及站场面积提出了明确指标，对站内设施设备配备标准提出了具体的指导意见。

在基础制度规范化建设方面，全区各级交通运输主管部门和执法机构以《内蒙古自治区交通运输行政执法评议考核管理办法》和《内蒙古自治区交通运输基层执法站所"三基三化"建设百分制量化考核评分标准》为基础，全区试点基层执法站所进一步完善了案件审核审批制度、考核监督奖惩制度、行政执法违法和错案责任追究制度、政务公开制度、执法人员岗位轮换制度、档案管理制度、勤务巡查制度、外业执勤津贴制度等各项具体的基层管理制度。从岗位设置、岗位职责、优化人员机构、岗位培训教育、职业保障、执法办案、勤务考核、内业管理、执法监督等基层基础制度建设方面，都做了许多新的探索和投入。

（四）路政执法信息化建设取得新成果

内蒙古作为交通运输部行政执法综合管理信息系统建设试点地区，已经配合交通运输部信息中心等有关部门完成信息系统建设的前期调研工作，未来将按照《全国交通运输行政执法综合管理信息系统建设实施方案》的要求全面展开。于此同时，各地各单位高度重视新形势下信息化建设的重要先导作用,开拓性地做了诸多工作。呼和浩特市道路运输管理局推行网上执法审核系统,实现管理单位信息联网和实时互动,电子化文书水平逐步提高。包头市公路路政执法监察支队研发应用路政管理系统,在基层站所配备了巡查监控设备、车载执法记录仪。包头市交通运输管理处升级执法管理系统,实现行政处罚案件和强制案件网上实时办理。多个盟市交通运输管理机构设立 GPS 和"北斗"导航监控中心,联网监控"两客一危"运输车辆,强化了信息化管理手段。锡林郭勒盟交通运输局为执法一线增配车载执法记录仪和单人执法记录仪等取证设备,探索建立网上办案和案件分级审核机制。路政总队进一步完善公路路政管理信息系统,扩大了信息系统在有条件的基层路政大队联网办案的适用范围,同时投入资金为一线执法增配了对讲机、执法记录仪、摄像机等取证设备,依法科学管理水平有效提高。

着力打造管理制度规范化升级,积极探索建立"执法全过程记录制度"。2015 年 7 月,内蒙古自治区公路路政执法监察总队赤峰支队第四大队被自治区人民政府法制办确定为交通运输系统"行政执法全过程记录制度试点"单位之一。借此机遇和挑战,路政总队按照自治区交通运输厅的统一安排和部署,在实际工作中结合以往工作基础,积极探索提高执法装备利用率,开拓执法全过程记录的新途径。主要做法:一是高效合理地使用行车记录仪、执法记录仪等器材,在日常巡查中要做到 100% 开启行车记录仪,做到日常巡查有记录,并按月建档,生成比照视频。在日常执法检查中要做到 100% 开启执法记录仪,对路损案件、行政处罚案件执法全过程记录并刻录成光盘予以保存。二是提高制式指挥车辆的使用效率,2015 年以来,总队为第四大队配备了价值 60 余万元的路政应急执法车辆,使大队的执法装备水平迈上新的台阶,由于该车辆内含发电机、云台、车载计算机、打印机、检测磅等多项执法过程必需的设施,因此,缩短了办案时间,极大地提高了工作效率。三是依托路政总队路政管理系统,提高信息化工作水平,做到每日巡查记录按时录入,每月定期上传本月巡查视频,不断完善所辖路段路产信息。截至 2016 年底,试点单位第四大队的执法记录仪管理系统已实现了实时上传,执法人员可以实时保存案件证据,负责人可依据现场情况及时下达行政命令,提高执法效率。

与此同时,建立行车记录仪和执法记录仪使用管理制度、GPS 定位管理等配套制度,加强对行政执法全过程的跟踪管理,督促执法人员规范执法。一是严格执行自由裁量权的管理。在文书制作上,严格按照相关要求,对每一件行政处罚案件从立案到结案,建立健全台账,做到举报有记录,执法活动全程有录像,办案符合程序要求,行政执法工作全过程置于监督之下。二是建立健全"六项制度",即"岗位责任制、责任追究制、档案管理制、信息公开制、监督奖惩制、学习考核制",扎实推进规章制度建设,优化运行体制,规范行政行为和服务行为。三是进一步完善监督检查机制,与检察等部门开展廉政共建活动。拓宽投诉举报渠道,依法及时处理矛盾问题,最终形成用制度管人,按制度办事,靠制度发展的良好局面,提升基层管理制度的规范化程度。

完善创新建立"1234567"执法机制。即"一承诺""两分离""三到位""四常态""五回访""六强化""七环节"。"一承诺"即人人签订执法承诺书,增强自律性;"两分离"即查处分离、罚缴分离,避免暗箱操作,提高执法透明度;"三到位"即监控到位、教育到位、纠章到位,做到超限治理无遗漏,未接受警示教育的不处理,未改正到位的不放行;"四常态"即受理群众举报、固定执法、流动执法、违法车辆处理四项业务,坚持24小时工作常态化,节假日不间断;"五回访"即对运输企业、货运站场、举报人、车主和驾驶员重点回访,查看执法是否文明规范公正,其中结案案件"回访率"不低于50%;"六强化"即强化执法队伍建设机制,强化服务型执法机制,强化路警联合机制,强化部门联动机制,强化科技治超机制;"七环节"即将执法过程细化为"联合执法、调查取证、立案审核、处理处罚、结案审核、案卷归档、案件回访"七个执法环节,环环相扣,互相监督,节节推送。图4-12为与属地交警开展联合执法。

图4-12　与属地交警开展联合执法

(五)攻坚克难,保驾护航

1. 超限运输治理

1996年起,随着内蒙古地区煤炭等资源产品运输量的增加和公路运输市场的活跃,大吨位超限运输车辆与日俱增。由于大吨位超限运输车辆轴重严重超标,直接造成公路路面破损、路基沉陷、桥面板断裂,极大地缩短了公路的使用寿命,同时大吨位超限运输车辆的载重大大超过车辆的设计标准,造成车辆的技术性能下降、机械故障增加,导致交通事故大幅度增加,直接影响高速公路运输的正常运营程序和安全。

针对这一严重问题,1997年内蒙古自治区交通厅向内蒙古自治区人民政府上报《关于严格控制超限车辆在公路上行驶报告》,内蒙古自治区人民政府办公厅批转了该报告并印发《内蒙古自治区政府办公厅转发自治区交通厅关于严格控制超限车辆在公路上行驶报告的通知》,为管理超限运输车辆提供了法律依据。

1999年起,在规范管理、严格掌握政策界限的同时,交通主管部门加大了资金的投入,在超限运输车辆行驶集中的路段建立了固定式超限运输车辆轴重检查站3处,为各路政大队配备了便携式超限运输车辆轴重检测仪23套。同时,依靠地方人民政府,积极争取交警和新闻单位的配合和支持,对符合超限运输规定的车辆减少审批手续,对不符合超限运输规定的车辆严格执行"不收费也不发通行证"的制度,有效地控制了超限运输车辆上公路。

2000年2月13日,交通部颁布了《超限运输车辆行驶公路管理规定》,配合该《管理规定》的颁布,内蒙古自治区交通厅组织了广泛地宣传,并进一步加大了执法力度。经过艰辛的努力,基本控制住超标超限运输车辆在公路上的行驶,保证了公路运输的安全畅通。

2002年,各级交通运输部门认真贯彻《内蒙古自治区人民政府关于加强超载超限运输车辆治理的通告》,与有关部门紧密合作,联合设站,共同治理。在全区范围内展开了声势浩大的路检路查和货源地管理工作。通过超限检测,对装载可解体货物的,责令驾驶员自行卸载,收到了较好的效果。

2003年,公路超限治理取得新突破。超限治理工作得到自治区政府的高度重视和大力支持,实现了由部门行为向政府行为的转变。自治区人民政府发布了《关于进一步加强超载超限运输车辆管理的通告》和《内蒙古自治区治理超载超限车辆暂行管理办法》,成立了自治区超载超限治理工作指挥部,批准设立42个卸载点。积极参加了华北五省市联合治超行动,形成了交通路政、公安交警联合执法,工商、煤管各负其责,齐抓共治的良好局面。

2004年,超限超载运输治理工作按照"政府牵头、部门协作、综合治理、区域联动"的基本思路,重点抓住源头治理、卸载点监控和队伍建设三个主要环节,突出解决大吨小标、二次装载和清理沿途煤站等问题。全年投入治超资金8000万元,投入交通路政执法人员21万多人次,检测车辆165.7万多辆次,其中超限超载车辆124.7万多辆次,超限超载运输正在得到逐步遏制。

通过"九五""十五"期间全面开展的公路运输超限超载治理工作,超限运输势头有所遏制。全区公路超限运输车辆由治理前的85%稳定控制在7%以下,取得了阶段性成果。

"十一五"至"十二五"期间,内蒙古自治区继续按照国家和自治区的统一部署,深入开展公路运输超限超载治理工作并随着高速公路计重收费的实施,治理货车超限率始终控制在4%以内,且逐年呈现下降趋势。

2.路政执法案件查处

公路路政执法管理最重要的职责之一是通过查处路政执法案件对路产路权实施保

护。多年来,在高速公路路政执法过程中,各路政大队采取的措施:一是严格实行路政巡查制度;二是与属地交警开展联勤、联动机制,强化执法力度;三是建立高速公路控制区电子档案,为控制区违法案件提供基础数据;四是重点实施事故易发风险点监控,保障安全出行;五是实施对损害路产路权行为举报奖励制,调动社会各方力量强化路政管理;六是实施破案率、结案率、索赔率考核制,保证案件查处的效率。以上各项措施的实施,使路政管理工作迈上一个新台阶,为高速公路安全、顺畅运营起到了保驾护航的作用。

2011—2015年,内蒙古境内所辖高速公路累计处理路赔案件18000余件,破案率、结案率、索赔率分别为100%、99.6%、98.3%,累计收缴路产损失赔补偿费10800万余元。

第五章
高速公路建设科技成果

内蒙古自治区交通事业历经"九五"至"十二五"各时期的开拓与发展,从坚定不移地实施"科教兴交"战略,到紧紧抓住西部大开发历史机遇,取得了跨越式发展;再到"科教兴国、科教兴区、科教兴交"战略的全面实施以及深入贯彻落实科学发展观,积极构建社会主义和谐社会和全面建设小康社会等重要时期,逐步加快推进现代交通运输业发展,加快交通运输结构调整、转变发展方式、适时向现代服务业转型步伐。结合国家经济社会发展的新特征,及其对交通运输发展提出新的更高要求的必然性,自治区明确交通运输科技发展的指导方针、战略目标和重点领域,提出了加强和完善交通运输科技创新体系建设的政策措施,对科技发展做出了战略性、全局性、前瞻性部署,有力助推了"科教兴交"战略的全面实施;贯彻落实科学发展观,把握交通运输科技发展方向,在自治区交通运输新的跨越式发展中充分发挥了交通运输科技创新的支撑、保障、引导及驱动作用,取得了令人瞩目的成就。

第一节 科技创新

科技创新,是高速公路发展之魂。自治区高速公路自开展建设以来,公路科技创新已硕果累累。近20年来,依托一批对自治区经济社会发展起着至关重要作用且技术难度大、建设标准高、投资规模大的公路工程建设项目(以G6京藏高速公路老—集—呼工程、G6京藏高速公路呼包段改扩建工程、G7京新高速公路韩—集—呼段工程、G10绥满高速公路、G16丹锡高速公路、G18荣乌高速公路和G45大广高速公路等几十个重大项目为代表),研究和创新自治区高等级公路建设关键技术,攻克核心技术难题,为行业建设有力地提供技术支撑。

"九五"时期,1997年7月8日,呼和浩特至包头高速公路(一幅)通车试运行,标志着内蒙古自治区第一条高速公路正式诞生。在这个时期,内蒙古自治区有3条高速公路项目开工建设,里程共计324km,投资概算57.63亿元。5年间,自治区交通厅加大了科技经费投入力度,直接补助科技经费1830万元,是"八五"期间科技总投入的3.7倍,年投入由"八五"初的15万元增加到"九五"末的450万元。全区交通系统共完成省部级项目7

个,厅级科研、推广项目130个,70多项成果获得了交通部、自治区级科技奖励。一大批科研成果直接转化为生产力,服务于交通发展和高速公路建设的需求,解决了一些长期解决不了或解决不好的技术难题。科技进步对交通增长的贡献率由"八五"末的28%上升到37%,科技成果转化率达到了95%,交通专业人才净增8023人,专业人才比例从"八五"末的15.1%提高到23.3%,整体科技水平明显提高,对此后高速公路建设的快速发展起到了积极的推动作用。

"十五"时期,自治区高速公路建设进入快速发展期,5年来,共有23个高速公路项目开工建设,里程共计1570km,投资概算410.66亿元。截至2005年底,全区交通系统共计承担交通部科技项目21个,是"九五"时期的3倍,自治区交通厅批准立项的科研项目134个,较"九五"时期立项数增加10%。特别是2001年交通部启动西部交通建设科技项目以来,结合全区高速公路建设中的重点技术难题和关键技术,积极开展了16个西部项目(课题)的研究,带动了全区交通科技工作的开展。期间结题科技项目共取得专利5项,自主创新技术28项,引进技术15项,57项成果被推广应用,沙漠地区公路护坡防护、公路防雪等技术研究处于国际领先水平。其中,2004年由内蒙古交通设计研究院承担的"沙漠地区公路边坡防护及防风固沙技术研究"获2004年度内蒙古自治区科技进步一等奖,成为交通部西部项目中第一个获省部级科技进步一等奖的交通科研项目,并获2项专利。其他项目分别获自治区科技进步二等奖4项,获中国公路学会科学技术三等奖2项,获自治区科技进步三等奖7项。锡林郭勒盟交通科研所承担的"公路风吹雪雪害防治技术研究"项目,被业内专家认为总体达到国际领先水平。

"十五"时期,内蒙古摒弃以往传统科技管理观念,重新定位科研工作的发展位置,转变科研理念,积极吸纳人才智力和外界资金,利用自治区交通建设任务多、科研项目易有依托工程支持的优势,积极开展和国内外科研院所、高等院校的联合与合作。引入交通部公路科学研究所、中科院寒区旱区环境与工程研究所、交通部科学研究院、长安大学、内蒙古大学、内蒙古工业大学和内蒙古农业大学等近30家科研院所、高等院校参与到全区交通科研工作中。并多次聘请加拿大、日本、韩国等国外专家来自治区开展研讨讲学,解决了交通建设中的诸多难题,并为多渠道、多形式、多层次人才培养创造了条件。5年间,自治区交通系统先后与长沙理工大学、武汉理工大学和长安大学联合举办了工程硕士研究生班及课程进修班5期。经培养,全区交通系统内涌现出一批具有带头作用的拔尖人才,其中1人成为享受政府特殊津贴专家,1人被交通部评为"青年科技英才",2人荣获"自治区有突出贡献的中青年专家"荣誉称号,3人入选自治区"321人才工程"第二层次,6人入选中国公路百名优秀工程师,14人被自治区人事厅、交通厅命名为"全区交通科技英才"。这些科技人才在高速公路建设中做出了突出贡献。

"十一五"时期,全区共有19个高速公路项目开工建设,里程共计2062km,投资概算

816亿元。5年间，内蒙古交通系统共承担交通运输部西部地区科技项目7个、行业联合科技攻关项目2个，批准了108个厅管科技项目，争取交通运输部投入科研经费1255万元，自治区交通运输厅投入科研经费1500万元，科研项目承担单位自筹研究经费4000多万元，直接参加科研实践的专业技术人员达3000多人次。通过科技工作的不断深入，全区的交通运输科技资源实现了有效配置，仪器设备不断充实，试验场所持续完善，科研结果的科学性、先进性和准确性得到了保证，科技创新能力不断增强。全区交通运输系统通过不断加大科技投入，加强高新技术、新工艺的研究，科技创新能力有了明显提高，组织编写了部分交通运输行业的规范、标准和指南。

"十一五"时期，共有6个交通运输科技项目通过交通运输部组织的鉴定验收，93个厅科技项目通过了自治区交通运输及科技部门组织的鉴定验收。5年间获国家科学技术进步二等奖1项，自治区科技进步一等奖2项、二等奖9项、三等奖15项，中国公路学会科技进步特等奖1项、一等奖1项、二等奖1项、三等奖5项。面向高速公路建设养护的需求，制定了科技成果推广计划，加大了科技成果推广应用力度，根据内蒙古重载交通的实际情况，积极推广Superpave沥青路面设计施工新技术，减少了沥青路面的早期破坏，提高了内蒙古地区沥青路面的使用寿命；积极推广公路沙害综合治理技术、公路雪害防治技术、钢波纹管小桥、涵洞应用技术、干旱地区路域生态恢复技术等先进成熟的科研成果，带动了新技术在全区高速公路建设养护中的推广应用，推动了行业技术进步，取得了良好的经济效益和社会效益。

"十二五"时期，全区先后共有12个高速公路项目开工建设，里程总计1400km，投资概算483.87亿元。5年间，全区共计投入科研经费7700多万元，完成部、厅科研项目立项130项，共获内蒙古自治区科技进步奖17项，涵盖了公路养护、桥涵新结构、桥涵水文、寒区隧道施工、公路管理信息化等。这些科技科研奖项的取得，使内蒙古交通运输科研水平和行业科技含量得到明显提升。交通基础设施建设技术方面，围绕制约内蒙古交通基础设施建设的技术难题，针对内蒙古复杂地质地形和恶劣气候条件，重点研究了山区、冻土、软土等特殊地质筑路、改扩建工程、重载交通斜拉桥结构、弱质围岩公路隧道建设等技术瓶颈难题，在高等级公路建设、隧道建造、特大桥梁建设等领域取得了一系列具有国际领先水平的重大科技研成果。2012年12月，自治区交通运输厅成立内蒙古交通运输科技成果推广中心，充分发挥中心作用，结合行业需求，编制年度科技成果推广目录，召开技术交流会议，大力推广成果应用，为行业技术需求提供了有力保障。交通安全、资源节约和环境保护技术方面，开展了隧道照明环保节能技术、长大纵坡交通安全综合保障、高速公路全程监控风光互补供电系统、高速公路LNG加气站安全设置、寒冷地区公路边坡生态修复技术的研究，有效提升了交通运输安全和生态恢复能力。路面新材料应用、材料循环利用、节能减排等技术取得了重要进展，增强了交通运输可持续发展能力。路面再生应用技术、气泡轻质土应用技术、隧道光纤照明技术应用、高速公路全程监控风光互补供电技术等成果在全区公路建设领域的广泛应用，带动了新技术在内蒙古公路建设与养护中的推广应用，推动了行业的技术进步。通过这些重大科技攻关和成果的推广应用，有效提高了交通运输基础设施建设的质量和水平。通过审核评审，在道路工程、桥梁工程、隧道工程、交通工程、环境保护、交通道路运输六大领域中，21个科研技成果已纳入了内蒙古交通运输科技成果推广目录，推动了科技研发成果向现实生产力的转化，提高了交通运输行业科技水平。科技工作不断延伸，标准制定工作成果显著。"十二五"期间，每个应用研究项目都编制了技术指南，通过进一步的深化研究上升为自治区地方标准或行业技术标准。5年间，以平均每年两部以上的速度，组织编写了《盐渍土地区公路养护维修技术标准》等11部地方标准和规范，经内蒙古自治区质量技术监督局审核发布形成地方标准和规范，组织编制的地方标准和规范超过以往的总和，有效指导了科研成果在自治区公路建设中的规范应用，大力推动了全区标准化工作有序进行。

"十二五"期间，全区各级交通科技管理部门把科研立项、经费使用、科技合作作为管理工作的重点，努力强化科技管理工作，进一步加大了科技成果的推广力度，基本形成了立项→研究→依托工程→成果鉴定验收→成果跟踪观测→成果成熟化→标准规范这一套工作流程，为科研成果转化为生产力创造了条件。

"十三五"时期是内蒙古自治区全面建设小康社会的关键时期，《内蒙古自治区公路水路交通运输"十三五"发展规划》对高速公路提出的目标为："十三五"期间，全区共续建和新建高速公路5034km，完成投资1705亿元。依据《公路水路交通中长期科技发展规划纲要（2006—2020年）》和《国家中长期教育改革与发展规划纲要（2010—2020年）》，自治区交通运输厅组织编制了《内蒙古交通运输"十三五"科技与教育发展规划》。本规划是内蒙古自治区公路水路交通运输"十三五"规划体系的重要组成部分，旨在阐明"十三五"期间交通运输科技与教育发展的指导方针、发展目标、主要任务和保障措施，届时，自治区交通运输厅将继续依托高速公路建设开展科技创新工作，争取更多科研课题，推广应用更多科研成果和先进技术，培养更多的高科技人才，确保"十三五"期间高速公路规划目标高标准、高质量完成。

第二节　重大科研课题

一、科研课题摘录

自治区高速公路建设20多年来，广大公路建设者和科技工作者紧密结合交通运输发展实际，开展了大量的工程技术研究，组织实施了以公路沙害综合治理技术、沙漠公路筑路技术、公路风吹雪雪害防治技术、Superpave 混合料施工工艺与质量控制技术研究和严寒地区超重载水泥混凝土路面设计施工关键技术研究为代表的上百项交通运输科技项目,为高速公路建设提供了强有力的技术支撑。其中大量项目的推广应用,如公路风吹雪雪害防治技术、沥青路面旧路再生技术、岛状冻土路基差异沉降控制技术、沙漠地区公路边坡防护与防风固沙及温带草原生态环境建设、利用风积沙填筑路基技术、高速公路全程监控系统风光互补供电技术、利用风光互补为隧道照明通风技术、综合利用地热技术、隧道防冻技术、排水出口防冻提供电力技术、采用蓄能发光涂料技术、防冻灭火液隧道消防技术、LED 节能智能控制技术、光纤照明技术、工程创面植物修复技术、轻质泡沫土填筑技术等,为自治区公路建设带来了显著的社会与经济效益。

(一)路面工程技术

1. Superpave 混合料施工工艺与质量控制技术研究

老集高速公路是当时全国首条采用 Superpave 技术的高速公路项目,通过研究包括材料选择、配合比设计、级配评价、混合料性能评价、机械化施工过程中离析的产生机理与施工质量控制技术等内容,提出了内蒙古地区集料、胶结料的技术指标要求,提出了使用贝雷法、油膜厚度、粉胶比等判别矿料级配是否形成骨架密实结构的方法和指标,提出了混合料性能评价包括水敏感性和高温稳定性评价等内容,提出了内蒙古地区 Superpave 混合料施工质量控制方法。该课题首次提出了碾压离析概念并进行了理论和试验研究,首次将 Superpave 混合料材料与施工机械性能研究相结合,极具创新性和较高实用价值,同时,采用国际最新技术进行了机械、材料、机械与材料相互作用特性的跨学科系统性研究,提出了沥青混合料离析控制与预防措施。课题研究成果荣获 2006 年度内蒙古自治区科技进步一等奖。

研究成果提高了拌和设备产量,降低了拌和温度,提高了碾压效率,减少了材料浪费,节约了养护费用,缩短了建设工期,直接经济效益达 1939.6 万元;提高了路面质量,延长了养护周期,节约了旅客在途时间,减少了汽车油耗,间接经济效益近亿元;提高了行车安全性和舒适性,延长了沥青路面大修养护周期,减少了黑色废料,有助于环境保护,具有良好的社会效益。

该课题研究为自治区高速公路路面建设打下了坚实基础,具有引领作用,提高了沥青路面的使用品质,延长了使用寿命,创造了显著的经济效益和社会效益。老集高速公路经受了恶劣自然环境、重载交通"世纪大堵车运营"十年的时间考验,截至目前,路面依然平整、密实、均匀,路面使用状况依旧良好。

2. 内蒙古沥青路面结构组合研究

为提高内蒙古地区公路沥青路面建设质量,减少沥青路面水损坏、车辙、开裂、路面抗滑能力不足、路面平整度严重衰减等早期损坏,提高道路使用的耐久性,延长路面寿命,本课题结合老集高速公路双幅 5km 试验路段,充分考虑内蒙古地区交通及气候特点、环境条件和地理特征,从半刚性基层沥青路面、柔性基层沥青路面、全厚式沥青路面、组合式基层沥青路面等路面结构形式对沥青路面的早期损坏防治措施开展系统研究,并研究沥青路面施工质量控制技术,通过试验路修建和观测,确定适合内蒙古地区的路面典型结构形式,提出各结构组合形式的设计与施工技术指南。

课题研究在一定程度上很好地解决了内蒙古地区沥青路面结构选择难题,所采用的新型路面结构具有较强的针对性,提出的适宜各交通量条件下的路面结构,在抗病害方面相比传统路面结构更具优势,可提高路面抗病害能力,减少资金投入,延长路面使用寿命,降低路面大修费用。研究成果在内蒙古地区公路建设中对减少沥青路面早期损坏的发生发挥了重要作用,为沥青路面的结构组合设计、施工提供了可靠依据,保证了道路的使用性能,提高了公路使用年限,取得了明显的经济与社会效益,对地区经济社会快速发展起到了积极作用。

3. 高等级公路大粒径碎石下面层沥青路面受力特性研究

课题结合内蒙古地区交通、气候特点、环境条件与地理特征,对密级配、开级配两种大粒径沥青混合料的路用性能和力学性质进行对比研究,选取综合性能最优的密级配大粒径沥青碎石下面层形式。通过力学计算分析在温度和荷载耦合作用下路面结构的应力应变的变化特点,结合结构层厚与最大公称粒径不小于 3 倍的关系,确定下面层的合理厚度在 10~12cm 为宜。同时,通过试验路段修建和观测研究沥青路面施工质量控制技术,最终提出适合内蒙古东部地区的典型路面结构形式和施工方法。

课题研究具有重要的理论意义和实用价值,课题成果有效减少路面早期损坏的发生率,减少重复建设费用、降低工程造价,使沥青路面的结构组合设计和施工更加科学合理,对保障道路使用性能,延长公路使用寿命,指导高速公路设计与施工,具有十分重要的意义,进一步提高了自治区交通基础建设项目的设计技术水平与施工质量,在我国东部寒冷地区公路建设中将发挥积极作用。

4. 寒冷地区水稳碎石基层抗裂性改善施工技术研究

课题依托赛汗塔拉至白音察干高速公路建设项目,以减小水泥稳定碎石基层的干燥收缩和温度收缩,增强基层的抗裂性能为目的,通过分析水泥稳定碎石基层收缩特性和开裂规律,在对内蒙古地区材料调查分析的基础上,深入分析可行的外掺剂对水泥稳定碎石抗裂性能增强的微观机理,提出了采用粉煤灰、外掺剂或当地天然元明粉等有效、可行的改善基层抗裂性外掺剂技术措施,进行压实方式与养生工艺对水稳碎石基层影响的研究,提出了铺筑抗裂性骨架密实水稳基层的技术措施,并从力学性能、抗裂性能和耐久性能等方面进行测试评价。研究成果实现了主动抗裂的目标,减少或消除半刚性基层裂缝,由此减弱或消除反射裂缝产生的根源,提高半刚性基层沥青路面的路用性能,延长使用寿命,从而降低全寿命周期成本。

课题通过在实体工程建设过程中大范围推广新理念,成功地指导在实体工程中大面积应用水稳碎石基层抗裂性改善技术,使所铺筑路面的反射裂缝大幅度减少,研究总结出的抗裂性改善措施实际应用效果良好,所建道路的综合路用性能达到预期目标,取得显著成效,实实在在做到了研究惠及工程建设、为工程建设服务的目的。

5. 严寒地区超重载水泥混凝土路面设计施工关键技术研究

课题依托自治区首条水泥混凝土高级路面结构形式的高等级公路——白音华至霍林郭勒公路建设项目,围绕严寒地区超重载水泥混凝土路面结构、路面下承层结构、材料与施工控制技术、路用高耐久性水泥混凝土材料、恶劣气候条件下路面施工工艺与过程质量控制等内容开展研究,摸索出了严寒地区极重荷载条件下水泥混凝土路面设计与施工关键技术难点,有效解决了严寒地区极重荷载条件下水泥混凝土路面设计、施工关键技术难题。研究成果全部及时应用于工程实践中,指导完成了白音华至霍林郭勒公路建设项目百公里规模极重荷载运煤专线公路水泥混凝土路面的设计与施工,经国家桥梁与道路质量检验中心检验,本建设项目平整度等质量指标均优于行业标准。项目历经数个极度严寒冬季与极重荷载重复作用的考验,充分证明了课题成果的先进性、有效性和实用性。

课题成果技术领先度和成熟度均达到国际先进水平,课题组在美国第92届TRB(国际交通运输研究会)年会水泥混凝土路面施工委员会上做了专题介绍,依据课题发布了《内蒙古自治区公路工程水泥混凝土路面施工技术规范》,研究成果还纳入了《公路水泥混凝土路面设计规范》(JTG D40—2011)、《公路水泥混凝土路面施工技术细则》(JTG/T F30—2014)、《公路水泥混凝土路面接缝材料》(JT/T 203—2014)和《公路工程环氧涂层钢筋》(JT/T 945—2014)四个行业规范标准。课题成果荣获2014年度内蒙古自治区科学技术进步一等奖、中国公路学会2014年度科学技术二等奖。全套技术在内蒙古、山西、云南、广西和黑龙江等省区重交通公路建设和养护中成功系统应用,建成了以内蒙古白音华至霍林郭勒公路、准兴高速公路,山西孙吴电煤集运通道为代表的水泥混凝土路面建设示范工程,取得了显著的社会效益,累计实现经济效益超亿元。同时有力助推重载水泥混凝土路面在国内的推广应用,成果填补了我国寒区极重荷载条件下高等级公路水泥混凝土路面建设空白,得到国内外专家的高度评价。

6. 层状硅酸岩改性沥青及其混合料路用性能研究与应用

课题通过层状硅酸岩对沥青改性,形成层状硅酸岩/沥青插层复合结构,改善沥青的流变性能和耐老化性能,提高沥青的高温抗车辙能力和气体阻隔性,减缓氧在沥青中的扩散,改善沥青耐热氧与紫外光氧老化的能力;同时通过研究层状硅酸岩改性沥青的制备工艺及其结构与性能(流变性能、耐老化性能等),针对西部地区气候特点研究沥青混合料的设计方法、路用性能和施工工艺,制备高耐候性沥青混凝土。项目科研成果经鉴定总体达到了国际先进水平,并荣获2011年度中国公路学会科学技术三等奖。

7.路用基层专用水泥与水泥类稳定基层综合防裂技术研究

课题针对内蒙古气候干燥、温差大、湿度变化大,以及路面基层开裂严重、反射裂缝密集等问题,探讨水泥稳定粒料基层抗裂关键技术。主要研究水泥稳定粒料收缩开裂的机理、路用基层专用水泥的研制、高抗裂水泥粉煤灰路面基层粒料结构组成及材料和水泥稳定基层抗裂施工工艺,并成功应用于西部地区公路建设。

8.沥青混凝土路面抗车辙添加剂的推广应用研究

课题依托工程为呼和浩特市绕城高速公路保合少互通和白塔互通 Sup-20 中面层工程,通过采用沥青混合料抗车辙添加剂,改善提高了沥青混合料的路用性能,延长了养护时间间隔,很好地解决了公路技术状况差和服务水平低于经济发展需求之间的矛盾,降低了公路整体使用期的成本、延长了公路的使用寿命,具有显著的经济社会效益。面对迅速增长的交通量和超载车辆对路面破坏带来的压力,沥青混合料抗车辙添加剂的出现将为公路建设提供新的思路和方法。

9.季冻区长寿命沥青路面结构设计与材料参数研究

课题依托G10绥满高速公路阿荣旗至博克图段建设项目,通过对重冻区气候特征、交通状况以及路面使用现状调查分析,结合该地区交通量及轴载分布,对重冻区路面设计轴载参数进行了深入研究,得出了重冻区季节轴载换算参数,界定了重冻区沥青路面结构破坏临界状态,提出了适应重冻区长寿命沥青路面设计的指标和要求,并对重冻区长寿命路面结构进行了力学优化,并通过对路面结构的疲劳寿命分析、经济效益分析,构建了适合重冻区的长寿命沥青路面结构模型。并对不同结构层基于路用性能的沥青混合料及层间处置材料进行了优化设计,提出了具体的设计方法,铺筑了两种长寿命沥青路面试验路,通过深入探索重冻区长寿命试验路施工工艺及质量控制技术,形成重冻区长寿命沥青路面设计、施工成套技术。

本课题的研究成果将为重冻区长寿命沥青路面设计及应用提供科学的、较为可靠的理论依据,对今后内蒙古地区重冰冻区乃至国内其他重冰冻地区的公路建设都具有十分重要的意义,具有广阔的应用前景。

10.高性能热拌沥青混合料施工优化技术研究

课题进行了沥青混合料材料特性试验研究,并对基于作业质量的设备选型与合理配置的机群匹配技术进行了研究,通过优化施工工艺,有效控制对沥青混合料的离析问题,并对防治技术进行了深入研究。课题研究成果应用于长春至深圳高速公路金宝屯至查日苏段公路建设项目,该路段通车运营至今,在车辆荷载、冻融循环以及大温差的温度应力作用下,路面未出现过影响行车的病害,整体运营情况良好。课题研究和工程应用所取得的科研成果,不但规范了机械化的施工行为,提高沥青路面的综合施工质量,减少早期道路破坏发生,延长使用寿命,减少养护频率,大量节约养护费用,而且根据研究成果编制的施工技术指南,对于相邻省份的机械化施工技术具有参考价值。另外,课题的研究成果提高了路面的平整度和路面耐久性,抗滑能力增强,使车辆可以保持较快行驶速度,减少在途时间,减少车辆行驶油耗,减少旅客因为公路养护而耗费的时间;也减少了混合料施工的变异性,从而减少了路面坑槽、车辙等容易引起安全事故的路面病害,降低交通事故发生比率。课题研究成果具有显著的经济、社会效益和广阔的应用前景。

11. 内蒙古地区超重轴沥青路面设计轴载换算方法研究

课题依托内蒙古境内承受重载交通的典型路段——G6京藏高速公路呼集段和110国道,对上述路段行驶车辆的交通比例、轴载类型、轴重分布、车流形态、路面结构和路面破坏形式进行调查分析,结合国内外重载交通沥青路面轴载研究成果及现行设计规范,对重载交通沥青路面的轴载换算系数进行研究,得到了内蒙古地区超重载条件下,车辙等效轴载换算方法及层底拉应力等效轴载换算方法,能减缓公路路面及公路桥涵的早期破坏,大大增加了公路的使用寿命,提高了道路的服务水平和通行能力,降低公路运营管理难度,减少道路维修次数与费用,较大地提高了经济利益。同时为内蒙古地区修建超重载沥青路面,满足重载车辆资源输出提供了科学依据和实践指导建议。

12. 沥青面层与半刚性基层层间联结评价技术研究

课题根据内蒙古地区气候特性、交通组成、路面结构形式,建立沥青面层与半刚性基层层间应力响应有限元力学分析模型,分析沥青面层与半刚性基层之间在垂直荷载和水平荷载作用下的应力状态。在此基础上,就联结层的关键性能提出沥青路面与半刚性基层层间联结评价方法以及评价指标,形成沥青面层与半刚性基层层间联结效果的有效评价方法,建立一套完整的内蒙古自治区高速公路沥青面层与半刚性基层层间联结效果评价技术体系,为本地区在沥青面层与半刚性基层层间处理施工过程中材料的选择、质量的控制提供依据。课题研究开发了一套专门用于路面沥青面层与半刚性基层层间质量检测的试验仪器,研制成功具有我国自主知识产权的试验检测设备,填补了我国还没有评价沥青面层与半刚性基层层间联结效果的专用检测仪器的空白;课题通过检测、评价沥青面层与半刚性基层层间联结的性能,充分考虑沥青面层与半刚性基层层间的特点和使用环境,提出了一套检测方法。课题研究成果在呼和浩特至杀虎口(内蒙古山西界)高速公路工程项目中得以试验应用,取得了显著的经济效益和社会效益。

(二)路基工程技术

1. 公路风吹雪雪害防治技术研究

课题对国内风吹雪雪害区域的多条不同等级的公路进行了全面调查,研究范围东至黑龙江省,西至新疆,横跨东北、华北、西北三大地区,共获取典型雪害研究样本数据9万余组、风洞模拟试验数据70万余组。研究完善了我国风吹雪的基础理论,完成了主要研究区域的风吹雪雪害区划,有针对性地提出适合我国风吹雪区域的公路选线、路基设计控制指标,明确了多种风吹雪雪害防治设施的作用机理、作用效果及其应用条件、设置技术、费用成本,形成了从选线到路基断面设计再到雪害防治的系列配套的技术体系。公路风吹雪雪害防治成套技术具有较强的实用性、适用性和易操作性,能够很好地应用工程实践,为我国公路风吹雪雪害防治工作提供科学的技术指导和理论依据,极大地推动了我国公路风吹雪雪害防治整体技术水平的提高,对减少风吹雪雪害对公路造成的危害,完善风吹雪雪害地区公路设计与防治技术,具有重要的指导意义和实用价值。

经交通运输部组织专家鉴定认为:"该课题研究理念新颖。研究成果具有显著的经济效益、社会效益及推广应用价值,总体达到国际领先水平"。研究成果先后荣获2006年度中国公路学会科学技术一等奖、2006年度内蒙古自治区经济技术重大创新成果奖、2007年度内蒙古自治区科技进步一等奖等荣誉;入选科技部《南方地区雨雪冰冻灾害重建实用技术手册》、交通运输部和自治区交通运输厅编制的交通建设科技成果推广目录;部分技术指标被《公路路基设计规范》(JTG D30—2015)采纳。

为了加大成果转化力度,课题承担单位在原有成果的基础上编制完成了地方标准《内蒙古自治区公路风吹雪雪害防治技术》(DB 15/T 435—2006),并完成了交通运输部科技成果推广项目"寒冷地区公路风吹雪雪害防治技术推广应用"和内蒙古自治区交通运输厅科技成果推广项目"风吹雪雪害防治技术在高等级公路推广应用"研究。上述研究成果先后在G16丹锡高速公路、锡张高速公路等一大批重点公路中进行了推广应用,社会经济效益显著。

2. 岛状冻土地区路基差异沉降控制技术研究

课题依托博克图—牙克石高速公路,基于呼伦贝尔多年冻土地区特殊的自然条件,研究环境因素对路基温度场影响,尤其是冻土冻结深度和融化深度影响及多年冻土上限随各种因素变化规律,对预测多年冻土融沉、冻胀、路基沉降提供依据,据多年冻土变化规律提出相关沉降处治措施。

课题研究有效解决了多年来困扰内蒙古岛状冻土地区公路建设的差异沉降问题,极大地提高了路基路面的施工质量与使用寿命;通过研究对差异沉降标准进行分级,制定岛状冻土地区公路不均匀沉降控制指标与标准,更有利于路基质量的控制,从而减少大中修次数,避免工程病害。博牙高速公路应用研究成果较原设计方案节省493万元/公里,节省总费用5995万元,节约日常养护费用50万元/年,产生了巨大的社会经济效益。

3. 山区高速公路拓宽填方路基的不均匀沉降处治技术研究

课题依据赤承高速公路原路面宽度、拓宽宽度、采用的基层材料类型、面层材料类型,通过数值模拟、现场试验验证确定新老路基沉降变化曲率,利用该指标表征路基不同深度范围内沉降变化规律;并通过对比新老路基的沉降变化曲率,提出了以新老路基沉降变化曲率差值作为差异沉降的控制指标;同时,该课题通过研究发明了一种基于挤扩成孔的端承锚杆的施工装置和施工方法,并利用该装置成型简易石灰桩,与常规方法相比,该方法具有成孔速度快、不易塌孔等特点;基于新老路基不协调变形控制,提出了一系列山区新老路基结合部处治实用技术,包括采用不处理、置换、深桩、浅桩、刚性桩、柔性桩等,明确了各种措施的技术原理、应用方法、施工工艺及质量控制方法,提出《山区高速公路拓宽填方路基的不均匀沉降处治施工技术指南》,为山区高速公路路基拓宽工程的设计和施工技术标准提供了依据。

课题研究有效地解决了多年来困扰内蒙古地区公路建设的差异沉降问题,极大地提高路基路面的施工质量与使用寿命;并通过研究赤承高速公路不良地质路段,提出内蒙古地区山区高速公路拓宽填方路基结合部不均匀沉降处治技术及施工工艺,制定了内蒙古山区拓宽路段结合部协同沉降施工质量控制标准,有利于路基质量的控制,从而减少后期出现的反射裂缝等危害,避免工程病害,节约资金,避免浪费,对解决特殊路基的设计、施工都具有重要意义。

4. 公路路基拓宽中新旧路基结合部的处治技术研究

课题通过超载预压对加宽路基段加速沉降研究,提出将新型材料气泡混凝土作为路基填料,通过对气泡混凝土进行无侧限抗压强度试验、抗压回弹模量和抗冻性能试验研究,寻找出气泡混凝土性能的影响因素,同时探索气泡混凝土掺土后的工程特性,在试验路段铺筑不同厚度气泡混凝土并进行相关检测验证其效果并提出填筑最小厚度,在试验路段上选择典型路段应用分析研究道路加宽路基中的动态回弹模量与压实度的关系,以及路基动态回弹模量、压实度与碾压遍数的关系,有限元分析新旧路基的沉降,验证铺设气泡混凝土后的效果。

课题对道路路基加宽中的沉降差异与处置方法进行研究,依托实际工程中加宽路基与旧路基的衔接部分的处治措施进行研究,并通过该课题的研究寻找出道路改扩建中的处治措施,2012—2014年在呼和浩特至杀虎口(内蒙古山西界)高速公路连接线工程项目中成功应用研究成果,取得了显著的社会经济效益。

5. 土工织物散体桩加固软基推广应用技术研究

课题依托 G6 京藏高速公路呼包段 K557+427～K559+137 段公路建设项目,开展土工织物散体桩加固淤泥和泥炭土路基的机理、技术和工艺等研究工作,通过土工织物散体桩复合地基路堤模型试验,认为土工织物散体桩在复合地基中具有很好的排水性能,能较快地消散桩间土中的超孔隙水压力,土工织物散体桩复合地基沉降随筋材刚度的减小而显著增大;并通过土工织物散体桩复合地基路堤三维有限元数值模拟,得出复合地基沉降和桩土差异沉降随桩间距增大而显著增大,而桩土应力比和路堤稳定性随桩间距的增大而明显降低的结论。研究提出土工织物散体桩复合地基沉降计算方法和土工织物散体桩复合地基路堤稳定性分析方法。

本课题的研究对内蒙古自治区乃至整个北方地区的公路建设具有较强参考价值,为今后土工织物散体桩的设计、施工提供了可靠的依据。该技术的成功应用,有效减少道路管理和养护部门的工作和费用支出,降低因早期病害造成的养护和改建导致的交通堵塞,降低油耗,最大限度地降低因地基问题导致路面损坏造成的交通问题,提高了道路管理运营效率,具有良好的社会效益和经济效益。

(三) 防护工程技术

1. 沙漠地区公路边坡防护及防风固沙技术研究

课题是交通运输部西部交通科技项目"沙漠地区公路修筑成套技术"之一。课题研究开发了可移动、折叠、多次使用,与植物固沙配合使用的土工方格沙障,并研发沙袋沙障固沙技术。该沙障可充分利用流沙设置沙障,在沙丘上就地装沙,大幅度地降低固沙成本,设置方便,在沙障被流沙埋压后仍可以提起,而其固沙效能马上恢复如新,使传统的静态固沙转化为动态固沙,也可以和植物固沙结合使用。课题通过边研究边示范,为当地沙地资源的开发利用、沙源治理与生态建设树立了一个成功的榜样。2004 年通过了交通部组织的鉴定验收,研究成果总体达到了国际先进水平,其中土工合成材料固沙技术、土壤凝结剂固沙新方法处于国际领先水平,同年获内蒙古自治区科技进步一等奖。

研究成果在内蒙古 207 国道、111 国道通辽境内段都进行了推广,其中推广规模最大的是临哈高速公路,全线共推广 3100 万 m^2。沙袋沙障经中科院改进后用于福建海岸沙丘的固定,新疆和田至阿拉尔沙漠公路推广 2 万 m^2。研究成果为公路生态系统的结构与功能更加趋于完善,防风固沙消除公路沙害发挥了显著作用,取得了显著的社会、生态、经济效益。

2. 高等级公路路域生态环境建设试验示范研究

课题依托公路建设项目对路域植被破坏现状进行分析与评价,调查路域范围内地貌、土壤、水分、降水、风速等因子,分析植被破坏影响因子,特别是公路施工前后路域植物群落结构及盖度变化,对植被破坏过程和危害程度进行评价,研究了公路建设对路域景观格局变化的影响,从施工对路域景观结构、多样性、物种带来的变化,分析和评价了公路建设对景观生态系统带来的危害,提出了植被恢复方案。同时,通过合理选择植物种,以边坡喷播灌草,增强固土防护功能为突破口,以灌木、草本植物、灌草等带状间作措施为手段,加快恢复路域内取土场、风蚀劣地的综合整治和绿化,改变和提高了路域系统土地可持续利用,修复路域系统生态功能,采用土壤固化剂、土壤改良剂等新型覆盖、固结材料固定流沙,配合柴草沙障、柳条活沙障、沙袋沙障、沙埂沙障等工程措施,结合生根粉、吸水剂、大粒长效复合肥等新材料,撒播或喷播草籽、栽植花灌木,构建了不同层次的植被系统;并对路域内天然植被封育、人工植被建植进行研究,加速了路域生态系统修复,依取、弃土场位置、地形,采取顶、底面改造、削身填底及修筑梯田、拦渣坝、挡土墙等措施,并辅以种植树灌草控制侵蚀、恢复其土地利用价值。最终,课题从景观生态学的基本原理出发,针对项目区的特点,在不同地段,将乔、灌、草、花种,点、线、面相结合,立体配置于路侧防护带、路中隔离带、边坡生物带,形成了极具观赏性的生态景观典型示范路段,并总结出一种有效的、经济的、生态的化学固沙技术,充分利用了自然资源发展经济,推动科技成果推广应用,为本地区以公路防护为主体生态环境的建设,构建沙地绿色生态屏障起到了至关重要的作用。

3. 大兴安岭高寒冻融地区路堑边坡生态修复技术研究与示范

课题依托牙克石至甘南公路建设项目,围绕大兴安岭高寒冻融地区生态修复中物种选择建成的植生层在坡面的稳定性、修复的植生层和建植植被具有足够的抗寒性、大兴安岭高寒冻融地区路堑边坡生态修复工程施工工艺等方面开展研究。课题优选了5种适宜高寒冻融地区生态修复的物种,编制了《大兴安岭高寒冻融地区路堑边坡生态修复工程指南》,完成总计3处路域生态景观修复示范工程,当年植被覆盖度达到85%。以上研究成果,有效解决了基础建设带来的环境问题,并对大兴安岭高寒冻融地区气候条件进行了分析,通过小区试验和工程实践相结合,把现有边坡生态修复技术进行整合,因地制宜地应用到大兴安岭高寒冻融地区高速公路路域生态修复中,提炼出一套完整的可在类似地区推广的技术。课题研究为高寒冻融地区公路建设可持续发展提供生态工程技术体系,对改善高寒公路生态环境,减少水土流失,优化公路沿线景观,产生了巨大的社会、经济和环境效益。

4. 温带草原公路建设生态环境保护技术研究

课题研究首次通过对内蒙古现有路网不同缓冲区内土地利用现状变化分析,得到草地利用类型在路网缓冲区内变化在2000m缓冲区后趋于平缓,得出内蒙古自治区公路针对土地利用的生态影响范围在2000m的结论。同时课题首次利用Forman提出的基于破碎化理论的路网评价模型,对内蒙古现有路网和规划路网的生态影响进行了评价,得到现有路网对内蒙古草原生境影响值1486,规划路网对内蒙古草原生境影响值2201,构建了基于水土保持的草原微丘区公路适宜填筑高度分析模型,并采用灰色关联度方法,分析得出草原微丘区不同类型路段的适宜填筑高度。课题对草原微丘区具有不同环境特点的草地、沙地和耕地路段,分别针对路面散排、防风固沙和节约土地等不同需求,提出了基于水土保持的草原微丘区不同占地类型区域路基优化设计方案;根据温带草原区公路建设项目水土流失特点,首次提出了采用基于ArcGIS的聚类分析法进行水土保持监测布局,并在实际监测中得到应用;根据温带草原公路建设情况,首次采用了利用公路已有设施监测水土流失量方法,可节约监测成本;就施工干扰对植被的破坏机理应用生态系统理论进行了分析,揭示了施工对植被破坏的内在规律;提出了不同质地边坡植被自然恢复指数;就施工对植被破坏的强度进行了首次分级;提出了汇区的概念,用来指导植物生境的增益及取土场、弃土场的设计;划分了植被破坏到植被恢复的三个阶段;首次提出了施工行为向生态行为转化概念等研究成果。

该研究成果对保护地方资源,促进旅游业及其他产业的发展,降低公路路域水土流失及公路维护费用,促进公路防沙、治沙产业发展,带动地区经济发展等方面具有十分重要的意义,除内蒙古温带草原区以外,还可辐射全国所有草原区的公路建设,同时对铁路等线形工程亦有参考价值,经济效益十分显著。

5. 内蒙古干旱地区公路边坡生态恢复技术应用研究

课题依托老集高速公路,针对该项目部分边坡存在生态坡度陡、坡面高,坡面物质硬、养分含量低,原有的土壤植被系统受到彻底破坏,气候干旱、水分条件差等四方面特点及难点内容开展研究。老集高速公路生物防护采用厚层基质喷播,施工当年生态恢复后的群落盖度平均达到70%,阳坡群落盖度约50%,阴坡则达到大约90%,起到了良好的坡面保护作用。建植后第二年在两个坡向虽然都出现覆盖度有所降低的趋势,但平均盖度仍维持在60%。同时通过生物防护技术的实施,使得植被护坡对于减轻降雨对坡面的土壤侵蚀和水土流失具有非常明显的抑制作用,约减少95%以上的土壤侵蚀量;同时,土壤流失的减少又为促进植物的恢复演替提供了优良环境,植被防护坡面由于具有增加地面粗糙度、叶面截获尘粒等作用,因而具有和草坪同样的减尘功能。

本课题的实施改变了道路景观的单一性,使景观多样化,消除单调景观带来的疲劳,同时通过改善路域小气候,提高驾驶舒适性,直接提高驾驶的安全性。在植被生长良好的情况下,植物中分带完全能够在美化景观的同时,起到很好的防眩作用。路侧绿化带对美化景观和防风沙有很重要的作用。在不考虑其他因素的情况下,从驾驶员角度出发,植物绿化边坡防护类型具有显著的生态环保、社会及经济效益。

6.半干旱地区公路岩质边坡生物恢复加固技术研究

课题依托半干旱地区的内蒙古集丰高速公路、陕西西禹高速公路、内蒙古赤通高速公路等工程建设项目,开展了岩质边坡植被恢复加固技术和生态恢复效果评价方法的研究、岩质坡面排水、人工土壤成分配比、土壤黏合剂抗侵蚀性能、土壤及植被建植技术、土壤黏合剂对边坡客土层抗剪强度影响、不同类型岩质坡面处理等工作;同时完成了乔灌木根系在岩质坡面的发育特征调查、岩质边坡植被恢复前后的热环境观测、典型路段岩质边坡植被恢复效果调查等野外调查观测工作及赤通高速公路和京承高速公路岩质边坡植被恢复示范工程。课题提出了半干旱地区公路岩质边坡生态恢复效果监测和评价方法,编制了半干旱地区岩质边坡植被恢复及坡面保护工程的施工规范及技术手册,课题成果可在我国高寒冻融地区及季节性冻土区公路生态修复和保护方面推行与实施。

通过本课题的实施,将带动全国半干旱地区有效解决公路建设中的环境问题,在保护边坡、降低公路灾害治理成本、确保行车安全的同时,还将恢复生态、改善路域景观,提高半干旱地区高速公路的观赏性和驾乘人员的舒适度,为把半干旱地区的高速公路建设成为保护生态环境、推进科技创新、体现人文景观、创造文明财富的新型高速公路提供成功样板,在我国半干旱地区推广应用后,将产生巨大的环境效益、经济效益和社会效益。

7.高速公路单波梁护栏开发应用研究

课题结合内蒙古地区的气候特点,在满足新规范要求的基础上,研究开发出一种新型的半刚性护栏,该新型护栏的防护等级达到A级,防护能力至少达到160kJ,能够有效兼顾大型车和小型车的不同防护要求,适应已颁布的新规范对于防撞的标准要求,同时达到通透美观,不易阻雪,省材经济,适于普及的目标。所开发和验证的单波梁护栏技术将在我国北方乃至全国各地的新建和改建高速公路与城市快速路上使用,本课题对于提高我国高速公路的整体交通安全防护水平,防止或减少车辆穿越护栏事故的发生,降低公路事故死亡率,都具有极为重要的意义。通过本课题核心技术的应用,可以对新建高速公路提供一种可靠的新型护栏形式。同时,对于临河、傍山等特殊路段设置多层单波梁提供了试验原始数据,为下一步研究开发多层单波梁提供基础。

本课题在国内首次研究梁柱式新型单波梁护栏,经济性较好,景观效果好,通透性高,可以适当缓解路上驾乘人员的视觉疲劳,一定程度上也提高了高速公路的行车安全性,同时也能提高驾乘人员对于高速公路服务的满意度水平。能有效防护失控车辆,降低事故发生的严重程度,减少事故造成的损失,提高高速公路的交通安全水平,具有良好经济和社会效益。

8.寒冷地区公路风吹雪雪害防治技术推广应用

本课题依托交通运输部西部交通建设科技项目"公路风吹雪雪害防治技术研究""公

路风吹雪雪害成因与预警研究"、中国-加拿大政府间合作项目"公路灾害缓解技术研究"等课题研究成果所形成的公路风吹雪雪害防治成套技术,在广泛收集公路设计、施工、管养等部门执行内蒙古自治区地方标准《内蒙古自治区公路风吹雪雪害防治技术》(DB 15/T 435—2006)的意见和建议并进行系统整理、归类和分析的基础上,针对本推广工程的雪害发生情况和具体危害特点,进行公路风吹雪雪害防治成套技术的推广应用,以达到避免或减轻风吹雪对推广工程的危害、提高其畅通率、改善其运营环境的目的,从整体上提升该段公路的服务水平,提高其工程投资效益,并有效减少其养护成本。

本课题的实施,避免和减轻了风吹雪对推广工程的危害,提高了畅通率,改善了运营环境,从整体上提升了服务水平,保证了建设投资效益,有效减少了养护成本,达到了预期目标。在本课题开展过程中进一步改良了 HDPE 防雪网网片,编制完成了《防雪网施工操作规程》,并在我国首次提出了高分子防雪网网片材料性能检测项目及其技术指标要求,供各单位在进行防雪网的选用、施工安装及检查验收等工作时参照引用。本课题的推广应用将为雪害防治成套技术在全国范围内进行更大范围推广应用带来非常积极的示范、带动作用,有力地推动了我国北方寒冷地区公路风吹雪雪害防治工作的深入发展。其中采用的"育草蓄雪""防雪网"两项示范设施的建设,不仅避免了建设传统圬工防雪设施对周围环境的不利影响,而且美化了路域环境,为公路建设过程中实施生态文明建设的多样性提供了途径。

(四)桥隧工程技术

1. 波纹钢结构在小桥与涵洞应用技术研究

课题依托内蒙古锡林郭勒盟 G207 线 K199+480 小桥实体工程,通过系统的理论分析、室内模型试验和现场实测研究,在分析波纹钢板小桥受力机理的基础上,建立相关分析理论,得到实用的设计计算方法,开发了通用计算程序,形成了设计与施工技术指南,为后期设计和应用提供技术保障,从而促进波纹钢板小桥的推广应用。通过对波纹钢板小桥适用性、波纹钢板小桥结构分析、波纹钢板小桥合理形式(波纹钢板小桥结构参数研究、拱铰形式与基础类型研究、拱上填料及路基填土研究)、波纹钢板小桥设计方法等四个专题的系统研究,建立了波纹钢管涵解析模型,提出了波纹钢板小桥涵适用性及合理参数选择方案,给出了施工阶段波纹钢板小桥最不利工况,建立了波纹钢板小桥动力分析方法,通过试验获得波纹钢板小桥的动力特性等主要成果,社会经济效益十分显著。

2. 包树黄河特大桥结构安全性研究

课题依托 G65 包头至树林召高速公路黄河特大桥工程,立足于连续梁桥设计、施工、运营过程中安全性考虑,进行主桥施工阶段关键技术、箱梁关键部位空间应力分析、主桥抗震性能分析评价等研究,解决整个过程中亟待解决的关键技术难题,为大桥建设过程中的管理和决策提供了比较全面的技术支持,同时也为本地区同类桥梁的设计、施工提供了理论依据和实践参考,经过一年多以来的运营,主桥行车舒适性良好,各项指标均达到设计要求,通过在包树黄河特大桥中的应用,产生了直接经济效益5000万元。

课题将科研服务于工程建设,确保了大桥建设的质量和安全,在内蒙古地区其他桥梁的建设中,推广应用该技术,显然会产生更大的社会和经济效益。由于结构安全性研究的相关结论及研究成果,可以在连续梁桥、连续刚构等大跨径桥梁的设计、施工中采用,而我国每年在建桥梁数量巨大,因此,该课题的推广前景巨大,其潜在的技术效益、经济效益、社会效益更为巨大。

3. 包树黄河特大桥结构耐久性评价

课题是以包头至树林召高速公路黄河特大桥工程为依托,立足于连续梁桥设计、施工、运营过程中耐久性研究解决混凝土桥梁耐久性亟待解决的关键技术难题,根据本桥环境条件对结构的耐久性要求进行分析,选定了适合于本桥耐久性构造设计参数及混凝土材料要求,完善了本桥的耐久性设计并用以指导施工,对大体积承台混凝土构件在施工过程中的温度场进行了理论分析和监测,并根据实测结果对相关参数进行反演分析和修正。同时对呼包高速公路90余座桥涵的碳化深度进行了调查,据此对包树黄河特大桥主梁、盖梁、桥墩、承台等构件的碳化寿命,以及采用Fick第二扩散定律,对除冰盐环境中黄河特大桥各构件的服役寿命进行预测。从桥梁的运营养护角度对同类桥梁的可检性、可修性、可换性、可强性、可控性、可持续性提出了具体的设计要求。

通过本课题研究,选定了适合于包树黄河特大桥耐久性构造设计参数及混凝土材料要求;从材料和构件角度寻求增强结构混凝土耐久性的措施和方法,并研究了大体积混凝土温度裂缝控制办法,并成功运用于包树高速公路黄河特大桥设计、施工全过程,有效减小了后期运营养护的成本,取得了明显的经济效益。同时课题对桥梁主要部件,从全寿命设计理念出发,建立了一套适用于同类桥梁的运营养护管理计划、流程和措施,为相关管理部门提供参考。

4. 大跨径桥梁施工控制数值分析与仿真技术研究

课题以二河国道主干线集宁至丰镇段高速公路黑沟特大桥工程为依托,采用有限元方法建立的桥梁施工控制仿真模型,对桥梁施工过程的应力、变形和稳定性以及风荷载作用进行精确分析;创建的灰神经网络模型也能够较好实现桥梁施工中的智能控制与预测,对桥梁各典型施工工况进行了静力和动力风载作用下的位移、应力分析;在最大悬臂施工阶段,对风荷载作用下的桥墩进行 $P\text{-}\Delta$ 效应分析,对双薄壁高墩连续刚构桥从施工到成桥的主要过程进行了稳定性仿真分析,得到各施工工况下的失稳特征值和模态,分析对比了各种因素变化对结构稳定性的影响,把研究成果直接用于内蒙古黑沟特大桥的施工控制实践,产生了直接经济效益9325万元,确保了黑沟特大桥施工的质量、安全并提前完工。

课题成果可在内蒙古地区其他桥梁的建设中推广应用,由于该研究中灰神经网络模型的智能控制与预测技术,可以在连续梁桥、连续刚构、斜拉桥等多种大跨径桥梁的施工控制中采用,而我国每年在建桥梁数量巨大,因此,该课题的推广前景巨大,其潜在的技术效益、经济效益、社会效益更为巨大。

5. 大吨位T形刚构桥转体施工控制与稳定性研究

本课题依托G7京新高速公路集宁至呼和浩特段京包铁路立交转体桥项目,首次在内蒙古地区开展大吨位T形刚构桥转体施工控制和稳定性研究,首次提出了满足桥梁整体抗倾覆性能要求的球铰转盘设计最小尺寸和球铰最大偏心距控制指标,并在依托工程施工中作为控制指标,取得了很好的效果,为球铰的设计尺寸和最大偏心距控制标准的制定提供了依据;对转体桥关键受力部件球铰受力状态进行精细化分析与计算,首次揭示了在竖向荷载、偏心荷载及转体过程支墩半接触状态三种不同工况下大吨位T形刚构桥球铰应力分布规律,为球铰构造的设计优化和球铰设计标准的建立提供了参考;深入开展了传统称重、挠度估算、悬臂梁应力检测等多种不平衡重检测方法的对比研究,利用T形刚构的结构特点首次提出了基于墩身应力检测不平衡重的新方法并成功应用于依托工程,首次提出了基于声监测原理的桥梁转体过程球铰状态异常情况识别与监测方法,并在依托工程中成功开展了试验研究,改变了转体过程中球铰局部受力复杂却无法有效监测的现状,使桥梁转体过程监控内容更加完善和全面,为桥梁转体施工的安全和质量提供了更加可靠的保障。

6. 空心板梁聚苯乙烯泡沫内模成型技术研究

课题研究以巴彦浩特至银川高速公路内蒙古段工程为依托,该项目全线47座13m跨径桥梁中有1440片13m预应力空心板梁,通过对聚苯乙烯内模成型加工工艺及该内模在空心板施工中的应用技术的研究,解决聚苯乙烯泡沫内模在空心板梁施工中的场地、厂房、设备的配备问题,内模成型加工工艺技术,内模的合理尺寸的选用,空心板梁的施工工艺控制技术。

课题研究成果主要应用于公路桥梁空心板梁预制施工领域,可以填补国内聚苯乙烯内模空心板梁施工技术的不足,加快空心板梁施工进度,减少空心板工程造价,提高空心板梁施工质量。聚苯乙烯泡沫内模在预应力空心板梁施工中的应用可有效地解决充气橡胶气囊上浮和钢、木内模施工不便的问题,并且施工成本低,施工进度快,施工简单,具有明显的社会效益和经济效益。同时,可减少和避免铰缝纵向裂缝的产生,降低养护成本,提高桥梁的耐久性、工程质量和行车舒适性,有着十分迫切的现实需要和重要的工程经济效益。

7. 竖向节理发育地层隧道围岩稳定与支护关键技术研究

课题依托 G18 荣乌高速公路十七沟至大饭铺段的重点控制工程桦树塄隧道与窑沟隧道,针对竖向节理发育地层隧道围岩开展了节理特征的精细化描述与地层稳定性快速分析、节理发育特征对围岩变形与失稳模式的影响研究、基于节理特征的隧道初期支护参数优化研究、节理发育围岩隧道施工安全控制体系等研究工作,并针对依托工程,量化研究其合理的支护参数,提出该类围岩施工安全风险评价与控制技术,为依托工程和相似地质条件下的隧道工程安全事故的预测和控制提供有力的技术支撑,大大提高工程的安全性。

根据课题提出的常见风险安全控制技术,对节理裂隙发育的桦树塄、窑沟隧道进行隧道施工安全风险控制,并依据变形警戒阈值及时发布预警信息,对潜在的风险事故采取相应的安全控制措施,预测、预防了多次塌方事故,顺利保证了施工工期,节约工程费用 1000 多万元。该课题研究成果的推广应用,不仅有利于降低同类公路隧道工程造价、加快施工进度、提高施工安全,同时,还可以减少因隧道塌方、失稳引起的人员、财产伤亡以及环境破坏问题,对于隧道施工过程中安全风险的管理与控制也具有重要指导意义,可实现基于隧道施工过程的安全风险预测预警;该研究成果可广泛应用于类似地质条件下公路隧道施工,具有良好的社会效益。

8. 机械导纳法在道路桥梁基桩检测中的应用研究

课题在理论分析的基础上通过实际的现场试验来对基桩性能做出分析和评价。将理论研究与实际试验相结合,对基桩的实际工作性能做出准确的评价,不仅能够给出基桩完整性的桩长、桩径、故障位置等信息,还可以检测出基桩的刚度及承载力,这对于大面积检桩有着很大的经济效益,并能节省大量的时间,为保质保量地完成工程项目提供了保障。课题于 2008 年 7 月～2010 年 9 月在呼和浩特绕城高速公路工程项目中得以研究应用,研究成果具有费用低、快速、轻便等优点,因而越来越受到人们的重视和欢迎,应用前景广阔。

(五)改扩建工程技术

1. 一级公路改高速公路路基路面拓宽相关控制技术研究

本课题研究目的是针对内蒙古地区公路拓宽改建的工程特点和技术问题,依托牙海高速公路拓宽工程,通过公路改扩建模式辅助决策技术、既有路基路面评价与利用技术、公路拓宽地基差异沉降控制技术、路基结合部处治技术、新老路面拼接与协同设计技术等关键技术研究和突破,提出了既有半刚性基层沥青路面结构性能的多手段联合评价方法。首次提出了基于非饱和土力学理论的路基湿度和回弹模量预估方法,实现了新老路基的合理拼接;首次提出了新老路面结构协同设计方法和流程,并详细规定了结合部位的处置方法和技术要求,有效支撑了新老路面的整体结合和协同工作;首次系统构建了草原地区高速公路拓宽技术指标体系,明确了老路评价、路线设计及路基、路面拓宽的各项指标和参数。构建了适应于内蒙古地区不同等级公路拓宽改建的技术指标体系,提出一系列实用工程技术,编制技术指南指导大规模工程实践,保障实体工程的整体性能,提升内蒙古地区公路改扩建的技术水平。研究成果水平达到国际先进水平,可以广泛地应用于内蒙古地区的一级公路升级改造高级公路的路基拓宽工程,可以为相关规范的修订提供技术依据,具有十分重要的意义。

2. 草原地区一级公路升级改造适用标准及关键技术研究

课题以内蒙古省际大通道乌达至石炭井一级公路改高速公路工程及新林北至扎兰屯半幅一级公路为依托,开展高速公路起终点衔接的方式及原则、"一级公路升级改造"项目总体设计辅道的设置原则、封闭后互通立交布局对区域路网连接线影响、自治区高等级公路统一收费及服务设施总体布局设计原则、高速公路运行速度模型在内蒙古地区的适用性、各种交通标志、爬坡车道以及互通式立体交叉、停靠站、服务区等设置(引入限速段)对运行速度的影响、基于运行速度分析的设计控制指标、一级公路改造(高速)的路线几何设计流程探索、三维公路模拟仿真技术、"高速公路运行速度分析系统"的应用、路线平纵面灵活设计等研究内容。首次提出草原地区一级公路特点,首次系统提出不提速不加宽仅封闭改造、提速不加宽封闭改造、不提速加宽封闭改造、提速加宽封闭改造等四种一级公路升级改造形式,得出既有公路线形与现行标准规范的符合程度,作为一级公路提速或不提速改造的主要依据,首次提出了草原地区一级公路升级改造的基本原则和总体设计、分期建设等原则及标准采用的建议,首次提出了草原人烟稀少地区一级公路较宽硬路肩作为辅道的可行性,首次提出了草原地区一级公路升级改造设计指南。

课题结合国内已有类似相关项目的经验,充分借鉴国内外的理论研究成果和成功范例,深入现场调研,在深刻剖析项目研究依托工程的基础上,运用多种数理分析、模型计算手段,概括总结出一级公路改造高速公路的一般性指导原则和建议,提出并编制改造的设计、施工、建设的技术指南,应用于升级改造的全过程,形成在部颁标准前提下的内蒙古地方标准,提出灵活设计的主导原则,对"一改高"的设计将具有现实的指导意义。

3. 呼包高速公路改扩建工程气泡轻质土应用技术推广研究

课题根据呼包改扩建工程的实际情况,结合气泡轻质土施工工期短、可直立浇筑减少征地、轻质自立的技术优势,采用了一种考虑干湿容重和强度的气泡轻质土容重等级划分方法,并在此基础上研究了一种基于表干容重的快速经验计算方法;本课题还采用了堆叠式可装配型支护面板技术,该技术将预制混凝土面板通过支撑筋与预制基础连接起来,配合抗滑锚筋和补强筋共同组成防护结构;依托内蒙古地区公路拓宽工程的实际情况,提出气泡轻质土在区道路拓宽工程中的一整套应用技术。

通过对课题的研究,明确了气泡轻质土技术工艺,从生产技术出发,提出气泡轻质土生产关键技术要点和设备要求,从而避免了误选设备;根据计算研究,对气泡轻质土设计进行了验证与优化,在实际工程中有助于降低施工难度、提高施工速度和施工质量,从而减少工程综合费用。研究表明,在达到同等处理效果的前提下,气泡轻质土与其他路基填筑方式相比,其独特的技术特点能够降低综合工程造价,达到节约资金的目的。

4.高速公路中小跨径梁式桥拓宽拼接施工关键技术研究

课题在呼包高速公路桥梁拼接工程实验监测以及模型理论分析的基础上,进行新旧桥梁拼接施工工艺研究,根据新旧桥梁不均匀沉降对拼接施工的影响,确定各种桥型及拼接方式的沉降差允许范围,并采取措施控制沉降差,进行预应力上拱效应对拼接施工效果的影响分析,对拼接施工过程中上拱效应进行数据观测,并采取控制措施,进行收缩徐变效应对上部结构变形、受力影响研究,研究新旧桥梁横向拼接部位监测方法和半幅施工半幅通车桥梁拼接施工组织安排研究。研究成果在呼包高速公路桥梁拼接中进行了应用,经济社会效益显著。

(六)养护工程技术

1.内蒙古高速公路全程监控系统风光互补供电技术应用研究

课题通过对全程监控设备各部分的负荷用电量进行测试与统计,与额定功率进行差异分析,建立全程监控设备额定功率和实用功率系统归类功率表。对影响风光互补供电系统设计因素,如气候资料、负载功率等进行分析汇总,提出内蒙古中西部地区太阳能和风能资源分布表及供电系统太阳能板和风机配置与功耗区域关联表。在此基础上,以内蒙古高速公路风光互补供电系统工程应用经验及相关标准为依据,提出适合内蒙古高速公路全程监控系统的风光互补供电系统设计指南、质量验收评定指南和安装维护操作手册。

课题研究应用于G65包茂高速公路黄河大桥至东胜段、G6京藏高速公路呼集老段全程监控系统示范工程建设,一方面促进了各设备厂家生产的供电产品互用互通,减少因维护、更换或产品升级带来局限性,减少了对单一厂家的依赖,方便选择价廉质优的产品,取得显著经济效益;另一方面也加快了风光互补供电系统在公路机电建设中的应用,满足国家节能减排要求,显示出良好的社会效益。

2. 沥青路面水泥稳定现场冷再生技术推广应用研究

课题依托国道110线实体冷再生工程,通过对水泥稳定冷再生基层技术的适用条件、旧沥青路面性能评价与分析、冷再生混合料配合比设计方法、水泥稳定冷再生混合料路用性能,开展再生基层合理厚度、水泥稳定冷再生混合料的施工工艺及质量控制等关键技术研究,解决了沥青路面水泥稳定现场冷再生技术问题;明确了沥青路面水泥稳定现场冷再生技术的适用条件,完善了配合比组成设计,建立了一套冷再生路面结构设计方法和施工质量控制标准,取得了水泥稳定冷再生技术施工工艺流程、冷再生技术施工质量控制要求、检测项目、验收标准及质控指标等创新性成果。课题成果有力地保障了内蒙古地区公路大修工程的顺利实施,有效支撑区域社会经济发展,显著减少由于公路路面改造维修引起的资源浪费和污染,保证路面使用性能,确保工程环保和资源再利用,产生了显著的经济和社会效益。

(七)节能减排技术

1. 公路隧道节能环保成套技术研究

课题在确保隧道运营低碳环保节能的基础上,完善隧道进出口的"黑洞""盲光"现象及发生火灾时逃生照明的设计,开发出蓄光发光涂料在隧道辅助照明中的经济、有效及火灾时逃生照明的最佳布设方法,解决了目前隧道照明所使用的LED照明灯具在使用性能、质量及寿命方面的缺陷,并使其具备节能与可与自动化控制系统对接的性能与功能,完善了隧道LED照明控制系统的综合智能化、自动化,研究得出重载、大交通量下高煤尘污染隧道积尘及扬尘的运动规律及其对车辆运行安全的影响规律和控制标准,从而进一步提出此类交通情况下隧道的通风控制技术。课题成果完善了我国公路隧道安全运营照明设计参数,提出了公路隧道"低能耗""低排碳"的照明及消防设计理论与技术方法,确保隧道照明与消防运营耗电量减少50%,并提出重载、大交通量下高煤尘污染隧道的通风技术,并编制了《公路隧道节能减排技术细则》,达到了公路隧道安全运营照明、消防、通风控制的低碳节能目标。

本课题的研究成果对于节约常规能源、调整能源供给结构、降低公路隧道运营成本,保障运营行车安全和火灾逃生安全、减少环境污染都具有重要的意义,为新型隧道安全运营节能环保的低成本规模化开发及利用提供交通行业的关键技术支持,可有效延长公路隧道照明、消防和防火涂料的使用寿命,节约大量养护维修费用,符合我国可持续科学发展观的要求,在省内和国内行业中推广意义重大。

2. 寒区隧道消防设施防冻节能技术应用与示范

课题依托G7京新高速公路苏木山隧道,针对原隧道设计的消防抗冻设施,研究开发了抗冻防腐灭火液用以取代消防池内的消防用水,其在-50℃的条件下也不会结冰上冻,同时,其对消防管道腐蚀率为3mg/(d·dm²),而且对周边环境不产生负面影响,极大节约了土建工程费用及运营管理耗电费用,结合依托工程中使用的材料、环境,通过调整试验材料性质、配比、分析,提出抗冻防腐灭火液的抗寒、防腐、毒性、灭火性技术指标,在保证其使用效果的同时降低成本,扩大适用范围。

课题研发抗冻防腐灭火液替代消防用水的年耗电费为零,则每年节约消防电力费用124.723872万元,设计使用年限(15年)内节约消防电力费用124.723872×15=1870.85808万元。采用抗冻防腐灭火液替代消防用水,在冬季-50℃的情况下也不会结冰上冻,因此无须安装伴热电缆,即可节约建安费71.3342万元。采用抗冻防腐灭火液型的消防抗冻系统,每年耗电费为零,则每年节约标准煤503.88t,减少二氧化碳排放量1511.64t,设计使用年限(15年)内节约标准煤503.88×15=7558.2t,减少二氧化碳排放量1511.64×15=22674.6t。

3. 寒区公路隧道节能与安全监控技术研究

课题依托绥满国道主干线博克图至牙克石高速公路,针对寒区公路隧道施工过程中对安全与风险控制的要求,研究隧道及相关资料的信息化、可视化及数值分析一体化技术,通过建立数字化隧道系统,实现隧道设计与施工信息、周边地层以及监测数据的三维可视化与动态管理,以便建立施工监控量测及动态反馈分析技术,实现施工安全质量与风险的可视化控制,对隧道施工中的监控安全起到保证作用,同时,在隧道竣工营运管理中数字化工程地质将是隧道维修管理中的地质病历书,这样有助于提高隧道质量的长期使用寿命。

课题研究实现了施工安全监控量测及动态反馈分析的质量风险可视化控制,解决了工程建设中的重大工程难题,加快了工程建设和提高工程建设设计施工标准的目的,为国内节能、环保、安全的公路隧道设计提供借鉴方法。

4. 内蒙古沥青混合料路面现场热再生技术标准

课题依托包茂高速公路包头到东胜段及京藏高速公路内蒙古段现场热再生技术研究项目,针对室内再生沥青混合料配合比设计及现场热再生施工工艺及质量控制相关的一系列问题进行了系统的研究。对再生后的沥青混凝土路面进行室内试验与现场检测,进一步验证了所采取的再生沥青混合料方案再生的沥青路面确实能达到路面使用性能的要求。通过开展的本课题研究对于旧沥青混合料热再生技术在高速公路上应用,提供了一定的基础,同时也为自治区更好地应用沥青再生技术积累了一定的经验。本技术标准借鉴国内外现场热再生技术的实践经验,结合自治区现场热再生依托工程取得的成果,从热再生技术的再生机理、再生混合料的配合比设计、再生路面的质量标准、施工工艺及质量控制等各方面,总结出适合自治区公路实际情况的沥青路面现场热再生技术标准规范,为进一步推广应用现场热再生技术提供技术支撑。沥青路面再生技术是一项新的沥青路面修筑技术,具有节约材料、降低沥青路面造价、节省工程费用及保护环境的作用,大大降低废旧沥青材料对环境的污染与破坏,真正实现公路养护"资源循环利用、保护自然环境"的完美结合。

5. 橡胶颗粒沥青路面在冰雪环境下的应用技术研究

课题依托G10绥满高速公路阿荣旗至博克图段建设工程,对橡胶颗粒沥青混合料的作用机理、橡胶颗粒本身的技术标准及橡胶颗粒沥青混合料配合比设计方法、路用性能及施工工艺进行系统的研究。建立了橡胶颗粒沥青混合料和普通沥青混合料的离散元细观模型,系统分析了其承载能力和变形能力,从细观角度深入研究橡胶颗粒沥青路面的破坏机理,并提出了相应的改善措施。针对橡胶颗粒沥青混合料结构特点,修正了基于主骨料嵌挤的体积设计法公式,并进行了配合比优化设计,并改进现有耐久性评价方法,得出了橡胶颗粒沥青路面有效除冰的环境条件和工作状态。同时,针对四种不同路面结构组合形式进行有限元计算,系统分析结构组合方式及层位分布对橡胶颗粒沥青路面的各项路用性能影响,得出橡胶颗粒沥青路面发挥除冰雪性能的最佳层位及最佳结构组合方式。

课题研究不仅解决了高速公路易结冰路段早期破损和行车安全问题,而且为路面相关设计和施工规范提供依据,从而为橡胶颗粒沥青混合料的推广应用奠定基础,并可以更科学、合理、经济地解决废旧橡胶轮胎的再生利用问题,减少环境污染、节约资源和提高行车安全,具有十分重要的社会意义。

二、获奖科研课题

2001—2015年,内蒙古公路建设科研课题获得国家科学技术进步奖二等奖1项;获得内蒙古自治区科学技术进步一等奖4项、二等奖17项、三等奖28项;获中国公路学会科学技术特等奖1项、一等奖1项、二等奖2项、三等奖10项。获奖情况见表5-1。

部分获奖科技课题汇总表 表5-1

序号	课题名称	课题来源	奖励类别	年度	级别
1	内蒙古气象因素对公路工程养护的影响及其应用研究	内蒙古自治区交通厅	自治区科技进步奖	2001	三等奖
2	公路沙害综合治理技术推广应用	交通部推广项目	自治区科技进步奖	2002	二等奖
3	美佳(TST)高性能桥梁无缝伸缩缝在内蒙古自治区推广应用	内蒙古自治区交通厅	自治区科技进步奖	2002	三等奖
4	301国道沿线岛状多年冻土地区路基路面稳定性研究	交通部行业攻关项目	公路学会科学技术奖	2003	三等奖

续上表

序号	课题名称	课题来源	奖励类别	年度	级别
5	公路沙害综合治理技术推广应用	交通部推广项目	公路学会科学技术奖	2003	三等奖
6	沙漠地区公路边坡防护及防风固沙技术研究	交通部西部项目	自治区科技进步奖	2004	一等奖
7	301国道沿线岛状多年冻土地区路基路面稳定性研究	交通部行业攻关项目	自治区科技进步奖	2004	三等奖
8	内蒙古自治区路面管理系统CPMS推广应用	交通部推广项目	自治区科技进步奖	2004	三等奖
9	公路三背回填材料及稳定性研究	交通部西部项目	自治区科技进步奖	2005	二等奖
10	砂石路面黑色化研究	交通部行业攻关项目	自治区科技进步奖	2005	二等奖
11	大跨度桥梁施工控制智能预测与自适应技术研究	内蒙古自治区交通厅	自治区科技进步奖	2005	二等奖
12	沙漠地区公路路基合理填土高度	交通部西部项目	自治区科技进步奖	2005	三等奖
13	土工合成材料固沙技术研究	交通部西部项目	自治区科技进步奖	2005	三等奖
14	沙漠地区公路建设成套技术研究	交通部西部项目	公路学会科学技术奖	2006	特等奖
15	公路风吹雪雪害防治技术研究	交通部西部项目	公路学会科学技术奖	2006	一等奖
16	内蒙古干旱地区公路边坡生态恢复应用技术研究	内蒙古自治区交通厅	公路学会科学技术奖	2006	二等奖
17	浑善达克沙地公路沙害生物防治综合技术研究	内蒙古自治区交通厅	公路学会科学技术奖	2006	三等奖
18	Superpave混合料施工工艺与质量控制技术研究	内蒙古自治区交通厅	公路学会科学技术奖	2006	三等奖
19	Superpave混合料施工工艺与质量控制技术研究	内蒙古自治区交通厅	自治区科技进步奖	2006	一等奖
20	沙漠地区公路路面结构设计、施工及材料研究	交通部西部项目	自治区科技进步奖	2006	二等奖
21	内蒙古干旱地区公路边坡生态恢复应用技术研究	内蒙古自治区交通厅	自治区科技进步奖	2006	三等奖
22	沙漠地区公路建设成套技术研究	交通部西部项目	国家科技进步奖	2007	二等奖
23	牧区道路技术标准及路基路面典型结构的研究	交通部西部项目	公路学会科学技术奖	2007	三等奖
24	高寒干旱地区桥涵混凝土结构裂缝病害诊治技术研究	内蒙古自治区交通厅	公路学会科学技术奖	2007	三等奖
25	公路风吹雪雪害防治技术研究	交通部西部项目	自治区科技进步奖	2007	一等奖
26	内蒙古自治区公路交通规费联网征收管理系统开发应用	自选	自治区科技进步奖	2007	二等奖

续上表

序号	课题名称	课题来源	奖励类别	年度	级别
27	二河国道主干线集丰高速公路软土地段路基稳定性与施工控制研究	内蒙古自治区交通厅	自治区科技进步奖	2007	三等奖
28	高寒干旱地区桥涵混凝土结构裂缝病害诊治技术研究	内蒙古自治区交通厅	自治区科技进步奖	2007	三等奖
29	牧区道路技术标准及路基路面典型结构的研究	交通部西部项目	自治区科技进步奖	2007	三等奖
30	二河国道主干线集丰高速公路软土地段路基稳定性与施工控制研究	内蒙古自治区交通厅	公路学会科学技术奖	2008	三等奖
31	沥青路面减小变异性控制空隙率提高平整度的施工与质量控制技术	内蒙古自治区交通厅	自治区科技进步奖	2008	二等奖
32	气泡混合轻质土的应用技术	交通运输部西部项目	自治区科技进步奖	2008	三等奖
33	大温差地区沥青路面施工技术研究	内蒙古自治区交通厅	自治区科技进步奖	2008	三等奖
34	严寒干旱地区路堑边坡稳定性评价方法与处治技术研究	交通运输部行业攻关项目	自治区科技进步奖	2009	二等奖
35	高寒地区桥面铺装新材料及其应用研究	内蒙古自治区交通厅	自治区科技进步奖	2009	三等奖
36	内蒙古自治区一级公路交通安全研究	内蒙古自治区交通厅	自治区科技进步奖	2009	三等奖
37	内蒙古自治区公路管理地理信息系统	内蒙古自治区交通厅	自治区科技进步奖	2009	二等奖
38	震后桥梁性能评价及加固技术研究	内蒙古自治区交通厅	自治区科技进步奖	2009	三等奖
39	柔性纤维半刚性基层的性能及其在内蒙古地区的应用研究	内蒙古自治区交通运输厅	自治区科技进步奖	2010	二等奖
40	内蒙古自治区农村牧区道路技术标准研究	内蒙古自治区交通运输厅	自治区科技进步奖	2010	三等奖
41	高寒湿地公路软基处治技术研究	内蒙古自治区交通运输厅	自治区科技进步奖	2010	三等奖
42	寒冷地区混凝土桥梁桥面防水技术研究	内蒙古自治区交通运输厅	自治区科技进步奖	2010	三等奖
43	脆弱生态环境区域公路建设环境保护技术研究	内蒙古自治区交通运输厅	自治区科技进步奖	2010	三等奖
44	强夯振动衰减规律及其对邻近建筑物的影响	内蒙古自治区交通运输厅	公路学会科学技术奖	2011	三等奖
45	机械导纳法在道路桥梁基桩检测中应用研究	内蒙古自治区交通运输厅	公路学会科学技术奖	2011	三等奖
46	层状硅酸盐改性沥青及其混合料路用性能研究及应用	交通运输部西部项目	公路学会科学技术奖	2011	三等奖
47	盐渍土地区公路养护维修及环境保护技术研究	交通运输部西部项目	自治区科技进步奖	2011	二等奖

续上表

序号	课题名称	课题来源	奖励类别	年度	级别
48	波纹钢结构在小桥与涵洞上的应用技术研究	交通运输部西部项目	自治区科技进步奖	2011	三等奖
49	内蒙古沥青路面结构组合研究	内蒙古自治区交通运输厅	自治区科技进步奖	2011	三等奖
50	嫩江流域绰尔河段桥涵水文参数的综合研究	内蒙古自治区交通运输厅	自治区科技进步奖	2011	三等奖
51	寒区隧道施工关键技术研究	内蒙古自治区交通运输厅	自治区科技进步奖	2012	二等奖
52	内蒙古高等级公路档案管理信息化研究	内蒙古自治区交通运输厅	自治区科技进步奖	2012	三等奖
53	大兴安岭高寒冻融地区路堑边坡生态修复技术研究与示范	内蒙古自治区交通运输厅	自治区科技进步奖	2013	二等奖
54	固化风积沙底基层路用力学性能研究	鄂尔多斯市科技局	自治区科技进步奖	2013	三等奖
55	北方寒冷地区沥青路面降噪、应力吸收层设置技术研究	内蒙古自治区交通运输厅	自治区科技进步奖	2013	三等奖
56	严寒地区超重载水泥混凝土路面设计施工关键技术研究	内蒙古自治区交通运输厅	公路学会科学技术奖	2014	二等奖
57	严寒地区超重载水泥混凝土路面设计施工关键技术研究	内蒙古自治区交通运输厅	自治区科技进步奖	2014	一等奖
58	重冻区长寿命沥青路面结构设计与材料参数研究	内蒙古自治区交通运输厅	自治区科技进步奖	2014	二等奖
59	高性能碳纤维材料快速加固混凝土梁式桥理论研究及工程应用	内蒙古自治区交通运输厅	自治区科技进步奖	2014	二等奖
60	岛状冻土地区路基差异沉降控制技术研究	内蒙古自治区交通运输厅	自治区科技进步奖	2014	三等奖
61	竖向节理发育地层隧道围岩稳定与支护关键技术研究	内蒙古自治区交通运输厅	自治区科技进步奖	2015	二等奖
62	内蒙古高等级公路现场再生技术研究与示范	内蒙古自治区交通运输厅	自治区科技进步奖	2015	二等奖
63	橡胶颗粒沥青路面在冰雪环境下的应用技术研究	内蒙古自治区交通运输厅	自治区科技进步奖	2015	三等奖
64	公路路基钢波纹管涵洞力学与变形特性及其应用研究	内蒙古自治区交通运输厅	自治区科技进步奖	2015	三等奖

第三节 主要技术成果

在内蒙古 20 多年高速公路的建设历程中,广大建设者和科技人员结合内蒙古高原的地质、地形、地貌及气候等诸多特点,发挥聪明才智,刻苦钻研,在工程实践和科研攻关的基础上,总结建设管理经验,编写、编制了一大批地方标准、行业技术规范,出版了一批工程专著,同时申请了近百项专利和工法。这些技术成果规范和提高了内蒙古高速公路建设水平,推动了交通行业技术进步。

一、地方标准

根据内蒙古地区高寒、干旱、大温差的地理和气候特点,结合丰硕的科研成果及交通运输行业需求,起草编制了公路坡面生态防护设计规范、公路坡面生态防护施工技术规范等 31 部地方标准,进一步规范了内蒙古高速公路建设,详情见表 5-2。

内蒙古现行有效推荐性地方标准目录　　　　表 5-2

序号	标准(计划)号	标准(计划)名称	起草单位	复审结论
1	DB 15/T 7.4—1991	内蒙古自治区先进企业能耗定额——汽车运输企业能耗定额	内蒙古交通管理局	废止
2	DB 15/T 92—1993	乳化沥青稀浆封层技术条件	内蒙古自治区公路局	废止
3	DB 15/T 227—1996	导热油加热沥青设备	内蒙古自治区公路局	废止
4	DB 15/T 324—2005	农村牧区道路技术标准	内蒙古自治区公路局	继续有效
5	DB 15/T 435—2006	内蒙古自治区公路风吹雪雪害防治技术	内蒙古锡盟交通科学研究所	修订
6	DB 15/T 441—2008	内蒙古自治区公路工程质量控制标准　土建工程	内蒙古自治区交通建设工程质量监督局	继续有效
7	DB 15/T 476.1—2010	内蒙古自治区交通物流信息化标准　第 1 部分:标准体系	内蒙古交通运输管理局	废止
8	DB 15/T 476.2—2010	内蒙古自治区交通物流信息化标准　第 2 部分:数据元	内蒙古交通运输管理局	废止
9	DB 15/T 476.3—2010	内蒙古自治区交通物流信息化标准　第 3 部分:GPS 采集技术要求	内蒙古交通运输管理局	废止
10	DB 15/T 476.4—2010	内蒙古自治区交通物流信息化标准　第 4 部分:数据库采集技术要求	内蒙古交通运输管理局	废止
11	DB 15/T 476.5—2010	内蒙古自治区交通物流信息化标准　第 5 部分:数据交换技术要求	内蒙古交通运输管理局	废止
12	DB 15/T 476.6—2010	内蒙古自治区交通物流信息化标准　第 6 部分:数据资源采集交换管理	内蒙古交通运输管理局	继续有效

续上表

序号	标准(计划)号	标准(计划)名称	起草单位	复审结论
13	DB 15/T 473—2010	内蒙古地区公路路堑边坡设计规范	交通运输厅科技处	继续有效
14	DB 15/T 474—2010	强夯置换墩复合地基设计与施工技术规范	呼伦贝尔交通运输局	继续有效
15	DB 15/T 547—2013	内蒙古自治区公路混凝土梁式桥加固技术规程	内蒙古自治区公路局	继续有效
16	DB 15/T 654—2013	公路波纹钢管(板)桥涵设计与施工规范	内蒙古交通设计研究院有限责任公司	继续有效
17	DB 15/T 713—2014	盐渍土地区公路养护维修技术规范	巴彦淖尔市公路管理局	继续有效
18	DB 15/T 839—2015	内蒙古自治区高速公路养护工程预算编制办法及定额	内蒙古路桥有限责任公司	继续有效
19	DB 15/T 845—2015	内蒙古高速公路监控风光互补供电系统设计规范	内蒙古高等级公路建设开发有限责任公司	继续有效
20	DB 15/T 846—2015	内蒙古高速公路监控风光互补供电系统安装维护操作规程	内蒙古高等级公路建设开发有限责任公司	继续有效
21	DB 15/T 847—2015	内蒙古高速公路全程监控风光互补供电系统验收规范	内蒙古高等级公路建设开发有限责任公司	继续有效
22	DB 15/T 939—2015	内蒙古地区沙漠公路勘测设计规范	内蒙古交通运输培训中心	继续有效
23	DB 15/T 940—2015	内蒙古地区沙漠公路勘测设计外业验收标准	内蒙古交通运输培训中心	继续有效
24	DB 15/T 941—2015	内蒙古地区沙漠公路施工规范	内蒙古交通运输培训中心	继续有效
25	DB 15/T 942—2015	内蒙古地区沙漠公路施工验收标准	内蒙古交通运输培训中心	继续有效
26	DB 15/T 953—2016	公路坡面生态防护设计规范	内蒙古高等级公路建设开发有限责任公司	继续有效
27	DB 15/T 954—2016	公路坡面生态防护施工技术规范	内蒙古高等级公路建设开发有限责任公司	继续有效
28	DB 15/T 1142—2017	非公路标志设置规范	内蒙古自治区公路路政执法监察总队	继续有效
29	DB 15/T 1178—2017	高速公路服务设施设置规范	北京中咨正达交通工程科技有限公司	继续有效
30	DB 15/T 1179—2017	城市公共汽车运营安全管理规范	内蒙古交通运输管理局	继续有效
31	DB 15/T 1214—2017	公路水泥混凝土路面施工技术规范	内蒙古路桥有限责任公司	继续有效

二、省部级工法

结合科研成果及交通运输行业发展需要,起草编制了空心板梁采用聚乙烯苯板芯模施工工法及泡沫轻质土挡墙施工工法等12部工法。详情见表5-3。

省部级工法目录表　　　　　　　　　　　　　　　　　　　　　　　　表 5-3

序号	名　　称	年度	等　　级
1	空心板梁采用聚乙烯苯板芯模施工工法	2012	自治区级
2	泡沫轻质土挡墙施工工法	2012	自治区级
3	钢箱-混凝土结合箱梁桥梁体拆除施工工法	2013	自治区级
4	高速公路大厚度水泥稳定碎石底基层整体成型施工工法	2013	自治区级
5	抗盐冻混凝土路缘石滑模施工工法	2013	自治区级
6	预应力锚索抗滑桩治理滑坡施工工法	2013	自治区级
7	耐寒抗高温添加剂改性热拌沥青混合料路面施工工法	2013	部级
8	公路工程特殊夯实区域智能连续强夯技术应用工法	2014	自治区级
9	特旱戈壁地区使用管道泵送工程用水施工工法	2014	自治区级
10	预应力混凝土箱梁底部钢筋裸露修复补强施工工法	2014	自治区级
11	桥梁固结墩墩顶注浆加固施工工法	2014	自治区级
12	收费站服务区水泥混凝土面板三辊轴施工工法	2015	自治区级

三、专利成果

依托科研课题，获得 70 余项专利，详情见表 5-4。

专利成果目录表　　　　　　　　　　　　　　　　　　　　　　　　表 5-4

序号	专利发明名称	年度	专　利　号
1	一种混凝土用养护保护一体化涂层及其制备使用方法	2005	ZL2005101106470X
2	沥青路面松铺厚度测定仪	2005	2005 20104913.4
3	预防高等级公路沙雪堆积塑料网	2006	ZL 2006 2 0166399.1
4	抗硫酸盐侵蚀的自密实混凝土及其制备方法	2006	ZL2006100264537X
5	一种水性混凝土防腐蚀涂层结构	2006	ZL200620042337X
6	防盗式隔离护栏	2006	2006 20006147.2
7	高速公路防护栅栏门	2006	2006 20008895.4
8	高速公路防撞护栏弹塑性防阻块	2006	2006 20093708.7
9	新型单波梁防撞护栏	2006	2006 20093706.8
10	钢筋保护层厚度施工控制的装置	2006	2006 20093707.2
11	工程管道	2007	ZL2007 3 0158208.7
12	异型管	2007	ZL 2007 2 0151177.7
13	桁架式交通标志结构	2008	ZL 2008 2 0111506.X
14	高等级公路防眩筒	2008	2008 20011542.9
15	处于湿地软基处的公路路基结构	2009	200920227489.00
16	一种新型沥青混合料车辙测定仪装置	2009	ZL20090292938.X
17	一种可自动调节的隧道照明控制系统	2010	ZL2010 2 0507407.0
18	多功能涂料及其制备方法	2010	ZL2008 10146949.7

续上表

序号	专利发明名称	年度	专利号
19	混凝土路面养护剂雾化喷洒机	2010	201010569021.70
20	混凝土路面养护剂雾化喷洒机	2010	201020637270.00
21	喷塑涂层传力杆装置	2010	201020223321.50
22	多功能沥青混合料动态渗水试验仪	2010	ZL2010 10231501.2
23	土工织物散体桩施工桩机	2010	ZL20102050741R9
24	一种压路机工作轨迹监控仪	2010	ZL201020244088.9
25	内蒙古特色防眩板(马靴)	2010	2010 30161196.5
26	一种用于绿化喷播的喷枪	2012	ZL 2012 2 0254400.1
27	一种用于已开通公路边坡绿化的喷播装置	2012	ZL 2013 2 0429796.3
28	一种用于极陡边坡绿化的喷播层支撑装置	2012	ZL 2013 2 0430515.6
29	一种坡面节水浇灌装置	2012	ZL201220075820.3
30	一种沙地植物生态修复装置	2012	ZL201220075833.0
31	一种连体式绿化种植槽装置	2012	ZL201220496957.6
32	一种格栅网眼袋植被植装置	2012	ZL201220497340.6
33	一种定量匀速给料喷播机	2012	ZL201220497194.7
34	一种EM三维结构植生毯	2012	ZL201220497345.9
35	一种柔性分子膜喷播绿化基材的制备及喷播方法	2012	201210000000.00
36	一种高强度防水喷播绿化基材及方法	2012	201210000000.00
37	一种定量匀速给料喷播机及方法	2012	201210000000.00
38	路面施工辅助构件、混凝土板及路面施工方法	2012	ZL201210041291.X
39	路面层间黏结强度检测仪	2012	ZL201210056806.3
40	一种压力试验机	2012	ZL201220172568.8
41	一种改善滑模施工路缘石外观质量的模具	2013	ZL 201320653527.5
42	一种动静一体化的限速标志设施	2013	ZL2013 2 0746774.X
43	一种测量路面结构层层间处理措施抗扭剪性能的设备	2013	ZL 2013 2 0744388.7
44	测量沥青面层与半刚性基层层间联结抗直剪性能的设备	2013	ZL 2013 2 0744678.1
45	一种隧道多断面声传播特性检测系统及方法	2013	申请编号 201310495550.0
46	一种无线外同步声波采集前端装置	2013	申请编号 201320523980.4
47	一种利用秸秆代替草炭制作培养钵的方法以及该培养钵的使用方法	2013	201310353959.90
48	一种免养护植生基质层的生产方法以及该基质层的使用方法	2013	201310353705.70
49	一种可读式一体化沉降仪	2013	ZL2013 2 0608695.2
50	装配组合式多点沉降观测装置	2013	ZL2013 2 0615 255.X
51	一种基于回弹模量的路基质量控制施工方法	2013	ZL 2013 1 0422791.2
52	一种现场路桥结构层间剪切仪	2013	ZL201320754660.X
53	一种水泥混凝土路面黑色下卧层材料疲劳剪切实验仪	2013	ZL201320604363.7

第五章
高速公路建设科技成果

续上表

序号	专利发明名称	年度	专利号
54	一种沥青路面钻芯取样后的填充压实装置	2013	ZL201320357077.5
55	T形防撞护栏	2013	2013 20063611.1
56	高速公路急流槽槽口简易定型模具	2014	ZL 201420645310.4
57	预制梁台座预埋养生管道伸缩系统	2014	ZL 201420645387.1
58	多重防盗张紧装置及其专用扳手	2014	ZL 201420717549.8
59	常温改性道路沥青性能的评价方法	2014	申请编号 201410643133.0
60	常温改性沥青混合料的配合比设计方法	2014	申请编号 201410638672.5
61	一种用于隧道声场测量的话筒阵列固定装置	2014	申请编号 201420294030.3
62	高速公路急流槽槽口简易定型模具	2014	201420645310.40
63	路面健康检测系统软件	2014	2014SR032375
64	一种煤焦渣油的固化改性工艺方法	2014	ZL2014 1 0059323.8
65	新型钢隔离栅立柱	2015	ZL 201520833573.2
66	膨胀剂、后张法预应力混凝土孔道压浆剂及压浆料	2015	ZL 201410171598.0
67	SBS改性沥青分析软件V1.0	2015	软著登字第 0985769
68	路面三维参数分析软件V1.0	2015	软著登字第 0985769
69	用于ATR-FTIR测试的沥青样品专用制样模具	2015	ZL 2015 2 0223309.7
70	一种沥青路面圆柱体试件层间加压剪切仪	2015	ZL201520212488.4
71	新型柔性护栏间隔保持件	2015	2015 2062 8359.3
72	路基边坡防护U形网格骨架	2015	2015 1058 7318.9
73	一种早强耐磨型混凝土养护剂及其制备方法和用途	2016	ZL 201210575139.X
74	一种便携式车载路面轮胎噪音现场测试设备	2016	ZL201520626872.9
75	SBS改性沥青改性剂含量快速检测方法	2016	ZL201510674054.0
76	免振压水稳层及施工方法	2016	ZL201610072764.0
77	一种设剪力钉与加劲肋的方钢管混凝土结构	2016	ZL201620275057.7

第六章
高速公路文化建设

第一节 精神文明

在广袤的内蒙古草原上空俯瞰大地,一条条通向远方的高速公路宛如圣洁美丽的哈达,铺就了内蒙古大草原上的亮丽风景线。从1997年内蒙古首条高速公路呼包高速公路通车到2016年,内蒙古高速公路建设速度呈现出一个优美的加速上升弧线:高速公路通车里程突破1000km时,内蒙古交通人经历了13个春秋;突破2000km时,他们投入了4载光阴;突破3000km时,铸就了3年辉煌;到2016年底,内蒙古高速公路已达到5153km,进入全国前列。在这道优美上升弧线的背后,涌动着的是内蒙古交通人抢抓机遇、开拓进取、无私奉献的精神;是一代又一代内蒙古交通人,秉承特别能吃苦、特别能奉献、特别能战斗的优良传统,用热血和汗水筑就的"草原丰碑";是在"两路"精神指引下,守望相助,努力拼搏,攻坚克难构筑出的内蒙古民族团结文明进步的康庄大道。

内蒙古交通行业的广大干部职工,大力弘扬社会主义核心价值观,积极践行"两路"精神,为行业的发展提供了坚实思想保证和强大精神动力,有力地推动了交通行业两个文明的协调发展,高速公路的建设与发展实现了历史性跨越。高速公路建设中涌现出的一大批先进模范人物,他们积极投身自治区交通建设,爱岗敬业、默默奉献、忘我工作、勇于献身,集中展示了交通人的时代风貌和崇高品格(图6-1)。

图6-1 高速公路建设工地文艺演出

一、传承优良传统　弘扬"两路"精神

60年前,10万军民在极其艰苦的条件下团结奋斗,修建了川藏公路和青藏公路,创造了世界公路史上的奇迹。在建设和养护公路的过程中,筑路人"一不怕苦、二不怕死、顽强拼搏、甘当路石,军民一家、民族团结"的精神,被誉为"两路"精神。内蒙古高速公路建设历程正是传承和弘扬"两路"精神的历程。

(一)开拓进取　科学规划

从北京到呼和浩特距离只有约500km,乘飞机只需要45分钟。但在人们的印象中,内蒙古很遥远。为什么？因为内蒙古的公路不好走。作为边疆、少数民族自治区和欠发达地区,"八五"期末的1995年,全区97%的公路技术等级在二级以下,并且没有高速公路。公路不兴,草原就很难融入国内外的大循环,富民强区目标难于迈出坚实有力的步伐。

由于内蒙古交通不发达,区域经济发展受到了极大限制,内蒙古交通运输厅厅长郝继业一上任就喊出了奋起直追的口号:"没有资金,不等于没有出路,而没有思路,则绝对没有出路。"内蒙古交通人开始向困扰内蒙古交通发展的思想误区开刀——钱从哪来？钱从思路创新来,钱从敢为人先、不甘落后的精神来。"有多少钱,修多少路"这是典型的盆地意识,要转变成"修多少路,找多少钱"的开放意识,走出"等、靠、要"的思想泥潭,采用多种方式吸引资金修路。

吃了交通运输不发达太多亏,内蒙古不甘心再受制于它。内蒙古主动提出与"三大经济区域"对接,接收毗邻省区大中城市辐射,重点打通盟市与周边地区出口通道,形成全方位对外开放"三横九纵十二出口"的公路建设和"8988"高速公路网建设规划。这两个放眼对外开放的规划思路一经提出,便受到了交通运输部的高度赞誉。交通运输部评价"内蒙古走出了一条成功的交通发展之路,在西部省区和全国都起到了典型示范作用"。

这些新思路、新战略一经实施,就如燎原之火燃起了草原走向世界的希望,内蒙古高速公路建设实现了一个又一个零的突破,创造了一个又一个奇迹:1993年,内蒙古第一条高速公路——呼包高速公路破土动工,标志着内蒙古高速公路建设的历史性开端。1997年,呼包高速公路单幅通车,全程151km,终结了全区没有高速公路的历史;2005年11月25日,内蒙古建设规模最大、里程最长的高速公路——哈(哈德门)磴(磴口)线全线完工,实现了全区高速公路里程突破1000km;2006年6月21日,内蒙古首次利用世界银行贷款建设的高等级公路——包头至东胜高速公路建成通车,实现了自治区利用外资建设高速公路零的突破,也成为内蒙古公路交通对外开放的起跑线;2006年12月20日,S31

呼和浩特至准格尔旗城壕村高速公路全线开通，这是内蒙古第一条采取 BOT 方式利用民间资本建设的高速公路，这条路被称为内蒙古高速公路建设对民间资本开放的起跑线；2007 年 12 月 6 日，赤峰至通辽、赤峰至大板高速公路建成通车，实现了自治区东部地区高速公路零的突破。

对于自治区交通发展所取得的成绩，时任自治区政府主席在视察呼集高速公路时说："自治区经济的快速发展，功劳有交通的一半。"时任交通部张春贤部长在内蒙古自治区视察工作时，称赞内蒙古交通有投资大、进度快、思路新、成效显著四个特点，在西部地区乃至全国都起到了典型示范作用。2005 年 12 月，自治区党委、政府对自治区交通厅作出表彰决定(图 6-2)，指出："我区公路交通事业取得的成绩，是自治区交通厅强化组织领导，科学规划协调，狠抓质量管理的结果，是全区交通战线广大干部职工开拓进取、无私奉献精神的体现。"自治区交通厅连续 10 年被自治区考核为实绩突出厅局，2005 年被国务院评为民族团结先进集体。

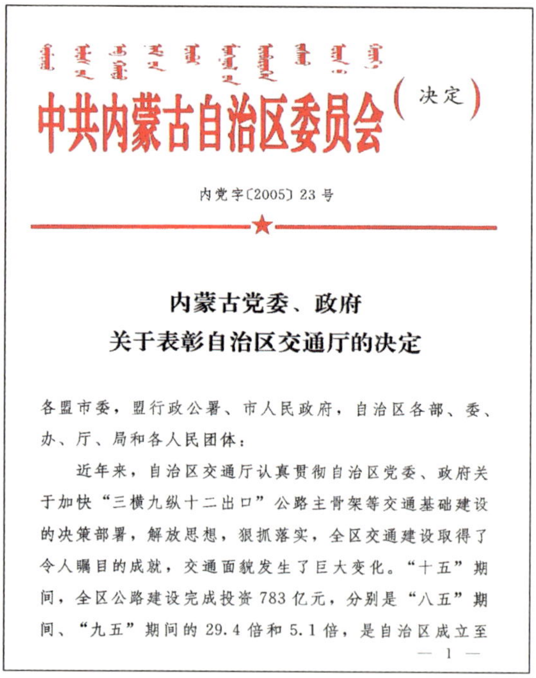
中共内蒙古自治区委员会（决定）

内党字〔2005〕23 号

内蒙古党委、政府
关于表彰自治区交通厅的决定

各盟市委，盟行政公署、市人民政府，自治区各部、委、办、厅、局和各人民团体：

近年来，自治区交通厅认真贯彻自治区党委、政府关于加快"三横九纵十二出口"公路主骨架等交通基础建设的决策部署，解放思想，狠抓落实，全区交通建设取得了令人瞩目的成就，交通面貌发生了巨大变化。"十五"期间，全区公路建设完成投资 783 亿元，分别是"八五"期间、"九五"期间的 29.4 倍和 5.1 倍，是自治区成立至

— 1 —

图 6-2　自治区党委、政府表彰文件

（二）攻坚克难　大手笔谋篇

"九五"期间，内蒙古公路建设实现了新的突破，为后期发展打下了坚实基础，累积了丰富的实践经验；"十五"期间，内蒙古按照"三横九纵十二出口""8988"高速公路网的蓝图建成了草原上四通八达的交通网；自"十一五""十二五"以后，自治区交通建设步伐不断加快，交通版图日新月异，尤其是从 2010 年起，2 ~ 3 年的短时间内，全区公路出区通道

全部用高速公路打通,成为自治区交通建设史上最浓墨重彩的一笔。

担当这份大责,需要交通工作的急行军,更加急大局之所急,大手笔谋篇、大兵团突击。2010年,按照自治区党委、政府提出的"在2~3年内,把内蒙古与周边省市区大城市的出区高速公路通道全部打通"的战略部署,自治区交通运输厅共规划了14个高速公路出区通道,规划总里程2467km,总投资966亿元,涉及全区12个盟市行署、政府所在地,连通北京、天津等8个邻省市区的大城市。

这14条高速公路出区通道建设,是自治区成立以来开工建设里程最长、投资最大、施工难度最为艰巨的公路建设项目。公路建设者以"优质、高效、廉洁、环保"的理念为宗旨,坚持科技创新、工艺创新,积极推广新技术、新工艺、新材料。在14条出区通道的建设中,创造了多项公路建设史上的第一:十八台跨京包铁路立交成功实现转体;内蒙古最大的枢纽互通平地泉立交建成;茅荆坝隧道被称为"关外第一隧";G18荣乌高速公路准格尔黄河特大桥被誉为"内蒙古第一斜拉桥";建成了首条双向8车道高速公路(G6呼包段)和首条双向6车道高速公路(G7韩呼段)。从此,内蒙古在进京方向就拥有了G6、G7、G110、赤承高速公路、锡张高速公路5条高速通道。14条高速公路出区通道的建成,是内蒙古主动实现与全国骨架公路网融合的重要举措,也是更好地融入京津冀、环渤海和东北等经济区的基础保障,有效完善了国家区域路网功能,形成连接西北、华北和东北公路网络,打通省际断头路,大大地提升交通网络整体功能和效益,对内蒙古实现资源转换、产业承接和区域经济发展起到了巨大的推动作用。

2011年11月21日,内蒙古自治区党委书记、人大常委会主任胡春华听取自治区交通运输厅关于出区高速公路、一级公路通道规划和建设情况汇报时,充分肯定了相关工作取得的成绩,并要求确保两年内打通30条出区通道。他说:"自治区交通运输厅在抓出区通道建设工作上是非常得力的,抓得卓有成效。"

成绩的背后是巨大的艰辛和付出。2011—2013年期间,全区7万交通人日夜奋战在一线,克服了征拆难、融资难等困难,特别是G6京藏高速公路呼和浩特至包头段是在边通车边施工的情况下进行,其他各项目也面临施工期短、工期紧的难题,一些控制性工程建设难度大,要保质量、保安全、保工期,困难和矛盾前所未有。

3年的时间里,自治区党委、政府及沿线各级党委、政府对出区通道建设项目给予高度重视,各级领导多次深入现场,并召开调度会,加快解决影响和阻碍项目建设的各类问题。自治区交通运输厅在2012—2013年开展出区通道建设攻坚年活动,厅领导分工负责,深入一线进行督促、检查,在重点工程建设领域加强党风廉政建设,确保实现"工程建设优质,干部廉政优秀";各项目建设管理单位在加强组织调度、强化工程管理、分解责任目标、细化时间进度的基础上,开展以比进度、保质量、保安全为内容的竞赛活动,在保证质量、安全的基础上保工期;各参建单位也突出重点、突破难点,不等不靠,提前谋划,采取科学有力措施,抓住施工黄金季节,加大人力、物力、机械投入,全面推进项目建设。在施工过程中,坚持绿色、环保、和谐的理念,大力推行施工标准化,不断引进新技术、新材料、新工艺,附属工程、绿化工程高起点规划、高质量施工、高标准管理,G10绥满高速公路、G7京新高速公路等路段的路堑边坡采用生态防护形式,使公路沿线植被与周边生态环境和谐相融,不仅保护生态环境,也体现人文景观,推进"绿色循环低碳"、资源节约型和环境友好型行业建设理念。

2014年1月8日,在全区交通运输工作会议上,自治区党委、政府表彰和肯定了交通运输工作所取得的成绩(图6-3)。自治区党委书记、人大常委会主任王君同志亲自为自治区交通运输厅颁发了奖牌,自治区党委副书记、自治区主席巴特尔作了重要讲话,自治区党委常委、秘书长符太增宣读《内蒙古自治区党委自治区人民政府关于表彰自治区交通运输厅的通报》。自治区副主席王波主持会议。会前,在自治区领导接见交通运输厅领导班子时,王君书记指出:"2013年全区完成交通建设投资656.8亿元,30条出区通道全部打通,高速公路突破4000km,一级公路突破5500km,是个了不起的成绩,充分证明交通运输厅领导班子是个有战斗力、能干成事的班子。交通运输部门干的工作很不容易、很辛苦,冬天冒着严寒,夏天顶着酷暑,各级党委、政府要多关心交通施工一线职工。"

图6-3 自治区党委、政府对自治区交通运输厅公路建设的突出贡献进行表彰

(三)战天斗地 无私奉献

内蒙古东西长2400km,南北跨度1700km,面积占全国的八分之一,城镇密度为全国平均水平的三分之一、山东的十分之一。如果全国连通1个县平均需修路10km,那么在内蒙古就需要修30km;山东连通一个县需要修10km,内蒙古就需要修100km。特别是草原腹地、沙漠地带都在交通末梢,修起来更为困难。公路建设就是人与自然的抗争,对于幅员辽阔的内蒙古来说,地形、地势、气候千奇百怪、差异较大,施工中艰难险峻处令人却步。

与恶劣环境争锋。在呼伦贝尔,冬季寒风肆虐,滴水成冰,不要说是施工作业,就是在外面待上"一袋烟"的功夫,手脚就已经不听使唤了,但为了加快工程进度,建设者铁了心和时间赛跑。每年,从春天雪未化时出发,到冬闲休工时,已是又一个雪花飘舞的隆冬,剩下的时间都在路上。而在阿拉善大漠,建设者要面对沙尘暴、高温,风沙吹不干身上的汗水,岁月抹不平脸上的皱纹。多少个睡意蒙眬的清晨,多少个月色深沉的夜晚,多少人置身旷野、风雪无阻,多少人废寝忘食、昼夜奋战,创造出一个又一个惊人的速度和骄人的战绩(图6-4)……

图6-4 历经艰难坎坷,完工后难抑喜悦

2009年,承担G10绥满高速公路阿博牙段林场隧道建设的武警交通七支队官兵们3月底就踏雪上阵,他们冒着零下30摄氏度的严寒和积雪对导线进行精确复测,针对低温条件下隧道开挖支护、二次衬砌、防水引流等每一道施工工序都经过多次试验,使隧道掘进进展顺利。

在G6京藏高速公路呼和浩特至包头段改扩建项目中,工程最大的技术难点在于新旧路基的拼接,处理不好会出现新旧路基的不均匀沉降。在建设中,施工技术人员大胆引进冲击碾压、铺设玻璃纤维土工格栅和植筋技术三大关键新技术,既缩短了工期,又保证了工程质量,还能有效预防道路、桥梁经常发生的"病害",延长道路、桥梁的使用寿命。同时,全面推广工地建设标准化、工艺工法标准化、工程管理标准化和钢筋集中加工、构件集中预制、混凝土集中拌和的标准化施工方式,有效保证了关键工序的施工质量。

在G7京新高速公路金盆湾隧道施工中,该分离式特长隧道全长6685m,由于昔日淘金留下大小不等、走向不明的采金洞及采空区,再加上隧道围岩等级高、质地疏松,开工以后,累计发生大小塌方上百次;而为了保障施工,技术人员不分昼夜地在远离洞口几百米甚至上千米且闭塞、潮湿的环境里作业,隧道里施工时温度高,出去后零下30摄氏度,立马冻上冰,有时连衣服都脱不下来。

小沙湾黄河特大桥是G18荣乌高速公路十七沟至大饭铺段的控制性工程,大桥总长1277m,主桥像一个巨人,一步直接从黄河西岸跨到东岸,其中从黄河西岸陡峭山脚拔地而起的8号主塔为工程重点,高228.6m,相当于黄河岸边矗立着一座70多层的高楼,被誉为"内蒙古第一斜拉桥"。在这么高的主塔上作业,如果没有安全质量,进度只能是纸上谈兵。从2010年10月项目开工,两年多的时间,没有休息日,也没有节假日,项目办主任黄玉林每天和有关人员坚守施工一线,把握工程进度和质量,解决施工中的困难,及时答复施工单位的问题、解决工程技术难题,确保项目建设有序开展。这位从1981年毕业就进入公路行业,在公路战线上奋战了30多年的老交通人,对公路有着执着的情怀。

内蒙古交通经过近70年的沧桑巨变,已经打通了横贯自治区东西的大通道和连接周边省市区的14条高速公路及16条一级公路出区通道,全区102个旗县市区通高速或一级公路的达到94个,初步形成以呼和浩特为中心,以高速公路和一级公路为主骨架,辐射全区,东连黑、吉、辽,南通冀、陕、晋,西接宁夏、甘肃,北出俄、蒙的四通八达的交通运输网络,一条条柏油大道通向大漠深处、草原腹地,内蒙古人由此实现了由马背牧歌到日行千里的历史跨越。作为边疆、少数民族自治区和欠发达地区,内蒙古交通运输发展的历程,就是实践"两路"精神的历程。

二、公路建设的主力军

(一)承担重任、勇创第一

自2010年,因煤炭外运等多种原因引发的内蒙古部分高速公路拥堵,引起了社会公众、媒体的广泛关注。按照自治区党委、政府部署,自治区交通运输厅规划了自治区与周边省市区大城市的14条高速出区通道。内蒙古高等级公路建设开发有限责任公司(以下简称"内蒙古高路公司",见图6-5)承担了G6京藏高速公路呼包段改扩建工程、G7京新高速公路韩家营至集宁至呼和浩特段、G110兴和至呼和浩特一级公路改扩建工程三大建设任务。

图6-5 晨光下的内蒙古高等级公路建设开发有限责任公司

"三大"重点工程建设中,备受社会各界关注的是京藏高速公路呼和浩特至包头改扩建工程。该项工程是自治区党委、政府以及交通运输厅十分关心的重点民生工程和强区工程,也是自治区第一条八车道高速公路。内蒙古高路公司在承担起建设任务时,就充分认识到,必须全力以赴、迎难而进,着力抓好工程质量和进度,再难再苦,也要保质保量地完成建设任务,绝不辜负自治区党委、政府,交通运输厅和社会各界的重托。

京藏高速公路呼包段是内蒙古自治区首府乃至中西部地区通往京、津、冀和环渤海地区的主要运输通道,承载的交通负荷重、流量大,改扩建项目需采取"边通车、边施工"的方式进行建设,为此面临着社会关注度高、制约因素多、有效工期短、工程量大的多重难关;同时加之交通工程、房建工程、机电工程同步实施,则又面临施工组织复杂、操作难度大、交叉作业多等一系列问题。针对这个特殊情况,承担建设任务的内蒙古高路公司,在自治区交通运输厅的正确领导和大力支持下,公司主要领导亲自挂帅,坚持深入施工一线靠前指挥,多次调整优化施工组织计划,一方面采取多项措施,强化安全监管,全力保障施工安全;另一方面精心组织、科学施工、合理调度,周密组织好施工进度和节奏,采取增大作业面、延长作业时间、增加工作班组平行交叉作业等措施以及组成突击队24小时轮班倒昼夜施工的办法开展建设攻坚战,全面加快工程建设进度。在改扩建工程质量管理上,内蒙古高路公司始终坚持好中求快的原则,紧紧围绕公司确立的建设精品工程,力争达到国内一流水准公路的总体质量目标,建立了严密的质量保证体系和严格的质量保障措施,新建路面平整度的平均值控制在0.8以内;主要原材料和主要质量技术指标抽检一次合格率达到100%;交工验收工程质量合格率、竣工验收工程质量优良率均达到100%。

2012年,G110兴和至集宁至呼和浩特段建成通车;2013年,京藏高速公路呼包段改扩建工程建成通车;京新高速公路韩—集—呼段主线贯通,标志着内蒙古拥有了第一条八车道高速公路和第一条六车道高速公路,为全区14条高速出区通道全部建成、高速公路突破4000km、夯筑内蒙古交通建设史上又一个新的里程碑,写下了浓墨重彩的一笔;"三大"重点工程的完成,彻底改善了内蒙古中西部进京交通拥堵的状况,为促进自治区资源外运、经济融入京津冀、环渤海区域发展作出了积极贡献。

2013年9月28日上午,自治区党委书记、自治区人大常委会主任王君,自治区党委副书记、自治区主席巴特尔,自治区副主席王波等自治区领导,来到罗家营收费站亲切慰问了京藏高速公路呼包段改扩建工程的建设者。经过3年的建设,京藏高速公路呼包段改扩建工程交出了一份圆满的答卷,这条自治区政府重视、百姓关心的四车道高速公路已变身为八车道高速公路。常年来车辆通行"压力山大"的京藏高速公路呼包段实现完美转型:路上车流穿梭,畅通无阻,成为一条集畅、安、舒、美于一体的高速公路。承担这一任务的内蒙古高路公司在其中作出了巨大贡献。

内蒙古高路公司自2006年实施高等级公路建设以来,截至2016年底,公司共开展公路建设项目36个,累计完成公路建设投资约760亿元,总建设规模2794km,其中高速公路建设投资约占同期全区高速公路建设的1/4,充分发挥了全区公路建设主力军的作用。

在自治区公路建设队伍中,内蒙古高路公司既是公路建设战场上的主力军之一,也是交通科技创新队伍中的佼佼者。特别是公司组建的科技创新人才团队,锲而不舍地致力于交通科技创新及优异成果转化并推广应用,其多项科研成果屡获殊荣,为自治区交通运输事业创新发展提供了有力支撑。

在"内蒙古高等级公路建设科技创新人才团队"的建设过程中,内蒙古高路公司自主培养草原英才5名;柔性引进隧道、路面和筑路机械等自治区公路建设薄弱专业的国内行业高层次人才6名;整个团队被中共内蒙古自治区委员会组织部确定为2012年度自治区产业创新创业人才团队。

自2006年以来,内蒙古高路公司投资并承担建设了30余项对自治区经济社会发展起着至关重要作用的建设项目。这些项目技术难度大、建设标准高、投资规模大,其中尤以G7京新高速公路韩—集—呼段、G6京藏高速公路呼包段改扩建工程为代表。内蒙古高等级公路建设科技创新人才团队在打造国内一流高速公路精品工程建设目标引领下,集成和创新自治区高等级公路建设关键技术,攻克核心技术难题,以科技创新发展带动公路工程建设整体技术进步。截至2016年上半年,累计开展各类交通运输科技项目共计49项,其中:平安交通10项,绿色交通2项,智慧交通3项,攻克公路工程建管养关键核心技术34项。有些项目成果的先进性、针对性和实用性,技术领先度和成熟度均达到国际领先水平,部分成果纳入行业或国家规范、标准。特别是"寒区隧道施工关键技术研究"获自治区2012年度科技进步二等奖,"严寒地区超重载水泥混凝土路面设计施工关键技术研究"获自治区2014年度科技进步一等奖。不仅证明了团队的科研实力,也显著提升了公司在全区的科技地位。

内蒙古高路公司创新人才团队在全面服务工程建设的同时,还充分发挥专业特长,依托"内蒙古中东部地区公路路堑阳坡植被建植技术研究与示范"交通运输科技项目研究成果,主编的《内蒙古自治区公路坡面生态防护设计规范》和《内蒙古自治区公路坡面生态防护施工技术规范》两部地方标准,经国家标准化管理委员会备案,内蒙古自治区质量技术监督局批准正式发布实施;负责编写的《内蒙古自治区公路工程水泥混凝土路面施工技术规范》(自治区地方标准)2015年正式列入《内蒙古自治区推进标准化工作三年行动计划》。

(二)科技兴路的先行者

内蒙古交通设计研究院有限公司是内蒙古自治区公路行业唯一一家勘察综合甲级、

设计公路(公路、特大桥、特长隧道、交通工程)四项专业甲级的勘察设计企业。2001年,在全国省级公路设计院所中率先完成科技体制改革,由事业单位整体转制为科技型企业,更名为内蒙古交通设计研究院有限责任公司。公司现有职工279人,博士5人,硕士研究生83人,大学本科160人。具有正高级技术职称45人,副高级技术职称103人,中级技术职称56人。享受国务院特殊津贴3人,自治区草原英才7人,自治区勘察大师1人,自治区设计大师1人。

公司秉持"科技兴院"发展战略,坚持"质量是兴业之根,服务是兴业之本"的发展理念,在长期的生产实践中积累了丰富的工作经验,形成了较强的生产能力,特别是在沙漠、冻土、草原及黄土丘陵地区的公路勘察设计和病害治理、公路景观设计和环境保护等方面形成了自己独特的优势,为内蒙古高等级公路的发展作出了卓越的贡献。"十一五"以来,公司共参与设计高速公路超过60余条,累计达到6000km;完成了单洞累计长度10117延米公路隧道以及主跨100m、全长6170m的包头磴口黄河特大桥、全长930m巨合滩黄河大桥和1529延米大成西黄河大桥的勘察设计工作;累计地质勘察钻探进尺397558.4延米,钻孔超过2万个,岩土取样13万件,为公路勘察设计提供了翔实可靠的地质数据。

公司十分重视新技术的开发研究和推广应用工作,2016年公司与同济大学签署了专家院士合作协议,并以此为契机建立内蒙古自治区专家院士工作站。专家院士工作站以提升自治区地下空间、隧道管廊以及海绵城市的发展为己任。公司以"内蒙古地区钢混组合结构桥梁成套技术应用研究"为课题申报的"自治区科技厅科技重大专项"获得批复及500万元专项科研经费支持,这也是自治区交通运输行业首次获得科技重大专项支持的科研项目。公司为贯彻交通运输部及内蒙古自治区交通运输厅关于绿色公路的文件精神,立足自治区"筑牢北方生态屏障"的技术要求,成立内蒙古自治区工程创面修复及路域生态系统建设工程技术研究中心(图6-6)。

图6-6 科技兴路、硕果累累

公司承担的"国道208线集宁至丰镇高速公路详细工程地质勘察""磴口至巴拉贡高速公路磴口黄河大桥"荣获自治区工程勘察设计一等奖;"省道103线呼和浩特至大饭铺段高速公路"荣获自治区优秀工程勘察一等奖;"丹东至拉萨国道主干线老爷庙至集宁高速公路""省际通道桑根达来至公主埝段一级公路""丹东至拉萨国道主干线东兴至哈德门段高速公路"分别荣获自治区优秀工程设计一、二、三等奖;"呼和浩特至海拉尔一级公路"荣获新中国成立60年公路交通勘察设计经典工程称号;"张石公路三号地至张北段"荣获自治区优秀工程咨询成果一等奖和全国优秀工程咨询成果三等奖;"阿荣旗至北海省际通道支线阿布海至通辽高速公路工程地质勘察"荣获自治区优秀工程勘察设计一等奖;"树林召至包头东兴公路包头磴口黄河大桥""省际通道支线塔甸子至阿布海高速公路工程设计"分别荣获自治区优秀工程设计一、二等奖以及自治区人民政府科技进步三等奖3项;此外,还荣获自治区优秀勘察设计一等奖、二等奖、三等奖,自治区优秀咨询成果一等奖等奖项。

(三)路桥施工的中坚

内蒙古路桥有限责任公司(简称"路桥公司")系内蒙古高等级公路建设开发有限责任公司(简称"高路公司")所属全资子公司,主要承建自治内蒙古自治区内外公路、桥梁、隧道、市政等工程建设项目。经过60多年的发展,成为全区公路施工专业中坚力量,共修建国省干线公路6068.68km/242条,承建大中桥梁65466延米/521座,完成公路建设总投资270.96亿元,在自治区公路建设史上创造了辉煌的业绩,为促进全区交通事业发展作出了重大贡献。

路桥公司在发展壮大的60多年间,经历了计划经济体制、社会主义市场经济体制、改革开放各个历史时期。公司的前身可以追溯到1952年,组织机构几经演变,1966年定名为内蒙古自治区公路工程局。2006年6月经自治区人民政府批准,由事业单位转制为国有企业。2012年正式更名为内蒙古路桥有限责任公司。

在激烈的市场竞争中,路桥公司坚持加快转机建制的步伐,加大深化改革的力度,以强化内部管理为指导,稳步推进经营结构和所有制改革,完善经营、分配、制度和内部管理,建立起全新的内部运行机制;通过积极探索合作共赢、协同发展的新路子,努力开拓市场,加大科技创新力度,实施品牌战略,靠质量和信誉闯市场,取得了丰硕成果。

2003年,路桥公司被内蒙古自治区政府命名为"公路施工先进单位",被内蒙古自治区交通厅评为"重点公路工程建设质量实绩突出单位";2005年被安徽省交通厅评为"高速公路建设项目优秀施工单位";2006年被河北省交通厅评为"优秀施工单位",被内蒙古自治区交通厅授予省际通道项目"优秀承包人"奖;2006年承建的210国道包东高速公路、2007年承建的110国道主干线磴巴高速公路均获得内蒙古自治区工程质量"草原杯"奖(图6-7)。承建的新麻高速公路海公铁路立交桥(单跨60m现浇简支箱梁)、赤通高速公路张达沟大桥(墩高46m)和集丰高速公路丹洲营高架桥(长1190m)、国道304线阿拉坦隧道工程和博克图至牙克石高速、绥满高速兴安岭隧道工程、2008年完成的自治区第一个总承包试点项目——呼和浩特绕城高速公路,都标志着公司综合施工生产能力、专业施工技术、项目管理实现了新突破。2008年10月,被中国海员建设工会全国委员会评为"全国公路建设企业重点工程劳动竞赛优胜奖";2010年4月被自治区总工会授予"全区五一劳动奖状";连续10年保持了"自治区级文明单位"荣誉称号。

图6-7 公路建设,硕果累累

目前,路桥公司已形成了完整的企业发展理念和文化:

(1)企业发展目标:保持区内公路工程施工总承包的领先地位,跻身全国公路施工先进行列。

(2)企业宗旨:筑路架桥,贡献社会。

(3)企业精神:团结奋进,唯实创新,追求卓越,打造品牌。

(4)企业核心价值观:振兴路桥,铸就未来。

①价值观:兴企富民,创建辉煌;

②人才观:以人为本,人尽其才;

③质量观:质量是企业的生命;

④安全观:生命至上,安全为天。

(5)企业作风:务实,勤勉,创新,高效。

(6)企业经营理念:诚信为本,质量为魂,效益至上,协同发展。

(7)企业管理理念:严格标准,规范操作。

(8)质量方针:科学管理,质量第一,持续改进,业主满意。

(9)质量目标:创精品工程,树样板项目,工程一次交验合格率100%;重点工程竣工优良率100%;被调查顾客满意率95%;全年无重大质量事故;争创省级、国家级奖项。

(10)企业发展方针:靠科技和人才兴企。

(11)企业职业健康方针:关爱生命,预防为主,规范操作,健康安全。

(12)企业环保方针:文明施工,保护环境。

三、先进个人事迹

(一)草原英才

内蒙古118万km^2恢宏广袤的草原大地、山川、河流、沙漠、戈壁,特色鲜明而又独特。跋涉其间,他们是草原大道的建设者,又是一群能掀起脑力风暴的高端智力人才。他们的科研成果多次荣获自治区科技进步奖,实际运用其技术领先度和成熟度均达到国内先进水平,有的成果还填补了自治区甚至是全国公路建设领域的空白,为公路建设提供了可靠的技术保障和有力的科技支撑。内蒙古自治区为实施"人才强区"战略,从2010年开始实施"草原英才"工程,其主要任务是培育和引进对自治区产业升级、科技创新、学科建设、技术开发等方面的高端人才。"草原英才"工程实施以来,自治区交通运输厅共培养本系统高端"草原英才"12名,引进高端人才7名,这些人才在高速公路建设中均发挥了重要作用,作出了较为突出的贡献,"草原英才"人员名单见表6-1、表6-2。

"草原英才"培养人选名单　　　　表6-1

序号	所 在 单 位	姓名	人 才 类 型		入选年度
1	内蒙古高等级公路建设开发有限责任公司	张志耕	培养	第三类	2010
2	内蒙古交通设计研究院有限责任公司	罗俊宝	培养	第三类	2011
3		崔红兵	培养	第三类	
4		崔凯	培养	第三类	2012
5	内蒙古公路局	张化平	培养	第三类	2012
6	内蒙古高等级公路建设开发有限责任公司	郝振华	培养	第三类	
7		王海亮	培养	第三类	
8		程国义	培养	第三类	2013
9	内蒙古交通设计研究院有限责任公司	辛强	培养	第三类	
10		张晓绥	培养	第三类	2015
11		周可哥	培养	第三类	
12	内蒙古高等级公路建设开发有限责任公司	白志平	培养	第三类	2016

"草原英才"引进人选名单 表6-2

序号	所在单位	姓名	人才类型		入选年度
1	内蒙古高等级公路建设开发有限责任公司	刘洪海	引进	第三类	2011
2		田波	引进	第三类	
3		王明年	引进	第三类	2012
4		王林	引进	第三类	
5		叶为民	引进	第三类	2013
6	内蒙古交通建设工程质量监督局	侯芸	引进	第三类	2015
7		陈景	引进	第三类	2016

"草原英才"个人先进事迹摘录

张志耕

在自治区公路建设快速发展的过程中,科技人员所付出的汗水和智慧,为公路建设提供了可靠的技术保障和有力的科技支撑。担任内蒙古交通设计研究院有限公司董事长的张志耕,就是在这方面作出突出贡献并享受国务院特殊津贴的专家。他是自治区首届"草原英才"成员,"草原英才"工程内蒙古自治区产业创业人才团队带头人,第十一届内蒙古自治区政协委员,荣获过自治区有突出贡献中青年专家、第三届中国公路学会百名优秀工程师等荣誉称号。

张志耕1965年9月出生于锡林郭勒盟,博士研究生学历,博士后经历,正高级工程师。1988年福州大学毕业,放弃在南方发达地区发展的机会,毅然回到父母支边的地方——内蒙古大草原。20多年来一直在公路工程建设第一线辛勤劳作、默默奉献。先后从事公路工程勘测、设计和高等级公路的建设管理工作。

1988年8月至1999年10月,在内蒙古交通设计院工作期间,张志耕参加了30多个项目勘测、设计工作,完成80余座大、中桥设计和2000多公里的路线CAD辅助设计。特别是在呼包高速公路施工图设计中,积极引进、开发计算机辅助设计系统并组织相关培训工作,完成了23座大、中桥CAD辅助设计,计算机出图率达到85%以上,为计算机技术在自治区公路设计行业的全面运用打下坚实基础。

1999年10月,张志耕被抽调到呼集老高速公路建设项目,从事项目建设管理工作。他针对老集高速公路沿线工程地质条件复杂、有效施工期短、技术难度大的特点,组织引进和开发了干振碎石桩软土地基处理、网格法路基施工、利用冲击式压路机冲压巨粒土填筑路基、U形桥台料石镶面混凝土填芯、利用塑料模具工厂化预制混凝土小型构建、滑模摊铺水泥混凝土路肩板、喷砂法桥面清浆打毛处理、厚基质喷附生态恢复和厢式沥青混合料保温运输等20多项新工艺、新技术。这些新工艺、新技术的引进、开发不仅解决了工程建设中的实际问题,同时提高了工程质量、有效缩短了建设工期,并节约了建设投资。

20世纪末,随着载重车辆交通量的迅速增长,部分高速公路出现严重的车辙现象,深度达十几厘米。为了尽可能地避免路面早期破坏产生,更好地提高路面长期性能,张志耕主持开展了"Superpave混合料施工工艺与质量控制技术研究",解决了长期以来困扰公路科技界混合料施工变异性大、质量不稳定的技术难题;找到了Superpave混合料施工的关键技术——离析控制,并对材料离析、温度离析、碾压离析产生机理和控制方法进行了深入研究。其研究成果在老集高速公路沥青路面施工中得到了全面应用,并推广到全区高速公路建设中,有效地解决了Superpave混合料材料施工中的技术难题,取得了良好的社会和经济效益。

老集高速公路于2005年9月交工验收通车试运营,2009年3月竣工验收,工程质量等级为优良。经历了"世纪大堵车"的超负荷运营近9年,目前路况良好,即使是3.9%大纵坡段也未产生任何浅车辙。

2007年,张志耕带领建设团队开展了"严寒地区超重载水泥混凝土路面设计施工关键技术研究",其科研项目的多项科研成果纳入了《公路水泥混凝土路面设计规范》和《公路水泥混凝土路面施工技术规范》,填补了我国严寒地区极重荷载条件下水泥混凝土路面高等级公路建设空白。

自从事公路工程设计、科研及建设管理、技术管理工作以来,张志耕发表学术论文20多篇,参加和主持了"呼包高速公路信息管理系统""Superpave沥青混合料施工工艺与质量控制技术研究""内蒙古干旱地区公路边坡生态恢复应用技术研究""高寒地区隧道防冻与施工成套技术研究""内蒙古高等级公路投资项目建设管理信息系统"和"严寒地区水泥混凝土路面设计施工关键技术研究"等十几个科研项目,涉及公路工程、岩土工程、计算机技术、材料科学和机械科学等多个学科和领域;主持完成的课题研究成果获自治区科技进步奖一等、二等和三等各一项,中国公路学会科学技术奖二等、三等奖各一项。

20多年来,张志耕勇于实践和不断进取的学习精神,成就了他的博士后经历,为学术研究、技术管理工作奠定了雄厚广博的基础;取得的丰硕科研成果和突出管理业绩,使他成为了"学者"型的高级管理人才,同时也诠释了他生于草原、长于草原,在外求学,回报故乡,致力于内蒙古交通事业的一片深情。

罗俊宝

常年穿行于内蒙古荒漠戈壁间,在公路建设防风固沙、生态修复工作中描绘着独有的亮丽风景线,他就是曾获得多项殊荣的公路治沙专家、"草原英才"罗俊宝。

从事沙害防治及路域植被恢复科研工作,罗俊宝就要经常身处大漠戈壁,生活条件极其艰苦,那真是"有风满身沙,无风一身汗"。夏季,从上午九十点钟到下午三四点钟,头顶的炎炎烈日和沙漠反射的热浪,让置身其间的人们感觉像在烤箱中无处藏身。吃的水,是从临时雇人打的水井中汲取的,矿化度大,咸的厉害,再好的茶用这种水泡,全然没有了茶的味道。从1983年进入内蒙古交通设计研究院工作至今,他的足迹踏遍了内蒙古所有的沙漠、沙地,先后在腾格里沙漠、库布齐沙漠、毛乌素沙地、浑善达克沙地、科尔沁沙地设点进行长期研究,积累了丰富的科研经验,取得了突出的科技成果。

他提出的临界输沙量的概念,可以从理论上判定防沙体系失效及维修的时间节点,从而在公路科学和风沙运动学之间架设起了一座桥梁,促进了本学科的进步;他提出了风沙草原区、典型草原区、荒漠草原区和森林草原区的路域植被恢复模式;提出了公路防沙体系建设的可调控理论、"以沙治沙"理念和计算公路防护带宽度的理论公式;提出了不同质地边坡植被自然恢复指数;首次就施工对植被破坏的强度进行了分级,首次提出了汇区的概念用来指导植物生境的增益及取土场、弃土场的设计;首次提出了施工行为向生态行为转化的概念。划分了植被破坏到植被恢复的三个阶段。就施工干扰对植被的破坏机理应用生态系统理论进行了分析,揭示了施工对植被破坏的内在规律。在路域施工对植被干扰基础研究方面取得了开创性成果,部分研究成果在国内甚至国外处于领先地位。他先后荣获中国公路学会科技进步特等奖一项、三等奖一项,国家科技进步二等奖一项,内蒙古科技进步一等奖一项、二等奖一项,内蒙古交通运输厅科技进步奖三项,取得实用新型专利两项,发明专利一项,发表论文数篇,主编论文集一册。2011年,被评选为内蒙古自治区"草原英才"。2014年,被自治区科协、人事厅评为首届"科技标兵"。

罗俊宝通过室内风洞试验和野外固沙验证,设计、研发的沙袋沙障、土工方格沙障,从技术层面、理论层面完善和提升了我国公路沙害防治水平。使用具有自主知识产权的沙袋沙障、沙埂沙障技术把风积沙作为固沙材料纳入公路防沙体系建设,这就是罗俊宝提出的"以沙治沙"的理念。经过技术推广,沙袋沙障固沙技术已在塔克拉玛干沙漠的和田至阿拉尔公路、巴丹吉林沙漠的巴山线、浑善达克的207国道、科尔沁沙地的赤通高速公路广泛应用,其中推广面积及规模最大的公路是临河至白疙瘩高速公路,推广应用沙袋沙障固沙技术3100万 m^2。

罗俊宝说:"开展公路沙害防治研究及路域生态环境建设,不仅可以确保道路畅通,改善路侧的生态环境,还可以形成一道道绿色的长廊,促进沙区资源的开发,增加广大农牧民收入,使他们早日踏上了脱贫致富奔小康的康庄大道。"

张化平

在自治区经济与交通建设高速发展新时期,一批既精通业务,又善于管路的交通建设者在工作岗位上钻研创新、勇于开拓,为交通运输事业发展作出了突出贡献,张化平就是其中一位。

张化平，1987年7月研究生毕业后在江苏省交通科学院参加工作，从事公路科研和设计工作；1988年12月调江苏省交通运输厅工程质量监督站，从事质量监督工作，任副科长；1990年7月调内蒙古公路工程质量监督站，任站长；2002年6月调内蒙古交通设计研究院有限责任公司，从事公路工程建设管理工作，任总经理；2004年8月调内蒙古高等级公路建设开发有限责任公司，从事公路工程建设管理工作，任副总经理；2008年11月担任内蒙古自治区公路局局长，从事公路行业管理工作；2017年1月担任自治区交通运输厅科技处处长至今。

自参加工作以来，张化平同志一直从事公路科研、设计、建设管理工作，1995年被内蒙古自治区人事厅评为路桥专业高级工程师。在掌握理论知识的基础上，经过多年的工作实践，积累了系统且扎实的公路工程设计、管理等方面的经验。担任内蒙古公路工程质量监督站站长期间，针对自治区高等级公路建设处于起步阶段、工程质量监督环节还比较薄弱的特点，主要从建立健全质量监督管理制度，推行公路工程质量保证体系，加强质量监督人员专业技术水平，突出重点，制订详细计划对国家和自治区重点项目开展监督检查等方面，下大功夫狠抓工程质量监督，在短时间内将自治区重点公路建设项目的工程质量全面提升到优良工程的质量等级，实现了全区工程质量监督工作跨越式发展。2002年6月至2004年8月，担任内蒙古交通设计研究院有限责任公司总经理期间，主要负责主持公司承担的各级公路、桥梁和隧道工程的设计和相关专业课题研究开发的经营管理工作。在主持工程设计工作时，始终坚持科学管理，采用先进的设计理念，大胆尝试新技术，不断积累经验，圆满完成了一系列高等级公路工程可行性研究报告、初步设计和施工图设计文件的勘察设计工作。同时，有针对性地对一些公路工程建设的难点课题进行了科学、全面和深入的研究，在对现场认真勘察、翻阅大量国内外相关资料和整理完整试验数据的基础上，通过科学合理的理论分析，完成了一批高水平、有价值的科研成果。2004年8月至2008年11月，担任内蒙古高等级公路建设开发有限责任公司副总经理期间，主抓公路建设管理工作。同时，兼任内蒙古高速石油销售有限责任公司副董事长，并任内蒙古公路学会副理事长。针对工程建设管理工作的特点，工程建设项目从项目立项、设计、招标、实施至竣工验收全过程做到精细管理。

自从事公路工程设计、科研及建设管理、技术管理工作以来，张化平同志发表学术论文10余篇，并公开出版著作2部。参加和主持了"沙漠地区公路建设成套技术""沙漠地区公路边坡防护及防风固沙技术研究""沙漠地区公路路基合理填土高度""沙漠地区公路路面结构设计、施工及材料研究""沙漠地区公路建设成套技术"和"波纹钢结构在小桥与涵洞上的应用技术研究"等多个科研项目，涉及公路工程、岩土工程、计算机技术、材料科学和机械科学等多个学科和领域；主持完成的课题研究成果获国家科技进步二等奖一项，自治区科技进步奖一等、二等各一项和三等两项，中国公路学会科学进步特等奖一项。

张化平同志在工作中积极探索和解决新时期公路工作出现的新问题、新难题,并通过理论联系实际,有针对性地进行研究加以解决,妥善处理管理工作中遇到的难题和热点问题,出色完成了历年工作目标和上级安排的各项任务。多年来,他对工作兢兢业业、尽职尽责,严谨实干、刻苦钻研,在业务素质方面不断要求提高,管理能力得到不断加强,在科学技术领域取得了不俗的成果,荣获了省部级科学技术奖、哲学社会科学优秀成果奖等省部级专项奖一等奖,省部级有突出贡献的专家,省部级重点学科、实验室、工程技术研究中心学术(技术)带头人等荣誉。

郝振华

在自治区经济发展与交通建设进入全面提速升级的新时期,涌现出了一批勇于吃苦、善于钻研、专业水平高、精通业务的优秀建设者和管理者,郝振华便是他们当中的佼佼者。

郝振华,1984年8月在内蒙古公路工程局参加工作,1997年3月任内蒙古公路工程局工程计划科科长,2000年7月调内蒙古公路局工程科,安排到呼集老高速公路项目办工作,任项目办副主任;2004年7月任内蒙古高等级公路建设开发有限责任公司乌兰察布分公司副经理,兼任公司项目建设管理第二、第三分公司经理,并在110国道拓宽改造、临河过境高速公路、赛白高速公路项目建设中担任项目建管办主任;2011年担任内蒙古高等级公路建设开发有限责任公司副总经理、内蒙古路桥有限责任公司经理。

在从事公路建设的历程中,作为主要技术及管理负责人,在公路建设第一线进行现场指挥和业务研究是他的工作常态,把自己独到的见解应用在工程管理方面是他精通业务善于管理的体现。在呼和浩特至集宁至老爷庙高速公路项目建设中,他通过积极探索和认真研究,引进新技术、推广新工艺,提出了采用抗滑桩及抗架锚索等方案对地质滑坡严重地段进行了彻底处理,解决了通车后的安全隐患,并率先在内蒙古采用了Superpave设计新理念,大大提高了沥青路面的抗车辙性能;在临河过境高速公路建设中,进行了内蒙古自治区高性能同步碎石封层技术研究,针对北方地区的气候、环境特点,提出了高性能同步碎石封层的室内设计方法和相关材料的技术标准,在总结高性能同步碎石封层影响施工质量因素、强调过程控制的前提下,编制了成套的高性能同步碎石封层施工办法和质量评定验收标准。

郝振华在进行公路工程技术研究的同时,撰写和发表论文,推广技术研究成果。他参与了交通运输部西部交通建设科技项目"公路路域生态工程技术"的研究,根据北方地区的气候、环境特点,对常见建植技术进行了综合比较分析,提出了公路路域生态恢复系统化设计模式、路域生态综合技术、路域水资源管理综合技术、边坡灌木化综合技术,并制定出路域植被防护工程生态效果评价指标体系和评价标准,提出了相关技术参数和施工规范。

在他从事重点公路建设项目管理工作期间,已按期交工并投入试营的高速公路438km,二级公路213km,累计完成自治区重点公路工程建设投资104.2亿元。2004年,郝振华被自治区政府评为公路建设先进个人,多次荣获自治区交通运输厅、内蒙古高等级公路建设开发有限责任公司个人和集体嘉奖,2010年被评为自治区突出贡献的中青年专家,2011年入选自治区"草原英才"。

(二)最美"交通人"

在自治区高速公路大发展时期,涌现出了一大批弘扬"艰苦奋斗、勇于创新、不畏艰险、默默奉献"交通精神,践行"人便于行、货畅其流、服务群众、奉献社会"行业核心价值观的"最美交通人"。他们有的埋头苦干、勇于拼搏,在平凡的岗位上做出不平凡的业绩;有的富于理想、执着追梦;有的爱岗敬业、无私奉献、服务圆梦。他们的模范行为,生动诠释了社会主义核心价值观的深刻内涵,形成了全行业积极向上的良好风尚,进一步提升了交通运输软实力,为引领推动交通运输行业良性发展、跨越发展提供了强大的精神动力。

白俊峰:尽职尽责肯打硬仗

2003年,白俊峰成为内蒙古公路工程局(内蒙古路桥公司的前身)的一名技术员,从此与筑路事业结下了不解之缘。在这一行里,他已经摸爬滚打了十几年,寒来暑往,风雨兼程,转战自治区东西南北,先后参加了G6高速公路新地至麻黄沟段三标、G6高速公路哈德门至磴口段七标、呼和浩特绕城高速公路六标、G6呼包四改八改扩建工程二标等多项自治区重点工程项目的施工。由于他的辛勤努力,他所在的施工项目从未发生一起安全生产责任事故,突出的工作业绩不仅受到了上级和本单位多次表彰和奖励,2016年还荣获了自治区五一劳动奖章。

作为一名新时期的青年人,他不愿停歇自己前进的脚步。无论是紧张的施工期间,还是闲暇的休息时间,他一有时间就拿出身边常备的各种专业书籍翻翻,给自己充电。凭着这股不懈的学习劲头,从一线施工技术员顺利晋升为专业工程师。

作为一名施工一线的专职安全员,他每天天不亮就起床,沿线逐一进行巡视、监督、检查,制止、纠正违章指挥、违规作业和违反劳动纪律等"三违"行为,保证了施工人员的身心健康。在关心同事方面他充满人情味,有着春风般的温暖,但是在抓安全生产上却从不讲情。发现问题当场解决,在安全检查时从不留情面,隐患面前能做到零容忍,正如他所说:"你对隐患讲情面,事故对你不留情。"

2013年,呼包高速公路四改八改扩建工程正在如火如荼的建设中,这是一项自治区的重点工程,要求边通车边施工,工程难度大,安全隐患多。为了解决好安全生产中的各

第六章
高速公路文化建设

种问题和困难,工程处决定将白俊峰调到呼包高速改扩建工程二标任专职安全员。对于白俊峰来说,这无疑是一次考验和挑战。上任伊始,他就在国家安全生产法律法规、标准规范的基础上,结合改扩建工程实际情况制定了完善有效的安全生产保通方案、施工现场安全生产施工规范及安全生产检查程序。安全无小事,在对段落内施工便道、借道和改道的地方进行安全隐患排查时,他严格按规范要求设置安全警示标志标牌,并及时对破损、丢失的安全警示标志标牌进行补充完善。他要求每一个班组开班前,班组长做班前教育,做到常态化、程序化。同时发挥自身特长,指导项目部专职安全员规范内业资料,制定各部门、各岗位的安全生产责任制,明确各自的职责和任务,与各级管理人员、施工班组逐级签订安全生产责任状,做到横向到边,纵向到底,责任到人,全面将安全生产责任落到实处,保证了呼包高速公路改扩建工程的顺利进行。

2014 年,他获得了内蒙古高路公司"优秀共产党员"和内蒙古路桥公司"最美筑路人"的荣誉称号。

2015 年 3 月,内蒙古路桥公司成为内蒙古自治区首家通过交通运输部企业安全生产标准化一级达标企业,他作为达标工作小组成员,参与了整个达标过程,达标工作小组也被公司授予年度"特殊贡献奖"。

头戴安全帽,身穿反光服,在工地上忙碌奔波的白俊峰,像一部永不停歇的马达,不知疲倦地高速运转着,在他挚爱的公路建设事业中,默默奉献着一名筑路人的赤诚。

董海萍:把路放在心里的"女汉子"

选择当一名养护人,走上一个别样的人生舞台。这是当年正值青春年华的董海萍,作出的人生抉择。

董海萍,内蒙古高等级公路建设开发有限责任公司巴彦淖尔分公司头道桥高速公路养护所所长,也是内蒙古高等级公路建设开发有限责任公司全线唯一的一位女养护所长。1996 年参加工作以来,她始终奋战在高速公路最基层、最前线。伴随着京藏高速公路哈磴段的通车试运营,内蒙古高等级公路建设开发有限责任公司巴彦淖尔分公司养护部门正式成立,她走向了高速公路养护岗位。

作为一名女养护工、一位母亲和女儿,董海萍克服了常人无法想象的困难,忘记了自己、忘记了家庭、忘记了劳累,但在心中始终不忘的是"一定要养好公路"。

董海萍所在的头道桥养护所负责管辖京藏高速公路 K906~K952 段。该段公路冬季雪多路滑、春季风大沙猛、夏季骄阳似火。养护部门成立初期,在设备、人员、资金短缺的情况下,董海萍开始摸索如何又好又快地做好养护工作。

针对吊装更换护栏板的困难,她悄悄研究了一个月,终于自行设计改装成功吊链维修方式,省时省力,让所里的男同志都刮目相看;在除雪机械不足的情况下,她与所内员工共同设计制作了融雪剂撒布漏斗,既提高了工作效率,又节约养护经费;在绿化管护无设备的情况下,她凭借一双腿走遍了40多公里管段,跑遍了当地水利局、国土局,终于摸清了沿线水资源分布,选择相对土壤好、地下水位高的地方先后打井28口,既节约了成本,又确保完成绿化浇灌任务。脸晒黑了、脚磨肿了,但看着绿化树在长高,她笑得很灿烂。多年来,在她的带动和影响下,先后降低养护成本近60万元。

董海萍是管段内有名的"黑脸女汉子"。平时,只要她巡查在路上,一定没有村民敢私自上高速公路搭"顺风车",她对巡路发现的问题及时修复、及时解决,所里的养护车已经成为当地村民敬畏的"文明巡路安全岛"。10年来,在她的管区内从未发生任何责任或者安全事故;她带领养护所七八个男养路工,清边沟、修护栏、补边坡、刷路树……跟男同事一样不怕累、不怕苦、不怕脏,身体力行,忠于职守,充分起到了模范带头作用。

近十年的默默付出和兢兢业业,她也收获了一个又一个荣誉:她所在的头道桥高速公路养护所先后被分公司评为"先进养护所"。她本人先后被评为"先进个人""十佳养护工""先进工作者""优秀共产党员";2010年被自治区交通运输厅评为"全区交通系统劳动模范",2012年3月被自治区妇女联合会授予"巾帼建功"标兵荣誉称号,2011年10月被交通运输部、中国海员建设工会授予"全国双百模范养路工"称号,2014年5月被自治区工会授予自治区五一劳动奖章等。

这就是董海萍,一个以所为家、以路为业、甘当"路石"的普通公路人。

翟建伟、聂凤艳:最美筑路夫妻

2004年,翟建伟、聂凤艳,大学毕业后被同一批招进内蒙古公路工程局工作。翟建伟任现场技术员,聂凤艳为试验员。2008年,他们也幸福的走到一起,成为一对甜蜜的夫妻。靠着对筑路事业的热爱和对未来美好生活的憧憬,一路走来,他们在不同的岗位上辛勤工作,业务能力不断提高,逐渐成为单位的骨干。

都说修路是艰苦的行业,只有置身其中,才能真正体会到其中的酸甜苦辣。2010年,他们的宝贝女儿出生了。在孩子还不到7个月的时候,妈妈就给断了奶,交给父母看管,又投身于工地建设中。当时聂凤艳担任301线博牙段高速公路路面8标的试验室主任,由于工期紧、任务重,一下到工地就没时间再回去看望孩子。想孩子了,只能利用工余时间打个电话,那份思念与牵挂,那份纠结与无奈,丝丝缕缕,不可断绝。一直坚持到工程交工,当妈妈匆匆忙忙赶回家,一眼看到孩子,眼泪忍不住地往下流,心里酸痛无比,他们离开家的时候宝宝才刚会坐,现在孩子已经会走了,想象不出孩子是怎么成长起来的。直到现在,孩子已经5岁了,一直都是奶奶一手带着。他们心里充满了对孩子和老人的愧疚。但为了筑路事业,他们还是年复一年地坚守在各自的岗位上,勤勤恳恳,忘我工作。

随着孩子的长大,家里的老人却在变老。2013年春天,他们刚下工地不到一个星期,当时工地在呼伦贝尔市根河地区,没有电,手机也是经常没有信号,但是就在这个时候,他们的父亲突发心梗,半夜入院抢救。生命危在旦夕,母亲还要在家里看护小孩,无法分身,没办法只好打电话通知亲戚去医院里照顾父亲。当时医院下了病危通知书,给他俩打电话又打不通,亲戚们又不敢做主,最后没办法先抢救后补签字,幸亏抢救及时才没有给父亲留下后遗症。后来他们得知消息后,仍免不了担心和后怕,只能用更加努力的工作,来回报父母的支持、理解和付出。

聂凤艳2008年开始担任试验室主任一职,经过几年的历练,业务水平及各方面能力都逐渐成熟;翟建伟参加工作以来,从基层技术员做起,十余年的历练,如今担任项目副经理,负责全面的施工管理工作。在2012年的根拉一级公路施工中,聂凤艳负责的标段,都是百分之百的合格,赢得了业主、总监办、监理单位对项目部工作的赞扬和肯定。同样在根拉三标现场施工中,从图纸会审、技术交底、工程变更、计量,每一项工作都留下了翟建伟深深的足迹和辛勤的汗水。在冻土的换填、强夯到冲击碾压,翟建伟总结出一套比较完善的施工工艺并取得较好的效果,短短6个月的施工期,他统筹安排,合理计划工期,保质保量地完成年度施工任务。翟建伟连续3年被业主评为优秀技术员,2013年被路桥公司评为优秀技术人员。

每年的冬休时间,是他们夫妻最幸福的时光,只有在这仅有的几个月里,他们才能多陪陪孩子和老人,尽到父母的责任和对长辈的孝心。夫妻同心,其利断金。翟建伟、聂凤艳,这对筑路夫妻,手牵手、肩并肩,在工地现场筑起一道靓丽的风景线。

王静:巾帼不让须眉

王静是内蒙古路桥公司第二工程处质检部副部长。在公路施工试验检测和质量监督的岗位上摸爬滚打的20多年里,她一直坚守在施工一线,爱岗敬业,刻苦钻研,积累了丰富的理论知识和实践经验,从一名普通的试验员,成长为一名合格的试验室负责人直到现在的质量监督负责人。

她曾先后参加过准格尔煤田2号公路,301国道甘博段、海满段,呼包高速公路Ⅰ、Ⅱ期,呼集高速公路Ⅰ期,哈蹬高速公路5标,临哈高速公路1标,二广高速公路赛白段3标,省道101线霍阿一级公路9标等自治区重点工程项目的试验室管理及质量监督工作。由于工作业绩突出,曾先后8次被路桥公司、第二工程处评为"先进个人"。

试验苦、试验累,不干不知道。在水泥混凝土施工中,光是混凝土试块,一个强度等级的混凝土,每天就要做10组,一组有3个,一个约有16斤,一天就得做1700多斤试块,这样一天连续装模、拆模、搬运、养护、压试,加上混凝土水灰比、坍落度是否离析等试验内容均不得有任何闪失,都需要试验员全过程坚守,以至于吃饭时拿筷子的手都发抖。一些重要部位的混凝土浇筑,白天黑夜不能停顿,试验员往往与工人吃喝在工地。凭着这股忘我的工作热情,吃苦耐劳的精神,她逐步成长为公司试验领域的一名尖兵。1990年她担任了工地试验室主任。

在工程施工建设中,每年开工前期,试验工作必须走在前。在哈磴高速公路施工中,为了确保质量,作为试验室主任,赶在复工前,她就一边查阅大量的有关资料,一边深入现场调查取样,带回试验室进行检测,同时还要注重过程控制,对坍落度、含水率、温度进行全过程监控,确保通过检测的土方、混凝土抗压强度100%合格。项目全面开工后,仅路基施工检验数量工作量就相当大,施工线路每100m抽样检验,路堤压实系数为6点,边坡4点;每填筑一层30cm、200m要做一次压实度试验;每填3层要做一次K_{30}检测;结构物施工混凝土配合比试件检测,更是每天都需要大量的数据资料。在这种抢工大干的时候,当天能出的资料和数据绝不拖到第二天。为此,她带领试验人员几乎泡在了拌和站、摊铺现场,每天只能睡上5个小时,第二天仍然出现在施工需要的地方。

2012年她被任命为处质检部副部长,分管试验和质量监督工作。凭着多年的施工经验,竣工验收资料的整理是整个工程的一个关键环节,而且是个弱项。2013年底,她建议二处建立工程项目资料室,在新中标的两个项目上开展工作,事前就对资料进行分类归档,并对资料填写不齐全有涂改现象的,她专门设计了质量整改通知书表格,配有照片,对发现的问题,要求及时整改、及时反馈,杜绝了事后涂改或补资料的现象。由于各类资料逐步完善、规范,在路桥公司及业主组织的多次综合检查评比中,都受到了上级领导及主管部门的一致好评,并作为样板向其他施工单位推广。

自参加工作以来,她常年甘居野外,与大山、荒漠为伍,与仪器、水泥和石子为伴,一年中在工地的时间就有七八个月。作为一名母亲,面对自己的孩子,心里虽然愧疚,但她从不把自己的困难挂在嘴上,而是鼓励孩子要学会自己照顾自己。孩子上小学时,在作文中写到"我的妈妈工作非常忙,我都好久没有见到她了"。巾帼不让须眉,王静为公路建设事业奉献着自己的一切,体现着内蒙古路桥人特别能吃苦、特别能战斗的奉献精神。

任永胜:"蛮拼"的项目经理

"对症下药"的"医术"得益于任永胜自1995年参加工作以来,一直工作在生产一线,从施工技术员到业主的工程建设管理工作。由于工作需要,2011年9月任永胜由内蒙古高等级公路建设开发有限责任公司白霍一级公路建管办副经理调任G6京藏高速公路呼包段改扩建工程建管办任副经理,主要负责呼和浩特段的工程建设管理工作。

任永胜也是第一次接触高速公路改扩建工程,加之他来时工程已实施一年,对现场的不熟悉是他面临的第一个难题。他没有急于对不熟悉的事情妄自下结论。而是用一周的时间熟悉工作,沿着施工工地逐步排查,遇到施工进度缓慢和阻工路段便亲自深入现场了解实情,特别是对土建一标的施工现场,有时一走就是几十公里。对现场的摸排完成后,手里掌握了第一手资料,针对土建一标项目部在施工管理过程中的欠缺,及时致函其总公司要求立即到场整顿项目,同时要求施工单位限期调换、增加技术骨干加强技术力量,加大关键施工部位的设备投入;随后组织总监办、驻地办和施工单位主要责任人,认真分析进度滞后及如何提高工程质量等问题,找出症结所在"对症下药",并采取奖惩办法激励其加快进度。通过一系列的管理措施,第一合同段的进度与质量有了明显改善,为全线路面施工的快速推进奠定了基础。

为了保障施工进度,任永胜按照总公司的总体部署,精心制订施工方案,成立了施工组织计划编制小组,以全线15处互通区,4处跨线分离拆除重建为控制节点,针对项目边通车、边运营、边施工的建设特点,统筹协调各标段的计划安排、交错运营、分期修建,确保关键节点工程按期交付使用。根据施工组织计划和交通分流方案,细化施工组织保证措施,对施工方案、劳力配备、材料准备、设备配置等,进行了细致安排。通过进度计划的编制,使各标段对本年度的施工生产有了一个清醒的认识,做到了心中有数,为工程项目的顺利完成提供了前提保障。

为提高工程技术质量,他多次组织召开专家技术研讨会,针对关键技术开展讨论与研究,并形成会议纪要,既有预防措施又有指导意见,确保了技术指导施工。同时聘请国内资深专家组成本项目的技术支持顾问组,对本项目的参建人员进行技术培训,并及时解决项目中存在的技术问题,深入现场对技术工作进行现场指导,保证工程建设质量稳中有升。

G6京藏高速公路呼包段改扩建工程于2012年10月完成了北幅通车的施工任务,并于2013年10月完成南幅通车的施工任务,实现全线通车的目标。该项目的顺利通车受到了自治区党委、政府和交通运输厅的表扬。

2012年至2014年,任永胜连续3年荣获内蒙古高等级公路建设开发有限责任公司先进工作者。期间,他还主持参与了3项国家和省部级科研项目,在本专业核心期刊发表论文6篇,所在科研团队获得混凝土路面养护剂雾化喷洒机发明专利(专利号:201010569021)。

曲向龙:苛刻的质检部长

他工作认真、严谨、一丝不苟;他坚持原则、一身正气,敢于管理。他就是在京藏高速公路呼包改扩建项目中时任质监部部长的曲向龙。

G6京藏高速公路呼包段改扩建工程全线217km,点多、线长、面广、工期紧、任务重,管理难度非常巨大。为切实做好质量管理工作,在项目开始之初,他就通过查阅大量的资料,结合多年的工作经验,参与编撰了《工程管理办法》《质量责任处罚办法》《联检联评实施细则》《标准化施工实施细则》《档案管理办法》和《工地试验室管理办法》等管理和考核制度。针对项目施工中几个关键点,他组织总监办制定了呼包项目《桥涵搭接施工指南》《路面施工指南》和《桥涵台背回填施工指南》等一系列施工指导书,为工程施工过程中的质量管理、质量控制做了大量基础工作。

  对质量管理过程中发现的问题,他坚持原则,敢于管理,该制止的制止、该纠正的纠正,对不合格工程实体坚决进行返工。记得那是2011年8月的盛夏,烈日炎炎之下曲向龙带领着项目办、总监办质检工程师对全线的一千多座桥涵构造物进行质量大排查。在预制梁场,他亲自钻进钢筋笼里,对钢筋绑扎、焊缝外观、钢筋间距、波纹管布设坐标等进行细致的排查;对混凝土坍落度控制、浇筑、振捣进行详细的记录并及时纠偏,确保每一片梁体外观及内在质量达到优良,对不符合要求的梁板坚决予以废弃;在桥涵施工现场,他带领质监部的专业工程师及驻地监理从基础、承台、墩柱、盖梁、垫石、支座、架梁的每一步施工细部都尽职尽责地进行督导,及时发现并整改了大量问题,让施工质量得以有效保证。就这样整整两个多月起早贪黑,大家跟随着他马不停蹄地工作着。由于全线结构物数量多,为了提高工作效率,他带领质监部的工程师,索性就吃住在工地上。风餐露宿加之劳累过度,他的痛风病复发了,双脚肿的像馒头一样,大家都劝他休息一下,可他硬是凭着一种作为高路人的使命感和责任感倔强地冲在第一线,同事们看在眼里疼在心里,劝他休息看看病,但他却说"等忙完这阵子再说",强忍着病痛,拄着拐棍率领着大家完成了这次普查,普查结束了,他才住进了医院。

  2013年,G6京藏高速公路呼包段改扩建工程终于顺利交工了,在整个项目管理过程中,工程质量始终处于可控状态,没有发生质量事故,工程质量检测指标优良。2011—2013年,曲向龙先后被内蒙古高等级公路建设开发有限责任公司授予"年度先进个人""优秀共产党员"等荣誉称号。

  董进国:自豪的"筑路人"

  大学毕业后,董进国就踏上了筑路行业的征程,弹指间,已悄然在内蒙古路桥公司第五工程处工作了近十年的时间。一直从事测量工作,他始终兢兢业业、不怕苦、不怕累、默默地实现着自己的筑路梦。

  刚参加工作的那一年,初春时节他就离家远赴千里之外的呼伦贝尔大草原,参加阿荣旗至博克图高速公路施工。施工前期的恢复定线必须走在各项工作之前,刚到工地因临建还没有完成,工地住宿条件简陋,简单搭个棚子,便是他们的窝了,屋里非常冷,还得提前检查调试测量设备,手都冻僵了。每天,当天还蒙蒙亮的时候,他便和其他几个同事背着仪器,步行着开始了一天的测量工作,在空旷无人的原野,春风吹得人彻骨的冷,段落内看不出路的形状,找到起始点,架好仪器时身体已经开始冻得打哆嗦了。就这样为了数据的准确,每天在现场不知跑多少个来回,才能确保数据校核无误。晚上,在炉火的映衬下,加班加点整理数据,为后续工作提供依据。一个施工期下来,由于长时间不停地来回徒步奔走在各个测量作业点上,不知道磨破了多少双鞋,而且脚底也被磨出了许多水泡,白天测量时疼得钻心,只好踮起脚走路,咬紧牙关顽强地坚持着。因为他深知,测量工作准确无误是他的职责。

2011—2013 年,董进国参加了京新高速公路的项目施工,仍然负责测量工作。由于当时工期紧,这个项目所处的地理环境又比较复杂,主要以山区、森林、沼泽为主,这给测量工作带来极大的难度,并增加了极大的工作量。为了克服地形环境给工作中造成的困难,他带领同事们每天连续不停地进行转点对接工作,不时在山头和森林中来回穿梭,当寒冷的山风刮在身上时,冻得直打哆嗦,但他还是一如既往、没有退缩、没有怨言,那些天几乎没有休息过。在油面摊铺作业中,为确保油面摊铺作业的连续性,面对炎炎烈日,每天中午吃过午饭后,便继续加班加点,为了避免大家中暑,他随身背着绿豆水,提醒彼此多喝点,让每一位员工不掉队。经过他和同事们的不懈努力,圆满完成了项目领导交给的测量工作任务。

2014 年,他参加了经棚至锡林浩特高速公路第二合同段的项目施工。由于该项目路线长、桥涵构造物多,地形高低不平,他带领测量人员夜里认真阅读图纸,完成图纸的审核;白天早早起来在早饭前就已经严格按照设计要求及施工技术规范,把算好的理论数据输入全站仪里,并且经过仔细核对,确保数据的准确无误;实地放样后,桥位基础、墙身等几何尺寸又必须用钢尺进行复核量测,来保证图纸与实际放样尺寸相符,为工程的准确施工提供坚实的保障。

由于他的测量工作严谨、准确、到位,从没有因测量数据不准确导致返工现象发生,确保了桥位落在实地与设计图纸准确无误,为工程创效益做出了一份贡献,并被内蒙古路桥公司评为先进个人。

这么多年,为了赶时间完成任务,顾不得回家探望妻子孩子,很多节假日不能与家人团聚,不能多看几眼孩子的成长,甚至母亲生病,都不能及时陪在老人家身边……为了"筑路人"的梦,他把太多的缺憾、太多的亏欠留给了家人。但是他和同仁们的努力和辛苦没有白付出,每当看到一条条公路不断延伸,一座座桥梁展现眼前,心中涌现出无比的宽慰之情,为自己选择筑路倍感欣慰和自豪。

董金金:拾金不昧的好榜样
拾金不昧是中华民族的传统美德,也是一个人高尚品质和崇高社会责任感的具体体现。一位平凡的基层工作者——内蒙古高等级公路建设开发有限责任公司呼和浩特东收费所董金金,用自己实际行动积极弘扬这一美德,是当之无愧的诚实守信道德模范。

拾金不昧扬正气,以身作则树榜样。2014年6月9日,董金金和爱人在一个建筑工地运送材料时发现一个黑色包裹。出于寻找失主身份信息考虑,打开包后除发现有一包成捆的现金外,没有失主的任何身份信息。于是,二人决定先联系建筑工地的负责人试试,如果还是找不到失主,就报警。碰巧的是,包裹正好是工地负责人的。原来,这笔钱是给一名因公伤亡的建筑工人准备的赔偿款,家属正等着这笔钱处理后事,工地负责人在从银行取钱返回工地的途中,不慎将装有65万元现金的黑色帆布包丢失。

当遗失包裹送还到失主手里时,失主满含热泪紧紧握住董金金的手连声道谢,当即抽出一沓现金以示感谢。"送还包裹是我们应该做的,不用感谢",董金金和爱人笑着婉言拒绝了。过后,为表示感谢,工地负责人和伤亡工人家属一起来到呼和浩特东收费所,向董金金赠送了一面"拾金不昧,品德高尚"的锦旗。

当被问及"你当时是怎么想的啊,那么大一包钱摆在你面前,你难道一点儿都不为之心动吗?我们得不吃不喝干多少年才能挣到这么多钱啊!"她听完笑了笑,轻描淡写地说道:"其实我始终都觉得这是一件再小不过的事了,也是我应该做的,我相信,如果换做是别人,也会跟我一样的。"简单几句话,让大家对这个姑娘刮目相看,不禁对她肃然起敬,为她点赞!

荣誉加身,却始终保持一颗平和上进的心。2015年5月,董金金被评为赛罕区道德模范。2016年5月,呼和浩特电视台《政在关注》栏目组以"董金金 为失主守候生的希望"为题制作了一期节目,在社会上引起了强烈反响。与此同时,她还获得了由内蒙古党委宣传部、内蒙古文明办、呼和浩特市委宣传部主办推选的"最美青城人"荣誉称号,并以"诚实守信"称号上榜2016年"内蒙古好人榜"榜单。2017年3月,董金金又获得内蒙古自治区岗位学雷锋标兵荣誉称号。

2008年参加工作以来,董金金在收费岗位上勤勤恳恳、尽职尽责,始终坚持以"服务零投诉、安全零隐患、上岗零违纪、操作零失误"的要求严格约束自己,规范售票、文明服务,得到了全所职工的一致好评。工作中,个别驾驶员难免有抵触情绪,交费后骂骂咧咧,更有一些人出言不逊、恶语中伤,但不论怎样,董金金同志都能够正确面对,一贯地坚持文明收费、热情服务,遇到无理取闹的车主,她总是以平和的态度、淡定的心态,耐心劝说解释,用自己的真诚服务打动对方,从未跟车主发生过收费纠纷,连续3年保持服务"零投诉"记录。董金金以自己的实际行动弘扬传统美德,她的行为也成为了广大职工践行社会主义道德观的榜样。

刘燕:微笑Style,服务Style

再普通的花朵也能够装扮春天,再平凡的岗位也一样可以取得成就。在内蒙古高等级公路建设开发有限责任公司呼和浩特收费站,有一位非常出色的员工,每一个黑夜和白天,她都在三尺岗亭里用文明的服务和诚挚的微笑感染着过往的驾乘人员,一次又一次地用行动展示着感动服务的魅力,她就是刘燕。

2011年,她怀着对未来的憧憬,带着对工作的向往,来到内蒙古高等级公路建设开发有限责任公司成为了一名收费员。但是生性要强的她从一开始就要求自己,既然选择了这份工作,就一定要做到最好!为了实现自己的目标,她在工作中认真练习收费发卡技巧,在业余时间练微笑、练点钞、练验钞、背制度、背方法、背要求,经常将收费过程中遇到的棘手问题一一记录下来。几个月后,同事们惊奇地发现,她的收费速度、准确率突飞猛进,甚至超过了当初教她的老员工。宝剑锋从磨砺出,梅花香自苦寒来,在一种对自己近乎苛刻的自我要求下,刘燕完成了从外行人到业务精英的转变,千百次的不断练习与努力,最终使她的业务水平在单位拔尖。平时工作中,刘燕还总结和摸索出了一套自己的收费工作方法,两手协同动作,一手收钱找零,一手准备发票,尽量节约收费时间,同事们都说:"看刘燕收费就像在欣赏艺术一样,看上去又快又有节奏,一点也不乱。"用她自己的话说:"任何工作都有自己的乐趣,我就是收费工作找到了这样一种特殊的韵律,在工作中找到快乐,在快乐中得到提高。"

"无论窗外是冷风还是热风,我们送出的应该是始终如一的春风。"刘燕常常这样勉励自己。作为一名普通的收费员,工作在高速公路的一线,日复一日地重复着文明用语,忙碌于收费、发卡等基本动作。她始终把驾乘人员的困难当成是自己的困难,把帮助他人当成自己的快乐。她常说:"我做的是平凡的工作,虽说没有什么科技含量,但是能把简单的事做好就不简单。"遇到天气不好致使一些车辆滞留在站口时,她会第一时间为他们送去热水、食品;为迷路的驾驶员进行不厌其烦的指路;主动帮助驾驶员修车等。

2015年、2016年,刘燕在内蒙古高等级公路建设开发有限责任公司呼和浩特分公司岗位竞赛中,连续取得了收费岗位第一名;2016年,在内蒙古自治区的高速公路行业职工职业技能比赛中,取得公路收费项目第一名,并获得自治区五一劳动奖章。在这个三尺岗亭里,她以一名基层工作者的默默坚持,用辛勤的汗水创造了不平凡的工作业绩,谱写了高速公路上华美的乐章。

四、文明服务品牌创建

随着经济社会的高速发展,高速公路作为重要的运输方式,其服务水平越来越受到社会大众的关注;其文明程度,更是全社会文明程度的重要窗口。交通运输服务性的这一基本属性与精神文明建设的本质要求高度一致,同时也决定着服务品牌创建在精神文明建设中的独特地位和重要作用。内蒙古高等级公路建设开发有限责任公司自2004年成立以来,持续开展公路服务质量提升工作,主动适应人民群众对交通运输服务需求的结构性变化,从关注"走得了、运得出"等基本需求向"文明服务品牌创建"这一高层次的需求转移,不断推动"内蒙古高速""草原温馨驿站"服务品牌的建设。

(一)"内蒙古高速"服务品牌的建设

持续开展提升服务质量活动。要树立和谐、文明、优美、畅通的一流窗口形象,就要以解决人民群众普遍关注、要求迫切的服务焦点问题为突破口和着力点,保障公众出行更加便捷畅通,既能走得了,又要走得畅、走得舒心。2005—2009年,公司以"无堵车、无坑槽、无投诉"为服务底线,在公路全线大力开展服务质量整治提高活动,履行了"坑槽修补不过夜,设施恢复不过天"等养护服务承诺制,为车主提供了较为满意的通行服务。为了进一步提升高速公路的服务形象,2011—2013年,公司开展了重点路段行风建设整顿治理活动。活动以"正行风、树形象、促治理、创满意"为主题,采取34项措施,在全公司范围内建立起有效的行风建设管理工作系统,切实提升了高速公路管理服务水平,在社会上树立起良好的高速公路窗口形象。2014—2015年,公司引导深入和升级重点路段行风建设整顿治理活动,大力开展"练内功树形象,强素质促改革,推进经营服务水平大提升"主题实践活动,进一步推动了所辖公路全线管理服务水平的稳步提升。2016年,为了进一步适应经济社会发展和人民群众出行对内蒙古自治区高等级公路服务不断提出的新要求,推进公司服务水平在现有基础上不断实现新的全面提升,公司出台了"优质服务年"活动实施方案,从2016年1月至2018年12月,分三个阶段在全公司范围内全面深入开展为期3年的"优质服务年"活动。通过不断完善服务功能、拓展服务项目、延伸服务内涵、提高服务品质,利用3年左右时间,打造"内蒙古高速"服务品牌(图6-8)。

图6-8 过硬的队伍,优质的服务

服务质量整治提升系列活动的开展,使公司所辖公路的服务水平得到快速提升,特别是"十二五"期间,公司累计扩建收费站27个,新增车道114条,有效解决了收费站通行不畅的问题;京藏高速公路新增爬坡车道15处、紧急避险台6处、紧急停车带47对,通行能力提高1倍;改扩建服务区14对,新增场地1360亩,服务区的周转能力大幅提高;重点路段实现全程监控,应急救援能力显著提升;高速公路养护质量指数始终保持为92,公路路况总体良好,基本达到了"畅、洁、绿、美、安"的总体要求。

健全机制、规范服务提升窗口服务形象。健全机制,全面推进精细化管理是创建服务品牌的前提和基础。从2011年开始,公司围绕提高精细化管理水平,进一步建立健全了量化管理、责任明确、考核有据、奖罚分明的机制,先后下发了《深入开展"公路重点路段行风建设整顿治理"活动实施意见》《工作规范及考核评分标准》《收费所星级员工考评办法》《星级收费所考核评定实施方案》《指挥调度监控星级考评细则(试行)》《星级养护所(机械队)考核标准》和《星级养护工(机械操作手)考核评分标准》,科学界定和细化了每个岗位的工作职责,做到了人人有任务,人人有目标,人人有责任,形成层层抓落实、人人抓落实的机制,有效促进了各项工作的开展。

在逐步完善制度的同时,2012年公司以"规范化运营管理示范片"为标准,通过组织收费员进行基本业务学习、礼仪服务知识学习,不断提升广大收费员的业务技能和服务意识;通过减少停车收费时间、微笑服务等措施,增加了过往驾乘人员对收费站服务满意指数,进而提升了公司的窗口文明服务良好形象。一是进一步改观了仪容仪表。一线各岗位工作人员按规定统一换装,统一着装,正确佩戴徽章,保持服装整洁;工作时,仪容端庄,精神饱满,态度亲切,表情自然,文明礼貌,微笑服务。收费员列队上岗,按程序交接班;养护工上路作业着安全标志服,按规定设置施工作业控制区。二是进一步规范了服务礼仪。对收费、服务热线接线员等岗位的服务用语做出了明确规定。要求语气亲切、声音洪亮、吐字清晰,提倡说普通话。对收费员、发卡员在收费、发卡操作流程中的每一个动作、每一个举止都做出了明确要求。一系列规范服务的举措,提高了全员的履职能力,提升了高速公路的窗口服务形象。

核心价值观引航大路宽。2014年,公司确立了"路畅人和,聚善集美,义利共赢"的公司核心价值观。建设"厚德尚美,臻于至善,永续发展"的美丽公司,打造"人、路、车和谐共融"的内蒙古高等级公路亮丽风景线,让"内蒙古高速"品牌在服务全区经济社会发展大局和服务人民群众安全便捷出行中光耀祖国北疆——这是内蒙古高等级公路建设开发有限责任公司成立十年之后确立的全新目标和再亮剑的重要之举。

在十多年的发展历程中,公司全面强化企业软实力建设,特别是"路畅人和,聚善集美,义利共赢"的公司核心价值观,高度聚合了广大干部员工的文化自信、行动智慧和工作活力。目前,已建成普及全线、普惠全员的"文化书屋"145个,藏书10万多册,全员大学习、再教育蔚然成风。广大员工广泛开展"岗位大练兵""走基层寻找最美高路人""优质服务年""职工道德讲堂"等各类主题活动,践行"两路精神",展现"高路风采",生动诠释了新时期高路人的精神追求和时代风采。截至2016年底,有9名职工荣获了自治区五一劳动奖章和"全国交通系统巾帼建功标兵"荣誉称号;1人获"全国模范养路工"称号;

35个基层所、90名团员青年得到了自治区团委表彰,3个基层所站被共青团中央、交通运输部命名为"全国青年文明号"。目前,公司所属各单位共建成各级文明单位131个,建成率为83%。在全国服务区文明创建中,公司参评的22对服务区全部达标,2对被评为"全国百佳示范",公司七次获得"内蒙古百姓口碑金奖单位"称号。

(二)打造"草原温馨驿站"服务品牌

"风吹过雨飘过,草原一片苍茫。追风的你,淋雨的你,哪里是家。彩虹下草原驿站等你来做客,温馨的茶,暖心的话,还有吉祥哈达。啊,朋友,请做客草原驿站,无论是来自海角和天涯,这里就是你的家、你的牵挂!"驶入内蒙古高速服务区的中外宾客都会听到这首歌草原服务区之歌——《草原驿站》。这首歌,从一个侧面体现了"草原驿站"品牌建设的服务特色和文化内涵及人文情怀,犹如一枝四季常开的萨日朗花,温暖动情、芬芳迷人,在自治区千里高速公路上,绽放着新鲜动人的魅力(图6-9)。

图6-9 草原温馨驿站

随着内蒙古高速公路的不断延伸、带动了服务区的快速发展,截至2016年底,内蒙古高等级公路建设开发有限责任公司服务区分公司开通运营的高速服务区已达到34对。传统意义上的高速公路服务区主要有停车、住宿、餐饮、便利店、加油、汽车修理、公共卫生间功能。如今,配套设施完善、功能升级且具有文化特色的服务区已成为内蒙古高速服务区文明服务创建的主要路径,其企业文化建设成为打造"草原温馨驿站"服务品牌的一大亮点。

功能升级。为充分满足广大驾乘人员的旅途休闲需求,服务区分公司本着高效、合理、集约的原则,对各服务区18大类硬件设施进行维修改造和功能完善。一是对28对服务区场区重新设置了小型客车、大型客车、货车、危化品车辆、牲畜车辆停车位,补充完善了各类交通标志、标线、标识、标牌及温馨提示,实现各类车辆分区、分类、有序停放。二是对所属服务区卫生间进行了改造升级,增设小便池隔板、残疾人洗手台扶手、残疾人专用通道和第三方卫生间等。三是增加了温水洗手、免费WiFi、饮用水净化设备、电子查询系统、广播呼叫系统、监督公示栏、行车示意图、宣传栏、母婴室、儿童娱乐设施、便民箱、遮阳伞、休闲座椅、健身器材等多项便民、利民、惠民的设施设备。目前,服务区硬件配套设施达到了国内一流水平。

提升经营品质。服务区分公司积极发挥"连点成线、独享资源、一体管理、综合平台、通达迅速"五大优势和"宣传、合作、销售、推介、展示"五大平台作用,积极拓宽"项目合作、卖场招商、广告招商、会展专区、品牌合作"5个多元化合作渠道,召开服务区品牌推介会,主动拜访餐饮、超市行业的10多家知名企业,学习取经,服务区先后引入了李先生餐饮、小圆满、塘湾小镇、浙江菊韵人家、永盛成超市、中驿便利、世纪华联和亿尚客等国内和业内知名品牌,经营业态不断丰富,且大众商品实行同城同价。同时,服务区还以市场需求为导向,积极探索仓储物流、文化旅游、充电桩、光伏等项目,在临河新区服务区LNG加气站已建成的基础上,哈素海、响沙湾两对服务区的LNG加气站已开始建设。

精细化管理。从2013年起,服务区分公司在连续几年开展标准化建设的基础上,全面推进精细化管理的"权责、制度、流程、考核、财务、文化"六大体系建设工作,通过编制实施《服务区精细化管理手册》《科室岗位配置图和任务职能清单》《工作流程图》和《规章制度汇编》,以及制作精细化管理示范光碟,进一步明确了公司各岗位权责,规范了每一项工作的标准与流程,提升专业化程度,提高工作效能。同时,服务区分公司在响沙湾、成陵两个服务区建设了精细化管理样板区和培训基地,在服务区日常管理、员工培训、物资配备、形象识别、文明服务等方面都树立精细化的样板标杆,继而迅速向各服务区推广和复制经验,使全线服务区的管理服务水平和服务形象得到全面提升。在服务区分公司,精细化已不仅是一套科学的管理系统,更成为了企业文化的核心组成部分。

特色文化。"一年企业靠运气、十年企业靠经营、百年企业靠文化。"服务区分公司将企业文化建设作为凝聚人心、统一思想的重要举措,不断丰富和拓展"草原温馨驿站"服务品牌的文化内涵。一是明确"草原温馨驿站"服务品牌的文化内涵:"草原"体现"特色",在服务中充分展现内蒙古自治区的地域特色、民族特色、餐饮特色、商品特色和人文特色。"温馨"体现"品质",让驾乘人员在服务区感受到服务的贴心、爱心、暖心、安心、细心,用心服务,温馨如家。"驿站"体现"功能",服务区既要为旅客提供吃、住、行等六大基础保障性服务,更要以需求决定供给,丰富现代化、信息化服务功能,为人民群众提供多元化、多层次化的物质和精神文化服务。二是创新企业文化模式。采取"4个八建设"的企业文化建设模式,打造和谐上进,有精神气的干部员工队伍。倡导"敬业、学习、高效、创新、务实、勤俭、廉政、和谐"的八种良好风气;树立员工"讲大局、讲工作、讲团结、讲正气、讲原则、讲制度、讲风格、讲诚信"的"八讲"意识;开展了向民航企业学习高品质服务、向五星级酒店学习细节优化和向民营企业学习经营管理理念等"八学习"活动;以及针对干部队伍"理想信念建设、思想政治建设、道德文化建设、执行能力建设、领导与沟通能力建设、创新能力建设、廉洁自律与作风建设、身心素质建设"的八个方面建设。

多年来，随着草原温馨驿站文化的不断深入人心，员工队伍素质水平明显提升，涌现出奋力救火、拾金不昧、积极为车主排忧解难、为残疾人旅行团提供主动热情服务等诸多事迹，每年为受雪阻旅客提供价值上万元的免费救助服务。服务区在年均接待约2000万旅客的基础上，还陆续完成了自治区成立60周年大庆、北京奥运会火炬传递、东方马拉松越野赛和世界草地草原大会、亚洲文化节等多项重大服务工作，累计服务接待大中型车队1000多支，中外重要宾客约20万余人，在内蒙古高速公路上形成了一道独特的服务风景线。

第二节 文 化 特 色

一、高速公路地域历史文化

(一)通达古今 交通大动脉交汇多元文化

G6京藏高速公路(图6-10)在内蒙古境内全长821km，它东西横亘犹如一条彩练，串起了内蒙古中西部的一颗颗草原明珠——乌兰察布、呼和浩特、包头、巴彦淖尔、乌海。它们自东向西成带状分布，沿线不仅资源和工业富集，构成了内蒙古最具活力的经济带，成为自治区经济发展最快的地区，而且每一颗草原明珠所拥有的历史文化和多彩人文景观，又共同汇聚成了多元而独具地域特色的"草原文化"。这里是多种文化交融、碰撞最为典型的区域，是内蒙古东进西出，连接华北、西北地区的主要通道。历史文化与现代文化在这里交相辉映，形成了你中有我、我中有你，难以割裂的紧密关系。

图6-10 G6京藏高速公路哈素海互通远景

乌兰察布，蒙古语意为"红色的山崖"，这里有草原湖泊、温泉火山、芳草花海与蓝天白云交相辉映的自然风光，这里有庙子沟、园子沟、古长城、集宁路等文化遗址，是草原文化与中原文化、游牧文明与农耕文明水乳交融的沃土，更是蒙元文化的重要发祥地。2003年，在集(宁)老(爷庙)高速公路建设中，元代集宁路遗址被再次抢救性考古发掘，并成为当年全国十大考古新发现之一，它见证了昔日"使者相望于道，商旅不绝于途"的灿烂辉煌。在元代，集宁路是当时北方一个重要的商品集散地，是中国农耕文化与游牧文化的结合地带。独特的地理位置和浓厚的商贸气息，使这里成为草原茶绸之路末端的一个重要起点。如今，乌兰察布是一座枢纽型的区域中心城市。这里区位优越，位于内蒙古、山西、河北三省区交界处，背靠呼包鄂经济圈，面向京津晋冀开放前沿，是自治区东进西出的"桥头堡"、北开南联的"交汇点"，素有"中国薯都""风电之都""草原皮都""神舟家园""中国草原避暑之都"等美誉。

呼和浩特，蒙古语意为"青色的城"，是一座以蒙古族为主体，汉族为多数，满、回、朝鲜等36个民族共同聚居的塞外名城，是华夏文明的发祥地之一。在汉唐时期，这里就是中原地区开展对外交往的重要通道，是"草原丝绸之路"的重要枢纽。无论是远古时期的大窑文化遗址，还是战国时期的赵长城、云中古城遗址，或是作为"胡汉和亲"历史见证的昭君墓、闻名遐迩的辽代万部华严经塔、明清时期的召庙艺术等，都显示了塞外名城的古老神韵。作为内蒙古自治区首府，呼和浩特有2300多年的建城历史。1986年，呼和浩特被国务院正式命名为历史文化名城。它是全区政治、经济、文化、科教和金融中心，是国家森林城市、中国优秀旅游城市和中国经济实力百强城市，被誉为"中国乳都"。同时，由于它位于国家东部地区与西部地区的结合部，也是自治区东接首都北京、西连祖国大西北的主要通道。

包头，蒙古语意为"有鹿的地方"，又称"鹿城"。公元前307年，赵武灵王在包头设九原县，秦设九原郡，西汉改称五原郡。包头是沟通北方草原游牧文化与中原农耕文化之间的交通要冲，历史上从晋陕冀走西口的人们，奔着的目标就是包头，走西口文化、晋商文化给包头带来不可磨灭的影响。如今，包头是国家和内蒙古重要的能源、原材料、稀土、新型煤化工和装备制造基地，誉称"草原钢城""稀土之都"。随着城市的发展，草原风情和工业文明在这里交相辉映。

巴彦淖尔地处黄河冲积平原之一的河套平原，其蒙古语意为"富饶的湖泊"。秦以来，河套地区就是国家戍边卫国的军事重地。匈奴的崛起，两汉的兴衰，宋元辽金的战迹，无不与富饶的河套冲积平原和水草丰美的巴彦淖尔相关联。这里，既有驰名中外的阴山岩画，也有尘封久远的汉墓群、秦汉长城、鸡鹿塞、高阙塞等古城池遗址及古庙宇；这里，走西口移民停止了奔波，安居乐业……独特而厚重的人文历史造就了多彩的河套文化。

鄂尔多斯(汉意为"众多的宫殿")地处内蒙古西南部，毗邻晋、陕、宁三省区，同呼和浩特市、包头市共同构成黄河"金腰带"上的"金三角"。鄂尔多斯历史悠久，文化灿烂。

萨拉乌苏文化、鄂尔多斯青铜器文化、朱开沟文化等享誉世界,成吉思汗祭典、鄂尔多斯婚礼等六项入选国家非物质文化遗产名录,境内既有成吉思汗陵、秦直道、萨拉乌苏文化遗址,还有响沙湾、黄河大峡谷、生态草原等自然景观。"羊(羊绒)、煤、土(高岭土)、气(天然气)、风(风能)、光(太阳能)、美(旅游),草原文化甲天下",成为其得天独厚的自然资源和人文条件的写照。近年来,鄂尔多斯全面融入呼包鄂协同发展战略,打造呼包鄂中心城区1小时快速铁路圈和2小时公路圈,推动清洁能源、现代煤化工、特色装备及建材冶金、绒纺、服务业等特色产业集群的形成,更彰显了草原明珠城市的巨大发展潜力。

乌海境内煤炭资源丰富,素以"乌金之海"著称。乌海有远古的桌子山岩画群、历代长城、明代烽火台、蒙元文化、成吉思汗文化为代表的历史文化资源,有大山、大河、大漠、大湖为代表的生态文化资源,有源于20世纪50年代以煤都工人业余文化为基础,发展到今天的"中国书法城"书法文化的辉煌⋯⋯

历史的车轮滚滚向前,已然碾碎了塞外草原上沙漠中的漫漫驼铃声。如今在这昭君出塞的目的地,"草原丝绸之路"的重要枢纽,旅蒙商家互市、草原游牧文化与黄河农耕文化交融之地,实现了草原儿女"人便其行,货畅其流"的美好憧憬。穿诸城而过的G6京藏高速公路,不仅是自治区资源外运的主要大通道,带动了沿线城市的快速发展,更是拉近了内蒙古与京津冀环渤海地区的时空距离,促进了内蒙古中西部地区与京津冀、环渤海经济发达地区的经贸、旅游、文化交流,为推动内蒙古的经济社会发展作出了重要贡献。

(二)草原生态路　焕发古老草原新生机

锡林郭勒,蒙语,意为丘陵地带的河。神奇的锡林郭勒大草原以其地域辽阔、草场类型齐全、动植物种类繁多等特征而成为世界驰名的四大草原之一,这里由于资源富集,自古就是各民族生息繁衍的热土。到元世祖忽必烈继承汗位,修建上都城,这片草原随同元朝帝国的兴盛而名扬四海。

锡林郭勒盟北与蒙古国接壤,边境线长1098km,有二连浩特和珠恩嘎达布其两个常年开关的对蒙陆路口岸,其中二连浩特是我国内地通往蒙俄、东欧最便捷的大陆桥。南邻河北省张家口、承德地区,西连乌兰察布市,东接赤峰市、兴安盟和通辽市;以沈阳为中心的东北老工业基地,以自治区首府呼和浩特市为中心的呼、包、鄂黄金三角地均在500km半径以内;是东北、华北、西北交汇地带,具有对外贯通欧亚、区内连接东西、北开南联的重要作用。如今,作为西部大开发的前沿,距京津唐地区最近的草原牧区,随着锡林郭勒盟的首条高速G1013海张高速公路宝昌至三号地段的通车、G1013海张高速公路锡林浩特至桑根达来段等多条公路的开工,古老的沃土乘势而起焕发出浩大生机,而交通建设的跨越式大发展为其腾飞提供了坚实保障。

正是鸿雁南飞、秋草黄的季节,走进呼伦贝尔,看到曾经梦里出现过多少次的场景——刚打的草一堆堆整齐地码在草原上,山麓上修筑的平坦公路,旷远的河谷对岸群山逶迤苍茫,山间的沟壑蜿蜒静默、丘坡的田野平缓而宽阔,绿色的草地隐在沟壑的深处,暮色中,羊、牛在悠闲地吃草。草原,依然在风中。

这片草原,被称作是中国北方游牧民族的历史后花园,是游牧的东胡、鲜卑和蒙古人的摇篮。在这片草原上,他们从山地草原到茂密森林,从结冰的河流到丰美的草场,马铃敲响山间。在与黑龙江交界的地方,金长城依然矗立,只不过千余年的风雨剥蚀之后,城墙绝大多已被湮没,沙草之中依稀可见当年的雄姿,这段残存的墙体孤零零地矗立,任凭长风浩荡,固守着太多历史的秘密。

在呼伦贝尔市,树立着苍狼白鹿的雕塑,那是一个民族的起源,延续千古。根据《蒙古秘史》记载,古代蒙古族正是从呼伦贝尔草原上额尔古纳河一带走出,继而征服了令人惊叹的、最为广阔的疆土。成吉思汗功成名就,回室韦祭祖,彼时白鹿岛上野花丛生,红豆遍地,松黛桦橙,激流河波光潋滟,自是风景佳处。

目前,呼伦贝尔市已建成通车 G10 绥满高速公路阿荣旗至博克图至牙克石至海拉尔段,这是自治区规划的 14 条出区高速通道之一,也被称作"内蒙古最美的草原高速公路",是呼伦贝尔境内最重要的东西大通道,与海拉尔至满洲里一级公路相连,可以直达国门满洲里(图 6-11)。

图 6-11 草原生态路

(三)红山文化路 揭开草原青铜文明的面纱

当你展开祖国的地图,把目光投向塞外历史文化名城赤峰,你会惊奇地发现,这片 9 万多平方公里的土地,宛若一片美丽的枫叶,镶嵌在祖国的版图上。古老的西拉沐伦河与老哈河如两条主叶脉横贯东西,境内大大小小的河流如支脉纵横交织,相伴着高高的兴安岭、蜿蜒的燕山、辽阔的草原,展示着它的勃勃生机和神奇魅力。而四通八达的高等级公路,则让内地与这片沃土从地域经济互补到自然人文的流动沟通等诸多方面得以紧密相连。

赤峰属于东北经济区,是自治区第四大城市,区位优越、文化底蕴深厚、交通便捷,是东北振兴区和环渤海经济区的腹地,也是内蒙古距出海口岸最近的地区,距锦州、葫芦岛、秦皇岛等出海口不足300km。北京市区至赤峰地界仅315km,被称为"北京后花园"。交通先行的大发展不仅改变着人们的衣食住行,也成为一个地区经济社会发展综合竞争力的先决条件和晴雨表。

赤朝高速公路即G16丹东至锡林浩特高速公路平庄(辽宁内蒙古界)至赤峰项目,是国家重点公路建设规划第三条横线丹东至伊尔克斯坦主线的一部分,也是国家高速公路网规划中丹东至锡林浩特高速公路的一段,是内蒙古自治区公路网的主骨架及内蒙古自治区"三横九纵十二出口"的重要补充。赤峰至朝阳高速公路项目西与已建成使用的赤大高速公路相接,向东延伸至辽宁省朝阳市与建成的锦朝高速公路相连接,2009年至2011年施工,全长46km,总投资近20亿元,是内蒙古中东部地区最近的出海公路通道,具有十分重要的政治和经济意义。赤朝高速公路联通了赤通高速公路、赤大高速公路,对赤峰市进京达海,联通东北老工业基地发挥重要作用。而随着赤大、赤通、赤朝、赤承4条"天"字形高速公路建成后,将把该市的工业园区和物流园区紧密连接起来。北接省际大通道,南连京津和东北高速路网,绿色的草原与蔚蓝的大海相约,完成着历史性的交融。

该项目多次破解技术难题,并为著名的"二道井子遗址"让道。二道井子村遗址是2009年考古六大发现之一。坐落于赤峰市红山区二道井子村北部的山坡上,面积约3万m^2。专家认为,二道井子遗址是我国保存最好的古代文化遗址之一,价值很高,还要考虑在遗址上建一座博物馆,让大众了解四千年前草原青铜文明的灿烂辉煌。

由赤峰南文钟镇开始,沿着龙山、锦山、王爷府、旺业甸,再南行止于内蒙古河北界的茅荆坝,这即是赤承高速公路锦山东至茅荆坝段的线路(图6-12)。绿草茵茵处、青山苍翠间,宽展舒畅的高速公路已蔚然成型,或笔直前行或依山蜿蜒,好一派浑然天成的崭新画卷,与已经建成通车的赤峰市出区通道赤朝高速公路一脉相承,因其和谐自然美观的建设风格令人印象深刻。

图6-12 赤承高速公路茅荆坝收费站

(四)悠悠驼铃　联通草原财富之路

晋北,扼京都而控朔漠,而大漠南北又是游牧民族繁衍生息的地方。自古以来,地处晋北和内蒙古南部的广大地区,一直是胡汉频繁争夺的边庭重地。为了防御北方游牧民族的南侵,历代统治者在此修筑长城。于是,长城内外,烽火连天时,中原与游牧民族兵戎相见;互市时,商旅往来。长城各关口,既是边关要塞,也形成了四通八达的商路驿道。这些商路驿道,沟通着大漠与中原,甚至中亚和西欧。

如今,在曾经的商路驿站上,两条高速公路畅通,打开了内蒙古的南大门,漠北与中原不再遥远。

长城,被内蒙古、山西两省老百姓称为"边墙"。如今,在呼和浩特市的和林格尔、清水河县与山西交界的地方,很多村名像九墩、八墩、灰石窑、五眼井、单台子等,来历都是因为附近的长城有这样或者那样的特征。当时从山西北上的人们,也是沿着长城的各个关口来到了塞外。在明朝与蒙古互市时,清水河县的好几处长城关口都设有税卡子,成立了稽查队,在当时是商贾交流的场所,也是各种商品的集散地,一直持续到清朝末年。而杀虎口明长城既是重要关隘,也是军事要塞和边贸重镇,又是历史上重要的税卡,作为中原与蒙古、俄罗斯以及中国新疆贸易的必经之路,清极盛时期,日进"斗金斗银"。几百年来,旅蒙商尤其是赫赫有名的晋商赶着长长的驼队,驮着内地的绸缎、茶叶、食盐、铁器等,行走在山岭沟谷中,完成了他们的原始资本积累,祁县帮、平遥帮、太谷帮在归化城(今呼和浩特)开设了著名的"大盛魁""元盛德""天义德"等老字号。再从古道回去时,带来的已是内蒙古特产和滚滚的财富,一帮晋商因此变得富足。

驼队缓缓行进在草原与戈壁相间的漫漫长路,驼铃摇曳,时光悠长。从归化出发,穿过茫茫的内蒙古高原和高寒的西伯利亚大地,一直向着太阳沉落的西方挺进,最终抵达欧洲历史名城莫斯科——这,就是300多年前的茶叶之路。当年晋商从南方采购茶叶,经晋北过长城,汇集到呼和浩特,然后以骆驼为运输工具,途经乌兰巴托、恰克图、科布多,或走多伦、经棚、赤峰、二连浩特等地,终点站是俄国贝加尔湖一带乃至圣彼得堡。大宗的茶叶、大黄、烟草、丝绸从内地由此出境,俄国也借此向中国输出西伯利亚地区特产和工业品。在这条万里迢迢的国际商道上,驼道是呼和浩特通向四面八方的主要交通形态,它的存在和活跃使呼和浩特成为八方通衢之地。然而,从中原进入归化,必须经过的,就是长城的这些关口。当时,从中原内地进入内蒙古主要有三条路:一路由河南经赵城、洪洞、五寨、平鲁到达内蒙古;一路从晋东南到太原、祁县,再经左云、朔县、宁武、静乐,最后到达内蒙古;一路从冀西北定州一带经五台、浑源、左云到达内蒙古,或者从北京、天津、塘沽一带经大同、阳高直达内蒙古。如今,芳草萋萋,遮盖了驼帮踏出的万里茶路,只剩风中的驼铃声。在古商道上,新建起了G18荣乌高速公路、G59呼北高速公路呼杀段两条高速公路的建设,加上 G7 韩家营至集宁至呼和浩特段、G55 二广高速公路内蒙古段,现在,从内蒙古向南有四条高等级公路通过三晋大地,通往华北。

G59 呼北高速公路呼杀段高速公路是内蒙古通往山西省的重要高速出口,是内蒙古南下山西中部或下太行山所必经的地段(图6-13)。在该项目经过的地区中,和林格尔县是中国乳都,还有杀虎口风景区和盛乐博物馆等旅游风景区,各种矿产、农林、旅游等资源丰富。这条高速公路向南与山西境内的右玉至朔州至大同的高速公路相连,向北与已通车的城市快速路(金盛路)和首府呼和浩特市区直接相连,并与 G6、G0601 实现互通,是南连中原、北接蒙古和欧亚的重要关口,通过连接线连通 S103 线,使内蒙古进入华北的大门大开,也使内蒙古西部资源外运通道更加畅通。呼和浩特至杀虎口高速公路就像一个强大的经济引擎,架起了内蒙古与山西、河北地区经济文化交流与合作的桥梁,对加快内蒙古对外开放步伐、促进内蒙古经济社会发展起到了重要的作用,是名副其实的"民心路""致富路"和"发展路"。

图6-13　穿越古长城的呼杀高速公路

而位于清水河县长城脚下的 G18 荣乌高速公路十七沟至清水河段,穿越了二道梁隧道,连起了平鲁境内的高速公路,从而使 G18 荣乌高速公路从鄂尔多斯直达天津。G18 荣乌高速公路是以天津为中心,东接山东半岛东部荣成,西连内蒙古乌海,贯穿河北、山西、陕西、内蒙古的横向大动脉,十七沟至大饭铺段是内蒙古通往晋、京、津地区的重要出口通道和经济干线,也是内蒙古、宁夏、新疆、甘肃等西部省份通往京津冀鲁等地区的快速通道。该项目建成后,将打通内蒙古西部通往山西、河北、北京及天津出海口的高速公路通道,进一步缓解公路运输压力,提升内蒙古煤炭等重要资源的外运能力,促进沿线地区经济、社会、文化、生态协调发展。

站在雄伟壮观的古长城上,烽火台静默如初,衬着无云的长空,苍凉古朴的古战场,依然承载着斑驳的记忆,静静定格在黄土地上。烽火台旁,一束不知名的山花在不远的地方潇洒地开放着。虽然,所有的烈马长剑,呼啸中的大漠草原,都消磨于无形岁月中。但当昔日穿越古道的商队和流通在这条路上的货物再次显现在人们的面前时,才发现"边墙"内外的交流又有了"风驰电掣"的感觉,从此,草原不再遥远,古老的茶叶之路焕发出新的生机。

(五)贺兰　贯通沙海戈壁生命通道

阿拉善系蒙古语,意为五色斑斓的地方,一说为汉语贺兰山的音转。阿拉善地区是远古人类的发祥地之一,据考古证实,旧石器时代阿拉善盟额济纳旗就有人类存在。弱水河畔,胡杨婆娑。多少历史沧桑的画卷,在时间的长河里逐渐沉淀,而这片古老神奇的土地,却始终焕发着勃勃生机,澎湃着一曲曲人定胜天的建设之歌……

天漠漠兮地接天,戈壁风劲沙飞旋。这是阿拉善的真实写照,地处自治区最西端的阿拉善盟,西与甘肃省相连,东南隔贺兰山与宁夏回族自治区相望,东北与巴彦淖尔、乌海市、鄂尔多斯市接壤,北与蒙古国交界。内蒙古最高峰、巍巍贺兰山绵延250km,犹如一条绿色长龙,横亘在阿拉善盟的东南缘。阿拉善盟内矿产资源丰富,已探明的矿藏有86种。吉兰泰盐湖已有200多年开采历史,是我国第一座机械化采盐场。大漠奇石、"煤中之王"古拉本无烟煤(又称太西煤)等享誉国内外。

从秦始皇统一全国后,在今阿拉善地区东北部始设北地郡,到霍去病入居延收复河西,唐王朝一度将安北都护府设置在今额济纳旗境内,安史之乱时,居延地区成为长安通往西域的草原丝绸北道。从古至今,阿拉善盟各族人民在锲而不舍地改造着家园的同时,始终不忘与外界互通有无。而今,随着自治区经济社会跨越式发展,阿拉善盟同样获得了快速成长的机会。交通先行,则为其打下了内引外联、通疆达海的坚实基础。

G1817乌银高速公路乌石段、G1817乌银高速公路巴银段、巴吉一级公路等项目的建成通车,使路网等级结构发生了翻天覆地的变化,不仅实现了全盟公路由小油路向高等级公路的历史性跨越,而且结束了盟内没有高速公路和三旗没有环线的历史,实现了盟府所在地与内蒙古自治区、宁夏回族自治区两区首府以高速、一级公路连通,盟内重要干线、出口通道、经济通道、资源通道基本实现等级化的目标。

贺兰山下,巴银高速公路像一道彩虹,又似一条哈达,穿越沙海戈壁的高速公路铺筑在草原青山之间。2010年巴银高速公路在秋高气爽时节全线贯通,巴银高速公路从古老的定远营(原名巴彦浩特)出发,穿过美丽的南寺和月亮湖,经过三道雄关和沧桑的秦汉长城,连接银川高速公路,驶向全国各地(图6-14)。从驼城巴彦浩特到凤城银川,只需驱车约40分钟即可到达。阿拉善高原的第一条高速公路纳入了国家高速公路网,速度加快,距离缩短,边疆与内地同脉跳动,同步前行。

图 6-14　阿拉善境内的巴银高速公路

新中国成立前,生活在贺兰山以西、祁连山以北、大漠深处的阿拉善人,就是靠古老的巴银古道,牵着骆驼,驮着盐巴和皮毛,与外面的世界交往的。新中国成立后,从第一条简易公路、第一条等级公路、第一条沥青公路、第一条 BOT 公路再到如今的第一条高速公路,浓缩了阿拉善交通发展的历史,记载着阿拉善交通事业的沧桑巨变。

巴银高速公路的建成也使阿拉善盟拥有了与区外连接的第一个高速公路出口。巴彦浩特至银川高速公路是连接内蒙古自治区和宁夏回族自治区的重要省际通道,也是内蒙古自治区 30 条出区通道的重要出口之一。该项目的建设对于优化内蒙古西部路网格局,改善省际通道运输环境,加强区域经济社会发展,具有十分重要的意义。

驾长车,踏破贺兰山阙的壮怀激烈渐已远去,条条大路如彩虹飞驰般散入群山戈壁,远方游客朝发夕至,驾车欣赏阿盟美景、看遍贺兰风光更具时代意义。那一条条大路就是阿盟经济崛起的大动脉,有力地脉动着、澎湃着,载着希望和激情,共鸣出阿拉善人实现经济新跨越的铿锵足音。

二、景观文化

景观文化是内蒙古高速公路文化特色之一,高速公路建设者怀着对草原的热爱和对家乡的情怀,把高速公路文化建设与弘扬草原文化结合起来,在高速公路建设中倡导"畅、洁、绿、美、安",在高速公路等设施上设计出体现草原、蒙元、宗教历史等元素的景观,使草原历史与现代文明完美融合在一起。

(一)草原风情

"呼伦贝尔大草原,白云朵朵飘在我心间。"作为穿越呼伦贝尔大草原的第一条高速公路,辽阔丰富、色彩浓烈的草原文化,成为 G10 阿荣旗至博克图至牙克石高速公路取之不尽的灵感源泉。在建设之初,建设者即确定要强调公路景观的个性化,加入具有地标效应的个性元素,张扬内蒙古地方特色,尤其是地方建筑特色和建筑元素符号在公路建筑中的体现。为建设美化、舒适的典型工程,该项目全线采用了多种防眩设计,还对中央分隔带上的防眩板进行了具有民族特色的马头、蒙古包、笑脸等图案设计,免渡河互通式立交以草原绿洲为主题,在大的立交匝道内利用常绿灌木拼成较大的生命造型,与植物组团景观图案组合,表达出内蒙古草原在春色满园的新世纪,创造美好的草原风貌意境。

夏日,碧野青翠,蓝天上朵朵白云如洁白的羊群,悠悠然游移着。驱车驶入成陵高速公路服务区,路边高大的树木,郁郁葱葱的植物和摇曳着的小花映入眼帘。蓝天白云下,小鸟和蝴蝶尽情享受大自然的美丽与温馨,花园式的景观为人们洗去旅途的疲惫。蒙元风格的建筑,落地的大玻璃窗,咖色的外墙,加上楼顶上的云纹设计,让人仿佛进入了大草原。进入综合楼,蓝天白云的顶部设计、巨幅的成吉思汗画像、古香古色的装饰,仿佛是步入了蒙古包,眼前是一片茫茫的大草原,让人心旷神怡。一代天骄成吉思汗是带领蒙古族走向统一、走向文明、走向世界的历史伟人,他开拓进取的民族精神和叱咤风云的英雄气概,数百年来激励着中华民族勇往直前。他的征战足迹遍布欧亚大陆,却将自己的灵魂永远地留在了水草丰美的伊金霍洛草原。七百多年来,在广阔的鄂尔多斯大地,在长城与黄河的怀抱里,始终回荡着一个声音,一个古老、神秘、悠长的声音,这声音响彻在内蒙古高原的高山间、林涛里,久久地传颂不息。而成陵服务区,正是通过这种纯粹的、文化的、艺术的景致,内敛地演绎着浓厚纯朴的民族风情,将这种文化在不经意间呈现在各地游客面前。

每当站在服务区入口的高处极目远眺时,千里草原芳草萋萋,湛蓝的天空,柔软的白云与各类嬉戏的鸟儿构成绝美图画;每当夕阳散落,晚霞也为她披上了一层神秘幽静的红色光环(图6-15)。几百年来,这里曾经发生过一个又一个历史故事,人们停留在此又不断离开,最终留下的是一段段难以磨灭的历史和记忆,而这片草原始终无怨无悔,久久地伫立着,默默地独自美丽;而今,又有多少人来来往往,在这里留下自己的足迹、心情还有思绪……

图6-15　成陵收费站体现草原文化特色

（二）蒙元风情

　　同样，内蒙古高等级公路建设开发有限责任公司的建设者也把兴和服务区、新哈素海服务区作为展示民族文化特色的窗口。兴和服务区位于内蒙古、河北、山西三省（区）交界，新哈素海服务区位于 G6 京藏高速公路呼和浩特至包头段，外地旅客、车辆一进入服务区后首先感受到的就是浓郁的蒙古族建筑特色。服务区楼体风格以蒙元文化为主题，楼顶部以蒙古族传统建筑蒙古包为造型设计，描绘着蒙古族传统图案——回纹图案和祥云图案，象征着蒙古族人民建设和谐家园的美好愿望。蒙古包内，顶部采用蒙古族传统礼仪用品——哈达为设计元素，哈达是蒙古族献给贵宾致敬致贺的礼物，它象征着蒙古族人民热情好客，形成了具有鲜明民族特色的草原温馨驿站（图 6-16）。

图 6-16　服务区楼体设计体现蒙元文化风情

　　除此之外，许多高速公路收费站也体现出草原文化特色。比如成陵收费站的设计者在收费大棚上装饰了牛角造型，意在使过往乘客联想到这里是草原儿女、一代天骄成吉思汗的陵墓，牛角上雕刻的祥云图案也展现了草原人民悠久的历史和浓郁的蒙古族民俗风情。再如呼和浩特收费站作为内蒙古首府城市呼和浩特市的重要出口，设计者们将收费大棚设计成马头造型，向过往来客展现了内蒙古人民热情好客、奋力拼搏、积极进取的草原精神。

（三）河套风情

　　数千年以来，河套地区的变迁历尽沧桑，在中华文明的母亲河——黄河的臂弯里，孕育、生成了河套文化。河套文化是北方草原主流文化的重要组成部分之一。在草原文化的源流中，它是一个渊源于旧石器时代晚期，滥觞于古代少数民族的兴盛，形成于秦汉明清的军屯垦殖，绵延于现当代新型文明的文化体系，是丰富的草原文化中一个独立的单元文化圈，是一个完整的区域文化体系，在草原文化构成中占有重要的位置。磴口黄河大桥的设计者充分考虑到这一点，将河套文化与黄河文化结合在一起，在桥头以现代艺术雕塑的形式表现了河套文化独特的形式及其丰富的内涵，透示着强烈的时代精神，即开放、进取、宽容、和谐，为世人展现了草原儿女开拓进取的精神和昂扬向上的生命活力（图 6-17）。

图 6-17　碛口黄河大桥桥头雕塑

(四)宗教文化元素

内蒙古卧佛寺坐落在内蒙古卧佛山风景区。于 2004 年正式修建,现已修建完成山南毗卢遮那佛圣殿。卧佛山处于内蒙古自治区卓资县境内大青山东侧,卓资山西 8km,距内蒙古自治区首府呼和浩特市 60km。它东临大黑河源头,西接梨花镇(唐朝樊梨花屯兵之处),北靠福生庄(亦称佛生庄),南是一望无际的丘陵地带,整个卧佛山远远看去酷似一尊释迦牟尼大佛,卧佛悠闲自在,山峦气象万千,全山呈现天然卧佛圣境。在穿过 G6 京藏高速公路呼集段卧佛山隧道时,过往游客可以看到依山而绘的一幅露天大型飞天壁画,色彩艳丽、飘逸飞舞,与山腰间一尊长 18m、高 5m 的汉白玉卧佛隔路相望,烘托出庄严肃穆的佛教圣地氛围(图 6-18)。

图 6-18　千里高速,佛光普照

第三节　生　态　文　明

高速公路建设是生态环境保护与可持续发展的结合点,不仅是经济社会发展的先行者,更是生态建设和环境保护的重要手段。

高速公路是一个数百、数千公里的带状庞大构造物,通过不同的地域和不同的环境,与其一起构成了一个复杂的生态系统。高速公路建设与生态建设的结合,就是要把建设工程与环境生态工程按系统最优化结合起来,在完成高速公路工程新建或改造的同时,进行改良环境结构、减少污染、降低噪声的生态工程建设,使公路交通设施作为一种人文景观与周围景观在更大范围内融为一体,形成美化国土、保护自然、改善环境和抵御灾害的带状公路生态系统或区域交通生态系统。

内蒙古高速公路建设者坚持从可持续发展的战略高度出发,在设计、施工建设及运营管理中,全面贯彻环境保护的思想,用生态防护理念来减少对林地、农田、保护水源地、森林等自然生态的影响和破坏,并采用土地复垦、恢复植被等一切必要的措施恢复自然,保护环境。

一、浑然天成护草原

内蒙古自治区呼伦贝尔市 G10 绥满高速公路阿荣旗(黑龙江内蒙古界)至博克图至牙克石段,是国家高速公路网绥满高速公路的重要组成部分,是内蒙古自治区"三纵九横、十二出口"干线公路网的重要组成部分,2007 年列入交通部第三批公路勘察设计典型示范工程之一。该项目具有路线长、地质条件复杂、生态环境良好、民族风情浓郁、有效施工期短等特点,路线穿越大兴安岭主脉,山峦叠起,树木丛生,森林、草地植被茂盛,沼泽化强烈,具有典型的亚寒带特点。建设之初,即提出了"建设一条人与自然和谐发展的生态环保高速公路"的总体目标,以及"保护自然、回归自然、融入自然、享受自然"的建设思路。

走在阿博牙高速公路上,弯曲或笔直的公路一直延伸向远方,一路行驶,一路美景。天空的蓝似水洗过的纤尘不染,在天边洁白的云朵衬托下显得愈加明净(图6-19)。很多草地已经泛黄,草地临公路的边上围着铁线栅栏,这栅栏顺着公路延伸向遥远的地方,偶尔还会见到放养的牛群。近处,是绿色植被覆盖的边坡、路堑,与周边的景物浑然天成,不见人工雕饰的痕迹。

图 6-19　和谐的路与景

第六章
高速公路文化建设

该项目建设前期，建设者以"不破坏就是最大的保护""不可恢复就不许破坏"这两条最容易被接受的理念为突破口，把公路建设的新理念和典型示范工程的各项要求逐步渗透到所有参建人员的思想和行动中去。始终把环境保护作为公路建设的先决条件，坚持建设与环保同步设计、同步实施、同步验收，确保实现经济效益、社会效益和环保效益协同发展的要求。在建设中，强化建设生态路理念，坚持集中取料，施工结束后对取弃料场及时植树或种草，尽量恢复原貌，确保不造成生态破坏，不出现山体裸露，实现美丽与发展双赢。为了在防护和排水工程中尽量减少圬工混凝土，施工人员采用工程与自然相融合的理念，在防护和排水上取消了大部分浆砌片石边坡防护工程，改为暗排水边坡植草的防护形式；开挖路堑路段取消原浆砌片石和拱形防护，改为挂网喷播生态防护，沿线绿化尽量与周围环境协调、公路整体与自然景观更加融合。

此外，博克图至牙克石段高速公路穿越大兴安岭林区的路段，在设计阶段就充分考虑了路与林区的协调一致，全线取消了浆砌片石边坡防护，改为客土喷播或放缓边坡自然长草，取消混凝土边沟，改为浅碟形土质边沟，上下边坡坡脚圆滑，减少直线的突兀，路堑截水沟采用土质沟和挡水埝配合，既截水又看不到沟壑，沟隐于草中，感觉路在绿草中穿行；针对林地茂密、野生动物多的情况，该线充分考虑到大兴安岭野生动物觅食饮水和迁徙的需要，设置了大量的动物天桥和通道，还设置缆索护栏，既通透，利于观赏林业景观，又不阻雪，减少冬季雪阻的发生。所以，沿线走来，不断看到"保护动物"字样的标志牌，也就不足为奇了。在这条高速公路的设计上还有出彩的地方，如设置 U 形转弯，就是充分考虑了驾车者的需求，一旦行驶方向错误，可以利用 U 形转弯处掉头，既方便又实用，改变了高速公路上不能掉头行驶的弊端……

呼伦贝尔草原是世界最著名的四大草原之一，这里风光旖旎，水草丰美，河流纵横交错，湖泊星罗棋布。蓝天白云、弯弯河水、茵茵绿草、群群牛羊、点点毡房、袅袅炊烟，是世界少有的绿色净土和生灵的乐园。保护环境，与自然和谐相处是内蒙古各族人民的共同追求，也是呼伦贝尔交通人奉行的价值观。如何将公路建好，形成人工美与自然美的和谐统一，是工程建设者们面临的又一个重要课题。在 G5511 二广高速公路集宁至阿荣旗联络线新林北至扎兰屯高速公路建设中，建设者提出了"规范管理、创新设计、环保施工、优良品质"的建设目标和"最小的破坏就是最大的保护"的施工理念，坚持边施工、边绿化，对沿线的生态尽最大努力加以保护。如在全线挖方路段采用暗埋式边沟，减少工程防护，尽量采取绿化防护的办法，同时就地取材，尽量选用与周边山体相协调的草、树，动态开展绿化边坡景观设计，全线均优化了工程硬化防护，代之以草灌相结合的绿化防护，使公路与周边生态环境和谐相融。

如今走在这条路上，看到的是绿色植被覆盖的边坡、路堑，与周边的景物浑然天成，沿线的草、树及油菜花田和白色的土豆花所折射的风景，使人意会到，这些公路呈现的是天人合一的自然之态,顺其自然、尊重自然,就透着一种人性本真。文明其实是生存方式的另一种表达,在呼伦贝尔,文明意味着对草原、河流、牲畜的珍惜,意味着对无处不在神灵的顶礼膜拜。在这个离天空最近的地方,牧人信守这片祖先赐予的土地和几百年来延伸而来的那片绿色。在公路对面的山上有一行大字"保护草原 保护公路",更加显示出这种浑然天成中的艰辛和公路建设者绿色的守望,以及他们对生于斯长于斯的珍重与爱恋。

二、因地制宜保绿化

红山热土、玉龙故里,条条大路纵横交织出壮美画卷,这是交通人留在大地上的记忆。

在 G16 丹锡高速公路赤峰至大板段修建时,赤峰交通人已经有意识地注重沿线环保绿化等问题,从边坡处理到防护植被的移植栽种,在相继的公路建设中,大力推进典型示范性工程、标准化工程,强化精品意识、不断加强环保理念,突出路域和谐、环境友好始终贯彻其中,以后的赤朝高速公路、赤凌一级公路、赤承高速公路均是如此。在与环境相融的基础上,他们更看重的是公路建成后的使用价值。就以赤承高速公路来说,这是未来的旅游黄金线路,是赤峰迎接京津冀地区游客最方便快捷的通道,无论走出去,还是引进来,这里都是展示红山文化深厚底蕴的一道窗口风景。鉴于此,赤峰交通人把美丽留在了路上。建设中除了尽可能地保持原有风貌,他们还想尽办法装扮犹如对待待字闺中的宝贝女儿。从锦山互通、美林景点,到王爷府西互通,造型各异的收费大棚新颖别致,包括沿线的房建工程都式样不同,漂亮的生态护坡、草灌兼植,宜草则草、宜灌则灌,将来养护单位还可以发展草经济,卖草卖树,有效弥补养护费用,一举数得(图 6-20)。而在赤朝高速公路的修建过程中,从发现到为"二道井子遗址"让道,体现了赤峰交通人的高度责任感和环保意识,被传为美谈。

图 6-20 高速公路互通绿化鸟瞰

三、柔性边坡显神通

G7京新高速公路韩家营至集宁段犹如铺在碧绿草原上的一条黑色缎带,敞亮、宏伟,令人称赞。从内蒙古山西界开始,该段高速公路全线主要采用柔性边坡防护,用适合当地气候的花草树木来代替浆砌片石等圬工砌体(图6-21)。因为这里的边坡原本是坚硬的岩石,施工人员通过采用厚基质喷附植物防护技术,在边坡开挖面架上高强度镀锌机编网,再把拌和了养料和花草、树木种子的改良土壤用机械设备喷播在其上,形成植生层。拌和在植生层的种子包括紫穗槐、小榆树、柠条、山杏等灌木及适合本地生长的紫花苜蓿、波斯菊等草本植物,经过夏季雨水的浇灌,土壤里的草本植物很快生长出来,在度过冬季的严寒考验后,根系便可稳定地扎入边坡,形成植物的叶、茎、根系和机编网相互交错组成的立体防护层,防治水土流失的作用即可见效。两三年后,这些花草进入衰退期,但"慢半拍"生长的灌木恰好在这营养良好、土基稳固的草坡上发育起来,以更加强大的根系形成更加稳固的植被层。较之浆砌片石的硬性防护,柔性防护更加美化了路域环境,同时节省了石料等资源。此外,边坡上的植物可有效吸收汽车尾气,起到净化空气和降噪的作用。

图6-21　G7京新高速公路植物护坡

因为该项目韩集段与山西省相连,内蒙古山西界明代长城景观独特,将生态防护与自然的原生态风貌融为一体,不仅改善了公路路域生态环境,也更新了工程设计、建设理念和质量观念,即从过去注重工程坚固耐用的传统设计理念和质量观,转变为推进科技创新、保护生态环境、体现人文景观、提升舒适美感的新型公路设计理念和质量观,实现了路与自然的和谐统一。

四、绿色施工守护自然保护区

G7京新高速公路巴彦淖尔段穿越哈腾套海自然保护区,为最大限度地保护环境,从设备的选择,到施工便道、施工用地的建设上,全体施工人员都谨慎入微。例如,施工人员在项目占地设置红线,设立标志牌,红线外为禁行区,禁止施工机械、车辆、人员随意通行;在保护区内不允许采取爆破、液爆等施工工艺;建管办根据当地环境特点,制订了保护区施工的诸多"禁止事项";项目全线选用低噪声的施工机械和工艺,维护设备尽量使施工机械的噪声维持在最低声级水平,而对强噪声施工机械采取临时性的噪声隔挡措施;料场、拌和场等的选址必须设置于保护区外;不允许在保护区内设置临时施工用地和施工便道,利用永久占地进行迂回施工(图6-22)。

图6-22　G7临哈段绿色施工守护自然保护区

有部分路段处于自然保护区,施工中的环境保护如履薄冰。为避免污染环境,在施工中加强运输车辆的密闭管理,防止石料的撒漏,同时每天定点向施工便道路面洒水,减少扬尘对环境空气的影响;填方取土运输时尽量减少扬尘,以免影响保护区野生动植物;及时做好施工机械及运输车辆的维修和养护,减少尾气污染。此外,严格控制施工便道的修建,尽量减少施工便道数量;施工人员及管理人员加强环境保护知识的学习和教育,制订并切实落实一系列保护区施工野生动物保护要求;严禁各类破坏野生动植物种类及生态环境的事件发生;制作宣传牌,标示在敏感区、关键路段,内容包括关键的保护对象及其保护方法和策略。

五、荒漠筑路与环保同行

"天上不飞鸟,地上不长草,风吹石头跑。"这句俚语生动地诠释了戈壁滩恶劣的自然环境,就是在这样的环境下,G7京新高速公路临白段的建设者与风沙同行,与酷热相伴,坚持荒漠筑路,与环保同行。该项目施工现场周边环境主要为戈壁滩及荒漠,生态环境极为脆弱,农牧民生产生活环境很容易遭到破坏,且一旦遭到破坏很难恢复。面对阿拉善脆弱的生态环境,项目施工人员将环境保护工作放到与工程建设同等重要的地位,在修建高速公路的同时,注重保护生态环境(图6-23)。

图6-23 荒漠筑路

　　进场之初,要求施工单位严格按照设计指定的取弃土场进行作业,施工车辆按指定的路线行驶,严禁随意开挖,造成土壤植被破坏;严禁参建人员采挖苁蓉、锁阳和损坏胡杨、红柳、梭梭等树木的行为等。随着施工队伍及机械设备陆续进场,为减少生产生活垃圾污染,施工单位开展了以"文明施工　杜绝污染"为主题的"绿色沙漠行动",全线首辆自卸式环保电动车也应运而生。建设之初,施工单位就深入走访沿线牧民,与沿线牧民逐一签订文明规范施工协议,公开承诺绿色文明施工,并且不定期组织员工志愿清理项目驻地周边白色垃圾。除此之外,由当地牧民担任专职环卫工,他们每天早晨7点开工,晚上7点收工,利用环保车对沿线垃圾进行清理,并在预先设立的5个垃圾处理点对所收集的垃圾进行集中处理。此外,专门针对公路两侧的流沙,施工人员选择抗老化编织土工袋做成沙袋,再根据不同的地形地貌条件,将这些沙袋布置成约1m见方的隐蔽式沙障,做成一个网格状的沙障,阻挡着流沙,对沿线的沙土起到压覆作用。另外,施工人员还在沙袋的网格里种下了沙生红柳,用来保持水土。

　　此外京新高速公路临白段阿盟境内主线长度长,途经山区、牧区和自然保护区,为了充分保护当地的原有地理环境,方便牧区群众生活和牲畜活动。工程在设计中增加了很多专门用于人畜通行的通道桥。

　　从阿左旗乌力吉苏木到额济纳旗达来呼布镇,一直到内蒙古甘肃(白疙瘩),沿路走来,在京新高速建设一线,类似"环境保护人人有责"的标语随处可见,成为亘古荒原特殊的风景。"像保护眼睛一样,保护生态环境;像对待生命一样,对待生态环境"。这是所有参建单位和建设者的承诺,对世代生活在这里牧民们的承诺。建设者把驻地当成自己的家乡,绝对不能以破坏生态环境为代价而开展施工,以荒漠为家,与灌木为邻,和羊群为伴,坚持合理规划和使用施工临时用地,减少对原地貌破坏,将京新高速建成"健康、生态、绿色、文明、和谐"工程,为阿拉善人民造福。

六、风积沙筑路,造地"挖"湖两相宜

　　漫天的白云,蔚蓝的天空,远处的茫茫沙漠,从辽远的天边,铺天盖地奔涌而来,然后

划出一道湾,湾里是一泓清澈见底的湖水,波光粼粼,岸边胡杨郁郁葱葱。当地人都说,这一湾湖水是京新高速公路临白段(巴彦淖尔段)建设者"挖"出来的。

杭锦后旗双庙镇太华村位于乌兰布和沙漠北侧,经当地政府以及京新高速公路建设管理办公室的充分协商,第五合同段将此作为取土场。在取土的过程中,形成了一个人工湖,既为当地政府节约了开支,又减少了施工单位的施工成本。这个人工湖成为巴彦淖尔市发展乌兰布和沙漠旅游业的一项内容。

白脑包镇永盛村属土地沙漠化重灾区,平均沙丘高度在3.2m左右,因风积沙问题的困扰,多数农田产量低。京新高速公路临白段(巴彦淖尔境内)第一合同段项目部通过现场实际勘察后,在确保路基填土用料各项指标符合设计、规范要求的前提下,选择将白脑包镇永盛村作为风积沙取土场。如今,这里已经恢复耕地几百余亩,部分已正常投入农业耕种使用。

绿洲荒漠筑成路,寸寸公路显智慧。从挖沙造景促旅游到取土平沙变耕地,建设者努力践行保护环境、因地适宜、造福当地的承诺,为当地群众铺筑起爱的公路。

七、文明施工,保护生态

G18荣乌高速公路是国家高速公路网规划中18条东西横线的主干道之一,东起山东省荣成市,西至内蒙古自治区乌海市。环保之于这条高速公路的建设,远远大于工程建设本身的意义,远远高于解决"行难"的现实问题。因此,在设计之初,设计者就秉承绿色环保的理念,在紧张的施工中依然坚持环保底线(图6-24)。

图6-24 文明施工保生态

乌海给人的第一印象是"黄",那是煦暖的阳光照在大地上的暖色,也是漫漫黄沙的颜色。风沙大是当地气候特点之一,为避免路基清表时"积攒"下来的土被风吹走或被吹来的黄沙埋了,施工人员将表层土单独挖出,单独妥善堆放,工程结束后再分层恢复,保护当地环境不受施工影响。黄河在乌海穿城而过,年复一年,黄沙在东山脚下堆积起来,形成巨型的沙丘,构成了"大漠孤烟""长河落日"的绝美景观。但是这里严重缺水,为节约用水,当地施工者研制开发了喷淋养生系统,自动喷淋养生系统喷出气雾状的水对梁板养护后,顺着梁板侧面流入排水沟,又流回沉淀池,沉淀后可循环利用。与传统人工洒水养生相比,这套系统成本低廉、工人劳动强度低,经沉淀合格后水可以重新利用,大大节约了水资源,体现了环保绿色的施工理念。

荣乌高速公路东出乌海后就进入了鄂尔多斯鄂托克草原。放眼望去,这片荒漠草原,云淡天低笼盖四野,一簇簇低矮耐旱的植物展示着顽强的生命力。这里是著名的阿尔巴斯白山羊产区,濒危植物四合木、半日花等珍稀植物群落也在这里显放异彩。就这一片草原,建设者当眼睛一样爱护着。施工过程中,他们加强施工便道维护,减少行车扬尘对当地群众生产生活造成影响,并严格按照设计设置取、弃土场;施工便道宽度限于4m,严禁施工车辆越过红线在草原和戈壁滩上随意行驶,不得肆意驾车碾压草场、荒滩;施工便道使用前铺设碎石路面,施工结束后,将硬化的路面去除,再进行植被恢复;每个标段配备洒水车,每日定时对场区进行洒水,防止沙尘飞扬的同时也起到降温增湿的作用,固体废弃物要挖坑填埋处理,垃圾要回收,对破坏环境的行为进行必要的处罚。

第七章
高速公路对经济社会发展贡献

第一节　经济社会发展促进高速公路建设

一、内蒙古自治区区情特征对高速公路发展的需求

(一)区域特征需求

内蒙古自治区，位于中华人民共和国北部边疆，地处欧亚大陆内部，由东北向西南斜伸，呈狭长形，东西直线距离2400km，南北跨度1700km，横跨东北、华北、西北三大区。大而长的特殊区域特征需要方便、快捷的高速公路网络。

(二)民族团结、交往、融合的需求

内蒙古是中国5个少数民族自治区之一，由蒙古、汉、满、回、达斡尔、鄂温克、鄂伦春、朝鲜等多个民族组成。截至2016年底，全区常住人口为2520.2万人，其中，城镇人口为1542.1万人，乡村人口为978.1万人。众多民族团结、交往、融合需要发达的交通设施支撑。

(三)资源输出的需求

内蒙古资源储量丰富，是能源、农林牧产品的输出大省。有"东林西矿、南农北牧、遍地矿藏"之称。内蒙古煤炭资源丰富，储产量居全国第二，草原、森林和人均耕地面积居全国第一，稀土金属储量居世界首位，同时也是中国最大的草原牧区。高速公路运输成为资源和产品输出的重要条件之一。

(四)对外开放的需求

内蒙古自治区地理位置优越，东南西与八省区毗邻，北与蒙古国、俄罗斯接壤，国境线长4200km，已开放的陆、水、空口岸19个。内联八省，外接俄蒙，经济互补。对外开放需要高速公路连通。

（五）全域旅游的需求

截至2016年底，内蒙古自治区共有一定规模的旅游景区（点）900多处，以重点旅游区（点）和旅游城市为支点，形成了四条精品旅游线路。全区共有旅行社966家，星级饭店319家，A级旅游景区337家。全国工农（牧）旅游示范点18家，星级家庭旅游接待户462家。四大品牌旅游区域为：敕勒川现代草原文明核心区（呼和浩特、包头、鄂尔多斯、巴彦淖尔）、环京津冀草原风情旅游区（乌兰察布、锡林郭勒、赤峰）、大兴安岭全生态旅游区（呼伦贝尔、兴安盟、通辽）、阿拉善秘境探险旅游区（乌海、阿拉善）。此外，旅游那达慕、蒙古族服装服饰艺术节、额济纳金秋胡杨节、满洲里中俄蒙三国旅游节等一批高品位的旅游节庆活动已经成为内蒙古旅游品牌产品。目前自治区正在积极打造全域旅游和全季旅游项目，需要四通八达的交通网络和方便、快捷的高速公路网络。

二、经济社会快速发展促进高速公路建设

高速公路与经济发展有着密切的联系。高速公路是地区经济发展到一定阶段的产物。

改革开放以来，内蒙古自治区的经济快速发展，每个五年规划末期的经济发展情况以及高速公路建设情况等主要指标如表7-1和表7-2所示。

内蒙古自治区改革开放以来经济发展情况　　　　表7-1

年份（年）	地区生产总值（万元）	人均生产总值（元）	财政收入（万元）	第一产业（万元）	第二产业（万元）	第三产业（万元）
1978	580400	318	69046	189600	263700	121700
1980	684000	365	41284	180300	322600	181100
1985	1638300	816	131789	535400	569500	533400
1990	3193100	1477	329763	1125700	1024300	1043100
1995	8570600	3752	437028	2601800	3087800	2881000
2000	15391200	6488	1106808	3508000	5825700	6057400
2005	39050300	16250	3350925	5895600	17732100	15422600
2010	116720000	47213	17381353	10952800	63676900	42090200
2015	180328000	71903	19644000	16187000	92006000	72135000
2016	186326000	74069	20165000	16287000	90789000	79251000

如表7-1所示，到"七五"期末，即1990年末，内蒙古地区生产总值由1978年的580400万元增加到1990年的3193100万元；人均生产总值由318元增加到1477元，财政收入由1978年的69046万元增加到329763万元。在经济快速、持续增长的背景下，从"八五"开始，自治区正式拉开高速公路建设的帷幕。

内蒙古自治区改革开放以来高速公路建设情况表　　　　　表7-2

项目	年份（年）							
	1978—1980	1981—1985	1986—1990	1991—1995	1996—2000	2001—2005	2006—2010	2011—2015
建设投资额（万元）	—	—	—	67200	301100	3121200	6360800	7618500
新建高速公路里程（km）	—	—	—	—	151	917	1297	2651
高速里程合计（km）	—	—	—	—	151	1068	2365	5016

如表7-2所示，内蒙古自治区高速公路建设快速发展，从"八五"期开始建设，到2016年末突破5000km，总里程居全国前列。高速公路建设的发展与自治区经济发展基本吻合，如图7-1、图7-2所示。

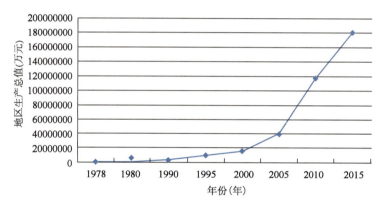

图7-1　内蒙古自治区生产总值发展趋势

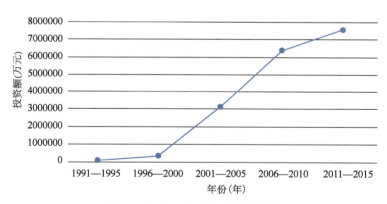

图7-2　内蒙古高速公路建设投资趋势

从上图可以看出，内蒙古自治区自改革开放以来经济社会快速发展，尤其是"八五"以来经济的快速增长，促进了高速公路的快速投资，进而促进了高速公路的发展。人们的生活水平逐渐提高，对快捷、舒适的运输方式需求更加突出、更加迫切。因此，经济社会的快速发展促进了内蒙古自治区高速公路建设的步伐。

第二节　高速公路建设带动经济社会发展

一、高速公路建设拉动经济增长

高速公路作为重要的交通基础设施,是伴随着人类社会经济的发展而产生的。随着我国改革开放政策的不断深入,内蒙古自治区的经济建设取得了令人瞩目的成绩,作为国民经济基础的公路运输行业在数量增加、质量提高和科学技术创新上也进入了快速发展的时期。尤其是从20世纪90年代开始,内蒙古自治区高等级公路建设已步入快速发展时期。近年来,内蒙古自治区的高速公路建设迅猛发展,从无到有,初步形成了连接重要城市及地区的高速公路通道,许多经济发达地区高速公路干线网络正在形成。到2016年末自治区的高速公路通车里程已达到5153km,另随着全长930km的京新高速公路内蒙古临河至白疙瘩段主线贯通,届时高速公路通车总里程将突破6000km。根据"十三五"规划,到2020年,自治区的高速公路里程将达到10000km。高速公路的建设不仅改善了公路交通运输状况,而且产生了巨大的经济效益和社会效益。

（一）直接效益

依据经济学中消费—产出理论,作为交通基础设施的高速公路在建设过程中需要消耗大量的社会劳动产品,这将大大刺激与此相关的生产部门,从而带来生产的扩大,直接带来经济的增长效应。生产部门通过高速公路,可以将更多的产品送至消费地,同时也能将更多的原材料送至生产地,这将为原有的生产部门扩大生产创造条件,从而对生产企业和部门带来可观的效益。据了解,建设初期平均建设1km的高速公路,需要4000万～7000万元左右的投资,这些还不包括公路建设引起的服务业发展及消费支出。

根据经济分析相关研究,公路建设投资1元大约对地区生产总值有3元的贡献。表7-3和图7-3反映了自治区高速公路建设投资以及对地区生产总值的贡献值。

高速公路投资对地区生产总值贡献情况　　　　　表7-3

项目	年份(年)							
	1978—1980	1981—1985	1986—1990	1991—1995	1996—2000	2001—2005	2006—2010	2011—2015
投资额(万元)	—	—	—	67200	301100	3121200	6360800	7618500
地区生产总值贡献(万元)	—	—	—	201600	903300	9363600	19082400	22855500

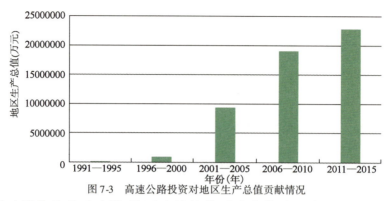

图 7-3　高速公路投资对地区生产总值贡献情况

高速公路建设作为基础建设，除了直接的物质消费带动经济增长外，还能产生凯恩斯投资乘数效应。高速公路在经济发展中扮演着"血管"的角色，它将加速物质的流通为经济发展提供流通保障，带动各行各业的发展。从上述表7-3中可以看出，自治区高速公路建设在2001—2005年比1996—2000年大幅度增长，自治区2005年的地区生产总值比2000年的也增加2.5倍，可以看出高速公路的建设对自治区的地区生产总值具有很大的贡献。"十一五""十二五"期间，自治区高速公路建设继续发力、高速增加，自治区的经济情况在"十一五""十二五"期间随之快速增长。可以看出高速公路的建设促进了自治区经济的快速、健康发展。

(二)诱导效益

高速公路的发展将改变区域交通的布局，从而产生对区域社会经济发展的诱导效应。这主要是高速公路建成后，由于其相对其他交通设施具有优势，在宏观经济形式明朗和环境允许的情况下，高速公路沿线将会成为投资开发的热点，诱发区域内的潜在资源向沿线聚集、开发、利用，促进区域经济超常增长。各类产业的崛起和产业群的聚集，促使了产业带的形成和发展，形成了新的国民经济增长点。当前自治区许多地方出现的高速公路沿线工业区和物流园区，就是其诱导效应的典型例子。

(三)产出效益

高速公路的建成改善了内蒙古自治区交通运输状况，促进了公路运输业的发展，加强了区域经济之间的联系，推动了区域经济的整体提升。其中表现为货运成本随之减低；公路拥挤所带来的损失也将减少；缩短的运输里程将引起直接的经济效益产生。除此之外，货物在途时间的降低将加快产品的流通，促进国民经济的循环，隐性地提高了生产部门的生产速度。与此同时，高速公路的发展减少了交通事故经济损失、提高了行车舒适性，这些有助于提高经济运行效率。

(四)促进就业、民族团结、生态建设、旅游

投资公路建设不仅能拉动社会经济发展，而且还能提供大量的就业岗位，吸收沿线大

量农村剩余劳动力就业。据有关部门测算,投资1亿元的公路交通建设,能够直接创造约1800个就业岗位,间接创造约2000个就业岗位。

交通运输建设,使自治区东中西部更加紧密地连接在一起,方便了各族群众的交流,方便了民族地区文化的交流,增进了各地区、各民族间的沟通和了解,使各族群众更加紧密地团结在一起,使地区、民族的文化得到了更好的传承和发扬。

交通运输条件的改善,为各地治理生态恶化提供了方便,减少了对草原等生态的破坏,通过对公路的绿化、美化,改善了公路两侧的生态,带动了周边环境的改善。

在快速发展的旅游业兴起之时,旅游区发展的好坏很大程度取决于便利的交通条件,而高速公路更是成为旅游业发展的翅膀,使旅游资源开发向深度、广度进军。高速公路建设,不仅把自治区旅游景点串联起来,而且将旅游资源优势转化为经济优势。

二、高速公路建设推动产业结构升级,促进城镇化、城乡统筹发展

(一)推动产业结构升级

内蒙古自治区以建设"五大基地"为重点调整产业结构。近年来,内蒙古自治区的第一产业基本保持在9%左右的比例,第二产业在内蒙古自治区产业结构中处于主导地位,第三产业比重呈平稳快速发展趋势。现阶段,内蒙古自治区持续推进工业转型升级,现代煤化工等新兴产业快速成长,装备制造、高新技术、有色工业和农畜产品加工业等具有优势与特色的产业加快发展,大力推进稀土、风电、云计算、单晶硅等高新技术产业。

内蒙古自治区高速公路的建设对内蒙古自治区产业结构的影响是非常显著的,表7-4统计了内蒙古自治区近年三次产业变化情况。

如表7-4所示,内蒙古自治区近年第一产业所占比例逐年下降,到2016年第一产业所占比重为8.8%;第二产业所占比重最大,到2016年达到48.7%,总体趋势是稳中有降;第三产业所占比例逐年上升,到2016年已经达到了42.5%。

内蒙古自治区近年三次产业变化情况(%) 表7-4

年份(年)	1978	1980	1985	1990	1995	2000	2005	2010	2015	2016
第一产业	32.97	26.36	32.68	35.25	30.36	22.79	15.10	9.38	8.98	8.8
第二产业	45.86	47.16	34.76	32.08	36.03	37.85	45.41	54.56	51.02	48.7
第三产业	21.17	26.48	32.56	32.67	33.61	39.36	39.49	36.06	40.00	42.5

内蒙古自治区高速公路的建设,从根本上优化了内蒙古自治区经济社会发展环境,尤其是高速公路沿线的投资环境,推动了沿线各地区的劳动力由农村向城镇,由农业向工业、服务业,由第一产业向第二、第三产业转移,促使科技含量和附加值高的产品大幅度增加,从而改善了高速公路产业带的产业结构。

高速公路的沿线出现了大批新型企业、高新科技开发区、工业园区、物流园区、沿黄沿边经济带等。如鄂尔多斯市 S24 大路至巴拉贡段高速公路,是配合鄂尔多斯市沿黄河区域产业调整和实现"三大战略转移"规划的沿河重要高等级公路。鄂尔多斯沿黄河地区人口密集、资源富集,是全市经济社会发展的重点区域,也是对接呼和浩特、包头,连通乌海、银川,打造呼包鄂城市群、呼包乌银经济带的重要支点。项目经过鄂尔多斯市资源富集区、工业园区、人口聚集区,对加快沿线地区资源开发、将资源优势转化为经济优势,对促进沿河经济发展战略、促进沿线经济带的形成,推动产业结构升级,加快城乡一体化进程,具有十分重要的意义。

(二)促进城镇化及统筹城乡区域发展

内蒙古自治区加快新型城镇化步伐,到 2016 年末,内蒙古自治区的城镇化率达到 61.2%。从表 7-5 和图 7-4 中可以看出,内蒙古自治区城镇化发展速度很快,城镇化的发展需要大力改善基础设施条件,尤其是交通基础设施,在城镇化发展过程中对高速公路的需求更是迫切的,因为高速公路的建设可以更好地带动城镇化的发展,城镇化的快速发展需要高速公路的带动,两者是相辅相成的。

内蒙古近年城镇化发展情况　　　　　　　　　　　表 7-5

年份(年)	1978	1980	1985	1990	1995	2000	2005	2010	2015	2016
城镇人口(万人)	397.5	433.1	874.1	781.1	873.1	1001.1	1134.3	1372.9	1514.16	1542.1
所占百分比(%)	21.80	23.08	43.55	36.12	38.22	42.20	47.20	55.53	60.30	61.2

注:1985—1989 年数据是根据 1982 年、1990 年第三、第四次人口普查数据调整的,1990 年以后数据是人口变动抽样调查调整数,其余年份为户籍统计数。(来源于《内蒙古统计年鉴》)

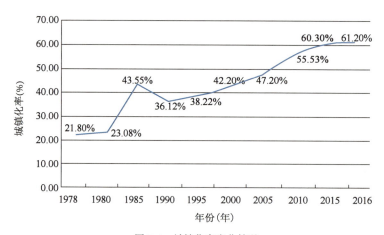

图 7-4　城镇化率变化情况

内蒙古自治区统筹区域协调发展,全面落实主体功能区规划,构筑经济优势互补、功能定位清晰、资源高效利用、人与自然和谐相处的区域发展新格局。大力推进呼包鄂一体化,率先在交通、通信、金融等领域实现同城化。积极推进乌海及周边地区一体化发展,加大区域内资源要素整合和产业结构调整力度。扎实推进沿黄河沿交通干线经济带建设,充分发挥辐射带动作用。认真落实国务院支持内蒙古东北振兴的政策措施,促进东部盟市加快发展。推进资源型地区和林区转型发展,加大对牧业旗县、边境旗市、三少民族自治旗、民族乡和少数民族人口相对集中地区的扶持力度。

城乡统筹发展需要交通同城化,高速公路网缩短了城市之间的距离,把沿线各城镇连为一体,增进了它们彼此依赖的分工协作效率,加强了城乡之间、工农之间、民族之间、各部门与各地区之间经济、政治、文化、技术的密切联系,加速了商品流通和资金周转,加快了同城化进程,促进了统筹区域协调发展。

三、高速公路优化公路运输结构,改变人们的出行方式

(一)对公路运输结构的优化

改革开放以来,随着国民经济的发展,我国在培育全国公路运输大市场方面做了许多的工作,也取得了一些进展。但由于种种原因,仍存在不少问题,主要表现为各地区之间断头路比较多,公路路况差,道路运输服务设施、运输装备落后,交通事故率高,运输效率低,成本高,并存在乱设卡、乱收费、乱罚款等现象。高速公路的出现使上述问题得到了较大的改观。随着以高速公路为主骨架的路网建设,各地区断头路明显减少甚至消失,道路状况得到明显的改善,公路"三乱"现象得到遏制。公路运输行业以高速公路客货运输的全面推广为契机,在全国开展优质服务,充分体现了公路运输快速、灵活、优质、高效、舒适的特性,赢得了较高的市场占有率。

高速公路运输具有长距离、远辐射、"点对点"的优势,能够实现各种运输方式在较高水平上的紧密对接,从而有利于综合运输大通道的形成。在没有高速公路之前,内蒙古自治区的公路运输体系仅有短途、中转等作用。随着一条条高速公路的建成通车,把陆、空、水等各种运输方式有机地结合起来,形成横贯东西、连接南北的立体交通运输大通道。内蒙古自治区第一条高速公路——呼包高速公路(一幅)连接了呼和浩特市和包头市,将内蒙古两个最主要的城市连接起来,实现了自治区城市群的第一步。随着一条条高速公路的建成,公路、水运和航空运输被有机地结合起来,形成了现代化的综合运输大通道。

高速公路运输能缩短运输时间,减少燃料消耗,降低运输车辆的机械磨损,延长车辆的使用寿命,从而大大降低运输成本。虽然高速公路需要缴纳车辆过路费用,但对于多数车辆而言,通行高速公路所获得的级差效益大于所缴纳的车辆通行费。对于整个社会和经济发展来说,能源的节省、效率的提高、安全的保障使社会资源得到更为有效的利用,有利于经济和社会的发展。同时,由于高速公路的交通事故大为减少,运输成本也相应降低。

高速公路的出现使公路运输半径迅速扩大,由原来的300km提高到800km,部分客运班次和一些附加值较高的货运班次运输半径达2000km左右,这就使原来比较分散的地区性公路运输市场,形成了以国道主干线为主、逐步延伸和贯通的全国性物流中心和公路运输市场。一个以高速公路为载体,以现代化公路运输主枢纽场站等基础设施为依托,以先进的运输工具为手段的统一、开放、竞争、有序的全国性道路运输大市场正在逐渐形成和进一步完善。

高速公路客运是与一般公路客运在技术、经济、运营组织与管理等各个方面都有着本质区别的新型旅客运输方式,虽然发展历史不长,但已迅速表现出运行速度快、安全性能好、舒适程度高、方便条件多等优势。高速公路客运突破传统公路客运的范畴,是现代化的公路客运服务形式,代表了未来我国公路客运的发展方向,成为道路客运新的经济增长点。高速公路客运利用现代化的道路设施,使用技术先进、结构合理的高速车辆,采用科学的组织管理手段,向社会提供安全、快捷、舒适的服务,具有高速度、高密度、高质量、高技术、高运量、高投入、高效益的特点。依托一流的车辆、一流的场站、一流的管理、一流的服务,高速公路客运能充分满足广大旅客出行的需要,不断吸引不同层次、不同目的的出行者,成为铁路、民航客运名副其实的竞争对手。

高速公路货运具有与传统公路货运截然不同的特点。高速公路全封闭、全立交、汽车专用,决定了高速公路货物运输的高速度、高效率、高效益、有序化。由于高速公路为重载汽车和集装箱货运提供了无可比拟的道路条件,因此高速货运将会朝着大规模、集约化和现代化的方向发展,承担高速货运车辆的档次也将日益提高,人员素质和管理水平会日趋改善,货运企业的规模会日趋扩大,进而在全国范围内形成网络化、规模化经营的格局。高速公路货运除具有传统货运的机动灵活、"点对点""门对门"的优点外,其非常显著的特点就是网络化、规模化、现代化。高速公路货运与铁路、水运、民航优势互补、相互竞争,共同构成了我国现代化的综合运输体系。

(二)对人们出行方式的改变

随着经济的发展,私人拥有小客车比例逐渐增加,高速公路也为自驾车出行提供了最好的道路和服务。高速公路克服了普通公路车速慢、舒适程度低、安全性差的缺陷,以全新的快速运营方式迅速成为人们出行的首选。高速公路的建设极大地减少了人们花费在旅途上的时间,使不同城市和不同地区的经济、生活联系更加紧密,充分体现了高速公路的快速、高效、高性价比的优势。高速公路不仅为消费者提供了一种前所未有的出行方式,而且也极大地促进了以旅游业为代表的第三产业快速发展。

下面以内蒙古自治区高速公路建设较多地区之一的鄂尔多斯市为例进行说明(表7-6)。

鄂尔多斯市高速公路建成前后运行时间对比表 表7-6

薛家湾镇								
3.0/1.5	树林召镇							
4.5/2.5	3.5/2.5	锡尼镇						
2.5/1.5	—	2.0/1.0	东胜区					
3.0/1.5	—	2.5/1.5	—	康巴什				
3.5/2.0	—	3/2	—	—	阿镇			
6.0/3.5	4.0/3.0	4.0/2.0	3.5/2.5	3.5/2.5	2.5/1.5	嘎鲁图		
8.0/5.0	6.0/4.5	5.0/3.0	5.5/4.0	5.0/3.0	4.5/3.0	3.0/1.5	敖镇	
6.5/4.0	4.5/3.5	2.0/1.0	4.0/3.0	3.5/2.5	3.0/2.0	2.0/1.0	3.0/1.5	乌兰镇

注：表中斜杠前后数字分别表示高速公路实施前运行时间/实施后运行时间（h）。

如表7-6所示，在鄂尔多斯市高速公路建设之后，各旗区政府驻地之间运行时间大大降低，如准格尔旗（薛家湾镇）到达拉特旗（树林召镇）的运行时间由原来的3h降低至1.5h，节省了一半的时间，因此许多人的出行方式由原来乘坐火车、客运班车改变为自驾车出行。

四、高速公路建设进一步改善投资环境，促进对外开放

内蒙古自治区内联八省，外接俄蒙，截至2016年底，30条高速公路和一级出区通道全部建成，已形成南联北开、承东启西的开放格局。

自治区与蒙古国、俄罗斯达成开通协议，国际道路客货运输线路共有28条，线路总长度超过1万km，基本形成了以口岸地区重点城市为中心、边境口岸为节点、覆盖蒙俄边境地区重点城市、重点矿区并向其腹地不断延伸的道路运输网络。"十二五"期全区国际道路运输累计完成客运量1103.7万人次、客运周转量11.6亿人公里、货运量1.1亿t、货运周转量34.2亿吨公里，其中货运量从2007年开始已连续10年位于全国第一位。高速公路等基础设施的快速发展和投资环境的进一步完善，吸引了大量的外地、外国商人到内蒙古投资兴业，截至2016年底内蒙古累计设立外商投资企业3278家。

从以上的数据可以看出，随着出口公路和口岸公路高等级化，带动了自治区对外经济、贸易的持续增长，改善了自治区的投资环境，促进了自治区改革开放的进程。

五、高速公路强化国防安全和应对突发事件的保障能力

（一）高速公路对国防安全的作用

军事交通伴随现代交通的发展而日益发展，高速公路的崛起促进了军事交通的变革。高速公路是面向全社会服务的基础设施，具有快速、机动、灵活和实现门到门运输的优势，

因此,其在现代军事交通中居重要地位。另一方面对高速公路的规划和建设提出了新的更高要求,要求建设现代化的支线交通网络和其相匹配。这个网络应该体现两个层次:一是无平面相交口,近乎全封闭、全立交与高速公路直接相接并直通部队营区的中型支线高速交通网络,其功能是实现"面"的运输,二是与支线高速交通网络相匹配的小型网络,其功能是实现"点"的运输,满足哨卡、基地、场站的需要。

高速公路历来具有经济、军事的双重性质。世界各国都把实现经济效益和国防需求的有机统一作为高速公路建设的发展目标。很多国家都从本国的国防战略出发,把高速公路建成应急机场,纳入高速公路建设的总体规划,增强国家交通的应急能力和军事威慑力。军事交通以民用交通为基础,要求交通网络的构成要有利于国防、军事基地的布局,交通路线要与军事需要相适应。由于现代战争物资消耗很大,应大力发展高速公路以增强运输能力保障军事物资的及时供应。

(二)高速公路对应对突发事件的作用

抗灾救灾实践表明,公路交通基础设施在应急应战条件下的生存能力和通行能力,是影响公路运输畅通的基础因素。公路交通基础设施的规划建设,既要考虑经济、民生和环保要求,同时也必须贯彻应对灾害的要求,着力提高应急应战条件下的生存能力和通行能力。

在自然灾害发生时,高速公路就是"生命线",能够有效、快速、大容量地转移人、畜和运送救援人员、物资,使灾区人民的生命财产损失降到最低,具有不可替代的作用。如近些年自治区东北地区遭遇特大冰雪灾害时,东部区G10绥满高速公路、G16丹锡高速公路、G45大广高速公路、G55二广高速公路等多条高速公路均发挥了重要作用。

第八章
高速公路建设项目

第一节 G6 北京至西藏高速公路内蒙古段

G6 京藏高速公路是国家高速网"71118+6"中 7 条首都放射线的第 6 条射线,是连接北京、河北、内蒙古、宁夏、甘肃、青海、西藏七省区的重要省际大通道,全长约 3726km,始于北京,途经张家口、集宁(乌兰察布市)、呼和浩特、包头、临河(巴彦淖尔市)、鄂尔多斯、乌海、银川、中宁、白银、兰州、西宁、格尔木,终于拉萨。线路穿越多个经济重镇和战略要冲,是首都北京连接西部边疆省份重要的经济与战略通道。

G6 内蒙古段是自治区高速公路网"101227"规划中的第一条横线,东临河北省张家口,西接宁夏回族自治区银川市,线路全长 821.2km,是自治区境内由东向西走向最重要的政治、经济黄金线路,途经中西部六市,串联薯都乌兰察布、自治区首府呼和浩特、工业重镇包头、塞上粮仓巴彦淖尔、能源基地鄂尔多斯和乌金之海乌海。2016 年,六市地区生产总值合计 13885.6 亿元,占全区地区生产总值的 74.52%,工业经济也居于优势地位。2016 年末,六市常住人口合计 1235.03 万人,占全区常住人口的 49%。

G6 内蒙古段是内蒙古中西部资源、工业产品的重要输出通道,煤炭外运大通道。响应内蒙古自治区政府 2000 年提出的"呼包鄂经济圈"发展战略,加快区域经济快速发展,促进资源、能源开发逐步升级,G6 内蒙古段新建、改建、扩建项目多达 11 个,辐射诸多通行口岸、大型厂矿、煤电基地、农牧业基地和邻省公路网。2009 年全线年平均日交通量为 30000pcu/d,货车折算比例高达 70%,运煤车辆折算比例约 42%。2010—2012 年,京藏高速公路内蒙古段发生了震惊世界的大堵车事件,交通流量大、重载车辆多、运煤车比例高,导致内蒙古段交通频繁拥堵,堵塞车辆绵延上百公里左右,疏解时间长,社会影响大,这也加速了部分路段的改造升级。2013 年以来,受经济运行情势和煤炭外运量下滑影响,交通量有所波动,但一直维持在较高水平。

G6 高速公路内蒙古段建设开创了多个第一:

(1)内蒙古开建的第一条高速公路、建设过程历时最长的高速公路。呼包高速公路

(一幅)最早于1993年6月开工建设,拉开了内蒙古自治区高速公路建设的帷幕,距今最近时间点完工的呼和浩特—包头段改扩建工程(4改8)于2013年10月建成通车,时间跨度长达20年。

(2)内蒙古境内分期分段建设项目最多的高速公路。G6内蒙古段囊括呼包高速公路(一幅)、呼包高速公路(另一幅)、老爷庙至集宁、集宁至呼和浩特、包头过境、哈德门至磴口、磴口至巴拉贡段、临河过境、巴拉贡至新地、新地至麻黄沟、呼和浩特至包头段改扩建工程(4改8)等11个项目。呼和浩特至包头段历经数次升级改造,建成内蒙古自治区目前唯一一条八车道高速公路。

(3)累计投资最多。G6内蒙古段累计建设投资达306.11亿元。投资形式由首个项目全部为政府出资向项目资本金与国内银行贷款结合、世界银行贷款等多元化转变。融资模式的变化直接导致了管理模式的调整,老爷庙—集宁段按世行贷款项目指定、国际通行的"菲迪克"合同条件进行管理和实施;其余项目先后采用交通运输厅直管,自治区交通运输厅主管、盟市交通运输局、内蒙古高等级公路建设开发有限责任公司作为建设单位的建设模式。多种管理模式的创新实践对转变管理理念、管理思路,提升基础管理能力,规范项目管理系统的运行,以致推动公路建设行业发展意义重大、影响深远。

(4)G6内蒙古段也是培养公路建设人才的摇篮、科技创新的基地。历时20年的公路建设,为公路建设事业培养了大量人才,既有技术骨干,也有管理精英。伴随内蒙古自治区首条高速公路的立项,内蒙古交通设计院首次开展高速公路设计,内蒙古公路工程局首次参与内蒙古自治区高速公路施工,内蒙古公路工程监理公司首次参与内蒙古自治区高速公路施工监理,交通运输部呼和浩特交通学校等院校提供了大量技术人才,国际国内多家单位参与。20年间,在G6内蒙古段建设项目上,公路工程建设技术人才、管理人才云集,全国高速公路建设优秀人才集结,无数人才在这里茁壮成长,成为技术骨干、管理精英,或者走向领导岗位。20年间,G6内蒙古段建设过程中,11个建设项目开展了一大批科研项目,技术革新数十项;出版多部专著,发表多篇论文,获得发明国家级专利几十项,多项科研成果达到国际国内先进水平,开创多个国内及内蒙古自治区"第一",科研成果灿若星辰。

G6京藏高速公路内蒙古段历经20载风云变幻,见证内蒙古自治区高速公路发展历程,折射经济社会改革缩影,为自治区政治、经济快速发展作出突出贡献。

路网关系:G6(京藏高速公路)内蒙古段路网关系如图8-1所示。

第八章 高速公路建设项目

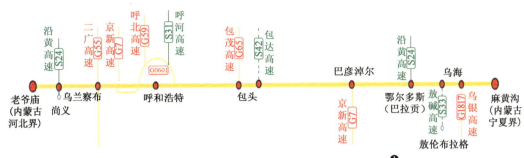

图 8-1 G6(京藏高速公路)内蒙古段路网关系示意图❶

Ⅰ G6 京藏高速公路老爷庙(内蒙古河北界)至集宁段

一、项目概况

(一)基本情况

老集高速公路起点位于内蒙古乌兰察布市兴和县老爷庙乡与河北交界处,与河北宣化至老爷庙高速公路相接。途经兴和县南、甲坝子、巴音塔拉,终点为集宁南郊三号地,终点位于乌兰察布市集宁区南 6km 处与集呼高速公路起点相接。路线总体走向为东西向,路线全长 89.338km。

老集高速公路为双向 4 车道全封闭高速公路。设计行车速度 100km/h,路基宽 26.0m,行车道 $2 \times (2 \times 3.75m)$,中央分隔带宽 2.0m,沥青混凝土路面,桥涵设计荷载为汽车—超 20 级、挂车—120,桥面宽 $2 \times$ (净 11.25m + 0.5m 防撞墙 + 0.75m 波形护栏),小桥涵与路基同宽。主要工程数量路基土石方 17674000m^3,防护排水工程 561900m^3,沥青混凝土路面 2087400m^2。

全线共设大桥 8 座,中桥 9 座,小桥 17 座。全线设互通式立交 2 处,分别为兴和互通、小淖尔互通,均采用单喇叭口形式。主线收费站 1 处,匝道收费站 2 处,养护工区 1 处,服务区 1 处,停车区 1 处。

2003 年 4 月 10 日开工。2005 年 9 月 19 日,自治区境内丹拉国道主干线集宁至老爷庙段高速公路通车试运行,这不仅标志着内蒙古有了第一个高速公路的出口路,也实现了自治区首府通北京公路高速化。

(二)前期工作

1. 立项审批、资金筹措

国家计委于 2001 年 12 月以《印发国家计委关于审批丹东至拉萨国道主干线内蒙古

---

❶ 为简化起见,本书路网关系示意图中"高速公路"均简称为"高速",后同。

老爷庙至呼和浩特公路可行性研究报告的请示的通知》(计基础〔2001〕2848号,批复了项目可行性研究报告。

交通部于2002年4月以《关于丹东至拉萨国道主干线内蒙古老爷庙至呼和浩特公路初步设计的批复》(交公路发〔2002〕117号)对项目初步设计进行了批复,老集项目批复概算18.64亿元,设计批复建设工期为3年。

《交通厅关于印发丹东至拉萨国道主干线老爷庙至集宁段高速公路两阶段施工图设计审查意见的通知》(内交发〔2002〕224号)。

中华人民共和国于2002年8月18日与世界银行签订了内蒙古公路项目贷款协议,贷款号4663—CHA,利用世界银行贷款1.00亿美元。老集高速公路项目概算总投资18.64亿元,建设资金由世界银行贷款、国家交通部补贴及自治区交通厅自筹等构成,其中世界银行贷款6.64亿元、国家专项基金5.18亿元,其余为自治区公路建设资金。

2. 招投标工作

老集高速公路建设为利用世界银行贷款项目,根据世界银行贷款项目建设程序要求,按国际通行的FIDIC合同条件进行招标管理和实施,土建工程、机电工程和海外监理咨询采用国际竞争性招标。择优选择施工单位、监理单位,房建工程实行国内竞争性招标。根据世界银行要求,建管办委托中技国际招标公司作为国际竞争性招标的采购代理,协助建管办组织土建工程、机电工程的招标工作。经过资格审查,全国各地的多家施工单位、监理单位参与竞标,经老集高速公路招标评标委员会评审,并报交通厅、交通部和世界银行批准,共有11家施工单位和8家监理单位中标。在招标过程中,各级评审专家及工程技术人员在内蒙古监察厅派驻纪检监察特派员的监督下,本着公开、公平、公正的原则,合理选择从业单位,在招标过程中均未发生过举报和投诉事件。

工程建设采用国际上通行的FIDIC合同制管理模式,通过国际公开招标的形式,择优选择参建单位。意大利工程咨询公司和北京中咨路捷等国内6家甲级监理单位联合对本项目进行全程监理。

建管办在2002年12月完成了项目土建工程的施工、监理单位招投标工作,2003年1月10日总监理工程师下达开工令,4月20日正式破土动工。

3. 征地拆迁

根据内蒙古自治区老集高速公路建设协调领导小组1999年12月3日会议精神以及《内蒙古自治区人民政府关于加强公路交通发展的意见》(内政发〔2002〕14号)要求,老集高速公路工程建设的征地拆迁、移民安置、社会环境保障工作,由项目所在地盟、市政府进行总承包。盟市所在地政府由主要领导负责,有关部门参加,成立了老集高速公路建设领导小组,下设办公室,负责所辖地区内具体的征地拆迁事务,并及时办理所有征地手续,沿线的旗、县、区、乡也成立了征拆机构,在自治区协调领导小组的统一领导下,开展征地拆迁及协调工作。2002年5月27日建管办与乌兰察布盟行署签订了《征地拆迁、移民安置协议书》,根据设计文件规定的拆迁项目、数量及工程建设实际需要,按照合同协议及2003年、2004年补充协议签订的补偿标准进行补偿。征地拆迁补偿费用由乌兰察布盟征地拆迁办公室设立专门账户,保证专款专用,市征拆办公室直接向被拆迁户或被拆迁单位进行支付。

老集高速公路共计用地10662.71亩,包括水浇地1231.33亩、旱地5505.32亩、林地449.35亩、人工草地710.66亩、天然草地1128.34亩、生态工程1544.8亩、菜地12.15亩、果园16.56亩、宅基地64.2亩。建设用地审批手续已获得国土资源部批复。

(三)参建单位

建设单位:内蒙古自治区交通厅
现场管理单位:老爷庙至集宁高速公路建设管理办公室
质量监督单位:内蒙古自治区公路工程质量监督站
　　　　　　　乌兰察布市公路工程质量监督站
勘察设计单位:内蒙古自治区交通设计研究院
施工单位:湖南邵阳路桥建设有限责任公司
　　　　　中铁十七局集团有限公司
　　　　　中铁十六局集团有限公司
　　　　　河北路桥集团有限公司
　　　　　内蒙古自治区公路工程局
　　　　　北京鑫实路桥建设有限公司
　　　　　赤峰龙城建筑有限公司(房建工程)
　　　　　乌盟第二建筑安装工程有限责任公司
　　　　　呼和浩特建筑安装公司
　　　　　北京华伟交通工程公司(收费大棚)
　　　　　清华紫光股份有限公司(机电工程)等11家
监理单位:意大利工程咨询公司(外籍监理)
　　　　　北京华通公路桥梁监理咨询公司(土建监理)
　　　　　山西晋达交通建设工程监理所
　　　　　北京京华工程建设监理事务所
　　　　　北京中咨路捷工程技术咨询有限公司
　　　　　河北通达工程监理咨询有限公司
　　　　　内蒙古宇通公路工程咨询监理有限责任公司

北京兴通交通工程监理有限责任公司(机电监理)

呼和浩特利维工程监理公司(绿化工程监理)

内蒙古拓通公路工程监理咨询有限公司等14家

二、建设项目管理

(一)项目管理机构

老集高速公路建设项目是内蒙古自治区第二个利用世界银行贷款的高速公路项目。针对世行贷款项目情况,依据FIDIC合同制管理模式,老集高速公路分别设置主项目和各子项目组织机构,实行三级管理,即项目建设管理办公室、总监理工程师办公室、总监理工程师代表处。世界银行派驻监理代表。

建管办设主任1名、副主任2名,内设综合部、工程计划部、总监办、财务部。

该项目管理组织结构横向为项目管理实现三控制(进度、质量、投资控制)、两管理(合同、信息管理)、一协调(组织协调)的各个职能部门,纵向为项目管理按项目分解结构策划的各个子项目组,把横向的职能部门与纵向的子项目组有机地结合在一起,组成矩阵结构,既互为约束又互为促进,通过科学的组织结构,确定的组织层面、部门设置和关系建立,并通过科学生成的组织结构图、组织任务分工表和组织管理职能分工表来有效地表达,达到了机构的高效运行、资源的充分利用和目标的最优实现。这样的组织机构使得老集高速公路项目的质量控制、资料形成、进度管理及计量支付(合同管理)、计划管理建立在一个便于统一管理的基础之上。

技术援助项目(TCC-4)机构设置:一是养护管理研究,又称养护先导计划,由内蒙古公路局负责管理,被选定的养护道路由所在地的交通部门具体负责实施。二是水泥基层反射裂缝的研究,又称课题研究,由老集高速公路建管办负责管理,内蒙古交通设计研究院组织实施。三是交通系统计算机网络设计和应用,由内蒙古交通厅负责管理并组织实施。

(二)项目管理

本项目依据招标投标文件和《中华人民共和国合同法》进行管理。

1. 制度建设

老集高速公路属世行贷款项目,建设程序特殊、工期紧、任务重、技术含量高、气候及地质条件复杂。建管办针对以上情况,严格按照部颁规范、自治区交通厅内控指标的要求,规范项目管理行为,不断提高管理人员思想认识和业务水平。始终坚持"百年大计、质量第一"的宗旨,突出"以人为本、可持续发展"的建设理念。不断推广和应用公路建设新科技,提高工程质量;积极推行先进的管理制度,控制建设资金。全面贯彻落实项目法人制度、工程招投标制度、合同管理制度和建设工程监理制度,不断完善制度化建设。

建管办先后编制了《老集高速公路项目管理办法》《工程管理办法》《工程变更实施办法》《工程计量、支付实施办法》《文件材料立卷归档管理办法》《监理实施细则》《监理管理办法》《监理程序》《监理手册》《合同管理办法》和《从业人员廉政守则》等管理制度,量化了各项管理目标、要求及指标,制定科学的管理制度,用制度约束行为,使质量控制、资料形成、进度管理及计量支付(合同管理)、计划管理建立在一个便于统一管理的基础之上,使项目管理工作规范化进程不断推向深入。

2. 质量控制

路面工程。沥青混凝土路面施工采用机械化,基层、面层用混合料采用集中厂拌、机械摊铺,大型自卸汽车运输,重型压路机组合碾压。为减少混合料离析,上面层采用沥青混凝土转运车,非接触式自动找平。路肩板集中预制,人工安装。全部基层采用覆盖地膜养护,部分与路基防护交叉施工段基层采用土工布养护。为加快速度,部分段落基层两层连续施工(在水泥初凝前,施工完第二层)。面层采取优化配合比设计:采用"S"形嵌挤式密级配设计方法。为了有效解决车辙、水损害等早期破坏问题,在沥青混凝土的配合比设计和施工中,采用美国 Superpave 沥青混合料设计理念,并结合山东省交通科研所多级嵌挤结构理论进行配合比设计。在设计和施工中把空隙率作为第一主要指标。中、上面层聘请湖北高科专家采用美国 Superpave 设计方法进行配合比设计和施工指导。通过对施工中混合料各项指标的检测,充分证明了使用该种设计方法沥青混合料提高了沥青混凝土面层使用质量和路用性能。为了确保沥青混凝土的拌和能准确地按照确定的配合比设计生产,在施工前总监办聘请了专家对使用的沥青混凝土拌和设备的计量系统、冷料供应、热料计量称、温控装置进行了标定,对矿粉、石灰粉填加装置进行改造,改变传统的压实工艺。沥青混合料的运输:为了降低混合料的材料离析问题,在混合料装车时采用前—后—中的三次装料;为了减低混合料运输过程中的温度离析,采用在运输车顶上和侧面四周覆盖棉被的方法,不论外界气温如何变化,混合料在运输过程中均处于较平衡的温度范围。

桥梁工程。全线共设大桥8座,中桥9座,小桥17座。上部结构有先简支后连续混凝土箱梁、钢筋混凝土简支空心板梁、钢筋混凝土预应力空心板梁等多种形式;下部结构有U形桥台、肋式桥台、轻型薄壁桥台、柱式桥墩,基础采用明挖扩大基础、钻孔桩基础等多种形式。桥面设置横坡和纵坡,均由桥台高差进行调整,桥面两侧设50cm宽防撞护栏。桥台与路基结合处设钢筋混凝土搭板,宽度与行车道宽相同。全线设互通式立交2处,分别为兴和互通、小淖尔互通,均采用单喇叭口形式。互通式立交桥梁上部结构采用

3×20m装配式部分预应力混凝土连续箱梁,下部结构采用柱式墩、肋式台、钻孔灌注桩基础。下穿线匝道采用双向双车道(路基宽度13.5m),其余均采用单向行车道(路基宽度8.5m),设计行车速度40km/h。在被交道与匝道连接线上设收费站,收费车道为两进两出。全线设分离式立交桥18处,设通道及涵洞共161处。

老集建管办组织监督、监理、施工单位,并聘请具有检测资质的江苏交通工程质量检测技术中心对全线桥梁进行荷载试验和各项指标测试,检测结果全部满足设计要求。

(三)变更

在工程建设过程中,路基工程出现了一段以古滑坡和膨胀土为主的高原地区滑坡病害,根据滑坡类型,提出了系统的解决方案,进行了设计变更。

三、复杂技术工程

(1)部分路段的软土地基处理,根据成因、构造、厚度和所处的地理位置进行研究分析,分别采取换填、抛石挤淤、强夯、石灰桩和干振碎石桩等多项技术措施进行处理。

(2)部分地段以古滑坡和膨胀土为主的高原地区滑坡病害,采用了强夯技术、钻孔灌注桩加锚索技术和劈裂锚固注浆技术,调整了设计方法与施工工艺,解决了古滑坡上修筑高路堤的止滑问题,为今后滑坡的研究与处理提供了理论依据与借鉴。

四、科技创新

(一)新技术应用

(1)G6京藏高速公路集宁至老爷庙段项目建设过程中,利用高强钢丝网片的柔性抵消边坡的膨胀变形,稳固了边坡并防止了浅层失稳,同时利用植物茎叶的水温效应与植物根系的力学效应,使边坡土体稳定、保持水土不流失。这种边坡生态防护施工方法既节省了建设造价,又保护了周围的生态环境。

(2)G6京藏高速公路老爷庙至集宁段高速公路,2003年始开展挖方边坡植物防护技术研究与应用。该成果在内蒙古中东部、严寒地域以及岩石、劣土边坡项目中广泛推广应用,如G6京藏高速公路呼和浩特至集宁段、G10绥满高速公路阿荣旗至博克图段、G55二广高速公路集宁至丰镇段、G59呼北高速公路呼和浩特至杀虎口段等工程。在随后的G7京新高速公路韩家营至集宁段工程建设中采用"3S-OER"升级版植被生态修复技术,对路堑阳坡生态防护进行了深入系统研究,经研究逐渐积累形成具有显著企业特色和鲜明地区特点的地方标准,为半干旱寒区路域创面生态修复提供了成熟技术。

(3)G6京藏高速公路集宁至老爷庙段工程建设过程中自主开发了"老集高速公路项

目管理系统"。该系统便于过程中管理,汇集了施工、试验、监理、管理、竣工等共12类2000多种中、英文规范表格。通过该系统的开发、应用和推广,不仅提升了项目管理水平,而且规范了资料标准,使交(竣)工资料统一、规范。

(4) G6 京藏高速公路集宁至老爷庙段工程沿线路基用土 CBR、塑性指数等重要指标不太理想,加之施工过程中降雨量大,路基边坡雨水下渗,对路基的强度、稳定性产生极为不利影响,为了及时把控路基的整体强度和稳定性,采用弯沉检测和地勘雷达相结合方法,及时发现路段中由于上述原因导致的质量缺陷和安全隐患,遂采取诸如换填、掺灰处理和冲击式压路机补强性冲压等处理措施,有效控制了路基整体质量。

(5) G6 京藏高速公路老爷庙至集宁段段的沥青路面施工中在内蒙古首次采用了Superpave 设计方法的骨架密实型沥青混凝土结构,当时为该项目顺利实施从国外进口了包括旋转压实仪在内的 Superpave 沥青混凝土设计方法的全套试验设备,替代了我国规范中的悬浮结构,并对自治区所有旗县改性沥青适用 PG 分级给出了指标表。这一技术的应用成功一举解决了内蒙古自治区高速公路出现车辙的问题,并在全区高速公路沥青路面修建中得到推广应用。此后该技术在 G6 京藏高速公路呼和浩特至集宁段、G6 京藏高速公路哈德门至磴口段、G6 京藏高速公路临河过境段、G45 大广高速公路通辽至赤峰段、G2511 长深高速公路新民至鲁北联络线好力堡至通辽段、S44 包头过境高速公路机场连接线等工程中得到了广泛推广。

(6) G6 京藏高速公路呼和浩特至集宁至老爷庙段在项目建设中,科技人员通过积极探索和认真研究,引进新技术、推广新工艺,提出了采用抗滑桩及抗架锚索等方案对地质滑坡严重地段进行了彻底的处理,最大限度消除了通车后的安全隐患。

(7) 为提高路面面层和桥面沥青混凝土铺装质量,在路线纵坡大于3%的路面中、上面层及大桥桥面沥青混凝土铺装层中掺加聚酯纤维。该工艺在 G6 京藏高速公路老爷庙至集宁段、G6 京藏高速公路哈德门至磴口段、G55 二广高速公路集宁至丰镇段等高速公路建设项目中得到了广泛的应用。

(二)科研课题

科研课题一:Superpave 混合料施工工艺与质量控制技术研究

本课题依托 G6 京藏高速公路老爷庙至集宁段工程,为提高工程质量,减小施工变异性,减少早期病害发生,提高耐久性和延长路面使用寿命,老集高速公路建设管理办公室联合长安大学进行了"Superpave 混合料施工工艺与质量控制技术研究"。该课题按照 Superpave 高性能沥青混合料的设计方法,结合内蒙古气候特点、交通状况,以及高性能沥青混合料骨架密实型结构特点(集料含量高达65%~70%),开展了 Superpave 混合料机械化施工过程中离析产生机理与施工质量控制技术研究,并将研究成果应用于老集高速公路建设,全面满足 Superpave 混合料设计要求。这一成果的应用改善了高速公路沥青路面使用性能,延长了沥青路面使用寿命。该课题获内蒙古自治区科技进步一等奖、中国公路学会科学技术三等奖。

课题详情见"第五章 高速公路建设科技成果"中"第二节 重大科研课题"。

科研课题二：内蒙古干旱地区公路边坡生态恢复技术应用研究

本课题依托 G6 京藏高速公路老集段工程,根据目前内蒙古公路建设中存在的主要生态问题,针对路堑边坡和路基边坡的不同条件,因地制宜地采用适宜的生态工程技术,开展边坡生态恢复试验研究,在技术层面上为内蒙古公路生态建设解决具有普遍意义的主要工程技术问题。该课题获中国公路学会科学技术二等奖,为制定并发布内蒙古自治区地方标准打下了坚实基础。

课题详情见"第五章 高速公路建设科技成果"中"第二节 重大科研课题"。

科研课题三：内蒙古沥青路面结构组合研究

本课题依托 G6 京藏高速公路老爷庙至集宁段工程,为提高内蒙古地区沥青路面建设质量,减少沥青路面早期损坏,提高道路使用耐久性和延长路面寿命。本课题结合老集高速公路双幅近 5km 的试验路段(试验路段竣工 3 年后观察,路面横向裂缝平均 100m 左右一道,较其他路段平均 30m 左右有了很大改善)和内蒙古交通及气候特点、环境条件、地理特征,在广泛收集国内外有关研究资料的基础上,充分总结已有研究成果和工程实践,采取理论分析与工程验证相结合的方法开展研究。从路面结构方面对沥青路面的早期损坏防治措施开展深入系统应用研究,沥青路面结构组合包括半刚性基层沥青路面、柔性基层沥青路面、全厚式沥青路面、组合式基层沥青路面等结构形式。同时,研究沥青路面施工质量控制技术,通过试验路修建和观测,确定适合内蒙古地区的路面典型结构形式。编制各结构组合形式设计与施工技术指南,该成果在内蒙古地区公路建设中减少沥青路面早期损坏的发生发挥了重要作用,使沥青路面的结构组合设计和施工更加科学合理,保证了道路的使用性能,并提高了公路使用年限。

课题详情见"第五章 高速公路建设科技成果"中"第二节 重大科研课题"。

（三）新技术研究

新技术研究一：水泥稳定类基层沥青路面裂缝防治技术研究

2001 年 9 月成立"水泥稳定类基层沥青路面裂缝防治技术研究"课题组,确定在老集高速公路项目修建试验路段。课题组在充分考虑基层抗裂性应以减少材料温缩为主,通过配合比设计和选择合适的水泥剂量来减少基层裂缝;在沥青路面研究中确定利用沥青混凝土混合料中掺加纤维来减少裂缝。制订多种防裂缝方案进行室内检验及试验路段铺筑观测对各方案进行比较、优化,并编制了路面防裂缝研究报告。

新技术研究二：提高路面抗剪能力技术研究

老集高速公路在东部兴和附近穿越山区、半山区，戈壁路段纵坡较大以及桥面沥青混凝土与混凝土连接薄弱。根据这一问题展开探索，首先分析了桥面连接薄弱的原因，即混凝土铺装层表面处理浮浆不彻底，进而影响桥面连接效果，引进采用喷射铁砂（抛丸凿毛）新工艺处理。第二是桥面沥青混凝土抗剪强度不足，较大纵坡路段尤其上坡路段，在重载交通作用下抗剪强度也不能满足要求，所以在全项目大中桥面和不小于3%的纵坡路段沥青路面中加入聚酯纤维，解决了这一问题，取得了良好的效果。

新技术研究三：特大刚架拱桥设计及施工质量控制技术研究

老集高速公路工程设计研究人员以三道沟特大刚架拱桥为依托，结合内蒙古地区的气候、环境与未来荷载特点，对沥青混凝土桥面铺装、水泥混凝土桥面板、湿接缝、护栏及伸缩缝等桥面系统进行设计和关键施工技术研究，形成以该冰冻地区为代表的西部地区水泥混凝土桥梁桥面系统耐久性设计与施工技术体系。

新技术研究四：滑坡处理技术研究

老集高速公路在东部兴和附近穿越山区、半山区，而在西部则穿越以黄旗海为代表的高原湿地，沿线经过多处软弱地基，地质现象丰富，边坡病害较为常见。在工程建设过程中，老集高速公路建设单位对高原地区高速公路滑坡病害，特别是针对以古滑坡和膨胀土为主要特点的滑坡类型提出了系统的解决方案，深入研究了强夯技术、钻孔灌注桩加锚索技术和劈裂锚固注浆技术在整治滑坡工程中的设计方法与施工工艺，为今后滑坡的研究与处理提供了理论依据与借鉴。

新技术研究五：沥青路面反射裂缝控制技术研究

为解决下湿地半刚性基层开裂的问题，在半刚性基层上铺筑一定厚度的柔性基层，形成一种上柔下刚式的"刚柔复合基层"。这种刚柔复合基层既能充分发挥半刚性基层的高承载力的优势，又能通过柔性基层防止和减少半刚性基层反射裂缝。结合老集高速公路试验路的应用情况，总结刚柔复合基层的厚度设计及结构组合优化、混合料设计、施工和验收的控制等一系列相关内容，有助于减少沥青路面反射裂缝，提高路面结构承载力，改善沥青路面的服务水平，并延长沥青路面的使用寿命，节约大量的养护费用。在通车3年后检测横向裂缝间隔较其他路段提高了3倍。

新技术研究六：软基处理技术研究

软基处理技术针对高原湿地软土地基，采取了干振碎石桩处理技术。在现场长期监测的基础上，结合室内土工试验和数值模拟，深入研究了干振碎石桩联合土工格栅处理湿地软基的作用机理和变形特征，优化了其设计和施工工艺；在传统的单桩检测工艺的基础上，开发了采用瑞利面波技术进行快速质量检测的可靠技术，并进行了推广应用，通过不断实践摸索总结出一整套施工工艺和检测方法。

新技术研究七：巨粒土压实技术研究

由于全线筑路材料匮乏,而大部分挖石又多废弃,为此,引进冲击式压路机用废弃石方作为路基填料。在现场压实试验的基础上,对分层厚度和压实参数进行了优化比选,建立了采用毫米级水准仪和弯沉仪联合进行路基压实度和整体强度控制的基本方法。在大量试验的基础上,建立了巨粒土路基填料的压实控制标准。这样既解决了路基填料短缺的问题,又避免了弃石占地,同时克服了下雨时无法进行路基施工的弊端,而路基质量也得到了充分保障,做到了一举多得。

新技术研究八：高填方路基工后沉降控制技术研究

为加速完成工后沉降,保证高填方路基质量,对全线填土高度大于6m和不良地质地段136处进行超载或等载预压处理,以加速工后沉降完成。同时,埋设沉降板进行连续12个月的沉降观测,根据实时监测结果及时了解施工过程中路堤的沉降及稳定情况,进一步指导施工的同时确保路堤的安全与稳定;根据观测数据预测沉降趋势,确定下道工序;通过软土地基沉降监测,确定预压卸载时间,以便在较短时间内完成路基的填筑工作,并确定路面的最佳铺筑时间及推算工后沉降量。

新技术研究九：路面横向排水技术研究

老集高速公路路基采用混凝土硬化,在实施过程中为更好地排出面层与基层之间的水分,路肩板采用两层实施,其中下层采用透水(无砂)混凝土有效地解决沥青混凝土排水问题,在内蒙古地区首次采用滑模摊铺路肩混凝土,提高沥青混凝土路面的使用寿命。

新技术研究十：老集高速公路项目管理系统研究

老集高速项目管理过程中为了规范资料标准,使交(竣)工资料统一、规范,并便于过程中管理,建管办组织开发了"老集高速公路项目管理系统",该软件汇集了施工、试验、监理、管理、竣工等共12类2000多种中、英文规范表格。通过该系统的开发、应用和推广,不仅创造了良好的社会效益,而且提升了项目管理水平。

五、运营养护管理

1. 基本运营状况

依据高速公路入口以及出口车流量统计表,得出最近几年的年平均日交通量。虽然自2013年开始年平均日交通量呈现下降趋势,但是运营近10年之久的老集高速公路仍然保持着相对较大的交通量运行状况,说明老集高速公路具有优秀的通行能力和服务水平。

老集高速公路共设置内蒙古河北界主线、兴和、小淖尔三个收费所,均于2005年12月投入使用。2006—2008年,每年通行费收入分别为3122万元、56954万元、80479万元。老集高速公路使用效益逐年实现稳步增长,通行费收入的年平均增速为40%。

2. 基本交通状况

老集高速公路交通运输的车型种类一共分为9类8种代表车型。分析各车型对应的年总流量以及占总量的百分比，2010—2012年，占总车流量百分比最大的是七类车(4轴货车)，且百分比达到80%以上，一类客车次之；2013—2015年，九类车(6轴货车)车流量迅速增加，且自2013年开始成为主要交通量，占比达70%左右，一类客车次之。统计分析表明，老集高速公路交通量虽然受煤炭外运影响而略有波动，但一直维持在较高水平。

2010—2015年老集高速公路各月份累计当量轴次稳定增加，并在2013年达到峰值。2011—2014年老集高速公路年累计当量轴次最大值出现在2013年，体现了重载的交通运输特点。通过综合分析可以看出，老集高速公路交通运输一直维持了大流量、重载的特点，其在不利的交通运输条件下的运营质量更能突出本工程的建设质量水平。

3. 技术总结

项目建成后已运行十多年，在重载、大流量的双重交通压力下，其2015年的质量检测依然达到优良，基本代表了内蒙古地区高等级公路建设的最高水平。综合2010—2015年的交通状况可以看出，老集高速公路交通运输一直维持了大流量、重载的特点。2015年质量检测表明，老集高速公路MQI指标优秀率在99%以上，各分项指标(PQI、SCI、BCI、TCI)优秀率均在90%以上，该结果表明了老集高速公路在历经10年的重载、大流量运营后，总体质量依然维持较高的水平。

老集高速公路由内蒙古高等级公路建设开发有限责任公司乌兰察布分公司负责全线运营、养护、服务管理。G6京藏高速公路老爷庙至集宁段收费站(所)、服务区等设置情况见表8-1，车流量发展状况见表8-2。

G6京藏高速公路老爷庙至集宁段收费站(所)、服务区站设置情况　　表8-1

类　别	数　量	名　　称
收费站(所)	3	内蒙古河北界主线收费所、兴和匝道收费所、小淖尔收费所
服务区	2	兴和服务区、集宁服务区

G6京藏高速公路老爷庙至集宁段车流量发展状况表(单位：辆/昼夜)　　表8-2

收费站(所)	年　份					
	2011年	2012年	2013年	2014年	2015年	2016年
内蒙古河北界管理所	8544	4898	5596	5677	5485	5568
内蒙古河北界收费所	9012	9288	8511	7515	5641	5364
兴和匝道收费所	3566	5209	5086	5875	3267	2404
小淖尔收费所	1551	1812	1347	2437	1605	1428

Ⅱ G6京藏高速公路集宁至呼和浩特段

一、项目概况

(一)基本情况

集呼高速公路起点位于内蒙古乌兰察布市集宁区南出口三号地村前与国道208线交叉处。终点位于呼和浩特市新城区罗家营镇,与呼包高速公路衔接。总体路线走向为东西向,经梅力盖图、卓资山、碌碡坪、甲兰板等村镇,全长121.858km。该项目1999年11月开工,2004年10月通车试运行。

集呼高速公路为双向4车道全封闭全立交、一次性修建全幅高速公路。设计行车速度100km/h,路基宽度26m。项目批复概算27.499亿元,平均每公里造价2240万元。初步设计批复建设工期4年。建管办在2002年5月初完成项目土建工程施工、监理招投标工作,2002年6月正式破土动工。全线设大桥5座、中桥3座、小桥42座、涵洞215道、互通式立体交叉桥4处、分离式立体交叉桥12处、通道67处、隧道4处、收费站4处。

该项目路基采用整体式路基,宽26m(0.75m土路肩+3m硬路肩+2×3.75m行车道+0.75m路缘带+2m中央分隔带+0.75m路缘带+2×3.75m行车道+3m硬路肩+0.75m土路肩);桥涵横断面大中桥2×(净11.25m+0.5m防撞墙+0.75m波形板护栏),小桥涵与路基同宽;隧道横断面为分离式单向隧道,采用复合衬砌,衬砌内轮廓采用单心圆曲墙式,隧道净宽10.92m,内轮廓高7.5m,洞内纵坡不小于0.3%,不大于3%。路面宽0.5m+2×3.75m+0.5m,设计荷载:汽超—20级、挂车—120;路基除隧道进出口附近为双车道分离式路基外,其余为4车道整体式路基。路面除隧道洞内及进出口附近为25cm厚C35水泥混凝土路面外,其余明线路面采用沥青混凝土路面。全线互通式立交4处,仅三号地立交采用全苜蓿叶形式,其余采用单喇叭口形式。分离式立交12处。路基病害整治工程采用了锚索抗滑桩、混凝土抗滑桩、框架锚索、地梁锚索、锚墩锚索及抗滑挡墙等形式。

集呼高速公路一期为呼和浩特东出口改造工程一期,施工路段从罗家营至一间房,全长12.098km。该段工程1999年10月开工建设,2001年10月完工,完成工作量22320万元。其中,路基土方1793000m³;大桥140.13m/1座;小桥188.5m/11座;涵洞663.9m/24道;沥青混凝土路面27200m²;分离式立交2处、通道2处。

集呼高速公路二期为呼和浩特东出口改造工程二期,施工路段从碌碡坪到罗家营,全长19.503km。2001年4月开工,2004年7月完工,完成工作量45632万元。其中,路基土石方2577000m³;路面工程的沥青混凝土面层471300m²;桥涵工程的大桥328.19m/1座,小桥54.4m/3座,涵洞2584.88m/46道;交叉工程的通道涵洞328.07m/10道;分离式立交275.72m/3处;通道桥44.5m/3座;通道涵洞328.07m/10道。

集呼高速公路三期工程全长90.257km,施工路段从三号地立交桥(集宁)至碌碡坪。2002年5月开工,2004年9月完工,完成工作量207039万元。其中,路基土石方22817000m^3;沥青混凝土面层2580400m^2;桥涵工程的大桥519.8m/3座,中桥296.32m/4座,小桥677.48m/24座,涵洞7038.86m/35道;交叉工程的互通式立交3处,分离式立交366.4m/5处,通道桥308.54m/22座;通道涵洞1106.65m/31道;隧道工程4558.5m/4处。

(二)前期工作

1. 立项审批、资金筹措

为加快自治区公路建设进程,解决呼和浩特市出口路的拥堵问题,改善进出自治区首府的通行条件,自治区计委先期将集呼高速公路呼和浩特市段分两期进行批复。

(1)一期批复

自治区计委1999年以《关于对呼和浩特东出口公路拓宽改造工程可行性研究报告的批复》(内计交字〔1999〕871号)对项目工可研进行批复;

自治区计委1999年以《关于国道110线呼和浩特市东出口公路拓宽改建工程两阶段施工图设计的批复》(内计重字〔1999〕924号)对项目两阶段施工图进行批复;

自治区交通厅1999年以《关于批复转〈呼和浩特东出口公路施工图设计审查会议纪要〉的通知》(内交发〔1999〕376号);

自治区公路局2000年以《关于呼和浩特市东出口拓宽改造工程开工报告的批复》(内公发〔2000〕34号)对项目开工报告进行批复;

自治区计委2000年以《关于对呼和浩特东出口公路二期工程可行性研究报告的批复》(内计交字〔2001〕195号)对项目二期工可研进行批复;

《呼和浩特市东出口公路建设协调领导小组第一次会议纪要》。

(2)二期批复

国家计委于2001年12月以《印发国家计委关于审批丹东至拉萨国道主干线内蒙老爷庙至呼和浩特公路可行性研究报告的请示的通知》(计基础〔2001〕2848号)批复了《丹拉国道老爷庙至呼和浩特高速公路可行性研究报告》;

交通部于2002年4月以《关于丹东至拉萨国道主干线内蒙古老爷庙至呼和浩特公路初步设计的批复》(交公路发〔2002〕117号)对该段高速公路的初步设计进行了批复;

内蒙古自治区交通厅于2002年以《内蒙古交通厅关于对丹东至拉萨国道主干线集宁至呼和浩特段高速公路两阶段施工图设计的批复》(内交发〔2002〕756号)对两阶段施工

图进行批复。

建设资金:项目概算 27.50 亿元,国家专项基金 6.70 亿元,其余为国内银行贷款。

2. 招投标工作

集呼高速公路分三期建设,均采用公开招标的形式择优选择建设单位。其中一、二期工程经内蒙古自治区人民政府批准,采用邀请招标的方式选择施工、监理单位,共有 36 家施工、监理单位参与角逐,经交通厅评标委员会评审,共有 11 家施工单位和 1 家监理单位中标。三期主体工程有来自全国各地 114 家单位参与投标,经交通部评标专家评标,共有 18 家施工单位和 6 家监理单位中标。三期附属工程由交通厅专家组织评审,采用最低价中标的方法选择建设单位,由 176 家投标单位中评选出 27 家单位中标。

在招标过程中,各级评审专家及工程技术人员在内蒙古监察厅派驻纪检监察特派员的监督下,本着公开、公平、公正原则,合理选择从业单位,在几次招标过程中均未发生过举报和投诉事件。

3. 征地拆迁

根据内蒙古自治区集呼高速公路建设协调领导小组 2000 年 12 月 3 日会议精神,集呼高速公路工程建设的征地拆迁、移民安置、环境保障工作,由项目所在地盟、市政府进行总承包。盟市所在地政府由主要领导负责、有关部门参加,成立了集呼高速公路建设领导小组,下设办公室,负责所辖地区内具体的征地拆迁事务,沿线的旗、县、区、乡也成立了相应的征拆机构。

建管办与呼和浩特市政府、乌兰察布盟行署签订了《征地拆迁、移民安置协议书》,根据设计文件规定的拆迁项目、数量及工程建设实地需要,按照自治区协调领导小组 2000 年 12 月 3 日协调会上通过的补偿标准,进行补偿。征地拆迁补偿费用由呼和浩特市、乌兰察布盟征地拆迁办公室设立专门账户,专款专用,补偿费用由盟、市征拆办公室直接向被拆迁户或被拆迁单位进行支付,以减少中间环节,保证补偿费用及时兑现到被拆迁人手中,基本杜绝了扣压、挪用拆迁费用及拖延兑现等现象的发生。

集呼高速公路永久占地 14770.98 亩,包括水浇地 1245.59 亩、旱地 11579.17 亩、林地 329.1 亩、烤烟地 64.74 亩、荒地 1552.38 亩。

(三)参建单位

主管单位:内蒙古自治区交通厅
质量监督单位:内蒙古自治区公路工程质量监督站
现场管理单位:集呼高速公路项目建设管理办公室
施工单位:内蒙古自治区公路工程局

    伊克昭盟公路工程局

    山西四建集团有限公司

    北京城建集团有限责任公司

    新疆生产建设兵团建设工程(集团)有限责任公司

    中铁第十九工程局

    中铁隧道集团有限公司

    中铁十七局集团有限公司

    天津第二市政公路工程有限公司

    中国人民武装警察部队交通第四支队等 54 家

  监理单位：内蒙古宇通公路工程咨询监理有限责任公司(土建监理)

    北京京华工程建设监理事务所

    铁道部科研院工程建设监理部

    潍坊市交通工程监理中心

    山西交科公路工程监理公司

    北京双环工程咨询有限公司

    内蒙古宇通公路工程咨询监理有限责任公司(房建监理)

    北京中咨正达交通工程有限公司(机电监理)

二、建设项目管理

(一)项目管理机构

  集呼高速公路建管办是经自治区人民政府同意、内蒙古交通厅批准成立的公益型项目法人,全程负责呼和浩特至集宁段高速公路的建设管理工作。

  建管办设主任 1 名,副主任 3 名,总工程师 1 名(由 1 名副主任兼任)。建管办内设工程部、质监部、财务部、综合部 4 个部门,分别负责工程计划、进度、质量、计量支付、财务报账、征地拆迁及后勤保障等工作。建管办平行设置了总监理工程师办公室。

(二)项目管理

  本项目依据招投标文件和《中华人民共和国合同法》进行管理。全面贯彻落实项目法人制度、工程招投标制度、合同管理制度和建设工程监理制度。

  1. 制度建设

  建管办针对集呼高速公路建设工期紧、建设任务重、技术含量高、气候及地质条件复杂的实际情况,严格按照部颁规范、自治区交通厅内控指标的要求,严格项目管理,不断提高管理人员思想认识,完善制度化建设。建管办先后编制了《工程管理办法》《工程变更实施办法》《工程计量、支付实施办法》《文件材料立卷归档管理办法》《监理实施细则》和《监理管理办法》等,并制定了建管办主任、副主任、各部室工作人员岗位工作职责。做到了用制度管理人,用制度约束行为,使项目管理工作规范化进程不断推向深入。在编制招标文件过程中,对项目建设过程中的环境保护及水土保持工作作了具体规定。

2. 质量控制

集呼高速公路地形复杂,深挖高填较多,最大挖深55m,最大填高46m,如何保证坡体稳定至关重要。根据近年在施工过程中出现的各种病害,在路基施工过程中必须首先处理好地面防排水问题。如K443+400处路基虽然早已成型,但上游坡体有积水,通过长时间渗透极易浸入路基底部,形成易滑的滑动面,直接影响路基的整体稳定性。通过注浆加固及其他锚固措施只能缓减变形,只有彻底解决排水问题,方能保证坡体的稳定。

原地基处理至关重要。在开工之前,施工、监理单位根据周边地形、地貌,对原地基进行彻底调查,对土质较差、地形复杂地段应进行必要的钻探试验,对地质条件较差地段事先加固处理。

同一地段路基填料最好采用同一种土质填筑,避免透水性好的材料和透水性差的土质分层混填。特别是二期工程,由于原挖方利用土方土质较差,密实度不易达到标准,在施工过程中,施工单位为了加快工程进度,局部利用河床砂砾填筑,但一遇到雨天大部分雨水渗入黄土填筑形成保水层,水分不易蒸发,对路基的稳定性危害极大,极易形成纵裂及局部路基沉降现象。

零填及低填方地段必须在80cm范围内进行挖除重新填筑,或换填土处理,否则结构层薄弱,易出现新的病害。

挖方段设置盲沟非常必要,特别是寒冷地区,冰冻深度较大,在路堑开挖后,有些层间水受地面降雨的影响很难发现,如果在非雨季施工,路槽底部无层间水渗出,但进入雨季后很可能就有层间水排出。若不设盲沟,层间水没有出路,易积聚在结构层底部,冬季冻胀,易形成病害。

沥青混凝土路面早期出现车辙破坏是近年来高速公路普遍出现的问题,在吸取内蒙古自治区内外其他高速公路教训的基础上,率先引进美国Superpave设计理念对沥青混凝土路面进行结构设计,从原材料采备入手,加大质量控制力度,使沥青混凝土的抗车辙能力由800次/min提高到4500次/min,同时针对黏层油不渗透的现象,在查阅有关资料的基础上,加入氯丁乳胶和活性分散剂,使乳化沥青可在基层中渗透3mm,通过钻芯取样验证,沥青混凝土与灰土结构层结合良好,受到交通部质监总站的好评,这些技术方案已在全区高等级公路建设中得到推广,有效地提高内蒙古地区沥青混凝土路面的抗车辙能力。

(三)变更

(1)路基。主要有治理地质病害增加的放坡减载、挡土墙、抗滑桩、地梁锚索、基底注浆、局部增设土工格栅等;取消路肩挡土墙、增加路堤挡土墙;增加挖方段盲沟;部分通道增加防护、排水砌体。

(2)桥涵。K364+300三号地分离式立交由1孔16m小桥修正为3孔(16+20+16)m中桥,K447+668由2孔13m小桥修正为4孔13m中桥。

(3)隧道。对治理多次出现溶洞的不良地质地段和隧道内国防军事加固段落进行了设计变更。

(4)交通工程。中央分隔带防眩设施取消植物防眩,变更为防眩网防眩。

(5)房建工程。增加榆林卸煤场1处;卓资山服务区增加过路天桥1座。收费站及服务区增加办公及宿舍建筑面积。榆林停车区、卓资山服务区、隧道管养所位置变化。新建房建区域防护和排水砌体等。

(6)一期工程小桥涵基底换填砂砾;路基或基底换填砂砾;新增桥涵台背填筑砂砾和增加借土填方;交通工程增路侧护栏、反光路钮等。

(7)二期土建工程为路面中面层采用SBS改性,上面层采用SBS、SBR复合改性,生石灰增加运距;路基防护排水砌体由浆砌片石变为混凝土板镶面;新增部分防护、排水工程,核减6道涵洞;拱涵块石变为料石;桥涵台背填砂砾;增通道排水及防护工程;交通工程增加路侧护栏及反光路钮。

(8)三期工程为路床和桥涵基底换填砂砾;增加防护排水设施;下挖通道增防护排水砌体;增借土填方。路面增基层掺配碎石;上面层用沥青混合料运转车铺筑;沥青混合料掺生石灰粉;供应碎石运距发生变化等。桥涵主要取消6道涵洞,新增1道涵洞。隧道工程变更设计主要是隧道掘进过程中围岩类别发生变化,重新确定初期支护及二衬形式。

三、复杂技术工程

(一)福生庄隧道

福生庄隧道位于内蒙古自治区卓资县西约10km处,距110国道约400m。隧道左线全长1568m,右线全长1515m。隧道内车道宽度7.5m(2×3.75m)隧道设计为双侧单向行车。

隧道详情见"第二章 高速公路发展及成就"中"第二节 建设成就"。

(二)卧佛山隧道

G6 京藏高速公路卧佛山隧道位于内蒙古自治区卓资县西约 10km 处。隧道属分离式隧道,左线全长 725m,右线全长 715m。隧道净宽 10.25m,隧道净高 5m,洞口形式为翼墙式正交洞口,断面形式为曲墙式单心圆拱,衬砌材料采用水泥混凝土,路面面层类型为水泥混凝土路面,设置消防设施,隧道采用机械通风形式,隧道排水类型为洞口边墙盲沟排水,隧道内采取全部照明形式,共设置安全通道 7 个。隧道管理站设置在卧佛山隧道出口与福生庄隧道进口之间。该隧道 2002 年 5 月开工建设,2004 年 9 月建成通车。

卧佛山隧道是自治区第一条高速公路隧道,因为修建时间较早,对管理者来讲也是一个新课题。为了有效地控制工期、质量、造价,建管办多次聘请专家进行隧道专题讲座,充实技术人员的专项知识。在隧道修建过程中,遇到了北方地区少有的溶洞,隧道一线、二线相继出现溶洞达 8 处之多。溶洞最大净空尺寸达到长 19.9m、宽 3.9m、高 12.5m。且溶洞大部分下方存有松散的碎石土填充物和塌落巨石,周壁悬挂乳白色钟乳石,并有支洞向四周发展;另外隧道围岩多次局部出现软弱夹层、软弱破碎带等不良地质情况,施工中多处出现塌方,其中 K427+473~K427+510、YK427+508~YK427+530 出现两处较大塌方,YK427+300~YK427+900 大部分段落实际施工围岩类别低于设计。针对以上难点,建管办会同有关专家进行研究,主要采用了回填注浆、加固溶洞内壁、加长锚杆、增设小导管超前支护、初支格栅间距加密、加厚初支和二次衬砌、增加排水设施、溶洞底部注浆、洞中洞等方式,提前完成了隧道掘进任务,在隧道总体质量控制上达到了国内领先水平。

四、科技创新

(一)新技术应用

(1)为了解决沥青混凝土材料离析导致路面平整度差的问题,率先在沥青混凝土上、中面层摊铺中,全段落采用沥青混合料转运车设备。使用沥青混凝土转运机,通过转运机二次搅拌,有效地改善沥青混合料在运输过程中产生的材料和温度离析,保证了摊铺机匀速、连续行进,有效地提高了路面平整度。该工艺在 G6 高速公路巴拉贡至新地至麻黄沟段等高速公路建设项目中得到广泛应用。

(2)在建设自治区第一条高速公路隧道——卧佛山隧道过程中,遇到了北方地区罕见的地质断层、溶洞及软弱夹层地段,项目建设者会同设计单位及有关专家边学习、边讨论、边实践,采取深层注浆、长锚杆、洞中洞等措施,及时穿越了多处病害区,并提前完成了隧道掘进任务,隧道总体质量控制达到了国内领先水平。

（3）针对层间水含量较大的挖方路段，采用石灰碎石挤密桩，利用石灰遇水反应、膨胀作用将软弱的土体挤密，从而将层间水消耗排出，有效提高了地基的承载力，该技术在内蒙古公路建设中得到了广泛推广与应用。

（二）科研课题

课题名称：内蒙古高速公路全程监控系统风光互补供电技术应用研究

本项目依托 G6 京藏高速公路集呼老段、G65 包茂高速公路黄河大桥至东胜段工程，针对风光互补供电系统设计、选型、质量验收及安装维护方面没有相应技术规范或技术指南等依据性文件的问题，通过全面系统研究，对全程监控设备各部分的负荷用电量进行测试与统计，与额定功率进行差异分析，建立全程监控设备额定功率和实用功率系统归类功率表。对影响风光互补供电系统设计因素，如气候资料、负载功率等进行分析汇总，提出内蒙古中西部地区太阳能和风能资源分布表及供电系统太阳能板和风机配置与功耗区域关联方案。在此基础上，以内蒙古高速公路风光互补供电系统工程应用经验及相关标准为依据，提出适合内蒙古高速公路全程监控系统的风光互补供电系统设计指南、质量验收评定指南和安装维护操作手册。

课题详情见"第五章　高速公路建设科技成果"中"第二节　重大科研课题"。

五、运营养护管理

根据内蒙古高等级公路建设开发有限责任公司对其所属高速公路的管理模式，由乌兰察布、呼和浩特分公司负责全线运营、养护、服务管理。G6 京藏高速公路集宁至呼和浩特段收费站（所）、服务区等设置情况见表8-3，车流量发展状况见表8-4。

G6 京藏高速公路集宁至呼和浩特段收费站（所）、服务区等设置情况　　表8-3

类　别	数　量	名　称
收费站（所）	4	集宁收费所、梅力盖图收费所、卓资山收费所、旗下营南收费所
服务区	3	卓资山服务区、榆林服务区、呼和浩特西服务区

G6 京藏高速公路集宁至呼和浩特段车流量发展状况表（单位：辆/昼夜）　　表8-4

收费站（所）	年　份					
	2011年	2012年	2013年	2014年	2015年	2016年
集宁收费所	6023	7076	6363	5911	5585	5753
梅力盖图收费所	1527	2455	2287	1273	1699	1976
卓资山收费所	3402	3583	4279	3986	3900	4523
旗下营南收费所	2873	3157	3173	3007	3184	3992

Ⅲ　G6 京藏高速公路呼和浩特至包头段(一幅)

一、项目概况

(一)基本情况

呼和浩特至包头高速公路是内蒙古自治区首条高速公路。呼包高速公路东起呼和浩特市郊区罗家营,与拟建集呼高速公路相接,途经毕克齐、察素齐、萨拉齐,西止包头东兴,与包头北绕城公路相连接,全长 150.398km。其中呼和浩特境内 96.111km,包头境内 54.287km。

项目位于大青山冲积扇形地带,海拔多在 1300m 以上,地震烈度Ⅷ度,察素齐、萨拉齐地震烈度大于Ⅸ度,公路自然区划属Ⅵ区,最低气温 -32.8℃,最高气温 38.4℃,降雨量 319(包头)~418mm(呼和浩特市),一般 11 月中旬封冻,翌年 3 月下旬解冻,最大冻深 1.75m,最大积雪 30cm,最大风速 28m/s。

公路设计标准为全封闭、全立交、全控制出入,具有完善的交通和服务设施,设计行车速度 120km/h。半幅段路基宽 13.5m,路面宽 12.5m。于一间房、金川、察素齐、萨拉齐、东兴按全幅标准修建 5 处互通式立交。互通式立交区,路基宽 27m,路面宽 23.5m,中央分隔带宽 2.5m。全线半幅段长 144.298km,全幅段长 6.1km。桥梁设计荷载为汽车—超 20 级、挂车—120。

呼包高速公路路基宽 13.5m,总土方为 1113000m^3,全线大中桥 31 座,小桥(通道)及涵洞 630 道(座);全线在一间房、金川、察素齐、萨拉齐、东兴设互通式立交 5 处,一间房为双喇叭形,其余为单喇叭形,分离式立交桥 12 座,除一座为上跨外,其余均采用下穿,通道 126 处。本工程于 1993 年 6 月 30 日开工,1997 年 7 月 8 日竣工试通车。

(二)前期工作

1. 立项审批、资金筹措

呼包高速公路按照基本建设程序,交通部 1992 年 12 月 16 日以交计发〔1992〕1220 号文批复了项目建议书;

1993 年 2 月 6 日以交计发〔1993〕82 号文批复了可行性研究报告;

1993 年 7 月 24 日以交工发〔1993〕552 号文批复了初步设计文件;

1993 年 8 月 6 日以交工发〔1993〕784 号文批复了呼包高速公路开工报告;

1994 年 11 月 28 日自治区交通厅以内交建发〔1994〕475 号文批复了施工图设计等依据性文件。

资金筹措情况:工程总项目批复概算11.21亿元,其中,交通部补助3.69亿元,地方自筹1.00亿元,自治区养路费及重点建设费切块为6.52亿元。

2. 参建单位选择

由于呼包高速公路(一幅)是自治区建设的第一条高速公路,当时的招投标体制不够完善,所以在确定参建单位方面,采用了优选、邀标和议标方式。

设计单位为内蒙古交通设计研究院,监理单位为内蒙古公路工程咨询监理公司。

呼包高速公路施工单位的选择,主要采取邀标和议标方式,路基桥梁涵洞工程实行邀标和议标相结合的方式,该项工程共划分33个合同段,其中27个邀标合同,6个议标合同,共投入施工单位10家;路面工程共划分7个合同段,全部议标,选择了5家施工单位;交通工程共划分21个合同段,均采用议标,20个单位参与建设;房屋建设工程共划分12个合同段,全部议标,由11个施工单位承担建设;绿化工程共划分4个合同段,均为议标,由3个施工单位承担。

3. 征地拆迁

呼包高速公路建设征地拆迁,由自治区交通厅与呼和浩特市、包头市统一签订《征地拆迁任务书》及有关协议。按自治区土地管理局和有关部门协调后共同商定的征地拆迁补偿标准和施工图设计确定的用地范围进行核实,统一办理征地拆迁手续。征地拆迁由呼和浩特市、包头市公路重点建设指挥部具体负责,旗县(区)人民政府和各级土地管理部门组织实施。征地拆迁补偿标准统一制定后,对临时用地由施工单位参照执行。全线共征用永久用地19081.3亩。

(三)参建单位

建设单位:内蒙古自治区交通厅
现场管理单位:内蒙古交通厅呼包高速公路建设指挥部
监督单位:内蒙古公路工程质量监督站
勘察设计单位:内蒙古交通设计研究院
　　　　　　　中国公路工程咨询监理总公司
　　　　　　　内蒙古建筑设计院
　　　　　　　内蒙古林业科学研究院
　　　　　　　内蒙古城市规划市政设计院
施工单位:交通部第一公路工程总公司
　　　　　内蒙古公路工程局
　　　　　呼市公路工程处

包头市公路工程公司

哲理木盟交通工程局

巴盟公路工程处

山西省公路局第一公路工程公司

交通部第一公路工程总公司

内蒙古机械施工公司等47家

监理单位：内蒙古公路工程咨询监理公司

二、建设项目管理

（一）项目管理机构

1992年呼包高速（一幅）开建前，自治区交通厅设立自治区重点公路建设指挥部，负责全区重点公路项目的建设管理工作。由时任交通厅厅长亲自挂帅、任总指挥，设2名副指挥，下设5个部门，即工程计划部、技术部、物资设备供应部、综合部、财务部。为了保证工程质量，成立了专门的监理公司——内蒙古公路工程咨询监理公司，负责建设项目的监理工作。

后在1996年专门成立了呼包高速公路建设指挥部，负责统管呼包高速公路的建设。设总指挥1名、副指挥2名，设工程管理部、综合部、财务部。与此同时，呼、包二市成立了相应的指挥分部，设工程计划部、技术部、物资设备供应部、综合部、财务部、监理处。

（二）项目管理

本项目管理依据招标文件和合同进行管理。

1. 设计

呼包高速公路是连接呼、包二市的一条高等级公路，其标准高、规模大、工程项目多，总体设计是该项目的关键。其总体设计是在综合考虑建设规模、设计标准前提下，首先对全线布局以及专业设计的配套协调方面作出设计，并着重论证了路线同呼、包二市规划、路网配合与衔接、与集呼汽车二级专用路和包头绕城线连接方式及位置，起终点和中间控制点，以保证路线合理性；根据高速公路在呼包两市路网中功能，设计包括立交设置位置、间距、规模与形式；收费方式及形式；交通管理，服务设施及通信收费系统布局、规模位置；降低路基填土高度技术措施等几方面。

2. 建立健全管理制度

建立了工程管理的配套规章制度，为建设提供了制度保障。主要制定了《呼包高速公路工程管理办法》《呼包高速公路工程技术质量管理办法》《呼包高速公路工程费用结算暂行办法》和路基、桥梁、涵洞、沥青路面、基层、底基层、混凝土施工、先张法预应力施工、护栏、隔离栅、标志、标线等11个施工须知,编成了工程建设全过程的大事记和文件汇编,为后续高速公路建设提供了依据,具有重要的参考价值和开创性意义。

3. 环境保护

建管办根据自治区环保部门制定的《环境评价报告》《环境保护法案》及自治区水利部门编制的《水土保持方案》的具体要求,在编制招标文件的过程中,对项目过程中的环境保护及水土保持工作作了具体规定。

(三)变更

(1) 全线将路面下面层6cm黑色碎石变更为6cm粗粒式沥青混凝土,起点(K554+600)至一间房(K570+012)由4cm、5cm、6cm三层变更为4cm、8cm两层,75cm行车带路面改为同主线,双幅段硬化路肩、加减车道与匝道面层由3cm沥青表处变更为4cm中粒式沥青混凝土;路面基层、底基层材料组成由原设计石灰粉煤灰稳定砂砾(5:15:80)变更为水泥石灰粉煤灰稳定砂砾(1.5:3.5:15:80);全线增设沥青砂拦水埂和急流槽,干砌片石网格防护由路堤高度大于3m设置变更为路堤高度大于6m设置;部分桥梁增设桥头搭板;沿线设施中,标志牌原工程级底膜变更为高强级,标线由原设计五条线改为三条线,均为热熔反光涂料。

(2) K609+000~K612+000路段原设计在K609+715设5孔17.0m跨旧呼包路分离式立交桥1座,在K609+986,1-6m、K610+292,1-8m、K610+720,1-8m设排洪小桥3座。在施工过程中,部队机场提出,分离式立交桥以及路基过高,影响部队飞机起降安全,当地政府以及村委会提出K610+292、K610+720两座小桥的设置危害当地村民生活和农田安全。针对这一情况,指挥部有关人员与部队和当地政府协商最后采用降低此路段设计线,旧路下挖以解决机场的飞行安全和保证旧路的运营条件,取消K610+292、K610+720两座小桥,将原有K609+986,1-6m小桥变更为2-8m,并在K610+930~K610+989段路线右侧增设截水沟与排洪渠,既保护了高速公路的路基安全,又解决了村民的后顾之忧,并节省了投资。

(3) 由于投资原因全线原设计为路面排水向外侧自由排出,并设置了混凝土路缘石,施工中发现路基边坡冲刷严重,直接影响路基边坡的稳定性。根据这一实际情况,经过深入细致的调查研究,指挥部决定增加沥青砂拦水埂和与之相适应的急流槽,将原自由排水改为集中排水;原设计路基填土高度≥3m的边坡干砌片石网格防护改为路基填土高度≥6.0m的边坡干砌片石网格防护,以保证路基边坡稳定。交通工程由市话无线通信改为"800MHz无线集群通信"系统,不设紧急电话;原设计标志按上、下行对向行驶设置,现改为一幅路段的单向行驶设置。

(4)全线所经地区地质构造复杂,构造地震十分活跃,地震基本烈度高达Ⅷ～Ⅵ度,结合内蒙古地区实际,对高速公路结构抗震设计进行了研究和探讨。应用了桥梁柔性墩台,遵照预防为主的原则,在墩帽和墩柱、墩柱和承台、承台和桩的连接处以及砂土液化范围加强配筋,在墩、台与上部构造间采取抗震连接等有效防震措施。

三、科技创新

（一）新技术应用

(1)完成国产沥青改性试验。

(2)K647+513.43～K650+000软土路基段采用砂井法加固路基新工艺,取得良好的质量效果。

(3)大中桥伸缩缝采用天津公路局机械厂生产的仿毛勒缝,质量好且性能稳定,有效解决了内蒙古地区大中桥梁伸缩缝跳车、过早破坏问题;沥青混凝土路面中适量掺入长安大学AST-3型抗剥落剂,提高了路面表层沥青混凝土集料黏结力。

(4)引进改进与提高应用先张法预应力混凝土施工工艺,取得良好的质量效果。

(5)引进50t拖式击振动压路机,对厚30cm路面底基层二灰稳定当地土一层碾压施工,既保证了压实质量,又加快了施工进度。

（二）科研课题

呼包高速公路管理信息系统

1994年9月至1996年底,完成了"呼包高速公路管理信息系统"交通科技项目研究。本系统以计算机为工具,应用计算机技术、多媒体技术与现代管理方法,针对公路建设过程中的技术数据、文档资料、影像信息等方面主要内容进行及时、准确、系统、完整的分析处理,以图文并茂的形式,为项目管理提供科学依据,从而实现对呼包高速公路建设过程的同步管理,及时为工程管理提供信息咨询服务。同时,通过相关数据库对工程建设中的管理、技术、施工进行指导,促进工程管理的标准化、规范化,为今后公路建设积累宝贵经验。并在高速公路通车运行后,在全线通信监测设施完善的情况下,加强了后期运营管理的道路管理信息系统建设,实现人事管理、财务管理、设备管理、养护管理及道路运营监测等基本功能。

本系统除具备MIS系统所必需的数据增、删、改、查、打等功能外,还具备全面实现呼包高速公路办公自动化,提高现代化管理水平和工作效率功能;根据外界因素(条件)变化,为公路建设和运营提供宏观调控依据;设备及原材料信息分析,使材料分配利用更合理,设备利用更有效;资金使用情况分析,提高资金利用率;工程初步评价,提高工程质量;

工程影像信息处理,建立完善工程文档等功能。

四、运营养护管理

呼包高速公路自 1997 年 7 月通车以来一直由呼和浩特高等级公路管理处负责管理。主要职能是承担养护管理、征稽管理、路政管理、维护交通工程设施、保护路产、维护路权、清除障碍、定期公路信息数据采集以及通行费收取、票证管理、规费稽查和综合服务性工作。内设政工科、征稽科、财审科、办公室 4 个科室,下设收费所、养护中心、路政支队、监控中心、服务中心等 15 个基层单位。自治区交通厅对呼包高速公路实行收支两条线管理。随着呼包高速公路路政管理法规逐步健全,收费逐步实现自动化管理,监控系统高科技含量完备设施应用以后,由于养护里程的增加、路龄增长、路况老化,养护管理工作便成为综合管理的中心和重点。

Ⅳ　G6 京藏高速公路呼和浩特至包头段(另一幅)

一、项目概况

(一)基本情况

呼包高速公路(另一幅)工程沿建于呼包高速公路(一幅)南侧,路线东起呼和浩特罗家营(K550+350),与集呼线相连,途经金川、毕克齐、察素齐,西止东兴,与包头北绕城公路相接(K701+478),路线全长 151.128km(含已建双幅段 6.152km),其中呼和浩特市境内 97.210km,包头境内 53.918km。本项目按平原微丘区双向 4 车道高速公路标准扩建,扩建后全幅路基宽 28m,桥涵设计荷载汽车—超 20 级,挂车—120,主线计算行车速度 120km/h,全封闭,全立交。

全线新建一幅设计主要工程数量:路基土方 7490000m³,路面工程 144.976km,大桥 2222.18m/11 座,中桥 1389.86m/20 座,小桥 212 座(其中通道桥 94 座),涵洞 388 道(其中钢筋混凝土盖板涵 150 道,钢筋混凝土圆管涵 233 道,钢筋混凝土箱涵 5 道),新建桥涵孔径与已建右幅桥涵构造物相对应。全线新增设罗家营、哈素海两处互通式立交(已建成一间房、金川、察素齐、萨拉齐、东兴五座互通式立交,全长 6.152km),新建一幅设分离式立交桥 10 座。

2000 年 7 月 18 日,呼包高速公路(另一幅)工程正式开工建设;2001 年 12 月 15 日,呼包高速公路(另一幅)通车试运行,这标志着自治区第一条双向 4 车道高速公路全线完成。

(二)前期工作

1. 立项审批、资金筹措

呼包高速公路(另一幅)工程建设,按照国家《公路建设市场管理办法》,认真履行基本建设程序,交通部于1999年11月以交规划发〔1999〕606号文件对本项目的工可研报告进行了批复;

2000年5月交通部以交公路发〔2000〕230号文件对本项目的初步设计进行了批复;

交通厅对批准的初步设计概算资金进行了落实,并且以内交审投〔2000〕4号文件通过了项目建设开工前审计,自治区公路局对施工图设计组织了会审并以内公发〔2000〕223号文件批复;

建管办向自治区审计委申报办理了本项目的固定资产投资项目投资许可证,向自治区公路工程质量监督站办理了公路工程质量监督手续,同时向交通部申请办理项目开工报告。

呼包高速公路(另一幅)项目批复概算15.26亿元,投资来源为国家开发银行贷款8.00亿元,交通部补贴4.87亿元,自治区交通厅自筹2.36亿元,自治区公路局对施工图设计进行批复,批准预算13.33亿元。初步设计批准工期(从开工之日起)3年。

2. 招投标工作

呼包高速公路(另一幅)工程土建工程与施工监理实行了国内公开招标的形式。于2000年4月28日分别在《中国交通报》《内蒙古日报》发布招标公告,在对参加报名投标的216家施工企业进行了严格的资格预审,通过91家,向交通部及时报送了《呼包高速公路(另一幅)项目土建工程招标资格预审评审报告,招标文件审批的报告》(内交发〔2000〕207号),交通部于6月6日以公建设字〔2000〕96号文件对招标文件、以公建设字〔2000〕97号文件对预审结果进行了批复。

全线151.128km共分为15个土建合同段(其中路基、桥涵工程10个合同段,路面工程5个合同段),施工监理5个合同段。于6月22日公开开标,经由交通部专家库抽取的呼包高速公路评标委员会对投标单位及投标文件认真评审。对通过了资格预审的91家国家一级施工企业在公平、公开、公正的原则下,确定了14家中标单位,承担15个标段的土建施工项目;对通过了资格预审的22家甲级监理单位,确定了5家中标单位,承担5个施工监理合同段的监理工作。

本项目交通工程采用国内公开招标的形式选择施工单位,招标工作2001年5月完成,中标单位根据不同工程内容于5月开始陆续进入施工现场,开始实施各标段工程项目。交工验收后又组织实施声屏障工程,采用国内公开招标形式,于2005年8月完成招标工作,同年10月底完成工程实施。

3. 征地拆迁

呼包高速公路是自治区第一条高速公路,是国家和自治区重点工程建设项目,为使该项工程建设顺利实施,按计划完成建设任务,自治区党委、政府对高速公路建设十分重视,成立了自治区高速公路协调领导小组。根据领导小组有关会议精神,呼包高速公路工程建设的征地拆迁、建设环境保障工作,由呼包二市政府总承包,呼包高速公路途经呼和浩特市、包头境内,分别由呼、包两地主要领导负责,有关部门参加成立协调领导小组,沿线旗、县、区、乡分别成立征拆机构。呼包高速公路项目建设管理办公室于开工前及时与呼、包市政府分别签订《呼包高速公路(另一幅)工程建设征地拆迁、建设环境保障协议书》,进一步明确建管办和地方政府的职责,加强领导、协作配合,及时协调解决征地拆迁和建设环境保障工作中遇到的各类问题,保证征地拆迁工作的顺利进行,从而保证整个工程建设项目的顺利实施。施工过程中,对经常出现的社会问题和征拆矛盾,以及原一幅呼包高速公路遗留的社会问题和征拆问题,建管办积极配合各地政府及时、妥善处理,以确保工程建设的顺利进行。

呼包高速公路施工图设计阶段新建一幅用地范围按路堤排水沟外缘以及路堑坡顶截水沟外边缘以外 2~5m 确定。全线占菜地 1178.04 亩,水浇地 1584.51 亩,旱地 559.27 亩,林地 67.73 亩,荒地 981.28 亩,果园 158.73 亩,葡萄园 24.1 亩,温室大棚 49.2 亩,宅基地 224.46 亩,拆迁通信电缆 3921m/7 处,低压电杆 25 根,架高高压线 1 处,拆迁砖房 12205m^2,土房 650.2m^2,砖围墙 5672.3m。

(三)参建单位

建设单位:内蒙古自治区交通厅

现场管理单位:呼包高速(另一幅)建设管理办公室

勘察设计单位:内蒙古交通设计研究院

施工单位:中国石油勘探局建筑集团公司

新疆昆仑路港工程公司第一工程处

内蒙古自治区公路工程局

中南市政工程建设总公司

通辽市交通工程局

广东惠州市公路建设总公司

广东省佛山公路工程局

东盟营造工程有限公司

中国第三建筑工程公司

交通部第二公路工程局第四工程处等 40 家

监理单位:内蒙古宇通公路工程监理咨询有限公司

河北省通达工程监理咨询有限公司

北京双环工程监理咨询有限公司

潍坊市交通建设工程监理中心

贵州省交通建设咨询监理有限公司

北京兴通监理公司

二、建设项目管理

(一)项目管理机构

由内蒙古自治区人民政府批准成立呼包高速公路(另一幅)建设管理办公室,办公室设主任 1 名、副主任 1 名,内设综合部、工程部、财务部、总监办。

(二)项目管理

本项目依据招投标文件和《中华人民共和国合同法》进行管理。建管办与各施工单位、监理单位签订了《工程合同》和《监理合同》,在工程建设中实行了《工程合同》和《廉政合同》双合同制,有力地保障了工程建设的顺利进行。

1. 质量管理

本工程项目按《公路建设市场管理办法》规定,在质量管理方面采取"政府监督、施工监理和企业自检"三级质量保证体系;施工监理由总监理工程师全面负责,监理机构实行两级监理,即总监理工程师办公室(总监办)及其所属高级驻地监理工程师办公室(驻地办)、施工监理负责按招标文件及合同要求的工程质量和进度,完成工程项目的实施;施工单位建立自检质量保证体系。

2. 廉政建设

呼包高速公路(另一幅)工程是自治区重点建设项目,建管办在抓生产、抓质量的同时,牢牢抓住廉政建设工作不放松。开工初期,建管办与自治区检察院双方签订了廉政工作的"双优合同"(工程优质、干部优秀),同时建章立制,用制度管人。

3. 文明施工

公路的修建对环境影响较大,故在施工时加强了环境保护意识,具体落实了环境保护措施,各项目部在职工中开展环境保护法规的学习,并结合施工现场对职工进行教育。

路基填土全部采用冲积扇、河槽地段集中取土填筑,减少了占地和对农业生态现状的破坏。拌和厂、预制场远离城镇设置,基层、底基层料均采用厂拌施工,减少了施工时期对周围环境城镇环境的污染。各施工队对环境保护工作做到了全面规划、综合治理,对废弃的土方、废油等进行了及时的处理,保证不危害农田、水利和影响排灌系统。

对施工污水、生活污水采取措施进行处理,工地垃圾及时运走并进行了处理,使生态环境受损减到了最低的限度。内蒙古地区空气干燥,风沙较大,尽量减少扬尘现象。所以在施工过程中,对沿线便道进行了洒水,特别是在路面结构施工时,尽量采用了先进的施工设备,使污染程度降到最低点,保证了当地农民的利益。施工结束,所有场站全部进行清理并恢复原貌。

(三)变更

(1)原设计小桥均设置了支座,在墩台顶面设置了混凝土阶梯,在板底设楔形块。经设计院、建管办、总监办共同研究,认为这样施工不方便,影响工期且造价高。决定取消小桥支座、墩台顶面混凝土阶梯及板底楔形块,改为垫衬橡胶板。

(2)施工过程中发现有十几道圆管涵淤积比较严重,当地农民强烈阻工,要求改善过水及清淤条件。经设计院、建管办共同研究决定,全线凡是淤积比较严重的圆管涵均在修建(另一幅)时改为盖板涵。这样既保证了工程如期进行,又满足了当地农民生产、生活的需求。

(3)原设计为解决桥头跳车问题采取了台背砂砾灌浆的措施,考虑灌浆的饱满程度无法检查质量难以控制,决定取消灌浆而改为5%水泥稳定砂砾回填基坑,地面以上部分分层填筑砂砾,施工中严格控制压实度。这样做既保证了工程的质量,又降低了工程造价。

(4)呼包高速公路沿线的片石料场大多是花岗片麻岩,开采困难、片石质量差,砌体外观不理想。因此决定在桥涵锥坡、护坡、路基防护原25cm厚浆砌片石上另贴4cm厚混凝土预制块,经实践检验确实起到了美化作用。

(5)全线路面结构根据会议纪要精神,把上面层AK-16A改为AC-16(Ⅰ)型,基层、底基层由于粉煤灰高原设计的二灰稳定砂砾改为水泥稳定砂砾,砂砾料不符合级配要求的掺入了一定量的碎石。

(6)全线的排水防护工程因为占地范围内的好多地方受到当地群众的阻拦而满足不了原设计排水沟的设置,经建管办、设计院研究决定,取消原设计排水沟而改为纵向修筑土埂,路基坡脚处增加护坡,这样既解决了路基、路面的排水问题,又美化了路容,并且降低了工程造价。

(7)全线有三处跨旧110国道的跨线桥,原设计为多孔现浇连续梁桥,为方便施工及保障110国道通行畅通安全,变更为一孔跨越被交路的钢箱混凝土组合桥梁。

三、运营养护管理

呼包高速公路(另一幅)通车初始阶段运营养护由呼和浩特高等级公路管理处、包头高等级公路管理处负责管理,主要职能是承担养护管理、征稽管理、路政管理、维护交通工程设施、保护路产、维护路权、清除障碍、定期公路信息数据采集以及通行费收取、票证管理、规费稽查和综合服务性工作。2004年9月内蒙古自治区组建内蒙古高等级公路建设开发有限责任公司,呼包高速公路由该公司下属呼和浩特分公司、包头分公司负责运营养护管理。

V G6京藏高速公路呼和浩特至包头段改扩建工程

一、项目概况

(一)基本情况

呼和浩特至包头段高速公路是G6京藏高速公路和G7京新高速公路的共线部分。本项目位于呼和浩特、包头两市范围内,线位呈东西走向。路线总长217.000km,其中呼和浩特市101.400km,包头段115.600km。

原呼包高速公路全长约217.100km,双向4车道,于1993—1997、1999—2005年分期分段建成。其中,保合少互通至呼和浩特东互通(罗家营)段长约4.65km,行车速度100km/h,路基宽度26m,于1999—2001年建成;一期一幅工程呼和浩特东互通至东兴长约150.398km,于1993—1997年建成;二期另一幅工程151.128km,于2000—2002年建成,行车速度均为120km/h;包头东(东兴)互通至包头西(哈德门)段长54.922km,行车速度100km/h,车辆荷载等级为汽车—超20级、挂车—120,于2001—2003年建成;包头西(哈德门)至乌兰计段长约6.4km,建设标准均为行车速度100km/h,汽车荷载等级采用汽车—超20级,挂车—120,于2003—2005年建成。

呼包改扩建工程于2010年10月开工建设,2013年10月完工。

全线改扩建呼和浩特东、呼和浩特、呼和浩特西、金山、察素齐、哈素海、萨拉齐、沙尔沁、包头东(东兴)、九原、包头、包头西12处互通式立交,增设毕克齐、美岱召、包钢3处互通式立交,分离式立交27处。同步建设包钢连接线1.660km。全线设服务区3处,停车区1处。全线大、中桥66座,小桥309座,涵洞603道,分离式立交27座(包括天桥),全线桥梁占路线总长4.364%。

全线按8车道高速公路标准进行改扩建,其中K455+578~K610+500设计速度采用120km/h,K610+500~K672+600设计速度采用100km/h,全线路基宽度42.0m,路面宽度37.5m,新建桥涵设计汽车荷载等级采用公路—Ⅰ级,利用既有桥涵结构物,沿用原荷载标准,其他技术指标按《公路工程技术标准》(JTG B01—2003)执行。包钢连接线采用一级公路标准建设。

改扩建后的呼包高速公路路线起点位于呼和浩特绕城高速公路与集呼高速公路交叉点保和少互通(现京藏高速公路里程桩号K455+578处),经保和少村、罗家营镇、一间房村、霍寨沟、毕克齐镇、哈素海旅游区、美岱召镇、萨拉齐镇、东兴、九原、包头、哈德门,终止于乌兰计(包头西)(现京藏高速公路里程桩号K672+600处)。

(二)前期工作

1. 立项审批、资金筹措

国家发改委2011年以《关于内蒙古自治区呼和浩特至包头高速公路改扩建工程可行性研究报告的批复》(发改基础〔2011〕1541号)对项目工可研批复;

环境保护部以《关于京藏高速公路呼和浩特至包头段改扩建工程环境影响报告书的批复》(环审〔2010〕411号)对项目环境影响批复;

水利部以《关于京藏高速公路呼和浩特至包头段改扩建工程水土保持方案的复函》(水保函〔2010〕377号)对项目水土保持方案批复;

国土资源部以《关于京藏高速公路呼和浩特至包头段公路改扩建工程建设用地预审意见的复函》(国土资预审字〔2010〕272号)对项目建设用地批复;

内蒙古自治区发改委以《关于京藏高速公路呼和浩特至包头段公路改扩建工程立项的批复》(内发改交运字〔2010〕2078号)对项目立项批复;

交通运输部以《关于呼和浩特至包头高速公路改扩建工程初步设计的批复》(交公路发〔2012〕49号)对项目初步设计批复;

内蒙古交通运输厅以《关于对京藏高速公路呼和浩特至包头段改扩建工程两阶段施工图设计的批复》(内交发〔2013〕533号)对项目两阶段施工图设计批复。

另外,自治区相关勘察、研究机构对本项目的地质灾害、地震安全性、道路安全性、压覆矿藏、地下文物保护等均进行了可行性评估。

项目估算总投资95.30亿元,项目批复概算114.91亿元,其中国家安排中央专项资金(车购税)7.98亿元,自治区安排公路建设专项资金15.86亿元,共计23.84亿元,其余91.07亿元资金利用国内银行贷款。

2. 招投标工作

根据项目进展情况,陆续分阶段进行国内公开招投标。过程中严格遵守招标程序,择优选择了6家勘察设计单位和38家施工单位,其中土建合同段4家、房建合同段8家、交通安全设施(南北两侧)合同段16家、机电合同段4家、通信管道合同1家、渗灌管网合同1家、服务区施工2家、服务区装修2家。有5家检测单位(交竣工检测1家、动静载检测2家、交通工程检测1家、大棚和钢结构检测1家)和11家施工监理单位(1家总监办、4家土建监理、1家房建监理、1家环保监理、1家水保监理、1家机电监理、2家服务区监理)。

设计单位招标工作于2010年2月15日~3月21日在内蒙古高等级公路建设开发有限责任公司发售招标文件,于2010年4月5日在内蒙古高等级公路建设开发有限责任公司进行开标,最终确定6家勘察设计单位。

主体工程施工单位招标工作于2010年9月19~23日在内蒙古高等级公路建设开发有限责任公司发售招标文件,开标工作于2010年10月15日在呼和浩特国航大酒店举行。确定4家单位,并经过公示后成为中标人。房建、交安设施、检测、机电、服务区工程施工单位招标工作于2012年4月开始到2013年5月中旬陆续完成。

监理单位招标工作于2010年9月19~23日在内蒙古高等级公路建设开发有限责任公司发售招标文件。开标工作于2013年10月15日在呼和浩特国航大酒店举行。最终确定4家驻地办为4个合同段的监理单位,1家总监办为项目的总监办中标单位。

3. 征地拆迁

征地拆迁及社会协调保障工作由呼和浩特市、包头市政府负责实施。经建管办征拆人员的多方面配合,在沿线地方政府和群众支持下,呼、包两市地方政府及沿线9个旗(区)、21个乡(镇)、118个行政村征拆小组完成征地拆迁。共征用土地3349亩,林地924亩,拆除房屋38.57万m^2,补偿沿线受震动房屋48.5324万m^2,迁坟736座,拆迁电力设施160处,拆迁电信设施230km。

(三)参建单位

主管单位:内蒙古自治区交通运输厅
建设单位:内蒙古高等级公路建设开发有限责任公司
现场管理单位:内蒙古高路公司公路建设工程项目管理第五分公司
质量监督单位:内蒙古自治区交通建设工程质量监督局
勘察设计单位:中交第二公路勘察设计研究院有限公司
　　　　　　中交路桥技术有限公司
　　　　　　中交第一公路勘察设计研究院有限公司
　　　　　　上海市城市建设设计研究院
　　　　　　北京交科公路勘察设计研究院有限公司
　　　　　　江苏伟信工程咨询有限公司

施工单位:中交路桥集团国际建设股份有限公司
    龙建路桥股份有限公司
    中国路桥工程有限公司
    中交第一公路工程局有限公司
    内蒙古通安特交通工程科技有限责任公司
    河北远征交通设施有限公司
    周口市公路交通设施有限公司
    唐山公路建设总公司
    杭州萧山金鹰交通设施有限公司
    吉林省东吉公路建设有限公司等38家
监理单位:山西交科公路咨询监理有限责任公司(总监办)
    内蒙古公路工程咨询监理有限责任公司(驻地办)
    山东省圣地公路工程监理咨询公司
    内蒙古晟昱公路工程监理有限责任公司
    陕西公路交通科技开发咨询公司
    呼和浩特市宏祥市政工程咨询监理有限责任公司
    北京兴通工程咨询有限公司
    丹东诚达公路工程监理咨询有限公司
    内蒙古公路工程咨询监理有限责任公司
    北京中资华宇环保技术有限公司

二、建设项目管理

(一)项目管理机构

内蒙古高等级公路建设开发有限责任公司根据项目特点于2010年7月批准由公路建设工程项目管理第五分公司负责京藏高速公路呼和浩特至包头段改扩建工程建设管理。

项目管理第五分公司设经理、副经理,内设工程部、质监部、材料部、安全生产部、综合部、财务部。

(二)项目管理

1. 进度管理

由于本项目"边通车,边施工",主体工程、交通工程、房建工程、机电工程等交叉施工,施工组织复杂、操作难度大,交叉作业多,技术难点多,各种不利因素制约着整体施工进度。特别是进度计划取决于交通组织分流方案的确定。原设计施工组织方案为半幅全封闭施工,但是由于本线路重型交通量太大,辅道110线不能满足通行要求,造成车辆严重阻塞,经过公安交警部门的批准,本项目整体施工组织方案根据交通组织方案调整为半开放半封闭施工,具体分为两个阶段:2012年9月底前完成第一阶段北幅4车道施工,2013年完成第二阶段南幅4车道施工,最终于2013年9月30日实现全线双向8车道通车。

2. 质量控制措施

建立健全质量管理体系和质量保证体系,在接受政府监督的同时,充分发挥质监部、材料部、总监办、驻地办以及监理工程师的专职作用,对工程质量实行直接有效的监督管理;编制施工指南指导施工,真正做到参建单位人人都能掌握施工质量控制标准,从思想上树立质量高标准意识;开展工程质量教育,组织全线各参建单位技术人员到区外进行参观学习、观摩并常年聘请国内知名专家、教授组成项目建设全过程的技术咨询组,召开桥梁拼接及沥青路面施工关键技术专题研讨会,举办呼包改扩建工程关键技术培训班;落实工程质量岗位责任制,实行质量责任终身制。严格执行政府监督、法人管理、社会监理、企业自检的质量体系;在施工过程中严格执行"首件工程认可制";施工过程中加强对工地试验室的控制,严把原材料质量关,实行原材料准入制;加强工程质量检查评比,制定奖惩制度,制定了《京藏高速公路呼和浩特至包头段改扩建工程项目质量责任处罚办法》及《京藏高速公路呼和浩特至包头段改扩建工程项目联检联评细则》;加强施工过程控制,要求建管办、总监办各专业工程师加大巡查力度,发现问题及时分析原因,提出处理意见,并对相关责任人进行责任追究;加强工程建设档案管理工作。结合本项目编制了《京藏高速公路呼和浩特至包头段改扩建工程项目档案管理办法》。

通过上述有效的质量控制措施,呼包高速公路改扩建工程未发生较大及以上质量事故,工程质量均达到规范及设计标准。

3. 资金管理

建管办印发《关于加强交通建设专项资金管理的通知》,严格要求中标单位必须保证所属项目资金使用,建设资金必须专款专用,不得以任何理由挤占、截留、挪用或用于与本项目无关的其他支出。项目管理第五分公司对工程建设经济活动全过程进行跟踪监督,专项检查。通过严格的财务管理,使建设资金全部安全地用于工程建设上,提高了建设资金使用效率,为京藏高速公路呼和浩特至包头改扩建工程顺利进行提供了有力的资金保证。

针对土地征用及征地拆迁补偿资金"专款专用"、政策性强的特点,开展征地拆迁资金使用内部审计,杜绝各种违法违纪行为,确保征迁资金及时到位。

加强工程各阶段跟踪审计,通过发挥三大审计主体(国家审计、内部审计、社会审计)的不同优势,实现了对项目建设审计监督的全面覆盖。

4. 工程造价控制

在建设中,加强专项资金管理,严格控制建设资金,以合同为依据,以资金管理为主线,做好建设资金的筹集、控制、监督和核算工作,依法、合理、及时筹集和使用资金,严格控制工程造价。

在保证工程质量满足工程技术要求的前提下,尽可能使工程施工方案切合实际。在工程实施阶段,根据工程现场地形、地貌不断优化设计,对不同方案进行质量和经济比较,力求在技术先进基础上的经济合理,把成本控制观念渗透到各项优化设计和施工技术措施中,尽量降低工程造价。

严格设计变更程序,凡是涉及工程变更的部位必须经过建管办、设计代表、监理单位共同考察并确认后才给予变更。

注重合同变更程序,特别是在施工过程中发生的现场签认与设计变更的管理,建立完善的变更审查、审批制度。手续不完善的签证,不予认可。

按照合同约定及实际完成的工作量支付工程进度款,严格核实工程项目、工程数量,根据施工合同要求,对施工过程中出现的设计变更、现场签认等进行审核,做到工程计量不重不漏,客观、公正、合理,准确进行计量审核,严格控制建设资金。

严格执行工程合同,在合同履行过程中,按照有关合同约定,以清单单价为基础,执行单价合同,按实计量,确保投资控制目标的实现。

5. 安全管理

在工程建设中,业主在抓质量、促进度的同时,树立"以人为本"的科学理念,打造"坚持以人为本、夯实安全基础"思想,把安全生产作为项目管理中心工作之一,与工程质量、进度放在同等位置,建立健全安全生产保证体系。聘请安监局老师对各参建单位的安全负责人、安全员、特殊工种的操作员进行了培训、考试和发证工作。确保安全生产总体目标的实现。

为了加强安全生产隐患排查活动的有效实施,分公司同高速交警、呼包两市交警、路政等部门分别成立了保通领导小组,并成立安全生产组织机构,各参建单位也相应成立了安全生产组织机构,逐级组成了安全生产隐患排查小组,对各工序、各施工环节开展了细致的安全生产隐患排查工作。

制定了《安全生产相关法律、法规汇编》《公路建设安全生产手册》《安全检查评价办法》《京藏高速公路呼和浩特市至包头段改扩建工程项目安全生产管理办法》《京藏高速公路呼和浩特至包头段改扩建工程项目施工安全生产奖惩办法》《京藏高速公路呼和浩特市至包头段改扩建工程安全管理办法实施细则》《京藏高速公路呼包段改扩建工程项目安全生产"一岗双责"制度实施暂行办法》等一系列安全生产管理制度。

定期组织安全员、特种作业人员进行安全教育培训,主要对公路建设"三类人员""特种作业人员"进行安全培训,对相关人员组织观看"安全生产警示教育"宣传片。每月召开一次安全生产调度会议。通过有效的生产安全管理措施,呼包高速公路改扩建工程未发生重大及以上生产安全事故。

积极推行"平安工地"建设,在项目开展过程中,"平安工地"创建活动也得到了交通运输部的高度重视。2013年,本项目被列为交通运输部"平安工地"示范项目。

6. 生态环保

工程施工过程中,积极推进节能减排工作,大力提倡使用节能、低碳、环保的产品和原材料。沥青混合料拌和应用天然气加热技术。在沥青加热方面采用"油改气"技术,加热速度快,降低燃料成本,节能环保,极大地减少大气污染,还可与沥青导热油炉共同使用,适当降低沥青用量;服务区(停车区)使用新采暖设备——毕氏锅炉,沿线管养房建的内装修也都尽量采用环保材料;全线监控系统的电力供应,采用了风光互补发电系统,充分利用内蒙古风大、日照时间长的气候特点。为节约用电,全线照明、情报板等设施均使用了LED材料。

通过一系列的环保措施,将施工期间带来的环境污染降到了最低,从而确保项目从设计、施工、运营等阶段与生态文明同步实施。

7. 农民工工资发放

为了防止拖欠现象发生,项目管理第五分公司印发了《关于制定防止拖欠民工工资规定的通知》,转发了交通厅《关于进一步做好公路建设项目工程款及农(牧)民工工资清欠工作的紧急通知》,要求各施工单位必须每月及时做好计量支付工作,以便确保资金及时到位。

项目管理第五分公司财务在计量支付时,严格审核民工工资兑现情况,经审核无误后支付工程款。同时,成立了清欠领导小组,制订了排查方案,定期对各施工单位的民工工资兑现工作进行专项检查,全面准确地掌握民工工资兑现情况,监督施工单位按时足额兑现民工工资。

8. 廉政建设

建管办从组建以来十分重视廉政建设工作,一手抓工程建设,一手抓廉政建设,始终把党风廉政建设工作贯穿在公路工程建设的全过程中。

一是建立了以项目管理分公司经理为组长的党风廉政建设领导小组,加强廉政建设工作的组织领导,把廉政工作纳入整体工作体系,与工程建设任务同部署、同安排、同考核、同奖惩。

二是制定了《廉政建设实施细则》《项目管理第五分公司执行党风廉政建设责任制的实施办法》《项目管理第五分公司工作人员廉洁自律行为准则》《项目管理第五分公司推行高速公路建设项目"十二公开"实施细则》等一系列廉政制度,规范党员干部和工作人员的日常工作行为,使党风廉政责任制在项目管理的各项工作中得到切实有效的贯彻落实。

三是执行纪检特派员制度,完善廉政建设监督机制。自觉接受在招标投标、材料采购、设计变更、资金拨付等全过程的纪检监察,同时,加强社会监督,对外公开了举报电话,设立了举报信箱。

四是积极开展共同预防职务犯罪活动,大力推进职务犯罪预防工作。项目管理第五分公司与土默特左旗人民检察院于2011年6月16日建立了共同预防职务犯罪工作机制,召开了共同开展预防职务犯罪工作动员大会,就呼包高速公路改扩建工程建设项目共同开展预防职务犯罪工作进行了组织动员,全面部署预防职务犯罪工作。

三、复杂技术工程

(一)昆都仑大桥拼接施工

1. 基本情况

昆都仑大桥位于京藏高速公路呼包段 K650+229.740 处,原桥配跨为 $19\times40m$,全长 767.06m。拼宽部分两侧加宽,采用与原桥相同的配跨 $19\times40m$,上部结构采用 40m 后张拉预应力混凝土 T 梁,桥面连续,T 梁高为 250cm,下部结构采用实体墩、肋式台、钻孔灌注桩基础,桥梁全长 767.06m。原桥全部利用,需先铣刨老桥 9cm 厚沥青,然后加铺 6cm 厚 AC-20C 中粒式沥青混凝土、5cm 厚 AC-16C 中粒式沥青混凝土。

2. 昆都仑大桥拼接施工控制要点

工形组合梁与 T 梁、箱梁拼接主要采用悬臂板湿接缝、植筋现浇横隔板、支座处加焊钢板的刚性连接方式。在施工过程中对新旧桥梁差异沉降进行监测控制,施工过程中对新旧盖梁的差异沉降进行观测。架梁之后,拼接前测定了新桥沉降情况,当新、旧桥的沉降差不能稳定(如加宽桥基础沉降变形大于 1~2mm/月),或当差异沉降大于 5mm 时,要分析其原因,研究拼接方案。拼接施工完成后,待湿接缝达到强度后,需要二次观测新桥的沉降,并检查拼接部位有无裂缝等异常情况。

3. 拼接实施方案

为使新老桥在车辆荷载作用下共同受力,新老梁板变形连续协调,保证新老梁板接缝混凝土在强度形成过程中不受汽车活载影响,保证接缝混凝土浇筑和养护质量符合要求。采用临时型钢夹具对新旧拼接部位梁板进行临时连接,确保新旧梁体共同变形,然后再浇筑横隔板以及湿接缝位置处混凝土。具体实施方案为:①首先施工新桥下部结构及安装上部结构梁板,新建桥梁拼接部位中板与旧桥边板预留25cm的接缝,新桥T梁架设完毕之后浇筑新桥湿接缝、护栏。②凿除老桥桥面板挑臂部分50cm范围内混凝土,暴露原受力钢筋,然后在老桥悬臂板种植钢筋,植入深度为45cm。③横隔板植筋:原边梁外侧无横梁,需要植筋增设横隔梁施工。首先在原桥外边板端横隔板位置处进行植筋。增设中横梁底的高度控制在马蹄上缘。端横隔梁的梁底高度与原梁相同,同时加宽端横梁。④新桥大梁架设完成后,首先进行新桥的湿接缝施工、桥面铺装混凝土的浇筑,新桥面混凝土铺装时在与老桥拼接处预留25cm不浇混凝土,待与老桥拼接时同时浇筑。⑤新桥桥面混凝土现浇完成后,新桥与老桥拼接部位湿接缝施工暂缓施工,使新桥有一定的自然沉降时间,控制在不少于30~50天。⑥拼接施工进行前,拆旧桥两幅桥梁中央分隔带的临时现浇连接板,断开连接部分在进行拼接部位拼接施工。⑦在梁端部位梁底采取加焊钢板的方法连接,由于端横隔梁横桥向与支座钢板对应,首先凿出支座钢板侧面,加焊与其相同厚度的钢板,然后进行钢板焊接连接。⑧拼接钢筋焊接:新桥内边梁的悬臂板处以及横隔梁处预留钢筋和老桥对应位置的植筋进行焊接。⑨湿接缝浇筑:支座钢板、横隔梁及湿接缝钢筋焊接连接纵向接缝两侧梁体后,架设横隔板及湿接缝模板,封闭拼接车道,并且限制大车通过,小车限速通过。然后浇筑拼接部位混凝土,待混凝土达到设计强度后,拆除模板,从而实现新老桥的拼接。

4. 主要施工工艺流程

旧桥护栏拆除→新桥架梁→旧桥悬臂板切除/凿除→老桥横隔梁以及桥面板挑臂部分植筋→新桥板间湿接缝浇筑→新桥护栏、铺装层施工→老桥沥青铺装铣刨→老桥两幅桥中间连接解除→支座部位钢板焊接→悬臂板以及横隔梁拼接部位钢筋焊接→安装模板→浇筑拼接部位混凝土→养护→拆除模板→浇筑沥青铺装层。

(二)板申气分离式立交整体施工

板申气分离式立交桥跨径组合为5×30.25m,共5孔,采用现浇预应力混凝土连续箱梁结构。本桥上部采用单箱三室预应力混凝土连续箱梁。箱梁梁高为1.6m,悬臂板长度2.25m,箱梁采用直腹板式。桥面横坡有箱梁绕桥梁设计线旋转(其坡度有两侧护栏内侧高程控制)结合桥面铺装厚度变化形成,箱梁顶底板平行,腹板铅直。连续墩墩顶采用2m宽的钢筋混凝土中横梁,在桥台处设置1.5m宽的钢筋混凝土端横梁。全桥桥墩均采用柱式墩,桥台采用肋式台,均采用桩基础。

该桥施工核心及难点:一是箱梁施工时采用满堂支架施工,除为抵消支架弹性变形而设置的预拱度外,支架不设预拱;二是支架施工前,应根据桥跨结构的特点对支架进行设计及验算,使其具有足够的刚度和强度,以满足结构受力、变形及线性要求,确保箱梁的浇筑质量;三是箱梁竖向采用一次浇筑,同一次浇筑时应从跨中向墩顶方向浇筑,最后浇筑墩顶两侧各3m左右或纵向施工缝3m左右范围内梁端及横隔梁;四是箱梁外模板应采用大块钢模板;五是施工时如在箱梁顶板设置人孔时,其位置宜选在$L/8 \sim L/4$范围内,其尺寸顺桥向不应大于1m,横桥向不应大于0.8m,四角应设0.2m×0.2m倒角,并布置直径12mm倒角钢筋,箱梁施工完成后应及时复原结构钢筋并立模浇筑封孔混凝土;六是为防止混凝土裂缝和边棱破损,并满足局部强度要求时方可拆除侧模,支架应在预应力张拉后方可拆除,卸架时应先卸悬臂部分,再从跨中向两边卸架;七是预应力管道应在张拉后24小时内压浆;八是压浆前应用压缩空气或高压水清除管道内杂质,然后压浆,压浆排气管出口在压浆过程及浆体初凝前应高于管道不小于50cm;九是施工缝附近的腹板混凝土一定要加强振捣,以防止张拉腹板预应力钢束时锚后混凝土崩裂。

四、科技创新

(一)新技术应用

1. 新旧沥青路面拼接冷接缝变热接缝新工艺应用

对于新旧拼接部,沥青混凝土施工冷接缝工艺采取了冷接缝改进工艺,即采用在摊铺机熨平板右前方设置煤气燃烧喷嘴的办法,对旧路铣刨后剩余沥青竖直面,涂刷改性沥青后再进行预加热,降低新铺层内缘热损失,提高新旧路面沥青连接的效果。

2. 抛丸工艺和防水黏结剂的应用

为有效预防桥面沥青混凝土铺装层早期破坏,提高桥面板与沥青层间的黏结力,延长桥面铺装层的使用寿命。本项目在桥面铺装混凝土表面应用抛丸机对桥面铺装混凝土进行处理后,再使用新型黏结材料"SW-10溶剂反应型防水黏结剂"作为防水层。经试验检测证明,这种处理工艺和黏结材料与混凝土的黏附强度大大提高,即使在高于100℃的情况下,该防水黏结层的黏结和剪切强度仍可达到1.0MPa以上,达到良好的黏结和防水效果。

3. 天然气加热技术革新

沥青拌和楼在沥青加热方面采取"油改气"技术。该项技术存在如下优点:①可以降低燃料成本,节能环保,不会造成大气污染,还可与沥青导热油炉共同使用;②彻底避免了由于重油等燃料燃烧不充分导致的集料表面污染,提高了各类混合料与沥青的黏附性能,在各项控制指标满足要求的情况下,可适度降低沥青用量;③彻底避免了由于燃料质量不好而导致的喷火系统熄灭,保证了混合料的均匀性,各项指标稳定,提高了设备使用寿命;④操作简单,全自动控制,避免燃油倒罐、因燃油品质导致管路不通、低温加热等问题,降低了间接成本;⑤液态、气体燃料燃烧器同步配置,实现双保险;⑥满足国家环保节能要求,可享受国家补贴政策带来的实惠。经两年生产实践,天然气加热拌和方法效益显著。

4. 智能连续强夯技术在台背回填中的应用

智能连续强夯技术在台背回填等特殊夯实区域,特别适合于改扩建项目受地形及施工场地受限而影响较大的区域作业,可以夯实压路机无法压到的边角、拐角及墙角位置,保证压实无死角,极大限度地解决了以往台背边角压实不到的难题,有效提高了台背压实效果,有效保证了回填质量,减少了桥头跳车现象的产生。

(二)科研课题

本项目在实施过程中开展了"工程气泡轻质土应用技术推广研究""高速公路中小跨径梁式桥拓宽拼接施工关键技术研究"及"土工织物散体桩加固软基推广应用技术研究"三项课题研究。通过科研课题研究,编制了《施工指南》《技术总结报告》《经济效益分析》等一系列作业指导书指导施工,提高了工作效率,保证了施工质量。

科研课题一:工程气泡轻质土应用技术推广研究

在建设过程中部分高填方路段,用地受限,不容易大面积振捣碾压施工,采用传统的路基拓宽方式具有一定的局限性。鉴于此,根据呼包高速公路改扩建工程的实际,采用了一种考虑干湿重度和强度适宜的气泡轻质土容重等级划分方法,并在此基础上研究了一种基于表干重度的快速经验计算方法;本项目还采用了堆叠式可装配型支护面板技术,该技术将预制混凝土面板通过支撑筋与预制基础连接起来,配合抗滑锚筋和补强筋共同组成防护结构;依托内蒙古地区公路拓宽工程,提出气泡轻质土适合内蒙古地区道路拓宽工程的成套应用技术。

课题详情见"第五章 高速公路建设科技成果"中"第二节 重大科研课题"。

科研课题二:高速公路中小跨径梁式桥拓宽拼接施工关键技术研究

本课题在呼包高速公路桥梁拼接工程试验监测以及模型理论分析的基础上,对影响桥梁拼接方案实施的关键因素进行研究,具体研究内容如下:一是新旧桥梁拼接施工工艺研究;二是研究新旧桥梁不均匀沉降对拼接施工的影响,确定各种桥型及拼接方式的沉降差允许范围,并采取措施控制沉降差;三是预应力上拱效应对拼接施工效果的影响分析,对拼接施工过程中上拱效应进行数据观测,并采取控制措施;四是收缩徐变效应对上部结构变形、受力影响;五是新旧桥梁横向拼接部位监测方法研究;六是半幅施工半幅通车桥梁拼接施工组织安排。

课题详情见"第五章 高速公路建设科技成果"中"第二节 重大科研课题"。

科研课题三：土工织物散体桩加固软基推广应用技术研究

本项目拟对采用土工织物散体桩加固淤泥和泥炭土路基的机理、技术和工艺进行研究，为了推广应用软基处理新技术，选取 K558+100～K558+400 段采用了土工织物散体桩处理软基的新技术。

课题组在试验室内和工程现场都进行了大量的试验和调查研究，并进行深入的理论分析、充分的试验验证和依托工程的应用研究，完成了项目任务书规定的各项任务，取得了以下主要研究成果：一是土工织物散体桩复合地基路堤模型试验研究成果；二是土工织物散体桩复合地基路堤三维有限元数值模拟成果；三是土工织物散体桩复合地基路堤三维颗粒流模拟成果；四是土工织物散体桩复合地基沉降计算方法探讨；五是土工织物散体桩复合地基路堤稳定性分析方法；六是土工织物散体桩在路基拓宽中的应用。

课题详情见"第五章　高速公路建设科技成果"中"第二节　重大科研课题"。

科研课题四：内蒙古地区超重载沥青路面设计轴载换算方法研究

通过研究得到重载交通沥青路面轴载换算系数，并提出基于集呼高速公路、110 国道内蒙古段研究成果的超重载沥青路面结构类型，为今后修建超重载交通沥青路面提供科学依据，并为内蒙古地区修建资源输出专用超重载通道提供实践指导。

课题详情见"第五章　高速公路建设科技成果"中"第二节　重大科研课题"。

（三）科技专著、专利

"土工织物散体桩在呼包改扩建工程中的推广应用研究"获内蒙古自治区 2017 年度科技进步三等奖，利用科研项目的成果纂写的《土工织物散体桩在呼包改扩建工程中的推广应用研究》获得内蒙古自治区第八届自然科学学术年会优秀论文奖。2011 年 8 月，"利用土工织物散体桩加固的路基结构"获国家实用新型专利。

五、运营养护管理

根据内蒙古高等级公路建设开发有限责任公司对其所属高速公路的管理模式，由呼和浩特、包头分公司负责全线运营、养护、服务管理。G6 京藏高速公路呼和浩特至包头改扩建项目收费站（所）、服务区等设置情况见表 8-5，车流量发展状况见表 8-6。

G6 京藏高速公路呼和浩特至包头改扩建项目收费站（所）、服务区等设置情况　　表 8-5

类　别	数　量	名　称
收费站（所）	14	呼和浩特东收费站（南广场）、呼和浩特东收费站（北广场）、呼和浩特收费站、呼和浩特西收费站、毕克齐收费站、察素齐收费站、哈素海收费站、美岱召收费站、萨拉齐收费站、包头东收费站、九原收费站、包头收费站、包钢收费站、包头西收费站
服务区	5	呼和浩特西服务区、哈素海服务区、沙尔沁服务区、包头东服务区、包头服务区

G6 京藏高速公路呼和浩特至包头改扩建项目车流量发展状况表（单位：辆/昼夜） 表 8-6

收费站（所）	年 份					
	2011 年	2012 年	2013 年	2014 年	2015 年	2016 年
呼和浩特东收费站	2884	施工	6620	6456	6964	8144
呼和浩特收费站	8785	11880	8929	8200	10371	11211
呼和浩特西收费站	2339	施工	7663	5942	5482	6456
毕克齐收费站	未开通	未开通	1898	2651	2891	4513
察素齐收费站	1918	2386	1990	2622	3179	3640
哈素海收费站	979	施工	549	1549	1730	2065
美岱召收费站	0	0	5591	1686	1826	2009
萨拉齐收费站	9377	9498	7539	4311	5857	7517
包头东收费站	6705	3860	3022	3529	4664	5538
九原收费站	10804	10286	8592	6516	7642	9758
包头收费站	6097	(2012 年 4 改 8 修路封道)	7849	5071	6017	7419
包钢收费站	0	0	1552	1578	2406	3263
包头西收费站	2006	2520	2566	1099	1764	2854

Ⅵ G6 京藏高速公路东兴至哈德门段（包头过境高速公路）

一、项目概况

（一）基本情况

包头过境高速公路起点位于包头市东郊东兴，接呼包高速公路终点，起点桩号 K701+478，终点止于包头西郊哈德门沟西，终点桩号 K756+400。路线从起点向西经阿善沟、古城湾、壕赖沟、留宝窑等村庄，至留宝窑大桥西侧，里程桩号 K715+000，该段长 13.522km，为利用原北绕城公路作为右幅，新建左幅。向西经包头市东河区北、九原区、二〇二厂、青山区、昆都仑区北、跨昆都仑河及包头至白云鄂博铁路，沿乌拉山前至哈德门村，与哈磴高速公路相接。全线主线全长 54.922km，支线长 10.94km。

包头过境高速公路主线采用全幅高速公路标准建设，全封闭，全立交，设计行车速度 100km/h，路基宽 26.0m。路面采用高级路面，上中面层为中粒式改性沥青混凝土，下面层为粗粒式沥青混凝土。桥涵设计荷载采用汽车超—20 级，挂车—120。大中桥桥面净宽 11.25m，小桥涵与路基同宽。与国道 210 连接线和青昆连接线采用一级公路标准建设，哈德门连接线采用二级公路标准建设。

包头过境高速公路工程设计工程数量为路基土方 5746491m³,石方 345634m³;路面 65.871km(包括连接线、改线)。特大桥 1 座,大桥 2 座,中桥 25 座(其中通道桥 30 座),涵洞 187 道(其中钢筋混凝土板涵 158 道,钢筋混凝土拱涵 29 道),互通式立交 3 处(东河互通式立交、青昆互通式立交、哈德门互通式立交)。

包头过境高速公路 2002 年 4 月开工建设,2003 年 9 月黑色路面贯通,完成主体工程,2004 年 1 月 9 日正式通车运营。

(二)前期工作

1. 立项审批、资金筹措

包头过境高速公路可研报告于 2001 年 3 月 20 日经交通部《关于丹拉国道主干线包头过境高速公路(东兴至哈德门)可行性研究报告的批复》(交规划发〔2001〕125 号)批复;

2001 年 8 月 10 日交通部以《关于丹拉国道主干线包头过境高速公路(东兴至哈德门)可行性研究报告初步设计的批复》(交公路发〔2001〕431 号)批复了初步设计,项目批复概算为 11.60 亿元;

土建工程施工图设计由内蒙古交通厅 2002 年 3 月 25 日以内交发〔2002〕181 号文件批复,交通工程施工图设计由内蒙古交通厅 2003 年 8 月 11 日以内交发〔2003〕489 号文件批复;

环境保护由国家环保局以《关于丹拉国道主干线(内蒙古境)东兴至哈德门段公路环境影响报告书审查意见的函》(环审〔2003〕148 号)批复;

水土保持国家水利部以《关于丹东—拉萨国道主干线东兴至哈德门段高速公路工程水土保持方案的复函》(水函〔2003〕86 号)批复。

项目批复概算为 11.60 亿元。

2. 招投标工作

包头过境高速公路工程严格按照《中华人民共和国招标投标法》操作规程执行,建管办在自治区招标办的统一领导下,在全国范围内进行了本项目的土建施工、监理以及交通工程的公开招标,分别于 2001 年 8 月和 2003 年 6 月进行。经过招标委员会的严格审查,土建工程确定了 10 家施工单位和 3 家监理单位,于 2001 年 9 月 30 日下发了中标通知书;交通工程确定了 15 家施工单位和 3 家监理单位,于 2003 年 7 月 6 日下发了中标通知书,并与中标施工单位签订了施工合同协议书。

3. 征地拆迁

为了保护耕地,根据国家占用耕地补偿制度,2002 年 8 月 2 日包头市交通局与包头市隆兴土地规划管理中心签订了委托开垦耕地协议。

2003年7月~2004年4月,本项目总用地面积为301.62亩,征地费用为246.29万元,其中土地补偿费为126.00万元,安置补助费为120.29万元。占用各类房屋35878.2m^2,各类树木56874棵,拆迁各类电力电信线路、电杆等设施238处,实际发生征拆总费用9379.88万元。本项目共需安置农业人口103人,被征地农民生产、生活得到了妥善安置和保障。

本项目用地手续于2004年6月24日经内蒙古自治区国土资源厅批准,2004年8月18日经包头市人民政府批准。总用地面积为301.62亩,其中农用地271.08亩,建设用地11.63亩,未利用地18.9亩,并将农用地转为建设用地。

(三)参建单位

建设单位:内蒙古自治区交通厅
现场管理单位:呼包高速公路包头过境项目建设管理办公室
质量监督单位:内蒙古公路工程质量监督站
　　　　　　　包头市公路工程质量监督站
设计单位:内蒙古交通设计研究院
施工单位:山西省机械施工公司
　　　　　包头市公路工程公司
　　　　　伊克昭盟东方路桥有限责任公司
　　　　　中港第二航务工程局第一工程公司
　　　　　通辽市交通工程局
　　　　　武警交通第四支队
　　　　　中铁第十六工程局
　　　　　内蒙古自治区公路工程局
　　　　　路桥集团国际建设股份有限公司
　　　　　伊克昭盟公路工程局等25家
监理单位:内蒙古宇通公路工程咨询监理有限责任公司
　　　　　山西交科公路工程咨询有限公司
　　　　　北京顺通公路交通技术咨询有限责任公司等6家

二、建设项目管理

(一)项目管理机构

内蒙古交通厅委托包头市交通局组建项目法人,根据包头市委办公厅、政府办公厅

(厅发〔2001〕44号文)和市交通局(交通党发〔2001〕43号文)等相关文件成立了包头过境高速公路项目建设办公室,建管办依据国家法律及有关规定,建立健全法人机构,于2002年3月18日上报了本工程建设项目法人资格申报表。建管办设主任1名、副主任2名,内设工程计划部、技术部、总监办、综合部、财务部。

(二)项目管理

(1)建章立制规范管理。制定出台了《包头过境高速公路项目机构及管理办法》《计量支付程序》《监理管理办法》《总监办专业工程师岗位职责》《包头过境高速公路监理实施细则》《监理工作程序》,以此来规范工作程序。

建立激励制约机制。总监办和建管办制定实施《包头过境高速公路联检联评办法》《包头过境高速公路监理考评细则》,成立了考评小组;同时制定了《包头过境高速公路监理质量管理办法》,对监理人员的工作行为、应尽义务、奖罚做了进一步的补充和完善。

(2)合同管理。特别突出做好四方面工作:一是承包商资质、人员、机械到位情况的审查,必须符合合同承诺,满足施工要求;二是施工计划及执行中调整计划的审查,必须保证按合同工期完工;三是工程变更的审查工作,对工程变更逐级进行审查核实,杜绝施工单位弄虚作假、无中生有、损害国家利益的变更发生;四是转、分包的审查,本项目坚决不允许转、分包现象存在。通过审查到完工,施工、监理单位没有转、分包现象存在。

(3)加强工程质量管理。充分发挥施工单位自检体系的作用,加大监控力度,强化监理工作。严把五关:一是把好分项工程开工关;二是严把原材料关,原材料质量是工程实现质量目标的基础;三是严把质量验收关;四是把好计划和施工进度关;五是把好计量关。

(4)安全生产。安全生产工作是工程建设过程中一个非常重要的环节,安全责任重于泰山,建管办将安全生产工作放在突出重要位置来抓,放在对国家、人民负责的高度上来抓。在全线普及安全生产知识,规范各个工种的操作规程,定期召开安全生产专题会,开展安全生产大检查,采取有效的安全防范措施,积极消除事故隐患。对安全生产方方面面的工作进行统一安排、统一部署。特别是同有关部门负责人、各施工单位项目经理签订了安全生产责任状,各施工单位也参照相同模式层层签订安全生产责任状并逐步完善,从而在全线形成浓厚的安全生产氛围。

(5)廉政建设。本项目在实施过程中,切实加强廉政建设,在廉政建设工作中采取了切实可行的措施,到完工无任何违法违纪案件发生。

一是在每项工程开工前建管办就与所有中标单位的施工、监理单位签订了《廉政建设合同》;二是强化宣传学习教育,夯实反腐倡廉思想基础,同时与"行风工作、优化环境、执政为民"等活动结合,收到了显著的效果;三是建立健全各项规章制度,制定了《工作人员行为守则》《工作人员行为"十不准"》等行为规范,定期开展自查自纠工作;四是与包头市人民检察院开展争创"工程优良、干部优秀"活动,签订合作协议书(包含在市交通局签订协议中);五是派驻纪检特派员,市交通局纪检监察部门成立了专门的廉政纪检检查组,并派驻纪检特派员常驻建管办;六是社会监督,通过《包头日报》向全社会公布了质量举报电话,并设立了举报箱和接待室,接受全社会的监督,出现举报后立即会同纪检部门深入调查处理。同时,建管办广泛接受社会监督,虚心听取各方意见,在所有的施工、监理单位和参见人员当中下发廉政制度执行情况调查问卷、征集意见表等,发现问题立即整改。

(6)本项目建设过程中,2003年正值"非典"疫情发生,建管办将全线的"防非"工作当作头等大事抓紧、抓实、抓好。建立了"预防非典"工作应急预案并认真贯彻执行。

(三)变更

本项目较大变更有建设110辅道连接线、使用改性沥青、喷塑护栏三项。

三、复杂技术工程

昆都仑大桥位于京藏高速公路呼包段K650+229.740处,同时跨越昆都仑沟、包固铁路、旅游公路和在建包固一级公路,桥轴线呈东西走向。全长767.06m,上部结构采用了19孔40m后张法预应力工字梁,下部采用重力式墩,桥台采用肋台式,基础采用扩大基础和桩基础两种基础形式,桥位处防护采用锥坡防护。该桥设计流量采用300年一遇,流量5489m^3/s,设计流速7.61m/s。

四、新技术应用

(1)为了解决路面抗滑、耐久性、大承载力等问题,本项目推广使用了沥青改性技术。

(2)为了消除沥青混凝土桥面推移、拥包,在全线大、中桥桥面沥青混合料中掺加5%聚酯纤维,收到明显效果。

(3)为了增强波形护栏的使用寿命同时增强高速公路的整体景观,采用先进的镀锌喷塑绿色护栏。

五、运营养护管理

包头过境高速公路2004年通车运营,由内蒙古高等级公路建设开发有限责任公司包头分公司负责运营、养护管理。

Ⅶ G6 京藏高速公路包头(哈德门)至磴口段

一、项目概况

(一)基本情况

包头(哈德门)至磴口高速公路起于包头市西郊哈德门,接东兴至哈德门高速公路,经白彦花、公庙子、西山嘴、刘召、天吉太桥、临河、翻身圪旦、黄羊木头、黄河镇,止于巴彦淖尔市磴口北,与磴口至巴拉贡高速公路相连。

哈磴项目路线全长267.948km,扣除利用已建天吉太桥至翻身圪旦段长40.32km的临河绕城二级公路和断链,本项目实际建设里程227.578km,其中,高速公路215.463km,连接线12.115km。另建五原连接线全长33.535km(其中新建20km,改建13.535km);白彦花互通式立交连接线长0.5km;西山嘴互通式立交连接线长1.6km,与本项目同步实施。

全线分段采用不同技术标准建设。其中哈德门至天吉太桥段长177.796km及黄羊木头至磴口段长37.667km,采用双向4车道高速公路标准建设,设计速度100km/h,路基宽度26m,沥青混凝土高级路面,桥面宽为2×(净11.25m+0.5m防撞墙+0.75m波形护栏),小桥涵与路基同宽。天吉太桥处设2.251km连接线,使高速公路与临河绕城线相接,翻身圪旦至黄羊木头段9.864km连接线使临河绕城线与高速公路相接,二级公路标准建设,设计速度80km/h,路基宽16.5m,沥青混凝土高级路面,桥面宽为净15.5m+2×0.5m防撞墙,小桥涵与路基同宽。五原连接线采用二级公路标准建设,设计速度80km/h,路基宽12m,沥青混凝土高级路面,桥面宽为净11m+2×0.5m防撞墙,小桥涵与路基同宽。全线桥涵设计车辆荷载采用汽车—超20级、挂车—120。

主要技术指标:其中哈德门至天吉太桥段长180.047km,路基宽度26m(其中2.251km连接线,路基宽16.5m);主线全长267.948km,其中新(改)建227.578km(含临河城连接线12.115km),完全利用40.37km。

工程数量:全线主要工程数量为路基土石方3131000m³;路面面层575400m²;大桥1868.94m/14座,中桥2665.76m/38座,小桥6305.08m/321座,涵洞5133道(其中钢筋混凝土盖板涵483道,钢筋混凝土圆管涵30道),分离式立交17处,互通式立交7处(白彦花、公庙子、西山嘴、西小召、刘召、天吉太桥、黄河镇);安全设施:护栏909359m,标志1712块;管理服务房屋建筑面积28683.5m²;绿化工程233km(其中主线198km,连接线35km)。

全线共修建构造物903座(道),其中大桥14座、中桥38座、小桥319座、涵洞509

道,互通、分离式立交桥24座。

停车区、收费站服务区等共13处。全线在白彦花、公庙子、西山嘴、西小召、刘召、天吉太桥、黄河镇设互通式立交7处(其中天吉太桥互通式立交由临河过境高速公路项目实施),服务区2处,停车区3处,匝道收费站6处,临时主线收费站2处。

该项目于2003年8月25日开工建设,2005年11月16日通过了交工验收并开通试运营。项目批复概算55.28亿元。

(二)前期工作

1. 立项审批、资金筹措

哈磴高速公路的建设按照国家《公路建设市场管理办法》,认真履行基本建设程序。

2003年1月17日国家发展计划委员会以《印发国家计委关于审批丹东至拉萨国道主干线包头(哈德门)至磴口高速公路可行性研究报告的请示的通知》(计基础〔2003〕89号)对本项目工可研报告进行了批复;

2003年6月16日交通部以《关于丹东至拉萨国道主干线包头(哈德门)至磴口公路初步设计的批复》(交公路发〔2003〕237号)对本项目的初步设计进行了批复;

2004年8月9日自治区交通厅以《内蒙古交通厅关于丹拉国道主干线包头(哈德门)至磴口段高速公路两阶段施工图设计的批复》(内交发〔2004〕545号)对本项目施工图设计进行了批复;

国家环保总局环境工程评估中心于2002年6月15日以《丹东至拉萨国道主干线包头(哈德门)至磴口段公路环境影响评价大纲的评估意见》(国环评估纲〔2002〕146号)批复环评报告;

水利部水土保持监测中心于2003年5月7日以《丹东至拉萨国道主干线包头(哈德门)至磴口段公路工程水土保持方案大纲评估意见》(水保监方案〔2003〕第44号)批复水保方案;

内蒙古国土资源厅于2002年10月以《关于对〈丹东至拉萨国道主干线包头(哈德门)至磴口段高速公路建设用地地质灾害危险性评估报告〉进行终审的报告》(内国土资字〔2002〕432号)进行核批。

投资来源:哈磴高速公路项目批复概算为55.28亿元,投资来源为国家专项基金15.66亿元,自治区交通厅资金安排6.55亿元,其余为国内银行贷款。

2. 招投标工作

设计单位招标情况。本项目设计为邀请招标,招标人直接向有资质和经验的投标人发送了投标邀请书,共有5家设计单位接受邀请参与投标,并通过资格预审。2002年11

月 3 日内蒙古自治区公路局向被邀请的投标人出售招标文件。2002 年 11 月 25 日公开开标,2002 年 12 月 2~4 日进行了封闭式评标。依法组建了评标委员会,评标委员会由交通部专家库抽选,自治区监察厅及驻交通厅监察室对开标及评标全过程进行了监督。经评标委员会详细评审,确定了内蒙古自治区交通设计研究院有限责任公司为路基、路面、桥涵、路线交叉等土建工程中标单位,中国公路工程咨询监理总公司为交通工程及沿线设施工程中标单位。

施工监理招标按照《中华人民共和国招标投标法》和《公路工程施工招标投标管理办法》《公路工程施工监理招标投标管理办法》等法律、法规进行国内公开招标。土建工程于 2003 年 5 月 20 日在《中国交通报》《中国经济导报》和《内蒙古交通报》分刊登了招标通告,有 282 家施工单位和 34 家监理单位购买了资格预审文件。6 月,经资格预审委员评审,共有 360 份土建工程资格预审申请文件通过了该项目 47 个合同段的资格预审,57 份施工监理资格预审申请文件通过了资格预审。经内蒙古自治区交通厅批准,并以内交函〔2003〕92 号文件报交通部核备。路基桥涵工程于 7 月 13 日、路面工程于 9 月 26 日公开开标,确定了 32 家路基桥涵工程施工单位、15 家路面施工单位、16 家施工监理单位。经自治区交通厅批准,并以内交函〔2003〕120 号文件报交通部核备。8 月 15~16 日和 12 月 6~7 日,项目法人代表分别与中标的路基和路面施工单位签订了合同协议书。

交通工程和房建工程于 2004 年 6 月 12 日在《中国交通报》《中国经济导报》《内蒙古交通报》《内蒙古日报》、内蒙古交通网和中国交通报网刊登了招标通告,6 月 29~30 日出售招标文件,7 月 18 日公开开标,7 月 19~23 日评标,确定了 48 家交通工程中标单位,1 家机电工程监理单位。

绿化工程于 2006 年 3 月 23 日在《中国交通报》《内蒙古日报》、内蒙古交通网和中国交通报网刊登了招标通告。2006 年 4 月 6 日公开开标,4 月 6~4 月 8 日评标。桥涵下部结构混凝土表面防腐工程于 2006 年 8 月 4 日在《中国交通报》、中国招标采购网和内蒙古交通网刊登了招标公告。2006 年 8 月 8~9 日出售招标文件,2006 年 8 月 18 日公开开标,确定了 10 家绿化工程中标单位,1 家桥涵下部结构混凝土表面防腐工程中标单位。

经国内公开招标,全线共有 106 家施工单位、17 家监理单位中标。

3. 征地拆迁

本线路经过地区的村落人口稠密,厂矿企业和农田牧场多,地质和地形复杂,又涉及军事、电力、电信、水利等行业设施,征地拆迁工作矛盾多、难度大。

征拆工作依据国家交通部《关于哈磴高速公路初步设计的批复》(交公路发〔2003〕237 号),按照内蒙古自治区人民政府《关于加快公路交通发展的意见》(内政发〔2003〕14 号)开展,建管办分别与包头市人民政府、巴彦淖尔市人民政府签订了《丹拉国道主干线哈磴高速公路工程建设征地拆迁、建设环境保障协议书》，由包头市、巴彦淖尔市两地政府实行总承包，同时由包头市、巴彦淖尔市政府主要领导负责、有关部门参加成立征地拆迁协调领导小组，下设办公室，全权负责具体的征拆事务和社会保障，沿线的旗、县、区、乡、镇、苏木均相应成立征拆机构，在两市征拆领导小组的统一领导下，开展征地拆迁及协调工作。

征地拆迁补偿费用由包头市、巴彦淖尔市及旗县征拆办公室设立专门账户，专款专用，补偿费由征拆办公室直接向被征拆单位和个人进行支付，减少中间环节，保证补偿费用及时足额到被补偿人手中，杜绝了挤占、挪用、拖期支付等事件的发生，为项目建设创造了良好的社会环境。

在项目建设中，认真执行国家最严格的耕地保护政策，按照占一补一的原则，完成了耕地再造工作，共再造耕地13973亩，并经自治区国土资源厅验收合格交付地方使用，征拆费用29513.07万元。

（三）参建单位

建设单位：内蒙古自治区交通厅
现场管理单位：哈磴高速公路建设管理办公室
质量监督单位：内蒙古自治区公路工程质量监督站
施工单位：鄂尔多斯市公路工程有限责任公司
　　　　　路桥集团第一公路工程局第一工程公司
　　　　　中铁十四局集团有限公司
　　　　　昭阳公路桥梁建设有限责任公司
　　　　　内蒙古自治区公路工程局
　　　　　鄂尔多斯市公路工程有限责任公司
　　　　　北京市政建设集团有限责任公司
　　　　　内蒙古联手路桥有限公司
　　　　　北京鑫实路桥建设有限公司
　　　　　四川路桥建设股份有限公司等106家
监理单位：内蒙古宇通公路工程咨询监理有限公司
　　　　　河北四方公路工程咨询有限公司
　　　　　潍坊市交通工程监理中心
　　　　　内蒙古晟昱公路工程监理有限公司
　　　　　河北公路工程技术咨询有限公司
　　　　　天津国腾公路咨询监理有限公司

黑龙江省公路工程监理咨询公司

山西交科公路工程咨询监理公司等17家

二、建设项目管理

(一)项目管理机构

2003年4月3日内蒙古人民政府以《内蒙古自治区人民政府关于成立哈磴高速公路建设管理办公室的批复》(内政字〔2003〕86号)批准成立了哈磴高速公路建设管理办公室作为项目法人单位,对哈磴高速公路的建设工作进行管理。

哈磴高速公路建设项目设建设管理办公室和总监理工程师办公室。建管办设主任1名、副主任3名,内设东西执行办和工程技术部、财务部、综合部、质量监督部4个部门;总监理工程师办公室下设总监办、中心试验室、东西2个总监代表处、15个高级驻地办。建管办、总监办具体负责哈磴高速公路的工程质量、进度及工程费用的管理工作。

(二)项目管理

1. 进度及质量控制

哈磴高速公路建设工期仅两年多,时间短、任务重、路线长、标段多、地质条件差、有效工期非常短,全体建设者为了实现工期目标,争时间、抢进度、有计划、按步骤地采取各种措施确保整体任务的完成。

在施工单位进场前,详细向施工单位介绍河套地区施工条件的特殊性,对制约工程进度的施工便道、风积沙施工工艺、原材料采备、各种材料的试验配比等提出明确要求,从施工准备上保证工期。

正确处理质量与进度的关系,坚持质量第一、以质量保进度的原则,建立完善的质量保证措施,抓好影响质量、制约进度的重点工序和施工工艺,编制专门的作业指导书,逐级进行详细的技术交底,同时强化事前、事中监理,提高一次检验合格率,避免返工,从质量上保证工期,从计划管理上保证工期。

强化过程控制,一是加大各监管单位的巡视力度;二是实行五日一报、十日一会、一事一办工作制度;三是各监管单位实行分片管理责任制;四是对进度滞后的施工单位,明确整改措施,实施跟踪监控,从动态管理上保证工期。

做好材料采供、征地拆迁、社会矛盾及单位之间的协调等服务工作,遇到问题及时解决,扫清障碍、高效运作,从施工环境上保证工期。

严格执行招标文件及《施工合同》中的相关规定,按照《哈磴高速公路建设质量、进度、廉政、安全文明生产奖惩办法》及其实施细则,实行一月一评,总结经验,找出不足,奖优罚劣,以点带面,从激励机制上保证工期。

2. 安全文明生产

建管办从开工起就建立了安全领导小组,建管办领导任安全领导小组组长,亲自抓安全文明生产,把安全文明生产与工程质量、进度一起布置、一起落实、一起检查、一起考核、一起验收。在工程建设一开始,建管办要求各施工单位建立了安全保证体系,明确项目经理是安全文明生产的第一责任人,同时与地方政府协调,专门成立了哈磴高速公路公安派出所。健全安全文明生产管理制度,加强教育,增强安全文明生产意识,加强检查考核,严格履行《安全生产合同》,做到了管理制度化,教育经常化。要求各施工单位在油库、仓库、发电机房、操作室、易燃易爆物品的储存场所、危险地方(如积水池、泥浆池、高压电线)等处设立醒目的标志牌;要求各参建单位车辆车况良好,严禁驾驶员酒后驾驶,严禁非驾驶人员驾驶各种机动车,施工人员在构造物施工现场配带安全帽。从开工建设到竣工,没有发生较大的安全责任事故和社会治安问题。

3. 廉政建设

哈磴高速公路是自治区的重点工程,项目大、路线长、投资多,责任十分重大。按照"工程优良,干部优秀"标准和自治区交通厅提出的公路建设"优、快、廉、高"目标,建管办从开始筹备、组建到招标以及工程建设的全过程中,始终高度重视廉政建设工作,一手抓工程建设,一手抓廉政建设,做到两手抓,两手都要硬,从思想建设、组织建设、制度建设和作风建设几方面入手开展廉政建设工作。同时加强合同管理,建管办与各施工、监理单位签订《施工协议书》《监理合同》的同时签订了《廉政合同》,在工程建设中实行了双合同制,把廉政建设与工程质量、进度一起布置、一起落实、一起考核,有力地保证了建设资金安全有效使用,为工程建设提供了良好的政治环境,有力地保障了工程建设的顺利进行。

4. 环境保护

结合不同的地质地貌区采取不同环保方案,在山前冲积洪积倾斜平原区,设置大量的防护、排水工程,既保护了公路安全,同时遏制了地质灾害和水土流失,特别对取弃土场进行了严格限定,避免产生新的水土流失。在河套平原灌溉区,因河套平原土地肥沃,是国家重点商品粮基地,设计中严格执行国家最严格的耕地保护政策,路基所需填土全部远距离调运风积沙,既保护了耕地改善了环境,又增加了耕地,风积沙取走后为当地新造优质良田5000多亩。在固定、半固定沙丘区域,由于段落位于乌兰布和沙漠边缘,生态环境极其脆弱,属国家重点生态保护区,设计中在路两侧各150m范围内设置方格沙障,在沙障内植草、植树固沙;在所有服务区、收费所均设置污水处理设备,同时在设计中施工中的污水处理进行了严格要求。实施阶段,在大气质量控制方面、噪声控制方面、绿化方面、防风固沙、水土保持、耕地保护方面均严格按设计施工。

(三)重要事件、变更

1. 重要事件

本项目开工时,正值"非典"时期,为不影响施工生产,建管办与参建单位在签订《施工合同协议书》的同时签订了《防治"疫情"合同》,按照"预防为主"和坚持"管生产必须管防治非典"的原则进行防治"非典"的管理,做到生产与防治"非典"工作同时计划、部署、检查,在整个实施期间,未发生"非典"疫情和其他流行性、传染性疾病。

2. 变更

（1）因高速公路穿越河套地区,加之开工时正处于雨季,地上积水较多,地质条件较差,地基承载力不满足设计要求,对全线142.093km不良地质地段采用换填碎石、碎石渣、砂砾处理,其中2.99km特殊地质地段采用打碎石桩和桩顶填碎石渣处理,以提高地基承载力。

（2）K756+400～K835+400位于乌拉山冲洪积扇,当地村民和政府对防洪设施提出了具体要求,采取在路线上游增设浆砌片石挡水墙和挡水坝,路线下游增加泄洪渠道、堤坝防护设施,并对河道进行清理的综合治理方案,以保证高速公路及下游村民、农田的安全。

（3）原设计河套灌区板涵基础采用挤密砂桩处理地基方案,经现场检测达不到设计承载力要求,将砂桩变为碎石桩和桩顶换填碎石、碎石渣的处理方案;部分大、中、小桥钻孔灌注桩桩长增长。对全线跨径为8m和13m小桥、通道轻型薄壁墩台在原设计的基础上,为提高混凝土抗裂性能,在墩台身及墩台帽中掺入抗裂增强纤维,同时调整了台身、承台钢筋配筋率,增设了支撑梁,承台周围填筑砂砾,如确因构造限制不能设置支撑梁的,台背采用水泥稳定砂砾填筑,通道桥底加铺水泥混凝土路面。

（4）河套灌区桥涵台身局部受到碱水腐蚀,按交工验收报告的要求,对混凝土表面进行防腐处理,共计防腐处理桥涵16207m^2/159道。

（5）河套灌区渠系发达,为满足当地农田灌溉需要,保证原有水利工程功能,实施合渠并路,增加渠道衬砌及口闸工程。

（6）对常年积水下湿地路基、沙区路基和盐渍土路基等特殊路基的综合处理所产生的变更。

三、复杂技术工程

（1）常年积水下湿地路基处理。本项目路线穿越多处常年积水低洼下湿地,经外业对积水段落的调查,段落内未发现淤泥质土,地基土为饱水粉砂和砂砾,不属于软基,因此在保证路基高度、路基填料的同时,采用透水性好的材料进行填筑,以防止积水侵蚀路基和毛细水上升,填筑路基前对地基进行50cm碎石挤密,然后填筑砂砾垫层,砂砾垫层厚度为常水位+0.5m,并在砂砾垫层底部铺设双向土工格栅,顶部铺设防水土工布,以增加土基的整体稳定性,提高地基承载力。

(2)沙区路基处理。本项目路线穿越风积沙多为固定及半固定沙丘,近年来当地有关部门也加大了固沙生态工程的建设,生态环境有了明显改善,沙漠危害得到初步遏制,因而对路基危害较小。路基断面形式不需要特殊处理,但为防止路基风蚀,对穿越沙区的路基边坡进行黏土封闭,黏土封闭厚度为15cm,封闭层采用塑性指数大于10的黏质土。除此之外,还对边坡进行工程防护。针对局部植被覆盖稀疏、有可能产生沙埋的段落,设计了线外固沙工程措施,根据沙源情况、风沙活动强度、主导风状况,结合当地治沙经验,确定线外网格沙障固沙宽度为上风侧200m,下风侧100m。

(3)盐渍土路基的综合处治。项目所在的河套地区地势平缓,排水不畅,在低洼地带和排灌渠附近,由于含盐水汇集,使该地区表层土壤盐渍化,对公路造成一定危害,存在溶蚀、盐胀、冻胀、翻浆等问题。根据外业时沿线及线外取土场的试验工作,确定了该段盐渍土为中、弱等的氯盐渍土和硫酸盐渍土,对路基产生的危害较小。因此,路基断面形式不需作特殊处理,但考虑到区段内地下水位较高,排水条件差,设计过程采用适当的路基高度,同时在公路绿化时,选择了耐盐碱的适合当地生长的树种。

(4)旧路拓宽路基处理。为加强新旧路基的结合,对利用110国道拓宽段,采取了在原路基边坡挖台阶并铺设土工格栅的措施,以增强其整体稳定性。

四、新技术应用

(1)原设计8m、13m轻型薄壁桥台为普通钢筋混凝土结构,为预防薄壁桥台混凝土裂缝,在混凝土中添加了抗裂增强纤维。

(2)为有效预防面层产生反射裂缝,在基层顶面进行横向预切缝处理,并沿缝加铺2m宽的土工玻纤格栅。

(3)为提高路面面层和桥面沥青混凝土铺装质量,在路线纵坡大于或等于3%的路面中、上面层及大桥桥面沥青混凝土铺装层中掺加聚酯纤维。

(4)沥青路面中、上面层配合比采用美国Superpave技术,利用旋转压实仪进行沥青混合料室内配合比设计。根据交通量和气温选择PG76-28改性沥青,提高了路面的抗车辙能力及低温抗裂性能。

(5)因路线地处河套灌区,桥涵台身局部受到碱水腐蚀,对混凝土表面进行防腐处理,采用的主要防腐材料为改性环氧玻璃鳞片防腐底漆、环硅改性环氧树脂砂浆(其中柱式墩加纤维增强层)和环硅改性环氧树脂抗渗胶泥(分散体具有活性功能)、改性环氧防腐抗渗鳞片面漆做中间漆、环硅罩面涂料面漆,采用"二剂二底"加树脂砂浆和胶泥"二中二面"的抗渗防腐工艺。

（6）引进冲击压实技术。针对哈磴高速公路五原连接线的旧路翻松回填，按常规施工方法进行施工，既保证不了工程质量，也保证不了工程进度，同时也加大了工程造价。对旧路基采用了兰派技术进行了冲压，取得了很好的效果，各项测试结果表明，工程实体质量可靠，更重要的是缩短了工期，降低了工程造价。

五、运营养护管理

根据内蒙古高等级公路建设开发有限责任公司对其所属高速公路的管理模式，由包头、巴彦淖尔分公司负责全线运营、养护、服务管理。G6 京藏高速公路包头（哈德门）至磴口段收费站（所）、服务区设置情况见表 8-7，车流量发展状况见表 8-8。

G6 京藏高速公路包头（哈德门）至磴口段收费站（所）、服务区设置情况　　表 8-7

类别	数量	名称
收费站（所）	8	白彦花收费所、公庙子收费所、乌拉山收费所、西小召收费所、五原收费所、临河东收费所、临河西收费所、头道桥收费收费所
服务区	6	白彦花服务区、乌拉山服务区、西小召服务区、临河服务区、临河新区服务区、磴口服务区

G6 京藏高速公路包头（哈德门）至磴口段车流量发展状况表（单位：辆/昼夜）　　表 8-8

收费站（所）	年份					
	2011 年	2012 年	2013 年	2014 年	2015 年	2016 年
白彦花收费所	1152	1151	1200	1179	1187	1347
公庙子收费所	2372	1992	2139	2307	1986	2556
乌拉山收费所	4383	4144	4199	4240	4372	4576
西小召收费所	980	1024	1049	1029	1095	1352
五原收费所	1474	2054	2741	2069	1577	1686
临河东收费所	2792	1910	2775	4160	3852	4401
临河西收费所	1989	1757	1492	1971	2730	2628
头道桥收费所	572	527	624	481	731	725

Ⅷ　G6 京藏高速公路临河过境高速公路

一、项目概况

（一）基本情况

临河过境高速公路起点位于巴彦淖尔市五原县天吉泰镇北侧 2.2km 处，与已建成通车的哈德门至磴口高速公路东段相接，终点位于巴彦淖尔市临河区黄羊木头镇，连接已建成通车的哈德门至磴口高速公路西段,路线全长53.155km。同时修建临河互通连接线长7.3km。

路线主线经过巴彦淖尔市五原县的天吉泰镇和临河区的临河农场、忠义三队、黄羊木头镇。临河过境高速公路位于黄河中游,后套平原腹地,乌兰布和沙漠的东南边缘,路线呈东西走向,路线所经地区地形平坦、开阔,大致可分为两个地貌小区,其中以河套灌区平原地貌为主,另一地貌单元为固定、半固定风积沙地貌。

本项目主线和连接线采用不同的技术标准建设。主线采用高速公路标准,路基全宽26m,设计行车速度100km/h,设计荷载为公路—Ⅰ级;连接线采用一级公路标准,设计行车速度80km/h,路基宽度24.5m,设计荷载为公路—Ⅰ级。

全线主要工程数量为路基土方10310000m^3,路面面层1384000m^2;大桥820m/7座、中小桥1649m/48座;互通式立交有临河东、临河、临河新区、临河西4处;分离式立交7座(其中公铁立交1座);通道桥57座、涵洞62道。收费站设临河、临河新区收费站2处,服务区设临河新区服务区1处。

全线主要材料消耗量为钢筋31813t、水泥306430t、重交沥青30603t、汽油24t、柴油97333t。

本项目初步设计批准项目总工期(自开工之日起)为3年,招标文件确定建设工期为32个月,实际从2006年11月15日开工,2008年11月15日具备通车试运行条件,实际工期24个月。

(二)前期工作

1. 立项审批、资金筹措

临河过境公路的建设按照国家《公路建设市场管理办法》认真履行基本建设程序。

2006年,国家发展和改革委员会以《国家发展改革委关于内蒙古自治区临河过境公路可行性研究报告的批复》(发改交运〔2006〕1075号)批复项目工可研报告;

2006年2月,国土资源部以《关于丹拉国道主干线临河过境高速公路建设用地预审意见的复函》(国土资预审字〔2006〕36号)对该项目进行了用地资格预审;

2006年4月,国家环境保护总局以《关于丹东至拉萨国道主干线临河过境公路环境影响报告书的批复》(环审〔2006〕184号)批准内蒙古交通厅上报的环境影响评价报告;

2006年6月14日,国家发改委以《关于内蒙古自治区临河过境公路可行性研究报告的批复》(发改交运〔2006〕1075号)对本项目工可研报告进行了批复;

2006年9月22日交通部以《关于临河过境公路初步设计的批复》(交公路发〔2006〕515号)对本项目的初步设计进行了批复,并列入内蒙古自治区2006年重点项目建设计划,项目批复概算21.44亿元;

自治区公路局2007年5月9日以《关于丹拉国道主干线临河过境高速公路两阶段施工图设计的批复》(内交发〔2007〕259号)、2008年5月12日以《关于丹拉国道主干线临河过境高速公路两阶段施工图修正设计的批复》(内交发〔2008〕230号)对两阶段施工图及其修正设计进行了批复。

临河过境高速公路项目批复概算为21.44亿元,其中,国家安排中央专项基金(车购税)3.64亿元、自治区公路建设资金安排2.66亿元,作为项目的资本金,其余投资来源为业主自筹和国内银行贷款。

2. 招投标工作

临河过境公路项目按照《中华人民共和国招标投标法》《公路工程施工招标投标管理办法》和《公路工程施工监理招标投标管理办法》等法律、法规进行了工程招标投标工作。

2004年12月14日,内蒙古自治区人民政府以《内蒙古自治区人民政府关于丹拉国道主干线临河过境公路勘察设计项目采取邀请招标的批复》(内政字〔2004〕412号),批准临河过境公路项目的土建工程和交通及房建工程勘察设计采用国内邀请招标方式招标,通过邀请招标确定内蒙古交通设计研究院有限责任公司为本项目土建工程勘察设计单位、中国公路工程咨询监理总公司(后更名为中国公路工程咨询集团有限公司)为本项目交通及房建工程勘察设计单位。

本项目土建工程施工、监理全部实行国内竞争性公开招标、资格预审。2006年6月22日,自治区交通厅批准了丹拉国道主干线临河过境公路工程土建施工、监理招标的《资格预审文件》,并于6月22~23日分别在《中国交通报》、中国采购与招标网、《内蒙古日报》上刊登了资格预审公告。2006年10月16日上午10时30分,本项目施工、监理合同段公开开标,内蒙古自治区检察院和驻交通厅纪检组及公司内部纪检部门派员参加了开标仪式,呼和浩特市公证处对开标全过程进行了现场公证。10月21~22日,由交通部专家库抽取的专家组成评标委员会,经评标委员会评审,推荐中标单位名单,并报请自治区交通厅公路建设市场委员会审查、交通部核备,产生11家路基施工单位、4家路面施工单位及5家监理单位(包括总监办)。项目法定代表人分别与中标路基和路面施工单位签订了合同协议书。

本项目房建、交通工程分别于2007年12月25日和2008年4月29日在《中国交通报》、中国采购与招标网、《内蒙古日报》上刊登了招标公告,并分别于2007年12月27~31日和2008年5月4~8日出售招标文件,在2008年1月19日和2008年5月28日公开开标,确定了11家中标单位、1家机电工程监理单位。招标程序同土建招标。

本项目采用与土建招标相同的方式对支座、伸缩缝、桥涵下部混凝土表面防腐、保险、桩基检测、沥青采购及加工和桥涵检测、绿化工程进行公开招标并确定了符合要求的单位。

3. 征地拆迁

本项目线路经过地区的村落人口稠密,农田林地多,地质复杂,又涉及电力、电信、水利等行业设施,征地拆迁工作矛盾多、困难大。依据国家交通部《关于临河过境公路初步设计的批复》及内蒙古自治区人民政府关于加快公路建设的相关精神,内蒙古高等级公路建设开发有限责任公司与巴彦淖尔市人民政府签订了《丹拉国道主干线临河过境公路工程建设征地拆迁、建设环境保障协议书》,征地拆迁工作由巴彦淖尔市政府负责。

根据《中华人民共和国土地管理法》《中华人民共和国森林法》《中华人民共和国草原法》和内蒙古自治区人民政府有关文件和相关地方法规,内蒙古高等级公路建设开发有限责任公司与巴彦淖尔市人民政府签订协议书,制定补偿标准。

临河过境公路征地拆迁概算批复16290.23万元,征拆费实际费用20909.63万元。土地征用6335亩,电力拆迁79处,坟墓迁移409座。

(三)参建单位

主管单位:内蒙古自治区交通运输厅
建设单位:内蒙古高等级公路建设开发有限责任公司
现场管理单位:内蒙古高路公司公路建设工程项目管理第二分公司
质量监督单位:内蒙古自治区公路工程质量监督站
　　　　　　巴彦淖尔市公路工程质量监督站
勘察设计单位:内蒙古自治区交通设计研究院有限责任公司
　　　　　　中国公路工程咨询集团有限公司
监理单位:河北冀民工程咨询有限公司(总监办)
　　　　　南京交通建设项目管理有限责任公司
　　　　　内蒙古公路工程咨询监理有限责任公司
　　　　　内蒙古交通建设监理咨询有限责任公司
　　　　　赤峰天宇交通监理有限公司
　　　　　北京兴通交通工程监理有限责任公司(机电监理)
施工单位:安徽省交通建设有限责任公司
　　　　　辽河石油勘探局筑路工程公司
　　　　　唐山公路建设总公司
　　　　　中铁二十三局集团第一工程有限公司
　　　　　天津城建集团有限公司
　　　　　青海路桥建设股份有限公司
　　　　　中交二公局第三工程有限公司

中国有色金属工业第六冶金建设公司

中铁十五局集团有限公司

成都华川公路建设(集团)有限公司等31家

二、建设项目管理

(一)项目管理机构

本项目的项目法人经内蒙古自治区交通厅以《关于临河过境高速公路等项目建设有关问题的批复》(内交发〔2006〕54号)批准成立,项目法人为内蒙古高等级公路建设开发有限责任公司,由内蒙古高等级公路建设开发有限责任公司公路建设管理第二分公司负责项目具体建设管理。

内蒙古高路公司项目管理第二分公司设经理1名、副经理1名、纪检特派员1名,分公司内设工程技术部、质量监督部、综合部、安全生产部,后增设材料部,财务部隶属总公司委派。

(二)项目管理

1. 规范化管理

在规范化管理和制度化建设方面,临河过境公路按照交通部《公路建设市场管理办法》和自治区交通厅《内蒙古自治区公路建设管理办法》等法规和办法,认真履行各项建设程序,优化公路建设市场环境,建立公路建设管理制度,规范公路建设市场行为,维护公路建设市场秩序。工程建设中,坚持"百年大计,质量第一"的方针,遵守"严格程序、确保质量、恪守信誉、提高效率"的原则,执行项目法人制、招投标制、工程监理制和合同管理制,建立公开、公正、有序、健康的公路建设环境。

2. 合同管理

为全面实行合同管理,本项目在与参建单位签订施工承包及服务合同的基础上,又签订了《廉政合同》《安全文明生产合同》等。在项目实施过程中,以施工承包合同为主,严密监控各项合同履行情况,适时进行检查、评比、奖惩,监督各参建单位严格履行合同条款,保证了工程质量和工程进度。

工程变更程序在《工程建设管理办法》和《关于下发临河过境公路工程变更申报程序的通知》中做出了明确规定。监理工程师根据合同有关规定,对变更的项目、部位、原因依据、涉及的图纸资料,可能对工程费用、进度的影响做了充分的审核,提出的变更得到了业主的同意,在审查承包人提出的变更时,做到了有理有据,对工程变更引起的价格调整严格按照合同规定的条款和《公路工程国内招标文件范本》的有关条款执行,并征得了设计单位和上级主管部门的同意。

3. 质量管理

工程建设中,建设单位始终把工程质量作为重中之重来抓。通过增强质量意识,建立质保体系、完善质监制度、强化过程控制、提高监控手段,努力创造精品工程。

树立精品意识,牢固树立"质量第一,创造精品工程,保一流质量,创一个精品,立一个样板,铸一块丰碑"的意识。多项工程超过部颁的内控指标,路基压实度下路堤由设计的90%提高到93%,上路堤由设计的93%提高到95%,路面面层压实度由设计的95%提高到98%。对于风积沙施工工艺、软基处理办法等影响工程质量的技术难点问题,请专家研究讨论或征求有经验者的意见,编制《作业指导书》。

建立健全四级质量管理体系(即政府监督、业主管理、社会监理、施工单位自检)和四级质量保证体系(即项目法人、总监办、高级驻地办、施工单位),对工程质量实行直接有效的监督管理。

制定《临河过境公路施工监理实施细则》,对监理单位及其监理人员的职责、权限、工作程序等作了明确规定,并组织了对监理人员的岗前培训和技术交底,同时加大对监理人员的考核力度,对考试成绩不合格者立即清退、迅速调换。

落实工程质量岗位责任制,严格按照国家有关公路工程建设的法律、法规、技术标准和规范,对工程质量进行监管。工程项目在设计使用年限内实行质量责任终身制。严格质量管理程序,一级管一级、一级报一级、一级审一级、层层把关、环环落实。各种指令、报告均以书面形式下达或请示。

加大检查力度,加强工程质量检查评比,并制定严格的奖惩制度,内蒙古高速公路项目管理第二分公司、总监办联合制定了《临河过境公路质量、进度、廉政、安全文明生产奖惩办法》及其实施细则,重奖重罚,奖优罚劣。定期或不定期召开例会、现场会,集中研究或现场解决质量问题,经常组织观摩工程质量好的单位,推广先进经验。

严把原材料质量关,加强试验室建设、抓好试验检测,严格工艺流程,传统工艺必须按规范要求做,新工艺必须试验论证并经监理部门同意后方能实施。严把质量检验关,实行首检责任制,提高抽检、复检合格率,把质量隐患解决在萌芽状态。

统一检验标准,统一记录表格(包括施工、监理、质检、试验表格和监理日志、监理日记、施工月报、监理月报、计量支付报表等),统一装订保存。资料真实有效、有据可查。

通过狠抓工程质量管理,工程质量始终处于可控状态,未出现任何工程质量事故。经综合评定,本建设项目质量评分为98.4,为优良工程。

4. 资金管理

临河过境公路建设实施过程中,严格资金管理,认真履行各项程序,严格执行财务规章制度和有关规定,在各工程项目的计量支付工作中,严格执行设计及招投标文件规定及报价内容,严格履行各级审核签认手续,每月两次及时进行计量支付。对于变更设计内容,严格报审、签认计量程序,有效控制工程造价,控制项目总费用在批复的概算之内。

5. 安全文明生产

临河过境高速公路从开工时就建立了安全领导小组,分公司领导任安全领导小组组长,之后又增设安全生产部,由纪检特派员兼任部长,亲自抓安全文明生产。坚持管生产必须保安全的原则,把安全文明生产与工程质量、进度一起布置、一起落实、一起检查、一起考核、一起验收。要求各施工单位建立安全保证体系,明确项目经理是安全文明生产的第一责任人,同时与地方政府协调,专门成立了临河过境高速公路公安派出所。健全安全文明生产管理制度,加强教育,增强安全文明生产意识,加强检查考核,严格履行《安全生产合同》。要求各施工单位在油库、仓库、发电机房、操作室、易燃易爆物品的储存场所、危险地方(如积水池、泥浆池、高压电线)等处设立了醒目的标志牌;要求各参建单位车况良好,严禁驾驶员酒后驾驶,严禁非驾驶人员驾驶各种机动车,施工人员在构造物施工现场佩戴安全帽。从开工建设到竣工,没有发生较大的安全责任事故和社会治安问题。

6. 廉政建设

临河过境高速公路是自治区的重点工程,按照"工程优良、干部优秀"标准和自治区交通厅提出的公路建设"又好又快"目标,内蒙古高速公路项目管理二分公司从开始筹备、组建到招标以及工程建设的全过程中,始终高度重视廉政建设工作,着重从抓工程建设、组织建设、制度建设和作风建设几方面入手开展廉政建设工作。同时加强合同管理,内蒙古高速公路项目管理二分公司与各施工、监理单位签订了《廉政合同》,在工程建设中实行了双合同制,把廉政建设与工程质量、进度一起布置、一起落实、一起考核,有力地保证了建设资金安全有效使用,为工程建设提供良好的政治环境,有力保障了工程建设的顺利进行。

7. 环境保护和文明施工

对于环境保护工作和水土保持工作,建设单位始终以可持续发展的眼光对待,尽量减少对环境的破坏和污染。开工前,编制了《环境影响评价报告》《水土保持方案》,并报请国家环保总局和国土资源部批准。施工过程中认真落实。本线路经过河套灌区,占用耕地时,建管办严格执行国家最严格的耕地保护政策,在路线选择上尽量避开优质耕地,在施工方案上采取不占耕地的措施。河套灌区路基全部为填方路段,为了不破坏耕地,路基填土全部采用远距离调运风积沙。总之,在实际征用中尽量减少占地面积,并按照国家耕地占补政策与当地土地部门制订耕地占补平衡方案。同时,还注意对耕地、林地、草场、植被、水源、河道的保护,保持水土,防止水土流失。

(三)变更

1. 修正设计

以下为修正设计的主要内容,经内蒙古高路公司审核后报自治区公路局,公路局以《关于丹拉国道主干线临河过境高速公路两阶段施工图修正设计的批复》(内交发〔2008〕230号,2008年5月12日)文件进行了批复。

(1)边坡封闭种植土:本项目路基填料全部采用风积沙,为保证路基边坡不被风蚀,利于植被生长,边坡采用路基基底清表的耕植土进行回填,但积水路段及穿越风积沙路段无法进行清表,因此上述路段封闭边坡种植土需采用远运集中取土,共计41696m³,平均运距3.96km。

(2)线外固沙:路线K937+500~K938+400、K942+150~K944+600、K945+400~K946+000段穿越风积沙区,此段落路基两侧取沙后仍留有低矮沙丘无法取用,为保证路面不积沙及环保要求,在上述路段迎风侧100m、背风侧50m范围,采用格状柴草沙障进行固沙,并在网格内播撒草籽进行绿化。

(3)改渠改路:本项目所在地区为河套灌区,灌渠、排渠纵横交错,同时机耕路密度较大,通常为50m一条渠、50m一条农田路。本项目在勘测设计之初为降低构造物的密度,对路线所跨越渠道及机耕路作了适当的归合改移。归并后其缺失的功能通过改路改渠来完善。为尽量减少因本项目的建设对当地村民生产生活的影响,在工程实施过程中,建管办、征拆办、设计院及当地政府共同协调,对原设计的改路改渠工程进行了优化完善。

(4)增加特殊路基处理:全线增加下湿地特殊路基处理2.6km,基底处理采用填筑砂砾或石渣垫层。

2. 设计变更

在项目执行过程中有部分工程实际施工内容或情况与原设计不符。对此,建管办、设计院、监理单位、承包人根据实际情况,以变更的形式采取了相应的处理措施。2008年前批复共性变更共计7425672元,包括:

(1)圆管涵变更为暗板涵:主线共设置1~1.5m圆管涵29道,施工过程中当地村民以无法清淤为理由要求改变为盖板涵。建管办会同征拆办及总监办、高级驻地办、施工单位现场调查后决定将其中16道圆管涵变更为暗板涵。

(2)由于本项目所经地段上部地层主要为第四系冲积成因的细粒沉积物,以粉砂、细砂为主,其厚度最薄处200~300m,最厚处超过500m,为黄河侧向迁移冲积形成。工程地质条件属中等—复杂类型,力学性质不理想,且多数工程区存在地震液化土层。因此,桥梁的钻孔灌注桩基础桩长较长,配筋率较大。原设计钻孔灌注桩钢筋笼架力筋采用$\phi22$,

现场加工过程中无法保证钢筋笼外形,因此将架力筋直径变为$\phi 25$;同时将钻孔灌注桩钢筋笼搭接长度由$10d$变为$15d$。

(3)原设计小桥涵洞台背采用砂砾回填,本项目在加强过程监管与质量监管的同时采用风积沙进行台背回填。

(4)合渠并路,原设计小桥、涵洞布设以原有沟渠为基础,以不打乱现有排灌系统为原则,但在实施过程中发现原设计构造物设置不满足当地村民生活和灌溉需求。由于排灌沟渠较密集,如在沟渠处全部设置构造物,将增加工程造价,为此,经过设计院和当地乡镇现场调查,采取合渠并路的方式,满足了当地村民生活和灌溉要求。

三、科技创新

(一)新技术应用

(1)临河过境公路原设计8m、13m轻型薄壁桥台为普通钢筋混凝土结构,为预防薄壁桥台混凝土裂缝,在混凝土中添加了抗裂增强纤维。

(2)为了使沥青混凝土桥面铺装与桥面水泥混凝土调平层间有效结合,引入了长安大学露石混凝土新技术,全线所有桥梁水泥混凝土桥面(调平层)全部采用露石混凝土新技术,改变传统凿毛拉毛做法,效果非常好。

(3)针对河套地区盐碱水的腐蚀,对于排干渠中的桥梁墩台柱及盐碱水侵蚀严重的渠系中混凝土结构物均采取了混凝土防腐新技术。

(4)对于高填方路堤(填高大于8m)段落,为了保证其稳定性,要求在施工过程中进行沉降观测,以掌握路堤填土沉降的规律和幅度,做到有的放矢,以确保路基的整体稳定。

(5)为降低成本,针对河套地区风沙大的特点,部分(连接线)路基边坡采用植物防护措施,改变了以往浆砌片石的传统保守做法,效果良好。为了减少路面反射裂缝,部分路段 K963～K968 在下面层和基层之间采用同步碎石下封层。

(6)为保证路缘石、路肩板的美观和线形顺直,全线路缘石、路肩板施工采用了混凝土滑模施工新技术,该技术省时、省力,效果好。

(7)沥青路面采用Superpave技术设计Sup16、Sup20、Sup25来代替相应的结构层,按照美国Sup16、Sup20、Sup25设计标准,采用旋转压实仪进行沥青混合料室内配合比设计。在选用沥青时,采用SHRP方法根据气温选择沥青PG等级,根据交通量和速度调整PG等级,使沥青抗车辙能力及低温抗裂性能提高。

(二)科研课题

风积沙处理路基软地基技术研究(内蒙古交通科技项目)

风积沙作为路用材料是沙漠地区筑路的新技术之一,特别是利用风积沙加固不良路基地基面临着许多的技术难题。临河过境高速公路项目主要针对利用风积沙对河套灌区的不良路基地基的风积沙加固处理的应用技术开展研究,目标是全面、系统地分析风积沙在路基不良地基处理应用上的可行性和必要性,研究总结风积沙在处理路基不良地基上的应用技术措施,并通过与其他加固处理技术对比,通过一系列相关试验及试验路段的处理结果的稳定性、沉降观测等分析研究,提出了风积沙用于加固类似河套黄灌区等特殊路基软地基处理的应用技术措施和方法。

通过对试验路段(K936+800~K937+300)进行土工试验与路基稳定观测方案设计,并进行了大量的土工试验,在施工中对该段路基地基的沉降与稳定进行了一年多的监测,同时对地基沉降规律和检测数据进行了理论分析与研究,得出类河套灌区不良路基地基,经设置或换填风积沙垫层处理是科学的、可行的,能完全满足路基施工要求。

研究总结最终提出风积沙应用于加固路基特殊不良地基可行性技术。特别是对于类似于内蒙古自治区的河套黄灌区等特殊不良地基,利用风积沙进行加固处理,不但能大量节约工程投资和造价,而且具有广阔的应用前景和十分重要的现实意义。

四、运营养护管理

临河过境高速公路由内蒙古高等级公路建设开发有限责任公司巴彦淖尔分公司负责全线运营、养护、服务管理。G6 京藏高速公路临河过境高速公路收费站(所)、服务区设置情况见表8-9,车流量发展状况见表8-10。

G6 京藏高速公路临河过境高速公路收费站(所)、服务区设置情况 表8-9

类　　别	数　　量	名　　称
收费站(所)	2	临河收费站、临河新区收费站
服务区	1	临河新区服务区

G6 京藏高速公路临河过境高速公路车流量发展状况表(单位:辆/昼夜) 表8-10

收费站(所)	年　份					
	2011年	2012年	2013年	2014年	2015年	2016年
临河收费站	2903	3415	2795	1525	1686	1710
临河新区收费站	1048	1759	2572	1114	1227	1579

Ⅸ　G6 京藏高速公路磴口至巴拉贡段

一、项目概况

(一)基本情况

磴口至巴拉贡高速公路(简称"磴巴高速公路")位于内蒙古自治区巴彦淖尔市磴口

县和鄂尔多斯市杭锦旗境内,主线全长17.200km,磴口连接线长9km。

路线起点(桩号:K1045+700)为磴口县巴彦高勒镇北,经黄土档村上跨110国道、包兰铁路、黄河总干渠,在三盛公拦河水闸下游2.5km处跨越黄河,终点(桩号:K1062+900)位于巴拉贡镇。

技术标准:主线为高速公路,设计行车速度100km/h,路基宽26m,其中中央分隔带宽2m,土路肩为2×0.75m,左侧路缘带为2×0.75m,行车道4×3.75m,硬路肩(紧急停车带)2×3m,桥梁设计荷载公路—Ⅰ级、挂车—120。特大桥设计洪水频率1/300,大中桥设计洪水频率1/100。磴口连接线为二级公路,设计行车速度80km/h,路基宽12m,路面宽11m。磴巴主线全长17.2km,支线9km,项目批复概算7.42亿元。

全线主要工程数量包括路基土方27940000m^3,路面主线17.2km,支线9km,特大桥2603m/2座(黄河特大桥长1579m,总干渠特大桥长1024m)、大桥253.2m/2座,中桥137.4m/3座,小桥与通道407m/26座,涵洞35道(其中钢筋混凝土盖板涵20道,铜筋混凝土圆管涵15道),互通式立交2处,分离式立交2座。设磴口、巴拉贡2处收费站。

该工程2002年3月29日开工建设,于2003年底完工,2004年6月9日通车。

(二)前期工作

1. 立项审批、资金筹措

本项目由交通部批准,并已列入国家基本建设计划。磴巴高速公路的建设,按照国家《公路建设市场管理办法》,认真履行基本建设程序。

交通部于2001年7月以交规划发〔2001〕407号文件对本项目工可研报告进行了批复;

交通部2001年12月以交公路发〔2001〕721号文件对本项目初步设计进行了批复,项目批复概算7.42亿元;

自治区交通厅以内交发〔2002〕318号文件对批准的初步设计概算资金进行了落实,项目批复概算7.42亿元,投资来源为国内银行贷款、交通部补贴、自治区交通厅自筹;

2003年10月自治区交通厅以内交发〔2003〕638号文件对两阶段施工图设计进行了批复,批准全线预算6.93亿元。

2. 招投标工作

磴巴高速公路土建工程与施工监理实行国内公开招标的形式。建管办积极配合自治区公路建设项目招标办公室,于2001年底组织编制招标文件,于2002年1月1日分别在《中国交通报》《中国经济导报》发布招标公告。在对参加报名投标的128家施工企业进行了严格的资格预审后,通过62家,及时向交通部报送了《磴巴高速公路项目土建工程招标资格预审评审报告、招标文件审批的报告》。

全线 26.2km 共分为 8 个土建合同段(其中路基桥涵工程 6 个合同段,路面工程 2 个合同段),施工监理 2 个合同段。2002 年 3 月 1 日公开开标,经自治区磴巴高速公路评标委员会认真评审,确定了 8 家中标单位,承担 8 个标段的土建施工项目,对通过资格预审的 5 家甲级监理单位,确定 2 家中标单位,承担 2 个施工监理合同段的监理工作。

1~6 号土建工程中标单位和 2 家监理中标单位按照《中标通知书》的要求于 2002 年 3 月 15 日后相继进入施工现场,7 号、8 号土建工程中标单位于 2002 年 10 月进入现场,开始做施工准备工作和路面材料采备工作。

本项目交通工程采用国内公开招标的形式选择施工单位,招标工作于 2003 年 2 月完成,15 家中标施工单位、5 家监理单位根据合同工程内容于 2003 年 7 月陆续进入施工现场,开始各自标段工程项目的实施工作。

3. 征地拆迁

2001 年 10 月征地拆迁工作启动。2002 年 3 月 20~25 日分别与巴彦淖尔市政府、鄂尔多斯市政府签订了《丹拉国道主干线磴巴高速公路工程建设征地拆迁、建设环境保障协议书》,4 月初建管办按照协议条款划分的职责,将征拆款分别划拨巴彦淖尔市和鄂尔多斯市政府征拆办公室。

全线设计征地数量 2398.78 亩,实际征地数量 2514.52 亩,实际与设计超占部分主要是因为部分路段路基加宽或坡脚处防护工程加宽、农田改渠改路占地。具体土地使用情况如下:耕地 1117.85 亩、草地 509.10 亩、沙打旺草场 132 亩、人工生态区 302.47 亩、河滩地 193.65 亩、林地 102.39 亩、果园 68.22 亩、宅基地 46 亩、鱼塘 42.84 亩。全线电力、电信拆迁:高压电力线路 10kV、35kV、110kV、220kV 线路拆迁 28 处,低压线路拆迁 30 余处,电信、电缆线路拆迁 7 处。

全线征拆共计发生费用 0.31 亿元,其中支付巴彦淖尔市征地费用 0.17 亿元,支付鄂尔多斯市征地费用 0.09 亿元,全线拆迁费用(电力电信)0.05 亿元。

(三)参建单位

建设单位:内蒙古自治区交通厅
现场管理单位:内蒙古自治区磴巴高速公路建管办公室
勘察设计单位:内蒙古自治区交通设计研究院
施工单位:内蒙古联手路桥有限责任公司
　　　　　中铁十三局集团有限责任公司
　　　　　中铁大桥工程局集团公司
　　　　　中铁十七局集团有限公司
　　　　　内蒙古公路工程局

鄂尔多斯市公路工程局

路桥集团第二公路工程局三处

内蒙古通辽交通工程局等23家

监理单位：河北通达工程监理咨询有限公司

内蒙古宇通公路工程咨询监理有限公司

二、建设项目管理

(一)项目管理机构

内蒙古自治区人民政府办公厅以《关于成立自治区磴巴高速公路建管办的通知》(内政办字〔2002〕9号)批准成立的公益型项目法人单位——磴巴高速公路建管办公室,负责磴口至巴拉贡段高速公路的建设管理工作,行使业主职权。

建管办设主任1名、副主任1名,内设工程部、质检部、财务部、综合部4个职能部门;并组建了总监理工程师办公室,施工监理由总监理工程师全权负责,监理机构实行两级监理,即总监理工程师办公室(总监办)及其所属高级驻地监理工程师办公室(驻地办)。

(二)重要事件、变更

1. 重要事件

2003年4月以来,正当工程建设进入关键性阶段,内蒙古部分地区相继出现"非典"传染疫情,磴巴高速公路所处段落位置为疫情传染严重地区,疫病的出现,对高速公路建设工程造成了很大影响。进场施工单位中,一度出现筑路民工及部分职工情绪不稳的现象,四月中下旬,相继出现民工不听说明、劝阻、返回原籍的现象,对施工组织计划安排产生极大影响,导致施工单位、监理单位准备进场人员不能按时进场,施工单位从基地调运的部分机械设备不能按时进场,工地所需工程材料进场困难,运输及供应不及时。

针对"非典"疫情,磴巴高速公路建管办把严防"非典"、严控"非典"传播作为工作的重中之重,在加强工程建设的同时,周密部署各项预防控制"非典"工作,密切监视"非典"疫情动态,采取了以参加工程建设各单位第一负责人为主的预防治理工作机构,并采取措施,严防"非典"传入,保障高速公路建设工程的顺利进行。通过有效防控,磴巴高速公路的所有参建人员未发现一例疑似人员。通过合理组织施工生产,最大程度降低"非典"对高速公路建设产生的影响和造成的损失。

2. 变更

(1)路基变更设计

取消黄河大桥南岸 K1053+000～K1054+300 砂桩处理软基地段方案,改为抛石挤淤处理路基基底。

(2)桥涵变更设计

总干渠特大桥0号台5号墩根据水利部门的布孔要求由原设计5孔35m变更为7孔25m。

(3)路面变更

①原设计路面20cm基层变更为36cm,分18cm下基层、18cm上基层。

②路面中面层用沥青由原设计重交沥青变更为改性沥青。

③拦水带与路肩块设计为一体混凝土预制块改为路肩块配合沥青砂拦水埂。

(4)防护工程变更设计

①边坡急流槽增加80cm宽、25cm厚片石基础。

②预制板护坡砂垫层上增设土工布。

(5)交通工程变更

①防撞护栏板由镀锌护栏板变更为镀锌加喷塑护栏。

②立交区范围隔离栅由刺丝网变更为喷塑电焊网。

③原设计中央分隔带绿化防眩,据当地气候条件,全线改为安装防眩网。

三、复杂技术工程

(一)磴口黄河特大桥

磴口黄河特大桥是磴口至巴拉贡段高速公路上跨越黄河的一座特大型公路桥梁,是该项目的咽喉工程,也是G6京藏高速公路内蒙古段最长桥梁。磴口黄河特大桥全长1579m,由左右两幅桥组成。下部结构为钻孔灌注桩基础,上部结构为4×35m+(55m+3×100m+55m)+5×50m+22×35m变截面和等截面预应力连续箱梁主桥及预应力组合连续箱梁引桥,主桥部分为实体墩,引桥部分为柱式墩,肋式桥台,桥位位于三盛公拦河水闸下游2.5km处。

该桥详情见"第二章 高速公路发展及成就"中"第二节 建设成就"。

(二)总干渠大桥

该桥全长1024m,桥面宽25.50m,净宽22.5m。下部结构为钻孔灌注桩基础,上部结构为7×25m+24×35m预应力组合连续箱梁,柱式墩、肋式桥台。

该桥详情见"第二章 高速公路发展及成就"中"第二节 建设成就"。

四、新技术应用

(1)改性沥青的使用。磴巴高速公路路面原设计使用普通沥青,考虑到社会上超载车辆逐年上涨的趋势,总结内蒙古自治区内外公路路面损坏情况的经验,将普通沥青变更为改性沥青,极大地提高了路面强度和抗变形能力。

(2)路面碾压采用超载预压。随着交通运输行业的不断发展,道路交通量日趋增长,特别是超载车辆的发展,对路面使用造成了极大的损坏。因此,为防止新建路面通车后出现车辙现象,路面中、下面层采用后轴重26t的载重汽车对路面进行超载碾压,提高压实度,防止通车后路面在超载车辆的作用下出现车辙。

(3)大中桥桥面沥青混凝土中掺加聚酯纤维。为提高大中桥桥面沥青混凝土的各项指标,在沥青混凝土中掺加0.34%聚酯合成纤维,改善了桥面沥青混凝土的抗裂性能,提高了桥面沥青混凝土的抗破坏能力。

(4)大吨位悬浇挂篮一次行走施工技术。G6京藏高速公路磴口至巴拉贡段黄河大桥主桥为5×50m现浇连续箱梁,施工时受河滩湿陷性地基承载力低的限制,根据项目实际情况,该项目施工时采用移动模架法施工,为减轻模架质量,在每跨跨中区域增加临时钻孔桩作为临时支撑,模架自重400t。施工时经多次方案优化,将每跨施工周期由近1个月缩短至15天,创造了移动模架最短施工周期的纪录。

五、运营养护管理

根据内蒙古高等级公路建设开发有限责任公司对其所属高速公路的管理模式,由巴彦淖尔、乌海分公司负责全线运营、养护、服务管理。G6京藏高速公路磴口至巴拉贡段收费站(所)、服务区设置情况见表8-11,车流量发展状况见表8-12。

G6京藏高速公路磴口至巴拉贡段收费站(所)、服务区设置情况　　表8-11

类　　别	数　　量	名　　称
收费站(所)	2	磴口收费所、巴拉贡收费所

G6京藏高速公路磴口至巴拉贡段车流量发展状况表(单位:辆/昼夜)　　表8-12

收费站(所)	年　份					
	2011年	2012年	2013年	2014年	2015年	2016年
磴口收费所	4791	3676	3560	3779	3990	4693
巴拉贡收费所	793	891	820	869	928	1032

Ⅹ　G6京藏高速公路巴拉贡至新地段

一、项目概况

(一)基本情况

巴拉贡至新地段高速公路起点位于巴拉贡镇南,与磴口至巴拉贡高速公路终点相接,起点桩号为 K952+128,终点位于蒙西水泥厂东侧,与当时开工在建的新地至麻黄沟高速公路起点相接,终点桩号 K1004+197,路线全长 52.069km。

本项目位于内蒙古自治区鄂尔多斯、乌海市境内,其地理位置处于内蒙古西部,即鄂尔多斯高平原西部,黄河东岸,地势东高西低,南高北低,平均海拔约为 1187m。

巴拉贡至新地段高速公路采用高速公路标准,设计行车速度 100km/h,路基宽度 26m,桥涵设计荷载采用汽车—超 20 级,挂车—120。全线路面采用沥青混凝土高级路面。

全线路基土方 4096000m³;路面工程 52.069km;设大桥 9 座;中桥 9 座;小桥 43 座;涵洞 65 道;设置完整的交通工程设施。

工程施工期为 2 年,2003 年 4 月起至 2005 年 6 月止。

(二)前期工作

1. 立项审批、资金筹措

2002 年 4 月 18 日,交通部以《关于丹拉国道主干线巴拉贡至新地公路可行性研究报告的批复》(交规划发〔2002〕159 号)批复项目工可研,要求总投资控制在 8.50 亿元(未含建设期贷款利息及政策性调整费用)。建设资金来源于交通部暂定安排专项资金 3.64 亿元,作为国家投入的资本金,其余资金由自治区自筹解决(含利用国内银行贷款)。项目总工期 3 年。

2002 年 12 月 4 日,交通部以《关于丹拉国道主干线巴拉贡至新地公路初步设计的批复》(交公路发〔2002〕573 号)批复巴拉贡至新地公路初步设计。

项目批复概算为 8.34 亿元(含建设期贷款利息)。

2. 招投标工作

本项目招标投标工作严格按照《中华人民共和国招标投标法》《公路工程施工招标投标管理办法》和《公路工程施工监理招标投标管理办法》等法律、法规进行。勘察设计、土建工程、房建工程、交通工程、机电消防等工程的设计施工、监理单位均采用国内公开招标方式产生。

巴拉贡至新地段共划分 1 家设计单位、1 家总监办、3 家土建监理单位、9 家土建施工单位(其中路基、桥涵工程 6 个施工合同段,路面工程 3 个合同段)和 1 家交通工程监理、16 家交通工程施工单位等参与本项目建设施工。

3. 征地拆迁

根据内蒙古自治区人民政府《关于加快公路交通发展的意见》(内政发〔2002〕14 号)及项目实际情况,建管办与鄂尔多斯市人民政府签订了《丹拉国道主干线巴新高速公路工程建设征地拆迁、建设环保保障协议》,鄂尔多斯市人民政府由主要领导负责、有关部门参加成立了巴新高速公路建设领导小组,下设办公室负责具体的征拆事宜,沿线的旗、镇、苏木成立了具体的征拆机构,在建设领导小组的统一领导下,开展征拆及协调工作。

巴新高速公路全线征地274.09亩,其中,草地272.89亩、砂场1.2亩。拆除网围栏1690m/21处,猪羊圈1个,水窖1个,迁坟16座,拆迁电力线2处。共发生征地拆迁费用763.05万元,项目批复概算1144.55万元。

（三）参建单位

建设单位:内蒙古自治区交通厅
现场管理单位:内蒙古自治区巴新麻高速公路建设项目管理办公室
质量监督单位:内蒙古自治区公路工程质量监督站
勘察设计单位:内蒙古自治区交通设计研究院
施工单位:龙建路桥股份有限公司
　　　　　内蒙古通辽市交通工程局
　　　　　内蒙古自治区公路工程局
　　　　　河南省大河筑路有限公司
　　　　　山西中北路桥建设有限责任公司
　　　　　中铁十一局集团有限公司
　　　　　路桥集团第一工程局第五工程公司
　　　　　内蒙古鄂尔多斯市公路工程有限责任公司
　　　　　哈尔滨华龙交通建设有限公司等25家
监理单位:山西省公路工程监理技术咨询公司(总监办)
　　　　　内蒙古交通建设监理咨询公司
　　　　　鄂尔多斯市公路工程监理所
　　　　　潍坊市交通工程监理中心
　　　　　北京兴通交通工程监理有限责任公司

二、建设项目管理

（一）项目管理机构

2003年5月8日,《内蒙古自治区人民政府办公厅关于巴新建管办移交新麻建管办合署办公的函》(内政办字〔2003〕146号)决定,巴新建管办移交新麻高速公路建设项目管理办公室合署办公,原新地至麻黄沟高速公路建管办更名为巴拉贡至新地至麻黄沟建管办,隶属自治区交通厅。建管办法定代表人由原新麻高速公路建设项目管理办公室主任担任。

巴新麻高速公路建设项目管理办公室内设工程部、质监部、合同部、综合部、财务部、安全生产部。

(二)项目管理

本项目按照招投标文件和《中华人民共和国合同法》进行管理。

1. 制度建设

建设项目管理办公室对巴新麻高速公路建设过程统一管理,由各部门汇集编写成《巴新麻高速公路建设项目管理规章制度》,于2004年4月1日实施。在施工过程中各部门也颁布了相关的文件并实施,还制定了《工程建设管理办法》《工程变更管理办法》《工程监理办法》《安全生产管理办法》以及《工作管理制度》《政治学习、民主生活、工作例会制度》《党风廉政建设责任制》等44项办法和规章制度,做到了有章可依,遵章办事,充分体现了规范化、制度化、科学化管理的模式。

2. 质量控制

建立健全四级质量管理体系(政府监督、业主管理、社会监理、施工单位自检)和四级质量保证体系(建管办、总监办、驻地办、施工单位),接受政府监督,充分发挥质监部、总监办、高级驻地办监理相关人员的作用,对工程质量实行了直接有效的监督管理,同时要求施工单位建立健全质量保证体系,组织严密周到的自检机构,配备认真负责的质检人员,做到各司其职、各负其责。

通过招标优选高水平、有实力、能负责的施工单位和监理单位,并通过资质检查严把准入关。严格制定和履行招标文件、《施工合同》中有关质量的规定,一切按合同办事。

加大检查力度,除施工单位自检外,加强各级监理人员的现场跟班监督,重点部位加强旁站,严格监督隐蔽工程施工过程,消除质量隐患,建管办定期或不定期检查,把工程质量控制在每个过程、每个细节,发现问题及时处理,预防质量事故发生。

树立榜样工地,确立最低标准,组织施工现场观摩会,要求每家土建单位提供一段标准路基、一座大桥、桥涵的工程,组织全线观摩,评选出最好的路基,最好的钢筋加工,最好的混凝土浇筑,以作为巴新段的质量最低标准,达不到此标准则返工或处罚。这样,标准统一,各单位有了压力,使工程质量始终处于良好的受控状态。

定期召开生产会。建管办、总监办每7~10天召开一次生产会,在会上解决工程质量、进度及其他有关事宜,对质量倒退、进度滞后单位进行督促,也使各单位可交流,知己知彼,干劲十足,效果良好。

月底联合大检查,加大评比与奖罚力度。建管办、总监办每月进行联合大检查,奖优罚劣并公布奖惩结果,同时通过《工程快讯》抄报到自治区政府交通厅。这一举措大大刺激了各单位的企业荣誉感和责任心,比学赶帮超气氛很浓。

把好原材料关。因乌海地区碎石厂多而杂,而可利用的母材仅两个地方,建管办与各单位共同开采,确保了碎石质量;对SBS改性沥青改为使用科氏改性沥青;对交通工程材料进行严格检测,并要求反光膜选用指定产品;对支座建议使用衡水宝力或上海彭浦等。在方方面面严把原材料质量关,保证了实体质量。

3. 造价控制

本项目整个工程建设中,加强专项资金管理,始终注意严格控制建设资金,以合同为依据,以资金管理为主线,做好建设资金的筹集、控制、监督和核算工作,依法、合理、及时筹集和使用资金,严格控制建设工程造价。主要措施如下:

严格执行工程合同。合同价即为中标价。在合同履行过程中,通过有关合同的约定,将合同双方的工作密切联系起来,促进工程造价管理工作的开展和工程造价控制目标的实现。

加强工程各阶段跟踪审计。积极配合审计机关开展的项目建设跟踪审计,委托社会审价机构进行建设工程造价咨询审计,借助擅长工程造价审核的特点,突出工程造价审计,以实现节约投资、减少损失浪费、促进提高投资效益的目的。

针对土地征用及征地拆迁补偿资金"专款专用"、政策性强的特点,开展征地拆迁资金使用内部审计,杜绝各种违法违纪行为,确保征迁资金及时到位。

4. 生态文明建设

对风积沙危害比较严重的地段(K1009~K1013)采用了植物草格防护和设置沙障,这项工程起到了良好的水土保持效果,也给生态自然修复创造了条件。同时在该段两侧各50m范围内设置了喷灌设施,公路沙害得到了治理,而且周围的环境也得到了治理。该项目环境保护、水土保持工程建设的质量和标准达到了国家有关规定要求,2005年12月6日水利部黄河水利委员会授予"黄河流域大型开发建设项目水土保持工作先进单位",2005年5月通过了国家环境保护总局组织的环境保护验收。

5. 农民工工资发放

在项目建设伊始,建管办就提出确保农民工的工资发放必须到位,并要求建管办综合部会同财务部定期检查施工单位财务支出情况,深入工地向农民工了解工资发放情况,通过检查和采取措施,保证了农民工的工资发放,维护了农民工的切身利益,稳定了施工队伍,确保了工程进度。

6. 防治传染病工作

巴新段开工正值"非典"高峰,建管办、总监办从工人到场、接送、体检、住宿、饮食等均做详细检查,要求各单位设流动水洗手处,分餐制吃饭,把防治传染病作为首要任务来抓。要求施工单位有专职医生,随时体检,效果明显。

7. 业余文化生活

为了丰富职工的文化生活,建管办邀请乌海文工团的演员深入到施工现场和施工单位驻地进行慰问演出,激发参建员工的工作热情,鼓舞干劲。各单位还采用多种形式,搞舆论宣传,充分调动广大职工的积极性、主动性。

8. 廉政建设

在工程建设的开始,建管办就要求各参建单位,根据党员人数的情况成立党支部和党小组。在工程建设的全过程中,始终坚持正常的党组织生活、民主生活,增强了党员的党性,充分发挥了基层党组织的战斗堡垒作用和党员的先锋模范作用。

以预防腐败为重点,健全拒腐防变教育长效机制。建管办多次组织各监理单位、施工单位召开党风廉政建设会议,传达上级廉政专题会议精神,部署反腐倡廉工作。同时也警告各参建单位的每一位干部和员工警钟长鸣,珍爱家庭,做到"常在河边走,就是不湿鞋",反复强调党风廉政建设和反腐倡廉的极端重要性。

为实现"工程优良,干部优秀"的目标,建管办与监理单位、施工单位签订了《廉政合同》,同时建立了建管办主任、副主任及干部,总监办总监理工程师,各专业监理工程师,各施工单位经理、总工,监理单位的高级驻地干部廉政档案,建立了《廉政建设反馈意见卡》制度。

深入开展自查自纠活动,发现问题及时纠正,积极推进治理商业贿赂工作。举办预防职务犯罪廉政主题讲座,积极开展警民共建活动,从源头上控制腐败行为。以强化监督为手段,健全权力运行监控机制,努力以廉政建设的新成效促进和保障工程建设的顺利进行。

(三)重大事项

2003年4月正值"非典"肆虐时期,而就在这时,工程建设正处于招标阶段和工程开工施工单位进场,为了不影响工程建设的工期,建管办采取果断措施,不畏艰险,制订了《预防传染病应急预案》,提出了传染病为"零"的奋斗目标。建管办主任亲自挂帅,成立了巴新麻建管办防治"非典"领导小组。在周密、仔细的安排下,完成了招标工作,确定了10家施工单位、4家监理单位中标。由于中标单位来自全国不同的地区,为防止"非典"传入施工现场,参建单位进场建管办毅然决定由专人负责接站,并与地方政府和乌海铁路部门协商专门开通了高速公路建设者出站通道。建管办的工作人员对每趟火车接站,对每一位参加高速公路建设的人员进行体温测量,没有问题后护送到各参建单位驻地。为把防控"非典"工作落到实处,建管办与各参建单位签订了《防"非典"合同》,加强了防控传染病的工作,并要求各施工单位成立防控"非典"领导机构,全面落实防控传染病责任制,对各参建单位定期进行卫生、食品采购、储藏等方面的检查,通过努力,保证了高速公路建设顺利实施。

三、新技术应用

(1)路线所经地区有一处穿越流动沙丘、风积沙危害较为严重的路段。建管办聘请内蒙古公路学会、内蒙古农业大学、长安大学的专家和教授进行了防风固沙的优化设计。经过优化设计,顺路线方向设置了沙障和植物草格防护,给生态自然修复创造了条件,公路沙害得到了彻底治理,对周围环境也起到了治理。

(2)基层顶面切缝并加铺土工隔栅。为防止路面基层产生不规则裂缝,减轻沥青混凝土面层的反射裂缝,对路面基层进行切缝处理。借鉴邻近省区的经验、结合本项目的实际情况,基层顶面每隔12m切一道横缝。缝宽3mm,缝深8cm,上置土工隔栅,吸收水平拉应力。切缝须在基层收缩裂缝产生之前进行。这一举措大大减少了路面的反射裂缝。

(3)在沥青混凝土路面中、上面层摊铺时,增加沥青混凝土转运车。混合料的温度离析是造成沥青路面早期破坏的重要原因之一,很容易导致路面产生渗水、车辙及松散等破坏,是降低沥青路面使用寿命的顽症。在沥青混合料摊铺过程中,通过转运车对沥青混合料的再搅拌,可有效地改善沥青混合料在运输过程中产生的混合料温度离析,保证混合料的均匀和稳定,提高了路面压实度、稳定度和平整度,从而提高了路面的使用寿命。

四、运营养护管理

巴新高速公路运营、养护管理由内蒙古高等级公路建设开发有限责任公司乌海分公司负责。自2005年通车运营以来车流量一直呈连续递增趋势,2011年达到最高峰。自2012年开始,由于受煤炭市场疲软、铁路运能增加等因素影响,车流量有所下降。G6京藏高速公路巴拉贡至新地段收费站(所)、服务区等设置情况见表8-13,车流量发展状况见表8-14。

G6京藏高速公路巴拉贡至新地段收费站(所)、服务区等设置情况　　表8-13

类　　别	数　　量	名　　称	占地面积(亩)
收费站(所)	1	蒙西收费所	

G6京藏高速公路巴拉贡至新地段车流量发展状况表(单位:辆/昼夜)　　表8-14

收费站(所)	年　　份					
	2011年	2012年	2013年	2014年	2015年	2016年
蒙西收费所	3449	3554	3440	3275	2939	3000

XI G6 京藏高速公路新地至麻黄沟段

一、项目概况

(一)基本情况

新地至麻黄沟段起点位于新地镇蒙西水泥厂东侧,新千公路北侧约860m,110国道东侧约5km处,与巴拉贡至新地高速公路终点相接,终点位于内蒙古宁夏交界处,接宁夏回族自治区已建成的石(咀山)中(宁)高速公路,路线长64.456km。

新地至麻黄沟段高速公路采用高速公路标准,双向4车道,设计行车速度100km/h,路基宽26m,桥梁与路基同宽,桥涵设计荷载采用汽车—超20级,挂车—120。全线路面采用沥青混凝土高级路面。全线设置互通式立交4座,服务区1座,主线收费站1座。

路基土石方约10292000m^3;主线路面工程64.456km;设特大桥2028m/3座;大桥700m/4座;中桥795m/12座;小桥928m/33座;涵洞86道;通道29道;分离式立交24座,设置完整的交通工程设施。

本项目于2003年7月开工,2005年9月交工。

(二)前期工作

1. 立项审批、资金筹措

2002年8月19日,交通部在《关于丹拉国道主干线新地至麻黄沟(内蒙古宁夏界)公路可行性研究报告的批复》(交规划发〔2002〕382号)中批复新地至麻黄沟(内蒙古宁夏界)高速公路起于新地,止于麻黄沟(内蒙古宁夏界),全长64km。全线采用4车道高速公路标准建设,计算行车速度100km/h,路基宽度26m。项目总工期3年。

2003年4月3日,《内蒙古自治区人民政府关于成立自治区公路建设管理办公室的批复》(内政字〔2003〕86号)同意成立内蒙古自治区新麻高速公路建设管理办公室。

2003年4月28日,交通部在《关于丹拉国道主干线新地至麻黄沟(内蒙古宁夏界)公路初步设计的批复》(交公路发〔2003〕149号)中批复新地至麻黄沟高速公路初步设计。

新麻高速公路项目批复概算为14.81亿元(含建设期贷款利息)。

2. 招投标工作

施工、监理单位均采用国内公开招标方式产生,分别确定2家设计单位、6家监理单位(含总监办)、10家土建施工单位和25家其他施工单位参与本项目建设施工。

设计招标:内蒙古自治区交通厅以内交发〔2002〕595号文件向内蒙古自治区政府申请丹拉国道主干线新地至麻黄沟高速公路勘察设计进行邀请招标。内蒙古自治区政府于

2002年10月24日以内政字[2002]274号文件批准丹东至拉萨国道主干线新地至麻黄沟高速公路勘察设计进行邀请招标。第一合同段：中交公路规划设计院为土建工程勘测设计单位，并负责全线初步设计、总体设计及其文件的汇总；第二合同段：中国公路工程咨询监理总公司为本项目全线交通工程及沿线设施的勘测设计单位。

监理招标：招标范围为国内公开招标、资格预审。监理招标共包括1个总监办合同段、3个驻地监理合同段、1个交通工程监理合同段、1个房建工程监理合同段。内蒙古自治区公路建设项目招标办公室和内蒙古自治区新麻高速公路项目建设管理办公室于2003年4月5日在《中国交通报》和《中国经济导报》上刊登了招标通告。2003年5月18日上午9时，在内蒙古自治区交通厅开标。经过评审，以下投标人中标。总监办：山西省公路工程监理技术咨询公司；1合同段：内蒙古宇通公路工程咨询监理有限公司；2合同段：北京正远监理咨询有限公司；3合同段：山东省德州市交通工程监理公司。

施工招标：新麻项目土建工程施工单位招标共分为10个土建合同段（其中路基、桥梁工程6个合同段，路面工程4个合同段）。招标单位（内蒙古自治区公路建设项目招标办公室和内蒙古自治区新麻高速公路项目建设管理办公室）于2003年4月5日在《中国经济导报》和2003年4月7日《中国交通报》上刊登了资格预审通告，又于2003年4月14日在上述报中又重新刊登了补充公告，招标范围为国内公开招标。2003年6月8日，在内蒙古自治区公路局进行了公开招标。

本项目标志、标线、防护设施、通信系统、收费系统、监控及管理、服务设施等施工单位招标共划分22个合同段，招标人于2004年2月10日招标人分别在《中国经济导报》《中国交通报》《内蒙古日报》上刊登了本项目的招标公告，本项目招标采用资格后审方式。2004年3月10日在内蒙古自治区交通厅举行了开标会议。

本项目的主线收费大棚、防眩设施工程的施工单位招标工作共分为3个合同段，2005年1月5日招标人分别在中国招标与采购网、《中国交通报》上发布和刊登了本项目的招标公告。2005年2月28日上午10时30分，在内蒙古交通厅举行了开标会议。

新地至麻黄沟段施工、监理单位均采用国内公开招标方式产生，分别确定2家设计单位、6家监理单位（含总监办）、10家土建施工单位和25家其他施工单位参与本项目建设施工。

3. 征地拆迁

新麻高速公路全线征地371.40亩，其中，占用农用地312.66亩（占用耕地12.14亩、草地295.66亩、林地4.59亩、其他农用地0.26亩），建设用地21.71亩，未利用地37.04亩。拆除房屋8116m^2，加油站1处，炸药库1处，水窖6个，迁坟22座，改迁电力线58处（其中220kV 4处，110kV 8处，35kV 14处，10kV 32处），通信线路42处，输水管道17处。共发生征地拆迁费用3531.86万元，初步设计概算批复4474.25万元。永久占地

5571亩。

(三)参建单位

建设单位:内蒙古自治区交通厅
现场管理单位:内蒙古自治区巴新麻高速公路建设项目管理办公室
质量监督单位:内蒙古自治区公路工程质量监督站
勘察设计单位:中交公路规划设计院(公路工程设计)
　　　　　　中国公路工程咨询监理总公司(交通工程设计)
　　　　　　北京建达道桥咨询有限公司(黄河大桥施工设计)
施工单位:安徽省宿州市路桥工程公司
　　　　　中铁十六局集团第五工程有限公司
　　　　　中国路桥西安实业发展有限公司
　　　　　安徽省公路桥梁工程公司
　　　　　内蒙古公路工程局
　　　　　中铁十七局集团有限公司
　　　　　北京市公路桥梁建设公司
　　　　　辽河油田筑路公司
　　　　　北京鑫实路桥建设有限公司
　　　　　山西中北路桥建设有限公司等35家
监理单位:山西省公路工程监理技术咨询公司(总监办)
　　　　　内蒙古宇通公路工程咨询监理有限责任公司(驻地办)
　　　　　北京正远监理咨询有限公司
　　　　　山东省德州市交通工程监理公司
　　　　　北京兴通交通工程监理有限责任公司
　　　　　内蒙古华伟公路工程监理公司

二、建设项目管理

(一)项目管理机构

2003年4月3日,自治区人民政府批准成立了新麻高速公路建设项目管理办公室;2003年5月8日,《内蒙古自治区人民政府办公厅关于巴新建管办移交新麻建管办合署办公的函》(内政办字〔2003〕146号)决定,巴新建管办移交新麻高速公路建设项目管理办公室合署办公,原新地至麻黄沟高速公路建管办更名为巴拉贡至新地至麻黄沟建管办,隶属自治区交通厅。建管办法定代表人由原新麻高速公路建设项目管理办公室主任担任。

巴新麻高速公路由内蒙古高等级公路建设项目管理办公室负责建设管理,内设工程部、质监部、合同部、综合部、财务部、安全生产部。

(二)项目管理措施

因新地至麻黄沟项目与巴拉贡至新地项目由同一建管办即巴拉贡至新地至麻黄沟建管办,因此项目管理措施与巴拉贡至新地项目基本一致。

(三)重要事件

参见巴拉贡至新地高速公路项目。

三、复杂技术工程

新麻高速公路技术含量高,施工难度大,地质灾害多,如沙埋、崩塌等。桥梁结构形式也有多种新型结构,如主跨130m预应力混凝土连续箱梁、单跨60m预应力混凝土简支箱梁、15座整体式现浇连续箱梁、40m先简支后连续组合箱梁、20m先简支后连续宽幅空心板梁等。工程实施前期,按程序聘请有资质的工程咨询单位进行了工程咨询和设计审查。如乌海黄河大桥请北京建达道桥咨询有限公司进行了认真技术咨询和审查,施工监控又聘请了中铁西南科学研究院进行全过程施工监控。曾先后三次邀请桥梁专家在北京召开技术论证和研讨会,对大桥施工的控制高程、目标进行了深入细致研究。工程实施过程中进行严格监管,使大桥合龙口的安装精度均在5mm以下。对整体式现浇箱梁施工,由于预先进行了充分、细致的技术措施交底和高标准工艺要求,使工程质量始终处于有效的可控状态。全线15座整体式现浇箱梁无一出现质量缺陷。

(一)黄河大桥

黄河大桥设计为主孔130m预应力混凝土连续梁桥方案,桥孔布置为$2 \times 40m + 75m + 130m + 75m + 6 \times 40m$,桥梁长度607.5m;主桥上部为预应力混凝土连续梁桥,主桥下部3号主墩(固定支座)采用钢筋混凝土墩,基础为12根$\phi1.5m$钻孔桩基础(半幅桥),上游侧主墩设破冰凌,4号主墩(非固定支座)采用钢筋混凝土墩,基础为9根$\phi1.5m$钻孔桩基础(半幅桥),上游侧主墩设破冰凌;主引桥过渡墩采用墙式墩,设4根$\phi1.5m$钻孔桩基础(半幅桥);引桥上部采用40m预应力混凝土组合箱形连续梁,下部采用墙式墩,基础采用半幅桥4根$\phi1.5m$钻孔桩基础。桥墩上游设破冰凌。

(二)海勃湾高架桥

海勃湾高架桥跨越铁路海公线、平沟矿区铁路、焦化厂站台铁路等三条铁路(共四道铁轨)和察汉德力素沟,桥梁起点位于铁路边的台地上,终点位于海拉汽车二级专用公路与河沟之间的台地上。由于路线和铁路交叉角度较小(约55°),在跨越铁路时要求桥梁跨径较大,察汉德力素沟较宽约600m,和主线交角55°。海勃湾高架桥全长937m,桥跨布置为23孔40m预应力混凝土组合箱形连续梁,桥梁基础采用$\phi1.8$m柱式墩、$\phi1.5$m桩基础。

(三)海公铁路32km分离式立交桥

本分离桥设计为跨越海公铁路,海公铁路与高速公路斜交,交叉点公路桩号K1055+196,对应铁路桩号为海公铁路32km处,交角148.26°,分离桥梁布置为一孔60m预应力混凝土简支箱梁桥,桥梁设计按正交桥设计,左右幅桥错孔布置。桥台为重力式U形台、扩大基础。该桥为国内同类桥型中跨径领先的桥梁。全桥由两座分离式上、下行桥组成,左幅桥按2车道设计,桥面净宽11.5m,右幅桥按3车道设计(位于海南互通主线加宽车道上),桥面净宽15.25m,中央分隔带宽2.0m。桥面外侧设0.50m墙式防撞护栏,内侧设0.75m波形护栏,全桥总宽29.75m。

(四)包兰铁路分离式立交桥

新麻高速公路在阿蒙乌斯太镇附近跨越包兰铁路,交叉点公路推荐线桩号K1165+948,对应铁路桩号T409+200,交角120°。根据实测资料和现场踏勘情况,高速公路设计上跨包兰铁路分离式立交桥,布孔为3孔40m预应力混凝土组合箱梁桥(与黄河大桥引桥一致),桥墩采用柱式墩、桩基础,墩径1.8m,桩径1.8m。肋板式桥台桩基础,一孔跨越铁路。

四、科技创新

(一)新技术应用

(1)引进先进的冲击压实技术。针对新麻高速公路一些路段的路基填料是超粒径的巨料土,按常规施工方法进行施工,既保证不了工程质量,也保证不了工程进度,同时也加大了工程造价。针对这种情况,由建管办牵头、长安大学和内蒙古公路学会协作成立了"丹拉国道主干线内蒙古巴新麻高速公路路基施工关键问题研究"课题组,对巴新麻高速公路"风积沙段路基施工技术""巨料土路基填筑技术""兰派(LADNPAC)高能量冲击压实技术应用"等进行专题研究并取得了阶段性成果。对几段巨料土填筑的路基和11km旧路基利用都采用了兰派技术进行了冲压。各项测试结果表明,工程实体质量可靠,更重要的是缩短了工期、降低了成本,从而解决了石渣和旧路挖除废弃,给本来脆弱的环境造成大面积破坏。

（2）路线所经地区有三处穿越流动沙丘,风积沙危害较为严重的路段,长达3.5km,建管办聘请内蒙古公路学会、内蒙古农业大学、长安大学专家、教授进行了防风固沙的优化设计。经过优化设计,顺路线方向宽达1km范围内设置了沙障和植物草格防护,给生态自然修复创造了条件,公路沙害得到了彻底治理,而且对周围环境也起到了治理。

（3）新麻高速公路所有桥涵台背地面以下均采用水泥稳定砂砾分层填筑、分层夯实,有效地减轻了桥头跳车现象的发生。

（4）基层顶面切缝并加铺土工隔栅。为防止路面基层产生不规则裂缝,减轻沥青混凝土面层的反射裂缝,对路面基层进行切缝处理。吸收邻近省区的经验、结合本项目的实际情况,采用基层顶面每隔12m切一道横缝。缝宽3mm,缝深8cm,上置土工隔栅,吸收水平拉应力。切缝须在基层收缩裂缝产生之前进行。这一举措大大减少了路面的反射裂缝。

（5）为确保桥面水泥混凝土与桥面沥青混凝土路面的有效连接,防止桥面沥青混凝土产生推移破坏,在桥面上增加了一层用量为$0.5kg/m^2$的改性乳化沥青联结层,增强了沥青混凝土面层与桥面的联结。

（6）大、中桥沥青混凝土掺加聚酯纤维（GoodRoad）。在每立方米沥青混凝土混合料中加入5.4kg聚酯纤维（GoodRoad）,相当于每立方米混合料中上亿条块结合GoodRoad纤维,为沥青混合料提供了巨大的内聚力,从而保证沥青混合料具有优良的强度、稳定性、耐久性与抗裂性。

（7）在沥青混凝土路面中、上面层摊铺时,增加沥青混凝土转运车。混合料的温度离析是造成沥青路面早期破坏的重要原因之一,很容易导致路面产生渗水、车辙及松散等破坏,是降低沥青路面使用寿命的顽症。在沥青混合料摊铺过程中,通过转运车对沥青混合料的再搅拌,可有效地改善沥青混合料在运输过程中产生的混合料温度离析,保证混合料的均匀和稳定,提高了路面压实度、稳定度和平整度,从而提高了路面的使用寿命。

（8）为提高桥梁混凝土的整体强度和防水性。在40m以上跨径的桥梁上部结构混凝土中应用国内最新科研成果,掺配云燕牌GNA高效抗裂防水膨胀剂,进一步提高了钢筋混凝土的耐久性和使用安全性。

（二）科研课题

巴新麻高速公路路基施工关键问题研究

1. 研究背景

巴新麻高速公路经过风积沙和巨粒土地区,相应的风积沙路基和巨粒土路基的施工关键技术成为该公路施工过程中的技术难题。2003年,巴新麻建设管理办公室、长安大学与内蒙古公路学会技术人员对本工程路基施工中存在的问题进行了认真分析,并结合国内外的研究现状初步提出了解决问题的思路和研究方向。由巴新麻建设管理办公室和长安大学、内蒙古公路学会共同组成课题组。对特殊路基施工中存在的问题开展研究,本课题研究具有重要的现实意义和工程价值。

2. 研究目的

根据调研和试验取得的成果指导巴新麻高速公路的具体施工,确保工程进度和施工质量;通过课题研究,解决施工中的难点问题,从而避免施工中出现返工,节约工程材料和资金;结合试验提出一整套关于风积沙、巨粒土以及夯击压实的施工方法,使施工水平上升到一个新的台阶。

3. 主要研究内容

(1) 路基施工存在问题调查分析

材料特性调查。对当地风积沙和巨粒土的分布、工程特性(包括成因和环境)进行工程调查。通过与以往工程的对比分析,找出本工程路基施工过程中可能存在的关键问题。

路基施工存在问题调查。以巴新麻高速公路风积沙和巨粒土路基为工程依托,对国内相似地区路基施工中存在问题进行广泛调研。

(2) 材料物理力学特性研究

风积沙物理力学特性研究。主要研究包括颗粒组成、天然状态下的密实度、CBR 值和回弹模量值等,并与国内其他地区风积沙进行对比。

巨粒土物理力学特性研究。分析巨粒土各个粒径颗粒含量、巨粒土中卵砾石的强度特性。

(3) 压实特性研究

风积沙压实特性研究。分别采用重型击实试验方法、振动台法和振动击实法,比较各方法确定的最大干密度和各自的适用条件,提出合理的室内压实方法。

巨粒土压实特性研究。通过室内标准重型击实试验和比较振动台法,比较两种方法所确定的最大干密度的合理性,确定本工程的室内压实试验方法,并以此制定压实标准。

(4) 路基施工工艺研究

风积沙路基压实工艺研究。对比振动压实和冲击压实风积沙的压实机理。通过试验段研究最终提出合理的施工工艺。

巨粒土路基压实工艺研究。通过现场试验段检测参数(压实度、回弹模量和沉降量等)的比较提出合理的巨粒土路基压实工艺。

针对两种压实方式通过现场沉降量试验、压实度和回弹模量检测,分析冲击压实风积沙和巨粒土路基的地基处理效果以及有效影响深度。

(5)路基质量检测方法研究

瑞雷波法压实度检测原理研究、瑞雷波法现场压实度检测研究。分析传统质量检测方法中存在的问题,引入瑞雷波法压实度检测的方法,并提出相应的质量检测标准。

4. 主要研究成果和社会经济效益

在课题研究过程最终提出内蒙古风积沙和巨粒土路基施工质量标准,提出相关的路基设计参数推荐值以及风积沙和巨粒土路基的施工方法和质量控制指标。

路基施工存在问题调查分析。针对风积沙路基和巨粒土路基的材料特性、现场的工程条件分析了施工中可能存在的问题,综合分析了我国具有代表性的沙漠公路和土石混填路基施工中存在的问题,分析了以往工程存在问题与本工程存在问题的共同点,特别提出了以往工程中没有很好解决的问题。在借鉴以往研究成果的基础上,重点针对工程中普遍存在的问题进行深入研究。

材料物理力学特性研究。对风积沙和巨粒土材料的颗粒组成等物理特性进行了试验研究。并通过室内不同的压实试验系统研究了材料的压实特性。建立了密实程度与材料基本特性、试验条件等因素的相关关系。

路基压实工艺研究。进行了现场压实试验,提出了风积沙路基和巨粒土路基冲击压实工艺,其中冲击压实技术是首次应用于风积沙路基施工。

路基质量检测研究。瑞雷波法压实度检测作为一种高效的无损检测方法在内蒙古地区是首次应用,特别是风积沙路基压实度检测在国内更无实例。通过瑞雷波法现场压实度检测研究表明,瑞雷波法能够很好地反映风积沙路基和巨粒土路基整体的压实质量,能够全面评价路基结构体的工程质量,该方法极具推广价值。

防沙体系防护效果研究。通过对新地至麻黄沟高速公路的防沙体系研究,所采用的防护措施,不论是高立式沙柳沙障还是半隐蔽式沙柳方格沙障都起到了有效的防沙作用。经济效益:仅按 2.01km 风积沙路基,分析期为 20 年时,路基冲击压实技术及防护体系工程总的经济效益为 871.235 万元;分析期为 25 年时,路基冲击压实技术及防护体系工程总的经济效益为 1088.362 万元。

本课题研究成果填补了国内风积沙路基和巨粒土路基领域的空白,对内蒙古地区公路建设乃至全国公路特殊路基设计施工具有重要的意义,应用前景十分广阔。课题研究成果的广泛推广应用,产生的经济效益和社会效益十分显著。

五、运营养护管理

G6 京藏高速公路新地至麻黄沟段运营、养护管理由内蒙古高等级公路建设开发有限责任公司乌海分公司负责。自 2005 年通车运营以来,车流量一直呈连续递增趋势,2011年达到最高峰。自 2012 年开始,由于受煤炭市场疲软、铁路运能增加等因素影响,车流量有所下降。G6 京藏高速公路巴拉贡至新地段高速公路收费站(所)、服务区等设置情况见表 8-15,车流量发展状况见表 8-16。

G6 京藏高速公路新地至麻黄沟段高速公路收费站(所)、服务区等设置情况　　表 8-15

类　别	数　量	名　称	占地面积(亩)
收费站(所)	4	乌海收费所、海勃湾收费所、海南收费所、内蒙古宁夏界收费所;乌斯太收费站(乌斯太收费站已停止运营,收费票厅已于 2012 年拆除)	
服务区	1	乌海服务区	80

G6 京藏高速公路新地至麻黄沟段车流量发展状况表(单位:辆/昼夜)　　表 8-16

收费站(所)	年　份					
	2011 年	2012 年	2013 年	2014 年	2015 年	2016 年
乌海收费所	874	1166	1454	1528	1586	1759
海勃湾收费所	3925	2738	2778	1388	1319	2229
海南收费所	5441	4493	3967	3987	3607	4821
内蒙古宁夏界收费所	10254	8601	8454	7736	7452	8061

第二节　G0601 呼和浩特绕城高速公路

呼和浩特绕城高速公路是丹东至拉萨国道主干线的重要组成部分,是国家高速公路网在内蒙古境内规划的唯一一条城市环线,是内蒙古自治区首府呼和浩特市周围的环形快速大通道。

该项目的建成将使自治区公路网间的转换更加便捷,对呼和浩特市区域道路网起到很大的优化作用。高速公路与国省干道相连接,完善了呼和浩特市交通体系,疏导和分流了过境车辆,极大地缓解了呼和浩特周围的交通压力。

路网关系:G0601 呼和浩特绕城高速公路路网关系如图 8-2 所示。

图 8-2　G0601 呼和浩特绕城高速公路路网关系示意图

第八章
高速公路建设项目

一、项目概况

(一)基本情况

项目起点位于丹拉国道主干线集呼高速公路罗家营互通东约 5km 的脑包村东侧,终点在呼包高速公路的白石头沟大桥东 347m 处与呼包高速公路相接(北侧完全利用呼包高速公路),路线途经行政区域分属呼和浩特市的新城区、赛罕区、玉泉区和土默特左旗,沿途设有 5 个出口。建成的呼和浩特绕城高速公路环绕呼和浩特东、南、西,环形面积约 630km^2,东西长约 38km,南北宽约 22km。该项目主线全长 57.894km。

路线途径主要控制点为新城区的脑包村、赛罕区的郭家营、白塔村、太平庄、大黑河村、舍必崖、前白庙、旭泥板、茂盛营子,玉泉区的寇家营、茂林太,土左旗的白庙子、小刘庄、西甲兰营子、小阳高。

该项目采用双向 4 车道高速公路标准建设,路基全宽 26.0m,设计速度 100km/h;桥涵设计荷载为公路—Ⅰ级,设计洪水频率为 1/100;路面采用沥青混凝土高级路面,设计使用年限为 15 年。全线设置 6 处互通立交,分别为保合少、白塔、金河、昭君、白庙子、金山互通。

全线共建分离立交 26 座 2173.14 延米(其中 6 座公路与公路分离立交、5 座公铁分离立交,其他分离立交 15 座),通道 45 处(通道桥 30 座 592.02 延米,通道涵 15 道 551.98 延米),大桥 3 座 1914.6 延米,中桥 14 座 700.84 延米,小桥 30 座 498.36 延米,涵洞 55 道。

本项目 2005 年 11 月开工,2009 年 12 月通车运行。

(二)前期工作

1. 立项审批、资金筹措

交通部以《关于国道主干线呼和浩特绕城公路可行性研究报告的批复》(交规划发〔2004〕686 号)批准立项;

交通部以《关于国道主干线呼和浩特绕城公路初步设计的批复》(交公路发〔2005〕379 号)批复初步设计及概算;

内蒙古自治区交通厅(内交发〔2005〕682 号)对呼和浩特绕城高速公路施工图设计文件进行了审查批复;

国土资源部 2008 年 10 月 13 日以《关于国道主干线呼和浩特绕城高速公路工程建设用地的批复》(国土资函〔2008〕653 号)对建设用地批复。

呼和浩特绕城高速公路项目批复概算 23.21 亿元,其中国家投资 3.99 亿元,其他为国内银行贷款和自筹。

2. 招投标工作

勘察设计招标。2004年12月21~25日,自治区公路局组织开展呼和浩特绕城高速公路工程勘察设计招标工作,土建工程勘察设计中标单位为内蒙古交通设计研究院有限责任公司,交通工程中标单位为中国公路工程咨询总公司。

施工单位招标。2005年7月7~11日在国内公开招标进行施工总承包资格预审,在中国采购招标网、《中国经济导报》《中国交通报》和《内蒙古日报》等媒体刊登了招标公告,7月25日完成了资格预审评审工作;2005年9月8~30日完成了施工总承包的招标工作,确定了中标单位,并向交通部报备。

监理单位招标。2005年7月7~11日向国内公开招标,进行监理服务资格预审,在中国采购招标网、《中国经济导报》《中国交通报》和《内蒙古日报》等媒体刊登了招标公告,7月25日完成了资格预审评审工作;2005年9月8~30日完成了监理服务的招投标工作,确定了中标单位,并向交通部报备。

3. 征地拆迁

本项目征拆工作2005年1月启动。全线支付征地拆迁补偿费用26000万元,征用土地422.0183亩,拆迁各种房屋7314.3m^2,拆除围墙5534延米,拆除网围栏3240延米,蔬菜大棚600m^2,征砍、移植树木63618株,压覆补偿水井64眼,拆迁厂矿3个,加油站1处,砖窑1处,迁移各类线杆301根,电线塔19座,电力、电信管线37处。

(三)参建单位

主管单位:内蒙古自治区交通运输厅
建设单位:呼和浩特市交通运输局
现场管理单位:呼和浩特绕城高速公路建设监督管理办公室
质量监督单位:内蒙古自治区公路工程质量监督站
　　　　　　呼和浩特市公路工程质量监督站
勘察设计单位:内蒙古交通设计研究院有限责任公司
　　　　　　中国公路工程咨询总公司
施工单位:内蒙古自治区公路工程局(土建施工)
　　　　　内蒙古元和实业股份有限公司(房建施工)
　　　　　内蒙古隆升建筑安装工程有限公司
　　　　　内蒙古地矿建设工程集团有限责任公司
　　　　　内蒙古世辰建工(集团)有限责任公司

内蒙古第三建筑工程有限公司

内蒙古隆升建筑安装工程有限公司

江西路通科技有限公司(机电工程)

锡林郭勒汇通公路咨询有限公司(声屏障施工)

江苏智运科技发展有限公司(管道工程)等14家单位

监理单位:南京交通建设项目管理有限责任公司

天津市国腾公路咨询监理有限公司

北京华通公路桥梁监理有限公司

二、建设项目管理

(一)项目管理机构

2005年4月8日呼和浩特市政府成立了呼和浩特市绕城高速公路建设领导小组办公室,2005年4月28日呼和浩特市人民政府办公厅成立了呼和浩特市绕城高速公路建设管理办公室(呼政办发〔2005〕50号),依法实行项目法人责任制,并呈报自治区交通厅核准,明确了项目法人代表、项目负责人、技术负责人、财务负责人。

建管办内设综合部、工程管理部、财务部,同时组建了总监理工程师办公室,下设专业监理工程师室、中心试验室。质检部工作由总监办专业工程师室兼任,征拆工作由绕城高速公路征拆指挥部办公室负责。

(二)项目管理

项目管理按照招投标文件及《中华人民共和国合同法》进行。紧紧围绕"质量优良,生产安全,工期合理,行为廉洁,造价经济,环境优美,资源节约,征拆保障"的总体目标开展工作,以确保自治区优良工程,争创国家优质工程。

1. 综合管理

针对总承包项目的特点,建立健全了组织机构,完善了各项规章制度、各部门、各岗位工作职责,建立健全了项目管理机制。全面实行项目法人制、招标投标制、承包合同制、施工监理制,严格控制工程质量、进度、费用,实行合同管理制。在质量管理方面采取"政府监督、社会监理和企业自检"的三级质量保证体系;监理机构实行两级监理,即总监理工程师办公室及其所属的高级驻地监理工程师办公室。

制定了《内部管理制度》《工程建设管理办法》《工程变更管理实施细则》《工程计量与支付实施细则》《工程计划统计实施细则》《工程进度评比考核办法》,统一下发了《监理实施细则》《监管、检测、施工、试验用表》《路面施工须知》《质量管理处罚办法》和《建设项目文件立卷归档办法》;同时制定《安全生产考核办法》《工程项目建设环境保护实施方案》《公路典型示范工程管理办法》《财务管理暂行规定》《财务管理暂行规定实施细则》等。

对质量、安全、环保、进度进行每月定期检查,日常抽查;资金实行专户储存、专款专用、跟踪督查资金使用情况;计划、计量支付等工作落实到人,负责到位,做到了制度的贯彻落实。以"大干100天合力攻坚"的施工竞赛活动和"现场整洁、环境优美、文明施工"的检查评比活动等促进工程建设。

2. 质量管理

始终把质量放在第一位,制定了"细则""规定""办法""须知""指标"等各项制度、措施、标准,使工程质量始终和施工、监理的队伍素质、进场材料的优劣、机械设备的性能、检测仪器的精度挂钩,充分发挥总监办、驻地办以及各级试验室和专业工程师的质量监督管理作用,强化部门职责,划分工程中的重点、难点进行现场质量控制,执行程序化管理,重视过程监理、数据说话,提高工艺方案的审查细度,增加质量检测的密度,加大质量管理的监督力度,确保工程质量的精度。

3. 计量支付及费用管理

本项目在建设实施过程中,严格履行《工程计量与支付实施细则》《财务管理暂行规定》等制度,加强计量支付与费用管理工作,严格执行程序化管理,工程款的拨付依据合同、计量报表、支付证书、请款手续进行月计量。由于总承包项目合同资金较大,在工程进度及资金紧张阶段满足最小计量限额的同时,实施月双计量、双结算。

严格控制工程造价,从工程变更、计量支付严格执行招标文件、投标文件、合同清单和自治区公路建设管理办法的要求,严抓各级签认审核手续,规范了报审手续,杜绝了冒签、冒报的不良行为,同时对到位的资金及时支付,做到了专款专用。

该项目工程变更审批实行六级管理制,施工单位上报,驻地办、施工设计组、总监办、建管办、监管办、交通主管部门审查、审核、审批,做到变更有依据,数量有审核,执行有记录。

4. 安全生产及文明施工

建立安全生产领导小组,形成完善的监督机构。建立以项目负责人为组长,环节负责人为成员的各级安全领导小组,健全《安全生产考核办法》,落实月考核制度,进行安全生产的抽查、普查、评比、奖惩。充分考虑施工现场的交叉道口、高空作业、生活及油料储备场所的火灾隐患、河道施工的防洪安全、车辆超载运输等安全隐患,从宣传教育、强化意识、深入源头等方面遏制事故的发生,在专项整治中见成效,全年无重大安全事故发生,并在冬闲期来临前重点检查,要求各单位做好防火、防盗、防煤气中毒及安全保卫工作。

5. 水保、环保工作

本项目认真落实环境保护措施,对全线路基施工现场进行了环保、水保抽查,月检查评比,同时委托自治区水利科学院进行全线水土保持的检测。前期各施工项目分部的预制场、水泥存放地、砂碎石存放处、混凝土拌和站、便道等扬尘比较严重,要求施工总承包项目部对水泥存放点搭设工棚,砂碎石堆放处进行整齐堆码和覆盖,便道增派洒水车经常洒水,预制场、拌和站进行文明施工,规范作业程序,禁止乱倒、乱放、乱排放,杜绝取弃土乱掘、乱弃现象的发生。随着农作物青苗的成长,加大了环保的工作力度。严格控制了污染源,在沿线噪声敏感源段落进行了声屏障及隔音窗的安装,以减少通车后的行车噪声污染。环保水保工作开展得有声有色。

水土保持、环境保护工作分别于 2011 年 3 月 29 日通过了水利部的验收(办水保函〔2011〕231 号),2011 年 12 月 12 日通过了环境保护部的验收(环验〔2011〕358 号)。

6. 档案管理

在工程技术档案管理方面,首先聘请内蒙古自治区档案局、内蒙古自治区交通厅档案室等有关专家结合工程项目的特点,编制了竣工文件立卷归档管理办法,逐步实现了档案信息化管理,纸质档案与电子档案同步收集,完成交竣工资料的收集、整理、立卷、归档工作。2011 年 3 月 18 日本项目的交竣工文件立卷归档通过了交通运输部档案馆的专项验收(档指函〔2011〕5 号)。

7. 文物保护

文物保护方面,在开工前、设计阶段委托自治区文物考古所进行全线用地范围的勘察,确认路线范围内未压覆文物;在工程实施过程中,强化文物保护意识,严格要求各施工单位对施工周边、取弃土场先勘察后使用,有效地保护了国家文物。

8. 廉政建设

从政治的高度认识到廉政建设的重要性,充分发挥党员干部在廉政建设中的先锋模范带头作用。经呼和浩特市交通局党委同意,建管办成立了临时党支部,健全了组织机构,围绕中心工作,开展了比较丰富的党员活动,促进了各项工作的顺利开展。

从工程中易诱发腐败的项目着手,杜绝腐败和商业贿赂现象发生,在每项招投标活动中保证纪检监察部门的现场参与介入,重点合同项目由审计部门采取事前审计,资金的计量支付确保自治区交通厅监管部门的有力监督,有效控制了腐败、商业贿赂现象的出现,使整个工程在公平、公正、合理、合法的前提下有序进行。

认真抓好精神文明建设,创造良好的施工环境,促进工程项目建设。

(三)重要事件、变更

1. 重要事件

该项目依据2005年交通部函实施施工总承包项目试点,计划工期为3年,在项目实施过程中,为迎接内蒙古自治区成立60周年大庆,初步在招标中确定为24.5个月。

2006年4月15日施工总承包单位正式进场后,2006年施工总承包单位完成合同工作量的46.99%;由于中标价低,钢材、沥青价格的上涨,总体施工组织计划在执行中严重受阻,2007—2008年国家燃油及沥青价格大幅度上涨,柴油上涨34%,重交沥青上涨88%,2007年工程一度停滞,施工总承包单位完成合同工作量的24.08%;工期顺延到2008年后,于2008年10月20日完成了全线路面的贯通。

2. 变更

呼和浩特绕城高速公路经过设计单位详细的勘察设计于2005年完成了初步设计、施工图设计,并通过了相关部门的审查,但在工程实施中由于施工工艺、国家土地政策的调整、铁路路线的改造、材料价格的上涨等原因,部分工程项目通过内蒙古自治区交通厅同意实施了变更。具体变更和优化情况如下:

(1)京包铁路改造和呼托旧路改线变更。由于京包铁路电气化改造,增加铁路净空和三、四线铁路,使该项目跨京包铁路的两座立交桥及相应4km路段的路基桥涵发生变更;县道呼托旧路由于白庙子互通的建设阻断了交通,造成沿线附近村镇村民出行困难,增加2km三级公路和3座桥梁。

(2)为了完善公路网收费机制对接,新增白庙子收费站1处。

(3)取土场变更运距增加。由于呼和浩特绕城高速公路沿线大部分为耕地,规划为国家基本农田用地,原设计征用荒地或林地的部分取土场国土部门和林业管理部门不允许征用;原设计部分在大黑河河道取土,但由于该取土场为个体采砂经营者,均已形成采空区且储量有限,造成绕城高速公路取土困难,采取远运取土,全线平均运距增加11.557km。

三、复杂技术工程

(一)大黑河东大桥

大黑河东大桥位于金河镇后三富村东侧,桥位处为宽浅性河槽,河段基本顺直,河槽平坦开阔,宽约1000m,河槽内有沙洲,阶地分明,路线与河槽斜交60°。通过调查,确定该桥百年一遇的洪水流量为4215m^3/s。该桥位上游河西专用线有10~20m T梁桥1座,13~16m T梁桥铁路桥1座。因桥位处河槽较宽,如过多压缩河槽将造成大量水土流失,产生淹没河边村庄和耕地等危害,同时增大了防护工程量,所以桥的孔径应与城市防洪规划密切配合,桥前壅水不应危及周围沿线设施安全。本桥采用造价低、横向刚度大、整体性能好的 30×30m 先简支后连续预应力混凝土箱梁桥,桥墩采用柱式墩,钻孔桩基础,桥台采用肋式桥台,钻孔桩基础。

(二)大黑河西大桥

大黑河西大桥位于呼大公路大黑河本滩大桥下游约 1km,前本滩村与邢家营村之间,该区域内河段顺直,河道两岸建有顶宽 2.5m 土堤,堤高 2~3m。大黑河是呼和浩特地区最大河流,属平原区河道,游荡性大,主流摆动不定,易产生淘岸,发生洪灾。大黑河河床主要由粉砂土组成,沟口建有美岱水文站。呼和浩特绕城高速公路大黑河西大桥桥位下游在建呼准铁路大黑河桥孔径为 23~32m。经水文计算,桥位设计流量 $4558m^3/s$,设计水位 1020.61m,设计流速 2.71m/s,考虑河道两岸土堤及堤外道路,大黑河大桥拟定孔跨为 25 孔 30m,本桥采用横向刚度大、整体性能好的 25×30.0m 先简支后连续预应力混凝土组合箱梁桥,桥墩采用直径 1.4m 圆形三柱墩,钻孔桩基础,桥台采用肋式桥台,钻孔桩基础。

(三)小黑河大桥

小黑河河道全长 32.93km,主河道两侧建有 2.0m 顶宽土堤,堤高 2.0m。小黑河河床主要由沙土组成,上游哈拉沁沟建有哈拉沁水文站。经水文计算,桥位设计流量 $2233m^3/s$,设计水位 1019.21m,设计流速 2.73m/s,小黑河大桥孔跨为 8 孔 30m,本桥采用横向刚度大、整体性能好的 8×30.0m 先简支后连续预应力混凝土组合箱梁桥,桥墩采用直径 1.4m 圆形三柱墩,钻孔桩基础,桥台采用肋式桥台,钻孔桩基础。

四、科技创新

(一)新技术应用

1. 软土地基处理

本项目充分根据地质条件的不同、地质钻探资料的试验数据,采取多方案、新工艺进行有效处理。在软弱层较深、易液化的路段采取 CFG 桩的新工艺。在软弱层较浅、塑性指数大的地段采用片石强夯工艺,以及碎石桩、冲击碾压、换填等措施。

2. 桥梁桩基检测

采用机械阻抗法进行检测,便于多种检测方法在公路桩基检测中推广应用。

3. 路面工程

为了确保路面热稳定度更好适应北方气候特点,在路线纵坡大于 3% 的两处互通区进行了抗车辙剂的应用推广;为了防止伸缩缝的安装与桥面产生跳车现象,在伸缩缝混凝土中掺加钢纤维;为了防止公路重型机械施工作业对邻近建筑物的振动影响,组织振动检测人员对施工作业的强夯锤、冲击碾、振动压路机的振动影响范围进行检测,从而指导作业机械的施工范围,确保工程进度和质量。

(二)科研课题

科研课题一:沥青混凝土路面抗车辙添加剂的推广应用研究

本课题通过采用沥青混合料抗车辙添加剂,改善提高沥青混合料的路用性能,延长路面的使用寿命,延长养护周期,能够很好地化解公路的技术状况差和服务水平不能满足经济发展需求之间的矛盾。同时可降低公路整个使用期的成本,延长公路使用寿命,具有显著的经济、社会效益。面对迅速增长的交通量及超载车辆对路面破坏带来的压力,沥青混合料抗车辙添加剂的出现将为内蒙古自治区的公路建设提供新的思路和方法。

课题详情见"第五章 高速公路建设科技成果"中"第二节 重大科研课题"。

科研课题二:机械导纳法在道路桥梁基桩检测中的应用研究

本课题依托 G0601 呼和浩特绕城高速公路建设开展研究。鉴于机械导纳法在道路桥梁基桩检测中的应用研究属应用科学的领域,故本课题研究在理论分析的基础上通过实际现场试验来对基桩性能做出分析和评价,主要研究内容:一是对同属小应变的反射波法和机械导纳法的测试能力进行理论分析和试验验证,为确立适合公路桥梁桩基检测的方法提供科学依据;二是利用机械导纳法进行桩长和桩径比大于 35 的情况下的桩身完整性检测,并与声波检测进行对比;三是进行机械导纳法测试桩基刚度的研究,为解决大承载力桩基础的荷载能力问题奠定基础。基桩动力检验法具有费用低、快速、轻便等优点,因而越来越受到重视和欢迎,应用前景广阔。该项目荣获 2011 年中国公路学会科学技术进步三等奖。

课题详情见"第五章 高速公路建设科技成果"中"第二节 重大科研课题"。

科研课题三:强夯振动衰减规律对其邻近建筑物的影响

主要研究内容:一是强夯引起的地震动力现场测试;二是强夯引发的地面振动特性及评价研究;三是强夯施工对邻近建筑物的安全性影响研究。该项目荣获 2011 年中国公路学会科学技术进步三等奖。

科研课题四:内蒙古自治区交通指路标志的研究

主要研究内容:一是规范了内蒙古自治区交通标志专用名词的蒙文翻译,并编制了蒙汉对照表;二是确定了指路标志中蒙文的字体、笔画宽度及单词宽度等设计要素,并在此基础上优化了指路标志中蒙文对照的版面设计,有效减小标志尺寸,降低工程造价;三是创作了一批旅游标志图案及公路交通信息类标志,并应用于工程实践;四是利用有限元模型对标志结构进行优化分析,提出了新的标志结构形式,大大减少钢材用量,使得造价更低,且结构线条更加流畅。

课题研究提出了一种桁架式交通标志新型结构,并获得国家实用新型专利(专利号:200820111506.X)。据此确定了高速公路沿线设施命名的原则和方法,编制了《内蒙古自治区公路沿线设施命名规则》。该项目荣获2012年呼和浩特市科技进步三等奖。

科研课题五:内蒙古高等级公路档案管理信息化研究

主要研究内容:一是全面研究了高等级公路项目档案管理特点,按照交通部颁发的《公路工程竣工文件材料立卷归档管理办法》与内蒙古自治区的相关规定要求,制定了《高等级公路项目档案管理办法》。研究制定了高等级公路项目档案分类体系,完善、细化高等级公路项目文件材料分类体系。弥补了现行《公路竣工文件编制及档案整理办法》中的缺陷,使其更准确清晰地反映目前高等级公路项目的各项内容,达到内容和形式上的统一。二是研究了高等级公路工程档案文件管理信息化控制技术,实现现场资料收集、档案编制的规范化,利用网络技术实现资料共享。该课题荣获2012年内蒙古自治区科技进步三等奖。

五、运营养护管理

该建设项目由呼和浩特市交通局承建,于2009年12月通车试运行,运营养护管理由内蒙古高等级公路建设开发有限责任公司呼和浩特分公司负责。G0601呼和浩特绕城高速公路收费站(所)、服务区等设置情况见表8-17,车流量发展状况见表8-18。

G0601呼和浩特绕城高速公路收费站(所)、服务区等设置情况　　　表8-17

类别	数量	名称
收费站(所)	5	郭家营收费站(2011年开建、2013年3月投入运营)、白塔匝道收费站、金河匝道收费站、昭君匝道收费站(附设停车区、养护所、监控中心)、白庙子匝道收费站(2015年6月停运)、金山匝道收费站

G0601呼和浩特绕城高速公路车流量发展状况表(单位:辆/昼夜)　　　表8-18

收费站(所)	年份					
	2011年	2012年	2013年	2014年	2015年	2016年
郭家营收费站	—	—	3973	1418	922	1135
白塔匝道收费站	688	2401	1528	676	598	560
金河匝道收费站	1108	1969	872	1066	1153	1231
昭君匝道收费站	1573	2040	1959	2094	2143	2505
金山匝道收费站	2529	3725	25361	1357	2125	2974

第三节　G7 北京至新疆高速公路内蒙古段

G7 京新高速公路是国家高速公路网规划的第七条放射线——北京至乌鲁木齐高速公路。该高速公路是连接国家西部地区的重要交通通道和战略要道,全长 2582km,沿线经过北京—张家口—乌兰察布—呼和浩特—包头—临河—额济纳旗—哈密—吐鲁番—乌鲁木齐。G7 京新高速公路是西北新疆和甘肃连接首都北京、华北、东北及内地东部地区最为便捷的公路通道,还是一条新的出疆陆路大通道,它使新疆至北京公路里程缩短 1000 多公里,显著节约运输成本,促进西部大开发。它的建成将构筑一条从祖国北部进入新疆的最快捷大通道,开辟一条新疆霍尔果斯口岸至天津港的北部沿边最快捷出海通道,打造一座天津港至荷兰鹿特丹港最为快捷的亚欧大陆桥。

G7 京新高速公路内蒙古段,是内蒙古高速公路网"101227"规划中第二条横线的重要组成部分,同时也是北京连接内蒙古西北部、甘肃北部和新疆最为便捷的公路通道,还是继京藏高速公路后又一条内蒙古自治区进京通道,该公路贯通后,将在一定程度上分流西部省区进京车辆,有效缓解京藏高速公路特别是老爷庙(山西内蒙古界)至集宁至呼和浩特段的交通压力,社会、经济效益十分显著。项目的建设,对于进一步完善内蒙古自治区公路网布局,提高公路供给能力,促进自治区资源开发及经济和社会发展,具有重要的意义。

G7 京新高速公路内蒙古段建设项目是继 G6 京藏高速公路之后又一条创造自治区公路建设史上多项第一的公路建设项目。其中,韩集呼段是自治区第一条重载六车道高速公路,平地泉互通是自治区最大的公路互通立交,十八台跨京包铁路分离式转体立交桥是自治区最大的、第一次施工的公路转体立交桥,金盆湾隧道是自治区跨径最大、地质情况最复杂的特长公路隧道。临河至白疙瘩段是目前世界上穿越戈壁沙漠最长的高速公路。

路网关系:G7 京新高速公路内蒙古段路网关系如图 8-3 所示。

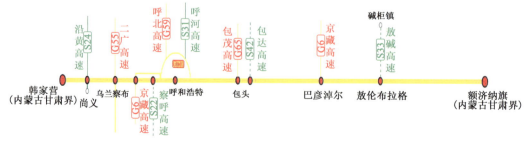

图 8-3　G7 京新高速公路内蒙古段路网关系示意图

Ⅰ G7京新高速公路韩家营(山西内蒙古界)至集宁段

一、项目概况

(一)基本情况

内蒙古自治区韩家营(山西内蒙古界)至集宁段高速公路(以下简称"韩集段")是G7京新高速公路内蒙古段东出口通道部分。韩集段位于内蒙古乌兰察布市东部兴和县南部区域,位于低山丘陵区,主线全长70.666km,路线起点位于山西内蒙古界韩家营村南,路线终点位于乌兰察布市察哈尔右翼前旗巴音塔拉乡刘家村东。路线主要控制点:韩家营、大西湾、喇嘛营、东夭、大同夭、张皋、巴中夭、小五号、小窑村、孔督营、刘家村东。

韩集段主线采用新建双向6车道高速公路建设标准,设计速度100km/h,路基宽度33.5m,路面形式为沥青混凝土路面,桥涵设计汽车荷载采用公路—Ⅰ级。兴和连接线采用一级一幅公路标准,设计速度80km/h,路基宽度12m,路面宽度10.5m,桥涵设计荷载采用公路—Ⅰ级。

全线设大桥6168.48m/25座,中桥2099.04m/32座,小桥及通道1011m/70座,涵洞及通道99道,互通式立交3处,分离式立交520.5m/6座,隧道6421m/1座,天桥4座,服务区1处,主线收费站1处,匝道收费站2处。全线桥隧比16.84%。

本项目主线,路基填方8740000m^3,路基挖方5730000m^3,大桥6168.48m/25座,中桥2099.04m/32座,小桥及通道1011m/70座,涵洞及通道99道,互通式立交3处,分离式立交520.5m/6座,隧道6421m/1座,天桥4座,服务区1处,主线收费站1处,匝道收费站2处。

韩集段于2011年4月27日开工建设,2015年1月15日通过交工验收,2016年11月15日通车。

(二)前期工作

1. 立项审批、资金筹措

国家发改委以《国家发改委关于内蒙古自治区韩家营(内蒙古山西界)至呼和浩特段公路可行性研究报告的批复》(发改基础〔2011〕441号)批复《京新高速公路韩家营(内蒙古山西界)至集宁段工程可行性研究报告》;

交通运输部以《关于韩家营(内蒙古山西界)至呼和浩特段公路初步设计的批复》(交公路发〔2011〕324号)批复初步设计;

内蒙古自治区交通运输厅以《内蒙古自治区交通运输厅关于京新高速公路韩家营

（晋蒙界）至集宁至呼和浩特段两阶段施工图设计的批复》（内交发〔2012〕562号）批复施工图设计。

本项目批复概算为57.71亿元，建设资金30%来自项目资本金，70%来自国内银行贷款。

2. 招投标工作

本项目招标投标工作严格按照《中华人民共和国招标投标法》《公路工程施工招标投标管理办法》和《公路工程施工监理招标管理办法》等法律、法规进行。勘察设计、土建工程、房建工程、交通工程、机电消防等工程的设计、施工、监理单位均采用国内公开招标方式产生，分别确定2家设计单位、7家监理单位（含总监办）、1家土建施工单位和20家其他施工单位参与本项目建设施工。

勘察设计招标。韩家营至集宁段勘察设计共两个标段：JHSJ-1标、JHSJ-2标。由内蒙古交通运输厅批准、内蒙古高等级公路建设开发有限责任公司委托中招康泰项目管理有限公司代理，于2010年7月6~26日对该项目的勘察设计进行公开招标，7月26日开标，7月26、27日评标。最后确定：韩家营至集宁段土建设计单位JHSJ-1标为内蒙古交通设计研究院有限责任公司、中交路桥技术有限公司联合体；JHSJ-2标交通工程及房建工程为中国公路工程咨询集团有限公司。2010年8月5日发出中标通知书，8月10日与中标人签订合同。

土建施工招标。招标方案经内蒙古交通运输厅批准，内蒙古高等级公路建设开发有限责任公司自行组织招标，采用国内公开招标、资格后审方式，要求土建投标人须具有公路工程特级总承包资质。于2011年3月31日发布了招标公告，2011年4月20日10时举行了公开开标。经评标、公示等程序，最终确定为：韩家营至集宁段土建施工排名第一的投标人中交第二公路工程局有限公司为中标人（HJTJ-01）。2011年5月3日向土建施工中标人发出中标通知书，2011年5月20日双方签订了合同协议书。

土建施工监理招标。韩家营至集宁段共设1个总监办、3个驻地办。内蒙古高等级公路建设开发有限责任公司于2011年3月31日发布招标公告，2011年4月20日10时举行了公开开标。经评标、公示等程序，最后均确定排名第一的投标人为中标人。2011年5月12日向中标单位发出了中标通知书，2011年5月20日与土建施工监理中标人签订了合同协议书。

通信管道招标：韩家营至集宁段全线共设1个标（TXGD-01），于2012年4月25日发布招标公告，由内蒙古高等级公路建设开发有限责任公司委托黑龙江省信诚工程招标有限公司招标。采用双信封法开标、评标，评标采用经评审的最低投标价法。最终确认排名第一的投标人北京云星宇交通工程有限公司为中标人。2012年5月24日向中标人发出中标通知书，2012年6月20日双方签订合同。

3. 征地拆迁

依据乌兰察布市人民政府市长办公室会议纪要关于《研究加快京新高速公路韩家营至呼和浩特段征地和建设等有关事宜》(乌兰察布市人民政府办公厅〔2011〕30号)文件精神,本着"对全区公路建设项目征地拆迁任务、期限、补偿费用一次核定,实行公路沿线地方政府包干负总责"的原则,内蒙古高等级公路建设开发有限责任公司和乌兰察布市人民政府于2011年5月26日签订《京新高速公路韩家营(山西内蒙古界)至集宁段工程征地拆迁社会协调建设环境保障协议书》,协议书中明确了双方责任。其中,内蒙古高等级公路建设开发有限责任公司负责向乌兰察布市人民政府提供征地拆迁项目设计图表和相关数量资料及工程建设项目批准文件、拨付征拆补偿费用;乌兰察布市人民政府全面负责区域内征拆、社会协调和建设环境保障工作,负责核定各类征拆补偿标准,征拆费用一次核定,专款专用。对电力、电信、通信线路较为复杂且涉及面广的单位,由审计机构进行审核确定改迁费用。

本项目土地预审意见中批准的用地面积为638.83亩,内蒙古土地勘测规划院按内蒙古自治区国地土地整理规划设计有限责任公司提供的勘测定界的面积为557.73亩,没有突破预审面积。国土资源部以《关于韩家营(山西内蒙古界)至呼和浩特公路(乌兰察布段)工程建设用地的批复》(国土资函(2015)175号)批复建设用地557.7322亩。韩集段永久占地8365.95亩。

(三)参建单位

主管单位:内蒙古自治区交通运输厅

建设单位:内蒙古高等级公路建设开发有限责任公司

现场管理单位:内蒙古高等级公路建设开发有限责任公司公路建设工程项目
      管理第三分公司

质量监督单位:内蒙古自治区交通建设工程质量监督局
      乌兰察布市公路工程质量监督站

勘察设计单位:内蒙古自治区交通设计研究院有限责任公司
      中交路桥技术有限公司联合体
      中国公路工程咨询集团有限公司

施工单位:中交第二公路工程局有限公司(土建工程)
    国基建设集团有限公司(房建工程等)
    内蒙古蒙建建筑安装工程有限公司
    中铁港航局集团有限公司
    河北中瑞建设集团有限公司

内蒙古第三电力建设工程有限责任公司

河北交建工程有限公司

河北银信交通设施有限公司

山东玉泰公路设施有限公司

山东景亮工贸有限公司等21家

监理单位:山东东泰工程咨询有限公司承担(总监办)

北京华通公路桥梁监理咨询有限公司

鄂尔多斯市公路工程监理所

江西交通建设工程监理所

吉林铭泽公路工程监理咨询有限公司(房建监理)

山西省公路工程监理技术咨询公司(交安及附属工程)

北京路恒通交通工程技术开发有限公司(机电、消防)

二、建设项目管理

(一)项目管理机构

本项目业主为内蒙古高等级公路建设开发有限责任公司,业主成立公路建设工程项目管理第三分公司暨京新高速公路韩家营(山西内蒙古界)至集宁段建设管理办公室作为现场管理机构。设主任1名、副主任2名、纪检特派员1名,内设综合部、工程部、质监部、安全部、材料部、财务部六个部门,负责建设项目的管理工作。

(二)项目管理

项目管理按照招投标文件和《中华人民共和国合同法》进行。

1. 质量控制

建立健全四级质量管理体系(即政府监督、业主管理、社会监理、施工单位自检)和四级质量保证体系(即建管办、总监办、驻地办、施工单位),对工程质量实行了直接有效的监督管理。

编制施工指导性文件。进场后根据《内蒙古自治区高速及一级公路施工标准化管理指南》、分公司相关标准化管理制度及大型项目标准化管理相关制度要求,组织施工单位编写了《质量精细化管理办法》《现场标准化指南》《桥梁标准化指南》《路基施工标准化指南》《预制场及拌和站标准化指南》《路面施工标准化指南》和《钢筋加工厂建设标准化指南》等相关资料指导施工文本。严格制定和履行招标文件、施工合同中有关质量的规定,一切按合同办事。

加大检查力度,除施工单位自检外,加强各级监理人员的现场跟班监督,重点部位加强旁站,严格监督隐蔽工程施工过程,消除质量隐患,建设管理办公室定期或不定期检查,把工程质量控制在每个过程、每个细节,发现问题及时处理,预防质量事故发生。召开会议,对技术含量高及重点部位施工工艺方案进行专题研究、讨论,对工程质量管理实行奖罚制度。

聘请专家作为苏木山隧道施工及管理的技术顾问,对重点施工工序专项评估,根据现场实际情况定期召开技术交流会,严格按照施工图纸进行施工。隧道监控量测单位在建设管理办公室的管理下严格按照合同要求进行对苏木山隧道进行地质超前预报监控量测和质量监测。

2. 安全生产

安全措施到位,实现"零事故"目标。一是针对苏木山特长隧道专门编制隧道专项安全施工方案、不良地质专项施工方案及专项应急预案。二是建立洞口安全管理制度,凡进洞施工人员必须由带班负责人在洞口值班室进行现场登记,明确施工的人数、时间及地点,出洞时清点人数,做好记录。三是洞口安装电子考勤及进出洞自动登记系统,通过读卡器判断施工人员任何时刻的出入记录,可以随时知道目前洞内某个区域人员的身份、数量和分布情况。四是隧道施工时,在二次衬砌与掌子面之间设置逃生通道,以确保隧道掘进过程中施工人员的人身安全。同时为保证洞内空气质量,给隧道内的作业人员提供新鲜空气,各工作面均采用二级通风制。五是在隧道内工作面安装视频监控系统,从而实现对隧道施工现场进度、质量、安全进行实时监控,为管理工作提供实时、准确的现场影像资料。六是针对隧道主要危险源制订了3个预案,分别为防坍塌事故、防突水突泥、防爆预案,制订了"韩集项目隧道施工安全生产应急处置预案",明确了组织、职责和程序,对照施工现场实际情况,认真研究应急预案的可操作性,并进行现场演练,做到无论发生任何事故都能有效应对。

3. 工程造价控制

本项目整个工程建设中,加强专项资金管理,始终注意严格控制工程造价,以合同为依据,以资金管理为主线,做好建设资金的筹集、控制、监督和核算工作,依法、合理、及时筹集和使用资金,严格控制建设工程造价。主要措施如下:

严格执行工程合同。合同价即为中标价。在合同履行过程中,通过有关合同的约定,将合同双方的工作密切联系起来,促进资金管理工作的开展和资金控制目标的实现。

加强工程各阶段跟踪审计。积极配合审计机关开展的项目建设跟踪审计,委托社会审价机构进行建设工程咨询审价,借助擅长工程造价审核的特点,突出工程造价审计,以实现节约投资、减少损失浪费、促进提高投资效益的目的。

针对土地征用及征地拆迁补偿资金"专款专用"、政策性强的特点,开展征地拆迁资金使用内部审计,杜绝各种违法违纪行为,确保征迁资金及时到位。

4. 生态环保管理

科学管理,坚决遵循"环水保工程三同时"原则。从施工一开始,环水保工程就同主体工程一样,按照环水保批复方案,制订施工组织方案,建立组织机构,贯彻落实《中华人民共和国水土保持法》、水利部第16号令《开发建设项目水土保持设施验收管理办法》等法律法规,积极开展项目建设区的环境保护和水土保持工作,由建管办主要领导负责领导与协调,从机构设置、资金保障、人员配备、委托监理监测等多方面对项目环水保工作给予支持和引导,形成了三位一体的环水保管理、监理、监测的实施管理机构,全面负责环水土保持工作的管理与协调,落实项目水土保持方案。

5. 廉政建设

以预防腐败为重点,健全拒腐防变教育长效机制。建管办多次组织各监理单位、施工单位召开党风廉证建设会议,传达上级廉政专题会议精神,部署反腐倡廉工作。同时也警告各参建单位的每一位干部和员工警钟长鸣,珍爱家庭,做到"常在河边走,就是不湿鞋",反复强调党风廉政建设和反腐倡廉的极端重要性。

深入开展自查自纠活动,发现问题及时纠正,积极推进治理商业贿赂工作。举办预防职务犯罪廉政主题讲座,邀请乌兰察布市检察院和兴和县人民检察院的检察官做预防职务犯罪讲座,列举实例,分析职务犯罪的原因和危害,阐述预防职务犯罪的方式和方法,积极开展警民共建活动,从源头上控制腐败行为。

以强化监督为手段,健全权力运行监控机制,教育和提醒每一位党员领导干部思想上正确认识和对待监督,自觉接受社会各方面的监督。坚持以科学发展观为统领,提升廉政建设质量和水平,遵循科学的途径,切实解决当前领导干部廉政建设存在的薄弱环节和突出问题,努力以廉政建设的新成效促进和保障工程建设的顺利进行。

(三)变更

本项目初步设计方案确定后,施工图设计阶段对苏木山隧道做了优化设计,属于重大变更,具体如下:

设计单位在工程可行性研究、初步设计阶段分别提出了多项隧道比选方案,并确定了三项比选方案(隧道长度4600~5300m),作为初步设计推荐方案。由于项目选定的路线经过区域地质情况较为复杂,隧道选址及规模设计难度较大,且直接影响施工安全、工期,并决定项目造价。经专家多次论证确定设置苏木山隧道,反复比选并综合考虑各种因素,设计单位最终推荐4609m长特长隧道作为初步设计隧道方案报交通运输部。项目建设管理办公室根据交通运输部初步设计审查提出的"应根据地形地质特点,进一步优化轴线位置及间距,保证工程安全"等意见,组织对隧道方案进一步优化。初步设计隧址进口位于两条500kV超高压输变电线路间,征拆费用高且施工安全有隐患,且36个月工期难以完成4600m隧道施工。结合隧址地区地形、地貌特征,综合考虑征拆、隧道围岩级别、洞口偏压等因素,提出将隧道进口进一步向坝沟上游移位,洞口完全避开超高压输变电走廊,减短隧道长度1000多米的方案,经论证完善,作为施工图优化设计方案上报,最终得到交通运输厅批准实施。此方案将苏木山隧道缩短至3208m,不仅大大减短了隧道长度,而且施工周期缩短至3年(2014年7月16日全线贯通),工程造价方面直接降低隧道成本1亿元以上,且节约部分电力线路拆迁费用。技术方面部分减缓隧道安全隐患和治理费用,围岩等级有所改善,施工安全系数提高。坝沟内桥梁长度增加虽然局部增加了一些费用,但隧道优化综合与之比较,还是有更多优势,即总体造价节约,工期缩短,安全提高,技术优化。

三、复杂技术工程

(一)三瑞里互通

三瑞里互通是G7京新高速公路与准兴高速公路运煤专线在乌兰察布市察右前旗三瑞里村附近设置的大型互通立体交叉枢纽工程,主要实现G7京新高速公路与准兴高速公路交通流量的快速转换,促进高速公路沿线经济的快速发展。

三瑞里互通位于兴和县鄂尔栋镇三瑞里村西,互通与运煤高速公路交叉,采用枢纽形式实现两项目的交通转换。总占地590亩,呈混合型布置,主要工程为主线桥梁工程1座,匝道桥梁工程4座,以及附属的路基、路面及防护排水工程,工程总造价约2.36亿。主线桥梁为双向6车道现浇预应力混凝土连续箱梁结构,最大跨径50m,最大宽度(单幅)30.5m,现浇梁体高度2.7m,一次性现浇预应力混凝土方量最大为2600m^3。本桥位地表层为粉土或粉质黏土,强度较低,地基进行了加固处理。由于工程位于丰兴公路旁边,现浇箱梁孔跨较多,且梁高不等,F匝道和G匝道连接处变宽及跨运煤线支架较高,施工较复杂。本桥左幅共计9联(27孔)、右幅8联(26孔),跨越A、B、G、H匝道及运煤高速公路,全长798.882m,采用现浇预应力混凝土箱梁。其中现浇预应力混凝土工程约26400m^3,被誉为内蒙古自治区高速公路现浇预应力混凝土工程量最大的互通区。

其施工组织特点:一是施工内容复杂多样,工序多、专业化施工力量种类多;二是互通区域内短期投入的人员、设备、材料数量巨大,沟通协调、现场调度安排困难;三是现浇预应力混凝土工程对施工连续性和作业环境要求高,全年有效施工期短,必须采用冬季施工措施组织施工;四是采用满堂支架法施工,桥梁工程周转材料投入量大;五是施工质量控制难度大、安全施工危险隐患多。针对以上难点,建设单位与各参建单位精心组织、合理计划、严格控制、排除隐患,较好地完成了建设任务。

(二)苏木山隧道

苏木山隧道位于 G7 高速公路韩家营(山西内蒙古界)至集宁段,在乌兰察布市兴和县境内,为重难点工程和工期控制性工程。采用上下行分离式设计,属特长隧道。隧道左线长 3208m,右线长 3213m,采用双向 6 车道设计标准。

该隧道详情见"第二章 高速公路发展及成就"中"第二节 建设成就"。

四、科技创新

(一)新技术应用

(1)本项目积极响应国家打造绿色、环保工程的号召,工程上实施了全线挖方边坡生态植物防护替代浆砌圬工防护,设声屏障工程,努力实现绿色环保工程目标。

(2)苏木山隧道按照"低能耗""低排碳"的照明及消防设计理论与技术方法,采用了"低能耗"的安全运营照明设计技术体系;隧道 LED 灯新型调光技术;防火蓄光发光涂料的抗冻保温技术参数;重载、大交通量下高粉尘污染特长隧道通风控制技术。采用国内先进的公路隧道节能环保成套技术设备,可节约常规能源、调整能源供给结构,确保隧道照明与消防运营电量减少 50%,同时对降低公路隧道运营成本、保障运营行车安全和火灾逃生安全、减少环境污染具有重要意义。

(二)科研课题

科研课题一:公路隧道节能环保成套技术研究

本课题针对公路隧道在照明、消防、通风、墙面防火保温设计规范中存在的不足等问题,在确保隧道运营低碳环保节能的基础上,解决隧道进出口的"黑洞""盲光"现象,解决消除隧道内消防灭火后的消防液路面结冰影响安全行车的问题,解决节能通风与环境可视度的矛盾,提高隧道内的光环境舒适性和隧道墙面防火、保温材料设计的可靠性,减少隧道的维护、维修费用。取得的主要成果:一是通过本项目的研究完善我国公路隧道安全运营照明设计参数,提出公路隧道"低能耗""低排碳"的照明及消防设计理论与技术方法,确保隧道照明与消防运营耗电量减少 50%,并提出重载、大交通量下高煤尘污染隧道的通风技术,并编制《公路隧道节能减排技术细则》;二是在隧道运营中,如遇突发火灾和断电事故,能确保在黑暗和烟雾状态下达到有效逃生照明的目标;三是达到公路隧道安全运营照明、消防、通风控制的低碳节能目标。

课题详情见"第五章　高速公路建设科技成果"中"第二节　重大科研课题"。

科研课题二:寒区隧道消防设施防冻节能技术应用与示范

本课题依托 G7 京新高速公路韩集段苏木山隧道工程,该隧道的消防原设计为防止冬季高位水池和消防管内的水结冰,设计上首先将高位水池埋于冻胀线以下,同时在通往隧道内各消防栓的消防输水管道旁布设加热电缆,在气温小于 0℃ 后,每天都须 24 小时的供电加热以保持消防管道内消防水不结冰。然而,采用了给消防输水管道伴热以防止消防用水结冰,虽然保证了消防管道的冻结安全,但若在火灾时真的使用了该消防系统,灭火使用的消防水会在寒冷气候下迅速结冰,消防水导致的路面结冰层会破坏路面结构,影响运营安全。针对原隧道设计的消防抗冻措施,这是一项巨大的能耗浪费,无疑给管理效益带来沉重的负担。为了提高运营管理效益,开发研究了抗冻防腐灭火液用以取代消防池内的消防用水,其在 -50℃ 的条件下也不会结冰。同时,其对消防管道腐蚀率为 $3mg/(d \cdot dm^2)$,而且对周边环境不产生负面影响,极大节约了土建工程费用及运营管理耗电费用。

课题详情见"第五章　高速公路建设科技成果"中"第二节　重大科研课题"。

科研课题三:内蒙古中东部地区公路路堑阳坡植被建植技术研究与示范

内蒙古中东部地区为我国北方自然环境脆弱地带,地表植被稀疏,土壤干旱瘠薄,年降雨量在 250~500mm,但季节分配不均,水土流失和风蚀严重,环境植被承载力差,生态环境一旦被破坏,恢复过程极其漫长困难。在工程实践中发现内蒙古中东部地区阳坡植物生长环境明显比阴坡恶劣,阳坡土壤板结严重,通透性和持水功能也远远不及阴坡。由于阳坡环境恶劣,阳坡建植植被一直是该区域公路路堑边坡生态防护工程中的建设难点。以切实解决内蒙古中东部地区公路路堑阳坡生态防护工程建设中阳坡植被建植技术问题为核心目标,通过开展内蒙古中东部地区公路路堑阳坡植被建植技术研究与示范,开展内蒙古中东部地区公路路堑阳坡生态防护工程的理论创新与技术集成,为半干旱区公路阳坡边坡生物恢复加固和生态建设提供可行性实用技术。

课题详情见"第五章　高速公路建设科技成果"中"第二节　重大科研课题"。

五、运营养护管理

G7 京新高速公路韩集段运营、养护管理由内蒙古高等级公路建设开发有限责任公司乌兰察布分公司负责。G7 京新高速公路韩家营(山西内蒙古界)至集宁段收费站(所)、服务区等设置情况见表 8-19,车流量发展状况见表 8-20。

G7 京新高速公路韩家营(山西内蒙古界)至集宁段收费站(所)、服务区等设置情况 表 8-19

类 别	数 量	名 称	建筑面积(m²)	占地面积(亩)
收费站(所)	3	山西内蒙古界韩家营主线收费所	4261.98	35
		兴和南匝道收费所	2509.52	15
		乌拉哈匝道收费所	2509.52	15
服务区	1	苏木山服务区	7246.83	300
养护工区	2	兴和南养护工区	1893.11	15
		乌拉哈养护工区	1893.11	15
监控设施	1	苏木山隧道设隧道管理所	2281.51	15

G7 京新高速公路韩家营(山西内蒙古界)至集宁段车流量发展状况表(单位:辆/昼夜) 表 8-20

收费站(所)	年 份					
	2011 年	2012 年	2013 年	2014 年	2015 年	2016 年
兴和南匝道收费所	—	—	—	—	—	68
乌拉哈匝道收费所	—	—	—	—	—	61

注:G7 河北段至今未通车,山西内蒙古界韩家营主线收费站未开通,所以无统计量。

Ⅱ　G7 京新高速公路集宁至呼和浩特段

一、项目概况

(一)基本情况

G7 京新高速公路集宁至呼和浩特段,跨越内蒙古乌兰察布市中西部地区和呼和浩特东部地区,线位呈东西走向。路线总里程长度 141.111km,项目批复概算 112.48 亿元。

本项目路线起点顺接京新高速公路韩家营(山西内蒙古界)至集宁段终点,经平地泉、梅力盖图、十八台、三岔、金盆、永太公、旗下营,终点与呼和浩特市保合少互通相接;控制性工程包括金盆湾隧道、平地泉枢纽互通和十八台跨京包铁路分离式立交桥。

采用新建双向 6 车道高速公路建设标准,设计荷载等级为公路—Ⅰ级,设计行车速度 100km/h,路基宽度 33.5m。全线在土城子、集宁南、平地泉、十八台、卓资山北、金盆、永太公、旗下营、保合少(改建)设置互通式立交 9 处,分离式立交 21 座,特大桥 1 座,大中桥 54 座,天桥 3 座,小桥 5 座,通道桥 9 座,涵洞 223 道,特长隧道 1 座,中长隧道 2 座,服务区 4 处。全线桥隧比 11.26%。

本项目 2011 年 4 月 27 日举行奠基仪式,5 月 20 日开工建设,2016 年 9 月 14 日通过交工验收,2016 年 11 月 15 日通车运营。

(二)前期工作

1. 立项审批、资金筹措

京新高速公路集宁至呼和浩特段公路建设按照国家《公路建设市场管理办法》认真履行基本程序。项目建设同时遵循国家和部颁有关公路工程技术标准、设计规范规程、设计文件编制办法、公路建设用地指标以及公路工程概算编制办法、定额,内蒙古自治区交通运输厅、地方政府及内蒙古高等级公路建设开发有限责任公司的有关文件、会议纪要精神及协议条款等。

本项目可研报告由国家发改委以《国家发改委关于内蒙古自治区韩家营(内蒙古山西界)至呼和浩特段公路可行性研究报告的批复》(发改基础〔2011〕441号)批复;

初步设计由交通运输部以《关于韩家营(内蒙古山西界)至呼和浩特段公路初步设计的批复》(交公路发〔2011〕324号)批复,批复概算112.48亿元;

两阶段施工图设计2012年9月17日由内蒙古自治区交通运输厅以《内蒙古自治区交通运输厅关于京新高速公路韩家营(山西内蒙古界)至集宁至呼和浩特段两阶段施工图设计的批复》(内交发〔2012〕562号)批复。

本项目批复概算112.48亿元,建设资金30%来自项目资本金,70%来自国内银行贷款。

2. 招投标工作

本项目勘察设计、监理及主要施工单位均采用国内公开竞争性招标确定,按照《中华人民共和国招标投标法》《公路工程施工招标投标管理办法》和《公路工程施工监理招标管理办法》等法律、法规进行了工程招标投标工作。所有的评标工作均在全封闭保密状态下进行评标,内蒙古自治区纪检委和驻交通运输厅纪检组及内蒙古高等级公路建设开发有限责任公司纪检委对评标进行了全过程监督。

勘察设计招标。京新高速公路集宁至呼和浩特段勘察设计共3个标段:JHSJ-1、JHSJ-2、JHSJ-3合同段。由内蒙古交通运输厅批准、内蒙古高等级公路建设开发有限责任公司委托中招康泰项目管理有限公司代理,于2010年7月16日~8月6日对该项目的勘察设计进行公开招标,8月6日开标,8月6、7日评标,通过双信封法评审,推荐了中标候选人,经评标委员会的评审形成评标报告,对评标报告推荐中标候选人进行了网上公示。最后确定:集宁至呼和浩特段土建设计单位JHSJ-1标为内蒙古交通设计研究院有限责任公司、土建设计单位JHSJ-2标为北京建达路桥咨询有限公司、交通工程及房建设计单位JHSJ-3标为中国公路工程咨询集团有限公司。2010年8月17日发出中标通知书,9月28日与中标人签订合同。

土建施工招标。集宁至呼和浩特段土建施工设 2 个标段。方案经内蒙古交通运输厅批准,内蒙古高等级公路建设开发有限责任公司自行组织招标,采用国内公开招标、资格后审方式,要求土建投标人须具有公路工程特级总承包资质。于 2011 年 3 月 31 日发布了招标公告,2011 年 4 月 20 日 10 时举行了公开开标,评标采用合理低价法。最终确定:集宁至呼和浩特段土建施工一标排名第一的投标人四川公路桥梁建设集团有限公司为土建施工一标中标人(JHTJ-01),土建施工二标排名第一的投标人中交第一公路工程局有限公司为土建施工二标中标人(JHTJ-02)。2011 年 5 月 3 日向中标人发出中标通知书,2011 年 5 月 31 日与土建施工监理中标人签订了合同协议书。

土建施工监理招标。集宁至呼和浩特段监理划分为 1 个总监办、6 个驻地办。于 2011 年 3 月 31 日发布招标公告,2011 年 4 月 20 日 10 时举行了公开开标,评标采用综合评标法。最后均确定排名第一的投标人为中标人。集宁至呼和浩特段驻地一合同段排名第一的投标人为山东省德州市交通工程监理有限公司;驻地二合同段排名第一的投标人为北京交科工程咨询有限公司;驻地三合同段排名第一的投标人为北京港通路桥工程监理有限责任公司。2011 年 5 月 12 日向中标人发出中标通知书,2011 年 5 月 31 日与土建施工监理中标人签订了合同协议书。

其中,集宁至呼和浩特段 4 个监理合同段(JHZD-04、JHZD-05、JHZD-06、JHZJ)的投标人数均少于 3 个,依据《中华人民共和国招标投标法》有关规定,决定重新招标。2011 年 4 月 23 日发布了监理二次招标公告进行重新招标,于 2011 年 5 月 13 日 10 时举行了公开开标。最终确定京新高速公路集宁至呼和浩特段总监办合同段(JHZJ)排名第一的投标人重庆市交通工程监理咨询有限责任公司、驻地四合同段排名第一的投标人温州市交通工程咨询监理有限公司、驻地五合同段排名第一的投标人武汉大通公路桥梁工程咨询监理有限责任公司、驻地六合同段排名第一的投标人山东格瑞特监理咨询有限公司为中标人。2011 年 5 月 27 日向中标人发出中标通知书,2011 年 5 月 31 日业主与土建施工监理中标人签订了合同协议书。

通信管道招标。集宁至呼和浩特段全线共设 2 个标(JHGD-01、JHGD-02)于 2012 年 5 月 10 日发布招标公告,由内蒙古高等级公路建设开发有限责任公司自行组织招标。本次评标采用经评审的最低投标价法。最终确定集宁至呼和浩特段通信管道 JHGD-01 标排名第一的江西方兴科技有限公司为中标人;JHGD-02 标排名第一的陕西科润公路沿线设施工程有限公司为中标人。2012 年 6 月 13 日向中标人发出中标通知书,2012 年 7 月 5 日双方签订合同。

3. 征地拆迁

按照项目建设需求,2010 年 10 月乌兰察布市、呼和浩特市人民政府分别成立了京新高速公路集宁至呼和浩特段工程征地拆迁办公室,明确了工程建设中相关部门的责任。

依据两市政府制定的征地拆迁指导性文件,内蒙古高等级公路建设开发有限责任公司分别与乌兰察布市人民政府、呼和浩特市人民政府签订了征地拆迁协议书。呼和浩特市征地拆迁标准2011年3月9日出台,2011年5月26日签订《征地拆迁及社会保障协议》;乌兰察布市征地拆迁标准2011年4月26日出台,2011年5月25日签订《征地拆迁及社会保障协议》,明确了工作内容、职责、费用标准与支付方式等有关事项。

同时,沿线旗、县、区成立相应征拆机构,在两市政府的统一领导下,全面开展区域内征拆、社会协调和建设环境保障工作,负责核定各类征拆补偿标准,征拆费用一次核定,专款专用。

为了保证征地拆迁费用及时足额到位,减少中间环节,有效防止挪用、拖延、扣押现象,征地拆迁机构设置专户,实行专户储蓄,专款专用。对电力、电信、通信线路等较为复杂、涉及面广的单位,由第三方审价机构进行审核确定改迁费用。

本项目用地预审手续于2010年11月19日经国土资源部批准,拟用总面积1116.46亩。征地拆迁工作主要依据乌兰察布市人民政府市长办公室会议纪要关于《研究加快京新高速公路韩家营至呼和浩特段征地和建设等有关事宜》(乌兰察布市人民政府办公厅〔2011〕30号)和呼和浩特市人民政府关于《呼和浩特市人民政府关于原则同意呼市地区公路建设征地拆迁补偿安置方案的批复》(呼政批字〔2011〕19号)文件精神,严格遵守《中华人民共和国土地管理法》《中华人民共和国森林法》《中华人民共和国草原法》和内蒙古自治区人民政府有关文件和相关地方法规。

G7京新高速公路集呼段永久占地17240.0亩。

(三)参建单位

主管单位:内蒙古自治区交通运输厅
建设单位:内蒙古高等级公路建设开发有限责任公司
现场管理单位:内蒙古高等级公路建设开发有限责任公司公路建设工程项目
　　　　　　　管理第八分公司
质量监督单位:内蒙古自治区交通建设工程质量监督局
　　　　　　　乌兰察布市公路工程质量监督站
　　　　　　　呼和浩特市公路工程质量监督站
勘察设计单位:内蒙古自治区交通设计研究院有限责任公司
　　　　　　　北京建达道桥咨询有限公司
　　　　　　　中国公路工程咨询集团有限公司
施工单位:四川公路桥梁建设集团有限公司
　　　　　中交第一公路工程局有限公司

中铁十局集团有限公司
中交第四公路工程局有限公司
核工业华东建设工程集团公司
丰润建筑安装股份有限公司
新七建设集团有限公司
西北电力建设第四工程公司
中铁电气化局集团有限公司
亿阳信通股份有限公司
江西方兴科技有限公司
陕西科润公路沿线设施工程有限公司等36家施工单位

监理单位：重庆交通工程监理咨询有限责任公司（总监办）
山东省德州市交通工程监理公司
北京交科工程咨询有限公司
北京港通路桥工程监理有限责任公司
温州市交通工程咨询监理有限公司
武汉大通公路桥梁工程咨询监理有限公司
山东格瑞特监理咨询有限公司
山西省公路工程监理技术咨询公司
宁艾特斯智能交通技术有限公司
北京正立监理咨询有限公司
北京御正营工程监理有限公司

二、建设项目管理

（一）项目管理机构

本项目业主为内蒙古高等级公路建设开发有限责任公司，业主成立公路建设工程项目管理第八分公司暨京新高速公路集宁至呼和浩特段建设管理办公室作为现场管理机构。

建管办设主任1名、副主任3名、纪检特派员1名，内设综合部、工程部、质监部、安全生产部、材料部、财务部六个部门，全面负责建设项目的管理工作。

（二）项目管理

1.进度管理

本项目建设施工前，就要求施工单位本着统筹管理、合理安排、高效利用资源工作的思路,按计划工期编制一份可行的、详细的施工总体组织计划,上报监理单位审核,批准后实施,以确保工程能够按期开工、按期完工。

在施工过程中,要求施工单位在保证质量和安全的前提下加强进度管理。一是加强阶段计划目标控制,加强计划管理;二是高效利用现场资源,加强组织协调,确保有足够的施工力量在现场施工;三是合理调度,减少窝工现象,同时做好现场交叉施工的管理;四是合理安排资金使用,确保原材料、机械设备等生产资料能够及时供应,保证施工进度;五是强化监督,定期对计划目标进行检查,对未按计划完成的施工任务,和监理单位、施工单位一起分析原因,采取有效措施,推进工程进展,确保不影响下一个计划目标的实施;六是加强对施工单位、监理单位的监管,采取行之有效的管理手段,确保整个工程进度目标的实现。

2. 工程质量

在工程建设过程中,建管办始终贯彻执行"质量至上""质量重于泰山"的原则,坚持"质量零缺陷、零质量事故",不断完善质量保证体系与质量保证措施,严格推行首件工程质量认可制和四方联检验收制,切实加强了质量管理工作,使工程质量始终处于良好的控制状态。

切实发挥质量管理组织机构的作用。本项目实行"一级法人机构,二级监理体系"的管理模式。工程质量保证体系为"政府监督、法人管理、施工监理和企业自检"四级管理。检查程序按"承包人自检、驻地办跟踪检验、总监办抽检、建管办抽检"进行四级检测。

质量管理坚持高标准、严要求。严格执行内蒙古自治区交通运输厅《质量内控标准》,落实《工程管理办法》《质量管理办法》等,健全并坚决执行规章制度,严格落实质量保证措施。严格对各工序、各环节的检查,工程主要部位、重点环节继续实行四方联检制度,发现问题及时处理,将质量隐患消灭在萌芽状态。加强试验检测工作,通过国内公开招标确定的检测及咨询单位对重点工程进行施工监控,并提供技术咨询服务,为控制工程质量提供了保障。

严把进场原材料质量关。工程质量从源头抓起,原材料跟踪监督使用。要求进场原材料都要进行检测,施工单位进行自检,监理单位按照规定频率抽检,对不能检测的原材料要求送交第三方检测单位进行检测。质量不合格材料严禁进场使用。对于工程所用主要材料全部进行登记并验证了生产企业的相关证件,同时建立了材料质量信息反馈制度,对不稳定的或不适宜继续使用的材料,随时核销许可证,更换厂商,以确保各种材料在使用中无质量缺陷。

加强对施工、监理单位的日常监督管理。强化对施工、监理单位人员履约、设备及工地试验室配置的管理,加强内业资料检查,同时加大现场检查力度。工程质量检查结果作为施工考核的重要依据,上报质量监督部门,并纳入施工企业信用价体系。不定期召开质量专题讨论会,集中研究或现场解决质量问题。坚持工地例会制度,积极组织并参加各种形式的工地例会和协调会。

成立隧道管理专项小组强化对隧道施工的管理,利用隧道监控数据等及时提出预报,有准备地做好各种预防和施工措施。

3. 安全生产

建管办始终坚持贯彻"安全第一,预防为主,综合治理"的方针,将安全工作作为重点工作,强化安全生产"红线意识",努力形成"预案、预控、预报、预警"的安全管理长效机制,大力开展"平安工地"建设活动,坚持稳中有进、稳中有为、稳中提质。

加强组织领导,狠抓管理制度的落实。按照上级有关安全生产的方针、政策和规定,建管办对施工单位、监理单位安全生产监督管理工作进行全面监督,积极推动《安全生产管理办法》《安全生产工作考核细则》和《安全生产日常检查项目及检查方法》等管理制度的落实。

强化安全培训,加强安全教育。组织各参建单位参加安全生产培训教育,学习相关法律法规和各级各部门关于安全生产的文件精神,贯彻执行安全生产有关规定;要求施工单位加强施工作业人员的安全生产教育培训,特种作业人员必须持证上岗。

加大检查力度,实施安全生产管理奖惩制度。除日常例行检查外,每个月进行一次安全生产全面检查,并不定期组织爆炸物品管理、桥梁施工高空作业、防汛减灾和滑坡治理等专项检查,同时要求施工单位加强食堂管理,及时召开安全生产会议并通报检查结果,做到对安全隐患早发现、早处理,防患于未然。完善安全生产内业资料,要求监理、施工单位按照规范加强对安全生产内业资料的管理。

着力加强隧道施工安全生产监管。建管办牵头成立由总监办、驻地办和施工单位组成的金盆湾隧道常驻现场安全监督组,常务副组长、副组长实行带班制,带班人员在带班期间驻守工地,其他人员按值班表驻守值班,带班人员每日对金盆湾隧道施工安全进行现场巡视检查,并做好安全巡视检查记录。

制订并完善各类安全生产专项应急救援预案,与当地安监部门、消防部门保持联系,落实应急救援人员、设备等。

经参建各方共同努力,本项目安全生产继续保持平稳态势,杜绝了安全生产责任事故的发生,实现了安全生产管理目标。

4. 廉政建设

在廉政建设工作中,建管办以建设"廉政工程、民心工程、精品工程"为宗旨,坚持"工程优良、干部优秀"的工作方针,积极开展反腐倡廉教育,严格规范从业人员的行为,全力遏制公路建设中腐败现象的发生。

严格落实党风廉政责任制。深入贯彻实施《廉政建设责任制》《"阳光工程""十二公开"规定实施方案》等廉政制度,建立健全廉政风险防控机制,通过健全制度和创新工作方法,消除潜在的廉政隐患,形成廉政风险防控长效机制。

发挥预防职务犯罪联席会议制度的作用,深入开展预防职务犯罪工作。扎实推进工程建设领域专项治理工作,针对招投标、计量支付、农民工工资发放、质量监管和安全生产等关键环节和重点岗位进行督查排查。随时跟进项目廉政合同、廉政责任状落实情况,确保责任落实、整改到位。

发挥纪检干部的作用,一切管理活动都在纪检监督下进行;密切联系群众,认真做好来信、来访工作,自觉接受社会监督;协调干群关系,为项目建设营造和谐的社会环境。

高度重视农民工工资发放情况,保障农民工合法权益,维护社会和谐稳定。

5. 建设资金使用

根据项目建设的实际情况,建管办认真贯彻执行国家基本建设方针、政策、法律、法规和财经制度,本着保证质量、加快进度、节约成本的原则,严格要求中标单位必须保证所属项目资金使用安全、合理,建设资金必须专款专用。严格依据《工程管理办法》、合同协议书及工程完成情况进行计量支付,严把设计变更关,计量款专款专用,有效控制工程造价。

要求各参建单位严格遵守会计制度,严格执行建设项目财务核算管理规定。按照建管办、承包人、银行三方签订的《资金监管协议》,严格审批承包人资金使用计划,动态监控承包人的资金往来,并对工程建设经济活动全过程进行跟踪监督和专项检查。

通过严格的财务管理,规范了建设资金的使用,提高了建设资金使用效益,为项目建设顺利进行提供了有力的资金保证。

(三)变更

1. 重大变更

(1)金盆湾隧道增设施工导洞。2011年6月10日,金盆湾隧道开工。为增加隧道施工作业面、加快隧道施工进度,同年10月22～25日,内蒙古高等级公路建设开发有限责任公司在呼和浩特组织召开"京新高速公路集宁至呼和浩特段金盆湾隧道施工专家咨询会",就金盆湾隧道增设导洞设计方案和施工方案进行了论证。内蒙古自治区交通运输厅领导出席会议。

与会专家认为:结合金盆湾隧道的工程地质、水文地质情况和施工单位的施工现状,对设计单位推荐提出的三个施工导洞设置的必要性和合理性进行了分析研究,一致认为需设置施工导洞方案可满足交通运输部对本工程工期的批复要求,经过比选并结合工程投资、施工安全风险等,建议增设2个施工导洞。

1号导洞进洞施工时间是2011年11月17日,2号导洞进洞施工时间是2011年9月

14日;1号导洞进主洞时间是2012年9月24日,2号导洞进主洞时间是2012年9月14日;两个导洞进主洞后由原来4个工作面增加至12个工作面。2012年9月内蒙古自治区交通运输厅批复《两阶段施工图》时,将金盆湾隧道导洞列入。

(2)十八台跨京包铁路分离式立交桥采用转体施工。京新高速公路在乌兰察布市卓资县十八台乡上跨京包铁路十八台编组站,2011年本项目开工时,十八台编组站日接发列车已达到380列,摘机80台,平均每3分钟即接发一趟列车,极大地增加了跨铁路立交桥的施工难度。

为尽可能地减小桥梁施工对京包铁路运营的干扰,同时保证线路交叉的安全性和经济适用性,经研究论证决定将挂篮施工变更为主桥转体施工,这也是首次在内蒙古地区运用该项技术。

2. 较大变更

京新高速公路集呼段土建工程需上报内蒙古自治区交通运输厅的较大变更项目共计6项,其中土建工程5项、房建工程1项。具体内容如下:

(1)K126+415~K130+080段路基石质挖方改变施工工艺,原设计爆破挖方(因呼和浩特铁路局2010年11月15日函告高路公司"禁止在铁路隧道上方中心线两侧1000m范围内,从事采石及爆破作业",2011年6月30日批复的初步设计文件中遗留此内容)禁止爆破,改为机械锤破碎。

(2)K131二次滑坡治理。2013年7月2日受连续4天特大暴雨影响,K131滑坡段在治理还没有完成的情况下主滑动面发生二次滑坡。该滑坡一直到2015年7月才治理完毕。

(3)挖方段防护形式改为喷播植草防护。依据《关于京新高速公路集宁至呼和浩特段土建一标石质边坡变更防护形式的意见》(内高路发〔2014〕336号),内蒙古交通设计研究院有限责任公司现场补充勘察,对挖方路堑边坡稳定性、地质情况、生态防护的可能性等因素进行了现场分析论证,并参考相邻标段(京新高速公路韩家营至集宁段)的成功经验,将部分路堑二、三级及以上边坡由原来的拱形护坡、鱼鳞型骨架护坡等变更为喷播植草,喷播植草面积为11.7万 m^2。

(4)K178+100~K193+000段路基施工,沿线周边居民因路基填筑压路机的振动影响房屋而长期阻工,后将原设计借土填方变为填筑级配砂砾、采用静压方式施工。

(5)隧道工程由于围岩级别变化,支护参数调整。

(6)在三岔收费所东侧增加消防救援队办公用房1处,建筑面积1770m^2。

三、复杂技术工程

(一)平地泉互通

平地泉互通位于乌兰察布市平地泉镇,为混合型枢纽互通,具有桥梁比率高、立体交叉复杂的特点。主线桥全长1.78km，主线桥由东向西先后跨越京包铁路和二广高速公路，内设8条匝道完成京新高速公路与二广高速公路互联互通，建成通车后可有效实现京新高速公路与二广高速公路间的车流转换。

工程详情见"第二章　高速公路发展及成就"中"第二节　建设成就"。

（二）十八台转体桥

十八台跨京包铁路转体桥是京新高速公路集宁至呼和浩特段控制工程之一，是重要的大跨径桥梁，采用转体施工工艺的公路桥梁，桥长579m（桥梁起点K123+138.5，终点K123+717.5），宽33.5m，主桥为2跨变截面连续刚构（2×75m），梁高3.3~8.1m，按1.8次抛物线变化，单个T形刚构长138m；引桥为35m现浇连续箱梁，梁高1.8m。左幅桥梁跨径组成：2×75m+3×（4×35m）=570m。右幅桥梁跨径组成：2×35m+2×75m+2×（4×35m）=570m。转体桥单幅转体1.2万t，转体承重位居国内前列，属内蒙古自治区首例。

工程详情见"第二章　高速公路发展及成就"中"第二节　建设成就"。

（三）金盆湾隧道

金盆湾隧道是G7京新高速公路集宁至呼和浩特段的控制性工程，位于乌兰察布市察哈尔右翼中旗金盆乡境内。隧道全长6685m（其中左洞长3310m，右洞长3375m），设计净宽14.5m，最大埋深约160m，采用分离式双洞设计，属大断面特长隧道，全隧Ⅴ级围岩。

隧道详情见"第二章　高速公路发展及成就"中"第二节　建设成就"。

（四）西梁村特大桥

该桥是G7京新高速公路项目中重要的控制性工程，大桥位于集宁市卓资县境内，大桥右幅全长1327m，左幅全长1206.5m，桥梁标准宽度16.5m（单幅），全右线共设置11联。

桥梁详情见"第二章　高速公路发展及成就"中"第二节　建设成就"。

四、科研课题

科研课题一：大吨位T形刚构桥转体施工控制与稳定性研究

本课题首次在内蒙古地区开展大吨位T形刚构桥转体施工控制和稳定性研究，通过对节段长度对桥梁受力和线形的影响、T形刚构悬臂状态下平衡控制、不平衡重称重试验方法、最不利状态下T形刚构转体桥的抗风稳定性分析、转体过程动态监测控制和大吨位转体球铰局部受力等六方面问题研究，探索了强风地区大跨径大吨位T形刚构桥转体施工关键技术和稳定性控制方法，取得了丰硕的研究成果。该项目共受理、授权专利3项，其中发明专利1项，已授权实用新型专利1项，已授权软件著作权1项；发表论文17篇，其中EI收录7篇,ISTP收录1篇,中文核心期刊8篇,硕士论文4篇,博士论文2篇,博士后出站报告1篇。

课题详情见"第五章　高速公路建设科技成果"中"第二节　重大科研课题"。

科研课题二:半干旱寒区弱质围岩公路隧道质量控制技术研究

该项目是内蒙古自治区交通科技项目,编号:NJ-2012-19,由项目管理第八分公司与同济大学合作,2012年6月启动。

1. 研究背景

本课题以G7金盆隧道建设项目为依托开展研究,金盆隧道总长6685m(左线3310m,右线3375m),最大断面处宽度为17.73m,属于特长大跨度公路隧道。位于半干旱寒区的弱质岩层中,隧道围岩以泥质砂岩为主,围岩类别大部分为V级,在雨季和春季融雪时该隧道施工安全危险性大。针对高速公路双向6车道隧道大断面、位于高寒地区、地质条件差,容易产生大变形、衬砌结构初期支护开裂和塌方等问题,以及施工过程中隧道衬砌结构可能出现的质量安全问题,开展研究。

2. 主要研究内容

以金盆湾隧道为研究对象,主要开展半干旱寒区弱质围岩隧道衬砌质量检测关键技术研究及应用,大跨度软弱围岩隧道衬砌质量安全风险预警体系,半干旱寒区弱质围岩隧道衬砌施工质量过程控制管理与技术。

3. 经济和社会效益评估

项目研究成果能够广泛地应用于公路隧道工程实际,提高半干旱寒区弱质围岩大断面公路隧道的整体修筑技术水平,对加快衬砌结构施工进度、保证施工质量和降低工程造价具有重要的研究价值和推广应用前景。

4. 研究成果

"一种软弱围岩隧道液压岩土铣挖设备"2015年7月获得国家实用新型专利,国家知识产权局证书第4407279号。

"一种大断面软弱围岩隧道双层初期支护预防地质病害发生的结构"2015年7月获得国家新型实用专利,国家知识产权局证书第4410337号。

"全程V级软弱围岩大断面特长公路隧道施工技术研究"2014年10月获得中国公路建设行业协会公路工程科技创新成果三等奖。

五、运营养护管理

京新高速公路集呼段根据内蒙古高等级公路建设开发有限责任公司对其所属高速公路的管理模式,将以乌兰察布市卓资县十八台收费所为界线,以东由乌兰察布分公司负责运营、养护、服务管理，以西由呼和浩特分公司负责运营、养护、服务管理。G7 京新高速公路集宁至呼和浩特段收费站(所)、服务区等设置情况见表 8-21，车流量发展状况见表 8-22。

G7 京新高速公路集宁至呼和浩特段收费站(所)、服务区等设置情况　　表 8-21

类别	数量	名称	建筑面积(m²)	占地面积(亩)
收费站(所)	5	集宁南收费所(附设养护工区)	5844	30
		十八台收费所	3600	15
		三岔收费所(附设养护工区、消防办公楼)	6567	45
		金盆收费所	2576	15
		旗下营收费所	2217	15
服务区	4	集宁南服务区	8484	300
		十八台服务区	7411	200
		土堡子服务区(已更名复兴服务区)	7411	300
		呼东服务区	8607	200
养护工区	1	旗下营养护工区	2574	15
监控设施	2	旗下营隧道无人监控站	363	10
		坝底隧道无人监控站	374	2
管理所	1	金盆湾隧道管理所	2568	15

G7 京新高速公路集宁至呼和浩特段车流量发展状况表(单位:辆/昼夜)　　表 8-22

收费站(所)	年份					
	2011 年	2012 年	2013 年	2014 年	2015 年	2016 年
集宁南收费所	—	—	—	—	—	180
十八台收费所	—	—	—	—	—	121
三岔收费所	—	—	—	—	—	586
金盆收费所	—	—	—	—	—	64
旗下营收费所	—	—	—	—	—	279

第四节　G10 绥芬河至满洲里高速公路内蒙古段

G10 绥芬河至满洲里高速公路(简称绥满高速公路)是连接黑龙江省绥芬河市和内蒙古自治区满洲里市的高速公路，是国家高速公路网"71118"规划中 18 条东西横线中的第一条，沿线经过黑龙江省绥芬河市、牡丹江市、海林市、尚志市、哈尔滨市、肇东市、安达市、大庆市、林甸县、齐齐哈尔市、甘南县和内蒙古自治区阿荣旗、牙克石市、鄂温克族自治旗、呼伦贝尔市海拉尔区、满洲里市，全长 1527km，内蒙古自治区境内 563.595km。

G10 绥满高速公路内蒙古段是内蒙古自治区"三横九纵十二出口"干线公路的重要组成部分，是呼伦贝尔市联系东北省区的重要通道，也是内蒙古通往俄罗斯、蒙古及远东地区最为主要的国际通道之一。目前阿荣旗至博克图段、博克图至牙克石段、牙克石至海拉尔段均已建成。国家发改委 2016 年 9 月 14 日以《国家发展改革委关于内蒙古自治区海拉尔至满洲里公路可行性研究报告的批复》（发改基础〔2016〕1978 号）批复了绥满高速公路工可研报告，规划建设海拉尔至满洲里段"一改高"工程，路线长 188.9km（其中新建 23.1km、改建 165.8km）。届时 G10 绥满高速公路将全面建成。该条公路贯通后，将构筑一条从东北进驻内蒙古北部边陲的快捷通道，开辟一条满洲里口岸至俄罗斯的贸易快速通道，同时也能更好地促进内蒙古草原旅游业的繁荣，经济效益和社会效益十分显著。

G10 内蒙古段路线穿越大兴安岭主脉，是同期内蒙古自治区东部规模最大的公路建设项目，也是交通运输部确定的第三批典型示范工程建设项目。

路网关系：G10 绥满高速公路内蒙古段路网关系如图 8-4 所示。

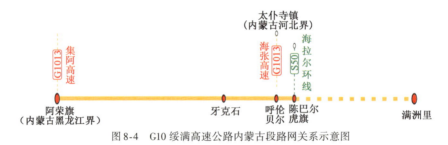

图 8-4　G10 绥满高速公路内蒙古段路网关系示意图

Ⅰ　G10 绥满高速公路阿荣旗（黑龙江内蒙古界）至博克图段

一、项目概况

（一）基本情况

本项目路线起点位于阿荣旗 G301 东侧 500m 处黑龙江内蒙古交界金界壕（甘南界），与拟建的绥满国道主干线齐齐哈尔至甘南高速公路相连接，终点位于阿荣旗与牙克石交界的博克图腰梁子山，与在建绥满国道主干线博克图至牙克石段高速公路顺接，全长 160.115km。路线途经向阳峪镇、新发乡、霍尔奇镇、查巴奇乡、大时尼奇林场、博克图（腰梁子山）。

绥满高速公路阿荣旗至博克图段主线长 160.115km，主线采用新建双向 4 车道高速公路建设标准，设计速度 100km/h，路基宽度 26.5m，路面形式为沥青混凝土路面，桥涵设计汽车荷载采用公路—Ⅰ级。全线设桥梁 65 座/8043.11m，其中大桥 20 座/5126.83m，中桥 45 座/2916.28m；全线服务区 2 处、收费所 7 处。全线桥隧比 5.0%。

本项目于 2008 年 8 月 10 日开工建设，2012 年 9 月 22 日通过交工验收。

（二）前期工作

1. 立项审批、资金筹措

2007 年 9 月 27 日国家环保总局以《关于绥满国道主干线甘南界至博克图段高速公

路环境影响报告书的批复》(环审〔2007〕391号)批复环评报告书；

2008年3月17日国家发展和改革委员会以《国家发展改革委关于内蒙古自治区阿荣旗(黑龙江内蒙古界)至博克图公路可行性研究报告的批复》(发改交运〔2008〕723号)批复了可行性研究报告；

2008年5月31日水利部以《关于绥满国道主干线甘南(黑龙江内蒙古界)至博克图高速公路工程水土保持方案的复函》(水保函〔2008〕148号)批复了水保方案；

2008年7月21日交通运输部以《关于阿荣旗(黑龙江内蒙古界)至博克图公路初步设计的批复》(交公路发〔2008〕155号)批复了初步设计；

2010年8月10日内蒙古自治区交通运输厅以《关于绥满国道主干线阿荣旗(黑龙江内蒙古界)至博克图高速公路两阶段施工图设计的批复》(内交发〔2010〕461号)批复了施工图设计。

本项目初步设计总概算为57.80亿元，建设资金36%来自项目资本金，64%来自国内银行贷款。

2. 招投标工作

本项目招标投标工作严格按照《中华人民共和国招标投标法》和《公路工程施工招标投标管理办法》《公路工程施工监理招标管理办法》等法律、法规进行。勘察设计、土建工程、房建工程、交通工程、机电消防等工程的设计、施工、监理单位均采用国内公开招标方式产生，分别确定3家设计单位、11家监理单位(含总监办)、37家土建施工单位和18家其他施工单位参与本项目建设。

2007年3月由内蒙古自治区公路局组织对绥满国道主干线甘南界至博克图高速公路进行了勘察设计公开招投标，确定了中交通力公路勘察设计工程有限公司、内蒙古交通设计研究院有限责任公司为土建设计单位，中国公路工程咨询集团有限公司为交通工程、房建、机电设计单位。

路基施工及施工监理招标由自治区交通运输厅、呼伦贝尔市交通运输局于2008年5月19日在中国采购与招标网、内蒙古交通厅网和《中国交通报》上发布资格预审公告，2008年7月27日公开开标，确定了28家路基土建施工单位、10家监理单位。

路面工程施工招标于2009年9月18日在中国采购与招标网、内蒙古交通厅网上发布预审公告，2010年1月8日公开开标，确定了9家路面施工单位。

沥青采购招标2010年3月9日在中国采购与招标网、内蒙古交通厅网上同时刊登了招标公告。2010年3月28日公开开标，确定了两家沥青供应商。

交通、房建工程施工招标公告由招标代理内蒙古远思工程招标代理有限责任公司于2011年3月21在中国采购与招标网、内蒙古交通厅网上同时发布，2011年4月17日公开开标，第二信封开标大会于2011年4月20日召开，确定了18家交通、房建工程施工单位。

3. 征地拆迁

2008年8月征拆工作启动,2011年11月征拆工作基本完成,基本没有因征拆影响施工。

全线共征用土地13904亩;林地1637.26亩,草地996.3亩,耕地11270.44亩;拆迁房屋8937.17m²;拆迁电力、电信设施66处;征拆款17934.36万元。

(三)参建单位

主管单位:内蒙古自治区交通运输厅
建设单位:呼伦贝尔市交通运输局
现场管理单位:阿荣旗至博克图高速公路建设项目管理办公室
质量监督单位:内蒙古自治区交通建设工程质量监督局
　　　　　　呼伦贝尔市公路工程质量监督站
勘察设计单位:内蒙古自治区交通设计研究院有限责任公司
　　　　　　内蒙古城市规划市政设计研究院有限公司(联合体)
　　　　　　中交通力公路勘察设计工程有限公司
　　　　　　中国公路工程咨询集团有限公司
施工单位:大庆油田路桥工程有限责任公司
　　　　　杭州市交通工程集团有限公司
　　　　　吉林省建设集团有限公司
　　　　　中铁大桥局股份有限公司
　　　　　中交一公局第一工程有限公司
　　　　　北京鑫旺路桥建设有限公司
　　　　　山东省滨州公路工程总公司
　　　　　江苏省交通工程集团有限公司
　　　　　海南公路工程公司
　　　　　内蒙古天骄公路工程有限责任公司等51家
监理单位:内蒙古交通建设监理咨询有限责任公司(总监办)
　　　　　内蒙古公路工程咨询监理有限责任公司(驻地办)
　　　　　北京华通公路桥梁监理咨询有限公司
　　　　　赤峰天宇交通监理有限公司
　　　　　济南金诺公路工程监理有限公司
　　　　　山西一通监理咨询有限公司

山西协力公路工程监理有限公司
河北四方公路工程咨询有限公司
黑龙江华龙公路工程咨询监理公司
牡丹江市公路工程监理有限公司
中国公路工程咨询集团有限公司

二、建设项目管理

(一)项目管理机构

根据呼伦贝尔市人民政府《关于同意成立绥满国道主干线甘南界至博克图、博克图至牙克石高速公路工程项目法人的批复》(呼政字〔2007〕38号)、呼伦贝尔市交通运输局《关于确定绥满国道主干线甘南界至博克图至牙克石高速公路工程项目法人代表的通知》(呼交发〔2007〕290号)及内蒙古自治区交通运输厅《公路建设项目法人资格申报表》的批复,2008年7月成立了绥满国道主干线阿荣旗至博克图段高速公路项目建设管理办公室。

建管办设主任1名、副主任1名、技术负责人1名,内设工程技术部、质量安全监督部、合同计划部、财务部、综合部五个职能部门,全面负责项目建设管理工作。

(二)项目管理

1. 质量控制

全力推行"粗活细做、细活精做、精益求精"的精细化管理和标准化施工的管理理念,进一步推行标准化、精细化管理,推进"精细化、标准化、规范化"施工。根据内蒙古自治区交通运输厅《关于推行高速和一级公路施工标准化管理的实施意见》的文件精神,同时结合本项目实际情况,制定了《阿博高速公路施工标准化实施细则》并成立了相应的组织领导机构。

强化责任意识,落实质量管理。制定《工程质量管理办法》,同时与各施工、监理单位及建管办有关责任人分别签订了《工程质量责任合同》和《工程质量目标责任状》。以加强全员质量意识教育、提高全员质量意识水平为工作重点,采取定期、不定期召开质量专题会、现场观摩会等方式,在全线营造起了对工程质量自觉控制、齐抓共管的氛围。同时根据工程进展情况及时下发了各种技术性指导文件及召开专题会议等,保障了各项工程的规范化施工。

施工过程中严格控制路基压实度、厚度、填筑材料等方面的质量控制;加强混凝土工程外观质量、施工工艺的控制;重点加强对桥头填料的控制,避免桥头跳车现象发生;进一步提高沥青面层的整体施工质量。

重点加强监理单位管理力度,严把原材料质量关,严把施工工艺关,严格工序报验制度,加强工程技术管理,加大巡查整改力度,建立奖罚机制,有效保障了工程质量。

2. 安全生产

制定《阿博高速公路安全生产管理办法》,在全线开展了"平安工地建设""安全生产年""安全生产专项治理"等活动。施工过程中聘请安监部门专家对全线施工及监理单位的负责人及安全员进行了安全生产管理及专业知识培训,提高全员安全生产意识及能力。对大中桥、开山爆破等重点工序都做了安全生产预案,重点加强了防火、防电、防毒、防暑、防洪等工作的管理,强化了材料运输、机械操作、施工路口管制等安全措施的落实。由于采取了有效的管理监督措施,阿博高速公路工程在整个工程建设过程中未出现安全生产责任事故。

3. 进度管理

加强施工计划管理;做好开工前的各项准备工作,把各施工单位原材料的采集储备、机械设备的完好率检查及保养、试验室管理及技术方案的制定、工序衔接等作为重点来抓;为施工单位做好协调服务工作,协调有关部门做好征地拆迁、料场选定等准备工作,积极与地方政府及有关部门沟通协调化解矛盾,从而保证了工程施工正常进行;开展百日大会战活动,充分调动了各参建单位的积极性和主动性。

4. 工程造价控制

绥满国道阿博高速公路项目资金的使用受内蒙古自治区交通厅的监督。在工程建设中严格控制概算,合理上缴税金,严格履行工程变更审批程序,工程计量及时、无计划外支出,工程造价不突破概算。为严格使用项目资金,建管办强化财务管理,制定了内部财务管理制度,严格遵守财务制度和财经纪律。

本项目整个工程建设中,始终注意严格控制建设资金,以合同为依据,以资金管理为主线,做好建设资金的筹集、控制、监督和核算工作,主要措施如下:严格执行工程合同,加强工程各阶段跟踪审计,力保土地征用及征地拆迁补偿资金"专款专用"、及时到位。

5. 环境保护与文明施工

根据阿博高速公路工程的实际情况制定了相应的环保管理制度,进场前对各施工单位进行了环境保护动员,在施工过程中没有发生随意占地、乱砍滥伐和私自开采料场的现象,所有用地和料场的开采都经过土地和环保部门同意后才使用。路基、路面填料尽量采用原有旧料场,用完后进行恢复,既保证了路基、路面用料,又对原有料场进行了恢复。工程结束后,各施工单位对取土场、预制场及施工便道等临时占地即刻按照环保要求逐步进行了恢复,树立了阿博高速公路文明施工及规范化管理的良好形象。

6. 廉政建设

按照上级有关廉政建设的要求,为保障廉政建设工作的深入开展和各项任务的完成,建管办与市交通局签订了《廉政建设责任状》,与各从业单位签订了《廉政合同》,并设立了廉政告示牌、举报箱,公布了举报电话,接受社会和群众的监督。对参建单位设立了诚信档案,定期和不定期对监理单位、施工单位进行检查。同时市交通运输局派驻纪检特派员对本项目实施过程中的廉政建设工作进行全面监督指导。建管办针对工程的实际情况制定了《项目廉政建设制度简编》,又根据内蒙古自治区相关文件要求设立了"十二公开"告示牌,各参建单位建立健全廉政制度,定期开展廉政教育工作,整个项目实施过程中没有发生违法违纪行为。

(三)变更

(1)由于本项目靠近博克图段落可供路基填筑的料场较少,再加上施工年度雨水较大,导致部分料场材料不符合规范和设计要求,所以对不符合要求的(K133+000~K157+372,24.4km)材料掺配6%的生石灰进行改良利用。

(2)受洪水和雨水的冲刷影响,导致部分段落底基层砂砾用料级配不合格,综合考虑后对不符合级配要求的砂砾料掺配15%碎石(或15%河砂)来改善级配不良问题。

(3)部分路段受岛状冻土的影响在工程完工后第二年出现了局部沉降现象,经交通运输厅组织有关专家现场论证,对沉降段落进行换填和压浆处理。K139+200~K139+360处长160m、K139+280~K139+380处长100m、K149+270~K149+350处长80m、K150+020~K150+100处长80m、K151+760~K151+850处长90m、K152+010~K152+110处长100m、K152+110~K152+240处长130m,以上7处共增加强夯段落740m,共增加填筑碎石39560m^3,抛填片石45117m^3,土工格栅77376m^2,冲击压实30145m^2。

三、复杂技术工程

(一)阿伦河特大桥

阿伦河特大桥是G10绥满高速公路阿荣旗(黑龙江内蒙古界)至博克图段最大的控制性工程,位于内蒙古自治区呼伦贝尔市阿荣旗境内,左幅中心里程桩号K17+431,右幅中心里程桩号K17+416,桥长1147m,设计为左幅37×30m、右幅38×30m预应力混凝土组合箱梁。该桥横跨阿伦河,为绥满国道主干线阿博高速公路路基工程第四合同段重点控制性工程。阿伦河特大桥下部结构为桩柱式墩,组合式桥台、肋式桥台、扩大基础、钻孔灌注桩基础,墩身盖梁分离式呈左右幅;上部为30m装配式部分预应力混凝土组合连续箱梁,采取先简支后连续的结构形式。全桥左幅为37孔共148片箱梁,贯通后全桥分七联($5 \times 30m + 5 \times 30m + 5 \times 30m + 6 \times 30m + 5 \times 30m + 5 \times 30m + 6 \times 30m$)组成;右幅为38孔共152片箱梁,贯通后全桥分七联($6 \times 30m + 5 \times 30m + 5 \times 30m + 6 \times 30m + 5 \times 30m + 5 \times 30m + 6 \times 30m$)组成。该桥由中交通力公路勘察设计工程有限公司设计,中铁大桥局股份有限公司负责施工,2011年建成。

工程详情见"第二章 高速公路发展及成就"中"第二节 建设成就"。

(二)阿荣旗互通F匝道

阿荣旗至博克图高速公路阿荣旗互通F匝道是阿荣旗那吉屯镇的南出口,是阿荣旗路网规划的重要组成部分,也是省际通道与绥满国道主干线阿荣旗(黑龙江内蒙古界)至博克图公路连接的干线公路。

阿荣旗互通F匝道原设计为利用旧路(301国道)单侧加宽,对原有沥青混凝土路面进行改造,路线纵断面设计按利用原旧路为主。阿荣旗人民政府提出,F1K0+440~F1K0+800傍山段弯道多,纵坡大,行车视线不好,冬季易形成冰雪路面,经常发生重大交通事故。为了确保人民生命财产安全,避免重特大交通事故的发生,同时也为使阿荣旗南出口出行更加平顺快捷,设计采纳了阿荣旗人民政府的建议,将已施工完的阿荣旗互通F匝道进行优化设计,调整线形,降低纵坡,改善通视条件,虽然增加了施工难度,但取得了良好的效果。

四、科技创新

(一)新技术应用

按照典型示范工程的要求,在防护和排水工程中尽量减少圬工混凝土,采用"工程与自然相融合"的理念,在防护和排水上取消了大部分浆砌片石边坡防护工程,改圬工工程为暗排水边坡植草的防护形式;开挖路堑路段取消原浆砌片石和拱形防护,改为"挂网喷播生态防护"与自然景观相协调;优化了排水、防护工程的设计,坚持能柔性防护、不刚性防护,能植物防护、不工程防护,能少防护、不多防护;采用"自然防护满足防护条件的不设工程防护为最佳"的原则,确保将阿博高速公路建设成一条路景相融、景观自然的示范路、景观路、环保路、安全路、舒适路。

(二)科研课题

科研课题一:大兴安岭高寒冻融地区路堑边坡生态修复技术研究与示范

本课题依托G10绥满高速公路博克图至牙克石段工程,主要从以下七个方面进行了研究：一是大兴安岭高寒冻融地区生态修复物种优选研究；二是大兴安岭高寒冻融作用下边坡植生层稳定技术研究；三是大兴安岭高寒条件人工植生层抗寒性研究；四是大兴安岭高寒冻融地区路堑边坡生态修复工程施工工艺研究；五是大兴安岭高寒冻融地区人工建植植被养护技术研究；六是建立大兴安岭高寒冻融地区路堑边坡生态修复效果评价指标研究；七是完成大兴安岭高寒冻融地区路堑边坡生态修复工程示范研究。本课题对大兴安岭高寒冻融地区气候条件进行了分析，通过小区试验和工程实践结合，把现有边坡生态修复技术进行整合，因地制宜地应用到大兴安岭高寒冻融地区高速公路路域生态修复中，有效解决了公路建设带来的环境问题，提炼出一套完整并可在类似地区推广的技术。

课题详情见"第五章　高速公路建设科技成果"中"第二节　重大科研课题"。

科研课题二：橡胶沥青推广应用研究

研究目的：迄今为止，在我国已建成的高等级公路中，沥青路面占75%左右。我国的道路沥青主要采用石蜡基原油炼制，沥青的温度敏感性较大，修成的路面往往夏天发软泛油，冬天发脆开裂，遇雨松散、坑槽，早期破坏严重，采用聚合物改性沥青成为近几年国内外研究的主要内容。SBS、SBR等改性技术已基本成熟，此类改性剂亦很好地改善了沥青和沥青混合料的路用性能。但由于快速发展的交通、复杂的行车荷载和环境条件，沥青路面的损坏现象日益严重，而且聚合物改性沥青昂贵的价格严重限制了聚合物改性沥青的使用推广，特别是在非高速公路上的应用。

针对上述问题，除采取行政手段限制超载车辆外，公路建设者还需在提高沥青性能上下功夫，使沥青路面在大交通量作用下仍能保持良好的使用状态，延长使用寿命，创造社会和经济效益。而通过在沥青中添加橡胶粉，制成分散均匀的改性沥青是实现这一目标的有效途径。同时，作为沥青改性剂的橡胶粉又为废旧轮胎的处理提供了一条好的出路。

研究内容：一是橡胶粉的技术指标，诸如粒径、密度、成分组成、杂质含量等；二是搅拌温度、胶粉剂量、胶粉粒径和搅拌时间对橡胶沥青性能的影响；三是稳定剂的选择，由于胶粉和沥青相溶性较差，选择何种稳定剂至关重要，通过添加稳定剂改善胶粉和沥青的相溶性；四是橡胶沥青老化后性能的研究；五是不同品牌基质沥青（诸如辽河、盘锦、克拉玛依）改性所得到橡胶沥青性能比较；六是不同型号基质沥青（诸如70号、90号、110号）改性所得到橡胶沥青性能比较；七是同品牌同型号橡胶沥青和SBS沥青低温性能的对比试验；八是橡胶沥青混合料设计方法（主要考查采用"连续级配"还是"间断级配"）研究；九是橡胶沥青混合料的原材料加热温度研究、室内拌和时间研究、室内拌和温度研究、试件成型工艺（马歇尔、旋转压实法比较）研究、试件成型温度的确定、最佳沥青用量的确定、路用性能研究；十是橡胶粉对沥青和沥青混合料改性机理分析；十一是建立橡胶沥青及橡胶沥青混合料性能综合评价体系。

本课题通过研究全面论证了轮胎橡胶粉改性沥青及沥青混凝土路面性能，解决橡胶粉加入沥青混合料的工程技术问题,扫清橡胶粉应用于各类沥青混合料的技术和经济障碍,使得回收轮胎橡胶能大量应用于道路工程中,形成环境保护、废物利用和延长道路寿命的三赢局面。在机械、制造、化学和汽车等各行业技术突飞猛进的今天,该研究具有良好的环保效果,废胶粉改性沥青也会产生较高的社会和经济效益。

科研课题三:橡胶颗粒沥青路面在冰雪环境下的应用技术研究

本课题依托绥满高速公路阿荣旗至博克图段工程,主要研究目的是如何有效解决冰雪路面的交通安全问题,有效提高路面的抗变形能力,改善冰雪与路面的黏结状态,在车辆荷载作用下通过自应力抵制路面积雪结冰;提高路面低温抗裂性能和高温抗车辙性能;科学、合理、经济地解决大量废旧轮胎的处理难题,保护环境,节约资源。该课题研究提出的橡胶颗粒沥青混合料试验路结构合理,对原工程方案变动较小,对于工程进度影响小,工程经济效益明显。采用试验段路面结构在冬季冰雪期获得了较好的工程应用效果,达到了融雪化冰的目的。通过阿博高速公路实践应用,确定的橡胶颗粒沥青路面施工工艺及研究成果已经较为成熟,对于冰雪地区除冰雪路面修筑具有广泛指导意义。

课题详情见"第五章 高速公路建设科技成果"中"第二节 重大科研课题"。

科研课题四:季冻区长寿命沥青路面结构设计与材料参数研究

本课题依托 G10 绥满高速公路博克图至牙克石段高速公路工程,对季冻地区高速公路长寿命沥青路面结构设计及材料参数技术进行系统研究,形成重冻区长寿命沥青路面设计、施工成套技术,为重冻区长寿命路面的全面实施推广提供了理论基础和实践经验。不仅确保所依托工程的沥青路面能达到长寿命的技术要求,而且研究成果对内蒙古自治区乃至国内外相关地区高等级长寿命沥青路面的建设具有重要的参考价值。

课题详情见"第五章 高速公路建设科技成果"中"第二节 重大科研课题"。

科研课题五:内蒙古高速公路服务区设置与功能研究

研究目的:本项目根据交通运输部《关于加强高速公路服务设施建设管理工作的指导意见》及交通行业相关标准,结合内蒙古自治区的实际开展研究,以绥满国道主干线阿荣旗至博克图段公路为依托工程,就高速公路服务区的选址、间距、功能、规模、平面布局和交通标志等进行深入系统研究,并借鉴国内外先进的公路服务区的建设经验,制定内蒙古自治区高速公路服务区设置指南,以促进内蒙古自治区公路交通又好又快发展,更好地满足旅客和车辆的需求。

本课题主要研究内容:一是高速公路道路交通及服务设施特点调查和分析。主要针对高速公路交通运行特点、服务区发展现状、服务区内旅客行为习惯及车辆运行特点、服务区驶入率和停留时间等方面进行调研。二是高速公路服务设施规模及功能需求分析。根据调研分析结果,对高速公路服务区的功能需求和规模需求进行分析。三是高速公路服务设施设置方法研究。针对高速公路服务区的间距、选址、内部布局、引导标志和配套设施等进行系统研究。

本课题主要成果和经济效益:一是通过充分调查、科学研究后,确定的公路服务区建设规模标准及其计算方法可在公路建设项目工程可行性研究、初步设计等阶段为设计咨询单位、评估单位、审批单位提供确定公路服务区规模的依据。二是服务区的选址步骤及其原则有利于服务区勘察设计单位快速、合理地确定服务区位置,缩短设计周期。合理的选址,也是充分发挥服务区社会效益和经营效益的前提。

科学合理的服务区内部布局及与之配套的交通组织设计方案可以提高公路服务区的安全性、舒适性,节约集约用地,合理控制公路建设项目的工程造价。

科研课题六:新型路桥护栏连接与过渡段研究开发

研究目的:本课题旨在研究开发一种新型的半刚性护栏与刚性护栏平顺结合的新型路桥护栏过渡段,该过渡段能有效兼顾不同的桥梁混凝土护栏防护要求,保障车辆碰撞护栏时能够实现刚度的平稳过渡,使碰撞车辆充分缓冲并释放动能,同时有一定的导向功能,适应已颁布的新规范规定的防撞标准,达到美观、经济、易安装并适于普及的目的。

研究内容:一是路桥护栏过渡段碰撞试验条件和评价标准研究。根据护栏过渡段碰撞事故调查情况以及国内外有关安全评价标准的资料,综合分析研究,提出符合我国国情的路侧护栏过渡段安全评价标准。二是过渡段结构形式、参数优化及防撞性能研究。分析研究国内外现有护栏过渡段的结构特性,通过结构计算,初步提出护栏过渡段的结构形式,对所提出的护栏过渡段结构形式进行计算机数值模拟,探明其防撞、导向和吸能性能,并通过模型试验优化结构参数,通过分析选定护栏过渡段的结构形式与结构尺寸,进行计算机碰撞验证试验。三是过渡段加工工艺与施工工艺研究。参考试验结果对过渡段加工工艺及施工工艺进行研究,使其有足够的强度保证其防护功能,同时又能方便安装等。

经济及社会效益:通过本课题研究,提出科学合理的高速公路安全防护设施薄弱环节过渡段的改进措施和方法,促进全国高速公路安全防护设施的改善,能够大幅度提高道路交通的安全水平,充分发挥公路运输的效能,由此促进行业生产力水平和运输效率的提高,从而为公路运输业乃至国民经济产生显著的经济效益。

五、运营养护管理

G10该段路线养护里程为160.115km,设置1处养护工区,7处收费站。养护管理由呼伦贝尔市公路管理局负责,运营收费管理由内蒙古收费公路监督管理局呼伦贝尔市分局负责。G10绥满高速公路阿荣旗至博克图高速公路段收费站(所)、服务区等设置情况表见8-23,车流量发展状况见表8-24。

G10 绥满高速公路阿荣旗至博克图高速公路段收费站(所)、服务区等设置情况　　表 8-23

类别	数量	名称
收费站(所)	7	内蒙古黑龙江界收费站、阿荣旗南互通收费站、阿荣旗北互通收费站、霍尔奇互通收费站、查巴奇互通收费站、大时尼奇互通收费站、博克图互通收费站
服务区	2	后新立服务区、牙哈沟服务区
养护工区	1	(隶属阿荣旗公路管理处)

G10 绥满高速公路阿荣旗至博克图高速公路段车流量发展状况表（单位：辆/昼夜）　表 8-24

收费站(所)	年份					
	2011 年	2012 年	2013 年	2014 年	2015 年	2016 年
内蒙古黑龙江界收费站	—	53	673	833	1034	1045
阿荣旗南互通收费站（撤站，连接线改建）	—	101	560	597	762	515
阿荣旗北互通收费站	—	54	257	309	364	504
霍尔奇互通收费站	—	33	152	163	206	181
查巴奇互通收费站	—	2	55	82	93	96
大时尼奇互通收费站	—	8	42	44	67	70
博克图互通收费站	—	64	285	251	332	338

Ⅱ　G10 绥满高速公路博克图至牙克石段

一、项目概况

(一)基本情况

项目起点位于博克图腰梁子山隧道口，路线途经博克图镇、免渡河镇、牧原镇，终点位于牙克石市西。路线全长 134.195km。

项目主线采用新建双向 4 车道高速公路建设标准，设计速度 100km/h，路基宽度 26.5m，路面形式为沥青混凝土路面，桥涵设计汽车荷载采用公路—Ⅰ级。全线设桥梁 64 座/7901.67m，其中大桥 16 座/5079.15m，中桥 48 座/2822.52m；隧道 2 处，一处为兴安岭隧道，长 3960m，另一处为扎敦河隧道，长 2519m。全线服务区 3 处、收费所 3 处。全线桥隧比 10.7%。

博牙段 2008 年 8 月 20 日开工，2012 年 11 月 20 日交工。

(二)前期工作

1. 立项审批、资金筹措

2007 年 4 月 18 日环保部以《关于绥满国道主干线博克图至牙克石段公路环境影响报告书的批复》(环审〔2007〕156 号)批复了本项目的环评报告；

2007年5月12日水利部以《关于绥满国道主干线博克图至牙克石段公路工程水土保持方案的复函》批复了水保方案；

2008年3月17日国家发改委以《国家发展改革委员会关于博克图至牙克石公路可行性研究报告的批复》（发改基础〔2008〕725号）批复了《绥满高速公路国道主干博克图至牙克石工程可行性研究报告》（以下简称《工可报告》）；

2008年7月17日交通运输部以《关于博克图至牙克石公路初步设计的批复》（交公路发〔2008〕156号）批复初步设计；

2010年8月10日内蒙古自治区交通运输厅以《内蒙古自治区交通运输厅关于绥满国道高速公路国道主干线博克图至牙克石高速公路两阶段施工图设计的批复》（内交发〔2010〕462号）批复施工图设计；

2011年12月3日，国土资源部以《国土资源部关于绥满国道主干线博克图至牙克石高速公路工程建设用地的批复》（国土资函〔2011〕第912号）批复土地使用手续。

本项目初步设计总概算为53.17亿元，建设资金21%来自项目资本金，79%来自国内银行贷款。

2. 招投标工作

本项目招标投标工作严格按照《中华人民共和国招标投标法》和《公路工程施工招标投标管理办法》《公路工程施工监理招标管理办法》等法律、法规进行。勘察设计、土建工程、房建工程、交通工程、机电消防等工程的设计、施工、监理单位均采用国内公开招标方式产生，分别确定3家设计单位、12家监理单位（含总监办）、34家土建施工单位和14家其他施工单位参与本项目建设。

设计单位招标。内蒙古自治区公路局负责本项目工程勘察设计及后续服务工作进行国内竞争性公开招标，于2007年3月29日发布招标公告，2007年4月24日开标，确定土建部分由北京交科公路勘察设计研究院有限公司、中国公路工程咨询集团有限公司承担，交安工程以及机电、房建设计由江苏伟信工程咨询有限公司承担。

路基施工单位招标。招标人于2008年5月19日在中国采购与招标网、内蒙古交通网和《中国交通报》上发布本项目路基施工资格预审公告，2008年6月4日接收预审投标文件并评审，2008年7月4日对通过资格预审的申请人发出投标邀请书，2008年7月27日开标，8月1日内蒙古自治区交通厅网站公示7天，确定25家路基中标单位。

路面施工招标。招标人2009年9月18日在中国采购与招标网、内蒙古交通网上发布本项目资格预审公告，2009年10月10日公开接收资格预审申请文件并评审。2009年11月10日向通过资格预审的申请人发出投标邀请书，2010年1月8日开标，2010年1月20日内蒙古自治区交通厅网站公示7天，确定9家路面中标单位。

交安工程以及机电、房建、绿化工程招标。采用国内公开竞争招标方式进行招标，业主委托内蒙古远思工程招标代理有限公司代理招标,招标公告2011年3月15日同时在中国采购与招标网、内蒙古交通网上发布。2011年4月17日公开接收投标人投标文件第一信封(商务及技术文件),2011年4月20日公开接收投标人第二信封(投标报价和工程量清单),最后确定14家施工单位为中标单位。

土建工程监理招标。本项目监理招标采用国内公开资格预审的招标方式进行招标。招标工作由业主委托北京鑫中招标代理有限公司(甲级工程招标代理机构)承担,在中国招投标网、内蒙古招投标网发布招标公告,2008年6月4日进行资格预审文件的审查,2008年7月27日开标,最后确定11家监理单位中标。

机电监理招标。机电监理设1个合同段,招标采用国内公开竞争招标方式进行招标,招标工作由业主委托内蒙古远思工程招标代理有限公司承担,在中国招投标网、内蒙古招投标网发布招标公告,2011年4月17日开标,最后确定的中标单位为中国公路工程咨询集团有限公司。

3. 征地拆迁

博克图至牙克石公路全线征地拆迁工作涉及林业、农牧业、电力、移动、广电、铁路等相关部门,全线共征土地13327.653亩,其中,耕地3230.853亩,林地10096.8亩;拆迁房屋333.85m²。征拆资金2.66亿元。

(三)参建单位

主管单位:内蒙古自治区交通运输厅
建设单位:呼伦贝尔交通运输局
现场管理单位:博克图至牙克石高速公路建设项目管理办公室
质量监督单位:内蒙古自治区交通建设工程质量监督局
　　　　　　呼伦贝尔市公路工程质量监督站
勘察设计单位:北京交科公路勘察设计研究院有限公司
　　　　　　中国公路工程咨询集团有限公司
　　　　　　江苏伟信工程咨询有限公司完
施工单位:中铁十三局集团有限公司
　　　　　贵州省桥梁工程总公司
　　　　　中铁十三局集团第四工程有限公司
　　　　　中铁一局集团第二工程有限公司
　　　　　辽河石油勘探局筑路工程公司
　　　　　青海路桥建设股份有限公司天津城建集团有限公司
　　　　　中交一公局第六工程有限公司

内蒙古自治区公路工程局

河北路桥集团有限公司

中铁四局集团有限公司等48家

监理单位：内蒙古华讯建设监理咨询有限公司（总监办）

内蒙古华讯建设监理咨询有限公司（驻地办）

北京正宏监理咨询有限公司

沈阳鑫通公路工程监理公司

丹东诚达公路工程监理公司

鄂尔多斯市公路工程监理所

沈阳方正建设监理公司

河北路源工程监理有限公司

山西振兴公路监理咨询有限公司

山西晋通公路工程监理公司

内蒙古公路工程监理公司

内蒙古晟昱公路工程监理公司

中国公路工程咨询集团有限公司（机电驻地办）

二、建设项目管理

（一）项目管理机构

2007年4月4日呼伦贝尔市人民政府以《呼伦贝尔市人民政府关于同意成立绥满国道主干线甘南界至博克图、博克图至牙克石高速公路工程项目法人的批复》（呼政字〔2007〕38号）批复项目成立法人，即绥满国道主干线甘南界至博克图、博克图至牙克石高速公路工程项目管理办公室。

项目办设主任1名、副主任1人、技术负责人1人，内设工程技术部、计划合同部、质量安全监督部、财务部、综合部五个职能部门。

（二）项目管理

1. 质量控制

明确质量管理目标：分项工程合格率100%，优良率95%以上，建设"内在质量优、外观形象美、科技含量高、环保功能强、文化氛围浓"的精品工程。坚持把这一目标贯彻到施工、监理单位，落实到各项工程的每个环节，通过制定精品工程实施细则，强化技术保障措施，细化各环节的质量控制标准和要求，严格人员素质，严格工艺要求，严格工序控制，量化考核标准,使各项质量标准得到了较好落实。

建立健全质量保证体系。建立健全了"政府监督、法人管理、社会监理、企业自检"四级保障体系,并在工程建设中落到实处。

严格控制施工工序,严格过程控制,制定关键部位技术措施,严格材料控制。加强质量监控,在认真落实三级质保体系的基础上,通过监理实施质量监控制度。通过加强全线监理工作检查,及时召开监理、现场办公会、经验交流会,加强技术指导与交底,突出了质量管理的超前性。

2. 安全生产

保证施工现场的安全文明施工,健全各项安全管理制度,并与每个施工作业队签订安全施工协议书,在工地醒目位置设立安全施工标示牌,明确安全生产责任人。坚持每月对全线进行一次安全大检查,并针对不同季节、不同时期工程施工特点对施工现场进行专项检查,如临时便道、便桥和交叉路口检查,加强特种作业人员持证及施工机械设备、易燃易爆品、施工人员居住场所等重点部位、危险源的安全控制和管理工作检查;加强林区防火管理,通过培训提高各类人员的安全防火意识和自防自救能力。在全线扎实开展"安全生产隐患排查治理活动""创建平安工地建设""安全管理提高年""安全生产月"等各项活动,通过各项活动的有效开展,各参建单位对安全生产工作的重视程度普遍提高,安全生产管理工作取得明显成效。

3. 进度管理

在确保质量的前提下抢进度,在科学调度、交叉运作中争高效,通过统筹规划、合理安排,确保了工程建设顺利实施,提前完成了建设任务。第一,明确工期目标,加强计划管理。第二,严格工程重点,加强生产调度,包括组织调度、设备调度、材料调度,确保施工资源。第三,严格工序环节,加强现场管理。

4. 工程造价控制

坚持以概算为基础,以合同为依据,以资金管理为主线,做好建设资金的筹集、控制、监督和核算工作,依法、合理、及时筹集和使用建设资金,严格控制工程造价。

从设计入手,不断优化工程设计,控制投资总额;加强合同管理,严格合同变更;严格按合同约定及实际完成的工作量支付工程进度款;加强工程各阶段跟踪审计。

5. 廉政建设

建管办始终将廉政建设放到重要位置,在项目的开标、评标工作中邀请检察院、监察局、驻交通局纪检组、公证处人员联合对本项目全过程进行监督。在交通局派驻的纪检特派员领导下的廉政工作领导小组,制定廉政实施办法,层层签订廉政合同。制定详细的廉政管理细则,严格按程序办事,对招标投标等热点问题和其他一切重大问题必须履行规定的程序。通过建立科学严密的管理制度,坚持按程序办事,自上而下形成了创建廉政工程的氛围,以廉政为后盾,有力地保障了工程顺利实施。

6. 环境保护和文明施工

本项目是交通运输部典型示范工程,建管办以实现"公路建设与生态环境保护并重,公路建设与生态环境和谐统一"为宗旨,成立建管办、总监办、驻地办、施工单位四级环境保护管理组织机构,制定了《绥满国道主干线博牙高速公路建设项目环境保护管理办法》,在工程建设中认真贯彻实施。严格控制公路施工造成新的水土流失和植被破坏,保护施工期公路沿线景观和动植物资源,防止大气污染及对水体的污染,减少噪声振动对周围环境的影响。通过环保方案的实施,将公路建设对环境带来的不利影响降到最低,实现项目经济效益和环境效益协调发展。

建管办一手抓工程质量,一手抓精神文明建设,成立了精神文明建设领导小组,要求各单位大力开展文明施工的教育,强化文明施工意识,建立健全文明施工管理制度,制定并落实各项文明施工措施,与地方政府及群众开展文明共建。

(三)变更

本项目较大变更1例,变更发生时间:2011年6月18日;段落:隧道14标右洞YK227+047~YK227+093;变更内容:隧道内发生塌方段增加支护。

三、复杂技术工程

(一)博克图隧道(又称兴安岭隧道)

兴安岭隧道位于呼伦贝尔市牙克石境内。采用上、下行分离式的独立双洞设计,单项纵坡均为2%,左洞长3960m,右洞长3915m,设计净宽11.25m,最大埋深约200m,属于特长公路隧道。围岩等级为Ⅴ、Ⅳ、Ⅲ不等,是一座典型的高寒地区公路特长隧道。

该隧道详情见"第二章 高速公路发展及成就"中"第二节 建设成就"。

(二)扎敦河隧道

扎敦河隧道位于呼伦贝尔市牙克石境内。扎敦河隧道采用上、下行分离式的独立双洞设计,左洞长2515m,右洞长2519m,设计净宽11.25m,最大埋深约100m,属于公路长隧道。

该隧道详情见"第二章 高速公路发展及成就"中"第二节 建设成就"。

(三)牙克石西互通立交

本项目设特大桥即牙克石西互通立交主线桥1座,全长1010m。基础为桩基础,桥台为柱式桥台，桥墩为柱式墩，上部为装配式预应力混凝土连续箱梁。

牙克石西互通立交主线桥起点桩号 K292+919.5，终点桩号 K293+929.5，桥梁全长 1010m，其中左幅跨径布置为 3×(3×30m)+(4×27.5m+27.35m)+(50.15m+46.5m+50.15m)+(29.85m+3×30m)+(32m+32m+25m)+2×(4×30m)，共9联；右幅跨径布置为 3×(3×30m)+(3×30.375m+30.225m)+(50.15m+46.5m+50.15m)+(27.05m+4×27.2m)+(25m+32m+32m)+2×(4×30m)，共9联。

牙克石西互通立交匝道桥起点桩号 DK0+194.399，终点桩号 DK0+788.399，桥梁全长 597.25m，跨径布置为 (3×26.5m+26.35m)+(50.15m+48m+50.15m)+(19.85m+2×20m)+2×(3×20m)+2×(4×20m)，共7联。

该桥的主桥和匝道桥为呼伦贝尔市最大的跨铁路桥梁。上部为变截面不等跨箱梁；下部为柱式墩桩基础，全部采用满堂支架现浇施工。牙克石境内属东北高寒地带，冬季来临早且严寒漫长，一年有效施工期不足6个月，常年最低气温达零下四十多摄氏度，冻土层深达三米多。在施工过程中，克服了当地气候及地质条件、料源及建筑材料和机械设备短缺、跨铁路施工及地下管线拆改多、冬休期长等诸多困难，在各参建单位共同努力下，圆满完成了该互通立交施工任务。

四、科研课题

科研课题一：岛状冻土地区路基差异沉降控制技术研究

本课题依托G10绥满高速公路内蒙古段工程，在全面了解和掌握道路沿线岛状冻土的性状、成因、分布、分类等地质情况的基础上，对路基沉降模式及其影响因素进行分析，通过研究路基差异沉降对路面结构的力学影响和控制指标，建立路基差异沉降状况分级标准，进而提出岛状冻土地区路基差异沉降技术控制措施以及施工质量控制措施，最终形成控制岛状冻土地区路基差异沉降控制技术指南。

课题详情见"第五章 高速公路建设科技成果"中"第二节 重大科研课题"。

科研课题二：寒区公路隧道节能与安全监控技术研究

本项目依托G10绥满高速公路博克图至牙克石段隧道工程，对隧道照明设计的节能方式进行研究，同时采用地源热泵对寒区公路隧道进行防冻保暖，以满足隧道洞口段冬天保温的需要。针对公路隧道施工过程中对安全与风险控制的要求，拟研究隧道及相关资料的信息化、可视化及数值分析一体化技术，通过建立数字化隧道系统，实现隧道设计与施工信息、周边地层以及监测数据的三维可视化与动态管理，以便建立施工监控量测及动态反馈分析技术，实现施工安全质量与风险的可视化控制。本项目是建立在已有隧道节能设计方法上的新型节能方案研究及建立数字化施工风险控制的技术研究。

课题详情见"第五章 高速公路建设科技成果"中"第二节 重大科研课题"。

科研课题三:季冻区长寿命沥青路面结构设计与材料参数研究

本课题依托G10绥满高速公路博克图至牙克石段高速公路工程,对季冻地区高速公路长寿命沥青路面结构设计及材料参数技术进行系统研究,形成重冻区长寿命沥青路面设计、施工成套技术,为重冻区长寿命路面的全面实施推广提供了理论基础和实践经验。不仅确保所依托工程的沥青路面能达到长寿命的技术要求,而且研究成果对自治区乃至国内外相关地区高等级长寿命沥青路面的建设具有重要的参考价值。

课题详情见"第五章 高速公路建设科技成果"中"第二节 重大科研课题"。

五、运营养护管理

G10该段路线养护里程为134.195km,养护管理由呼伦贝尔市公路管理局负责,运营收费管理由内蒙古收费公路监督管理局呼伦贝尔市分局负责。G10绥满高速公路博克图至牙克石段收费站(所)、服务区等设置情况见表8-25,车流量发展状况见表8-26。

G10绥满高速公路博克图至牙克石段收费站(所)、服务区等设置情况　　表8-25

类别	数量	名称	建筑面积(m²)	占地面积(亩)
收费站(所)	3	免渡河匝道收费站免渡河养护工区	2881	14.5
		牙克石南匝道收费站 附设:牙克石管理所 牙克石监控中心 牙克石养护中心	5883	46
		牙克石西收费站	1700	10
服务区	2	兴安岭服务区	4710	60
		牙克石服务区	4756	60
停车区	1	扎墩河停车区	1921	19.5
隧道管理站	1	林场隧道管理站		

G10绥满高速公路博克图至牙克石段车流量发展状况表(单位:辆/昼夜)　　表8-26

收费站(所)	年份					
	2011年	2012年	2013年	2014年	2015年	2016年
免渡河匝道收费站	—	21	248	304	525	711
牙克石南匝道收费站	—	17	403	359	597	773
牙克石西收费站	—	12	465	937	1183	1159

Ⅲ G10绥满高速公路牙克石至海拉尔段

一、项目概况

(一)基本情况

本项目全线位于呼伦贝尔市境内,起于牙克石市西海满村与鄂温克族自治旗交界处,与绥满公路博克图至牙克石段高速公路相接,终点至海拉尔北敖包山西侧,接海拉尔至满洲里段一级公路的起点。路线全长76.285km,路线主要控制点为牙克石市、鄂温克旗、海拉尔区、陈巴尔虎旗。

主线采用新建双向4车道高速公路建设标准,设计速度100km/h,路基宽度26.5m,路面形式为沥青混凝土路面,桥涵设计汽车荷载采用公路—Ⅰ级。全线设桥梁19座/3188.90m,其中大桥5座/1641.22m,中桥14座/1547.68m;全线服务区1处、收费所4处。全线桥隧比4.18%。

本项目于2011年5月1日开工建设,2013年11月2日通过交工验收,具备通车试运行条件。

(二)前期工作

1. 立项审批、资金筹措

2010年1月22日内蒙古自治区水利厅以《内蒙古自治区水利厅关于关于国家高速公路网绥芬河至满洲里公路牙克石至海拉尔段公路工程水土保持方案报告书的批复》(内水保〔2010〕3号)批复水土保持方案;

2010年7月16日环境保护部以《关于国家高速公路网绥芬河至满洲里公路牙克石至海拉尔段高速公路环境影响报告书的批复》(环审〔2010〕202号)批复了环评报告;

2010年10月27日国家发改委以《国家发展改革委员会关于内蒙古自治区牙克石至海拉尔公路可行性研究报告的批复》(发改基础〔2010〕2552号)批复了《内蒙古自治区牙克石至海拉尔公路可行性研究报告》;

2011年4月21日交通运输部以《内蒙古自治区牙克石至海拉尔公路初步设计的批复》(交公路发〔2011〕181号)批复初步设计;

2012年11月2日内蒙古自治区交通运输厅以《关于绥满国道主干线牙克石至海拉尔高速公路两阶段施工图设计的批复》(内交发〔2012〕645号)批复了施工图设计;

2014年12月27日国土资源部以《国土资源部关于牙克石至海拉尔高速公路工程建设用地的批复》(国土资函〔2014〕719号)批复土地手续。

本项目初步设计总概算为25.50亿元,建设资金31.8%来自项目资本金,68.2%来自国内银行贷款。

2. 招投标工作

本项目招标投标工作严格按照《中华人民共和国招标投标法》《公路工程施工招标投标管理办法》和《公路工程施工监理招标管理办法》等法律、法规进行。勘察设计、土建工程、房建工程、交通工程、机电消防等工程的设计、施工、监理单位均采用国内公开招标方式产生。

2010年3月23日~2010年11月16日呼伦贝尔市交通局进行了公开招投标,确定了2家设计单位。

2010年10月27日在内蒙古招投标网、内蒙古交通网等发布路基、路面工程、监理单位招标公告,2010年11月16日确认5家监理单位(含总监办)、8家土建施工单位。

2012年8月27日发布交通工程、房建工程招标公告,通过对各投标单位的资格审查、评标,2012年9月17日完成了16家其他附属工程施工单位招标。

3. 征地拆迁

征地拆迁工作2011年3月启动,2011年6月完成了项目永久占地和临时占地征用工作。全线征地拆迁工作涉及林业、农牧业、电力、移动、广电、铁路等部门,全线共征用土地8291.181亩,其中林地919.19亩,草地2765.36亩,耕地425.51亩;拆迁房屋3480.34m^2,拆迁电力电信设施183处;征拆资金1.26亿元。

(三)参建单位

主管单位:内蒙古自治区交通运输厅

建设单位:呼伦贝尔市交通运输局

现场管理单位:牙克石至海拉尔高速公路建设项目管理办公室

质量监督单位:内蒙古自治区交通建设工程质量监督局
　　　　　　　呼伦贝尔市公路工程质量监督站

勘察设计单位:华杰工程咨询有限公司
　　　　　　　江苏伟信工程咨询有限公司

施工单位:青岛渤海湾建设有限公司
　　　　　中交第四公路工程局有限公司
　　　　　中交第二公路工程局有限公司
　　　　　中铁五局集团机械化工程有限责任公司
　　　　　新疆昆仑路港有限公司
　　　　　中铁四局集团有限公司
　　　　　吉林亨通公路建设集团有限公司
　　　　　呼伦贝尔道路桥梁建筑有限责任公司
　　　　　河南宏基公路养护有限公司(联合体)等24家

监理单位:内蒙古晟昱公路工程监理有限公司
　　　　　内蒙古公路工程咨询监理有限责任公司
　　　　　安徽省高等级公路工程监理有限公司

沈阳鑫通公路工程监理咨询有限公司

内蒙古交通建设监理咨询有限责任公司

二、建设项目管理

(一)项目管理机构

根据呼伦贝尔市人民政府《关于同意成立绥满国道主干线牙克石至海拉尔高速公路工程项目法人的批复》(呼政字〔2010〕132号)、呼伦贝尔市交通运输局《关于确定绥满国道主干线牙克石至海拉尔高速公路工程项目法人代表的通知》(呼交发〔2010〕230号)及自治区交通运输厅《公路建设项目法人资格申报表》批复,2011年3月依法成立了绥满国道牙海高速公路项目建设管理办公室。

建管办设主任1名、副主任1名、技术负责人1名,内设综合协调部、合同计划部、质检安全部、工程技术部、财务部五个职能部门。

(二)项目管理

1. 质量控制

建立健全四级质量管理体系(即政府监督、业主管理、社会监理、施工单位自检)和四级质量保证体系(即项目办、总监办、驻地办、施工单位),对工程质量实行了直接有效的监督管理,同时要求施工单位建立健全质量保证体系,设置组织严密周到的自检机构,配备认真负责的质检人员,各司其职、各负其责。

根据《内蒙古自治区高速及一级公路施工标准化管理指南》进行标准化管理相关制度要求,编写了《牙海高速建设管理办法》《牙海高速质量管理办法》《牙海高速安全生产管理办法》等相关资料指导施工,并在施工中严格执行。

通过资质检查严把准入关,严格制定和履行招标文件、施工合同中有关质量的规定,一切按合同办事。多次召开会议,对技术含量高及重点部位施工工艺方案进行专题研究、讨论,对工程质量管理实行奖罚制度。

加大检查力度,除施工单位自检外,加强各级监理人员的现场跟班监督,重点部位加强旁站,严格监督隐蔽工程施工过程,尤其是对重点部位加强加大了例行检查现场管理,特别针对预应力箱梁的张拉压浆、桥涵台背填土碾压问题,进一步消除了质量隐患,建管办定期或不定期检查,把工程质量控制在每个过程、每个细节,发现问题及时处理。

2. 安全生产

安全管理措施落实到位,实现了安全生产责任事故"零事故"目标。制定《安全生产管理办法及安全检查处罚细则》,不定期进行安全生产检查及奖罚;开工前建管办与各施工、监理单位签订了《安全生产协议书》,明确了安全生产责任;组织施工员、技术员、安全员进行了安全生产培训,通过培训及制度规范,使从业人员思想重视、行为规范;施工现场安全标志、标识、设施配置齐全。

3. 工程造价控制

加强专项资金管理,始终注意严格控制建设资金,以合同为依据,以资金管理为主线,做好建设资金的筹集、控制、监督和核算工作,依法、合理、及时筹集和使用资金,严格控制工程造价。严格执行工程合同,合同价即为中标价。土地征用及征地拆迁补偿资金"专款专用",开展征地拆迁资金使用内部审计。

4. 廉政建设

以预防腐败为重点,健全拒腐防变教育长效机制。多次组织各监理单位、施工单位召开党风廉政建设会议,传达上级廉政专题会议精神,部署反腐倡廉工作,反复强调党风廉政建设和反腐倡廉的极端重要性。

深入开展自查自纠活动,发现问题及时纠正,积极推进治理商业贿赂工作。与呼伦贝尔市检察院联合开展"检企共建"活动,预防职务犯罪,从源头上控制腐败行为。

以强化监督为手段,健全权力运行监控机制,教育和提醒每一位党员领导干部思想上正确认识和对待监督,自觉接受社会各方面的监督,努力以廉政建设的新成效促进和保障工程建设的顺利进行。

三、科研课题

科研课题一:绥满国道牙海高速公路科研高模量沥青混合料添加剂应用

1. 研究目的

为了指导高模量沥青混凝土的设计和应用。

2. 研究内容

采用简单性能试验机(SPT)测试了两种不同掺加剂(ZQ-2 和 ECB)的高模量改性沥青混合料的动态模量,根据时间—温度置换原理,利用非线性最小二乘法拟合得到了参考温度下的动态模量主曲线,并应用其预测了两种高模量沥青混合料的高低温性能,最后与抗压回弹模量进行对比分析。结果表明,高模量沥青混合料的动态模量依赖温度和频率的变化;ZQ-2 高模量沥青混合料的高温抗车辙性能和低温抗变形能力均优于 ECB 高模量沥青混合料。

3. 研究结论与应用

抗压回弹模量对应于频率较低时($0.01 \sim 0.1$Hz)的动态模量,采用动态模量进行沥青路面设计更合理科学。通过提高沥青混凝土的模量,减少车辆荷载作用下沥青混凝土产生的塑性变形,提高路面高温抗车辙能力,改善沥青混凝土抗疲劳性能,延长路面的使用寿命。

科研课题二:一级公路改高速公路基路面拓宽相关控制技术研究

本课题依托 G10 绥满高速公路牙克石至海拉尔段工程,为适应内蒙古地区公路拓宽改建的工程需求,针对内蒙古地区公路拓宽改建的工程特点和技术难题,项目遵循"节约资源""设计协同""实证有效"与"成果转化"的技术思路与理念,针对公路拓宽改建工程中改扩建模式辅助决策、既有结构评价与利用、地基差异沉降控制、路基接合部处治、路面拼接与协同设计等五大技术难题进行了深入研究,提出了适用于内蒙古地区不同等级公路拓宽改建的技术指标体系和一系列实用性工程指导技术,编制了工程技术指南,并在内蒙古牙海高速公路拓宽改建工程中得到成功应用。

课题详情见"第五章　高速公路建设科技成果"中"第二节　重大科研课题"。

科研课题三:沥青混合料配合比设计系统软件的应用

本课题研究内容:

一是在开发软件中补充 ATB、SMA、应力吸收层等其他沥青混合料配合比设计相关功能。

二是机械设备组合优化研究。通过沥青混合料质量控制和机械匹配性研究,对施工工艺与机械组合及参数进行优选。

三是细化沥青混合料施工过程控制的工序,提出工序的控制措施和控制方法。利用本软件对沥青混合料质量的均匀性和成型沥青混凝土检测指标的波动情况进行分析,确保工程质量的持续稳定。

四是实体工程推广应用,对理论分析、室内试验与实际工程应用研究取得的资料进行整理,对已有软件进行完善及验证。

四、运营养护管理

G10 该段路线养护里程为 76.285km,养护管理由呼伦贝尔市公路管理局负责,运营收费管理由内蒙古收费公路监督管理局呼伦贝尔市分局负责。G10 绥满高速公路牙克石至海拉尔段服务区、收费站(所)等设置情况见表 8-27,车流量发展状况见表 8-28。

G10 绥满高速公路牙克石至海拉尔段服务区、收费站(所)等设置情况 表 8-27

类　别	数　量	名　称	建筑面积(m^2)	占地面积(亩)
收费站(所)	5	扎罗木得匝道收费站	1491	8
		哈克匝道收费站	1780	21
		海拉尔东匝道收费站	1609	10
		哈克西收费站	—	—
		海拉尔北主线终点临时收费站	1500	13.5

续上表

类别	数量	名称	建筑面积(m²)	占地面积(亩)
服务区	1	扎尼河服务区	5427	60
监控设施	2	呼伦贝尔市收费监控通信分中心	3806	25
		牙克石监控分中心	—	—

G10绥满高速公路牙克石至海拉尔段车流量发展状况表（单位：辆/昼夜）　表8-28

收费站(所)	年份					
	2011年	2012年	2013年	2014年	2015年	2016年
扎罗木得匝道收费站	—	—	23	193	270	260
哈克匝道收费站	—	—	13	114	211	167
哈克西收费站	—	—	111	1078	1381	1463
海拉尔东匝道收费站	—	—	26	235	295	343
海拉尔北主线络点临时收费站	—	—	20	251	311	354

第五节　G1013海满高速公路海拉尔至张家口联络线内蒙古段

G1013海满高速公路海拉尔至张家口联络线（原S27锡张高速公路内蒙古段）是内蒙古自治区"三横九纵十二出口"干线公路的重要组成部分，也是内蒙古自治区"8横9纵8支8环线"高速公路网之"纵四"，即锡林浩特—桑根达来—宝昌—三号地。该高速公路是内蒙古自治区中部地区的纵向快速公路通道，是通往河北、山西等省市的快速通道，作为向南连通华北尤其是京、津、冀等经济发达地区交通大动脉，它的建成对于开发锡林郭勒盟丰富的煤炭资源、矿产资源和草原旅游资源，推动锡林郭勒盟以及相邻地区社会经济的发展具有重要意义。G1013海满高速公路海拉尔至张家口联络线（原S27锡张高速公路内蒙古段）是锡林郭勒盟第一条高速公路，全长297.458km，包括锡林浩特至桑根达来段、桑根达来至宝昌段、宝昌至三号地段三个项目，主要控制点包括锡林浩特、桑根达来、宝昌、三号地。

G1013海满高速公路海拉尔至张家口联络线（原锡张高速公路）的全面建成通车对促进自治区中部与邻省及首都北京的连接起到通道的作用，社会效益和经济效益十分显著。

路网关系：G1013海满高速公路海拉尔至张家口联络线内蒙古段路网关系如图8-5所示。

图 8-5　G1013 海满高速公路海拉尔至张家口联络线内蒙古段路网关系示意图

Ⅰ　G1013 海满高速公路海拉尔至张家口联络线锡林浩特至桑根达来段

一、项目概况

（一）基本情况

G1013 海满高速公路海拉尔至张家口联络线锡林浩特至桑根达来段（原 S27 线锡林浩特至桑根达来段公路）是锡张线的组成部分，南接桑根达来—宝昌段高速公路，北接已建的阿荣旗至北海省际通道，是内蒙古自治区中部地区的纵向快速公路通道，在内蒙古自治区公路网中居重要地位。

锡林浩特至桑根达来段路线全长 146.439km。项目起点位于锡林浩特市南，终点处通过桑根达来互通。主要控制点：德力格尔工业园区、贝力克牧场、灰腾河、乌日图塔拉、桑根达来镇。

锡林浩特至桑根达来段主线采用新建双向 4 车道高速公路建设标准，设计速度 100km/h，路基宽度 26m，路面形式为沥青混凝土路面，桥涵设计汽车荷载采用公路—Ⅰ级。全线设大中桥梁 17 座/1874.48m，其中大桥 13 座/1568.88m，中桥 4 座/305.6m；全线服务区 1 处、收费所 4 处。全线桥隧比为 1.3%。

锡林浩特至桑根达来段项目于 2010 年 9 月开工建设，2014 年 9 月通过交工验收，具备通车试运行条件。

（二）前期工作

1. 立项审批、资金筹措

内蒙古自治区环境保护厅以《内蒙古自治区环境保护厅关于锡林浩特至张家口高速公路锡林浩特至桑根达来段公路工程环境影响报告书的批复》（内环审〔2011〕236 号）批复了环评报告；

内蒙古自治区水利厅以《内蒙古自治区水利厅关于锡林浩特至张家口高速公路锡林

浩特至桑根达来段公路工程水土保持方案报告书的批复》(内水保〔2010〕202号)批复了水土保持方案报告书；

国土资源部以《国土资源部关于锡林浩特至张家口高速公路锡林浩特至桑根达来段公路工程建设用地的批复》(国土资函〔2014〕620号)批复了项目建设用地；

内蒙古自治区发展和改革委员会以《关于锡林浩特至张家口高速公路锡林浩特至桑根达来段工程可行性研究报告的批复》(内发改交运字〔2010〕1833号)批复了工可研报告；

内蒙古自治区交通运输厅以《关于锡林浩特至张家口高速公路锡林浩特至桑根达来段两阶段初步设计的批复》(内交发〔2010〕661号)批复了初步设计；

内蒙古自治区交通运输厅以《关于锡林浩特至张家口高速公路锡林浩特至桑根达来段公路工程两阶段施工图设计的批复》(内交发〔2012〕38号)批复了施工图设计。

本项目初步设计总概算为39.00亿元，建设资金25%来自项目自筹，75%来自国内银行贷款。

2. 招投标工作

本项目招标投标工作严格按照《中华人民共和国招标投标法》《公路工程施工招标投标管理办法》和《公路工程施工监理招标管理办法》等法律、法规进行。勘察设计、土建工程、房建工程、交通工程、机电消防等工程的设计、施工、监理单位均采用国内公开招标方式产生，分别确定3家设计单位、8家监理单位(含总监办)、13家土建施工单位和20家其他单位参与本项目建设施工。

勘察设计招标公告于2010年5月10日发布于中国采购与招标网，2010年5月30日开标，确定2家勘察设计单位。

控制性工程施工及监理招标公告于2010年8月2日发布于中国采购与招标网，2010年8月21日开标，确定1家施工单位及1家监理单位；主线土建工程施工及监理招标公告于2010年11月28日发布于中国采购与招标网，2010年8月21日开标，确定9家施工单位及6家监理单位。

连接线工程施工招标公告于2011年1月24日发布于中国采购与招标网，2011年2月19日开标，确定1家施工单位；房建及通信管道工程施工招标公告于2012年4月9日发布于中国采购与招标网，2012年5月3日开标，确定4家房建施工单位及2家通信管道施工单位。

交安、机电及钢结构工程施工招标公告于2013年4月12日发布于中国采购与招标网，2013年5月13日开标，确定2家标志施工单位、2家标线施工单位、2家隔离栅施工单位、3家护栏防眩施工单位、1家机电及1家钢结构施工单位。

机电工程监理招标公告于2013年4月12日发布于中国采购与招标网，2013年5月

13日开标,确定1家监理单位。

绿化工程施工招标公告于2013年4月12日发布于中国采购与招标网,2013年5月16日开标,确定2家施工单位。

辅道维修工程施工招标公告于2013年7月29日发布于中国采购与招标网,2013年8月17日开标,确定2家施工单位。

锡林郭勒盟管理分中心综合楼工程施工招标公告于2014年2月21日发布于中国采购与招标网,2014年4月20日开标,确定1家施工单位。

3. 征地拆迁

本项目征地拆迁工作2010年11月启动。国家林业局以《使用林地审核同意书》(林资许准〔2011〕240号)批复了项目林地,批准林地60.4362公顷;国土资源部以《关于锡林浩特至张家口高速公路锡林浩特至桑根达来段公路工程建设用地的批复》(国土资函〔2014〕620号)批复了项目建设用地,批准建设用地面积为8369亩。

2011年10月主线征拆工作基本完成。全线永久性征用土地9276亩,其中共征草地8369亩,林地907亩;拆迁房屋78.9m²,电力电信改迁16处;征拆补偿费8144.36万元。

(三)参建单位

主管单位:内蒙古自治区交通运输厅
建设单位:锡林郭勒盟交通运输局
现场管理单位:锡张高速锡林浩特至桑根达来段公路建设项目管理办公室
质量监督单位:内蒙古自治区交通建设工程质量监督局
　　　　　　锡林郭勒盟公路工程质量监督站
勘察设计单位:内蒙古自治区交通设计研究院有限责任公司
　　　　　　山西交科公路勘察设计院
　　　　　　锡林郭勒盟乾图交通设计有限责任公司
施工单位:通辽市交通工程局
　　　　　浙江金筑交通建设有限公司
　　　　　内蒙古自治区公路工程局
　　　　　山东省滨州公路工程总公司
　　　　　汇通路桥建设集团有限公司
　　　　　江西赣东路桥建设集团有限公司
　　　　　四川武通路桥工程局
　　　　　新疆兴达公路工程部

新疆昆仑路港工程公司等33家

监理单位：锡林郭勒盟协力交通监理有限公司(总监办)

内蒙古交通建设监理咨询有限责任公司(驻地办)

北京华路捷公路工程技术咨询有限公司

山西振兴公路监理有限公司

河北德鑫工程监理咨询有限公司

沈阳方正建设监理有限公司

北京港通路桥工程监理有限责任公司

中国公路工程咨询集团有限公司

二、建设项目管理

(一)项目管理机构

根据锡林郭勒盟交通运输局《关于成立锡张高速公路锡林浩特至桑根达来段工程建设项目管理办公室的通知》(锡交人教〔2010〕22号)文件精神，锡张高速公路锡桑公路建管办于2010年7月28日正式成立，负责本项目的建设与管理工作。项目设主任1人、纪检特派员1人，内设工程部、质检部、综合部三个职能部门。财务工作由建管办会同锡林郭勒盟交通运输局核算中心共同管理，财务人员由核算中心统一配备。

(二)项目管理

项目管理依据招投标文件和《中华人民共和国合同法》进行管理。

1. 质量控制

牢固树立"百年大计,质量第一"的思想，以工程质量优良为目标，依靠"政府监督、法人管理、社会监理、企业自检"四级质量保证体系，全面开展项目质量管理工作。

建立健全质量保证体系，明确质量管理职责。细化合同条款，积极推行标准化建设、规范行为、强化合同执行，驻地建设标准化，试验室标准化，预、拌场(站)建设标准化，碎石加工设备标准化，路基压实设备标准化。实施规范的技术咨询、技术服务与动态设计，强化了技术管理。选定有相应资质的咨询单位对项目各阶段的设计进行审查，确保设计方案合理、安全。

加强事前控制与技术指导，从源头上控制工程质量，使各项质量管理和工作指令落到实处，进一步规范了施工和监理程序。加大巡视、检查力度，加强对重点部位和主要施工工序的检查，最大限度地减少质量问题，消除质量隐患，减少质量通病。

严把以下七道关口：严把进场关，严把原材料关，严把混合料配合比关，严把首件工程认可关,严把工序交接关,严把内业资料关,严把环保关。

2. 安全生产

始终坚持"安全第一、预防为主、综合治理"的方针,确保安全生产保证体系正常运转,防患于未然。结合项目特点和工程建设的具体情况,有针对性地采取了以下预防措施:

一是组建了以现场参建单位负责人为组长的安全生产领导小组,并制定责任制度,层层分解责任,签订责任状;二是加强日常管理,规范、统一了各类标志、标识牌,强化了取弃土场、施工机械的过程管理;三是各参建单位配备专用安全生产管理车辆、专职安全员,严格岗前安全教育培训,以及安全技术事前交底;四是各参建单位制定以油料储存、草原防火、季节性洪水、用电安全、运输车辆、施工机械为重点的安全管理及作业管理、施工操作制度,制订隐患排查计划,建立日常管理台账,强化日常隐患排查工作;五是为保障社会运营车辆的安全通行,做好社会运营便道的维修及管理工作,完善了交叉路口的安全警示标志;六是层层建立应急预案,以及安全事故应急报告、处理、追究、总结制度。一系列的安全保证措施的实施,为工程建设的顺利实施提供了保障,在整个施工期内未发生任何安全生产责任事故。

3. 进度管理

建管办依据总体进度目标及年度建设任务,结合工程、自然气候实际制订指导性施工组织设计与进度计划,各承包人依据指导性施工组织设计与进度计划编制实施性施工组织设计与进度计划。建管办组织总监办、驻地办及承包人对各合同段的施工组织与计划进行专题论证、优化,确定年度的节点控制工期,并据此制订月、旬计划。在计划执行中,建管办加大检查力度,对实际进度较计划进度偏差大、调整不利的标段,采取奖优罚劣、暂停施工、发函通报法人等方式进行调整和控制,确保了年度计划的顺利完成。

4. 工程造价控制

项目投资前期严格履行国家基本建设程序,实施过程中严格按照合同文件要求,从重要机械设备、原材料、施工组织、施工工艺、计量支付等各个环节控制工程造价。特别是严把计量支付关,建立了工程计量台账,防止工程量重计、漏计和错计。

另外,为保证工程建设资金有效使用,建管办督促承包人在当地银行开设专户,且通过签订三方(建管办、施工单位、专户银行)《资金管理协议》的资金管理模式,动态监控承包人的资金往来,使计量款尽可能专款专用,进一步预防了农民工工资拖欠和大额资金转移的发生。

5. 文明施工及环境保护

进一步减少因公路建设对周边群众及生态环境的影响,实现公路建设与社会及自然环境协调发展,严格监督施工单位做好文明施工工作;同时尊重当地民风民俗,妥善处理与当地群众关系,争取地方百姓对施工的大力支持;对施工机械和运输车辆进行经常性保养,尽量使其噪声降到最低水平,减少对环境的污染。

6.廉政建设

一是按"十二公开"制度的要求,严格制定、实施了各管理人员的廉洁行为准则,全面配合、主动接受纪检监督;二是建管办及各现场从业单位结合各自的实际情况,建立健全了以单位负责人为核心的党风廉政建设工作领导机构,完善了党风廉政责任制;三是制定廉政建设及举报公开制度,设立举报箱及举报电话,广泛接受各参建单位以及社会群众的监督;四是始终坚持加强对工作人员的思想道德教育,特别是党风廉政教育,在每月联检联评专项检查廉政工作,在生产调度会上总结安排廉政工作;五是公开计量支付,实施透明、严谨、求实的变更报批程序。整个施工期内未发生任何违法、违纪行为,未接到任何举报。

三、科研课题

寒冷地区公路风吹雪雪害防治技术推广应用

本项目依托 G1013 海满高速公路海拉尔至张家口联络线锡林浩特至桑根达来段工程,在广泛收集公路设计、施工、管养等部门执行内蒙古自治区地方标准《内蒙古自治区公路风吹雪雪害防治技术》(DB 15/T 435—2006)的意见和建议并进行系统整理、归类和分析的基础上,针对本推广工程的雪害发生情况和具体危害特点,进行公路风吹雪雪害防治成套技术的推广应用。通过本项目的实施避免和减轻了风吹雪对推广工程的危害,提高了畅通率,改善了运营环境,从整体上提升了服务水平,保证了建设投资效益,有效减少了养护成本,达到了预期目标。在本项目开展过程中进一步改良了 HDPE 防雪网网片,编制完成了《防雪网施工操作规程》,并在我国首次提出了高分子防雪网网片材料性能检测项目及其技术指标要求,供各单位在进行防雪网的选用、施工安装及检查验收等工作时参照引用。

课题详情见"第五章 高速公路建设科技成果"中"第二节 重大科研课题"。

四、运营养护管理

G1013 该段路线养护里程为 146.439km,养护管理由锡林郭勒盟公路管理局负责,运营收费管理由内蒙古收费公路监督管理局锡林郭勒盟分局负责。G1013 海满高速公路海拉尔至张家口联络线锡林浩特至桑根达来段收费站(所)、服务区等设置情况见表8-29,车流量发展状况见表8-30。

G1013 海满高速公路海拉尔至张家口联络线锡林浩特至桑根达来段收费站(所)、服务区等设置情况　　表 8-29

类　别	数　量	名　　称	占地面积(亩)
收费站(所)	4	锡林浩特南收费站	24.9
		德力格尔收费站	10
		灰腾河收费站	10
		乌日图收费站	10
服务区	3	锡林浩特服务区	89.1
		灰腾河服务区	119.9
		桑根达来服务区	80

G1013 海满高速公路海拉尔至张家口联络线锡林浩特至桑根达来段车流量发展状况表(单位:辆/昼夜)　　表 8-30

收费站(所)	年　份					
	2011 年	2012 年	2013 年	2014 年	2015 年	2016 年
锡林浩特南收费站	—	—	—	511	875	1148
德力格尔收费站	—	—	—	44	64	97
灰腾河收费站	—	—	—	161	217	271
乌日图收费站	—	—	—	64	93	139

Ⅱ　G1013 海满高速公路海拉尔至张家口联络线桑根达来至宝昌段

一、项目概况

(一)基本情况

桑根达来至宝昌段建设项目起于桑根达来镇南,接 S27 仁深高速公路锡林浩特至桑根达来段终点,经葫芦斯台、哈毕日嘎、卓龙高勒、头支箭(后房子),止于太仆寺旗宝昌镇北,与宝昌至三号地高速公路相接。路线全长 101.758km。

采用新建双向 4 车道高速公路建设标准,设计荷载等级为公路—Ⅰ级,设计行车速度 100km/h,路基宽度 26m。全线中桥 6 座,全长 526.7m,服务区 4 处,全线桥隧比为 0.52%(526.7/101758)。

本项目于 2010 年 7 月开工建设,2012 年 9 月通过交工验收,具备通车试运行条件,2016 年 11 月 9 日通过由内蒙古自治区交通运输厅组织的竣工验收。

(二)前期工作

1. 立项审批、资金筹措

2009 年 12 月 9 日内蒙古自治区环境保护厅以《关于桑根达来至宝昌段一级改高速

工程环境影响报告书的批复》（内环审〔2009〕159号）批复了本项目的环评报告；

2010年4月16日内蒙古自治区发展和改革委员会以《关于锡林浩特至张家口高速公路桑根达来至宝昌段工程可行性研究报告的批复》（内发改交运字〔2010〕593号）批复可研报告；

2010年5月21日内蒙古自治区交通运输厅以《关于锡林浩特至张家口高速公路桑根达来至宝昌段两阶段初步设计的批复（内交发〔2010〕283号）批复初步设计；

2010年8月17日内蒙古自治区水利厅以《关于锡林浩特至张家口高速公路桑根达来至宝昌段二期工程水土保持方案报告书的批复》（内水保〔2010〕124）号批复了本项目的水保报告；

2012年内蒙古自治区交通运输厅以《关于锡林浩特至张家口高速公路桑根达来至宝昌段两阶段施工图设计的批复》（内交发〔2012〕37号）批复了两阶段施工图；

2015年国土资源部以国土资函〔2015〕344号文件批复了本项目的土地用地手续。

本项目概算为17.10亿元，建设资金来源为项目自筹21%，国内银行贷款79%。

2. 招投标工作

本项目按照《中华人民共和国招标投标法》《公路工程施工招标投标管理办法》和《公路工程施工监理招标管理办法》等法律、法规进行了工程招标投标工作。

项目勘察设计于2009年在6月22日在中国采购与招标网、内蒙古交通网发布招标公告，7月16日开标，8月3日下发中标通知书，8月5日签订勘察设计合同。

土建施工及施工监理于2010年4月26日在中国采购与招标网发布资格预审公告，5月25日发出投标邀请书并发售招标文件，6月14日进行公开开标，6月26日下发中标通知书，7月1日签订监理、施工合同协议书。

房建及通信管道工程于2011年6月13日在中国采购与招标网、内蒙古交通网发布招标公告，并发售招标文件，7月10日开标，7月22日下发中标通知书，7月27日签订施工、监理合同协议书。

机电、交安、钢结构、绿化工程及机电施工、监理分别于2012年4月16日在中国采购与招标网、内蒙古交通网发布招标公告，并发售招标文件，4月21日召开投标预备会，5月7日进行公开开标，5月25日下发中标通知书，6月1日签订施工、监理合同协议书。

经评标专家组择优选定中标单位，为2家设计单位、22家施工单位和7家监理单位。

3. 征地拆迁

征地外业调查从2010年5月19日开始，仅用23天，于6月10日顺利结束。正蓝旗境内共需拆迁房屋67间/17户，征拆办及早组织调查和评估，评估报告于2010年8月上旬完成。电力、电信、通信线路等较为复杂、涉及面广的单位，由第三方审价机构进行审核确定改迁费用。批准用地面积为 4967.8 亩,征拆补偿费 7247.40 万元。

(三)参建单位

主管单位:内蒙古自治区交通运输厅
建设单位:锡张高速桑根达来至宝昌公路建设项目管理办公室
质量监督部门:内蒙古自治区交通建设工程质量监督局
　　　　　　锡林郭勒盟公路工程质量监督站
勘察设计单位:内蒙古自治区交通设计研究院有限责任公司
施工单位:青岛渤海湾建设有限公司
　　　　　张家口路桥建设集团有限公司
　　　　　河北路桥集团有限公司
　　　　　吉林省长城路桥建工有限责任公司
　　　　　北京鑫旺路桥建设有限公司
　　　　　安徽路桥集团交通工程有限责任公司
　　　　　北京路捷通公路养护有限公司
　　　　　杭州京安交通工程设施有限公司
　　　　　焦作市晓尚园林有限公司
　　　　　内蒙古泽西园林绿化有限责任公司等 22 家
监理单位:锡林郭勒盟协力交通监理有限公司(总监办)
　　　　　北京华路捷公路工程技术咨询有限公司(驻地办)
　　　　　北京港通路桥工程监理有限责任公司
　　　　　河北省公路工程技术咨询有限公司
　　　　　内蒙古交通建设监理咨询有限责任公司
　　　　　北京育才交通工程咨询监理公司
　　　　　北京兴通工程咨询有限公司

二、建设项目管理

(一)项目管理机构

2010 年 5 月 27 日,锡林郭勒盟交通运输局以锡教人教〔2010〕16 号文批复成立锡张高速公路桑根达来至宝昌高速公路建设项目管理办公室。项目办主任 1 人,副主任 1 人。建管办内设工程部、质检部、综合部,财务工作实行向盟交通运输局财务核算中心报账制。

(二)项目管理

项目管理依据招投标文件和《中华人民共和国合同法》进行管理。

1. 进度管理

承包人在签订合同协议书后,将编制的施工进度计划和施工方案说明,并附季度合同用款计划,报驻地办初审、总监办审批、建管办审查,并根据批复的进度计划实施。

监理工程师每天对承包人的实际进度进行检查并记录,提出合理建议,进行分析评价,进度延误时通过口头或书面指令责令其限期补救。问题较为严重时,监理工程师及时与承包人共同制定补救措施,同时报总监办、建管办。

建管办根据工程进展情况,适时召开生产调度会,若承包人的实际进度与计划进度偏差较大,责令其限期整改。建管办合理安排资金并采取行之有效的管理手段,确保整个工程进度目标的实现。

2. 质量管理

建立健全各项规章制度、完善具体工作要求。印发《锡张高速桑宝公路工程项目建设管理办法》《质量进度管理办法》《联检联评管理办法》等8个制度,使各项工作有章可循、有据可依。

建立以工程自检为基础、工程监理为核心、监督检查为保障的质量管理体系。建管办侧重监督抽查,总监办侧重监督检查,驻地办侧重复检验收,承包人侧重自检自查。层层分解质量责任,各有侧重,最终达到全员参与、全过程运行、全面高效的目的。

做深、做细、做足质量管理基础工作。从业单位优选配备工程技术人员、试验检测人员及试验检测设备,优化工程质量目标、措施、检查、检测、试验机制。建立完善质量目标责任、岗位责任。重视质量安全教育,启动质量管理动态考核机制,一切计划、措施、决策均以数据说话。强化检测、试验、检查和验收手段。突出质量隐患排查治理、强化质量通病整治,重视局部、细节的处理,决不以牺牲质量为代价加快施工进度。

实行首件工程认可制。通过示范作用,带动、促进和保障后续工作的质量,使全面施工后整个工程的内在和外观质量处于可控范围内,稳定并提高工程质量。

严格质量责任追究制。任何单位和个人发现本项目工程的质量事故、质量缺陷和影响工程质量的行为,均有权向主管单位、质量监督部门进行举报。发生质量事故,严格依照"四不放过"原则,视情节采取警告、赔偿、罚款、载入信用评价档案、清退出场等措施进行严肃处理,并追究相关责任人的连带责任。

3. 安全生产

建管办成立以建管办主任为组长的专门安全生产领导小组,各监理、施工单位成立相应机构。项目明确了各级安全生产管理机构的工作职责、内容和目标,并与工程管理一道纳入检评奖惩机制中执行。形成了以项目安全生产管理机构为龙头,各级安全管理保持畅捷的直线沟通,自上而下的有效管理体系。

加强制度建设。依据《锡张高速桑宝公路工程项目建设管理办法》,建立完善项目安全生产根本制度体系。各施工、监理单位全面建立和完善包含安全生产责任、目标管理、费用保障、教育培训、危险源管控、隐患排查治理等25项必要内容的制度体系。

危险性较大的工程,编制专项施工方案,并附安全验算结果,经驻地办初审、总监办审批、建管办审查后实施,由专职安全生产管理人员进行现场监督。

制订公路工程安全事故、公路交通突发事件、自然灾害、群体事件、公共卫生事件、反恐安保等6项应急预案,并扎实做好预警和应急演练工作。严格安全隐患排查治理、危险源管控、机械设备及设施安全管理。特种作业人员,必须取得资格证书后,方可上岗作业。

建立完善安全生产业务台账,实现数据化管理;切实制定施工安全技术措施;项目建立起全面、通畅的安全生产信息渠道,明确了各类信息处置时限和责任。

4. 廉政建设

认真组织学习党中央《建立健全教育、制度、监督并重的惩治和预防腐败体系实施纲要》的文件,坚持不懈地加强思想道德教育特别是党风廉政教育,不断筑牢各级管理人员拒腐防变的思想道德防线,从源头上遏制腐败。认真贯彻中纪委《关于严格禁止利用职务上的便利谋取不正当利益的若干规定》的精神。

建管办制定了《锡张高速桑宝公路建设项目廉政建设工作要点》和《锡张高速桑宝公路项目各级管理人员廉洁自律行为准则》。建立健全廉政建设组织机构和工作机制,做到与业务工作同部署、同检查,并不断加强纪检监察工作力度,建立起长效的约束机制。

盟局纪委派驻项目工作人员根据工作需要,建立了主要管理人员廉政档案;设立了举报电话和举报箱,并定期开箱检查;定期进行廉政谈话;监督检查党风廉政建设责任制、工程项目廉政合同的落实情况;跟踪监督征地拆迁、材料供应、设计变更等重点工作;加强对工程财务管理制度和资金使用的监督检查;处理来信来访,维护群众的根本利益和合理诉求。

(三)变更

初步设计中下面层与基层的联结层为同步碎石改性乳化沥青封层,施工图批复将其改为改性乳化沥青下封层。

三、新技术应用

(1)积极引进耐高温且低温柔韧性好、抗老化且抗弯拉应变能力强的抗裂纤维,将其应用到桥面防水中。此项工程措施费用低、施工方便、能有效增强桥面防水,值得进一步推广。

(2)矿粉的加工采用与华尔水泥厂同一家的石材,在开采过程中经过筛选运到现场,并采用大型球磨机加工,从而保证了矿粉的各项指标。

(3)采用水稳基层摊铺后,立即洒布透层油的工程措施代替覆膜养生,不但克服了覆膜养生温度低、局部失水、污染环境的弊端,减少了覆膜养生费用,提高了养生效果,而且通过面层取芯发现,此种措施能使基面层结合紧密,真正做到了事半功倍。

(4)全线沥青混凝土面层对设计配合比合成级配的关键筛孔通过率采用贝雷参数严格控制,优化了配合比设计,有效地减少了路面施工中的离析现象。

四、运营养护管理

G1013 该段路线养护里程为 101.758km,养护管理由锡林郭勒盟公路管理局负责,运营收费管理由内蒙古收费公路监督管理局锡林郭勒盟分局负责。G1013 海满高速公路海拉尔至张家口联络线桑根达来至宝昌段收费站(所)、服务区设置情况见表 8-31,车流量发展状况见表 8-32。

G1013 海满高速公路海拉尔至张家口联络线桑根达来至宝昌段收费站(所)、服务区设置情况 表 8-31

类　别	数　量	名　　称	占地面积(亩)
收费站(所)	4	桑根达来东站	11.55
		桑根达来西站	2.52
		哈毕日嘎东站	11.73
		哈毕日嘎西站	2.44
服务区	2	哈毕日嘎服务区	59.4
		前房子服务区	42.2

G1013 海满高速公路海拉尔至张家口联络线桑根达来至宝昌段车流量发展状况表(单位:辆/昼夜) 表 8-32

收费站(所)	年　份					
	2011 年	2012 年	2013 年	2014 年	2015 年	2016 年
哈毕日嘎西站	—	—	—	15	18	14
哈毕日嘎东站	—	—	—	251	433	387
桑根达来西站	—	—	—	116	227	287
桑根达来东站	—	—	—	152	302	299

Ⅲ G1013 海满高速公路海拉尔至张家口联络线宝昌至三号地(河北内蒙古界)段

一、项目概况

(一)基本情况

宝三段位于内蒙古自治区中部、锡林郭勒盟中南部,路线起点位于太仆寺旗的宝昌镇,北接当时规划建设的桑根达来至宝昌高速公路,同已建成的阿荣旗至北海省际通道相连接,可通往二连浩特和珠恩嘎达布其两处陆路口岸,南接河北省拟建的张家口至石家庄段高速公路三号地至张北段,终点位于内蒙古与河北交界处的三号地,路线主线长49.261km。

主要控制点:太仆寺旗宝昌镇、席家营子、刘家营子、禹仁围子、马家营子、西崩崩山、布日吉营子、瓦房营子、后瓦窑村、陶海营子、白家营子、齐家营子、伊胡塞、三号地。

宝三段主线采用新建双向4车道高速公路建设标准,设计速度100km/h,路基宽度26m,路面形式为沥青混凝土路面,桥涵设计汽车荷载采用公路—Ⅰ级。全线设桥梁16座/1306.5m,其中大桥3座/387m,中桥13座/919.5m;全线服务区1处、收费所4处;全线桥隧比为2.6%[1306.5/(49.261×1000)]。

宝三段于2008年9月开工建设,2010年11月通过交工验收,具备通车试运行条件。

(二)前期工作

1. 立项审批、资金筹措

2007年11月22日内蒙古自治区环境保护局以《内蒙古自治区环境保护局关于国道207线宝昌至三号地(内蒙古河北界)段公路环境影响报告书的批复》(内环审〔2007〕220号)批复了本项目的环评报告;

2009年4月13日内蒙古自治区水利厅以《内蒙古自治区水利厅关于国道207线宝昌至三号地(内蒙古河北界)段公路水土保持方案报告书的批复》(内水保〔2009〕85号)批复了本项目的水保方案;

2013年2月7日国土资源部以《国土资源部关于国道207线宝昌至三号地段公路工程建设用地的批复》(国土资函〔2013〕79号)批复了本项目的土地用地手续;

2008年6月11日内蒙古自治区发展和改革委员会以《关于S27线宝昌至三号地段公路工程可行性研究报告的批复》(内发改交运字〔2008〕996号)批复了工程可行性研究报告;

2008年6月23日内蒙古自治区交通运输厅以《关于S27线宝昌至三号地段高速公路两阶段初步设计的批复》(内交公路发〔2008〕308号)批复了初步设计;

2009年9月21日内蒙古自治区交通运输厅以《关于S27线宝昌至三号地段高速公路两阶段施工图设计的批复》(内交发〔2009〕577号)批复施工图设计。

本项目初步设计总概算为15.76亿元,建设资金来源来项目自筹36%,国内银行贷款64%。

2. 招投标工作

本项目招标投标工作严格按照《中华人民共和国招标投标法》《公路工程施工招标投标管理办法》和《公路工程施工监理招标管理办法》等法律、法规进行。勘察设计、土建工程、房建工程、交通工程、机电消防等工程的设计、施工、监理单位均采用国内公开招标方式产生,分别确定3家设计单位、7家监理单位(含总监办)、13家土建施工单位和9家其他施工单位等参与本项目建设施工。

土建施工、监理招标。国道207线宝昌至三号地高速公路建设项目管理办公室(招标人)委托招标代理机构内蒙古远思工程招标代理有限责任公司于2008年7月28日在中国采购与招标网、内蒙古交通网及《内蒙古交通报》上发布了招标公告,锡林郭勒盟纪检委驻交通局纪检组派员全程监督,根据招标文件的规定,投标文件递交的截止时间为2008年8月25日上午10:00,招标人共收到投标人递交的投标文件数量包括土建招标文件219份、监理招标文件28份,招标人于投标文件递交的同一时间、同一地址举行了公开开标。

交通工程施工、监理招标。国道207线宝昌至三号地高速公路建设项目管理办公室(招标人)委托内蒙古海维建设工程项目管理有限公司于2010年1月11日至15日发售了资格预审文件,共有39家申请人购买了77份资格预审文件,35家单位67份资格预审申请文件通过资格预审评审。招标代理向通过资格预审的投标人发出了投标邀请书,并发售招标文件,锡林郭勒盟纪检委驻交通局纪检组派员对发售招标文件全过程进行了监督。2010年3月15日招标代理在内蒙古海维建设工程项目管理有限公司网站上公布了施工投标控制价上限(含暂定金),2010年3月20日上午10:00开标,锡林郭勒盟纪检委驻交通局纪检组派员对开标过程进行了监督。

3. 征地拆迁

本项目自2008年8月就开始进行土地、林地勘界及组件工作,10月15日顺利完成前期征地拆迁工作。共征永久占地4588亩、临时占地350亩,拆迁网围栏13355m、光缆和电力电线等建筑物59处,迁坟200座,未发生因征地拆迁引起的法律纠纷,为工程建设的顺利实施创造了良好的外部环境。本项目土地预审意见中批准的用地面积为4621.245亩,实际征地面积为4588亩,没有突破预审面积。征拆补偿费5429.30万元。

(三)参建单位

主管单位:内蒙古自治区交通厅

建设单位:锡林郭勒盟交通局

现场管理单位:国道207线宝昌至三号地高速公路建设项目管理办公室

质量监督单位：内蒙古自治区交通建设工程质量监督局
　　　　　　　锡林郭勒盟公路工程质量监督站
勘察设计单位：内蒙古自治区交通设计研究院有限责任公司
　　　　　　　中国公路工程咨询集团有限公司
　　　　　　　锡林郭勒盟乾图交通设计有限责任公司
施工单位：河南省大河筑路有限公司
　　　　　四川武通路桥工程局
　　　　　通辽市交通工程局
　　　　　中铁六局集团有限公司
　　　　　东北军辉路桥公司
　　　　　中交一公局第三工程有限公司
　　　　　胜利油田胜利工程建设(集团)有限责任公司
　　　　　锡林郭勒汇通路桥有限公司
　　　　　布鲁克(成都)工程有限公司等22家
监理单位：锡林郭勒盟协力交通监理有限公司(总监办)
　　　　　中国公路工程咨询集团有限公司(驻地办)
　　　　　陕西海嵘工程项目管理有限公司
　　　　　北京华通公路桥梁监理咨询有限公司
　　　　　赤峰天宇交通监理有限公司
　　　　　北京高速公路监理有限公司
　　　　　中国公路工程咨询集团有限公司

二、建设项目管理

（一）项目管理机构

锡林郭勒盟交通局于2008年5月27日以《关于成立国道207线宝昌至三号地高速公路建设项目管理办公室的通知》（锡交字〔2008〕36号）成立国道207线宝昌至三号地高速公路建设项目管理办公室，设主任1名、技术负责人1名、财务负责人1名，内设工程部、质检部、财务部、综合部四个部门。

（二）项目管理

项目管理依据招投标文件和《中华人民共和国合同法》进行管理。

1. 质量控制

一是建立健全四级质量管理体系（政府监督、业主管理、社会监理、施工单位自检）和四级质量保证体系(项目办、总监办、驻地办、施工单位),项目业主负总体责任,接受政府监督,充分发挥质监部、总监办、高级驻地办及其监理相关人员的作用,对工程质量实行了直接有效地监督管理,同时要求施工单位建立健全质量保证体系,组织严密周到的自检机构,配备认真负责的质检人员,做到各司其职、各负其责。本项目编写了《S27线宝昌至三号地高速公路建设项目工程管理办法》和《S27线宝昌至三号地高速公路建设项目工程计量、变更管理办法》等相关资料指导和管理施工。

二是明确各级质量责任划分。施工单位对工程质量负有直接责任,必须严格遵照交通部颁布的技术标准、规范和规程,按照招标文件的技术规范和批准的施工图纸进行施工;杜绝偷工减料、粗制滥造和弄虚作假等不良行为。驻地办是工程质量的第一线监督者,对施工质量负有直接监理责任;总监办对各高级驻地办工作进行监督和管理,对工程质量负有间接监理责任;业主对整个项目质量负全面监督管理责任。

三是充分发挥驻地监理工程师的作用。驻地监理工程师按合同文件规定要对承包人进行中间质量控制,其主要工作内容为旁站、填写监理日志、对工程所用材料进行抽样检验、对施工设备进行监理和对施工现场进行监理测量。

本项目在建设过程中,多次召开会议,对技术含量高及重点部位施工工艺方案进行专题研究、讨论,对工程质量管理实行奖罚制度,并对施工过程中的工序、工艺进行了严格管理,尤其是对重点部位加强、加大了例行检查现场管理。特别针对预应力箱梁的张拉压浆、桥面拉毛、桥涵台背填土碾压、路基填筑分层填筑碾压施工工艺方案,都作出严格要求及标准。

2. 安全生产管理

为实现"零事故"目标,成立了安全生产领导小组,层层签订《安全生产责任状》,明确安全职责,责任落实到人。采取定期巡查、重奖重罚等措施,将事故苗头消灭在萌芽状态。项目办多次会同太旗安监局、交通局对所有施工单位进行了拉网式安全生产大排查,重点检查了各施工单位安全生产责任制、应急预案的制定情况,安全生产各项制度、各工种、岗位操作规程建立和执行情况,并对从业人员进行安全生产知识、技能培训,将安全生产规章制度真正落到实处,施工期未发生安全生产事故。

3. 工程造价控制

本项目整个工程建设中,加强专项资金管理,始终注意严格控制建设资金。以合同为依据,以资金管理为主线,做好建设资金的筹集、控制、监督和核算工作。依法、合理、及时筹集和使用资金,严格控制工程造价。在项目建设过程中,实行建设资金专户专款专用、封闭运行体制,依法、科学、合理使用建设资金,严格控制工程造价。与开户银行、施工单位签署三方共同监管资金运行的《工程资金监管协议》,建立资金运行安全通道,最大限度地发挥工程建设资金使用效益。

在投资执行阶段,认真贯彻执行国家有关基本建设的方针、政策、法律、法规和有关规定,将投资严格控制在批复的施工图预算限额内。严格执行工程合同,合同价即为中标价;加强工程各阶段跟踪审计;针对土地征用及征地拆迁补偿资金开展征地拆迁资金使用内部审计,杜绝各种违法违纪行为。

4. 廉政建设

项目办积极配合盟交通运输局党委派驻的纪检监察特派员工作,在促进度、抓质量的同时,始终坚持"预防为主,教育为基础,制度为保证,惩防并举"的廉政建设方针;结合工程实际,深入开展学习教育活动,并把它作为一项长期的重要工作来抓,工程一直在健康有序中推进。本项目自开工到交工验收,没有发生人员违法、违纪情况;也没有因不廉政被处分或被起诉事件。

成立了以项目办主任为组长的党风廉政建设领导小组,与各单位签订了《廉政合同书》,制定了各类人员的行为准则和道德规范,建立项目办管理人员、施工单位及项目经理、副经理,监理单位及监理人员廉政档案。

以预防腐败为重点,健全拒腐防变教育长效机制。坚持不懈地加强思想道德教育,特别是党风廉政教育,加大从源头上预防和治腐力度,注重宣传工作。实行定期、不定期的廉政谈话制度,项目办深入到各部门、单位参加民主生活会,并定期、不定期邀请太仆寺旗纪检委、太仆寺旗法院有关人员开展廉政建设讲座,要求大家用法律和道德来规范和约束自己的一言一行,将廉政建设工作落到实处。

在施工期的抽检中将廉政建设与工程项目建设、管理一同检查、一同考核,并将其纳入日常管理工作中;深入开展自查自纠活动,发现问题及时纠正,积极推进治理商业贿赂工作,从源头上控制腐败行为。

以强化监督为手段,健全权力运行监控机制,正确认识和对待监督,自觉接受社会各方面的监督。在各单位设立举报箱,并向社会公开监督举报电话,加强群众监督。

坚持以科学发展观为统领,提升廉政建设质量和水平,遵循科学的途径,切实解决当前领导干部廉政建设存在的薄弱环节和突出问题,努力以廉政建设的新成效促进和保障工程建设的顺利进行。

三、科技创新

(一)新技术应用

本项目成功借鉴和运用了美国高性能沥青路面(Superpave)设计理念,结合本项目的工程实际,通过室内模拟仿真计算分析和大量基础试验研究,把原材料特性与设计环境条件、原材料性质与路面破坏模式联系起来,引入贝雷参数(Bailey)对关键筛孔合成级配通过率进行约束,用旋转压实法沥青混合料体积设计,将 Superpave 设计理念与 AC 型沥青混合料设计方法很好地结合起来,解决了 AC 型沥青混合料高温抗车辙不足的缺陷,同时,将 AC 型级配油石比优选方法用在 Superpave 旋转压实的过程中,有效解决了 Superpave 沥青混合料水稳定性和低温抗裂性不足的缺点。因此,本项目沥青混凝土设计方法不是一味地照搬国外设计思路,也不局限于国内的 AC 型设计规范,而是将两者优势互补,大大提高了沥青混合料的各项路用性能。

(二)科研课题

科研课题一:随机车载压实度在线监测系统

1. 立项背景

水泥稳定碎石半刚性基层以其良好的水稳性、抗冻性、经济性等特点,得到了广泛应用。有些高速公路建成通车后,路面在早期就出现较严重损坏现象,影响了路面的使用性能,降低了耐久性,缩短了使用寿命。而施工过程中基层压实质量问题是造成路面早期破坏的重要原因之一。

研究表明,有效地压实能够显著提高路面基层材料的承载能力和稳定性,减少水损坏,提高路面耐久性。现代公路机械化施工中,振动压路机得到了广泛应用,在压实过程中如何判别其压实进程和最佳压实质量是施工过程质量控制的关键环节。由于无法在过程中检测、判断各类型、型号、参数的压路机在碾压过程中材料的压实程度和变化趋势,很难保证最佳压实效果和发现压实过程中存在的缺陷和不足。而且在采用灌砂法进行检测时会破坏已压实路面材料。因此应开发研究建立在测试技术、计算机技术和现代压实技术为基础的过程控制技术,同时开发研究与材料特性相适应的装备技术,十分必要。

2. 主要研究目标

采用振动信号检测分析系统,通过对振动轮加速度随铺层压实度变化规律试验研究,获取与基层材料密实度变化相关的振动轮加速度信号。以振动压路机二自由度模型为基础,分析计算振动轮加速度与铺层压实度之间的关系。构建基于测试技术和现代压实控制技术相结合的压实质量在线监控系统,开发机载在线监测装置软件系统,实现数据显示、转储、传输等功能。以在线检测系统为基础进行施工质量过程控制技术研究和工程应用,对压实作业中影响压实值的各类因素进行试验分析,通过研究压路机工作参数和混合料参数对压实检测值的影响,确定了压实与否的判别方法和判据,实施压实质量的过程控制技术。

3. 主要研究内容

课题组进行了机理研究和技术开发,采用模拟装置进行室内试验研究。根据室内试验所得数据进行机载压实度在线监测系统研究,采用专门设计生产的试验样机,在"宝三"高速公路进行了试验验证和施工质量控制研究工作,并在省道307、白霍高速公路、304一级路、湖北麻武高速公路、昆明新机场跑道等多条高速公路进行了试验研究和推广应用。

4. 取得的主要成果和社会经济效益

通过采用研发模拟技术试验装置和试验检测系统,获得了压实过程中的振动信号其频谱分析图;建立了振动轮数学模型,研制了机载在线压实监测系统;提出了压实在线检测和压实质量过程控制技术,并进行了工程推广应用。

本项目通过在线压实度检测系统的研发,机械设备的改进和系列施工技术的理论研究与工程应用,可减小路面的早期破坏,提高路面质量,延长使用寿命,节约工程造价和大量的养护费用,具有巨大的经济效益和社会效益。

科研课题二:钢筋混凝土异形管涵设计与施工技术研究

1. 立项背景

钢筋混凝土圆管涵以其形式简单、易施工、泄洪能力强和能满足平微区公路的排水要求而被广泛采用,但是圆管涵管节承受荷载小,预制及运输与使用过程中容易产生裂缝,在施工过程中为克服上述缺陷,项目办与内蒙古交通设计研究院有限责任公司合作,开展了交通厅科技项目钢筋混凝土异形管设计与施工技术的课题研究,主要技术指标:RCPⅢ 1500×2000(异形管涵)。

2. 主要研究内容

本项目拟通过对钢筋混凝土异形管涵的计算机仿真分析与试验室、现场实体试验相结合,并通过实体依托工程的施工控制、观测与分析,研究、开发异形管式结构涵洞,提出合理的异形管涵设计方法,确定异形管的配筋设计,施工、制作工艺,以及合理基础形式选取。使公路工程桥涵结构物的形式更合理,有效降低工程造价,更好地适用于西部地区乃至全国的公路工程建设需要。

3. 主要研究目的

(1)减少涵洞工程病害,提高涵洞的使用寿命,改善工程质量,发挥钢筋混凝土管涵良好的受力性能,缩短工程工期,有效降低工程造价,合理选择桥涵结构形式,开发装配式钢筋混凝土异形管涵。

(2)针对钢筋混凝土圆管涵在我国高速公路应用中出现的病害及问题,分析钢筋混凝土圆管涵的受力机理,从结构受力和变形性状等方向优化钢筋混凝土圆管涵,开发钢筋混凝土异形管涵结构形式。本课题提出的管涵结构形式在国内尚属首次,为验证该管涵结构形式的合理性,采用全尺寸室内模型试验、实体工程试验、理论分析与数值分析的研究方法系统研究钢筋混凝土异形管涵的力学特性以及施工工艺、基础形式。

4. 研究过程

(1)2009年4~9月完成现场试验工程异形管管节制作,在S27线宝昌至三号地(内蒙古河北界)高速公路K263+560.0处设置钢筋混凝土异形管涵1道,管顶覆土厚度3.54m,在K264+950.0处设置钢筋混凝土异形管涵1道,管顶覆土厚度7.15m,共计82m,并进行了相应的数据观测分析。

(2)2009—2012年在内蒙古工业大学土木工程试验室进行了钢筋混凝土圆管涵、钢筋混凝土异形管涵室内试验,依托工程实体试验观测资料,进行力学性能分析、计算,编制了《钢筋混凝土异形管涵设计施工技术指南》。

5. 取得的主要成果和社会经济效益

(1)节能减排效益。G1013线宝昌至三号地(内蒙古河北界)高速公路2座钢筋混凝土异形管涵总计减少碳排放量为64.28t,如果采用异形管替代全部圆管涵,总计减少碳排放量为195.5t。

(2)经济效益。平均每延米钢筋混凝土异形管涵比钢筋混凝土圆管涵少用钢材27.7t,混凝土$1.79m^3$。节约钢材14.9%,混凝土58.6%。

钢筋混凝土异形管涵基础采用柔性基础,无须大开挖,减少了开挖土方,又保护了环境,异形管基础采用砂砾基础,较圆管涵的刚性基础,可大大缩短施工工期,异形管施工工期可比圆管涵缩短1倍以上。

钢筋混凝土异形管涵不仅可应用于公路工程,还可推广到铁路、机场、市政、水利工程中。

(3)社会效益。钢筋混凝土异形管涵从结构形式上进行创新优化,不仅能够保留原有结构的优点,还能弥补原有结构的不足,钢筋混凝土异形管涵采用柔性基础,开挖较少,大大减少对环境的破坏,采用柔性接口,安装方便,施工期短,是一种具有可持续发展节能减排的结构形式,应该进行广泛推广应用。

四、运营养护管理

G1013该段路线养护里程为49.261km,养护管理由锡林郭勒盟公路管理局负责,运营收费管理由内蒙古收费公路监督管理局锡林郭勒盟分局负责。G1013海满高速公路海拉尔至张家口联络线宝昌至三号地段收费站(所)、服务区设置情况见表8-33,车流量发展状况见表8-34。

G1013 海满高速公路海拉尔至张家口联络线宝昌至三号
地段收费站(所)、服务区设置情况   表 8-33

类 别	数 量	名 称	建筑面积(m²)	占地面积(亩)
收费站(所)	4	宝昌北收费站	895	7.722
		宝昌南收费站	895	10.95
		贡宝拉格收费站	895	10.731
		三号地主线收费站	1094	9.945
服务区		炮台营子综合服务区(含养护工区、超限检测站)	7302	117.677

G1013 海满高速公路海拉尔至张家口联络线宝昌至三号地段
车流量发展状况表(单位:辆/昼夜)   表 8-34

收费站(所)	年份					
	2011 年	2012 年	2013 年	2014 年	2015 年	2016 年
宝昌北收费站	119	412	491	508	426	468
宝昌南收费站	69	247	319	403	416	413
贡宝拉格收费站	20	106	81	91	120	139
三号地(主线)收费站	162	616	747	842	939	1059

第六节　G12 珲春至乌兰浩特高速公路石头井子(内蒙古吉林界)至乌兰浩特段

G12 珲乌高速公路是国家"71118+6"高速公路网 18 条东西横线中的第二横,位于东北地区中部,经过重要口岸珲春,是连接边境口岸和重要城市的经济通道,是黑龙江西南、内蒙古东北和吉林西部等经济区出海的便捷通道,为区域资源开发、旅游产业发展提供方便快捷的交通条件。G12 珲乌高速公路起点位于吉林省珲春市西炮台,终点位于内蒙古自治区乌兰浩特。规划里程 943.50km,通车里程 908.721km,4 车道 890.282km、6 车道 18.439km,经过吉林(延边朝鲜族自治州、吉林、长春、松原、白城)、内蒙古(通辽、库伦旗、科尔沁右翼前旗)。

G12 珲乌高速公路在内蒙古境内的段落为石头井子(内蒙古吉林界)至乌兰浩特,路线全长 32.893km,2008 年 9 月 10 日开工,2011 年 3 月 15 日正式通车。该项目是内蒙古自治区"三横九纵十二出口"的重要组成部分,同时也是兴安盟与吉林省联系的重要通道。项目的建设不仅是内蒙古自治区干线公路网建设的需要,也是联系内蒙古自治区东部与东北老工业区的桥梁,对保持经济持续、稳定、快速地发展起到重要作用。项目的实施对改善区域交通条件、促进内蒙古东北地区经济社会协调发展都有举足轻重的作用。同时也进一步完善了兴安盟路网结构,实现了本地区高速公路零的突破,加快了沿线各族人民脱贫致富奔小康的步伐,对于促进自治区东部地区政治、社会稳定和民族团结都具有重要意义。

路网关系:G12珲乌高速公路内蒙古段路网关系如图8-6所示。

图8-6　G12珲乌高速公路内蒙古段路网关系示意图

一、项目概况

(一)基本情况

石头井子(内蒙古吉林界)至乌兰浩特高速公路位于内蒙古自治区东北部,地处大兴安岭东南麓。起点位于现有302国道与吉林白城石头井子之间省界,起点桩号位于K0+620处,沿302国道与白城中水投风电厂之间右侧半坡布线,经白音塔拉林场、白音花西,过白音乌素西北,在K19折向西北,经舍林屯西南,过伊和敖包吐与巴嘎包吐垭口后设置乌兰浩特东互通,上跨乌兰浩特至呼和马场小油路,沿乌兰哈达东侧丘陵曲折向西北,过后乌兰哈达东设置乌兰浩特东互通,在变电所附近上跨111国道,过海力林扎嘎,在何家屯东南接省际通道设置乌兰浩特北互通,终点桩号为K33+512.514,路线全长32.893km,同时修建连接线4.2km,经济开发区连接线3.775km。

主要控制点:白城查干浩特风电厂、白音花林场、乌兰浩特东互通、后乌兰哈达变电所、乌兰浩特北互通位置。

主线采用高速公路标准设计,设计速度平原微丘区100km/h,路基全宽26m,设计荷载为公路—I级。连接线采用一级公路标准,结合城市道路标准设计,设计速度80km/h。设计荷载为公路—I级。小桥、涵洞与路基同宽。桥梁设计标准汽车荷载:主线、连接线均为公路—I级。全线共设中桥2座,分离式立交1座,互通式立交3处,小桥32座,涵洞29道。

全线主要工程数量包括:路基土石方3297100m³,路面面层2540300m²;砂砾垫层1003400m²,底基层1054900m²,26cm混凝土路面32691m²。

本项目2008年9月10日开工,2011年3月15日正式通车。

(二)前期工作

1.立项审批、资金筹措

石乌高速公路的建设按照国家《公路建设市场管理办法》认真履行基本程序。国家发改委2008年以《关于内蒙古自治区石头井子(内蒙古吉林界)至乌兰浩特段公路可行性研究报告的批复》(发改交运〔2008〕1322号)批复《国家高速公路网珲春至乌兰浩特公路石头井子(内蒙古吉林界)至乌兰浩特段工程可行性报告》(以下简称《工可报告》)。

交通运输部2008年以《关于石头井子(内蒙古吉林界)至乌兰浩特段公路初步设计的批复》(交公路发〔2008〕348号)批复初步设计。

乌兰浩特经济开发区连接线由内蒙古自治区发展和改革委员会以内发改字〔2009〕1681号文批准建设,内蒙古自治区交通运输厅以内交发〔2009〕555号文批复初步设计。

石乌高速公路初步设计总概算11.63亿元。资金来源:国家中央专项基金、自筹资金和国内商业银行贷款。经济开发区连接线批复概算0.41亿元。

2. 招投标工作

本项目按照《中华人民共和国招标投标法》《公路工程施工招标投标管理办法》和《公路工程施工监理招标管理办法》等法律、法规进行了工程招标投标工作。

土建工程施工、监理全部实行国内竞争性公开招标,择优选择从业单位。石乌高速公路土建工程和交通工程的设计采用国内邀请招标方式产生,通过邀请招标确定内蒙古交通设计研究院有限责任公司为本项目土建工程勘测设计单位,中国公路工程咨询集团有限公司为本项目交通工程勘测设计单位。北京中交建设工程招标有限公司受内蒙古高等级公路建设开发有限责任公司的委托,作为本项目的招标代理。内蒙古高等级公路建设开发有限责任公司会同北京中交建设工程招标有限公司根据《公路工程国内招标文件范本》(2003年版)先后编写了土建施工、监理的资格预审文件和招标文件,并获得自治区交通运输厅的批准。同时在《中国交通报》、中国采购与招标网、《内蒙古日报》上刊登了资格预审公告。2008年6月30日~7月4日发售资格预审文件。经资格预审委员会评审,并报自治区交通运输厅公路建设市场委员会批准,通过资格预审的各施工单位、监理合同段的投标人购买了招标文件。2008年8月6日和8月7日分别参加现场考察和标前会议,并递交了投标文件。

本项目施工、监理合同段公开招标过程中,内蒙古自治区检察院和驻交通厅纪检组及内蒙古高等级公路建设开发有限责任公司纪检委派相关人员参加了开标仪式,呼和浩特市公证处对开标全过程进行了现场公证。从交通运输部专家库抽取的专家组成评标委员会,经评标委员会评审,推介中标单位名单并报请自治区公路建设市场委员会审查、交通运输部核备,产生了6家路基施工单位、3家路面施工单位和4家施工监理单位(含总监办)。项目法人代表分别于中标单位的路基、路面及监理各单位签订了合同协议书。

本项目房建、交通工程分别于2009年7月和2010年3月开始招标,于2009年8月和2010年4月在内蒙古自治区建设工程招标服务中心六楼开标大厅公开开标,整个招标程序同土建招标。本次招标确定了12家施工单位、1家机电工程监理单位。另外,与本项目土建工程招标相同的方式还对支座、伸缩缝、沥青采购及加工公开招标并确定符合要求的单位。本项目评标委员会在全封闭保密状态下进行评标公证,纪检部门对评标过程进行监督。

3. 征地拆迁

本项目征拆工作于 2007 年 7 月启动。内蒙古高等级公路建设开发有限责任公司和兴安盟行署于 2007 年 7 月 20 日签订了《征地拆迁建设环境保障协议书》,在兴安盟行署的安排部署下,项目征地拆迁工作进展顺利,确保了工程建设的顺利实施,为项目如期交工验收提供了保障。

本项目项目土地预审中批准的用地面积为 223.04 亩,内蒙古土勘院按内蒙古交通设计院提供的用地图进行勘测定界的面积为 195.56 亩,没有突破预审面积。石乌高速公路永久占地 3346.0 亩。

(三)参建单位

主管单位:内蒙古自治区交通运输厅
建设单位:内蒙古高等级公路建设开发有限责任公司
现场管理单位:内蒙古高等级公路建设开发有限责任公司公路建设工程项目管理第三分公司
质量监督单位:内蒙古自治区交通建设工程质量监督局
　　　　　　　兴安盟公路工程质量监督站
勘察设计单位:内蒙古自治区交通设计研究院有限责任公司
　　　　　　　中国公路工程咨询集团有限公司
施工单位:河南濮阳华通路桥建设集团(路基施工)
　　　　　甘肃顺达路桥建设集团有限公司
　　　　　浙江登封交通有限公司
　　　　　陕西华通公路工程公司
　　　　　唐山远大交通工程有限公司
　　　　　甘肃路桥建设集团有限公司
　　　　　辽宁金帝路桥建设集团公司(路面施工)
　　　　　沈阳高等级公路建设总公司
　　　　　内蒙古天骄公路工程有限公司等 22 家
监理单位:内蒙古晟昱公路工程监理有限公司(总监办)
　　　　　北京港通路桥工程监理有限公司(土建驻地办)
　　　　　内蒙古交通建设监理咨询有限责任公司
　　　　　赤峰天宇交通监理有限公司

中国公路工程咨询集团有限公司(机电驻地办)

二、建设项目管理

(一)项目管理机构

项目业主为内蒙古高等级公路建设开发有限责任公司,业主下属公路建设工程项目管理第三分公司为石乌高速公路石头井子(内蒙古吉林界)至乌兰浩特段项目现场管理单位。设主任1名、副主任2名、纪检特派员1名,内设工程管理部、质检部、安全生产部、综合部、财务部。

(二)项目管理

石乌高速公路石头井子(内蒙古吉林界)至乌兰浩特段公路项目是兴安盟地区第一条高速公路。工程建设项目在各级政府的高度重视下进行,尤其在征地拆迁和协调处理社会矛盾等方面给予大力支持。本项目所以能够顺利实施,并圆满完成建设任务、工程质量达到优良标准,得益于有关各方的共同努力。

1. 综合管理

建设单位加强对工程的管理,招标时择优确定施工单位及监理单位,规范管理监理人员的行为和工作,强化工程监控,因地制宜,科学合理地制订了各项规章制度和工程进度计划,对工程建设进度、质量以及投资控制起着非常重要的作用。

在全新的建设模式下,内蒙古高等级公路建设开发有限责任公司建设项目管理第三分公司寻求全新的管理模式。"确保质量、又好又快"是本项目建设管理目标;探索一种"新资源、新机制、高起点、高效率"是项目建设管理理念;"科技领先、清正廉洁、造福人民"是项目的建设精神;"诚信守约、精于高效、奉献社会"是石乌高速公路石头井子(内蒙古吉林界)至乌兰浩特段建设项目的建设形象。

2. 质量控制

增强责任意识,狠抓工程质量,切实做到"质量零缺陷",着力打造石乌高速公路精品工程。健全制度、打牢基础。确保质量控制有章可循。为了规范工作程序,建立健全工程管理制度,建立科学规范管理平台,制定了一系列相关管理制度。接受监督,积极整改,坚决落实厅质监局和兴安盟质监站监督检查反馈情况和质量抽查中发现的问题。对历次质量抽查发现的问题,均能认真对待、及时回复,在各级监理单位严格把关下,各单位均能将相关问题整改到位。加强对监理单位及其工地试验室的管理和指导,采取有力措施,规范试验检测工作,建立健全工地试验室的质保体系,不断提高质量管理水平。

3. 安全生产管理

增强为民意识,狠抓建设环境,切实做到"安全零事故"和"资金零拖欠",着力打造石乌高速公路和谐工程。坚持"安全第一"的原则,高度重视,明确责任,营造"人人有专责,事事严把关"的安全生产氛围。

4. 环境保护

增强大局意识,狠抓环保,切实做到"环保零破坏",着力打造石乌高速公路环保工程。为了保护和改善沿线生态环境,建成绿色通道,建管办聘请环保部门根据国家有关环保标准,依据公路建设项目沿线带环境的特点,按照项目工程建设不同阶段可能产生的潜在负面影响,制订了环境管理计划,认真实施,严格按计划管理。

5. 廉政建设

增强廉洁意识,狠抓反腐倡廉,切实做到"廉政零案件",着力打造石乌高速公路廉政阳光工程。加强反腐倡廉宣传工作,并与各监理、施工单位签订了"廉政合同",把廉政建设和工程质量、进度一起落实、一起考核。切实加强自身建设,增强领导干部的政治意识、大局意识和责任感意识,为工程建设提供了良好的政治环境,保障了工程建设顺利进行。

三、运营养护管理

石乌高速公路全线运营、养护、服务管理由内蒙古高等级公路建设开发有限责任公司兴安分公司负责。G12珲春至乌兰浩特高速公路石头井子(内蒙古吉林界)至乌兰浩特段收费站(所)、服务区等设置情况见表8-35,车流量发展状况见表8-36。

G12珲春至乌兰浩特高速公路石头井子(内蒙古吉林界)至乌兰浩特段收费站(所)、服务区等设置情况　　　　　表8-35

类　别	数　量	名　　称	占地面积(亩)
收费站(所)	1	省界主线收费站	14
养护所	1	乌兰浩特养护所	
停车区	1	乌兰哈达停车区	63

G12珲春至乌兰浩特高速公路石头井子(内蒙古吉林界)至乌兰浩特段车流量发展状况表(单位:辆/昼夜)　　　　　表8-36

收费站(所)	年　份					
	2011年	2012年	2013年	2014年	2015年	2016年
乌兰浩特养护所	996	1482	1792	2181	1592	2093

第七节　G16丹东至锡林浩特高速公路内蒙古段

G16丹东至锡林浩特高速公路是国家高速公路网"71118"规划中的第3条横线。丹锡高速公路起于辽宁的丹东,经海城、盘锦、锦州、朝阳、赤峰,止于锡林浩特,路线全长960km。

该条公路分别在经棚、赤峰、朝阳、锦州、海城、丹东与 G55 二连浩特至广州国家高速公路的集宁至阿荣旗联络线、G45 大庆至广州国家高速公路、G25 长春至深圳国家高速公路、G1 北京至哈尔滨国家高速公路、G15 沈阳至海口国家高速公路、G11 鹤岗至大连国家高速公路等几条纵向公路相交,在国家高速公路网中具有重要地位和作用。

丹锡高速公路内蒙古境内段包括 4 个项目,平庄至赤峰段、赤峰至大板段、大板至经棚段(在建)、经棚至锡林浩特段。项目的建设对完善国家高速公路网络、贯彻落实国家西部大开发战略部署、改善区域交通条件、促进沿线地区资源开发和经济社会协调发展具有重要的意义。

路网关系:G16 丹锡高速公路内蒙古段路网关系如图 8-7 所示。

图 8-7　G12 丹锡高速公路内蒙古段路网关系示意图

Ⅰ　G16 丹锡高速公路平庄(辽宁内蒙古界)至赤峰段

一、项目概况

(一)基本情况

G16 丹锡高速公路平庄(辽宁内蒙古界)至赤峰段高速公路起点与 G16 朝阳至黑水高速公路老哈河大桥相接,经元宝山区四家子、后房身,红山区东三眼井,喀喇沁旗苍窖村,终点与 G16 赤峰至大板高速公路相接,路线穿越赤峰市元宝山区、红山区、喀喇沁旗等 3 个旗(县)区、19 个村,走向为东南至西北走向。路线全长 46.033km。

主线采用新建双向 4 车道高速公路建设标准,设计速度 100km/h,路基宽度 26m,路面形式为沥青混凝土路面,桥涵设计汽车荷载采用公路—Ⅰ级。全线设桥梁 31 座/5055.5m,大桥 15 座/3824.73m,中桥 16 座/1230.77m,隧道 1 座/290m;全线服务区 1 处、停车区 1 处、收费所 3 处、养护工区 1 处。全线桥隧比 11.6%[(5055.5+290)/(46.033×1000)]。

本项目 2009 年 4 月 23 日开工建设,2013 年 9 月 29 日通过交工验收。

(二)前期工作

1. 立项审批、资金筹措

2006年1月10日内蒙古自治区水利厅以《内蒙古自治区水利厅关于赤峰至朝阳高速公路赤峰至平庄段水土保持方案报告的批复》(内水保〔2006〕2号)批复了水土保持方案;

2006年10月10日国家环境保护总局以《国家环境保护总局关于赤峰至朝阳高速公路赤峰至平庄(内蒙古辽宁界)公路项目环境影响报告书的批复》(环审〔2006〕497号)批复了环境影响报告书;

2009年1月24日国家发展和改革委员以《关于内蒙古自治区平庄(辽宁内蒙古界)至赤峰公路可行性研究报告的批复》(发改基础〔2009〕295号)批复项目工可研报告;

2009年4月1日交通运输部以《关于平庄(辽宁内蒙古界)至赤峰公路初步设计的批复》(交公路发〔2009〕159号)批复了初步设计;

2011年5月20日内蒙古自治区交通运输厅以《关于丹东至锡林浩特高速公路平庄(辽宁内蒙古界)至赤峰段公路工程两阶段施工图设计的批复》(内交发〔2011〕225号)批复了施工图设计;

2012年2月20日国土资源部以《关于丹东至锡林浩特高速公路平庄(辽宁内蒙古界)至赤峰公路工程建设用地的批复》(国土资函〔2012〕76号)批复了土地用地手续。

本项目初步设计总概算为19.98亿元,41.5%来自专项资金,58.5%来自银行贷款。

2. 招投标工作

本项目招标投标工作严格按照《中华人民共和国招标投标法》《公路工程施工招标投标管理办法》和《公路工程施工监理招标管理办法》等法律、法规进行。勘察设计、土建工程、房建工程、交通工程、机电消防等工程的设计、施工、监理单位均采用国内公开招标方式产生,分别确定2家设计单位、3家监理单位、9家土建施工单位和12家其他施工单位参与本项目建设施工。

勘察设计招投于2007年3月16日在中国采购与招标网、《中国交通报》、内蒙古交通厅网上发布了招标公告,2007年4月13日开标。

施工土建1-6标及施工监理标采用资格预审招标方式,代理人在中国采购与招标网、《中国交通报》、内蒙古交通厅网上发布资格预审公告,2009年3月22日对通过资格预审的潜在投标人发出投标邀请,2009年4月11日开标。土建7标段招标代理人于2009年8月27日对通过资格预审的潜在投标人发出投标邀请,2009年9月25日开标。隧道工程2010年4月9日在中国采购与招标网、《中国交通报》、内蒙古交通厅网上发布招标公告，2010年6月2日开标。

3. 征地拆迁

赤朝高速公路总征地面积6575.6128亩。其中喀喇沁旗境内征地拆迁涉及牛营子镇2个行政村，征用土地面积465.4272亩；红山区境内征地拆迁涉及文钟镇5个行政村，征用土地面积2210.1974亩；元宝山区境内征地拆迁涉及元宝山镇1个行政村、美丽河镇8个行政村、平庄镇3个行政村，共12个行政村，征用土地面积3899.9882亩。

主线电力、电信拆迁180处，跨越铁路2处、空进塔康台1处。

全线征地拆迁总计补偿费用为27815.04万元。其中喀喇沁旗征用土地补偿、青苗及房屋拆迁、地面附着物补偿费3807.02万元。红山区征用土地补偿、青苗及房屋拆迁、地面附着物补偿费6476.01万元。元宝山区征用土地补偿、青苗及房屋拆迁、地面附着物补偿费（含连接线）10840.93万元。全线（含连接线）电力、电信拆迁改移补偿费用2487.52万元。跨越铁路、空军塔康台征地拆迁等补偿费用1114.64万元，其他拆迁费3088.93万元。

（三）参建单位

主管单位：内蒙古自治区交通厅

建设单位：赤峰市交通局

现场管理单位：赤峰市赤峰至朝阳高速公路建设项目管理办公室

质量监督单位：内蒙古自治区交通建设工程质量监督局

      赤峰市公路工程质量监督站

勘察设计单位：内蒙古交通设计研究院有限责任公司

      中国公路工程咨询集团有限公司

施工单位：中铁二十二局集团有限公司

    江西省现代路桥工程总公司

    内蒙古联手路桥有限责任公司

    胜利油田胜利工程建设（集团）有限责任公司

    抚顺公路建设集团有限公司

    中铁大桥局股份有限公司

    中国第四冶金建设有限责任公司

    中铁十五局集团有限公司

    通辽市交通工程局等21家

监理单位：北京路久监理咨询有限公司

内蒙古公路工程咨询监理有限责任公司

中国公路工程咨询集团有限公司

呼和浩特市宏祥市政工程咨询监理有限责任公司

二、建设项目管理

（一）项目管理机构

赤峰至朝阳高速公路建设项目管理办公室由赤峰市交通局组建，赤峰市人民政府批复。成立于2008年8月15日，设主任1名、副主任1名，内设综合部、财务部、质检部、工程合同部。

（二）项目管理

项目管理依据招投标文件和《中华人民共和国合同法》进行管理。

1. 质量控制

建立质量管理机构，健全质量管理制度。实行"政府监督、业主管理、社会监理、企业自检"四级质量保证体系，加强事前指导，落实质量责任制。强化检测手段，通过对原材料的源头控制和检测，加强对施工工艺、施工工序操作过程控制，提高工程质量水准，使工程质量始终处于可控状态。

建立质量保证体系网络，落实质量责任，以此来强化各参建单位质量责任意识，促进每一位工程建设者把质量意识贯穿到工程建设的全过程。具体措施为：

加强内部管理。为确保工程质量可控，建管办明确了人员岗位职责，制定了《岗位人员工作质量保证金制度》，工程项目交工验收、消防验收、环保验收、水保验收、竣工验收全部结束，存在的问题由相应岗位人员整改完成后，退回各岗位人员质量保证金。制定《赤朝高速公路工程质量检查奖惩办法》，明确每旬每人检查点数，奖惩额度，并进行旬考核。强化质量管理、加强事故防范。

强化设计动态服务。提前做好设计指导，努力提高设计的合理性、经济性、美观性，因地制宜，充分完善高速公路功能要求，借鉴外地经验，做好动态服务。

加强联合检查巡视，确保工程施工顺利进行。为防止出现质量问题进行返工处理，本项目制定了《建管办、设计组、总监办、驻地办联合检查巡视制度》，针对具体分项工程提出具体的施工工艺、质量要求、施工机具等。同时针对施工过程监理单位工作情况、施工单位质量组织体系情况提出要求，通过联合检查巡视，及时发现问题，做到及时处理。

为了保护好文化遗址优化质量控制措施。对隧道施工要求"确保不得塌方，保证小沉降有效治理"。在施工过程中,遵循"预支护、短进尺、快封闭、勤量测"的原则。隧道段土质为湿陷性黄土,为了防止在隧道开挖后遇水沉陷,并保证进出口有4个工作面,隧道开挖前,在出口8m处增设一道150m长穿山顶管,有效地阻止了路面雨水流入洞内,并解决了隧道在运营期间路面水不进入洞内。在隧道施工过程中,充分发挥沉降、变形监测和质量控制第三方的作用。2010年7月隧道开工以来,为保护文物不受破坏,整个隧道开挖工程全部采用人工,拒绝机械施工。

加强内业资料的检查指导。制定《内业资料管理办法》,统一内业资料各种表格形式及填写方法等,规范内业管理工作。建管办每半年组织各施工及监理单位的资料管理人员进行互检互学互观摩,同时结合实际开展集中检查,监督内业资料完善,并对假资料、不正常的涂改资料予以罚款,以保证内业资料的真实性、准确性、科学性。

通过以上质量控制措施,使工程各部实体达到了外美内实,无质量缺陷。

2. 安全生产管理

为切实加强安全生产管理,开工前建管办与各施工、监理单位签订了《安全生产协议书》,明确了安全生产责任。组织施工员、技术员、安全员进行了安全生产培训,制定《安全生产管理办法及安全检查处罚细则》,不定期进行安全生产检查及奖罚。结合各施工标段的安全生产实际情况,定期、不定期组织召开安全生产会议,通过培训及制度规范,从业人员思想重视、行为规范,施工现场安全标志、标识、设施配置齐全。施工期着力加强车辆管理、施工作业区及生活区的用火用电管理,雨季汛期的安全生产管理,该项目实施过程中施工现场零伤亡。

3. 工程造价控制

为严格控制工程造价,提高投资效益,建管办制定了《经费使用管理办法》,严格审查工程量清单、工程计量、工程支付签证程序,投资得到有效控制。

4. 廉政建设

制定《廉政建设管理制度》《财务管理办法》《工作人员十不准制度》《管理人员工作效益考核办法》和《管理人员个人质量保证金制度》等制度,破除"一条高速公路修好,一批人员摔倒"魔咒。建管办组织人员多次参加法律、法规培训及廉政教育学习、参观了赤峰市警示教育基地,并聘请张柱庭教授进行廉政建设和法律法规讲座。拉开管理人员与施工企业的距离,切断利益链条。

(三)变更

路线所经二道井子遗址被内蒙古文物部门界定属于夏家店文化遗址,是全国考古十大发现之一的古人类居住院落。为配合赤朝高速公路建设,2009年4月,内蒙古自治区文物考古研究所组队开始对二道井子遗址进行了抢救性考古发掘工作。国家文物局组织有关专家、学者对其进行了发掘和现场实地考察,将二道井子遗址列为国家级文物保护范围,并确定了保护原则,根据国家文物局2010年2月12日《关于丹东至锡林浩特高速公路平庄(辽宁内蒙古界)至赤峰段穿越二道井子遗址选线方案的批复》(文物保函〔2010〕123号)和自治区交通运输厅2012年3月27日的《关于平庄(辽宁内蒙古界)至赤峰公路夏家店文化遗址路段设计变更的批复》(交公路发〔2012〕149号),赤朝高速公路二道井子段变更为隧道下穿的方式通过,隧道单洞长度290m。

三、复杂技术工程

二道井子隧道

二道井子隧道位于G16高速公路平庄(辽宁内蒙古界)至赤峰公路工程K512+160处。隧道下穿赤峰市红山区文钟镇二道井子村北部的山坡上(大灰包)的二道井子夏家店文化遗址。

隧道处于华北地台和内蒙古兴安华力西褶皱带之间,其地貌为黄土丘陵,沿河壁局部有陡坎,植被稀少。隧道最大覆土厚度约15m。隧道进出口位置设置在夏家店文化遗址保护范围外30m左右。根据计算得到,该场地湿陷性土层厚度为6m,按计算结果,场地总湿陷量不大于≤300mm,地基湿陷等级为Ⅰ(轻微)级。二道井子隧道行车方式为双洞单向行车全长290m。

隧道工程在二道井子夏家店文化遗址下穿,根据文物遗址保护的需要,该隧道施工工艺复杂,施工难度大、风险性强。为了更好地保护该二道井子夏家店文化遗址,自隧道开工以来,相关单位多次开会研究,合理调整施工方案,采用先进技术手段,克服了施工沉降量高的要求(正常隧道施工沉降量为50cm,而该隧道施工沉降量要求控制在3cm以内);隧道开挖和初衬施工工艺复杂,隧道开挖每进尺1m就要进行一次支护,在钢架和喷射混凝土完成后方可进行下一阶段开挖;受文物保护要求制约,隧道掘进不能采用机械设备,只能人工开挖;第三方监控严格,施工全过程受文物、质监、交通等多部门严格监管,采用多断面同时施工、调整原有钢筋网支护为型钢支护等方法提高工作效率、缩短建设工期。

为了切实做好文物保护、保证施工质量和安全,采取了以下措施:一是为了防止隧道在开挖过程中降低坍塌,借助管棚机用钻探法进行地质超前预报工作,进行地质预测、分析,及时提出预报资料;二是为了更好的控制沉降,确保文物和隧道的安全,采用钢筋计压力盒配合拱架对已经开挖了的断面进行初期支护受力监控,及时掌握压力变化情况,确保围岩稳定;三是为减小上导洞和下导洞开挖时因初期支护拱脚悬空引起的下沉,初期支护拱脚部位设双排锁脚锚管加固,同时下导洞左右两步交错开挖;四是为了降低粉尘,减少回弹量,提高喷射混凝土的质量,本隧道喷射混凝土均采用潮喷法喷射混凝土作业,按照分段、分块,先墙后拱、自下而上的顺序进行。喷射时,喷嘴做反复缓慢的螺旋形运动,螺旋直径约20~30cm,以保证混凝土喷射密实。同时掌握风压、水压及喷射距离;五是二衬混凝土振捣施工时采用插入式振捣器和附贴式振捣器搭配使用,振捣时避免振动头与模板面接触。

四、运营养护管理

G16该段路线养护里程为46.033km,养护管理由赤峰市公路管理处负责,运营收费管理由内蒙古收费公路监督管理局赤峰市分局负责。G16丹锡高速公路平庄至赤峰段收费站(所)、服务区等设置情况见表8-37,车流量发展状况见表8-38。

G16丹锡高速公路平庄至赤峰段收费站(所)、服务区等设置情况　　表8-37

类　别	数　量	名　称	占地面积(亩)
收费站(所)	3	主线收费站(赤朝收费站)	2.7
		赤峰南收费站(匝道收费站)	22.9
		平庄收费站(匝道收费站)	15.5
服务区	1	平庄服务区	70
养护工区	1	赤朝高速公路工区	

G16丹锡高速公路平庄至赤峰段车流量发展状况表(单位:辆/昼夜)　　表8-38

收费站(所)	年　份					
	2011年	2012年	2013年	2014年	2015年	2016年
平庄(主线)收费站	51	76	77	76	76	78
平庄匝道收费站	60	62	77	96	194	220
赤峰南匝道收费站			138	217	316	453

Ⅱ　G16丹锡高速公路赤峰至大板(下场)段

一、项目概况

(一)基本情况

G16丹锡高速公路赤峰至大板(下场)段起点位于赤峰市新城区,终点为赤峰市巴林右旗大板镇,途经喀喇沁旗、红山区、松山区、乌丹镇。与已建成的省际通道赤峰段(K787+500)相连。路线全长149.806km。

赤峰至大板段全主线采用新建双向4车道高速公路建设标准,设计速度100km/h,路基宽度26m,路面形式为沥青混凝土路面,桥涵设计汽车荷载采用公路—Ⅰ级。全线设桥梁 3183.73m/54 座,其中大桥 1785.28m/11 座,中桥 1398.45m/43 座;全线服务区 2 处、收费所 6 处。全线桥隧比 2.12%(3183.73/149806)。

2004 年 8 月起开工建设,2007 年 12 月通过交工验收,具备通车试运行条件。

(二)前期工作

1. 立项审批、资金筹措

2004 年 10 月 20 日内蒙古自治区环境保护局以《内蒙古自治区环境保护局关于内蒙古阿荣旗至北海省际通道支线赤峰至乌丹段公路环境影响报告书审查意见的复函》(内环字〔2004〕337 号)和《内蒙古自治区环境保护局关于内蒙古阿荣旗至北海省际通道支线乌丹至大板(下场)段公路环境影响报告书审查意见的复函》(内环字〔2004〕337 号)批复了项目的环评报告;

2004 年 6 月 21 日交通部以《关于赤峰至乌丹公路可行性研究报告的批复》(交规划发〔2004〕324 号)批复了赤乌段工可研报告,以《关于乌丹至大板(下场)公路可行性研究报告的批复》(交规划发〔2004〕326 号)批复了乌大段工可研报告;

2004 年 12 月 3 日交通部以《关于赤峰至乌丹公路初步设计的批复》(交公路发〔2004〕699 号)批复了赤乌段初步设计,以《关于乌丹至大板(下场)公路初步设计的批复》(交公路发〔2004〕700 号)批复了乌大段初步设计;

2005 年 5 月 23 日内蒙古自治区交通厅以《关于阿荣旗至北海省际通道支线赤峰至乌丹公路两阶段施工图设计的批复》(内交发〔2005〕221 号)批复了赤乌段施工图设计,以《阿荣旗至北海省际通道支线乌丹至大板(下场)公路两阶段施工图设计的批复》(内交发〔2005〕222 号)批复了乌大段施工图设计;

2006 年 6 月 30 日内蒙古水利厅以《内蒙古自治区水利厅关于阿荣旗至北海省际通道支线乌丹至大板段公路工程水土保持方案报告书的批复》(内水保〔2006〕91 号)和《内蒙古自治区水利厅关于阿荣旗至北海省际通道支线赤峰至乌丹段公路工程水土保持方案报告书的批复》(内水保〔2006〕95 号)批复了水土保持方案。

本项目初步设计总概算为 28.17 亿元,建设资金来自项目资本金 33.81% 和国内银行贷款 66.19%。

2. 招投标工作

勘察设计、土建工程、房建工程、交通工程、机电消防等工程的设计、施工、监理单位均采用国内公开招标方式产生,分别确定 1 家设计单位、11 家监理单位、23 家土建施工单位和 35 家其他施工单位参与了本项目建设施工。

施工、监理于 2004 年 12 月 8 日在内蒙古交通厅网站、中国采购与招标网、《中国交通报》和《内蒙古交通报》发布招标公告,于 2005 年 12 月 3 日开标。

3. 征地拆迁

本项目征拆工作于 2005 年 1 月启动,2007 年 10 月主线征拆工作基本完成。全线永久性征用土地 14726.086 亩,其中共征耕地 10732.345 亩,林地 3993.741 亩,征拆资金 19282.64 万元。

(三)参建单位

主管单位:内蒙古自治区交通厅
建设单位:赤峰市交通局
现场管理单位:赤峰至大板高速公路建设项目管理办公室
质量监督单位:内蒙古自治区公路工程质量监督站
　　　　　　　赤峰市公路工程质量监督站
勘察设计单位:中交通力公路勘察设计工程责任有限公司
施工单位:龙建路桥股份有限公司
　　　　　锦州道桥工程有限公司
　　　　　中铁十五局集团有限公司
　　　　　中铁十五局集团第六工程有限公司
　　　　　甘肃天地路桥工程有限公司
　　　　　山西运城路桥有限责任公司
　　　　　内蒙古自治区公路工程局
　　　　　中国路桥集团西安实业发展有限公司
　　　　　中铁十五局集团第五工程有限公司等 58 家
监理单位:武汉广益工程咨询有限公司
　　　　　内蒙古公路工程监理咨询有限责任公司
　　　　　太原市华宝通工程监理有限公司
　　　　　河北冀民公路工程咨询有限公司
　　　　　湖北中交公路桥梁监理咨询有限公司
　　　　　辽宁省第三公路工程监理咨询事务所
　　　　　北京兴通交通工程监理有限责任公司
　　　　　河北冀民公路工程咨询有限公司
　　　　　山西交科公路工程咨询监理有限公司
　　　　　北京兴通交通工程监理有限责任公司

二、建设项目管理

(一)项目管理机构

2006年3月9日,赤峰至大板高速公路建设项目管理办公室由赤峰市交通局组建、赤峰市人民政府批准成立。设1名主任和3名副主任,内设综合部、财务部、质检部、工程合同部4个职能部门。

(二)项目管理

项目管理依据招投标文件和《中华人民共和国合同法》进行管理。

1. 合同管理

赤大高速公路实行合同制管理模式。按照标准建设程序全面实行了公开招投标制、施工监理制及项目法人制,较好地控制了工程质量、进度、安全、造价,随着四项基本建设制度在赤大公路建设中的贯彻落实,规范化的合同管理已成为一项贯穿于工程建设全过程的主要工作。

建章立制、狠抓落实,强化合同管理,及时合理地解决合同执行中的问题。建立工程建设分级管理制度,明确责任、分级管理,建立和完善质量管理网。以合同为依据,及时办理计量支付和设计变更,对工程量清单中的分项实施"单价承包总量控制"的方式进行管理,超出清单数量的项目要办理变更,确保计量支付的及时性和准确性。及时建立工程变更台账及工程变更计量支付台账。

2. 综合管理

为了加强管理,明确目标,落实责任,做到有章可循,制定了详细的管理办法。建管办针对本工程的实际情况,制定了《工程质量管理办法》《质量安全管理奖惩细则》《工程进度管理办法》《工程计量变更管理办法》《监理实施细则》和《工程内业资料整理范本》等制度和办法。这些制度、办法的制定和使用,为工程管理的程序化、制度化打下良好的基础,应用于工程建设始终,并在应用过程中及时补充,严格执行。

3. 质量控制

为了加强质量管理,明确质量目标,落实质量责任,做到有章可循,各级管理部门制定了详细的管理办法,制定了《工程质量控制手册》等。

加强材料设备管理。对钢材、水泥、沥青面层集料等重要材料实行准入制度,从源头上有效地控制工程质量,对各单位进场的施工设备要严格按招标文件和现场施工进度要求进行配备,对于大宗材料的采购采用招标的形式,即控制了造价,质量也有了保障。

施工过程中重点把好"四关"。即：一是原材料质量关，二是中心试验室科学试验关，三是施工工艺关，四是工程工序交接验收关。

充分发挥监理的管理作用。严格按《监理规划及实施细则》的要求加强对监理队伍的管理，明确各级监理人员职责。驻地监理坚持每日巡检制度，总监办每月分别进行一到两次集中检查。总监办制定出台了《监理工作考核细则》和《监理工作人员奖励办法》，严格考核监理工作。试验方面采用试验校核制度。

建立巡检制度。制定了严格的日常巡视制度，对薄弱环节、隐蔽工程、关键部位、重点工序进行重点监控，如桥面连续处、铰缝连接处、台背填土、水稳混合料养生、原材料进场监控等。针对不同情况、不同问题分别采取警告、召开现场会议、罚款等方法进行解决，把问题消灭在萌芽状态。

召开会议，对技术含量高及重点部位施工工艺方案进行专题研究、讨论，特别针对预应力箱梁的张拉压浆、桥涵台背填土碾压等问题，从原材料的使用，机具设备的配置，分层填筑碾压施工工艺方案，都做出严格要求，达到了预期效果。

4. 工程造价控制

本项目整个工程建设中，严格加强专项资金管理，始终注意严格控制建设资金，以合同为依据，以资金管理为主线，做好建设资金的筹集、控制、监督和核算工作，依法、合理、及时筹集和使用资金，严格控制建设成本。严格执行工程合同，合同价即为中标价。加强工程各阶段跟踪审计。针对土地征用及征地拆迁补偿资金开展内部审计。

5. 廉政建设

赤大高速公路以预防腐败为重点，健全拒腐防变教育长效机制。召开党风廉证建设会议，传达上级廉政专题会议精神，部署反腐倡廉工作，反复强调党风廉政建设和反腐倡廉的极端重要性。

深入开展自查自纠活动，发现问题及时纠正，积极推进治理商业贿赂工作。认真开展"检企共建"活动，举办职务预防犯罪廉政主题讲座，从源头上控制腐败行为。

以强化监督为手段，健全权力运行监控机制，自觉接受社会各方面的监督。坚持以科学发展观为统领，提升廉政建设质量和水平，遵循科学的途径，切实解决当前领导干部廉政建设存在的薄弱环节和突出问题，努力以廉政建设的新成效促进和保障工程建设的顺利进行。

本项目自开工到交工验收以来，没有发生人员违法、违纪情况，也没有因廉政问题被处分或被起诉事件。

三、运营养护管理

G16 丹锡高速公路赤峰至大板（下场）收费站（所）、服务区等设置情况见表 8-39，车流量发展状况见表 8-40。

G16 丹锡高速赤峰至大板（下场）收费（所）站、服务区等设置情况　表 8-39

类　别	数　量	名　　称	占地面积（亩）
收费站（所）	6	西拉沐沦主线收费站	42.32
		巴林桥匝道收费站	
		乌丹匝道收费站	8
		桥头收费站	9.13
		赤峰西收费站	7.91
		玉龙收费站	12.5
服务区	2	头分地服务区	119.39
		桥头服务区	79.6
停车区	1	乌丹停车区	30
养护工区	2	头分地养护工区	26
		桥头养护工区	28.85

G16 丹锡高速赤峰至大板（下场）车流量发展状况表（单位：辆/昼夜）　表 8-40

收费站（所）	年　份					
	2011 年	2012 年	2013 年	2014 年	2015 年	2016 年
玉龙收费站	140	238	327	337	287	430
赤峰西收费站	55	128	132	179	116	236
桥头收费站	29	46	46	43	48	63
乌丹匝道收费站	82	96	105	110	120	147
巴林桥（主线）匝道收费站	91	134	114	122	132	152
巴林桥（支线）匝道收费站	31	14	36	24	23	49

Ⅲ　G16 丹锡高速公路经棚至锡林浩特段

Ⅲ-1　G16 丹锡高速公路经棚至锡林浩特段（赤峰境内）

一、项目概况

（一）基本情况

丹锡高速公路经棚至锡林浩特段（赤峰境内）位于赤峰市西北部，起点位于克什克腾旗政府所在地经棚镇西侧工业园区，与国家高速公路二广联络线 G5511 相连接，主要控制点为乌珠日、罕达罕、达来诺日镇、阿其乌拉(赤锡界),主线全长63.28km。

本项目主线采用双向4车道高速公路标准,设计速度为100km/h;路基宽度26m整体式路基;桥梁设计荷载标准公路—Ⅰ级;设计洪水频率为桥涵及路基1/100,本项目桥隧比为3.1%,结构为柱式桥墩、连续梁。

工程量。路基土石方工程9076000m^3;防护工程49600m^3;路面下面层703900m^2,中面层1538500m^2,上面层1612900m^2;路面底基层1746900m^2,水泥稳定碎石基层1698400m^2,沥青碎石柔性基层708500m^2。大桥6座(含互通跨线桥),中桥1座,互通立交3处,分离立交5座,天桥3座,小桥31座,涵洞80道。交通安全设施及附属工程:标志339处,标线81763m^2,护栏130462m。通信管道63.28km,收费大棚3处,收费系统3套,主线临时收费站1处,匝道收费站2处,服务区1处、养护工区1处,停车区1处。

本项目2014年6月开工建设,2016年12月14日通过交工验收,目前已经通车试运营。

(二)前期工作

1. 立项审批、资金筹措

丹东至锡林浩特国家高速公路经棚至锡林浩特(赤峰市境内)建设项目按照《公路建设市场管理办法》认真履行基本程序。

2012年8月28日,国家水利部以(水保函〔2012〕243号)批复《丹东至锡林浩特国家高速公路经棚至锡林浩特段公路工程水土保持方案》;

2013年3月20日,国家环保部以(环审〔2013〕90号)批复《关于丹东至锡林浩特国家高速公路经棚至锡林浩特段环境影响报告书》;

2013年6月25日国家发展和改革委员会以(发改基础〔2013〕1208号)批复《内蒙古自治区经棚至锡林浩特公路可行性研究报告》;

2013年8月28日交通运输部以(交公路发〔2013〕512号)批复《经棚至锡林浩特公路初步设计》;

2013年9月27日内蒙古自治区交通运输厅以(内交发〔2013〕579号)批复《经棚至锡林浩特段公路两阶段施工图设计文件》;

2014年4月28日国家林业局以(林资许准〔2014〕161号)批复《使用林地审核同意书》;

2014年5月21日农业部批复《草原征用使用审核同意书》(农草征审字(2014)第2号);

2015年6月16日国土资源部以(国土资函〔2015〕355号)批复《经棚至锡林浩特国家高速公路(赤峰段)工程建设用地》。

本项目批复概算27.57亿元,其中,国家安排中央专项建设基金(车购税)7.08亿元,自治区安排公路建设专项资金0.5亿元,共计7.58亿元,其余19.99亿元为国内银行贷款。

2. 招投标工作

本项目根据《中华人民共和国招标投标法》《中华人民共和国招标投标法实施条例》《工程建设项目施工招标投标办法》(2003年七部委第30号令)、交通部《关于贯彻国务院办公厅关于进一步规范招投标活动的若干意见的通知》(交公路发〔2004〕688号文)和《公路工程施工招标投标管理办法》(交通部2006年7号令)等有关规定,通过国内公开招标的方式确定参建单位。招标公告同时在中国采购与招标网、内蒙古招标投标网、内蒙古交通厅网、赤峰市公共资源交易网上发布。

设计招标。丹东至锡林浩特国家高速公路经棚至锡林浩特(赤峰境内)段公路工程勘察设计招标在2012年6月1~21日由锡林浩特市交通运输局组织并确定设计单位。

土建工程招标。丹东至锡林浩特国家高速公路经棚至锡林浩特(赤峰境内)段公路工程共划分为5个合同段,招标工作在2014年4月23日~5月26日进行项目招标、评标工作,并确定了5家施工单位和5家监理单位。

房建工程招标。房建工程共划分为2个合同段,2014年7月21日~8月23日进行项目招标、评标工作,并确定2家施工单位。

通信管道工程、通信管道监理、环保、水保招标。通信管道工程划分2个合同段,2015年4月8日~2015年5月7日进行项目招标、评标工作,并确定2家施工单位。通信管道监理划分为1个合同段,2015年7月13日、2015年7月20日发布了两次招标公告均未达到法定开标家数,经请示上级主管部门,对本项目递交的投标文件进行评审,最终确定1家监理单位。

环境监理、水土保持监理、水土保持设施验收技术评估、水土保持监测、环境监测及环境保护验收调查技术服务在2015年4月8日~5月7日进行项目招标、评标工作,确定3家单位。水土保持监测、环境监测及环境保护验收调查技术服务发布了4次招标公告均未达到法定开标家数,经请示上级主管单位,于2015年7月4日与购买投标文件的单位采用谈判的方式确定了2家参建单位。

机电工程、机电监理、绿化工程、交通安全设施、钢结构及公路工程检测单位招标。机电工程划分1个合同段,机电监理划分1个合同段,绿化工程划分1个合同段,交通安全设施共划分5个合同段,钢结构划分为1个合同段,公路工程检测1个合同段,在2016年3月21日~5月9日对以上施工、监理、检测10个合同段进行招标、评标工作。

以上招投标活动,在招标文件出售、封存、开评标过程中由中共赤峰市纪委派驻赤峰市交通运输局纪检组的工作人员予以现场监督;在投标候选人中标公示期间公布了举报监督电话;在合同谈判及签订时邀请纪检工作人员全过程参与。

3.征地拆迁

丹东至锡林浩特国家高速公路经棚至锡林浩特(赤峰境内)段公路穿越赤峰市克什克腾旗境内、3个乡镇(苏木)、11个村。赤峰市国土、林业等部门和设计单位本着据实合理测算的原则,对全线征地拆迁数量进行了测算,本项目"主线"占地总面积6186.22亩,其中集体土地5932.2亩(一般耕地74.17亩、林地180.86亩、牧草地5177.66亩、农村道路26.37亩、建设用地7.01亩、未利用地466.13亩);国有土地254.02亩(农村道路0.27亩,建设用地250.02亩,未利用地3.73亩)。

丹东至锡林浩特国家高速公路经棚至锡林浩特(赤峰境内)段公路工程按照市委、市政府的工作部署,2013年10月25日,完成了对克什克腾旗的征拆补偿核定工作,并且签订了征拆补偿协议,开展征地拆迁工作。由于沿线地上拆迁物较多、土地权属不清,地上附着物违建等因素,给征拆工作带来较大的困难,旗人民政府成立了经锡高速公路征地拆迁办公室,抽调得力干部,深入到沿线镇、村(嘎查),协助有关乡镇、苏木开展征地拆迁工作。至2014年3月末,主线征地基本完成。

(三)参建单位

主管单位:内蒙古自治区交通运输厅

建设单位:赤峰市交通运输局

现场管理单位:赤峰市经棚至锡林浩特高速公路建设管理办公室

质量监督单位:内蒙古自治区交通建设工程质量监督局

　　　　　　　赤峰市公路工程质量监督站

勘察设计单位:内蒙古交通设计研究院有限责任公司

　　　　　　　中国公路工程咨询集团有限公司

施工单位:中铁四局集团有限公司(土建工程)

　　　　　广州市公路工程公司

　　　　　中铁五局(集团)有限公司

　　　　　湖北兴达路桥股份有限公司

　　　　　科达集团股份有限公司

　　　　　江苏奥宇建设工程有限公司(房建工程)

　　　　　盛亚建设集团有限公司

　　　　　江苏中盛建设集团有限公司(收费大棚)等17家

监理单位:山西交科公路工程咨询监理有限公司

　　　　　中国公路工程咨询集团有限公司

秦皇岛保神交通建设监理有限公司

山东东泰工程咨询有限公司

唐山交通建设工程监理咨询有限责任公司等9家

二、建设项目管理

(一)项目管理机构

根据自治区交通运输厅的相关精神,2012年8月9日,经赤峰市人民政府批准,成立赤峰市经棚至锡林浩特高速公路建设管理办公室(赤政字〔2012〕174号),担任丹东至锡林浩特国家高速公路经棚至锡林浩特(赤峰境内)段公路工程的项目法人(业主),履行对工程项目建设管理的所有职责;建管办下设质量安全部、工程合同部、财务部、综合部、征地拆迁部、试验室,对工程项目的"质量、工期、造价、安全生产、文明施工"等目标进行管理。

(二)项目管理

1. 完善规章制度

为了贯彻"廉洁、团结、高效、求真、务实"的工作原则,实现"工程优良、干部优秀、零违纪"的建设目标,以人为本,使管理更加专业化、标准化、精细化和信息化,保证丹东至锡林浩特国家高速公路经棚至锡林浩特段公路(经棚至阿其乌拉段)按计划实施、有序顺利进行,有效地控制安全、质量、进度和费用,确保工程达到优良标准。建管办结合本项目工程管理实际情况,依据国家和地方的相关法律、法规等制订和完善了《丹东至锡林浩特国家高速公路经棚至锡林浩特段公路(经棚至阿其乌拉)建设管理办法》《管理人员工作效益考核办法》等管理制度。

2. 施工标准化建设

为实现规范化管理,本项目在施工准备阶段、施工阶段认真开展了施工标准化建设活动,以交通运输部的《公路水运工程施工安全标准化指南》及内蒙古自治区交通运输厅《关于印发〈内蒙古自治区高速一级公路工程工地试验室监督管理制度(试行)〉的通知》(内交发〔2011〕263号)为依据,并借鉴相邻省市好的经验和做法,从工地建设、工程施工、档案管理、文明施工等方面对施工标准化做了安排、部署。通过施工标准化活动的开展,充分发挥设备利用率高、管理集中的优势,做到了施工工序和施工过程规范化、程序化,提高了工程质量,加快了工程进度,减少消耗,降低成本。

3. 质量控制

明确质量目标,加强对工程质量管理,加快工程进度,明确工程质量责任,实现质量目标,达到"精、准、细、严"的要求,促进建设各方把粗活做细、细活做精,精雕细琢、精益求精,保证工程整体和局部细节都满足要求。

在建设过程中实行"政府监督、法人管理、社会监理、企业自检"的质量保证体系。要求参建各方建立健全各自的质量保证体系和相关的管理办法,落实质量管理职责,明确建设项目第一质量责任人和直接责任人,把项目实施过程中的质量管理工作落到实处。做到各项管理工作有序可循,管理行为规范、公正,为规范项目管理奠定了坚实的基础。

加强源头治理,严把人员进场关,严把设备进场关,严把材料进场关;强化过程控制,严把标准试验关,严把"首件"工程关,严把工程实体关;同时严把内业资料关。

4. 施工安全管理

为切实加强安全生产管理,树立"防患于未然"的意识,建管办严格执行国家有关规定,开工前与各施工、监理单位签订了《安全生产协议书》,进一步完善安全施工组织管理、制度管理和安全施工监督制度。施工中将安全生产工作作为对施工、监理单位月度、年度考核的重要指标,结合各标段的实际情况,定期、不定期组织召开安全生产会议,加强日常巡视与定期检查。施工现场安全生产标志、标识、设施配置齐全,不违章指挥,真正做到思想重视、行为规范、组织管理具体,深入、普遍、扎实地开展安全生产工作。在日常安全生产检查时,按照《安全生产管理办法及安全检查处罚细则》进行奖罚兑现,促进施工单位不断改善安全生产环境和条件。同时还重点加强车辆管理、施工作业区及生活区的用火用电管理,雨季汛期的安全生产巡查管理,项目实施过程中建管办共组织安全教育培训(三类人员)3次,累计156人(次);特种作业人员培训176人(次);要求各施工、监理单位进行全员岗前培训,累计培训929人(次);项目实施过程中进行安全隐患排查共12次,完成整改及验收130次;施工现场未发生安全生产责任事故。

项目实施阶段开展了"平安工地建设活动"。在活动开展过程中,首先抓好制度的落实工作,进一步完善管理办法及相关要求。其次,加强宣传工作,印发宣传册、宣传单,定期不定期的组织安全检查、安全会议,将平安工地建设活动落实到每一个班组。第三,全面落实安全教育,针对平安工地建设活动的特点,建管办把安全教育工作向一线倾斜,强调技术交底的过程中必须做好安全交底,这种现场的直接安全培训,针对性强、系统全面,收到较好的效果。

5. 进度管理

建设项目地处赤峰市北部,穿越世界地质公园、自然保护区等环境敏感区,每年有效施工期不足5个月(5月中旬~9月底),沥青混凝土路面施工期更短。建管办要求各参建单位对主体工程做到:路基土石方工程与防排水工程同步、路面主体工程与路面边缘排水工程同步、桥涵主体工程与附属工程同步,同时建管办会同施工、监理等单位,克服征地拆迁难度大、有效施工期短等困难,日夜奋战、加快施工,按期完成合同内所有工程。

同时,正确处理进度与质量的关系,坚持工程进度服从工程质量的原则,处理好"能快就不要慢与不能快就不快"的辩证关系,树立"没有质量就没有进度"的管理理念,加强进度计划管理,制订了多项工作措施,贯穿于工程施工的全过程,坚持经常性检查施工进度计划,确保工程顺利进展,监理单位与施工单位密切配合,坚持24小时服务制度。加强考核,实行旬考核、月奖罚的制度,积极协调各施工单位项目部和其总公司,加大人力、物力、财力的综合投入,确保工程计划落到实处。

6. 工程造价控制

为严格控制工程造价,提高投资效益,坚持费用管理制度,合理处理工程中所发生的费用和及时进行有关凭证的签字工作,建管办制订了《费用管理制度》,严格执行工程量清单、工程计量、工程支付以及合同管理程序,并把工程质量作为工程计量与支付的先决条件,通过驻地监理审核把关,建管办审定完成,加强工程所发生的一切费用的监督和管理,确保所有费用准确性。

7. 资金管理

根据会计法和国家财政部门国有建设单位会计制度的核算办法《基本建设财务管理规定》,结合赤峰市经棚至锡林浩特公路建设的实际,制订了《财务管理办法》,管好、用好建设资金,加强会计核算、财务监督和管理。本项目的所有资金,均由建管办统一管理与核算,实行银行监管和建管办内部管理相结合的封闭运行模式。建管办与开户银行、施工单位三方要签订资金监管协议。授权开户银行对建设资金的划入、划出进行资金监控,审查每一笔资金支付的合理性,征得建管办同意后方可支付,开户银行要定期将建设资金流向通报建管办财务部,建管办财务部要认真分析,对不合理的流向及时提出整改意见,保证工程建设资金安全、合理、有效使用,做到"计划管理""专款专用"。

8. 廉政建设

加强党风廉政教育,规范从业人员行为,把廉政建设作为工程建设工作的一项重要内容列入日常议事程序,并建立健全了《廉政建设管理制度》《工作人员十不准制度》等制度。广泛开展廉政宣传教育活动,明确项目实施过程中各级各类人员在廉政建设中的具体要求、行为规范和应承担的责任,与工程建设的各项业务指标同时下达、同时检查、同时考核。对于工程建设过程中变更问题,根据上级主管部门要求,由赤峰市纪检部门全过程参与,坚持公正、公平、公开的原则,到施工现场进行核定,使工程管理、工程监理、工程施工、工程变更在"阳光下作业",增强工程建设的透明度。

9. 文明施工和环境保护

根据交通运输厅提出的建设"生态路、环保路、绿色路"的目标,按照"不破坏就是最大的保护"的原则,最大限度地减少对自然环境的影响,保持和恢复生态功能。建管办主要做了以下工作:遵循"三同时"的原则专门制订了相关规章制度,提高环保意识;通过公开招标的方式确定了环境监测和环境监理单位对建设项目各个工点进行环保工作监督;加强了社会监督力度,按照"事前"控制、"事中"管理和"事后"跟踪,动态监管,使建设项目环保工作保质、保量、有序、高效的进行到底。

项目建设初期,建管办专门成立了环保工作领导小组;加强宣传,树立环保意识;落实环保管理及监控制度,在项目建设初期及过程中要求施工单位严格按要求取料、弃料,对清表土进行集中堆放以利今后的使用,对取土后的取土场采取有效措施进行恢复;合理处置施工废水、废料、生活污水、垃圾等,尽量减少施工对沿线居民的干扰。施工便道经常洒水防尘,做到"晴天无扬尘,雨天无塌陷",有效保护了沿线的生态环境。

三、科技创新

(一)新技术应用

赤峰市经棚至锡林浩特高速公路经棚至阿其乌拉段,路线全长63.28km,主线路面结构分为重载车道(左幅)与非重载车道(右幅),重载车道沥青路面结构由上至下分别为AC-16、AC-20、ATB-25三种沥青混凝土,非重载车道沥青路面结构由上至下分别为AC-16、AC-20、AC-25三种沥青混凝土,其中重载车道上下两层沥青层添加了抗车辙剂。从应用效果来看,沥青路面在历经1~2个冻融周期后,早期病害发生的频率远低于同期道路,沥青路面质量控制初显成效。

(二)科研课题

内蒙古自治区高等级沥青路面施工质量控制技术研究

1. 研究目的

本课题结合内蒙古自治区高速公路建设目前的使用情况及未来的发展形势,开展沥青路面施工质量控制技术方面的研究,以形成一套适合自然环境及交通特点的高速公路沥青路面施工技术以及有效的施工质量控制方法,进而可以有效提高施工质量,预防路面的早期破坏,使得高速公路建设能够为内蒙古自治区经济发展起到更大的促进作用。

2. 主要研究内容

专题一:内蒙古地区高等级公路沥青路面施工技术指南研究

(1)内蒙古地区高等级沥青路面典型工程与相关课题研究成果调研;

(2)内蒙古地区沥青混合料配合比设计关键技术指标的提出;

(3)层间联结处理措施施工质量控制方法;

(4)内蒙古地区沥青混合料施工质量过程控制技术研究;

(5)数据统计与处理在施工质量控制中的应用。

专题二:内蒙古地区高等级公路沥青路面离析评价技术研究

(1)沥青混合料拌和、运输、摊铺过程离散元模型的建立;

(2)沥青混合料离析评价方法的优选;

(3)内蒙古地区沥青混合料离析评价标准的提出。

3.取得的主要成果和社会经济效益

(1)经济效益

一是可降低施工成本。本课题通过对内蒙地区各个区域的市场调查,针对各个区域的气候特点和交通量,对沥青路面原材料制定了适应各个区域的强制性标准,这个标准的制定,为沥青路面施工质量控制奠定了坚实基础,从源头上杜绝了不合格材料进入公路建设市场,减少了不必要的材料浪费,节约了工程成本,也保证了沥青路面的工程质量。

二是养护维修周期延长、节省养护费用。本课题提出适合内蒙古各个区域的质量控制办法,首先从沥青混合料的配合比入手,在配合比设计的时候充分考虑了不同区域的气候特点和车流量情况,使设计的沥青路面配合比既满足规范要求又适用内蒙古地区的实际情况,在施工期间,项目组每天对施工的原始数据和试验检测结果进行汇总分析,利用数理统计的方法,对各项技术指标绘制动态质量管理图,针对出现的问题,及时提出合理的解决办法,把一切质量隐患消灭在萌芽状态,从而使沥青路面质量一直处于生产控制范围之内,保证了沥青路面的整体质量,从而延长了沥青路面的使用寿命,节约了公路养护资金。

(2)社会效益

一是促进公路行业科技发展。本项目科研成果最终集成以技术指南的形式,在内蒙古全区范围内实施,并逐步推向全国,切实推动行业的发展和进步。特别是沥青路面施工过程采用动态质量管理,对于提高我国公路行业在该研究领域的研究水平,进而推广整个公路行业科技发展有重要意义。

二是带动和推动筑路机械制造业科技水平向前发展。本项目对沥青路面原材料进行质量控制,对原材料的机械加工设备进行了统一要求,对以前比较陈旧的设备必须更新,加工方式也要根据不同等级公路的要求进行改进,对于沥青路面的拌和设备和现场施工机械也做出了强制性要求,这对我国路面设备提出了更高的要求,也为我国路面设备以后的发展奠定了基础。

三是促进社会的和谐进步。本项目沥青路面建设质量提高均可作为我国建设和谐交通,构建和谐社会的重要体现,这些成果有力促进交通与社会、交通与自然间朝着融洽、协调方向发展。

四是培养大批工程技术人才,为西部开发提供人才保障。本项目的实施可培养一批沥青路面专业施工队伍,包括大批的工程管理、试验检测、施工技术人才,为西部大开发的高效实施提供人力保障。

四、运营养护管理

G16 该段路线养护里程为 63.28km,养护管理由赤峰市公路管理处负责,运营收费管理由内蒙古收费公路监督管理局赤峰市分局负责。G16 丹锡高速公路经棚至锡林浩特段(锡林浩特境内)收费站(所)、服务区等设置情况见表 8-41。

G16 丹锡高速公路经棚至锡林浩特段(锡林浩特境内)收费站(所)、服务区等设置情况 表 8-41

类　别	数　量	名　称	建筑面积(m²)	占地面积(亩)
收费站(所)	3	经棚西收费站(临时主线站)	352.12	23.4
		罕达罕收费站	2439.62	9
		达里湖收费站	2439.62	9
服务区	1	达来诺日服务区	1166.72	98
停车区	1	乌珠日停车区	1594.43	25

Ⅲ-2　G16 丹锡高速公路经棚至锡林浩特段(锡林浩特境内)

一、项目概况

(一)基本情况

丹锡高速公路经棚至锡林浩特段(锡林郭勒盟境内)位于内蒙古自治区东部的锡林郭勒草原、锡林郭勒高原南缘,主线长 72.553km。按双向 4 车道高速公路标准修建,设计速度为 100km/h,采用 26m 宽整体式路基。桥涵设计汽车荷载等级为公路—Ⅰ级。

锡林浩特连接线 16.5km,按双向 4 车道一级公路标准修建,设计速度为 100km/h,采用 26m 宽整体式路基;锡林浩特连接线起点位于省道 307 线锡林浩特至白音华一级公路 K368+000 处,顺接锡林浩特市北绕城一级公路。在连接线 K13+678.105 处与主线交叉,设置全苜蓿叶锡林浩特南互通,连接线上跨主线。

白音锡勒连接线 4.398km,按双向 2 车道二级公路标准修建,设计速度为 80km/h,路基宽 12m。辅道利用现有 G303 二级公路,设计速度 80km/h,路基宽 12m。位于锡林郭勒盟白音锡勒牧场,起点位于 G303 二级公路 K1163+700 处,顺接主线白音锡勒互通 A 匝道,终点与白音锡勒场部街道路相接。

锡林郭勒盟段设计路基土石方 17200000m³，路面 2234000m²；设置白音锡勒、锡林浩特南互通立交 2 处，设置分离立交 2 处，U 形转弯 1 处，大桥 7 座、中桥 7 座、小桥 26 座，涵洞 85 道，通道桥 20 座，通道涵 19 道，天桥 3 座；设置主线收费站、匝道收费站、服务区、养护工区及养护应急保障点各 1 处。主线设置大桥 1716.0m/6 座，中桥 388.0m/5 座，小桥 519.72m/24 座，暗板涵 61 道，圆管涵 11 道。锡林浩特连接线设置大桥 305.6m/1 座，中桥 85.6m/1 座、小桥 37.08m/2 座、暗板涵 6 道，圆管涵 4 道。白音锡勒连接线设置中桥 85.6m/1 座、圆管涵 3 道。

本项目于 2014 年 7 月中旬正式开工建设，2016 年 12 月通过交工验收。

(二)前期工作

1. 立项审批、资金筹措

本项目各项工作均按照国家高速公路基本建设程序实施。

内蒙古自治区住建厅以(内建规〔2012〕142 号)文件批复项目选址；水利部以(水保函〔2012〕243 号)批复水土保持方案报告书；

内蒙古自治区地质局以(内震函〔2012〕153 号)文件批复场地地震安全性评价报告；

环保部以(环审〔2013〕90 号)文件批复环境影响报告书；国家发改委以(发改基础〔2013〕1208 号)文件批复可行性研究报告；

交通运输部以(交公路发〔2013〕512 号)文件批复两阶段初步设计；

内蒙古自治区交通运输厅以(内交发〔2013〕579 号)文件批复两阶段施工图设计；

国家林业局以(林资许准〔2014〕161 号)文件批复使用林地审核同意书；

农业部以(农草征审字〔2016〕13 号)批复草原征用使用审核同意书；

国土资源部以(国土资函〔2016〕191 号)文件批复工程建设用地；施工许可手续已于 2016 年 5 月办结。

丹锡高速公路经棚至锡林浩特公路(锡林郭勒盟境内)批复概算为 35.93 亿元。

2. 招投标工作

锡林郭勒盟交通运输局在建管办成立前，完成了勘察设计招标。建管办成立后，在自治区交通运输厅、盟交通运输局的监督下，招标确定内蒙古海维建设工程项目管理有限公司为本项目招标代理机构；并指导该招标代理采用国内竞争性公开招标方式，先后完成了土建施工及施工监理、房建施工、桥梁桩基检测、环保水保相关服务、通信管道施工、桥梁荷载检测、技术服务、沥青采购、机电及钢结构施工、机电施工监理、科研项目、交通安全设施施工、绿化施工及附属检测等所有招标工作。

项目前期及实施阶段，共招标确定并进场从业单位 46 家。其中：招标代理单位 1 家、勘察设计单位3家、土建施工单位8家、监理单位6家、房建施工单位2家、通信管道施工单位1家、机电施工单位1家、钢结构施工单位1家、交通安全设施施工单位7家、绿化施工单位1家、桥梁桩基检测单位2家、桥梁荷载检测单位2家、交安等质量检测单位1家、技术服务单位2家、沥青采购单位2家、科研项目服务单位1家、环保水保相关服务单位5家。

同时,建管办按合同约定指导土建承包人完成了抗车辙剂的采购招标工作;并联合总监办、房建承包人通过政府采购的公开招标方式完成了房建工程专用设备及装饰装修材料的采购招标工作。

3. 征地拆迁

根据《中华人民共和国土地管理法》《中华人民共和国森林法》《中华人民共和国草原法》和内蒙古自治区人民政府有关文件和相关地方法规,为切实做好本项目征地拆迁工作,确保工程的顺利实施,建管办从2013年8月(初步设计批复后)即着手征拆工作。在盟交通运输局的领导与协调下,锡林浩特市人民政府与建管办签订了征地拆迁协议,并成立了锡林郭勒盟项目征拆工作领导小组,办公室设在市交通运输局。建管办紧紧依靠征拆工作领导小组,主动与相关部门沟通、协调,征拆工作得以正常推进,完成永久征占用土地7820.9亩,征拆费用合计9703.78万元。

(三)参建单位

主管单位:内蒙古自治区交通运输厅
建设单位:锡林浩特市交通运输局
现场管理单位:丹锡高速经棚至锡林浩特段锡林浩特市建设项目管理办公室
质量监督单位:内蒙古自治区交通建设工程质量监督局
　　　　　　锡林浩特市工程质量监督站
勘察设计单位:内蒙古交通设计研究院有限责任公司
　　　　　　北京交科公路勘察设计研究院有限公司
　　　　　　交通运输部科学研究院
施工单位:河北建设集团有限公司
　　　　北京鑫实路桥建设有限公司
　　　　中冶交通建设集团有限公司
　　　　包头市公路工程股份有限公司
　　　　四川川交路桥有限公司
　　　　内蒙古路桥有限责任公司
　　　　保定申成路桥有限责任公司

河北交建集团有限公司

河南七建工程集团有限公司

内蒙古建设股份有限公司等 26 家

监理单位:锡林郭勒盟协力交通监理有限公司

内蒙古华讯工程咨询监理有限责任公司

武汉交科工程咨询有限公司

北京华通公路桥梁监理咨询有限公司

河北省公路工程技术咨询有限公司

北京兴通工程咨询有限公司

二、建设项目管理

(一)项目管理机构

锡林郭勒盟交通运输局于 2013 年 6 月份成立丹锡高速公路经棚至锡林浩特公路锡林郭勒盟建设项目管理办公室。建管办设工程技术部、质量安全检查部、综合协调部、财务部 4 个职能部门。

同时,本项目设置二级监理机构即总监理工程师办公室和驻地监理工程师办公室,负责工程质量、进度、费用、安全、环保等监理工作。

(二)项目管理

项目管理依据招投标文件和《中华人民共和国合同法》进行管理。

1. 综合管理

严格执行"政府监督、法人管理、社会监理、企业自检"四级质量管理与控制体系。建设、设计、施工、监理及试验检测单位依法对建设工程质量承担相应责任,建立质量责任登记制度,落实质量安全责任。

建立健全各项规章制度。为加强工程项目建设管理,建管办编制并印发了《建设项目管理办法》,两级监理机构分别编制并印发了《资料编制范本》《监理大纲》《监理细则》等技术、管理性文件。使各项管理工作有章可循、有据可依。

2. 质量控制

严格执行"政府监督、法人管理、社会监理、企业自检"四级质量管理与控制体系。建设、设计、施工、监理及试验检测单位依法对建设工程质量承担相应责任,建立质量责任登记制度,落实质量安全责任。

建立健全各项规章制度。为加强工程项目建设管理,建管办编制并印发了《建设项目管理办法》《工程管理办法》和《工程计量、变更管理办法》等相关资料指导和管理施工。两级监理机构分别编制并印发了《资料编制范本》《监理大纲》和《监理细则》等技术、管理性文件。

严把原材料关。严格选定母岩(山场)并规范、统一路用碎石加工设备及工艺,水稳及沥青结构层细集料一律采用机制砂;路用碎石、水泥、钢材及沥青等主要材料进场实施五联单制度,确保了进场材料合格、优质。

全面推行首件工程认可制,通过首件确定施工工艺、机械组合等施工参数及检测方法,切实发挥了首件工程的指导、示范作用。加强对重点部位和主要施工工序的检查,对路基横纵向填挖结合部处理、软基及台背回填、桥涵外观质量等进行重点监控。严格管控房建工程、钢结构工程、交安工程的施工。驻地、试验室、预拌场(站)建设严格执行有关标准化建设标准。

档案管理方面,一是以切实抓好档案资料的真实性、及时性、完整性和规范性为切入点,加强指导、重点控制;二是强化硬件环境建设和软件管理,建立专门档案室、统一文件柜和配备专用计算机,以确保档案资料得到妥善保管和方便查阅。

各分项工程质量指标均符合合同文件及内控标准要求,关键工程主要质量指标代表值满足规定、单点合格率达到100%;依据部颁《公路工程质量检验评定标准》及《公路工程竣(交)工验收办法》,工程等级为合格,通过了交工验收。

通过统筹兼顾、精心组织、合理安排、优化资源配置,挖掘各参建单位人员和设备的最大潜力,使得建设任务按期完成。通过一系列的环保与文明施工措施,真正创建了具有草原特色的绿色环保公路。

本项目在建设过程中,多次召开会议,对技术含量高及重点部位施工工艺方案进行专题研究、讨论,对工程质量管理实行奖罚制度,并对施工过程中的工序、工艺进行了严格管理,尤其是对重点部位加强、加大了例行检查现场管理。特别针对预应力箱梁的张拉压浆、桥面拉毛、桥涵台背填土碾压、路基填筑分层填筑碾压施工工艺方案,都做出严格要求及标准。

3. 安全生产管理

安全措施到位,实现"零事故"目标。成立了安全生产领导小组,层层签订《安全生产责任状》,明确安全职责,责任落实到人,采取定期巡查、重奖重罚等措施,将事故苗头消灭在萌芽状态;项目办多次会同太旗安监局、交通运输局对所有施工单位进行了拉网式安全生产大排查,重点检查了各施工单位安全生产责任制、应急预案的制订情况,安全生产各项制度、各工种、岗位操作规程建立和执行情况,并对从业人员进行安全生产知识、技能培训,将安全生产规章制度真正落到实处,施工期未发生安全生产事故。

4. 工程造价控制

在投资的执行过程中,建管办认真贯彻执行国家有关基本建设的方针、政策;并本着保证质量、加快进度、节约成本的原则,安全、合理使用资金,严格履行财务制度,进一步加强费用管理与计量支付工作;并依据《建设项目管理办法》、施工合同,按月结算、及时进行计量支付;同时,按照建管办、承包人、专户行三方签订的"资金监管协议"的约定,严格审批承包人"资金使用计划",动态监控承包人的资金往来,使计量款专款专用,有效控制建设成本,预防农民工工资拖欠和挤占、挪用建设资金现象的发生。本项目工程造价严格控制在批准概算以内。

5. 环境保护

本项目处于锡林郭勒草原国家级自然保护区,沿线自然风光较好,设计之初即努力使公路与周围环境融为一体。项目处于草原牧区,尽量减小公路建设分割草场对当地牧民生活的影响。该地区风吹雪雪害严重,设计中加强平纵面设计,合理利用地形,科学设置防雪设施,尽量减少雪害对公路的影响。对于积雪、积沙和积水等病害严重路段,增加相应的防雪、防沙设施和换填等处理措施,保证路基整体的稳定性。

在建设期间,建管办严格执行有关环保、水保制度和相关法律、法规,依据本项目《环境影响报告书》《水土保持方案报告书》开展环境保护及改善工作。通过一系列的环保与文明施工措施,真正创建了具有草原特色的绿色环保公路。

6. 廉政建设管理

在党风廉政建设工作上,一是全面推行公路建设"十二公开制度",把工程建设向全社会公开,自觉接受全社会监督,全力打造"阳光工程";二是在签订建设合同的同时,建管办与各从业单位均签订了廉政合同,并将廉政建设工作纳入日常管理及每月的联检联评考核、评比工作中;三是制订廉政建设及举报公开制度,设立举报箱,公布举报电话;四是始终坚持加强对工作人员的思想道德教育,特别是党风廉政教育,努力筑牢各级管理人员拒腐防变的思想道德防线;五是印发了计量、变更管理办法,公开计量支付、实施透明、严谨、求实的变更报批程序。本项目未发现任何违规、违纪现象。

三、科技创新

(一)新技术应用

(1)在锡林浩特连接线 XLK14+620~XLK15+620 段右幅,采用沥青混合料掺加耐紫外线阻隔材料[镁铝层状双羟基复合金属氢氧化物(LDHs)],铺筑上面层耐紫外线老化试验段,研究沥青路面的抗老化能力。

(2)在稳定土拌和过程中,研究、改造并全面推广了二级串联强制式搅拌缸拌和设备,从而有效防止了混合料的拌和离析,提高了生产能力,且降低了施工成本。

(3)在水稳施工过程中,在水稳结构层间采用自行研制的喷浆设备(专利获批)喷洒水泥浆,极大提高了水泥浆的洒布均匀性,节省了人工成本,保证了层间的连续接触。

(4)桥梁防撞墙、路缘石及集水槽滑膜混凝土掺加粉煤灰,有效改善了混凝土的工作性能、提高了实体后期强度、减少开裂、提升了外观质量和耐久性并降低了工程成本。

(5)智能喷淋养护系统,实现了小型预制件智能化养护,保证了小型预制件强度并减少了干缩裂缝,提高了小型预制件生产效率。

(二)科研课题

减少高速公路路面和桥面病害研究

1. 研究目的

本课题拟研发一种廉价、高效的应力吸收层,使其能够有效解决半刚性基层反射裂缝问题,同时,其具有优异的防水、黏结性能,可以满足桥梁防水层的需要。而纤维增强型碎石应力吸收层具有应力吸收和扩散能力强、抗裂性能好、防水性能好、稳定性能好、施工快捷、便于回收利用的优势,正逐渐成为目前研究和使用的热点。

2. 主要研究内容

(1)路(桥)面防水结构层病害调查与成因分析;

(2)纤维与乳化沥青细观表面黏结吸附性能研究;

(3)纤维增强应力吸收层抗裂性能试验研究;

(4)纤维增强应力吸收层路用性能试验研究;

(5)依托工程防水抗裂层配合比设计研究;

(6)防水抗裂层施工关键技术研究。

3. 社会经济效益

在内蒙古地区铺筑防水抗裂层,该技术是将改性乳化沥青和纤维同时从撒布车上撒布,形成一层沥青一层纤维一层沥青,而后在其上撒布一层碎石,经过压路机的碾压即可。该技术用于沥青路面下封层不仅可以有效地提高路面的防水性能,保证路基层及下部结构不受水的侵蚀损坏;此外,由于其加入了抗拉强度非常高的玻璃纤维,使其具有优良的抗裂性能,大大减少了半刚性基层路面的反射裂缝。

采用防水抗裂层技术,改性乳化沥青在施工前已经生产,只需将纤维和改性乳化沥青加入到撒布车即可进行施工,在经过撒布碎石,压路机碾压,封闭交通3个小时后即可进行下一阶段施工,大大缩短了施工工期。这样也会减少层间污染的发生,得到更加优良的层间处置效果。

防水抗裂层中采用改性乳化沥青作为黏结料,避免了废渣的清运引起的环境污染,减少了道路施工过程中的扬尘污染和废气排放,极大地降低了能源消耗及运输车队给路网带来的损伤,且施工噪声较小。纤维沥青撒布车具有封闭式自动控制系统,可以自行调节配比、防止粉尘飞扬。

四、运营养护管理

G16 该段路线养护里程为 72.553km,养护管理由锡林郭勒盟公路管理局负责,运营收费管理由内蒙古收费公路监督管理局锡林郭勒盟分局负责。G16 丹锡高速公路经棚至锡林浩特段(锡林浩特境内)收费站(所)、服务区等设置情况见表8-42。

G16 丹锡高速经棚至锡林浩特段(锡林浩特境内)收费站(所)、服务区等设置情况　　　表8-42

类　别	数　量	名　　称	建筑面积(m^2)
收费站(所)	2	锡林浩特南主线收费站	13333.2
		白音锡勒匝道收费站(含应急保障点1处)	13733.2
服务区	1	锡林浩特南服务区	50520.76
养护工区	1	锡林浩特养护工区	16689.2

第八节　G18 荣成至乌海高速公路内蒙古段

荣乌高速公路(荣成—乌海)是国家高速公路网"71118 网"规划中18条东西横线的第4条(简称"荣乌高速公路"),国家编号为G18,途经山东、河北、天津、山西、内蒙古五省(区、市);起点在荣成,途经威海、烟台、新河、潍坊、东营、黄骅、天津、霸州、涞源、朔州、呼和浩特、鄂尔多斯,终点在乌海,全长 1763km。

G18 荣乌高速公路内蒙古境内段落隶属于国家重点公路布局方案"十三纵十五横"中经过内蒙古自治区的"三纵四横"之荣成至乌海公路的重要组成部分,同时是内蒙古自治区"三横九纵十二出口"公路规划中的一条横线,参与构成内蒙古自治区公路的主骨架,是连接内蒙古中西部地区的交通枢纽,也是与毗邻盟市、省联系的重要经济通道,是内蒙古、宁夏等西部省份通往京津冀鲁等地的快速通道,还是实施西部大开发战略中内蒙古自治区的重要交通干线。

G18 荣乌高速公路内蒙古境内段包括十七沟到大饭铺段、大饭铺至东胜段、东胜至察汗淖段、察汗淖至棋盘井段4个项目。

路网关系:G18(荣乌高速公路)内蒙古段路网关系如图8-8所示。

图 8-8 G18(荣乌高速公路)内蒙古段路网关系示意图

Ⅰ G18 荣乌高速公路十七沟(山西内蒙古界)至大饭铺段

G18 荣乌高速公路十七沟(山西内蒙古蒙)至大饭铺段途经呼和浩特、鄂尔多斯两市,路线起于内蒙古与山西省交界处十七沟(呼和浩特市清水河境内),经杨家川、小沙湾,接荣乌高速公路山西境内山阴至平鲁段终点,终点位于鄂尔多斯市准格尔旗薛家湾镇大饭铺村,与建成的荣成至乌海高速公路大饭铺至东胜段公路相接。全长 83.988km,本项目批复概算 48.38 亿元。

该公路为一个项目,分两段建设。呼和浩特境内段落由呼和浩特市交通运输局承建,鄂尔多斯市境内由鄂尔多斯市交通运输局承建。

Ⅰ-1 G18 荣乌高速公路十七沟(山西内蒙古界)至大饭铺段(呼和浩特境内)

一、项目概况

(一)基本情况

G18 荣成至乌海高速公路十七沟(山西内蒙古界)至大饭铺(呼和浩特市境内)公路建设项目是荣乌高速公路十七沟至大饭铺段公路主要组成部分,位于呼和浩特市清水河境内,起点接荣乌高速公路山西境内山阴至平鲁段终点,沿途经十七沟、杨家川、桦树塔、窑沟,终点与荣乌高速公路大饭铺至东胜段起点相接,总体呈东西走向。起点桩号为 K0+296.543,讫点桩号 K60+216.032,与该项目小沙湾黄河大桥相接,总里程 59.919km。

荣乌高速公路十七沟至大饭铺段公路(呼和浩特境内)路线全长 59.919km。公路等级为山岭重丘区高速公路,采用双向 4 车道,设计速度 80km/h。整体式路基宽度 24.5m,分离式路基宽度 12.25m,桥梁与路基同宽,全线采用沥青混凝土高级路面,桥梁设计荷载采用公路—Ⅰ级。

主要工程数量:路基土石方 11831000m³,防护排水工程 5663500m³;路面工程面层 3753000m²,基层 1352000m²,底基层 1390000m²;桥涵、隧道工程:大桥 3715.6m/18 座,中小桥 359.3m/5 座,涵洞 82 道;互通立交 3 处;分离立交 4 处;通道 44 道;天桥 4 座;分离式隧道 3847m(双洞)/2 座;房建工程:主线收费站 1 处,匝道收费站 3 处,服务区 1 处。

工程于 2010 年 10 月 20 日开工建设,2013 年 12 月完工,2014 年 1 月 8 日通过内蒙古自治区交通运输厅组织的交工验收,2014 年 12 月 25 日正式开通运营。

(二)前期工作

1. 立项审批、资金筹措

该项目严格按照国家基本建设程序进行。国家发展和改革委员会于 2009 年 12 月 11 日以《国家发展改革委关于内蒙古自治区十七沟(山西内蒙古界)至大饭铺公路可行性研究报告的批复》(发改基础〔2009〕3156 号)文件批复项目工可研。

2006 年 9 月 8 日内蒙古自治区地震局以《对国家高速公路网荣成至乌海高速公路十七沟至大饭铺段店塔子隧道工程场地地震安全性评价报告的批复》(内震函〔2006〕158 号)批复工程场地地震安全性评价报告;

2009 年 2 月 13 日国土资源部以《关于国家高速公路荣成至乌海高速公路(十七沟至大饭铺)建设用地预审意见的复函》(国土资源预审字〔2009〕69 号)批复项目建设用地;

2009 年 5 月 13 日国家文物局以《关于荣成至乌海国家高速公路(内蒙古段)通过明长城方案意见》(文物保函〔2009〕542 号)批复文物保护方案;

交通运输部于 2010 年 9 月 9 日以《关于十七沟(山西内蒙古界)至大饭铺公路初步设计的批复》(交公路发〔2010〕464 号)批复初步设计;

2009 年 9 月环境保护部以《关于国家高速公路网荣成至乌海高速公路十七沟至大饭铺段工程环境影响报告书的批复》(环审〔2009〕425 号)批复环评报告;

2009 年 11 月水利部以《关于国家高速公路网荣成至乌海高速公路十七沟至大饭铺段水土保持方案的复函》(水保函〔2009〕377 号)批复水土保持方案;

2012 年 12 月 31 日内蒙古自治区交通运输厅以《内蒙古自治区交通运输厅关于荣成至乌海高速公路十七沟(内蒙古山西界)至大饭铺段两阶段施工图设计的批复》(内交发〔2012〕800 号)批复两阶段施工图。

该项目批准概算金额为 32.89 亿元,资金来源:国家安排中央专项基金(车购税)24.2%、自治区财政性资金 22.6%、中央转移支付的燃油税和国内银行贷款 53.2%。

2. 招投标工作

该项目土建工程施工分为 9 个路基合同段,3 个路面合同段,3 个隧道合同段;房建工程施工分为 4 个合同段;通信管道工程施工全线为 2 个合同段;交通安全设施、机电、消防工程施工共划分为 9 个合同段;施工监理分为 1 个总监合同段、4 个驻地监理合同段。

设计单位招标由自治区交通厅、呼和浩特市交通局和鄂尔多斯交通局联合组织招标,2008年9月16日至2008年9月20日出售招标文件,2008年10月10日开标,2008年10月15日至21日公示,2008年10月29日发出中标通知书,2008年10月30日签订合同协议书。

路基施工招标。按照招投标法的规定发布资格预审公告,递交资格预审申请文件后抽取专家在指定地点对资格预审文件进行审查,并将资格预审评审结果报厅备案,向通过资格预审的投标人发出邀请书。2010年9月1日出售招标文件,按照招投标法规定的时限开标,在交通运输部专家库抽取专家在指定地点组成专家组进行评审,评标结果通过市场委员会审查,并报厅进行了备案。

路面工程招标。路面工程采用双信封法,按照招投标法规定发布招标公告并出售招标文件、现场考察、召开标前会议、抽取交通运输部专家库专家组成评审组,2011年8月14日递交投标文件并开第一个信封,并开始第一个信封的评标,8月17日下午开第二个信封,并开始第二个信封的评标,8月18日评标结束。评标结果通过市场委员会审查,并报厅进行了备案。

房建工程和通信管道招标。2012年8月13日出售招标文件,2012年9月11日开标,公示时间为2012年9月28日~10月4日,2012年10月8日发出中标通知书,2012年11月2日签订合同协议书。

交通安全设施招标。2013年6月9日出售招标文件,2013年8月2日开标,公示时间为2013年8月9~15日,2013年8月16日发出中标通知书,2013年9月5日签订合同协议书。

监理单位招标。总监办和3个驻地办与路基工程同时招标,采用资格预审方式;机电监理与交通安全设施同时招标,采用资格后审的方式。

3. 征地拆迁

征拆工作在项目开工前已提前开始,由呼和浩特市市政府成立征地拆迁管理办公室,首先对控制性工程的占地进行了征拆,为工程开工创造了条件。随后,分成两个征拆工作组,对全线进行征拆。

该项目完成征用土地6305.3亩,拆迁建筑物15454m²。

(三)参建单位

主管单位:内蒙古自治区交通运输厅
建设单位:呼和浩特市交通运输局
现场管理单位:呼和浩特市国道109线十七沟至大饭铺(呼和浩特市境内)高速公路

建设管理办公室

质量监督单位:内蒙古自治区交通建设工程质量监督局

　　　　　　呼和浩特市公路工程质量监督站

勘察设计单位:内蒙古自治区交通设计研究院有限责任公司

　　　　　　中国公路工程咨询集团有限公司

施工单位:山东省昆仑路桥工程有限公司

　　　　　安通建设有限公司

　　　　　湖北省路桥集团有限公司

　　　　　青岛建工集团有限公司

　　　　　通辽市交通工程局

　　　　　中铁四局集团第一工程有限公司

　　　　　内蒙古天骄公路工程有限责任公司

　　　　　内蒙古联手路桥有限责任公司

　　　　　中城建第三工程局有限责任公司

　　　　　承德路桥建设总公司等31家施工单位

监理单位:北京中交安通工程技术咨询有限公司

　　　　　唐山交通建设工程监理咨询有限责任公司

　　　　　内蒙古公路工程咨询监理有限责任公司

　　　　　枣庄市远达公路工程监理咨询有限公司

　　　　　北京兴通工程咨询有限公司

二、建设项目管理

(一)项目管理机构

2009年6月呼和浩特市人民政府办公厅以《呼和浩特市人民政府办公厅关于成立国道109线十七沟至大饭铺段高速公路呼市境内工程建设领导小组的通知》(呼政办发〔2009〕70号)、2009年6月呼和浩特市人民政府《呼和浩特市人民政府关于设立国道109线十七沟至大饭铺高速公路项目法定代表人的批复》、2009年11月呼和浩特市人民政府办公厅以《呼和浩特市人民政府办公厅关于成立国道109线十七沟至大饭铺段(呼市境内)高速公路建设管理办公室的通知》(呼政办发〔2009〕145号)批复项目法人及成立建管办。

2009年11月开始抽调相关工程技术人员组建建设管理办公室,下设4个部:工程部、质检部、综合部、财务部,并组建了临时党支部。

(二)项目管理

1. 合同管理

项目管理依据招投标文件和《中华人民共和国合同法》进行管理,经常性检查施工及监理单位的履约情况,主要加强对人员资质和到场情况进行检查和对施工单位的机械设备是否满足施工需求进行检查。

2. 质量控制

建管办一直以坚持抓好精细管理为原则。建立的质量保证体系,实行自检、抽检、工序交验制度,运用4个手段:旁站、巡查、检查、检测,抓4个重点:料场、拌和厂、试验室、施工现场,并认真配合各项检查工作;对存在的个别路基压实不到位,浆砌片石料不规格,混凝土外观粗糙,预制场、拌和场设置不规范等问题,进行了跟踪整改落实。

质量控制中首先是严把原材料质量关,加强对进场原材料的质量检测与监督检查,加强材料检测力度,加大检测频率,确保合格材料进场,严格按《文明施工管理办法》规范料场、预制场、拌和场的场地建设,规范施工。严抓路基压实,重点抓好桥涵构造物工程、路面工程施工,重点抓好试验工作。交安、机电工程主要是工厂化加工、现场安装,对此建管办严把材料关。对于房建工程,建管办在控制过程中主要控制项目基础的验收控制、主体结构控制、防水施工控制、装修控制、水电暖安装控制,结合工地实际情况,所有材料按规定的频率送具有相关资质的试验检测中心进行检测合格后方可以用于本工程。

在内业资料管理方面,严格规范内业资料的填写,对资料作假现象进行严肃处理,使内业资料真正做到真实、完整、准确,能指导施工。

同时积极认真开展比质量、比安全活动,提高各参建单位的质量安全意识,形成全员重质量、重安全的施工氛围。在施工的后期建管办委托技术服务单位对竣工资料的整理进行检查指导,截至目前竣工资料整理已经基本成型,各单位的资料卷面整洁、归类清晰、组卷规范。

3. 进度管理

工程进度计划的制订。建管办制订了《工程进度计划管理办法》,办法中对工程进度制订与管理做了比较详细的规定。建管办根据工程进展的不同阶段下达工程进度计划,工程开工前下达项目总体施工进度计划,每年开工前下达年度开工计划。施工单位根据建管办下达的计划制订本标段的施工计划并上报,经监理审查后,建管办批复执行。同时对进度计划进行监控,保证在合同期内完成。推行奖罚机制,设立进度工期节点目标奖,对提前完成任务的单位给予重奖,延迟完成的予以处罚,并适时调整该标段进度计划。

4. 工程造价控制

为加强专项资金管理,坚持以概算为基础,以合同及相关政策为依据,以资金管理为主线,做好建设资金的筹集、控制、监督和核算工作,依法、合理、及时筹集和使用建设资金,严格控制建设成本。设计阶段,从优化设计入手,控制投资总额;招投标阶段,招标采用国内竞争性招标,选择部分企业规模大、实力雄厚、施工经验丰富、机械化程度高的施工单位参与该项目的建设,所有招标项目的有效合同价均在概算范围内;工程实施阶段,首先根据施工设计图做好工程量清单的核算工作,坚持据实计量,工程数量的计算符合技术规范的要求;加强变更的审核、审批、实施和计量管理工作,工程变更的计量须在变更批复后给予计量;严格按合同约定及实际完成的工作量支付工程进度款。

5. 工程变更管理

建管办依据中华人民共和国交通部令2005年第5号《公路工程设计变更管理办法》、2005年8月23日内蒙古自治区交通厅印发的《内蒙古自治区公路建设管理办法》《公路工程国内招标文件范本》及招标文件等有关规定制订了《工程变更管理办法》。对变更实行逐级审查,严格执行变更管理程序,按规定审批。加强变更的审核,对变更的依据、变更的费用计算、变更的实施情况进行严格的审查和监控。

6. 安全生产管理

为切实抓好安全生产工作,项目办专门成立安全生产监管工作领导小组,各施工单位成立安全生产工作领导小组并设立专职安全员,通过完善安全监管制度,层层签订安全责任书,形成安全管理网络体系。不断强化安全生产宣传教育培训工作,提高各参建人员的安全生产意识。同时深入开展了"安全生产年""平安工地""安全生产月""安全生产百日督查专项活动",事故隐患排查专项治理活动及安全隐患专项治理活动。

在项目建设中坚持预防为主的原则,突出重点,辨识查找各类重大事故隐患及安全生产管理中的薄弱环节,强化层层监督和工作检查整治工作。针对桥梁工程、隧道工程、防洪防汛等制订了专项安全生产预案,组织事故应急演练;特别针对施工路段及桥涵便道设置安全警示标志,配备了专职交通安全员,协调管理施工车辆交通运输和便道运输安全工作;积极消除各类安全隐患,确保无安全事故发生。

7. 环境保护和水土保持工作

该项目环境保护管理工作始终遵循"预防为主,防治结合,综合治理"的方针,强化过程控制,严格执行"谁污染,谁治理,谁破坏,谁恢复"的原则,确保环保、水保管理工作的制度化、规范化、科学化。在工程建设中,按照"三同时"制度的要求认真落实环保、水保相关规定。

8. 廉政建设

建立健全工程廉政管理的各项规章制度,全面推行"双合同"管理,始终坚持工程建设与廉整建设两手抓,守合同、重信誉,全面落实施工、廉政合同条款,并在全体管理人员中积极开展预防职务犯罪教育工作,增强了全体参建人员的廉政意识,规范了从业行为,有效地预防了腐败现象的发生。

三、复杂技术工程

(一)采空区治理

(1)K56+800~K57+200范围内为采空区,大部分范围开采年限大于30年,总采高6m,采深采厚比约为10~20,在公路沿线范围内采空区已发生明显密实作用(或未发生充分采动),具有明显剩余沉降空间的范围,旧巷道截面积为$1.5 \times 2.0 m^2$,新近巷道截面积为$2.5 \times 2.8 m^2$。此区需要进行治理,回采率70%~80%,采高6m,剩余沉降为10%~20%,采空区埋深75~109m。经综合分析计算,采空区状况为欠稳定~不稳定,对路线影响较重,需处治。

采空区治理宽度考虑路基宽度及路基至两侧受边界保护的距离(按覆岩移动角的影响范围考虑)共124m,治理面积49600m^2;考虑采空区塌陷及变形后,剩余空洞体积35712m^3;采用充填骨料与注水泥粉煤灰浆相结合的处治方式,平均钻孔深度92m,充填骨料量10713.6m^3,总注浆量38089.2m^3。无进入巷道回填的条件。

(2)K57+315~K57+608段范围内为铝土矿采空区,采高2m,剩余沉降为95%,采深采厚比为20~25,回采率30%~40%,采空区埋深70~105m,尽管开采年限久远,但仍未出现明显密实作用,需要进行治理。经综合分析计算,采空区状况为欠稳定~不稳定,对路线影响较重,需处治。

采空区治理宽度考虑路基宽度及路基至两侧受边界保护的距离(按覆岩移动角的影响范围考虑)共140m,治理面积41020m^2,考虑采空区塌陷及变形后,剩余空洞体积31175m^3,采用充填骨料与注水泥粉煤灰浆相结合的处治方式,平均钻孔深度88m,充填骨料量9353m^3,总注浆量33250.4m^3。无进入巷道回填的条件。

(3)K57+670~K57+770段范围异常特征具有铝土矿开采特征,采高2m,剩余沉降为95%,采深采厚比为25~35,回采率30%~40%,采空区埋深75~120m,经综合分析计算,采空区状况为欠稳定~不稳定,对路线影响较重,需处治。

采空区治理宽度考虑路基宽度及路基至两侧受边界保护的距离(按覆岩移动角的影响范围考虑)共145m,治理面积14500m^2,考虑采空区塌陷及变形后,剩余空洞体积11020m^3,采用充填集料与注水泥粉煤灰浆相结合的处治方式,平均钻孔深度98m,充填骨料量3306m^3,总注浆量11753.5m^3。无进入巷道回填的条件。

(二)窑沟隧道

位于G18荣乌高速公路十七沟(山西内蒙古界)至大饭铺(呼市境内)清水河县窑沟

乡境内,该隧道左线长2387m,右线长2495m,最大埋深209m,为分离式长隧道。

该隧道详情见"第二章　高速公路发展及成就"中"第二节　建设成就"。

(三)桦树塔隧道

位于荣乌高速公路十七沟(山西内蒙古界)至大饭铺(呼市境内)清水河县窑沟乡境内,该隧道左线长1431m,右线长1379m,最大埋深114m,为分离式长隧道。

该隧道详情见"第二章　高速公路发展及成就"中"第二节　建设成就"。

四、科研课题

科研课题一:隧道噪声主动控制技术研究

隧道是高等级公路的重要组成部分,由于结构的原因,车辆通过时噪声很大。这种噪声对司机的影响也越来越受到人们的关注。目前,降低噪声的有效方法可以分为主动噪声控制和被动噪声控制,被动噪声控制是利用隔声、吸声、抗性和阻性消声等措施,使声波的能量耗散掉或是改变声波的传播方向,达到降噪的目的。主动噪声控制(Active Noise Control,ANC)是利用声波干涉原理,采用次级声源产生一个与原噪声源等幅反相的声波,两列声波在下游空间相互叠加达到消声的目的,又称为有源消声。

相对于被动降噪,主动降噪技术更容易实施,并不会对路面和隧道结构产生影响。其结构和控制算法灵活、作用频带宽、控制效果好,具备制造与安装成本低、功耗小、重量轻、尺寸小、无压力损失等诸多优点,有着广泛的应用前景。

该项目研究旨在提出一套隧道主动降噪的理论模型和应用方法。拟建立从隧道声场特性分析到主动降噪系统设计的完整应用实例,达到隧道噪声特性测量和主动降噪系统设计标准化、系统化的目标。

目前,国内外噪声控制的研究方法主要分为主动降噪和被动降噪,在实际的应用中仍以被动降噪为主,对主动降噪的研究也比较广泛,但大多用在频率单一的管道系统中。

主动降噪技术在汽车消声器、管道、静音室内等场合已经有了比较成熟的应用。其低频(如250Hz频点)实验室效果可达到20dB以上的降噪效果,管道中对800Hz以下的噪声降噪结果也在7.9~19dB范围内,都优于被动降噪(<6dB)的效果。然而,隧道内环境比较复杂,其噪声产生和传播的方式与管道、静音室并不完全相同。通过对隧道断面细分得到类似的实验条件固然是一个借鉴已有技术的好方法,但隧道空间大,其设备成本和主动声源的分布将直接影像系统的推广应用。因此,隧道主动降噪技术的应用关键是首先要获得隧道内噪声产生和传播的特性,再采用多点高性能、低成本的主动降噪控制装置,根据隧道声学特性进行网络布局达到对整个隧道的精确降噪控制,从而实现主动降噪方式在隧道中广泛应用的目标。

科研课题二：温拌沥青混合料的应用技术研究

传统的路用材料，热拌沥青混合料在使用中存在耗能过多、排放大量有害气体且易热老化的问题；而冷拌沥青混合料的路用性能总体上还有较大不足。在此背景下，一种能够兼顾热拌沥青混合料良好路用性能和冷拌沥青混合料在环保、节能等方面优势的新型路用环保材料——温拌沥青混合料（WMA）应运而生。温拌沥青混合料具有较低拌和及摊铺温度，具有减少有害物质排放、降低能源消耗、减小沥青胶结料老化和延长施工季节等优点，对于促进"节能减排"，建设两型社会具有显著的社会和经济效益。

虽然我国对于温拌沥青混合料的应用技术进行了一定的探索，但总体上还处于研究阶段，尚未形成国家或行业级的温拌沥青混合料路面技术指导规范或标准，在内蒙古地区更是没有进行过对于温拌沥青混合料的系统性研究。

课题组首先对国内外的常用温拌技术、改性剂的应用情况进行了广泛调研与技术分析，初步选定了固、液态三种温拌剂产品作为推荐方案。首先分别阐述了固、液态三种温拌剂的作用机理；接着进行了沥青常规性能测试及SHRP分级测试，以分析不同温拌剂对沥青性能的影响；最后，利用气相色谱法、差热分析法、红外光谱法等微观试验研究提出了固态温拌剂的质量评价指标，利用沥青胺值测定方法以及温拌剂在沥青中的稳定性研究，提出了液态温拌剂的质量评价指标。在大量温拌沥青与沥青混合料室内试验的基础上，借助109线十七沟至大饭铺在建高速公路作为实体工程的应用和验证，提出了温拌沥青混合料配和比设计方法以及路面施工工艺与质量控制技术研究指南。该项目通过充分研究，为内蒙古地区推荐了合适的温拌技术，填补了内蒙地区在温拌沥青混合料应用领域的技术空白，大力促进了温拌材料在自治区内的推广应用。

科研课题三：重载交通沥青路面长大上坡路段车辙防治技术研究

随着我国公路建设事业的飞速发展，越来越多的沥青路面公路向山区延伸或经过。山区公路的特点之一就是具有长大上坡路段，纵坡大于3%甚至达到5%、坡长大于1km的路段屡见不鲜，运输车辆在此路段处于低速运行状态；车辆荷载与长大上坡路段沥青路面的作用时间变长，在重载、较大水平分力、高温的综合作用下，长大上坡段的车辙变形远远严重于平坡路段，特别是在夏季高温条件下车辙可能快速发展产生，车辙病害的表现形式复杂。全国大部分长大上坡路段沥青路面都存在较严重车辙，降低了公路沥青路面的服务性能和运营安全，增加了养护和运营成本。

由于相关技术规范没有针对长大上坡运行路段的具体技术要求，公路建设时没有对这些路段的路面结构和材料进行专门的设计，在运营养护期各管、养单位也没有对这些路段产生车辙的原因进行系统、专业、深入研究，导致这些路段的路面"年年修，年年坏"，不仅有损于公路的形象和营运质量，也造成了大量养护资金的浪费。

因此，本课题的研究目的是解决或减缓长大上坡路段的车辙病害，研究适用于长大上坡路段的沥青混合料技术要求和合理路面结构形式,为长大上坡路段沥青路面的建设和养护提供设计依据,为相关技术规范的修订积累数据。

基于时温等效原理,研究长大上坡路段沥青路面在低速车辆荷载作用下的永久变形,建立典型沥青混合料的时温等效关系方程,对应提出相关的技术措施,对于研究低速车辆荷载作用下的沥青路面车辙机理和车辙处治技术具有理论和实践的双重意义。

科研课题四:光纤照明技术研究

通过本课题研究,旨在采用光纤照明系统直接将太阳光引入隧道进行照明,对隧道常规照明起到辅助和补充作用,适应驾乘人员视觉要求的特点,尤其是洞口加强照明段的亮度随洞外环境亮度的强弱变化而变化,为交通安全提供保障;同时既能节约电力资源的消耗、保护环境,又能实时地进行洞内亮度调节,以此保证人眼在由明至暗及由暗至明的适应性,达到保证行车安全和节约能源的目的。

利用光纤把自然光源引入到公路隧道的出、入口段,并付诸隧道的基本照明灯具进行隧道设计的照明设计,是光纤照明应用的新思路,也是隧道节能照明发展的新方向。符合交通运输部"深入开展交通运输行业节能减排示范项目活动"的号召,应用光纤传导太阳光进行隧道洞口段照明,使隧道洞口亮度与外界环境亮度同步变化,以保证行车安全、达到节能的运营使用目的,其技术示范性强,市场前景广阔。

科研课题五:软岩隧道施工技术研究

当前,国内外地下工程发展迅速,越来越多的能源、交通、矿山、水利和国防工程开始在山岭地区兴建,其工程设计、施工、稳定性评价和岩体加固等都直接依赖于对岩体的强度、变形、渗透性及破坏规律等特征性的研究。岩体结构面,和软弱面大多是由远古历史上地质构造运动造成的形迹。除了大型断层外,其中Ⅳ级和Ⅴ级结构面在工程区域中是普遍存在的,对岩体稳定性具有直接影响。包含这些构造面的岩体,该项目称之为节理岩体。工程岩体中普遍存在着不同规模的结构面或其他软弱裂隙面,它们虽然延长不远,纵深发展不大,但数目往往很多,将岩体分割成形状不一、大小不等的块体,从而致使岩体失去了它原有的连续性和完整性。在隧道开挖扰动下,围岩会沿节理面滑动,产生大变形甚至造成塌方,另外在节理发育岩体隧道开挖过程中,往往超挖严重,对工程的经济效益产生不良影响。

目前关于节理岩体隧道施工的研究,国内外学者多是依据室内试验、数值模拟手段,分析某组或是几组节理对围岩变形的影响,研究变量较少,且对现场节理特征的描述不够精细化,研究结果适用性有待商榷;同时基于节理特征对地层稳定性的影响,进一步量化分析节理发育段隧道初期支护合理参数的研究相对较少,往往是按照围岩级别,全断面采用均一支护参数,忽略了节理特征的影响。此外,国内针对节理发育岩体隧道施工,尚未建立常见风险的安全控制体系,无法有效地预判可能发生的险情以及相应的应对措施。

针对这一研究现状,本文拟依托荣乌高速公路(内蒙古自治区呼和浩特境内十七沟至大饭铺段)的重点控制工程:桦树塔隧道与窑沟隧道,结合现场科研监测、室内试验与数值模拟手段,研究节理发育地层中进行隧道开挖时,节理特征对隧道变形及稳定性的影响,并针对依托工程,量化研究其合理的支护参数,提出该类围岩施工安全风险评价与控制技术。该项研究的展开,将为依托工程和相似地质条件下的隧道工程安全事故的预测和控制提供有力的技术支撑,大大提高工程的安全性。

科研课题六:长大下坡交通安全技术

美国及欧盟国家对于长大下坡的研究比较早,研究的重点放在避险车道、安全设施和监控预警三个方面,目前,保障长下坡路段安全问题是当前国内研究的热点之一。典型代表研究项目是2个西部课题,具体内容集中在避险车道、配套安全设施以及监控策略三大方面。避险车道研究主要集中在"设不设,在哪设,如何设"三个方面,国内借鉴国外成果,提出的两种避险车道分别为制动床式避险车道、网索式避险车道。配套安全设施研究主要集中在标志、标线、护栏等针对性措施方面。长下坡监控与服务设施的研究则主要是由国内一家科研公司在福建的一条高速公路上进行研究应用,该公司针对长下坡和避险车道,提出了集超速检测、车牌识别、显示发布和监视于一体的监控方案。另外,个别研究人员提出了在连续长下坡路段前设置服务设施的构想,本课题主要研究内容是提出针对内蒙古自治区高等级公路长大下坡的分级管理及服务设施配置,建立长大下坡路段对重型车辆的减速预警体系,优化长大下坡路段交通安全设施设计;提交《长大下坡交通安全技术研究报告》和《内蒙古自治区高等级公路长大下坡交通工程设计技术指南》。通过研究,本课题提出了基于事故预测模型的长下坡路段安全分级评价方法,提出了坡中服务设施载重折算法选址模型,构建了长下坡路段重型车减速预警系统,优化了基于内蒙古自治区车型与环境特点的安全设施设计参数,提交了研究报告与对应的设计技术指南。

科研课题七:覆土钢波纹管应用研究

由于内蒙古地质条件较为复杂,公路沿线遇到沙漠、多年冻土、盐渍土等特殊性土较多。综合考虑内蒙古自然条件及公路建设等情况,建设传统的混凝土结构桥涵具有一定的缺点和不足,因此迫切需要一种设计简单、施工快速、维护简单且能适用于多种地质条件的结构形式。覆土波纹钢板桥涵结构正是具有这些优点的新型结构,该结构物的大量使用是内蒙古自治区公路建设发展的必然趋势,因为传统圬工和混凝土结构桥涵容易出现开裂、错台等病害,影响结构物的正常使用。而波纹钢板桥涵结构一般不会出现上述问题,可以有效节约维护费用,提高桥涵使用寿命,改善行车质量。而且该结构利用工厂制作成型的波纹钢管或波纹板现场安装,具有施工速度快的明显优势,可以保证施工质量且缩短施工周期。

目前我国覆土波纹钢板桥涵结构的应用已十分广泛,主要集中在青海、西藏、内蒙古、新疆、山西、河北、上海等地,尤以内蒙古地区作为代表,其地域的辽阔性及复杂的地质条件表明在此地区更应该深入推广波纹钢板结构物的应用。内蒙古地区已建成的波纹钢板桥涵结构表明这种结构适应性良好,施工质量容易控制,且大大提高了施工速度,降低了桥涵的基础处理费用和维护费用,具有广阔的应用前景。可我国还没有针对该类型结构相应的设计规范,这就要求该项目根据已有科研成果,结合现有此类结构的实际应用情况调查,并进行适当的补充研究,编制一套适用于内蒙古地区的《公路波纹钢管(板)桥涵设计与施工规范》,用来指导今后此类结构的设计、施工等工作,这也将极大地推动内蒙古地区的公路建设进程,进而推动我国相近地区的公路建设。

通过本课题的研究,达到以下几个目标:

(1)完善波纹钢板结构的实际应用情况调查,总结出适用于不同地质、地形条件的波纹钢板结构选型表。

(2)补充试验和算例,进行土-结相互作用的影响参数研究,总结出不同形式波纹钢板结构土-结相互作用的规律。

(3)分析选取设计过程中需要验算的技术指标,结合我国生产的桥涵用波纹钢板的规格和尺寸,总结出不同结构形式的波纹钢板类型选取的参考表。

(4)结合试验与实际结构监测数据,参考国内外类似研究结果,制定波纹钢板结构物的施工验收标准。

(5)编制一套适用于内蒙古地区的《公路波纹钢管(板)桥涵设计与施工规范》,该规范也可应用于与内蒙古环境条件相似的地区。

(6)把公路建设与生态环境保护和谐统一起来,实现建设与保护的可持续发展的战略目标。

(7)以项目为依托,培养和锻炼一大批技术人才。

科研课题八:竖向节理发育地层隧道围岩稳定与支护关键技术研究

该研究课题依托 G18 荣乌高速公路(内蒙古自治区呼和浩特境内十七沟至大饭铺段)的重点控制工程:桦树塌隧道与窑沟隧道,针对竖向节理发育地层隧道围岩开展了节理特征的精细化描述与地层稳定性快速分析、节理发育特征对围岩变形与失稳模式的影响研究、基于节理特征的隧道初期支护参数优化研究、节理发育围岩隧道施工安全控制体系等工作。取得主要技术成果主要有:一是基于精细化节理特征的网络重构与地层稳定性快速分析;二是基于现场监测的围岩变形与结构受力特征;三是节理特征对围岩变形与失稳模式的影响规律;四是竖向节理发育地层中隧道初期支护参数的优化;五是竖向节理发育围岩隧道施工安全控制技术体系。课题研究成果将为节理发育地层中隧道的设计与施工提供科学可靠的依据。

课题详情见"第五章高速公路建设科技成果"中"第二节重大科研课题"。

五、运营养护管理

该项目建成后,收费管理由内蒙古自治区收费公路监督管理局呼和浩特分局负责,路权维护由内蒙古公路管理局路政大队呼和浩特支队负责,养护由内蒙古自治区公路局转交呼和浩特市公路管理处代为养护。G18荣乌高速公路十七沟至大饭铺段(呼和浩特境内)收费站(所)、服务区等设置情况见表8-43,车流量发展状况见表8-44。

G18荣乌高速公路十七沟至大饭铺段(呼和浩特境内) 表8-43
收费(所)站、服务区等设置情况

类别	数量	名称	占地面积(亩)
收费站(所)	4	省界主线收费站1处(半幅)	15
		窑沟收费站	5
		十七沟匝道收费站	8
		清水河南收费站	42
服务区	1	清水河服务区	80
养护工区	1	清水河南养护工区	—
隧道管理所		窑沟隧道管理所	—

G18荣乌高速公路十七沟至大饭铺段(呼和浩特境内) 表8-44
车流量发展状况表(单位:辆/昼夜)

收费站(所)	年份					
	2011年	2012年	2013年	2014年	2015年	2016年
清水河界(主线)收费站	—	—	—	—	993	2003
十七沟匝道收费站	—	—	—	—	682	916
清水河南收费站	—	—	—	—	55	70
窑沟收费站	—	—	—	—	685	753

I-2 G18荣乌高速公路十七沟至大饭铺段(鄂尔多斯境内)

一、项目概况

(一)基本情况

荣乌高速公路鄂尔多斯段是鄂尔多斯市东西走向的重要通道,位于鄂尔多斯市准格尔旗境内,起于呼和浩特市清水河县小沙湾黄河东岸(桩号K61+850),终点位于准格尔旗薛家湾镇大饭铺村(桩号K86+020),与大东段主线连接,路线总体为东西走向,路线全长24.069km。路线经过的主要控制点:起点准格尔黄河特大桥、柳青梁、薛家湾东、黑岱沟煤矿、点岱沟、黑岱沟、大饭铺互通。

路线全长 24.069km。主线采用双向 4 车道高速公路标准，设计速度为 80km/h，路基宽度 24.5m，其中行车道宽度 4×3.75m。桥涵设计荷载采用公路—Ⅰ级，设计洪水频率：特大桥 1/300，大、中、小桥、涵洞及路基均为 1/100。主线桥标准净宽 2×11.05m。

全线设置特大桥 2288m/2 座，大桥 2125m/5 座，中桥 97.0m/1 座，小桥 25.04m/1 座，互通立交 1 处，分离立交 4 处，涵洞 49 道，通道 9 道，天桥 14 座，土石方数量 9175000m³ 及防护与排水等工程，本段公路设柳青梁服务区及薛家湾东互通匝道收费站、主线临时收费站、养护工区各 1 处。全线桥隧比 4.54%。全线特大、大中小桥桥梁总长为 5.91km，占路线总长的 25%。

该项目 2010 年 10 月开工建设，2014 年 1 月 8 日，除准格尔黄河特大桥未完工外，其他工程通过自治区交通运输厅组织的交工验收；2015 年 12 月 30 日准格尔黄河特大桥通过交工验收；2016 年 4 月 16 日荣乌高速公路十七沟至大饭铺段（鄂尔多斯境内）正式开通运营。

（二）前期工作

1. 立项审批、资金筹措

该项目严格按照国家基本建设程序进行。

2009 年国家发改委以《国家发展改革委关于内蒙古自治区十七沟（山西内蒙古界）至大饭铺公路可行性研究报告批复》（发改基础〔2009〕3156 号）通过工可研报告；

2009 年国土资源部以《关于国家高速公路网荣成至乌海高速公路（十七沟至大饭铺）建设用地预审意见的复函》（国土资预审字〔2009〕69 号）同意通过用地预审；

2010 年交通运输部以《关于十七沟（山西内蒙古界）至大饭铺公路初步设计的批复》（交公路发〔2010〕464 号）批复初步设计；

2012 年内蒙古自治区交通运输厅以《内蒙古自治区交通运输厅关于荣成至乌海高速公路（内蒙古山西界）至大饭铺段两阶段施工图设计的批复》（内交发〔2012〕800 号）批复了施工图设计；

2014 年，国土资源部以《国土资源部关于荣成至乌海高速公路十七沟至大饭铺段工程建设用地的批复》（国土资函〔2014〕251 号）批复了建设用地。

内蒙古自治区交通运输厅对该项目施工许可申请书的审批通过。

环评、水保、林业等专项批复如下：

内蒙古自治区地震局《对国家高速公路网荣成至乌海高速公路十七沟至大饭铺段黄河特大桥工程场地地震安全性评价报告的批复》（内震函〔2006〕159 号）、环境保护部《关于国家高速公路网荣成至乌海高速公路十七沟至大饭铺段工程环境影响报告书的批复》

（环审〔2009〕425 号）、内蒙古自治区建设厅《关于荣成至乌海高速公路十七沟至大饭铺段项目选址的批复》（内建规〔2009〕393 号）、《国家开发银行关于内蒙古荣成—乌海高速公路十七沟（内蒙古山西界）—大饭铺高速公路贷款承诺的函》（开行函〔2008〕216 号）、水利部《关于国家高速公路网荣成至乌海高速公路十七沟至大饭铺段水土保持方案的复函》（水保函〔2009〕377 号）、国家林业局《使用林地审核同意书》（林资许准〔2011〕362 号）、水利部黄河水利委员会《荣成至乌海高速公路十七沟至大饭铺柳青梁黄河大桥审查同意书》（黄水政字〔2009〕12 号）、黄河上中游管理局《黄河流域河道管理范围内建设项目施工许可证》（国黄上建字〔2011〕第 6 号）和《内蒙古自治区交通运输厅关于荣乌高速准格尔黄河特大桥水上水下施工作业的批复》（内交发〔2015〕217 号）及鄂尔多斯市地方海事局《水上水下施工作业许可证》。

该项目批准概算金额为 15.49 亿元，资金来源：交通运输厅及交通运输部补助、银行贷款。

2. 招投标工作

勘察设计招标。十七沟至大饭铺段共划分为 2 个土建工程设计合同段（呼和浩特境内和鄂尔多斯境内各 1 个），1 个交通工程设计合同段。内蒙古自治区公路局、呼和浩特市交通局、鄂尔多斯市交通局（以下简称"招标人"）共同委托内蒙古海维招标代理有限责任公司于 2008 年 9 月 16 日~10 月 10 日对该项目工程勘察设计及后续服务工作进行国内竞争性公开招标，并对投标人资格后审。经详细评审，土建工程中标单位为北京建达道桥咨询有限公司；交通工程中标单位为中国公路工程咨询集团有限公司。

施工及监理招标。通过招标方式选择了招标代理机构为内蒙古銮基工程建设招标代理有限公司。该项目土建工程施工分为 6 个路基合同段，2 个路面合同段；房建工程施工分为 2 个合同段；通信管道工程施工全线为 1 个合同段；交通安全设施、机电、钢结构工程施工共划分为 6 个合同段；施工监理分为 1 个总监合同段、3 个驻地监理合同段。该项目除路基、桥涵、排水、防护工程施工及施工监理招标采用资格预审方式外，其他依法必须招标项目均采用资格后审方式。

2010 年 7 月 12 日~9 月 24 日对路基合同段、监理合同段及永兴店收费站、养护工区房建工程施工进行了公开招标；2012 年 5 月 31 日~7 月 5 日对路面工程、柳青梁服务区房建及通信管道工程施工进行了公开招标；2013 年 7 月 10 日~8 月 7 日对该项目交通安全设施、机电、钢结构工程施工进行了公开招标，并将评标报告和评标结果上报自治区交通运输厅公路建设市场管理委员会核备，评标结果在相关媒介上进行公示，接受社会监督，最终确定了各合同段中标单位。

2013 年进入路面施工阶段，对沥青和路面中面层用抗车辙剂进行了采购招标，确定质量好、信誉高的厂家作为材料供应商。2014 年对该项目水土保持方案变更报告的编制、绿化工程施工、养护管理设备采购、办公及生活用家具采购进行了国内公开招标。

3. 征地拆迁

该项目征地拆迁工作尤其复杂。该项目途经准格尔旗薛家湾镇4个行政村,友谊街道办事处1个社区、17个生产合作社及居委会。路线经过地区的地质、地形复杂,村落、厂矿企业和农田、林地较多,公路、铁路、电力、电信、管网等设施密集,给征拆工作带来很大的困难。

国土资源部以国土资函〔2014〕251号批准该项目建设用地1396.6965亩。征拆房屋415户(包括张家圪旦148户居民的整体搬迁)。全线压覆煤矿6座(含有探矿权的1座);拆迁高、低压线路近百处,仅3.5万伏以上线路13处,其中50万伏线路5处,涉及供电单位7个;采石料厂3处;加油站2处;养殖场9个;还有诸多的输水管道、通信线路等。

(三)参建单位

主管单位:内蒙古自治区交通运输厅
建设单位:鄂尔多斯市交通运输局
现场管理单位:荣乌高速公路小沙湾至大饭铺段项目办公室
质量监督单位:内蒙古自治区交通建设工程质量监督局
　　　　　　　鄂尔多斯市公路工程质量监督站
勘察设计单位:内蒙古自治区交通设计研究院有限责任公司
　　　　　　　北京建达道桥咨询有限公司
　　　　　　　北京中咨正达交通工程公司
施工单位:中交第二航务工程局有限公司
　　　　　新疆兴达公路工程部
　　　　　福建省交建集团工程有限公司
　　　　　枣庄市道桥工程有限公司
　　　　　内蒙古路桥有限责任公司
　　　　　内蒙古联手路桥有限责任公司
　　　　　天津市公路工程总公司
　　　　　汇通路桥建设集团有限公司等18家
监理单位:湖北省公路水运工程咨询监理公司
　　　　　湖北省公路工程咨询监理中心
　　　　　内蒙古交通建设监理咨询有限责任公司
　　　　　上海高科工程咨询监理有限公司
　　　　　北京兴通交通工程监理有限责任公司

二、建设项目管理

（一）项目管理机构

荣成至乌海高速公路小沙湾至大饭铺段项目办公室经鄂尔多斯市人民政府办公厅以（鄂府办函〔2009〕39号）批准成立了项目法人机构，全面负责该项目的建设管理工作，行使业主职权。项目办设主任2名，总工程师1名，内设部门为：工程部、质检部、综合部、财务部、安监部、纪检部、征拆部。

该项目设置二级监理机构，即总监理工程师办公室（以下简称"总监办"）和高级驻地办公室（以下简称"驻地办"）。总监办是通过国内公开招标由中标的监理单位组建，同项目办合署办公。

（二）项目管理

1. 合同管理

项目管理依据招投标文件和《中华人民共和国合同法》进行管理。项目法定代表人与中标单位签订了合同协议书的同时，也签订了廉政建设和安全生产合同。对于进场的各施工单位与监理单位，项目办均按照招标文件中合同条款的有关规定，严把各中标单位进场人员的质量关。同时，为了进一步推进诚信体系建设，提高各进场单位诚信意识，项目办及时、客观地对进场单位按规定进行信用评价，并及时建立信用动态档案。

合同执行过程中严把工程计量和工程变更关。为了提高工作效率，确保计量支付的准确性，各施工单位均采用计量软件编制报表，实行电算化管理。

2. 规范化管理和制度化建设

在项目管理过程中，制订了《工程建设项目管理办法》《精细化施工管理手册》等管理办法，并成立了相应的组织机构，在实施过程中不断完善，使项目管理更趋于规范化、合理化。

为了调动各参建单位的积极性，项目办严格奖罚，对于不按工序施工的、使用不合格材料的、违反安全操作规程的，均按有关规定予以严肃处理。通过开展每月一次的联检联评活动，从质量、进度、安全生产及文明、环保、廉政建设四个方面对各参建单位进行综合考评，奖优罚劣，促进了工程质量等整体水平的提高。

3. 质量控制

推行首件工程认证制度，发挥首件认证的示范作用，消灭主要质量通病，消灭质量隐患，杜绝重大质量问题，稳定并提高工程质量。坚持做到把好"四关"，即把好原材料质量关、中心试验室科学试验关、施工工艺关、工程工序交接验收关。

多次"走出去"学习借鉴外地先进经验,多次邀请专家对工程关键问题及方案进行研究论证,攻克技术难点,并积极推广新技术、新工艺、新材料,采取了一系列行之有效的措施,全线混凝土强度和钢筋保护层厚度等混凝土性能指标控制得较好;路面底基层、基层采用了振动压实法混合料配合比设计技术,面层采用了GTM法沥青混合料设计技术;对该项目路堑边坡防护及路床填筑方案进一步完善;为确保准格尔黄河特大桥主桥锚固区域具有足够的水平向承载能力和抗裂安全度,在本桥锚固区域也设置了环向预应力等。

全线最大的控制性工程准格尔黄河特大桥主梁成功地在-13℃、昼夜温差达16℃特殊气候下进行了冬季施工,既加快了工程进度,同时又保障了工程的质量,总结完善了主梁冬季施工的关键技术、施工工艺,为北方地区类似桥梁施工提供经验和技术支撑。

4. 安全生产监督管理

在项目管理过程中,成立了安全生产领导小组、应急救援领导小组,层层签订了安全生产责任状。结合项目实际情况开展安全培训、制度保障、安全生产监管、措施落实四项工作。按照精细化管理的理念,制订了《安全生产管理制度》《安全生产检查制度》《安全生产例会制度》《"平安工地"建设活动实施方案》《安全生产应急救援预案》和《安全生产检查、考核评比办法》等管理制度,进一步规范安全生产管理。

按照招标文件的规定,对安全生产经费实行按实计量支付制度,做到专款专用,同时各施工单位都办理员工意外伤害保险。各施工单位安全生产许可证齐全,并对"三类人员"考核证书进行了审查。

通过组织专家讲座,进行安全生产培训,特别是在开工前,要求各施工单位、驻地办对各进场民工连队和专业性、危险性较强的项目进行进场前安全培训,以提高基层施工人员安全意识和安全生产能力。

加强关键部位、特殊工种的岗前培训教育,定期、不定期对安全生产工作进行检查,对标识及标牌进行了统一要求,驻地、工地的用电、用水、消防设施都基本达到要求,未经有关部门检验或检验不合格的重型施工机械、设备一律不准使用。

该项目的安全生产管理工作的重点是对黄河特大桥、大准铁路特大桥、黑岱沟大桥等控制性工程的安全生产进行专项监管。树立安全生产管理工作典范,以点带面来提高整体管理水平。

5. 进度管理

据统计,仅2012年和2013年平均每年降雨影响的施工天数就达30余天,特别是自开工以来,由于征拆等不利因素的影响,致使该项目面临着严峻的工期压力。项目办采取多种措施,把压力转化为动力,推动了工程建设的顺利实施。

2012年8月5日~11月13日该项目全线开展了"抓质量、促进度,大干100天,确保年度建设任务顺利完成的活动"。2013年9月1日起,在全线开展"奋力拼搏、决战50天,坚决完成荣乌高速公路建设任务"的活动。通过上述活动,大大促进了工程进度,挽回了因诸多不利因素造成的工期延误。2014年主抓准格尔黄河特大桥主梁施工,制订专项施工方案,并通过专家论证进行桥梁冬季施工,保障了项目2015年合龙总体目标的实现。

6. 费用管理

该项目建设资金的来源是国家专项基金和国内银行贷款。我项目办认真贯彻执行国家基本建设方针、政策、法律、法规和财经制度,以及自治区交通运输厅有关规定,严格按照批准的概预算建设内容,做好财务设置和账务管理,建立健全内部财务管理制度,对该项目的建设资金做到专款专用,使有限的资金用于工程建设上。

该项目在建设过程中,在保证质量、安全和进度的前提下,合理使用建设资金,进一步加强费用管理与计量支付工作,严格执行资金报批制度,规范资金使用行为,工程价款结算依据施工图设计及承包合同审定的工程量清单,以及按月审核确定的计量支付报表,及时对各合同段进行计量支付。

7. 环境保护

项目所经地区沟壑纵横交错、起伏不平,生态环境极其脆弱。项目环境保护管理工作始终遵循"预防为主、防治结合、综合治理"的方针,强化过程控制。在工程建设中按照"三同时"制度的要求,认真落实环保、水保相关规定。

8. 廉政建设

项目建设过程中通过廉政建设净化市场、防止腐败、保证工程质量、保证建设资金安全和有效运行。项目办在与施工、监理单位签订《廉政合同》的基础上,通过会议、文件等形式加强对党员干部职工的思想道德教育和警示教育,以提高全体参建单位人员的廉洁自律意识。同时严抓工作作风,提高办事效率,更好地为项目建设服务。

在专项治理工作方面,紧紧围绕建设程序、招标投标、项目实施、质量安全、资金使用、诚信体系建设等关键环节,通过建立台账并采取项目自查、重点抽查、专项督查等形式,深入准确查找问题,有针对性的采取措施进行整改,促进专项治理工作取得实效。

(三)变更

(1)原哈拾拉沟为天然黄土冲沟,项目在开工建设时发现,哈拾拉沟在桥梁跨越处被当地村民修建一处土坝,土坝内积水有10余米深,且在项目管理办公室的一再协调之下,当地村民不愿拆除大坝,放掉积水。基于此情况,设计单位将受大坝积水影响的6号、7号墩改为水中围堰施工,并设置一定长度的钢护筒,以防止后期村民将大坝拆除,积水放掉后使6号、7号墩桩基外露。

(2)邬家圪卜大桥设计起讫桩号为 K82+241.5~K82+568.5,上部结构为 8×40m 预应力混凝土 T 梁,桥长 327m。设桥的目的是跨越一条近南北走向的"V"形大冲沟。由于该路段地形条件复杂,桥梁施工机械进驻困难,相邻段落挖方形成的土方外运不便,综合考虑经济条件、施工条件以及环境协调等因素,项目办于 2012 年 5 月 11 日邀集总监办、该项目技术服务组、设计单位及施工单位负责人,针对邬家圪卜大桥改高路堤方案进行讨论。根据路堤填高及现场测量资料,最终经几方研究达成一致意见,确定将邬家圪卜大桥改为高路堤。

(3)为降低工程造价,设计单位对黑岱沟大桥进行了前四跨桥梁改路基变更优化设计。对黑岱沟大桥路线纵断面进行调整,因为纵断面的调整影响到邬家圪卜大桥和黑岱沟大桥,所以将黑岱沟大桥前 4 孔桥梁调整为路基。

(4)该项目于 2010 年 10 月份开工建设,巴准铁路线巴图塔至点岱沟段于 2010 年 11 月份开工建设。两个项目施工单位进场后,发现巴准铁路线保佬兔一号大桥与荣乌高速公路保佬兔二号大桥下部结构相互冲突。2011 年 5 月初,巴准线设计单位同该项目设计单位沟通协调。由于此时巴准线桥梁基础已经开始施工,设计单位本着解决问题的原则,根据巴准线设计单位提出的铁路有关净空净距要求,对保佬兔二号大桥布跨进行了调整。

(5)准格尔黄河特大桥 7 号、8 号主塔施工以来,项目办组织专家分别对两个主塔桩基地质及岸坡稳定性进行过多次论证,并通过挖孔和钻孔,发现桥梁桩基地质情况与设计不符,同时部分桥梁桩基在挖孔过程中出现大小形状均不相同的溶洞、空洞、泥夹层等,特别是 8 号主塔桩基地质情况与设计差异较大,迫使施工暂停。为了查明 8 号主塔桩基地质情况,设计单位组织了地质补探工作,对 8 号主塔桩基进行逐桩钻探,钻孔数量达 52 孔,并于 2011 年 9 月 13~15 日召开了准格尔黄河特大桥技术论证会,会议邀请了地质和桥梁专业的 11 名专家和各相关单位的领导和专家,通过实地察看 8 号主塔基础地质情况和大桥施工现场,经充分讨论,形成专家组意见,对桩基础形式和桩长进行了调整。

(6)交通工程主要变更如下:

①由于清水河南监控分中心采用中兴通信传输设备,为了整条路段的配套连接,同意将本段华为的 ONU 接入设备调整为中兴 ONU 接入设备;为了储值卡费额显示器与车道软件配套,将原广州英沙储值卡费额显示器调整为天润科丰 TR-7110,费用不变;根据内蒙古地区环境特点,避险车道太阳能照明蓄电池采用地埋方案。

②由于考虑工期要求紧、冬季混凝土施工限制等原因,原路侧大于 20m 填方路段的混凝土护栏变更为与混凝土护栏防撞等级相同的 SA 级波形梁护栏。

三、复杂技术工程

(一)准格尔黄河特大桥

准格尔黄河特大桥全长1277m,主跨440m,塔高228.5m,该桥被誉为"内蒙古第一斜拉桥"。它是荣乌高速公路十七沟至大饭铺段(鄂尔多斯境内)建设项目的重要组成部分和控制性工程。

准格尔黄河特大桥位于国道109线小沙湾黄河大桥上游170m,万家寨水库大坝上游约41.0km处。桥位处河道宽约320m,以全桥跨方式跨越黄河,跨径440m。

准格尔黄河特大桥位于该项目起点位置,主桥为160m+440m+160m双塔双索面预应力混凝土斜拉桥,主梁采用预应力混凝土分离式边箱断面,边跨现浇段采用单箱三室断面,箱梁全宽28.4m;东岸引桥跨径布置为4×30m预制组合箱梁,西岸引桥跨径布置为13×30m预制组合箱梁;索塔采用双柱式变截面"A"形索塔,7号索塔塔高128.3m,位于黄河东岸山坡岸边;8号索塔塔高228.6m,位于黄河西岸山脚岸边,本桥通航等级Ⅳ级,设计基准期100年。

准格尔黄河特大桥全桥共划分79个梁段,其中塔区设0号块梁段共1×2个,梁段长21m,标准梁段共72个,边跨现浇梁段长67.1m,共2个,中跨合龙段1个,长度为3m,边跨合龙段2个,长度2m。主桥主跨划分为26个节段,边跨划分为10个节段,标准节段采用前支点牵索挂篮悬浇施工,悬浇节段长为8m,索塔处0号块搭设斜支架浇筑施工,边跨现浇段主梁采用搭设钢管支架现浇施工。

经过所有参建单位长达5年的共同努力和全体施工人员的艰苦奋战,大桥于2015年9月1日主梁中跨合龙,预示着大桥的施工将进入主桥桥面系施工阶段。2015年12月30日大桥顺利通过交工验收。准格尔黄河特大桥的贯通是一个里程碑,开创了鄂尔多斯乃至全区在黄河流域河道修建大跨径、高塔斜拉桥的先河。

(二)大准铁路大桥

大准铁路大桥是荣乌高速公路十七沟至大饭铺段(鄂尔多斯境内)又一座大型桥梁。本桥跨越煤炭堆场、大准铁路、水源路,煤炭堆场,净空不小于12m,铁道轨顶以上净空不小于8.5m,水源路净空不小于5.0m。桥墩、桥台、桩基均按嵌岩桩设计。主桥上部结构箱梁采用挂篮悬臂平衡浇筑施工,其施工顺序为:箱梁0号、1号梁段施工→箱梁悬臂段施工→现浇段施工→边跨合龙段施工→次边跨合龙段施工→中跨合龙段施工。单幅箱梁的4个"T"应同步施工,两幅箱梁的施工进度至少错开两个梁段。

大跨径连续梁桥针对此类桥梁结构特点,监控单位的施工控制工作从以下几个重点展开进行:一是施工过程中主跨预拱度的准确分析计算;二是多跨连续组合体系合龙的控制;三是预应力损失的长期效应影响分析。

四、科技创新

(一)新技术应用

1. 桥梁预应力智能张拉与循环智能压浆技术的应用

为了保证该项目预应力混凝土桥梁施工质量,对预应力张拉与压浆的工艺、设备、材料方面进行了比选。并对上海同禾、河南开封、湖南联智等预应力智能与压浆设备厂家进行了实地考察,在该项目路基四标30m箱梁张拉、压浆中进行试应用,达到了理想的效果,最后采用湖南联智桥隧技术有限公司的预应力智能张拉与循环智能压浆设备。该技术的采用,能有效确保预应力张拉施工质量和预应力管道压浆密实,从而保证了工程质量和结构的耐久性。因此,该技术在该项目全线桥梁施工中得到了推广应用。

2. 基于振动压实的抗裂型水泥稳定碎石大宽度大厚度铺筑施工技术的应用

振动压实法混合料配合比设计施工技术,采用能够模拟施工现场振动压路机碾压过程的振动压实仪,在激振力的作用下将粗粒土材料由静止状态转化为运动状态的过程,在此过程中颗粒材料完成重新排列,形成综合路用性能优良的混合料,得到的参数符合实际工况。

技术优势是所设计的混合料结合料剂量降低,收缩系数小,抗裂能力强,板体性好,强度高且模量增长有限;室内与现场压实效果相同,最大干密度和最佳含水量符合实际情况,压实度标准合理;优化后的级配范围窄,便于施工时级配调整,且离析少。

振动压实法确定水泥稳定级配碎石配合比技术在该项目路面工程的应用,较之内蒙古地区以往路面工程,降低了底基层、基层水泥的掺量,而且大大提高了混合料的无侧限抗压强度,相对于静压法强度翻番,减少甚至避免了路面底基层、基层的开裂,改善了水泥稳定级配碎石的路面使用性能。重庆鹏方路面工程技术研究院对该项目路面结构进行优化,底基层36cm大厚度大宽度摊铺全程监控并取得成效,全部采用单幅12.28m由一台陕西中大DT1800型(DT1600型)摊铺机一次性摊铺完成,压实设备使用中大YZ32T振动压路机辅以YZ20T振动压路机及30t胶轮压路机,可保证压实度在98%以上;7天养生过后能钻出完整的芯样且强度在7~9MPa,同时也缩短了工期。

3. GTM法沥青混合料设计技术的应用

该项目在沥青混合料设计时采用了GTM法,该方法是柔性路面在荷载作用下的机械模拟,试验机采用类似于施工中压路机作用的搓揉方法压实沥青混合料,并且模拟了现场压实设备与随后交通的作用,具有改变垂直压力的灵活性。

GTM方法应用科学推理的方法,采用应力应变原理进行设计,试验时在一定的压力下对试件揉搓旋转成型,使其对试件的作用和汽车轮胎与路面的作用力十分相似,并且在旋转成型过程中减少骨料的破碎。

GTM方法确定的最佳油石比在满足性能要求的前提下,通常比采用马歇尔方法确定的最佳油石比低。根据汽车对路面的实际作用压强来设计沥青混合料,使设计的沥青混合料的剪切强度大于其所受的剪应力,并使应变控制在适当的范围内。GTM利用应力应变原理进行沥青混合料配合比设计,可以减少沥青路面在重载交通下出现车辙、推移、拥包等破坏。可见,在沥青混合料设计中,充分考虑实际路用性能,采用科学的设计方法,不仅可以大大提高路面的使用性能,还可以为国家节省大量的建设、养护经费,这也是今后进行沥青路面混合料设计的指导思想。

4. 准格尔黄河特大桥索塔施工

在施工过程中,准格尔黄河大桥主塔采用了液压爬模技术施工,主梁采用了超重前支点挂篮技术施工,均为国内先进的施工工艺。

结合以往索塔塔柱与横梁异步施工经验,研究、设计出利用塔柱横梁永久预应力束作为塔柱、横梁异步施工的临时拉杆束,有效地防止塔柱、横梁异步施工所带来的初始裂缝危害,进一步完善了横梁异步施工工艺,加强了施工质量。

在原材料差且不稳定、昼夜温差极端情况达20℃、风多雨少、空气湿度小、气候干燥等恶劣条件下,该项目成功配制出满足超高索塔、超长主梁施工的高性能、高泵送混凝土,泵送高度达230m;配制的混凝土经实践证明在昼夜温差极端情况达20℃下不开裂,施工质量良好。

在斜拉索施工方面,研究设计出一套高效、低成本、高精度、对主塔施工影响小的索套管安装定位工艺。

5. 预制箱梁和T梁梁体混凝土养生用园林喷淋技术、墩柱养生中采用农林行业的"滴水灌溉技术"

预制箱梁和T梁梁体混凝土养生一直难以掌控。传统的养生方法是用水管浇水养生,因箱梁、T梁腹板养生难,水即浇即流,即浇即干,根本达不到保湿的效果,极易产生裂缝。因此,该项目通过调研引用园林喷淋技术,并在路基四标梁场试验的基础上全线推广。主要方法是顶板铺设土工布加水袋喷水,腹板粘贴塑料薄膜,喷头均匀雾状喷淋,喷入薄膜与梁体中间,效果较好。该工艺能够确保养生过程中整个立面混凝土全部被水雾包裹,具有高效保湿的优越性能,有效地抑制了微裂缝的产生,从而达到延长混凝土使用寿命的效果。

在墩柱养生中采用农林行业的"滴水灌溉技术"配合塑料薄膜包裹,既减少人为影响又节约用水。

6. AMP-100 二阶反应型桥面防水黏结剂的应用

该项目全线桥面防水统一采用由重庆鹏方交通科技股份有限公司自主研发的 AMP-100 二阶反应型桥面防水黏结剂,桥面铺装混凝土采用喷砂凿毛技术先进行混凝土表面喷砂凿毛,清除表面浮浆并清扫干净,用吹风机把粉尘清理干净,再涂刷 AMP-100 二阶反应型桥面防水黏结剂。

该材料具有一阶、二阶化学反应过程,固化后能形成具有高弹塑性的防水黏结层,并且具有优良的耐高、低温性能;能渗透到混凝土底层 3~5mm 深处,修复水泥混凝土微缺陷,堵塞渗水孔;黏结强度达到 1.0MPa 以上,能使面层沥青混凝土与水泥混凝土桥面板之间形成钉子效应,沥青铺装层在一定程度上不单独受力,抗剪切强度达到 1.0MPa 以上,从而提高铺装层的耐久性能,延长桥面的使用寿命。

(二)科研课题

重载交通斜拉桥结构性能及建管养技术研究

准格尔黄河特大桥地处严寒地区,又是煤炭富集区,重载超载车辆较多,对桥梁未来运营荷载将有很大的不确定性影响,本课题主要研究大比例重载交通严寒条件下斜拉桥结构性能和建管养问题,包括在特殊气候条件下材料退化及其对结构性能的影响、大比例重载交通对斜拉桥结构性能的影响、管养策略等一整套桥梁建养技术。

(三)专利成果

在项目施工过程中,根据实际施工情况,准格尔黄河特大桥施工单位中交第二航务工程局申请了 4 项专利:钢管支架用卸荷砂箱、料仓加热系统、钢管支架后压浆式牛腿结构、混凝土施工保温系统,经过国家专利局审核通过,并已授权发证。

五、运营养护管理

该项目建成后,收费管理由内蒙古自治区收费公路监督管理局鄂尔多斯分局负责收费,路权维护由内蒙古公路管理局路政大队鄂尔多斯支队负责,养护由内蒙古自治区公路管理局转交鄂尔多斯市公路管理局代为养护。G18 荣乌高速公路十七沟至大饭铺段收费站(所)、服务区等设置情况见表 8-45,车流量发展状况见表 8-46。

G18 荣乌高速公路十七沟至大饭铺段收费站(所)、服务区等设置情况　　表 8-45

类别	数量	名称	占地面积(亩)
收费站(所)	2	主线收费站	4.8
		薛家湾东收费站	16.8
服务区	1	柳青梁服务区	70

G18 荣乌高速公路十七沟至大饭铺车流量发展状况表（单位：辆/昼夜）　　表 8-46

收费站（所）	年　　份					
	2011 年	2012 年	2013 年	2014 年	2015 年	2016 年
薛家湾东收费站	—	—	—	—	—	1667

Ⅱ　G18 荣乌高速公路大饭铺至东胜段

一、项目概况

（一）基本情况

G18 荣乌高速公路大饭铺至东胜段公路是呼和浩特至鄂尔多斯矿区腹地的重要运输通道，路线起点位于鄂尔多斯市准格尔旗薛家湾镇大饭铺村，自呼大高速公路大饭铺立交起，经海子塔、纳林川、暖水、碌碡焉、昆独龙川，终点到达 G18 荣乌高速公路与 G65 高速公路东胜南互通相接，路线全长 113.800km。

全线采用 4 车道高速公路技术标准，桥梁荷载一级，设计速度 80km/h，路基宽度采用 24.5m，其中行车道宽度 4×3.75m。桥涵设计荷载采用公路—Ⅰ级。主线桥标准净宽 2×11.05m。

主要结构类型为钢筋混凝土预应力箱梁、T 梁，全线新建大桥 8430m/16 座，中桥 1260.87m/21 座，涵洞及通道 5200.53m/115 道、人行天桥 6 处；互通立交 6 处；分离立交 1693.1m/8 处。土方 7880398m³；石方 11202963m³；沥青混凝土路面 2233400m² 及防护与排水等工程；本段公路设服务区 2 处，全线设置收费站 6 处。

该项目全线主要控制点大桥分别为：海子塔大桥、白家渠大桥、忽几尔兔大桥、准东铁路跨线桥、贾浪沟大桥、纳林川大桥、曹家沟大桥、石拉塔大桥、暖水川大桥、朴牛川大桥、公沟煤矿分离桥、通风口分离桥、哈拉沟大桥、石灰川大桥、壕赖沟大桥、小卡卡中桥、包神铁路分离桥、昆独仑大桥、东胜南分离桥。全线桥梁长度 9.654km，无隧道，桥隧比 8.49%。

工程于 2005 年 8 月开工建设，2009 年 10 月 20 日通过交工验收。

（二）前期工作

1. 立项审批、资金筹措

该项目的建设严格按照国家高速公路基本建设程序进行。

内蒙古自治区发展计划委员会 2003 年 8 月 19 日以《印发关于审批呼和浩特至东胜高速公路城壕—东胜段项目建议书的请示的通知》（内计基础字〔2003〕1117 号）批准项

目立项；

内蒙古自治区发展和改革委员会批准 2004 年 3 月 17 日《关于国道 109 线北京至拉萨公路大饭铺至东胜段工程可行性研究报告的批复》(内发改基础字〔2004〕320 号)、鄂尔多斯市发展和改革委员会以《关于国道 109 线大饭铺至东胜高速公路项目分段实施的批复》(鄂交改交运字〔2006〕583 号)通过工可研；

内蒙古自治区交通厅 2004 年 10 月 28 日《关于国道 109 线大饭铺至东胜段高速公路两阶段初步设计的批复》(内交发〔2004〕765 号)批复了初步设计；

鄂尔多斯市交通局 2007 年 11 月 19 日以《关于国道 109 线大饭铺至东胜段两阶段施工图设计的批复》(鄂交发〔2007〕765 号)批复了两阶段施工图设计；

鄂尔多斯市交通局 2007 年 9 月 24 日以《关于国道 109 线大饭铺至东胜高速公路施工许可的批复》(鄂交发〔2007〕342 号)下发了施工许可证。

该项目核准总概算 46.19 亿元，其中企业自筹 35%，其余资金为银行贷款占 65%。

2. 招投标工作

招投标工作由项目法人国道 109 线大饭铺至东胜段高速公路建设项目指挥部组织完成。

勘察设计招投标工作 2004 年 5 月 20 日结束，2004 年 5 月 25 日发出中标通知书，中标单位为重庆市交通规划勘察设计院。

公路路基、排水防护、桥涵工程施工及其监理的国内公开招投标工作 2005 年 8 月 9 日结束。大东高速公路土建分为 18 个合同段；监理的公开招投标工作 2005 年 8 月 9 日结束，大东高速公路监理分为 8 个合同段。

3. 征地拆迁

该项目批准工程建设用地面积为 9975 亩。依据中华人民共和国国土资源部《关于国道 109 线大饭铺至东胜高速公路工程建设用地的批复》(国土资函〔2007〕1017 号)、内蒙古自治区国土资源厅《转发关于国道 109 线大饭铺至东胜高速公路工程建设用地批复的函》(内国土资函〔2008〕35 号)、内蒙古自治区林业厅《使用林地审核同意书》(内林资许准〔2006〕213 号)和《使用林地审核同意书》(内林资许准〔2006〕224 号)、内蒙古自治区发展计划委员会《关于国道 109 线北京至拉萨公路大饭铺至东胜段工程可行性研究报告的批复》(内发改基础字〔2004〕320 号)等文件的批复开展。

大饭铺至东胜段高速公路工程，途经准格尔旗、东胜区、伊金霍洛旗，几个旗县区人口众多、地域辽阔，加之历史和现实的原因，征拆工作矛盾多、难度大。为了加快推进公路的建设进度，准旗、东胜、伊金霍洛旗政府非常重视此项工作，都成立了建设协调领导小组，全面负责征地拆迁协调工作，项目办派人积极配合。征地拆迁补偿标准严格按照当地政府出台的文件执行,沿线村民因补偿问题阻拦施工现象时有发生,但总体上征拆工作较为顺利。

(三)参建单位

主管单位:鄂尔多斯市交通运输局
建设单位:鄂尔多斯市泰宝投资有限责任公司
现场管理单位:国道109线城壕至东胜高速公路建设项目指挥部
质量监督单位:鄂尔多斯市公路工程质量监督站
勘察设计单位:重庆市规划勘察设计院
施工单位:核工业西南建设总公司
　　　　　中铁十六局集团第四工程有限公司
　　　　　中铁十六局集团第三工程有限公司
　　　　　路桥集团第一公路工程局天津工程处
　　　　　中交公路一局
　　　　　中铁二十三局集团有限公司
　　　　　核工业西南建设工程总公司
　　　　　中铁十七局集团第四工程有限公司
　　　　　中铁七局集团有限公司
　　　　　中铁十六局集团有限公司
监理单位:山西晋达交通建设工程监理有限公司(东线总监办)
　　　　　山东恒建工程监理咨询有限公司(西线总监办)
　　　　　内蒙古交通建设监理咨询有限责任公司(驻地办)
　　　　　山西晋达交通监理咨询有限公司
　　　　　山西交科公路工程咨询监理有限公司
　　　　　陕西交科公路工程咨询监理有限公司
　　　　　内蒙古晟昱公路工程监理有限公司
　　　　　北京正立监理咨询有限公司
　　　　　中国公路工程咨询监理总公司
　　　　　内蒙古公路工程咨询监理有限公司

二、建设项目管理

(一)项目管理机构

鄂尔多斯市泰宝投资有限责任公司组建了国道109线城壕至东胜高速公路建设项目

指挥部,指挥部设置相应的职能部门。设总指挥1名、副总指挥2名、总工1名,内设工程部、质检部、计量部、中心试验室、综合部和办公室6个部门。

该项目设置二级监理机构,即总监理工程师办公室(以下简称"总监办")和高级驻地办公室(以下简称"驻地办")。总监办是通过国内公开招标由中标的山东恒建工程监理咨询有限公司组建,同项目办合署办公。

项目办、总监办共50人,其中高级工程师6人、工程师12人、高级会计师1人、会计师1人、经济师1人、助理工程师8人、技术员5人、工勤人员及驾驶员等16人。

(二)项目管理

项目管理依据招投标文件和《中华人民共和国合同法》进行管理。

1.质量控制

严把施工及监理单位的准入关。按照招投标法,该项目对施工和监理单位的选择均面向全社会进行了公开招标,通过招标择优选择施工和监理单位,对降低工程造价、保证工程质量起到了积极的作用。

加强合同管理。严格执行与参建单位签订合同条款中有关规定,加强项目合同的管理工作,按照合同要求,严把进场关,并对进场人员进行培训,从源头把住质量关。进行定期和不定期的质量检查、考核评比,质量与施工企业信誉挂钩,建立信用评价体系。

建立健全质量保证体系。全面推行"施工自检、专业监理、项目法人管理、政府监督"的四级质量保证体系。严格第三方监理的现场检查作用,强化总监办的权利,使工程质量得到严格控制。

加强质量宣传教育。经常组织会议和培训班进行质量宣传教育,播放全国各地公路质量事故警示片,对参建单位施工一线人员采取岗前培训学习的方式,熟悉掌握施工技术规范,明确施工要点和操作规程,从源头严把质量关。

强化工序交接。严格工序交接程序,每道工序完成都要通过严格检查,合格后方能进入下一道工序的施工,对重要部位和隐蔽工程实行全过程旁站监理,并要留有记录和照片。自开工至2009年交工验收时,无重大质量问题或隐患,验收合格。

2.进度管理

该项目根据土建施工招标文件和初步设计,并结合工程的实际情况,公司及指挥部编制了总体施工组织进度计划,该项目批准工期为四年,即2005—2008年,因客观原因在实际施工中进行了工程进度调整,该项目实际施工期为2005年5月开工建设,2009年10月20日通过交工验收。

项目办、总监办共同协作制订了一系列关于控制工程进度的措施,月进度报表、月计划报表及旬报表,并将工程进展情况及时标绘在形象进度图上,坚持在施工现场做具体部署、检查、协调和落实,确保施工布局合理,工程进度安排得当,材料采购及时,有效地保证工程的顺利进行。

3. 费用管理

加强公路建设项目的财务管理,保证建设资金安全高效和专款专用。合理使用建设资金,严格履行财务制度,加强费用管理与计量支付工作,规范资金使用行为。专款专用,不以任何理由挤占、挪用、截留或用于与该项目无关的其他支出。对于民工工资在每月计量中按合同价款的2%扣留,待确认支付工资后下月补齐。同时项目办对各施工单位的资金使用情况进行跟踪监督、专项检查,对不符合规定的经济活动坚决制止,并且监督施工单位按时足额兑现民工工资。经过科学严谨的造价控制,最后工程投资决算约为46.15亿元。

4. 安全生产管理

坚持"以人为本、安全第一、预防为主"的方针,认真落实《中华人民共和国安全生产法》,积极开展"平安工地"建设,抓基层、打基础、强监管,加大安全投入,强化安全生产专项整治,形成了安全生产"齐抓共管"的良好氛围。

建立健全安全生产管理组织机构,配备专职安全员,以满足安全生产管理工作方面的需要。落实安全生产组织机构和安全生产责任制。开工之前,项目办和各级监理、施工单位,施工单位和民工联队,民工联队和个人层层签订安全生产责任状,责任到人,各单位一把手为安全生产第一责任人。

开展创建"平安工地"安全生产专项检查,对安全生产工作较薄弱环节进行安全排查,实现了"机构、人员、经费、制度、责任"五落实,达到了预期目的。实行安全生产例会制度。

安全生产费用。项目办要求各承包人必须按照《公路水运工程安全生产监督管理办法》的要求安排安全生产费用,并用于施工安全防护用具及设施的采购和更新、安全施工措施的落实、安全生产条件的改善等。安全生产费约占总投资额的5%。

5. 环境保护

坚持不懈地搞好生态环境保护是保证经济社会可持续发展,为进一步做好环境保护工作,项目办要求各施工合同段不多占用临时用地、不超红线施工,取、弃土到指定位置,不允许乱挖乱弃;预制场、拌和场应远离村镇设置,且尽可能设置在村镇的下风侧,避免扬尘、气味对居民和农田的污染。驻地办、总监办、项目办设安全、环保工程师专人负责检查,各施工合同段专人负责落实。

6.廉政建设

该项目建设过程中始终坚持打造质量优良、干部优秀、群众满意的精品工程、阳光工程。工程建设期间,按照鄂尔多斯市委、市政府、市交通局关于廉政方面的总体要求,以及交通部、内蒙古自治区交通厅关于加强交通基础设施建设领域廉政工作的部署,加强制度建设和程序化管理,严格按照项目法人制、招投标制、合同管理制、监理制管理,减少人为干预,确保廉政目标的实现。

项目办在整个项目执行过程中,将安全、环境保护工作及廉政建设工作与日常管理工作同部署、同安排、同检查。

三、复杂技术工程

(一)犄牛川大桥

犄牛川大桥是国道109线大饭铺至东胜段高速公路上的一座大桥,由于本桥位于曲线上,故左右分幅设计。本桥平面部分位于曲线上,$R=1500m$,$L_s=150m$,立面部分位于凹形竖曲线上,$R=12000m$,纵坡为$i=-1.293\%$。桥全长929.0m,桥上最大超高横坡2.0%,桥面横坡由墩、台帽梁形成。

该桥桥位区地形比较平坦,但是河床基岩强风化层普遍较厚,有的地方深达29m,为此在选择桥梁结构形式和桥跨布孔方案时,重点考虑了结构的经济性和建设的可行性。根据初步设计文件对本桥多种桥形方案的比较结果,先简支后连续T梁具有经济性好、施工工期短、桥梁造价容易控制等特点,同时连续梁桥外形简洁美观,所以根据桥位处地形、地质特点,选择布置$4\times40m+5\times40m+5\times40m+5\times40m+4\times40m$的"T"形连续梁桥。

(二)昆独龙大桥

昆独龙大桥是国道109线大饭铺至东胜段高速公路上的一座大桥,桥起点桩号为K759+774,讫点桩号为K760+742。本桥平面位于直线上,立面部分位于凹形竖曲线上,$R=10000m$,桥上纵坡为$i=-0.3\%$。桥全长968.0m,桥面双向横坡为$i=1.5\%$,桥面横坡由墩、台帽梁形成。

桥位区地形比较平坦,整个主桥范围强风化岩石深度多数在22~27m之间,为此在选择桥梁结构形式和桥跨布孔方案时,重点考虑了结构的经济性和建设的可行性。根据初步设计文件对本桥多种桥形方案的比较结果,先简支后连续T梁具有经济性好、施工队伍容易选择、施工工期短、桥梁造价容易控制等特点,同时连续梁桥外形简洁美观,所以根据桥位处地形、地质特点,选择布置$(4\times40+4\times40+4\times40+4\times40+4\times40+4\times40)m$的"T"形连续梁桥。

(三)贾浪沟大桥

贾浪沟大桥是国道109线大饭铺至东胜段高速公路上的一座大桥,中心桩号为K673+047,起点桩号为K672+863,讫点桩号为K673+231。本桥位于直线、缓和曲线、圆曲线上,桥上纵坡为$i=-2.77\%$。桥全长368.0m,最大超高横坡$i=4.0\%$,桥面横坡由墩、台帽梁形成的。

本桥位于贾浪沟水库的下游100m左右,由于桥位区地形比较陡峻,大饭铺岸右侧有一个深沟,河床基岩强风化层普遍较厚,有的地方深达36m。整个主桥布孔受地形地貌及过水流量的限制;为此在选择桥梁结构形式和桥跨布孔方案时,重点考虑了结构的安全性和经济性。根据初步设计文件对本桥多种桥形方案的比较结果,先简支后连续T梁具有经济性好的优势,同时连续梁桥外形简洁美观,所以根据桥位处地形、地质特点,选择布置$4\times40m+5\times40m$的"T"形连续梁桥。

四、运营养护管理

该项目建成后,由鄂尔多斯市泰宝投资有限责任公司负责运营养护管理,2009年通车以来无养护大修0工程。G18荣乌高速公路大饭铺至东胜收费站(所)、服务区设置情况见表8-47。

G18荣乌高速公路大饭铺至东胜收费站(所)、服务区设置情况　　表8-47

类别	数量	名　称	建筑面积(m^2)	占地面积(亩)
收费站(所)	6	主线收费所:东胜南收费所(2015年9月撤除)		
		大路塔收费所	2554	
		沙圪堵收费所(附设沙圪堵养护工区)	3350	
		暖水收费所	2896	
		神山收费所	1400	
		碌碡塌收费所(碌碡塌养护工区)	2896	
服务区	2	白家渠服务区		151
		碌碡塌服务区		101

Ⅲ　G18荣乌高速公路东胜至察汗淖段

一、项目概况

(一)基本情况

G18荣乌高速公路东胜至察汗淖段(以下简称"东察段")起点位于东胜区南12km的康巴什,接大饭铺至东胜高速公路,途径东胜区、伊旗、杭锦旗、鄂托克旗,终点位于鄂托克旗察汗淖苏木,顺接察汗淖至棋盘井高速公路。路线全长182.000km。

东察段公路按双向4车道高速公路标准设计,设计速度100km/h,路基宽26m,主线设有大桥3座、中桥8座、小桥69座、天桥6座、互通立交桥7座、盖板涵223道、圆管涵49道,路面采用沥青混凝土高级路面,全线设泊江海连接线、锡尼镇连接线、乌兰镇连接线。桥涵设计荷载采用公路—Ⅰ级。服务区2处、停车区2处、主线收费站2处(由于联网收费已拆除)、匝道收费站5处。

东察段公路于2006年9月28日举行开工奠基仪式,2006年10月开工建设,2009年10月通过交工验收,具备通车试运行条件。

(二)前期工作

1. 立项审批、资金筹措

内蒙古自治区人民政府2006年5月8日以《关于参照BOT方式建设国道109线东胜至四十里梁段公路的批复》(内政字〔2006〕127号)、《关于参照BOT方式建设国道109线四十里梁至察汗淖段公路的批复》(内政字〔2006〕128号文)批复该项目参照BOT方式建设;

内蒙古自治区发改委2006年7月18日以《关于国道109线东胜至四十里梁段公路工程可行性研究报告的批复》(内发改交运字〔2006〕1277号)、《关于国道109线四十里梁至察汗淖段公路工程可行性研究报告的批复》(内发改交运字〔2006〕1278号)批复项目工可研报告;

国家林业局2006年8月27日以《使用林地审核同意书》(林资许准〔2006〕202号)批复林地审核;

国家发改委2007年9月26日以《关于内蒙古东胜至察汗淖公路项目核准的批复》(内发改基础〔2009〕1143号)批复项目核准;

环境保护部2008年6月12日以《关于国家公路网荣城至乌海高速公路东胜至察汗淖段(一级公路改高速公路)环境影响报告书的批复》(环审〔2008〕174号)批复环境影响;

交通运输部2008年12月21日以《关于东胜至察汗淖公路建设项目核准的意见》(交函规划〔2008〕272号)批复项目核准;

国土资源部2009年4月24日以《关于国道109线东胜至察汗淖公路工程建设用地的批复》(国土资函〔2009〕514号)、(国土资函〔2009〕516号)批复建设用地。

该项目初步设计概算为58.50亿元,采用BOT方式建设,建设资金均为企业自筹。

2. 招投标工作

该项目于2006年8月2日在《中国交通报》《内蒙古日报》《鄂尔多斯日报》及中国采购与招标网等媒体发布招标公告,8月6日发售资审文件,8月14日提交资格审查文件,

2006年9月14日举行施工监理公开开标,2006年9月21日对该项目的土建工程实施和完成举行公开开标,8家监理单位和24家施工单位(27个合同段)以合理低价(且不接受低于成本的报价)中标。

3. 征地拆迁

该项目共征收土地17587.248亩,土地利用现状总体为:农用地16732.047亩,其中耕地826.785亩(无基本农田);建设用地246.351亩;未利用地3470.4765亩,其他用地138.3735亩。总用地16732.047亩中:主线用地面积994.2105公顷,泊江海子连接线用地面积14913.1575亩,杭锦旗连接线用地面积1042.515亩,乌兰镇连接线用地面积641.031亩,上跨分离立交桥、匝道收费站、管理所、养护工区等用地面积250.0065亩。

(三)参建单位

主管单位:鄂尔多斯市交通运输局
建设单位:鄂尔多斯市万正公路服务有限责任公司
质量监督单位:鄂尔多斯市公路工程质量监督站
勘察设计单位:内蒙古自治区交通设计研究院有限责任公司
施工单位:内蒙古天骄公路工程有限责任公司
　　　　　陕西宏业建筑工程有限公司
　　　　　山东天诚市政公路工程有限公司
　　　　　鄂尔多斯市建通路桥工程有限责任公司
　　　　　吉林省长城建工有限公司
　　　　　呼和浩特市政公路工程有限公司
　　　　　吉林省长城路桥建工有限责任公司
　　　　　湖北长江路桥股份有限公司
　　　　　朔州路桥建设有限责任公司
　　　　　山西路桥第一工程有限责任公司等24家
监理单位:内蒙古公路工程咨询监理有限责任公司
　　　　　呼和浩特市公路工程监理所
　　　　　乌兰察布市公路工程监理服务中心
　　　　　鄂尔多斯市公路工程监理所
　　　　　内蒙古华纬公路工程监理有限公司
　　　　　内蒙古晟昱公路工程监理有限公司
　　　　　内蒙古广誉建设监理有限责任公司
　　　　　贵州三维工程建设监理咨询有限公司

二、建设项目管理

(一)项目管理机构

荣乌高速公路东察段由鄂尔多斯市万正公路服务有限责任公司(以下简称"项目办")负责建设管理。设总指挥1名、副总指挥2名、总工1名,内设工程部、质检部、计量部、中心试验室、综合部和办公室6个部门。

(二)项目管理

项目管理依据招投标文件和《中华人民共和国合同法》进行管理。

1. 质量控制

一是建立健全四级质量管理体系(政府监督、业主管理、社会监理、施工单位自检)和三级质量保证体系(项目办、驻地办、施工单位)。

二是通过招标优选高水平、有实力、能负责的施工单位和监理单位,并通过资质检查严把准入关。严格制订和履行招标文件、《施工合同》中有关质量的规定,一切按合同办事。

三是加大检查力度,除施工单位自检外,加强各级监理人员的现场跟班监督,重点部位加强旁站,严格监督隐蔽工程施工过程,消除质量隐患,项目办定期或不定期检查,把工程质量控制在每个过程、每个细节,发现问题及时处理,预防质量事故发生。

2. 工程造价控制

该项目整个工程建设中,加强专项资金管理,始终注意严格控制建设资金,以合同为依据,以资金管理为主线,做好建设资金的筹集、控制、监督和核算工作,依法、合理、及时筹集和使用资金,严格控制建设成本。

严格执行工程合同,合同价即为中标价。加强工程各阶段跟踪审计。积极配合审计机关开展的项目建设跟踪审计,委托社会审计机构进行建设工程咨询审计。针对土地征用及征地拆迁补偿资金开展征地拆迁资金使用内部审计。

3. 廉政建设

以预防腐败为重点,健全拒腐防变教育长效机制。项目办多次组织各监理单位、施工单位召开党风廉证建设会议,传达上级廉政专题会议精神,部署反腐倡廉工作,反复强调党风廉政建设和反腐倡廉的极端重要性。

深入开展自查自纠活动,发现问题及时纠正,积极推进治理商业贿赂工作。举办职务预防犯罪廉政主题讲座,邀请当地检察部门做预防职务犯罪讲座,积极开展检企共建活动,从源头上控制腐败行为。以强化监督为手段,健全权力运行监控机制,自觉接受社会各方面的监督。

该项目自开工到交工验收以来,没有发生人员违法、违纪情况,也没有因不廉政被处分或被起诉事件。

三、运营养护管理

该项目自建成通车后,运营、养护均有万正公路服务有限责任公司管理、实施,路政管理方面则由市公路管理局路政支队委派监督。全线工作人员共计158人,其中管理人员29人,收费员107人,养护工22人。日常养护由收费所管理,中修及以上养护维修均由集团、公司统一安排实施。G18荣乌高速公路东胜至察汗淖收费站(所)、服务区等设置情况见表8-48。

G18荣乌高速公路东胜至察汗淖收费站(所)、服务区等设置情况　　表8-48

类 别	数 量	名　　称
收费站(所)	7	察汗淖收费站(主线)
		东胜南收费站(主线)(由于联网收费目前已拆除)
		康巴什收费站
		泊江海收费站
		锡尼镇收费站
		沙井收费站
		乌兰镇收费站
服务区	2	泊江海服务区
		沙井服务区

Ⅳ　G18荣乌高速公路察汗淖至棋盘井段

一、项目概况

(一)基本情况

国家高速公路网荣成乌海公路察汗淖至棋盘井段(原国道109线察汗淖至棋盘井段)公路位于鄂尔多斯境内西部,起自察汗淖镇西北4km,国道109线里程K998以北450m的位置,路线向西直行,经框框井、三北羊场后,路线偏向西北,终点位于棋盘井东南9km,国道109线里程K1084+800与已建成国道109线棋盘井至石嘴山一级公路的终点相接,全长81.500km。

该项目采用全封闭、全立交、4车道高速公路建设标准,设计速度100km/h,路基宽度为26m,沥青混凝土高级路面。桥梁、涵洞设计车辆荷载公路—Ⅰ级。路线主要控制点:框框井、枯井梁、三北羊场、棋盘井三十二道班。

主要工程数量:路基工程填方 4736645m³,挖方 1017136m³,路基排水 16890m³,路基防护 83583m³;路面工程水泥混凝土路面 11604 m²,沥青混凝土路面 1763678 m²;桥涵工程:大桥 1 座,长 205.57m,中桥 4 座,共长 260.1m,小桥 8 座,共长 134.31m 互通式立交 2 座,共长 170m,分离式立交 1 座,长 68.04m,通道 50 道,共长 1499.92m,涵洞 70 道,共长 2312.69m。

本工程于 2006 年 5 月开工建设,2008 年 5 月 1 日通车运行。

(二)前期工作

1. 立项审批、资金筹措

内蒙古自治区发展和改革委员会 2004 年 4 月 6 日以内发改基础字〔2004〕455 号文件对项目工可研报告进行了批复;

鄂尔多斯市交通局 2006 年 4 月 7 日以鄂交发〔2006〕93 号文件对该项目初步设计进行了批复;

鄂尔多斯市交通局以鄂交发〔2006〕387 号文件对该项目施工图设计进行了批复。

该项目初步设计总概算 19.86 亿元。

2. 招投标工作

该项目按照招标投标法、公路工程施工招标投标管理办法和公路工程施工监理招标管理办法等法律、法规进行了工程招标工作。全线共有 17 家施工单位、3 家监理单位中标。

2006 年 3 月 23 日土建工程路基桥涵工程、8 月 3 日路面工程分别在《中国交通报》《中国经济导报》和《内蒙古日报》上发布招标公告,采用资格后审方式,有 58 家施工单位和 10 家监理单位购买了招标文件。路基桥涵工程路面工程分别于 4 月 23 日、9 月 22 日公开开标。按照公平、公正、科学、择优的原则对递交的投标文件进行了详细评审,确定了 7 家路基桥涵工程施工单位、5 家路面施工单位、3 家施工监理单位。

交通工程和房建工程于 2007 年 8 月 16 日在《中国经济导报》和《内蒙古日报》发出招标公告,9 月 6 日公开开标,9 月 6~8 日评标,整个招标程序同土建招标,确定了 5 家中标单位。

3. 征地拆迁

察棋公路征地拆迁永久用地征用 6094.35 亩,电力拆迁费用 28 处,另有地上建筑物拆迁、通信光缆拆迁,征拆补偿费合计 568.19 万元。

(三)参建单位

主管单位:鄂尔多斯市交通局

建设单位:鄂尔多斯市新驰路桥开发有限公司
质量监督单位:鄂尔多斯市公路工程质量监督站
勘察设计单位:中交第一公路勘察设计研究院
施工单位:呼伦贝尔道路桥梁建筑有限公司(路基)
　　　　　宁夏路桥股份有限公司
　　　　　内蒙古天骄公路工程有限公司
　　　　　内蒙古鑫隆有限公司
　　　　　内蒙古亨元路桥有限公司(桥标)
　　　　　朔州路桥建设有限公司
　　　　　内蒙古鑫隆有限公司(路面)
　　　　　等17家
监理单位:鄂尔多斯市公路工程监理所
　　　　　乌兰察布市公路工程监理服务中心
　　　　　呼和浩特市建通监理有限公司

二、建设项目管理

(一)项目管理机构

鄂尔多斯市新驰路桥开发有限公司作为项目法人单位,组建了察汗淖至棋盘井段公路建设管理办公室,建管办具体负责察汗淖至棋盘井段公路的工程质量、进度及工程费用的管理工作,接受项目法人单位领导。

建管办设主任1名、总监理工程师1名、主任助理1名,内设工程技术部、财务部、综合部、质量检验部、中心试验室四部一室,共有工作人员16名(不含辅助人员)。

监理工作按二级管理设置机构。总监理工程师由鄂尔多斯市新驰路桥开发有限公司任命,下设3个高级驻地办。

(二)项目管理

项目管理依据招投标文件和《中华人民共和国合同法》进行管理。

1. 合同管理

在与参建单位签订施工承包及服务合同的基础上,又签订了《廉政合同》《安全文明生产合同》等。在项目实施过程中,以施工承包合同为主,严密监控各项合同履行情况,适时进行检查、评比、奖惩。把工程质量管理、工程进度管理与合同管理紧密结合在一起,通过加强合同管理,各参建单位严格履行了合同条款,充分重视合同文件各项规定,对不符合合同文件要求的人员、设备等进行了调整和补充,使其满足进度、质量要求,确保履约能力,保证了工程质量和工程进度。工程变更程序依《建设管理办法》执行。

2. 综合管理

规范化管理和制度化建设。认真履行各项建设程序,优化公路建设市场环境,建立公路建设市场机制,强化公路建设市场措施,细化公路建设市场制度,规范公路建设市场行为,维护公路建设市场秩序。工程建设中,该项目坚持"百年大计,质量第一"的方针,遵守"严格程序、确保质量、恪守信誉、提高效率"的原则,执行项目法人制、招投标制、工程监理制和合同管理制,建立公开、公正、有序、健康的公路建设环境。

该项目管理依据主要有:交通部2003年版《公路工程国内招标文件范本》《国道109线察汗淖至棋盘井高速公路项目建设管理办法》《国道109线察汗淖至棋盘井高速公路监理实施细则》《土建工程招标文件项目专用本》《交通工程招标文件项目专用本》《合同协议书》《建设管理办法》《监理实施细则》《廉政建设管理办法》《员工行为准则》《环境保护管理办法》《文物保护管理办法》《安全生产管理办法》和《竣工文件编制办法》以及其他文件,项目管理过程有规可依,有章可循,实现了管理制度化、规范化。

3. 质量管理

工程建设中,该项目始终把工程质量作为重中之重来抓。严格按照国家有关公路工程建设的法律、法规、技术标准和规范,对工程质量进行监管。通过提高质量意识、树立精品意识,建立质保体系、完善质监制度,强化过程控制、提高监控手段,努力创造精品工程。

建立健全四级质量管理体系(政府监督、业主管理、社会监理、施工单位自检)和三级质量保证体系(建管办、高级驻地办、施工单位),对工程质量实行直接有效的监督管理,并要求各施工单位建立强有力的质量保证体系,组织严密周到的自检机构,配备认真负责的质监人员,做到各司其职、各负其责。严把准入关,严把入场关,严格制订和履行招标文件和《施工合同》中有关质量的规定。

制订《监理实施细则》,对监理单位及其监理人员的职责、权限、工作程序等作了明确规定,并组织了对监理人员的岗前培训和技术交底,同时加大对监理人员的考核力度。

落实工程质量岗位责任制,加大检查力度,加强工程质量检查评比,制订严格的奖惩制度,奖优罚劣。编制《工程质量控制要点》,对普遍的、专业的、特殊的问题进行业务指导和技术交底。定期、不定期召开例会、现场会,集中研究或现场解决质量问题,组织观摩工程质量好的单位,推广先进经验。对于影响工程质量的技术难点问题,请专家研究讨论或征求有经验者的意见。组织行业、专业、岗位学习考试和技术培训,提高有关人员的业务水平。

严把原材料质量关,加强试验室建设、抓好试验检测,严格工艺流程,严把质量检验关,实行首检责任制,严格质量管理程序,统一检验标准,统一记录表格,统一装订保存。积极采用新材料、新技术、新工艺,提高工程质量。

通过狠抓工程质量管理,工程质量经自检、抽检、联检、质监站检查,上级有关部门督查,均满足设计及规范要求,达到优良工程,工程质量始终处于可控状态,未出现任何工程质量事故。

4. 进度管理

根据总体计划要求,该项目2006年5月开工,到2007年11月底通车。建管办按照总体计划要求,结合该项目的实际情况编制了详细的施工组织计划。为了实现工期目标,争时间,抢进度,有计划、按步骤地采取各种措施确保整体任务的完成,具体措施办法有:合理划分标段,全面展开,同步进行。通过国内公开招标择优选择有实力、技术强的施工单位;严格执行招标文件及《施工合同》中有关工程进度的规定;严格要求施工单位人员、设备按合同承诺进场和投入,满足工程要求,从物质条件上保证工期。组织施工单位及时进场,迅速投入生产。事前监理,提高一次检验合格率,避免返工耽误工期。科学调度,严密安排和调整工程进度协调畅通,遇到问题及时解决,扫清障碍、高效运作。适时编制进度计划,倒排工期,以旬保月,以月保年。施工单位根据自身情况调整进度计划,严格按照建管办下达的计划任务组织生产。加强过程控制,避免出现大的进度偏差。做好材料设备采供、征地拆迁、社会协调等后勤保障,保证原材料保质按量及时供应,保证工程顺利进行。加强检查评比,严格奖惩。

5. 工程造价控制

察棋公路批复概算为19.86亿元,投资来源为鄂尔多斯市新驰路桥开发有限公司自筹和贷款。

察棋公路建设实施过程中,严格费用管理,认真履行各项程序,严格执行财务规章制度和有关规定,在各工程项目的计量支付工作中,严格执行设计及招、投标文件规定及报价内容,严格履行各级审核签认手续,按月及时进行计量支付。对于变更设计内容,严格报审、签认计量程序,有效控制工程造价。

6. 安全生产

建管办从开工起就建立了安全领导小组,同时建立健全了安全生产制度及措施,层层落实到位。

在工程建设一开始,建管办要求各施工单位建立了安全保证体系,明确项目经理是安全文明生产的第一责任人。健全安全文明生产管理制度,加强教育,增强安全文明生产意识,加强检查考核,严格履行《安全生产合同》,做到了管理制度化,教育经常化。

从开工建设到竣工,没有发生安全责任事故和社会治安问题。

7. 环境保护

本线路经过地区大多为草原。占用耕地时,该项目严格执行国家最严格的耕地保护政策。对于环境保护工作和水土保持工作,该项目始终以可持续发展的眼光对待,尽量减少对环境的破坏和污染。

施工过程中,坚持做到:一是积极宣传国家地方和环保部门的有关政策规定,提高环保意识;二是有规划地取土弃土,平整土场。三是不准随便倾倒废弃物料;四是加强预制厂、拌和场等施工现场和驻地管理,文明施工和生活;五是合理规划施工便道,不得随意乱碾乱压;六是对损坏和使用的场地做好善后恢复工作。同时,该项目还注意耕地、林地、草场、植被、水源、河道的保护,保持水土、防止水土流失。

三、新技术应用

(1)采用旋转压实仪进行沥青混合料室内配合比设计。在选用沥青时,全部采用克拉玛依沥青,使所选沥青有较好的抗车辙能力及低温抗裂性能。

(2)路缘石、路肩板、拦水带采用了滑模施工新工艺,加快了进度。底基层施工采用大厚度、大宽度的新型路面摊铺施工,既保证了工程质量又加快了施工进度。

四、运营养护管理

该项目建成后,运营、养护管理由鄂尔多斯市新驰路桥开发有限公司负责,新驰路桥专门设立养护管理部门负责养护管理作业。G18荣乌高速公路察汗淖至棋盘井段收费站(所)、服务区等设置情况见表8-49。

G18荣乌高速公路察汗淖至棋盘井段收费站(所)、服务区等设置情况　　表8-49

类　别	数　量	名　　称	占地面积(亩)
收费站(所)	2	框框井收费所	10.5
		棋盘井收费所	10.5
服务区	2	框框井服务区	37.5
		三北羊场服务区	37.5

随着社会经济的不断发展,车流量也随着不断增加,由2008年的每日600辆,增加到2015年每日1400辆,主要是运煤及石料车辆居多。

第九节　G1817荣乌高速公路乌海至银川（内蒙古宁夏界）联络线

G1817荣乌高速公路乌海至银川联络线是连接宁夏、内蒙古之间的重要通道,是银川市连接阿拉善左旗(巴彦浩特镇)最便捷的运输通道,是青岛至银川高速公路的延伸,也是内蒙古自治区"三横九纵十二出口"公路网规划的重要纵向出口路之一。该项目的建设,对于优化内蒙古西部路网格局,改善省际通道运输环境,加强区域经济交流合作,促进宁夏回族自治区、内蒙古自治区两区区域经济交流合作和地方经济社会发展具有十分重要的意义。建成通车后,打通了宁夏与内蒙古的交通运输高速通道,将成为宁夏与内蒙古重要的交通纽带,同时成为连接甘肃省、内蒙古及内地其他各省的大通道,通过内蒙古第三大陆地口岸策克口岸,宁夏的货物可方便快捷到达蒙古国。

G1817荣乌高速公路乌海至银川联络线共分为两段,分别为乌达(内蒙古乌海市)至石炭井段(宁夏石嘴山)、巴彦浩特至头关(内蒙古宁夏界)段。其中,乌达至石炭井段起于G6京藏高速公路新地至麻黄沟段[原G025主干线新(地)麻(黄沟)高速公路]乌斯太出口处,途径乌斯太经济开发区、青年桥、星光,终点为巴音呼都格收费站与乌巴一级公路相接,而巴彦浩特至内蒙古宁夏界段起点位于阿拉善盟阿拉善左旗巴彦浩特镇北,接乌(海)巴(彦浩特)一级公路K126处,绕越巴彦浩特镇,沿银巴二级公路经红石头、周家田、巴润别立镇、长流水、三关、头关等地,止于银川市平吉堡镇,接银川西北绕城高速公路。路线全长92.78km,项目批复概算18.38亿元。公路全线采用双向4车道标准设计。其中乌达至石炭井段于2006年12月通车运营,巴彦浩特至内蒙古宁夏界段于2011年11月正式通车。

路网关系:G1817(荣乌高速公路乌海至银川联络线)内蒙古段路网关系如图8-9所示。

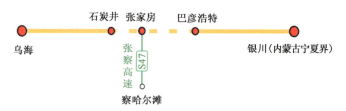

图8-9 G1817(荣乌高速公路乌海至银川联络线)内蒙古段路网关系示意图

Ⅰ G1817荣乌高速公路乌海至银川联络线乌达至石炭井段

一、项目概况

(一)基本情况

乌达至石炭井高速公路是阿拉善盟公路建设史上修建的第一条高速公路,起点位于G6京藏高速公路[原G025主干线新(地)麻(黄沟)高速公路]乌斯太出口处。途经阿拉善盟乌斯太经济开发区、青年桥、星光,终点为阿拉善左旗巴音呼都格收费站,并与乌巴一级公路顺连。该项目路线全长45.025km,对原有路线、路基、路面和防护工程按原设计标准执行。

该项目对一级公路进行改建。其中 K0+000～K9+334.88 段为平原微丘区,设计速度为 100km/h,路基宽度为 25.5m,K9+334.88～K45+099 段为山岭重丘区,设计速度为 60km/h,路基宽度为 22.5m。全线桥涵设计荷载为汽车—超 20 级,挂车—120,路基设计洪水频率为 1/100。

新增工程有:乌斯太、青年桥、星光、石炭井互通,自由路、乌兰布和路和石炭井分离立交。乌达连接线长 2.32km,采用二级公路标准建设,计算速度 60km/h,路基宽度 12m;辅道新建 17.2km,利用旧乌巴公路 20.3km,采用四级公路标准建设;全线增设隔离栅、防眩网、标志、标线等交通工程设施。

乌石高速共桥梁 19 座。其中大桥 2 座,中桥 17 座,桥梁总长度 989.76 延米。桥涵设计荷载为汽车—超 20 级。

该项目于 2005 年 11 月破土动工,2006 年 10 月 29 日实现主体工程贯通,2006 年 12 月 1 日正式通过交工验收,具备通车试运行条件。

(二)前期工作

1. 立项审批、资金筹措

2003 年 4 月 29 日,内蒙古自治区发展和改革委员会以《关于省道 216 线乌达至巴彦浩特公路乌达—石炭井段工程可行性研究报告》(内计基础字〔2003〕543 号)对项目工可研报告进行批复;

2003 年 9 月 1 日,内蒙古自治区国土资源厅以《关于对省道 216 线乌达—巴彦浩特公路建设用地地质灾害危险性评估报告审查意见认定的通知》(内国土字〔2003〕472 号)批准了乌巴公路建设用地地质灾害危险性评估报告书;

2005 年 7 月 28 日,内蒙古自治区交通厅、内蒙古自治区发展和改革委员会主持召开了乌达至石炭井段改建高速公路工程可行性研究报告审查会,并印发《S216 线乌达至石炭井段改建高速公路工程可行性研究报告审查会议纪要的通知》(内交发〔2005〕377 号)文,同意将建设标准由一级公路调整为高速公路;

2005 年 7 月 26 日、2005 年 10 月 8 日,内蒙古自治区交通厅、内蒙古自治区发展和改革委员会分别以《关于省道 216 线乌达至巴彦浩特公路乌达石炭井段两阶段初步设计的批复》(内交发〔2004〕275 号)、《关于省道 216 线乌达至石炭井段公路两阶段初步设计的补充批复》(内交发〔2005〕554 号)对初步设计进行了批复和补充批复;

2005 年 7 月 28 日,内蒙古自治区交通厅《内蒙古自治区交通厅关于印发 S216 线乌达至石炭井段改建高速公路工程可行性研究报告审查会议纪要的通知》(内交发〔2005〕377 号)对工程可行性研究报告进行了审查;

2005年5月8日,内蒙古自治区水利厅以《关于省道216线乌达至巴彦浩特段公路工程水土保持方案报告书的批复》(内水保〔2005〕54号)文批准了乌巴公路水土保持方案报告书。

该项目设计总概算1.92亿元,由自治区交通厅负责项目建设和资金筹措,升级改造资金全部由自治区拨付。

2. 招投标工作

设计单位招标。依据《中华人民共和国招标投标法》有关规定,经请示内蒙古自治区人民政府批准,通过采取邀标的形式,最终确定由内蒙古交通设计研究院有限责任公司承担乌石高速公路土建、房建、收费监控系统和交通工程的设计。

施工、监理单位招标。2003年7月20日发布招标公告,以公开和邀请招标的方式招标,2003年7月29日开标,最终确定1家监理单位;9家交通工程中标单位;1家机电工程中标单位;土建工程共分为3个合同段,内蒙古联手路桥有限公司承担两个合同段建设任务,阿盟公路管理局承担另一个合同段建设任务。

3. 征地拆迁

乌石高速公路征拆工作于2005年12月份启动,主要涉及阿左旗境内征地拆迁,通信光缆、电力线路改迁,乌斯太经济开发区互通立交建设协调等三方面工作。

沿线改迁通信光缆23.65km,改迁电力线路1.65km,加高电力线路3处,共涉及盟内外7家产权单位。共搬迁牧户16户,安置牧户12户,拆迁房屋3500m^2,拆迁棚圈20处,水窖10处,蒙古包4个。征拆工作量大、面广、任务重,解决难度大。

全线总共征用土地924.942亩,其中:农用地623.5635亩,未利用土地301.3785亩;总计支付征地拆迁补偿费用520.00万元。

(三)参建单位

主管单位:内蒙古自治区交通厅
建设单位:阿拉善盟交通局
现场管理单位:内蒙古自治区省际通道办公室和乌石高速公路项目执行办公室
质量监督单位:内蒙古自治区交通建设工程质量监督局
　　　　　　　阿拉善盟公路工程质量监督站
勘察设计单位:内蒙古交通设计研究院有限责任公司
施工单位:内蒙古联手路桥有限责任公司
　　　　　北京颐和安迅交通技术有限公司
　　　　　上海交大天长交通工程有限公司

山东淄博顺达交通设施工程有限公司

河北特利特交通设施有限公司

招远三联交通工程公司

山东富博交通设施有限公司

山西长达交通设施有限公司

无锡交通设施有限公司

哈尔滨交研交通工程有限责任公司等12家

监理单位:西安交大监理公司

二、建设项目管理

(一)项目管理机构

根据项目建设需要,为了加强乌石高速公路现场管理,2006年1月10日,内蒙古省际通道办以《关于对〈阿盟审计通道项目执行办公室机构设置及人员组成方案〉的批复》(内省际通道办〔2006〕1号)文件正式批准成立乌石高速公路项目执行办公室,对乌石高速公路现场进度、质量、安全、资金等负全责。执行办设主任1名、副主任1名,内部设工程技术部、质量检查部、计划合同部、综合部和财务部5个部门。

该项目实行"二级项目法人机构,二级监理体系"的管理模式。由内蒙古自治区省际通道建设管理办公室(以下简称"省际通道办")作为项目法人,负责整个省际通道项目的建设管理;在乌石高速公路成立乌石高速公路项目执行办公室作为分项目(二级)法人,负责乌石高速公路施工现场的计划、进度、质量及综合协调的具体管理工作。

实行"二级监理"的模式,在自治区通道办设置总监理工程师办公室,在乌石高速公路现场设高级驻地办公室。通过实行"二级监理"模式来完成对乌巴公路建设项目各项控制目标的监管。

(二)项目管理

项目管理依据招投标文件和《中华人民共和国合同法》进行管理。

1. 综合管理

该项目建设管理单位认真贯彻执行党和国家的方针、政策和法律、法规,遵循公路建设的有关规范、规定和技术标准,制订项目管理规章制度,始终围绕质量安全第一、抓好各方面的建设管理工作;主动接受上级主管部门和公路工程质量监督机构的监督检查;严格执行国家财经政策、财务制度、会计制度、接受审计监督;严格执行国家档案管理制度,确保各类资料真实、完善、及时、安全归档;依法选择设计、监理、施工单位和设备、材料供应商及试验检测单位;对工程质量、进度、计量、资金、安全生产、廉政建设、水土保持及环境保护等进行管理和监督检查。

编制了《监理实施细则》《内业资料管理与归档管理办法》《乌石高速公路建设奖惩办法》《乌石高速公路项目执行办工作管理制度》《廉政建设规定》《执行办工作人员考核办法》等管理办法和相关制度,使工程管理工作走向程序化、标准化、科学化、规范化、制度化。

2. 质量控制

认真贯彻质量第一的思想,加大宣传力度,通过设立质量隐患举报公示牌、宣传标语、警示标牌等、逢会必讲工程质量等方式,让工程质量意识真正植根于每位参建者的心中。

建立健全质量组织管理机构和质量保证体系。工程质量管理实行"政府监督、业主管理,社会监理,企业自检"的四级质量监督保证体系,始终确保质量管理工作高效运转,对工程质量做到有效控制。

强化现场管理和加大考核力度。自治区通道办和执行办常驻施工现场,每日对各施工标段的施工情况进行巡回检查,及时解决施工中遇到的各种问题;同时加大对监理单位的监管力度;加强施工过程的检查,严格工序管理、工艺控制,重点做好材料质检和控制,加强重点部位的检查,最大限度地减少质量通病的发生。

对因工程质量被通报的施工单位严格按照乌石高速公路《监理实施细则》《乌石高速公路建设项目奖惩办法》予以处罚,并作为优质施工考核和以后施工招投标的重要依据。

认真开展"质量管理年活动"。全面落实公路建设"四项制度",规范施工管理行为,提高质量管理水平,确保了全线工程质量一直处于可控状态。

3. 进度管理

为全面加强工程进度管理,使整个工程项目各个合同段施工进度协调均衡,执行办根据自治区通道办工程总体进度要求及有关会议精神,明确目标、统筹计划,制订了翔实的进度计划安排。制订乌石高速公路现场管理制度,建立并严格实行生产调度会议和工地例会及奖罚制度。通过日常巡视,掌握进度信息,分析影响工程进度的不利因素,及时进行生产任务调整。在施工黄金阶段,倒排工期,延长工作时间,交叉平行作业,加大人员、机械设备投入力度,确保实际进度与计划相符。

认真规范统计报表制度,确保统计数据来源的真实性与准确性,通过对施工进度、投资的旬、月报表制度,实现对工程进度的跟踪、动态控制管理。

按照《乌石高速公路工程建设项目奖惩办法》《省际通道质量管理现场奖罚办法》,将竞赛、考核和进度目标相结合,广泛开展创优争先劳动竞赛活动。

围绕目标任务,本着谁的工作谁负责的原则,实行严格的目标建设责任制,一级抓一级,层层推进。通过严格科学的工期计划和进度管理,为乌石高速公路如期完成建设任务赢得了宝贵时间。乌石高速公路按照总体计划要求于2006年10月28日实现了主体工程贯通。

4. 工程造价

乌石段高速公路项目批复概算1.92亿元,招标合同价1.15亿元,使项目投资在前期就得到了有效控制。

内蒙古自治区通道办设财务部、执行办财务部两级财务管理体系。在施工阶段按照合同约定,严格执行内省际通道办下发的《内蒙古省际通道建设管理办公室财务管理办法》《内蒙古省际通道工程变更管理办法》和《公路工程竣(交)工验收办法》等有关规定,确保投资控制在批复的概算限额内。

5. 合同管理

乌石高速公路执行办紧紧围绕进度、质量、费用目标,依据合同有关法律法规,公正、客观的处理工程变更,认真地做好实地测量、计算、审核工作,保证数据真实可靠,严格执行合同,为工程建设的顺利进行提供了有效的工程控制手段和方法。

各项工程变更严格根据《内蒙古省际通道工程变更管理办法》《内蒙古自治区省际通道建设项目监理实施细则》《公路工程国内招投标文件范本》《公路工程施工监理规范》及本工程施工、监理合同条款等有关规定进行。

6. 安全生产管理

正确处理安全与生产、安全与效率、安全与发展的关系,把防治措施同经济奖罚手段有机结合起来。通过开展安全知识宣教、"安全生产月"活动、定期召开安全生产专题分析会等措施狠抓安全生产责任制落实、狠抓安全隐患排查,严抓细管、硬性考核;开展经常性的排查,做到随发现、随记录、随处理,确保安全工作扎实、有效;严格作业现场安全管理,加强安全隐患的整治力度,及时消除安全生产隐患,实现安全工作从事后补救向事前预防的转变。

乌巴公路部分路段穿越贺兰山,公路抗灾能力弱,着重加强应急预案的完善、防灾减灾理念的提升、灾害易发路段的治理,最大限度消除公路水毁隐患。

7. 环境保护

路线途经生态环境脆弱的阿拉善地区,部分路段穿越贺兰山自然保护区,在施工中,坚持环境与保护并重原则。要求进场材料堆放要整齐规范,取土场要规则,有次序地取土,尽量不破坏草场;场地废料、弃土按指定的地点处理,以减少对周围环境的影响和破坏;对乱挖、乱弃、乱扔、乱建行为予以严厉的经济制裁;施工结束后,取土坑及时回填,弃土堆整形和施工垃圾的掩埋进行妥善处理;将环境保护工作列入对施工单位的月度过程考核中;努力建设生态之路、环保之路。

8. 廉政建设

严格基本建设程序管理,全面推行项目法人责任制,招投标制和施工监理制,自治区通道办派驻纪检工作人员专抓工程廉政建设。实行"双合同"管理。在监管施工、监理合同的同时,明确各级各类人员在廉政建设中的廉政要求。

强化教育,要求各单位统一思想,提高认识。加强制度建设,在施工现场指挥部和施工单位驻地设置了廉政举报箱、"八荣八耻"宣传牌等,积极加强警示教育。

严格基本建设程序管理,在工程变更和计量支付上,执行"两会一限时"制度;廉政建设与工程进度和质量一同纳入月度考核过程中,并建立重大问题报告制度;认真开展治理商业贿赂专项工作,制订《治理商业贿赂专项工作实施方案》,认真开展自查自纠工作,为工程建设的顺利实施保驾护航。

(三)变更

(1)乌斯太互通立交原设计为单喇叭形。由于和乌斯太经济开发区城市规划相冲突,在乌斯太经济开发区政府的要求下,经请示通道办后取消乌斯太互通及乌达连接线长2.32km。乌石高速公路起点直接和新(地)麻(黄沟)高速公路乌斯太出口处相连,增设95m长水泥混凝土路面收费广场。

(2)K6+862分离立交原设计为乌石高速公路主线与乌斯太开发区城市道路(乌兰布和路)分离立交,在乌斯太经济开发区政府的强烈要求下,经请示通道办报批交通厅后,取消了该分离立交,变为平交道口。

(3)星光互通立交、石炭井互通立交、石炭井连接线三处上跨主线桥原设计为1-40m预应力混凝土"工"形梁,在实际施工中,由于钢筋间距和预应力预埋管间距小于2cm,在预制过程中出现蜂窝、麻面、空洞等病害,不能保证其质量,经请示通道办报交通厅后,将1-40m预应力混凝土"工"形梁改为1-40m钢箱混凝土组合梁结构。

三、运营养护管理

乌达至石炭井高速公路运营收费由内蒙古收费公路监督管理局阿拉善分局负责;管养由阿拉善盟公路管理局负责,具体由宗别立工区负责养护、管理工作,工区下设巴音呼都格养护站;路政治超由阿盟公路路政监察支队负责,路政控制区许可由公路管理局路政支队负责。G1817荣乌高速公路乌海至银川联络线乌达至石炭井段收费站(所)、服务区等设置情况见表8-50、车流量发展状况见表8-51。

G1817荣乌高速公路乌海至银川联络线乌达至石炭井段
收费站(所)、服务区等设置情况   表8-50

类别	数量	名称	建筑面积(m²)	占地面积(亩)
收费站(所)	1	巴音呼都格收费所		2.2
服务区	1	巴音呼都格服务区		
养护所	1	巴音呼都格养护站	1456	142

G1817荣乌高速公路乌海至银川联络线乌达至石炭井段
车流量发展状况表(单位:辆/昼夜)   表8-51

收费站(所)	年份					
	2011年	2012年	2013年	2014年	2015年	2016年
巴音呼都格收费所	2676	2675	2448	2274	2097	2429

Ⅱ G1817荣乌高速公路乌海至银川联络线巴彦浩特至头关(内蒙古宁夏界)段

一、项目概况

(一)基本情况

G1817荣乌高速公路乌海至银川联络线巴彦浩特至头关(内蒙古宁夏界)段是阿拉善盟自主管理的首条高速公路。位于贺兰山脉南段,起点位于阿拉善左旗巴彦浩特镇北,与乌巴一级公路相接,途经巴润别立镇、长流水、三关、二关,止于内蒙古宁夏界头关,路段全长68.850km。

全线按双向4车道标准设计,路面采用沥青混凝土高级路面,桥涵设计荷载等级为公路—Ⅰ级。其中,K0+000~K53+940段路基宽26m,路面宽22.5m,设计速度100km/h;K53+940~K68+850段路基宽24.5m,路面宽21.0m,设计速度80km/h。

项目路基土石方工程7387400m³,沥青混凝土面层1701950m²;大桥7座,中桥33座,小桥63座,涵洞124道,互通式立交5处;服务区1处,养护工区1处,收费管理所1处,主线收费站2处,匝道收费站1处。

巴彦浩特至头关段公路2008年10月18日开工建设,2011年1月6日通过交工验收,2015年1月6日通过竣工验收。

(二)前期工作

1. 立项审批、资金筹措

内蒙古自治区交通厅组织有关单位于2008年8月10~12日对外业勘测工作进行了验收,3家设计单位根据内蒙古自治区交通厅《关于批转巴彦浩特至银川高速公路巴彦浩

特至头关段两阶段初步设计外业验收会议纪要的通知》有关要求,补充和完善了两阶段施工图初步设计;

内蒙古自治区交通厅于 2008 年 9 月 3 日以(内交发〔2008〕442 号)文件批复了初步设计;

内蒙古自治区交通厅于 2009 年 9 月 21 日以(内交发〔2009〕576 号)文件批复了施工图设计。

巴彦浩特至头关段高速公路初步设计总概算 19.66 亿元,建设资金来源除 6.00 亿元项目资本金外,其余为银行贷款。

2. 招投标工作

设计单位招标情况。2008 年 6 月 20 日在中国采购与招标网、内蒙古交通网发布了巴彦浩特至银川高速公路巴彦浩特至头关段勘测设计招标公告,2006 年 7 月 10 日在阿拉善盟行政审批服务中心开标,共收到 6 家企业 9 份投标书,经专家评审委员会评审最终确定 3 家中标单位。

施工、监理单位招标情况。采取国内公开招投标的方式,2008 年 9 月进行了土建工程施工及施工监理招标,2009 年 6 月进行了路面及连接线工程招标,2009 年 11 月进行了道路石油沥青采购与 SBS 改性沥青加工招标,2010 年 3 月进行了交通安全及沿线设施施工和交通工程监理招标,2011 年 3 月进行了绿化工程招标,2011 年 6 月进行了新增护栏工程招标工作。在交通运输厅纪检组的监督下从自治区专家库中随机抽取评标专家,评标工作均在全封闭状态下进行。评标工作结束后,形成评标报告,上报内蒙古自治区建设市场管理委员会核准后,在内蒙古交通网进行了公示。最终确定了 9 家路基施工单位、4 家路面施工单位、2 家沥青采购与 SBS 改性沥青加工单位、12 家交通安全及沿线设施施工单位、3 家绿化施工单位和 6 家监理单位,项目法人代表分别与各中标单位签订了合同协议书。

3. 征地拆迁

工程建设中,征用阿拉善左旗土地 5613.56 亩,沿线设置取土场、弃土场 38 处、砂砾料场 8 处,迁移坟墓 360 座,打机井 3 眼、拆迁房屋 2 处。改迁通信光缆及电力设施包括阿拉善移动公司架空通信线杆 97 根、地埋光缆 727 延米,阿盟网通公司通信线杆 18 根,阿拉善电业局电力线杆 63 根。

(三)参建单位

主管单位:内蒙古自治区交通厅
建设单位:阿拉善盟交通局
现场管理单位:巴彦浩特至银川高速公路内蒙古段建设管理办公室

质量监督单位:内蒙古自治区交通建设工程质量监督局
　　　　　　阿拉善盟公路工程质量监督站
勘察设计单位:内蒙古自治区交通设计研究院有限责任公司
　　　　　　北京交科公路勘察设计研究院有限公司
　　　　　　中国公路工程咨询集团有限公司
施工单位:中国路桥集团西安实业发展有限公司
　　　　　承德路桥建设有限公司
　　　　　安徽省交通建设有限责任公司
　　　　　江西省交通工程集团公司
　　　　　中交二公局第四工程有限公司
　　　　　邵阳公路桥梁建设有限责任公司
　　　　　天津市公路工程总公司
　　　　　安通建设有限公司
　　　　　核工业西北工程建设总公司
　　　　　河北广通路桥工程有限公司共 27 家
监理单位:陕西海嵘工程项目管理有限公司(总监办)
　　　　　山东临沂交通工程咨询监理中心(驻地办)
　　　　　山东临沂交通工程咨询监理中心
　　　　　北京正立监理咨询有限公司
　　　　　河北路源工程监理咨询有限公司
　　　　　山东临沂交通工程咨询监理中心

二、建设项目管理

(一)项目管理机构

2008 年 8 月阿拉善盟行政公署(以阿署函〔2008〕63 号)批复,组建了巴彦浩特至银川高速公路内蒙古段建设管理办公室。建管办承担项目法人的责任,行使项目法人职权,主要负责项目组织实施,对项目建设中工程设计、施工质量、进度、资金运行等实行全过程管理。建管办设主任 1 人、副主任 2 名,内部设工程技术部、质量检查部、计划合同部、综合部和财务部 5 个部门。

(二)项目管理

在工程管理中,该项目注意加强技术指导、信用评价、环保、安全生产、文化建设,搭建技术咨询平台,充分利用信用评价体系,不断明确管理范围,改进管理措施,努力营造和谐的施工环境。

1. 质量管理

巴银高速公路自开工建设以来,将工程质量列为重中之重,明确提出了建设"精品、文明、安全、环保、形象"工程的工作目标,围绕目标抓质量,抓好质量促进度,以全面开展劳动竞赛活动为载体,注重过程控制,强化精细化管理效能,在工程建设实践当中逐步建立完善七项质量保障措施,力促优良工程目标圆满实现。

开展新技术研发提质量。全线预应力空心板梁芯模采用一次性定型泡沫块,首开国内此项施工工艺技术引用先河,解决了使用充气胶囊等材料作芯模所造成的一系列技术问题,降低施工难度的同时,提高了梁板的整体质量。

规范施工工艺保质量。对桥涵基础底座进行整平碾压和固结处理,进一步规范施工工艺,确保了桥涵基础稳固;采取路基网格填筑法,有效控制路基摊铺厚度,保证了路基碾压质量;全线桥涵梁板预制全部采取蒸汽养生工艺,严格控制湿度、温度,确保梁板无裂缝和强度均匀;桥梁墩柱采取"滴水法"养生工艺,有效解决了高空混凝土构造物养生难的问题;台背回填中,要求设置1:1坡度,促使台墙良好衔接;在大体积混凝土浇筑中掺和粉煤灰,减少了混凝土构造物表面裂缝的产生,同时也大大提高了混凝土构造物的外观质量。

严格试验检测促质量。以准确的试验数据指导施工对路基填料最大干密度、砂浆和混凝土配合比、进场材料等均实行标准试验许可证制度,有效杜绝了由于试验偏差、材料不合格引发的工程质量事故。针对沿线土质特征,首次采用"表面振动击实仪"确定路基填料标准干密度,使工程质量整体水平显著提高。

推行工程认可求质量。通过首件工程认可,总结施工工艺和质量保证措施,并为后续规模化施工提高技术参数和作业指导,使质量控制能力明显提升。

加大现场检查抓质量。增加施工现场巡查、抽检频率,对已完工的工程进行检测、对质量数据进行复查,对不合格工程坚决返工,有效增强了施工质量基础性工作。

落实目标责任制。按照质量责任分工,逐层逐级落实工程质量负责制,将质量责任落实到人,使质量意识贯穿到整个施工过程。

2. 安全生产监督管理

由于巴银高速公路的路线与西气东输天然气管道有多处交叉和7km的并行,为了保障西气东输天然气管道的运营安全,维护施工人员的人身安全,在延续工程项目安全生产安全员制度的同时,项目实行第三方安全监理,外聘安全监理单位担任安全监理,负责施工期间天然气管道的安全监管;并与中石油西气东输兰银线长宁公司、安全监理单位签署三方安全施工保护协议,加强交流合作,确保了天然气管道的运营安全和工程建设的顺利进行。

全线参建单位都建立了安全管理机构,明确了项目负责人为安全管理第一责任人。实行了安全事故一票否决制度,把安全生产纳入月考评和劳动竞赛考评中,并且积极开展以"保安全促发展"为主题的"管理服务年"活动,建设"平安工地"。切实将安全生产法律法规、技术标准落实到基层,全面夯实安全工作基础,做到施工现场安全防护标准化、场容场貌规范化、安全管理程序化,并推进现场文明施工水平。

始终秉承"以人为本"的理念,贯彻"安全第一、预防为主"的方针,坚持"警钟长鸣,防患于未然"的原则,采取签订安全责任状,加大巡查力度,设置专职安全员,设立安全生产专项经费,避免了安全责任事故的发生,实现了巴银高速公路内蒙古段安全目标。

3. 设计变更管理

为加强建设项目设计变更管理,严格控制建设规模、标准和投资,优化完善设计,建管办在以下三方面加强了管理:

依据交通部《公路工程设计变更管理办法》(交通部令 2005 年第 5 号)和《内蒙古自治区公路建设管理办法》(内交发〔2005〕452 号)要求,结合项目实际,研究制订了《巴银高速公路巴彦浩特至头关段公路工程设计变更管理办法》,明确设计变更原则、条件、分类、审批权限、程序和时效,"公正、客观、准确"地控制变更。

工程建设中的工程变更往往比较滞后,有些甚至影响到工程建设的顺利实施。针对这一现象,在建管办审批范围内变更均由施工单位提出后,建管办、设计代表、监理、施工单位四方同时深入现场实地测量、确定变更方案,并诚邀专业人士及有关专家现场确定方案,确保了设计变更的合理性。

变更理由合理,数据真实、准确,所有变更均进行分级审核,签字,并出具审核意见,避免出现差错。通过以上措施巴银高速公路变更有理有据、程序规范,并达到了优化、完善设计的目的。

4. 资金管理

资金与审计管理方面,为加强巴银高速公路内蒙古段建设资金的管理,保证建设工程项目的顺利实施,根据《基本建设财务管理规定》和内蒙古审计厅关于《政府投资公路建设项目财务管理办法(试行)》的有关要求,专门制订了财务管理办法。巴银高速公路建管办作为独立的项目法人实体单位,贯彻执行国家有关法律、行政法规、方针政策,依法合理使用建设资金,做好基本建设资金的预算执行、控制、监督和考核工作,严格控制建设成本,减少资金损失和浪费,提高投资效益。在建立健全内部财务管理各项规章制度,建立完善财务核算体系的同时,编制记账凭证和各类报表,加强财务、会计、审计核算。

5. 廉政建设

在注意加强生产安全的同时,也注意加强干部安全。建立健全廉政制度,制定《廉政建设规定》,规定涉及十一项内容,内容涵盖面广,以人民利益为出发点开展工程项目建设工作,从由内而外加强廉政建设,明确提出了惩治腐败的条例、措施,为项目建设从根本上杜绝腐败提供了有力的制度保证。在工程建设中积极推行双合同制,与盟检察机关共同制订了预防职务犯罪联系协调制度,加大职务犯罪预防力度。这些措施,为工程的顺利实施创造了安全、环保、清廉的良好环境。

6. 文明施工与环境保护

针对巴银高速公路沿线生态环境比较脆弱的实际,提倡文明施工、环保施工;制订了文明工地建设标准,要求施工现场各类预制拌和场场地硬化,材料堆入整齐、规范,防尘降尘,集中排污;指定了施工车辆行驶路线,严禁车辆随意穿越草原,尽量减少对植被和地貌的破坏,要求施工单位对全线72km的施工便道按四级公路标准(路基宽度6.5m,路面结构为20cm厚砂石路面)修建,并定期刮平、洒水养护,保持便道平整、畅通、不扬尘;在施工结束后,及时回填取土坑,适时修整弃土堆,妥善处理施工垃圾,做到公路建设与生态环境保护的和谐统一。

7. 丰富工地文化生活

为了增强工程建设的凝聚力和影响力,增强农民工的荣誉感和自豪感,该项目组织开展了"工地文化周"活动。通过"我眼中的巴银高速"摄影比赛、"我与巴银高速"有奖征文、巡回慰问演出、"筑路赞歌"大型晚会等丰富多彩的文化活动,营造了健康向上的工地文化氛围。特别是组织开展的"农民工之星"评选活动,深受广大农民工的关注和称赞,建设单位不仅对"农民工之星"给予物质上的奖励,还将喜报发到了他们的家乡,给予他们精神的鼓励。这些活动起到了鼓舞人、激励人的作用。

三、科技创新

(一)新技术应用

1. 首次采用空心板梁聚乙烯泡沫芯模技术

全线13m预应力空心板梁芯模采用一次性定型聚乙烯泡沫块,开创了国内此项施工工艺技术应用先河,解决了使用充气胶囊等材料作芯模所造成的一系列技术问题,在降低施工难度的同时,规范了梁板标准断面尺寸,保证了钢筋保护层厚度及梁板的整体质量。另外,从经济效益上,平均每片梁板较充气胶囊节约了200元左右,全线1470片空心板梁共节约费用29.4万元;较钢模节约100元左右,全线空心板梁共节约费用14.7万元。

2.完善路基填料最大干密度测定方法

针对沿线土质特性,采用"表面振动击实仪"确定路基填料粗粒土的最大干密度,将路基压实度提高了3%~5%,路基的刚度和整体稳定性得到了很大的提高。

3.改进混凝土构造物的养生工艺

对预制构件采取蒸汽养生工艺,阻止了梁板早期裂缝发育和保证了各部位强度均匀;桥梁墩台柱采取"塑料管喷淋法"养生工艺,墩台柱脱模后套裹塑料薄膜,并在其顶部安设塑料管,延伸至地面,养生时利用水泵进行加压,使水流自上而下均匀分布至墩台柱的表面,有效解决了高空混凝土构造物养生难的问题,减少了墩台柱的表面龟裂。

4.改善大体积混凝土浇筑工艺

在大体积混凝土中添加粉煤灰,降低了水泥的水化热,减少了混凝土构造物表面裂缝,同时也进一步提高了混凝土的外观质量,延缓了混凝土强度的增长速度,有效地提高了混凝土的耐久性。

5.改进水稳基层的养生方法

在传统的塑料薄膜覆盖基层养生工艺上,该项目采用了土工布覆盖养生,避免了塑料薄膜养生期间补水困难的缺点,减少了基层的干缩裂缝。同时,为了进一步提高水稳基层的后期强度,减少基层的干缩裂缝,降低水泥用量,掺配少量粉煤灰稳定基层的施工技术,取得了良好的效果。

土工布替代塑料薄膜对水泥稳定砂砾养生最大的效益就是从根本上解决了塑料薄膜养生工艺严重污染环境问题。从养生的角度上讲就是保水性、隔温性、防晒性均大大超过塑料薄膜。平均每平方米节约用水20kg,全线节约用水10.7万t,节省费用21.4万元。

(二)科研课题

空心板梁聚苯乙烯泡沫内模成型技术研究

课题研究以巴彦浩特至银川高速公路内蒙古段工程为依托,该项目全线47座13m跨径桥梁中1440片13m预应力空心板梁,通过对聚苯乙烯内模成型加工工艺及该内模在空心板施工中的应用技术的研究,解决聚苯乙烯泡沫内模在空心板梁施工中的场地、厂房、设备的配备,内模成型加工工艺技术,内模的合理尺寸的选用,空心板梁的施工工艺控制技术等问题。该项目研究完成后,可以填补国内聚苯乙烯内模空心板梁施工技术规范,加快空心板梁施工进度,减少空心板工程造价,提高空心板梁施工质量。

课题详情见"第五章 高速公路建设科技成果"中"第二节 重大科研课题"。

四、运营养护管理

巴银高速公路内蒙古段的运营收费由内蒙古收费公路监督管理局阿拉善分局负责,养护工作由阿拉善公路管理局负责。G1817荣乌高速公路乌海至银川联络线巴彦浩特至头关(内蒙古宁夏界)段收费站(所)、服务区等设置情况见表8-52,车流量发展状况见表8-53。

G1817荣乌高速公路乌海至银川联络线巴彦浩特至头关(内蒙古宁夏界)段
收费(所)站、服务区等设置情况 表8-52

类别	数量	名称
收费站(所)	3	主线起点收费站
		区界临时收费站
		长流水匝道收费站
服务区	1	巴润别立服务区

G1817荣乌高速公路乌海至银川联络线巴彦浩特至头关(内蒙古宁夏界)段
车流量发展状况表(单位:辆/昼夜) 表8-53

收费站(所)	年份					
	2011年	2012年	2013年	2014年	2015年	2016年
巴彦浩特收费站	29	2488	3318	2049	2476	3080
巴润别立收费站	115	2077	2428	1843	2387	2951
长流水匝道收费站	7	331	571	571	184	200

第十节 G25长春至深圳高速公路金宝屯至查日苏段

G25长春至深圳高速公路是国家高速公路网"71118"规划中11条南北纵线的第3条,全长3585km。途经城市:长春—双辽—阜新—朝阳—承德—唐山—天津—黄骅—滨州—青州—连云港—淮安—南京—溧州—宜兴—湖州—杭州—金华—丽水—南平—三明—梅州—河源—惠州—深圳。长深高速公路对完善国家高速公路网、促进沿线社会经济发展具有重要意义。

G25长深高速公路在内蒙古境内的段落为金宝屯至查日苏段(以下简称"金查段")公路,主要是连接吉林与辽宁的纽带,也是东北地区进京的又一通道,对振兴东北老工业基地、加快东部现代化建设,发展区域经济有着极其重要的意义。

一、项目概况

(一)基本情况

金查段项目路线起于通辽市科左后旗金宝屯镇,与长春至深圳国家高速公路吉林省境内双辽至吉林内蒙古界段相接,经新甸村西侧、阿吉日根套布甸子,经齐家窝堡、三老爷套布,公司五家西、辉图哈日乌苏、乌日都哈日乌苏、布敦化、乌日都布敦化,至本项目终点辽宁和内蒙古省界通辽市查日苏镇,终点位于内蒙古与辽宁省省界的东岗子附近,接长春至深圳国家高速公路辽宁境内蒙辽界至康平段(北四家子段)。

金查段路线长 44.551km。主线采用新建双向 4 车道高速公路建设标准,设计速度 100km/h,路基宽度 26m,路面形式为沥青混凝土路面,桥涵设计汽车荷载采用公路—Ⅰ级。全线设桥梁 8 座、3306.8m,其中特大桥 1 座、2481.4m,大桥 2 座、608.6m,中桥 5 座、216.8m;全线设服务区 1 处、收费所 3 处;桥隧比 7.42%(3306.8/44.551×1000)。设金宝屯、查日苏两处互通。金宝屯连接线长约 3km,查日苏连接线长约 6km。连接线按二级公路标准建设,设计速度 80km/h,路基宽 12.0m。

金查段 2009 年 5 月 15 日开工建设,2011 年 11 月 11 日通过交工验收,具备通车试运行条件,2015 年 12 月 18 日通过竣工验收。

(二)前期工作

1. 立项审批、资金筹措

水利部 2008 年 1 月 15 日以《关于国家高速公路长春至深圳公路金宝屯(吉林内蒙古界)至查日苏(内蒙古辽宁界)段水土保持方案的复函》(水保函〔2008〕17 号)对项目水土保持方案进行了批复;

国家环境保护总局 2008 年 3 月 13 日以《关于国家高速公路长春至深圳公路金宝屯(吉林内蒙古界)至查日苏(内蒙古辽宁界)段环境影响报告书的批复》(环审〔2008〕93 号)对项目环境影响报告书进行了批复;

国家发展改革委 2009 年 3 月 3 日以《国家发展改革委关于内蒙古自治区金宝屯(吉林内蒙古界)至查日苏(内蒙古辽宁界)公路可行性研究报告的批复》(发改基础〔2009〕598 号)对项目工可研报告进行了批复;

交通运输部 2010 年 8 月 16 日以《关于金宝屯(吉林内蒙古界)至查日苏(内蒙古辽宁界)公路初步设计的批复》(交公路发〔2009〕177 号)批复了初步设计;

内蒙古自治区交通运输厅 2010 年 8 月 16 日以《关于金宝屯(吉林内蒙古界)至查日苏(内蒙古辽宁界)公路两阶段施工图设计的批复》(内交发〔2010〕473 号)批复了施工图设计;

国土资源部 2011 年 9 月以《国土资源部关于长春至深圳高速公路金宝屯(吉林内蒙古界)至查日苏(内蒙古辽宁界)段公路工程建设用地的批复》(国土资函〔2011〕709 号)工程建设用地进行了批复。

本项目初步概算 16.27 亿元,建设资金来自项目资本金 42.65% 和国内银行贷款

57.35%。

2. 招投标工作

本项目招标投标工作严格按照《中华人民共和国招标投标法》《公路工程施工招标投标管理办法》和《公路工程施工监理招标管理办法》等法律法规进行。勘察设计、土建工程、房建工程、交通工程和机电工程等的设计、施工、监理单位均采用国内公开招标方式产生，分别确定2家设计单位、5家监理单位（含总监办）、10家土建施工单位和11家其他施工单位等参与本项目施工。

土建工程施工、监理于2009年3月8日在中国采购与招标网发布招标公告，进行国内公开竞争性招标，评标采取资格预审方式，评标办法采用合理低价法，2009年4月24日开标确定了土建工程施工及监理单位。

房建工程等招标程序与土建工程一致。2010年7月23日在发布招标公告，2010年9月3日开标，确定房建工程中标单位，监理单位。

交安、机电施工、机电监理、绿化工程2011年3月24日在中国采购与招标网发布招标公告，2011年4月20日开标，确定机电、安全设施标段及监理单位。绿化工程经交通厅建设市场委员会研究决定，推迟开标时间于2012年1月25日开标，评标采取经评审的最低报价法，经过严格的开标、资格审查、评标等招投标程序，最终确定2家施工企业分别承担标段的绿化施工任务。

3. 征地拆迁

本项目征拆工作于2008年10月启动，2011年5月主线征拆工作基本完成。全线永久性征用土地3998亩，其中共征耕地2477亩，林地933亩，草场314亩，其他274亩，拆迁房屋128m^2，征拆补偿费共4658.29万元。

（三）参建单位

主管单位：内蒙古交通运输厅
建设单位：通辽市交通局
现场管理单位：金宝屯至查日苏高速公路建设项目管理办公室
质量监管单位：内蒙古自治区交通建设工程质量监督局
　　　　　　　通辽市交通建设工程质量监督站
勘察设计单位：内蒙古自治区交通设计研究院有限责任公司
　　　　　　　辽宁省交通规划设计院
施工单位：南京东部路桥工程总公司
　　　　　鞍山公路工程有限公司

朝阳建设集团有限公司
中星路桥工程有限公司
江西省交通工程集团公司
中冶交通工程技术有限公司
内蒙古自治区公路工程局
中铁九局集团公司
抚顺市政建设集团有限公司
吉林省中盛路桥工程有限公司等21家

监理单位：内蒙古公路工程咨询监理有限责任公司（总监办）
北京正立监理咨询有限公司（第一驻地办）
吉林天达工程咨询监理有限责任公司（第二驻地办）
吉林天达工程咨询监理有限责任公司（房建驻地办）

二、建设项目管理

（一）项目管理机构

根据内蒙古自治区人民政府《内蒙古自治区人民政府关于进一步加快公路建设意见》（内政发〔2008〕122号）精神，通辽市人民政府对组建该项目建设单位进行了批复，2009年2月通辽市交通运输局成立了金宝屯至查日苏高速公路建设项目管理办公室，负责金宝屯至查日苏高速公路建设的组织管理工作。金查建管办设主任1名、副主任1名，内设工程计划部、质检安全部、财务部、综合部4个职能部门。

（二）项目管理

项目管理依据招投标文件和《中华人民共和国合同法》进行管理。

1. 质量控制

建管办针对本工程的实际情况，制订了《建设管理办法》《工程质量管理办法》《质量安全管理奖惩细则》《工程进度管理办法》《工程计量变更管理办法》《工程质量控制手册》《质量安全管理奖惩细则》《监理实施细则》和《工程内业资料整理范本》等制度和办法。这些制度、办法的制订和使用，为工程管理的程序化、标准化、制度化打下良好的基础。

施工过程中重点把好了"四关"。即：一是原材料质量关，二是中心试验室科学试验关，三是施工工艺关，四是工程工序交接验收关。

充分发挥监理的作用。严格按《监理规划及实施细则》对监理队伍的管理，明确各级监理人员职责。驻地监理坚持每日巡检制度，总监办每月分别进行一到两次集中检查。

总监办制订《监理工作人员奖励办法》,通过考核奖罚,落实监理工作责任。

试验方面采用试验校核制度,并聘请高校老师对监理单位试验室人员及施工单位技术人员进行培训。对技术含量高及重点部位施工工艺方案进行专题研究、讨论,多次举办技术咨询会议。重视新材料的应用。

制订了严格的日常巡视制度,对工程质量管理实行奖罚制度。对施工过程中的工序、工艺进行了严格管理,对薄弱环节、隐蔽工程、关键部位、重点工序进行重点监控,如桥面连续处、铰缝连接处、台背填土、水稳混合料养生、原材料进场等,发现问题及时处理。

2. 工程造价控制

财务管理上严格落实财务管理制度,做到有法必循。工程建设中,认真落实各项制度与办法,严格财务管理,严格执行会计制度和资金管理办法。项目资金采取专款专用的管理方式,建管办设立财务部,并在贷款行农行设立专用账户,交通厅、财政部直接将计量款打入此账户,资金封闭运行。施工、监理单位在农行设立账户,业主、从业单位、农行三家签订用款协议,要求施工单位必须专款专用,每次施工单位付款超过20万的,必须征得业主同意,否则银行拒绝支付,从而保证了资金的运行安全。

工程管理上严格执行金查高速公路计量与支付管理办法、工程变更管理办法,客观、公正、合理地处理工程中发生的费用,及时准确地进行有关凭证的签认工作。实行计量支付的拨款方式,每月计量一次、支付一次,严格考核制度,计量层层核实、签证,没有出现超付冒领现象,更不存在擅自变更计划项目问题。对工程预付款、材料预付款的支付,完全按合同约定执行。

3. 合同管理

金查高速公路实行合同制管理模式。按照标准建设程序全面实行了公开招投标制、承包合同制、施工监理制及项目法人制,较好地控制了工程质量、工期、造价,随着四项基本建设制度在金查公路建设中的贯彻落实,规范化的合同管理已成为一项贯穿于工程建设全过程的主要工作。

建章立制、狠抓落实,强化合同管理。为提高工程建设管理力度和效率,建管办先后出台一系列工程管理办法、措施和规章制度,并在工程建设的实践中狠抓各项规章制度的落实,使各类规章制度在工程建设管理过程中起到应有的作用,达到制订规章制度的目的和效果,确保工程建设自始至终都有章可循、有制可遵。有效提高了建设质量,保证了建设管理的制度化、程序化、规范化,也及时合理地解决合同执行中的问题。

建立工程建设分级管理制度,明确责任、分级管理,建立和完善质量管理网络:即严格分清建设单位、设计单位、监理单位、施工单位各自职责。坚持以合同为依据,以质量、进度、造价控制为核心,以检测数据为基础,严格落实分级管理制度。

以合同为依据,及时办理计量支付和设计变更。工程施工合同为单价承包合同,为了规范工程计量支付管理,控制工程投资,对工程量清单中的分项实施"单价承包总量控制"的方式进行管理,超出清单数量的项目要办理变更,确保计量支付的及时性和准确性。坚持项目经理、高级驻地办、总监、建管办主任同时签字计量支付制度。使每个施工单位都处在平等、公平的竞争环境中,完成多支付多、完成少支付少,公平合理,使工程建设在公平、公正、公开中进行。

工程变更是对设计方案的优化和对错漏的修正,发生变更是必然的,加强工程变更的管理,是确保工程质量、控制投资的重要环节。在项目执行过程中建管办严格按照《金查高速公路工程变更管理办法》执行,从而保证了工程变更的时效性和准确性。及时建立工程变更台账及工程变更计量支付台账,未因变更而影响工程施工的进度与质量。

4. 廉政建设

党风和廉政建设是公路建设的保障,工程建设队伍要加强警示教育,构筑建设者的思想防线,不断提高思想意识,树立正确的人生观、价值观,增强法纪观念,树立廉洁自律意识,做到警钟长鸣。同时要从干部管理、工程过程管理、财会人员管理、制度完善和具体落实上入手,深入持久地开展反腐倡廉教育活动,并将这一教育渗透到施工现场的各个角落、每一个人身上。正确处理好加强廉政建设与保证工程质量的关系,本着"修好一条路,不倒一个人"的工作方针,争取实现工程优良、干部优秀的双优目标。管理人员只有做到了廉洁奉公这一点,对施工单位进行管理时才会有力度,才能够做到令行禁止,政令畅通。

通辽市纪检委、市交通运输局联合为本项目派驻了纪检特派员,参与一切与工程有关的活动,包括各种会议、检查、拨款、事故调查处理、变更设计、占拆协议等,做到不留空隙、不留死角,使得管理工作的一切活动都在阳光下进行,杜绝腐败事件的发生。

三、复杂技术工程

新甸特大桥

新甸子特大桥长 2481.4m,桥梁跨径组合为 99×25m,桥面净宽 23m,桥梁全宽 26m。桥梁详情见"第二章 高速公路发展及成就"中"第二节 建设成就"。

四、科研课题

高性能热拌沥青混合料施工优化技术研究

本课题在沥青路面结构上和混合料材料组成设计上进行了广泛深入的研究,采取了大量的技术措施,特别是高性能沥青混合料的出现,使混合料的组成设计达到了新的水平,本课题采用理论与工程实践密切结合的方式进行理论分析、试验验证、工程应用。分析影响热拌沥青混合料施工质量的因素,研究高性能沥青混合料的施工特性,确定材料参数与设备参数的相互关系,提出控制施工质量方法与途径,进而优化施工工艺,提炼出材料特性的施工技术,试验数据表明这种混合料具有良好的综合性能。并于2016年9月经通辽市科委鉴定验收,获通辽市科学技术进步二等奖。

课题详情见"第五章　高速公路建设科技成果"中"第二节　重大科研课题"。

五、运营养护管理

G25该段路线养护里程为44.551km,养护管理由通辽市公路管理处负责;运营收费管理由内蒙古收费公路监督管理局通辽分局负责。G25长深高速公路金宝屯至查日苏段收费站(所)、服务区等设置情况见表8-54,车流量发展状况见表8-55。

G25 长深高速公路金宝屯至查日苏段收费站(所)、服务区等设置情况　　表8-54

类　别	数　量	名　称	建筑面积(m²)	占地面积(亩)
收费站(所)	3	主线布敦化收费站	1511.17	
		查日苏匝道收费站	1223.81	
		金宝屯匝道收费站	6113.8	
养护工区	1	金宝屯养护工区		
服务区	1	车勒服务区	5467.47	216

G25 长深高速公路金宝屯至查日苏段车流量发展状况表(单位:辆/昼夜)　　表8-55

收费站(所)	年　份					
	2011年	2012年	2013年	2014年	2015年	2016年
金宝屯匝道收费站	—	—	303	544	817	631
查日苏匝道收费站	—	—	577	743	496	240
布敦化收费站	—	—	—	—	1005	2970

第十一节　G2511长春至深圳高速公路新民至鲁北联络线好力堡至通辽段

G2511是国家高速公路G25长春至深圳高速公路新民至鲁北联络线,该公路是《振兴东北老工业基地公路水运交通发展规划纲要》中东北区域骨架公路网的第5纵和内蒙古自治区规划的"8横9纵8支8环线"高速公路网的第2纵,是通辽市规划的"3横4纵5出口"的5出口之一。新民至鲁北高速公路起点自辽宁省新民,经彰武、通辽、止于鲁北。路线全长约354km,其中辽宁省境内约104km已全部建成通车,内蒙古境内约250km,分好力堡至通辽段(以下简称"好通段")、通辽至鲁北段(以下简称"通鲁段")。

第八章 高速公路建设项目

好通段自2011年3月15日起开工建设,2013年11月8日通过交工验收,具备通车试运行条件,路线全长90.6km。通鲁段于2015年开7月工建设,2017年10月完工,路线全长160.07km。

该公路贯通后,将构筑一条从通辽北部进入辽宁的最快捷大通道,对于完善内蒙古东部以及通辽市公路网布局,增强地区的辐射功能,实现通辽市融入东北经济圈建设,加快本地区经济社会和旅游业的发展,都具有十分重要的意义。经济效益和社会效益十分显著。

路网关系:G2511(长深高速公路新民至鲁北联络线)内蒙古段路网关系如图8-10所示。

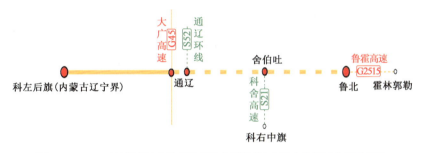

图8-10　G2511(长深高速公路新民至鲁北联络线)内蒙古段路网关系示意图

一、项目概况

(一)基本情况

好通段位于内蒙古通辽市科尔沁区及科左后旗两区域,路线起于科尔沁左后旗甘旗卡镇好力堡(辽宁内蒙古界),接新鲁高速公路辽宁省境内彰武至阿尔乡(辽宁内蒙古界)段,经甘旗卡、阿古拉、木里图,止于大广高速公路(G45)通辽东互通。主要控制点为好力堡、甘旗卡、阿古拉、木里图、通辽东。好通段主线长90.60km。

好通段主线采用新建双向4车道高速公路建设标准,设计速度100km/h,路基宽度26m,路面形式为沥青混凝土路面,桥涵设计汽车荷载采用公路—Ⅰ级。全线设桥梁21座、1753.9m,其中大桥6座、796.8m,中桥15座、957.1m;全线服务区2处、停车区1处、收费所5处;全线桥隧比1.94%。

好通段于2011年3月开工,2013年11月建成,具备通车试运行条件。

(二)前期工作

1. 立项审批、资金筹措

环保部2010年1月18日以《关于长春至深圳高速公路新民至鲁北联络线好力堡(内蒙

古辽宁界)至通辽段环境影响报告书的批复》(环审〔2010〕13号)批复境影响报告书;

水利部2010年4月1日以《关于长春至深圳高速公路新民至鲁北联络线好力堡(内蒙古辽宁界)至通辽段水土保持方案的复函》(水保函〔2010〕57号)批复水土保持方案;

国土资源部2010年4月21日以《关于国家高速公路长春至深圳公路新民至鲁北联络线好力堡至通辽段工程建设用地预审意见的复函》(国土资预审字〔2010〕94号)批复土地使用预审;

国家发改委2010年12月3日以《国家发展改革委关于内蒙古自治区好力堡(辽宁内蒙古界)至通辽公路可行性研究报告的批复》(发改基础〔2010〕2841号)批复《好力堡(辽宁内蒙古界)至通辽公路可行性研究报告》(以下简称《工可报告》);

交通运输部2011年2月21日以《关于好力堡(辽宁内蒙古界)至通辽公路初步设计的批复》(交公路发〔2011〕51号)批复初步设计;

内蒙古自治区交通运输厅2012年5月以《关于好力堡(辽宁内蒙古界)至通辽公路两阶段施工图设计的批复》(内交发〔2012〕233号)批复施工图设计。

本项目初步设计总概算为30.56亿元,建设资金来自项目资本金29%和国内银行贷款71%。

2. 招投标工作

本项目招标投标工作严格按照《中华人民共和国招标投标法》《公路工程施工招标投标管理办法》和《公路工程施工监理招标管理办法》等法律、法规进行。勘察设计、土建工程、房建工程、交通工程和机电消防工程等的设计、施工、监理单位均采用国内公开招标方式产生,分别确定1家设计单位、5家监理单位(含总监办)、6家土建施工单位和19家其他施工单位等参与本项目建设。

2010年3月21日在中国采购与招标网上发布本项目勘察设计招标公告,于2010年4月11日开标同时进行评标确定1家设计单位;2014年4月26日在中国采购与招标网上发布本项目房建工程施工招标公告,于2012年5月16日开标同时进行评标确定8家土建施工单位;2012年8月1日在中国采购与招标网上发布本项目交安工程施工和监理招标公告,于2012年8月21日开标同时进行评标确定11家土建施工单位和1家机电监理单位。

3. 征地拆迁

本项目征拆工作于2010年8月开始启动,通辽市好力堡至通辽高速公路建设项目管理办公室和通辽市人民政府于2011年3月1日共同签订了《长春至深圳公路新民至鲁北联络线好力堡至通辽段征地协议》。

本项目项目土地预审意见中批准的用地面积为8905.2亩,二连浩特市申科测绘有限公司提供的勘测定界的面积为8811亩,没有突破预审面积。

2013年9月主线征拆工作基本完成。全线永久性征用土地8811.0亩,拆迁房屋2134m^2,电力、电信改迁58处,征拆补偿费22792.00万元。

(三)参建单位

主管单位:内蒙古自治区交通运输厅
建设单位:通辽市交通运输局
现场管理单位:通辽市好力堡至通辽高速公路建设项目管理办公室
质量监督单位:内蒙古自治区交通建设工程质量监督局
　　　　　　通辽市公路工程质量监督站
勘察设计单位:内蒙古自治区交通设计研究院有限责任公司
施工单位:四川武通路桥工程局(土建工程)
　　　　新疆昆仑路港工程公司
　　　　通辽市交通工程局
　　　　新疆兴达公路工程部
　　　　内蒙古自治区公路工程局
　　　　中交第二公路工程局有限公司
　　　　吉林省爱华建设工程有限责任公司(房建工程)
　　　　赤峰正翔建筑工程有限公司
　　　　河南省大成建筑工程有限公司
　　　　河南华隆建设工程有限公司等25家
监理单位:内蒙古通辽市环宇公路监理咨询有限责任公司(总监办)
　　　　沈阳鑫通公路工程监理咨询有限公司(土建驻地办)
　　　　北京中交安通工程技术咨询有限公司驻
　　　　陕西海嵊工程项目管理有限公司
　　　　北京天智恒业科技发展有限公司(机电监理)

二、建设项目管理

(一)项目管理机构

2010年5月12号,通辽市政府以《通辽市人民政府关于成立长春至深圳高速公路新民至鲁北联络线好力堡至通辽段公路建设项目管理办公室的批复》(通政字〔2010〕111号),批准成立通辽市好力堡至通辽高速公路建设项目管理办公室负责本项目的建设管理工作,建设项目管理办公室属于法人单位,法定代表人1人,技术负责人(副主任、总工)1人,财务负责人1人。建设项目管理办公室下设工程计划部、综合部、财务部、质检安全部4个职能部门。

(二)项目管理

项目管理依据招投标文件和《中华人民共和国合同法》进行管理。

1. 质量控制

从项目开工前体系制度建设到原材料料源调查、料场确定到原材料进场前检验、过程抽检,人员业务培训、各种实验数据的分级审批,通过质量管理重点把好"五关",即人员资审关、材料设备审核关、工艺方案审批关、进场材料检验关、施工过程检验关,加强事前预防、施工标准化管理,加强检测力度,突出监理在质量管理中的作用等措施,实现了各道工序和分项工程的一次合格率和成优率,保证项目总体质量目标的实现。

提前介入项目设计,实现质量管理关口前移。设计是灵魂,是保证工程质量、安全、投资的前提。重点从初步设计、施工图设计和施工3个阶段抓好了设计工作全过程。

建立强有力的组织机构建设;建立健全质量保证体系,出台质量管理制度;及时整理编制出台了《好通高速公路质量管理办法》,先后制定出台了《路基施工作业指导书》等多项阶段性质量控制文件,重在突出质量控制和创优的关键点,通过建章立制,超前部署,为质量管理工作提供了依据。

积极开展"施工标准化管理"活动,严把材料进场质量关;严格按照"预防为主、质量靠前管理"的原则要求,在强化质量控制措施的同时重点加大了对施工现场的管理力度和事前预防能力,杜绝各道工序、分项"带病"转入下道工序;加大现场巡查频率,注重质量过程控制;充分发挥监理的现场监管作用。

2. 工程造价控制

本项目整个工程建设中,加强专项资金管理,始终注意严格控制建设资金,以合同为依据,以资金管理为主线,做好建设资金的筹集、控制、监督和核算工作,依法、合理、及时筹集和使用资金,严格控制建设成本。

通过加强合同管理,介入和优化施工图设计,严格施工过程管理,减少施工过程中的设计变更,维持招标时的工程内容和工程量的相对稳定,有效控制项目投资总额。加强工程各阶段跟踪审计,积极配合审计机关开展的项目建设跟踪审计,委托社会审计机构进行建设工程咨询审计,突出工程造价审计,促进提高投资效益。针对土地征用及征地拆迁补偿资金开展征地拆迁资金使用内部审计,杜绝各种违法违纪行为,确保征迁资金及时足额拨付到位。

3. 廉政建设管理

在好通项目实施过程中,自治区、通辽市结合其他省区的经验教训,在重点公路建设项目建设过程中引进了纪检监察组进驻工地进行全方面、全过程监督检查,建立健全监督管理制度、办法,并采取各种行之有效的手段,通过专题讲座、月度单项检查、生产例会播放警示教育片等形式,对建管办全员、监理标段、施工标段项目经理、总工等居重要位置的人员进行重点教育,起到了很好的预警效果。

深入开展自查自纠活动,发现问题及时纠正,积极推进治理商业贿赂工作。以强化监督为手段,健全权力运行监控机制,教育和提醒每一位党员领导干部思想上正确认识和对待监督,自觉接受社会各方面的监督。坚持以科学发展观为统领,提升廉政建设质量和水平。

本项目至今未发生违法违纪行为和现象,也没有因不廉政被处分或被起诉事件。

三、复杂技术工程

通辽东互通

通辽东互通是 G2511 好通段高速公路与大广高速公路在通辽东附近设置的大型双喇叭互通立体交叉枢纽工程,主要实现 G2511 好通段高速公路与大广高速公路交通流量的快速转换,促进高速公路沿线经济的快速发展。

本互通位于通辽东,与大广高速公路双通段交叉,采用枢纽形式实现两项目的交通转换。总占地 415.9 亩,工程总造价约 1.66 亿。呈混合形布置,为加强保通设计,主线右侧及通辽至赤峰高速公路左侧设置集散车道。

该桥主线桥梁为双向 4 车道预制预应力混凝土箱梁、空心析结构,跨径为 25m、20m、13m。其中上跨大广高速公路的通辽东互通枢纽 K539+592.248 跨线桥和匝道 AK0+623.973 现浇箱梁桥为通辽东互通施工的难点,特别是匝道桥为双室变跨径现浇箱梁桥,桥面净宽 0.5m+9.5m+0.5m,上部结构为 16m+2×24m+16m 现浇连续梁,下部结构为桩柱式桥墩和肋式桥台,钻孔灌注桩基础。本桥钻孔灌注桩共 14 根,其中桥台桩基 ϕ1.5m,8 根,264m;桥墩桩基 ϕ1.5m,6 根,264m。

本桥在建设中的特点及难点主要有:一是该现浇箱梁桥施工难度大,安全风险高,支架搭设复杂;二是桥梁结构形式复杂,资金投入大,下部结构有圆形墩与矩形墩两种,其中有 2 根桩基础施工在已建成的赤承高速公路中央分隔带内,保通措施难度较大,安全风险较高,现浇箱梁曲面半径小,支架搭设方案及施工难度较大;三是协调难度大,互通区内立体交叉错综复杂,赤承高速公路已通车运营,所以从干扰因素角度及拟建桥梁互相交叉,都需要周密计划,合理安排施工顺序与周期,拟建桥梁与现有高速交叉,需要采取严格防护措施以确保施工安全。经过所有参建单位的共同努力和全体施工人员的艰苦奋战,大桥在规定工期内完工。

四、科技创新

(一)新技术应用

(1)全线测设采用全球定位系统(GPS)布线、放样,采用 CAD 辅助设计进行计算绘图,更多地减少了人为误差产生的概率。

(2)全线工程管理实现网络化管理,实现项目管理资源共享,计量支付、财务管理网络化,计算机技术得到大力推广,办公无纸化。

(3)引入美国 SHARP 设计理论——Sperpave 设计理念进行设计,使得沥青混合料设计阶段试验室压实过程更接近实际行车荷载的作用,对减少和降低沥青路面早期病害如水损害、车辙、拥包等起到重要作用。

(4)在构造物混凝土施工中采用大面积模板进行施工,增强了混凝土结构物外观整体效果,减少了原来小块模板拼接过程中容易产生的漏浆、胀膜、模板或脚手架崩塌等事故发生。

(5)部分构造物基坑开挖过程中引进井点降水技术,该技术的引进与推广应用,使得在风积沙地质条件下构造物扩大基础基坑开挖、桩基破桩头等工序得到大量简化,基坑开挖速度得到很大提高,开挖困难得到极大降低,起到了巨大的经济效益和工期效益,得到施工单位的普遍认同和推广。

(6)大中桥梁柱式(肋式)墩台身顶混凝土防裂施工工艺取得重大突破。由于柱式(肋式)墩台自身特点,顶端横截面小,高度方向数值较大,这就造成混凝土浇筑过程中由于混凝土实际施工水灰比与设计间的偏差、振捣程度的大小、粗细集料的离散性等等因素造成随着混凝土浇筑高度的升高,混凝土顶面浮浆越来越多,在强度形成过程中由于顶面部分基本为浮浆,无粗骨料填充,因此容易产生纵横向细微收缩裂缝。在本项目中通过技术攻关很好地解决了该质量通病。

(7)工程中采用了钢筋保护层的控制及预应力钢绞线管道的定位工艺。

(8)为保证路基填筑质量,提高路基的整体强度与均匀性,减小工后沉降。好通项目首次大面积采用冲击压实技术对路基基底、高填方路堤进行强夯处理。通过试验段施工确定强夯施工工艺、方法,收集施工中的各项技术指标参数,经过现场检测,达到了良好的压实效果,为后续路基施工提供了强夯施工工艺控制依据。

(9)沥青碎石撒布一体机的应用。

(10)长直线段彩色路面与振动标线、隆声带的应用。

(11)软基处理及高填方路基强夯处理。

(二)科研课题

科研课题一:高稳定性废胎胶粉改性沥青在寒冷地区路面中的应用技术研究

1. 立项背景

据统计,我国是世界上第三大轮胎生产国,仅次于美国和日本,2002年的废轮胎达到8000万条,并以每年12%的速度增长,到2005年达到1.2亿条,到2010年将达到2亿条,而目前每年的废轮胎处理量只有14%左右,这样大规模的废旧轮胎将会带来巨大的社会环保问题。由于胶粉改性沥青中掺入的橡胶粉含量较大,一般要在15%以上,所以将废轮胎制成胶粉加入沥青中,制成胶粉改性沥青应用在公路工程中,在全面提高路面质量的同时又是一个解决废橡胶轮胎固体污染的理想途径。

2. 研究内容

结合依托工程中使用材料,通过试验、分析,提出高稳定废胎胶粉改性沥青的技术指标,路用最佳配合比。主要研究内容如下:

(1)高稳定性废胎胶粉改性沥青的改性机理和生产工艺研究;

(2)高稳定性废胎胶粉改性沥青的路用指标及配合比研究;

(3)高稳定性废胎胶粉改性沥青的筑路施工工艺研究。

3. 取得的经济和社会效益

通过课题的开发研究总结高稳定性废胎胶粉改性沥青的生产、施工工艺,为高寒地区路面病害治理的设计、施工提供可靠依据,开发研究的高稳定性废胎胶粉改性沥青与SBS改性沥青相比,每吨至少便宜500元;其路面混合料与SBS改性沥青路面混合料相比,至少每立方米便宜2~5元;如果经研究可适当减薄沥青路面的结构层厚度,届时其经济效益将巨大。

科研课题二:柔性基层乳化胶结剂的应用研究

1. 立项背景

由于半刚性路面损坏后维修费用大,在国外采用较厚的沥青层的柔性路面,可降低传统的沥青层底开裂和避免结构性车辙。传统的疲劳开裂可能性大大降低,疲劳损伤的路面损坏主要是集中于面层的顶部(2.5~10cm),经济处理方式是将损坏顶层或面层铣刨、罩面或者加铺,沥青面层可以再生利用,使得在规定年限内不需要大的结构性重修或重建。但因为沥青混合体造价较高,同时,在广大的平原地区往往缺乏碎石,为了节约工程造价、提高我国公路路面的营运使用寿命,非常有必要开展能取代沥青混合料做全柔性路面基层和底基层的聚合乳化胶结料的设计、施工技术研究。

2. 研究内容

本科研针对目前国内外路面、聚合乳化胶结料稳定材料的设计方法进行广泛调研、室内试验、分析和典型工程现场试验。具体应通过调研选择 soilfix 的性能指标;依据多层弹性理论,引入区域性聚合乳化胶结土石材料性能参数;通过工程使用路基土的填料性质与砂石、soilfix 进行设计配合比参数试验;通过路用性能实验确定聚合乳化胶结料的最佳设计施工参数;通过室内外试验及计算机模拟分析,确定路面结构设计;通过现场试验确定施工检测方法;通过设计、施工和检测方法的总结提出《聚合乳化胶结料路面基(底)层设计施工技术规程》。

(1)利用路基填土进行土石材料转化路用资源的优化调配研究;

(2)聚合乳化胶结剂选择应用研究;

(3)聚合乳化胶结剂稳定路基填土的土石材料转化路用性能研究;

(4)聚合乳化胶结料基层路面结构设计方法研究;

(5)聚合乳化胶结料基层施工与质量检验评定方法研究。

本实验研究课题依托工程为好通高速公路木里图连接线 K13 + 315 ~ K13 + 465 段,试验段长度150m。课题组由内蒙古通辽市交通科研所承担,参加单位有武汉广益交通科技股份有限公司、台湾中原大学。

课题分别实施了 2 种路面结构进行试验,其中,第一种路面结构层的里程桩号为连接线 K13 + 315 ~ K13 + 365,试验段长 50m,结构形式:原设计沥青路面面层(5cm) + soilfix 固结风积沙固结层(20cm) + 碎石水泥稳定层(32cm);第二种路面结构层的里程桩号为连接线 K13 + 365 ~ K13 + 465,试验段长 100m,结构形式:原设计沥青路面面层(5cm) + 弹韧性混凝土(20cm) + 碎石水泥稳定层(32cm)。现场试验段的实施于 2012 年 8 ~ 9 月,全面完成现场的试验测试工作于 2012 年 10 月底。

施工完成后根据大纲计划采集依托工程科研试验段路面每施工 5cm 沥青面层前的回弹模量检测试验数据和路面回弹模量检测试验数据对比分析;其后至今正在进行室内模拟实际路面结构层的行车动力的应力应变测试试验,计算机模拟计算分析,整理研究成果。

3. 取得的主要成果和社会经济效益

在内蒙古地区地域广阔,土质中多沙少石,对于半刚性或沥青柔性路面的底基层和基层结构所需的砂石材料比较缺少,采用属风积沙的筑路土料或含砂砾石的土料拌和soilfix胶结剂做路面的基层和底基层将可大大节约费用投资。研究路基填土通过聚合乳化胶结作为路面基层的设计施工方法,其成果将具有广阔的社会应用前景。

五、运营养护管理

G2511 该段路线养护里程为 90.6km,养护管理由通辽市公路管理处负责;运营收费管理由内蒙古收费公路监督管理局通辽分局负责。G2511 好力堡至通辽段收费(所)站、服务区等设置情况见表 8-56,车流量发展状况见表 8-57。

G2511 好力堡至通辽段收费站(所)、服务区等设置情况　　表 8-56

类别	数量	名称	建筑面积(m²)	占地面积(亩)
收费站(所)	5	省界主线收费站	1940	12
		甘旗卡匝道收费站(附设养护管理所)	5050	30
		阿古拉匝道收费站	1500	8
		木里图匝道收费站(附设养护管理所)	3200	20
		通辽东主线收费站(扩建)	879(扩建)	11.4(新增)
服务区	2	博王服务区	4500	80
		科尔沁服务区	5050	80
停车区	1	伊胡塔停车区	100	14
超载超限检测站	1		1105	30

G2511 好力堡至通辽段车流量发展状况表(单位:辆/昼夜)　　表 8-57

收费站(所)	年份					
	2011 年	2012 年	2013 年	2014 年	2015 年	2016 年
好力堡收费站	—	—	90	1649	1675	1761
甘旗卡匝道收费站	—	—	30	401	456	468
阿古拉匝道收费站	—	—	23	57	112	147
木里图匝道收费站	—	—	94	291	312	370
通辽东主线收费站	33	—	—	1776	2031	1111

第十二节　G45 大庆至广州高速公路内蒙古段

G45 大庆至广州高速公路是国家高速公路网"71118"规划的第 5 条纵线,也是"十一五"期间重点建设"四射五纵十横及四个重点路段"的"四个重点"之一。线路起点为黑龙江省大庆市,途经松原—四平—通辽—赤峰—承德—北京—廊坊—衡水—邢台—邯郸—濮阳—新乡—开封—周口—驻马店—信阳—黄冈—黄石—九江—宜春—新余—吉安—赣州—河源—韶关—惠州,终点为广州。路线全长 3460km。

大广高速公路是连接东北、华北、华中与华南的交通大动脉,也是京、港、澳高速公路的重要辅助通道,大广高速公路的南北贯通对于加强东北、华北地区与南方省市之间的经济联系、加快经济发展的步伐将起重要的推动作用,对改善路网布局将起到重要作用,对促进沿线经济的发展及产业调整、自然资源开发、特色产业升级都具有重大意义。

大庆至广州高速公路内蒙古境内项目是内蒙古自治区"三横、九纵、十二出口"规划的重要组成部分,是连接东北地区和华北地区的一条重要的对外通道和经济主干线。该公路的建成对完善国家和内蒙古交通运输网络、促进沿线地区旅游和经济发展具有重要意义。大广高速公路内蒙古段包括双辽(吉林内蒙古界)至通辽段、通辽至阿布海段、阿布海至塔甸子段、塔甸子至下洼段、赤峰境内下洼至撒力巴段、撒力巴至赤峰段、赤峰至茅荆坝(内蒙古吉林界)等7个项目,全程约548km,跨越通辽、赤峰2个盟市,总投资186.40亿元。

路网关系:G45(大广高速公路)内蒙古段路网关系如图8-11所示。

图8-11　G45(大广高速公路)内蒙古段路网关系示意图

Ⅰ　G45大广高速公路双辽至通辽段

一、项目概况

(一)基本情况

双辽至通辽段位于内蒙古自治区通辽市科尔沁区境内,起点位于辽宁、内蒙古两省(区)接线点新开河,终点位于通辽东邢家窝堡。路线所经主要控制点为:两省(区)接线点新开河、大瓦房、西辽河、巴彦塔拉农场、大郑铁路、小吐尔基山、白音忙哈、乌兰敖道苏木、洪河、清河、界力吐、邢家窝堡(赤通高速公路终点)。路线全长93.502km。

双辽至通辽段主线采用新建双向4车道高速公路建设标准,设计速度100km/h,路基宽度26m,路面形式为沥青混凝土路面,桥涵设计汽车荷载采用公路—Ⅰ级。全线设桥梁19座、2204.67m,其中大桥2座、1071.04m,中桥17座、1133.63m;全线设奈曼服务区1处服务区,奈曼、奈曼东2处收费所;全线桥隧比3.38%。

双辽至通辽段2009年5月开工建设,于2011年11月9日通过交工验收、通车试运营。

(二)前期工作

1. 立项审批、资金筹措

2007年5月24中华人民共和国水利部以《关于国家高速公路网大庆至广州公路双

辽(内蒙古吉林界)至通路段水土保持方案的复函》(水保函〔2007〕144号)批复水土保持方案;

2008年2月14日国家环保总局以《关于国家高速公路网大庆至广州公路双辽(内蒙古吉林界)至通路段工程环境影响报告书的批复》(环审〔2008〕48号)批复环境影响报告;

2015年4月5日国土资源部以《关于大庆至广州高速公路双辽(吉林内蒙古界)至通路段公路工程建设用地的批复》(国土资函〔2015〕158号)批复建设用地;

国家发改委2009年1月24日以《关于内蒙古自治区双辽(吉林内蒙古界)至通辽公路可行性研究报告的批复》(发改基础〔2009〕303号)批复工程可行性研究报告;

交通运输部2009年4月7日以《关于双辽(吉林内蒙古界)至通辽公路初步设计的批复》(交公路发〔2009〕166号)批复初步设计;

内蒙古自治区交通运输厅2010年12月23日以《关于大庆至广州高速公路双辽(吉林内蒙古界)至通辽段两阶段施工图设计的批复》(内交发〔2010〕748号)批复施工图设计。

本项目初步设计总概算为32.33亿元,建设资金来自项目资本金38.4%和国内银行贷款61.6%。

2. 招投标工作

本项目招标投标工作严格按照《中华人民共和国招标投标法》《公路工程施工招标投标管理办法》和《公路工程施工监理招标管理办法》等法律、法规进行。

本项目于2008年4月7日在中国采购与招标网、内蒙古自治区交通厅网站上发布勘察设计招标公告,共划分为两个合同段。于2008年5月5日进行了开标,并于5日至6日进行了封闭式评标,确定中标单位2家。分别为公路土建设计单位和交通工程设计单位。

本项目委托内蒙古远思工程招标代理有限公司对双通高速公路土建施工及监理进行了公开招标,招标采用资格预审。土建施工共划分为9个合同段,监理共划分为6个合同段。于2009年3月3日在中国采购与招标网、内蒙古自治区交通厅网站上发布了土建施工及监理资格预审公告公开招标,于3月25日至28日完成了资格评审,于4月3日向通过资格评审的投标人发出投标邀请书,于4月24日进行了公开开标,至4月26日评标结束,于4月27日至5月2日进行了中标候选人公示。于5月3日向中标人发出中标通知书并按照招标文件规定签订了合同协议书。共确定施工单位9家,监理单位6家。

本项目委托内蒙古智信达招标代理公司对房建工程施工及监理进行了公开招标,招标采用资格预审。于2010年7月22日在中国采购与招标网、内蒙古自治区交通运输厅网站上发布了资格预审公告,于8月5~7日完成了资格评审,于9月3日开标,至9月5日评标结束,于9月7日至13日进行了中标候选人公示。于9月14日向中标人发出中标通知书并按照招标文件规定签订了合同协议书。共确定房建施工中标单位8家、监理1家。

本项目安全设施及机电工程招标委托内蒙古华通招标代理公司进行公开招标,采用双信封方式招标。于2011年3月24日在中国采购与招标网、内蒙古自治区交通厅网站上发布了招标公告,于4月15日进行了第一信封开标,至4月18日完成了评标报告,于4月22日至28日进行了中标候选人公示。于4月29日向中标人发出中标通知书并按照招标文件规定签订了合同协议书。共确定中标单位12家,其中护栏防眩3家,隔离栅2家、标志标线2家、机电1家、管道2家、供电1家、机电监理1家。

本项目绿化工程招标采用双信封最低投标价法,于2011年3月24日在中国采购与招标网、内蒙古自治区交通运输厅网站上发布招标公告,并发布了001~007号补遗书对招标文件进行了补充,根据补遗书规定,于12月23日发布了投标控制价,于2012年1月5日开标,至6日完成了评标报告,于1月10日至16日进行了中标候选人公示。于1月18日向中标人发出中标通知书并按照招标文件规定签订了合同协议书。

本项目旧路恢复工程招标采用公开招标,双信封方式招标。于2012年1月9日在中国采购与招标网、内蒙古自治区交通运输厅网站上发布了招标公告,于1月9日至1月13日发售了招标文件,于2月10日公开开标,至12日完成了评标报告,于2月15日至21日进行了中标候选人公示。于2月22日向中标人发出中标通知书并按照招标文件规定签订了合同协议书。共确定中标单位4家,其中旧路恢复施工监理2家、旧路恢复施工2家。

本项目重要材料、检测项目、污水处理、技术服务也按照相关规定全部进行了招标。

3. 征地拆迁

2008年12月开始进行土地勘界工作招标。2009年4月23日签订占地协议。林地占用手续6月份全部完成,确保了工程项目如期开工建设。国土资源部《关于大庆至广州高速公路双辽(吉林内蒙古界)通辽段公路工程建设用地的批复》(国土资函〔2015〕158号)批复建设用地9720亩,双通高速公路实际用地未超过批复用地面积。2009年6月主线征拆工作基本完成。全线永久性征用土地9622.0亩,其中共征耕地354.7575亩,林地2580.49亩,草场421.41亩,拆迁房屋9911.62m^2,征地拆迁补偿费18173.25万元。

(三)参建单位

主管单位:内蒙古自治区交通厅

建设单位:通辽市交通局

现场管理单位:通辽市双辽至通辽高速公路建设项目管理办公室

质量监督单位:内蒙古自治区交通建设工程质量监督局

通辽市公路工程质量监督站

勘察设计单位:内蒙古交通设计研究院有限责任公司

中国公路工程咨询监理公司

施工单位：青海路桥建设股份有限公司
中国航空港建设第十工程总队
河北路桥集团有限公司
保定申成路桥有限责任公司
中铁十一局集团第五工程有限公司
安徽水利开发股份有限公司
中铁五局集团机械化工程有限责任公司
湖南湘潭公路桥梁建设有限责任公司
中铁九局集团有限公司等32家

监理单位：通辽市环宇监理咨询有限公司担任(总监办)
内蒙古晟昱公路工程监理有限公司(驻地办)
沈阳方正建设监理有限公司
武汉广益工程咨询有限公司
湖北中交公路桥梁监理咨询有限公司
内蒙古华讯工程咨询监理有限公司
通辽市大地工程建设监理有限公司
北京兴通交通工程监理有限公司等9家

二、建设项目管理

（一）项目管理机构

本项目法人由通辽市人民政府2009年2月15日以《关于成立双辽(吉林内蒙古界)至通辽高速公路建设项目法人的通知》(通政字〔2009〕30号)批准成立，批准法定代表人1人、技术负责人1人、财务负责人1人。建管办内设工程计划部、质检安全部、综合部、财务部4个部门。

（二）项目管理

1. 质量控制

始终贯彻"质量是永恒的主题"这一中心，从原材料抓起、从工序做起，使每一个操作都规范化，每一项检查都标准化，每一个程序都制度化。本着"强化质量意识、明确质量目标、加强现场管理、注重生态环保、坚持质量第一、确保工程优质"的指导思想和建设宗旨，制订了工程质量事故"零"目标。加强宣传，增强质量意识，努力把高速公路建成高质量的优质工程。

建立健全质量保障体系,促进质量保障体系有效运行。扎扎实实推进"政府监督,法人管理,社会监理,企业自检"的质量保证体系建设;明确责任,明确任务,发现问题追究相关人的质量责任。从保证工程质量入手,完善质量目标责任,制订并执行了相应的工程质量奖罚制度,有效地保证了质量,减少了返工现象,加快了工程进度。严格按照质量管理规章制度办事。制订了《工程质量管理办法》《质量安全管理奖惩细则》《监理实施细则》《建设管理办法》和《工程内业资料整理范本》等制度和办法。

强调事前控制。制订了严格的日常巡视制度,对薄弱环节、隐蔽工程、关键部位、重点工序进行重点监控,把问题消灭在萌芽状态。

在施工过程中重点把好了"四关"。一是原材料质量关,二是中心试验室科学试验关,三是施工工艺关,四是工程工序交接验收关。

充分发挥监理的管理作用。坚持持证上岗,监理人员必须经过培训,并持有相关的资质证书,持证上岗。充分发挥监理的作用,特别是监理的旁站作用,驻地监理坚持每日巡检制度。建管办对各级监理人员到岗情况进行经常性检查,以保证监理工作健康有序地进行。

2. 安全生产管理

建立健全组织机构,加强组织领导,全面落实安全生产责任制,为安全生产提供了组织保证。

坚持"安全第一、预防为主、综合治理"的工作方针,建管办成立了安全生产领导小组,狠抓责任制落实,强化责任追究制,真正形成一级对一级负责的安全生产格局。建管办、总监办、驻地办、承包人逐级签订安全生产责任状,做到责任明确,层层负责,落实到人。

认真学习和严格贯彻执行各项安全生产规章制度,全面提高安全生产管理水平。加强安全管理基础性工作,做到事前教育,事前警示,完善安全生产监管体系,加强安全制度执行力的监管。坚决查处违章行为,坚持"严"字当头,坚决查处和纠正"三违"行为,杜绝违章指挥、违章操作、违反劳动纪律现象。

强化全体参建者安全生产意识和自我防范意识,采取定期巡查、重奖重罚等措施,将事故苗头消灭在萌芽状态。加强对施工现场、驻地、关键部位的重视管理,查找薄弱环节,堵塞管理漏洞,确保施工作业的安全。积极组织安全人员培训,积极组织安全演练;与安监局等部门联动,先后组织开展防火等安全应急演练10余次,有效提升了应急事件快速反应能力;各单位均按建管办要求制订了防汛应急预案,突发事件预案,疾病防控预案,落实了24小时值班制度;为了更好保证工地安全,派出所人员常驻双通三标工地维护治安。

建立各类安全生产台账及危险源辨识和事故隐患登记、告知和销号制度,纳入信用评价体系管理,实行分级负责,形成业主、监理、施工单位三位一体安全生产齐抓共管的良好局面。同时实行有效的安全计量支付,使安全生产经费用到了"刀刃"上。

在建设期间,未发生任何安全生产责任事故。

3. 进度管理

明确目标、统筹计划。开工前建管办下达的工程总体实施计划和年度计划。各施工单位根据总体实施计划和年度计划编制详细的月计划、旬计划,并以此为考核依据,以确保年计划的实现。

制订进度管理考核依据,强化阶段考核。建管办把进度目标和质量结合起来,在工程施工过程中,对各施工单位工程完成情况进行对照考核,奖优罚劣。制订奖惩办法,开展劳动竞赛。按照《公路工程建设项目奖惩办法》《质量管理现场奖罚办法》,进行奖惩。对多次完不成计划任务的标段采取传真或电话方式通知施工单位总公司进行解决。对完成任务确实有困难的标段强制进行分割工程量。各施工单位生产积极性被充分调动,掀起大干高潮,形成"比、学、赶、帮、超"的良好氛围。

加大巡视频率,实行现场办公,及时协调解决问题。建管办、各监理单位、施工单位工程技术人员始终巡回在施工现场,对施工中遇到的技术、工程变更等问题及时予以解决。

加强现场管理,实行超前预控。牢牢抓住备料制约工程进度的这个关键环节,及时采取有力措施,拨专项备料款,利用冬季便道通行便利,足量进行储备,确保工程建设按计划、有步骤地快速推进,为工程按期完工赢得了宝贵的时间。

合理使用资金。为确保工程建设资金运转良好,制订了严格的财务管理制度,保证工程款及时支付,并定期和不定期检查承包商资金使用情况,发现问题及时处理,确保资金全部用在工程上,使工程顺利进行。

4. 合同管理与变更管理

双通高速公路实行合同制管理模式。从工程开始就按照标准建设程序全面实行了公开招投标制、承包合同制、施工监理制及项目法人制,较好地控制了工程质量、工期、造价,随着四项基本建设制度在双通公路建设中的贯彻落实,规范化的合同管理已成为一项贯穿于工程建设全过程的主要工作。

建章立制、狠抓落实,强化合同管理,及时合理地解决合同执行中的问题,保证了建设管理的制度化、程序化、规范化。

建立工程建设分级管理制度,明确责任、分级管理,建立和完善质量管理网络:即严格分清建设单位、设计单位、监理单位、施工单位各自职责。坚持以合同为依据,以质量、进度、造价控制为核心,以检测数据为基础,严格落实分级管理制度。

以合同为依据,及时办理计量支付和设计变更。工程施工合同为单价承包合同,为了规范工程计量支付管理,控制工程投资,对超出清单数量的项目要办理变更,并及时建立工程变更台账及工程变更计量支付台账。从而保证了工程变更的时效性和准确性。

5. 工程造价管理

在投资执行阶段,建管办认真贯彻执行国家有关基本建设的方针、政策、法律、法规和有关规定,对项目的设计、监理、施工等项目全部进行了招投标,有效地控制了工程造价,将投资严格控制在批复的施工图预算限额内。

三、科研课题

科研课题一:内蒙古寒冷地区混凝土简支梁桥沥青混凝土桥面铺装技术研究

1. 立项背景

桥面铺装的受力与一般的路面结构受力有较大的区别,在很大程度上铺装层受主梁变形的牵连与约束,而桥面铺装的设计与施工一直沿用传统的做法,在进行桥梁结构设计时,对桥面铺装层一般也不作为专门的计算分析,铺装层的受力分析存在"盲区"。在现行桥梁设计中,桥面铺装只是作为一般的构造层来处理,对它并不进行受力计算。《公路桥梁设计通用规范》(JTG D60—2004)中只是对各级公路桥面铺装层厚度给出了建议值。由此看出,规范中并未明确规定铺装层的设计计算方法,对铺装层的受力特点、材料选用及构造措施缺乏研究,特别是没有考虑到结构物形式、结构物所处环境等因素的影响。因此如何针对桥梁结构形式、特殊气候条件及主梁的受力情况等,分析铺装层的受力特性、正确合理地设计铺装层是需要研究的关键课题。

2. 研究目的

本项目以内蒙古双辽至通辽高速公路工程为依托,在深入分析桥面铺装病害产生机理及其影响因素的基础上,通过调查研究寒冷地区混凝土梁桥桥面铺装使用现状、存在的问题、病害机理、施工工艺及质量控制现状等,主要针对内蒙古地区常用的简支梁式桥这种结构形式,根据气候特点系统研究寒冷地区混凝土梁式桥桥面铺装设计方法及施工工艺,有效减少桥面铺装病害,达到提高桥面整体质量的目的。

3. 主要研究内容

(1)寒冷地区混凝土梁桥桥面铺装使用现状的调查与分析。

(2)桥面铺装体系力学性能分析。

主要解决以下问题:一是确定最不利荷载位置;二是根据桥面铺装的受力和变形特性,对桥面沥青混凝土及防水黏结材料性能提出技术要求;三是分析铺装层层间以及铺装层与桥面之间结合状况对桥面铺装应力及应变的影响,对铺装层设计提供理论依据;四是铺装层各项参数(主要包括铺装层厚度、铺装层劲度模量、防水层厚度等)的敏感性分析及优化设计。

(3)不同跨径梁桥铺装层受力特性分析。

利用有限元方法分析不同跨径时,桥面铺装层内及界面应力分布规律。

(4)桥面铺装层温度应力分析。

桥面铺装层在温度影响下会产生温度应力。在日照升温、降温等因素的作用下,桥面铺装层中出现的许多裂纹,与温差应力有着密切的关系。因此,应进行桥面铺装温度场分布情况的分析,以研究温度变化对桥面铺装层应力分布的影响规律。

(5)桥面铺装层材料性能研究。

通过试验研究,分析沥青铺装材料和防水黏结材料的各项力学性能和路用性能,为桥面铺装选择合格的材料提供技术支持。

(6)施工工艺研究。

针对所选择的沥青铺装层材料类型,研究铺装层材料的拌和、运输及摊铺碾压等环节,主要从施工机具的准备、配置,施工过程控制,施工质量检验等方面进行研究,解决施工中可能出现的问题,使铺装层达到质量要求。

4.经济效益及社会效益分析

本项目结合了内蒙古寒冷地区大温差气候特点和原材料情况,研究针对内蒙古地区常用结构形式桥梁的桥面铺装设计方法。可以大大改善桥面铺装的受力性能,减少病害发生,提高桥梁的整体质量,保证桥梁结构的耐久性,其技术经济效益十分明显。

(1)将废旧橡胶轮胎粉改性沥青用于桥面铺装、防水黏结层,可增强铺装层的低温性能,使废旧物得到利用,减少了黑色污染,对发展循环经济、保护环境具有重要的经济和社会效益。

(2)本项目提出的铺装层设计方案保证了桥面铺装层在温度骤降和大温差情况下正常工作,减少了桥面病害,节省了养护维修费用。

(3)通过施工工艺研究,提高铺装层压实质量,达到良好的技术效果。

本项目所开发的内蒙古寒冷地区混凝土梁桥桥面铺装设计和施工关键技术,不仅具有很好的技术效益,而且能降低桥梁的养护维修费用,延长桥梁的服役年限,延长维修周期,由于使用废旧橡胶轮胎,具有显著的经济效益、环境效益和社会效益。

"内蒙古寒冷地区混凝土简支梁桥沥青混凝土桥面铺装技术研究"已通过自治区交通运输厅专家鉴定。专家称此项研究成果"具有创新性、实用性和较好的经济、社会效益,推广应用前景广阔,总体达到国际先进水平"。

科研课题二:公路沙害防治技术与设施维护技术指南

1.立项背景

虽然现今对公路防沙治沙技术进行了系统的研究,也取得了一系列的科技成果,特别是在固沙技术的更新换代方面取得了长足的发展,在行业内外也产生了不小的影响,一些新型的固沙技术在行业内外得到了推广,取得了不俗的成效,但在成果推广和实际应用中仍然不可避免地出现了一系列这样或那样的实际问题,比如沙障设置位置的不正确,把路侧流沙恰好输到公路上,造成沙阻或影响正常的通行,在公路上风侧边坡上设置沙障等,使得固沙效果和技术的推广效果大打折扣,这一方面是具体的操作人员专业技能的缺乏,另一方面具体在沙障时没有一个可供严格执行的技术规程或指南作为推荐技术使用的纲领性文件。因此,公路防沙治沙技术指南的编制既是科技成果高效转化为生产力的内在趋势,也是保障公路正常营运的客观需求。

2. 研究目的

编制标准化和规范化的公路治沙指南,使其在实际使用中获得更好的效果。

3. 主要研究内容

工程防沙技术、植物防沙技术、边坡防护技术、路域植被管理、防沙体系维护

4. 开展情况

本工程地处科尔沁沙地,沙化严重,其中科尔沁区属于水土保持重点预防保护区,科尔沁左翼中旗和科尔沁左翼后旗属于水土保持重点治理区,风沙危害是工程沿线主要的生态问题,也是路基安全的主要威胁。因此,防风固沙成为本工程主要的生态防护工作内容之一。

为了防风固沙,同时保证植物措施成活率,在路基、路堑边坡搭设沙障,隔离栅栏内完成搭设沙障2177.4亩。此外,由于双通高速公路科左后旗境内45km路段沿线沙化严重,双通高速公路建管办与当地政府合作,实施"科左后旗退耕治沙工程",设立"科左后旗生态保护区"。在该路段路基两侧布设沙障,根据风向情况分别采取不同的平面布设形式,在主风向基本稳定的地方,一般应与主风向正交设置带状沙障;在主风向不稳定或有较强的侧向风的地方,设置网状沙障。沙障一般由柴草、农作物秸秆活树的枝条做成,沙障内实施乔、灌、草相结合的植物措施,隔离栅栏外完成搭设沙障1426.2亩。

从现场来看,目前沿线防风固沙效果较好,公路沿线根据周围环境特征,采用草灌结合、沙障与防护林结合的措施,选用辽东丁香、榆叶梅、柠条儿锦鸡,沙蒿、紫穗槐、苜蓿等本地物种,对沿线两侧100~300m范围全面布设沙障绿化,共计投资3470.76万元。既保证了沿线路基免受风沙灾害威胁,又防止了水土流失。

5. 取得的主要成果和社会经济效益

通过提出各项固沙技术适用条件和范围,提出参考性附录,提出规范性附录及对个别固沙问题进行工程验证。从而提交规范化和标准化的项目指南,有效指导公路治理沙害,减少养护成本。

四、运营养护管理

G45 该段路线养护里程为 93.502km,养护管理由通辽市公路管理处负责;运营收费管理由内蒙古收费公路监督管理局通辽分局负责。G45 大广高速公路双辽至通辽段收费站(所)、服务区等设置情况见表 8-58,车流量发展状况表见 8-59。

G45 大广高速公路双辽至通辽段收费站(所)、服务区等设置情况　　表 8-58

类 别	数 量	名　　　称	建筑面积(m²)	占地面积(亩)
收费站(所)	3	欧里收费站(省界主线)	1566.31	13
		巴彦塔拉收费站	1016	9
		大林收费站	1109.7	9
服务区	2	乌兰服务区	4527.4	12
		巴西服务区	4523.76	12
养护工区	2	巴彦塔拉养护工区	2110.88	9
		大林养护工区	927.21	9
卸载点	1	欧里卸载点	950.8	26

G45 大广高速公路双辽至通辽段车流量发展状况表(单位:辆/昼夜)　　表 8-59

收费站(所)	年　份					
	2011 年	2012 年	2013 年	2014 年	2015 年	2016 年
大林	3	228	149	665	780	795
巴彦塔拉	3	227	178	178	345	365
欧里主线	4	278	325	325	574	811

Ⅱ　G45 大广高速公路通辽至阿布海段

一、项目概况

(一)基本情况

大庆至广州高速公路通辽至阿布海段项目位于内蒙古自治区通辽市境内,路线起点通辽东,经姜家窝铺、官银号、白音敖包,沿现有的国道 111 线南侧布线,终点位于阿布海牧铺,主线全长 70.639km。

主线采用新建双向 4 车道高速公路建设标准,设计速度 100km/h,路基宽度 26m,路面形式为沥青混凝土路面,桥涵设计汽车荷载采用公路—Ⅰ级。全线设桥梁 17 座 1819.6m,其中大桥 1 座 609m,中桥 16 座 1210.6m;全线余粮堡服务区 1 处、通辽停车区 1 处、余粮堡、通辽南、通辽东收费所 3 处;全线桥隧比 2.58%(1819.6/70640)。

本项目 2005 年 3 月开工建设,2007 年 10 月通过交工验收,具备通车试运行条件。

(二)前期工作

1. 立项审批、资金筹措

2004年9月4日,内蒙古自治区发展和改革委员会以《关于阿荣旗至北海省际通道支线赤峰至通辽高速公路阿布海至通辽段公路工程可行性研究的批复》(内交发基础字〔2004〕1549号)批复了项目可行性研究报告;

2004年10月11日内蒙古自治区交通厅以《关于阿荣旗至北海省际通道支线赤峰至通辽高速公路阿布海至通辽段公路两阶段初步设计的批复》(内交发〔2004〕703号文件)批复初步设计;

2005年8月23日内蒙古自治区交通厅以《关于阿荣旗至北海省际通道支线阿布海至通辽高速公路两阶段施工图设计的批复》(内交发〔2005〕467号)文件批复施工图设计。

本项目初步设计总概算为26.28亿元,建设资金来自项目资本金25%和国内银行贷款75%。

2. 招投标工作

根据《中华人民共和国招标投标法》的有关规定,建设单位依法成立了招标办公室,并在自治区交通厅的指导下编制了资格预审文件,招标文件等相关资料。

2004年9月8日在中国采购招标网、《中国交通报》《内蒙古科技报》《内蒙古交通报》刊登土建工程资格预审通告,对通过资格预审的施工、监理单位发出了投标邀请书。招标办及自治区交通厅组织有关专家、工作人员组成评审委员会。2004年10月20日至10月21日开标,2004年10月28日发放中标通知书,2004年10月30日进行合同谈判,确定了土建施工单位、监理单位。

2006年6月25日在中国采购招标网、《内蒙古交通报》刊登房建工程资格预审通告,招标办对通过资格预审的施工、监理单位发出了投标邀请书。2006年8月17日开标,2006年8月30日发放中标通知书,2004年8月31日进行合同谈判,确定了房建施工单位、监理单位。

2006年10月10日在中国采购招标网、《中国交通报》刊登安全设施及机电工程资格预审通告,对通过资格预审的施工、监理单位发出了投标邀请书。2007年3月14日开标,2007年3月29日发放中标通知书,2007年4月3日进行合同谈判,确定了安全设施及机电工程施工单位。每次签订合同之前,都将评标结果报自治区交通厅市场管理委员会批准。

本项目招标投标工作严格按照《中华人民共和国招标投标法》《公路工程施工招标投标管理办法》和《公路工程施工监理招标管理办法》等法律、法规进行。土建工程、房建工程、交通工程、机电等工程施工、监理单位均采用国内公开招标方式产生,分别确定11家监理单位、15家土建施工单位和27家其他施工单位等参与本项目建设施工。

3. 征地拆迁

本项目征地拆迁工作于2005年3月启动,2005年9月主线征拆工作基本完成。全线永久性征用土地5454.5亩,其中共征耕地3239.8亩,林地53亩,草场2161.7亩,拆迁房屋911.2m²,征地拆迁补偿费13297.40万元。

(三)参建单位

主管单位:内蒙古自治区交通厅
建设单位:通辽市交通局
现场管理单位:通辽至下洼高速公路建设项目管理办公室第一执行办公室
质量监督单位:内蒙古自治区交通建设工程质量监督局
　　　　　　通辽市交通建设工程质量监督站
勘察设计单位:内蒙古自治区交通设计研究院有限责任公司
施工单位:河北路桥集团有限公司
　　　　通辽市交通工程局
　　　　四川武通路桥工程局
　　　　安通建设有限公司
　　　　东北军辉路桥集团有限公司
　　　　内蒙古自治区公路工程局
　　　　内蒙古联手路桥有限责任公司
　　　　内蒙古自治区公路工程局
　　　　中交二公局第四工程有限公司
　　　　吉林省华一公路建设集团有限责任公司等42家
监理单位:内蒙古交通建设监理咨询有限责任公司
　　　　吉林省公路工程监理有限公司
　　　　鄂尔多斯市公路工程监理所
　　　　通辽市环宇公路监理咨询有限责任公司
　　　　北京正立监理咨询有限公司
　　　　吉林省公路工程监理有限公司
　　　　沈阳方正建设监理有限公司
　　　　内蒙古公路工程咨询监理有限责任公司
　　　　北京兴通交通工程监理有限责任公司

沈阳方正建设监理有限公司

长春经济技术开发区风景园林绿化工程监理有限责任公司

二、建设项目管理

(一)项目管理机构

内蒙古自治区交通厅成立赤通鲁公路监督管理办公室,直接指导工程建设。通辽市人民政府成立了高速公路建设领导小组,2005 年 1 月 20 日通辽市交通局成立了通辽市通辽至下洼高速公路建设项目管理办公室负责高速公路建设。

建设项目管理办公室内设三部一办,即:工程部、财务部、综合部、总监办。建管办还下设 3 个独立法人办公室,即第一执行办(阿通段)、第二执行办(塔甸子至阿布海)、第三执行办(下洼至塔甸子)。第一执行办负责阿布海至通辽段(阿通段)高速公路的建设管理工作。通下高速公路第一执行办设主任 1 人,副主任 1 人,财务负责人 1 人。内设工程部、质检部、财务部、综合部。

(二)项目管理

项目管理依据招投标文件和《中华人民共和国合同法》进行管理。

1. 质量控制

本项目质量管理实行"政府监督、业主管理、社会监理、企业自检"四级管理体制。

本项目质量目标为坚持公路内在质量坚固与外表美观相统一的原则,进一步提高公路工程的安全性、耐久性和美观性,加强公路建设沿线的生态保护,按交通运输部新发布的《公路工程质量鉴定办法》所完成工程质量为优良。工程一般质量问题发生率控制在历史最低水平,杜绝重大质量事故。

在施工过程中,坚持施工标准化、规范化,从原材料抓起、从工序做起,使每一个操作都规范化,每一项检查都标准化,每一个程序都制度化。通过完善的质量保证体系,全面提升质量管理水平,使工程质量管理组织落实,责任到人。

加强宣传,增强质量意识为把高速公路建成高质量的优质工程;建立健全质量保障体系,促进质量保障体系有效运行,严格按照质量管理规章制度办事,明确分工、责任到人;加强材料设备管理;充分发挥监理的管理作用;加强试验室工作,以科学试验指导施工;加强现场管理,强调事前控制,坚持举办技术咨询会。

各项科学研究项目的开展以及研究成果的广泛应用,为有效控制工程质量发挥了重要作用。建管办先后与国内外科研机构、知名大学通力合作,进行 7 项科研项目的研究,并取得了显著成绩。其中,"公路施工生态保障技术研究""西部高寒地区沥青路面结构与材料组成研究与应用""科尔沁沙地风积沙路基击实标准及检测方法研究"等多项科研项目达到了国际领先或先进水平。各项先进研究成果的推广应用,为提高路面平整度、减少桥涵混凝土裂缝、保护生态环境、加快施工进度等均发挥了重要作用。

2. 工程造价控制

作为工程的三大控制目标"质量、工期、造价",工程费用管理成为对工程项目质量、进度等目标全面管理的重要手段和措施。规范使用建设资金,严格控制工程造价,在建设实施阶段把费用控制在批准的投资限额之内,保证项目投资管理目标的实现,从而取得了较好的经济效益和社会效益。

造价控制的重点应是工程变更的确认,项目对施工单位提出的变更,分析有关的合同条款和会议记录,对所报工程量进行严密的审核,对不好确认的工程量,进行现场丈量,初步确定处理变更所需的费用,然后上报监管办进行审核。工程管理上项目严格执行《赤通鲁工程变更管理办法》和《计量与支付管理办法》,客观、公正、合理的处理工程中发生的费用,及时准确的进行有关凭证的签认工作。

财务管理上严格落实财务管理制度,做到有法必循。工程建设中,认真落实各项制度与办法,严格财务管理,严格执行会计制度和资金管理办法,加强合同管理,规范计量支付,保证财务管理的规范化运作,提高财务工作效率。

3. 合同管理

本项目实行合同制管理模式。从工程开始就按照标准建设程序全面实行了公开招投标制、承包合同制、施工监理制及项目法人制,较好地控制了工程质量、工期、造价,随着四项基本建设制度在通下公路建设中的贯彻落实,规范化的合同管理已成为一项贯穿于工程建设全过程的主要工作。建章立制、狠抓落实,强化合同管理,及时合理地解决合同执行中的问题。以合同为依据,及时办理计量支付和设计变更。

4. 廉政建设

党风和廉政建设是公路建设的保障,工程建设队伍要加强警示教育,构筑建设者的思想防线,不断提高思想认识,树立正确的人生观、价值观,增强法纪观念,树立廉洁自律意识,做到警钟长鸣。同时要从干部管理、工程过程管理、财会人员管理、制度完善和具体落实上入手,深入持久地开展反腐倡廉教育活动,并将这一教育渗透到施工现场的每一个角落、每一个人身上。

正确处理好加强廉政建设与保证工程质量的关系,本着"修好一条路,不倒一个人"的工作方针,争取实现工程优良,干部优秀的双优目标。管理人员只有做到了廉洁奉公这一点,对施工单位进行管理时才会有力度,才能够做到令行禁止,政令畅通。

通辽市纪检委、市交通局联合为本项目派驻了纪检特派员,与执行办在一起,参与一切与工程有关的活动,包括各种会议、检查、拨款、事故调查处理、变更设计、占拆协议等,做到不留空隙,不留死角,使得管理工作的一切活动都在阳光下进行,杜绝腐败事件的发生。

三、新技术应用

(一)科尔沁风积沙首次应用于高速公路施工

通下高速公路穿越科尔沁沙地,80%为风积沙路段并利用风积沙填筑路基,没有通用施工技术规范,项目只能参照和借鉴自治区省际通道制订的《风积沙路基施工技术规程》。结合科尔沁沙地特点,执行办、监理单位、施工单位均做试验路,经过上百次试验,确定了以0.074mm含量、有无塑性指数及塑性指数大小进行风积沙四级分类。并明确了对无塑性、级配不良、0.074mm组分含量小于总量5%的风积沙,采用振动台法(湿法)和表面振动仪法确定最大干密度对于有塑性级配不良,0.074mm含量小于5%风积沙,宜用在击实筒试样上垫放钢板进行标准击实试验法,确定最大干密度。在实施中,对最大干密度小于1.83的,又采用对93、94、96区分别震压4、5、6遍,反求相应最大干密度,并以此校核振动法确定的最大干密度(以大者为准),同时用承载板,测定了土基E_0值,再次验证完全达到了设计要求。

(二)采用Superpave新技术,提高路面耐久性

为了延长沥青路面的使用寿命、改善沥青路面的使用性能并减少沥青路面的后期维修费用,本项目与武汉理工大学合作,采用美国公路战略研究计划(SHRP)的重要研究成果——高性能沥青路面技术(Superpave)对沥青面层重新进行了设计,从施工的结果看达到了改善路面使用性能的目的,使面层既粗糙防滑又密实防水,受到了各级领导及专家的好评。

四、运营养护管理

G45该段路线养护里程为70.639km,养护管理由通辽市公路管理处负责;运营收费管理由内蒙古收费公路监督管理局通辽分局负责。G45大广高速公路通辽至阿布海段收费站(所)、服务区等设置情况见表8-60,车流量发展状况见表8-61。

G45大广高速公路通辽至阿布海段收费站(所)、服务区等设置情况 表8-60

类 别	数 量	名 称	建筑面积(m²)	占地面积(亩)
收费站(所)	3	余粮堡收费站	4878	70
		通辽南收费站(附养护工区)		60
		通辽东收费站		
服务区		余粮堡服务区		70
停车区	1	通辽停车区	2436	73.5

G45 大广高速公路通辽至阿布海段车流量发展状况表（单位：辆/昼夜） 表 8-61

收费站(所)	年份					
	2011 年	2012 年	2013 年	2014 年	2015 年	2016 年
余粮堡收费站	53	48	70	128	118	125
通辽南收费站	403	966	895	1124	1324	2354
通辽东收费站	—	—	—	—	—	—

Ⅲ G45 大广高速公路阿布海至塔甸子段

一、项目概况

(一)基本情况

大庆至广州高速公路塔甸子至阿布海段项目位于内蒙古自治区通辽市境内,是自治区东部区第一条新建 4 车道高速公路。路线起点位于下洼至塔甸子段高速公路终点,终点接阿布海至通辽段高速公路起点,路线主要控制点:沿国道线 111 线南侧布线,经黄花甸子、窑营子南侧、满得土村北侧、珍珠、东奈林、孟河浩来、达吉营子、哈图浩来、助力干巴香、勿兰包冷。主线全长 66.546km。

本项目主线采用新建双向 4 车道高速公路建设标准,设计速度 100km/h,路基宽度 26m,路面形式为沥青混凝土路面,桥涵设计汽车荷载采用公路—Ⅰ级。全线设中桥 11 座 774.14m;设东明服务区一处、东来收费站、八仙筒东两处收费站、八仙筒养护工区一处;全线桥隧比为 1.16%(774.14/66546)。

项本项目于 2005 年 3 月开工建设,2007 年 9 月通过交工验收,具备通车试运行条件。

(二)前期工作

1. 立项审批、资金筹措

2004 年 7 月 15 日内蒙古自治区发展和改革委员会以《关于阿荣旗至北海省际通道支线赤峰至通辽高速公路塔甸子至阿布海段公路工程可行性研究的批复》(内交发基础字〔2004〕1548 号)批复了项目可行性研究报告;

2004 年 10 月 19 日内蒙古自治区交通厅以《关于阿荣旗至北海省际通道支线赤峰至通辽高速公路塔甸子至阿布海段公路两阶段初步设计的批复》(内交发〔2004〕702 号)批复初步设计;

2005 年 9 月 20 日内蒙古自治区交通厅以《关于阿荣旗至北海省际通道支线塔甸子至阿布海高速公路两阶段施工图设计的批复》(内交发〔2005〕466 号)批复施工图

设计;

2005年9月26日内蒙古自治区环保厅以《内蒙古自治区环境保护局关于阿荣旗至北海省际通道支线塔甸子至阿布海段公路环境影响报告书的批复》(内环字〔2005〕384号)批准了该项目的环境影响评价报告书。

本项目初步设计总概算为19.35亿元,建设资金来自项目资本金40%和国内银行贷款60%。

2. 招投标工作

2004年9月8日在中国采购招标网、《中国交通报》《内蒙古科技报》和《内蒙古交通报》刊登土建工程资格预审通告。招标办及自治区交通厅组织有关专家、工作人员组成评审委员会,对通过资格预审的施工、监理单位发出了投标邀请书。2004年10月20日~10月21日招标办、自治区交通厅组织有关专家组成评标组评标。

2006年6月25日在中国采购招标网、《内蒙古交通报》刊登房建工程资格预审通告,2006年10月10日在中国采购招标网、《中国交通报》刊登安全设施及机电工程资格预审通告。

勘察设计、土建工程、房建工程、交通工程、机电消防等工程的设计、施工、监理单位均采用国内公开招标方式产生,全线分8个土建合同段和4个驻地办。另外,采用与本项目土建工程招标相同的方式对(主线)收费大棚制作与安装、桥梁支座及伸缩缝、沥青采购及加工、桥梁动静载检测等公开招标并确定符合要求的单位。

项目法定代表人分别与中标单位的土建施工及监理各单位签订了合同协议书。内蒙古自治区纪检委驻交通厅纪检组及内蒙古高速公路公司纪检委对评标全过程监督。

3. 征地拆迁

本项目征拆工作于2005年4月启动。通下高速公路塔阿段共征拆土地:21067.95亩。2005年3月主线征拆工作基本完成。该工程项目总占地面积21067.95亩,其中:农用地19734.75亩(耕地9046.20亩、林地4615亩、草地6016.2亩、其他农用地56.70亩),建设用地337.65亩(宅基地20.55亩、交通用地315.60亩),未利用地995.55亩。拆迁房屋105.57m^2,电力电讯改迁5处,征拆补偿费4545.44万元。

(三)参建单位

主管单位:内蒙古自治区交通厅
建设单位:通辽市交通局
现场管理单位:通辽至下洼高速公路建设项目管理办公室第二执行办
质量监督单位:内蒙古自治区交通建设工程质量监督局

通辽市公路工程质量监督站

勘察设计单位：内蒙古自治区交通设计研究院有限责任公司

施工单位：中原油田建筑集团公司

    内蒙古通辽市交通工程局

    茂名市公路建设有限公司

    天津市雍阳公路工程有限公司

    中国建筑第六工程局

    衡阳公路桥梁建设有限公司

    唐山市路桥建设有限公司

    路桥集团第二公路工程局

    吉林省亨通公路建设集团

    浙江登峰交通集团有限公司等24家

监理单位：内蒙古公路工程监理公司

    内蒙古晟昱监理公司

    南京交通建设项目管理有限责任公司

    陕西公路交通工程监理咨询有限公司

    中国公路工程咨询集团有限公司

二、建设项目管理

（一）项目管理机构

内蒙古自治区交通厅以《关于转发赤通高速项等项目工可批复并成立有关建设管理机构的通知》（内交字〔2004〕655号）委托通辽市交通局组建内蒙古通辽市通辽至下洼高速公路项目管理办公室，负责下洼至塔甸子、塔甸子至阿布海、阿布海至通辽高速公路的建设项目管理工作；通辽市人民政府办公厅以《关于成立通辽至赤峰高速公路下洼至通辽段建设领导小组的通知》（通政办字〔2004〕175号）成立高速公路领导小组，小组下设办公室，办公室下设3个执行办。塔阿段由第二执行办管理，下设工程部、质检部、综合部3部室，设主任1名，财务负责人1名。

（二）项目管理

项目管理依据招投标文件和《中华人民共和国合同法》进行管理。

1. 质量控制

本项目建立"政府监督，社会监理，承包人自检"的三级质量保证，工程质量实行业主全面负责,监理单位控制,设计、承包人保证和政府监督相结合的质量管理体制。

建立责任明晰、控制严谨的质量保证体系和质量岗位责任制,加强质量管理,明确质量目标,落实质量责任,做到有章可循。主动接受各级质量监督部门对公路质量保证体系的监督检查。通过定期的质量检查和不定期的质量抽查或巡查制度主动督促承包人建立完善的自检和质量保证体系,督促检查监理工程师、承包人按规定频率进行抽检和自检试验;发现质量问题和质量事故隐患承包人和监理工程师要及时处理,较大问题要进行通报。

建立质量评比和奖罚制度,定期召开工程质量会议,选择工程质量好的典型工点召开现场会议,每一分项工程树立一个样板工程在全线推广,在全线建立工程质量竞争机制,充分调动参建者的积极性,确保质量目标的实现。

建立质量责任卡登记制度,每一分项工程开工前应将该分项工程的业主、施工、监理责任人的个人基本信息填入责任卡片作为质量资料存档。项目经理为本分项工程的第一质量责任人。

2. 合同管理情况

强化合同管理。项目办依据合同对施工全过程进行管理,特别是人员、设备及办公生活环境都应严格按合同承诺的执行。并以合同为依据,及时办理计量支付和设计变更。

3. 廉政管理

为加强廉政建设,杜绝违法乱纪行为。保持公司员工队伍的清正廉洁,全体员工认真学习贯彻执行中纪委关于领导干部廉洁自律的规定、《廉政准则》和市建设党工委《关于党风廉政建设和反腐败工作的实施意见》,严格按国家和自治区、市有关法律、法规、规定以及公司有关规章制度办事,严禁不按规定程序操作或越权审批。

坚持公开办事制度,公开办事程序、办事结果,自觉接受监督;工程建设项目和大宗设备、物资采购一律实行公开招标或议标,择优选择施工单位和供货方;发扬艰苦奋斗、勤俭节约精神,反对讲排场、摆阔气,搞铺张浪费。

对外接待要严格按标准执行;勤政廉政,严禁利用职权"索、拿、卡、要",严禁利用工作之便为自己或亲友谋利。

三、运营养护管理

G45该段路线养护里程为66.546km,养护管理由通辽市公路管理处负责;运营收费管理由内蒙古收费公路监督管理局通辽分局负责。G45大广高速公路阿布海至塔甸子段收费站(所)、服务区等设置情况见表8-62,车流量发展状况见表8-63。

G45大广高速公路阿布海至塔甸子段收费站(所)、服务区等设置情况　　　表8-62

类别	数量	名称	占地面积(亩)
收费站(所)	2	东来收费所	10
		八仙筒收费所	20
服务区	1	东明服务区	70

G45大广高速公路阿布海至塔甸子段车流量发展状况表(单位:辆/昼夜)　　　表8-63

收费站(所)	年份					
	2011年	2012年	2013年	2014年	2015年	2016年
八仙筒收费所	107	123	180	213	266	346
东来收费所	48	66	107	159	281	274

Ⅳ　G45大广高速公路塔甸子至下洼段

一、项目概况

(一)基本情况

大广高速公路通辽境内的塔甸子至下洼段(以下简称"塔下段")位于内蒙古自治区通辽市奈曼旗境内,起点位于塔甸子东附近,终点位于赤峰与通辽市交界下洼村。主要控制点塔甸子、小东沟、义隆永南、西三道古街、布合乌苏、东太山木头、南查干敖东、伊和达清、干歹、下洼,路线全长65.258km。

塔下段主线采用新建双向4车道高速公路建设标准,设计速度100km/h,路基宽度26m,路面形式为沥青混凝土路面,桥涵设计汽车荷载采用公路—Ⅰ级。全线设桥梁2204.67m/19座,其中大桥1071.04m/2座,中桥1133.63m/17座;全线设奈曼服务区1处、奈曼、奈曼东收费所2处;全线桥隧比为3.38%(2204.67/65258)。

塔下段2005年3月开工建设,2007年8月通过交工验收。

(二)前期工作

1.立项审批、资金筹措

2004年9月4日内蒙古自治区发展和改革委员会以《关于阿荣旗至北海省际通道支线赤峰至通辽高速公路下洼至塔甸子段公路工程可行性研究的批复》(内交发基础字〔2004〕1547号)批复了项目可行性研究报告;

2004年10月9日内蒙古自治区交通厅以《关于阿荣旗至北海省际通道支线赤峰至通辽高速公路下洼至塔甸子段公路两阶段初步设计的批复》(内交发〔2004〕701号)批复初步设计;

2005年8月23日内蒙古自治区交通厅以《关于阿荣旗至北海省际通道支线下洼至塔甸子高速公路两阶段施工图设计的批复》(内交发[2005]465号)批复了施工图设计。

本项目初步设计总概算为15.80亿元,建设资金来自项目资本金27.2%和国内银行贷款72.8%。

2. 招投标工作

本项目2004年9月8日在中国采购与招标网、《中国交通报》《内蒙古科技报》和《内蒙古交通报》刊登土建工程资格预审通告;招标办及自治区交通厅组织有关专家、工作人员组成评审委员会,对通过资格预审的施工、监理单位发出了投标邀请书。2004年10月20日招标人组织开标。2004年10月20日至21日招标办、自治区交通厅组织有关专家组成评标组评标。2004年10月28日发放中标通知书,2004年10月30日进行合同谈判。39个土建施工合同段,13个土建监理合同段与业主签订了合同。

本项目2006年6月25日在中国采购与招标网、《内蒙古交通报》刊登房建工程资格预审通告,共有127份土建资格预审文件合格,4份监理资格预审文件合格。2006年8月17日开标,2006年8月30日发放中标通知书,2004年8月31日进行合同谈判,16个房建施工标段与1个房建监理标段与业主签订了合同。

2006年10月10日在中国采购与招标网、《中国交通报》刊登安全设施及机电工程资格预审通告,共有217份土建资格预审文件合格,16份监理资格预审文件合格。2007年3月14日开标,2007年3月29日发放中标通知书,2007年4月3日进行合同谈判,27个交通工程施工标段、3个交通工程监理标段、3个机电施工标段与1个机电监理标段与业主签订了合同。

3. 征地拆迁

本项目征拆工作于2005年4月启动。通下高速公路下塔段共征拆土地:7164.6亩。其中水浇地888.95亩,旱地1238.6亩,草地2445.3亩,河滩地12.46亩,林地1650.91亩,灌木148.2亩,沙丘79.1亩,荒地460.1亩,其他240.9亩。征拆补偿费8137.25万元。

(三)参建单位

主管单位:内蒙古自治区交通厅

建设单位:通辽市交通局

现场管理机构:通辽至下洼高速公路建设项目管理办公室第三执行办公室

质量监督部门:内蒙古自治区交通建设工程质量监督局
　　　　　　　通辽市公路工程质量监督站

勘察设计:中国公路工程咨询有限公司

施工单位:朝阳建设集团有限公司
　　　　胜利油田胜利工程建设(集团)有限责任公司
　　　　中铁十二局集团有限公司
　　　　攀枝花公路桥梁工程总公司
　　　　黑龙江省华龙建设有限公司
　　　　中交集团二局六公司
　　　　中铁十七局集团第二工程有限公司
　　　　江西省交通工程集团公司等39家
监理单位:山西晋通监理公司
　　　　内蒙古通辽市环宇监理咨询有限公司
　　　　山东省德州市交通工监理公司
　　　　北京华通监理咨询公司
　　　　南京交通建设项目管理有限责任公司
　　　　北京兴通交通工程监理有限责任公司

二、建设项目管理

(一)项目管理机构

内蒙古自治区交通厅以《关于转发赤通高速项等项目工可批复并成立有关建设管理机构的通知》(内交字〔2004〕655号),委托通辽市交通局组建内蒙古通辽市通辽至下洼高速公路项目管理办公室,负责下洼至塔甸子、塔甸子至阿布海、阿布海至通辽高速公路的建设项目管理工作,本项目管理机构为通辽至下洼高速公路第三执行办,负责下洼至塔甸子的建设管理工作。

通辽至下洼高速公路建设项目管理办公室第三执行办设主任1名,建管办下设工程部、质检部、综合部3个部室,负责本项目的具体管理工作。

(二)项目管理

项目管理依据招投标文件和《中华人民共和国合同法》进行管理。

1. 质量控制

本项目质量管理实行"政府监督、业主管理、社会监理、企业自检"四级管理体制。在施工过程中,始终贯彻"质量是永恒的主题"这一中心,从原材料抓起、从工序做起,使每一个操作都规范化,每一项检查都标准化,每一个程序都制度化。

执行办要求各施工单位建立项目经理为质量第一负责人、项目总工为主要负责人的工程质量保障体系。通过构建完善的质量保证体系,全面提升质量管理水平,使工程质量管理组织落实,责任到人。实行质量责任卡的制度,明确工序质量责任人,并逐层上报,发现问题追究相关人的质量责任。

监管办、建管办针对本工程的实际情况,制订了《建设管理办法》《工程质量管理办法》《计量支付管理办法》《质量安全管理奖惩细则》《工程变更管理办法》《监理实施细则》《建设项目工程进度管理办法》和《工程内业资料整理范本》等制度和办法,为工程管理的程序化、标准化、制度化打下良好的基础。

执行办有关工程技术人员每天都到施工生产第一线巡视,对监理、施工人员、设备情况和工程质量、进度、环保等进行检查,及时发现问题、解决问题。尤其对每分项、分部工程质量,集中力量搞好攻坚,使质量问题得到及时处理和彻底解决。

在检查中发现的问题,执行办都召开会议,认真分析问题的原因,逐条进行落实,对于需要返工的坚决要求返工,决不手软,对暂时确定不了方案的,如桥台台身非受力裂缝、25m 箱梁局部漏振问题,邀请有关专家进行鉴定,经具有检测资质的单位检测后确定处理方案。

2. 工程造价控制

为使工程计量、支付工作更加科学化、程序化、合理化,赤通鲁监督管理办公室制订了《计量与支付管理办法》,工程支付金额应通过工程实际计量来确定,主要是按月进行计量支付。本项目批复概算 15.80 亿元,工程决算 13.57 亿元。

3. 安全生产管理

安全为了生产,生产必保安全,建管办始终将"安全责任重于泰山"的思想贯穿于施工过程的始终。全线参建单位都建立了安全管理机构,明确了单位一把手为安全管理第一责任人,实行了安全事故一票否决制度。在施工中,建管办配合奈曼旗安全局组织的有关部门对各施工单位进行安全大检查,并对工人进行安全操作业务培训、发证,对安全施工起到了重要作用。由于各单位领导的安全意识得到了强化,采取的安全措施比较得力,普遍注重于工作实效,坚持对工地进行巡回检查,及时查处各种安全隐患,安全施工得到了有效控制,全线未发生安全责任事故。

4. 廉政建设

本项目自始至终十分都重视廉政工作。通辽市纪检委、市交通局联合为本项目派驻了纪检特派员,驻守执行办,参与一切与工程有关的活动,包括各种会议、检查、拨款、事故调查处理、变更设计、占拆协议等,做到不留空隙,不留死角,使得管理工作的一切活动都在阳光下进行,杜绝腐败事件的发生。

执行办制订了《执行办人员廉洁自律准则》《执行办人员行为规范》等制度,并张贴上墙,时刻提醒。执行办推行了廉政建设一票否决制度和公开举报制度,并设立了举报箱,三年来,执行办通过建立科学严密的管理制度,坚持按程序办事,自上而下形成了创建廉政工程的氛围,有力地保障了工程顺利实施,项目上没有出现廉政相关问题。

执行办与施工单位、执行办与监理单位、施工单位与监理单位之间都签订了《廉政合同》,从而规范了参建人员的行为,一切按制度办事,按程序工作,坚决杜绝以权谋私、徇私舞弊、吃拿卡要现象的发生。

(三)变更

特殊地质不良路段处置方案发生变化的变更有 K24+842~K25+097、K26+300~K28+377 段,为地质不良路段路基,经过有关专家鉴定,决定采取换填 40~130cm 厚石渣的处理办法加固软基,从而保证了工程质量。

三、运营养护管理

G45 该段路线养护里程为 65.258km,养护管理由通辽市公路管理处负责;运营收费管理由内蒙古收费公路监督管理局通辽分局负责。G45 大广高速公路塔甸子至下洼段收费(所)站、服务区等设置情况见表8-64,车流量发展状况见表8-65。

G45 大广高速公路塔甸子至下洼段收费(所)站、服务区等设置情况 表 8-64

类　别	数　量	名　　称	建筑面积(m²)
收费(所)站	2	奈曼收费所(附设养护工区)	1464.69
		奈曼东收费所	732.35
服务区	1	奈曼服务区	3259.03

G45 大广高速公路塔甸子至下洼段车流量发展状况表(单位:辆/昼夜)　表 8-65

收费站(所)	年　份					
	2011 年	2012 年	2013 年	2014 年	2015 年	2016 年
奈曼收费所	192	163	199	218	274	341
奈曼东收费所	171	196	254	311	385	452

Ⅴ　G45 大广高速公路下洼至撒力巴段

一、项目概况

(一)基本情况

赤通高速公路下洼至撒力巴段(以下简称"下撒段")起点路线起点位于赤峰市敖汉

旗下洼镇,经玛牛古吐乡、玛尼罕乡,终点位于敖汉旗撒力巴北。路线全长69.723km。

下撒段主线采用新建双向4车道高速公路建设标准,设计速度100km/h,路基宽度26m,路面形式为沥青混凝土路面,桥涵设计汽车荷载采用公路—Ⅰ级。全线设桥梁4273.37m/26座,大桥3567.5m/10座,中桥705.87m/16座。全线设服务区1处、收费所2处。全线桥隧比6.0%(4273.37/69723)。

下撒段2005年3月起开工建设,2007年8月31日通过交工验收。

(二)前期工作

1. 立项审批、资金筹措

内蒙古自治区环境保护局2005年9月25日以《内蒙古自治区环境保护局关于阿荣旗至北海省级通道支线撒力巴至下洼段公路环境影响报告书的批复》(内环字〔2005〕386号)批复了环境影响报告书;

内蒙古自治区水利厅2006年7月3日以《内蒙古自治区水利厅关于阿荣旗至北海省际通道支线撒力巴至下洼段公路工程水土保持方案报告书的批复》(内水保〔2006〕99号)批复了水土保持方案报告书的批复;

内蒙古自治区发展和改革委员会2004年9月4日以《关于阿荣旗至北海省际通道支线赤峰至通辽高速公路撒力巴至下洼段公路工程可行性研究的批复》(内发改基础字〔2004〕1546号)批复了项目可行性研究报告;

内蒙古自治区交通厅2004年10月9日以《关于阿荣旗至北海省际通道支线赤峰至通辽高速公路撒力巴至下洼段公路两阶段初步设计的批复》(内交发〔2004〕700号)批复初步设计;

内蒙古自治区交通厅2005年7月4日以《关于阿荣旗至北海省际通道支线赤峰至通辽高速公路撒力巴至下洼段公路两阶段施工图设计的批复》(内交发〔2005〕298号)批复施工图设计。

撒下段初步设计总概算为18.63亿元,建设资金来自项目资本金11%和国内银行贷款89%。

2. 招投标工作

下撒段招标投标工作严格按照《中华人民共和国招标投标法》《公路工程施工招标投标管理办法》和《公路工程施工监理招标管理办法》等法律、法规进行。勘察设计、土建工程、房建工程、交通工程、机电消防等工程的设计、施工、监理单位均采用国内公开招标方式产生,分别确定1家设计单位、9家监理单位、14家土建施工单位和17家其他施工单位等参与本项目建设施工。

3. 征地拆迁

下撒段征拆工作于 2004 年 11 月启动。赤通高速公路全线永久性征用土地 1007.147 亩。赤通建管办与赤峰市松山区等 4 个区、旗政府签订协议 47 份,协议征拆金额 21723.95 万元,明确征拆工作由松山区、红山区、元宝山区、敖汉旗政府全面负责实施。2005 年 9 月主线征拆工作基本完成。撒下段全线永久性征用土地 6722.933 亩,其中共征耕地 3287.101 亩,林地 2922.698 亩,建筑使用地和未利用地 513.13 亩。

(三)参建单位

主管单位:内蒙古自治区交通厅
监管办:赤通鲁公路建设监督管理办公室
建设单位:赤峰市交通局
现场管理单位:赤通高速公路建设管理办公室第二执行办
质量监督单位:内蒙古自治区公路工程质量监督站
　　　　　　赤峰市公路工程质量监督站
勘察设计单位:北京交科公路勘察设计研究院有限公司
施工单位:内蒙古联手路桥有限责任公司
　　　　　中铁一局集团第二工程有限公司
　　　　　内蒙古自治区公路工程局
　　　　　中铁三局集团有限公司
　　　　　中铁十八局集团有限公司
　　　　　河北路桥集团有限公司
　　　　　浙江正方交通建设集团股份有限公司
　　　　　内蒙古天骄公路工程有限责任公司
　　　　　北京鑫实路桥建设有公司
　　　　　包头市公路工程股份有限公司等 31 家
监理单位:辽宁省第三公路工程监理咨询事务所
　　　　　陕西公路交通工程监理咨询有限公司
　　　　　山西振兴公路监理有限公司
　　　　　山东省德州市交通工程监理公司
　　　　　山东格瑞特监理咨询有限公司
　　　　　北京兴通交通工程监理有限责任公司
　　　　　中国公路工程咨询集团有限公司
　　　　　内蒙古科苑环境保护监理中心(环保监理)

内蒙古自治区水利科学研究院（水保监测）

二、建设项目管理

（一）项目管理机构

内蒙古自治区交通厅成立赤通鲁公路建设监督管理办公室，对赤通高速公路项目建设的全过程进行监督管理。内蒙古交通厅为项目主管单位。由赤峰市政府批准，2005年3月8日赤峰市交通局成立赤通高速公路建设管理办公室，履行项目法人职责，建管办下设第一、第二执行办公室，分别负责赤峰至撒力巴、撒力巴至下洼两段高速公路工程项目建设管理工作。撒力巴至下洼段执行办公室内设质检部、工程部、财务部、综合部。

（二）项目管理

项目管理依据招投标文件和《中华人民共和国合同法》进行管理。

1. 质量控制

建立健全四级质量管理体系（政府监督、业主管理、社会监理、施工单位自检）和四级质量保证体系（项目办、总监办、驻地办、施工单位），项目管理由建管办总体负责，接受政府监督，充分发挥质监部、总监办、高级驻地办及其监理相关人员的作用，对工程质量实行了直接有效的监督管理，同时要求施工单位建立健全质量保证体系，组织严密周到的自检机构，配备认真负责的质检人员，做到各司其职、各负其责。

建管办针对本工程的实际情况，制订了《工程质量管理办法》《质量安全管理奖惩细则》《工程进度管理办法》《工程计量变更管理办法》《监理实施细则》和《工程内业资料整理范本》等制度和办法，为项目管理提供了有力的制度和规范保障。

通过资质检查严把施工单位准入关。加大检查力度，除施工单位自检外，加强各级监理人员的现场跟班监督，重点部位加强旁站，严格监督隐蔽工程施工过程，消除质量隐患，建管办定期或不定期检查，把工程质量控制在每个过程、每个细节，发现问题及时处理，预防质量事故发生。

本项目在建设过程中，建管办召开多次会议，对技术含量高及重点部位施工工艺方案进行专题研究、讨论，对工程质量管理实行奖罚制度，加大了例行检查现场管理。通过严格要求和规范管理，达到了保障工程质量的良好效果。

2. 工程造价控制

本项目整个工程建设中，严格加强专项资金管理，始终注意严格控制建设资金，以合同为依据，以资金管理为主线，做好建设资金的筹集、控制、监督和核算工作，依法、合理、及时筹集和使用资金，严格控制建设成本。

严格执行工程合同单价(合同价即为中标价)。在合同履行过程中,通过有关合同的条件,以单价合同为主的原则,对涉及变更的工程项目如果合同中有单价的,坚决采用合同单价,不允许采用其他形式的单价,若合同中无现成单价的,应该采取合理的预算并报建管办审核后方可采用。

加强工程各阶段跟踪审计。积极配合审计机关开展项目建设跟踪审计,委托社会审计机构进行建设工程咨询审计,借助擅长工程造价审计的特点,突出工程造价审计,以实现节约投资,减少损失浪费,促进提高投资效益的目的。

针对土地征用及征地拆迁补偿资金"专款专用"、政策性强的特点,开展征地拆迁资金使用内部审计,杜绝各种违法违纪行为,确保征迁资金及时到位。

3. 安全生产与质量管理

公路工程项目施工的安全生产管理是一项综合性管理,是施工管理的主要组成部分。为了加强安全生产监督管理,实现安全生产,更好地提高经济效益,安全措施必须进一步规范管理。工程建设的关键是"生产必须安全,安全为了生产"以及"安全第一"与"质量第一"是并存的,安全是为了质量服务,质量亦需以安全做保证,安全也是质量的特点之一,只有抓住质量与安全这两个环节,工程施工才能顺利进行,才能获得良好的社会效益、经济效益和环境效益。为此本项目在安全生产管理方面主要抓了以下几个方面:①落实安全生产责任制;②加强公路施工的安全生产教育;③落实安全生产检查制度。

通过全体参建人员的努力,本项目安全生产管理方面落实较好,未出现任何安全事故。

4. 廉政建设

以预防腐败为重点,健全拒腐防变教育长效机制。要求建设单位所有人员做到"四不":不接受监理、施工、设计等各方宴请和礼物;不指定和介绍工程承包业务;不指定和推荐所用建筑材料;不向任何单位提出外出考察、安排亲朋好友工作等变相要求。在各种诱惑面前要增强自我抵抗能力,在容易发生"送、请"的环节上,要坚决做到"请不到、送不要"。

业主、施工、监理等单位都必须自觉接受上级行政主管部门开展的业务监督,以及审计部门开展的审计监督。积极接受相关单位开展的检查监督。同时,广泛接受社会、群众的监督,通过监督进一步提高廉政的自觉性。特别强调,如有企业涉案,要积极配合办案机关的调查,实事求是地提供真实资料证据和相关情况,不得做伪证。

深入开展自查自纠活动,发现问题及时纠正,积极推进治理商业贿赂工作。举办职务预防犯罪廉政主题讲座,列举实例,分析职务犯罪的原因和危害,阐述预防职务犯罪的方式和方法,积极开展警民共建活动,从源头上控制腐败行为。

本项目自开工到交工验收以来,没有发生人员违法、违纪事件。

三、运营养护管理

G45 下撒段路线养护里程为 69.723km,养护管理由赤峰市公路管理处负责;运营收费管理由内蒙古收费公路监督管理局赤峰分局负责。G45 大广高速公路下洼至撒力巴段服务区、收费站(所)等设置情况见表 8-66,车流量发展状况见表 8-67。

G45 大广高速下洼至撒力巴段服务区、收费站(所)等设置情况　　表 8-66

类　别	数　量	名　　称	建筑面积(m²)	占地面积(亩)
收费站(所)	2	齐家窝铺收费站	1200	8.99
		新惠收费站	1434.6	10.6
服务区	1	玛尼罕服务区	5124.69	192.86
养护工区	1	新惠管理工区	1357.6	9.3

G45 大广高速下洼至撒力巴段车流量发展状况表(单位:辆/昼夜)　　表 8-67

收费站(所)	年　份					
	2011 年	2012 年	2013 年	2014 年	2015 年	2016 年
齐家窝铺收费站	9	13	10	10	14	15
新惠收费站	10	63	15	14	16	18

Ⅵ　G45 大广高速公路撒力巴至赤峰段

一、项目概况

(一)基本情况

赤通高速公路撒力巴至赤峰段(以下简称"赤撒段")起点位于敖汉旗萨力巴北,沿线途经赤峰市敖汉旗、元宝山区、松山区,终点位于赤峰市松山区,路线全长 80.350km。

赤峰至撒力巴段主线采用新建双向 4 车道高速公路建设标准,设计速度 100km/h,路基宽度 26m,路面形式为沥青混凝土路面,桥涵设计汽车荷载采用公路—Ⅰ级。全线设桥梁 4725.88m/25 座,大桥 3739.04m/10 座,中桥 986.84m/15 座;全线设服务区 2 处、收费所 5 处;全线桥隧比 5.9%(4725.88/80350)。

S53 赤峰东环连接线是连通 G45 赤通段和 G16 赤朝段的高速公路连接线,全长 11.43km,与赤撒高速公路同时开工建设,总投资 2.98 亿元。S53 项目业主与 G45 赤峰至撒力巴段项目业主为同一业主,即赤峰至通辽高速公路建设项目管理办公室。S53 赤峰东环连接线的修建使赤峰城区不仅拥有了高速环线,增设了赤峰东出口、南山出口,而且极大方便了赤峰市城区百姓的出行,有效地促进了当地交通运输和经济发展。

赤峰至撒力巴段2005年3月起开工建设,2007年10月通过交工验收,具备通车试运行条件。

(二)前期工作

1. 立项审批、资金筹措

2004年9月4日,内蒙古自治区发展和改革委员会以《关于阿荣旗至北海省际通道支线赤峰至通辽高速公路赤峰至撒力巴段公路工程可行性研究的批复》(内发改基础字〔2004〕1545号)文件批复了项目可行性研究报告;

2004年10月9日,交通部以《关于阿荣旗至北海省际通道支线赤峰至通辽高速公路赤峰至撒力巴段公路两阶段初步设计的批复》(内交路发〔2004〕699号)批复初步设计;

2005年7月4日,内蒙古自治区交通厅以《关于阿荣旗至北海省际通道支线赤峰至通辽高速公路赤峰至撒力巴段公路两阶段施工图设计的批复》(内交路发〔2005〕297号)文件批复施工图设计;

2005年9月25日,内蒙古自治区环境保护局以《内蒙古自治区环境保护局关于阿荣旗至北海省级通道支线赤峰至撒力巴段公路环境影响报告书的批复》(内环字〔2005〕385号)批复了环境影响报告书;

2006年7月3日,内蒙古自治区水利厅以《内蒙古自治区水利厅关于阿荣旗—北海省际通道支线赤峰至撒力巴段公路工程水土保持方案报告书的批复》(内水保〔2006〕98号)批复了水土保持方案报告书的批复。

本项目初步设计总概算为20.91亿元,建设资金来自项目资本金(21.8%)和国内银行贷款(78.2%)。

2. 招投标工作

本项目招标投标工作严格按照《中华人民共和国招标投标法》《公路工程施工招标投标管理办法》和《公路工程施工监理招标管理办法》等法律、法规进行。勘察设计、土建工程、房建工程、交通工程、机电消防等工程的设计、施工、监理单位均采用国内公开招标方式产生,分别确定1家设计单位、11家监理单位、23家土建施工单位和35家其他施工等参与本项目建设施工。

3. 征地拆迁

本项目征拆工作于2004年11月启动。2005年9月主线征拆工作基本完成。全线永久性征用土地8903.235亩,其中共征耕地5996.27亩,林地2211.7亩,草场630.03亩,拆迁房屋2192.28m^2,电力电信改迁483处,征拆补偿费14439.94万元。

（三）参建单位

主管单位：内蒙古交通厅
监管办：赤通鲁公路建设监督管理办公室
建设单位：赤峰市交通局
现场管理单位：赤峰至通辽高速公路建设项目管理办公室第一执行办
质量监督单位：内蒙古自治区交通建设工程质量监督局
　　　　　　　赤峰市公路工程质量监督站
勘察设计单位：中交通力公路勘察设计工程责任有限公司
施工单位：承德路桥建设总公司
　　　　　湖北兴达交通工程建设有限公司
　　　　　新疆北新路桥建设股份有限公司
　　　　　中铁十一局集团第一工程有限公司
　　　　　内蒙古自治区公路工程局
　　　　　内蒙古天骄公路工程有限责任公司
　　　　　中铁十八局集团一公司
　　　　　中国路桥集团西安实业发展有限公司
　　　　　中铁九局集团有限公司
　　　　　北京鑫旺路桥建设股份有限公司等 58 家
监理单位：内蒙古公路工程咨询监理有限公司
　　　　　湖北中交公路桥梁监理咨询有限公司
　　　　　理工大学工程兵学院南京工程建设监理
　　　　　唐山交通建设工程监理咨询有限公司
　　　　　沈阳鑫通工程监理咨询有限公司
　　　　　天津新亚太工程建设监理有限公司
　　　　　山东格瑞特监理咨询有限公司等 11 家

二、建设项目管理

（一）项目管理机构

内蒙古自治区交通厅成立赤通鲁公路建设监督管理办公室，对赤通高速公路项目建设的全过程进行监督管理。2005 年 3 月 8 日，赤峰市交通局成立赤通高速公路建设管理办公室，建管办下设第一、第二执行办，分别负责赤峰至撒力巴、撒力巴至下洼两段高速公路建设项目管理工作。赤峰至撒力巴执行办公室内设质检部、工程部、财务部、综合部 4 个职能部门,设主任 1 名。

(二)项目管理

项目管理依据招投标文件和《中华人民共和国合同法》进行管理。

1. 质量控制

建立健全四级质量管理体系(政府监督、业主管理、社会监理、施工单位自检)和四级质量保证体系(项目办、总监办、驻地办、施工单位),建管办总体负责,接受政府监督,充分发挥质监部、总监办、高级驻地办及其监理相关人员的作用,对工程质量实行了直接有效的监督管理,同时要求施工单位建立健全质量保证体系,组织严密周到的自检机构,配备认真负责的质检人员,做到各司其职、各负其责。

通过资质检查严把施工单位和监理单位准入关。严格制定和履行招标文件、《施工合同》中有关质量的规定,一切按合同办事。建章立制、狠抓落实,强化合同管理。制定了《工程质量管理办法》《质量安全管理奖惩细则》《工程进度管理办法》《工程计量变更管理办法》《监理实施细则》和《工程内业资料整理范本》等制度和办法。

加大检查力度,除施工单位自检外,加强各级监理人员的现场跟班监督,重点部位加强旁站,严格监督隐蔽工程施工过程,消除质量隐患。

2. 工程造价控制

本项目整个工程建设中,加强专项资金管理,始终注意严格控制建设资金,以合同为依据,以资金管理为主线,做好建设资金的筹集、控制、监督和核算工作,依法、合理、及时筹集和使用资金,严格控制工程造价。

严格执行工程合同,加强工程各阶段跟踪审计,突出工程造价审计,针对土地征用及征地拆迁补偿资金开展征地拆迁资金使用内部审计,杜绝各种违法违纪行为,确保征迁资金及时到位。

3. 廉政建设管理

以预防腐败为重点,健全拒腐防变教育长效机制。项目办多次组织各监理单位、施工单位召开党风廉政建设会议,传达上级廉政专题会议精神,部署反腐倡廉工作。同时也警告各参建单位的每一位干部和员工警钟长鸣,珍爱家庭,做到"常在河边走,就是不湿鞋",反复强调党风廉政建设和反腐倡廉的极端重要性。

深入开展自查自纠活动,发现问题及时纠正,积极推进治理商业贿赂工作。举办职务预防犯罪廉政主题讲座,列举实例,分析职务犯罪的原因和危害,阐述预防职务犯罪的方式和方法,积极开展警民共建活动,从源头上控制腐败行为。

以强化监督为手段,健全权力运行监控机制,教育和提醒每一位党员领导干部思想上正确认识和对待监督,自觉接受社会各方面的监督。坚持以科学发展观为统领,提升廉政建设质量和水平,遵循科学的途径,切实解决当前领导干部廉政建设存在的薄弱环节和突出问题,努力以廉政建设的新成效促进和保障工程建设的顺利进行。

本项目自开工到交工验收以来,没有发生人员违法、违纪情况,也没有因不廉政被处分或被起诉事件。

三、运营养护管理

G45 该段路线养护里程为 80.35km,养护管理由赤峰市公路管理处负责;运营收费管理由内蒙古收费公路监督管理局赤峰分局负责。G45 大广高速公路撒力巴至赤峰段收费站(所)、服务区等设置情况见表 8-68,车流量发展状况见表 8-69。

G45 大广高速公路撒力巴至赤峰段收费站(所)、服务区等设置情况　　表 8-68

类别	数量	名称	建筑面积(m²)	占地面积(亩)
收费站(所)	5	三道井收费站	1203.94	10
		赤峰东收费站	1863.68	10
		元宝山收费站	1370.8	11
		撒力巴收费站	1426.66	10.5
		赤峰北收费站	1426.66	11
服务区	1	安庆服务区	5376.31	107.4
停车区	1	赤峰停车区	2436.13	92
养护工区	1		1333.55	

G45 大广高速公路撒力巴至赤峰段车流量发展状况表(单位:辆/昼夜)　　表 8-69

收费站(所)	年份					
	2011 年	2012 年	2013 年	2014 年	2015 年	2016 年
撒力巴收费站	54	26	65	75	87	102
元宝山收费站	24	40	43	42	66	79
三道井收费站	42	63	57	102	80	114
赤峰东收费站	72	123	139	180	180	317
赤峰北收费站	77	239	248	249	249	473

Ⅶ　G45 大广高速公路赤峰至茅荆坝(内蒙古河北界)段

一、项目概况

(一)基本情况

路线起点位于赤峰市红山区文钟镇,与丹锡高速公路相接,经龙山、锦山、王爷府、旺业甸,止于内蒙古河北界的茅荆坝,全长 102.297km。主要控制点为文钟镇、龙山、锦山、王爷府、旺业甸、内蒙古河北界的茅荆坝。

主线采用新建双向 4 车道高速公路建设标准,设计速度 100km/h,路基宽度 26m,路面形式为沥青混凝土路面,桥涵设计汽车荷载采用公路—Ⅰ级。全线设桥梁 6607.12m/67 座,大桥 3159.75m/17 座,中桥 3447.37m/50 座,隧道 7667 延米/1 座;全线服务区 1 处、收费所 2 处;全线桥隧比为 10.2%〔(6607.12+3859)/102297〕。

2011 年 3 月起开工建设,2013 年 8 月 21 日开始分段进行通车,2013 年 12 月通过交工验收,2013 年 12 月 9 日全线运营通车。

(二)前期工作

1. 立项审批、资金筹措

2010 年 1 月 22 日,内蒙古自治区水利厅以《内蒙古水利厅关于大庆至广州高速公路赤峰至茅荆坝(内蒙古河北界)公路工程水土保持方案报告书的批复》(内水保〔2010〕4 号)批复了水土保持方案报告书;

2010 年 5 月 27 日,环境保护部以《关于大庆至广州高速公路赤峰至茅荆坝(内蒙古河北界)环境影响报告书的批复》(环审〔2010〕144 号)批复了环境影响报告书;

2010 年 10 月 27 日,国家发展和改革委员会以《关于内蒙古自治区赤峰至茅荆坝(内蒙古河北界)公路可行性研究报告的批复》(发改基础〔2010〕2556 号)批复了可行性研究报告;

2011 年 1 月 27 日,交通运输部以《关于赤峰至茅荆坝(内蒙古河北界)公路初步设计的批复》)交公路发〔2011〕23 号)批复了项目初步设计;

2011 年 6 月 1 日,国土资源部以《国土资源部关于赤峰至茅荆坝(内蒙古河北界)段公路建设用地的批复》(国土资函〔2011〕334 号)批复了公路工程建设用地;

2012 年 5 月 13 日,内蒙古自治区交通运输厅以《关于赤峰至茅荆坝(内蒙古河北界)公路施工图设计的批复》(内交发〔2012〕295 号)批复了施工图设计。

本项目初步设计总概算为 53.10 亿元,建设资金来自项目资本金(33%)和国内银行贷款(67%)。

2. 招投标工作

本项目招标投标工作严格按照《中华人民共和国招标投标法》《公路工程施工招标投标管理办法》和《公路工程施工监理招标管理办法》等法律、法规进行。勘察设计、土建工程、房建工程、交通工程、机电消防等工程的设计、施工、监理单位均采用国内公开招标方式产生。

勘察设计于 2009 年 9 月 11 日在中国采购与招标网、内蒙古交通网发布招标公告,

2009年10月10日开标。土建施工及施工监理于2010年10月27日在中国采购与招标网、内蒙古交通网上发布招标公告,2010年11月16日开标。

3. 征地拆迁

本项目征拆工作于2010年4月启动,2014年9月主线征拆工作基本完成。全线永久性征用土地7797.45亩,其中耕地3739.4873亩,林地4059.9012亩,拆迁房屋39920m²,电力通信改迁244处,征拆补偿费56818.29万元。

(三)参建单位

主管单位:内蒙古交通运输厅

建设单位:赤峰市交通运输局

现场管理单位:赤峰至承德高速公路建设项目管理办公室

质量监督单位:内蒙古自治区交通建设工程质量监督局

赤峰市公路工程质量监督站

勘察设计单位:内蒙古交通设计研究院有限责任公司

赤峰市中交公路勘察设计有限责任公司

辽宁省交通规划设计院联合体

河北省交通规划设计院

中国公路工程咨询集团有限公司

施工单位:通辽市交通工程局

新疆兴达公路工程部

路港集团有限公司

新疆昆仑路港工程公司

中国路桥工程有限责任公司

安通建设有限公司等39家单位

监理单位:山东格瑞特监理咨询有限公司(总监办)

鄂尔多斯市公路工程监理所(驻地办)

辽宁省公路工程监理咨询有限公司

北京路久监理咨询有限公司

河北路源工程监理咨询有限公司

衡水衡通公路工程监理咨询有限公司

中国公路工程咨询集团有限公司

北京中交安通工程技术咨询有限公司

北京路恒源交通工程技术开发有限公司

二、建设项目管理

(一)项目管理机构

2010年4月12日,赤峰市交通局组建项目管理机构赤峰至承德高速公路建设管理办公室,该机构由赤峰市人民政府批复,建管办设主任1人,副主任3人,内设综合部、财务部、质检部、工程合同部4个部门。

(二)项目管理

项目管理依据招投标文件和《中华人民共和国合同法》进行管理。

1. 质量控制

健全质量保障体系,安全生产层层监管。赤承高速公路执行"政府监督、法人管理、社会监理、企业自检"的四级质量保证体系。并要求各施工、监理单位均要建立质量保证体系,建立质量责任制,实行工程质量责任登记制度和设计使用年限内工程质量终身制度。

制定了《赤峰至承德高速公路建设管理办法》《工程质量管理办法》《质量安全管理奖惩细则》《工程进度管理办法》《工程计量变更管理办法》《监理实施细则》和《工程内业资料整理范本》等制度和办法,为项目管理提供了有力的制度和规范保障。

为了提高管理水平,按自治区交通运输厅质量监督站的要求,对所有的施工、监理单位均安装了人员管理、隐蔽工程、内业资料、试验管理软件。落实交通运输厅工程项目法人"首检制",对路基试验段、桥涵首件工程由建管办质检工程师进行把关,对建设过程中存在的问题及时纠正和整改落实。

针对项目自然地质条件复杂、改建段病害严重,施工难度大的特点,通过采取加强对原材料的源头控制和检测,加强事前指导,强化检测手段,加强对施工工艺、施工工序操作过程控制,应用先进的施工设备,邀请专家现场指导等多种措施,妥善解决了低液限粉土软基、旧路路面裂缝、路旁山体层间水对路基损害导致基层裂缝、隧道进入围岩结构较差的石墨层等质量难题,使工程质量始终处于可控状态。

加大检查力度,除施工单位自检外,加强各级监理人员的现场跟班监督,重点部位加强旁站,严格监督隐蔽工程施工过程,消除质量隐患,赤承建管办定期或不定期检查,把工程质量控制在每个过程、每个细节,发现问题及时处理,预防质量事故发生。

本项目在建设过程中,建管办召开多次会议,对技术含量高及重点部位施工工艺方案进行专题研究、讨论,对工程质量管理实行奖罚制度,加大了例行检查现场管理力度。通过严格要求和规范管理,达到了保障工程质量的良好效果。

2. 建立激励机制

每月召开一次生产调度会;按合同总价一定比例设立专项奖励基金,对各施工、监理单位及项目部经理、驻地办主任按月进行考核,奖优罚劣,逐步形成承包人与承包人之间比、学、赶、超的良好局面。

规范合同履约行为。建立履约管理台账,定期对从业单位的履约情况进行考核评价,并按自治区质监站要求完成施工,监理单位人员照片、身份证和资格证上墙,以强化施工监理单位的履约责任意识,规范其从业行为。

3. 严格财务制度

建立资金管理机制,在财务管理、会计核算工作中遵守相关法律法规,所有资金均由建管办统一管理与核算,实行"专户储存、集中管理、逐级审核、按合同支付"的办法,实行银行监管和建管办内部管理相结合的封闭运行模式。建管办与开户银行、施工单位三方要签订资金监管协议,授权开户银行对建设资金的划入、划出进行资金监控。各项资金均纳入计划管理。

4. 加强廉政建设

加强廉政建设,预防和遏制腐败现象发生。在建管办设立纪检委、检察院驻地办公室,建立市局党组特派员监督制度,加强对单位负责人及重点岗位人员的监督检查,建管办环节以上负责人全部签订《一岗双责职责书》,建管办全体人员都签订了《工作质量和廉政职责协议书》。

为了加强本项目廉政建设,积极预防和遏制腐败现象发生,建管办在招标投标、合同谈判、签订协议书过程中邀请纪检和公证人员参加,监督工作,并与中标人签订廉政合同。建管办规定请交通局党组特派监督员、检察院、纪检委、局纪检组、公证处、审计中介机构参加工程变更的现场查看、变更方案确定等。制定廉政建设管理制度。请纪检委、检察院领导给工程建设者做廉政培训并组织参观警示基地。

三、复杂技术工程

(一)茅荆坝隧道

茅荆坝隧道为分离式隧道,隧道左线3808m,隧道右线3859m,斜井802.5m。采用新奥法施工工艺,严格按照新奥法施工的基本原则:少扰动、早锚喷、勤量测、紧封闭。同时聘请长安大学专业监控量测队伍现场监控,量测信息指导施工,通过对隧道施工中量测数据和对开挖面的地质观察等进行预测、预报和反馈,并根据已建立的量测数据,对隧道施工方法(包括特殊的、辅助的施工方法)断面开挖步骤及顺序、初期支护的参数进行合理调整,以保证施工安全、坑道围岩稳定、工程质量和支护结构的经济性。

隧道详情见"第二章 高速公路发展及成就"中"第二节 建设成就"。

(二)老哈河特大桥

老哈河特大桥位于赤峰市石境内,桥梁全长1087m,跨径组合为36×30m,最大孔径30m,桥面净宽23m。

桥梁详情见"第二章 高速公路发展及成就"中"第二节 建设成就"。

四、科研课题

科研课题一:山区高速公路拓宽填方路基的不均匀沉降处治技术研究

本课题依托G45大广高速公路茅荆坝至赤峰段工程,通过调查国内高速公路拓宽工程及赤承高速公路原一级路路基路面使用状况,主要研究公路拓宽路基产生不均匀沉降机理和主要影响因素,对比分析各种路基处置方法及适用场合、工程效果和参数敏感性,提出山区高速公路拓宽不均匀沉降处治技术,制定了内蒙古山区拓宽路段结合部协同沉降施工质量控制标准,有利于路基质量的控制,从而减少后期出现的反射裂缝等危害。

课题详情见"第五章 高速公路建设科技成果"中"第二节 重大科研课题"。

科研课题二:沥青混凝土桥面铺装层最小厚度关键技术研究

通过调查沥青混凝土桥面铺装病害情况,分析病害产生的原因、破坏类型。根据沥青混凝土的技术性能,通过分析桥面铺装沥青层的剪应力、防水层平整度施工工艺等对桥面铺装厚度的影响,提出沥青混凝土桥面铺装层最小厚度的计算方法及合理组合结构类型。在《交通标准化》2013年第19期发表论文《桥面铺装沥青混合料的技术性能与标准研究》。

科研课题三:高速公路单波梁护栏开发应用研究

本课题依托G45大广高速公路赤承段工程,紧密结合内蒙古特点,研究开发出一种新型的半刚性护栏,该新型护栏能够有效兼顾大型车和小型车的不同防护要求,适应已颁布的新规范对于防撞的标准要求,在国内首次研究并开发了单波梁钢护栏,防护能力达到A级。本课题研究的梁柱式新型单波梁护栏经济性较好,景观效果好,通透性高,可以适当缓解路上司乘人员的视觉疲劳,一定程度上也提高了高速公路的行车安全性,同时也能提高驾乘人员对于高速公路服务的满意度水平。能有效防护失控车辆,降低事故发生的严重程度,减少事故造成的损失,提高高速公路的交通安全水平,具有良好经济和社会效益。

课题详情见"第五章 高速公路建设科技成果"中"第二节 重大科研课题"。

五、运营养护管理

G45 该段路线养护里程为 102.297km,养护管理由赤峰市公路管理处负责;运营收费管理由内蒙古收费公路监督管理局赤峰分局负责。G45 大广高速公路赤峰至茅荆坝(内蒙古河北界)段收费站(所)、服务区等设置情况见表 8-70,车流量发展状况见表 8-71。

G45 大广高速公路赤峰至茅荆坝(内蒙古河北界)段收费站(所)、服务区等设置情况　　表 8-70

类　别	数　量	名　　称	建筑面积(m²)	占地面积(亩)
收费站(所)	7	茅荆坝主线收费站		21
		赤峰南收费站(收费站在赤朝高速上)		11
		南大营子收费站		10
		锦山东收费站		10
		锦山西收费站		10
		王爷府收费站		10
		美林匝道收费站		10
服务区	2	牛营子服务区	2228	60
		富裕地服务区	2088	60
停车区	2	四十家子停车区	88.38	30
		旺业甸停车区	976	30
养护工区	4	赤承管理工区(大营子)	1819.11	15
		富裕地	1786.38	15
		四十家子	3404.5	9.5
		茅荆坝隧道	2097.7	15

G45 大广高速公路赤峰至茅荆坝(内蒙古河北界)车流量发展状况表(单位:辆/昼夜)　　表 8-71

收费站(所)	年　份					
	2011 年	2012 年	2013 年	2014 年	2015 年	2016 年
大营子收费站	—	—	66	120	180	187
锦山东收费站	—	—	42	45	51	62
锦山西收费站	—	—	19	24	29	41
王爷府收费站	—	—	6	15	18	22
美林匝道收费站	—	—	35	20	27	29
茅荆坝主线收费站	—	—	34	99	129	159

第十三节　G55 二连浩特至广州高速公路内蒙古段

G55 二连浩特至广州高速公路是国家高速公路网"71118"规划中的第 6 纵,北起中蒙边境的内蒙古自治区锡林郭勒盟二连浩特市,南至广东省广州市。沿途经过二连浩特、乌兰察布、大同、朔州、忻州、太原、长治、晋城、济源、洛阳、平顶山、南阳、襄阳、荆门、荆州、常德、益阳、娄底、邵阳、永州、清远、肇庆、佛山,终点至广东省广州市,全长共2685km,是纵贯中国南北的大动脉。

G55二广高速公路内蒙古段的建设对加快国家高速公路网建设,为内蒙古自治区发展对外贸易提供强有力的交通运输保障,改善对外贸易环境、扩大对外交流、促进内蒙古的对外开放、改善地区投资环境和吸引外资均具有积极的作用。项目的建设也改善了沿线交通状况、增强了投资吸引力、加强了本地物资外运、对繁荣锡林郭勒盟、乌兰察布市以及周边地区的经济建设起到巨大的推动作用。同时该段高速公路的建成还极大地改善了内蒙古自治区通往山西等地交通状况,实现内蒙古自治区经济与华北、华中和珠江三角洲的对接。同时也促进了俄罗斯、蒙古和中国的政治、经济及文化交流。

路网关系:G55二广高速公路内蒙古段路网关系如图8-12所示。

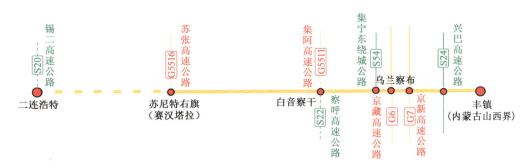

图8-12　G55二广高速公路内蒙古段路网关系示意图

Ⅰ　G55二广高速公路赛汗塔拉至白音察干段

一、项目概况

(一)基本情况

赛汗塔拉至白音察干段起点位于锡林郭勒盟苏尼特右旗赛汗塔拉镇西北,与已建成的二连浩特至赛汗塔拉的一级公路相接,终点止于乌兰察布市察右中旗白音察干镇西南,与建成的白音察干至集宁高速公路相连接。主要控制点:赛汗塔拉镇、七三一电台、S101公路、华北石油开采区、中广核风电场、坦克训练基地专用路、北方隆源风力发电厂、拜兴图、红花脑包、金坝地后房、五宝山、长胜湾、拍分沟、孔督梁、侯家村、周家村、杨家村、姚家村、牛明村、阿力乌苏、蓝天蒙古大营西、白山子村、高家地。该项目主线全长165.360km。

路线所经主要公路包括国道208、省道白音察干至商都公路以及白科路、乌科路、大土路三条县道。路线所经地区河流(洪期)包括小海子、翁滚诺尔水系等,以及小海子和莫石盖海等湖泊。

技术标准:项目主线按 4 车道高速公路标准建设,设计车速 100km/h,路基宽度 26m,设计荷载采用公路 I 级,大中桥、涵洞及路基设计洪水频率 1/100。连接线 2 处(朱日和连接线及土牧尔台镇连接线)按新建二级公路标准建设,设计速度 60km/h,路基宽 12m,设计荷载采用公路 II 级,大中桥设计洪水频率 1/100,小桥涵及路基设计洪水频率 1/50。

主要工程量:根据施工图设计路基土石方约 15090000m³;大桥 775m/6 座,中桥 872m/14 座,小桥 14 座,通道 33 座,涵洞 178 道;互通式立交桥 6 座;分离式立交桥 9 座;服务区 3 处;停车区 1 处;路面工程 310 万 m²。

赛白高速公路于 2009 年 6 月 28 日开工建设,2012 年 6 月 27 日内蒙古交通运输厅正式批准通过交工验收,2012 年 7 月 9 日正式通车试运营。

(二)前期工作

1. 立项审批、资金筹措

赛白高速公路工程建设项目严格履行项目建设程序。

2007 年 5 月 12 日,水利部以《关于赛汗塔拉至白音察干公路水土保持方案的复函》(水保函〔2007〕126 号)对赛汗塔拉至白音察干公路水土保持方案批复;

2008 年 9 月 18 日,国土资源部以《关于赛汗塔拉至白音察干公路建设用地预审意见的复函》(国土资源审字〔2008〕312 号)对赛汗塔拉至白音察干公路建设用地预审意见完成了批复;

2008 年 11 月 24 日,环境保护部以《关于国家高速公路网二连浩特至广州公路赛汗塔拉至白音察干段环境影响报告书的批复》(环审〔2008〕445 号)批复了国家高速公路网二连浩特至广州公路赛汗塔拉至白音察干段环境影响报告书;

2009 年 1 月 24 日,国家发改委以《国家发展改革委关于内蒙古自治区赛汗塔拉至白音察干公路可行性研究报告的批复》(发改基础〔2009〕299 号)对内蒙古自治区赛汗塔拉至白音察干公路可行性研究报告批复立项;

2009 年 5 月 26 日,交通运输部以《关于赛汗塔拉至白音察干公路初步设计的批复》(交公路发〔2009〕244 号)对赛汗塔拉至白音察干公路初步设计批复;

2011 年 12 月 31 日,自治区交通运输厅以《关于赛白高速公路两阶段施工图设计文件的批复》(内交发〔2011〕739 号)批复了施工图设计文件。

赛白段项目批复概算 46.48 亿元,其中中央车购税 11.76 亿元,国内银行贷款 24.22 亿元,其余由内蒙古高等级公路建设开发有限责任公司自筹。

2.招投标工作

内蒙古高等级公路建设开发有限责任公司于2009年按照《中华人民共和国招标投标法》和《公路工程施工招标投标管理办法》《公路工程施工监理招标管理办法》等法律、法规进行了工程招标投标工作。中标单位为:3家设计单位、21家土建施工单位和8家监理单位。项目法人代表分别与中标单位的土建施工及监理各单位签订了合同协议书。所有的评标工作均在全封闭保密状态下进行评标,内蒙古自治区纪检委和驻交通运输厅纪检组及内蒙古高等级公路建设开发有限责任公司纪检委对评标过程进行全过程监督。

3.征地拆迁

赛白高速公路工程建设项目征拆2009年5月启动,2012年12月主线征拆基本结束。永久占地14480.21亩。其中征用土地数量为:耕地2160.961亩,林地2928.0045亩,草地9297.777亩,其他93.468亩。项目支付补偿费用共计1.89亿元。

(三)参建单位

主管单位:内蒙古自治区交通运输厅

建设单位:内蒙古高等级公路建设开发有限责任公司

现场管理单位:内蒙古高等级公路建设开发有限责任公司公路建设工程项目管理第二分公司

质量监督单位:内蒙古自治区公路工程质量监督站(区、盟市两级质监站联合监督)

勘察设计单位:内蒙古交通设计研究院有限责任公司

中交桥梁技术有限公司

中国公路工程咨询集团有限公司

施工单位:浙江省交通工程建设集团有限公司

江西赣东路桥建设集团有限公司

天津第六市政公路工程有限公司

湖南湘潭公路桥梁建设有限公司

中铁一局集团第五工程有限公司

江西省宜春公路桥梁工程有限公司

吉林通化路桥建设有限公司

唐山市路桥建设有限公司

中铁一局集团第一工程有限公司

秦皇岛路桥建设开发有限公司等21家

监理单位:北京中港路通工程管理有限公司

河北四方公路工程咨询有限公司

北京中交安通工程技术有限公司

北京交科工程咨询有限公司

鄂尔多斯市公路工程监理所

锡林郭勒协力交通监理有限公司

内蒙古公路工程咨询监理有限责任公司

北京天智恒业科技发展有限公司

二、建设项目管理

（一）项目管理机构

该项目由内蒙古高等级公路建设开发有限责任公司公路建设工程项目管理第二分公司负责建设管理。设经理1名、副经理3名、纪检特派员1名，内设6个机构：工程部、质监部、材料部、综合部、财务部、安全部。

（二）项目管理

项目管理依据招投标文件和《中华人民共和国合同法》进行管理。

1. 综合管理

实行规范化、精细化管理。在总结以往项目管理成功经验的基础上，进一步完善制定了《工程管理办法》《工程变更管理办法》《原材料管理办法》《质量、进度、安全生产奖惩办法》《混凝土质量动态控制管理办法》《工程质量检验资料整理办法》《竣工文件编制规定》《民工工资管理办法》和《廉政建设管理办法》等一系列管理办法和措施。在施工过程中，根据实际又制定了《技术交底制度》《监理实施细则》《工程质量控制要点》《安全生产管理细则》《精细化管理实施细则》《质量终身责任制实施细则》《首件工程认可制度》《旬报、月报制度》《巡视制度》《桥涵施工指导书》和《路面基层底基层施工指导书》等有针对性的质量、安全控制措施，各部门汇集编写成《赛白高速公路工程项目管理办法》，从根本上保障工程建设管理有章可循。加强队伍自身建设，强化了科学管理。

2. 质量管理

树立精品意识，一切以质量为中心。该项目交叉作业多，任务繁重，进度压力大。对此，该项目坚持做到"两个服从"：即质量与进度发生矛盾时必须服从质量，质量与造价发生矛盾时必须服从质量，把工程质量管理创精品提到讲政治的高度。明确质量责任及奖惩办法，增强质量意识。

在工程施工过程中，实行工程质量关联岗位责任制，由建管办主任、总监理工程师、高级驻地、项目经理四级一把手亲自抓、分管领导具体抓、各级领导齐抓共管,常抓不懈。

积极主动配合政府质量监督部门的工作,增加监督检查频率,扩大监督检查范围,制定了《赛白高速公路联合检查评比细则》,定期开展联合检查评比,奖优罚劣。

严格执行首件工程认可制度,预防为主、先导试点;充分发挥各职能部门、监理机构、质检人员的监督作用,严格分项工程开工报批制度、各种材料办理许可证制度、监理旁站制度、关键部位联合检查制度,有力保障了施工过程中的质量控制。建立质量旬报制度,全面实行动态管理。

采用先进的管理手段,使工程质量管理科学化。采用上海华岩软件公司研制开发的"公路工程试验检测数据处理系统""公路工程质量检测评定系统"和"隐蔽工程影像资料与人员管理系统"三套软件,对该项目的质量管理起到规范化、科学化的作用。

通过全面实施精细化管理,使各项目建设全过程始终处于可控状态,做到了规范化、制度化、文明化施工,各项施工规范得到严格执行,监理指令得到落实,工程实体质量得到了有效保证。

2010年6月8日至6月9日交通运输部工程质量和安全综合督察组对项目办进行了检查,并作出了积极的评价:项目管理基本做到了精细化管理,施工现场处处有项目精细化管理痕迹,体现了内蒙古自治区公路建设项目管理水平。

3. 安全生产管理

项目办始终坚持"安全责任重于泰山"的理念,积极组织开展"平安工地"建设活动,树立"以人为本"创建"平安工地"的科学理念,打造"坚持以人为本、夯实安全基础"思想。坚持"管生产必须管安全"的原则,把安全生产作为中心工作之一,与工程质量、进度放在同等位置,一起抓、一起落实、一起检查、一起考核、一起验收。建立健全安全生产保证体系,确保安全生产总体目标的实现,没有任何生产安全责任事故发生。

4. 廉政建设

高度重视廉政建设工作,在建立健全了廉政建设组织机构,廉政建设规定制度及党风廉政建设责任制的同时,采取有力的监管措施和办法,狠抓落实,切切实实做到一手抓工程建设,一手抓廉政建设。

施工现场建立党组织和廉政组织,成立专门抓党风廉政建设工作的监督检查领导小组,实行廉政建设责任制,充分发挥党组织和党员在廉政建设中的战斗堡垒作用和先锋模范作用。制定了一系列廉政制度,特别是在签订施工合同的同时与施工、监理单位签订了《廉政合同》。

通过请内蒙古高检、属地检察院的专家讲课,廉建学习会、讨论会等多种形式和多种内容加强对干部的思想教育,与属地检察院建立共同开展预防职务犯罪的联席机制,共同开展预防公路建设领域职务犯罪的活动。

党风廉政建设工作的有效开展,有力地促进了工程建设顺利进行,保证了建设资金的安全有效使用,在保护了单位的同时,也保护了干部。

三、科研课题

寒冷地区水稳碎石基层抗裂性改善施工技术研究

本课题依托 G55 二广高速公路赛汗塔拉至白音察干段公路,针对内蒙古地区半刚性水稳碎石基层沥青路面反射裂缝严重的现状,为使 G55 二广高速公路赛汗塔拉至白音察干段公路成为大幅度减少反射裂缝的试点工程,采取工程实践(大面积推广)与理论研究相结合的方式,按照科学合理的技术路线,运用一系列切实可行的抗裂性改善技术措施,确保该项目得以顺利实施。立足抗裂性水稳基层在内蒙古 G55 二广高速公路赛汗塔拉至白音察干段公路高速公路实体工程中应用技术指导,在进行室内试验研究、完善理论分析的同时,通过施工过程中应用抗裂性改善技术措施,总结完善抗裂性水稳碎石施工工艺及质量控制措施,形成较完善的水稳基层抗裂性改善施工技术体系。

课题详情见"第五章 高速公路建设科技成果"中"第二节 重大科研课题"。

四、运营养护管理

赛汗塔拉至白音察干段高速公路由内蒙古高等级公路建设开发有限责任公司乌兰察布分公司负责全线管理、养护、服务等事宜。G55 二广高速公路赛汗塔拉至白音察干段收费站(所)、服务区等设置情况见表 8-72,车流量发展状况见表 8-73。

G55 二广高速公路赛汗塔拉至白音察干段收费站(所)、服务区等设置情况 表 8-72

类别	数量	名称	占地面积(亩)
收费站(所)	7	赛汗塔拉主线收费站	
		赛汗塔拉北收费站	8
		赛汗塔拉南收费站、养护工区	33
		朱日和收费站	10
		土牧尔台收费站	8
		乌兰哈达收费站、养护工区	33
		白音察干收费站	10
服务区	3	锡林服务区收费站	120
		长胜湾服务区收费站	120
		白银淖尔收费站	120
停车区	1	白银停车区、养护工区	120

G55 二广高速公路赛汗塔拉至白音察干段车流量发展状况表（单位：辆/昼夜） 表 8-73

收费站（所）	年 份					
	2011 年	2012 年	2013 年	2014 年	2015 年	2016 年
白音察干收费站	3037	2347	2632	2394	2315	2418
乌兰哈达收费站	—	219	241	185	186	181
土牧尔台收费站	—	93	79	161	144	148
朱日和收费站	—	164	122	152	110	98
赛汗塔拉南收费站	—	284	197	235	252	295
赛汗塔拉北收费站	—	—	341	307	396	462
赛汗塔拉主线收费站	—	—	475	468	573	660

Ⅱ G55 二广高速公路白音察干至集宁段

一、项目概况

（一）基本情况

G55 二连浩特至广州高速公路白音察干至集宁段项目起于察哈尔右翼后旗白音察干，起点桩号 K1+050，经大六号，止于集宁马德青，与同期建设的集宁至丰镇高速公路和已通车呼集老高速公路相接，终点桩号 K73+957.539。总体走向为南北向，主线全长 64.631km。同时设与省际通道连接线 1.7km、集宁西支线 8.2km、集宁北支线 4.9km。

全线共设白音察干、大六号、常青、集宁西、马德青 5 处互通工程。主线设霸王河大桥等大桥共 3 座、中桥 8 座、上跨铁路及公路分离立交 2 座、小桥及通道 73 座、涵洞及通道 92 道。

技术标准：采用双向 4 车道高速公路标准修建，全封闭、全立交。计算行车速度 100km/h，路基宽 26m，桥涵与路基同宽，桥涵设计车辆荷载采用汽车—超 20 级、挂车—120。设计洪水频率特大桥为 1/300，中小桥为 1/100。

白集高速公路 2004 年 9 月开工建设，2006 年 12 月建成通车，2008 年 8 月通过了交通部档案馆组织的档案验收。批准建设工期 3 年，实际建设工期 2 年。

（二）前期工作

1. 立项审批、资金筹措

2004 年交通部以《关于二连至河口国道主干线白音察干至集宁高速公路可行性研究报告的批复》（交规划发〔2004〕60 号）对白音察干至集宁高速公路可行性研究报告批复立项；

2004年交通部以《关于二连至河口国道主干线白音察干至集宁高速公路初步设计的批复》(交公路发〔2004〕279号)批复初步设计;

2005年自治区交通厅以《关于印发二河国道主干线白音察干至集宁高速公路施工图设计会审纪要的通知》(内交发〔2005〕11号)批复施工图设计。

该项目批复概算16.30亿元,其中交通部安排专项基金4.55亿元,其余由内蒙古自治区自筹解决(含国内银行贷款)。

2. 招投标工作

2004年6月至7月底,按照《中华人民共和国招标投标法》和交通部《公路工程施工招标投标管理办法》《公路工程施工招标评标委员会工作细则》《公路工程国内招标文件范本》等有关规定,本着公开、公平、公正的原则开展该项目的招标工作,7月31日完成土建工程、监理评标工作,5个驻地监理、2个施工单位中标。经交通部同意,8月6日向中标单位发了中标通知书,9月1日至3日与施工单位和监理单位进行了合同谈判,9月6日与施工和监理单位签订了合同。2005年进行了房建、收费站、服务区等17项工程招标。2006年进行了交通工程安全设施、收费、监控、通信机电系统等5项招标工作。

项目严格按照《中华人民共和国招标投标法》等法律和规范文件规定程序进行招标工作,评标全过程由自治区纪检委和自治区驻交通厅纪检组派员监督下进行,并邀请国内交通部专家库专家和自治区专家组成评标小组,实现了招标工作阳光作业。

3. 征地拆迁

白集项目土地征用手续全部委托内蒙古自治区土地整理中心办理。白集高速公路共支付征地拆迁补偿费用8435.00万元,永久占地6460.9亩。

(三)参建单位

主管单位:内蒙古自治区交通厅
建设单位:内蒙古自治区交通厅二连至河口国道主干线内蒙古公路建设
　　　　　管理办公室白音察干至集宁高速公路项目执行办
质量监督单位:内蒙古自治区交通建设工程质量监督站
　　　　　　　乌兰察布市公路工程质监站
勘察设计单位:内蒙古自治区交通设计研究院有限责任公司
施工单位:中铁十六局集团有限公司
　　　　　中港第二航务工程局
　　　　　呼和浩特市瑞环建筑工程有限责任公司
　　　　　内蒙古昭华建筑工程有限责任公司

　　　　　内蒙古包头兴业集团股份有限公司

　　　　　内蒙古住友建筑工程有限公司

　　　　　中通建设股份有限公司

　　　　　北京公科飞达交通工程有限公司

　　　　　乌兰察布市大华建筑工程有限公司

　　　　　青岛公路建设集团有限集团公司等25家

　　监理单位：鄂尔多斯市公路工程监理所

　　　　　内蒙古晟昱公路工程监理有限公司

　　　　　北京顺通公路交通技术咨询有限公司

　　　　　内蒙古公路工程咨询监理有限责任公司

　　　　　北京兴通交通工程监理有限责任公司

　　　　　呼和浩特市宏祥市政工程咨询监理有限责任公司

二、建设项目管理

（一）项目管理机构

内蒙古自治区交通厅以《内蒙古自治区交通厅关于成立二连至河口国道主干线内蒙古公路建设管理办公室的通知》（内交发〔2004〕589号）批准成立了二连至河口国道主干线内蒙古公路建设管理办公室，作为公益性项目法人全权负责该项目建设和管理。

2004年3月，自治区交通厅组织进行项目管理标招标，确定鄂尔多斯交通工程局为中标单位，2004年4月开始进行从业单位招标工作及施工前各项准备工作。

2004年8月，自治区交通厅批准成立二连至河口国道主干线内蒙古自治区公路建设管理办公室（简称"建管办"），作为公益性项目法人对工程建设进行全过程管理。

2004年8月，建管办批准成立白音察干至集宁高速公路项目执行办（简称"执行办"）和总监代表处（简称"代表处"），作为建管办下设单位对项目进行现场管理。

2006年初，根据工程建设实施情况，建管办调整机构设置，撤销白集执行办，建管办直接对白集高速项目进行质量、进度、合同等管理工作。并成立总监办中心实验室，由白集、集丰高速公路执行办实验室合并组成，负责原材料及实体工程抽检。

（二）项目管理

项目管理依据招投标文件和《中华人民共和国合同法》进行管理。

1.制度建设

2004年9月，建管办组织拟订《项目管理办法》《监理实施细则》《财务管理办法》《监管、检验、施工、试验样表汇编》和各项规章制度,明确各部门职责。与施工、监理单位分别签订了施工和监理合同的同时,换签订了廉政、安全合同,使项目管理制度化、规范化。

2006年随着管理体制变化,建管办修订了《项目管理办法》《项目监理实施细则》,并及时下发到施工单位、监理单位执行,指导工程管理、质量控制、安全生产、文明施工及党风廉政建设等工作。

2. 质量管理

质量检测。总监办中心实验室、驻地办、施工单位试验检测内容、频率,根据项目《监理实施细则》的规定执行。沥青路面混合料试验检测力学指标,按交通部规范检验的同时,天津市市政设计研究院采用旋转压实仪进行了复核检验。机电、房建、污水处理等工程原材料、设备进场以出厂合格证为准进行审验。标志、标线、护栏、防眩网等交通工程由交通部交通工程检测中心对进场材料负责现场检验。针对机电工程、绿化工程专门成立了驻地办负责工程实施全过程监理工作。加强地基沉降与稳定观测、桩基检测、特大桥成桥荷载试验等关键项目、关键部位的检测、试验,确保其满足设计要求、使用要求。

开展质量年活动。坚持"质量第一"的指导思想,在严格质量管理的同时,建管办组织了年度质量大型检评活动,有效地促进了工程质量提高和工程目标的如期实现。

3. 安全生产管理

项目实施3年,建管办高度重视安全生产工作,多次发文并定期组织专项安全生产检查,对发现的安全隐患,全部进行了整改。除综合性安全大检查外,还对房屋球形网架、特种机械作业及危险品管理、运输、使用进行了多次专项检查,全线施工中共使用炸药180t、雷管19万发,未发生一起安全生产事故。

在2005年6月全国第五个、2006年全国第六个"安全生产月"活动期间,围绕"关爱生命,关爱安全"和"安全发展,国泰民安"的主题活动,白集丰项目共制作安全警句彩旗1000多面、安全标识65个、横幅32条、安全生产宣传画500张,发放安全劳保用品1万多件。广泛应用橱窗张贴宣传画,用建设者喜闻乐见的宣传画、漫画和安全生产小知识、问答题、安全生产"三字经"宣传安全。监理单位、施工单位组织施工技术人员观看安全宣传片《人命关天的大事》。

4. 环境保护

根据项目《保护环境方案》《水土保持方案》的要求,白集项目切实加强施工便道养护;严格执行"集中取土"的原则,并在工程即将结束之际,组织施工单位及时清理大中小桥涵和通道施工垃圾,对弃用的取土(石)场进行削坡、平整、降缓坡度,对预制厂及拌和场垃圾进行清理,并进行种草复垦。

项目办积极配合乌兰察布水务局对全线落实《水土保持方案》情况进行检查,针对不同区域的水土流失特点,采取必要的工程措施和植物措施,有效控制公路建设中的水土流失。经过相关参建人员的共同努力,环境保护顺利通过了环保主管部门的验收。

5. 廉政建设

根据交通厅部署和安排,建管办成立了3个临时党支部,其中一个负责管理白集高速公路廉政建设工作。管理办公室成立后,交通厅派纪检特派员负责纪检监督工作。建管办制定了《工作人员廉洁自律守则》。3年施工期间先后开展了保持共产党员先进性教育活动、"八荣八耻"荣辱观教育和反商业贿赂治理工作。

2006年5月23日,二河建管办与检察机关联合在集宁召开了预防职务犯罪活动联席会议。自治区检察院、监察厅、驻厅纪检组、乌兰察布市检察院和二河建管办就预防职务犯罪,治理交通领域商业贿赂和廉政建设工作进行了座谈。

在各参建单位的共同努力下,克服各种困难,按期完成了建设目标,工程质量优良,干部廉洁优秀。

(三)变更

(1)集宁互通区主线及匝道软基和水塘采用抛石、强夯置换、换填处理。
(2)霸王河特大桥跨铁路改变桥梁结构。

三、新技术应用

(一)外掺剂的应用

如何在高原寒冷地区试配出适应北方气候特征的混凝土高效减水缓凝早强外掺剂,是保证白集高速公路项目施工顺利进行的重要一环。外掺剂要适应本地产的水泥,适应本地昼夜温差大、大风干燥而引起混凝土极易开裂的特殊气候条件,适应北方混凝土结构体积大的设计风格,适应本地各种地材,还要适应工程要求的胶砂率多和工作度大的要求等。白集土建第二合同段实验室选取全国数十种外掺剂进行了适配,第一轮选定与内蒙古比邻的北京及河北地区产品,但本地产的水泥细度高、吸水率大、早期强度增长快,可选择品种范围极小,经与北京建筑材料科学研究院现场多次试验,最后确定采用北京鸿基源建材有限公司开发改进型系列产品:高效减水剂用于一般现浇混凝土结构,缓凝高效减水剂用于现浇箱梁结构及预制箱梁结构,复合防冻剂用于冬初春末两季重要混凝土施工,UEA复合微膨胀剂用于桥梁结构的湿接缝及节点等。虽然外加剂增加了混凝土成本,但外加剂开发应用确保了工程质量,特别在特大桥的重要部位应用,减少了施工难度、缩短了施工工期,获得了良好的社会效益。

(二)GTM 路面施工技术

在白集高速公路施工过程中,采用了 GTM 路面施工技术,对混合料级配范围和温度、拌和机机械性能、压实度标准和机械性能的要求,施工工艺的控制都提出了新要求,在天津市政设计研究院的指导和监督下,对拌和站进行了性能改造,以满足 GTM 施工要求,提高了压实机械吨位,采用了模糊碾压方式,检测结果表明,GTM 路面更适应当今公路运输要求。

四、运营养护管理

该项目建成通车后,由内蒙古自治区高等级公路建设开发有限责任公司乌兰察布分公司负责运营、养护管理工作。G55 二广高速公路白音察干至集宁收费站(所)、服务区等设置情况见表 8-74,车流量发展状况见表 8-75。

G55 二广高速公路白音察干至集宁收费站(所)、服务区等设置情况　　表 8-74

类　别	数　量	名　　称	建筑面积(m²)	占地面积(亩)
收费站(所)	3	大六号匝道收费所	1235.32	5
		集宁北收费所		5
		集宁西收费所	1272.61	5
服务区		黄家村服务区		

G55 二广高速公路白音察干至集宁车流量发展状况表(单位:辆/昼夜)　　表 8-75

收费站(所)	年　份					
	2011 年	2012 年	2013 年	2014 年	2015 年	2016 年
集宁西收费所	2098	2876	1599	1544	1448	1689
集宁北收费所	2981	3298	2625	1874	1606	1795
大六号匝道收费所	2284	2786	1351	1177	1130	1248

Ⅲ　G55 二广高速公路集宁至丰镇段

一、项目概况

(一)基本情况

集宁至丰镇高速公路项目起于集宁马德青,起点桩号 K0+000,与同期建设的白音察干至集宁高速公路和已通车呼集老高速公路相接,经察哈尔右翼前旗,止于内蒙古山西界处的丰镇巨墙堡,与山西省在建得胜口至大同高速公路相接,终点桩号 K72+260,总体走向为南北向。另建土贵乌拉连接线长 2.98km、呼阳连接线 7.12km,设有土贵乌拉和丰镇互通立交,该项目同步实施。该项目主线全长 72.260km。

主线设黑沟特大桥 1 座(为 85m+150m+85m 预应力混凝土连续钢构箱梁桥)、丹洲营高架桥1座、大桥3座、中桥6座、通道49座、小桥11座、涵洞82道,上跨立交11座。

技术标准:采用双向4车道高速公路标准修建,全封闭、全立交。设计速度100km/h,路基宽26m,桥涵与路基同宽,桥涵设计车辆荷载采用汽车—超20级、挂车—120。

集宁至丰镇项目2004年9月开工建设,2006年12月建成通车。

(二)前期工作

1. 立项审批、资金筹措

2004年交通部以《关于二连至河口国道主干线集宁至丰镇高速公路可行性研究报告的批复》(交规划发〔2004〕61号)批复工可研报告;

2004年自治区交通厅以《关于二河口国道主干线集宁至丰镇(内蒙古山西界)高速公路初步设计的批复》(内公路发〔2004〕273号)批复初步设计;

2005年自治区交通厅以《关于印发二河口国道主干线集宁至丰镇高速公路施工图设计会审纪要的通知》(内交发〔2005〕12号)批复施工图设计。

本项目批复概算18.21亿元,其中,交通部安排专项基金5.22亿元,其余由内蒙古自治区自筹解决(含国内银行贷款)。

2. 招投标工作

2004年6月至7月底,按照《中华人民共和国招标投标法》和交通部《公路工程施工招标投标管理办法》《公路工程施工招标评标委员会工作细则》《公路工程国内招标文件范本》等有关规定,本着公开、公平、公正的原则,7月31日完成土建施工、监理评标工作,5个驻地监理、2各施工单位中标。经交通部同意,8月6日向中标单位发了中标通知书,9月1日至3日与施工单位和监理单位进行了合同谈判,9月6日与施工单位和监理单位签订了合同。2006年进行了房建、交通工程、安全设施、机电监控等23项招标工作。

每次招标均严格按照《中华人民共和国招标投标法》等法律和规范文件规定程序进行,评标全过程在自治区纪检委和自治区驻交通厅纪检组特派员监督下进行,并邀请交通部专家库专家和自治区专家组成评标小组,实现了招标工作阳光作业。

3. 征地拆迁

集丰项目土地征占用手续全部委托内蒙古自治区土地整理中心办理。经过实地勘测,内蒙古自治区国土资源厅拟编了详细征占用地图纸及坐标,确定了征地范围。集丰高速公路共支付征地拆迁费用9082.00万元,占用土地8184.05亩,其中:菜地116.29亩,水浇地952.02亩,旱地3972.56亩,林地1758.69亩,宅基地64.2亩,天然草地670.41亩,场面35.34亩。

(三)参建单位

主管单位:内蒙古自治区交通厅
现场管理单位:二连至河口国道主干线内蒙古自治区公路建设管理办公室
质量监督单位:内蒙古自治区公路工程质量监督站
　　　　　　乌兰察布市公路工程质量监督站
勘察设计单位:内蒙古自治区交通设计研究院有限责任公司
施工单位:中国路桥(集团)总公司
　　　　大庆油田路桥筑路工程公司和内蒙古公路工程局
　　　　乌兰察布市胜达建筑有限责任公司
　　　　呼和浩特市赛罕区教育建筑安装工程公司
　　　　内蒙古蒙建建筑安装工程有限责任公司
　　　　乌兰察布市大华建筑工程有限公司
　　　　中咨泰克交通设施工程有限公司
　　　　石家庄泛安科技开发有限公司
　　　　河北银信交通设施有限公司
　　　　潍坊宝利交通设施有限公司等26家
监理单位:北京华通公路桥梁监理咨询
　　　　中国公路工程咨询监理总公司
　　　　山西晋达交通建设工程监理所
　　　　河北公路工程技术咨询有限公司
　　　　北京兴通交通工程监理有限责任公司
　　　　呼和浩特市宏祥市政工程咨询监理有限责任公司

二、建设项目管理

(一)项目管理机构

内蒙古自治区交通厅以《内蒙古自治区交通厅关于成立二河国道主干线内蒙古公路建设管理办公室的通知》(内交发〔2004〕589号)批准成立了二连至河口国道主干线内蒙古自治区公路建设管理办公室,作为公益性项目法人全权负责该项目建设和管理。

(二)项目管理

2004年9月,建管办组织拟定了《项目管理办法》《监理实施细则》《财务管理办法》

《监管、检验、施工、试验样表汇编》和各项规章制度,明确各部门的职责,与施工、监理单位分别签订了施工和监理合同,同时还签订了廉政、安全合同,使项目管理制度化、规范化。

2006年,随着管理体制的变化,建管办修订了《项目管理办法》《项目监理实施细则》,及时下发各单位执行,指导工程管理、质量控制、安全生产、文明施工及党风廉政建设等工作。

对于建设项目大标段划分施工合同段,通过该项目建设发现:土建合同段施工段落长、投资大,施工队伍多,且施工管理水平参差不齐,施工单位管理难度大。给建设单位造成较大困难,不便于直接管理,有些要求及指令精神难以及时贯彻。在各参建单位的共同努力下,克服各种困难,按期完成建设目标,工程质量优良。

(三)变更

(1)应当地村民及政府要求,在 K57+100 处增设上跨分离立交一座,已解决通行问题。按照其要求设计了 $2 \times 25m$ 空心板桥,柱式台桩基础、柱式墩扩大基础。

(2)根据施工实际情况,对 K65+550~K66+130 及丰镇互通各匝道范围的设计方案进行了调整,原设计由于综合考虑施工情况,对此段软基采用换填 3m 砂砾处理,但在实施过程中发现原设计带来了施工不方便等问题,经过图纸会审,改为强夯置换块、片石。

(3)根据设计文件会审结果,对全线挖方断面和排水形式进行了调整,挖方断面原设计 2m 为第一台阶,以上每 8m 设置碎落台,调整为从下面起每 6m 一阶设置碎落台,排水形式由散排改为集中排水。

(4)K49+860~K50+050 段挖方左侧由于受层间水、地质层分布顺倾的影响,而在施工过程中发生滑动,经过专家调查、分析论证后确定采用抗滑桩和地梁锚索的治理方案。

三、复杂技术工程

(一)丹洲营高架桥

该桥是 G55 集宁至丰镇高速公路控制性工程,地理位置处于内蒙古丰镇市北部丹洲营村。桥长 1139m,上部结构为 $3 \times 50m + 4 \times 40m + 5 \times 40m + 4 \times 40m + 4 \times 40m + 3 \times 50m + 3 \times 50m$ 预应力混凝土连续 T 梁。T 梁共计 260 片,其中 50m 梁 90 片,梁高 2.6m;40m 梁 170 片,梁高 2.2m。预制梁吊装重 50m 梁最大约 170t,40m 梁最大约 117t。该桥连续跨越丰镇专用铁路、省道 102 线、准格尔煤田电气化铁路及丹洲营村庄与附近民办石材厂。丹洲营高架桥的工程特点：工程单一，难度较大（50m T梁，大跨，高梁，梁体庞大较重），安全形势严峻（跨两公两铁），一次性投入设备较多（专用桥梁设备，如120t 龙门吊得两台，200t 架桥机一台），工期短。为了克服以上困难，相关参建单位上下齐心、详细考察、精心组织、合理规划、周密部署，在保障质量、安全的前提下，圆满高效地完成了该桥的建设。

（二）滑坡治理

集丰高速公路 K49+860~K50+240 段属挖方路段，由中标单位大庆油田路桥工程公司集丰土建第二合同段项目经理部施工，施工单位于 2004 年 9 月开挖此段，10 月初该路段路堑边坡发生滑移，后缘断距达 3.5m，随后停止了该段的土方开挖，经研究决定采取特殊分包形式进行滑坡治理。

该段的滑坡治理设计单位为内蒙古自治区交通设计研究院有限责任公司及中铁西北科学研究院。施工单位为浙江省岩土基础公司，监理单位为山西晋达交通建设监理所。施工单位具有一级地基基础工程及甲级地质灾害治理施工资质，主要工作内容：40 根抗滑桩、80 根桩锚索、15 根地梁、38 根地梁锚索、309m 挡土墙、52 条支撑盲沟。

四、科技创新

（一）新技术应用

1.引进沥青混凝土混合料配合比设计 GTM 方法

在经过论证、调查的基础上，建管办与天津市政设计研究院签订了沥青混凝土混合料配合比设计旋转试验方法（简称 GTM 方法）的技术服务合同，并在本工程成功推广应用。应用该项技术配制的沥青混凝土混合料成型后动稳定度和热稳定性明显提高。实际应用过程检测结果显示质量指标稳定、可靠。

2.黑沟特大桥主桥箱梁采用挂篮悬臂现浇法施工

黑沟特大桥主桥箱梁采用挂篮悬臂现浇法施工。各单"T"构箱梁除 0 号、1 号块分为 19 对梁段，箱梁纵向分段长度为 $5×3.0m+7×3.5m+7×4.0m$，0、1 号块路线中心处总长 13.0m，中跨合龙段路线中心线处长度为 10.84m，悬臂现浇段最大质量为 54.6t，挂篮自重为 65t。

3.梁板蒸汽养生

在梁板的预制过程中，将梁板放入密封室内，充入蒸汽进行养生，既缩短了梁板的预制周期、节省过程成本，又可以保证水泥混凝土的强度。

4.路槽换填砂砾施工

全幅先铺设一层塑料膜,能够很好地隔断地下水对高速公路结构层的危害,保证高速上公路底基层、基层等结构不受冻害。

5.石灰碎石挤密桩

在层间水含量较大的挖方段,采用石灰碎石挤密桩,利用石灰遇水反应、膨胀的作用将软弱的土体挤密,从而将层间水消耗,也提高了地基的承载力。

6.边坡生态防护

边坡生态防护施工技术利用高强钢丝网片的柔性抵消边坡膨胀变形,稳固边坡并防止浅层失稳;利用植物茎叶的水纹效应与植物根系的力学效应,使边坡土体稳定,并保持水土,能起到保护周围生态环境的作用。

7.掺加增强聚酯纤维

对沿线纵坡大于3%的路段,在路面沥青混凝土内掺加增强聚酯纤维以增强其强度,起到提高路面质量、延长其使用寿命的作用。

(二)科研项目

科研课题一:软土地段路基稳定性与施工控制研究

本课题以G55二广高速公路集宁至丰镇段为依托,针对集宁至丰镇高速公路K56+560~K65+550段软基路段施工实施动态控制,开展软土路基稳定性和施工控制技术研究。在分析软土地基工程地质特点的基础上,结合工程实际,确定软土地基变形观测试验方案,采用沉降板、测斜仪、土压力盒、孔隙水压力及和边桩等测试方法,对6km范围内的软土地基在路堤填筑及预压过程中的变形进行连续观测,以监测监控路基的稳定性和沉降变形。从而探索适合于集丰高速公路软土路基的施工控制技术,为内蒙古类似软土路基工程施工提供借鉴,减少路基路面病害,为施工提供技术服务。

本研究解决的有关高速公路软土路基路堤施工控制技术问题,不仅能直接指导施工,而且能促进集丰高速公路的技术管理水平,提高其科技含量,产生了巨大的社会、经济效益。本研究采用的适合于集丰高速公路软土路基路堤沉降观测和分析的方法,特别是高速公路软土路基稳定性和变形控制标准,其应用前景广阔。

科研课题二:大跨径桥梁施工控制数值分析与仿真技术研究

本课题以G55二广高速公路集宁至丰镇段黑沟特大桥为工程背景,借助近年新发展的人工神经网络、遗传算法和计算机可视化技术等先进研究方法,对大跨径连续钢构桥梁悬臂施工的预拱度、全桥线形和结构应力进行数值计算和仿真分析。对箱梁的纵向预应力损失参数进行识别,并对施工控制参数予以判定,在此基础上,进一步探讨主梁结构温度场及其对结构内力和挠度的影响,将分析计算和测试结果数字化,建立仿真系统,将大跨径桥梁施工控制过程可视化。

课题详情见"第五章　高速公路建设科技成果"中"第二节　重大科研课题"。

五、运营养护管理

该公路由内蒙古自治区高等级公路建设开发有限责任公司乌兰察布分公司负责运营养护管理。G55 二广高速公路集宁至丰镇段收费站(所)、服务区等设置情况见表8-76,车流量发展状况见表8-77。

G55 二广高速公路集宁至丰镇段收费站(所)、服务区等设置情况　　表8-76

类　别	数　量	名　　称	建筑面积(m²)	占地面积(亩)
收费站(所)	3	内蒙古山西界主线收费所	1908.97	10
		丰镇匝道收费所	2766.62	18.9
		土贵乌拉收费所	1319.09	8
服务区	1	丰镇服务区	3953.59	60
养护所	1	丰镇养护所		

G55 二广高速公路集宁至丰镇段车流量发展状况表(单位:辆/昼夜)　　表8-77

收费站(所)	年　份					
	2011年	2012年	2013年	2014年	2015年	2016年
内蒙古山西主界主线收费所	2911	3390	3308	2777	2605	2669
丰镇匝道收费所	1285	1557	1487	1599	1666	1892
土贵乌拉收费所	480	1136	668	625	589	691

第十四节　G5511 二广高速公路集宁至阿荣旗联络线乌兰浩特至扎兰屯段

乌兰浩特至扎兰屯段高速公路是《国家高速公路网规划》中二连浩特至广州高速公路集宁至阿荣旗联络线的一段,路线起点位于兴安盟乌兰浩特市,终点位于扎兰屯市南出口的齐齐哈尔至满洲里铁路西侧约600m处,乌新线(兴安盟境内乌兰浩特至新林北段)及新扎线(呼伦贝尔境内新林北至扎兰屯段)路线全长262.932km,其中,乌新段181.062km,新扎段81.870km,均为一级公路改扩建工程。

路网关系:G5511(二广高速公路集宁至阿荣旗联络线)内蒙古段路网关系如图8-13所示。

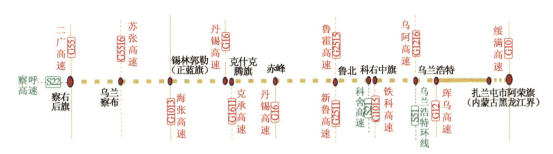

图 8-13　G5511 二广高速公路集宁至阿荣旗联络线内蒙古段路网关系示意图

Ⅰ　G5511 二广高速公路集宁至阿荣旗联络线乌兰浩特至新林北段

一、项目概况

（一）基本情况

乌兰浩特至新林北段高速公路位于内蒙古自治区东部兴安盟境内的科右前旗、乌兰浩特市和扎赉特旗。起点布设于省际通道科尔沁右翼前旗收费站处，终点位于新林镇北兴安盟与呼伦贝尔市交界处。主要控制点：乌兰浩特市规划区、白家屯、兴牧屯、额尔格图苏木、八一牧场、巴彦高勒镇、永胜屯、腰马尔图、莫里根屯、前七家子、后七家子、东希勒图、阿尔本格勒、新林镇。路线全长 181.062km。

乌新线采用改建双向 4 车道高速公路建设标准，设计速度 100km/h，路基宽度按新建和对现有公路不同的利用方案分别采用了三种路基宽度：沿既有公路新建半幅路段，路基宽度 25.75m；全幅利用既有公路改建路段，路基宽度 25.50m；全幅新建路段路基宽度 26m。路面形式为沥青混凝土路面，桥涵设计汽车荷载采用公路—Ⅰ级。

全线设桥梁 7683.71m/68 座，其中大桥 4131.4m/19 座，中桥 3552.31m/49 座，全线桥隧比 4.2%（7683.71/181062）。沿线设置临时主线收费站 1 处，匝道收费站 7 处，服务区 2 处，停车区 1 处，监控管理分中心 1 处，管理所 1 处，养护工区 3 处。

本项目于 2012 年 10 月开工建设，2016 年 12 月 23 日交工。

（二）前期工作

1. 立项审批、资金筹措

2010 年 11 月 22 日，水利部以《关于国家高速公路网二连浩特至广州公路集宁至阿荣旗联络线乌兰浩特至扎兰屯公路水土保持方案的复函》（水保函〔2010〕375 号）批复了水土保持方案；

2011 年 4 月 14 日，环境保护部以《关于二连浩特至广州公路集宁至阿荣旗联络线乌兰浩特至扎兰屯公路环境影响报告书的批复》(环审〔2011〕94号)批复了环境影响报告书；

2011年11月29日，国家发展和改革委员会以《关于内蒙古自治区乌兰浩特至扎兰屯公路改扩建工程可行性研究报告的批复》(发改基础〔2011〕2606号)批复了乌兰浩特至扎兰屯公路改扩建可行性研究报告；

2012年5月28日，交通运输部以《关于乌兰浩特至扎兰屯公路改扩建工程初步设计的批复》(交公路发〔2012〕240号)批复了乌兰浩特至扎兰屯公路改扩建工程初步设计；

2014年5月15日，内蒙古自治区交通运输厅以《内蒙古自治区交通运输厅关于乌兰浩特至扎兰屯公路改扩建工程两阶段施工图设计的批复》(内交发〔2014〕258号)批复了乌兰浩特至扎兰屯公路改扩建工程两阶段施工图设计；

2015年9月23日，国土资源部以《国土资源部关于乌兰浩特至扎兰屯公路改扩建(兴安盟)段工程建设用地的批复》(国土资函〔2015〕659号)批复土地手续。

根据国家发展和改革委员会《关于内蒙古自治区乌兰浩特至扎兰屯公路改扩建工程可行性研究报告的批复》(发改基础〔2011〕2606号)批复总投资约54.10亿元，其中，国家安排中央专项基金(车购税)11.88亿元，自治区公路建设专项建设资金1.65亿元作为项目资本金，共计13.53亿元，约占总投资的25%，其余40.57亿元利用国内银行贷款，由开发银行、农业银行、工商银行组银团承贷。

兴安盟段(乌兰浩特至新林北项目)批复45.99亿元；资金来源由中央及自治区安排专项资金17.49亿元，银行贷款27.55亿元，地方自筹0.95亿元(税金返还)。

2. 招投标工作

本项目招标投标工作严格按照《中华人民共和国招标投标法》和《公路工程施工招标投标管理办法》《公路工程施工监理招标管理办法》等法律、法规进行。土建、房建、交安、机电、钢结构、绿化等工程的设计、施工、监理单位均采用国内公开招投标方式产生，本着"公开、公正、公平、诚信"的原则，按招标程序择优选择从业单位。内蒙古自治区纪检委驻交通运输厅纪检组、兴安盟检察院及兴安盟交通运输局纪检组对发售招标文件、开标、评标全过程进行了监督。

设计单位招标情况。2010年4月，在中国采购与招标网、内蒙古交通网对本项目勘察设计进行了公开招标，最终确定由内蒙古交通设计研究院有限责任公司负责本项目的勘察土建工程、交通工程和沿线设施设计工作，2010年5月20日兴安盟交通局与设计单位签订了合同协议书。

土建工程施工招标。根据2012年9月11日自治区交通运输厅公路建设市场管理委员会批准的《二连浩特至广州公路集宁至阿荣旗联络线乌兰浩特至扎兰屯段高速公路(兴安盟境内)土建工程施工及施工监理招标方案通知》，国家高速公路乌新建管办委托内蒙古海维建设工程项目管理有限公司于2012年9月13日同时在内蒙古交通网、中国采购与招标网和内蒙古海维建设工程项目有限公司网发布招标公告,10月14日至17日进行了开标评标,择优选择了12家土建施工单位,并在有效时间内与中标单位签订了施工、廉政、安全合同。

房建、通信管道工程施工招标。招标程序同土建招标。2014年7月18日发布招标公告,2014年9月10日至13日进行了开标评标,择优选择了4家房建施工单位、1家供配电施工单位、4家通信管道施工单位。

交通安全设施、机电、钢结构及绿化工程施工招标。国家高速公路乌新建管办委托内蒙古海维建设工程项目管理有限公司于2015年4月23日分别在中国采购与招标网、内蒙古交通网、内蒙古招标投标网和赤峰公共资源交易网上发布了招标公告,2015年5月23日至27日进行了开标评标,择优选择了14家交安工程施工单位、2家钢结构工程施工单位、2家机电工程施工单位和2家绿化工程施工单位。由于声屏障1标段、2标段递交投标文件不足3家,本次招标不成功,2015年8月14日本项目交通安全设施(声屏障工程)进行了第二次招标,2015年9月11日至12日进行了开标评标,择优选择了2家声屏障工程施工单位。

土建施工监理招标。土建施工监理招标同土建招标程序。2012年9月13日至17日发售了土建施工监理招标文件,10月14日至17日进行了开标评标,择优选择7家施工监理单位。施工监理设置二级监理机构,其中6个驻地办,1个总监办。并在有效时间内与中标单位签订了施工、廉政、安全合同。

3. 征地拆迁

本项目征拆工作于2012年9月启动,国土资源部以《国土资源部关于乌兰浩特至扎兰屯公路改扩建(兴安盟)段工程建设用地的批复》(国土资函〔2015〕659号)文件批复土地手续。2016年9月主线征拆工作基本完成。全线永久性占用土地12147.05亩,其中共征耕地6220.6亩,林地4378.62亩,草场1547.83亩,拆迁房屋16700m^2,电力电信改迁200处,全线共支付征拆补偿款5.26亿元。

(三)参建单位

主管单位:内蒙古交通运输厅

建设单位:兴安盟交通运输局

现场管理单位:国家高速乌兰浩特至新林北段项目建设管理办公室

质量监督单位:内蒙古自治区交通建设工程质量监督局
　　　　　　　兴安盟交通建设工程质量监督局

勘察设计单位:内蒙古自治区交通设计研究院有限责任公司

施工单位:中交一公局第六工程有限公司
中铁港航局集团第三工程有限公司
福建华通路桥建设有限公司
中电建路桥集团工程有限公司
内蒙古联手路桥有限责任公司
河北建设集团有限公司
内蒙古天骄公路工程有限责任公司
中交路桥建设有限公司
张家口路桥建设集团有限公司
衡水路桥工程有限公司等43家

监理单位:内蒙古晟昱公路工程监理有限公司(总监办)
内蒙古华通顺公路监理有限责任公司(驻地办)
北京御正营工程监理有限公司
中交国际工程咨询有限公司
山西交科公路工程咨询监理有限公司
北京正立监理咨询有限公司
湖北江汉工程咨询有限公司

二、建设项目管理

(一)项目管理机构

2010年8月23日,兴安盟行政公署以兴署字〔2010〕55号文件同意组建国家高速公路乌兰浩特至新林北段公路工程项目法人。

2010年9月20日,兴安盟交通运输局以兴交发〔2010〕328号文件批准成立国家高速公路乌兰浩特至新林北段公路工程项目建设管理办公室。项目建设管理办公室设主任1名,副主任2名,下设计划合同部、工程技术部、质监部、安全部、财务部、综合协调部等6个职能部门,全面负责本项目的建设管理工作。

(二)项目管理

项目管理依据招投标文件和《中华人民共和国合同法》进行管理。

1. 质量控制

为规范乌兰浩特至新林北高速公路工程的主要施工工艺,加强重点部位、主要工序的质量控制,确保工程质量达到精品工程要求,根据该工程施工特点,编制《施工质量控制指南》。建管办结合本地区工程的实际情况,陆续制定了《建设管理办法》《项目奖惩办法》《质量管理办法》《建设费用管理办法》《内业资料管理办法》《项目档案编制办法》《安全生产管理办法》等办法,使工程管理工作规范化、制度化。

认真履行质量管理职责,强化质量保障体系建设,大力推进在政府监督下的"法人管理、监理抽检、企业自控"的工程质量保障体系,严把开工监督审查关、施工过程监督检查,要求监理单位严格监理程序,加大对重点工程、关键部位、薄弱环节的巡视和旁站力度,严格按工艺和工序控制施工,对工程质量进行动态控制。隐蔽工程检查采用班组与专业相结合的方式。各工序实行规范化、标准化作业,严格执行岗位责任制,对生产过程进行及时有效的质量监控。

原材料供应重点控制拌制混凝土用的水泥各项技术指标及钢材等的技术条件。制作加工重点控制模板、支架的制作及钢筋的加工制作。混凝土工程重点控制混凝土的配合比及混凝土灌注施工。

2. 进度管理

在项目建设过程中,建管办本着确保工程质量、安全的前提下,加快工程进度,通过科学调度、统筹规划、合理安排,确保了工程建设顺利实施。

严格工期目标,加强计划管理;根据项目总体工期要求,要求各施工单位倒排工期;加强会议调度,确保施工部署。建管办按月度召开生产调度会;抓好工序衔接,协调交叉施工。进入路面、房建、交安、机电工程同步交叉作业阶段,要求各单位互相配合,合理安排施工,确保工程建设统筹推进,和谐有序。

3. 安全生产管理

乌新高速公路建设期间,建管办始终坚持"安全第一,预防为主,综合治理"的工作方针和"管理生产必须管安全"的工作原则,把安全与质量放在同等位置进行管理。

健全安全保障体系,建管办及各施工、监理单位均成立了安全生产领导小组,设置专门安全管理机构;完善安全管理制度,制定了《乌新高速平安工地建设指南》《乌新高速公路安全生产应急预案》等,并要求各单位必须制定各项安全生产规章制度,落实安全生产重点岗位把关制度;制定事故应急处理预案,加强安全教育培训。深入开展"平安工地"和"安全生产月"活动。

狠抓现场安全管理。建管办坚持每月会同总监办对全线进行安全大检查,针对不同季节、不同时期工程施工特点对施工现场进行专项检查;注重抓好施工现场的安全警示标志、标牌、安全服装、安全帽等安全设施的管理;加强对爆破施工、高空作业、高边坡作业、特种设备、工地易燃易爆品、危险源的安全控制和管理工作。坚持从严要求,从严管理,从严查处,基本实现安全生产有序可控。

4. 标准化管理

严格按照《内蒙古自治区高速公路及一级公路施工标准化管理指南》要求,制定了本项目的标准化管理办法,要求驻地建设、工地试验室、场站建设、路基、路面、桥涵施工必须满足标准化管理办法的相关要求,把乌新高速公路建设成为一个环保文明的绿色工程。

5. 廉政建设

乌新高速公路是内蒙古自治区重点公路建设工程,建管办高度重视廉政建设工作,始终坚持"一手抓工程建设,一手抓廉政建设"的工作理念,切实做到廉政建设与工程建设同部署、同检查、同考核。

建立廉政机构,建管办及各监理、施工单位均成立了廉政建设领导小组,加强对廉政建设的组织领导;完善廉政制度。项目开工伊始,建管办就与各中标单位签订了《廉政合同》,要求各施工单位必须与其主管单位、下属工区签订廉政责任状;制定了《国家高速乌兰浩特至新林北公路工程项目廉政建设实施细则》,同时强化廉政教育。

积极配合交通运输厅纪检组、盟局纪检组和盟检察分院预防职务犯罪处检查指导廉政建设和预防职务犯罪工作,并与检察院建立了重点建设项目预防职务犯罪联席会议制度和联络员制度,设置了举报箱,使廉政建设做到全覆盖。确保了项目建设过程中无违法违纪等腐败现象发生。

三、复杂技术工程

雅鲁河大桥是G5511二广高速公路集宁至阿荣旗联络线新林北至扎兰屯段大型控制性工程,也是该项目施工难点。大桥上部采用$(4\times20)m+(4\times20)m+(4\times20)m+(4\times20)m+(3\times20)m$装配式预应力混凝土连续箱梁,全桥共设五联。本桥平面位于直线上,桥面横坡为双向1.5%,纵断面位于$R=25000m$的竖曲线上,控制梁顶混凝土调平层最小铺装厚度8cm。盖梁、主梁横坡、桥面混凝土调平层共同调整横坡。本桥在两个桥台上分别设置一道GQF-FE80型伸缩缝,4、8、12、16号桥墩上设置一道GQF-D160型伸缩缝;下部结构桥台采用肋板台,桥墩采用柱式墩,钻孔灌注桩基础,按摩擦桩设计,摩擦桩桩端沉渣厚度t应满足以下要求:$D\leqslant1.5m$时,$t\leqslant300mm$。

四、科研课题

乌新高速公路改扩建工程造价影响因素与测算方法研究

1. 立项背景

现阶段我国公路建设施工阶段控制方法或措施大多是一种被动的、静态的、经验性的控制,很难有效做好施工阶段的成本控制,因此借鉴国外的造价管理理念,推行主动控制。通过主动控制可以使工程成本控制立足于事先主动的采取措施,尽可能地减少以致发生偏离的控制。

2. 研究目的

通过研究,可为造价管理部门进行工程经济性比较、分析和评价提供依据,以便于今后业主对类似工程进行预测,方案评审,并根据项目的特征控制工程费用和单位工程的造价达到节约建设资金、杜绝浪费的目的。

3. 研究内容

(1)高速公路改扩建工程造价管理内容研究;

(2)高速公路改扩建工程造价控制体系及合理指标研究;

(3)高速公路改扩建工程造价控制对策研究。

五、运营养护管理

G5511 该段路线养护里程为 181.062km,养护管理由兴安盟公路管理局负责;运营收费管理由内蒙古收费公路监督管理局兴安盟分局负责。G5511 二连浩特至广州高速公路集宁至阿荣旗联络线乌兰浩特至新林北段收费站(所)、服务区等设置情况见表8-78。

G5511 二连浩特至广州高速公路集宁至阿荣旗联络线乌兰浩特至新林北段收费站(所)、服务区等设置情况　　表8-78

类别	数量	名　　称	建筑面积(m²)	占地面积(亩)
收费站(所)	8	起点主线收费站(改造利用)	—	—
		乌兰浩特西匝道收费站	2588.5	9
		机场匝道收费站(附设养护工区)	3984.59	47
		额尔格图匝道收费站	2588.5	9
		巴彦高勒匝道收费站、养护工区	391.49	(改造利用)
		扎赉特管理所、匝道收费站	2690.18	9
		阿尔本格勒匝道收费站、养护工区	4086.27	47
		新林匝道收费站	2588.5	9
管理所	2	乌兰浩特管理所	1233.83	12
		扎赉特管理所	见扎赉特匝道收费站与管理所	
服务区	3	前旗服务区(改造利用)	—	—
		永和服务区	3297.43	120
		新林南服务区	3591.2	120
停车区	1	巴彦扎拉嘎停车区	558.6	40
监控指挥	1	兴安盟分中心	3921.97	40

II G5511二广高速公路集宁至阿荣旗联络线新林北至扎兰屯段

一、项目概况

(一)基本情况

新林北至扎兰屯段高速公路是《国家高速公路网规划》中二连浩特至广州公路集宁至阿荣旗联络线的一段。项目起点位于呼伦贝尔市与兴安盟交界处的金界壕,起点桩号K180+730,与乌兰浩特至新林北高速公路相接。经关门山办事处宫家街村、野马河村、东明村,蘑菇气镇蘑菇气村、惠风川村、三合村,中和办事处福泉村、架子山村、龙头村、福兴村,雅尔根楚办事处水甸沟村、新建村,成吉思汗镇西德胜村、马家村、务大哈气、奋斗村,高台子办事处五一村、鲜光村。终点位于扎兰屯市南出口的齐齐哈尔至满洲里铁路西侧约600m处,终点桩号K262+600,与扎兰屯至阿荣旗段省际通道(一级公路)顺接。路线全长81.870km。

新扎高速公路呼伦贝尔境内段主线采用改建双向4车道高速公路建设标准,设计速度100km/h,路基宽度26.5m,路面形式为沥青混凝土路面,桥涵设计汽车荷载采用公路—Ⅰ级。全线设桥梁3776.9m/39座,其中大桥1638.6m/11座,中桥2138.3m/28座;全线服务区2处、收费所4处。全线桥隧比4.6%(3776.9/81870)。

本项目于2012年10月开工建设,2016年交工验收,具备通车试运行条件。

(二)前期工作

1.立项审批、资金筹措

2010年11月22日,水利部以《关于国家高速公路网二连浩特至广州公路集宁至阿荣旗联络线乌兰浩特至扎兰屯公路水土保持方案的复函》(水保函〔2010〕375号)批复了水保方案;

2011年4月14日,环境保护部以《关于国家高速公路网二连浩特至广州公路集宁至阿荣旗联络线乌兰浩特至扎兰屯公路环境影响报告书的批复》(环审〔2011〕94号)批复了环境影响报告书;

2011年11月29日,国家发展改革委以《内蒙古自治区乌兰浩特至扎兰屯公路改扩建可行性研究报告的批复》(发改基础〔2011〕2606号)批复了乌兰浩特至扎兰屯公路改扩建可行性研究报告;

2012年5月28日,交通运输部以《关于乌兰浩特至扎兰屯公路改扩建工程初步设计的批复》(交公路发〔2012〕240号)批复了乌兰浩特至扎兰屯公路改扩建工程初步设计;

2014年5月15日,内蒙古自治区交通运输厅以《内蒙古自治区交通运输厅关于乌兰浩特至扎兰屯公路改扩建工程两阶段施工图设计的批复》(内交发〔2014〕258号)批复了乌兰浩特至扎兰屯公路改扩建工程两阶段施工图设计。

本项目初步设计总概算为19.45亿元,建设资金来自项目资本金(21.6%)和国内银行贷款(78.4%)。

2. 招投标工作

本项目招标投标工作严格按照《中华人民共和国招标投标法》和《公路工程施工招标投标管理办法》《公路工程施工监理招标管理办法》等法律法规进行。勘察设计、土建工程、房建工程、交通工程、机电消防等工程的设计、施工、监理单位均采用国内公开招标方式产生,分别确定1家设计单位、4家监理单位(含总监办)、5家土建施工单位和13家其他施工等参与本项目建设施工。

勘察设计招标2010年3月25日由呼伦贝尔市交通局在中国采购与招标网、内蒙古交通网上进行了公开招投标,确定了内蒙古交通设计研究院有限责任公司为土建及交安设计单位。

土建施工及施工监理招标公告由内蒙古自治区交通厅、呼伦贝尔市交通局于2012年9月13日在中国采购与招标网、内蒙古交通网、内蒙古海维建设工程项目公路有限公司网站上发布,于2012年10月14日8:30~10:00公开接收投标文件,投标文件递交截止的同时公开开标,确定了5家土建施工单位、3家监理单位。

沥青采购招标公告2014年3月27日在中国采购与招标网、内蒙古交通网和内蒙古招标投标网上同时刊登告。2014年5月6日公开开标,确定了两家沥青供应商。

交通安全设施及机电工程招标公告于2015年5月18日在中国采购与招标网、内蒙古交通网、内蒙古招标投标网和呼伦贝尔市公共资源交易中心、公益网上同时发布,2015年6月23日上午开标,确定了10家交通工程、房建工程施工单位。

3. 征地拆迁

新扎高速公路征地拆迁工作2012年8月启动,全线征拆工作在2015年11月结束,共征用土地3349.21亩,其中林地733.52亩,草地809.35亩,耕地1806.34亩;拆迁房屋5470m^2;拆迁电力电信光缆13491延米、电杆80根,征拆补偿费18136.79万元。

(三)参建单位

主管单位:内蒙古交通运输厅

建设单位:呼伦贝尔市交通运输局

现场管理单位:新林北至扎兰屯段公路项目建设管理办公室

质量监督单位:内蒙古自治区交通建设工程质量监督局
        呼伦贝尔市公路工程质量监督站
勘察设计单位:内蒙古自治区交通设计研究院有限责任公司
施工单位:深圳市路桥建设集团公司
        内蒙古路桥有限责任公司
        葛洲坝集团第五工程有限公司
        抚顺公路建设集团有限公司
        科达集团股份有限公司等18家
监理单位:河南省中原公路工程监理有限公司(总监办)
        北京恒诺工程咨询有限公司
        吉林省铭泽公路工程监理咨询有限公司

二、建设项目管理

(一)项目管理机构

根据呼伦贝尔市人民政府《呼伦贝尔市人民政府关于同意成立新林北至扎兰屯高速公路项目法人的批复》(呼政字〔2012〕9号)、呼伦贝尔市交通运输局《关于确定新林北至扎兰屯高速公路法人代表的通知》(呼交办字〔2012〕26号)及自治区交通运输厅对《公路建设项目法人资格申报表》的批复,高速公路新林北至扎兰屯段改扩建公路项目建设管理办公室2012年11月成立。建管办内设主任1名、副主任1名、技术负责人1名,并设工程技术部、质量安全监督部、合同计划部、财务部、综合部5个职能部门,全面负责项目建设管理工作。

(二)项目管理

项目管理依据招投标文件和《中华人民共和国合同法》进行管理。

1. 质量控制

建立四级质量管理体系(政府监督、业主管理、社会监理、施工单位自检)和四级质量保证体系(项目办、总监办、驻地办、施工单位),落实责任意识、强化质量管理。在制定《工程质量管理办法》的同时又和各施工、监理单位及建管办有关责任人分别签订《工程质量责任合同》和《工程质量目标责任状》。

健全管理制度。制定了《建设管理办法》《项目奖惩办法》《质量管理办法》《建设费用管理办法》《环境保护管理办法》《内业资料管理办法》《项目档案编制办法》《廉政建设管理制度档案及防控手册》和《安全生产管理办法》等管理文件,使工程管理工作规范化、制度化。

质量控制具体措施。一是严把原材料质量关,严把施工工艺关,严格工序报验制度,加大巡查力度。二是加强工程技术管理,开工前和施工过程中举办监理和工程技术培训班,工程开工前认真做好工程技术交底工作。三是建立奖罚机制,实行奖优罚劣、全线通报或通报法人等手段,激励先进、鞭策后进。四是加强监理单位管理力度,充分发挥监理职能。

2. 安全生产

按照国家安全生产的相关规定及交通运输部、自治区交通运输厅、呼伦贝尔市交通运输局关于安全生产的要求,新扎高速公路建管办制定了《新扎高速公路安全生产管理办法》,在工地开展"平安工地"建设、"安全生产年""安全生产专项治理"等活动。工程开工前聘请安监部门专家对全线施工及监理单位的负责人及安全员进行了安全生产管理及专业知识培训,进一步提高了全员安全生产意识。在工程的安全生产管理过程中,根据新扎高速公路工程的施工特点,对大中桥、开山爆破等重点工序都要求有安全生产预案,重点加强了防火、防电、防毒、防暑、防洪等工作的管理,强化了材料运输、机械操作、施工路口管制等安全措施的落实。由于新扎高速公路项目属于旧路改扩建工程,要保证边施工边通车,建管办重点加强了道路安全管理,建立健全了道路的各项指示标志,确保道路通行安全。

3. 进度管理

加强施工计划管理。制订了详细的工程施工计划,每月定期召开生产调度会以保证施工单位月计划进度的完成。做好开工前的各项准备工作,把各施工单位原材料的采集储备、机械设备的完好率检查及保养、实验室管理及技术方案的制定、工序衔接等作为重点来抓。为施工单位做好协调服务工作。在工程开工前协调有关部门做好征地拆迁、料场选定等前期准备工作。开展百日大会战活动。在全线开展"争先创优""大干一百天"评比活动,对进度、质量完成较好的单位进行奖励,充分调动了各参建单位的积极性和主动性。

4. 工程造价控制

本项目资金的筹措主要是以国家拨款、地方自筹、银行贷款的方式,项目资金的使用受自治区交通运输厅的监督。为严格使用项目资金,建管办制定了内部财务管理制度,严格遵守财务制度和财经纪律,厉行节约,反对铺张浪费。在工程管理上按月及时进行工程计量,按计量支付工程价款。同时在资金使用上通过银行监管,严格控制施工单位的资金使用,防止资金外流。

5. 廉政建设

为保障廉政建设工作的深入开展和各项任务的完成,建管办与市交通运输局签订了《廉政建设责任状》,与各从业单位签订了《廉政合同》。建管办和各从业单位设立了廉政告示牌、举报箱,公布了举报电话,接受社会和群众的监督。加强专项治理工作,严格规范工程招投标和工程转分包行为,对参建单位设立诚信档案。同时市交通运输局派驻纪检特派员对本项目实施过程中的廉政建设工作进行全面监督指导。建管办针对工程的实际情况制定了《廉政建设管理制度档案及防控手册》,各参建单位建立健全廉政制度,定期开展廉政教育工作,预防违法违纪行为的发生。

三、复杂技术工程

雅鲁河大桥是本项目施工难点。大桥上部采用(4×20)m + (4×20)m + (4×20)m + (4×20)m + (3×20)m装配式预应力混凝土连续箱梁,全桥共设五联。本桥平面位于直线上,桥面横坡为双向1.5%,纵断面位于$R=25000$m的竖曲线上,控制梁顶混凝土调平层最小铺装厚度8cm。盖梁、主梁横坡、桥面混凝土调平层共同调整横坡。

本桥在两个桥台上分别设置一道GQF-FE80型伸缩缝,4、8、12、16号桥墩上设置一道GQF-D160型伸缩缝;下部结构桥台采用肋板台,桥墩采用柱式墩,钻孔灌注桩基础,按摩擦桩设计,摩擦桩桩端沉渣厚度t应满足以下要求:$D\leqslant1.5$m时,$t\leqslant300$mm。

结构设计采用不同软件进行分析,荷载横向分配系数采用刚性横梁法、刚接板(梁)法和梁格法三种计算方法进行对比分析。

下部计算未考虑墩台和盖梁固结作用。对于两柱墩近似简化为简支结构计算;对于桥头搭板引起的支反力按单侧支承的弹性地基梁(板)进行计算。结构内力计算采用平面杆系有限元程序。

四、运营养护管理

G5511该段路线养护里程为81.87km,养护管理由呼伦贝尔市公路管理局负责;运营收费管理由内蒙古收费公路监督管理局呼伦贝尔市分局负责。G5511二广高速公路集宁至阿荣旗联络线新林北至扎兰屯段收费站(所)、服务区等设置情况见表8-79。

G5511二广高速公路集宁至阿荣旗联络线新林北至扎兰屯段收费站(所)、服务区等设置情况　　　　　表8-79

类　别	数　量	名　称	占地面积(亩)
收费站(所)	3	蘑菇气匝道收费站	4
		中和匝道收费站	4
		终点临时主线收费站、养护工区、管理所(改造)	1.2
服务区	1	雅尔根楚服务区	5.2
养护工区	2	蘑菇气养护工区	0.3
		终点临时主线收费站养护工区	—
停车区	1	惠风川停车区	0.8

第十五节　G59 呼和浩特至北海高速公路呼和浩特至杀虎口（内蒙古山西界）段

呼和浩特至杀虎口（内蒙古山西界）高速公路，是 G59 呼北高速公路在内蒙古自治区境内部分，是内蒙古自治区通往山西省的高速出口公路之一，是内蒙古自治区"8 横 9 纵 8 支 8 环线"高速公路网规划的第六条纵线，是自治区的重要出口公路，也是连接华北和西北地区的重要干线。它的建设是实施国家西部大开发战略的需要，推动内蒙古自治区公路网规划战略调整、自治区出口公路建设和促进路网合理布局，缓解京藏高速公路交通压力，促进内蒙古中部地区经济发展及沿线旅游业发展。该项目的建设对完善自治区高速公路网布局、加强内蒙古中西部公路运输能力、加强自治区与山西省的经济贸易往来、加快内蒙古对外经济联系、促进内蒙古旅游产业及地方经济发展、促进西部大开发战略的实施都具有十分重要的作用。

路网关系：G59 呼北高速公路内蒙古段路网关系如图 8-14 所示。

图 8-14　G59 呼北高速公路内蒙古段路网关系示意图

一、项目概况

（一）基本情况

该项目主线呼和浩特至杀虎口段高速公路，连接线和林格尔至托县一级公路连接主线和旧 X104（和林格尔至托县公路）。

主线呼和浩特至杀虎口段高速公路主线长 90.802km。起点位于呼和浩特市赛罕区金河镇八拜村东侧 600m 处，与规划中的去往呼和浩特火车东站的市政道路连接，向南通过金河东枢纽互通立交与呼和浩特市绕城高速公路连接；终点位于内蒙古自治区与山西省交界处明外长城（山西省杀虎口村）。主要控制点：东达赖村、羊盖板村、碾格图、盛乐经济开发区、和林格尔县、头道沟村、宝贝河、庙里村、黑世贸村、喇嘛洞窑子南、二铺村、河西村等地。

呼和浩特至杀虎口段高速公路主线采用新建双向4车道高速公路建设标准,设计速度:K0+000~K40+000段为100km/h,K40+000~K90+802段为80km/h,路基宽分别为26m和24.5m;桥涵设计汽车荷载采用公路—Ⅰ级。全线设桥梁9735.9m/97座,其中特大桥2座、大桥18座、中桥3座、天桥9座、通道桥56座,全线共设置主线收费站2处,匝道收费站4处,服务区2处,停车区1处,互通立交5处。

和林格尔至托县连接线起点位于S103线呼托公路新营子镇豆腐窑村向东径黑城北门接旧X104(和托公路)。和林格尔至托县连接线全长49.95km,一级公路一幅,设计速度为80km/h,路基宽12.25m。

该项目于2010年10月开工建设,2013年12月通过交工验收,具备通车运行条件。

(二)前期工作

1. 立项审批、资金使用

2010年8月24日,自治区发展和改革委员会以《关于呼和浩特至杀虎口(内蒙古山西界)高速公路工程可行性研究报告的批复》(内发改交运字〔2010〕1850号)对项目工可研进行了批复,投资估算57.00亿元;

2011年,内蒙古自治区交通运输厅以《关于呼和浩特至朔州高速公路呼和浩特至杀虎口段两阶段初步设计的批复》(内交发〔2010〕641号)批复工程概算总投资59.71亿元,资金来源为业主自筹和国内银行贷款。业主自筹占28.4%,银行贷款占71.6%。

2. 招投标工作

该项目招标投标工作严格按照《中华人民共和国招标投标法》和《公路工程施工招标投标管理办法》《公路工程施工监理招标管理办法》等法律法规进行。勘察设计、土建工程、房建工程、交通工程、机电消防等工程的设计、施工、监理单位均采用国内公开招标方式生产,分别确定主线共57家单位参建(包括设计、施工、监理、检测)。和林格尔至托县连接线共13家单位参与该项目建设施工。

3. 征地拆迁

呼和浩特至杀虎口高速公路主线全长90.8km,途经呼和浩特赛罕区、和林县,共计32个行政村,其中赛罕区12.159km,和林县78.646km,共征用土地12838亩,支付补偿费用40492.62万元。

(三)参建单位

主管单位:内蒙古交通运输厅

建设单位:呼和浩特市交通运输局
质量监督单位:内蒙古自治区交通建设工程质量监督局
　　　　　　呼和浩特市公路工程质量监督站
勘察设计单位:内蒙古交通设计研究院有限责任公司
　　　　　　中国公路工程咨询集团有限公司
主线施工单位:安通建设有限公司
　　　　　　内蒙古自治区公路工程局
　　　　　　北京城建集团有限责任公司
　　　　　　通辽市交通工程局
　　　　　　河北燕峰路桥建设有限公司
　　　　　　路桥集团国际建设股份有限公司
　　　　　　北京城建道桥建设集团有限公司
　　　　　　中铁四局集团有限公司
　　　　　　晟元集团有限公司
　　　　　　湖南天鹰建设有限公司等25家
主线监理单位:北京港通路桥工程监理有限责任公司(总监办)
　　　　　　湖北江汉工程咨询有限公司
　　　　　　山东圣地公路工程监理咨询中心
　　　　　　珠海市公路工程监理有限公司
　　　　　　北京中交安通工程技术咨询有限公司
　　　　　　内蒙古华讯工程咨询监理有限责任公司
　　　　　　北京交科工程咨询有限公司
　　　　　　内蒙古公路工程咨询监理有限公司
和林格尔至托县连接线施工单位:中铁四局集团有限公司
　　　　　　　　　　　　　　呼市公路工程局有限责任公司
监理单位:北京港通路桥工程监理有限责任公司
　　　　　湖北江汉工程咨询有限公司
　　　　　山东圣地公路工程监理咨询中心
　　　　　珠海市公路工程监理有限公司
　　　　　北京中交安通工程技术咨询有限公司
　　　　　内蒙古华讯工程咨询监理有限责任公司
　　　　　北京交科工程咨询有限公司

二、建设项目管理

(一)项目管理机构

2010年8月2日,呼和浩特市政府成立了呼和浩特至太原高速公路呼和浩特至杀虎口(内蒙古山西界)段公路建设领导小组;2010年8月26日,市政府批准成立了呼和浩特至杀虎口(内蒙古山西界)高速公路建设管理办公室(以下简称"建管办")。建管办设主任1名,副主任3名,内设综合部、工程部、质检部、财务部4个部门机构。

(二)项目管理

项目管理依据招投标文件和《中华人民共和国合同法》进行管理。

1. 综合管理

建立强有力的项目建设管理机构。作为建设该项目的代表机构对项目建设期履行全过程监督、控制和管理职能。各部门的人员要求知识结构合理,实行岗位责任制,各项业务做到岗位分工明确、责任到人,要统一领导,各司其职,各负其责,确保工程项目建设安全、按期、保质保量顺利完成。

驻地建设从过去"先生产、后生活"落后的传统旧观念,转变为"先生活、后生产"的与时俱进的现代观念,改善了生产一线上的广大施工人员的生活、办公条件,实现了人性化的生活、生产管理目标。场站建设也使工人们的工作环境和劳动强度得到了改善。

2. 质量控制

该项目采用"政府监督、项目法人管理、社会监理、企业自检"四级质量保证体系,由建管办全面负责,监理单位控制,设计、施工单位保证和政府监督。

建立健全规章制度。建设过程中,建管办编制了《呼和浩特至杀虎口(内蒙古山西界)高速公路项目工程建设管理办法汇编(试行)》《呼和浩特至杀虎口(内蒙古山西界)高速公路项目管理实施办法》《呼和浩特至杀虎口(内蒙古山西界)高速公路项目文明施工管理办法》《呼和浩特至杀虎口(内蒙古山西界)高速公路工程施工分包管理办法》《呼和浩特至杀虎口(内蒙古山西界)高速公路建设管理办公室关于质量管理责任状》《加强公路建设施工管理、依法保护环境、保障民生专项治理整顿实施方案》《呼和浩特至杀虎口(内蒙古山西界)高速公路质量责任制及工程质量管理办法》《呼和浩特至杀虎口(内蒙古山西界)高速公路项目工程质量事故问题及处理办法》等系列质量文件指导施工。

召开工作会议对技术含量高及重点部位施工工艺方案进行专题研究、讨论;建立了完善的施工单位自检、监理抽检体系,加强了质量抽检频率,分工明确,建管办每月组织人员对全线逐一进行质量抽检;对施工过程中的工序、工艺进行了严格管理,尤其是对重点部位加强、加大了例行检查现场管理,特别针对预应力箱梁的张拉压浆、桥涵台背填土碾压、黄土高填方施工重点管控;对工程质量管理实行奖罚制度。

3. 安全生产管理

坚持严抓安全不松懈,高度重视安全生产工作,认真贯彻《中华人民共和国安全生产法》,加强宣传和治理,切实保障人身财产不受损害,坚持"安全第一、预防为主、综合治理"的方针。按照"以人为本"的原则,创建和实现"人人讲安全、处处都安全"的大环境。

针对本工程项目中沟深、坡陡、桥多、墩高的特点,要求施工单位制订了防火、防盗、桥梁施工事故、防洪抢险、高填深挖等应急(救援)等专项安全管理施工方案,并对其中的重点方(预)案进行了演练。

落实安全责任,加强工程施工安全风险控制。定期、不定期组织安全检查。对全线进行日常的巡查,定期、不定期对各标段进行巡视、检查,对安全生产紧抓不放,发现问题要求暂停施工,并对发现的问题进行相应的处理。在每月召开的工地例会中听取施工单位安全生产情况汇报,使安全生产工作真正落到实处。

各单位依据招标文件要求配有专职安全工程师或安全监理人员进行日常现场安全管理。在各单位的共同努力下,有力保证了安全管理的有效性,达到了预期的目的。

4. 廉政建设

建管办把廉政建设纳入项目办目标管理,将廉政教育列入了学习计划,把学习党的十八大精神、中央"八项规定"及习近平总书记系列讲话精神作为主要教育内容。

开展预防职务犯罪工作,特别是加强对关键岗位工作人员的教育和管理。通过约谈、诫勉谈话等方式完善反腐倡廉工作局面。

严格执行廉政合同和廉政责任书,监督各施工监理单位廉政合同的执行情况和廉政责任制的落实情况;每季度召开一次廉政领导小组会议或领导班子会议研究廉政工作计划;实行政务公开制度,敞开信访渠道,设立举报箱,自觉接受职工群众监督;履行廉政合同,加强对项目办党员干部和工作人员的廉政教育、监督、检查和考核。

5. 建设资金使用

建管办依据呼和浩特市交通运输局2011年7月4日印发的《呼和浩特至杀虎口高速公路建设管理办公室财务管理暂行规定》(呼交发〔2011〕268号)文的要求,将招标收入、手续费收入均纳入建管办账户统一管理,不存在账外设账、虚列建设成本问题,也不存在未签合同支付工程款现象;收取的投标保证金和履约保证金均存入建管办银行账户,招投标结束后及时按规定清退投标保证金;根据施工单位的驻地建设情况、工程进度和材料进场情况及时统一给各施工单位拨款;项目建设管理过程中无挪用、占用、出借建设资金现象。

(三)变更

(1)呼和浩特至杀虎口高速公路与地方道路、机耕道等多处交叉,采用通道桥、通道涵、改路及天桥相结合的方案,保证地方群众生产出行需求,但原设计只对桥涵及天桥部分进行铺砌硬化,引线采取砂石路面、土质边沟。经相关人员现场考察,确认沿线地形复杂,部分通道、天桥引线纵坡较大,对引线破坏严重,造成群众出行困难,因此提出对通道、天桥引线进行硬化处理申请。通道引线硬化路面宽4.5m,天桥引线硬化路面宽7m,均在原有砂石路面上增设18cm厚C25混凝土面层,土质排水沟采用混凝土预制块铺砌,采用梯形断面,底宽40cm,深30cm。

(2)在施工图设计中,K22+380、K26+150两处均设计了上跨呼杀高速公路的天桥。施工单位经详细调查了解,认为取消K22+380天桥,修建一条机耕路就能解决农耕出行,可减少边角地,降低造价;经与村委会和村民代表沟通后,认为K26+150天桥设计与K26+780涵洞改路设计作用重复,且造价高,工期长,无法在短时间内满足村民通行,施工单位提出取消该天桥,内蒙古自治区交通运输厅经审批后给予批准。

三、复杂技术工程

(一)浑河特大桥

位于内蒙古呼和浩特市和林格尔县境内,是呼和浩特至杀虎口高速公路最大的控制性工程,桥长2360m,桥面净宽21m,桥梁全宽26m,结构形式为59×40m预应力连续T梁。

桥梁详情见"第二章 高速公路发展及成就"中"第二节 建设成就"。

(二)宝贝河特大桥

该桥是G59呼北高速公路呼和浩特至杀虎口(内蒙古山西界)段工程重要桥梁之一,位于呼和浩特市境内。该桥全长1249m,桥面净宽26m,结构形式为31×40m预应力连续T梁。

桥梁详情见"第二章 高速公路发展及成就"中"第二节 建设成就"。

四、科研课题

科研课题一:沥青面层与半刚性基层层间联结评价技术研究

本课题依托G59呼和浩特至杀虎口(内蒙古山西界)高速公路工程,主要进行了四项研究内容,分别为"沥青面层与半刚性基层层间接触的沥青路面力学研究""沥青面层与半刚性基层层间评价指标研究""沥青面层与半刚性基层层间评价方法和仪器开发研究"及"沥青面层与半刚性基层层间联结效果评价",形成具有我国自主知识产权的试验检测设备和针对沥青面层与半刚性基层层间联结效果的有效评价方法,并且建立一套完整的内蒙古自治区高速公路沥青面层与半刚性基层层间联结效果评价技术体系,为内蒙古自治区在沥青面层与半刚性基层层间处理施工过程中材料的选择、质量的控制提供相关依据。同时获国家两项实用新型专利:测量沥青面层与半刚性基层层间联结抗剪性能设备;一种测量路面结构层层间处理措施抗扭剪性能设备。

课题详情见"第五章　高速公路建设科技成果"中"第二节　重大科研课题"。

科研课题二:公路路基拓宽中新旧路基结合部的处治技术研究

本课题依托呼和浩特至杀虎口高速公路的和林格尔至托县连接线一级公路,利用旧路加宽改造,主要研究了"地基处治""新旧路基衔接""EPS块体材料结合或发泡轻质混凝土结合传统填筑""填料、压实度要求""压实厚度等系统研究"等方面的内容,得到"新旧路基结合处沉降规律数值模拟""新旧路基衔接拼接加宽段路堤变形规律"等研究成果,使新旧路基结合部的沉降与其上部路面开裂可以得到有效控制,公路服务水平提高,养护费用降低。

课题详情见"第五章　高速公路建设科技成果"中"第二节　重大科研课题"。

科研课题三:公路装配式后张法预应力混凝土T形梁合理断面开发应用研究

1. 立项背景

国内桥梁业发展迅速,但现有工程建设质量严重参差不齐,存在较大的安全和使用上的隐患,受人为因素影响较大的传统现场施工建造方式是造成这一问题的主要原因。采用后张法预应力合理断面预制装配式技术,将绝大部分构件尺寸标准化预制,现场采用流程化、工法化的连接、安装技术,可以不受建造季节气候影响,大幅度提高预制构件的制作质量,稳定结构的整体建造技术水平,保障结构的整体建造质量。同时,预制装配式技术将为公路桥梁建设提供有力技术和质量保障。

2. 主要研究内容

(1)调查国内外公路桥梁常用的预制T形梁结构形式。

(2)对渠化交通荷载作用下经济合理的T形梁标准断面形式进行研究。

(3)研究T形梁断面在渠化交通荷载作用下荷载横向分布规律。

(4)分析张拉工况对预制T形梁各主要断面应力影响。

3. 社会和经济效益分析

采用预制装配式技术的建筑与工程结构,可以节约资源和材料,减少现场施工对场地的需求,减少建筑垃圾、建筑施工对环境的不良影响。实现国家和内蒙古地区目前既定的建筑节能减排目标,达到更高的节能减排水平、实现全过程的低碳排放综合技术指标,发展预制装配式技术的桥梁工程结构产业的一个有效途径。通过课题研究,为内蒙古地区桥梁建设提供一套较为科学的设计方法与施工技术指南。

4. 研究成果

(1)根据内蒙古地区土质特点,选择合适的标准合理的 T 形梁断面形式,确定后张法预制预应力混凝土 T 形梁 25m、30m、35m、40m 合理的标准化断面尺寸。

(2)制定标准预制预应力混凝土 T 形梁标准断面设计手册,为设计提供参考和依据。

科研课题四:干旱半干旱寒冷地区土壤菌绿化法绿化岩石边坡应用技术研究

1. 立项背景

内蒙古高速公路边坡绿化工程可明显美化高速公路环境,改善公路生态,彻底解决生态公路问题。通过该项目的研究确定土壤菌绿化法的理论与实践方案,在土壤菌生产和绿化施工两方面确定技术细节,使植物在干旱寒冷地区扎根生长。

2. 主要研究内容

(1)土壤菌生产方面,在不同原料及相应工艺下产品质量对比。

(2)绿化施工方面,喷播材料配比变化及其产品质量变化。

(3)实验边坡分为中陡坡、高陡坡、垂直坡等几种边坡类型,研究其对应的施工方法。

(4)干旱对策研究。

3. 社会和经济效益分析

边坡绿化相比较钢筋混凝土框架支护造价低,可节约工程造价,加之其环境效益产氧、减碳价值无法估量,社会经济效益显著。

4. 研究成果

(1)专利:干旱寒冷地区岩石边坡绿化法。

(2)论文:《干旱寒冷地区土壤菌绿化法的对比实验研究》《干旱寒冷地区边坡绿化的抗干旱对策》。

五、运营养护管理

该项目建成后交由内蒙古高等级公路建设开发有限责任公司呼和浩特分公司负责运营、养护管理。G59 呼和浩特至北海高速公路呼和浩特至杀虎口(内蒙古山西界)段收费站(所)、服务区等设置情况见表 8-80,车流量发展状况见表 8-81。

G59 呼和浩特至北海高速公路呼和浩特至杀虎口(内蒙古山西界)段收费站(所)、服务区等设置情况 表 8-80

类 别	数 量	名 称	建筑面积(m²)
收费站(所)	6	呼和浩特南收费站	10000
		盛乐收费站	16667
		和林格尔收费站	6667

续上表

类别	数量	名称	建筑面积(m²)
收费站(所)	6	新店子北收费站	6667
		新店子收费站	16667
		和林格尔收费站	6800
服务区	2	石咀子服务区	80000
		大宝山服务区	80000
停车区	1	武松停车区	20000

G59 呼和浩特至北海高速公路呼和浩特至杀虎口(内蒙古山西界)段
车流量发展状况表(单位:辆/昼夜)　　　　　　　　　　表 8-81

收费站(所)	年份					
	2011 年	2012 年	2013 年	2014 年	2015 年	2016 年
呼和浩特南收费站	—	—	119	408	1001	2910
盛乐收费站	—	—	9	804	1003	1414
和林格尔收费站	—	—	21	1319	2194	2675
新店子北收费站	—	—	—	—	350	408
和林格尔界收费站	—	—	163	1707	3076	5477

第十六节　G65 包头至茂名高速公路内蒙古段

G65 包茂高速公路作为国家高速公路网的第 7 条纵线,是连接我国华北、西北、西南的纵向大通道,途经西安、重庆、桂林等主要城市,全长 3130km,沿途资源富集、文化灿烂、人文景观众多。同时也是内蒙古自治区"三横九纵十二出口"公路主骨架规划中一条纵线的组成部分,是全自治区交通量较大的黄金路段之一。

G65 包茂高速公路内蒙古段包括包头至东胜、东胜至苏家河畔、包头至树林召 3 个项目,全线共计 255.700km,其中主线 182.31km,匝道 39.66km,连接线 3.8km。包头至东胜段和东胜至苏家河畔是自治区较早开工建设的高速公路,两段高速公路建成后,不仅完善了内蒙古自治区西部的公路网结构,成为连接包头和鄂尔多斯两市的重要通道,也是内蒙古自治区通往陕西省的重要出口通道,而且对尽快改变当时包头至苏家河畔公路的交通不适应状况,对实施西部大开发战略,提高国家重点干线的快速通行能力和服务水平,加快内蒙古自治区及沿线少数民族地区经济社会的快速发展,促进生态建设,建设边疆等都具有重要的意义。随后建设的包头至树林召段,为黄河南北两岸的公路网提供新的衔接点,形成东北至西南的快速便捷通道,缩短鄂尔多斯市和呼和浩特市之间的出行时间,降低出行成本,缩短鄂尔多斯市通往北京、天津等东部发达地区的距离,同时提高煤炭的运输能力,缓解鄂尔多斯市煤炭运输紧张局面。

G65 包茂高速公路内蒙古段的建成,为内蒙古中西部地区经济的发展和大市场的形成创造更加有利的条件,可极大地促进内蒙古中西部地区经济的优势互补及区域经济合作,带动周边经济的发展,使内蒙古中西部地区经济形成带状工业开发区和第三产业群,大大改善沿线的交通条件,促进旅游品牌的建立,改善沿线地区之间的出行舒适程度,对促进沿线地区旅游事业的发展具有重要意义。

路网关系:G65 包茂高速公路内蒙古段路网关系如图 8-15 所示。

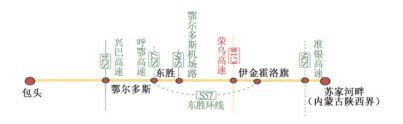

图 8-15　G65 包茂高速公路内蒙古段路网关系示意图

Ⅰ　G65 包茂高速公路包头至东胜段

一、项目概况

(一)基本情况

包头至东胜公路是自治区"九五"跨"十五"期间重点建设项目,也是自治区第一条利用世界银行贷款建设的高等级公路。

该段公路主线从包头市国道 G210 与 G110 线相交处起,经九小渡口、关碾房、耳字壕,至东胜区南布日都大桥北端止。高速公路路段采用全封闭,与铁路及其他公路相交处均为立体交叉。包东高速公路全线新建大、中桥 6 座,小桥涵洞 190 道,东胜绕城二级公路新建涵洞 15 道。全线共设置了 7 处互通立交,8 处分立交和 69 处各类通道。

包头至东胜公路项目建设里程 92.95km,目前余 50.807km,其中 29km 因改线划为 G210,其余划归包头市政。

该项目 1999 年 5 月开工建设,2002 年 6 月通车。

包头至东胜公路新建全幅路基横断面全宽采用 24.5m。新建分离式路段路基横断面宽 12.5m。旧路改建分离是一幅路段。路基横断面宽采用 12m,其标准横断面组成为:行车道宽 2×3.275m,内侧硬路肩宽 1.0m,外侧硬路肩宽 2.0m,土路肩宽为 2×0.75m,木工横坡采用 1.5%。

东胜连接线采用一级公路标准建设,路基宽度 24.5m,其横断面组成与全幅路段相同。

东胜绕城线路基宽度为12.0m,路面宽9.0m,硬路肩为2×1.0m,土路肩为2×0.5m。

路面设计轴载采用BZZ-100,沥青混凝土路面设计使用年限为15年。包东公路交通量组成以重载运煤车为主,且方向性有较明显的特点,包头至东胜方向,右幅通行的多为空驶车辆,左幅多为重载运煤车辆。按照初步设计的批复精神,路面采用左右幅不等厚度的设计方法。左幅设计交通量累计当量总轴次为1700×10^4,右幅设计交通量累计当量总轴次为470×10^4。

(二)前期工作

1. 立项审批、资金筹措

包东高速公路建设按照基本建设程序。1996年6月,交通部以《关于包头至东胜公路项目建设书的批复》(交计发[1996]555号)批准项目立项;

1996年8月,国家环境保护局以《国道210线包头至东胜段公路环境影响评价大纲审查意见》(环监建[1996]189号)通过项目环评大纲审查。《国道210线包头至东胜段公路环境影响报告书》经交通部1997年4月8日预审后、国家环保局进行了审批;

1996年12月,交通部以《关于包头至东胜公路可行性研究报告的批复》(交计发[1996]1116号)批复项目可研报告;

1997年9月,交通部以《关于包头至东胜公路初步设计的批复》(交计发[1997]571号)批复项目初步设计;

1998年6月国家发展计划委员会以《国道210线包头至东胜公路可行性研究报告审批通知》(计交能[1998]1034号)审批通过项目工可研报告;

1998年12月18日,中国三省公路项目在华盛顿举行谈判并签订了《项目协议书》和《贷款协议书》,1998年8月交通部以《关于内蒙古包头至东胜和白音察干至丰镇公路工程资格预审评审结果的批复》(公建字[1998]154号)批复项目工程资格预审评审,世界银行于1998年9月2日经审查提出不反对意见,1998年9月交通部以《关于世界银行贷款内蒙古公路项目土建工程招标文件的批复》(公建字[1998]158号)批复项目招标文件,招标文件经世界银行审查后于1998年9月21日提出不反对意见,1998年11月交通部以《关于内蒙古包东一级公路和白丰二级公路评标报告的批复》(公建字[1998]092)批准项目评标报告,世界银行于1998年12月10日提出不反对意见,交通部于1999年1月批准了项目的《公路工程开工报告》和《公路工程项目报建表》。

根据项目收尾阶段节约投资后的初步匡算,国家发展改革委办公厅下发《关于包头至东胜公路部分建设内容调整概算的批复》(发改办交运[2003]1091号),交通部下发《关于包头至东胜公路调整概算的批复》([2003]505号),包头至东胜段一级公路修改为高速公路后调整概算总额为 1487281490 元,较整个工程估算节约投资 3.69 亿元,平均每公里节约投资达到 359.2 万;根据工程项目最终竣工决算,包东高速公路实际完成投资 1358136634 元,平均每公里造价 1321.7 万元,较整个工程估算节约投资 4.98 亿元,平均每公里节约投资达到 485 万元。

包东公路概算投资 14.87 亿元,其中利用世界银行贷款 4.79 亿元。

2. 招投标工作

包东高速公路是自治区首次采用国际竞争性招标选择施工、监理队伍的工程,也是内蒙古首次按照国际惯例,采用低价中标原则评选施工、监理队伍的工程。

包东高速公路施工单位招标,实行国际竞争性招标,全部工程划分 30 个合同段,其中 6 个为土建合同段,第 1 合同为 K0+000~K10+500 段、第 2 合同为 K10+500~K21+000 段、第 3 合同为 K21+000~K41+000、第 4 合同为 K41+000~K71+000 段、第 5 合同为 K71+000~K92+950 段、第 6 合同为绕城二级公路 12.04km,交通工程 9 个合同段,机电工程 1 个合同段,房建工程 12 个合同段,绿化工程 2 个合同段。

1998 年 3 月包东高速公路 6 个土建合同公开招标。国内外共有 142 家承包商申请投标,经资格预审,其中 76 家单独承包商和联营体取得投标资格。1998 年 11 月 13 日在呼和浩特公开开标,由中国机械进出口总公司和内蒙古交通厅组织评标小组进行评选,评选结果报交通部批准和世界银行确认。第 1 合同为中港第一航务工程局;第 2 合同为交通部第二公路工程局;第 3 合同为中国路桥集团公司;第 4 合同为交通部第一公路工程总公司第二工程公司;第 5 合同为西藏珠峰工程(集团)公司;第 6 合同为内蒙古自治区公路工程局。

(三)参建单位

建设单位:内蒙古自治区交通厅
现场管理单位:世界银行贷款三省公路项目内蒙古公路项目国道 210 线包头至东胜高速公路工程项目办
质量监督单位:内蒙古公路工程质量监督站
勘察设计单位:内蒙古交通设计研究院
施工单位:中港第一航务工程局
　　　　　交通部第二公路工程局二处
　　　　　中国路桥集团总公司
　　　　　交通部第一公路工程二公司
　　　　　西藏珠峰工程企业集团
　　　　　内蒙古自治区公路工程局等 30 家

监理单位:澳大利亚雪山公司(外籍监理)
　　　　　山西省交通建设监理总公司
　　　　　内蒙古宇通公路工程监理公司
　　　　　陕西省公路监理咨询公司

二、建设项目管理

(一)项目管理机构

包东高速公路是世界银行贷款项目,按照 FIDIC 条款实行三级管理:项目建设管理办公室、总监理工程师办公室、总监理工程师代表处,世界银行派驻监理代表。

项目办设主任 1 名、副主任 3 名(其中 1 名兼任总监理工程师),内设综合部、工程计划部、总监办(质检)、财务部。

(二)项目管理

包东高速公路是自治区第一条利用世界银行贷款修建的高速公路,在公路建设中,学习及运用国际通行的公路施工管理和生产方式,不仅高质量、高标准、高速度、高效益地建成了全国一流的高等级公路,又锻炼和考验了一支公路建设大军;培养和造就了一批跨世纪的公路交通建设管理人才,取得了丰硕的成果。

参照国内外建设经验,提出适合内蒙古自治区区情的建设标准,并自行完成设计;通过国际招标选择承包商,实施 FIDIC 条款对整个工程进行全方位的科学管理和严格的质量控制。全部工程经中外监理工程师检查签认,质量达到国内同类工程较好水平,工程造价和工期控制在概算规模和合同工期内。它的成功建设标志着内蒙古自治区公路建设和管理水平进入了全国先进行列,而且为公路建设管理体制深化改革创出了一条新路,同时也锻炼和培养了一批掌握世界先进管理模式的专门人才,对提高自治区公路建设管理水平,与国际接轨具有重大贡献。

包东高速公路是参照国际标准兴建的高速公路,现代化交通工程设施完善,并装备机械化水平较高的管养和维修设备。

(三)重要事件、变更

在工程实施过程中对部分工程设计进行了调整,世界银行贷款内蒙古公路项目包头至东胜段原设计等级为汽车专用一级公路,采取新建路段与旧路改造相结合的方式进行修建,交通部审批一级公路概算为人民币 1619061754 元。经修改和完善的路线设计方案,包头至东胜段公路由一级公路升级为封闭立交的高速公路。投资估算增加

237290882元,整个工程投资估算增加到1856352636元,平均每公里造价为18067572元。

三、复杂技术工程

黄河第二公路大桥结构为:50m+9m×80m+50m,变截面预应力连续箱梁,桥宽12.5m,桥梁全长831m,桥下按照V级通航标准设计,通航净高为8m,最大桥高为18.3m,上部构造为单箱单室变截面连续梁,下部构造为钢筋混凝土实体墩台,沉井及钻孔桩基础。包头黄河第二公路大桥的施工图委托交通部公路规划设计院设计。

四、科技创新

(一)新技术应用

(1)G65包茂高速公路包头至东胜段黄河大桥在施工过程中引进井点降水技术,得到施工单位的普遍认同和推广,之后该技术在内蒙古公路建设得到广泛应用,如后续建设的G2511长深高速公路新民至鲁北联络线好力堡至通辽段部分构造物基坑开挖过程中也使用了该技术,使得在风积沙地质条件下构造物扩大基础基坑开挖、桩基破桩头等工序得到大量简化,基坑开挖速度得到很大提高,开挖难度得到极大降低。

(2)G65包茂高速公路包头至东胜段的黄河大桥在施工过程中采用大吨位挂篮悬浇施工,这种施工工艺具有施工场地小、投入少、桥梁线形易于控制等特点,不仅缩短了施工工期,保障了工程的质量,而且有效降低了工程造价。

(3)内蒙古中西部施工中一些路段的路基填料是超粒径的巨料土,按常规施工方法进行施工,既保证不了工程质量,也保证不了工程进度,同时也加大了工程造价。针对这种情况,G65包头至东胜段工程中率先引进先进的冲击式压路机压实技术,对所涉及的巨料土填筑的路基和11km旧路基都采用了该技术。各项测试结果表明:工程实体质量可靠,更重要的是缩短了工期、降低了成本,并且解决了石渣和旧路挖除废弃,给本来脆弱的环境造成大面积破坏的问题。

(4)为预防薄壁桥台混凝土产生的裂缝,在原设计为普通钢筋混凝土结构的轻型薄壁桥台的混凝土中添加了抗裂增强纤维,该工艺在G65包茂高速公路包头至东胜段率先应用,随后在G6京藏高速公路哈德门至磴口段等工程中得到广泛的应用。

(二)科研课题

内蒙古沥青混合料路面现场热再生技术标准

本课题依托包茂高速公路包头到东胜段及京藏高速公路内蒙古段现场热再生技术研究课题,对沥青路面现场热再生技术进行深入研究,从热再生技术的再生机理、再生混合料的配合比设计、再生路面的质量标准、施工工艺及质量控制等各方面,总结形成适合内蒙古公路实际情况的沥青路面现场热再生技术标准规范,为在内蒙古自治区进一步推广应用现场热再生技术提供技术支撑。本课题的研究对于规范内蒙古自治区沥青路面热再生技术应用,提高沥青路面再生施工水平,保证沥青路面再生工程质量,具有重要指导意义。

课题详情见"第五章　高速公路建设科技成果"中"第二节　重大科研课题"。

五、运营养护管理

该项目建成后由内蒙古高等级公路建设开发有限责任公司鄂尔多斯分公司负责运营养护管理。G65包茂高速公路包头至东胜段收费站(所)、服务区设置情况见表8-82,车流量发展状况见表8-83。

G65包茂高速公路包头至东胜段收费站(所)、服务区设置情况表　　表8-82

类　别	数　量	名　称	占地面积(亩)
收费站(所)	2	黄河大桥收费所	61.4
		耳字壕收费所	
养护所	2	东胜养护所	
		达拉特养护所	

G65包茂高速公路包头至东胜段车流量发展状况表(单位:辆/昼夜)　　表8-83

收费站(所)	年　份					
	2011年	2012年	2013年	2014年	2015年	2016年
黄河大桥收费所	28236	24128	23404	21498	20567	21250
耳字壕收费所	22357	17672	16132	18099	17710	18783

Ⅱ　G65包茂高速公路东胜至苏家河畔段

一、项目概况

(一)基本情况

G65包茂高速公路东胜至苏家河畔段起于东胜北,接已建包东高速公路东胜北互通立交,经白彦门、阿镇、新街,止于内蒙古陕西交界处的苏家河畔,与陕西省在建的苏家河畔至榆林高速公路相接,路线全长95.480km。

全线采用 4 车道高速公路标准建设,设计速度 100km/h,路基宽度 26m,桥涵与路基同宽。全线桥涵设计荷载采用汽车—超 20 级,挂车—120。地震基本烈度为Ⅵ度。

全线共有土石方 7858000m³;沥青混凝土路面 2053000㎡;大、中桥 12 座;小桥(通道)158(座)道;涵洞 69 道;服务区 1 处。全线在东胜北、东胜西、青春山、阿镇、成陵、新街和兰家梁设置 7 处互通式立交。

东胜连接线 4.45km 采用城市道路标准建设,路基宽度 16.00m,路面宽度 15.00m,成陵连接线及旧路改建段采用一般二级公路技术标准,长 2.5km,路基宽度 12.00m,路面宽度 9.00m。终点辅道采用路基宽度 8.50m 砂石路面。

东胜至苏家河畔段公路于 2003 年 8 月开工建设,2005 年 10 月通车。

(二)前期工作

1. 立项审批、资金筹措

2002 年国道 210 线东胜至苏家河畔(内蒙古陕西界)段高速公路项目工程可行性研究报告由交通部(交规划发〔2002〕452 号)批复;

2003 年初步设计由交通部(交公路发〔2003〕230 号)批复;

2004 年两阶段施工图设计由内蒙古自治区交通厅(内交发〔2004〕538 号)批复。

项目批复概算 18.03 亿元,资金来源为国家配套地方自筹银行贷款。

2. 征地拆迁

国道 210 线东胜至苏家河畔(内蒙古陕西界)段高速公路项目为了使工程建设顺利实施,按计划完成建设任务,根据自治区政府《内蒙古自治区人民政府关于加快公路交通发展的意见》(内政发〔2002〕14 号),由鄂尔多斯市人民政府按照设计文件对东苏高速公路工程建设的征地、拆迁、地上物设施迁移以及协调其他相关行业关系、解决社会问题和建设环境保障工作实行总承包制的原则。该项目征地拆迁费协议价 4687.41 万元。全线永久性占地 11200 亩,拆迁房屋 10700㎡。

(三)参建单位

建设单位:内蒙古自治区交通厅
现场管理单位:内蒙古自治区东苏高速公路项目建设管理办公室
质量监督单位:内蒙古公路工程质量监督站
勘察设计单位:内蒙古交通设计研究院
施工单位:鄂尔多斯市公路工程有限责任公司
　　　　　山西中北路桥建设有限公司

中国建筑第六工程局
中铁一局集团第二工程有限公司
内蒙古自治区公路工程局
中铁十七局集团第二工程有限公司
内蒙古联手路桥有限责任公司
北京鑫实路桥建设有限公司
湖南省郴州公路桥梁建设有限责任公司
长庆石油勘探筑路工程总公司等18家

监理单位：河北通达工程监理咨询有限公司
鄂尔多斯市公路工程监理所
安徽省高等级公路工程监理有限公司
山西交科公路工程咨询监理有限公司
内蒙古宇通公路工程咨询监理有限责任公司
天津市国腾公路咨询监理有限公司

二、项目建设

（一）项目管理机构

东胜至苏家河畔高速公路是自治区交通厅直管项目，在建设过程中，严格遵守基本建设程序，实行项目法人责任制。建管办设主任1名，副主任3名（其中1名兼任总监理工程师），内设综合部、工程部、总监办、财务部。

（二）变更

（1）根据自治区人民政府《研究国道210线东苏段改线问题专题会议纪要》（〔2003〕32号），同意扎萨克水库段路线的改线方案，将线位改移至扎萨克水库下游。

（2）乌兰木伦大桥苏家河畔，原地面以下为流沙，地面以上为坡度较陡的风积沙，原设计苏家河畔导流堤基础深度7.5m，后改变基础形式，提高导流堤基底高程。

三、运营养护管理

该项目建成后由内蒙古高等级公路建设开发有限责任公司鄂尔多斯分公司负责运营养护管理。G65包茂高速公路东胜至苏家河畔段收费站（所）、服务区等设置情况见表8-84，车流量发展状况见表8-85。

G65 包茂高速公路东胜至苏家河畔段收费站(所)、服务区等设置情况　　表 8-84

类　　别	数　　量	名　　称	占地面积(亩)
收费站(所)	7	东胜西收费所	18
		青春山收费所(现更名为康巴什收费所)	9
		阿镇收费所、养护所	19
		成陵收费所	1.7
		新街收费所	15
		兰家梁收费所	17
		内蒙古陕西界收费所	
服务区	1	成陵服务区	30

G65 包茂高速公路东胜至苏家河畔段车流量发展状况表(单位:辆/昼夜)　　表 8-85

收费站(所)	年　份					
	2011 年	2012 年	2013 年	2014 年	2015 年	2016 年
东胜西收费所	14193	13035	10258	9003	8018	7915
康巴什收费所	2224	2063	1698	1527	1481	1395
阿镇收费所	7766	6023	4186	3620	3240	2788
成陵收费所	1551	2101	1450	1231	1195	1148
新街收费所	2054	1422	825	1166	1071	1646
兰家梁收费所	2145	2731	2307	2437	2406	2236
内蒙古陕西界收费所	7683	7597	6122	4572	3926	3784

Ⅲ　G65 包茂高速公路包头至树林召段

一、项目概况

(一)基本情况

包树高速公路起于内蒙古包头市沙尔沁,接已建成的丹东至拉萨国道主干线呼和浩特至包头高速公路,于官地村跨越黄河,经德胜泰,于关碾房接已建成的包头至东胜高速公路,路线全长 36.986km(项目建设里程 36.986km,断链 0.047km,规模合计 37.03km),其中黄河大桥长 5657m。

全线采用双向 4 车道高速公路标准建设,设计速度 100km/h,路基、大中桥宽度均采用 26m,黄河特大桥宽度为 28m,桥涵设计荷载采用公路—Ⅰ级。

沿线主要控制点为呼包高速公路、包兰铁路、黄河特大桥桥位、德胜泰、石安正营子、壕庆河、达旗过境公路、包东高速公路。

项目所在地区处于内蒙古自治区包头市和鄂尔多斯市分界处。属内蒙古河套平原区,为阴山与鄂尔多斯高原之间的断陷湖积冲积平原。

该项目起于包头市沙尔沁南侧,设置沙尔沁枢纽互通立交接呼包高速公路,向西南上跨包兰铁路、民生渠,于官地村上跨黄河,并设置黄河特大桥,在德胜泰东南侧下穿德敖公路,预留互通位置,经新城、大淖东、小淖西,于石安正营子上跨羊巴线(规划一级公路),并设置树林召东互通立交;路线继续向西偏南方向,上跨壕庆河,于大山营子东南上跨达旗过境一级公路,经二贵壕,于白泥窑子以北接包东高速公路,并设置终点关碾房枢纽。共设置互通立交3处,其中两处枢纽互通立交,大中桥6座、分离立交5处、通道30座(道)、涵洞17道。

该项目桥隧比为20%,路基宽度26.0m,黄河大桥桥宽28.0m,其他桥梁与路基同宽。主线填方边坡高度≤2.5m时,采用植草皮防护;边坡高度>2.5m时采用拱形护坡防护。在个别低洼积水路段及沿河大桥桥梁台后20m的路堤边坡采用浆砌片石防护。风积沙路段路基边坡,采用沙柳网格植草防护。

该项目于2007年5月开工,2011年7月交工验收、开始试运行。

(二)前期工作

1. 立项审批、资金筹措

2005年9月21日,内蒙古自治区发改委以《关于西部开发干线阿荣旗至北海公路包头至树林召段可行性研究报告的请示》(内发改交运〔2005〕1380号)及《关于西部开发干线阿荣旗至北海公路包头至树林召段高速公路投资构成情况的报告》(内发改交运〔2006〕1248号)申请立项;

2006年11月16日,国家发展与改革委员会以《国家发展改革委关于内蒙古自治区包头至树林召公路可行性研究报告的批复》(发改交运〔2006〕2560号)对该项目批准立项;

2007年4月9日,交通部以《关于包头至树林召公路初步设计的批复》(交公路发〔2007〕137号)对该项目的初步设计进行了批复;

2008年7月14日,内蒙古自治区交通厅以《包头至树林召高速公路两阶段施工图设计的批复》(内交发〔2008〕343号)对项目两阶段施工图进行了批复。

项目初步设计总概算核定为19.35亿元,国家安排中央专项基金(车购税)4.68亿元,自治区公路建设资金安排2.72亿元作为项目的资本金,共计7.40亿元,约占总投资的39.6%;其余资金利用银行贷款解决。

2. 招投标工作

按照《中华人民共和国招标投标法》和《公路工程施工招标投标管理办法》《公路工程

施工监理招标管理办法》等法律、法规进行了工程招标投标工作。通过国内公开招标共确定25家施工单位和4家监理单位(含总监办)。

勘测设计招投标。该项目勘测设计招投标活动,经内蒙古自治区人民政府以《内蒙古自治区人民政府关于省际通道包头至树林召高速公路建设项目采取邀请招标方式确定勘测设计单位的批复》(内政字〔2006〕396号)文审批,采用邀请招标方式,北京鑫中招标代理有限公司受内蒙古高等级公路建设开发有限责任公司委托为招标代理机构。本次招标共划分为一个合同段。2006年11月18日向具备相应资质的3家投标人发送投标邀请书,2006年12月8日开标,最终确定了该合同段中标单位为中交公路规划设计院有限公司。

土建工程施工招投标。北京中交建设工程招标有限公司受内蒙古高等级公路建设开发有限责任公司委托,作为该项目招标代理,招标方法采用资格预审,LJ1至LJ6合同段及LM1、LM2、Q2、Q3合同段采用合理低价评标法,Q1合同段采用综合评估法进行招投标活动。2007年2月2日在指定媒体上发布了土建工程施工资格预审公告,2007年2月17日完成资格预审。2007年4月5日14:00,招标人为保证本次招标公平、公正、公开,防止少数投标人围标,对通过LJ1至LJ6合同段和路面合同段资格预审的投标申请合同段进行重新抽取。2007年4月5日分别向通过资格预审的潜在投标人发出投标邀请书,2007年4月24日开标,确定了各合同段推荐中标候选人。中标公示后,于2007年9月29日与上述合同段第一中标候选人签订了合同协议书后进场施工。

工程监理招投标。北京中交建设工程招标有限公司受内蒙古高等级公路建设开发有限责任公司委托,作为该项目招标代理,招标方法采用资格预审,ZJ、J1、J2、J3合同段采用综合评估法进行招投标活动。2007年2月12日在指定媒体上发布了施工监理资格预审公告,后因ZJ和J1合同段因递交资格预审文件的申请人不足3家,经主管部门批准依法重新进行招标。2007年4月2日分别向通过J2、J3合同段资格预审的潜在投标人发出投标邀请书,同时发布ZJ和J1合同段的招标公告,2007年4月24日17:00开标,最终各标段排名第一的中标候选人中标。2007年9月27日与上述合同段第一中标候选人签订了合同协议书后进场开展监理工作。

房建工程招投标。按照2009年4月内蒙古交通厅公路建设市场管理委员会对该项目房建工程招标文件审核要求,采用资格后审、最低价评标法开始对该项目房建工程进行招投标活动。2009年4月30日开始在指定媒体发布招标公告开始进行国内竞争性公开招标,房建工程招标分为3个合同段,2009年5月22日开标,确定了各合同段推荐中标候选人。中标公示后,2009年7月25日分别与FJ-01合同段、FJ-03合同段第一中标候选人签订了合同协议书后进场施工。FJ-02合同段因第一中标候选人呼和浩特市建筑工程有限责任公司放弃中标资格,经报请内蒙古交通厅公路建设市场管理委员会后,确定排名第二的内蒙古全新建筑工程有限责任公司为中标人随后签订了合同协议书后进场施工。

交通工程招投标。采用资格预审,合理低价评标法招标。2010年4月28日在指定媒体上发布了交通工程资格预审公告,2010年7月2日上午10:00(投标文件递交截止时间)开标,确定了各合同段推荐中标候选人。中标公示后,于2010年7月20日与9个合同段第一中标候选人签订了合同协议书后进场施工。

绿化工程招投标。采用资格后审,最低价评标法招标。2011年3月15日开始在指定媒体发布招标公告开始进行国内竞争性公开招标,绿化工程招标分为BSLH-01、BSLH-02二个合同段,2011年4月4日上午10:00时开标,最终确定BSLH-1合同段中标人为上海生态园林工程有限公司,BSLH-2合同段中标人为鄂尔多斯市尚合力园林景观有限责任公司。中标公示后,于2011年4月29日签订了合同协议书后进场施工。

3. 征地拆迁

内蒙古高等级公路建设开发有限责任公司2007年4月23日与包头市人民政府签订协议书;2007年9月23日与鄂尔多斯市人民政府签订协议书,制定补偿标准,由鄂尔多斯市政府成立征拆办公室负责该项目的征地拆迁工作。该项目线路经过地区的村落人口稠密、农田林地多,地质复杂,又涉及电力、电信、水利等行业设施,征地拆迁工作矛盾多、困难大。经相关各方共同努力,2007年4月开始该项目征拆工作,至2008年8月主线征拆工作基本完成。

全线永久性征用土地3190.0亩,拆迁房屋2547㎡,电力电信改迁67处,征拆补偿费共计17839.00万元。

(三) 参建单位

主管单位:内蒙古自治区交通厅
建设单位:内蒙古高等级公路建设开发有限责任公司
现场管理单位:内蒙古高等级公路建设开发有限责任公司公路建设工程项目
　　　　　　管理一分公司
质量监督单位:内蒙古自治区公路工程质量监督站
　　　　　　鄂尔多斯市公路工程质量监督站
勘察设计单位:中交公路规划设计院有限公司
　　　　　　内蒙古水利水电勘测设计院
监理单位:山西交科公路工程咨询监理有限公司(总监办)
　　　　　中国公路工程咨询集团有限公司(驻地办)
　　　　　内蒙古交通建设监理咨询有限责任公司

内蒙古公路工程咨询监理有限责任公司

施工单位：北京鑫旺路桥建设有限公司

路桥集团国际建设股份有限公司

中铁大桥局股份有限公司

陕西明泰工程建设有限责任公司

湖南路桥建设集团公司

通辽市交通工程局

中交二公局第四工程有限公司

四川武通路桥工程局

河南中州路桥建设有限公司

吉林省道桥工程建设集团有限公司等25家

二、项目建设

（一）项目管理机构

内蒙古高等级公路建设开发有限责任公司授权公路建设工程项目管理第一分公司进行管理,项目管理一分公司设经理1名、副经理2名、纪检特派员1名,内设工程技术部、质量监督部、综合部、安全生产部,后增设材料部,共5个部门,财务部隶属总公司委派,项目管理一分公司具体负责包树高速公路的工程质量、进度及工程费用、安全生产、廉政建设等的管理工作。

（二）项目管理

项目管理依据招投标文件和《中华人民共和国合同法》进行管理。

1. 综合管理

项目管理一分公司在规范化管理和制度化建设方面,该项目按照交通部《公路建设市场管理办法》和自治区交通厅《内蒙古自治区公路建设管理办法》等法规和办法,认真履行各项建设程序,在工程建设中,该项目坚持"百年大计,质量第一"的方针,遵守"严格程序、确保质量、恪守信誉、提高效率"的原则,执行项目法人制、招投标制、工程监理制和合同管理制,建立公开、公正、有序、健康的公路建设环境。

该项目管理依据主要有:交通部2003年版《公路工程国内招标文件范本》,同时根据项目实际情况,制定包树高速公路《土建工程招标文件项目专用本》《交通工程招标文件项目专用本》《合同协议书》《工程建设管理办法》《施工监理实施细则》《安全生产管理办法》《包树高速公路建设质量、进度、廉政、安全文明生产奖惩办法》《竣工文件编制办法》

等文件,使整个项目管理过程有规可依、有章可循,实现了管理制度化、规范化。

建设单位加强对工程的管理,招标时择优确定施工单位及监理单位,规范管理监理人员行为和工作,强化过程监控,因地制宜,科学合理地制定各项规章制度和进度计划,对工程建设进度、质量及投资控制起着非常重要的作用。

2. 工程进度控制

合理划分标段,全面展开,同步进行;通过国内公开招标择优选择有实力、技术强的施工单位,从实力和能力上保证工期;严格要求施工单位人员、设备按合同承诺进场和投入,满足工程要求,从物质条件上保证工期;组织施工单位及时进场,迅速投入生产,为工期争取宝贵时间;科学调度,严密安排和调整工程进度;协调畅通,遇到问题及时解决,扫清障碍、高效运作;适时调整进度计划,倒排工期,以五日保旬,以旬保月,以月保年。

事前监理,提高一次检验合格率,避免返工耽误工期;做好材料设备采供、征地拆迁、社会协调等后勤保障,保证原材料保质按量及时供应,保证工程顺利进行;积极采用新材料、新工艺、新技术,促进工程进度;严格执行招标文件及《施工合同》中有关工程进度的规定;加强检查评比,严格奖惩,督促工程进度。

3. 质量管理

建立健全四级质量管理体系(政府监督、业主管理、社会监理、施工单位自检)和四级质量保证体系(项目法人、总监办、高级驻地办、施工单位),对工程质量实行直接有效的监督管理。

严把准入关,严把入场关,履行招标文件、《施工合同》中有关质量的规定,一切按合同办事。落实工程质量岗位责任制,工程项目在设计使用年限内实行质量责任终身制。详细审定《包树高速公路施工监理实施细则》,加强对监理人员的管理,并发挥施工监理的作用。

加大检查力度,除施工单位自检外,驻地及现场监理人员跟班检查,单位之间互查、上级领导及有关部门督查,把工程质量控制在每个过程、每个细节、每个时刻,发现问题及时处理。定期或不定期召开例会、现场会,集中研究或现场解决质量问题,经常组织观摩工程质量好的单位,推广先进经验。加强工程质量检查评比,并奖优罚劣。

编制《工程质量控制要点》,对普遍的、专业的、特殊的问题进行业务指导和技术交底。

严把原材料质量关,加强实验室建设、抓好试验检测,严格工艺流程,传统工艺必须按规范要求做,新工艺必须试验论证并经监理部门同意后方能实施;严把质量检验关,实行首检责任制,提高抽检、复检合格率;严格质量管理程序,统一检验标准,积极采用新材料、新技术、新工艺,提高工程质量。

经综合评定,本建设项目质量评分为98.1,为优良工程。工程质量始终处于可控状态,未出现任何工程质量事故。

4. 费用管理

包树高速公路建设实施过程中,严格费用管理,认真履行各项程序,严格执行财务规章制度和有关规定,在各工程项目的计量支付工作中,严格执行设计及招、投标文件规定及报价内容,严格履行各级审核签认手续,每月两次及时进行计量支付。对于变更设计内容,严格报审、签认计量程序,有效控制工程造价,对于该项目材差根据内蒙古交通厅(内交发〔2010〕110号)文件执行,该项目总费用在批复的概算之内。

5. 安全文明生产

项目管理一分公司从开工就建立了安全领导小组,项目管理一分公司领导任安全领导小组组长,之后对增设安全生产部由纪检特派员兼任部长,亲自抓安全文明生产。要求各施工单位建立了安全保证体系,明确项目经理是安全文明生产的第一责任人。健全安全文明生产管理制度,加强教育,增强安全文明生产意识,加强检查考核,严格履行《安全生产合同》,做到了管理制度化,教育经常化。要求各施工单位在油库、仓库、发电机房、操作室、易燃易爆品的储存处、危险地方(如积水池、泥浆池、高压电线)等处设立了醒目的标志牌;要求各参建单位车况良好,严禁驾驶员酒后驾驶,严禁非驾驶人员驾驶各种机动车,构造物施工现场佩戴安全帽。从开工建设到竣工,没有发生大的安全责任事故和社会治安问题。

6. 环境保护

对于环境保护工作和水土保持工作,该项目始终以可持续发展的眼光对待,尽量减少对环境的破坏和污染。开工前,该项目编制了《环境影响评价报告》《水土保持方案》,并报请国家环保总局和国土资源部批准。施工过程中,该项目的做法:一是宣传国家地方和环保部门的有关政策规定,提高环保意识;二是有规划地取土弃土,平整土场;三是不准随便倾倒废弃物料;四是加强预制厂、拌和场等施工现场和驻地管理,文明施工和生活;五是合理规划施工便道,不得随意乱碾乱压;六是在易发生水土流失地段,首先完成防护工程后再进行路基施工,避免新的水土流失;七是对损坏和使用的场地做好善后恢复工作。同时,该项目还注意对耕地、林地、草场、植被、水源、河道的保护,保持水土、防止水土流失。

7. 廉政建设

包树高速公路是自治区的重点工程,按照"工程优良、干部优秀"标准和自治区交通厅提出的公路建设"又好又快"目标,项目管理一分公司从开始筹备、组建、到招标以及工程建设的全过程中,始终高度重视廉政建设工作,着重从抓工程建设、组织建设、制度建设和作风建设几方面入手开展廉政建设工作。同时加强合同管理,项目管理一分公司与各施工、监理单位签订了《廉政合同》,在工程建设中实行了双合同制,把廉政建设与工程质量、进度一起布置、一起落实、一起考核,有力地保证了建设资金安全有效使用,为工程建设提供良好的政治环境,有力地保障了工程建设的顺利进行。

(三)变更

2008年材料设备价格大幅上涨后,在施工单位施工成本急剧增大的背景下,2010年3月,内蒙古自治区交通厅运输以《关于包头至树林召高速公路、临河过境高速公路调整材差的批复》(内交发〔2010〕110号)文件批复该项目的主要材料调整种类、范围、调价方式及支付方式等内容。调整了钢材、水泥及汽柴油材料价差,确保了包树高速公路的顺利完成。

三、复杂技术工程

包树黄河特大桥是包头至树林召高速公路项目中重要的控制性工程,全长5657m,主桥采用85m+(6×150)m+85m变截面预应力混凝土连续箱梁跨越黄河主河槽,引桥采用40m组合小箱梁,跨越民生渠、萨包公路、滩涂;40m+70m+40m变截面预应力混凝土连续箱梁跨越南、北大堤。下部分别采用薄壁空心墩、薄壁墩和薄壁T形墩+承台+群桩基础。

桥梁详情见"第二章 高速公路发展及成就"中"第二节 建设成就"。

四、科技创新

(一)新技术应用

(1)包树高速公路黄河特大桥上部为85m+(6×150)m+85m变截面预应力混凝土连续箱梁,具有"大跨、长链、抗震"的工程特点。项目管理第一分公司通过招标确定了特大桥上部施工监控单位,实际效果良好,主桥16个合龙段施工创造了国内同类型桥梁施工记录。

(2)包树高速公路黄河特大桥主桥桩基是直径1.8m、桩长为90m的22根群桩,在内蒙古自治区境内是最长的桩基,地质条件复杂,施工难度极大,经全体参建人员的努力完成的桩基均属于一类桩。主桥承台20~26号为六边形,其结构尺寸为36.5m×14m×4m,施工中采用了冷却管和混凝土双掺技术,降低了大体积混凝土的水化热,提高了混凝土的耐久性。钢板桩围堰突破了黄河上粉细砂层地质难以使用钢板桩围堰的局限。

(3)为了使沥青混凝土桥面铺装与桥面水泥混凝土调平层间有效结合,引入了长安大学露石混凝土新技术,全线所有桥梁水泥混凝土桥面(调平层)全部采用露石混凝土新技术,改变了原来的传统做法(凿毛拉毛)效果显著。

(4)对于高填方路堤(填高大于8m)段落,为了保证其稳定性,在施工过程中进行了沉降观察,以掌握路堤填土沉降的规律和幅度,确保了路基的整体稳定。

(5)为降低成本,针对沿线风沙大的特点,部分路基边坡采用植物防护措施,改变了以往浆砌片石的传统保守做法,效果良好。

(6)为了保证路缘石、路肩板的美观和线形顺直,全线路缘石、路肩板施工采用了混凝土滑模施工新技术,该技术省时、省力效果好。

(7)沥青路面采用Superpave技术设计,采用旋转压实仪进行沥青混合料室内配合比设计。在选用沥青时,采用SHRP方法根据气温选择沥青,沥青混合料有较好的抗车辙能力及低温抗裂性能。

(8)为了保证工程质量,该项目对主要工程的关键部位进行工艺和程序控制,如箱梁湿接头、湿接缝的施工、桥梁伸缩缝的施工等,除了严格按规范要求进行施工外,还要求内高路项目管理第一分公司、总监办、驻地办、施工单位四方专业工程师联合验收每道工序,有效地保证了关键部位的工程质量。同时该项目采用了多项超过交通部颁布的内控指标,路基压实度下路堤由设计的90%提高到93%,上路堤由设计的93%提高到95%,路面面层压实度由设计的95%提高到98%,为防止路基下沉,对特殊路基段落均采取了碎石渣垫层和碎石桩处理措施。

(9)采取全球定位GPS测量仪。包树高速公路在施工图设计阶段即全部采用全球定位GPS测量仪,大大提高了测量的速度和精度。

(二)科研课题

科研课题一:黄河特大桥冰冻、冰凌作用及应对措施

黄河特大桥冬季在冻冰的流凌河道中,水位势必比无冰期时的河流高得多,同时夹带大量的大体积冰块,在水流的涌动下急剧地撞到桥墩,容易造成桥墩结构物损害。通过对国内外冰荷载有关计算公式进行比较,利用动能及功能原理推导,得出了内蒙古地区黄河段河冰荷载计算公式并与实测值进行对比,结果比较接近。

分析了流凌作用下大跨径桥梁结构的响应,首次提出了以人工反应谱模拟凌汛期河冰荷载,为凌汛期冰凌对桥梁的作用和安全性评价提供了一种新方法。

黄河特大桥冰冻、冰凌作用及应对措施通过内蒙古自治区科学技术厅的成果鉴定和登记,经专家鉴定达到国际先进水平。

科研课题二:黄河特大桥结构安全性研究

本课题依托G65包茂高速公路包头至树林召工程,立足于连续梁桥设计、施工、运营过程中安全性研究,解决整个过程中亟待解决的关键技术难题,通过研究,对黄河特大桥连续悬浇箱梁大悬臂施工冬季停滞较长时段的安全性进行多因素的理论分析计算,同时考虑到悬臂端部的位移情况,得出了越冬最大悬臂的安全长度与处置措施,并在实体工程中应用;对于多跨连续梁结构,经计算分析合龙顺序对结构受力及位移状态的影响较小,可以根据施工进展的实际情况适当调整合龙顺序,以缩短施工周期,同时保证增强了施工过程中的结构安全性能。

课题详情见"第五章　高速公路建设科技成果"中"第二节　重大科研课题"。

科研课题三:黄河特大桥耐久性评价研究

该项目依托 G65 包茂高速公路包头至树林召工程,立足于连续梁桥设计、施工、运营过程中耐久性研究,解决混凝土桥梁耐久性亟待解决的关键技术难题,根据本桥周边环境条件及邻近地区钢筋混凝土的碳化深度调查,分析了影响结构耐久性的部分参数,优化了该桥混凝土结构强度和保护层厚度,并在工程中实施。通过对施工过程中大体积混凝土构件温度场的理论分析和监测,对相关参数进行反演分析并提出了相应的应对措施,有效地控制了混凝土温度裂缝。

课题详情见"第五章　高速公路建设科技成果"中"第二节　重大科研课题"。

五、运营养护管理

该项目建成后由内蒙古高等级公路建设开发有限责任公司鄂尔多斯分公司负责运营养护管理。G65 包茂高速公路包头至树林召段收费站(所)、服务区等设置情况见表 8-86,车流量发展状况见表 8-87。

G65 包茂高速公路包头至树林召段收费站(所)、服务区等设置情况　表 8-86

类　别	数　量	名　称
收费站(所)	2	关碾房收费所、树林召收费所
养护所	1	树林召养护所(树林召收费所院内)

G65 包茂高速公路包头至树林召段车流量发展状况表(单位:辆/昼夜)　表 8-87

收费站(所)	年　份					
	2011 年	2012 年	2013 年	2014 年	2015 年	2016 年
树林召收费所	432	979	910	1403	1608	1717
关碾房收费所	1433	2766	2592	4612	5164	5288

第十七节　S24 兴和至巴拉贡高速公路

S24 兴和至巴拉贡高速公路共分准格尔至兴和运煤高速公路、大路至巴拉贡改扩建工程两段。该公路主要为推进鄂尔多斯市与呼和浩特、包头、乌海市等地融合互动发展,有效缓减自治区沿黄河地区交通压力,促进区域经济社会持续健康发展。项目的建设是建设能源基地、加大实施自治区资源富集区的开发和能源转换战略的需要,对完善自治区高速公路网、促进地区旅游业发展及沿线生态和现代农牧业建设、改善沿线群众生产生活和安全出行、提高公路运输服务能力等都具有十分重要的意义。

路网关系:S24 兴和至巴拉贡高速公路路网关系如图 8-16 所示。

图 8-16　S24 兴和至巴拉贡高速公路路网关系示意图

Ⅰ　S24 准格尔至兴和运煤高速公路

一、项目概况

(一)基本情况

该项目西起内蒙古鄂尔多斯市准格尔旗大路乡,终点止于兴和县团结村,路线全长 274.650km。起点位于准格尔旗大路新区煤炭物流中心北侧,与前房子连接线(即沿黄一级路的一段,备注:前房子连接线无编号)交叉处,桩号为 K0+000,在呼准铁路黄河大桥桥位下游 4km 处上跨黄河,经清水河县规划高载能工业园区、偏关窑、榆树梁、西浮石山、东浮石山、后石门、凉城县、岱海镇、麦胡图镇,在 K192+663 处跨越 G55 高速公路,经口子村、瓦窑沟村 K200+520 处跨越大包铁路、马鞍桥村北主线桩号 K233+800 处跨越集张铁路,经兴和县鄂尔栋乡和团结乡,终点止于内蒙古河北交界处,桩号 K274+650。

全线按高速公路标准设计。设计速度 K100+000~K160+000 段为 100km/h,其他路段为 80km/h。左幅断面与标准 26m 断面一致,考虑到上行方向(右幅)重车比例较大,车行速度较慢,而易导致通行能力不足,所以考虑将上行方向(右幅)设置 3 车道(2×3.75m+3.5m),将右幅硬路肩设置为 1.5m,土路肩设为 0.5m,路基总宽度为 27.75m,同时按照规范规定增设紧急停车带。桥涵设计汽车荷载采用公路—Ⅰ级。

全线路基填方 30219000m³,路基挖方 29823000m³,特大桥 1882.58m/1 座,大桥 11578m/53 座,中桥 5205m/91 座,小桥 1632m/156 座,涵洞道涵洞及通道 506 道,互通式立交 11 处,分离式立交 2586m/32 座,天桥 43 座,服务区 7 处,主线收费站 2 处,匝道收费站 7 处。

准兴运煤专线为 BOT 项目,于 2007 年 4 月开工建设,2013 年 11 月通车,运营期限 30 年,设计年货物运输能力为 150000000t。

(二) 前期工作

1. 决策过程

2005 年,乌兰察布市政府向内蒙古自治区政府上报了《乌兰察布市人民政府关于采用 BOT 方式建设煤炭运输专用高速公路的请示》(乌政发〔2005〕199 号文件)。内蒙古自治区在征求了项目沿线其他城市政府同意后,于 2006 年 4 月 12 日,向乌兰察布市人民政府下发了《内蒙古自治区人民政府关于对采用 BOT 方式建设煤炭运输专用高速公路的批复》(内政字〔2006〕113 号)。该文件中指出:同意由乌兰察布市政府采用 BOT 方式建设内蒙古河北煤炭运输专用公路项目,并要求乌兰察布市与呼和浩特市做好协调工作,确保项目建设顺利进行。在取得内蒙古自治区人民政府的批复后,项目投资方在 2006 年 6 月 6 日正式组建了项目公司——内蒙古兴托重载高速公路有限公司,并在 2006 年 8 月 3 日,由项目公司与乌兰察布市人民政府签署了《建设经营移交(BOT)托县至兴和煤炭运输公路项目特许权协议书》,正式取得了准兴高速公路项目的投资建设经营特许权(期限 30 年,不含建期)。

内蒙古准格尔至兴和煤炭运输公路工程可行性研究报告于 2005 年 11 月进行了技术调查,并同时进行了交通调查(包括 OD 调查)、社会经济调查。在有关部门的大力协助下,经过报告编制主办单位的努力,于 2005 年 12 月完成了工可研报告的编制工作。2005 年 12 月 19 日,自治区交通厅、发改委联合主持召开了该项目的审查会。会议听取了工程可行性研究报告编制单位内蒙古交通设计研究院有限责任公司的汇报,与会代表对该段公路建设的必要性、路线走向、交通量发展预测、建设规模与标准、投资估算、经济评价及资金筹措等问题进行了认真评议,并提出修改完善的意见。公路规划院咨询部于 2006 年 1 月完成了工可研报告的修改工作。

2007 年初修改双向 4 车道设计为双向 5 车道(大路往兴和方向修改为 3 车道),同年自治区交通厅联合自治区发改委召开了 4 车道改为 5 车道补充工程可行性研究报告评审会,自治区交通厅已经出具行业意见,大路至永兴段按照双向 5 车道设计。

准兴高速公路项目原由民营北方通和控股有限公司投资建设,项目 2007 年开工,由于资金问题同年底停工。作为国家西煤东运的主要公路通道,内蒙古自治区和乌兰察布市政府高度重视该项目的建设,经过多方协商,于 2010 年与北京首钢集团达成了投资建设意向,首钢集团旗下的首钢控股有限责任公司以股权并购方式,成为新的控股股东。2010 年 9 月 9 日,乌兰察布市政府与首钢控股公司召开了准兴高速公路项目启动大会,同年10月,新组建的项目公司领导班子进入现场开展工作,2011年5月现场正式复工建设。由于5年停工期间物价上涨,原投资估算和概算不能满足现在工程建设资金要求,需要进行调整;大路至永兴段由于物价上涨,投资估算和概算需要调整。项目公司于2011年6月7日正式通知内蒙古交通设计研究院进行补充可行性研究报告,2011年7月28日乌兰察布市交通运输局和发改委完成补充工可初审并发文。

2. 立项审批、资金筹措

2006年,内蒙古自治区准格尔至兴和运煤高速公路完成永兴至麻谜图段、麻谜图至兴和段双向4车道可行性研究,自治区发改委以《关于托县至兴和公路永兴至麻迷图段工程可行性研究报告的批复》(内发改交运字〔2006〕1356号)、《关于托县至兴和公路麻迷图至兴和段工程可行性研究报告的批复》(内发改交运字〔2006〕1357号)批复;

2006年,内蒙古自治区国土资源厅以《关于内蒙古托县至兴和煤炭运输公路建设项目用地计划的意见》(内国土资字〔2006〕107号)批发建设用地计划;

2007年,国家林业局以《使用林地审核同意书》(林资许准字〔2007〕060号)批复林地使用;

2007年,内蒙古自治区国土资源厅以《关于内蒙古托县至兴和运输公路(永兴至兴和段)工程建设项目用地的预审意见》(内国土资字〔2007〕175号)、《关于内蒙古准格尔至兴和运煤高速公路(大路至永兴段)工程建设项目用地预审意见》(内国土资字〔2007〕498号)、《关于准格尔至兴和运输公路(永兴至兴和段)工程建设项目用地预审意见延期的批复》(内国土资字〔2010〕103号)出具建设用地预审意见;

2007年初,自治区交通厅以《关于对托县至兴和公路托县至兴和段调整为准格尔至兴和公路大路至永兴段工程可行性研究报告的批复》(内发政交运字〔2007〕2126号)批准复大路至永兴段由双向4车道设计改为双向5车道设计;

2012年3月31日,内蒙古自治区发展和改革委员会以《关于对准格尔至兴和高速公路大路至永兴段工程项目核准变更的批复》(内发改基础字〔2012〕589号)、《关于对准格尔至兴和高速公路永兴至麻迷图段工程项目核准变更的批复》(内发改基础字〔2012〕590号)、《关于对准格尔至兴和高速公路麻迷图至兴和段工程项目核准变更的批复》(内发改基础字〔2012〕591号)对准兴高速补充工可及项目申请报告作出了正式的批复;

2012年7月20日,内蒙古自治区交通运输厅以《关于准格尔至兴和高速公路大路至永兴段两阶段初步设计的批复》(内交发〔2012〕435号)对准兴高速公路大路至永兴段两阶段初步设计概算正式批复;

2012年12月28日,内蒙古自治区交通运输厅以《内蒙古自治区交通运输厅关于准格尔至兴和高速公路永兴至麻迷图段补充初步设计的批复》(内交发〔2012〕790号)对准兴高速公路永兴至麻迷图段两阶段初步设计概算正式批复,以《内蒙古自治区交通运输厅关于准格尔至兴和高速公路麻迷图至兴和段补充初步设计的批复》(内交发〔2012〕791号)对准兴高速公路麻迷图至兴和段两阶段初步设计概算正式批复。

该项目最终批复初步设计总概算为145.01亿元,以BOT方式实施,建设资金来自项目资本金(25%)和国内银行贷款(75%)。

3.招投标工作

该项目招标投标工作严格按照《中华人民共和国招标投标法》和《公路工程施工招标投标管理办法》《公路工程施工监理招标管理办法》等法律法规进行。勘察设计、土建工程、房建工程、交通工程、机电消防等工程的设计、施工、监理单位采用国内邀请招标方式产生,分别确定6家设计单位、2家咨询单位、8家监理单位、38家土建工程施工单位、3家交安工程施工单位、5家房建工程施工单位、3家绿化工程施工单位、7家机电工程施工单位。

设计招标。准格尔至兴和煤炭运输高速公路全线274余公里由内蒙古交通设计研究院有限责任公司承担主要土建设计任务,其中:永兴至兴和段土建主要由内蒙古交通设计研究院乌兰察布市交通设计院完成;黄河大桥由黄河勘测规划设计研究院有限公司完成设计任务,黄河大桥设计审查由中交公路规划设计院有限公司完成,监控试验单位是同济大学和长安大学;长虫沟、景家湾桥设计由深圳市政设计研究院完成,设计审查由中交公路规划设计院有限公司完成,监控试验单位为长安大学;交通工程由北京中咨正达交通工程公司承担设计任务,其中:安全设施设计由中咨泰克交通工程有限公司完成;绿化工程设计由北京绿洲科技发展有限公司完成;全线初步设计及施工图审由北京交科公路勘察设计研究院有限公司完成。

施工、监理招标。乌兰察布市人民政府以《关于项目采用邀请招标方式的批复》(乌政批字〔2007〕11号)批复施工、监理招标采用邀请方式招标,确认湖南国建招标咨询有限公司为该项目的招标代理。招标人于2007年完成所有施工合同段和监理合同段招标。2011年至2012年对部分自行要求退场的施工单位对应的合同段进行了补充招标。最终确定了8家监理单位、38家土建工程施工单位,17沿线设施及交安工程施工单位。

4.征地拆迁

内蒙古准兴重载高速公路有限责任公司和乌兰察布市人民政府于2006年10月10日共同签订了《内蒙古托县至兴和煤炭运输公路征地拆迁及建设环境服务协议》。该项目土地预审意见中批准的用地面积为24977亩。

(三)参建单位

主管单位:内蒙古自治区交通运输厅

建设单位：内蒙古准兴重载高速公路有限责任公司
质量监督单位：内蒙古自治区交通建设工程质量监督局
　　　　　　　呼和浩特市公路工程质量监督站
　　　　　　　乌兰察布市公路工程质量监督站的监督
勘察设计单位：内蒙古交通设计研究院有限责任公司
　　　　　　　黄河勘测规划设计研究院有限公司
　　　　　　　深圳市政设计研究院
　　　　　　　北京中咨正达交通工程公司
　　　　　　　中咨泰克交通工程有限公司
　　　　　　　北京绿洲科技发展有限公司
施工单位：山东黄河工程集团有限公司
　　　　　核工业长沙中南建设工程集团公司
　　　　　安阳市恒达公路发展有限责任公司
　　　　　中交第四公路工程局有限公司
　　　　　道隧集团工程有限公司
　　　　　北京市政建设集团有限责任公司
　　　　　呼伦贝尔道路桥梁建筑有限公司
　　　　　山东通达路桥工程有限公司
　　　　　道隧集团工程有限公司
　　　　　湖南省湘筑工程有限公司等55家
监理单位：北京中咨路捷工程技术咨询公司
　　　　　北京华路捷公路工程技术咨询公司
　　　　　上海中咨安通工程投资管理有限公司
　　　　　四川公路工程咨询监理公司
　　　　　湖南湖大建设监理有限公司
　　　　　内蒙古华讯工程咨询监理有限公司
　　　　　赤峰天宇交通监理有限公司
　　　　　中国公路工程咨询集团有限公司

二、建设项目管理

（一）项目管理机构

建设过程中该项目建设单位着手重建企业管理体系和工程管理体系，对项目公司进行了重组,新公司在组织机构上采取二级管理体制,即公司本部和公司派出的4个工作站。项目公司的顺利重组和项目管理体系的恢复和完善,为准兴高速公路项目顺利复工奠定了坚实的组织基础。项目管理机构详情如图8-17所示。

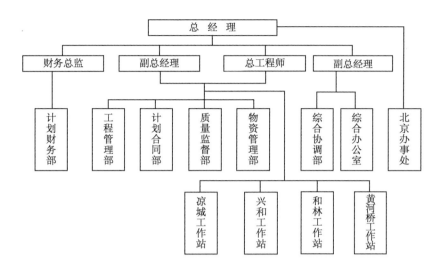

图8-17 项目法人的项目实施机构框图

(二)项目管理

项目管理依据招投标文件和《中华人民共和国合同法》进行管理。

1. 质量控制

建立健全四级质量管理体系(政府监督、业主管理、社会监理、施工单位自检)和三级质量保证体系(业主、监理、施工单位);通过资质检查严把准入关;聘请专业的技术咨询单位为关键性的施工工艺及步骤进行监测咨询;严格质量监控,加强施工现场巡视,及时整改总结;对重点施工工序专项评估。

技术方面:一是对水泥混凝土面板横向采用三块板的设计方案;在纵坡不小于3%的段落掺入钢纤维,对长寿命沥青路面、复合路面在施工前技术细节的交底培训、编写施工作业指导书,完成长寿命沥青路面、复合路面的面层、基层、底基层的配合比试验工作。二是高填方路基进行专业监控单位开展监测。基于准兴高速的路基特点,重载水泥路面对路基的差异变形敏感,国内缺乏相应的路基变形控制标准。因此基于监测数据提出相应的技术措施是必要的,对于延长和确保准兴高速的使用寿命具有至关重要的作用。三是路面工程着重考虑了该项目为重载公路的使用要求,由于该项目重载车具有明显的方向性,大路至兴和方向重载车为主,兴和至大路方向空车为主,故路面设计采用分幅设计。根据该项目路线所经地区砂、石等建筑材料情况,拟定的路面结构层采用分段分类型设置。

2. 工程造价控制

准兴高速公路于2011年项目复工建设后,项目公司提出了"科技领先、绿色环保、质量优良、效益良好"的建设新理念和指导思想。明确了优化设计的原则及工作思路。2011年9月,优化设计单位中国公路工程咨询集团有限公司立即开展工作,项目公司及时组织对优化方案、图纸及现场情况进行审查,及时下发设计成果至施工单位实施。通过2年的优化设计,取得比较理想成果:完成全线包括纵断面进行优化,结构物优化,防护、排水优化三大部分重要优化内容。优化设计经济成果显著,涵洞及其附属结构物合计节约22424万元,路基、路面及防护(含优化部分植物纤维毯)合计节约24112万元,总计46536万元。

3. 廉政建设管理

以预防腐败为重点,健全拒腐防变教育长效机制。部署反腐倡廉工作,反复强调党风廉政建设和反腐倡廉的极端重要性。深入开展自查自纠活动,发现问题及时纠正,积极推进治理商业贿赂工作。与乌兰察布市检察院和兴和县人民检察院联合开展"检企共建";以强化监督为手段,健全权力运行监控机制;坚持以科学发展观为统领,提升廉政建设质量和水平。

(三)重大事项

(1)准兴高速公路项目原由民营北方通和控股有限公司投资建设,项目2007年开工,由于资金问题同年底停工。作为国家西煤东运的主要公路通道,内蒙古自治区和乌兰察布市政府高度重视该项目的建设,经过多方协商,于2010年与北京首钢集团达成了投资建设意向,首钢集团旗下的首钢控股有限责任公司以股权并购方式,成为新的控股股东。2010年9月9日,乌兰察布市政府与首钢控股公司召开了准兴高速项目启动大会,同年10月,新组建的项目公司领导班子进入现场开展工作,2011年5月现场正式复工建设。

(2)2007年初步设计完成前,将项目起点位置由呼和浩特市托县变更至鄂尔多斯市准格尔大路新区。

三、复杂技术工程

(一)准兴黄河大桥

准兴黄河大桥是准格尔至兴和煤炭运输高速公路的控制性工程,大桥地处鄂尔多斯市准格尔旗与呼和浩特清水县交界处,位于黄河头道拐水文站下游37km处,呼准铁路黄河大桥下游 4.2km 处。全桥起点桩号为 K0+947.800,终点桩号为 K2+830.080,跨径组合为(6×50m)+(76.8m+5×140m+76.8m)+(4×50m)×2+(4×40m)×2。桥梁全长 1882.28m,其中主桥长 854m,西引桥长 300m,东引桥长 720m。

主桥采用(76.8m+5×140m+76.8m)预应力混凝土连续刚构、连续梁组合体系。桥梁全宽 27.75m,分为上下行分离的两幅桥,其中左幅宽为 12.5m,右幅宽 14.25m,两幅桥间距 1m。主梁为单箱单室变截面预应力混凝土直腹板箱梁,主梁根部梁高 9m,跨中梁高 3m,箱梁高度按 1.6 次抛物线变化;左幅桥箱梁顶板宽 12.5m,底板宽 6.5m,翼缘板悬臂长度 3m,桥面横坡为 1.5%,由腹板高度调整;右幅桥箱梁顶板宽 14.25m,底板宽 8.25m,翼缘板悬臂长度 3m,桥面横坡为 1.5%,由腹板高度调整;左幅桥箱梁顶板厚度除 0 号块部分为 0.5m 外,其余梁段为 0.33m;箱梁底板厚度从跨中的 0.32m 按 1.6 次抛物线变化到箱梁根部的 1m,左幅桥箱梁腹板厚度在 0 号块部分为 1m,1~10 号梁段为 0.8m,12~18 号为 0.6m,11 号梁段为腹板变化段;右幅桥箱梁腹板厚度在 0 号块部分为 1.1m,1~10 号梁段为 0.9m,12~18 号为 0.7m,11 号梁段为腹板变化段。

主梁采用三向预应力体系,纵向预应力采用 19ϕ15.2 预应力钢绞线钢束。横向采用 3ϕ15.2 预应力钢绞线钢束。竖向预应力采用 JL32mm 高强精轧螺纹粗钢筋,布置在腹板内。0 号块长 12m,1~8 号块长 3.5m,9~10 号块长 4m,11~16 号块长 4.5m,中跨合龙段长 2m,边跨合龙段长 2m,边跨悬浇段 5.8m。段内横隔板仅在墩顶、跨中设置。主桥 6、7、12、13 号墩采用空心墩,8、11 号桥墩上部采用双肢薄壁实体墩,下部与承台连接处为实体墩,设置破冰凌。主桥基础均采用大直径钻孔灌注桩群桩基础,桩径 200cm。

(二)景家湾大桥

景家湾大桥是准格尔至兴和运煤高速公路上一座重要桥梁,位于内蒙古乌兰察布高原察哈尔岩溶台地重丘山地,跨越黑沟,底层主要为第三系喷发的玄武岩,下伏太古界花岗岩,桥址处地势险峻,沟谷较深。景家湾大桥主桥为 44m+(3×80)m+43m 波纹钢腹板预应力混凝土箱形梁刚构桥。桥梁按上下行分幅布置,左幅桥横向布置:0.50m(外侧防撞护栏)+11.50m(行车道)+0.50m(内侧防撞护栏)=12.5m;右幅桥横向布置:0.50m(内侧防撞护栏)+13.25m(行车道)+0.50m(外侧防撞护栏)=14.25m;两幅桥间距 1m。景家湾大桥 0 号块梁高 5m,高跨比 1/16,跨中及边墩处梁高 2.7m,高跨比 1/29.63。左幅箱梁顶板宽度为 12.75m,底板宽度为 6.25m,悬挑长度 3.25m,悬挑端部厚 0.2m,根部厚 0.65m,顶板厚 0.28m,底板厚 0.28~0.75m,梁高和底板厚均按照二次抛物线变化。右幅箱梁顶板宽度为 14.5m,底板宽度为 8m,悬挑长度 3.25m,悬挑端部厚 0.2m,根部厚 0.65m,顶板厚 0.3m,底板厚 0.3~0.75m,梁高和底板厚均按照二次抛物线变化。

主桥上部结构采用波纹钢腹板预应力混凝土箱形梁,刚构体系,其抗震性能和耐久性均较好,且施工方便,可以节省造价。下部结构采用箱形桥墩,群桩基础。

该主桥的结构特点是:跨度大、箱梁悬臂较长,预应力体系复杂,张拉T位大。主桥的结构特点说明必须对其施工过程实行有效的观测和控制。景家湾大桥的结构特点、设计要求和施工方法等各方面都说明需要加强设计、施工和科研单位之间的相互协作,需要对施工过程进行准确观测、仿真分析和有效控制,同时也说明了施工控制是保证大桥建造质量和建设工期的重要技术措施之一。

(三)长虫沟大桥

长虫沟大桥是准格尔至兴和运煤高速公路上一座重要桥梁,位于内蒙古乌兰察布高原察哈尔岩溶台地重丘山地,跨越长虫沟,底层主要为第三系喷发的玄武岩,桥址处地势险峻,沟谷较深。长虫沟大桥主桥为 43m + 77m + 80m + 77m + 43m 波纹钢腹板预应力混凝土箱形梁刚构桥。桥梁按上下行分幅布置,左幅桥横向布置:0.50m(外侧防撞护栏)+ 11.50m(行车道)+ 0.50m(内侧防撞护栏)= 12.5m;右幅桥横向布置:0.50m(内侧防撞护栏)+ 15.75m(行车道)+ 0.50m(外侧防撞护栏)= 16.75m;两幅桥间距1m。主桥箱梁根部梁高采用 5.0m,跨中梁高采用 2.7m,中间梁高按二次抛物线变化;根部底板厚75cm,跨中底板厚28cm,中间按二次抛物线变化;腹板除在 0 号块为混凝土,其余部分为10mm、16mm、18mm、20mm 四种厚度的波纹钢腹板。主桥上部结构采用波纹钢腹板预应力混凝土箱形梁,刚构体系。

大桥的主跨为80m,根据钢腹板预应力混凝土箱梁桥的技术特点,除墩顶 0 号段、合龙段外,其余梁段划分为 8 段(同等预应力混凝土桥须 11 段);同时因钢腹板箱梁收缩、徐变较小,合龙段可以采用同时锁定、合龙的技术。假设一个节段施工周期为 6 天,一个合龙段施工时间 15 天,共 5 个合龙段按常规分 3 次合龙计算,优化设计较常规方案共节省时间:3 × 6 + 2 × 15 = 48 天。

该桥在施工时采用钢腹板替代常规混凝土腹板,施工中不需绑扎复杂的腹板钢筋,钢腹板为工厂制作,无须模板,没有难度较高的腹板混凝土振捣,较大地提高了工效,减少了人工的使用,可提高工效约40%,是 6 天一阶段的技术保证。

四、科技创新

(一)新技术应用

1.植物纤维毯

植物纤维毯,是防风固沙、抗冲刷的绿色、柔性、生态环保产品。可广泛应用于荒漠化、沙漠化工程,公路、铁路护坡工程、山体修复、市政园林、水利工程、地产景观等多个领域,其生态防护取代了传统的硬质边坡防护材料(钢筋、水泥、混凝土等),效果更经济、更持久、更稳固。北京市蓝德环能科技开发有限责任公司于2012年4月在准兴项目A26标段做了500m的路基边坡防护试验段。

2013年全线大面积实施。草种选用主要为苜蓿、沙打旺、紫穗槐、柠条、荆条、沙棘等多年生草灌混合种子。尤其苜蓿、沙打旺生长旺盛,间以灌木。植物纤维毯,通过前期快速固土固沙,改善局部生态环境,引导并催化大自然的自愈过程,是一种顺应自然的、生态的、科学的、可持续的植被恢复方案。产品多样性、施工的灵活性及快速性使之可以有针对性的应用于该项目土质边坡防护。

2. 重载路面设计施工

首次提出了基于全应力区间的二次疲劳曲线方程轴载换算方法,解决了现行规范重载轴载换算的难题;提出了考虑荷载和温度合理组合的极限轴载计算方法,使计算结果较规范方法更为合理;提出了板块合理划分方案,避免了轨迹作用在不利荷位,降低了面板应力,延长了路面寿命;提出了重载复合式路面层间及面层材料技术性能指标、层间处治标准及检测方法,延长了路面疲劳寿命;给出了重载高速水泥混凝土路面、钢纤维水泥混凝土路面、复合式路面轻、重载方向不同结构类型,并全部在准兴高速成功实施。

3. 重载高速路冷拌沥青混合料抗滑表层与防水联结层技术开发及应用示范

该项目开发两种新型冷拌冷铺沥青混合料,即超薄降噪抗滑表层和防水联结层沥青混合料配合比设计,使其性能满足准兴重载高速公路路面结构的相关使用要求。确保乳化沥青测力延度比(4℃,5cm/min)不低于30%,黏韧性(25℃,500mm/min)不低于15%,冷拌沥青混合料(60℃/养生24h)威姆稳定度为18~25,-10℃劲度模量不高于2000MPa。超薄降噪抗滑表层能够同比降噪3dB以上。开发乳化沥青冷拌混合料的生产配比与生产工艺,确定施工温度,提出对于生产设备的技术要求,形成生产线,制定超薄降噪抗滑表层和防水联结层相应的施工技术指南并铺筑示范工程,控制总体成本低于原设计的4cm,热拌沥青混合料层。

(二)科研课题

科研课题一:运煤重载高速公路路面修筑成套技术研究

本课题结合准兴高速公路工程特点及主要技术难题展开研究工作,对准兴高速公路重载路面结构、高速路面工作状况及分级、层间处治标准及检验指标、重载复合式长寿命路面设计、钢纤维水泥混凝土路面、水泥混凝土路面胀缝合理设置等工程建设中存在的关键问题进行深入系统研究,解决准兴高速公路建设中的技术难题。从道路纵坡弯道组合、重载特征分析与标准、层间处治标准及检验等方面出发，提出基于路面力学响应的重载高速公路路面工作状态分级、提出重载高速公路路面施工工艺及质量控制标准系，并将成果应用于工程实践。

项目在理论分析、室内外试验的基础上，针对重载高速公路水泥混凝土路面结构设计和施工工艺等关键技术进行了研究，取得了如下成果：通过全应力区间疲劳试验，建立了基于全应力区间的二次疲劳曲线方程轴载换算方法，填补了现行规范重载轴载换算的空白。提出了荷载、温度共同作用的极限轴载计算方法，使计算结果更符合实际。提出了基于最不利荷位的板块划分方案，降低了面板应力。提出了重载复合式路面层间处置方法，有效改善了路面受力状况，延长了路面疲劳寿命。项目研究成果在准兴高速公路全线应用，经两年通车检验，效果良好，并取得了多项国家实用新型专利和软件著作权。综上所述，研究成果具有创新性，经济与社会效益显著，推广应用前景广阔，总体上达到了国际先进水平，其中极限轴载计算方法和板块划分方案达到国际领先水平。

依据项目研究成果，合理调整了路面结构组合，将贫混凝土上基层改为水泥稳定碎石上基层，达到如下效果：取得了显著地工期效益，预计减少工期3~4个月，为确保工程早日通车打下基础。节约造价约7000万元。

依据项目研究成果，在易损坏的长大纵坡段，研究了钢纤维水泥混凝土路面实施的可行性，为提高重点、难点路段道路使用寿命打下基础。实现了公路"长寿命路面设计目标"预计将有效提高该项目路面设计使用寿命。

科研课题二：冷拌沥青混合料抗滑表层与防水连接层技术研究

针对内蒙古准兴重载高速公路的特点，开发防水联结层的配方、生产工艺与施工技术，制定质量控制标准，使其性能满足准兴重载高速公路路面结构的相关使用要求，并提高水泥路面的抗滑与降噪效果。由于是冷拌冷铺沥青混合料，因此，具有节省能源、便于储运、施工便捷而且施工季节延长等优点，能够利用现有的设备进行生产与施工，总体成本低于原设计的热拌沥青混合料层。该项目路面结构设计中，原设计有水泥混凝土路面下4cm热拌沥青混凝土层，为减少工作程序，现拟采用2cm冷拌沥青混合料代替该层次，由此可以达到降低工程造价、加快工程进度、提高工程质量、节能减排的目的。同时研究的沥青冷拌混合料抗滑表层技术将为本工程提供优质的路面使用功能，并为项目长期运营、养护工作提供良好的技术支持。

项目根据内蒙古准兴重载高速公路的特点，开展了冷拌沥青混合料抗滑表层与防水联结层技术开发及应用示范研究，取得了如下成果：提出了柔性抗滑磨耗表层+刚性水泥混凝土面层+柔性防水应力缓冲层的重载路面结构，可有效减少路面的结构性破坏。研制了在常温（10℃以上）条件下拌和摊铺的乳化沥青混合料，提出了相应沥青混合料的设计和检测方法。研发了基于沥青混合料摊铺机与稀浆封层车的联动式施工工艺，实现了沥青混合料常温拌和与摊铺的一体化施工。成果在准兴高速公路得到应用,取得了良好的经济和社会效益。综上所述,研究成果创新性强,实用价值高,节能环保效果显著,总体达到国际先进水平,在沥青乳化改性混合料及施工技术方面达到国际领先水平。

依据项目研究成果,合理调整了防水连接层结构的形式和厚度。实现节能减排、绿色环保的施工方法,是今后公路建设发展的方向,提高了该项目的科技示范作用。原设计水泥混凝土路面下4cm热拌沥青混凝土层,采用2cm冷拌沥青混合料代替该层,全线直接降低造价1.40亿元。

科研课题三:重载高速公路EWTC智能化计重收费成套技术研究

计重收费是解决严重超载问题导致公路路面、桥梁使用寿命严重降低的有效手段,但计重方式的落后又导致在收费站处严重的车辆拥堵,造成公路通行能力降低,严重影响公路效益。京藏高速公路震惊世界的"大堵车"就是最明显的例证,为了解决这一难题,该项目推出并进行了"重载高速公路智能化计重收费成套技术研究",期望通过该项目的研究成果,提高收费站的运行能力,减轻拥堵现况,并结合以后的通行优惠政策,达到吸引重载车流、争取效益最大化的目的。

针对公路不停车计重收费成套技术进行了系统研究,取得了如下成果:提出重载交通高速公路路面承载能力上限点及经济平衡点等限重关键点,为计重收费标准的制定提供了理论依据。研发了以高精度阵列式压电石英动态称重系统为核心的道路智能不停车计重收费系统(EWTC),实现了长轴距货车识别、通信车道控制,快速、多车连续、客货混行不停车计重收费,精度高于国家相关规定,提高了通行能力。编制了不停车计重收费系统设计、施工技术指南,并取得了多项国家实用新型专利和软件著作权。研究成果在准兴等高速公路中得到应用。综上所述,研究成果具有创新性,经济与社会效益显著,推广应用前景广阔,总体上达到了国际先进水平。

科研课题四:内蒙古准格尔至兴和运煤高速公路交通安全保障技术研究

该项目基于内蒙古高速公路交通安全研究的现状,主要研究高速公路长大下坡安全保障技术、高速公路长大上坡通行能力分析与提高方法、高速公路综合限速方法、高速公路路侧安全保障方法。对准兴高速公路交通流特性、交通量分布及运行速度进行调查和分析,在此基础上从设计期和运营期角度对准兴高速公路进行安全分析与评估,确定影响准兴高速公路安全的关键因素。调查收集资料、选定典型车辆、编写运行速度预测软件,通过对内蒙古地区准兴重载高速公路路线设计资料的研究分析,结合《公路安全性评价指南》中运行速度的预测方法和课题组已有的刹车毂温度预测模型,建立了准兴重载高速公路的运行速度预测模型和刹车毂温度预测模型,研制了纵坡-速度模型并编制了程序,确定了避险车道的设置位置和相关安全设施的设置方法,提出了爬坡车道设置方案,达到了预期的目标。

科研课题五：内蒙古准格尔至兴和高速公路路域生态保护与景观设计技术研究

针对高速公路特定的空间环境，综合多方面的因素进行协调，力求创造舒适、优美的道路景观。突出地域文化，注重生态环境，科学选择景观资料。

主要研究内容有：项目建设区生态本底及景观背景调查与评价方法、项目建设区路域生态影响分析与评价、高速公路施工过程生态保护技术、项目建设区路域生态恢复技术、准兴高速公路景观规划与布局、高速公路景观要素设计、准兴高速公路景观设计仿真。

通过对项目的充分研究，使该项目融入高原景观、承载蒙古历史文化、构筑绿色生态长廊；贯彻"安全、环保、舒适、和谐"的新理念；全面把握公路使用者的心理，丰富驾乘人员旅途的行车体验和感受，最大限度地保护公路沿线自然环境和生活环境，精心打造"经济富民路、历史文化路、旅游路"，为内蒙古地区增添一道靓丽的风景线。

（三）科技专著、专利

软件著作权 2 项："重载水泥混凝土路面设计系统 V1.0"，登记号 2014SR016910；"新建水泥混凝土路面寿命预估系统 V1.0"，登记号：2014SR1019962.1.5。

路面课题研究期间，课题组在国内核心期刊发表论文 11 篇，其中 EI 检索 5 篇，已录用论文 3 篇；国家实用新型专利 7 项。

五、运营养护管理

该项目由内蒙古准兴重载高速公路有限责任公司负责运营养护管理，该路段以 6 轴运煤车居多，其他车辆占比小于 1%。2013 年 11 月 21 日，项目通车至 2014 年底，日交通量约 6000 辆（6 轴车）；2014 年至今受煤炭整体形势下滑，日交通量同比下降约 40%。全线设路政大队 4 处、交警大队 2 处。S24 兴和至巴拉贡高速公路准格尔至兴和段收费站（所）、服务区等设置情况见表 8-88。

S24 兴和至巴拉贡高速公路准格尔至兴和段收费站（所）、服务区等设置情况　　表 8-88

类　别	数　量	名　称	占地面积（亩）
收费站（所）	9	准兴黄河大桥收费站（主线）	63
		清水河收费站	12
		和林南收费站	1.5
		和林东收费站	10
		凉城收费站（凉城西）	10
		岱海收费站	1.2
		土贵乌拉东收费站	7.6
		兴和收费站	2.3
		团结收费站（主线）	61.5

续上表

类　　别	数　　量	名　　称	占地面积(亩)
服务区	7	小红城服务区	120
		新店子停车区	40
		凉城服务区	120
		岱海停车区	40
		土贵乌拉服务区	120
		黄旗海停车区	40
		团结服务区	120
养护工区	3	土贵乌拉	
		凉城西	
		和林南	

Ⅱ　S24 大路至巴拉贡段高速公路改建工程

S24 大路至巴拉贡段高速公路改建工程(下称"该项目")是自治区高速公路网的重要组成部分,也是鄂尔多斯市"八横十二纵三十七出口"公路网布局中 8 条主干线之一。

一、项目概况

(一)基本情况

该项目位于内蒙古自治区西南部,总体呈东西走向,起点位于准格尔旗大路新区大路东互通以北互通,桩号为 K0+000,途经大路新区、十二连城、柴登村、冯四营子、黑土崖、三晌梁工业园区、达旗公墓等地,终点止于巴拉贡镇北侧兴建村跨 G6 京藏高速公路后与 G110 平交,桩号为 K414+902,路线全长 414.902km。

路线为东西走向,途经 3 个旗 14 个镇,分别为:准格尔旗境内大路新区、十二连城乡;达拉特旗境内吉格斯太镇、白泥井镇、王爱召、树林召、展旦召、昭君镇、恩格贝镇、中和西镇;杭锦旗境内独贵塔拉镇、吉日嘎朗图镇、呼和木独镇、巴拉贡镇。

该项目利用现有一级公路改建为高速公路,路线走向、主要控制点、设计速度、服务区、养护工区与已建成大路至巴拉贡沿黄一级公路一致。路线里程 414.902km,设计速度为 100km/h;整体式路基宽 26m,段落长 238.1km;分离式路基宽 37m,单幅路基宽 13m,段落长 176.8km;路面采用上行 4 车道、下行 4 车道方案;全线路面采用水泥混凝土路面(连接线、试验路段采用沥青路面及复合路面)。桥梁设计标准为公路—Ⅰ,全线共设置 51 座桥梁构造物(实际施工 44 座),其中互通立交 3 座、分离立交 3 座;天桥 45 座,拆除主线收费站 7 处,匝道收费站 10 处,主线终点收费站 1 座及大路东互通增设匝道收费站 1 处。

本段罕台川特大桥全长2248m,主跨采用钢混组合连续箱梁,上跨包神铁路、包西铁路,施工难度大,是全线的控制性工程。

(二)前期工作

1. 决策背景

为推进鄂尔多斯市与呼和浩特市、包头市、乌海市等地融合互动发展,有效缓减自治区沿黄河地区交通压力,促进区域经济社会持续健康发展,经自治区人民政府批准同意,鄂尔多斯市于2009年5月以"贷款修路,收费还贷"的方式开工建设了沿黄一级公路,项目批复概算134.00亿元。随着《内蒙古自治区省道网规划(2013—2030年)》的调整,该项目被调整为自治区高速公路网中第三条编号为S24兴和至巴拉贡段公路的重要组成部分,是全面完成自治区"十二五"高速公路建设目标的重要载体。该段公路与S24准兴重载高速公路、S31线高速公路互通,连接呼和浩特市、山西省;与京藏高速公路、110国道互通,连接乌海市、巴彦淖尔市、阿拉善盟和宁夏回族自治区,是自治区西部地区的重要经济命脉,对完善自治区高速公路网、充分发挥地区公路整体效益、促进交通运输事业转型发展有着重要作用。

由于该段公路的标准为一级公路,设计速度为100km/h,且该段公路里程较长,经过鄂尔多斯市3个旗、14个乡镇、6个大型产业园区和53个嘎查(村),路段平交路口较多,加之部分路段没有中心隔离及路侧隔离设施,人车混行和牲畜横穿公路的情况时有发生,安全隐患较大。据统计,从2012年7月到2014年6月底,沿黄线总共发生交通事故98起,死亡17人,受伤36人,直接经济损失约80万元(资料来源于沿黄高速大队事故统计表)。因此,将该段一级公路改建为高速公路,采取设置隔离、规范标线、提升限速等一系列措施,从一定程度上可以减少交通安全隐患。

2. 决策过程

2014年8月,鄂尔多斯市向内蒙古自治区上报了《鄂尔多斯市人民政府关于按照政府收费还贷方式改建S24线大路至巴拉贡段一级公路为高速公路的请示》(鄂府字〔2014〕68号),自治区政府于2015年4月22日向鄂尔多斯市人民政府下发了《内蒙古自治区人民政府关于改建S24线大路至巴拉贡段一级公路为高速公路的批复》(内政字〔2015〕91号)。该文件指出:同意由鄂尔多斯市人民政府将S24大路至巴拉贡段一级公路按照双向4车道高速公路标准升级改建,其他设计要符合原交通部颁发的《公路工程技术标准》(JTG B01—2003)的规定。

S24大路至巴拉贡段公路改建工程可行性研究报告于2014年6月进行了技术调查,并同时进行了交通调查(包括OD调查)、社会经济调查。在有关部门的大力协助下,经过报告编制主办单位的努力,于2015年3月完成了可研报告的编制工作。2014年6月,自治区交通运输厅、发改委联合主持了该项目的审查会。公路规划院咨询部于2015年7月完成了可研报告的修改工作。

3. 立项审批、资金筹措

2014年6月13日,鄂尔多斯市人民政府召开会议,专题研究沿黄一级公路改为高速公路事宜,并成立了沿黄"一改高项目"建设工作领导小组;

2015年4月22日,自治区人民政府以《关于改建S24大路至巴拉贡段一级公路为高速公路的批复》(内政字〔2015〕91号)批准项目立项;

2015年4月30日,自治区发展和改革委员会以《关于S24大路至巴拉贡段公路改建工程可行性研究的批复》(内发改基础字〔2015〕509号)批复可行性研究报告,批准估算10.60亿元;

2015年5月15日,自治区交通运输厅以《关于S24大路至巴拉贡段公路改建工程两阶段初步设计的批复》(内交发〔2015〕238号)批复初步设计,批准概算11.70亿元,改建项目的建设资金全部由自治区交通运输厅筹集;

2015年7月2日,自治区交通运输厅以《关于S24大路至巴拉贡段公路改建工程两阶段施工图设计的批复》(内交发〔2015〕344号)批复施工图设计,批准预算11.48亿元,运营期限30年。

4. 招投标工作

按照《中华人民共和国招标投标法》《国内公路工程招投标范本》及自治区公路建设方面的相关规章制度和基本建设程序,工程设计、施工、监理均实行国内公开招标。通过招标确定施工单位18家,监理单位2家,设计单位1家,同步完成其他附属工程及检测方面的招投标。招标事宜由鄂尔多斯公共资源交易中心完成,招标人为S24大路至巴拉贡段公路改建工程建设项目办公室,招标代理为内蒙古中诚项目管理有限公司。

勘察设计招标于2014年7月28日同时在鄂尔多斯公共资源交易网、内蒙古交通网、中国采购与招标网、鄂尔多斯公共资源交易网发布了招标公告。2014年9月25日对内蒙古交通设计研究院有限责任公司进行了中标公示后确定为中标单位,招标代理为陕西永明项目管理有限公司。

土建施工和施工监理招标于2015年5月22日举行。招标公告在中国采购与招标网、内蒙古交通网和鄂尔多斯公共资源交易网上发布。2015年7月2日发布中标单位,土建施工中标单位5家、监理中标单位1家。

房建、交安、机电施工和机电施工监理招标于2015年6月18日举行。招标公告在中国采购与招标网、内蒙古交通网和鄂尔多斯公共资源交易网上发布。招标事宜由鄂尔多斯公共资源交易中心完成,招标代理为内蒙古中诚项目管理有限公司。因房建三标报名数量未达到要求,于2015年7月1日对房建第三标段第二次发布招标公告。2015年8月31日发布中标单位,交通安全中标单位3家、房建中标单位3家、机电中标单位4家,机电监理中标单位1家。

供配电施工招标于2016年2月4日在中国采购与招标网、内蒙古交通网、鄂尔多斯公共资源交易网发布了供配电施工招标公告,2016年3月8日发布中标公示,中标单位2家。

锅炉脱硫除尘施工招标于2016年4月1日在中国采购与招标网、内蒙古交通网、鄂尔多斯公共资源交易网发布了招标公告。2016年5月17日发布中标单位1家。招标事宜由鄂尔多斯公共资源交易中心完成。

5. 征地拆迁

征地拆迁工作2015年6月启动,依据《关于S24大路至巴拉贡段公路改建工程建设项目用地预审意见》(内国土预审字〔2015〕2号)、《鄂尔多斯市国土资源局关于鄂尔多斯市沿黄高等级公路建设开发有限公司S24大路至巴拉贡段公路改建工程建设项目用地预审意见》(鄂国土资发〔2014〕496号)等文件精神,该项目批准的建设用地面积为2279.13亩。

(三)参建单位

主管单位:内蒙古自治区交通运输厅
建设单位:鄂尔多斯市交通运输局
现场管理单位:S24大路至巴拉贡段公路改建工程项目建设办公室
质量监督单位:内蒙古自治区交通建设工程质量监督局
勘察设计单位:内蒙古交通设计研究院有限责任公司
施工单位:广州市公路工程公司(土建工程)
　　　　　内蒙古东昊水电路桥工程有限责任公司
　　　　　鄂尔多斯市万里路桥集团有限责任公司
　　　　　山西运城路桥有限责任公司
　　　　　江西省交通工程集团公司
　　　　　江西省银鹰建设工程有限公司(房建工程)
　　　　　林州市昌弘建筑工程有限公司
　　　　　河南国厦建设集团有限公司
　　　　　石家庄泛安科技开发有限公司(机电工程)
　　　　　北京云星宇交通科技股份有限公司等18家

监理单位:鄂尔多斯市公路工程监理所
北京兴通工程咨询有限公司

二、建设项目管理

(一)项目管理机构

依据鄂尔多斯市交通运输局《关于成立 S24 大路至巴拉贡段公路改建工程建设项目办公室的通知》(鄂交发〔2015〕607 号)成立了 S24 大路至巴拉贡段改建工程建设项目管理办公室(以下简称"项目办")。项目办主任 1 人,内设工程技术合同部、质量安全部、财审部、综合部、纪检监察室。全面负责沿黄一级公路改建高速公路项目建设管理工作。

(二)项目管理

项目管理依据招投标文件和《中华人民共和国合同法》进行管理。

1. 质量控制

项目办先后编制《S24 大路至巴拉贡段公路改建工程管理办法》《S24 大路至巴拉贡段公路改建工程计量与支付实施细则》《计划与统计实施细则》《工程变更实施细则》《工程量质检表格》和《工程竣工立卷归档实施细则》等文件下发各有关单位和有关部门,并在工程建设的实践中狠抓各项规章制度的落实。

建立健全质量管理组织机构。实行"一级法人机构,二级监理体系"的管理模式。工程质量保证体系实行"政府监督、法人管理、施工监理和企业自检"四级管理。检查程序按"承包人自检、驻地办跟踪检验、总监办抽检、项目办抽检"进行四级检测。充分重视和抓好监理的现场监管作用。

认真贯彻质量第一的思想,加大宣传力度。对因工程质量被通报的施工单位和个人实行"黑名单"制,作为优质施工考核和评比的重要依据,并上报鄂尔多斯市和内蒙古自治区两级质量监督局。

工程质量从源头抓起,原材料跟踪监督使用;加强现场管理,加大现场巡查频率;加强对关键工程、关键部位的监管力度,实施全过程、全方位质量控制,对桩基等隐蔽工程做好完整的证明资料;强化检测、试验设备及器具的技术管理;对控制性工程聘请质量检测单位检测,确保工程质量;积极推广和应用新材料、新技术。

2. 工程造价控制

为加强专项资金管理,项目办坚持以概算为基础,以合同为依据,严格控制建设成本。严格履行基本建设程序;在工程实施阶段,根据工程现场地形、地貌,不断优化工程设计,对不同方案进行质量论证和经济比较,力求实现技术先进条件下的经济合理;加强合同管理,避免合同条款缺陷;建立完善的变更审查、审批制度;严格按合同约定及实际完成的工作量支付工程进度款。

3. 廉政建设

按照建设"廉政交通"的理念要求,切实将廉政建设贯穿于工程建设的全过程。严格实行廉政合同制。同时实行纪检派驻制,鄂尔多斯市交通运输局纪检组不断加大工作力度,定期开展检查活动,为工程建设保驾护航。

加强制度建设和程序化管理,全面落实廉政建设责任制,把廉政建设贯穿于施工管理各项工作中。加强组织领导,成立了廉政建设领导小组;明确监督重点,从源头上预防违规违纪问题;严格执行民主集中制,坚持集体领导,完善了领导班子决策程序和机制;狠抓学习教育,增强党员干部的勤政廉政意识;签订廉政工作协议,建立员工廉政档案,促进员工廉洁从业;建设"阳光工程",逐步建立健全了与项目部施工管理相适应的廉政建设工作机制,做到每个环节有监管,有力地预防和遏制了各类违规违纪事件的发生。

(三)变更

2016年6月3日,自治区交通运输厅以《关于S24大路至巴拉贡公路改建工程大路新区互通及分离立交、收费站设计变更的批复》(内交发〔2016〕349号)批准了7个变更:一是K7+150小滩村由$4×20m$箱梁$8.5m$宽天桥变更为$4×20m$箱梁$26m$宽分离立交,主线上跨规划世纪大道;二是K7+445大路北互通和互通匝道内房建方案调整,房建由路南变更至路北,同时增加临时社会营运便道;三是达旗境内三响梁工业园区规划调整,取消K75+700和K120+600两处天桥,在K114+300处增设经十一路分离立交,桥宽$17m$,引线路基宽$17m$;四是呼和木独分离立交和K390+550天桥引线增设波纹管跨越黄河引水灌渠;五是K261+932七星湖收费站原设计位于景区大门内,变更调整至景区大门外,并按计重收费进行设计,房屋由收费站西侧平移至东侧;六是前房子主线收费站原设计收费车道为4入6出,调整为2入3出,出口设置ETC车道;七是巴拉贡主线收费站原设计收费车道为4入7出,调整为2入2出,出口结合MTC车道设置ETC车道。

三、复杂技术工程

(一)哈什拉川特大桥

哈什拉川特大桥位于鄂尔多斯市达拉特旗,是S24沿黄高速公路大路至巴拉贡段上的一座特大桥,全长$1207.2m$,为双幅桥(单幅宽$12.8m$),其跨径布置为:$40×30m$先简支后连续预应力混凝土箱梁桥。下部结构均采用柱式墩,桩基础,桩接盖梁桥台。桥墩下设156根$1.8m$的钻孔桩,平均桩长$45m$,桥墩台下设12根$1.5m$的钻孔桩,平均桩长$32m$。

桥梁详情见"第二章 高速公路发展及成就"中"第二节 建设成就"。

(二)罕台川特大桥

罕台川特大桥位于鄂尔多斯市达拉特旗,是沿黄一级改高速高速公路树林召至独贵塔拉段上的一座特大桥,全长2248m,为双幅桥(单幅宽12.8m),其跨径布置为:4×40m + (45+70+45)m + 23×40m + (45+70+45)m + 22×40m。采用(45+70+45)m预应力混凝土变截面连续箱梁桥上跨铁路;其余采用40m预制预应力混凝土T梁、先简支后连续结构。下部结构均采用实体墩,承台接钻孔灌注桩基础;主桥桥墩下设9根$\phi1.8m$的钻孔桩,平均桩长65.5m,引桥桥墩下设4根$\phi2m$的钻孔桩,平均桩长73.6m。

桥梁详情见"第二章 高速公路发展及成就"中"第二节 建设成就"。

四、科研课题

固化风积沙底基层路用性能研究和应用

由于该项目穿越我国鄂尔多斯境内的库布齐沙漠,公路常年遭遇风积沙的困扰,为减小路基沉陷、路面结构层断裂或开裂、路基边坡失稳、雨水冲刷等灾害对道路的影响,本课题通过对PX固化剂固化风积沙进行室内外试验研究和理论分析,拟解决固化风积沙在公路底基层中的应用,以便充分利用沙漠固化风积沙为沙漠道路工程建设服务。

1. 主要研究内容

(1)风积沙物理性能的研究

通过筛分试验和击实试验,探讨固化风积沙基本的颗粒级配情况,以及固化风积沙含水率和干密度之间的关系。

(2)固化风积沙力学强度和刚度试验研究

制备固化风积沙土试件,对固化风积沙土分别养护7d、14d、21d、28d,进行无侧限抗压强度试验,研究固化风积沙的抗压强度与固化剂掺量、养护龄期的关系以及确定固化剂最佳掺量。之后进行劈裂强度、抗压回弹模量及对固化砂砾和固化风积沙混合料的无侧限抗压强度试验研究。

(3)固化风积沙冻融试验研究

对固化风积沙抗冻性能进行研究,探讨抗冻性能指标强度损失率、质量损失率与固化剂掺量、冻融次数之间的关系,研究温度变化对固化风积沙抗冻性能的影响。

(4)固化风积沙干缩、温缩试验研究

研究固化风积沙7d和28d温缩及7d干缩性能,找出干缩、温缩系数影响因素。

(5)固化风积沙抗老化试验研究

光照中紫外线的存在会影响试件的强度,自制光照的模具对不加纤维试件和加纤维的试件进行 50h、100h 的抗老化试验，研究经过光照后强度损失率的变化，即紫外线对固化风积沙强度的影响。

（6）固化风积沙机理的研究

利用内蒙古工业大学的 S-3400N 型扫描电镜对固化风积沙的微观结构进行观测。研究固化剂加入后固化风积沙试件中颗粒间结构的变化。

（7）固化风积沙施工工艺与现场测试

结合工程实际施工情况，提出切实可行的施工工艺，及时对试验段固化风积沙底基层进行弯沉和回弹模量测试。

2. 科研成果

本课题对 PX 固化剂固化风积沙混合料路用性能进行了系统的研究，揭示了固化风积沙强度形成规律和增长规律，得出以下成果：

固化剂掺量为 8%～10%，固化风积沙 7d 抗压强度为 0.662～1.19MPa，满足底基层料 7d 强度要求；在固化风积沙中加入 20%～50%砂砾后，PX 固化剂固化混合料的无侧限抗压强度随固化剂掺量的增加而显著提高；PX 固化剂固化风积沙在抗压回弹模量和劈裂强度方面明显优于水泥固化风积沙，固化风积沙的刚度和抗拉强度较好；固化风积沙的抗冻性能随固化剂掺量的增加而先增加后减小，强度损失率随掺量的增加而逐渐减小，质量损失率随着冻融次数增加而增加；在干燥状态下，无机结合料稳定固化风积沙混合料温缩系数随温度的降低先变小，在温度区间 0～5℃出现最小值，当温度 $t < 5℃$ 后，其温缩系数随温度的降低又有所增大；固化风积沙温缩系数随养护时间的增加和强度的增长逐渐变大。干缩试验表明 PX 固化剂固化风积沙在干缩 72h 内失水量大，占总失水量的 73%，干缩量很小，占总干缩量的 16.3%。干缩 120～336h，失水量为 5.8%～7.8%，对固化稳定沙干缩量影响最大；经过紫外线照射后，固化风积沙试件强度增强，最高强度增加 101%，强度没有衰减；通过电镜扫描发现固化剂的掺入使土中颗粒间的结构发生了变化，颗粒与颗粒之间的孔隙由固化剂加入形成的凝胶材料所填充，且在外部形成了网状结构，使松散的结构变为比较密实的胶结连接，形成胶结构，从而在宏观上提高了土的强度，增强其整体稳定性。

五、运营养护管理

该项目全线目前已设置收费站与服务区同址分建。由于现有服务区与主线收费站合建，收费站一侧匝道为设置主线减速车道，故除呼和木独外，其余 6 处收费站拆除后考虑在十二连城服务区、王爱召服务区、解放滩服务区、中和西服务区、独贵塔拉服务区、吉日嘎郎图服务区对应主线段落增设服务区加减速车道及连接匝道，满足安全及进出服务区需求。S24 兴和至巴拉贡高速公路大路至巴拉贡段收费（所）站、服务区等设置情况见表 8-89。

S24 兴和至巴拉贡高速公路大路至巴拉贡段收费站(所)、服务区等设置情况　　表 8-89

类　　别	数量	名　　称
服务区、收费站(所)同址分建	7	十二连城服务区、王爱召服务区、解放滩服务区、中和西服务区、独贵塔拉服务区、吉乡服务区、呼和木独服务区
养护工区	7	十二连城养护工区、王爱召养护工区、解放滩养护工区、中和西养护工区、独贵塔拉养护工区、吉乡养护工区、呼和木独养护工区

第十八节　S31 呼和浩特至大饭铺高速公路

S31 呼大高速公路内蒙古段是内蒙古自治区"三横九纵十二出口"的重要组成部分，同时也是内蒙古自治区的重要省级干线。项目的实施对于加强呼和浩特市、包头市、鄂尔多斯市"金三角"地区的联系，促进内蒙古自治区与西部周边相邻省区的交流，增强"金三角"地区整体优势，为鄂尔多斯优质煤炭资源、矿产资源开发、外运，加速国家战略西移和带动我国中西部地区的经济发展，完善内蒙古公路网布局，改善内蒙古公路交通状况，加快自治区交通建设等方面都有着非常重要的意义。

S31 呼大高速公路内蒙古段全长 114.720km，项目批复概算 35.09 亿元，包括 3 个建设项目。呼和浩特至蒲滩拐段长 64.620km，批复概算 15.70 亿元；蒲滩拐至城壕段路线长 3.600km，批复概算 3.47 亿元；城壕至大饭铺段长 46.500km，批复概算 15.92 亿元。途经呼和浩特市玉泉区、托克托县、鄂尔多斯市准格尔旗，沿途地质情况复杂，经黄土高原丘陵沟壑区、库布其沙漠东端、黄河二级台地等，控制点包括浦滩拐黄河特大桥、海生不浪黄河大桥等。3 个项目均于 2004 年第三季度开工，2006 年第四季度完工通车。

路网关系：S31 呼和浩特至大饭铺高速公路路网关系如图 8-18 所示。

图 8-18　S31 呼和浩特至大饭铺高速公路路网关系示意图

Ⅰ　S31 呼大高速公路呼和浩特至蒲滩拐段

一、项目概况

(一)基本情况

省道 103 线呼和浩特至城壕公路蒲滩拐至城壕段是自治区"三横九纵十二出口"的

重要组成部分,同时也是内蒙古自治区的一条重要省级干线,是呼和浩特市的门户通道。省道103线呼和浩特至城壕公路呼和浩特至蒲滩拐段总体走向东北向西南,路线总长73.16km。

呼蒲高速公路路线总长73.16km,包括呼和浩特市连接线一级公路和主线高速公路两部分。主线起点位于呼和浩特市玉泉区小黑河乡后本滩村,桩号K11+180,终点接蒲滩拐黄河大桥引线,桩号K75+800,路线全长64.716km(长链96.363m)。路线经刘家营、得胜营、新得利、王气村、旧圪太村顺友谊渠东侧前行,再经乔富营、邓井园圃、大北窑子、伍什家、那木架、徐家窑子等,在海生不浪与蒲滩拐黄河大桥引线相接。路线途经行政区划分属呼和浩特市玉泉区土左旗、托克托县。呼和浩特市连接线起点位于呼大路K2+635处(即呼大线与呼和浩特市西二环、南二环交叉处),沿旧呼大路经章盖营至后本滩向西偏移与省道103线呼蒲高速公路起点相连接,该段连接线全长8.544km。

呼蒲段主线采用双向4车道全封闭高速公路标准,设计速度100km/h。路基设计洪水频率采用1/100,路基宽24.5m,路面采用沥青混凝土路面。桥涵设计荷载:汽车—超20级、挂车—120,桥涵设计洪水频率采用1/100,大、中桥桥面净宽为10.75m,小桥与路基同宽。

呼和浩特连接线采用平原微丘区一级公路技术标准,设计速度80km/h,利用原呼大公路改造后作为一幅,在右侧新建一幅路基,路基总宽度35m,中央分隔带10.75m,利用一幅路基宽12m,新建一幅路基宽12.25m,行车道宽2×(2×3.75m)。路面采用沥青混凝土高级路面。

新建桥涵设计荷载采用公路—Ⅰ级,桥涵设计荷载采用原设计荷载标准,新建大、中桥桥面净宽为10.75m,新建小桥与路基同宽。

全线工程量主要包括:路基土石方8300000m³;沥青混凝土路面1560000m²;全线共设大桥6座,中桥4座,涵洞74道,通道1处,小桥26座,互通式立体交叉1处、预留1处,分离式立体交叉13处。

呼蒲高速公路2004年9月20日开工,2006年11月15日全部完工。

(二)前期工作

1. 立项审批、资金筹措

呼蒲高速公路依照国家《公路建设市场管理办法》,由《内蒙古自治区人民政府关于同意参照BOT方式建设省道103线呼和浩特至城壕高速公路收取车辆通行费的批复》(内政字[2003]202号)文件批准建设;

2003年9月15日,内蒙古交通厅、内蒙古自治区发展计划委员会下达《内蒙古计委、交通厅关于印发省道103线呼和浩特至城壕高速公路呼和浩特至蒲滩拐段工程可行性研

究报告审查会议纪要的通知》(内交发〔2003〕554号),对该项目工可研报告进行了批复;

2004年6月28日,内蒙古自治区交通厅下达《内蒙古交通厅关于省道103线呼和浩特至城壕高速公路呼和浩特至蒲滩拐两阶段初步设计的批复》(内交发〔2004〕429号),对该项目的初步设计进行了批复;

2006年5月8日,呼和浩特市交通局下达《呼和浩特市交通局关于省道103线呼和浩特至城壕高速公路呼和浩特至蒲滩拐段公路两阶段施工图设计的批复》(呼交发〔2006〕302号),对该项目两阶段施工图设计做了批复;

呼和浩特市人民政府及呼和浩特市交通局下达呼政发〔2003〕42号、呼交发〔2003〕116号文件,批准由内蒙古鑫达公路发展有限公司以BOT模式承建该项目。

省道103线呼和浩特至城壕高速公路呼和浩特至蒲滩拐段初步设计概算为15.70亿元。因实际需要,该项目做了两阶段施工图设计,呼和浩特市交通局批准预算为16.85亿元。投资来源为建行贷款10.75亿元,其余部分由企业自筹解决。

2. 招投标工作

该项目按照《中华人民共和国招标投标法》和《公路工程施工招标投标管理办法》《公路工程施工监理招标管理办法》等法律法规进行了工程招标工作。

内蒙古鑫达公路发展有限公司在《内蒙古日报》《中国交通报》向全国发出土建及监理工程招标公告后,在规定的期限内,有68家施工单位、10家监理单位购买了招标文件并进行了投标。投标后,由呼和浩特市交通局、交通设计院、监理所、质检站和公司代表组成评标委员会,对所有竞标单位进行了资格审查,并进行了评标工作。2005年4月16日,经上级管理部门批准,该项目公开开标,确定内蒙古联手路桥公司等12家施工单位、内蒙古交通建设监理公司等3家监理单位分别为施工、监理中标单位,内蒙古自治区呼和浩特市公证处做了现场公证。

3. 征地拆迁

本线路经过人口稠密的村落较多,又要横穿铁路、农田、乡村镇道路和农田路等,涉及电力、电信、水利、铁路等行业设施,征地拆迁工作矛盾多,难度大。

征拆过程中,依据《中华人民共和国土地管理法》《中华人民共和国森林法》《中华人民共和国草原法》和内蒙古自治区人民政府《关于加快公路交通发展的意见》(内政发〔2003〕14号)文件及相关地方法规,项目办与呼和浩特市玉泉区政府、土左旗政府、托克托县政府签订协议书,制定了补偿标准。在地方政府和沿线单位、群众的大力支持配合下,征拆工作较为顺利。对电力、电信、通信、铁路设施等征拆工作,项目办在做好充分沟通工作的同时,聘请审价机构审核,确定了科学合理的改迁工程费,及时兑现,较顺利地完成了上述设施的征迁工作,使项目建设基本上得以按计划实施。

（三）参建单位

　　主管单位：呼和浩特市人民政府
　　　　　　　呼和浩特市交通局
　　建设单位：内蒙古鑫达公路发展有限公司（后重组）
　　　　　　　鄂尔多斯市东方路桥集团股份有限公司
　　现场管理单位：省道103线呼和浩特至蒲滩拐高速公路建设项目办
　　质量监督单位：呼和浩特市公路工程质量监督站
　　勘察设计单位：内蒙古交通设计研究院有限责任公司
　　施工单位：鄂尔多斯东方路桥集团股份有限公司
　　　　　　　内蒙古联手路桥有限责任公司
　　　　　　　鞍山公路工程总公司
　　　　　　　呼和浩特市政公路工程有限公司
　　　　　　　山东省淄博市临淄江淮交通工程公司
　　　　　　　山西路桥第一工程有限责任公司
　　　　　　　中国新兴建设开发总公司
　　　　　　　龙建路桥股份有限公司
　　　　　　　中铁十七局集团第一工程有限公司
　　　　　　　中铁十七局集团第一工程有限公司
　　　　　　　山西远方路桥(集团)有限责任公司等12家

二、建设项目管理

（一）项目管理机构

　　内蒙古鑫达公路发展有限公司起初由内蒙古呼和浩特市通达公司组建，2005年5月，鄂尔多斯市东方路桥集团股份有限公司出资重组了内蒙古鑫达公路发展有限公司。重组后，内蒙古鑫达公路发展有限公司接收了原鑫达公司已完成的路基桥涵、路面工程的招投标工作，并成立省道103线呼和浩特至蒲滩拐高速公路建设项目办，组建了总监理工程师办公室，总监理工程师由项目办主任兼任。

　　项目办设主任1人，副主任1人，内设工程部、计划部、财务部、质检部、综合部5个部门；总监理工程师办公室下设工程部、质检部、计划部、综合办、中心试验室。

（二）项目管理

　　按照交通部《公路建设市场管理办法》和《内蒙古自治区公路建设管理办法》等法规

和办法,严格执行项目法人制、招投标制、工程监理制和合同管理制。

1. 规范化管理

制定了呼和浩特至蒲滩拐段高速公路《项目建设管理办法》《施工监理实施细则》《工程管理办法》《工程变更管理办法》《工程计量支付实施办法》《质量管理办法》《财务管理办法》《廉政教育制度和监督措施》《环境保护管理办法》《文物保护管理办法》《竣工文件编制办法》等齐备的管理制度、办法,为项目建设的顺利实施提供了制度依据。通过各项管理制度的有效落实,整个项目建设过程实现了管理制度化、规范化。

2. 费用管理

认真履行各项程序,严格执行财务规章制度和有关规定,在计量支付工作中,严格执行设计及招投标文件规定和报价内容,认真履行各级审核签认手续,按月及时进行计量支付。对于变更设计内容,严格报审、签认计量程序,有效地控制了工程造价。

3. 合同管理

项目办在与参建单位签订施工承包及劳务合同的基础上,又签订了《建设廉政工程合同》《安全生产合同》。在项目管理过程中,项目办以施工承包合同为主,严密监控各项合同的履约情况,适时进行检查、评比、奖惩,把工程质量管理、工程进度管理与合同管理紧密结合在一起。通过加强合同管理,各参建单位严格履行了合同条款,充分重视合同的各项规定,对不符合合同文件要求的人员、设备等进行了调整和补充,使其满足进度、质量要求,确保履约能力,保证了工程质量和工程进度。

4. 工程变更

工程变更程序在《工程建设管理办法》中做出了明确规定,监理工程师根据合同有关规定,对变更的项目、部位、原因依据、涉及的图纸资料,可能对工程费用、进度的影响做了充分的说明,提出的变更需得到业主的同意,在审查承包人提出的变更时,做到了有理有据,对工程变更引起的价格调整严格按照合同规定的条款和《公路工程国内招标文件范本》的有关条款执行,并需要得到设计单位和上级主管部门的同意。

严格变更程序,凡变更设计必须经过驻地监理、设计代表、项目办各相关部室确认后才予以变更。严格核实工程项目、工程数量,做到工程计量不重不漏,最大限度杜绝了建设资金的浪费。

5. 安全生产管理

项目办从开工起就成立了安全领导小组,由项目办领导任安全领导小组组长,亲自抓安全文明生产,把安全文明生产与工程质量、进度一起布置、一起落实、一起检查、一起验收。安全工作方面,项目办工作重点主要放在以下几个方面:

与各驻地监理办、施工单位签订《安全生产责任状》,并要求施工单位将安全责任制度层层落实到各级管理、施工人员。制定安全生产管理制度与奖惩办法,并切实落实到工作中。对全线所有上岗员工进行了岗前安全教育培训,特殊工种人员必须持证上岗并办理意外伤害保险。为保障施工安全,项目办办理了工程险和第三方责任险。

大力提高全体施工人员的安全意识。要求各施工单位在所施工段落内设置安全标志、标识牌,重点部位设置安全防护设施,确保人员安全。做好防洪防汛部署。

日常安全工作检查与定期安全工作检查相结合,通过严格要求与认真检查,全线形成了对安全工作齐抓共管的良好氛围,安全工作卓有成效,从开工建设到竣工,没有发生大的安全责任事故和社会治安问题。

6. 环境保护

由于大部分线路穿越黄灌区,地下水位高,原有乡村道路在车辆的作用下极易造成翻浆,增加了道路扬尘对周边农田和村庄造成污染。该项目采取一边洒水、一边养护的措施,尽量减小污染。

认真落实各项环境保护措施。如实施过程中对取土破坏植被、噪声影响沿线村民生活、扬尘污染周围环境、运输油料污染公路路面等容易造成环境不良影响的方面,都做出明确的安排并认真细致地检查落实,力求把施工过程对周边环境的影响降到最低程度。同时,各施工单位对驻地生活垃圾、工地垃圾等做了相应的深埋或及时运走处理,没有对农田、水源等造成危害。

为美化环境,该项目还本着建设景观工程的目标,在主体工程结束后,对全线所有施工段进行了细致的线外整形和善后恢复等工作,在中央分隔带、边坡防护、隔离栅等处都做了相应的植被绿化、美化设计。项目建设全部完成后,呼蒲高速公路成为沿线的一道景观,与周边环境和谐地融为一体。

7. 廉政建设

按照"工程优良、干部优秀"的标准和东方路桥培养"特别能吃苦耐劳、特别能学习创新、特别能团结协作、特别能无私奉献"的东方路桥人标准,项目办把项目实施的过程当作培养锻炼优秀的东方路桥人的实践过程。在工程建设的全过程中,始终高度重视廉政建设工作。廉政建设主要从思想建设、组织建设、制度建设和作风建设几方面入手,并把廉政建设和争做优秀的东方路桥人活动有机地结合起来,引导项目办全体员工不断提高自身修养,增强廉洁自律能力。通过财务管理透明化、建立良好的信息反馈渠道等形式,增强对项目办和全体工作人员、监理的廉政监督力度,有力地保证了建设资金的安全有效使用,为工程建设营造了良好的政治环境,保障了工程建设的顺利进行。

(三)重大事项、变更

在该项目实施过程中,随着呼和浩特市绕城高速公路的实施,如按原设计进行施工,将出现绕城高速公路与该项目建成联网运营困难的局面。为改变这种状况,内蒙古自治区公路局组织呼和浩特市交通局、呼和浩特市绕城高速公路监管办、呼和浩特市绕城高速公路建管办、内蒙古鑫达公路发展有限公司、内蒙古交通设计院有限责任公司就呼蒲段高速公路呼市连接线 K11+180～K13+111 段建设问题召开专题会议研究,决定呼蒲段高速公路呼和浩特市连接线 K11+180～K13+111 段采用全封闭高速公路建设(原为分离式断面设计),新增概算金额 40256381 元。

三、复杂技术工程

全线有不良地质地段和特殊地段共 3540m,主要分布在 K18+780～K19+700、K33+000～K34+620、K24+260～K24+860、K47+500～K48+660 段落内。这些段落均为季节性积水的低洼地,地基多为粉砂、亚砂土和黏性土,承载力为 80～200kPa,天然含水率 15%～35%。由于低洼地排水不畅,地基承载力偏低,需保证适当的路基高度并采用换填砂砾、抛石挤淤等复合地基处理方法处理基底,并铺设双向拉伸的土工格栅以提高地基承载力。这些段落构造物基底处理时,采用了抛石挤淤、换填砂砾及碎石桩和换填碎石垫层等办法,提高地基承载力,收到了良好的效果。

四、新技术应用

(1)在施工图设计阶段全部采用全球定位 GPS 测量仪,提高了测量速度和测量精度。

(2)首次在 BOT 公路工程中推广使用了改性沥青,提高了沥青混凝土面层的抗车辙能力及高温稳定性。

(3)第一次将 PVC 管材应用于急流槽槽身,降低了工程造价,美化了路容。

五、运营养护管理

该项目建成通车后,由鑫达公司负责运营、养护工作。该公司组建了鑫达公司养护管理工区,机构设在永圣域服务区内,负责高速公路的养护管理。后期在呼和浩特市路政执法监察支队的支持下,组建了呼城高速公路路政执法监察大队,维护公路路产路权。S31 呼大高速公路呼和浩特至蒲滩拐收费站(所)、服务区等设置情况见表 8-90。

S31 呼大高速公路呼和浩特至蒲滩拐收费站(所)、服务区等设置情况 表 8-90

类 别	数 量	名 称	占地面积(亩)
收费站(所)	4	呼和浩特南收费站(主线)	
		黄河大桥收费站(主线)	
		白庙子三环收费站	
		托克托县收费站	54
服务区	1	永圣域服务区	260

II S31呼大高速公路蒲滩拐至城壕段

一、项目概况

(一)基本情况

呼和浩特至城壕公路蒲滩拐至城壕段公路总体走向由东北向西南。起点位于蒲滩拐村北约 1.8km 处的引黄工程排淤场,路线经蒲滩拐东侧,过黄河经沟门村,终点位于沟门村南 600m。路线途经行政区划分属呼和浩特托克托县、鄂尔多斯市准格尔旗,共穿越一县、一旗所属的蒲滩拐村、沟门村。

蒲滩拐至城壕段路线总长 3.60km,按高速公路设计,其中海生不浪黄河大桥长 1665m,主跨 145m。

该项目采用高速公路标准,设计速度100km/h;路基设计洪水频率采用1/100,路基宽度24.5m,路面沥青混凝土路面。海生不浪黄河大桥设计荷载:汽车—超 20 级、挂车—120,设计洪水频率1/300,大桥桥面净宽10.75m。全线设计路基土方约 40 万 m^3,海生不浪黄河大桥混凝土约106000m^3,通道桥 1 座。该项目于 2004 年 8 月开工,2006 年 11 月完工。

(二)前期工作

1. 立项审批、资金筹措

省道 103 线呼和浩特至城壕高速公路蒲滩拐至城壕段参照 BOT 模式建设,是内蒙古自治区首条以 BOT 模式建设的公路项目,对于自治区探索公路建设新模式、创新公路建设事业发展路径意义深远。

2003 年内蒙古自治区人民政府以内政字〔2003〕251 号批准,鄂尔多斯市东方路桥集团股份有限公司为建设单位,组织工程建设;

2003 年内计基础字〔2003〕1116 号批复了《呼市至城壕公路项目建议书》;

2004 年内蒙古自治区发改委以内发改基础字〔2004〕109 号批复了《呼和浩特至城壕公路蒲滩拐至城壕段(含黄河大桥)工程可行性研究》;

2004 年内蒙古自治区交通厅以内交发〔2004〕484 号批复了《省道 103 线呼和浩特至城壕公路蒲滩拐至城壕段初步设计》;

2005 年内蒙古自治区交通厅以内交发〔2005〕797 号批复了《省道 103 线蒲滩拐至城壕高速公路两阶段施工图设计》。

项目批准概算 3.47 亿元,建设工期 3 年。批准的工程预算为 2.92 亿元。该项目资金以鄂尔多斯市东方路桥集团股份有限公司自筹及贷款筹集。

2. 招投标工作

2004 年 7 月鄂尔多斯市东方路桥集团股份有限公司海生不浪黄河大桥办组建了招标工作领导小组,并于 2004 年 8 月 1 日发售了招标文件,2004 年 8 月 9 日上午 8:00 公开开标。

根据《中华人民共和国招标投标法》的有关规定,鄂尔多斯市东方路桥集团股份有限公司编制了《海生不浪黄河大桥施工、监理招标评标委员会工作细则》。评标委员会由 5 名专家组成,包括鄂尔多斯市东方路桥集团股份有限公司代表 1 名,鄂尔多斯市交通局特派专家 1 名,鄂尔多斯市公路工程评标专家库专家 3 名。评标工作是在全封闭的状态下进行的,评标过程受到鄂尔多斯市交通局、检察院及鄂尔多斯市东方路桥集团股份有限公司的监督。

经过评标委员会的认真筛选确定:第一合同段由路桥集团公路一局中标,第二标段由鄂尔多斯市东方路桥集团股份有限公司第三工程公司中标。内蒙古公路工程咨询监理有限责任公司负责工程监理。随即海生不浪黄河大桥项目将该结果上报内蒙古自治区公路局。2004 年 8 月 15 日与中标单位签订了合同协议书。

交通工程、房建工程均分包给有专业资质的单位进行施工,并由专业监理机构进行监理。

3. 征地拆迁

全线征地拆迁工程在呼和浩特市及鄂尔多斯市有关部门的协调下与当地政府签订了征拆协议,全线征用土地 280 亩。

(三)参建单位

主管单位:内蒙古自治区交通厅
建设单位:鄂尔多斯市东方路桥集团股份有限公司
现场管理单位:省道 103 线呼和浩特至蒲滩拐高速公路建设项目办
质量监督单位:内蒙古自治区公路工程质量监督站
　　　　　　　呼和浩特市公路工程质量监督站
勘察设计单位:内蒙古自治区交通设计研究院有限责任公司
施工单位:鄂尔多斯市东方路桥集团股份有限公司第三工程公司
　　　　　鄂尔多斯市东方路桥集团公路一局
监理单位:内蒙古公路工程咨询监理有限责任公司

二、建设项目管理

(一)项目管理机构

内蒙古鑫达公路发展有限公司最初由内蒙古呼和浩特市通达公司组建,2005年5月,鄂尔多斯市东方路桥集团股份有限公司出资重组了内蒙古鑫达公路发展有限公司。重组后,内蒙古鑫达公路发展有限公司接收了原鑫达公司已完成的路基桥涵、路面工程的招投标工作,并成立省道103线呼和浩特至蒲滩拐高速公路建设项目办,并组建了总监理工程师办公室,项目办主任兼任总监理工程师。

该项目管理采用项目办主任及各部门主管负责制,内设计划部、工程部、质检部、财务部和综合部。

监理机构分为总监理工程师和两个高级驻地办,各驻地办设结构工程师、路基工程师、路面工程师、试验工程师、测量工程师等。

(二)项目管理

项目管理依据招投标文件和《中华人民共和国合同法》进行管理。

1. 规范化管理

为了加强管理、规范施工,确保工程质量和投资效益,降低工程造价,保证按期完工,依据招标文件的规定编制了《项目管理办法》及《监理细则》,为工程建设的顺利进展打下了坚实的基础。

2. 质量控制

在工程质量管理方面,该项目在设计使用年限内实行质量终身制,各单位的工程项目负责人为本单位工程质量第一责任人,工程质检负责人为该项目工程质量第一负责人,工程质检对工程质量工作负责,具体工作人员为直接责任人。

3. 合同管理

为了有效地控制进度、质量、造价三大指标,更好地进行工程建设管理,依据招标文件等有关法律的规定公正、客观地处理工程变更及工程计量,进行严格认真的实地测量、计算、审核,做到实事求是、有理有据,保证数据的真实可靠,严格执行合同,为工程建设的顺利实施提供了有效的工程控制手段和方法。

合同管理涵盖招标文件、投标文件、补遗书、合同协议书、补充合同等方面。

4. 工程进度管理

为全面加强工程进度管理,使整个项目各合同段施工进度均衡,项目办根据工程总体要求,明确目标、统筹规划,编制了各合同段总体工程指导性施工组织设计及年度实施计划下达各单位,由各单位编制本合同段总体工程实施性施工组织设计、年度实施性施工组织设计及年度计划报项目办审批,项目审批后,各单位据此编制季、月计划,并由监理单位监督实施。项目办在每月巡视中分析施工进度计划,结合影响工程进度的不利因素,及时要求施工单位进行调整,按照年度计划倒排工期,以满足工程实际,保证计划顺利实施。

项目办认真规范统计报表制度,确保统计数据来源的真实性与准确性,通过施工进度、投资月报表制来实现对工程进度的动态管理。在项目实施过程中,项目办为了提高各施工单位工作积极性,开展联检联评活动。

5. 环境保护

为了不使项目建设破坏当地的自然环境,项目实施过程中积极与当地环境保护部门取得联系,采取必要的环境保护措施。

在施工沙柳防护护坡的过程中,对沙柳采集地均采取了保护措施,各施工单位均不得集中采集,以避免由于过度采集对土地覆盖造成破坏。为防止桥面污染物随排水管流入黄河,采取了主桥排水集中的方案,将一般桥梁散排方式改为集中排放。

6. 文物保护

开工初始阶段曾发现古墓一座,挖出的文物已经上交文物保护部门。

(三)变更

(1)原黄河大桥引线路基边坡防护设计优化设计为拱形护坡。由于北岸引线全部为下坡,为减少汇水量,将原设路基护坡由浆砌片石护坡、拱形护坡变更为沙柳防护,在南岸30m跨箱梁底部增加榫头,原35号台设计为肋板式桥台变更为重力式。

(2)增设3个蒸发池,减少雨水对蒲滩拐村的水毁影响,便利人民群众生活。

三、复杂技术工程

海生不浪黄河大桥

海生不浪黄河大桥位于引黄入呼工程提水厂下游1.2km处,全桥总长1682.2m,由左、右两幅桥组成。桥梁跨径组成为:$4 \times 30m + 2 \times (5 \times 50)m +$ 主桥$(80m + 145m + 80m) + 2 \times (5 \times 50)m + 8 \times 30m = 1665m$。主桥为三跨$(80m + 145m + 80m)$预应力混凝土变截面连续箱梁;引桥呼和浩特市一侧为一联$4 \times 30m$和二联$5 \times 50m$预应力混凝土等截面连续箱梁,城壕一侧为二联$5 \times 50m$预应力混凝土等截面连续箱梁和一联$8 \times 30m$预应力混凝土等截面连续箱梁。

桥梁详情见"第二章 高速公路发展及成就"中"第二节 建设成就"。

四、新技术应用

(1)由于该项目的主体工程为海生不浪黄河大桥,该桥主跨145m,建设难度较大,因此为了将该桥建设成样板工程,在施工中采取了一些先进的施工工艺。主桥悬浇段采用改装挂篮新工艺,施工速度明显加快,按照一般的施工速度每浇筑一块需要7天,改进后平均5天浇筑一块。

(2)由于传统的压浆工艺导致许多工程实例存在浆体不密实和不饱满现象,预应力筋得不到有效保护,降低了结构的耐久性。该项目黄河大桥设计中纵向预应力采用的OVM真空辅助灌浆技术具有以下特点:通过提高浆体的流动性、降低水灰比、排除管道内的空气,从而增强了浆体的密实度和饱满度,使预应力筋得到有效保护;具有良好的密封性能和足够的强度;施工安装方便;塑料波纹管具有摩阻力小、密封性好、耐腐蚀、弯曲韧性好、强度高等特点。

(3)该项目在黄河大桥的主桥及50m引桥上采用JQGZ-Ⅱ型减振球型钢支座,该产品是一种具有专利的新型产品,性能优良。

五、运营养护管理

该路段由内蒙古鑫达公路发展有限公司负责运营养护,在K76+500处设立了一座主线收费站——黄河大桥收费站(因全国联网收费的统一安排,已于2015年8月拆除)。

Ⅲ S31呼大高速公路城壕至大饭铺段

一、项目概况

(一)基本情况

该项目路线起点位于呼大高速公路蒲滩拐黄河特大桥引线终点,从K79+400起沿大沟河东岸布设,前行6.0km,经大树湾村后跨大沟河支流纳林沟,再继续沿大沟河东岸前进,经韩山尧子,在K91+500左右离开大沟河穿越约2km的新月形沙丘带,向南偏东朝阿拉不拉沟靠拢,在K98+831.5处与羊吉线交叉,采用主线下穿,于K98+900左右进入丘陵沟壑区,沙漠路段长约20km。从五当沟开始,路线顺一连串残丘边缘及与其相连的鞍部曲折前行,经三道塄、一道塄、米家窑子、王家圪塄、党家圪旦,此后路线于王清塔东约500m处跨越准东铁路及塔哈拉川,再经南岸的圪柳沟东坡后继续在丘顶之间绕行,经霍家塄、郝家圪绫等,在K124+295处与109国道交叉,采用主线下穿,再绕苏家塄,在其南约1km处到达路线终点,终点桩号K125+900。该项目路线全长46.5km,沿线基本走向为南北走向。路线北半部为库布奇沙漠东缘,南半部为黄土高原丘陵沟壑区。

该项目主线采用山岭重丘双向4车道高速公路标准,设计速度80km/h。路基采用整体式断面形式,标准横断面宽度为24.5m,采用沥青混凝土路面结构。薛家湾连接线长4.45km,采用一级公路标准,设计速度60km/h,路基宽22.5m。全线桥梁设计荷载:汽车荷载公路—Ⅰ级。全线全封闭、全立交。

S31城壕至大饭铺段高速公路设置互通式立体交叉3处,分别为羊市圪咀互通式立交、薛家湾互通式立交、大饭铺互通式立交。分离式立体交叉3处,通道6座。

该项目2004年8月开工,2006年12月通车运营。

(二)前期工作

1. 决策过程

为进一步加快鄂尔多斯市公路交通建设,推动全市经济快速发展,鄂尔多斯市人民政府于2003年8月19日发布了《呼市—准旗—东胜高速公路鄂尔多斯境内段招商引资公告》,拟建一条城壕至东胜双向4车道高速公路。鄂尔多斯市泰宝投资有限责任公司主动申请以BOT方式投资建设该段公路,并经鄂尔多斯市人民政府批准,获准后泰宝公司积极组织,在配备了足够人员,满足了工程建设管理需要,筹措了建设资金后,向鄂尔多斯市交通局申报了项目法人资格,获得批准,并以泰宝公司下设的国道109线城壕至东胜高速公路建设项目指挥部为本工程项目法人。

2. 立项审批、资金筹措

S31高速公路城壕至大饭铺段公路建设按照国家《公路建设市场管理办法》认真履行基本程序。2003年10月24日,内蒙古自治区人民政府以《内蒙古人民政府关于同意参照BOT方式建设城壕至东胜高速公路收取车辆通行费的批复》(内政字〔2003〕348号)批复;

2003年8月19日,内蒙古自治区发展计划委员会以《印发关于审批呼和浩特至东胜高速公路城壕—东胜段项目建议书的请示的通知》(内计基础字〔2003〕1117号)批复项目立项;

2004年3月17日,内蒙古自治区发展和改革委员会以《关于省道103线城壕至大饭铺公路工程可行性研究报告的批复》(内发改基础字〔2004〕319号)批复项目工可研报告;

2004年5月19日,内蒙古自治区交通厅以《关于省道103线城壕至大饭铺段高速公路两阶段初步设计的批复》(内交发〔2004〕304号)批复项目初步设计;

2004年6月18日,鄂尔多斯市交通局以《关于省道103线城壕至大饭铺段两阶段施工图设计的批复》(鄂交发〔2004〕145号)批复了该项目的两阶段初步设计及两阶段施工图设计。

该项目核准总概算15.70亿元,其中企业自筹35%,其余65%资金为银行贷款。

3. 招投标工作

按照《公路工程国内招标文件范本》进行了工程招标投标工作。招投标工作由项目法人国道109线城壕至东胜高速公路建设项目指挥部组织完成。在招投标工作中,指挥部严格执行国家及自治区相关规定,招标评标过程严谨有序。S31城壕至大饭铺高速公路项目经国内公开招标,8个有国内一级施工资质的土建及路面施工单位中标,2个甲级监理单位中标。

S31城壕至大饭铺段高速公路勘察设计公开招投标,中标单位为内蒙古自治区交通设计研究院。

S31城壕至大饭铺段高速公路路基、排水防护、桥涵工程及其监理的国内公开招投标工作2004年5月12日结束。城大高速公路土建分为6个合同段,1合同段中标单位为中铁十七局集团第二工程有限公司,2合同段中标单位为中铁二十局集团第四工程有限公司,3合同段中标单位为葫芦岛市长顺公路工程有限公司,4合同段中标单位为中铁十七局集团有限公司,5、6合同段中标单位为中铁十六局集团有限公司,城大高速公路路面工程国内公开招投标工作于2005年8月9日结束。城大高速公路路面分为两个合同段,1、2合同段中标单位为中铁十六局集团有限公司。

监理的公开招投标工作于2004年5月12日结束,城大高速公路监理分为两个合同段,1合同段中标单位为山东潍坊市交通监理中心,2合同段中标单位为山西省交通建设工程监理总公司。

4. 征地拆迁

该项目批准工程建设用地面积为5170亩。征地拆迁工作依据以下文件:中华人民共和国国土资源部《关于呼和浩特至东胜高速公路城壕至大饭铺段工程建设用地的批复》(国土资函〔2004〕1084号)、内蒙古自治区国土资源厅《关于呼和浩特至东胜高速公路城壕至大饭铺段工程建设用地的批复的通知》(内国土资字〔2005〕784号)、鄂尔多斯市人民政府《转发自治区国土资源厅转发国土资源部关于呼和浩特至东胜高速公路城壕至大饭铺段工程建设用地的批复的通知》(鄂政土发〔2007〕100号)和内蒙古自治区林业厅《使用林地审核同意书》(内蒙古林地审字〔2005〕3号)。

S31城壕至大饭铺段高速公路工程属准格尔旗境内,部分路段人口众多、地域辽阔,加之历史和现实的原因,征拆工作难度大。为了加快推进公路的建设进度,准格尔旗政府领导非常重视此项工作,成立了建设协调领导小组,全面负责征地拆迁协调工作,项目办派员积极配合。征地拆迁补偿标准严格按照当地政府出台的文件执行,总体上征拆工作比较顺利。

(三)参建单位

主管单位:鄂尔多斯市交通局
建设单位:鄂尔多斯市泰宝投资有限责任公司
现场管理单位:国道109线城壕至东胜高速公路建设项目指挥部
质量监督单位:内蒙古自治区公路工程质量监督站
　　　　　　鄂尔多斯市公路工程质量监督站
勘察设计单位:内蒙古自治区交通设计研究院
　　　　　　重庆市交通规划勘测设计研究院
监理单位:潍坊市交通工程监理中心
　　　　　山西省交通建设工程监理总公司
施工单位:中铁十七局集团第二工程有限公司(土建工程)
　　　　　中铁二十局集团第四工程有限公司
　　　　　葫芦岛市长顺公路工程有限公司
　　　　　中铁十七局集团有限公司
　　　　　中铁十六局集团有限公司

二、建设项目管理

(一)项目管理机构

鄂尔多斯市泰宝投资有限责任公司、国道109线城壕至东胜高速公路建设项目指挥部组建了各部室,明确了各部室的职能,既相互合作又各有侧重,使得项目办的整体管理工作有条不紊,为保证项目保质按期完成,该项目设置二级监理机构,即总监理工程师办公室(简称"总监办")和高级驻地办公室(简称"驻地办")。项目办、总监办有职工总数50人,其中高级工程师6人、工程师12人、高级会计师1人、会计师1人、经济师1人、助理工程师8人、技术员5人。

(二)项目管理

项目管理依据招投标文件和《中华人民共和国合同法》进行管理。

1. 综合管理

指挥部认真贯彻执行党和国家的方针、政策和法律、法规,遵循公路建设的有关规范、规定和技术标准,制定项目管理规章制度,始终围绕质量安全第一,抓好各方面的建设管理工作;主动接受上级主管部门和公路工程质量监督机构的监督检查;严格执行国家财经政策、财务制度、会计制度,接受审计监督;严格执行国家档案管理制度,确保各类资料真实、完善、及时、安全归档;依法选择设计、监理、施工单位和设备、材料供应商及试验检测单位;对工程质量、进度、计量、资金、安全生产、廉政建设、水土保持及环境保护等进行管理和监督检查。

2. 质量控制措施

严把施工及监理单位的准入关。通过公开招标择优选择施工和监理单位,对降低工程造价、保证工程质量起到了积极的作用。

加强合同管理。严格执行与参建单位签订的合同条款中的有关规定,加强项目合同的管理工作,项目办对进场的技术人员、仪器设备从质量、数量上严格把关。同时,对进场人员进行培训,从源头把住质量关。实行质量与信誉挂钩制度,项目办对各施工单位、驻地办进行定期和不定期的质量检查、考核评比,评比结果与施工企业信誉挂钩,建立信用评价体系,按时反映工程各参建单位的工程质量动态。

建立健全质量保证体系。全面推行"施工自检、专业监理、项目法人管理、政府监督"的四级质量保证体系。

加强质量宣传教育。经常组织会议和培训班进行质量宣传教育,播放全国各地公路质量事故警示片,对参建单位施工一线人员采取岗前培训学习的方式,熟悉掌握施工技术规范,明确施工要点和操作规程。

强化工序交接。自2006年交工验收起,无重大质量问题或隐患,验收合格。

3. 安全生产管理

坚持"以人为本、安全第一、预防为主"的方针,认真落实《中华人民共和国安全生产法》,在抓质量和进度的同时,把安全生产作为中心工作之一。认真开展"平安工地"建设,抓基层、打基础、强监管,加大安全投入,强化安全生产专项整治,形成了安全生产"齐抓共管"的良好氛围。

建立健全安全生产组织机构和安全生产责任制。开工之前,项目办和各级监理、施工单位,施工单位和民工联队,民工联队和个人层层签订安全生产责任状,责任到人,各单位一把手为安全生产第一责任人,建立健全安全生产组织机构,做到安全生产事事有人管,层层有人抓。各施工单位在每个施工现场均配备有一线安全员,负责作业前、作业中的安全检查,以及作业后的安全生产记录,以满足安全生产管理工作方面的需要。

安全生产费用。要求各承包人必须按照《公路水运工程安全生产监督管理办法》的要求安排安全生产费用,并用于施工安全防护用具及设施的采购和更新、安全施工措施的落实、安全生产条件的改善等。安全生产费约占总投资额的5%。

安全例会制度。找出施工安全隐患,落实到每个操作人员,事前起到防范作用。同时,通过安全专题例会制度,时常可以总结经验,找出不足,从而强化人们的安全意识。

开展创建"平安工地"安全生产专项检查。针对全线各标段安全生产工作较薄弱环节经常进行安全排查,实现了"机构、人员、经费、制度、责任"五落实。

4. 进度控制

该项目自 2004 年 8 月开工以来,经项目办、总监办共同协作制定了一系列关于控制工程进度的措施,月进度报表、月计划报表及旬报表,并将工程进展情况及时标绘在形象进度图上。项目办、总监办的人员亲临施工现场做具体部署,对现场的施工方法、机械、材料等进行检查、协调和落实,确保施工布局合理,工程进度安排得当,材料采购及时,有效地保证工程的顺利进行,2006 年 12 月按期完工顺利通车。

5. 工程造价控制

为了加强公路建设项目的财务管理,保证建设资金安全高效和专款专用,该项目在建设过程中,在保证质量、进度的前提下,合理使用建设资金,严格履行财务制度,进一步加强费用管理与计量支付工作,规范资金使用行为,使有限的资金必须用于已批准的建设内容,不以任何理由挤占、挪用、截留或用于与该项目无关的其他支出。对于民工工资在每月计量中按合同价款的 2% 扣留,待确认支付工资后下月补齐。同时项目办对各施工单位的资金使用情况进行跟踪监督、专项检查,对不符合规定的经济活动坚决制止,并且监督施工单位按时足额兑现民工工资。经过科学严谨的造价控制,最后工程投资决算约为 15.59 亿元。

6. 环境保护

坚持不懈地搞好生态环境保护是保证经济社会可持续发展的需要,为进一步做好环境保护工作,项目办要求各施工合同段不多占用临时用地、不超红线施工,取、弃土到指定位置,不允许乱挖乱弃;预制场、拌和场应远离村镇设置,且尽可能设置在村镇的下风侧,避免扬尘、气味对居民和农田的污染。驻地办、总监办、项目办设安全、环保工程师专人负责检查,各施工合同段专人负责落实。

该项目在设计中树立既满足公路使用功能要求、又合理使用建设用地的理念,在工程实施阶段加强各参建单位的耕地保护意识,将取弃土场、预制场、拌和场设置在荒地、荒山,将预制场、钢筋加工厂等设置在桥头路基永久征地范围内,施工便道尽可能设置在公路用地范围内,且经常洒水、整修,避免污染农田。

7. 廉政建设

该项目的目标是把该项目建设成为质量优良、干部优秀、群众满意的精品工程、阳光工程。工程建设期间,按照鄂尔多斯市委、市政府、市交通局关于廉政方面的总体要求,以及交通部、自治区交通厅关于加强交通基础设施建设领域廉政工作的部署,加强制度建设和程序化管理,严格按照项目法人制、招投标制、合同管理制、监理制办事,减少人为干预,确保廉政目标的实现。

三、复杂技术工程

塔哈拉川特大桥

塔哈拉川特大桥是S31城壕至大饭铺高速公路的控制性工程。全长1049m,26跨,平均墩高47m,跨径组合为26×40m,最大孔径40m,桥梁全宽27m,桥面净宽24.5m。

桥梁详情见"第二章　高速公路发展及成就"中"第二节　建设成就"。

四、运营养护管理

该项目自2006年通车以来由鄂尔多斯市泰宝投资有限责任公司负责运营养护工作。S31呼大高速公路城壕至大饭铺段收费站(所)、服务区等设置情况见表8-91。

S31呼大高速公路城壕至大饭铺段收费站(所)、服务区等设置情况　　表8-91

类　别	数　量	名　称	占地面积(亩)
收费站(所)	5	大路收费站(主线收费站,2015年9月撤除)	—
		大路北收费站	
		大路新区收费站	
		薛家湾收费站	
		大饭铺收费站	
服务区	1	大路服务区	160
养护工区	1	大饭铺养护工区	

第十九节　S43呼和浩特市机场高速公路及连接线

S43呼和浩特市机场高速公路是首府的形象工程之一,也是自治区及呼和浩特市的重要出口路,被自治区政府列为2002年开工的四大重点公路项目之一,于2001年10月开工建设,2002年10月建成通车。项目的建成适应了国家西部大开发战略的实施及自治区经济社会的快速发展,提高了首府呼和浩特机场路的快速通行能力,缓解了城市交通压力。

随着2001年9月G6呼包高速公路建成通车,2002年5月G6呼集高速公路开工建设,呼和浩特市机场高速公路与呼包高速公路、呼集高速公路的连接迫在眉睫。2002年呼和浩特市机场高速公路连接线被列入呼和浩特市的重点工程,成为城市路网规划的重要组成部分,于2003年6月开工建设,2006年建成通车。该段公路作为机场路主线与呼包、呼集高速公路的连接线,连同主线一起构成自治区首府呼和浩特市重要出口干道,是体现自治区首府形象的重要工程,也是呼和浩特市重要的基础设施,项目的建设对加快自治区改革开放,繁荣和搞活经济有着极其重要的意义。

I S43 呼和浩特市机场高速公路

一、项目概况

(一)基本情况

机场路最早是20世纪60年代修建的三级公路,后经1973年、1987年、1996年三次改造达到平原微丘区一级公路标准,特别是1996年对旧路进行了单侧加宽,使路基宽达到24.5m(中央分隔带宽2.0m)。旧路南半幅采用在原有路面结构层上用沥青碎石调拱后,铺设沥青混凝土面层;旧路北半幅采用20cm二灰稳定土底基层、20cm厂拌二灰稳定砂砾,全线行车道上面层采用4cm中粒式沥青混凝土,下面层采用6cm粗粒式沥青混凝土。慢车道部分采用4cm中粒式沥青混凝土、22cm二灰稳定砂砾,不设底基层。原有旧路在平面上存在2个小于1°的小偏角。

项目起点始于呼和浩特市区东风路与腾飞路交叉处,终点止于呼和浩特市机场贵宾通道入口处,路线基本为东西走向。

主道采用高速公路双向6车道标准修建,设计速度120km/h,路基基本宽35m,路面宽30.5m,最大纵坡为1.05%,沿线分布有工厂、学校、居民区,因此设置了1座分离立交,5处人行通道,2处盖板涵,在机场路支线起点处设置平面交叉与互通立交相连接。

主要控制点技术指标:全线共设交点2个,平均每公里0.3个。平曲线最小半径1700m/2处,平曲线占路线总长14.1%,直线最大长度为2248.587m,最大纵坡1.05%,最小坡长100m,竖曲线占路线总长28.9%,平均每公里纵坡变更次数2.56次,凸曲线最小半径9500m/1处,凹型竖曲线最小半径15000m/1处,路线增长系数1.02。

机场路主线位于京包铁路以南的冲洪积平原区,地面高程自北部1074m左右,向南递降为1031m左右。沿线城市房屋建筑及地下埋设物较多。路线全长6.65km,项目批复概算1.31亿元,全部为地方自筹,于2001年10月开工建设,2002年10月建成通车。

(二)前期工作

征地拆迁。全线支付征地拆迁补偿费用3994.00万元,征用土地541.19亩,拆迁各种房屋291.05亩。

(三)参建单位

主管单位:内蒙古自治区交通厅
建设单位:呼和浩特市交通局
现场管理单位:呼和浩特机场路工程建设指挥部
质量监督单位:内蒙古自治区公路工程质量监督站
　　　　　　　呼和浩特市公路工程质量监督站
施工单位:中铁十三局集团有限公司第一工程公司
　　　　　鄂尔多斯市东方路桥集团股份有限公司
　　　　　中铁十七局集团有限公司第一工程公司
　　　　　内蒙古通安特交通工程科技有限责任公司等6家

二、建设项目管理

1. 路基工程

机场路主线为旧路两侧加宽,为利用原有路基路面,加宽部分与旧路同高,为保证路基稳定,最小填土高度为1.50m。路基边坡坡率根据填土高度和工程地质情况及该地区原有路基的边坡坡率等因素确定。主线为低路堤,边坡为1:1.5。

2. 路面工程

路面结构基本利用旧路段:4cm中粒式沥青混凝土上面层,5cm中粒式沥青混凝土下面层,兼作找平层。新建段路面结构:4cm中粒式沥青混凝土上面层,5cm中粒式沥青混凝土下面层,6cm粗粒式沥青混凝土下面层,20cm水泥稳定砂砾基层,20cm水泥石灰稳定砂砾底基层。

3. 路基、路面排水

地表排水设施由路拱横坡、边沟、中央分隔带过水槽等组成,部分段落边沟内积水无法排除,为了避免破坏绿化带,在绿化带中央设置地下排水管,在边沟内设置雨水口,将水引入河槽内。

4. 桥梁工程

全线共设加宽利用大桥1座、改造利用中桥1座、新建涵洞2道、拆除旧桥涵5道。全线大、中桥服从路线走向,路线所经河流多为季节性河流,平时无水或少水,雨季形成洪水且过程较短,汇流均流入黄河,沿线跨越的主要河流为哈拉沁沟、哈拉更沟。由于路线所处地区属地震高烈度区,因此在桥涵设计中考虑抗震、防震措施,并进行了抗震计算。

三、复杂技术工程

如意河大桥

如意河大桥全长205m,桥底净高8.5m,位于如意开发区哈拉沁沟上(K2+850处)。桥位河槽处有10~20m桥梁两座(并行)分别建于20世纪70年代和90年代,经有关专家多方论证,采取对原有旧桥进行改造。在利用原有桥梁主体结构的同时,两侧各加宽6.25m,全桥宽度为35.54m,设3m中央分隔带,内外侧均采用防撞墙并在新旧桥结合部设置活动隔离墩,原有桥梁桥面设置2个车道,新建部分桥面设置1个车道,沿线小桥涵与路基同宽。加宽部分上部采用20m先张法预应力混凝土空心板,下部采用柱式桥墩,肋板式桥台,基础为钻孔灌注桩。

Ⅱ S43 呼和浩特机场高速公路连接线

一、项目概况

(一)基本情况

呼和浩特机场高速公路连接线路线全长4.925km,项目批复概算4.43亿元,全部为地方自筹。路线起点位于市区东北部,呼和浩特市机场路主线K5+584.657处,向东北方向延伸,跨京包铁路,经黑土洼村东,终点(K10+510)接罗家营互通立交南口。路线基本为西南至东北走向。

该项目采用平原微丘区高速公路标准,设计速度100km/h,为双向4车道高速公路,路基基宽28m,路面结构采用沥青混凝土高级路面,面层厚度15cm,上面层、中面层为中粒式沥青混凝土,下面层为粗粒式沥青混凝土。桥梁采用汽车—超20级、挂车—120。小桥涵与路基同宽。

全线设计路基土石方780000m³,水泥稳定砂砾基层$152.9366×10^3$m²,沥青混凝土面层$373.5×10^3$m²,混凝土33000m³。

全线共有互通立交2座,中桥2座,小桥4座,板涵4道(全部采用暗板涵形式)。其中机场互通立交跨越立交匝道、河西专用公路、京包铁路等3条路线,110国道互通立交跨越110国道。

(二)前期工作

征地拆迁。全线支付征地拆迁补偿费用1628.00万元,征用土地112.05亩,拆迁房屋53.99亩。

（三）参建单位

主管单位：内蒙古自治区交通厅
建设单位：呼和浩特市交通局
现场管理单位：呼和浩特机场路工程建设指挥部
质量监督单位：内蒙古自治区公路工程质量监督站
　　　　　　　呼和浩特市公路工程质量监督站
勘察设计单位：内蒙古交通设计研究院有限责任公司
施工单位：中铁十三局集团有限公司第一工程公司等4家
监理单位：内蒙古公路工程咨询监理有限公司

二、复杂技术工程

（一）机场互通立交

该互通位于K6+511.849处（交叉点桩号），是连接机场、市区及呼集高速公路的重要出入口，根据被交叉道路的等级（机场路为高速公路）和远景交通量的大小，设计等级为二级互通立交桥。设计速度为35km/h，为单喇叭型互通立交。该立交位于机场附近，是呼和浩特市乃至内蒙古自治区的重要窗口。立交范围的各种景观要求很高，因此立交桥主要采用高架桥形式，高架桥跨越立交匝道、河西专用公路、呼和浩特卷烟厂仓库和京包铁路。

桥梁主线长670.355m，起讫桩号为K6+201.459～K6+871.814，桥梁面积19398.6m²，0～27号墩为现浇连续箱梁段，梁高1.3m，其中除17～20号墩为预应力混凝土结构外，其余均为普通钢筋混凝土结构；27～32号墩为25m简支后张预应力空心板梁段，梁高1.05m。

主线桥梁总宽28m，上、下行桥各宽12.75m，中间设2.5m分隔带。桥梁横断面布置为0.5m（防撞护栏）+11.75m（行车道）+0.5m（防撞护栏）+2.5m（中央分隔带）+0.5m（防撞护栏）+11.75m（行车道）+0.5m（防撞护栏）=28m。

B、C、D线桥宽均为8.5m，桥梁横断面布置为：0.5m（防撞护栏）+7.5m（行车道）+0.5m（防撞护栏）=8.5m。受地形限制，FD匝道最小平曲线半径130m，路基宽度为12m。

全桥共有U形桥台1座，肋型桥台6座，ϕ1.5m墩柱85根。全桥均采用钻孔灌注桩，全桥ϕ1m钻孔灌注桩42根，ϕ1.2m钻孔灌注桩33根，ϕ1.5m钻孔灌注桩131根。

（二）110国道互通立交

该互通位于连接线K10+061.235处，是呼和浩特市的主要出口，北连呼集高速公路罗家营互通立交,东西与110国道相接,根据被交叉道路的等级和远景交通量的大小,设计等级为三级互通立交桥。设计速度为35km/h,采用半苜蓿叶互通立交形式。由于所处位置民居较多,为减少拆迁占地,平面指标均采用低限,双向双车道匝道路基宽度采用13.5m,单向单车道匝道路基宽度采用8.5m,由于距罗家营互通立交距离较近,110国道北侧匝道的加减速车道与罗家营互通立交加减速车道直接相连。

跨线桥全长65.54m,桥梁上部结构采用20m预应力钢筋混凝土空心板,下部结构采用柱式墩、肋式台,钻孔灌注桩基础。设计荷载采用汽车—超20级、挂车—120。桥面宽度为净$2 \times 14.5m + 2.0m$(中央分隔带)$+ 2 \times 0.5m$(防撞墙)。

第二十节　S44包头过境高速公路机场连接线

一、项目概况

(一)基本情况

丹拉国道主干线包头过境高速公路机场连接线作为包头市区通往机场的重要干道,是包头市重要的基础设施,该段公路的建设对加快包头市的改革开放,繁荣和搞活经济有着极其重要的意义。该项目位于包头市东河区南部,起点始于国道210线K6+371.37处,向东经甲浪湾北(农垦集团)、西脑包村南(兴胜乡)、呼铁局林场、毛凤章营子(麻池镇),终点止于包头市机场候机楼前,路线全长5.536km,基本为东西走向。项目采用BT模式建设。

路线起点与国道210线相交处设置单喇叭互通立交1座,与乡村公路相交处设上跨主线分离立交3处,加上引道共长2.04km。应麻池镇政府要求增设辅道工程,路线全长0.586km,为东西走向。

包头过境高速公路机场连接线主线采用高速公路标准,设计速度为100km/h,路基宽度为35m。路线起点与国道210线相交处设置一座标准为二级的互通立交桥,设计速度为40km/h;路面采用沥青混凝土高级路面,采用上、下两层结构。跨线桥设计荷载采用汽车超—20级、挂车—120,全幅全宽为15.5m,大、中桥设计洪水频率为1/100,抗震烈度按Ⅶ度设防。全线共设置3座分离立交桥,分离立交桥采用平原微丘区二级公路标准设计,设计速度为80km/h,路基宽度为12m,路面宽度为11m。

由于沿线分布有居民区和农业密集化作业区,因此该项目设计5处通道(含国道210线互通A匝道1~13m通道)和3座分离式立交桥来方便路线两侧居民的出行和耕作。起点与国道210线相交处设置一座互通立交,等级为二级互通,互通立交采用单喇叭型。

全线桥隧比 10.88%（612.94m/5636m）。

辅道工程路线采用三级公路标准修建，路基宽 8.5m，路面宽 7.0m。

该项目主要工程量路基填筑土方 684425m³；软地基处理 2.107km；4cm 细粒式沥青混凝土面层 151468m²；8cm 中粒式沥青混凝土面层 125640m²；水泥混凝土路面 9467m²；大中桥 266.62m/3 座，分别为二道沙河中桥、西河槽大桥和互通跨线桥；小桥 40m/4 座；涵洞 274m/8 道；分离立交桥 325.32m/3 座，分别为上跨主线 K1+336.926 的金鹿立交桥、上跨主线 K2+451.945 的银马立交桥和上跨主线 K3+461.937 的青松立交桥。

包头过境高速公路机场连接线于 2003 年 4 月开工，2004 年 10 月竣（交）工。

（二）前期工作

1. 立项审批、资金筹措

该项目建设由交通部 2003 年以《关于丹拉国道主干线包头过境公路（东兴至哈德门）可行性研究报告的补充批复》（交规划发〔2003〕68 号）批准立项；

交通部 2003 年以（交公路发〔2003〕308 号）文件给予初步设计批复，经交通部同意，自治区交通厅 2004 年以内交发〔2004〕77 号文件对施工图设计进行批复；

包头市环保局 2003 年以《关于丹拉国道主干线包头过境高速公路机场连接公路环境影响报告书的批复》（包环管〔2003〕75 号）对项目环评报告进行批复；

按照《内蒙古自治区人民政府关于同意参照 BT 方式建设丹拉国道主干线包头过境高速公路包头机场连接线的批复》（内政字〔2003〕177 号）精神，包头市人民政府决定采用 BT 模式建设本工程项目，并于 2003 年 3 月 18 日与包头市黄河路桥工程有限责任公司（乙方）签订了《丹拉国道主干线包头过境高速公路机场连接线工程协议书》；

包头市水务局 2004 年以《包头市水务局关于丹拉国道主干线包头机场连接公路水土保持方案报告书的复函》（包水字〔2004〕90 号）对项目水土保持方案进行了批复。

按照交公路发〔2003〕308 号文，批准概算 1.61 亿元。审计后的项目总投资为 2.05 亿元，其中交通部补贴 1.20 亿元，其余由包头市政府自筹。

2. 招投标工作

该项目招标投标工作严格按照《中华人民共和国招标投标法》和《公路工程施工招标投标管理办法》《公路工程施工监理招标管理办法》等法律、法规进行。

施工单位由总包方包头市黄河路桥工程有限责任公司采用国内公开招标方式选择，全线共分两个标段，第一标段桥涵合同段（全线桥梁涵洞），由中铁十六局中标；第二标段路基路面合同段（全线路基路面排水防护及其他附属工程），由鄂尔多斯市荣联路桥公司中标。

监理单位由包头市过境高速公路项目办经自治区人民政府同意后采用邀标方式,从已中标的 3 个监理单位选择了内蒙古宇通公路工程咨询监理有限公司和北京顺通公路交通技术咨询有限公司两家监理单位。

3. 征地拆迁

为使公路沿线远景发展留有充分的余地,全线土地除铁路林场及终点机场附近按 50m 宽征用外,其余均按 100m 宽征用。除路基用地外,其余均作为绿化用地,全线共征用各类土地 860.82 亩,拆迁房屋 15073.86m^2,涉及被拆迁户 83 户,被拆迁单位 7 个;涉及被征用土地村镇单位 10 个,电力电信改线涉及单位 6 个。

从环境保护、城乡总体规划以及包头机场的远景规划等方面出发,采用相应的工程措施,为保证公路沿线远景发展留有充分的余地,例如:一次性征地红线控制为 100m,即除路基用地外,其余均作为绿化用地。

(三)参建单位

主管单位:包头市人民政府
建设单位:包头市黄河路桥工程有限责任公司
现场管理单位:由包头市黄河路桥工程有限责任公司组成建管办
监督单位:内蒙古自治区交通建设工程质量监督局
勘察设计单位:内蒙古自治区交通设计研究院有限责任公司
监理单位:京顺通公路交通技术咨询有限公司
　　　　　内蒙古宇通公路工程咨询监理有限公司
施工单位:包头市黄河路桥公司(总承包方)
　　　　　鄂尔多斯市荣联路桥公司(第一标段)
　　　　　中铁十六局(第二标段)

二、建设项目管理

(一)项目管理机构

由包头市黄河路桥工程有限责任公司组成建管办,包头市交通局派出监管代表。

(二)项目管理

(1)采用 BT 模式组织建设高等级公路在包头市尚属首次,大部分工作也是在初步探索阶段。该项目参照自治区有关高速公路项目建设模式,按照创建"精品工程"的目标要求层层把关,强化监控,使各项工作机制灵活、运转正常。

（2）项目办完全沿用过境高速公路的组织机构和管理模式对机场连接线进行管理。执行《包头过境高速公路项目机构及管理办法》《计量支付程序》《监理管理办法》《总监办专业工程师岗位职责》和《包头过境高速公路监理实施细则》《监理工作程序》等,对所有工作人员应履行的职责范围都一一进行明确,并且在工作中严格贯彻落实,形成一个纵向到底、贯穿始终的工作整体。

（3）行业监管。作为建设单位的包头市交通局依托包头市过境高速公路项目办管理资源,在建设过程中派驻了业主代表,择优选择监理单位,完成了征地拆迁、社会矛盾协调、履行建设程序,全面管理工程的质量、进度和安全,将总包方和具体承包单位一并纳入管理范畴,落实合同和行业要求；同时切实加强质量监督站的作用,加大监督频率和各参建方质量问题的处罚力度,齐抓共管,形成合力,将工程建设牢牢掌握在可控范围。

（4）投融资模式。BT模式建设包头市过境高速公路机场连接线,有效缓解了建设资金的压力,加快了公路建设进程,但在签订建设协议时,要进一步防控和划分好风险责任。该项目由于"非典"的出现,延长了建设周期,加大了财务成本,由于在协议中未明确该类问题,最终只得由政府承担了该风险。

（5）监理工作。按照《监理实施细则》及《专业工程师岗位职责》中规定的监理工程师的检验方法和检验频率,项目办组织总监办各专业工程师及驻地办监理人员就施工过程中是否符合合同文件要求及技术规范要求和具体施工的需要进行监督检查。特别加强日常巡视工作,对施工过程中实施流动巡视,随时随地对全线的施工状况进行检查,发现问题经施工单位现场负责人、旁站监理人员签认后,立即提出整改措施,责令其限期整改。对于路基压实度、填筑厚度、混凝土强度等关键工序抽检更要慎之又慎,只有达到100%的合格率,才能予以确认。

同时,充分发挥监理职能,严把"五关",即分项工程开工关、原材料关、质量验收关、计划和施工进度关、计量关。

（6）质量控制。按照1997年版《公路工程质量检验评定标准》及有关规定,结合工程实体和有关资料,项目办、总监办对包头过境高速公路机场连接线主体工程质量进行了评分,质量打分95.8分。2005年1月经自治区交通厅质监站委托包头市质监站最终检测,总评分91分,为优良工程。

（7）生态环保。该段公路地处包头近郊地区,通过该项目的建设,对沿线农田灌溉、城市污水渠进行了统一整治,在河槽上设置桥涵,极大地改善了当地人民群众的出行条件,同时大规模实施绿化工程,有效保护当地地表水土,提升了生态系统的可持续性。

为改善路容路貌,减少沿线构造物,本次设计对市政排污水渠进行了部分改造,即从主线K0+300～K1+150北侧将原有婉转曲折的渠道沿公路用地范围内平行顺直,为将来彻底改造污水排放系统奠定了基础,并减少了耕地占用。

为方便当地居民出行和耕作,在毛凤章村分别设 1 孔 8m 和 1 孔 13m 通道及 560m 的辅道(水泥混凝土路面)。

(三)重要事件

2003 年,在项目施工期间,正值"非典"肆虐,各种防疫措施对工料机进场、项目的管理产生了极大的影响,严重制约了工程进度。各级项目管理部门面对"非典"重大疫情,按照政府的统一部署,科学应对,严防死控,做到了工程和防疫两不误,同时科学决策,调整施工计划,顺利渡过难关。为此包头市交通局多方协调,经自治区交通厅同意后,将工程计划由 1 年调整为 2 年,即 2004 年底完工。

三、新技术应用

(1)以青松分离桥引道粉煤灰加筋挡土墙工程为依托,工程技术人员从理论、设计、工程实践方面深入研究,取得了较好成绩,为类似工程的实践和推广积累了经验。

(2)为保证该项目在技术含量、技术水平上处于领先,主要推广应用了沥青改性技术,上面层沥青采用 SBS 改性沥青,面层矿料配合比采用 Superpave 理论,有效提高路面抗车辙能力和抗渗水性能。

四、运营养护管理

该项目无服务区和收费站。交工验收后由包头市公路养护处进行日常养护维修,随着城市道路功能需求的不断增强,市政部门不断完善亮化、美化、绿化工程,为此在包头市政府的统一协调下,将该段公路的管理养护工作全部移交市政管理部门。

第二十一节　S46 鄂尔多斯机场高速公路(东胜至阿康中心物流园区高速公路　)

鄂尔多斯市东胜至阿康中心物流园区高速公路项目是鄂尔多斯市政府"十二五"规划重点项目之一,是鄂尔多斯市城市总体规划中的一条重要的南北通道,是连接东胜与鄂尔多斯机场、阿康物流园区、康巴什新区的主要通道之一,该项目建成后能根本解决东康快速通道的交通运输压力,有效促进鄂尔多斯机场的客运、货运量,并能促进阿康物流园区、高新产业园区、文化产业园区的物流运输,同时也是适应鄂尔多斯市社会经济快速发展、鄂尔多斯市旅游业发展的需要。

一、项目概况

(一)基本情况

该项目主线全长 32.458km,主线起点位于东胜区滨河路与物流四街交叉处,起点桩号为 K2+555.949,上跨东胜南绕城公路,设分离立交(远期改造为互通立交),下穿包神铁路,跨越昆都仑沟,沿三台基川西侧跨越铜匠川铁路专用线、荣乌高速公路、东乌铁路,经田盖石梁、刘家村至乔家壕,于乌拉希里六社西南侧,接康巴什连接线,设互通立交,然后跨越乌兰木伦河,从阿康物流园区东侧穿过,终点与阿康中心物流园区纬一路及机场枢纽工程相接,设置互通立交(互通立交位于机场枢纽工程),主线按高速公路标准建设,为双向 6 车道,预留 8 车道,设计速度采用 100km/h,路基宽度为 44.5m;桥梁设计荷载采用公路—Ⅰ级,设计洪水频率 1/100,大、中桥断面与路基断面形式对应,涵洞与路基同宽。康巴什连接线全长 6.18km,连接线路线起点接鄂尔多斯大街,跨越阿布亥沟,下穿包西铁路,上跨包茂高速公路、东乌铁路,接乔家壕互通,和主线相连接,该段公路长 6.18km。

康巴什连接线按一级公路标准建设,路基宽度 K0+000~K1+400 段按市政道路设计,宽度为 43m,K1+400 至终点段按高速公路设计,路基宽 29.5m。设计速度采用 80km/h,桥涵设计荷载采用—Ⅰ级,设计洪水频率 1/100,大、中、小桥断面与路基断面形式对应,涵洞与路基同宽。

全线占用土地共计 5196 亩,路基土石方共计 11600000m^3,路面工程 1170000m^2,排水工程 21670.2m^3,防护工程 92626.4m^3,大桥 15 座,中桥 8 座,天桥 3 座,涵洞 26 道,停车区 1 处,收费站 2 处。

该项目于 2011 年 7 月 1 日开工建设,计划交工时间为 2015 年底,具备通车试运行条件。该项目采用 BOT 方式建设,初步设计总概算为 25.29 亿元,建设资金来自项目资本金(25%)和国内银行贷款(75%)。

(二)前期工作

根据鄂尔多斯市人民政府 2010 年第一次常务会议,决定修建东胜至阿康中心物流园区高速公路。

1.立项审批、资金筹措

东胜至阿康中心物流园区高速公路建设按照国家《公路建设市场管理办法》认真履行基本建设程序。

内蒙古自治区发改委 2011 年以《关于对鄂尔多斯市东胜至阿康中心物流园区高速公路项目核准的批复》(内发改基础字〔2011〕1312 号)核准立项;

内蒙古自治区交通运输厅2011年以《关于鄂尔多斯市东胜至阿康中心物流园区高速公路两阶段初步设计的批复》(内交发〔2011〕288号)批复初步设计；

内蒙古自治区交通运输厅2011年以《关于鄂尔多斯市东胜至阿康中心物流园区高速公路两阶段施工图纸设计的批复》(内交发〔2011〕742号)批复施工图设计。

该项目初步设计总概算为25.29亿元，建设资金来自项目资本金(25%)和国内银行贷款(75%)。

2. 招投标工作

该项目招标投标工作严格按照《中华人民共和国招标投标法》和《公路工程施工招标投标管理办法》《公路工程施工监理招标管理办法》等法律、法规进行。勘察设计、路基桥涵工程、路面交通工程、房建工程等工程的设计、施工、监理单位均采用国内公开招标方式产生，分别确定1家设计单位、3家监理单位(含总监办)、2家施工单位等参与该项目建设施工。

勘察设计。通过公开招投标，确定内蒙古交通设计研究院有限责任公司为该项目工程勘测设计单位。

施工、监理招标。该项目工程施工、监理全部实行国内竞争性公开招标，择优选择从业单位。巴彦淖尔建科工程招标代理有限责任公司、内蒙古海维建设工程项目管理有限公司及德汇工程管理(北京)有限公司分别为该项目的招标代理。该项目全线分路基桥涵工程施工合同段、路面交通工程施工合同段、房建工程施工合同段和一个总监办、两个驻地办，均进行了公开招标并确定符合要求的单位。项目法人代表分别与中标单位的道路施工、房建施工及监理各单位签订了合同协议书。

3. 征地拆迁

该项目经内蒙古自治区人民政府《关于东胜至阿康中心物流园区高速公路建设项目用地的批复》(内政土发〔2012〕847号)、《关于东胜至阿康中心物流园区高速公路二期工程建设项目用地的批复》(内政土发〔2013〕367号)批复用地面积为1951.728亩。

(三)参建单位

主管单位：鄂尔多斯市交通运输局
建设单位：鄂尔多斯市城投机场高速建设有限责任公司
现场管理单位：鄂尔多斯市城投机场高速建设有限责任公司东胜
　　　　　　　至阿康中心物流园区高速公路建设项目办
质量监督单位：鄂尔多斯市公路工程质量监督站
勘察设计单位：内蒙古自治区交通设计研究院有限责任公司

监理单位:内蒙古公路工程咨询监理有限责任公司(总监办)
　　　　　鄂尔多斯市公路工程监理所(驻地办)
　　　　　中交国际工程咨询有限公司
施工单位:鄂尔多斯市东方路桥集团股份有限公司
　　　　　鄂尔多斯市富琛建筑工程有限责任公司

二、建设项目管理

(一)项目管理机构

东阿高速公路由鄂尔多斯市城投机场高速建设有限责任公司东阿高速公路建设项目办负责建设管理。设项目办主任1名、副主任2名,内设6个机构:计划部、质安部、工程部、综合部、财务部、收费养护部。

(二)项目管理

项目管理依据招投标文件和《中华人民共和国合同法》进行管理。

1.综合管理

为了加强东胜至阿康中心物流园区高速公路工程管理,保证工程顺利进行,做好工程质量、进度、费用三大指标控制,做好合同、信息两大系统及各有关部门的协调工作,提高管理水平,使管理工作规范化、标准化,结合本工程建设特点,由各部门汇集编写成《东胜至阿康中心物流园区高速公路项目管理办法》。

项目办遵循公路建设的有关规范、规定和技术标准,制定项目管理办法,始终围绕质量安全第一,抓好各方面的建设管理工作;主动接受上级主管部门和公路工程质量监督机构的监督检查;严格执行国家财经政策、财务制度、会计制度,接受审计监督;严格执行国家档案管理制度,确保各类资料真实、完善、及时、安全归档;对工程质量、进度、计量、资金、安全生产、廉政建设、水土保持及环境保护等进行管理和监督检查。

2.质量控制

严格质量目标。按交通部颁发的《公路工程质量检验评定标准》和内蒙古自治区交通厅颁布的《内蒙古自治区公路工程质量控制标准》,公路质量等级必须达到部颁优良标准,交工验收合格率100%,竣工验收优良率100%。

建立健全质量保证体系,完善质量管理制度,明确质量责任,全面推行精细化管理,对工程质量进行动态控制,接受政府监督,充分发挥安质部、总监办、驻地办及监理相关人员的作用。

配备认真负责的质检人员,做到各司其职、各负其责。加强工程实施过程的质量检查工作,采取定期检查、中间抽查、重点工序和重点工程部位重点检查的方法,由项目办主持每月进行一次中间质量检查工作(定期检查),并将检查结果书面报送、下发有关单位,对于发现的问题及质量隐患限期处理,工程施工质量全部符合规范要求,无质量事故发生。

通过招标优选高水平、有实力、能负责的施工单位和监理单位,并通过资质检查严把准入关。凡人员、机械设备不符合要求的不允许开工,并要求限期整改。发现不符合施工程序的立即勒令停工,从实力和能力上保证工程质量。同时根据不同施工阶段,适时调动补强相应专业化施工队伍,使其满足工程所需。

多次召开会议,对技术含量高及重点部位施工工艺方案进行专题研究、讨论,对工程质量管理实行奖罚制度,并对施工过程中的工序、工艺进行严格管理。

3. 安全生产管理

为加强该项目的安全生产监督管理工作,使安全生产管理规范化、制度化,坚持"安全第一,预防为主"和"管生产必须管安全"的原则,做到生产与安全工作同时计划、布置、检查、总结和评比,实现该公路建设项目安全生产零事故、零死亡的目标。

4. 环境保护

在该项目的设计方面,依据环保影响评价文件,落实各项生态环境保护措施,将环保投资纳入工程概算;在施工招标文件、合同文件中按照环保影响评价文件,明确了施工单位和监理单位的环境保护责任,将环境保护监理纳入工程监理范围,要求施工单位严格履行环保条约,落实各项环保措施;在工程施工中,尽量减少或避免对周边生态环境的破坏和污染,对沿线视野范围内的取弃土场进行恢复、河道进行疏通,对全线路堑上边坡采用植被进行生态修复,实施生态环保防护工程,取得了良好的效果。

科学管理,坚决遵循"环保水保工程三同时"原则。积极开展项目建设区的环境保护和水土保持工作,由主要领导负责领导与协调,从机构设置、资金保障、人员配备、委托监理监测等多方面对项目环保、水保工作给予支持和引导,形成了三位一体的环保、水保管理、监理、监测的实施管理机构。成立了"环保、水保工作组",制定了指导思想、质量目标、组织原则,完善了组织机构,明确了成员职责,全面负责环水土保持工作的管理与协调,承担项目水土保持方案的落实。

5. 工程造价控制

该项目整个工程建设中,加强专项资金管理,始终注意严格控制建设资金,以合同为依据,以资金管理为主线,做好建设资金的筹集、控制、监督和核算工作,依法、合理、及时筹集和使用资金,严格控制建设成本。严格执行工程合同,合同价即为中标价。加强工程各阶段跟踪审计。积极配合审计部门开展项目建设跟踪审计,委托社会审计机构进行建设工程咨询审计。开展征地拆迁资金使用内部审计,杜绝各种违法违纪行为。

6. 廉政建设

该项目公司与设计、监理、施工等各参建单位都签订了廉政合同,项目实施过程中严格按照廉政合同要求及国家相关法律法规进行各项管理工作,以预防腐败为重点,健全拒腐防变教育长效机制。项目办多次组织各监理单位、施工单位召开党风廉政建设会议,传达上级廉政专题会议精神,部署反腐倡廉工作。

项目办全体员工都签订了党风廉政合同,以强化监督为手段,健全权力运行监控机制,正确认识和对待监督,自觉接受社会各方面的监督。该项目没有发生人员违法、违纪情况,也没有因不廉政被处分或被起诉事件。

(三)变更

(1)按照鄂尔多斯市城市规划要求,为了使东阿高速公路连接线与现有康巴什新区鄂尔多斯大街的断面宽度整体顺畅衔接,将东阿高速公路连接线 K0+000~K1+400 段宽度由 28m 调整为 43m,K1+400~K6+200 段宽度由 28m 调整为 29.5m。

(2)为了满足罕台镇刘家渠附近公路行驶车辆便于上下高速公路的需要及附近居民方便出行要求,在东阿高速公路 K6+835.1 处设置匝道,将高速公路与罕台镇刘家渠公路衔接起来。

三、复杂技术工程

(一)跨包茂高速公路钢箱梁施工

全桥上部结构仅主跨与包茂高速公路有关系,在此 60m 范围内共设置了两个临时支墩,间距 21.2m,需将临时支墩设置在包茂高速公路两侧紧急停车带上,约需占用 60 天。其余部分均与包茂高速公路无太大关系。设置 60m 跨两临时支墩时,首先设置隔离层(以方便日后拆除临时支墩,以及对包茂高速公路紧急停车带路面形成有力保护),在隔离层上施作 C20 混凝土基础,预埋钢板,地脚高强螺栓,方便与临时 $\phi600$ 螺旋管支架连接,临时支墩均设置地锚锚固,防止倾倒,到此形成临时支墩。

全桥共两幅,每幅宽均为 13.5m,左右幅施工方案相同,全桥共分 7 个节段,第一、二、三节段由吊车起吊安装施焊,第四节段即为跨包茂高速公路的 21.2m 节段,两侧安装与包茂高速公路同宽的防护网,防护网高 1m,宽 1m,施焊期间在防护网上铺设防火材料,避免焊渣落到公路上。为不中断交通,本节段拟采用在一、二、三节段箱梁顶设置滑道顶推施工,设置前导梁,后平衡块,在伸出约一半长时由设置在第五节段的两辆吊车接应。中间两临时支墩均设置带葫芦地锚,由专人负责临时支墩的水平位移并及时调整,本节段施工需用时 1 天。第五、六、七节段亦由滑道顶推。

该钢箱形梁桥单幅全长130m,采取"箱梁分段运输、垂直落梁"安装工艺,箱形梁支座跨度35m+60m+35m,计划将该桥单幅箱梁划分为7段(包括端横梁、中横梁)进行现场运输及安装。

(二)康巴什东互通立交

康巴什东互通立交为东胜至阿康中心物流园区段与康巴什至康巴什东段的结点枢纽互通立交,该互通立交位于K22+813.392处,康巴什连接线上跨主线。立交区主线长2300m,被交路长2250m,匝道全长6761.76m,共设桥梁3座。立交形式为半定向半苜蓿叶型。立交区内主线为$R1800$、$R4000$的圆曲线和直线,被交路为地线。匝道最小圆曲线半径为$R65m$。

四、运营养护管理

该项目建成通车后,由鄂尔多斯市城投机场高速建设有限责任公司负责运营养护管理。鄂尔多斯市城投机场高速公路(东阿高速公路)收费站(所)、服务区等设置情况见表8-92。

鄂尔多斯市城投机场高速公路(东阿高速公路)收费站(所)、服务区等设置情况　表8-92

类　别	数　量	名　称	占地面积(亩)
收费站(所)	2	东胜南收费站	60
		乌兰木伦收费站	15
停车区	1	K20+400养护停车区	120

第二十二节　S47宗别立(张家房)至查哈尔滩高速公路

一、项目概况

(一)基本情况

宗别立(张家房)至查哈尔滩高速公路是规划中的张家房至山丹公路非常重要的一段,也是乌巴一级公路与巴吉一级公路联系的重要纽带。

张家房至查哈尔滩高速公路位于贺兰山脉北段,起点位于张家房(乌巴一级公路K66+900处),与乌巴一级公路互通立交相交,途经红旗水库,终点位于查哈尔滩(巴吉一级公路K63+300处),与巴吉一级公路互通立交相交。主线采用双向4车道高速公路建设标准,设计速度(分段限速)80km/h(100km/h),路基合幅路段宽24.5m(分幅路段宽26m);辅道采用双车道三级公路标准,设计速度30km/h,路基宽8.5m。该项目主线建设里程

44.884km，辅道建设里程39.555km，项目批复概算12.19亿元。

全线共设大桥2座、中桥2座、小桥32座、涵洞50道，互通式立体交叉3处。路基土石方408m³，20cm垫层1162×10³m²；32cm底基层1223×10³m²，20cm基层1477×10³m²；6cm沥青混凝土下面层1084×10³m²，5cm沥青混凝土中面层1160×10³m²，4cm改性沥青混凝土上面层1160×10³m²；4cm沥青混凝土面层272×10³m²；设主线收费站1处，匝道收费站1处，服务区1处；全线设波形护栏、隔离栅、防眩网等安全设施。

张查公路2012年3月开工建设，2016年通过交工验收。

(二)前期工作

1. 立项审批、资金筹措

2011年5月4日，内蒙古自治区发改委以《关于宗别立(张家房)至查哈尔滩高速公路项目核准的批复》(内发改基础字2011〔1056〕号)对该项目进行了立项审批；

2011年11月21日，内蒙古自治区交通运输厅以《关于宗别立(张家房)至查哈尔滩高速公路两阶段初步设计的批复》(内交发〔2011〕627号)批复了初步设计；

2014年2月10日，内蒙古自治区交通运输厅以《内蒙古自治区交通运输厅关于宗别立(张家房)至查哈尔滩高速公路两阶段施工图设计的批复》(内交发〔2014〕59号)批复了两阶段施工图。

2. 招投标工作

设计单位招标。宗别立(张家房)至查哈尔滩高速公路建设按照国家《公路建设市场管理办法》认真履行基本程序，按照《中华人民共和国招标投标法》《公路工程施工招标投标管理办法》和《公路工程施工监理招标管理办法》等法律法规进行了工程招投标工作。

施工、监理单位招标情况。依据设计批准的标准和规模，以国内公开招投标的方式进行了土建工程施工及施工监理等工程的招标工作。评标专家均在自治区专家库中随机抽取，评标采用双信封法，评标工作在全封闭状态下进行。2011年12月11日10时开标。评标工作结束后，在内蒙古交通网上进行了公示。最终确定了2家土建施工单位、2家监理单位。项目法人代表分别与各中标单位签订了合同协议书。

3. 征地拆迁

工程建设中征用阿拉善左旗土地5632亩，沿线设置取土场、弃土场、砂砾料场，改迁通信光缆及电力设施。在阿拉善盟交通运输局和盟行署的指导下，在阿拉善左旗政府等相关部门的鼎力相助下，圆满完成了征地拆迁任务。

(三)参建单位

主管单位：阿拉善盟交通运输局

建设单位:阿拉善盟天创公路建设有限公司
现场管理单位:张查高速项目现场指挥部
质量监督单位:阿拉善盟公路工程质量监督站
勘察设计单位:内蒙古交通设计研究院有限责任公司
监理单位:北京正立监理咨询有限公司
　　　　　山西协力公路工程监理有限公司
施工单位:江西省宜春公路建设集团有限公司
　　　　　内蒙古新大地建设集团股份有限公司

二、项目管理

(一)项目管理机构

阿拉善盟天创公路建设有限公司通过阿拉善盟行署投资人招标取得该项目的建设经营权,以 BOT 方式建设、经营张家房至查哈尔滩高速公路项目。

根据项目建设需要,2012 年 3 月阿拉善盟天创公路建设有限公司以《关于成立张查高速项目现场指挥部的通知》(2012 年第 1 号),组建了张查高速公路工程现场指挥部,指挥部设主任 1 名、总工程师 1 名,内设"四部一室":工程质检部、计划合同部、财务审计部、综合部和中心试验室。

工程技术部主要负责施工过程中的现场管理,质量检查部主要负责工程实体质量的检查,计划合同部主要负责合同履约、工程计量,综合部主要负责征地拆迁、社会协调,财务部主要负责工程款支付和工程结算。在巴吉一级公路建设经验的基础上,管理重点以加强现场安全、质量、进度为主,增加了多名专业工程师现场管理,具体负责张查高速公路工程建设项目管理工作。

(二)项目管理

1. 质量控制

在工程建设中建管办始终将质量工作作为重中之重,把工程质量管理作为头等大事,严格实行四级质量保证体系,建立健全严格的质量责任追究制度,使工程质量得到了良好的控制。

夯实工程质量管理基础。建立健全"政府监督、法人管理、社会监理、企业自检"四级质量保证体系,为质量管理奠定组织保证。工程建设初期,专门设立质检部负责质量管理具体工作,强化施工过程的质量控制,推行标准化施工,突出抓原材料、隐蔽工程、关键工程质量管理,增加施工现场巡查、抽检频率,按照质量责任分工,逐层逐级落实工程质量负责制。

有效发挥总监办作用。充分发挥总监办的作用,加大中间检查力度,为提高工程质量提供准确可靠的数据,有效保证了工程质量。实行标准试验许可制。

加大对不合格工程的惩处力度,对不合格工程进行返工处理,通过提高分部分项工程的质量把控,为整个项目的工程质量验收奠定了良好基础。

强化现场管理,提高路面施工质量。组织全线路面监理、施工单位对已铺筑的水泥稳定砂砾底基层缺陷进行参观,并召开了路面底基层施工缺陷专项治理论证会,制定了水稳基层强制性施工工艺标准,进一步提高了水稳基层的施工质量。

2. 安全生产管理

全线参建单位都成立了安全生产管理机构,明确了项目负责人为安全生产管理第一责任人。切实将安全生产法律法规、技术标准落实到工程项目施工当中的各个环节,全面夯实安全工作基础,做到施工现场安全防护标准化、场容场貌规范化、安全管理程序化,并提高现场文明施工水平。为了确保人民群众的生命和财产安全,该项目始终秉承"以人为本"的理念,贯彻"安全第一、预防为主"的方针,坚持"警钟长鸣,防患于未然"的原则,通过层层签订安全责任状、设置专职安全员、加大安全生产检查力度,避免了安全责任事故的发生,为顺利完成安全生产管理责任目标提供了有力的保障。

3. 工程进度控制

在工程组织中,抓住影响工程进度的几个关键因素,突出关注开工条件、进度计划、计划调整等问题,注重抓好开工准备、进度安排、计划调整,做到未雨绸缪。

注重进度管理的严肃性。为了防止施工计划与实际进度相脱节,采取召开进度计划审批论证会议的方式,提高进度管理意识,强化进度管理的严肃性。通过论证会,让管理人员了解制订进度计划的必要性、科学性和合理性,进而优化资源配置,使计划切实可行。

对工程进度进行动态监控。建立月报和旬报制度,及时掌握工程进度,实施动态监控。根据工程实际情况,及时召开生产调度会、工地例会,将全年整体进度计划分解到了月、旬,并严格执行和实施进度计划。分析当月生产形势,总结好经验、好做法,迅速解决工程建设中存在的问题,安排部署阶段性施工任务,使工程建设梯次有条不紊地推进。

4. 工程变更

为了进一步完善设计,减少施工过程中的设计变更,降低运营阶段的养护工作量,注重开工前现场调查,提前完善设计。在实体工程施工前,该项目组织设计代表、监理人员、施工单位技术人员对全线结构物位置进行详细的技术调查,对设计上的不足进行了完善。

5. 工程造价控制

在内蒙古自治区交通运输厅与阿盟交通运输局的共同监控下,在建管办、总监办、驻地办全体人员全过程监督管理下,严格按照设计图纸、技术规范和合同组织施工,使该项目工程造价控制在批准概算内。

6. 廉政建设

廉政建设工作是工程项目执行过程中的又一项重要工作,在注意加强公路工程建设项目管理的同时,建管办也注意加强干部管理工作,并制定相关廉政规定,内容涵盖面广,以人民利益为出发点开展工程项目建设工作,由内而外加强廉政建设,明确提出了惩治腐败的条例、措施,为项目建设从根本上杜绝腐败提供了有力的制度保证。

7. 环境保护

张查高速公路位于国家自然保护区贺兰山周围,加强环境保护显得尤为重要。项目办针对沿线生态环境脆弱的实际,倡导文明施工、环保施工,制定了文明工地建设标准,提出了严格的要求,规定了施工车辆行驶路线,严禁车辆随意穿越草原,要求所有参建者及时处理生活垃圾,及时恢复取弃土场,每个取弃土场只允许开通一条便道。在施工结束后,及时回填取土坑,适时修整弃土堆,妥善处理施工垃圾,做到公路建设与生态环境保护的和谐统一。

三、运营养护管理

该项目建成后,由阿拉善盟天创公路建设有限公司负责运营养护。S47 宗别立(张家房)至查哈尔滩高速公路收费所站、服务区设置情况见表 8-93。

S47 宗别立(张家房)至查哈尔滩高速公路收费站(所)、服务区设置情况　　表 8-93

类　别	数　量	名　称
收费站(所)	3	张家房收费所、本井收费所、查哈尔滩收费所
服务区	1	阿日善服务区

第二十三节　S54 乌兰察布市集宁东绕城高速公路

一、项目概况

(一)基本情况

乌兰察布市集宁东绕城高速公路是内蒙古自治区高速公路网规划中的一条环线,它将东西走向的 G6 京藏高速公路、G7 京新高速公路和南北走向的 G55 二广高速公路及省际通道等干线公路网相互连接。该项目的建设,对于加快实施自治区高速公路网规划,完善自治区干线公路网以及集宁区周边公路网,疏导和分流过境车辆,缓解乌兰察布周围的交通压力都具有非常重要的意义。

该项目位于内蒙古乌兰察布市东部,呈东南—西北方向,主线起点位于察右前旗刘家村东南,接 G7 京新高速公路土城子互通预留接线点(桩号 K74+420),向北依次与 G6 京藏高速公路以互通连接,与 110 国道以分离立交连接,与连接线以玫瑰营互通连接,与集商公路以集商互通连接,与 208 国道以分离立交连接,与 G55 二广高速公路以枢纽互通连接(桩号 K320+896),终点止于集宁区三岔口村北侧。主要控制点:G7 高速公路土城子互通、张集铁路、土城子村、后毛店地、庞家村、玫瑰营、新建、望爱、弓沟、庞家梁、集二铁路、三岔口。连接线起点位于应急通道(K20+400),终点和集宁工业园区道路相接,主要控制点:玫瑰营互通、泉脑子村、集宁工业园区。

主线全长 28.443km,连接线长 10.036km。主线采用双向 6 车道高速公路技术标准,设计速度 100km/h,路基宽 33.5m,沥青混凝土路面,桥涵设计汽车荷载等级为公路—Ⅰ级。连接线采用一级公路技术标准,设计速度 80km/h,路基宽 24.5m,沥青混凝土路面,桥涵设计汽车荷载等级为公路—Ⅰ级。

主要工程量:路基土石方 7070000m³,特大桥 1213m/1 座,大桥 1743m/11 座(包括玫瑰营互通、集商互通跨线桥各 1 座,分离立交桥 1 座,天桥 1 座),中桥 474m/6 座(包括玫瑰营互通跨线桥 1 座,分离立交桥 2 座,天桥 1 座),小桥及通道 548.5m/29 座,涵洞及通道 27 道,互通式立交 1 处,服务区 1 处,匝道收费站 2 处,养护工区 1 处。

该项目于 2011 年 7 月开工建设,2016 年 8 月 25 日通过交工验收,具备通车试运行条件。

(二)前期工作

1. 立项审批、资金筹措

内蒙古自治区发展和改革委员会以《关于乌兰察布市集宁东绕城公路工程可行性研究报告的批复》(内发改基础字〔2011〕919 号)对项目工可研进行了批复,以《内蒙古自治区发展和改革委员会关于乌兰察布市集宁东绕城公路工程可行性研究补充报告的批复》(内发改基础字〔2013〕477 号)对项目的可行性研究补充报告进行了批复;

内蒙古自治区交通运输厅以《关于集宁东绕城公路两阶段初步设计的批复》(内交发〔2011〕251 号)对项目的两阶段初步设计进行了批复,《内蒙古自治区交通运输厅关于集宁东绕城公路两阶段初步设计补充设计的批复》(以内交发〔2014〕181 号)对项目两阶段初步设计补充设计进行了批复;

内蒙古自治区交通运输厅以《内蒙古自治区交通运输厅关于集宁东绕城公路两阶段施工图设计的批复》(内交发〔2013〕268号)对项目的施工图设计进行了批复,以《内蒙古自治区交通运输厅关于集宁东绕城公路两阶段施工图设计补充设计的批复》(内交发〔2014〕548号)对项目的施工图设计补充设计进行了批复。

该项目初步设计总概算26.40亿元,建设资金来源为35.8%的资本金,其余为国内银行贷款。

2. 招投标工作

该项目招投标工作严格按照《中华人民共和国招标投标法》《公路工程施工招标投标管理办法》和《公路工程施工监理招标管理办法》等法律、法规进行。勘察设计、土建工程、房建工程、交通工程、机电工程的设计、施工、监理单位均采用国内公开招标方式产生,分别确定了2家设计单位、3家设计咨询单位、3家监理单位、2家土建施工单位和3家其他工程(交安、机电、房建、大棚)共13家单位参与该项目建设。

3. 征地拆迁

依据乌兰察布市人民政府市长办公室《关于研究加快集宁东绕城高速公路建设项目征地拆迁有关事宜会议纪要》(乌政府办〔2011〕28号),内蒙古高等级公路建设开发有限责任公司和乌兰察布市人民政府于2011年5月10日签订了《集宁东绕城高速公路工程项目建设管理委托协议书》。国土资源部以《国土资源部关于集宁东绕城高速公路工程建设用地的批复》(国土资源函〔2015〕347号)批准建设用地3028.6335亩,支付费用9106.40万元。

(三)参建单位

主管单位:内蒙古自治区交通运输厅
　　　　　乌兰察布市人民政府
建设单位:内蒙古高等级公路建设开发有限责任公司委托乌兰察布市人民政府进行
　　　　　建设
现场管理单位:乌兰察布市集宁东绕城高速公路建设管理办公室
质量监督单位:内蒙古自治区公路工程质量监督站
　　　　　　　乌兰察布市公路工程质量监督站
勘察设计单位:内蒙古交通设计研究院有限责任公司
　　　　　　　中国公路工程咨询集团有限公司
施工单位:内蒙古新大地建设集团股份有限公司(土建工程)
　　　　　乌海市公路工程有限公司

河南中天高新智能科技开发有限责任公司(机电)

河南华安建设有限公司(房建工程)

中国二冶集团有限公司(收费大棚)

监理单位:江西省赣西公路工程监理有限公路(总监办)

赤峰天宇交通监理有限公司(监理Ⅰ标)

内蒙古公路工程咨询监理有限责任公司(监理Ⅱ标)

二、项目建设

(一)项目管理机构

项目由内蒙古高等级公路建设开发有限责任公司投资建设,委托乌兰察布市人民政府组织实施。内蒙古高等级公路建设开发有限责任公司与乌兰察布市人民政府签订了《项目建设管理委托协议书》,按照协议,乌兰察布市人民政府成立了集宁东绕城公路建设管理办公室。

(二)项目管理

项目管理依据招投标文件和《中华人民共和国合同法》进行管理。

1. 综合管理

集宁东绕城高速公路建设管理办公室对项目进行具体管理,由各部门汇集编写成《集宁东绕城高速公路工程管理办法》,于2011年7月起实施。在施工过程中各部门也颁布了相关的文件并实施,具体有综合管理情况、质量与安全生产、环保与土地、廉政建设、资金与审计以及档案管理等方面。

2. 质量控制

项目办按照项目建设程序和精细化、标准化管理的要求组织集宁东绕城公路的建设。实施过程中通过"政府监督、法人管理、社会监理、企业自检"的四级质量监控体系确保工程质量,形成业主、监理、承包人齐抓共管的质量管理体系。

通过招标择优选取了高水平、有实力、负责任的施工单位和监理单位,并通过资质检查来把准入关。从施工工序上严格把关,施工过程中根据工程特点及时调整分配人员和机械设备,及时补充适合工程特点的机械设备和人员,同时严格按合同办事。

加大过程的检查力度。内蒙古高等级公路建设开发有限责任公司、建管办定期或不定期检查,把工程质量控制在每个过程、每个细节中,发现问题及时处理,预防质量事故的发生。

聘请专家为路面工程施工及管理的技术顾问,对路面混合料的施工配合比进行计算和验证,并现场指导施工,使路面工程施工质量达到质量要求标准。

建管办制定了质量管理办法、施工质量控制要点、建设管理目标和试验检测管理办法。在质量管理过程中,建立了质量责任制,建立质量责任备案登记表,对建管办各部门负责人、设计单位主要设计人员、监理单位、施工单位人员根据各自职责进行责任备案登记,确保体系运行正常。建立分项工程质量责任卡制度。对现场关键工序施工管理不到位、不进行抽检、发现质量隐患不加以制止、不作为的施工技术主管和监理人员进行现场责任签单,签单两次以上者,直接责令公司对该人员进行更换或清退。对好的施工工艺组织进行现场观摩与交流学习。对工地试验室进行不定期检查。

建管办通过日常巡查,首先了解监理人员及主要工程技术人员现场到位情况,尤其是隐蔽工程、重要工程部位、重要工序及工艺,旁站监理和工程技术人员必须坚守岗位,否则按质量责任卡制度规定进行处罚,确保施工过程始终处于受控状态。

3. 安全生产

建立健全安全生产责任制,严格落实责任追究制度。建立健全"一岗双责"安全生产责任体系,把安全生产责任落实到项目建设管理的每个环节。

加强监管,做好重点时段、重点部位和关键环节的监督管理,检查与整改相结合,检查与责任落实相结合,消除事故隐患。进一步加强施工起重机械的管理,现场派专人指挥起重作业,确保万无一失。

强化安全责任落实,加强安全生产管理建设。安全生产及保卫工作坚持"一把手负总责"的原则,定期召开安全生产调度会议,听取汇报,研究安全生产存在的问题,并做出相应决策,采取整改措施,针对施工一线群众举报、投诉的安全隐患认真受理,及时处理,将安全隐患、事故苗头消灭在萌芽状态。

加强对施工单位、现场施工人员特别是对民工进行安全生产岗位培训和宣传教育,特殊作业人员持证上岗。配备专职安监人员,加强警示标志管理,建立安全检查台账。项目部每月至少进行一次安全检查。

安全员及安全分管领导不定期对现场进行巡查,对于存在的问题及时督促整改,保证整改到位。进一步完善安全生产事故应急预案,确保预案具有可操作性,提高应急反应能力和应急救援能力。定期、不定期地进行安全生产专项检查。针对检查过程中发现的安全隐患,提出整改意见,并督促检查整改落实情况。

从管理上做到人人抓安全、时时抓落实。努力把安全隐患消除在萌芽状态。项目在工程施工期间做到了"安全零事故",未发生安全事故。

4. 工程进度管理

首先对工程进度进行科学管理,确保工程如期完工,使项目不因延期而增加费用。施工单位编制了总体施工组织设计,经驻地监理、总监办审核后,建管办进行了审批,建管办编制下达了工程项目施工总体控制性计划及年度进度计划。

按照集宁东绕城公路建设管理办法,施工单位每月末(25日前)编报下月施工作业计划,经监理单位审核后报建管办,建管办审核后下达全线月进度计划。根据工程进展情况,工程进度管理实行日、旬、半月和月报制度。

为加强对保证进度措施的落实监督,督促施工单位按计划完成各项工程,建管办每月对工程进度进行检查,对未按计划完成的各项工程进行分析,找出差距,提出加快进度的措施和方法。要求施工单位及时调整施工组织计划,合理调整下月进度计划,确保各项工程按计划实施。

在工程实施过程中,建管办加紧对施工单位主要人员和机械设备进场情况的管理,确保形成综合配套施工能力,在投标承诺的设备到位的情况下,根据实际进度,督促施工单位增加设备,尽快推进施工进度。

在加快进度方面,建管办以简报的形式对工程进展情况进行通报,尤其是对总体工程进度有影响的构造物及高填方工程,同时,对存在的问题也予以通报。通过此种方式,有效促使施工单位按计划完成施工任务,推动了工程有序进行,同时工程中存在的问题得到了及时的解决。

建管办倒排总体工期计划,施工单位按照总体施工计划,对剩余工程重新进行施工组织设计、计划,并把计划细化至分部、分项工程,甚至细化到每一根桩基。按照细化的工程科学安排足够的人员、机械、设备组织施工,这在一定程度上推进了工程的有序进行。

5. 工程造价控制

集宁东绕城公路工程项目工程管理办法中制定了计量支付和工程变更程序及办法。工程计量严格按照计量规则进行计量,按照计量支付程序层层把关,对存在质量隐患和问题的工程不予计量,对不满足计量条件的工程不予计量。并对每月计量工程内容进行现场核实,使每期计量工程及费用真实可信。对于工程量清单支付项目按照数量乘单价计算,对于工程量清单以外的项目如动员预付款、材料设备预付款等严格按照招标文件有关规定进行支付。工程变更严格执行内交发〔2009〕571号文相关规定。集宁东绕城公路工程管理办法中对工程变更的程序、审批等作了明确的规定,尽可能科学、合理地控制造价,完成合同目标。对于工程造价的控制上主要体现在:

一是注重合同变更,特别是施工过程中发生的现场签认与设计变更的管理,建立完善的变更审查审批制度,手续不完善的签证不予认可。同时科学合理计算工程变更费用,努力使工程变更费用控制在合理水平。

二是工程计量严格按照计量规则进行,按照计量支付程序层层把关,对存在质量隐患和问题的工程不予计量,对不满足计量条件的工程不予计量。并对每月计量工程内容进行现场核实,使每期计量工程及费用真实可信。建立了计量台账,确保不发生漏计和重计。

三是委托第三方有资质的造价咨询公司,对项目工程量清单修正过程中新增细目单价进行审核确定,并全面审核工程量清单修正结果。

四是严格执行工程合同。在合同履行过程中,通过有关合同条件,将合同与各方的投资工作密切联系起来,促进投资工作的开展和投资控制目标的实现。施工过程中,施工单位严格按照设计图纸进行施工,监理单位严格按照合同履行职责,设计单位按照合同派驻了设计代表。

五是针对土地征用及征地拆迁补偿资金"专款专用"政策性强的特点,开展征地拆迁资金内部审计,杜绝各种违法违纪行为,确保征迁资金准确到位。

六是从财务制度上,严格按照《中华人民共和国会计法》及《高速公路建设资金管理办法》的要求,同时结合《公路工程建设项目财务管理、会计核算暂行办法》的精神,制定财务管理、会计核算实施的细则。建管办和开户银行、施工单位签订了资金使用三方监管协议,并对支付的工程款流向进行跟踪,严格按照请拨款制度进行拨款。

七是在项目建设过程中遵守国家有关工程审计制度,配合国家有关部门开展工程审计工作,建管办积极配合审计机关对项目建设的跟踪审计。

6. 廉政建设

该项目从招投标到工程建设全过程中,始终高度重视廉政建设工作,以制度建设为核心,健全拒腐防变制度体系,着重从工程建设、组织建设、制度建设和作风建设几个方面入手开展廉政建设工作。同时加强合同管理,与监理单位、施工单位签订了廉政合同,在工程建设中实行双合同制。把廉政建设和工程质量、进度一起落实、一起考核,有力地保证建设资金安全有效地使用,为工程建设提供良好的政治环境,保障了工程建设顺利进行。在项目实施过程中,项目廉政建设领导小组从班子做起,从自身做起,对抓好反腐倡廉工作保持十分清醒的认识,切实把党风廉政建设列为重要议程,并逐步引向深入。具体做法:在建管办组织机构中派驻纪检特派员,对项目建设过程中的廉政建设工作进行全面监督。该项目严格执行交通基础设施建设"双合同"制度,并在项目实施过程中对廉政合同执行情况进行监督检查。严格执行交通建设项目"十二公开"规定,开展领导干部廉政教育,努力打造"阳光工程",提高党员干部拒腐防腐能力。加大在资金拨付、工程计量、设计变更和质量监督过程的监督力度,拒绝权钱交易事件的发生,接受社会和群众的监督。

(三)变更

元代集宁路古城遗址位于内蒙古乌兰察布市察右前旗巴音塔拉乡土城子村,北邻

110 国道,南靠黄旗海,西距乌兰察布市集宁区 12km。2011 年 9 月,国家文物局批复同意集宁路古城遗址考古项目立项。乌兰察布市委、市政府决定依托集宁路古城遗址新建一处特大型文化产业园区,面积 22km²,构建乌兰察布市文化产业发展新的增长点,以此发展和拉动乌兰察布市经济,提升城市品位,促进文化旅游和相关产业发展。

集宁东绕城高速公路起点接 G7 高速公路 K76+500 处预留土城子互通,中间跨越 G6 京藏高速公路、国道 110 线(一级)、X554 线、集商线二级公路及国道 208 线(二级),终点与 G55 高速公路 K320+896 处相接。该项目途经巴音塔拉镇土城子村,穿越文化产业园区规划建设区域,这成了制约文化产业园区规划建设的主要因素。

原设计集宁东绕城公路穿越文化产业园区段采用的是高填方路基方案,上跨 G6 京藏高速公路部分为 7 孔 50m 大桥,跨越 110 国道部分为 4 孔 25m 桥梁,该方案严重影响了集宁路遗址文化产业园区的整体方案实施。另外,G6 京藏高速公路穿越集宁路遗址核心区,为了保证园区日后的出行,乌兰察布市文化局经研究后同意在此处设置特大桥,同时在 G6 京藏高速公路与在建的集宁东绕城公路交叉处设置互通。因此,对集宁路遗址段 2.3km 范围内进行了补充设计。补充设计取消了原设计跨 G6 京藏高速公路的 7 孔 50m 大桥和跨 110 国道的 4 孔 25m 大桥,将跨 G6 京藏高速公路和 110 国道设计为 1212.52m 主线跨线桥;取消了原设计的巴音互通(与 110 国道互通),于 G6 京藏高速公路设置了集宁路遗址全苜蓿叶枢纽互通。该段重新编制了补充可行性研究报告、初步设计文件和施工图设计文件,并分别进行了补充批复。集宁东绕城原批复概算 22.9942 亿元,核增概算 3.4096 亿元,项目核准总概算 26.4038 亿元。集宁路遗址段落(K2+800~K5+100 段)建设工程施工、监理均重新进行了招标。

三、复杂技术工程

(一)集宁路遗址互通

此互通的设置通过集宁东绕城公路实现 G6 京藏高速公路与 G7 京新高速公路的交通转换,互通形式采用全苜蓿叶型。互通区内共设了 8 条匝道,主线、G6 各设置了两条集散车道,匝道均为单向单车道。互通区内主线设特大桥 1 座,涵洞 1 道。被交道 G6 有 5 座小桥加宽。G6 北侧匝道均采用桥梁形式与之衔接(C、D、G、H 匝道),G6 南侧匝道(A、B、E、F 匝道)为保证集宁路遗址文化产业园区通行需求及绿化排水需要均设置了 3×20m 中桥。主线左右集散车道分别设置了 G6 跨线桥。匝道及集散车道上部结构均为现浇混凝土。

受互通集散车道桥与主线桥衔接处分叉以及跨越 G6、G110 的距离要求,以及原有已经施工桥梁的约束,同时考虑集宁路遗址产业园区景观设计的需要,主线桥单孔孔径定为

50.4m。主线跨线桥共设计为十联、25孔,桥梁长度1212.52m。其中有一联为3×35m预制小箱梁,一联为1×41.12m现浇箱梁,其余八联均为跨径为50.4m的现浇箱梁。主线桥上部现浇箱梁采用单箱多室横断面的预应力混凝土箱形连续梁,梁高2.7m、3m。

集宁路遗址互通设计特点主要是上部结构有6处变宽分岔现浇箱梁,5处变宽现浇箱梁,2处"梯"形块现浇箱梁,这些在交叉连接处宽度变化且带曲线的异形箱梁上部构造复杂,内力分布不均匀,空间受力复杂,除承受弯矩、剪力外,还承受较大的扭矩和翘曲力矩的作用,空间相应也很复杂,常会发生面内、面外和扭转变形,结构受力分析比等宽直线桥梁复杂得多。

集宁路遗址互通的有效施工期只有9个月,面对192290m³混凝土和绑扎钢筋25137t的巨大工程量,从科学进行施工组织的设计、制订详细的施工计划入手,把工程量细化到每一根桩基、每一个墩柱、每一跨梁上,在建设过程中主要采取了以下措施:

一是该工程桩基总计637根,平均每根桩基长75m。施工过程中在保证工程质量的前提下,施工单位严格控制每根桩的成孔及浇筑时间,科学调动机械和人工,极大地提高工作效率。

二是互通桥上部结构箱梁现浇混凝土54000m³,支架的搭拆、周转成为保证工程进度的重要因素之一。如果继续沿用碗扣式支架,约需要6万t支架,大量的支架无论在运输、安装、周转上都将对工程进度产生影响。因此,施工单位对新型的盘扣式支架进行调研,经对以上两种支架的多方面比对论证,确定使用盘扣式支架组合,在稳定性和安全性上满足承受力的要求,而且安装、周转速度快,取得了良好的效果。

三是主线桥在第2跨、第3跨跨越G6京藏高速公路,第24跨跨越国道110一级公路。施工期间G6京藏高速公路、国道110一级公路被跨越段均未封闭交通,维持原交通车辆正常通行。为了保证G6通行安全,经内蒙古高等级公路建设开发有限责任公司批准,施工期间采取了交通管制方案,保证了被交道路上车辆的安全行驶。

(二)三岔口互通

该项目与G55二广高速公路以枢纽互通相交,在互通范围内K28+092.33处与铁路设置8~40m装配式预应力T梁桥(先简支后连续),梁高2.5m,下部结构采用桩柱式墩、肋式台,钻孔灌注桩基础。互通设有A、B、C、D四条匝道:A匝道桥共6联,28孔,桥长680m,单向双车道;B匝道桥共4联,23孔,桥长491.28m,单向双车道;C匝道桥共2联,8孔,桥长187m,单向单车道;D匝道桥共5联,23孔,桥长474.7m,单向单车道。

A、B、C、D匝道上部结构全部为部分预应力现浇箱梁,采用满堂支架现浇施工。主要措施如下:

一是三岔口地质情况差距比较大,从铁路桥至A、B主匝道分开处地质情况为山坡坚石。通过计算,混凝土硬化以后可以搭设高空作业架,分台阶搭架,一层一层找平。从A、B主匝道分支出D、C匝道通往终点处,所有地质都为软地基。通过计算,必须进行换填硬化后方可搭架。桥梁基础施工结束后,地面以上的墩柱也都采取单柱围绕搭架,这样既能保证质量又能安全施工。

二是进场大量的脚手架都需要严格的检查,对于不符合要求的坚决剔除。搭设脚手架应选择同一种材料,不能钢木混搭,节点处必须用锁扣锁牢,立杆需垂直放在金属底座上,并在立杆底部加扫地杆用扣件扣牢。立杆和大横杆的相邻接头都应错开,节点处设置小横杆,拆除脚手架时小横杆不能拆。作业时,操作层下部应留有一层脚手板,防止人、物高处坠落。二部架以上应设两道护身栏杆,脚手架应沿墩柱周围连续、同步搭设,形成封闭结构。如因条件所限不能封闭时,应在脚手架尽端设置连杆墙,以增加脚手架稳定性。

三是在高空作业面周围,应设置好安全网、防护栏等防护措施。

四、新技术应用

盘扣式支架在集宁路遗址补充工程中的应用。现浇箱梁结构承重支架施工,历来是建筑行业中成本投入、风险和难度较大的分项施工内容。从最简易的竹木支架、扣件式钢管支架到当前主流的碗扣、盘扣支架,承重支架经历了一个漫长的发展演变历程,始终朝着更安全、更经济的方向不断进步。集宁东绕城高速公路补充工程现浇箱梁施工引进了当前内蒙古公路建筑领域先进的盘扣式支架施工方法。通过与该项目三岔互通桥梁碗扣式支架施工的各项经济技术指标的比对,采取盘扣式支架施工具有材料用量少,搭建拆除用时短,周转速度快,投入人力、机械设备少,材料损耗率低,整体稳定性高,安全性高的优点。盘扣式支架结构特点:一是布设间距跨度大、材料用量少。盘扣支架立杆间距横桥向分别为1.5m、1.2m和0.9m,纵桥向均为1.5m;竖向步距为1.5m。为提高架体整体刚度,另以普通钢管搭设四道水平剪刀撑。二是单位架体用钢量少、便于运输。盘扣式支架每平方米的用钢量为20kg,而碗口式支架每平方米的用钢量为25kg。盘扣式支架用钢量少、自重小、便于运输且运费低。三是使用费用低。使用盘扣支架,材料损耗率极低,材料二次利用率高;盘扣式支架密度小,材料用量少;接头少且多为插件式安装,架体宽度小,搭建投入人力少。四是搭建速度快、周转率高。盘扣式支架搭设每工日完成$60m^2$,碗扣式支架每工日完成$30m^2$;拆除支架盘扣式每工日完成$70m^2$,碗扣式完成$40m^2$。五是盘扣支架结构合理,支架承载力强,荷载传递清晰,易于控制。六是盘扣支架表面镀锌,外形美观,不易锈蚀,安全性更有保证。

盘扣支架优点已经在实践中得到验证,通过在本项工程应用和对比分析,综合考虑材料、人工、损耗、运费后,发现盘扣支架使用成本更低。

五、运营养护管理

该项目建成后交由内蒙古高等级公路建设开发有限责任公司乌兰察布分公司负责运营养护管理。S54 集宁东绕城高速公路收费站(所)、服务区等设置情况见表 8-94。

S54 集宁东绕城高速公路收费站(所)、服务区等设置情况　　　表 8-94

类　别	数　量	名　称	占地面积(亩)
收费站(所)	2	玫瑰营收费站	150
		集商收费站	10.5
服务区	1	集宁东服务区	

附　录
内蒙古高速公路大事记

1992 年

10月10日，自治区政府副主席宋志民带领交通厅厅长郑长淮、副厅长王长聚及有关处室负责人到交通部商请呼包高速公路（一幅）、呼集汽车二级专用公路等"八五"交通发展事宜。交通部部长黄镇东专门从两会中抽出时间听取了内蒙古的情况汇报，黄部长等领导对自治区的优惠政策感到满意，表示支持呼包高速公路建设。

11月27日，交通部批复呼和浩特至包头高速公路（一幅）建设计划。

12月23日，自治区公路建设领导小组成立，组长宋志民（自治区副主席），副组长刘珍（自治区政府副秘书长）、郭明伦（自治区政策调研室副主任）、郑长淮，成员包括有关盟市、厅局及银行、军区的负责同志。领导小组下设办公室，办公室设在交通厅，由郑长淮兼任办公室主任。

1993 年

6月30日，内蒙古自治区第一条高速公路——呼和浩特至包头高速公路（一幅）开工建设。自治区政府主席乌力吉、副主席沈淑济等领导参加公路开工典礼仪式。路线长148.66km。

6月，内蒙古自治区公路监理公司成立。

1994 年

4月5日，由内蒙古公路工程监理公司举办的呼包高速公路施工监理岗前培训班，历时15天，在察素齐结束。自治区交通厅厅长郑长淮和副厅长冯世泽分别在开学典礼和结业典礼上讲话。

1995 年

5月16日，经自治区编制委员会批复，内蒙古自治区交通征费稽查局成立，属自治区交通厅直属事业单位。盟市设交通征费稽查分局，旗县设交通征费稽查所。同时撤销自治区交通厅征费稽查处。

9月25日，自治区交通厅研究决定：除呼包高速公路外，续建、新开工的重点公路建设项目的管理由原自治区重点公路建设指挥部统一调整到自治区公路局。

1995年末，交通厅党组研究制定了全区交通系统精神文明建设"九五规划"和2010

年远景规划。

1996 年

1月4日,根据自治区交通厅制定的"九五"发展规划,内蒙古交通报发表题为《起好"九五"第一步》的社论。提出"按照自治区到2000年建设'三横九纵十二出口'的公路发展总目标,'九五'期间要新建二级及以上公路800km;到2000年末,全区公路总里程达到46000km。"

3月18日,全区交通工作会议在呼和浩特市召开。内蒙古自治区党委副书记、自治区常务副主席王占出席会议,内蒙古自治区党委副书记、自治区副主席沈淑济,自治区人大常委会副主任刘作会出席会议并做重要讲话,会议由自治区政府副秘书长崔国柱主持。自治区交通厅厅长郝继业受自治区人民政府委托向大会作题为《抓住机遇、加快发展、为全面完成自治区两大历史任务提供交通保障》的工作报告。

9月27日,内蒙古自治区党委书记刘明祖、副书记王占,自治区副主席沈淑济等领导在自治区交通厅厅长郝继业的陪同下视察呼包高速公路,并作重要指示。

9月,《1991—2020年内蒙古自治区干线公路网规划》通过评审。根据规划,到2010年,自治区"三横九纵十二出口"公路网布局的公路将全部建成,二级及以上公路将达到4238km,占公路总里程的28.2%。

10月18日,内蒙古自治区主席乌力吉在自治区交通厅厅长郝继业等人的陪同下,视察呼包高速公路。晚9点,呼包高速公路黑色路面全线贯通。

10月,内蒙古自治区公路工程质量监督站成立(副处级事业单位)。

11月15日,内蒙古自治区人大常委会主任王群在自治区交通厅厅长郝继业等人的陪同下,视察已全线贯通的呼包高速公路。

1996年,全区公路建设投资达到9亿元。全年新增公路里程9991km。公路总里程达到45744km。全年公路养护共投入资金34860万元,同比增长33.9%,公路平均好路率达到43.2%,干线好路率达到45.1%。

1997 年

1月17日,内蒙古自治区交通厅召开新闻发布会,厅长郝继业就自治区公路建设,特别是呼包高速公路及乡镇公路的建设情况回答了记者的提问。

7月3日,《中华人民共和国公路法》公布,自1998年1月1日实施。内蒙古自治区交通系统认真学习《中华人民共和国公路法》。

7月8日,呼包高速公路(一幅)通车试运行。自治区领导刘明祖、王占、彭翠峰、刘作会、沈淑济、格日勒图参加庆典仪式并剪彩,自治区交通厅厅长郝继业主持典礼仪式。呼包高速公路(一幅)全长150.4km。

8月9日,《呼和浩特公路主枢纽总体布局规划》通过专家审查。

12月11日,内蒙古自治区世界银行贷款公路项目国道210线包头至东胜段、国道208线白音察干至丰镇段顺利通过预评估。

12月29日,经自治区编委内机编发〔1997〕第99号文件批复,同意成立内蒙古自治区公路贷款项目服务中心(相当于处级事业单位)。

1997年,全区公路建设投资达到14.8亿元。全年新增公路里程4248km。公路总里程达到49992km,公路密度达到4.24km/100km²。全年公路养护共投入资金3.9亿元,公路平均好路率达到47.3%,干线好路率达到51.7%。

1998年

7月17日,全区公路建设紧急工作会议在呼和浩特市召开。自治区副主席沈淑济出席会议并作重要讲话,自治区交通厅厅长郝继业作报告。为确保自治区经济增长10%的目标,1998年,自治区公路建设投资由原定的14亿元增加到19亿元,力争达到24亿元。此后几年中,自治区将安排公路建设资金100亿元,到2000年,自治区公路里程达到54000km。

8月28~29日,国务院总理朱镕基在兴安盟灾区视察,内蒙古自治区交通厅厅长郝继业陪同内蒙古自治区党委书记刘明祖、自治区主席云布龙等领导向朱镕基汇报工作。朱镕基要求"用3至5年的时间把通旗县的油路连通"。

9月26~28日,交通部副部长李居昌到鄂尔多斯市、巴彦淖尔市、乌海市和包头市视察公路建设情况。

10月10日,内蒙古自治区公路桥梁管理系统(CBMS)推广应用项目通过专家验收。

12月18日,世界银行贷款公路项目国道210线包头至东胜段一级公路(长92km,投资16.2亿元)、国道208线白音察干至丰镇二级公路(长141.6km,投资4.13亿元)开工建设。

12月28日,内蒙古自治区公路监理公司(1993年成立)改制为内蒙古宇通公路工程咨询有限责任公司。

1998年,全区公路建设投资达到30.97亿元。全年新增公路里程8438km。公路总里程达到58430km,公路密度达到4.94km/100km²。

1999年

1月29日,全区公路建设质量工作会议召开,内蒙古自治区交通厅厅长郝继业作重要讲话。会上郝继业代表交通厅与责任单位、主管单位和监督单位签订了公路建设质量联保责任状。

4月10日,自治区领导云布龙、张珍、白志健、云公民等参加呼包高速公路植树活动。此后,"保护生态环境、倡导文明新风"主题活动在全区交通系统展开。

4月20日,自治区交通厅领导郝继业、包建设、赛文和交通系统职工走上国道110线金川段清理白色垃圾。

4月,内蒙古自治区开展公路建设"质量年宣传月"活动。自治区交通厅印发了《内蒙古自治区1999年公路重点建设项目质量效益年活动方案》。4月7日,在呼和浩特市新华广场举行了"质量年宣传月"动员大会。

1999年,全区公路建设投资达到37.6亿元,同比增长21%。全年引进外资1.4亿美元。全年完成公路建设里程8000余公里,其中新增里程4500余公里。全年打通不通公路的乡(苏木)50个。公路平均好路率达67.2%,较上年提高11.8%。

2000年

1月,交通部表彰全国道路系统文明单位,内蒙古自治区有10个单位榜上有名。

2月13日,自治区交通厅召开厅直单位干部大会,会议传达内蒙古自治区党委就西部大开发的会议精神。自治区交通厅厅长郝继业主持会议,并要求"要以只争朝夕的精神风貌,迎接西部大开发的历史性机遇"。

2月22~24日,交通部副部长张春贤到内蒙古自治区考察工作,内蒙古自治区副主席云公民、自治区交通厅厅长郝继业陪同考察。

2月,《内蒙古自治区公路建设项目施工招标评标实施办法》颁布试行。

3月5日,国道210线改扩建工程项目指挥部全体工作人员进入工作现场,全区第一个世界银行项目包东公路第二年施工管理工作开始。

3月11日,全区公路工程质量监督工作会议召开,总结回顾"九五"公路工程质量监督工作,提出"十五"期间内蒙古自治区公路工程质量监督工作的11条安排意见,推动质量监督工作深入开展,加强政府监督力度。

4月8日,国道110线技术改造工程开工誓师大会在巴彦淖尔市召开。改造工程长354.97km,造价41739万元。改造工程于9月18日全线贯通。这是内蒙古自治区为迎接西部大开发的第一项重点工程建设项目,它标志着全区公路建设在西部大开发中有了具体动作。

5月8日,交通部对丹拉国道主干线呼和浩特至包头另一幅高速公路初步设计进行了批复。

5月10~12日、7月17~21日,自治区交通厅与有关单位共同配合,两次接待财政部和世界银行观察团,对呼和浩特至集宁至老爷庙公路贷款项目进行实地考察和预鉴别、鉴别工作。

7月18日,呼包高速公路二期工程开工建设。呼包高速公路二期工程是国家"五纵七横"公路建设规划中贯穿我国东西公路大动脉国道主干线的组成部分。二期工程沿已建呼包高速公路一幅的南侧兴建,路线全长151km,批准工程概算15.25亿元。二期工程建成后与已建成的一幅构成平原微丘区双向4车道高速公路,全幅路基宽28m,计划2002年9月竣工。该工程施工、监理在全国范围内公开招标,在内蒙古自治区纪委、监察厅监督下,经过交通部专家组、评标工作组评审,有15家施工单位和5家监理单位中标。

7月,为加强内蒙古自治区公路招投标项目工程造价管理,在确保工程质量的前提下,提高投资效益,合理控制工程造价,自治区交通厅出台《内蒙古自治区公路招投标项目工程预算审核方法》(内交发〔2000〕341号),该办法适用于自治区公路建设施工、监理招投标项目,以承包合同价款和标底工程造价计算基础,使核定的工程预算更接近实际,同时比较准确地反映通过招投标制而节省的工程投资。

8月10日,交通部2000年度第一次对世界银行项目总体建设进行了检查。内蒙古自治区交通厅获93分,列全国先进行列。

8月18~23日,交通部黄镇东部长在内蒙古自治区考察指导工作。指出:抓住西部大开发的机遇,用20年左右的时间,把内蒙古基本上建设成布局合理、功能完善的公路运输服务网络,为自治区经济社会发展和人民生活的提高提供交通保障。在内蒙古自治区考察期间,黄镇东部长等一行在自治区副主席云公民、交通厅厅长郝继业等领导的陪同下,行程2000多公里,分别查看国道110线呼和浩特至集宁至老爷庙出口路及技术改造工程、西商女子道班、小油路建设、草原定线公路以及出口路建设和国省干线公路,并视察了建设中的国道304线通辽至好力保段。

2001年

2月25日,内蒙古自治区交通厅与国家开发银行呼和浩特分行在呼和浩特签订《金融合作协议》。国家开发银行已承诺2001年为自治区交通厅发放公路建设贷款122700万元。

3月13日,北京市、内蒙古自治区召开面向21世纪实施西部大开发战略座谈会,共同回顾了京蒙两市区长期以来交流合作取得的成果,并对今后进一步合作达成了初步意向。其中在交通基础设施建设方面,北京市表示将以较强的公路设计、施工、监理队伍参与和投入到内蒙古自治区的公路建设中。

3月15日,呼包高速公路交通工程招标公告在《中国交通报》和《内蒙古日报》上刊登。

3月20日,交通部对《丹拉国道主干线包头过境公路(东兴至哈德门)可行性研究报告》进行了立项批复(交规划发〔2001〕125号),并暂定安排专项资金3.33亿元。

3月21日,内蒙古自治区交通设计研究院顺利完成转制工作,举行挂牌仪式。

4月29日,呼包高等级公路管理局第一征稽所被全国城镇妇女"巾帼建功"活动领导小组评为"全国巾帼文明示范岗"。

4月,由交通部科教司组织、部公路司参加的交通部西部交通建设科技发展规划调研组到内蒙古自治区进行调研。

6月,内蒙古自治区审计厅对内蒙古自治区世界银行贷款公路项目2000年工程技术情况进行了审计,对工程的建设和管理情况给予了较高评价,审计结果认为该项目资金管理符合国家有关制度和相关法规。

7月10日,交通部对《绥满国道主干线牙克石至海拉尔公路可行性研究报告》进行了立项批复(交规划发〔2001〕372号),暂定安排专项资金3.03亿元。

8月3日,交通部对《丹拉国道主干线磴口至巴拉贡公路可行性研究报告》进行了立项批复(交规划发〔2001〕407号),暂定安排专项资金1.76亿元。

8月,呼包项目办与自治区人民检察院举行"争创双优工程、预防职务犯罪活动"签字仪式。

8月,丹拉国道主干线哈德门至磴口段高速公路工可研报告经国家纪委和交通部审批后,交通部于8月21~22日对该项目进行现场审查并提出审查意见,中国国际工程咨询公司于2002年2月进行现场评估。

9月28日,国道208线白音察干至丰镇公路历经3年施工,圆满完成建设任务,提前3个月竣工通车。

9月,自治区交通厅人事部门完成了集宁、呼和浩特、包头3个高等级公路管理处的机构设立批复工作,并对集宁高等级公路管理处的筹备、内设机构、人员编制等问题拟定了实施方法,以确保按时收取车辆通行费。

10月11日,国道110线主干线包头过境高速公路开工及动员誓师大会在包头举行。该项工程是国家规划的"五纵七横"国道主干线在内蒙古自治区境内的一段,也是"十五"期间国家重点建设的项目,路线全长54.92km,投资11.6亿元。

10月28日,内蒙古自治区第一条高速公路呼包高速公路(另一幅)工程黑色路面全线贯通。

11月28日,呼包高速公路被内蒙古自治区直属机关团工委命名为"青年文明号"路,并举行揭匾仪式。

12月6日,华北地区公路科技信息网第二十八届年会在呼和浩特市召开。会议主要研讨了高速公路(高等级公路)运营管理体制及智能化管理、公路生态环保及沙化治理、高新技术成果推广及新技术、新工艺、新材料在公路工程中的应用等内容。

12月15日,呼包高速公路(二期工程)通车试运行新闻发布会在呼和浩特市举行,这标志着内蒙古自治区第一条高速公路全线完成。发布会上,自治区交通厅厅长郝继业和副厅长包建设分别就全区有关交通建设等问题回答了记者的提问。

12月31日,国家纪委印发《关于审批丹东至拉萨国道主干线内蒙古老爷庙至呼和浩特公路可行性研究报告的通知》(计基础〔2001〕2848号)。老爷庙至呼和浩特高速公路正式经国家批准建设。

2001年底,全内蒙古自治区批复收费公路项目总数达136个,其中已收费公路项目69个,收费公路里程4385km;全区BOT项目8个。

2001年,全内蒙古自治区公路建设完成投资80.3亿元,是2000年(55亿元)的146%。

2002年

1月4日,交通部专家组对省际通道东胜至苏家河畔、国道110线巴拉贡至新地、新地至麻黄沟项目进行了外业审查。

2月,自治区交通厅组织完成了包头过境(东兴至哈德门)高速公路施工图会审,组织完成了新地至麻黄沟高速公路初测外业验收。

3月1日,内蒙古自治区人民政府出台《内蒙古自治区人民政府关于加快公路交通发展的意见》(内政发〔2002〕14号)。

3月5日,国家纪委委托中国国际工程咨询公司对丹拉国道主干线包头(哈德门)至磴口高速公路工可研进行了现场调研和评估。

3月8日,自治区交通厅举办"省际通道公路建设新闻发布会",这标志着全自治区公路建设史上又一前所未有的巨大工程拉开帷幕。中央电视台等20余家新闻单位参加了新闻发布会。

3月9日,西部交通建设科技项目工作会议在呼和浩特市召开。会议制定并印发《内蒙古自治区关于加强西部交通建设科技项目管理的意见》。

3月15日,交通部批复省际通道在内蒙古自治区境内的路线走向调整方案(交规划函〔2002〕452号)。

3月20日,自治区纪委批复国家西部干线阿荣旗至北海公路(内蒙古自治区境内)桑根达来至公主埂、公主埂至经棚段两个项目的工可研报告(内计基础字〔2002〕394号、内计基础字〔2002〕395号)。

4月18日,交通部批复《丹拉国道主干线巴拉贡至新地公路工可研报告》(交规划发〔2002〕159号)。

5月23日,中国建设银行内蒙古分行、内蒙古自治区交通厅公路项目合作意向协议签字仪式在呼和浩特市举行。此次签订的信贷支持意向金额共计80亿元,用于国道110线高速公路和省际通道建设。

5月29日,自治区交通厅主持召开派驻各项目办特派员会议。驻厅纪检组、自治区交通厅人事处、办公室、呼集老项目办、磴巴项目办、省际通道办等有关部门参加了会议。

5月,自治区交通厅印发《内蒙古自治区省际通道公路建设管理办法》。

6月6日,自治区纪委批复《国家西部干线阿荣旗至北海公路(内蒙古自治区境内)布敦化至突泉段工可研报告》(内计基础字〔2002〕901号)。

6月7日,由自治区交通厅项目主管建设、质量监督、设计、监理等单位组成的交工验收委员会对国道210线包东高速公路进行了全面交工验收,综合评分为96分。

6月10日,内蒙古自治区审计厅对世界银行贷款公路项目2000年度、2001年度工程情况进行了审计,审计结果表明该项目资金管理符合国家有关制度和相关法规。

6月18日,自治区纪委批复《国家西部干线阿荣旗至北海公路扎兰屯至阿荣旗段工可研报告》(内计基础字〔2002〕961号)。

6月21日,全自治区第一条利用世界银行贷款修建的国道210线包头至东胜高速公路全线完工并进行通车试运行新闻发布会。

7月29日,自治区纪委批复《国家西部干线阿荣旗至北海公路鲁北至布敦化段的工可研报告》(内计基础字〔2002〕1201号)。

8月19日,交通部批复《丹拉国道主干线新地至麻黄沟(内蒙古宁夏界)公路工可研报告》(内规划发〔2002〕382号)。

8月,自治区交通厅被中共内蒙古自治区直属机关工委授予"民族团结进步先进集体"称号。

8月,全区共完成54家公路工程施工企业资质就位工作。

9月26日,自治区纪委批复《东胜至苏家河畔(内蒙古陕西界)公路工可研报告》(内计基础字〔2002〕452号)。

9月,自治区交通厅被内蒙古自治区党委、政府授予"第六次全区民族团结进步先进集体"称号。

9月,自治区交通厅对呼包高速公路(另一幅)、包头过境高速公路、磴巴高速公路、呼集老高速公路4个重点公路项目进行财务检查。

9月,呼和浩特高管处二所等7个单位被自治区团委命名为"青年文明号"集体。

10月21日,自治区组织召开沙漠地区筑路成套技术交流研讨会,来自陕西、新疆和内蒙古自治区各盟市承担沙漠地区筑路成套项目的代表共79人参加会议,会上聘请中科院寒区、旱区研究所的教授做技术讲座。

10月,自治区交通厅组织完成车购费划转前期工作,共审核人员档案1200册,规范和整理人事档案900册。

10月,自治区交通厅启动"十五"科技攻关计划,将"砂石路面防尘、防滑、防水处理研究"等5个项目申报了"十五"第一批计划,由兴安盟公路工程监理公司承担的砂石路面黑色化研究和通辽公路工程局承担的大孔径深桥桩沙土层防坍塌技术研究两个项目已列入交通部2002年度的行业联合攻关计划。

2002年,厅纪检组对2002年自治区交通厅公路工程建设项目的招投标、编标、评标工作进行全程监督。

2002年,全区公路建设完成投资100.9亿元,是2001年的126%。

2003年

3月,自治区交通厅制定印发《内蒙古自治区公路设计文件审查审批管理规定(试行)》《内蒙古自治区公路建设项目质量管理工作检查评比规定(试行)》。

4月11日,按照内蒙古自治区党委、自治区人民政府对"非典"防治工作的有关安排,自治区交通厅积极采取行动,紧急部署预防"非典"各项工作。

4月,自治区交通厅制定印发《内蒙古自治区公路工程质量控制标准》(内交发〔2003〕144号)。

4月,自治区交通厅制定印发《内蒙古自治区高速、一级公路工程质量监督管理办法(试行)》(内交发〔2003〕266号)。

5月8日,内蒙古自治区副主席赵双连主持召开主席办公会议,听取自治区交通厅厅长郝继业自"非典"疫情后全区公路建设所受的影响和实施对策的汇报。赵双连在对交通工作给予充分肯定的同时,指出交通工作要做到"三个(工程量、投资额、计划任务)不减"。

5月17日,内蒙古自治区代主席杨晶、副主席赵双连在自治区交通厅厅长郝继业的陪同下,视察呼集高速公路。

5月,呼集老高速公路福生庄隧道工程全部贯通。

6月11日,内蒙古自治区人民政府批复内蒙古自治区省道路网规划调整方案。

6月28日,采取BOT方式建设的呼和浩特至城壕高速公路开工奠基。自治区党政领导储波、杨利民、任亚平、牛玉儒、王凤岐等为工程挥锹奠基。自治区交通厅厅长郝继业下达开工令。

9月8日,自治区交通厅召开新闻发布会,宣布哈德门至磴口高速公路、东胜至苏家河畔高速公路、乌达至巴彦浩特一级公路开工建设。这标志着内蒙古自治区高速公路建设里程突破1000km,达到1061km。

9月13日,自治区交通厅与交通部科研院联合申报的科技项目"省域道路运政关键技术开发与示范应用"在西部交通科技建设项目中中标,获得立项。

9月14日,自治区交通厅与交通部科研院联合申报的科技项目"内蒙古自治区地市级营运货车信息管理系统"在交通部获得立项。

11月11日,内蒙古自治区公路工程质量监督站由相当于副处级升格为相当于处级规格,增设监理检验科。调整后,该站内设科室3个。

11月12日,交通部部长张春贤与内蒙古自治区党委副书记、自治区代主席杨晶在北京会面。张春贤与杨晶就内蒙古交通发展的有关问题交换意见时提出:点线面结合,以特色交通助推特色经济。

11月,自治区交通厅组织呼和浩特高速公路管理处国道110线包头绕城线等新增机构临时聘用人员公开考录,报考范围覆盖驻呼厅直单位,最终录取140名。

11月,截至11月底,全区已落实银行贷款29.7亿元,以BOT方式筹资38.1亿元(11月末到位31亿元),为年内完成公路建设投资130亿元总体目标提供了资金保障。

12月8日,内蒙古自治区交通厅与中国建设银行内蒙古分行公路建设100亿元贷款合同签字仪式在呼和浩特举行。内蒙古自治区党委副书记、自治区副主席岳福洪出席签字仪式。自治区交通厅厅长郝继业、建设银行内蒙古分行行长封竞分别在合同上签字。

2003年,自治区交通厅争取到国家投资34.68亿元。其中交通部投资31.28亿元,中央债券投资3.40亿元,创历史新高。

2003年,当年新开工建设的高速公路和一级公路项目有:丹东至拉萨国道老爷庙至集宁段、哈德门至磴口段、巴拉贡至新地段、新地至麻黄沟段高速公路,省际通道东胜至苏家河畔段高速公路;绥满路牙克石至海拉尔段一级公路,省际通道鲁北至布敦化段、突泉至复兴屯段、复兴屯至乌兰浩特段、乌兰浩特至新林北段、新林北至扎兰屯段、扎兰屯至那吉屯段一级公路,省道314线乌达至巴彦浩特一级公路。

2003年,交通部初步拟定将内蒙古自治区境内6000km里程列入国家公路网规划路线,在全国居首位。

2003年,自治区交通厅修订《内蒙古自治区公路交通建设"十五"发展计划和2015年规划思路》。

2003年,自治区交通厅修订《内蒙古自治区实施西部大开发加快公路交通发展总体规划(2001—2020年)》。

2003年,自治区交通厅共向各类银行提交了省际通道等7个项目的评估资料,并与招商银行兰州分行、中国光大银行深圳分行建立合作关系,取得项目周转借款和意向贷款承诺,保证了筹资工作的顺利进行。

2004年

2月20日,交通部分别批复二河国道主干线白音察干至集宁、集宁至丰镇公路工程可行性研究报告。该段公路建设标准为高速公路,建设规模分别为65km和72km,总投资分别为16.3亿元和18.2亿元,其中国家投资分别为4.55亿元和5.22亿元。

2月23日,内蒙古自治区人民政府印发《关于表彰全区公路交通建设先进集体和先进个人的通报》(内政字〔2004〕45号),对自治区交通厅等70个先进集体和郝继业等100名先进个人进行表彰,分别授予荣誉称号。

3月19日,内蒙古自治区交通厅与中国工商银行内蒙古分行公路建设融资100亿元签字仪式在呼和浩特举行。这是继2003年底成功引进建设银行内蒙古分行100亿元公路建设贷款后,自治区公路建设融资的又一大动作。

4月,二连浩特至河口国道主干线二连浩特至赛汗塔拉一级公路,白音察干至集宁、集宁至丰镇高速公路土建、监理招标。

6月9日,磴口至巴拉贡段高速公路建成通车。内蒙古自治区副主席赵双连出席通车仪式并宣布通车。该段公路是国道110线丹拉线内蒙古境内的重要一段,工程于2002年开工建设,其跨域黄河的磴口大桥和总干渠大桥均为特大桥。

6月,交通部批复省际通道赤峰至乌丹、乌丹至大板(下场)公路工程可行性研究报告。建设标准为高速公路,建设里程分别为75km和74km,总投资分别为13.9亿元和14.2亿元。其中国家对两个项目投资分别为4.75亿元和4.94亿元。

7月21日,内蒙古自治区党委组织部宣布了自治区党委、自治区人民政府对内蒙古高等级公路建设开发有限责任公司党政领导干部的任命决定。任命赛文为公司党委书记,任命包建设为公司总经理。自治区交通厅厅长郝继业主持会议并作重要讲话。自治区党委组织部副部长王威出席会议并讲话。

7月,国道110线呼集、磴巴线聘用工作人员考试在内蒙古交通学校举行,来自自治区交通厅直属单位及有关沿线交通局职工子女533人参加考试。

7月,内蒙古自治区人民政府印发《关于组建内蒙古高等级公路建设开发有限责任公司的批复》(内政字〔2004〕245号),同意组建内蒙古高等级公路建设开发有限责任公司,新组建的公司为自治区人民政府批准组建的特许经营的大型(相当于副厅级)国有独资企业。

8月16日,自治区交通厅举行内蒙古高等级公路建设开发有限责任公司揭牌庆典仪式。自治区副主席赵双连、自治区交通厅厅长郝继业为公司揭牌。自治区党委组织部副部长王威出席仪式。

8月22日,二连浩特至河口国道主干线二连浩特至赛汗塔拉段一级公路、白音察干至集宁段高速公路、集宁至丰镇段高速公路举行奠基仪式。内蒙古自治区主席杨晶,自治区政协副主席罗锡恩、韩振祥等领导为工程奠基。自治区交通厅厅长郝继业做工程简介,并对工程建设提出具体要求。

9月6日,内蒙古自治区机构编制委员会印发《关于内蒙古自治区公路路政执法监察总队机构设置的批复》,同意内蒙古自治区公路局挂内蒙古自治区公路路政执法监察总队牌子。

10月,国家五部委对车购税费进行改革。自治区交通征稽系统11个盟市分局(不含呼伦贝尔市)人员编制核定工作结束,自治区机构编制委员会为11个分局核发编制本;征稽部门401名在职职工、114名离退休人员划转到国税部门。

11月25日,自治区交通厅厅长郝继业在自治区征稽局车购税费改革座谈会上强调:要积极稳妥地做好人员划转和业务财产移交工作。从2005年1月1日起,车辆购置税由国税部门负责征收。

11月29日,交通部批复国道主干线呼和浩特绕城公路工程可行性研究报告,建设标准为高速公路,建设规模为57km,总投资为16.5亿元,其中国家投资为3.99亿元。

12月15日,内蒙古自治区党委组织部批复,同意内蒙古高等级公路建设开发有限责任公司总经理包建设兼任公司党委副书记,公司党委书记赛文兼任公司副总经理。

12月17日,自治区交通厅成立呼和浩特绕城高速公路及内蒙古河北重载专用公路建设协调筹备领导小组。内蒙古自治区交通厅厅长郝继业任组长,领导小组下设呼和浩特绕城高速公路及内蒙古河北重载专用公路建设监督管理办公室。自治区交通厅对省际通道建设管理办公室负责人进行了调整,内蒙古自治区交通厅副厅长周杰不再兼任省际通道建设管理办公室主任职务;同时成立省际通道支线赤峰至通辽至鲁北高等级公路建设监督管理办公室。

12月22日,内蒙古自治区人民政府新闻办公室召开新闻发布会。内蒙古自治区交通厅厅长郝继业向新闻界介绍2004年全区交通工作的五大亮点:①全区公路建设投资突破200亿元,列居全国第五位;②高速、一级公路通车里程突破1000km,达到1009km;③争取国家建设投资49.1亿元,位居全国各省区首位;④公路客货运输发展势头强劲,客货运量首次实现双位数增长;⑤公路交通税费征收快速增长,各项税费突破30亿元。

12月29日,按照国家税务总局、交通部等五部委(国税发〔2004〕144号)文件精神,经内蒙古自治区车辆购置税费改革人员划转分流工作领导小组批准,自治区交通厅召开车辆购置费税改革划转人员欢送大会,401名在职和114名离退休车辆购置税征管人员正式移交自治区国税局。

12月,国务院审议通过《国家高速公路网规划》,并于2004年12月31日由国家发展和改革委员会印发。《国家高速公路网规划》总建设规模8.5万km,计划在2030年前全部建成。涉及内蒙古自治区共有10条路线,在全区内规划建设规模约6000km,位于全国首位。

2004年,全区完成公路水路交通建设投资201.86亿元,其中公路建设完成投资201.7亿元,超额完成内蒙古自治区交通厅和内蒙古自治区人民政府签订的责任目标,并创历史最好水平,公路建设投资完成额在全国列第五位。

2004年,内蒙古自治区交通厅争取到国家投资49.86亿元。其中交通部投资44.96亿元,国家财政债券投资4.9亿元,是有史以来国家对内蒙古自治区投资最多的一年。

2004年,全区公路建设参照BOT方式完成投资达到33.3亿元,极大地促进了自治区公路建设的快速发展。

2004年,在"青年文明号"10周年纪念活动中,自治区交通厅机关党委被授予"十佳青年文明号优秀组织奖",受到共青团中央的表彰,有5个单位、6名个人受到内蒙古自治区团委的表彰。

2004年,自治区交通厅被自治区有关部门推荐为"全国民族团结进步模范集体"。

2004年,由内蒙古自治区交通设计研究院有限责任公司承担的"沙漠地区公路边坡防护及防风固沙技术研究"获2004年度内蒙古自治区科技进步一等奖,同时获2项专利。"公路沙害综合治理技术的推广应用"项目获得内蒙古自治区科技进步二等奖,另有5个项目获得了内蒙古自治区科技进步三等奖。

2005 年

3月7日,内蒙古自治区人民政府对2004年度固定资产投资和重大项目建设工作中取得突出成绩的盟市、部门和项目单位进行表彰。自治区交通厅与自治区工业办、建设厅3家单位荣获此次表彰最高荣誉——委办厅局成绩特别突出奖。自治区交通厅管辖的3个重点公路建设项目:省际通道白音察干至那吉屯段一级公路、巴拉贡至新地高速公路、老爷庙至呼和浩特高速公路荣获2004年度基础建设类重大项目建设奖。

3月20日,内蒙古自治区东部地区第一条高速公路赤峰至通辽高速公路破土动工。内蒙古自治区人民政府顾问周德海,自治区副主席赵双连参加赤通高速公路通辽段和赤峰段开工奠基仪式,赵双连副主席分别宣布通辽至下洼段、通辽至鲁北一级公路、赤峰至下洼段高速公路全线开工。

4月26日~11月20日,内蒙古自治区审计厅授权巴彦淖尔审计局对哈磴高速公路项目进行年度审计。

4月27~29日,丹拉国道主干线包头过境高速公路通过交工验收,工程质量等级为优良。

5月25日,内蒙古自治区交通厅被国务院授予"全国民族团结进步模范集体"荣誉称号。

6月21~22日,丹拉国道主干线巴拉贡至新地高速公路通过交工验收,工程质量等级为优良。

6月23日,丹拉国道主干线磴口至巴拉贡高速公路通过交工验收,工程质量等级为优良。

6月26~27日,丹拉国道主干线呼和浩特至包头高速公路(另一幅)通过交工验收,工程质量等级为优良。

6月28日,丹拉国道主干线巴拉贡至新地高速公路通车试运行。内蒙古自治区主席杨晶出席通车仪式,自治区副主席赵双连宣布通车试运行,自治区交通厅厅长郝继业发表通车讲话。

6月,自治区交通厅被中共内蒙古自治区直属机关工委评为首批"内蒙古自治区直属机关党建工作先进厅局"。

7月21日,世界银行宣布内蒙古自治区交通贸易走廊项目贷款正式生效。

8月23日,内蒙古自治区交通厅印发《内蒙古自治区公路建设管理办法》《内蒙古自治区公路施工招投标项目工程预算审核管理办法》。

9月18~19日,丹拉国道主干线新地至麻黄沟高速公路通过交工验收,工程质量等级为优良。

9月19日,丹拉国道主干线集宁至老爷庙段89km高速公路通车试运行。内蒙古自治区主席杨晶参加剪彩仪式并宣布通车。自治区人大常委会副主任哈斯巴根、自治区政协副主席奇英成、自治区交通厅厅长郝继业等为通车剪彩。

9月19日~12月5日,内蒙古自治区审计厅授权包头市审计局对呼包高速公路(另一幅)项目进行竣工决算审计。

9月20日,丹拉国道主干线新地至麻黄沟段高速公路建成通车。自治区交通厅厅长郝继业为该项目通车剪彩。自治区交通厅副厅长周杰主持通车剪彩仪式并宣布通车。

9月,京新高速公路临河至白疙瘩(内蒙古甘肃界)公路预可研启动。

10月25~26日,丹拉国道主干线老爷庙至集宁高速公路通过交工验收,工程质量等级为优良。

10月25日~11月30日,内蒙古自治区审计厅授权巴彦淖尔市审计局对磴巴项目进行竣工决算审计。

10月,呼和浩特绕城高速公路奠基。内蒙古自治区党委副书记、纪委书记巴特尔,自治区党委常委、呼和浩特市委书记韩志然,自治区副主席赵双连,自治区政协副主席奇英成,自治区政府秘书长乌兰巴特尔和自治区交通厅厅长郝继业等参加了奠基仪式。

11月6~20日,内蒙古自治区省际通道白音察干至那吉屯一级公路共20个项目通过交工验收,工程质量等级均为优良。

11月11~13日,丹拉国道主干线包头(哈德门)至磴口高速公路通过交工验收,工程质量等级为优良。

11月14日,国道210线东胜至苏家河畔(内蒙古陕西界)高速公路通过交工验收,工程质量等级为优良。

11月16日,已建成运营的呼包高速公路、包东高速公路、包头过境高速公路、呼集高速公路、集老高速公路、磴巴高速公路、巴新高速公路、新麻高速公路、国道110线旧线、国道208线旧线的资产、债务统一划转至内蒙古高等级公路建设开发有限责任公司进行经营管理。

11月23日,东胜至苏家河畔高速公路通车试运行。自治区副主席赵双连宣布通车,自治区交通厅厅长郝继业、中共鄂尔多斯市委员会书记云峰、内蒙古高等级公路建设开发有限责任公司总经理包建设等为通车剪彩。

11月25日,丹拉国道主干线哈德门至磴口高速公路通车试运行。自治区副主席赵双连宣布通车,自治区交通厅厅长郝继业等为通车剪彩。

12月14日,全区交通系统11个单位荣获国家交通部授予的"全国交通行业文明创建先进单位"称号。内蒙古自治区公路局、内蒙古自治区运管局荣获交通部授予的"全国交通行业文明创建先进行业"称号。

12月22日,内蒙古自治区交通工作新闻发布会召开。内蒙古自治区党委宣传部副部长孟树德主持会议,交通厅厅长郝继业致发布词。同时在新闻发布会上还举行《大地丰碑——内蒙古交通十年巨变掠影》画册首发式,交通厅厅长郝继业为画册启封,交通厅副厅长戴贵致首发词。

12月28日,内蒙古自治区首次高速公路车辆通行费价格听证会在呼和浩特举行。听证会上,自治区发改委宣布对价格调整方案的初审意见,内蒙古高等级公路建设开发有限责任公司就价格调整的相关情况作陈述并对代表们的质询作了解释说明,与会的18名代表均发言并对此次价格调整表示理解和支持。

2006年

1月19日,丹拉国道主干线磴口至巴拉贡高速公路、呼和浩特至包头高速公路(一幅)、呼和浩特至包头高速公路(另一幅)通过竣工验收,并于1月20日正式通行运营。

5月18~27日,世界银行项目检查团对内蒙古自治区老爷庙至集宁、海拉尔至满洲里两个项目进行了检查。

11月1日,丹拉国道主干线临河过境公路开工建设。

12月19日,二连浩特至河口国道主干线白音察干至集宁至丰镇高速公路通过交工验收并进入通车试运营期。

2006年,编制完成了《内蒙古自治区高速公路网规划》。

2007年

5月,包头至树林召高速公路开工建设。

8~10月,自治区交通厅首次为赤大公路、海满公路使用1亿元国开行软贷款。

9月,自治区人民政府批复《内蒙古自治区高速公路网规划》。

10月15日,阿荣旗至北海省际通道支线赤峰至通辽高速公路(包括赤峰至撒力巴至下洼至塔甸子至阿布海至通辽5个项目)通过交工验收,进入通车试运营期。

10月30日,根据《内蒙古自治区成立东部区高等级公路管理处》(内机编发〔2007〕90号)批复,内蒙古自治区成立东部区高等级公路管理处,负责东部区高等级公路的管理工作。

11月6日,丹拉国道主干线巴拉贡至新地至麻黄沟高速公路通过竣工验收。

11月30日,阿荣旗至北海省际通道支线赤峰至乌丹至大板高速公路通过交工验收,进入通车试运营期。

12月,制定了内蒙古交通厅交通工程建设项目"十二公开"管理办法。

2008年

3月17日,国家发改委批复了国家高速公路网绥芬河至满洲里高速公路阿荣旗至博克图、博克图至牙克石公路工程可行性研究报告。

8月10日,绥满国道主干线阿荣旗至博克图至牙克石高速公路开工建设。

9月10日,晖春至乌兰浩特高速公路石头井子至乌兰浩特高速公路开工建设。

9月18日,国道207线宝昌至三号地高速公路开工建设。

10月13日,丹拉国道主干线包头(哈德门)至磴口高速公路通过竣工验收。

10月31日,巴彦浩特至头关高速公路开工建设。

12月7日,丹拉国道主干线呼和浩特绕城高速公路通过交工验收。

12月19日,丹拉国道主干线临河过境高速公路通过交工验收。

2009年

1月24日,国家发改委批复了国家高速公路网丹东至锡林浩特高速公路平庄(内蒙古辽宁界)至赤峰段工可研报告。

1月24日,国家发改委批复了国家高速公路网二连浩特至广州高速公路赛汗塔拉至白音察干段工可研报告。

1月24日,国家发改委批复了国家高速公路网大庆至广州高速公路双辽(内蒙古吉林界)至通辽段工可研报告。

2月16日,自治区境内四条国家高速公路重新命名。北京至西藏高速公路更名为G6;北京至新疆高速公路更名为G7;二连浩特至河口高速公路更名为G55;包头至茂名高速公路更名为G65。

3月3日,国家发改委批复了国家高速公路网长春至深圳高速公路金宝屯至查日苏段可研报告。

3月10日,世界银行三省公路项目独立评估团考察包东段公路。

4月,丹东至锡林浩特公路平庄至赤峰高速公路开工建设。

4月,大庆至广州公路双辽至通辽高速公路开工建设。

4月,长春至深圳公路金宝屯至查日苏高速公路开工建设。

6月25日,白音察干至集宁至丰镇高速公路通过竣工验收投入运营。

6月,二河国道主干线赛汗塔拉至白音察干高速公路开工建设。

10月26日,荣成至乌海高速公路建成通车。

10月,对自治区高速公路网命名和编号。

11月23日,呼和浩特绕城高速公路通车试运行。

2010年

1月,G6京藏高速公路、G55二广高速公路、G65包茂高速公路重新命名编号。

9月1日,锡林浩特至张家口高速公路锡林浩特至桑根达来段开工建设。

9月25日,荣成至乌海高速公路十七沟至大饭铺段开工。

10月20日,京藏高速公路呼和浩特至包头改扩建工程、呼和浩特至杀虎口段开工建设。

10月27日,国家发改委批复了国家高速公路网绥芬河至满洲里高速公路牙克石至海拉尔段工可研报告。

10月27日,国家发改委批复了国家高速公路网大庆至广州高速公路赤峰至茅荆坝段工可研报告。

11月30日,集宁至尚义进京方向应急通道、锡张高速公路宝昌至三号地段建成通车。

11月,阿荣旗至北海省际通道支线赤峰至撒力巴、撒力巴至下洼段高速公路通过竣工验收并正式投入运营。

11月,阿荣旗至北海省际通道支线赤峰至乌丹、乌丹至大板段高速公路通过竣工验收并正式投入运营。

11月,珲春至乌兰浩特高速公路石头井子至乌兰浩特段通过交工验收并试运营。

11月,大庆至广州高速公路赤峰至茅荆坝(内蒙古河北界)段开工建设。

12月3日,国家发改委批复了国家高速公路网长春至深圳高速公路新民至鲁北连接线好力堡至通辽段工可研报告。

12月,长春至深圳高速公路新民至鲁北联络线好力堡(辽宁内蒙古界)至通辽段开工建设。

12月,绥芬河至满洲里公路牙克石至海拉尔段高速公路开工建设。

2011年

3月3日,国家发改委以(发改基础〔2011〕441号)文件批复了国家高速公路网北京至乌鲁木齐高速公路韩家营(晋冀界)至呼和浩特段工程可行性研究报告。

4月27日,G7京新高速公路韩家营至集宁至呼和浩特高速公路开工建设。

5月25日,巴彦浩特至银川高速公路内蒙古段通车。

5月25日,宗别立(张家房)至察哈尔滩(BOT)高速公路开工建设。

6月1日,包头至树林召高速公路通过交工验收。

6月14日,制定了《内蒙古自治区交通运输厅关于推行高速和一级公路施工标准化管理的实施意见》(内交发〔2011〕280号)。

7月5日,集宁东绕城高速公路开工建设。

7月19日,国家发改委以发改基础〔2011〕1541号文件批复了国家高速公路网北京至拉萨高速公路呼和浩特至包头段改扩建工程可行性研究报告。

9月6日,国道207线宝昌至三号地高速公路通过交工验收。

11月5日,巴彦浩特至银川高速公路内蒙古段通过交工验收。

11月9日,金宝屯至查日苏高速公路通过交工验收。

11月17日,丹东至锡林浩特高速公路平庄(辽宁内蒙古界)至赤峰段通过交工验收。

11月21日,长春至深圳高速公路金宝屯至查日苏段、大庆至广州高速公路通辽至双辽段、丹东至锡林浩特段高速公路平庄至赤峰段通车。

2012年

5月5日,自治区政府副主席王波、自治区交通运输厅厅长江维与在内蒙古进行考察的新疆维吾尔自治区党委常委、纪委书记宋爱荣、新疆交通运输厅厅长里加提·苏里堂一行九临哈高速公路建设进行座谈。

5月,白音华至霍林郭勒一级公路、二连浩特至广州公路赛汗塔拉至白音察干段高速公路、省道104线呼和浩特至武川段一级公路通过交工验收。

9月26日,国家发改委批复国家高速公路网荣成至乌海高速公路察汗淖至棋盘井段工可研报告。

9月,绥满国道主干线阿荣旗(黑龙江内蒙古界)至博克图高速公路、国道110线兴和至集宁段旧路改扩建二期工程、国道110线集宁至呼和浩特段旧路改扩建二期工程通过交工验收。

11月,集宁至阿荣旗高速公路乌兰浩特至扎兰屯高速公路开工建设。

省道203线阿尔山至杜拉尔桥段公路、绥满国道主干线博克图至牙克石高速公路、省道307线锡林浩特至巴拉嘎尔高勒至白音华段一级公路通过交工验收。

2012年,建成通车出区高速公路牙克石至博克图、桑根达来至宝昌、呼包四改八北半幅;出区一级公路音德尔至江桥、赤峰至凌源、呼和浩特至集宁、阿门其日格至小豪图、二连浩特市疏港公路。

2013 年

9月,大广高速公路赤峰至茅荆坝段、丹锡高速公路平庄至赤峰段赤峰南互通通过交工验收。

10月,京藏高速公路呼和浩特至包头段改扩建工程通过交工验收。

11月,牙克石至海拉尔高速公路通过交工验收。

11月,好力堡(辽宁内蒙古界)至通辽高速公路通过交工验收。

11月,呼和浩特至朔州高速公路呼和浩特至杀虎口(内蒙古山西界)段公路工程通过交工验收。

12月,锡林浩特至张家口高速公路锡林浩特至桑根达来、桑根达来至宝昌段二期通过交工验收。

12月,国道207线宝昌至三号地段高速公路通过竣工验收。

2014 年

1月,自治区交通运输厅受到内蒙古自治区党委、政府通报表彰。通报指出"十二五"前三年,全区完成公路交通建设投资1719亿元,超过"十一五"五年投资总额。自治区30条高速、一级公路出区通道全部建成,高速公路突破4000km,一级公路突破5500km,夯筑了内蒙古公路交通建设史上又一个新的里程碑。

1月,荣乌高速公路十七沟至大饭铺、国道303线通辽至凤凰岭、省道304线通辽大林至保康、省道305线甘旗卡至库伦公路完成交工验收。

3月,临河至白疙瘩(内蒙古甘肃界)公路两阶段初步设计报交通运输部。棋盘井至乌海公路两阶段初步设计报交通运输部。

3月10日,京新高速公路临河至白疙瘩(内蒙古甘肃界)公路可行性研究报告由国家发展和改革委员会以发改基础字〔2014〕405号文件批准建设。

7月10日,京新高速公路临河至白疙瘩段初步设计由交通运输部以交公路函〔2014〕520号文件正式批复。

7月13日,锡林浩特至张家口高速公路通车。

2015 年

7月9日,召开《内蒙古高速公路建设实录》编纂工作启动会,成立《内蒙古高速公路建设实录》编纂工作机构。

7月16日,交通运输部副部长冯正霖来自治区调研重点公路及农村公路建设、管理、养护等情况。

7月29日,《中国高速公路建设实录》编委会主任黄镇东来自治区调研。

9月14~23日,对京新高速公路临河至白疙瘩(内蒙古甘肃界)段高速公路进行综合督查。

9月16日,内蒙古自治区ETC"蒙通卡"正式"首发"。

9月25日,零时,内蒙古中西部高速公路电子不停车收费系统ETC正式接入全国网络,顺利实现全国联网试运行,实现了内蒙古高速公路ETC零的突破,自治区ETC用户可在全国高速上通行无阻。

9月25日,调整修订了《内蒙古自治区省道网规划(2013—2030年)地方高速公路项目》,并由自治区发改委印发执行。

9月28日,交通运输部召开全国ETC联网电视电话会,杨传堂部长宣布路网开通并作重要讲话。内蒙古交通运输厅宋亮厅长汇报内蒙古自治区高速公路ETC联网准备情况,戴贵副厅长、马万斌副厅长在内蒙古自治区分会场出席会议。厅相关处室、厅直相关单位、内高路公司等部门的领导和相关工作人员在分会场参加会议,并通过实时视频上传观看了ETC联网通车仪式。

10月14~16日,对鄂尔多斯市重点公路建设进行督查。

10月23日,大板至经棚段高速公路初步设计得到交通运输部批复。

12月15~16日,对大广高速公路赤峰至茅荆坝段高速公路、双辽至通辽高速公路,17~18日对金宝屯至查日苏段高速公路,19~20日对音德尔至江桥一级公路,21~22日对阿荣旗至博克图高速公路,23~24日对省道203线阿尔山至杜拉尔一级公路进行竣工验收。

12月18日,扎兰屯至阿荣旗高速公路、22日奈曼旗至白家湾子(内蒙古辽宁界)高速公路初步设计得到交通运输部批复。

12月30日,自治区联网中心组织建设、设计、监理等多方主体的完工验收小组,对内蒙古高速公路电子不停车收费一期工程项目进行完工验收,标志着内蒙古中西部ETC联网工程建设全部完成。

2015年,协调国家发改委分别于6月2日、8月19日批复了国家高速公路网丹东至锡林浩特高速公路大阪至经棚段(113km,总投资30亿元)、二连浩特至广州高速公路集宁至阿荣旗联络线扎兰屯至阿荣旗段(55km,总投资16.1亿元)两个高速公路项目。

2015年,协调自治区发改委批复大路至巴拉贡高速公路、尼尔基至腾克一级公路等30个项目的工程可行性研究报告。

2015年,对全区10个高速、一级公路进行了质量鉴定[通辽市金宝屯至查日苏高速公路、通辽市双辽至通辽高速公路、音德尔至江桥(内蒙古黑龙江界)一级公路、绥满国道主干线博克图至牙克石高速公路、大庆至广州高速公路赤峰至茅荆坝(内蒙古河北界)段公路、音德尔至江桥(内蒙古黑龙江界)一级公路、省道203线阿木古郎至杜拉尔一级公路、省道101线武川至格更塔拉一级公路、大庆至广州高速公路平庄至赤峰段、丹东至锡林浩特高速公路平庄至赤峰段]。

2015年,对全区5个高速、一级公路进行了交工检测[省道216线察汗淖至敖勒召其镇段一级公路、省道301线根河至拉布大林一级公路、京新高速公路韩家营(内蒙古山西界)至集宁段公路、京新高速公路韩家营(内蒙古山西界)至集宁段公路、省道301线根河至拉布大林一级公路、省道216线察汗淖至敖勒召其镇段一级公路、省道218线哈图呼都格至苏海图一级公路工程(二期)]。

2016年

1~4月,开展全区重点公路、街巷硬化及农村公路工程建设督查工作,组成6个督查组队重点对公路建设程序、建设管理、建设市场管理等方面进行督查,全力推进项目建设。

5月,组织完成了2015年度自治区公路勘察设计和施工企业信用评价工作。参加评价的勘察设计企业共24家,其中AA级10家,A级14家;施工企业共103家,其中AA级40家、A级58家、B级5家。

5月11日,召开了《内蒙古高速公路建设实录》编撰工作会议,研究部署下阶段编撰主要工作。

6月,印发了《内蒙古自治区交通运输厅关于印发内蒙古自治区公路建设市场督查工作细则的通知》(内交发〔2016〕352号);制定出台了《内蒙古自治区公路工程建设项目招标投标管理实施办法(试行)》。

6月,开展了自治区公路建设市场综合治理工作,包括公路建设市场督查、公路建设市场秩序专项整治行动、公路水运建设工程围标串标问题治理、公路水运建设工程设计变更违规行为治理、清理规范公路水运工程建设领域保证金等工作。

7~9月,厅组织了全区公路建设市场督查,厅对乌兰察布市、赤峰市进行了综合督查,其余盟市进行了互查。

7月下旬,为贯彻落实交通运输部关于公路建设市场督查工作的要求,进一步加强自治区公路建设市场监管,深入开展公路建设市场秩序专项整治行动,组织开展2016年公路建设市场督查,对赤峰市、乌兰察布市、阿拉善盟进行综合督查,其他盟市互查。

9月25日,全长930km的京新高速公路临河至白疙瘩段主线贯通。

9月,为进一步提高全区高速、一级公路工程科学技术管理水平,促进全区高等级公路施工管理的标准化、规范化、精细化,将施工标准化引向深入,依据交通运输部《公路工程施工标准化指南系列丛书》,结合自治区近年来高等级公路施工标准化工作开展的实际,编写了《内蒙古自治区高等级公路建设施工标准化指南系列》,并以内交发〔2016〕685号印发给了全区各盟市交通运输局、高路公司。

12月,印发了《内蒙古自治区交通运输厅关于印发锡林浩特至张家口高速公路桑根达来至宝昌段竣工验收鉴定书的通知》(内交发〔2016〕926号)。